2024

法律法规全书系列

中华人民共和国财税法律法规全书

（含优惠政策）

中国法制出版社
CHINA LEGAL PUBLISHING HOUSE

出 版 说 明

随着中国特色社会主义法律体系的建成，中国的立法进入了"修法时代"。在这一时期，为了使法律体系进一步保持内部的科学、和谐、统一，会频繁出现对法律各层级文件的适时清理。目前，清理工作已经全面展开且取得了阶段性的成果，但这一清理过程在未来几年仍将持续。这对于读者如何了解最新法律修改信息、如何准确适用法律带来了使用上的不便。基于这一考虑，我们精心编辑出版了本丛书，一方面重在向读者展示我国立法的成果与现状，另一方面旨在帮助读者在法律文件修改频率较高的时代准确适用法律。

本书独具以下四重价值：

1. **文本权威，内容全面**。本书涵盖财税领域相关的常用法律、行政法规、国务院文件、部门规章、规范性文件、司法解释，及相关示范文本，独家梳理和收录人大代表建议的重要答复；书中收录文件均为经过清理修改的现行有效文本，方便读者及时掌握最新法律文件。

2. **查找方便，附录实用**。全书法律文件按照紧密程度排列，方便读者对某一类问题的集中查找；重点法律附加条旨，指引读者快速找到目标条文；附录相关典型案例、文书范本，其中案例具有指引"同案同判"的作用。同时，本书采用可平摊使用的独特开本，避免因书籍太厚难以摊开使用的弊端。

3. **免费增补，动态更新**。为保持本书与新法的同步更新，避免读者因部分法律的修改而反复购买同类图书，我们为读者专门设置了以下服务：（1）扫码添加书后"法规编辑部"公众号→点击菜单栏→进入资料下载栏→选择法律法规全书资料项→点击网址或扫码下载，即可获取本书每次改版修订内容的电子版文件；（2）通过"法规编辑部"公众号，及时了解最新立法信息，并可线上留言，编辑团队会就图书相关疑问动态解答。

4. **目录赠送，配套使用**。赠送本书目录的电子版，与纸书配套，立体化、电子化使用，便于检索、快速定位；同时实现将本书装进电脑，随时随地查。

修 订 说 明

本次再版，对本书作出如下改进：

一是根据近年国家立法的变化，更新了相应的法律文件，如最新修改的《中央预算内投资补助和贴息项目管理办法》《中华人民共和国发票管理办法》《中华人民共和国发票管理办法实施细则》《行政单位财务规则》《企业注销指引（2023年修订）》等。同时，最新出台的《预算评审管理暂行办法》《关于进一步提高政府采购透明度和采购效率相关事项的通知》《代理记账基础工作规范（试行）》《国务院关于提高个人所得税有关专项附加扣除标准的通知》《涉税专业服务基本准则（试行）》《涉税专业服务职业道德守则（试行）》《最高人民法院、最高人民检察院关于办理危害税收征管刑事案件适用法律若干问题的解释》等法律文件也均予以收录，保证了本书的时效性。

二是补充增加了一些最新公布的税收优惠政策，如《支持小微企业和个体工商户发展税费优惠政策指引（2.0）》《财政部、税务总局关于支持小微企业融资有关税收政策的公告》《财政部、税务总局关于进一步支持小微企业和个体工商户发展有关税费政策的公告》《财政部、税务总局关于增值税小规模纳税人减免增值税政策的公告》等。

三是删除了一些已失效或已失去普遍指导作用的文件。

四是梳理和收录了财政部、国家税务总局对人大代表建议的重要答复。

总 目 录

一、国家财政 …………………………… (1)
（一）财政综合规定 …………………… (1)
（二）预算 ……………………………… (46)
（三）政府采购 ………………………… (98)

二、财务会计 …………………………… (150)
（一）企业财务 ………………………… (150)
（二）会计 ……………………………… (173)
（三）审计 ……………………………… (234)

三、税法 ………………………………… (269)
（一）商品税 …………………………… (269)
 1. 增值税 …………………………… (269)
 2. 消费税 …………………………… (307)
 3. 关税 ……………………………… (328)
（二）所得税 …………………………… (362)
 1. 企业所得税 ……………………… (362)
 2. 个人所得税 ……………………… (406)
（三）财产税和行为税 ………………… (456)
 1. 城镇土地使用税 ………………… (456)
 2. 房产税 …………………………… (458)
 3. 车船税 …………………………… (460)
 4. 车辆购置税 ……………………… (464)
 5. 土地增值税 ……………………… (465)
 6. 耕地占用税 ……………………… (477)
 7. 印花税 …………………………… (482)
 8. 契税 ……………………………… (491)
 9. 资源税 …………………………… (501)
 10. 其他 …………………………… (507)

四、税收征管 …………………………… (518)
（一）征收管理 ………………………… (518)
（二）税务管理 ………………………… (552)
（三）税收违法行为及处理 …………… (573)
（四）税收协定 ………………………… (625)
（五）其他 ……………………………… (627)

五、税收优惠 …………………………… (641)

六、人大代表建议答复 ………………… (706)
（一）财政部答复 ……………………… (706)
（二）国家税务总局答复 ……………… (714)

目录*

一、国家财政

（一）财政综合规定

中华人民共和国资产评估法 …………… （1）
　　（2016 年 7 月 2 日）
中华人民共和国企业国有资产法 ………… （5）
　　（2008 年 10 月 28 日）
企业国有资产交易监督管理办法 ………… （10）
　　（2016 年 6 月 24 日）
行政事业性国有资产管理条例 …………… （15）
　　（2021 年 2 月 1 日）
中央行政事业单位国有资产处置管理办法 ……… （18）
　　（2021 年 9 月 28 日）
财政违法行为处罚处分条例 ……………… （22）
　　（2011 年 1 月 8 日）
财政检查工作办法 ………………………… （26）
　　（2006 年 1 月 26 日）
财政监督检查案件移送办法 ……………… （28）
　　（2008 年 12 月 16 日）
财政部门监督办法 ………………………… （29）
　　（2012 年 3 月 2 日）
政府购买服务管理办法 …………………… （31）
　　（2020 年 1 月 3 日）
罚款决定与罚款收缴分离实施办法 ……… （33）
　　（1997 年 11 月 17 日）
罚款代收代缴管理办法 …………………… （34）
　　（1998 年 5 月 28 日）
罚没财物管理办法 ………………………… （35）
　　（2020 年 12 月 17 日）
财政票据管理办法 ………………………… （38）
　　（2020 年 12 月 3 日）

财政行政处罚听证实施办法 ……………… （41）
　　（2022 年 1 月 14 日）
国务院办公厅关于进一步推进省以下财政体
　制改革工作的指导意见 ………………… （43）
　　（2022 年 5 月 29 日）

（二）预算

中华人民共和国预算法 …………………… （46）
　　（2018 年 12 月 29 日）
中华人民共和国预算法实施条例 ………… （55）
　　（2020 年 8 月 3 日）
全国人民代表大会常务委员会关于加强中央
　预算审查监督的决定 …………………… （62）
　　（2021 年 4 月 29 日）
预算评审管理暂行办法 …………………… （65）
　　（2023 年 10 月 28 日）
地方预决算公开操作规程 ………………… （68）
　　（2016 年 10 月 27 日）
部门决算管理办法 ………………………… （70）
　　（2021 年 10 月 13 日）
第三方机构预算绩效评价业务监督管理暂行办法 … （72）
　　（2021 年 4 月 29 日）
中央对地方均衡性转移支付办法 ………… （75）
　　（2022 年 4 月 13 日）
中央对地方重点生态功能区转移支付办法 ……… （79）
　　（2022 年 4 月 13 日）
中央财政预算管理一体化资金支付管理办法
　（试行） …………………………………… （81）
　　（2022 年 1 月 14 日）
政府投资条例 ……………………………… （84）
　　（2019 年 4 月 14 日）

---

* 编者按：本目录中的时间为法律文件的公布时间或最后一次修正、修订公布时间。

中央部门结转和结余资金管理办法 …………… (86)
　　(2016 年 2 月 17 日)
中央预算内投资补助和贴息项目管理办法 …… (88)
　　(2023 年 3 月 23 日)
中央预算内固定资产投资补助资金财政财务
　　管理暂行办法 ………………………………… (91)
　　(2005 年 7 月 26 日)
中央预算内固定资产投资贴息资金财政财务
　　管理暂行办法 ………………………………… (92)
　　(2005 年 7 月 26 日)
项目支出绩效评价管理办法 …………………… (94)
　　(2020 年 2 月 25 日)
地方政府专项债券用途调整操作指引 ………… (96)
　　(2021 年 9 月 8 日)

(三) 政府采购

中华人民共和国政府采购法 …………………… (98)
　　(2014 年 8 月 31 日)
中华人民共和国政府采购法实施条例 ………… (104)
　　(2015 年 1 月 30 日)
政府采购需求管理办法 ………………………… (110)
　　(2021 年 4 月 30 日)
政府采购货物和服务招标投标管理办法 ……… (114)
　　(2017 年 7 月 11 日)
政府采购非招标采购方式管理办法 …………… (122)
　　(2013 年 12 月 19 日)
政府采购信息发布管理办法 …………………… (128)
　　(2019 年 11 月 27 日)
政府采购评审专家管理办法 …………………… (129)
　　(2016 年 11 月 18 日)
政府采购质疑和投诉办法 ……………………… (132)
　　(2017 年 12 月 26 日)
政府采购代理机构管理暂行办法 ……………… (135)
　　(2018 年 1 月 4 日)
中央预算单位变更政府采购方式审批管理
　　办法 …………………………………………… (137)
　　(2015 年 1 月 15 日)
政府采购促进中小企业发展管理办法 ………… (139)
　　(2020 年 12 月 18 日)
财政部、农业农村部、国家乡村振兴局关
　　于运用政府采购政策支持乡村产业振兴的
　　通知 …………………………………………… (143)
　　(2021 年 4 月 24 日)
政府采购框架协议采购方式管理暂行办法 …… (143)
　　(2022 年 1 月 14 日)
关于进一步提高政府采购透明度和采购效率
　　相关事项的通知 ……………………………… (148)
　　(2023 年 12 月 8 日)

二、财务会计

(一) 企业财务

中华人民共和国发票管理办法 ………………… (150)
　　(2023 年 7 月 20 日)
中华人民共和国发票管理办法实施细则 ……… (153)
　　(2024 年 1 月 15 日)
网络发票管理办法 ……………………………… (155)
　　(2018 年 6 月 15 日)
现金管理暂行条例 ……………………………… (156)
　　(2011 年 1 月 8 日)
单位公务卡管理办法(试行) …………………… (157)
　　(2016 年 1 月 4 日)
企业财务通则 …………………………………… (159)
　　(2006 年 12 月 4 日)
财政部关于划转部分国有资本充实社保基金
　　后企业增资财务处理有关事项的通知 ……… (165)
　　(2021 年 8 月 5 日)
事业单位财务规则 ……………………………… (165)
　　(2022 年 1 月 7 日)
行政单位财务规则 ……………………………… (169)
　　(2023 年 1 月 28 日)
财政部、住房城乡建设部关于完善建设工程
　　价款结算有关办法的通知 …………………… (173)
　　(2022 年 6 月 14 日)

(二) 会计

中华人民共和国会计法 ………………………… (173)
　　(2017 年 11 月 4 日)

中华人民共和国注册会计师法 …………… (177)
　　(2014 年 8 月 31 日)
总会计师条例 …………………………………… (180)
　　(2011 年 1 月 8 日)
企业财务会计报告条例 ………………………… (182)
　　(2000 年 6 月 21 日)
会计基础工作规范 ……………………………… (185)
　　(2019 年 3 月 14 日)
政府会计准则——基本准则 …………………… (193)
　　(2015 年 10 月 23 日)
企业会计准则——基本准则 …………………… (197)
　　(2014 年 7 月 23 日)
小企业会计准则 ………………………………… (199)
　　(2011 年 10 月 18 日)
增值税会计处理规定 …………………………… (209)
　　(2016 年 12 月 3 日)
会计人员管理办法 ……………………………… (213)
　　(2018 年 12 月 6 日)
注册会计师注册办法 …………………………… (214)
　　(2019 年 3 月 15 日)
会计师事务所执业许可和监督管理办法 ……… (215)
　　(2019 年 1 月 2 日)
会计师事务所自查自纠报告管理办法 ………… (222)
　　(2022 年 1 月 17 日)
会计师事务所一体化管理办法 ………………… (224)
　　(2022 年 5 月 12 日)

会计档案管理办法 ……………………………… (226)
　　(2015 年 12 月 11 日)
代理记账管理办法 ……………………………… (228)
　　(2019 年 3 月 14 日)
代理记账基础工作规范（试行） ……………… (231)
　　(2023 年 11 月 8 日)

(三) 审计

中华人民共和国审计法 ………………………… (234)
　　(2021 年 10 月 23 日)
中华人民共和国审计法实施条例 ……………… (238)
　　(2010 年 2 月 11 日)
审计机关审计听证规定 ………………………… (243)
　　(2021 年 11 月 19 日)
中华人民共和国国家审计准则 ………………… (244)
　　(2010 年 9 月 1 日)
审计署关于内部审计工作的规定 ……………… (260)
　　(2018 年 1 月 12 日)
审计机关封存资料资产规定 …………………… (262)
　　(2010 年 12 月 28 日)
中央企业内部审计管理暂行办法 ……………… (264)
　　(2004 年 8 月 23 日)
审计署、人民银行、银保监会、证监会关于
　　审计机关查询单位和个人在金融机构账户
　　和存款有关问题的通知 …………………… (267)
　　(2022 年 1 月 24 日)

三、税　法

(一) 商品税
1. 增值税
全国人民代表大会常务委员会关于外商投资
　　企业和外国企业适用增值税、消费税、营
　　业税等税收暂行条例的决定 ……………… (269)
　　(1993 年 12 月 29 日)
全国人民代表大会常务委员会关于惩治虚开、
　　伪造和非法出售增值税专用发票犯罪的决定 …… (269)
　　(1995 年 10 月 30 日)
中华人民共和国增值税暂行条例 ……………… (270)
　　(2017 年 11 月 19 日)

中华人民共和国增值税暂行条例实施细则 …… (273)
　　(2011 年 10 月 28 日)
增值税若干具体问题的规定 …………………… (276)
　　(1993 年 12 月 28 日)
国家税务总局关于深化增值税改革有关事项
　　的公告 ……………………………………… (277)
　　(2019 年 3 月 21 日)
财政部、税务总局、海关总署关于深化增值
　　税改革有关政策的公告 …………………… (277)
　　(2019 年 3 月 20 日)
增值税日常稽查办法 …………………………… (279)
　　(1998 年 3 月 26 日)

增值税一般纳税人纳税申报办法 …………（282）
　　（2018 年 6 月 15 日）
增值税纳税申报比对管理操作规程（试行）…（283）
　　（2017 年 10 月 30 日）
增值税一般纳税人登记管理办法 …………（285）
　　（2017 年 12 月 29 日）
国家税务总局关于增值税一般纳税人登记管
　　理若干事项的公告 ……………………（287）
　　（2018 年 1 月 29 日）
增值税一般纳税人纳税辅导期管理办法 ……（288）
　　（2010 年 4 月 7 日）
财政部、税务总局关于统一增值税小规模纳
　　税人标准的通知 ………………………（289）
　　（2018 年 4 月 4 日）
国家税务总局关于统一小规模纳税人标准等
　　若干增值税问题的公告 ………………（290）
　　（2018 年 4 月 20 日）
财政部、税务总局关于调整增值税税率的
　　通知 ……………………………………（291）
　　（2018 年 4 月 4 日）
财政部、税务总局关于简并增值税税率有关
　　政策的通知 ……………………………（291）
　　（2017 年 4 月 28 日）
国家税务总局关于逾期增值税扣税凭证抵扣
　　问题的公告 ……………………………（292）
　　（2018 年 6 月 15 日）
税务机关代开增值税专用发票管理办法（试行）…（294）
　　（2018 年 6 月 15 日）
增值税专用发票使用规定 ……………………（295）
　　（2018 年 6 月 15 日）
国家税务总局关于增值税发票开具有关问题
　　的公告 …………………………………（298）
　　（2017 年 5 月 19 日）
国家税务总局关于新办纳税人首次申领增值
　　税发票有关事项的公告 ………………（298）
　　（2018 年 6 月 11 日）
国家税务总局关于使用印有本单位名称的增
　　值税普通发票（卷票）有关问题的公告 …（299）
　　（2018 年 6 月 15 日）
国家税务总局关于异常增值税扣税凭证管理
　　等有关事项的公告 ……………………（299）
　　（2019 年 11 月 14 日）

房地产开发企业销售自行开发的房地产项目
　　增值税征收管理暂行办法………………（300）
　　（2018 年 6 月 15 日）
纳税人转让不动产增值税征收管理暂行办法…（302）
　　（2018 年 6 月 15 日）
纳税人提供不动产经营租赁服务增值税征收
　　管理暂行办法……………………………（303）
　　（2018 年 6 月 15 日）
财政部、税务总局关于资管产品增值税有关
　　问题的通知………………………………（304）
　　（2017 年 6 月 30 日）
财政部、税务总局关于完善资源综合利用增
　　值税政策的公告…………………………（305）
　　（2021 年 12 月 30 日）
财政部、税务总局关于出口货物保险增值税
　　政策的公告………………………………（307）
　　（2021 年 12 月 22 日）

2. 消费税
中华人民共和国消费税暂行条例……………（307）
　　（2008 年 11 月 10 日）
中华人民共和国消费税暂行条例实施细则……（310）
　　（2008 年 12 月 15 日）
出口货物劳务增值税和消费税管理办法………（312）
　　（2012 年 6 月 14 日）
国家税务总局关于《出口货物劳务增值税和
　　消费税管理办法》有关问题的公告………（320）
　　（2013 年 3 月 13 日）
国家税务总局关于出口货物劳务增值税和消
　　费税有关问题的公告……………………（326）
　　（2018 年 6 月 15 日）
财政部、国家税务总局关于消费税纳税人总
　　分支机构汇总缴纳消费税有关政策的通知……（328）
　　（2012 年 4 月 13 日）
国家税务总局关于电子烟消费税征收管理有
　　关事项的公告……………………………（328）
　　（2022 年 10 月 25 日）

3. 关税
中华人民共和国海关法………………………（328）
　　（2021 年 4 月 29 日）
中华人民共和国进出口关税条例……………（336）
　　（2017 年 3 月 1 日）

中华人民共和国海关进出口货物征税管理
　　办法 …………………………………… (341)
　　(2018年5月29日)
中华人民共和国海关税收保全和强制措施暂
　　行办法 ………………………………… (349)
　　(2009年8月19日)
中华人民共和国海关审定进出口货物完税价
　　格办法 ………………………………… (350)
　　(2013年12月25日)
中华人民共和国海关进出口货物减免税管理
　　办法 …………………………………… (357)
　　(2020年12月21日)
关于《中华人民共和国海关进出口货物减免
　　税管理办法》实施有关事项的公告 …… (361)
　　(2021年2月24日)

(二) 所得税

1. 企业所得税

中华人民共和国企业所得税法 ……………… (362)
　　(2018年12月29日)
中华人民共和国企业所得税法实施条例 …… (365)
　　(2019年4月23日)
企业所得税汇算清缴管理办法 ……………… (376)
　　(2018年6月15日)
非居民企业所得税汇算清缴管理办法 ……… (378)
　　(2018年6月15日)
企业所得税核定征收办法(试行) …………… (379)
　　(2018年6月15日)
国家税务总局关于企业所得税若干政策征管
　　口径问题的公告 ……………………… (381)
　　(2021年6月22日)
非居民企业所得税核定征收管理办法 ……… (382)
　　(2018年6月15日)
关于非居民企业所得税源泉扣缴有关问题的
　　公告 …………………………………… (383)
　　(2018年6月15日)
一般反避税管理办法(试行) ………………… (385)
　　(2014年12月2日)
企业资产损失所得税税前扣除管理办法 …… (387)
　　(2018年6月15日)
企业所得税税前扣除凭证管理办法 ………… (391)
　　(2018年6月6日)

跨省市总分机构企业所得税分配及预算管理
　　办法 …………………………………… (393)
　　(2012年6月12日)
财政部、国家税务总局、中国人民银行关于
　　《跨省市总分机构企业所得税分配及预算
　　管理办法》的补充通知 ……………… (395)
　　(2012年12月25日)
跨地区经营汇总纳税企业所得税征收管理
　　办法 …………………………………… (396)
　　(2018年6月15日)
企业重组业务企业所得税管理办法 ………… (401)
　　(2010年7月26日)
国家税务总局关于企业重组业务企业所得税
　　征收管理若干问题的公告 …………… (405)
　　(2018年6月15日)

2. 个人所得税

中华人民共和国个人所得税法 ……………… (406)
　　(2018年8月31日)
中华人民共和国个人所得税法实施条例 …… (409)
　　(2018年12月18日)
个人所得税专项附加扣除暂行办法 ………… (412)
　　(2018年12月13日)
国务院关于设立3岁以下婴幼儿照护个人所
　　得税专项附加扣除的通知 …………… (414)
　　(2022年3月19日)
国务院关于提高个人所得税有关专项附加扣
　　除标准的通知 ………………………… (415)
　　(2023年8月28日)
国务院关于个人独资企业和合伙企业征收所
　　得税问题的通知 ……………………… (415)
　　(2000年6月20日)
财政部、税务总局关于个人所得税法修改后
　　有关优惠政策衔接问题的通知 ……… (415)
　　(2018年12月27日)
个人所得税专项附加扣除操作办法(试行) … (417)
　　(2022年3月25日)
个人所得税扣缴申报管理办法(试行) ……… (420)
　　(2018年12月21日)
国家税务总局关于完善调整部分纳税人个人
　　所得税预扣预缴方法的公告 ………… (422)
　　(2020年7月28日)

国家税务总局关于进一步简便优化部分纳税人个人所得税预扣预缴方法的公告 …… (422)
　　（2020年12月4日）
国家税务总局关于自然人纳税人识别号有关事项的公告 …… (422)
　　（2018年12月17日）
国家税务总局关于个人所得税自行纳税申报有关问题的公告 …… (423)
　　（2018年12月21日）
个人所得税管理办法 …… (424)
　　（2018年6月15日）
个人所得税自行纳税申报办法（试行）…… (429)
　　（2018年6月15日）
财政部、税务总局关于个人取得有关收入适用个人所得税应税所得项目的公告 …… (433)
　　（2019年6月13日）
财政部、税务总局关于非居民个人和无住所居民个人有关个人所得税政策的公告 …… (433)
　　（2019年3月14日）
对储蓄存款利息所得征收个人所得税的实施办法 …… (438)
　　（2007年7月20日）
储蓄存款利息所得个人所得税征收管理办法 …… (438)
　　（1999年10月8日）
征收个人所得税若干问题的规定 …… (439)
　　（1994年3月31日）
财政部、税务总局关于境外所得有关个人所得税政策的公告 …… (442)
　　（2020年1月17日）
国家税务总局关于个人住房转让所得征收个人所得税有关问题的通知 …… (444)
　　（2018年6月15日）
国家税务总局关于加强和规范个人取得拍卖收入征收个人所得税有关问题的通知 …… (445)
　　（2007年4月4日）
财政部、国家税务总局关于个人无偿受赠房屋有关个人所得税问题的通知 …… (446)
　　（2009年5月25日）
股权转让所得个人所得税管理办法（试行）…… (447)
　　（2018年6月15日）

财政部、国家税务总局、证监会关于上市公司股息红利差别化个人所得税政策有关问题的通知 …… (449)
　　（2015年9月7日）
财政部、税务总局关于权益性投资经营所得个人所得税征收管理的公告 …… (450)
　　（2021年12月30日）
个体工商户个人所得税计税办法 …… (450)
　　（2018年6月15日）
财政部、税务总局关于个人养老金有关个人所得税政策的公告 …… (453)
　　（2022年11月3日）
财政部、税务总局关于延续实施全年一次性奖金个人所得税政策的公告 …… (453)
　　（2023年8月18日）
财政部、税务总局关于延续实施外籍个人有关津补贴个人所得税政策的公告 …… (454)
　　（2023年8月18日）
财政部、税务总局关于延续实施上市公司股权激励有关个人所得税政策的公告 …… (454)
　　（2023年8月18日）
财政部、税务总局、住房城乡建设部关于延续实施支持居民换购住房有关个人所得税政策的公告 …… (454)
　　（2023年8月18日）
财政部、税务总局、国家发展改革委、中国证监会关于延续实施创业投资企业个人合伙人所得税政策的公告 …… (455)
　　（2023年8月21日）

（三）财产税和行为税
1. 城镇土地使用税
中华人民共和国城镇土地使用税暂行条例 …… (456)
　　（2019年3月2日）
财政部、国家税务总局关于房产税城镇土地使用税有关问题的通知 …… (457)
　　（2009年11月22日）
财政部、国家税务总局关于集体土地城镇土地使用税有关政策的通知 …… (457)
　　（2006年4月30日）
国家税务总局关于通过招拍挂方式取得土地缴纳城镇土地使用税问题的公告 …… (457)
　　（2014年12月31日）

财政部、国家税务总局关于承租集体土地城
　　镇土地使用税有关政策的通知 ……………（457）
　　（2017年3月31日）
2. **房产税**
中华人民共和国房产税暂行条例 …………（458）
　　（2011年1月8日）
国家税务总局、财政部、建设部关于加强房
　　地产税收管理的通知 ………………（458）
　　（2018年6月15日）
国家税务总局关于房地产税收政策执行中几
　　个具体问题的通知 …………………（459）
　　（2018年6月15日）
3. **车船税**
中华人民共和国车船税法 …………………（460）
　　（2019年4月23日）
中华人民共和国车船税法实施条例 ………（461）
　　（2019年3月2日）
国家税务总局关于车船税征管若干问题的公告……（463）
　　（2013年7月26日）
4. **车辆购置税**
中华人民共和国车辆购置税法 ……………（464）
　　（2018年12月29日）
关于延续和优化新能源汽车车辆购置税减免
　　政策的公告 …………………………（465）
　　（2023年6月19日）
5. **土地增值税**
中华人民共和国土地增值税暂行条例 ……（465）
　　（2011年1月8日）
中华人民共和国土地增值税暂行条例实施
　　细则 …………………………………（466）
　　（1995年1月27日）
财政部、国家税务总局关于土地增值税若干
　　问题的通知 …………………………（468）
　　（2006年3月2日）
土地增值税清算管理规程 …………………（469）
　　（2009年5月12日）
国家税务总局关于土地增值税清算有关问题
　　的通知 ………………………………（472）
　　（2010年5月19日）
国家税务总局关于房地产开发企业土地增值
　　税清算管理有关问题的通知 ………（473）
　　（2018年6月15日）

国家税务总局关于房地产开发企业土地增值
　　税清算涉及企业所得税退税有关问题的
　　公告 …………………………………（475）
　　（2016年12月9日）
国家税务总局关于营改增后土地增值税若干
　　征管规定的公告 ……………………（476）
　　（2016年11月10日）
财政部、税务总局关于继续实施企业改制重
　　组有关土地增值税政策的公告………（477）
　　（2023年9月22日）
6. **耕地占用税**
中华人民共和国耕地占用税法 ……………（477）
　　（2018年12月29日）
中华人民共和国耕地占用税法实施办法 …（478）
　　（2019年8月29日）
国家税务总局关于耕地占用税征收管理有关
　　事项的公告 …………………………（480）
　　（2019年8月30日）
7. **印花税**
中华人民共和国印花税法 …………………（482）
　　（2021年6月10日）
国家税务总局关于实施《中华人民共和国印
　　花税法》等有关事项的公告 ………（484）
　　（2022年6月28日）
财政部、税务总局关于印花税若干事项政策
　　执行口径的公告 ……………………（485）
　　（2022年6月12日）
关于印花税法实施后有关优惠政策衔接问题
　　的公告 ………………………………（486）
　　（2022年6月27日）
财政部、国家税务总局关于印花税若干政策
　　的通知 ………………………………（491）
　　（2006年11月27日）
8. **契税**
中华人民共和国契税法 ……………………（491）
　　（2020年8月11日）
国家税务总局关于契税纳税申报有关问题
　　的公告 ………………………………（492）
　　（2015年9月25日）
财政部、税务总局关于贯彻实施契税法若干
　　事项执行口径的公告 ………………（492）
　　（2021年6月30日）

财政部、税务总局关于契税法实施后有关优惠政策衔接问题的公告 …………… (494)
　　(2021 年 8 月 27 日)
国家税务总局关于契税纳税服务与征收管理若干事项的公告 ……………… (497)
　　(2021 年 8 月 26 日)
财政部、税务总局关于继续实施企业、事业单位改制重组有关契税政策的公告 …… (501)
　　(2023 年 9 月 22 日)

9. 资源税

中华人民共和国资源税法 …………… (501)
　　(2019 年 8 月 26 日)
中华人民共和国资源税代扣代缴管理办法 …… (505)
　　(2018 年 6 月 15 日)

国家税务总局关于资源税征收管理若干问题的公告 ……………………… (506)
　　(2020 年 8 月 28 日)
财政部、税务总局关于资源税有关问题执行口径的公告 ………………… (506)
　　(2020 年 6 月 28 日)

10. 其他

中华人民共和国环境保护税法 ……… (507)
　　(2018 年 10 月 26 日)
中华人民共和国环境保护税法实施条例 …… (515)
　　(2017 年 12 月 25 日)
中华人民共和国城市维护建设税法 …… (516)
　　(2020 年 8 月 11 日)
征收教育费附加的暂行规定 ………… (517)
　　(2011 年 1 月 8 日)

四、税收征管

(一) 征收管理

中华人民共和国税收征收管理法 …… (518)
　　(2015 年 4 月 24 日)
中华人民共和国税收征收管理法实施细则 …… (524)
　　(2016 年 2 月 6 日)
国家税务总局关于贯彻《中华人民共和国税收征收管理法》及其实施细则若干具体问题的通知 ……………………… (532)
　　(2003 年 4 月 23 日)
国家税务总局关于税收征管若干事项的公告 …… (534)
　　(2019 年 12 月 12 日)
委托代征管理办法 …………………… (535)
　　(2013 年 5 月 10 日)
税收票证管理办法 …………………… (537)
　　(2019 年 7 月 24 日)
税务登记管理办法 …………………… (543)
　　(2019 年 7 月 24 日)
纳税担保试行办法 …………………… (546)
　　(2005 年 5 月 24 日)
国家税务总局关于进一步明确营改增有关征管问题的公告 ……………… (549)
　　(2018 年 6 月 15 日)

财政部、国家税务总局关于营改增后契税、房产税、土地增值税、个人所得税计税依据问题的通知 …………………… (550)
　　(2016 年 4 月 25 日)
国家税务总局办公厅关于税费征收过程中人民币现金收付有关事项的通知 …… (551)
　　(2021 年 1 月 26 日)
国家税务总局关于优化纳税人延期缴纳税款等税务事项管理方式的公告 …… (551)
　　(2022 年 9 月 28 日)

(二) 税务管理

纳税评估管理办法 (试行) ………… (552)
　　(2018 年 6 月 15 日)
纳税信用管理办法 (试行) ………… (555)
　　(2014 年 7 月 4 日)
国家税务总局关于纳税信用管理有关事项的公告 …………………………… (557)
　　(2020 年 9 月 13 日)
税款缴库退库工作规程 ……………… (558)
　　(2014 年 3 月 25 日)
纳税人涉税保密信息管理暂行办法 …… (562)
　　(2018 年 6 月 15 日)

国家税务总局关于全面实行税务行政许可事项清单管理的公告 …… (563)
  (2022年9月28日)
涉税专业服务监管办法(试行) …… (565)
  (2019年12月27日)
国家税务总局关于进一步完善涉税专业服务监管制度有关事项的公告 …… (567)
  (2019年12月27日)
涉税专业服务基本准则(试行) …… (568)
  (2023年9月5日)
涉税专业服务职业道德守则(试行) …… (569)
  (2023年9月5日)
税务机关政府信息公开申请办理规范 …… (570)
  (2020年7月28日)
税务文书电子送达规定(试行) …… (573)
  (2019年12月3日)

(三) 税收违法行为及处理

中华人民共和国刑法(节录) …… (573)
  (2023年12月29日)
全国人民代表大会常务委员会关于《中华人民共和国刑法》有关出口退税、抵扣税款的其他发票规定的解释 …… (575)
  (2005年12月29日)
欠税公告办法(试行) …… (576)
  (2018年6月15日)
欠缴税金核算管理暂行办法 …… (577)
  (2000年11月28日)
国家税务总局关于发布《税务行政处罚"首违不罚"事项清单》的公告 …… (580)
  (2021年3月31日)
税收违法案件发票协查管理办法(试行) …… (580)
  (2013年6月19日)
税务稽查案件办理程序规定 …… (582)
  (2021年7月12日)
重大税务案件审理办法 …… (588)
  (2021年6月7日)

重大税收违法失信主体信息公布管理办法 …… (591)
  (2021年12月31日)
税务行政复议规则 …… (594)
  (2018年6月15日)
检举纳税人税收违法行为奖励暂行办法 …… (602)
  (2007年1月13日)
税收违法行为检举管理办法 …… (604)
  (2019年11月26日)
纳税服务投诉管理办法 …… (607)
  (2019年6月26日)
税收违法案件一案双查办法(试行) …… (610)
  (2008年12月19日)
税收违法案件一案双查工作补充规定 …… (611)
  (2015年2月4日)
税收执法过错责任追究办法 …… (612)
  (2005年3月22日)
税收执法督察规则 …… (615)
  (2018年6月15日)
系统督查管理办法 …… (619)
  (2016年4月5日)
最高人民法院、最高人民检察院关于办理危害税收征管刑事案件适用法律若干问题的解释 …… (621)
  (2024年3月15日)

(四) 税收协定

非居民纳税人享受协定待遇管理办法 …… (625)
  (2019年10月14日)

(五) 其他

抵税财物拍卖、变卖试行办法 …… (627)
  (2005年5月24日)
个体工商户建账管理暂行办法 …… (630)
  (2018年6月15日)
个体工商户税收定期定额征收管理办法 …… (631)
  (2018年6月15日)
企业注销指引(2021年修订) …… (633)
  (2023年12月21日)

五、税收优惠

财政部、国家税务总局关于非营利组织免税
资格认定管理有关问题的通知 ………… (641)
　　(2018 年 2 月 7 日)
出口货物退（免）税管理办法（试行） ……… (642)
　　(2018 年 6 月 15 日)
出口退（免）税企业分类管理办法 ………… (645)
　　(2018 年 6 月 15 日)
境外旅客购物离境退税管理办法（试行） …… (648)
　　(2018 年 6 月 15 日)
支持乡村振兴税费优惠政策指引 …………… (650)
　　(2022 年 5 月 21 日)
支持小微企业和个体工商户发展税费优惠政
策指引（2.0）（节录） ………………… (653)
　　(2023 年 12 月)
财政部、税务总局关于企业投入基础研究税
收优惠政策的公告 ……………………… (675)
　　(2022 年 9 月 30 日)
国家税务总局、人力资源社会保障部、国务
院扶贫办、教育部关于实施支持和促进重
点群体创业就业有关税收政策具体操作问
题的公告 ………………………………… (676)
　　(2019 年 2 月 26 日)
财政部、税务总局、住房城乡建设部关于保
障性住房有关税费政策的公告 ………… (678)
　　(2023 年 9 月 28 日)
财政部、税务总局关于延续实施小额贷款公
司有关税收优惠政策的公告 …………… (678)
　　(2023 年 9 月 24 日)
财政部、税务总局关于支持小微企业融资有
关税收政策的公告 ……………………… (679)
　　(2023 年 8 月 2 日)
财政部、税务总局关于进一步支持小微企业
和个体工商户发展有关税费政策的公告 … (679)
　　(2023 年 8 月 2 日)
国家税务总局关于进一步落实支持个体工商
户发展个人所得税优惠政策有关事项的
公告 ……………………………………… (680)
　　(2023 年 8 月 2 日)

财政部、税务总局关于金融机构小微企业贷
款利息收入免征增值税政策的公告 …… (680)
　　(2023 年 8 月 1 日)
国家税务总局关于落实小型微利企业所得税
优惠政策征管问题的公告 ……………… (681)
　　(2023 年 3 月 27 日)
财政部、税务总局关于小微企业和个体工商
户所得税优惠政策的公告 ……………… (682)
　　(2023 年 3 月 26 日)
财政部、税务总局关于进一步实施小微企业
所得税优惠政策的公告 ………………… (682)
　　(2022 年 3 月 14 日)
国家税务总局关于进一步优化增值税优惠政
策办理程序及服务有关事项的公告 …… (682)
　　(2021 年 3 月 29 日)
营业税改征增值税跨境应税行为增值税免税
管理办法（试行） ……………………… (683)
　　(2018 年 6 月 15 日)
财政部等十一部门关于"十四五"期间支
持科技创新进口税收政策管理办法的通知 …… (686)
　　(2021 年 4 月 16 日)
财政部、税务总局关于延续实施金融机构农
户贷款利息收入免征增值税政策的公告 … (688)
　　(2023 年 9 月 26 日)
财政部、税务总局关于先进制造业企业增值
税加计抵减政策的公告 ………………… (688)
　　(2023 年 9 月 3 日)
财政部、税务总局关于广告费和业务宣传费
支出税前扣除有关事项的公告 ………… (689)
　　(2020 年 11 月 27 日)
启运港退（免）税管理办法 ………………… (689)
　　(2018 年 12 月 28 日)
财政部、税务总局、民政部关于公益性捐赠
税前扣除有关事项的公告 ……………… (691)
　　(2020 年 5 月 13 日)
财政部、税务总局关于通过公益性群众团体
的公益性捐赠税前扣除有关事项的公告 …… (693)
　　(2021 年 6 月 2 日)

适用增值税零税率应税服务退（免）税管理办法 …………………………………（694）
　　（2014年2月8日）
关于《适用增值税零税率应税服务退（免）税管理办法》的补充公告 …………（698）
　　（2018年6月15日）
企业所得税优惠政策事项办理办法 ………（699）
　　（2018年4月25日）
国家税务总局关于实施国家重点扶持的公共基础设施项目企业所得税优惠问题的通知 …（700）
　　（2009年4月16日）
财政部、税务总局关于增值税小规模纳税人减免增值税政策的公告 ………………（701）
　　（2023年8月1日）
国家税务总局关于非居民企业不享受小型微利企业所得税优惠政策问题的通知 …（701）
　　（2008年7月3日）

财政部、国家税务总局关于非营利组织企业所得税免税收入问题的通知 …………（701）
　　（2009年11月11日）
国家税务总局关于实施农、林、牧、渔业项目企业所得税优惠问题的公告 …………（702）
　　（2011年9月13日）
财政部、税务总局、国家发展改革委关于延续西部大开发企业所得税政策的公告 …（703）
　　（2020年4月23日）
国家税务总局关于实施高新技术企业所得税优惠政策有关问题的公告 ……………（703）
　　（2017年6月19日）
财政部、税务总局、商务部、科技部、国家发展改革委关于将技术先进型服务企业所得税政策推广至全国实施的通知 ………（704）
　　（2017年11月2日）

六、人大代表建议答复

（一）财政部答复

对十四届全国人大一次会议第0649号建议的答复 …………………………………（706）
　　——关于规范市场招投标行为的建议
　　（2023年6月21日）
对十四届全国人大一次会议第0343号建议的答复 …………………………………（707）
　　——关于加快完善政府采购公平诚信体系建设的建议
　　（2023年6月21日）
对十三届全国人大五次会议第4824号建议的答复 …………………………………（708）
　　——关于出台政策推广政府限额以下采购平台帮扶的建议
　　（2022年6月17日）
对十三届全国人大五次会议第6015号建议的答复 …………………………………（709）
　　——关于加强政府采购平台监管提高财政资金使用效益的建议
　　（2022年6月17日）

对十三届全国人大五次会议第6970号建议的答复 …………………………………（709）
　　——关于全面推广政府采购合同融资业务，应用中征平台支持中小微企业融资的建议
　　（2022年6月17日）
对十三届全国人大四次会议第5866号建议的答复 …………………………………（710）
　　——关于完善跨境电商零售进口政策的建议
　　（2021年7月2日）
对十三届全国人大四次会议第9528号建议的答复 …………………………………（710）
　　——关于在公共服务领域完善规范政府和社会资本合作及授权特许经营等非传统投融资模式的建议
　　（2021年6月29日）
对十三届全国人大四次会议第5006号建议的答复 …………………………………（711）
　　——关于完善财政引导的多元金融风险防控机制提升金融机构服务乡村振兴能力的建议
　　（2021年6月29日）

对十三届全国人大四次会议第1334号建议
的答复 …………………………………（712）
　　——关于加大政策精准支持，进一步调动银行机构积极性，提升小微企业金融服务水平的建议
（2021年6月29日）

（二）国家税务总局答复

对十三届全国人大四次会议第10014号建议
的答复 …………………………………（714）
　　——关于促进女性生育与就业良性互动、助力国家人口发展和二〇三五年远景目标的建议
（2021年6月25日）

对十三届全国人大三次会议第8269号建议
的答复 …………………………………（714）
　　——关于进一步简化公司注销流程、改进税收管理制度的建议
（2020年9月1日）

对十三届全国人大三次会议第8765号建议
的答复 …………………………………（715）
　　——关于从税收政策和征管方式等方面加大平台经济发展支持力度的建议
（2020年8月27日）

对十三届全国人大三次会议第8471号建议
的答复 …………………………………（717）
　　——关于规范完善不动产司法拍卖中税费征缴的建议
（2020年9月2日）

一、国家财政

(一)财政综合规定

中华人民共和国资产评估法

- 2016年7月2日第十二届全国人民代表大会常务委员会第二十一次会议通过
- 2016年7月2日中华人民共和国主席令第46号公布
- 自2016年12月1日起施行

第一章 总 则

第一条 为了规范资产评估行为,保护资产评估当事人合法权益和公共利益,促进资产评估行业健康发展,维护社会主义市场经济秩序,制定本法。

第二条 本法所称资产评估(以下称评估),是指评估机构及其评估专业人员根据委托对不动产、动产、无形资产、企业价值、资产损失或者其他经济权益进行评定、估算,并出具评估报告的专业服务行为。

第三条 自然人、法人或者其他组织需要确定评估对象价值的,可以自愿委托评估机构评估。

涉及国有资产或者公共利益等事项,法律、行政法规规定需要评估的(以下称法定评估),应当依法委托评估机构评估。

第四条 评估机构及其评估专业人员开展业务应当遵守法律、行政法规和评估准则,遵循独立、客观、公正的原则。

评估机构及其评估专业人员依法开展业务,受法律保护。

第五条 评估专业人员从事评估业务,应当加入评估机构,并且只能在一个评估机构从事业务。

第六条 评估行业可以按照专业领域依法设立行业协会,实行自律管理,并接受有关评估行政管理部门的监督和社会监督。

第七条 国务院有关评估行政管理部门按照各自职责分工,对评估行业进行监督管理。

设区的市级以上地方人民政府有关评估行政管理部门按照各自职责分工,对本行政区域内的评估行业进行监督管理。

第二章 评估专业人员

第八条 评估专业人员包括评估师和其他具有评估专业知识及实践经验的评估从业人员。

评估师是指通过评估师资格考试的评估专业人员。国家根据经济社会发展需要确定评估师专业类别。

第九条 有关全国性评估行业协会按国家规定组织实施评估师资格全国统一考试。

具有高等院校专科以上学历的公民,可以参加评估师资格全国统一考试。

第十条 有关全国性评估行业协会应当在其网站上公布评估师名单,并实时更新。

第十一条 因故意犯罪或者在从事评估、财务、会计、审计活动中因过失犯罪而受刑事处罚,自刑罚执行完毕之日起不满五年的人员,不得从事评估业务。

第十二条 评估专业人员享有下列权利:

(一)要求委托人提供相关的权属证明、财务会计信息和其他资料,以及为执行公允的评估程序所需的必要协助;

(二)依法向有关国家机关或者其他组织查阅从事业务所需的文件、证明和资料;

(三)拒绝委托人或者其他组织、个人对评估行为和评估结果的非法干预;

(四)依法签署评估报告;

(五)法律、行政法规规定的其他权利。

第十三条 评估专业人员应当履行下列义务:

(一)诚实守信,依法独立、客观、公正从事业务;

(二)遵守评估准则,履行调查职责,独立分析估算,勤勉谨慎从事业务;

(三)完成规定的继续教育,保持和提高专业能力;

(四)对评估活动中使用的有关文件、证明和资料的真实性、准确性、完整性进行核查和验证;

(五)对评估活动中知悉的国家秘密、商业秘密和个人隐私予以保密;

(六)与委托人或者其他相关当事人及评估对象有利害关系的,应当回避;

（七）接受行业协会的自律管理,履行行业协会章程规定的义务；

（八）法律、行政法规规定的其他义务。

第十四条 评估专业人员不得有下列行为：

（一）私自接受委托从事业务、收取费用；

（二）同时在两个以上评估机构从事业务；

（三）采用欺骗、利诱、胁迫,或者贬损、诋毁其他评估专业人员等不正当手段招揽业务；

（四）允许他人以本人名义从事业务,或者冒用他人名义从事业务；

（五）签署本人未承办业务的评估报告；

（六）索要、收受或者变相索要、收受合同约定以外的酬金、财物,或者谋取其他不正当利益；

（七）签署虚假评估报告或者有重大遗漏的评估报告；

（八）违反法律、行政法规的其他行为。

第三章 评估机构

第十五条 评估机构应当依法采用合伙或者公司形式,聘用评估专业人员开展评估业务。

合伙形式的评估机构,应当有两名以上评估师；其合伙人三分之二以上应当是具有三年以上从业经历且最近三年内未受停止从业处罚的评估师。

公司形式的评估机构,应当有八名以上评估师和两名以上股东,其中三分之二以上股东应当是具有三年以上从业经历且最近三年内未受停止从业处罚的评估师。

评估机构的合伙人或者股东为两名的,两名合伙人或者股东都应当是具有三年以上从业经历且最近三年内未受停止从业处罚的评估师。

第十六条 设立评估机构,应当向工商行政管理部门申请办理登记。评估机构应当自领取营业执照之日起三十日内向有关评估行政管理部门备案。评估行政管理部门应当及时将评估机构备案情况向社会公告。

第十七条 评估机构应当依法独立、客观、公正开展业务,建立健全质量控制制度,保证评估报告的客观、真实、合理。

评估机构应当建立健全内部管理制度,对本机构的评估专业人员遵守法律、行政法规和评估准则的情况进行监督,并对其从业行为负责。

评估机构应当依法接受监督检查,如实提供评估档案以及相关情况。

第十八条 委托人拒绝提供或者不如实提供执行评估业务所需的权属证明、财务会计信息和其他资料的,评估机构有权依法拒绝其履行合同的要求。

第十九条 委托人要求出具虚假评估报告或者有其他非法干预评估结果情形的,评估机构有权解除合同。

第二十条 评估机构不得有下列行为：

（一）利用开展业务之便,谋取不正当利益；

（二）允许其他机构以本机构名义开展业务,或者冒用其他机构名义开展业务；

（三）以恶性压价、支付回扣、虚假宣传,或者贬损、诋毁其他评估机构等不正当手段招揽业务；

（四）受理与自身有利害关系的业务；

（五）分别接受利益冲突双方的委托,对同一评估对象进行评估；

（六）出具虚假评估报告或者有重大遗漏的评估报告；

（七）聘用或者指定不符合本法规定的人员从事评估业务；

（八）违反法律、行政法规的其他行为。

第二十一条 评估机构根据业务需要建立职业风险基金,或者自愿办理职业责任保险,完善风险防范机制。

第四章 评估程序

第二十二条 委托人有权自主选择符合本法规定的评估机构,任何组织或者个人不得非法限制或者干预。

评估事项涉及两个以上当事人的,由全体当事人协商委托评估机构。

委托开展法定评估业务,应当依法选择评估机构。

第二十三条 委托人应当与评估机构订立委托合同,约定双方的权利和义务。

委托人应当按照合同约定向评估机构支付费用,不得索要、收受或者变相索要、收受回扣。

委托人应当对其提供的权属证明、财务会计信息和其他资料的真实性、完整性和合法性负责。

第二十四条 对受理的评估业务,评估机构应当指定至少两名评估专业人员承办。

委托人有权要求与相关当事人及评估对象有利害关系的评估专业人员回避。

第二十五条 评估专业人员应当根据评估业务具体情况,对评估对象进行现场调查,收集权属证明、财务会计信息和其他资料并进行核查验证、分析整理,作为评估的依据。

第二十六条 评估专业人员应当恰当选择评估方法,除依据评估执业准则只能选择一种评估方法的外,应当选择两种以上评估方法,经综合分析,形成评估结论,编制评估报告。

评估机构应当对评估报告进行内部审核。

第二十七条 评估报告应当由至少两名承办该项业务的评估专业人员签名并加盖评估机构印章。

评估机构及其评估专业人员对其出具的评估报告依法承担责任。

委托人不得串通、唆使评估机构或者评估专业人员出具虚假评估报告。

第二十八条 评估机构开展法定评估业务，应当指定至少两名相应专业类别的评估师承办，评估报告应当由至少两名承办该项业务的评估师签名并加盖评估机构印章。

第二十九条 评估档案的保存期限不少于十五年，属于法定评估业务的，保存期限不少于三十年。

第三十条 委托人对评估报告有异议的，可以要求评估机构解释。

第三十一条 委托人认为评估机构或者评估专业人员违法开展业务的，可以向有关评估行政管理部门或者行业协会投诉、举报，有关评估行政管理部门或者行业协会应当及时调查处理，并答复委托人。

第三十二条 委托人或者评估报告使用人应当按照法律规定和评估报告载明的使用范围使用评估报告。

委托人或者评估报告使用人违反前款规定使用评估报告的，评估机构和评估专业人员不承担责任。

第五章　行业协会

第三十三条 评估行业协会是评估机构和评估专业人员的自律性组织，依照法律、行政法规和章程实行自律管理。

评估行业按照专业领域设立全国性评估行业协会，根据需要设立地方性评估行业协会。

第三十四条 评估行业协会的章程由会员代表大会制定，报登记管理机关核准，并报有关评估行政管理部门备案。

第三十五条 评估机构、评估专业人员加入有关评估行业协会，平等享有章程规定的权利，履行章程规定的义务。有关评估行业协会公布加入本协会的评估机构、评估专业人员名单。

第三十六条 评估行业协会履行下列职责：

（一）制定会员自律管理办法，对会员实行自律管理；

（二）依据评估基本准则制定评估执业准则和职业道德准则；

（三）组织开展会员继续教育；

（四）建立会员信用档案，将会员遵守法律、行政法规和评估准则的情况记入信用档案，并向社会公开；

（五）检查会员建立风险防范机制的情况；

（六）受理对会员的投诉、举报，受理会员的申诉，调解会员执业纠纷；

（七）规范会员从业行为，定期对会员出具的评估报告进行检查，按照章程规定对会员给予奖惩，并将奖惩情况及时报告有关评估行政管理部门；

（八）保障会员依法开展业务，维护会员合法权益；

（九）法律、行政法规和章程规定的其他职责。

第三十七条 有关评估行业协会应当建立沟通协作和信息共享机制，根据需要制定共同的行为规范，促进评估行业健康有序发展。

第三十八条 评估行业协会收取会员会费的标准，由会员代表大会通过，并向社会公开。不得以会员交纳会费数额作为其在行业协会中担任职务的条件。

会费的收取、使用接受会员代表大会和有关部门的监督，任何组织或者个人不得侵占、私分和挪用。

第六章　监督管理

第三十九条 国务院有关评估行政管理部门组织制定评估基本准则和评估行业监督管理办法。

第四十条 设区的市级以上人民政府有关评估行政管理部门依据各自职责，负责监督管理评估行业，对评估机构和评估专业人员的违法行为依法实施行政处罚，将处罚情况及时通报有关评估行业协会，并依法向社会公开。

第四十一条 评估行政管理部门对有关评估行业协会实施监督检查，对检查发现的问题和针对协会的投诉、举报，应当及时调查处理。

第四十二条 评估行政管理部门不得违反本法规定，对评估机构依法开展业务进行限制。

第四十三条 评估行政管理部门不得与评估行业协会、评估机构存在人员或者资金关联，不得利用职权为评估机构招揽业务。

第七章　法律责任

第四十四条 评估专业人员违反本法规定，有下列情形之一的，由有关评估行政管理部门予以警告，可以责令停止从业六个月以上一年以下；有违法所得的，没收违法所得；情节严重的，责令停止从业一年以上五年以下；构成犯罪的，依法追究刑事责任：

（一）私自接受委托从事业务、收取费用的；

（二）同时在两个以上评估机构从事业务的；

（三）采用欺骗、利诱、胁迫，或者贬损、诋毁其他评估专业人员等不正当手段招揽业务的；

（四）允许他人以本人名义从事业务，或者冒用他人名义从事业务的；

（五）签署本人未承办业务的评估报告或者有重大遗漏的评估报告的；

（六）索要、收受或者变相索要、收受合同约定以外的酬金、财物，或者谋取其他不正当利益的。

第四十五条 评估专业人员违反本法规定，签署虚假评估报告的，由有关评估行政管理部门责令停止从业两年以上五年以下；有违法所得的，没收违法所得；情节严重的，责令停止从业五年以上十年以下；构成犯罪的，依法追究刑事责任，终身不得从事评估业务。

第四十六条 违反本法规定，未经工商登记以评估机构名义从事评估业务的，由工商行政管理部门责令停止违法活动；有违法所得的，没收违法所得，并处违法所得一倍以上五倍以下罚款。

第四十七条 评估机构违反本法规定，有下列情形之一的，由有关评估行政管理部门予以警告，可以责令停业一个月以上六个月以下；有违法所得的，没收违法所得，并处违法所得一倍以上五倍以下罚款；情节严重的，由工商行政管理部门吊销营业执照；构成犯罪的，依法追究刑事责任：

（一）利用开展业务之便，谋取不正当利益的；

（二）允许其他机构以本机构名义开展业务，或者冒用其他机构名义开展业务的；

（三）以恶性压价、支付回扣、虚假宣传，或者贬损、诋毁其他评估机构等不正当手段招揽业务的；

（四）受理与自身有利害关系的业务的；

（五）分别接受利益冲突双方的委托，对同一评估对象进行评估的；

（六）出具有重大遗漏的评估报告的；

（七）未按本法规定的期限保存评估档案的；

（八）聘用或者指定不符合本法规定的人员从事评估业务的；

（九）对本机构的评估专业人员疏于管理，造成不良后果的。

评估机构未按本法规定备案或者不符合本法第十五条规定的条件的，由有关评估行政管理部门责令改正；拒不改正的，责令停业，可以并处一万元以上五万元以下罚款。

第四十八条 评估机构违反本法规定，出具虚假评估报告的，由有关评估行政管理部门责令停业六个月以上一年以下；有违法所得的，没收违法所得，并处违法所得一倍以上五倍以下罚款；情节严重的，由工商行政管理部门吊销营业执照；构成犯罪的，依法追究刑事责任。

第四十九条 评估机构、评估专业人员在一年内累计三次因违反本法规定受到责令停业、责令停止从业以外处罚的，有关评估行政管理部门可以责令其停业或者停止从业一年以上五年以下。

第五十条 评估专业人员违反本法规定，给委托人或者其他相关当事人造成损失的，由其所在的评估机构依法承担赔偿责任。评估机构履行赔偿责任后，可以向有故意或者重大过失行为的评估专业人员追偿。

第五十一条 违反本法规定，应当委托评估机构进行法定评估而未委托的，由有关部门责令改正；拒不改正的，处十万元以上五十万元以下罚款；情节严重的，对直接负责的主管人员和其他直接责任人员依法给予处分；造成损失的，依法承担赔偿责任；构成犯罪的，依法追究刑事责任。

第五十二条 违反本法规定，委托人在法定评估中有下列情形之一的，由有关评估行政管理部门会同有关部门责令改正；拒不改正的，处十万元以上五十万元以下罚款；有违法所得的，没收违法所得；情节严重的，对直接负责的主管人员和其他直接责任人员依法给予处分；造成损失的，依法承担赔偿责任；构成犯罪的，依法追究刑事责任：

（一）未依法选择评估机构的；

（二）索要、收受或者变相索要、收受回扣的；

（三）串通、唆使评估机构或者评估师出具虚假评估报告的；

（四）不如实向评估机构提供权属证明、财务会计信息和其他资料的；

（五）未按照法律规定和评估报告载明的使用范围使用评估报告的。

前款规定以外的委托人违反本法规定，给他人造成损失的，依法承担赔偿责任。

第五十三条 评估行业协会违反本法规定的，由有关评估行政管理部门给予警告，责令改正；拒不改正的，可以通报登记管理机关，由其依法给予处罚。

第五十四条 有关行政管理部门、评估行业协会工作人员违反本法规定，滥用职权、玩忽职守或者徇私舞弊的，依法给予处分；构成犯罪的，依法追究刑事责任。

第八章 附 则

第五十五条 本法自2016年12月1日起施行。

中华人民共和国企业国有资产法

· 2008年10月28日第十一届全国人民代表大会常务委员会第五次会议通过
· 2008年10月28日中华人民共和国主席令第5号公布
· 自2009年5月1日起施行

第一章 总 则

第一条 为了维护国家基本经济制度，巩固和发展国有经济，加强对国有资产的保护，发挥国有经济在国民经济中的主导作用，促进社会主义市场经济发展，制定本法。

第二条 本法所称企业国有资产（以下称国有资产），是指国家对企业各种形式的出资所形成的权益。

第三条 国有资产属于国家所有即全民所有。国务院代表国家行使国有资产所有权。

第四条 国务院和地方人民政府依照法律、行政法规的规定，分别代表国家对国家出资企业履行出资人职责，享有出资人权益。

国务院确定的关系国民经济命脉和国家安全的大型国家出资企业，重要基础设施和重要自然资源等领域的国家出资企业，由国务院代表国家履行出资人职责。其他的国家出资企业，由地方人民政府代表国家履行出资人职责。

第五条 本法所称国家出资企业，是指国家出资的国有独资企业、国有独资公司，以及国有资本控股公司、国有资本参股公司。

第六条 国务院和地方人民政府应当按照政企分开、社会公共管理职能与国有资产出资人职能分开、不干预企业依法自主经营的原则，依法履行出资人职责。

第七条 国家采取措施，推动国有资本向关系国民经济命脉和国家安全的重要行业和关键领域集中，优化国有经济布局和结构，推进国有企业的改革和发展，提高国有经济的整体素质，增强国有经济的控制力、影响力。

第八条 国家建立健全与社会主义市场经济发展要求相适应的国有资产管理与监督体制，建立健全国有资产保值增值考核和责任追究制度，落实国有资产保值增值责任。

第九条 国家建立健全国有资产基础管理制度。具体办法按照国务院的规定制定。

第十条 国有资产受法律保护，任何单位和个人不得侵害。

第二章 履行出资人职责的机构

第十一条 国务院国有资产监督管理机构和地方人民政府按照国务院的规定设立的国有资产监督管理机构，根据本级人民政府的授权，代表本级人民政府对国家出资企业履行出资人职责。

国务院和地方人民政府根据需要，可以授权其他部门、机构代表本级人民政府对国家出资企业履行出资人职责。

代表本级人民政府履行出资人职责的机构、部门，以下统称履行出资人职责的机构。

第十二条 履行出资人职责的机构代表本级人民政府对国家出资企业依法享有资产收益、参与重大决策和选择管理者等出资人权利。

履行出资人职责的机构依照法律、行政法规的规定，制定或者参与制定国家出资企业的章程。

履行出资人职责的机构对法律、行政法规和本级人民政府规定须经本级人民政府批准的履行出资人职责的重大事项，应当报请本级人民政府批准。

第十三条 履行出资人职责的机构委派的股东代表参加国有资本控股公司、国有资本参股公司召开的股东会会议、股东大会会议，应当按照委派机构的指示提出提案、发表意见、行使表决权，并将其履行职责的情况和结果及时报告委派机构。

第十四条 履行出资人职责的机构应当依照法律、行政法规以及企业章程履行出资人职责，保障出资人权益，防止国有资产损失。

履行出资人职责的机构应当维护企业作为市场主体依法享有的权利，除依法履行出资人职责外，不得干预企业经营活动。

第十五条 履行出资人职责的机构对本级人民政府负责，向本级人民政府报告履行出资人职责的情况，接受本级人民政府的监督和考核，对国有资产的保值增值负责。

履行出资人职责的机构应当按照国家有关规定，定期向本级人民政府报告有关国有资产总量、结构、变动、收益等汇总分析的情况。

第三章 国家出资企业

第十六条 国家出资企业对其动产、不动产和其他财产依照法律、行政法规以及企业章程享有占有、使用、收益和处分的权利。

国家出资企业依法享有的经营自主权和其他合法权益受法律保护。

第十七条 国家出资企业从事经营活动,应当遵守法律、行政法规,加强经营管理,提高经济效益,接受人民政府及其有关部门、机构依法实施的管理和监督,接受社会公众的监督,承担社会责任,对出资人负责。

国家出资企业应当依法建立和完善法人治理结构,建立健全内部监督管理和风险控制制度。

第十八条 国家出资企业应当依照法律、行政法规和国务院财政部门的规定,建立健全财务、会计制度,设置会计账簿,进行会计核算,依照法律、行政法规以及企业章程的规定向出资人提供真实、完整的财务、会计信息。

国家出资企业应当依照法律、行政法规以及企业章程的规定,向出资人分配利润。

第十九条 国有独资公司、国有资本控股公司和国有资本参股公司依照《中华人民共和国公司法》的规定设立监事会。国有独资企业由履行出资人职责的机构按照国务院的规定委派监事组成监事会。

国家出资企业的监事会依照法律、行政法规以及企业章程的规定,对董事、高级管理人员执行职务的行为进行监督,对企业财务进行监督检查。

第二十条 国家出资企业依照法律规定,通过职工代表大会或者其他形式,实行民主管理。

第二十一条 国家出资企业对其所出资企业依法享有资产收益、参与重大决策和选择管理者等出资人权利。

国家出资企业对其所出资企业,应当依照法律、行政法规的规定,通过制定或者参与制定所出资企业的章程,建立权责明确、有效制衡的企业内部监督管理和风险控制制度,维护其出资人权益。

第四章 国家出资企业管理者的选择与考核

第二十二条 履行出资人职责的机构依照法律、行政法规以及企业章程的规定,任免或者建议任免国家出资企业的下列人员:

(一)任免国有独资企业的经理、副经理、财务负责人和其他高级管理人员;

(二)任免国有独资公司的董事长、副董事长、董事、监事会主席和监事;

(三)向国有资本控股公司、国有资本参股公司的股东会、股东大会提出董事、监事人选。

国家出资企业中应当由职工代表出任的董事、监事,依照有关法律、行政法规的规定由职工民主选举产生。

第二十三条 履行出资人职责的机构任命或者建议任命的董事、监事、高级管理人员,应当具备下列条件:

(一)有良好的品行;

(二)有符合职位要求的专业知识和工作能力;

(三)有能够正常履行职责的身体条件;

(四)法律、行政法规规定的其他条件。

董事、监事、高级管理人员在任职期间出现不符合前款规定情形或者出现《中华人民共和国公司法》规定的不得担任公司董事、监事、高级管理人员情形的,履行出资人职责的机构应当依法予以免职或者提出免职建议。

第二十四条 履行出资人职责的机构对拟任命或者建议任命的董事、监事、高级管理人员的人选,应当按照规定的条件和程序进行考察。考察合格的,按照规定的权限和程序任命或者建议任命。

第二十五条 未经履行出资人职责的机构同意,国有独资企业、国有独资公司的董事、高级管理人员不得在其他企业兼职。未经股东会、股东大会同意,国有资本控股公司、国有资本参股公司的董事、高级管理人员不得在经营同类业务的其他企业兼职。

未经履行出资人职责的机构同意,国有独资公司的董事长不得兼任经理。未经股东会、股东大会同意,国有资本控股公司的董事长不得兼任经理。

董事、高级管理人员不得兼任监事。

第二十六条 国家出资企业的董事、监事、高级管理人员,应当遵守法律、行政法规以及企业章程,对企业负有忠实义务和勤勉义务,不得利用职权收受贿赂或者取得其他非法收入和不当利益,不得侵占、挪用企业资产,不得超越职权或者违反程序决定企业重大事项,不得有其他侵害国有资产出资人权益的行为。

第二十七条 国家建立国家出资企业管理者经营业绩考核制度。履行出资人职责的机构应当对其任命的企业管理者进行年度和任期考核,并依据考核结果决定对企业管理者的奖惩。

履行出资人职责的机构应当按照国家有关规定,确定其任命的国家出资企业管理者的薪酬标准。

第二十八条 国有独资企业、国有独资公司和国有资本控股公司的主要负责人,应当接受依法进行的任期经济责任审计。

第二十九条 本法第二十二条第一款第一项、第二项规定的企业管理者,国务院和地方人民政府规定由本级人民政府任免的,依照其规定。履行出资人职责的机构依照本章规定对上述企业管理者进行考核、奖惩并确定其薪酬标准。

第五章　关系国有资产出资人权益的重大事项

第一节　一般规定

第三十条　国家出资企业合并、分立、改制、上市,增加或者减少注册资本,发行债券,进行重大投资,为他人提供大额担保,转让重大财产,进行大额捐赠,分配利润,以及解散、申请破产等重大事项,应当遵守法律、行政法规以及企业章程的规定,不得损害出资人和债权人的权益。

第三十一条　国有独资企业、国有独资公司合并、分立,增加或者减少注册资本,发行债券,分配利润,以及解散、申请破产,由履行出资人职责的机构决定。

第三十二条　国有独资企业、国有独资公司有本法第三十条所列事项的,除依照本法第三十一条和有关法律、行政法规以及企业章程的规定,由履行出资人职责的机构决定的以外,国有独资企业由企业负责人集体讨论决定,国有独资公司由董事会决定。

第三十三条　国有资本控股公司、国有资本参股公司有本法第三十条所列事项的,依照法律、行政法规以及公司章程的规定,由公司股东会、股东大会或者董事会决定。由股东会、股东大会决定的,履行出资人职责的机构委派的股东代表应当依照本法第十三条的规定行使权利。

第三十四条　重要的国有独资企业、国有独资公司、国有资本控股公司的合并、分立、解散、申请破产以及法律、行政法规和本级人民政府规定应当由履行出资人职责的机构报经本级人民政府批准的重大事项,履行出资人职责的机构在作出决定或者向其委派参加国有资本控股公司股东会会议、股东大会会议的股东代表作出指示前,应当报请本级人民政府批准。

本法所称的重要的国有独资企业、国有独资公司和国有资本控股公司,按照国务院的规定确定。

第三十五条　国家出资企业发行债券、投资等事项,有关法律、行政法规规定应当报经人民政府或者人民政府有关部门、机构批准、核准或者备案的,依照其规定。

第三十六条　国家出资企业投资应当符合国家产业政策,并按照国家规定进行可行性研究;与他人交易应当公平、有偿,取得合理对价。

第三十七条　国家出资企业的合并、分立、改制、解散、申请破产等重大事项,应当听取企业工会的意见,并通过职工代表大会或者其他形式听取职工的意见和建议。

第三十八条　国有独资企业、国有独资公司、国有资本控股公司对其所出资企业的重大事项参照本章规定履行出资人职责。具体办法由国务院规定。

第二节　企业改制

第三十九条　本法所称企业改制是指:

(一)国有独资企业改为国有独资公司;

(二)国有独资企业、国有独资公司改为国有资本控股公司或者非国有资本控股公司;

(三)国有资本控股公司改为非国有资本控股公司。

第四十条　企业改制应当依照法定程序,由履行出资人职责的机构决定或者由公司股东会、股东大会决定。

重要的国有独资企业、国有独资公司、国有资本控股公司的改制,履行出资人职责的机构在作出决定或者向其委派参加国有资本控股公司股东会会议、股东大会会议的股东代表作出指示前,应当将改制方案报请本级人民政府批准。

第四十一条　企业改制应当制定改制方案,载明改制后的企业组织形式、企业资产和债权债务处理方案、股权变动方案、改制的操作程序、资产评估和财务审计等中介机构的选聘等事项。

企业改制涉及重新安置企业职工的,还应当制定职工安置方案,并经职工代表大会或者职工大会审议通过。

第四十二条　企业改制应当按照规定进行清产核资、财务审计、资产评估,准确界定和核实资产,客观、公正地确定资产的价值。

企业改制涉及以企业的实物、知识产权、土地使用权等非货币财产折算为国有资本出资或者股份的,应当按照规定对折价财产进行评估,以评估确认价格作为确定国有资本出资额或者股份数额的依据。不得将财产低价折股或者有其他损害出资人权益的行为。

第三节　与关联方的交易

第四十三条　国家出资企业的关联方不得利用与国家出资企业之间的交易,谋取不当利益,损害国家出资企业利益。

本法所称关联方,是指本企业的董事、监事、高级管理人员及其近亲属,以及这些人员所有或者实际控制的企业。

第四十四条　国有独资企业、国有独资公司、国有资本控股公司不得无偿向关联方提供资金、商品、服务或者其他资产,不得以不公平的价格与关联方进行交易。

第四十五条 未经履行出资人职责的机构同意,国有独资企业、国有独资公司不得有下列行为:

(一)与关联方订立财产转让、借款的协议;

(二)为关联方提供担保;

(三)与关联方共同出资设立企业,或者向董事、监事、高级管理人员或者其近亲属所有或者实际控制的企业投资。

第四十六条 国有资本控股公司、国有资本参股公司与关联方的交易,依照《中华人民共和国公司法》和有关行政法规以及公司章程的规定,由公司股东会、股东大会或者董事会决定。由公司股东会、股东大会决定的,履行出资人职责的机构委派的股东代表,应当依照本法第十三条的规定行使权利。

公司董事会对公司与关联方的交易作出决议时,该交易涉及的董事不得行使表决权,也不得代理其他董事行使表决权。

第四节 资产评估

第四十七条 国有独资企业、国有独资公司和国有资本控股公司合并、分立、改制,转让重大财产,以非货币财产对外投资,清算或者有法律、行政法规以及企业章程规定应当进行资产评估的其他情形的,应当按照规定对有关资产进行评估。

第四十八条 国有独资企业、国有独资公司和国有资本控股公司应当委托依法设立的符合条件的资产评估机构进行资产评估;涉及应当报经履行出资人职责的机构决定的事项,应当将委托资产评估机构的情况向履行出资人职责的机构报告。

第四十九条 国有独资企业、国有独资公司、国有资本控股公司及其董事、监事、高级管理人员应当向资产评估机构如实提供有关情况和资料,不得与资产评估机构串通评估作价。

第五十条 资产评估机构及其工作人员受托评估有关资产,应当遵守法律、行政法规以及评估执业准则,独立、客观、公正地对受托评估的资产进行评估。资产评估机构应当对其出具的评估报告负责。

第五节 国有资产转让

第五十一条 本法所称国有资产转让,是指依法将国家对企业的出资所形成的权益转移给其他单位或者个人的行为;按照国家规定无偿划转国有资产的除外。

第五十二条 国有资产转让应当有利于国有经济布局和结构的战略性调整,防止国有资产损失,不得损害交易各方的合法权益。

第五十三条 国有资产转让由履行出资人职责的机构决定。履行出资人职责的机构决定转让全部国有资产的,或者转让部分国有资产致使国家对该企业不再具有控股地位的,应当报请本级人民政府批准。

第五十四条 国有资产转让应当遵循等价有偿和公开、公平、公正的原则。

除按照国家规定可以直接协议转让的以外,国有资产转让应当在依法设立的产权交易场所公开进行。转让方应当如实披露有关信息,征集受让方;征集产生的受让方为两个以上的,转让应当采用公开竞价的交易方式。

转让上市交易的股份依照《中华人民共和国证券法》的规定进行。

第五十五条 国有资产转让应当以依法评估的、经履行出资人职责的机构认可或者由履行出资人职责的机构报经本级人民政府核准的价格为依据,合理确定最低转让价格。

第五十六条 法律、行政法规或者国务院国有资产监督管理机构规定可以向本企业的董事、监事、高级管理人员或者其近亲属,或者这些人员所有或者实际控制的企业转让的国有资产,在转让时,上述人员或者企业参与受让的,应当与其他受让参与者平等竞买;转让方应当按照国家有关规定,如实披露有关信息;相关的董事、监事和高级管理人员不得参与转让方案的制定和组织实施的各项工作。

第五十七条 国有资产向境外投资者转让的,应当遵守国家有关规定,不得危害国家安全和社会公共利益。

第六章 国有资本经营预算

第五十八条 国家建立健全国有资本经营预算制度,对取得的国有资本收入及其支出实行预算管理。

第五十九条 国家取得的下列国有资本收入,以及下列收入的支出,应当编制国有资本经营预算:

(一)从国家出资企业分得的利润;

(二)国有资产转让收入;

(三)从国家出资企业取得的清算收入;

(四)其他国有资本收入。

第六十条 国有资本经营预算按年度单独编制,纳入本级人民政府预算,报本级人民代表大会批准。

国有资本经营预算支出按照当年预算收入规模安排,不列赤字。

第六十一条 国务院和有关地方人民政府财政部门

负责国有资本经营预算草案的编制工作，履行出资人职责的机构向财政部门提出由其履行出资人职责的国有资本经营预算建议草案。

第六十二条 国有资本经营预算管理的具体办法和实施步骤，由国务院规定，报全国人民代表大会常务委员会备案。

第七章　国有资产监督

第六十三条 各级人民代表大会常务委员会通过听取和审议本级人民政府履行出资人职责的情况和国有资产监督管理情况的专项工作报告，组织对本法实施情况的执法检查等，依法行使监督职权。

第六十四条 国务院和地方人民政府应当对其授权履行出资人职责的机构履行职责的情况进行监督。

第六十五条 国务院和地方人民政府审计机关依照《中华人民共和国审计法》的规定，对国有资本经营预算的执行情况和属于审计监督对象的国家出资企业进行审计监督。

第六十六条 国务院和地方人民政府应当依法向社会公布国有资产状况和国有资产监督管理工作情况，接受社会公众的监督。

任何单位和个人有权对造成国有资产损失的行为进行检举和控告。

第六十七条 履行出资人职责的机构根据需要，可以委托会计师事务所对国有独资企业、国有独资公司的年度财务会计报告进行审计，或者通过国有资本控股公司的股东会、股东大会决议，由国有资本控股公司聘请会计师事务所对公司的年度财务会计报告进行审计，维护出资人权益。

第八章　法律责任

第六十八条 履行出资人职责的机构有下列行为之一的，对其直接负责的主管人员和其他直接责任人员依法给予处分：

（一）不按照法定的任职条件，任命或者建议任命国家出资企业管理者的；

（二）侵占、截留、挪用国家出资企业的资金或者应当上缴的国有资本收入的；

（三）违反法定的权限、程序，决定国家出资企业重大事项，造成国有资产损失的；

（四）有其他不依法履行出资人职责的行为，造成国有资产损失的。

第六十九条 履行出资人职责的机构的工作人员玩忽职守、滥用职权、徇私舞弊，尚不构成犯罪的，依法给予处分。

第七十条 履行出资人职责的机构委派的股东代表未按照委派机构的指示履行职责，造成国有资产损失的，依法承担赔偿责任；属于国家工作人员的，并依法给予处分。

第七十一条 国家出资企业的董事、监事、高级管理人员有下列行为之一，造成国有资产损失的，依法承担赔偿责任；属于国家工作人员的，并依法给予处分：

（一）利用职权收受贿赂或者取得其他非法收入和不当利益的；

（二）侵占、挪用企业资产的；

（三）在企业改制、财产转让等过程中，违反法律、行政法规和公平交易规则，将企业财产低价转让、低价折股的；

（四）违反本法规定与本企业进行交易的；

（五）不如实向资产评估机构、会计师事务所提供有关情况和资料，或者与资产评估机构、会计师事务所串通出具虚假资产评估报告、审计报告的；

（六）违反法律、行政法规和企业章程规定的决策程序，决定企业重大事项的；

（七）有其他违反法律、行政法规和企业章程执行职务行为的。

国家出资企业的董事、监事、高级管理人员因前款所列行为取得的收入，依法予以追缴或者归国家出资企业所有。

履行出资人职责的机构任命或者建议任命的董事、监事、高级管理人员有本条第一款所列行为之一，造成国有资产重大损失的，由履行出资人职责的机构依法予以免职或者提出免职建议。

第七十二条 在涉及关联方交易、国有资产转让等交易活动中，当事人恶意串通，损害国有资产权益的，该交易行为无效。

第七十三条 国有独资企业、国有独资公司、国有资本控股公司的董事、监事、高级管理人员违反本法规定，造成国有资产重大损失，被免职的，自免职之日起五年内不得担任国有独资企业、国有独资公司、国有资本控股公司的董事、监事、高级管理人员；造成国有资产特别重大损失，或者因贪污、贿赂、侵占财产、挪用财产或者破坏社会主义市场经济秩序被判处刑罚的，终身不得担任国有独资企业、国有独资公司、国有资本控股公司的董事、监事、高级管理人员。

第七十四条 接受委托对国家出资企业进行资产评

估、财务审计的资产评估机构、会计师事务所违反法律、行政法规的规定和执业准则,出具虚假的资产评估报告或者审计报告的,依照有关法律、行政法规的规定追究法律责任。

第七十五条 违反本法规定,构成犯罪的,依法追究刑事责任。

第九章 附 则

第七十六条 金融企业国有资产的管理与监督,法律、行政法规另有规定的,依照其规定。

第七十七条 本法自2009年5月1日起施行。

企业国有资产交易监督管理办法

- 2016年6月24日国务院国有资产监督管理委员会、财政部令第32号公布
- 自公布之日起施行

第一章 总 则

第一条 为规范企业国有资产交易行为,加强企业国有资产交易监督管理,防止国有资产流失,根据《中华人民共和国企业国有资产法》、《中华人民共和国公司法》、《企业国有资产监督管理暂行条例》等有关法律法规,制定本办法。

第二条 企业国有资产交易应当遵守国家法律法规和政策规定,有利于国有经济布局和结构调整优化,充分发挥市场配置资源作用,遵循等价有偿和公开公平公正的原则,在依法设立的产权交易机构中公开进行,国家法律法规另有规定的从其规定。

第三条 本办法所称企业国有资产交易行为包括:

(一)履行出资人职责的机构、国有及国有控股企业、国有实际控制企业转让其对企业各种形式出资所形成权益的行为(以下称企业产权转让);

(二)国有及国有控股企业、国有实际控制企业增加资本的行为(以下称企业增资),政府以增加资本金方式对国家出资企业的投入除外;

(三)国有及国有控股企业、国有实际控制企业的重大资产转让行为(以下称企业资产转让)。

第四条 本办法所称国有及国有控股企业、国有实际控制企业包括:

(一)政府部门、机构、事业单位出资设立的国有独资企业(公司),以及上述单位、企业直接或间接合计持股为100%的国有全资企业;

(二)本条第(一)款所列单位、企业单独或共同出资,合计拥有产(股)权比例超过50%,且其中之一为最大股东的企业;

(三)本条第(一)、(二)款所列企业对外出资,拥有股权比例超过50%的各级子企业;

(四)政府部门、机构、事业单位、单一国有及国有控股企业直接或间接持股比例未超过50%,但为第一大股东,并且通过股东协议、公司章程、董事会决议或者其他协议安排能够对其实际支配的企业。

第五条 企业国有资产交易标的应当权属清晰,不存在法律法规禁止或限制交易的情形。已设定担保物权的国有资产交易,应当符合《中华人民共和国物权法》、《中华人民共和国担保法》等有关法律法规规定。涉及政府社会公共管理事项的,应当依法报政府有关部门审核。

第六条 国有资产监督管理机构(以下简称国资监管机构)负责所监管企业的国有资产交易监督管理;国家出资企业负责其各级子企业国有资产交易的管理,定期向同级国资监管机构报告本企业的国有资产交易情况。

第二章 企业产权转让

第七条 国资监管机构负责审核国家出资企业的产权转让事项。其中,因产权转让致使国家不再拥有所出资企业控股权的,须由国资监管机构报本级人民政府批准。

第八条 国家出资企业应当制定其子企业产权转让管理制度,确定审批管理权限。其中,对主业处于关系国家安全、国民经济命脉的重要行业和关键领域,主要承担重大专项任务子企业的产权转让,须由国家出资企业报同级国资监管机构批准。

转让方为多家国有股东共同持股的企业,由其中持股比例最大的国有股东负责履行相关批准程序;各国有股东持股比例相同的,由相关股东协商后确定其中一家股东负责履行相关批准程序。

第九条 产权转让应当由转让方按照企业章程和企业内部管理制度进行决策,形成书面决议。国有控股和国有实际控制企业中国有股东委派的股东代表,应当按照本办法规定和委派单位的指示发表意见、行使表决权,并将履职情况和结果及时报告委派单位。

第十条 转让方应当按照企业发展战略做好产权转让的可行性研究和方案论证。产权转让涉及职工安置事项的,安置方案应当经职工代表大会或职工大会审议通过;涉及债权债务处置事项的,应当符合国家相关法律法规的规定。

第十一条 产权转让事项经批准后,由转让方委托

会计师事务所对转让标的企业进行审计。涉及参股权转让不宜单独进行专项审计的,转让方应当取得转让标的企业最近一期年度审计报告。

第十二条 对按照有关法律法规要求必须进行资产评估的产权转让事项,转让方应当委托具有相应资质的评估机构对转让标的进行资产评估,产权转让价格应以经核准或备案的评估结果为基础确定。

第十三条 产权转让原则上通过产权市场公开进行。转让方可以根据企业实际情况和工作进度安排,采取信息预披露和正式披露相结合的方式,通过产权交易机构网站分阶段对外披露产权转让信息,公开征集受让方。其中正式披露信息时间不得少于20个工作日。

因产权转让导致转让标的企业的实际控制权发生转移,转让方应当在转让行为获批后10个工作日内,通过产权交易机构进行信息预披露,时间不得少于20个工作日。

第十四条 产权转让原则上不得针对受让方设置资格条件,确需设置的,不得有明确指向性或违反公平竞争原则,所设资格条件相关内容应当在信息披露前报同级国资监管机构备案,国资监管机构在5个工作日内未反馈意见的视为同意。

第十五条 转让方披露信息包括但不限于以下内容:

(一)转让标的基本情况;

(二)转让标的企业的股东结构;

(三)产权转让行为的决策及批准情况;

(四)转让标的企业最近一个年度审计报告和最近一期财务报表中的主要财务指标数据,包括但不限于资产总额、负债总额、所有者权益、营业收入、净利润等(转让参股权的,披露最近一个年度审计报告中的相应数据);

(五)受让方资格条件(适用于对受让方有特殊要求的情形);

(六)交易条件、转让底价;

(七)企业管理层是否参与受让,有限责任公司原股东是否放弃优先受让权;

(八)竞价方式,受让方选择的相关评判标准;

(九)其他需要披露的事项。

其中信息预披露应当包括但不限于以上(一)、(二)、(三)、(四)、(五)款内容。

第十六条 转让方应当按照要求向产权交易机构提供披露信息内容的纸质文档材料,并对披露内容和所提供材料的真实性、完整性、准确性负责。产权交易机构应当对信息披露的规范性负责。

第十七条 产权转让项目首次正式信息披露的转让底价,不得低于经核准或备案的转让标的评估结果。

第十八条 信息披露期满未征集到意向受让方的,可以延期或在降低转让底价、变更受让条件后重新进行信息披露。

降低转让底价或变更受让条件后重新披露信息的,披露时间不得少于20个工作日。新的转让底价低于评估结果的90%时,应当经转让行为批准单位书面同意。

第十九条 转让项目自首次正式披露信息之日起超过12个月未征集到合格受让方的,应当重新履行审计、资产评估以及信息披露等产权转让工作程序。

第二十条 在正式披露信息期间,转让方不得变更产权转让公告中公布的内容,由于非转让方原因或其他不可抗力因素导致可能对转让标的价值判断造成影响的,转让方应当及时调整补充披露信息内容,并相应延长信息披露时间。

第二十一条 产权交易机构负责意向受让方的登记工作,对意向受让方是否符合受让条件提出意见并反馈转让方。产权交易机构与转让方意见不一致的,由转让行为批准单位决定意向受让方是否符合受让条件。

第二十二条 产权转让信息披露期满、产生符合条件的意向受让方的,按照披露的竞价方式组织竞价。竞价可以采取拍卖、招投标、网络竞价以及其他竞价方式,且不得违反国家法律法规的规定。

第二十三条 受让方确定后,转让方与受让方应当签订产权交易合同,交易双方不得以交易期间企业经营性损益等理由对已达成的交易条件和交易价格进行调整。

第二十四条 产权转让导致国有股东持有上市公司股份间接转让的,应当同时遵守上市公司国有股权管理以及证券监管相关规定。

第二十五条 企业产权转让涉及交易主体资格审查、反垄断审查、特许经营权、国有划拨土地使用权、探矿权和采矿权等政府审批事项的,按照相关规定执行。

第二十六条 受让方为境外投资者的,应当符合外商投资产业指导目录和负面清单管理要求,以及外商投资安全审查有关规定。

第二十七条 交易价款应当以人民币计价,通过产权交易机构以货币进行结算。因特殊情况不能通过产权交易机构结算的,转让方应当向产权交易机构提供转让行为批准单位的书面意见以及受让方付款凭证。

第二十八条 交易价款原则上应当自合同生效之日起5个工作日内一次付清。

金额较大、一次付清确有困难的,可以采取分期付款方式。采用分期付款方式的,首期付款不得低于总价款的30%,并在合同生效之日起5个工作日内支付;其余款项应当提供转让方认可的合法有效担保,并按同期银行贷款利率支付延期付款期间的利息,付款期限不得超过1年。

第二十九条 产权交易合同生效后,产权交易机构应当将交易结果通过交易机构网站对外公告,公告内容包括交易标的名称、转让标的评估结果、转让底价、交易价格,公告期不少于5个工作日。

第三十条 产权交易合同生效,并且受让方按照合同约定支付交易价款后,产权交易机构应当及时为交易双方出具交易凭证。

第三十一条 以下情形的产权转让可以采取非公开协议转让方式:

(一)涉及主业处于关系国家安全、国民经济命脉的重要行业和关键领域企业的重组整合,对受让方有特殊要求,企业产权需要在国有及国有控股企业之间转让的,经国资监管机构批准,可以采取非公开协议转让方式;

(二)同一国家出资企业及其各级控股企业或实际控制企业之间因实施内部重组整合进行产权转让的,经该国家出资企业审议决策,可以采取非公开协议转让方式。

第三十二条 采取非公开协议转让方式转让企业产权,转让价格不得低于经核准或备案的评估结果。

以下情形按照《中华人民共和国公司法》、企业章程履行决策程序后,转让价格可以资产评估报告或最近一期审计报告确认的净资产值为基础确定,且不得低于经评估或审计的净资产值:

(一)同一国家出资企业内部实施重组整合,转让方和受让方为该国家出资企业及其直接或间接全资拥有的子企业;

(二)同一国有控股企业或国有实际控制企业内部实施重组整合,转让方和受让方为该国有控股企业或国有实际控制企业及其直接、间接全资拥有的子企业。

第三十三条 国资监管机构批准、国家出资企业审议决策采取非公开协议方式的企业产权转让行为时,应当审核下列文件:

(一)产权转让的有关决议文件;
(二)产权转让方案;
(三)采取非公开协议方式转让产权的必要性以及受让方情况;
(四)转让标的企业审计报告、资产评估报告及其核准或备案文件。其中属于第三十二条(一)、(二)款情形的,可以仅提供企业审计报告;
(五)产权转让协议;
(六)转让方、受让方和转让标的企业的国家出资企业产权登记表(证);
(七)产权转让行为的法律意见书;
(八)其他必要的文件。

第三章 企业增资

第三十四条 国资监管机构负责审核国家出资企业的增资行为。其中,因增资致使国家不再拥有所出资企业控股权的,须由国资监管机构报本级人民政府批准。

第三十五条 国家出资企业决定其子企业的增资行为。其中,对主业处于关系国家安全、国民经济命脉的重要行业和关键领域,主要承担重大专项任务的子企业的增资行为,须由国家出资企业报同级国资监管机构批准。

增资企业为多家国有股东共同持股的企业,由其中持股比例最大的国有股东负责履行相关批准程序;各国有股东持股比例相同的,由相关股东协商后确定其中一家股东负责履行相关批准程序。

第三十六条 企业增资应当符合国家出资企业的发展战略,做好可行性研究,制定增资方案,明确募集资金金额、用途、投资方应具备的条件、选择标准和遴选方式等。增资后企业的股东数量须符合国家相关法律法规的规定。

第三十七条 企业增资应当由增资企业按照企业章程和内部管理制度进行决策,形成书面决议。国有控股、国有实际控制企业中国有股东委派的股东代表,应当按照本办法规定和委派单位的指示发表意见、行使表决权,并将履职情况和结果及时报告委派单位。

第三十八条 企业增资在完成决策批准程序后,应当由增资企业委托具有相应资质的中介机构开展审计和资产评估。

以下情形按照《中华人民共和国公司法》、企业章程履行决策程序后,可以依据评估报告或最近一期审计报告确定企业资本及股权比例:

(一)增资企业原股东同比例增资的;
(二)履行出资人职责的机构对国家出资企业增资的;
(三)国有控股或国有实际控制企业对其独资子企

业增资的；

（四）增资企业和投资方均为国有独资或国有全资企业的。

第三十九条 企业增资通过产权交易机构网站对外披露信息公开征集投资方，时间不得少于40个工作日。信息披露内容包括但不限于：

（一）企业的基本情况；

（二）企业目前的股权结构；

（三）企业增资行为的决策及批准情况；

（四）近三年企业审计报告中的主要财务指标；

（五）企业拟募集资金金额和增资后的企业股权结构；

（六）募集资金用途；

（七）投资方的资格条件，以及投资金额和持股比例要求等；

（八）投资方的遴选方式；

（九）增资终止的条件；

（十）其他需要披露的事项。

第四十条 企业增资涉及上市公司实际控制人发生变更的，应当同时遵守上市公司国有股权管理以及证券监管相关规定。

第四十一条 产权交易机构接受增资企业的委托提供项目推介服务，负责意向投资方的登记工作，协助企业开展投资方资格审查。

第四十二条 通过资格审查的意向投资方数量较多时，可以采用竞价、竞争性谈判、综合评议等方式进行多轮次遴选。产权交易机构负责统一接收意向投资方的投标和报价文件，协助企业开展投资方遴选有关工作。企业董事会或股东会以资产评估结果为基础，结合意向投资方的条件和报价等因素审议选定投资方。

第四十三条 投资方以非货币资产出资的，应当经增资企业董事会或股东会审议同意，并委托具有相应资质的评估机构进行评估，确认投资方的出资金额。

第四十四条 增资协议签订并生效后，产权交易机构应当出具交易凭证，通过交易机构网站对外公告结果，公告内容包括投资方名称、投资金额、持股比例等，公告期不少于5个工作日。

第四十五条 以下情形经同级国资监管机构批准，可以采取非公开协议方式进行增资：

（一）因国有资本布局结构调整需要，由特定的国有及国有控股企业或国有实际控制企业参与增资；

（二）因国家出资企业与特定投资方建立战略合作伙伴或利益共同体需要，由该投资方参与国家出资企业或其子企业增资。

第四十六条 以下情形经国家出资企业审议决策，可以采取非公开协议方式进行增资：

（一）国家出资企业直接或指定其控股、实际控制的其他子企业参与增资；

（二）企业债权转为股权；

（三）企业原股东增资。

第四十七条 国资监管机构批准、国家出资企业审议决策采取非公开协议方式的企业增资行为时，应当审核下列文件：

（一）增资的有关决议文件；

（二）增资方案；

（三）采取非公开协议方式增资的必要性以及投资方情况；

（四）增资企业审计报告、资产评估报告及其核准或备案文件。其中属于第三十八条（一）、（二）、（三）、（四）款情形的，可以仅提供企业审计报告；

（五）增资协议；

（六）增资企业的国家出资企业产权登记表（证）；

（七）增资行为的法律意见书；

（八）其他必要的文件。

第四章　企业资产转让

第四十八条 企业一定金额以上的生产设备、房产、在建工程以及土地使用权、债权、知识产权等资产对外转让，应当按照企业内部管理制度履行相应决策程序后，在产权交易机构公开进行。涉及国家出资企业内部或特定行业的资产转让，确需在国有及国有控股、国有实际控制企业之间非公开转让的，由转让方逐级报国家出资企业审核批准。

第四十九条 国家出资企业负责制定本企业不同类型资产转让行为的内部管理制度，明确责任部门、管理权限、决策程序、工作流程，对其中应当在产权交易机构公开转让的资产种类、金额标准等作出具体规定，并报同级国资监管机构备案。

第五十条 转让方应当根据转让标的情况合理确定转让底价和转让信息公告期：

（一）转让底价高于100万元、低于1000万元的资产转让项目，信息公告期应不少于10个工作日；

（二）转让底价高于1000万元的资产转让项目，信息公告期应不少于20个工作日。

企业资产转让的具体工作流程参照本办法关于企业

产权转让的规定执行。

第五十一条 除国家法律法规或相关规定另有要求的外，资产转让不得对受让方设置资格条件。

第五十二条 资产转让价款原则上一次性付清。

第五章 监督管理

第五十三条 国资监管机构及其他履行出资人职责的机构对企业国有资产交易履行以下监管职责：

（一）根据国家有关法律法规，制定企业国有资产交易监管制度和办法；

（二）按照本办法规定，审核批准企业产权转让、增资等事项；

（三）选择从事企业国有资产交易业务的产权交易机构，并建立对交易机构的检查评审机制；

（四）对企业国有资产交易制度的贯彻落实情况进行监督检查；

（五）负责企业国有资产交易信息的收集、汇总、分析和上报工作；

（六）履行本级人民政府赋予的其他监管职责。

第五十四条 省级以上国资监管机构应当在全国范围内选择开展企业国有资产交易业务的产权交易机构，并对外公布名单。选择的产权交易机构应当满足以下条件：

（一）严格遵守国家法律法规，未从事政府明令禁止开展的业务，未发生重大违法违规行为；

（二）交易管理制度、业务规则、收费标准等向社会公开，交易规则符合国有资产交易制度规定；

（三）拥有组织交易活动的场所、设施、信息发布渠道和专业人员，具备实施网络竞价的条件；

（四）具有较强的市场影响力，服务能力和水平能够满足企业国有资产交易的需要；

（五）信息化建设和管理水平满足国资监管机构对交易业务动态监测的要求；

（六）相关交易业务接受国资监管机构的监督检查。

第五十五条 国资监管机构应当对产权交易机构开展企业国有资产交易业务的情况进行动态监督。交易机构出现以下情形的，视情节轻重对其进行提醒、警告、通报、暂停直至停止委托从事相关业务：

（一）服务能力和服务水平较差，市场功能未得到充分发挥；

（二）在日常监管和定期检查评审中发现问题较多，且整改不及时或整改效果不明显；

（三）因违规操作、重大过失等导致企业国有资产在交易过程中出现损失；

（四）违反相关规定，被政府有关部门予以行政处罚而影响业务开展；

（五）拒绝接受国资监管机构对其相关业务开展监督检查；

（六）不能满足国资监管机构监管要求的其他情形。

第五十六条 国资监管机构发现转让方或增资企业未执行或违反相关规定、侵害国有权益的，应当责成其停止交易活动。

第五十七条 国资监管机构及其他履行出资人职责的机构应定期对国家出资企业及其控股和实际控制企业的国有资产交易情况进行检查和抽查，重点检查国家法律法规政策和企业内部管理制度的贯彻执行情况。

第六章 法律责任

第五十八条 企业国有资产交易过程中交易双方发生争议时，当事方可以向产权交易机构申请调解；调解无效时可以按照约定向仲裁机构申请仲裁或向人民法院提起诉讼。

第五十九条 企业国有资产交易应当严格执行"三重一大"决策机制。国资监管机构、国有及国有控股企业、国有实际控制企业的有关人员违反规定越权决策、批准相关交易事项，或者玩忽职守、以权谋私致使国有权益受到侵害的，由有关单位按照人事和干部管理权限给予相关责任人员相应处分；造成国有资产损失的，相关责任人员应当承担赔偿责任；构成犯罪的，依法追究其刑事责任。

第六十条 社会中介机构在为企业国有资产交易提供审计、资产评估和法律服务中存在违规执业行为的，有关国有企业应及时报告同级国资监管机构，国资监管机构可要求国有及国有控股企业、国有实际控制企业不得再委托其开展相关业务；情节严重的，由国资监管机构将有关情况通报其行业主管部门，建议给予其相应处罚。

第六十一条 产权交易机构在企业国有资产交易中弄虚作假或者玩忽职守、给企业造成损失的，应当承担赔偿责任，并依法追究直接责任人员的责任。

第七章 附则

第六十二条 政府部门、机构、事业单位持有的企业国有资产交易，按照现行监管体制，比照本办法管理。

第六十三条 金融、文化类国家出资企业的国有资产交易和上市公司的国有股权转让等行为，国家另有规定的，依照其规定。

第六十四条 国有资本投资、运营公司对各级子企业资产交易的监督管理,相应由各级人民政府或国资监管机构另行授权。

第六十五条 境外国有及国有控股企业、国有实际控制企业在境内投资企业的资产交易,比照本办法规定执行。

第六十六条 政府设立的各类股权投资基金投资形成企业产(股)权对外转让,按照有关法律法规规定执行。

第六十七条 本办法自发布之日起施行,现行企业国有资产交易监管相关规定与本办法不一致的,以本办法为准。

行政事业性国有资产管理条例

· 2020年12月30日国务院第120次常务会议通过
· 2021年2月1日中华人民共和国国务院令第738号公布
· 自2021年4月1日起施行

第一章 总 则

第一条 为了加强行政事业性国有资产管理与监督,健全国有资产管理体制,推进国家治理体系和治理能力现代化,根据全国人民代表大会常务委员会关于加强国有资产管理情况监督的决定,制定本条例。

第二条 行政事业性国有资产,是指行政单位、事业单位通过以下方式取得或者形成的资产:
(一)使用财政资金形成的资产;
(二)接受调拨或者划转、置换形成的资产;
(三)接受捐赠并确认为国有的资产;
(四)其他国有资产。

第三条 行政事业性国有资产属于国家所有,实行政府分级监管、各部门及其所属单位直接支配的管理体制。

第四条 各级人民政府应当建立健全行政事业性国有资产管理机制,加强对本级行政事业性国有资产的管理,审查、批准重大行政事业性国有资产管理事项。

第五条 国务院财政部门负责制定行政事业单位国有资产管理规章制度并负责组织实施和监督检查,牵头编制行政事业性国有资产管理情况报告。

国务院机关事务管理部门和有关机关事务管理部门会同有关部门依法依规履行相关中央行政事业单位国有资产管理职责,制定中央行政事业单位国有资产管理具体制度和办法并组织实施,接受国务院财政部门的指导和监督检查。

相关部门根据职责规定,按照集中统一、分类分级原则,加强中央行政事业单位国有资产管理,优化管理手段,提高管理效率。

第六条 各部门根据职责负责本部门及其所属单位国有资产管理工作,应当明确管理责任,指导、监督所属单位国有资产管理工作。

各部门所属单位负责本单位行政事业性国有资产的具体管理,应当建立和完善内部控制管理制度。

第七条 各部门及其所属单位管理行政事业性国有资产应当遵循安全规范、节约高效、公开透明、权责一致的原则,实现实物管理与价值管理相统一,资产管理与预算管理、财务管理相结合。

第二章 资产配置、使用和处置

第八条 各部门及其所属单位应当根据依法履行职能和事业发展的需要,结合资产存量、资产配置标准、绩效目标和财政承受能力配置资产。

第九条 各部门及其所属单位应当合理选择资产配置方式,资产配置重大事项应当经可行性研究和集体决策,资产价值较高的按照国家有关规定进行资产评估,并履行审批程序。

资产配置包括调剂、购置、建设、租用、接受捐赠等方式。

第十条 县级以上人民政府应当组织建立、完善资产配置标准体系,明确配置的数量、价值、等级、最低使用年限等标准。

资产配置标准应当按照勤俭节约、讲求绩效和绿色环保的要求,根据国家有关政策、经济社会发展水平、市场价格变化、科学技术进步等因素适时调整。

第十一条 各部门及其所属单位应当优先通过调剂方式配置资产。不能调剂的,可以采用购置、建设、租用等方式。

第十二条 行政单位国有资产应当用于本单位履行职能的需要。

除法律另有规定外,行政单位不得以任何形式将国有资产用于对外投资或者设立营利性组织。

第十三条 事业单位国有资产应当用于保障事业发展、提供公共服务。

第十四条 各部门及其所属单位应当加强对本单位固定资产、在建工程、流动资产、无形资产等各类国有资产的管理,明确管理责任,规范使用流程,加强产权保护,推进相关资产安全有效使用。

第十五条 各部门及其所属单位应当明确资产使用

人和管理人的岗位责任。

资产使用人、管理人应当履行岗位责任,按照规程合理使用、管理资产,充分发挥资产效能。资产需要维修、保养、调剂、更新、报废的,资产使用人、管理人应当及时提出。

资产使用人、管理人发生变化的,应当及时办理资产交接手续。

第十六条 各部门及其所属单位接受捐赠的资产,应当按照捐赠约定的用途使用。捐赠人意愿不明确或者没有约定用途的,应当统筹安排使用。

第十七条 事业单位利用国有资产对外投资应当有利于事业发展和实现国有资产保值增值,符合国家有关规定,经可行性研究和集体决策,按照规定权限和程序进行。

事业单位应当明确对外投资形成的股权及其相关权益管理责任,按照规定将对外投资形成的股权纳入经营性国有资产集中统一监管体系。

第十八条 县级以上人民政府及其有关部门应当建立健全国有资产共享共用机制,采取措施引导和鼓励国有资产共享共用,统筹规划有效推进国有资产共享共用工作。

各部门及其所属单位应当在确保安全使用的前提下,推进本单位大型设备等国有资产共享共用工作,可以对提供方给予合理补偿。

第十九条 各部门及其所属单位应当根据履行职能、事业发展需要和资产使用状况,经集体决策和履行审批程序,依据处置事项批复等相关文件及时处置行政事业性国有资产。

第二十条 各部门及其所属单位应当将依法罚没的资产按照国家规定公开拍卖或者按照国家有关规定处理,所得款项全部上缴国库。

第二十一条 各部门及其所属单位应当对下列资产及时予以报废、报损:

(一)因技术原因确需淘汰或者无法维修、无维修价值的资产;

(二)涉及盘亏、坏账以及非正常损失的资产;

(三)已超过使用年限且无法满足现有工作需要的资产;

(四)因自然灾害等不可抗力造成毁损、灭失的资产。

第二十二条 各部门及其所属单位发生分立、合并、改制、撤销、隶属关系改变或者部分职能、业务调整等情形,应当根据国家有关规定办理相关国有资产划转、交接手续。

第二十三条 国家设立的研究开发机构、高等院校对其持有的科技成果的使用和处置,依照《中华人民共和国促进科技成果转化法》《中华人民共和国专利法》和国家有关规定执行。

第三章 预算管理

第二十四条 各部门及其所属单位购置、建设、租用资产应当提出资产配置需求,编制资产配置相关支出预算,并严格按照预算管理规定和财政部门批复的预算配置资产。

第二十五条 行政单位国有资产出租和处置等收入,应当按照政府非税收入和国库集中收缴制度的有关规定管理。

除国家另有规定外,事业单位国有资产的处置收入应当按照政府非税收入和国库集中收缴制度的有关规定管理。

事业单位国有资产使用形成的收入,由本级人民政府财政部门规定具体管理办法。

第二十六条 各部门及其所属单位应当及时收取各类资产收入,不得违反国家规定,多收、少收、不收、侵占、私分、截留、占用、挪用、隐匿、坐支。

第二十七条 各部门及其所属单位应当在决算中全面、真实、准确反映其国有资产收入、支出以及国有资产存量情况。

第二十八条 各部门及其所属单位应当按照国家规定建立国有资产绩效管理制度,建立健全绩效指标和标准,有序开展国有资产绩效管理工作。

第二十九条 县级以上人民政府投资建设公共基础设施,应当依法落实资金来源,加强预算约束,防范政府债务风险,并明确公共基础设施的管理维护责任单位。

第四章 基础管理

第三十条 各部门及其所属单位应当按照国家规定设置行政事业性国有资产台账,依照国家统一的会计制度进行会计核算,不得形成账外资产。

第三十一条 各部门及其所属单位采用建设方式配置资产的,应当在建设项目竣工验收合格后及时办理资产交付手续,并在规定期限内办理竣工财务决算,期限最长不得超过1年。

各部门及其所属单位对已交付但未办理竣工财务决算的建设项目,应当按照国家统一的会计制度确认资产价值。

第三十二条 各部门及其所属单位对无法进行会计确认入账的资产，可以根据需要组织专家参照资产评估方法进行估价，并作为反映资产状况的依据。

第三十三条 各部门及其所属单位应当明确资产的维护、保养、维修的岗位责任。因使用不当或者维护、保养、维修不及时造成资产损失的，应当依法承担责任。

第三十四条 各部门及其所属单位应当定期或者不定期对资产进行盘点、对账。出现资产盘盈盘亏的，应当按照财务、会计和资产管理制度有关规定处理，做到账实相符和账账相符。

第三十五条 各部门及其所属单位处置资产应当及时核销相关资产台账信息，同时进行会计处理。

第三十六条 除国家另有规定外，各部门及其所属单位将行政事业性国有资产进行转让、拍卖、置换、对外投资等，应当按照国家有关规定进行资产评估。

行政事业性国有资产以市场化方式出售、出租的，依照有关规定可以通过相应公共资源交易平台进行。

第三十七条 有下列情形之一的，各部门及其所属单位应当对行政事业性国有资产进行清查：

（一）根据本级政府部署要求；

（二）发生重大资产调拨、划转以及单位分立、合并、改制、撤销、隶属关系改变等情形；

（三）因自然灾害等不可抗力造成资产毁损、灭失；

（四）会计信息严重失真；

（五）国家统一的会计制度发生重大变更，涉及资产核算方法发生重要变化；

（六）其他应当进行资产清查的情形。

第三十八条 各部门及其所属单位资产清查结果和涉及资产核实的事项，应当按照国务院财政部门的规定履行审批程序。

第三十九条 各部门及其所属单位在资产清查中发现账实不符、账账不符的，应当查明原因予以说明，并随同清查结果一并履行审批程序。各部门及其所属单位应当根据审批结果及时调整资产台账信息，同时进行会计处理。

由于资产使用人、管理人的原因造成资产毁损、灭失的，应当依法追究相关责任。

第四十条 各部门及其所属单位对需要办理权属登记的资产应当依法及时办理。对有账簿记录但权证手续不全的行政事业性国有资产，可以向本级政府有关主管部门提出确认资产权属申请，及时办理权属登记。

第四十一条 各部门及其所属单位之间，各部门及其所属单位与其他单位和个人之间发生资产纠纷的，应当依照有关法律法规规定采取协商等方式处理。

第四十二条 国务院财政部门应当建立全国行政事业性国有资产管理信息系统，推行资产管理网上办理，实现信息共享。

第五章 资产报告

第四十三条 国家建立行政事业性国有资产管理情况报告制度。

国务院向全国人民代表大会常务委员会报告全国行政事业性国有资产管理情况。

县级以上地方人民政府按照规定向本级人民代表大会常务委员会报告行政事业性国有资产管理情况。

第四十四条 行政事业性国有资产管理情况报告，主要包括资产负债总量，相关管理制度建立和实施，资产配置、使用、处置和效益，推进管理体制机制改革等情况。

行政事业性国有资产管理情况按照国家有关规定向社会公开。

第四十五条 各部门所属单位应当每年编制本单位行政事业性国有资产管理情况报告，逐级报送相关部门。

各部门应当汇总编制本部门行政事业性国有资产管理情况报告，报送本级政府财政部门。

第四十六条 县级以上地方人民政府财政部门应当每年汇总本级和下级行政事业性国有资产管理情况，报送本级政府和上一级政府财政部门。

第六章 监　督

第四十七条 县级以上人民政府应当接受本级人民代表大会及其常务委员会对行政事业性国有资产管理情况的监督，组织落实本级人民代表大会及其常务委员会审议提出的整改要求，并向本级人民代表大会及其常务委员会报告整改情况。

乡、民族乡、镇人民政府应当接受本级人民代表大会对行政事业性国有资产管理情况的监督。

第四十八条 县级以上人民政府对下级政府的行政事业性国有资产管理情况进行监督。下级政府应当组织落实上一级政府提出的监管要求，并向上一级政府报告落实情况。

第四十九条 县级以上人民政府财政部门应当对本级各部门及其所属单位行政事业性国有资产管理情况进行监督检查，依法向社会公开检查结果。

第五十条 县级以上人民政府审计部门依法对行政

事业性国有资产管理情况进行审计监督。

第五十一条　各部门应当建立健全行政事业性国有资产监督管理制度,根据职责对本行业行政事业性国有资产管理依法进行监督。

各部门所属单位应当制定行政事业性国有资产内部控制制度,防控行政事业性国有资产管理风险。

第五十二条　公民、法人或者其他组织发现违反本条例的行为,有权向有关部门进行检举、控告。接受检举、控告的有关部门应当依法进行处理,并为检举人、控告人保密。

任何单位或者个人不得压制和打击报复检举人、控告人。

第七章　法律责任

第五十三条　各部门及其所属单位有下列行为之一的,责令改正,情节较重的,对负有直接责任的主管人员和其他直接责任人员依法给予处分:

(一)配置、使用、处置国有资产未按照规定经集体决策或者履行审批程序；

(二)超标准配置国有资产;

(三)未按照规定办理国有资产调剂、调拨、划转、交接等手续;

(四)未按照规定履行国有资产拍卖、报告、披露等程序;

(五)未按照规定期限办理建设项目竣工财务决算；

(六)未按照规定进行国有资产清查；

(七)未按照规定设置国有资产台账；

(八)未按照规定编制、报送国有资产管理情况报告。

第五十四条　各部门及其所属单位有下列行为之一的,责令改正,有违法所得的没收违法所得,情节较重的,对负有直接责任的主管人员和其他直接责任人员依法给予处分；构成犯罪的,依法追究刑事责任:

(一)非法占有、使用国有资产或者采用弄虚作假等方式低价处置国有资产;

(二)违反规定将国有资产用于对外投资或者设立营利性组织；

(三)未按照规定评估国有资产导致国家利益损失;

(四)其他违反本条例规定造成国有资产损失的行为。

第五十五条　各部门及其所属单位在国有资产管理工作中有违反预算管理规定行为的,依照《中华人民共和国预算法》及其实施条例、《财政违法行为处罚处分条例》等法律、行政法规追究责任。

第五十六条　各部门及其所属单位的工作人员在国有资产管理工作中滥用职权、玩忽职守、徇私舞弊或者有浪费国有资产等违法违规行为的,由有关部门依法给予处分；构成犯罪的,依法追究刑事责任。

第八章　附　则

第五十七条　除国家另有规定外,社会组织直接支配的行政事业性国有资产管理,依照本条例执行。

第五十八条　货币形式的行政事业性国有资产管理,按照预算管理有关规定执行。

执行企业财务、会计制度的事业单位以及事业单位对外投资的全资企业或者控股企业的资产管理,不适用本条例。

第五十九条　公共基础设施、政府储备物资、国有文物文化等行政事业性国有资产管理的具体办法,由国务院财政部门会同有关部门制定。

第六十条　中国人民解放军、中国人民武装警察部队直接支配的行政事业性国有资产管理,依照中央军事委员会有关规定执行。

第六十一条　本条例自2021年4月1日起施行。

中央行政事业单位国有资产处置管理办法

·2021年9月28日
·财资〔2021〕127号

第一章　总　则

第一条　为规范中央行政事业单位国有资产处置行为,维护国有资产安全和完整,根据《行政事业性国有资产管理条例》(国务院令第738号)等规定,制定本办法。

第二条　本办法所称中央行政事业单位,包括党中央各部门、国务院各部委和各直属机构、全国人大常委会办公厅、全国政协办公厅、最高人民法院、最高人民检察院、各民主党派中央、有关人民团体(以下统称各部门)的机关本级及其所属各级行政事业单位,有关中央管理企业所属的各级事业单位。

第三条　中央行政事业单位国有资产处置方式包括无偿划转、对外捐赠、转让、置换、报废、损失核销等。

第四条　符合下列情形的中央行政事业单位国有资产应当予以处置:

(一)因技术原因确需淘汰或者无法维修、无维修价值的;

(二)涉及盘亏等非正常损失的;

(三)已超过使用年限且无法满足现有工作需要的;

（四）因自然灾害等不可抗力造成毁损、灭失的；

（五）因单位分立、合并、改制、撤销、隶属关系改变或者部分职能、业务调整等而移交的；

（六）发生产权变动的；

（七）依照国家有关规定需要处置的其他情形。

第五条 中央行政事业单位国有资产处置应当遵循公开、公正、公平和竞争择优的原则，按照规定权限履行审批手续，未经批准不得自行处置。

第六条 中央行政事业单位拟处置的国有资产权属应当清晰，取得或者形成的方式应当合法合规，权属关系不明或者存在权属纠纷的，应当按照有关规定界定权属后予以处置。

被设置为担保物的国有资产处置，应当符合《中华人民共和国民法典》等法律的有关规定。

第二章 处置权限和要求

第七条 财政部、各部门按照规定权限对中央行政事业单位国有资产处置事项进行审核、审批或者备案。

财政部批复各部门所属行政事业单位国有资产处置的文件，应当同步抄送财政部当地监管局。

第八条 各部门机关本级和机关服务中心的国有资产处置，分别由国管局、中直管理局、全国人大常委会办公厅、全国政协办公厅归口管理。

中央行政事业单位处置办公用房和公务用车，《党政机关办公用房管理办法》、《党政机关公务用车管理办法》等有规定的，从其规定。

第九条 除本办法第十条、第十一条规定外，各部门及中央管理企业所属行政事业单位（含垂直管理机构和派出机构，各部门机关本级和机关服务中心除外）处置单位价值或者批量价值（账面原值，下同）1500万元以上（含1500万元）的国有资产，应当经各部门审核同意后报财政部当地监管局审核，审核通过后由各部门报财政部审批；处置单位价值或者批量价值1500万元以下的国有资产，由各部门自行审批。

各部门所属行政事业单位应当在规定权限内根据实际及时处置国有资产，一个月度内分散处置的国有资产原则上按同一批次汇总计算批量价值。

第十条 各部门所属高等院校国有资产处置，由各部门审批。其中，已达使用年限并且应淘汰报废的国有资产，由高等院校自主处置，并将处置结果按季度报各部门备案。

第十一条 国家设立的中央级研究开发机构、高等院校对持有的科技成果，可以自主决定转让，除涉及国家秘密、国家安全及关键核心技术外，不需报各部门和财政部审批或者备案。涉及国家秘密、国家安全及关键核心技术的科技成果转让，由各部门按照国家有关保密制度的规定审批。

国家设立的中央级研究开发机构、高等院校以科技成果作价投资形成的国有股权无偿划转、转让、损失核销等处置事项，由各部门审批。

第十二条 中央军工集团及中国工程物理研究院所属科研事业单位国有资产处置，其中影响武器装备科研生产能力、维修保障能力等的，应当在国家国防科技工业主管部门履行相关审核程序后，履行资产处置审批程序。

第十三条 在突发公共卫生事件或者国家重大自然灾害等应急情况下，相关单位可本着急事急办、特事特办的原则，按照主管部门要求履行相关程序后处置国有资产，待应急事件结束后报主管部门备案。

第十四条 财政部、各部门、中央行政事业单位对国有资产处置事项的批复文件，是国有资产处置的依据。

中央行政事业单位要依据批复文件处置资产，处置完毕后应当及时核销相关资产台账信息，同时进行会计处理，确保账实相符和账账相符。

中央行政事业单位国有资产处置情况应当在行政事业性国有资产管理情况年度报告中予以反映。

第十五条 除国家另有规定外，中央行政事业单位转让、拍卖、置换国有资产等，应当依法进行资产评估，并按照国有资产评估管理有关规定进行核准或者备案。

国家设立的中央级研究开发机构、高等院校将其持有的科技成果转让给国有全资企业的，可以不进行资产评估；转让给非国有全资企业的，由单位自主决定是否进行资产评估；通过协议定价的，应当在本单位公示科技成果名称和拟交易价格。

第三章 处置方式和程序

第一节 无偿划转

第十六条 无偿划转是指在不改变国有资产性质的前提下，以无偿转让的方式变更国有资产占有、使用权的行为。无偿划转国有资产应当按照以下程序办理：

（一）中央行政事业单位之间无偿划转国有资产，以及中央行政事业单位对国有全资企业无偿划转国有资产，由划出方按照本办法第二章规定的相应权限履行审批手续；

（二）跨级次无偿划转国有资产，由中央无偿划转给地方的，应当附接收方主管部门和同级财政部门同意接收的相关文件,由中央行政事业单位按本办法第二章规定的相应权限履行审批手续;由地方无偿划转给中央的,由划出方按照同级财政部门规定的处置权限履行审批手续。

第十七条　中央行政事业单位申请无偿划转国有资产,应当由划出方提交以下材料:

(一)申请文件及单位内部决策文件,国有资产价值凭证及产权证明(如购货发票或者收据、记账凭证、资产信息卡、竣工决算报告、国有土地使用权证、房屋所有权证、不动产权证、专利证、著作权证、担保(抵押)凭证、债权或者股权凭证、投资协议等凭据的复印件,下同),以及《中央行政事业单位国有资产无偿划转和对外捐赠申请表》(见附件1);

(二)划出方和划入方签署的意向性协议;

(三)因单位撤销、合并、分立、改制而移交国有资产的,需提供撤销、合并、分立、改制的批文;

(四)其他相关材料。

第二节　对外捐赠

第十八条　对外捐赠是指中央行政事业单位依照《中华人民共和国公益事业捐赠法》,自愿无偿将其占有、使用的国有资产赠与合法受赠人的行为。

中央行政事业单位对外捐赠应当利用本单位闲置资产或者淘汰且具有使用价值的资产,不得新购资产用于对外捐赠。

同一部门上下级单位之间和部门所属单位之间,不得相互捐赠资产。

第十九条　中央行政事业单位申请对外捐赠国有资产,应当提交以下材料:

(一)申请文件及单位内部决策文件,国有资产价值凭证及产权证明,以及《中央行政事业单位国有资产无偿划转和对外捐赠申请表》;

(二)对外捐赠报告,包括对外捐赠事由、方式、责任人、国有资产构成及其数额、对外捐赠事项对本单位财务状况和业务活动影响的分析等;

(三)其他相关材料。

第二十条　对外捐赠应当依据受赠方出具的同级财政部门或者相关主管部门统一印(监)制的捐赠收据,受赠方所在地城镇街道办事处、乡镇人民政府等出具的凭证或者捐赠资产交接清单予以确认。

第三节　转　让

第二十一条　转让是指中央行政事业单位变更国有资产占有、使用权并取得收益的行为。

中央行政事业单位转让国有资产,应当以公开竞争方式进行,严格控制非公开协议方式,可以通过相应公共资源交易平台进行。

第二十二条　中央行政事业单位转让国有资产,以财政部、各部门核准或者备案的资产评估报告所确认的评估价值作为确定底价的参考依据,意向交易价格低于评估结果90%的,应当报资产评估报告核准或者备案部门重新确认后交易。

第二十三条　中央行政事业单位申请转让国有资产,应当提交以下材料:

(一)申请文件及单位内部决策文件,国有资产价值凭证及产权证明,以及《中央行政事业单位国有资产转让等申请表》(见附件2);

(二)转让方案,包括国有资产的基本情况、转让的原因、方式、可行性及风险分析等;

(三)转让方和受让方签署的意向性协议;

(四)其他相关材料。

第四节　置　换

第二十四条　置换是指中央行政事业单位与其他单位以固定资产、无形资产等为主进行的资产交换,一般不涉及货币性资产或者只涉及用于补差价的少量货币性资产。资产置换,应当以财政部、各部门核准或者备案的资产评估报告所确认的评估价值作为置换对价的参考依据。

第二十五条　中央行政事业单位申请置换国有资产,应当提交以下材料:

(一)申请文件及双方单位内部决策文件,双方资产价值凭证及产权证明,以及《中央行政事业单位国有资产转让等申请表》;

(二)置换方案,包括双方拟用于置换资产的基本情况、设置担保情况,置换的原因、方式、可行性及风险分析等;

(三)置换双方签署的意向性协议;

(四)其他相关材料。

第五节　报　废

第二十六条　报废是指按照有关规定或者经有关部门、专家鉴定,对因技术原因确需淘汰或者无法维修、无维修价值的国有资产,或者已超过使用年限且无法满足工作需要的国有资产,进行产权核销的国有资产处置行为。

中央行政事业单位已达使用年限仍可继续使用的国

有资产,应当继续使用。

第二十七条 中央行政事业单位申请报废国有资产,应当提交以下材料:

(一)申请文件及单位内部决策文件、国有资产价值凭证及产权证明,以及《中央行政事业单位国有资产转让等申请表》;

(二)有关部门、专家出具的鉴定文件及处理意见;

(三)因房屋拆除等原因需办理国有资产核销手续的,提交相关职能部门的房屋拆除批复文件、建设项目拆建立项文件、双方签定的房屋拆迁补偿协议等;

(四)专利、非专利技术、著作权、资源资质等因被其他新技术所代替或者已经超过法律保护的期限、丧失使用价值和转让价值的,提供有关技术部门的鉴定材料,或者已经超过法律保护期限的证明文件;

(五)其他相关材料。

第六节 损失核销

第二十八条 损失核销是指由于发生盘亏、毁损、非正常损失等原因,按照有关规定对国有资产损失进行核销的国有资产处置行为。

中央行政事业单位对发生的国有资产损失,应当及时处理。

第二十九条 中央行政事业单位申请存货、固定资产、无形资产等国有资产损失核销,应当提交以下材料:

(一)申请文件及单位内部决策文件、国有资产价值凭证及产权证明,以及《中央行政事业单位国有资产转让等申请表》;

(二)国有资产盘亏、毁损以及非正常损失的情况说明,第三方机构出具的经济鉴证证明,国家有关技术鉴定部门或者具有技术鉴定资格的第三方机构出具的技术鉴定证明(涉及保险索赔的应当有保险公司理赔情况说明),赔偿责任认定说明和单位内部核批文件;

(三)国有资产被盗的,需要提供公安机关出具的结案证明;

(四)因不可抗力因素(自然灾害、意外事故)造成国有资产毁损的,需要提供相关部门出具的受灾证明、事故处理报告、车辆报损证明、房屋拆除证明等;

(五)其他相关材料。

第三十条 中央行政事业单位申请对外投资、担保(抵押)国有资产的损失核销,应当提交以下材料:

(一)申请文件及单位内部决策文件、国有资产价值凭证及产权证明,以及《中央行政事业单位国有资产转让等申请表》;

(二)形成损失的情况说明、被投资单位的清算审计报告及注销文件、第三方机构出具的经济鉴证证明和具有法律效力的证明材料;

(三)涉及仲裁或者提起诉讼的,提交仲裁决定或者法院判决等相关法律文书;

(四)其他相关材料。

第四章 处置收入

第三十一条 处置收入是指在转让、置换、报废等处置国有资产过程中获得的收入,包括转让资产收入、置换差价收入、拆迁补偿收入、报废报损残值变价收入、保险理赔收入、转让土地使用权收益、所办一级企业的清算收入等。

第三十二条 除国家另有规定外,中央行政事业单位国有资产处置收入,应当在扣除相关税金、资产评估费、拍卖佣金等费用后,按照政府非税收入和国库集中收缴管理有关规定及时上缴中央国库。

土地使用权转让收益以及占地补偿收益,按照财政部有关规定上缴中央国库。

各部门所属高等院校自主处置已达使用年限并且应淘汰报废的国有资产取得的收益,留归高等院校,纳入单位预算,统一核算,统一管理。

国家设立的中央级研究开发机构、高等院校转化科技成果所获得的收入全部留归本单位,纳入单位预算,统一核算、统一管理,主要用于对完成和转化职务科技成果作出重要贡献人员的奖励和报酬、科学技术研发与成果转化等相关工作。

第三十三条 中央事业单位利用国有资产对外投资形成的股权(权益)的处置收入,除按照中央国有资本经营预算有关规定应申报、上交的国有资本收益和国家另有规定外,按照以下规定管理:

(一)利用货币资金对外投资形成股权(权益)的处置收入纳入单位预算,统一核算,统一管理;

(二)国家设立的中央级研究开发机构、高等院校利用科技成果作价投资形成股权(权益)的处置收入纳入单位预算,统一核算、统一管理;

(三)利用其他国有资产对外投资形成的股权(权益)的处置收入,扣除投资收益以及相关税费后,按照政府非税收入和国库集中收缴管理有关规定及时上缴中央国库;投资收益纳入单位预算,统一核算、统一管理;

(四)统筹利用货币资金、科技成果和其他国有资产混合对外投资形成的股权(权益)的处置收入,按照本条第(一)、(二)、(三)项的有关规定分别管理。

第五章 监督检查

第三十四条 财政部对中央行政事业单位国有资产处置情况进行监督检查。

财政部各地监管局可以依据职责和财政部授权对所在地中央行政事业单位国有资产处置情况进行监督检查。

第三十五条 各部门应当建立国有资产处置管理制度，定期或者不定期对所属行政事业单位国有资产处置情况进行监督检查。

第三十六条 财政部、各部门、中央行政事业单位及其工作人员在国有资产处置管理工作中，存在违反本办法规定的行为，以及其他滥用职权、玩忽职守、徇私舞弊等违法违纪行为的，依照《中华人民共和国公务员法》、《中华人民共和国监察法》、《行政事业性国有资产管理条例》等国家有关规定追究责任；构成犯罪的，依法追究刑事责任。

第三十七条 各部门及其所属行政事业单位在国有资产处置过程中有下列情形之一的，依纪依法追究相关人员责任：

（一）未按照规定经集体决策或者履行审批程序，擅自越权对规定限额以上的国有资产进行处置；

（二）未按照规定办理国有资产处置手续，对不符合规定的申报处置材料予以审批；

（三）采用弄虚作假等方式低价处置国有资产；

（四）截留国有资产处置收入；

（五）未按照规定评估国有资产导致国家利益损失；

（六）其他造成单位国有资产损失的行为。

第六章 附则

第三十八条 执行企业财务、会计制度的中央事业单位，以及中央行政事业单位所办国有及国有控股企业国有资产处置，按照企业国有资产管理有关规定执行，不适用本办法。

第三十九条 中央行政事业单位货币性资产损失核销，按照预算及财务管理有关规定执行。

第四十条 公共基础设施、政府储备物资、国有文物文化等行政事业性国有资产处置，以及中央行政事业单位境外国有资产处置，按照有关规定执行。

第四十一条 各部门可根据本办法的规定，结合实际情况，授权所属行政事业单位一定限额的国有资产处置权限，并制定具体办法。

第四十二条 中央行政事业单位涉及国家安全和秘密的国有资产处置，应当符合国家有关保密制度的规定和要求。

第四十三条 本办法自印发之日起施行。此前颁布的有关行政事业单位国有资产处置管理规定，与本办法相抵触的，以本办法为准。《中央级事业单位国有资产处置管理暂行办法》（财教〔2008〕495号）予以废止。

附：1. 中央行政事业单位国有资产无偿划转和对外捐赠申请表（略）

2. 中央行政事业单位国有资产转让等申请表（略）

财政违法行为处罚处分条例

·2004年11月30日中华人民共和国国务院令第427号公布
·根据2011年1月8日《国务院关于废止和修改部分行政法规的决定》修订

第一条 为了纠正财政违法行为，维护国家财政经济秩序，制定本条例。

第二条 县级以上人民政府财政部门及审计机关在各自职权范围内，依法对财政违法行为作出处理、处罚决定。

省级以上人民政府财政部门的派出机构，应当在规定职权范围内，依法对财政违法行为作出处理、处罚决定；审计机关的派出机构，应当根据审计机关的授权，依法对财政违法行为作出处理、处罚决定。

根据需要，国务院可以依法调整财政部门及其派出机构（以下统称财政部门）、审计机关及其派出机构（以下统称审计机关）的职权范围。

有财政违法行为的单位，其直接负责的主管人员和其他直接责任人员，以及有财政违法行为的个人，属于国家公务员的，由监察机关及其派出机构（以下统称监察机关）或者任免机关依照人事管理权限，依法给予行政处分。

第三条 财政收入执收单位及其工作人员有下列违反国家财政收入管理规定的行为之一的，责令改正，补收应当收取的财政收入，限期退还违法所得。对单位给予警告或者通报批评。对直接负责的主管人员和其他直接责任人员给予警告、记过或者记大过处分；情节严重的，给予降级或者撤职处分：

（一）违反规定设立财政收入项目；

（二）违反规定擅自改变财政收入项目的范围、标准、对象和期限；

（三）对已明令取消、暂停执行或者降低标准的财政

收入项目,仍然依照原定项目、标准征收或者变换名称征收;

(四)缓收、不收财政收入;

(五)擅自将预算收入转为预算外收入;

(六)其他违反国家财政收入管理规定的行为。

《中华人民共和国税收征收管理法》等法律、行政法规另有规定的,依照其规定给予行政处分。

第四条 财政收入执收单位及其工作人员有下列违反国家财政收入上缴规定的行为之一的,责令改正,调整有关会计账目,收缴应当上缴的财政收入,限期退还违法所得。对单位给予警告或者通报批评。对直接负责的主管人员和其他直接责任人员给予记大过处分;情节较重的,给予降级或者撤职处分;情节严重的,给予开除处分:

(一)隐瞒应当上缴的财政收入;

(二)滞留、截留、挪用应当上缴的财政收入;

(三)坐支应当上缴的财政收入;

(四)不依照规定的财政收入预算级次、预算科目入库;

(五)违反规定退付国库库款或者财政专户资金;

(六)其他违反国家财政收入上缴规定的行为。

《中华人民共和国税收征收管理法》、《中华人民共和国预算法》等法律、行政法规另有规定的,依照其规定给予行政处分。

第五条 财政部门、国库机构及其工作人员有下列违反国家有关上解、下拨财政资金规定的行为之一的,责令改正,限期退还违法所得。对单位给予警告或者通报批评。对直接负责的主管人员和其他直接责任人员给予记过或者记大过处分;情节较重的,给予降级或者撤职处分;情节严重的,给予开除处分:

(一)延解、占压应当上解的财政收入;

(二)不依照预算或者用款计划核拨财政资金;

(三)违反规定收纳、划分、留解、退付国库库款或者财政专户资金;

(四)将应当纳入国库核算的财政收入放在财政专户核算;

(五)擅自动用国库库款或者财政专户资金;

(六)其他违反国家有关上解、下拨财政资金规定的行为。

第六条 国家机关及其工作人员有下列违反规定使用、骗取财政资金的行为之一的,责令改正,调整有关会计账目,追回有关财政资金,限期退还违法所得。对单位给予警告或者通报批评。对直接负责的主管人员和其他直接责任人员给予记大过处分;情节较重的,给予降级或者撤职处分;情节严重的,给予开除处分:

(一)以虚报、冒领等手段骗取财政资金;

(二)截留、挪用财政资金;

(三)滞留应当下拨的财政资金;

(四)违反规定扩大开支范围,提高开支标准;

(五)其他违反规定使用、骗取财政资金的行为。

第七条 财政预决算的编制部门和预算执行部门及其工作人员有下列违反国家有关预算管理规定的行为之一的,责令改正,追回有关款项,限期调整有关预算科目和预算级次。对单位给予警告或者通报批评。对直接负责的主管人员和其他直接责任人员给予警告、记过或者记大过处分;情节较重的,给予降级处分;情节严重的,给予撤职处分:

(一)虚增、虚减财政收入或者财政支出;

(二)违反规定编制、批复预算或者决算;

(三)违反规定调整预算;

(四)违反规定调整预算级次或者预算收支种类;

(五)违反规定动用预算预备费或者挪用预算周转金;

(六)违反国家关于转移支付管理规定的行为;

(七)其他违反国家有关预算管理规定的行为。

第八条 国家机关及其工作人员违反国有资产管理的规定,擅自占有、使用、处置国有资产的,责令改正,调整有关会计账目,限期退还违法所得和被侵占的国有资产。对单位给予警告或者通报批评。对直接负责的主管人员和其他直接责任人员给予记大过处分;情节较重的,给予降级或者撤职处分;情节严重的,给予开除处分。

第九条 单位和个人有下列违反国家有关投资建设项目规定的行为之一的,责令改正,调整有关会计账目,追回被截留、挪用、骗取的国家建设资金,没收违法所得,核减或者停止拨付工程投资。对单位给予警告或者通报批评,其直接负责的主管人员和其他直接责任人员属于国家公务员的,给予记大过处分;情节较重的,给予降级或者撤职处分;情节严重的,给予开除处分:

(一)截留、挪用国家建设资金;

(二)以虚报、冒领、关联交易等手段骗取国家建设资金;

(三)违反规定超概算投资;

(四)虚列投资完成额;

(五)其他违反国家投资建设项目有关规定的行为。

《中华人民共和国政府采购法》、《中华人民共和国招标投标法》、《国家重点建设项目管理办法》等法律、行政法规另有规定的,依照其规定处理、处罚。

第十条 国家机关及其工作人员违反《中华人民共和国担保法》及国家有关规定,擅自提供担保的,责令改正,没收违法所得。对单位给予警告或者通报批评。对直接负责的主管人员和其他直接责任人员给予警告、记过或者记大过处分;造成损失的,给予降级或者撤职处分;造成重大损失的,给予开除处分。

第十一条 国家机关及其工作人员违反国家有关账户管理规定,擅自在金融机构开立、使用账户的,责令改正,调整有关会计账目,追回有关财政资金,没收违法所得,依法撤销擅自开立的账户。对单位给予警告或者通报批评。对直接负责的主管人员和其他直接责任人员给予降级处分;情节严重的,给予撤职或者开除处分。

第十二条 国家机关及其工作人员有下列行为之一的,责令改正,调整有关会计账目,追回被挪用、骗取的有关资金,没收违法所得。对单位给予警告或者通报批评。对直接负责的主管人员和其他直接责任人员给予降级处分;情节较重的,给予撤职处分;情节严重的,给予开除处分:

(一)以虚报、冒领等手段骗取政府承贷或者担保的外国政府贷款、国际金融组织贷款;

(二)滞留政府承贷或者担保的外国政府贷款、国际金融组织贷款;

(三)截留、挪用政府承贷或者担保的外国政府贷款、国际金融组织贷款;

(四)其他违反规定使用、骗取政府承贷或者担保的外国政府贷款、国际金融组织贷款的行为。

第十三条 企业和个人有下列不缴或者少缴财政收入行为之一的,责令改正,调整有关会计账目,收缴应当上缴的财政收入,给予警告,没收违法所得,并处不缴或者少缴财政收入10%以上30%以下的罚款;对直接负责的主管人员和其他直接责任人员处3000元以上5万元以下的罚款:

(一)隐瞒应当上缴的财政收入;

(二)截留代收的财政收入;

(三)其他不缴或者少缴财政收入的行为。

属于税收方面的违法行为,依照有关税收法律、行政法规的规定处理、处罚。

第十四条 企业和个人有下列行为之一的,责令改正,调整有关会计账目,追回违反规定使用、骗取的有关资金,给予警告,没收违法所得,并处被骗取有关资金10%以上50%以下的罚款或者被违规使用有关资金10%以上30%以下的罚款;对直接负责的主管人员和其他直接责任人员处3000元以上5万元以下的罚款:

(一)以虚报、冒领等手段骗取财政资金以及政府承贷或者担保的外国政府贷款、国际金融组织贷款;

(二)挪用财政资金以及政府承贷或者担保的外国政府贷款、国际金融组织贷款;

(三)从无偿使用的财政资金以及政府承贷或者担保的外国政府贷款、国际金融组织贷款中非法获益;

(四)其他违反规定使用、骗取财政资金以及政府承贷或者担保的外国政府贷款、国际金融组织贷款的行为。

属于政府采购方面的违法行为,依照《中华人民共和国政府采购法》及有关法律、行政法规的规定处理、处罚。

第十五条 事业单位、社会团体、其他社会组织及其工作人员有财政违法行为的,依照本条例有关国家机关的规定执行;但其在经营活动中的财政违法行为,依照本条例第十三条、第十四条的规定执行。

第十六条 单位和个人有下列违反财政收入票据管理规定的行为之一的,销毁非法印制的票据,没收违法所得和作案工具。对单位处5000元以上10万元以下的罚款;对直接负责的主管人员和其他直接责任人员处3000元以上5万元以下的罚款。属于国家公务员的,还应当给予降级或者撤职处分;情节严重的,给予开除处分:

(一)违反规定印制财政收入票据;

(二)转借、串用、代开财政收入票据;

(三)伪造、变造、买卖、擅自销毁财政收入票据;

(四)伪造、使用伪造的财政收入票据监(印)制章;

(五)其他违反财政收入票据管理规定的行为。

属于税收收入票据管理方面的违法行为,依照有关税收法律、行政法规的规定处理、处罚。

第十七条 单位和个人违反财务管理的规定,私存私放财政资金或者其他公款的,责令改正,调整有关会计账目,追回私存私放的资金,没收违法所得。对单位处3000元以上5万元以下的罚款;对直接负责的主管人员和其他直接责任人员处2000元以上2万元以下的罚款。属于国家公务员的,还应当给予记大过处分;情节严重的,给予降级或者撤职处分。

第十八条 属于会计方面的违法行为,依照会计方面的法律、行政法规的规定处理、处罚。对其直接负责的主管人员和其他直接责任人员,属于国家公务员的,还应当给予警告、记过或者记大过处分;情节较重的,给予降级或者撤职处分;情节严重的,给予开除处分。

第十九条 属于行政性收费方面的违法行为，《中华人民共和国行政许可法》、《违反行政事业性收费和罚没收入收支两条线管理规定行政处分暂行规定》等法律、行政法规及国务院另有规定的，有关部门依照其规定处理、处罚、处分。

第二十条 单位和个人有本条例规定的财政违法行为，构成犯罪的，依法追究刑事责任。

第二十一条 财政部门、审计机关、监察机关依法进行调查或者检查时，被调查、检查的单位和个人应当予以配合，如实反映情况，不得拒绝、阻挠、拖延。

违反前款规定的，责令限期改正。逾期不改正的，对属于国家公务员的直接负责的主管人员和其他直接责任人员，给予警告、记过或者记大过处分；情节严重的，给予降级或者撤职处分。

第二十二条 财政部门、审计机关、监察机关依法进行调查或者检查时，经县级以上人民政府财政部门、审计机关、监察机关的负责人批准，可以向与被调查、检查单位有经济业务往来的单位查询有关情况，可以向金融机构查询被调查、检查单位的存款，有关单位和金融机构应当配合。

财政部门、审计机关、监察机关在依法进行调查或者检查时，执法人员不得少于 2 人，并应当向当事人或者有关人员出示证件；查询存款时，还应当持有县级以上人民政府财政部门、审计机关、监察机关签发的查询存款通知书，并负有保密义务。

第二十三条 财政部门、审计机关、监察机关依法进行调查或者检查时，在有关证据可能灭失或者以后难以取得的情况下，经县级以上人民政府财政部门、审计机关、监察机关的负责人批准，可以先行登记保存，并应当在 7 日内及时作出处理决定。在此期间，当事人或者有关人员不得销毁或者转移证据。

第二十四条 对被调查、检查单位或者个人正在进行的财政违法行为，财政部门、审计机关应当责令停止。拒不执行的，财政部门可以暂停财政拨款或者停止拨付与财政违法行为直接有关的款项，已经拨付的，责令其暂停使用；审计机关可以通知财政部门或者其他有关主管部门暂停财政拨款或者停止拨付与财政违法行为直接有关的款项，已经拨付的，责令其暂停使用，财政部门和其他有关主管部门应当将结果书面告知审计机关。

第二十五条 依照本条例规定限期退还的违法所得，到期无法退还的，应当收缴国库。

第二十六条 单位和个人有本条例所列财政违法行为，财政部门、审计机关、监察机关可以公告其财政违法行为及处理、处罚、处分决定。

第二十七条 单位和个人有本条例所列财政违法行为，弄虚作假骗取荣誉称号及其他有关奖励的，应当撤销其荣誉称号并收回有关奖励。

第二十八条 财政部门、审计机关、监察机关的工作人员滥用职权、玩忽职守、徇私舞弊的，给予警告、记过或者记大过处分；情节较重的，给予降级或者撤职处分；情节严重的，给予开除处分。构成犯罪的，依法追究刑事责任。

第二十九条 财政部门、审计机关、监察机关及其他有关监督检查机关对有关单位或者个人依法进行调查、检查后，应当出具调查、检查结论。有关监督检查机关已经作出的调查、检查结论能够满足其他监督检查机关履行本机关职责需要的，其他监督检查机关应当加以利用。

第三十条 财政部门、审计机关、监察机关及其他有关机关应当加强配合，对不属于其职权范围的事项，应当依法移送。受移送机关应当及时处理，并将结果书面告知移送机关。

第三十一条 对财政违法行为作出处理、处罚和处分决定的程序，依照本条例和《中华人民共和国行政处罚法》、《中华人民共和国行政监察法》等有关法律、行政法规的规定执行。

第三十二条 单位和个人对处理、处罚不服的，依照《中华人民共和国行政复议法》、《中华人民共和国行政诉讼法》的规定申请复议或者提起诉讼。

国家公务员对行政处分不服的，依照《中华人民共和国行政监察法》、《中华人民共和国公务员法》等法律、行政法规的规定提出申诉。

第三十三条 本条例所称"财政收入执收单位"，是指负责收取税收收入和各种非税收入的单位。

第三十四条 对法律、法规授权的具有管理公共事务职能的组织以及国家行政机关依法委托的组织及其工勤人员以外的工作人员，企业、事业单位、社会团体中由国家行政机关以委任、派遣等形式任命的人员以及其他人员有本条例规定的财政违法行为，需要给予处分的，参照本条例有关规定执行。

第三十五条 本条例自 2005 年 2 月 1 日起施行。1987 年 6 月 16 日国务院发布的《国务院关于违反财政法规处罚的暂行规定》同时废止。

财政检查工作办法

· 2006年1月26日财政部令第32号公布
· 自2006年3月1日起施行

第一条 为了规范财政检查工作，保障和监督财政部门有效实施财政检查，保护公民、法人和其他组织的合法权益，根据《中华人民共和国预算法》、《财政违法行为处罚处分条例》等法律、行政法规，制定本办法。

第二条 县级以上人民政府财政部门及省级以上人民政府财政部门的派出机构（以下统称财政部门）依法实施财政检查，适用本办法。

第三条 本办法所称财政检查，是指财政部门为履行财政监督职责，纠正财政违法行为，维护国家财政经济秩序，对单位和个人执行财税法规情况以及财政、财务、会计等管理事项进行检查的活动。

第四条 财政部门实施财政检查，应当遵循合法、客观、公正、公开的原则。

第五条 财政部门应当按照法律、法规、规章和本办法的规定，在规定的职权范围内，实施财政检查，依法作出检查结论或处理、处罚决定。

对财政检查工作管辖发生争议的，报请共同的上一级财政部门指定管辖。

第六条 财政部门应当制定年度财政检查计划，按计划组织开展财政检查，或者根据日常财政管理需要，组织开展财政检查。

第七条 财政部门组织开展财政检查应当组成检查组，并指定检查组组长。检查组实行组长负责制。

第八条 检查组检查人员由财政部门工作人员组成。检查人员应当具备下列条件：
（一）熟悉有关法律、法规、规章和政策；
（二）掌握相关的专业知识；
（三）具有一定的调查研究、综合分析和文字表达能力。

第九条 根据需要，财政部门可以聘请专门机构或者具有专门知识的人员协助检查人员开展检查工作。

第十条 检查人员与被检查单位或个人（以下统称被检查人）有直接利害关系的，应当回避。被检查人认为检查人员与自己有利害关系的，可以要求检查人员回避。

检查人员的回避，由财政部门负责人决定。

第十一条 检查人员应当遵守国家有关保密规定，不得泄露检查中知悉的国家秘密和商业秘密，不得将检查中取得的材料用于与检查工作无关的事项。

第十二条 检查组在实施财政检查前，应当熟悉与检查事项有关的法律、法规、规章和政策，了解被检查人的基本情况，编制财政检查工作方案。

第十三条 财政部门实施财政检查，一般应于3个工作日前向被检查人送达财政检查通知书。

财政部门认为实施财政检查的3个工作日前向被检查人送达检查通知书对检查工作有不利影响时，经财政部门负责人批准，检查通知书可在实施财政检查前适当时间下达。

财政检查通知书的内容包括：
（一）被检查人的名称；
（二）检查的依据、范围、内容、方式和时间；
（三）对被检查人配合检查工作的具体要求；
（四）检查组组长及检查人员名单、联系方式；
（五）财政部门公章及签发日期。

第十四条 实施财政检查时，检查人员不得少于两人，并应当向被检查人出示证件。

检查人员可以向被检查人询问有关情况，被检查人应当予以配合，如实回答询问、反映情况。询问应当制作笔录，并由被检查人签字或盖章。

第十五条 实施财政检查时，检查人员可以要求被检查人提供有关资料，并可以对有关资料进行复制。

提供的资料是外国文字或少数民族文字记录的，被检查人应当将资料译成中文。

第十六条 实施财政检查时，检查人员可以运用查账、盘点、查询及函证、计算、分析性复核等方法。

第十七条 实施财政检查时，经财政部门负责人批准，检查人员可以向与被检查人有经济业务往来的单位查询有关情况，可以依法向金融机构查询被检查单位的存款。

检查人员查询存款时，应当持有财政部门签发的查询存款通知书，并负有保密义务。

第十八条 实施财政检查时，在有关证据可能灭失或者以后难以取得的情况下，经财政部门负责人批准，可以先行登记保存，并应当在7个工作日内及时作出处理决定。在此期间，被检查人或者有关人员不得销毁或者转移证据。

第十九条 检查人员在检查中取得的证明材料，应当有提供者的签名或者盖章。

未取得提供者签名或盖章的材料，检查人员应当注明原因。

第二十条 实施财政检查时，检查人员应当将检内容与事项予以记录和摘录，编制财政检查工作底稿，并由被检查人签字或者盖章。

第二十一条　检查组组长应当对本组其他检查人员的工作质量进行监督，并对有关事项进行必要的审查和复核。

第二十二条　检查组在实施检查中，遇到重大问题应当及时向财政部门请示汇报。

第二十三条　检查工作结束前，检查组应当就检查工作的基本情况、被检查人存在的问题等事项书面征求被检查人的意见。被检查人自收到书面征求意见函之日起5个工作日内，提出书面意见或说明；在规定期限内没有提出书面意见或说明的，视为无异议。

第二十四条　检查组应于检查结束10个工作日内，向财政部门提交书面财政检查报告；特殊情况下，经批准提交财政检查报告的时间可以延长，但最长不得超过30日。

检查组在提交财政检查报告时，还应当一并提交行政处理、处罚建议或者移送处理建议以及财政检查工作底稿等材料。

第二十五条　财政检查报告应当包括下列内容：

（一）被检查人的基本情况；

（二）检查范围、内容、方式和时间；

（三）被检查人执行财税法规情况以及财政、财务、会计等管理事项的基本情况；

（四）被检查人存在财政违法行为的基本事实以及认定依据、证据；

（五）被检查人的意见或说明；

（六）应当向财政部门报告的其他事项；

（七）检查组组长签名及财政检查报告日期。

第二十六条　财政部门应当建立健全财政检查的复核制度，指定内部有关职能机构或者专门人员，对检查组提交的财政检查报告以及其他有关材料予以复核。

复核人员与被检查人或检查人员有直接利害关系的，应当回避。

第二十七条　负责复核的有关职能机构或者专门人员，应当从以下几个方面对财政检查报告以及其他有关材料进行复核：

（一）检查事项认定的事实是否清楚；

（二）取得的证据是否真实、充分；

（三）检查程序是否合法；

（四）认定财政违法行为的法律依据是否适当；

（五）提出的行政处理、处罚建议或者移送处理建议是否适当；

（六）其他需要复核的事项。

有关职能机构或者专门人员对财政检查报告复核后，应当提出复核意见。

第二十八条　财政部门对财政检查报告和复核意见进行审定后，应当根据不同情况作出如下处理：

（一）对未发现有财政违法行为的被检查人作出检查结论；

（二）对有财政违法行为的被检查人依法作出行政处理、处罚决定；

（三）对不属于本部门职权范围的事项依法移送。

财政检查报告与复核意见存在重大分歧的，财政部门应当责成检查组进一步核实、补正有关情况或者材料；必要时，应当另行派出检查组，重新实施财政检查。

第二十九条　财政部门作出行政处理、处罚决定的，应当制作行政处理、处罚决定书。行政处理、处罚决定书应当载明以下事项：

（一）当事人的姓名或者名称、地址；

（二）违反法律、法规或者规章的事实和证据；

（三）行政处理、处罚的种类和依据；

（四）行政处理、处罚履行的方式和期限；

（五）不服行政处理、处罚决定，申请行政复议或者提起行政诉讼的途径和期限；

（六）作出行政处理、处罚决定的财政部门名称和日期；

行政处理、处罚决定书必须盖有作出行政处理、处罚决定的财政部门印章。

第三十条　财政部门在作出行政处罚决定之前，应当告知当事人作出行政处罚的事实、理由及依据，并告知当事人依法享有的权利。

当事人有权进行陈述和申辩。财政部门必须充分听取当事人的意见，对当事人提出的事实、理由和证据，应当进行核查；当事人提出的事实、理由或者证据成立的，财政部门应当采纳。

第三十一条　财政部门作出应当告知听证权利的行政处罚决定之前，应当告知当事人有要求举行听证的权利；当事人要求听证的，财政部门应当组织听证。

财政部门举行听证的，依照《财政机关行政处罚听证实施办法》（财政部令第23号）的规定办理。

第三十二条　财政部门依法作出行政处理、处罚决定后，应当将行政处理、处罚决定书送达当事人。

行政处理、处罚决定书自送达之日起生效。

第三十三条 当事人对行政处理、处罚不服的，依照《中华人民共和国行政复议法》、《中华人民共和国行政诉讼法》的规定申请行政复议或者提起行政诉讼。

行政复议和行政诉讼期间，行政处理、处罚决定不停止执行，法律另有规定的除外。

第三十四条 财政部门应当依法对财政行政处理、处罚决定执行情况进行监督检查。

第三十五条 被检查人有财政违法行为的，财政部门可以公告其财政违法行为及行政处理、处罚、处分决定。

第三十六条 财政检查工作结束后，财政部门应当做好财政检查工作相关材料的立卷归档工作。

第三十七条 财政部门的工作人员在财政检查工作中，滥用职权、玩忽职守、徇私舞弊的，依法给予行政处分。构成犯罪的，依法追究刑事责任。

第三十八条 财政部门对财政检查工作中发现的影响财税政策、预算执行等方面的重要问题，应当及时向本级人民政府和上一级财政部门报告。

第三十九条 财政部门实施会计监督检查，适用本办法以及2001年2月20日财政部发布的《财政部门实施会计监督办法》（财政部令第10号）。

第四十条 本办法自2006年3月1日起施行。1998年10月8日财政部发布的《财政检查工作规则》（财监字〔1998〕223号）同时废止。

财政监督检查案件移送办法

- 2008年12月16日财政部令第53号公布
- 自2009年2月1日起施行

第一条 为了加强对财政监督检查案件移送工作的管理，规范财政监督检查案件移送，保障财政监督检查职责的履行，根据《财政违法行为处罚处分条例》、《行政执法机关移送涉嫌犯罪案件的规定》等有关规定，制定本办法。

第二条 本办法所称财政监督检查案件移送，是指县级以上人民政府财政部门和省级以上人民政府财政部门的派出机构（以下统称财政部门）在履行监督检查职责时，对不属于财政部门职权范围的案件和其他事项，依法依纪移送其他机关处理的行为。

第三条 财政部门依法依纪实施财政监督检查案件移送，适用本办法。

第四条 财政部门移送财政监督检查案件（以下简称案件移送），应当符合法律、法规、规章的规定，做到事实清楚、材料齐全、程序合法、手续完备。

属于财政部门职权范围的案件和其他事项，财政部门应当依法处理，不得移送其他机关。

第五条 财政部门履行监督检查职责时，对需要由税务、银行、证券、保险、海关、国有资产管理以及其他有关主管或者监管机关处理的案件，应当依法办理案件移送。

第六条 财政部门履行监督检查职责时，对依法依纪应当追究责任的公务员，财政部门无权处理的，应当将案件材料移送有关监察机关或者具有人事管理权限的任免机关处理。

对法律、法规授权的具有管理公共事务职能的组织以及国家行政机关依法委托的组织中除工勤人员以外的工作人员，企业、事业单位、社会团体中由国家行政机关以委任、派遣等形式任命的人员以及其他人员依法依纪应当追究责任的，参照前款规定执行。

第七条 财政部门履行监督检查职责时，认为有关单位或者个人涉嫌犯罪的，应当按照《行政执法机关移送涉嫌犯罪案件的规定》办理案件移送。

同一案件既涉嫌职务犯罪又涉嫌其他犯罪，检察机关与公安机关分别具有管辖权的，向案件所涉嫌主罪的管辖机关移送。

第八条 财政部驻各省、自治区、直辖市、计划单列市财政监察专员办事处认为应当移送的案件，凡涉嫌犯罪金额在1000万元以上的，或者责任人员涉及副厅（局）级以上领导干部的，以及其他性质、情节恶劣或者具有较大社会影响的案件，应当报送财政部决定移送机关。

省级财政部门派出机构的移送案件，性质、情节恶劣或者具有较大社会影响的，其具体情形及移送机关由省级财政部门确定。

第九条 财政部门向其他机关移送案件前已经作出的行政处理、行政处罚，不停止执行。移送案件时，应当将行政处理、行政处罚决定等案件材料一并移送其他机关。

不得以行政处理、行政处罚等方式代替案件移送。

第十条 财政部门履行监督检查职责时，承办机构或者承办人员认为需要案件移送的，应当向财政部门提出移送建议。

第十一条 财政部门应当指定2名以上工作人员或者内部有关机构对案件是否移送进行复核。

复核人员或者机构应当按照有关规定，对建议移送案件的事实是否清楚、材料是否齐全、程序是否合法、手续是否完备等情形进行复核，并提出移送处理意见，报本级财政部门负责人审批。

第十二条 财政部门应当自接到移送处理意见之日起7日内，作出案件移送或者不予移送的决定。

决定移送的，财政部门应当明确具体的受移送机关，办理移送手续，并将案件的有关材料及时、完整地移送受移送机关。

决定不予移送的，财政部门应当将决定的理由和依据记录在案，并依法进行处理。

第十三条 财政部门办理案件移送时，应当向受移送机关提交《财政监督检查案件移送通知书》，并附下列材料：

（一）案件基本情况；

（二）案件的检查报告或者调查报告；

（三）已作出处理处罚的情况以及处理处罚建议；

（四）有关证据；

（五）涉案款物清单；

（六）其他需要移送的材料。

第十四条 财政部门向受移送机关提交《财政监督检查案件移送通知书》时，应当附送案件移送通知书送达回证，并要求被移送机关在送达回证上签名或者盖章。

第十五条 财政部门应当及时了解、掌握移送案件的进展情况。案件移送后超过30日尚未收到送达回证的，或者受理后超过90日尚未收到书面处理结果的，财政部门应当制发《财政监督检查移送案件询问函》，向受移送机关询问移送案件进展情况。

第十六条 对受移送机关不接收或者不予受理的案件，财政部门仍有异议的，应当与受移送机关进行协商或者向有关部门反映，并将结果记录在案。

第十七条 对其他机关移送财政部门处理的案件，财政部门应当在7日内进行审核，并作出是否受理的决定。对不予受理的，财政部门应当在30日内书面向移送机关说明不予受理的理由，并退还移送的案件材料；对予以受理的，财政部门应当及时处理，并在90日内将处理结果书面通知移送机关。

第十八条 财政部门应当建立案件移送登记制度，完善档案管理，及时对案件移送情况、处理结果等进行统计分析，并将有关汇总分析报告报送上一级财政部门。

第十九条 上级财政部门应当加强对下级财政部门案件移送工作的指导和监督。

第二十条 财政部门应当加强与受移送机关的沟通和协调。受移送机关在查处移送案件过程中，需要财政部门配合的，财政部门应当予以协助。

第二十一条 财政部门及其工作人员在案件移送工作中，应当移送而不移送或者违反规定移送，造成严重后果的，应当依法依纪追究责任。

第二十二条 本办法自2009年2月1日起施行。

财政部门监督办法

· 2012年3月2日财政部令第69号公布
· 自2012年5月1日起施行

第一章 总 则

第一条 为了规范财政部门监督行为，加强财政管理，保障财政资金安全规范有效使用，维护国家财经秩序，根据国家有关财政管理法律法规，制定本办法。

第二条 县级以上人民政府财政部门（以下简称财政部门）依法对单位和个人（以下统称监督对象）涉及财政、财务、会计等事项实施监督适用本办法。

省级以上人民政府财政部门派出机构在规定职权范围内依法实施监督。

第三条 财政部门应当按照财政管理体制、财务隶属关系对财政、财务等事项实施监督；按照行政区域对会计事项实施监督。

上级财政部门应当加强对下级财政部门监督工作的指导；下级财政部门应当及时将监督中发现的重大问题向本级人民政府和上级财政部门报告。

第四条 财政部门实施监督应当坚持事前、事中和事后监督相结合，建立覆盖所有政府性资金和财政运行全过程的监督机制。

第五条 财政部门实施监督应当与财政管理相结合，将监督结果作为预算安排的重要参考依据；根据监督结果完善相关政策、加强财政管理。

第六条 财政部门应当加强绩效监督，提高财政资金使用效益。

第七条 财政部门应当加强信息化建设，充分运用现代技术手段实施监督，提高监督效率。

第二章 监督机构和人员

第八条 财政部门的监督职责由本部门专职监督机构和业务管理机构共同履行；由专职监督机构实行统一归口管理、统一组织实施、统一规范程序、统一行政处罚。

第九条 专职监督机构应当履行下列监督职责：

（一）制定本部门监督工作规划；

（二）参与拟定涉及监督职责的财税政策及法律制度；

（三）牵头拟定本部门年度监督计划；

（四）组织实施涉及重大事项的专项监督；
（五）向业务管理机构反馈监督结果及意见；
（六）组织实施本部门内部监督检查。

第十条 业务管理机构应当履行下列监督职责：
（一）在履行财政、财务、会计等管理职责过程中加强日常监督；
（二）配合专职监督机构进行专项监督；
（三）根据监督结果完善相关财政政策；
（四）向专职监督机构反馈意见采纳情况。

第十一条 专职监督机构和业务管理机构实施监督，应当协调配合、信息共享。

第十二条 实施监督的财政部门工作人员（以下简称监督人员）应当具备与财政监督工作相适应的专业知识和业务能力。

监督人员应当廉洁自律，秉公执法，保守秘密。

第十三条 监督人员与监督对象有利害关系的应当回避。

监督对象有权申请有利害关系的监督人员回避。

监督人员的回避，由财政部门负责人决定。

第十四条 监督人员依法履行监督职责受法律保护。

对财政部门依法实施的监督，监督对象应当予以配合、如实反映情况；不得拒绝、阻挠、拖延；不得对监督人员打击报复。

第十五条 财政部门可以根据需要，聘请有关专业机构或者专业人员协助监督工作。

财政部门应当加强对所聘机构和人员的统一管理。

第三章 监督范围和权限

第十六条 财政部门依法对下列事项实施监督：
（一）财税法规、政策的执行情况；
（二）预算编制、执行、调整和决算情况；
（三）税收收入、政府非税收入等政府性资金的征收、管理情况；
（四）国库集中收付、预算单位银行账户的管理使用情况；
（五）政府采购法规、政策的执行情况；
（六）行政、事业单位国有资产，金融类、文化企业等国有资产的管理情况；
（七）财务会计制度的执行情况；
（八）外国政府、国际金融组织贷款和赠款的管理情况；
（九）法律法规规定的其他事项。

对会计师事务所和资产评估机构设立及执业情况的监督，由省级以上人民政府财政部门依法实施。

第十七条 财政部门实施监督，可以依法采取下列措施：
（一）要求监督对象按照要求提供与监督事项有关的资料；
（二）调取、查阅、复制监督对象有关预算编制、执行、调整和决算资料，会计凭证和账簿，财务会计报告、审计报告、账户信息、电子信息管理系统情况，以及其他有关资料；
（三）经县级以上人民政府财政部门负责人批准，向与被监督单位有经济业务往来的单位查询有关情况，向金融机构查询被监督单位的存款；
（四）在证据可能灭失或者以后难以取得的情况下，经县级以上人民政府财政部门负责人批准，先行登记保存证据，并在7日内及时作出处理决定；
（五）对正在进行的财政违法行为，责令停止；拒不执行的，暂停财政拨款或者停止拨付与财政违法行为直接有关的款项；已经拨付的，责令暂停使用；
（六）法律法规规定的其他措施。

第十八条 财政部门实施监督过程中，发现监督对象制定或者执行的规定与国家相关规定相抵触的，可以根据职权予以纠正或者建议有权机关予以纠正。

第十九条 对监督对象财政违法行为作出的处理、处罚决定及其执行情况，除涉及国家秘密、商业秘密、个人隐私外，财政部门可以公开。

第二十条 对有关财政违法行为的举报，财政部门应当按照规定处理，并为举报人保密。

第四章 监督方式和程序

第二十一条 财政部门实施监督，可以采取监控、督促、调查、核查、审查、检查、评价等方法。

第二十二条 财政部门实施监督，可以采取专项监督和日常监督相结合的方式。

专项监督应当结合年度监督计划，按照规定程序组织实施。

日常监督应当结合履行财政、财务、会计等管理职责，按照规定程序组织实施。

第二十三条 财政部门实施监督，应当依法对财政违法行为作出处理处罚；对不属于本部门职权范围内的事项，应当按照规定程序移送有权机关处理。

第二十四条 财政部门实施监督，应当加强与监察、审计等有关机关的沟通和协作。有关机关已经作出的调查、检查、审计结论能够满足本部门履行职责需要的，应当加以利用。

财政部门履行监督职责,可以提请有关机关予以协助。

第五章 法律责任

第二十五条 监督对象有下列情形之一的,由县级以上人民政府财政部门责令限期改正,并给予警告;直接负责的主管人员和其他直接责任人员属于国家工作人员的,建议有关主管部门依法给予处分;涉嫌犯罪的,依法移送司法机关:

(一)拒绝、阻挠、拖延财政部门依法实施的监督的;
(二)不如实提供有关资料的;
(三)对监督人员进行打击报复的。

第二十六条 监督人员实施监督过程中玩忽职守、滥用职权、徇私舞弊或者泄露国家秘密、商业秘密的,依法给予行政处分;涉嫌犯罪的,依法移送司法机关。

第二十七条 监督对象对处理、处罚决定不服的,可以依法申请行政复议或者提起行政诉讼。

国家工作人员对处分不服的,可以依照有关规定申请复核或者提出申诉。

第六章 附 则

第二十八条 乡镇财政机构在规定职权范围内,或者受上级政府财政部门委托,依法实施监督工作,参照本办法执行。

第二十九条 本办法自 2012 年 5 月 1 日起施行。

政府购买服务管理办法

·2020 年 1 月 3 日财政部令第 102 号公布
·自 2020 年 3 月 1 日起施行

第一章 总 则

第一条 为规范政府购买服务行为,促进转变政府职能,改善公共服务供给,根据《中华人民共和国预算法》、《中华人民共和国政府采购法》、《中华人民共和国合同法》等法律、行政法规的规定,制定本办法。

第二条 本办法所称政府购买服务,是指各级国家机关将属于自身职责范围且适合通过市场化方式提供的服务事项,按照政府采购方式和程序,交由符合条件的服务供应商承担,并根据服务数量和质量等因素向其支付费用的行为。

第三条 政府购买服务应当遵循预算约束、以事定费、公开择优、诚实信用、讲求绩效原则。

第四条 财政部负责制定全国性政府购买服务制度,指导和监督各地区、各部门政府购买服务工作。

县级以上地方人民政府财政部门负责本行政区域政府购买服务管理。

第二章 购买主体和承接主体

第五条 各级国家机关是政府购买服务的购买主体。

第六条 依法成立的企业、社会组织(不含由财政拨款保障的群团组织)、公益二类和从事生产经营活动的事业单位,农村集体经济组织,基层群众性自治组织,以及具备条件的个人可以作为政府购买服务的承接主体。

第七条 政府购买服务的承接主体应当符合政府采购法律、行政法规规定的条件。

购买主体可以结合购买服务项目的特点规定承接主体的具体条件,但不得违反政府采购法律、行政法规,以不合理的条件对承接主体实行差别待遇或者歧视待遇。

第八条 公益一类事业单位、使用事业编制且由财政拨款保障的群团组织,不作为政府购买服务的购买主体和承接主体。

第三章 购买内容和目录

第九条 政府购买服务的内容包括政府向社会公众提供的公共服务,以及政府履职所需辅助性服务。

第十条 以下各项不得纳入政府购买服务范围:

(一)不属于政府职责范围的服务事项;
(二)应当由政府直接履职的事项;
(三)政府采购法律、行政法规规定的货物和工程,以及将工程和服务打包的项目;
(四)融资行为;
(五)购买主体的人员招、聘用,以劳务派遣方式用工,以及设置公益性岗位等事项;
(六)法律、行政法规以及国务院规定的其他不得作为政府购买服务内容的事项。

第十一条 政府购买服务的具体范围和内容实行指导性目录管理,指导性目录依法予以公开。

第十二条 政府购买服务指导性目录在中央和省两级实行分级管理,财政部和省级财政部门分别制定本级政府购买服务指导性目录,各部门在本级指导性目录范围内编制本部门政府购买服务指导性目录。

省级财政部门根据本地区情况确定省以下政府购买服务指导性目录的编制方式和程序。

第十三条 有关部门应当根据经济社会发展实际、政府职能转变和基本公共服务均等化、标准化的要求,编制、调整指导性目录。

编制、调整指导性目录应当充分征求相关部门意见，根据实际需要进行专家论证。

第十四条 纳入政府购买服务指导性目录的服务事项，已安排预算的，可以实施政府购买服务。

第四章 购买活动的实施

第十五条 政府购买服务应当突出公共性和公益性，重点考虑、优先安排与改善民生密切相关，有利于转变政府职能、提高财政资金绩效的项目。

政府购买的基本公共服务项目的服务内容、水平、流程等标准要素，应当符合国家基本公共服务标准相关要求。

第十六条 政府购买服务项目所需资金应当在相关部门预算中统筹安排，并与中期财政规划相衔接，未列入预算的项目不得实施。

购买主体在编报年度部门预算时，应当反映政府购买服务支出情况。政府购买服务支出应当符合预算管理有关规定。

第十七条 购买主体应当根据购买内容及市场状况、相关供应商服务能力和信用状况等因素，通过公平竞争择优确定承接主体。

第十八条 购买主体向个人购买服务，应当限于确实适宜实施政府购买服务并且由个人承接的情形，不得以政府购买服务名义变相用工。

第十九条 政府购买服务项目采购环节的执行和监督管理，包括集中采购目录及标准、采购政策、采购方式和程序、信息公开、质疑投诉、失信惩戒等，按照政府采购法律、行政法规和相关制度执行。

第二十条 购买主体实施政府购买服务项目绩效管理，应当开展事前绩效评估，定期对所购服务实施情况开展绩效评价，具备条件的项目可以运用第三方评价评估。

财政部门可以根据需要，对部门政府购买服务整体工作开展绩效评价，或者对部门实施的资金金额和社会影响大的政府购买服务项目开展重点绩效评价。

第二十一条 购买主体及财政部门应当将绩效评价结果作为承接主体选择、预算安排和政策调整的重要依据。

第五章 合同及履行

第二十二条 政府购买服务合同的签订、履行、变更，应当遵循《中华人民共和国合同法》的相关规定。

第二十三条 购买主体应当与确定的承接主体签订书面合同，合同约定的服务内容应当符合本办法第九条、第十条的规定。

政府购买服务合同应当明确服务的内容、期限、数量、质量、价格、资金结算方式，各方权利义务事项和违约责任等内容。

政府购买服务合同应当依法予以公告。

第二十四条 政府购买服务合同履行期限一般不超过1年；在预算保障的前提下，对于购买内容相对固定、连续性强、经费来源稳定、价格变化幅度小的政府购买服务项目，可以签订履行期限不超过3年的政府购买服务合同。

第二十五条 购买主体应当加强政府购买服务项目履约管理，开展绩效执行监控，及时掌握项目实施进度和绩效目标实现情况，督促承接主体严格履行合同，按照合同约定向承接主体支付款项。

第二十六条 承接主体应当按照合同约定提供服务，不得将服务项目转包给其他主体。

第二十七条 承接主体应当建立政府购买服务项目台账，依照有关规定或合同约定记录保存并向购买主体提供项目实施相关重要资料信息。

第二十八条 承接主体应当严格遵守相关财务规定规范管理和使用政府购买服务项目资金。

承接主体应当配合相关部门对资金使用情况进行监督检查与绩效评价。

第二十九条 承接主体可以依法依规使用政府购买服务合同向金融机构融资。

购买主体不得以任何形式为承接主体的融资行为提供担保。

第六章 监督管理和法律责任

第三十条 有关部门应当建立健全政府购买服务监督管理机制。购买主体和承接主体应当自觉接受财政监督、审计监督、社会监督以及服务对象的监督。

第三十一条 购买主体、承接主体及其他政府购买服务参与方在政府购买服务活动中，存在违反政府采购法律法规行为的，依照政府采购法律法规予以处理处罚；存在截留、挪用和滞留资金等财政违法行为的，依照《中华人民共和国预算法》、《财政违法行为处罚处分条例》等法律法规追究法律责任；涉嫌犯罪的，移送司法机关处理。

第三十二条 财政部门、购买主体及其工作人员，存在违反本办法规定的行为，以及滥用职权、玩忽职守、徇私舞弊等违法违纪行为的，按照《中华人民共和国预算法》、《中华人民共和国公务员法》、《中华人民共和国监察法》、《财政违法行为处罚处分条例》等国家有关规定追究相应责任；涉嫌犯罪的，移送司法机关处理。

第七章 附 则

第三十三条 党的机关、政协机关、民主党派机关、承担行政职能的事业单位和使用行政编制的群团组织机关使用财政性资金购买服务的,参照本办法执行。

第三十四条 涉密政府购买服务项目的实施,按照国家有关规定执行。

第三十五条 本办法自2020年3月1日起施行。财政部、民政部、工商总局2014年12月15日颁布的《政府购买服务管理办法(暂行)》(财综〔2014〕96号)同时废止。

罚款决定与罚款收缴分离实施办法

· 1997年11月17日中华人民共和国国务院令第235号发布
· 自1998年1月1日起施行

第一条 为了实施罚款决定与罚款收缴分离,加强对罚款收缴活动的监督,保证罚款及时上缴国库,根据《中华人民共和国行政处罚法》(以下简称行政处罚法)的规定,制定本办法。

第二条 罚款的收取、缴纳及相关活动,适用本办法。

第三条 作出罚款决定的行政机关应当与收缴罚款的机构分离;但是,依照行政处罚法的规定可以当场收缴罚款的除外。

第四条 罚款必须全部上缴国库,任何行政机关、组织或者个人不得以任何形式截留、私分或者变相私分。

行政机关执法所需经费的拨付,按照国家有关规定执行。

第五条 经中国人民银行批准有代理收付款项业务的商业银行、信用合作社(以下简称代收机构),可以开办代收罚款的业务。

具体代收机构由县级以上地方人民政府组织本级财政部门、中国人民银行当地分支机构和依法具有行政处罚权的行政机关共同研究,统一确定。海关、外汇管理等实行垂直领导的依法具有行政处罚权的行政机关作出罚款决定的,具体代收机构由财政部、中国人民银行会同国务院有关部门确定。依法具有行政处罚权的国务院有关部门作出罚款决定的,具体代收机构由财政部、中国人民银行确定。

代收机构应当具备足够的代收网点,以方便当事人缴纳罚款。

第六条 行政机关应当依照本办法和国家有关规定,同代收机构签订代收罚款协议。

代收罚款协议应当包括下列事项:

(一)行政机关、代收机构名称;
(二)具体代收网点;
(三)代收机构上缴罚款的预算科目、预算级次;
(四)代收机构告知行政机关代收罚款情况的方式、期限;
(五)需要明确的其他事项。

自代收罚款协议签订之日起15日内,行政机关应当将代收罚款协议报上一级行政机关和同级财政部门备案;代收机构应当将代收罚款协议报中国人民银行或者其当地分支机构备案。

第七条 行政机关作出罚款决定的行政处罚决定书应当载明代收机构的名称、地址和当事人应上缴纳罚款的数额、期限等,并明确对当事人逾期缴纳罚款是否加处罚款。

当事人应当按行政处罚决定书确定的罚款数额、期限,到指定的代收机构缴纳罚款。

第八条 代收机构代收罚款,应当向当事人出具罚款收据。

罚款收据的格式和印制,由财政部规定。

第九条 当事人逾期缴纳罚款,行政处罚决定书明确需要加处罚款的,代收机构应当按照行政处罚决定书加收罚款。

当事人对加收罚款有异议的,应当先缴纳罚款和加收的罚款,再依法向作出行政处罚决定的行政机关申请复议。

第十条 代收机构应当按照代收罚款协议规定的方式、期限,将当事人的姓名或者名称、缴纳罚款的数额、时间等情况书面告知作出行政处罚决定的行政机关。

第十一条 代收机构应当按照行政处罚法和国家有关规定,将代收的罚款直接上缴国库。

第十二条 国库应当按照《中华人民共和国国家金库条例》的规定,定期同财政部门和行政机关对账,以保证收受的罚款和上缴国库的罚款数额一致。

第十三条 代收机构应当在代收网点、营业时间、服务设施、缴款手续等方面为当事人缴纳罚款提供方便。

第十四条 财政部门应当向代收机构支付手续费,具体标准由财政部制定。

第十五条 法律、法规授权的具有管理公共事务职能的组织和依法受委托的组织依法作出的罚款决定与罚款收缴,适用本办法。

第十六条 本办法由财政部会同中国人民银行组织实施。

第十七条 本办法自1998年1月1日起施行。

罚款代收代缴管理办法

- 1998年5月28日
- 财预字〔1998〕201号

第一章 总 则

第一条 为了加强罚款收缴入库的管理，根据《中华人民共和国行政处罚法》、《罚款决定与罚款收缴分离实施办法》、《中华人民共和国国家金库条例》等有关法律、法规的规定，制定本办法。

第二条 具有行政处罚权的行政机关及法律、法规授权或依法受行政机关委托实施行政处罚的组织（以下简称行政机关），实行罚款决定与罚款收缴分离的，其罚款的收缴，适用本办法。

行政机关按法律规定实行当场收缴罚款的，其罚款的收缴，不适用本办法。

第二章 罚款代收机构

第三条 海关、外汇管理等实行垂直领导的依法具有行政处罚权的行政机关所处的罚款，由国有商业银行分支机构代收。国有商业银行代收有困难的，经财政部驻当地财政监察专员办事机构、中国人民银行当地分支机构协商确定，委托其他商业银行代收。

第四条 依法具有行政处罚权的国务院有关部门处以的罚款，由国有商业银行分支机构代收。

第五条 具有行政处罚权的地方行政机关所处的罚款，由县级以上地方人民政府组织本级财政部门、中国人民银行当地分支机构和依法具有行政处罚权的行政机关共同研究，统一确定代收机构。

第三章 罚款收据

第六条 代收机构代收罚款，必须使用全国统一格式的"代收罚款收据"。

第七条 "代收罚款收据"一式四联（每联规格：9.5公分×17.5公分，具体格式附后）：

第一联，收据（白纸黑油墨），由代收机构收款盖章后退缴款人。

第二联，存根（白纸红油墨），由代收机构收款盖章后作收入凭证留存。

第三联，回执（白纸绿油墨），代收机构收款盖章后退作出处罚决定的行政机关。

第四联，报查（白纸紫油墨），代收机构收款盖章后，随一般缴款书的第五联（报查联）送国库，国库收款后送财政部门。

第八条 "代收罚款收据"由省级政府财政部门按统一格式指定企业印制，其他任何单位和个人不得印制。

"代收罚款收据"由省级财政部门负责组织发放。财政部门必须保证供应，并不得向领取收据的单位收取费用。

第四章 罚款收缴

第九条 代收机构应根据与行政机关签订的代收罚款协议，严格履行代收代缴罚款义务，加强对罚款代收工作的管理。经办人对单位和个人缴纳罚款，应认真办理，不得拒收罚款。

第十条 代收机构应根据行政机关的行政处罚决定书决定的罚款数额收取罚款。对逾期缴纳罚款的单位和个人，行政处罚决定书明确需要加处罚款的，根据逾期天数加收罚款。行政处罚决定书没有明确需要加处罚款的，代收机构不得自行加收罚款。

第十一条 代收机构代收的罚款，应统一使用"待结算财政款项"科目的"待报解预算收入（罚款收入）"专户核算，并于当日办理缴库；当日来不及办理的，应于次日（节假日顺延）办理，不得占压、挪用。

代收机构不参加票据交换、罚款不能直接缴入当地国库的，代收机构应于当日将代收的罚款（附"代收罚款收据"三、四联）上划管辖行。管辖行对上划的罚款，应于当日或次日（节假日顺延）办理缴库。

第十二条 代收机构代收的罚款和代收机构管辖行收到上划的罚款，应按行政机关的隶属关系和罚款收入的预算科目、预算级次就地缴入中央国库和地方国库。代收机构或管辖行在办理缴库时，应填写"一般缴款书"，其中，"缴款单位"一栏，"全称"按行政机关全称填写，其他各项，根据《中华人民共和国国家金库条例》及其实施细则的要求填写。

缴款书第一联，代收机构盖章后连同代收罚款收据第三联送作出处罚决定的行政机关；第二联，代收机构留作付款凭证。第三-五联（附"代收罚款收据"第四联），由代收机构或管辖行通过票据交换，送当地国库。国库收款盖章后，第三联留存作收入凭证；第四、五联（附代收罚款收据第四联）按预算级次分送财政部门：属于中央的罚款收入，退财政部驻当地财政监察专员办事机构；属于地方的罚款收入，退同级财政部门；属于中央与地方分成的罚款收入，代收罚款收据第四联和缴款书第五联退财政部驻当地财政监察专员办事机构，缴款书第四联退地方同级财政部门。

第十三条 代收机构只办理罚款的代收与缴库。凡错缴和多缴的罚款，以及经行政机关复议后不应处罚的罚款须办理退付的，应由作出处罚决定的行政机关提出申请，报经同级财政部门（缴入中央国库的，报财政部驻当地财政监察专员办事机构）审查批准后，由财政部门开具收入退还书，分别从中央国库和地方国库退付。代收机构不得从罚款收入中冲退。

第五章　代收手续费

第十四条　财政部门按代收机构管辖行缴入国库罚款总额 0.5% 的比例，按季支付手续费。其中，缴入中央国库的，手续费由各地财政监察专员办事机构支付，缴入地方国库的，由地方同级财政部门支付。

第十五条　代收机构应于每季终了后 3 日内，将上季代收并缴入中央和地方国库的各项罚款分别汇总，填写罚款汇总表（格式附后），分送财政部驻各地财政监察专员办事机构和地方财政部门、作出处罚决定的行政机关核对。财政监察专员办事机构和地方财政部门收到代收机构报送的罚款汇总表，应与国库转来的缴款书及所附"代收罚款收据"进行核对，审核完毕按实际入库数支付上季手续费。

第六章　监　督

第十六条　作出罚款决定的行政机关财务部门应按月与委托的代收机构就罚款收入的代收情况进行对账，对未到指定代收机构缴纳罚款的，应责成被处罚单位和个人缴纳并加处罚款。

第十七条　各级财政部门应按月与国库、作出罚款决定的行政机关就罚款收入的收缴情况进行对账检查，对账中发现的问题，应通知有关单位及时纠正。

第十八条　各级国库有权对代收机构代收罚款的情况进行监督检查。对违反规定，拒收和占压、挪用代收罚款收入的，应依法进行处理。

第十九条　各级财政部门对同级行政机关罚款的收缴情况，有权进行监督检查，对违反规定拒不执行罚款决定与罚款收缴分离规定，截留、挪用应缴罚款收入的，应按《国务院关于违反财政法规处罚的暂行规定》予以处理。

第二十条　代收机构、行政机关应按照国库和财政部门的要求，如实提供必要的资料，认真配合国库、财政机关的检查工作。

第二十一条　代收机构不履行代收协议所规定义务的，由确定代收机构的部门取消其代收罚款的资格，并按规定重新确定代收机构。

第七章　附　则

第二十二条　人民法院和人民检察院所处罚款的收缴，比照本办法的规定办理。

第二十三条　税务部门所处税收罚款的收缴，仍按现行办法办理。

第二十四条　各地财政监察专员办事机构支付罚款代收手续费以及其他相关费用，由财政部驻各省、自治区、直辖市、计划单列市财政监察专员办事处根据实际应付数按季汇总报财政部。经财政部与中央总金库核对无误后，由财政部下拨到各财政监察专员办事处，各专员办事处转拨到所属办事机构。

第二十五条　本办法由财政部会同中国人民银行解释。

第二十六条　本办法自颁布之日起实行。其他有关罚款收缴的规定与本办法不一致的，以本办法为准。

罚没财物管理办法

- 2020 年 12 月 17 日
- 财税〔2020〕54 号

第一章　总　则

第一条　为规范和加强罚没财物管理，防止国家财产损失，保护自然人、法人和非法人组织的合法权益，根据《中华人民共和国预算法》、《罚款决定与罚款收缴分离实施办法》（国务院令第 235 号）等有关法律、行政法规规定，制定本办法。

第二条　罚没财物移交、保管、处置、收入上缴、预算管理等，适用本办法。

第三条　本办法所称罚没财物，是指执法机关依法对自然人、法人和非法人组织作出行政处罚决定，没收、追缴决定或者法院生效裁定、判决取得的罚款、罚金、违法所得、非法财物，没收的保证金、个人财产等，包括现金、有价票证、有价证券、动产、不动产和其他财产权利等。

本办法所称执法机关，是指各级行政机关、监察机关、审判机关、检察机关，法律法规授权的具有管理公共事务职能的事业单位和组织。

本办法所称罚没收入是指罚款、罚金等现金收入，罚没财物处置收入及其孳息。

第四条　罚没财物管理工作应遵循罚款决定与罚款收缴相分离，执法与保管、处置岗位相分离，罚没收入与经费保障相分离的原则。

第五条　财政部负责制定全国罚没财物管理制度，指导、监督各地区、各部门罚没财物管理工作。中央有关执法机关可以根据本办法，制定本系统罚没财物管理具体实施办法，指导本系统罚没财物管理工作。

地方各级财政部门负责制定罚没财物管理制度，指导、监督本行政区内各有关单位的罚没财物管理工作。

各级执法机关、政府公物仓等单位负责制定本单位罚没财物管理操作规范，并在本单位职责范围内对罚没财物管理履行主体责任。

第二章 移交和保管

第六条 有条件的部门和地区可以设置政府公物仓对罚没物品实行集中管理。未设置政府公物仓的，由执法机关对罚没物品进行管理。

各级执法机关、政府公物仓按照安全、高效、便捷和节约的原则，使用下列罚没仓库存放保管罚没物品：

（一）执法机关罚没物品保管仓库；

（二）政府公物仓库；

（三）通过购买服务等方式选择社会仓库。

第七条 设置政府公物仓的地区，执法机关应当在根据行政处罚决定、没收、追缴决定、法院生效裁定、判决没收物品或者公告期满后，在同级财政部门规定的期限内，将罚没物品及其他必要的证明文件、材料，移送至政府公物仓，并向财政部门备案。

第八条 罚没仓库的保管条件、保管措施、管理方式应当满足防火、防水、防腐、防疫、防盗等基础安全要求，符合被保管罚没物品的特性。应当安装视频监控、防盗报警等安全设备。

第九条 执法机关、政府公物仓应当建立健全罚没物品保管制度，规范业务流程和单据管理，具体包括：

（一）建立台账制度，对接管的罚没物品必须造册、登记，清楚、准确、全面反映罚没物品的主要属性和特点，完整记录从入库到处置全过程。

（二）建立分类保管制度，对不同种类的罚没物品，应当分类保管。对文物、文化艺术品、贵金属、珠宝等贵重罚没物品，应当做到移交、入库、保管、出库全程录音录像，并做好密封工作。

（三）建立安全保卫制度，落实人员责任，确保物品妥善保管。

（四）建立清查盘存制度，做到账实一致，定期向财政部门报告罚没物品管理情况。

第十条 罚没仓库应当凭经执法机关或者政府公物仓按管理职责批准的书面文件或者单证办理出库手续，并在登记的出库清单上列明，由经办人与提货人共同签名确认，确保出库清单与批准文件、出库罚没物品一致。

罚没仓库无正当理由不得妨碍符合出库规定和手续的罚没物品出库。

第十一条 执法机关、政府公物仓应当运用信息化手段，建立来源去向明晰、管理全程可控、全面接受监督的管理信息系统。

执法机关、政府公物仓的管理信息系统，应当逐步与财政部门的非税收入收缴系统等平台对接，实现互联互通和信息共享。

第三章 罚没财物处置

第十二条 罚没财物的处置应当遵循公开、公平、公正原则，依法分类、定期处置，提高处置效率，降低仓储成本和处置成本，实现处置价值最大化。

第十三条 各级执法机关、政府公物仓应当依照法律法规和本级人民政府规定的权限，按照本办法的规定处置罚没财物。

各级财政部门会同有关部门对本级罚没财物处置、收入收缴等进行监督，建立处置审批和备案制度。

财政部各地监管局对属地中央预算单位罚没财物的处置、收入收缴等进行监督。

第十四条 除法律法规另有规定外，容易损毁、灭失、变质、保管困难或者保管费用过高、季节性商品等不宜长期保存的物品，长期不使用容易导致机械性能下降、价值贬损的车辆、船艇、电子产品等物品，以及有效期即将届满的汇票、本票、支票等，在确定为罚没财物前，经权利人同意或者申请，并经执法机关负责人批准，可以依法先行处置；权利人不明确的，可以依法公告，公告期满后仍没有权利人同意或者申请的，可以依法先行处置。先行处置所得款项按照涉案现金管理。

第十五条 罚没物品处置前存在破损、污秽等情形的，在有利于加快处置的情况下，且清理、修复费用低于变卖收入的，可以进行适当清理、修复。

第十六条 执法机关依法取得的罚没物品，除法律、行政法规禁止买卖的物品或者财产权利、按国家规定另行处置外，应当按照国家规定进行公开拍卖。公开拍卖应当符合下列要求：

（一）拍卖活动可以采取现场拍卖方式，鼓励有条件的部门和地区通过互联网和公共资源交易平台进行公开拍卖。

（二）公开拍卖应当委托具有相应拍卖资格的拍卖人进行，拍卖人可以通过摇珠等方式从具备资格条件的范围中选定，必要时可以选择多个拍卖人进行联合拍卖。

（三）罚没物品属于国家有强制安全标准或者涉及人民生命财产安全的，应当委托符合有关规定资格条件的检验检疫机构进行检验检测，不符合安全、卫生、质量或者动植物检疫标准的，不得进行公开拍卖。

（四）根据需要，可以采取"一物一拍"等方式对罚没物品进行拍卖。采用公开拍卖方式处置的，一般应当确定拍卖标的保留价。保留价一般参照价格认定机构或者符合资格条件的资产评估机构作出的评估价确定，也可以参照市场价或者通过互联网询价确定。

（五）公开拍卖发生流拍情形的，再次拍卖的保留价不得低于前次拍卖保留价的80%。发生3次（含）以上流拍情形的，经执法机关商同级财政部门确定后，可以通过互联网平台采取无底价拍卖或者转为其他处置方式。

第十七条 属于国家规定的专卖商品等限制流通的罚没物品，应当交由归口管理单位统一变卖，或者变卖给按规定可以接受该物品的单位。

第十八条 下列罚没物品，应当移交相关主管部门处置：

（一）依法没收的文物，应当移交国家或者省级文物行政管理部门，由其指定的国有博物馆、图书馆等文物收藏单位收藏或者按国家有关规定处置。经国家或者省级文物行政管理部门授权，市、县的文物行政管理部门或者有关国有博物馆、图书馆等文物收藏单位可以具体承办文物接收事宜。

（二）武器、弹药、管制刀具、毒品、毒具、赌具、禁止流通的易燃易爆危险品等，应当移交同级公安部门或者其他有关部门处置，或者经公安部门、其他有关部门同意，由有关执法机关依法处置。

（三）依法没收的野生动植物及其制品，应当交由野生动植物保护主管部门、海洋执法部门或者有关保护区域管理机构按规定处置，或者经有关主管部门同意，交由相关科研机构用于科学研究。

（四）其他应当移交相关主管部门处置的罚没物品。

第十九条 罚没物品难以变卖或者变卖成本大于收入，且具有经济价值或者其他价值的，执法机关应当报送同级财政部门，经同级财政部门同意后，可以赠送有关公益单位用于公益事业；没有捐赠且能够继续使用的，由同级财政部门统一管理。

第二十条 淫秽、反动物品，非法出版物，有毒有害的食品药品及其原材料，危害国家安全以及其他有社会危害性的物品，以及法律法规规定应当销毁的，应当由执法机关予以销毁。

对难以变卖且无经济价值或者其他价值的，可以由执法机关、政府公物仓予以销毁。

属于应销毁的物品经无害化或者合法化处理，丧失原有功能后尚有经济价值的，可以由执法机关、政府公物仓作为废旧物品变卖。

第二十一条 已纳入罚没仓库保管的物品，依法应当退还的，由执法机关、政府公物仓办理退还手续。

第二十二条 依法应当进行权属登记的房产、土地使用权等罚没财产和财产权利，变卖前可以依据行政处罚决定、没收、追缴决定，法院生效裁定、判决进行权属变更，变更后应当按本办法相关规定处置。

权属变更后的承接权属主体可以是执法机关、政府公物仓、同级财政部门或者其他指定机构，但不改变罚没财物的性质，承接单位不得占用、出租、出借。

第二十三条 罚没物品无法直接适用本办法规定处置的，执法机关与同级财政商有关部门后，提出处置方案，报上级财政部门备案。

第四章 罚没收入

第二十四条 罚没收入属于政府非税收入，应当按照国库集中收缴管理有关规定，全额上缴国库，纳入一般公共预算管理。

第二十五条 除依法可以当场收缴的罚款外，作出罚款决定的执法机关应当与收缴罚款的机构分离。

第二十六条 中央与省级罚没收入的划分权限，省以下各级政府间罚没收入的划分权限，按照现行预算管理有关规定确定。法律法规另有规定的，从其规定。

第二十七条 除以下情形外，罚没收入应按照执法机关的财务隶属关系缴入同级国库：

（一）海关、公安、中国海警、市场监管等部门取得的缉私罚没收入全额缴入中央国库。

（二）海关（除缉私外）、国家外汇管理部门、国家邮政部门、通信管理部门、气象管理部门、应急管理部所属煤矿安全监察部门、交通运输部所属海事部门中央本级取得的罚没收入全额缴入中央国库。省以下机构取得的罚没收入，50%缴入中央国库，50%缴入地方国库。

（三）国家烟草专卖部门取得的罚没收入全额缴入地方国库。

（四）应急管理部所属的消防救援部门取得的罚没收入，50%缴入中央国库，50%缴入地方国库。

（五）国家市场监督管理总局所属的反垄断部门与地方反垄断部门联合办理或者委托地方查办的重大案件取得的罚没收入，全额缴入中央国库。

（六）国有企业、事业单位监察机构没收、追缴的违法所得，按照国有企业、事业单位隶属关系全额缴入中央或者地方国库。

（七）中央政法机关交办案件按照有关规定执行。

（八）财政部规定的其他情形。

第二十八条 罚没物品处置收入，可以按扣除处置该罚没物品直接支出后的余额，作为罚没收入上缴；政府预算已经安排罚没物品处置专项经费的，不得扣除处置该罚没物品的直接支出。

前款所称处置罚没物品直接支出包括质量鉴定、评估和必要的修复费用。

第二十九条 罚没收入的缴库，按下列规定执行：

（一）执法机关取得的罚没收入，除当场收缴的罚款和财政部另有规定外，应当在取得之日缴入财政专户或者国库；

（二）执法人员依法当场收缴罚款的，执法机关应当自收到款项之日起2个工作日内缴入财政专户或者国库；

（三）委托拍卖机构拍卖罚没物品取得的变价款，由委托方自收到款项之日起2个工作日内缴入财政专户或者国库。

第三十条 政府预算收入中罚没收入预算为预测性指标，不作为收入任务指标下达。执法机关的办案经费由本级政府预算统筹保障，执法机关经费预算安排不得与该单位任何年度上缴的罚没收入挂钩。

第三十一条 依法退还多缴、错缴等罚没收入，应当按照本级财政部门有关规定办理。

第三十二条 执法机关在罚没财物管理工作中，应当按照规定使用财政部门相关票据。

第三十三条 对向执法机关检举、揭发各类违法案件的人员，经查实后，按照相关规定给予奖励，奖励经费不得从案件罚没收入中列支。

第五章 附 则

第三十四条 各级财政部门、执法机关、政府公物仓及其工作人员在罚没财物管理、处置工作中，存在违反本办法规定的行为，以及其他滥用职权、玩忽职守、徇私舞弊等违法违纪行为的，按照《中华人民共和国监察法》、《财政违法行为处罚处分条例》等国家有关规定追究相应责任；构成犯罪的，依法追究刑事责任。

第三十五条 执法机关扣押的涉案财物，有关单位、个人向执法机关声明放弃的或者无人认领的财物；党的纪律检查机关依据党内法规收缴的违纪所得以及按规定登记上交的礼品、礼金等财物；党政机关收到的采购、人事等合同违约金；党政机关根据国家赔偿法履行赔偿义务之后向故意或者有重大过失的工作人员、受委托的组织或者个人追偿的赔偿款等，参照罚没财物管理。国家另有规定的除外。

国有企业、事业单位党的纪检机构依据党内法规收缴的违纪所得，以及按规定登记上交的礼品、礼金等财物，按照国有企业、事业单位隶属关系全额缴入中央或者地方国库。

第三十六条 本办法自2021年1月1日起实施。

本办法实施前已经形成的罚没财物，尚未处置的，按照本办法执行。

财政票据管理办法

·2012年10月22日财政部令第70号公布
·根据2020年12月3日《财政部关于修改〈财政票据管理办法〉的决定》修改

第一章 总 则

第一条 为了规范财政票据行为，加强政府非税收入征收管理和单位财务监督，维护国家财经秩序，保护公民、法人和其他组织的合法权益，根据国家有关规定，制定本办法。

第二条 财政票据的监（印）制、领用、发放、使用、保管、核销、销毁及监督检查等活动，适用本办法。

第三条 本办法所称财政票据，是指由财政部门监（印）制、发放、管理，国家机关、事业单位、具有公共管理或者公共服务职能的社会团体及其他组织（以下统称"行政事业单位"）依法收取政府非税收入或者从事非营利性活动收取财物时，向公民、法人和其他组织开具的凭证。

财政票据是财务收支和会计核算的原始凭证，包括电子和纸质两种形式。财政电子票据和纸质票据具有同等法律效力，是财会监督、审计监督等的重要依据。

第四条 财政部门是财政票据的主管部门。

财政部负责全国财政票据管理工作，承担中央单位财政票据的监（印）制、发放、核销、销毁和监督检查等工作，指导地方财政票据管理工作。

省、自治区、直辖市人民政府财政部门，新疆生产建设兵团财政局（以下简称省级财政部门）负责本行政区域财政票据的监（印）制、发放、核销、销毁和监督检查等工作，指导下级财政部门财政票据管理工作。

省级以下财政部门负责本行政区域财政票据的申领、发放、核销、销毁和监督检查等工作。

第五条 财政部门应当积极推进财政电子票据管理改革，以数字信息代替纸质文件、以电子签名代替手工签章,依托计算机和信息网络技术开具、存储、传输和接收财政电子票据,实现电子开票、自动核销、全程跟踪、源头控制。

第六条 财政部门通过有关票据公共服务平台提供财政电子票据真伪查验服务。

第二章 财政票据的种类、适用范围和内容

第七条 财政票据的种类和适用范围如下:

(一)非税收入类票据

1. 非税收入通用票据,是指行政事业单位依法收取政府非税收入时开具的通用凭证。

2. 非税收入一般缴款书,是指实施政府非税收入收缴管理制度改革的行政事业单位收缴政府非税收入时开具的通用凭证。

(二)结算类票据

资金往来结算票据,是指行政事业单位在发生暂收、代收和单位内部资金往来结算时开具的凭证。

(三)其他财政票据

1. 公益事业捐赠票据,是指国家机关、公益性事业单位、公益性社会团体和其他公益性组织依法接受公益性捐赠时开具的凭证。

2. 医疗收费票据,是指非营利医疗卫生机构从事医疗服务取得医疗收入时开具的凭证。

3. 社会团体会费票据,是指依法成立的社会团体向会员收取会费时开具的凭证。

4. 其他应当由财政部门管理的票据。

第八条 财政票据应当包括票据名称、票据编码、票据监制章、项目、标准、数量、金额、交款人、开票日期、开票单位、开票人、复核人等内容。

第九条 纸质票据一般包括存根联、收据联、记账联。存根联由开票方留存,收据联由支付方收执,记账联由开票方留做记账凭证。

非税收入一般缴款书一般设置五联,包括回单联、借方凭证、贷方凭证、收据联、存根联。回单联退执收单位,借方凭证和贷方凭证分别由缴款人、收款人开户银行留存,收据联由缴款人收执,存根联由执收单位留存。

第三章 财政票据的监(印)制

第十条 财政票据由省级以上财政部门按照管理权限分别监(印)制。

第十一条 财政票据实行全国统一的式样、编码规则和电子票据数据标准,由财政部负责制定。

电子票据数据标准包括数据要素、数据结构、数据格式和防伪方法等内容。各级财政部门应当按照统一的财政电子票据数据标准,生成、传输、存储和查验财政电子票据。

第十二条 省级以上财政部门应当按照国家政府采购有关规定确定承印财政票据的企业,并与其签订印制合同。

财政票据印制企业应当按照印制合同和财政部规定的式样印制票据。

禁止私自印制、伪造、变造财政票据。

第十三条 财政票据应当套印全国统一式样的财政票据监制章。财政票据监制章的形状、规格和印色由财政部统一规定。

禁止伪造、变造财政票据监制章,禁止在非财政票据上套印财政票据监制章。

第十四条 财政票据应当使用中文监(印)制。民族自治地方的财政票据,可以加印一种当地通用的民族文字。有实际需要的,可以同时使用中外两种文字监(印)制。

第十五条 财政票据印制企业应当建立票据印制管理制度和保管措施,对财政票据式样模板、财政票据监制章印模等的使用和管理实行专人负责,不得将承印的财政票据委托其他企业印制,不得向委托印制票据的财政部门以外的其他单位或者个人提供财政票据。

第十六条 印制合同终止后,财政票据印制企业应当将印制票据所需用品、资料交还委托印制票据的财政部门,不得自行保留或者提供给其他单位或者个人。

第十七条 禁止在境外印制财政票据。

第四章 财政票据的领用与发放

第十八条 省级以下财政部门应当根据本地区用票需求,按照财政管理体制向上一级财政部门报送用票计划,申领财政票据。上级财政部门经审核后发放财政票据。

第十九条 财政票据实行凭证领用、分次限量、核旧领新制度。

领用财政票据,一般按照财务隶属关系向同级财政部门申请。

第二十条 财政部门及其工作人员应当为申领单位提供便利,一次性告知领用财政票据的相关程序、材料、要求及依据等内容。

第二十一条 首次领用财政票据,应当按照规定程序办理《财政票据领用证》。

办理《财政票据领用证》,应当提交申请函,填写《财政票据领用证申请表》,并且按要求提供与票据种类相关

第二十二条　受理申请的财政部门应当对申请单位提交的材料进行审核，对符合条件的单位，核发《财政票据领用证》，并发放财政票据。

《财政票据领用证》应当包括单位基本信息、领用票据名称和项目名称、领用票据记录、检查核销票据记录、检查核销结果记录等项目。

第二十三条　再次领用财政票据，应当出示《财政票据领用证》，提供前次票据使用情况，包括票据的种类、册（份）数、起止号码、使用份数、作废份数、收取金额及票据存根等内容。受理申请的财政部门审核后，发放财政票据。

第二十四条　领用未列入《财政票据领用证》内的财政票据，应当向原核发领用证的财政部门提出申请，并依照本办法规定提交相应材料。受理申请的财政部门审核后，应当在《财政票据领用证》上补充新增财政票据的相关信息，并发放财政票据。

第二十五条　财政票据一次领用的数量一般不超过本单位六个月的使用量。

第五章　财政票据的使用与保管

第二十六条　财政票据使用单位应当指定专人负责管理财政票据，建立票据使用登记制度，设置票据管理台账，按照规定向财政部门报送票据使用情况。

第二十七条　财政票据使用单位开具电子票据，应当确保电子票据及其元数据自形成起完整无缺、来源可靠，未被非法更改，传输过程中发生的形式变化不得影响财政电子票据内容的真实、完整。

第二十八条　财政票据应当按照规定填写，做到字迹清楚、内容完整真实、印章齐全、各联次内容和金额一致。填写错误的，应当另行填写。

因填写错误等原因而作废的纸质票据，应当加盖作废戳记或者注明"作废"字样，并完整保存各联次，不得擅自销毁。

第二十九条　填写财政票据应当统一使用中文。财政票据以两种文字监（印）制的，可以同时使用另一种文字填写。

第三十条　财政票据使用单位不得转让、出借、代开、买卖、擅自销毁、涂改财政票据；不得串用财政票据，不得将财政票据与其他票据互相替代。

第三十一条　省级财政部门监（印）制的财政票据应当在本行政区域内发放使用，但派驻外地的单位在派驻地使用的情形除外。

第三十二条　财政票据应当按照规定使用。不按规定使用的，付款单位和个人有权拒付款项，财务部门不得报销。

第三十三条　财政票据使用单位和付款单位应当准确、完整、有效接收和读取财政电子票据，并按照会计信息化和会计档案等有关管理要求归档入账。

第三十四条　纸质票据使用完毕，使用单位应当按照要求填写相关资料，按顺序清理纸质票据存根、装订成册、妥善保管。

纸质票据存根的保存期限一般为5年。保存期满需要销毁的，报经原核发票据的财政部门查验后销毁。保存期未满，但有特殊情况需要提前销毁的，应当报原核发票据的财政部门批准。

第三十五条　尚未使用但应予作废销毁的财政票据，使用单位应当登记造册，报原核发票据的财政部门核准、销毁。

第三十六条　财政票据使用单位发生合并、分立、撤销、职权变更，或者收费项目被依法取消或者名称变更的，应当自变动之日起15日内，向原核发票据的财政部门办理《财政票据领用证》的变更或者注销手续；对已使用财政票据的存根和尚未使用的财政票据应当分别登记造册，报财政部门核准、销毁。

第三十七条　财政票据或者《财政票据领用证》灭失的，财政票据使用单位应当查明原因，及时以书面形式报告原核发票据的财政部门，并自发现之日起3日内登报声明作废。

第三十八条　财政部门、财政票据印制企业、财政票据使用单位应当设置财政票据专用仓库或者专柜，指定专人负责保管，确保财政票据安全。

第六章　监督检查及罚则

第三十九条　财政部门应当建立健全财政票据监督检查制度，对财政票据监（印）制、使用、管理等情况进行检查。

第四十条　财政部门实施监督检查，应当按照规定程序和要求进行，不得滥用职权、徇私舞弊，不得向被检查单位收取费用。

第四十一条　财政票据使用单位和财政票据印制企业应当自觉接受财政部门的监督检查，如实反映情况，提供有关资料，不得隐瞒、弄虚作假或者拒绝、阻挠。

第四十二条　单位和个人违反本办法规定，有下列行为之一的，由县级以上财政部门责令改正并给予警告；对非经营活动中的违法行为，处以1000元以下罚款；对经营活动中的违法行为,有违法所得的,处以违法所得金额 3 倍以下不超过 30000 元的罚款,没有违法所得的,处以 10000 元以下罚款;构成犯罪的,依法追究刑事责任:

(一)违反规定印制财政票据;

(二)转让、出借、串用、代开财政票据;

(三)伪造、变造、买卖、擅自销毁财政票据;

(四)提供虚假信息骗取和冒领财政票据;

(五)伪造、使用伪造的财政票据监制章;

(六)未按规定使用财政票据监制章;

(七)在境外印制财政票据;

(八)其他违反财政票据管理规定的行为。

单位和个人违反本办法规定,对涉及财政收入的财政票据有本条第一款所列行为之一的,依照《财政违法行为处罚处分条例》第十六条的规定予以处理、处罚。

第四十三条 财政部门、行政事业单位工作人员违反本办法规定,在工作中徇私舞弊、玩忽职守、滥用职权的,依法给予处分;构成犯罪的,依法追究刑事责任。

第四十四条 单位和个人对处理、处罚决定不服的,可以依法申请行政复议或者提起行政诉讼。

国家工作人员对处分不服的,可以依照有关规定申请复审复核或者提出申诉。

第七章 附 则

第四十五条 中国人民解放军和中国人民武装警察部队适用《军队票据管理规定》。

第四十六条 省级财政部门可以依据本办法,结合本地区实际情况制定具体实施办法,报财政部备案。

第四十七条 本办法自 2013 年 1 月 1 日起施行。1998 年 9 月 21 日财政部发布的《行政事业性收费和政府性基金票据管理规定》(财综字〔1998〕104 号)同时废止。

财政行政处罚听证实施办法

· 2022 年 1 月 14 日财政部令第 109 号公布
· 自 2022 年 3 月 1 日起施行

第一条 为了规范财政部门行政处罚听证程序,维护公民、法人和其他组织的合法权益,保障和监督财政部门依法实施行政处罚,根据《中华人民共和国行政处罚法》,制定本办法。

第二条 财政部门行政处罚听证,应当遵循合法、公正、公开、及时和便民的原则,保障当事人陈述、申辩和质证的权利。

第三条 听证由拟作出财政行政处罚的财政部门组织,具体工作由其法制工作机构或者财政部门负责人指定的机构负责实施。

第四条 听证人员包括:听证主持人、听证员和记录员。

听证主持人由财政部门负责人指定本部门非本案调查人员担任。

听证员由听证主持人所在机构负责人指定非本案调查人员担任,协助听证主持人工作。

记录员由听证主持人指定非本案调查人员担任,负责听证笔录等具体工作。

财政部各地监管局(以下简称监管局)作出的财政行政处罚,其听证主持人由该监管局负责人指定非本案调查人员担任。

第五条 听证参加人包括:当事人及其代理人、案件调查人员、第三人及其代理人、证人、鉴定人、翻译人员等有关人员。

第六条 财政部门拟作出下列行政处罚决定的,应当告知当事人有要求听证的权利,当事人要求听证的,财政部门应当组织听证:

(一)吊销行政许可证件;

(二)暂停会计师事务所执业;

(三)责令资产评估机构停业;

(四)禁止供应商参加政府采购活动、禁止采购代理机构代理政府采购业务;

(五)责令会计人员不得从事会计工作;

(六)暂停注册会计师执业业务;

(七)责令资产评估专业人员停止从业;

(八)较大数额罚款;

(九)没收较大数额违法所得、没收较大价值非法财物;

(十)法律、法规和规章规定的其他事项。

财政部作出罚款、没收违法所得、没收非法财物等行政处罚的,"较大数额"、"较大价值"标准为对公民作出 1 万元以上的处罚,对法人或者其他组织作出 10 万元以上的处罚。

地方财政部门作出罚款、没收违法所得、没收非法财物等行政处罚的,其听证相关数额标准按照各省、自治区、直辖市人大常委会或者人民政府的规定执行。

第七条 财政部门告知当事人有要求举行听证的权利,应当送达《财政行政处罚事项告知书》。《财政行政处罚事项告知书》应当载明行政处罚的内容及事实、理由、依据,当事人依法享有的权利等。

第八条 当事人要求听证的,可以在《财政行政处罚事项告知书》的送达回证上签署意见,也可以向财政部门书面提出。听证申请应当在收到《财政行政处罚事项告知书》之日起 5 日内提出,未在规定期限内提出的,财政部门视为放弃听证权利,并记录在案。

第九条 财政部门应当在收到当事人听证申请之日起 30 日内组织听证,并在举行听证的 7 日前将《财政行政处罚听证通知书》送达听证参加人。《财政行政处罚听证通知书》应当载明听证的时间、地点,听证主持人、听证员、记录员的姓名,当事人的权利及其他有关事项。听证参加人应当在收到《财政行政处罚听证通知书》的 3 日内将送达回证发回财政部门。

第十条 当事人可以亲自参加听证,也可以委托 1 至 2 名代理人参加听证。当事人委托代理人参加听证的,应当在举行听证日前向财政部门提交委托人签名或者盖章的授权委托书及委托代理人的身份证明文件。授权委托书应当载明委托事项及权限。委托代理人代为撤回听证申请或者明确放弃听证权利的,应当有委托人的明确授权。

第十一条 当事人认为听证人员、鉴定人、翻译人员与本案有直接利害关系或其他关系可能影响公正听证的,有权申请回避。

听证人员、鉴定人、翻译人员认为自己与本案有直接利害关系或其他关系可能影响公正听证的,应当主动提出回避。

第十二条 听证主持人的回避,由组织听证的财政部门负责人决定。

听证员的回避,由听证主持人所在机构负责人决定。

记录员、鉴定人、翻译人员的回避,由听证主持人决定。

第十三条 除涉及国家秘密、商业秘密或者个人隐私依法予以保密外,听证应当公开举行。

当事人认为不宜公开进行听证的,应当在收到《财政行政处罚听证通知书》之日起 3 日内书面提出。

公开举行听证的案件,应当先期公告当事人的姓名或名称、案由和听证的时间、地点,并应当允许公众旁听。

第十四条 听证应当按照下列程序进行:

(一)听证开始前由记录员查明听证参加人身份、到场情况,并宣读听证纪律;

(二)听证主持人宣读听证事由、听证会组成人员,告知听证参加人的权利和义务,宣布听证开始;

(三)案件调查人员提出已掌握的事实、证据,拟作出行政处罚的理由、依据以及处罚意见;

(四)当事人或其代理人进行陈述、申辩,并可以提出与案件事实相关的证据;

(五)第三人或其代理人进行陈述,并可以提出与案件事实相关的证据;

(六)当事人或其代理人、第三人或其代理人和案件调查人员就案件的事实、各自出示证据的合法性、真实性、关联性等问题进行相互质证、辩论。经听证主持人允许,双方可以向证人、鉴定人员发问;

(七)辩论终结,听证主持人可以就案件的事实、证据及有关问题,再次征求听证参加人的意见;

(八)当事人或其代理人、第三人或其代理人、案件调查人员作最后陈述;

(九)听证主持人宣布听证结束。

第十五条 听证举行的全过程应当进行录像或者录音,并由记录员制作听证笔录。

听证笔录应当交听证参加人确认无误后签字或者盖章。听证参加人认为有错误的,有权要求补充或者改正。听证参加人拒绝签字或者盖章的,应当在笔录中注明。

听证主持人、听证员和记录员应当对听证笔录进行审阅、签名。

第十六条 听证过程中,听证参加人违反听证纪律或者扰乱听证秩序的,听证主持人应当予以制止;制止无效的,可以责令其退出听证会场。

第十七条 有下列情形之一的,由听证主持人决定延期举行听证:

(一)当事人或其代理人在举行听证日前书面申请延期,且延期理由正当的;

(二)听证参加人违反听证纪律或扰乱听证秩序,听证主持人制止无效的;

(三)可以延期的其他情形。

延期举行听证的,财政部门应当及时向听证参加人送达《财政行政处罚听证延期通知书》,告知延期理由和重新听证的时间。

第十八条 有下列情形之一的,由听证主持人决定中止听证:

(一)听证主持人认为证据有疑问无法听证辩明,可能影响财政部门行政处罚决定的准确和公正的,或者当事人或其代理人提出新的事实、理由和证据,主持人认为需要重新调查核实的;

(二)存在回避情形,且无法即时更换被申请回避人员致使听证无法按期举行的；

（三）申请听证的公民死亡、法人或者其他组织终止，尚未确定权利义务承受人的；

（四）因不可抗力，致使听证无法继续举行的；

（五）可以中止听证的其他情形。

中止举行听证的，财政部门应当及时向听证参加人送达《财政行政处罚听证中止通知书》，告知中止理由。

中止情形消失后，财政部门应当在举行听证的时间确定后重新向听证参加人送达《财政行政处罚听证通知书》。

第十九条 有下列情形之一的，由具体负责实施听证工作的机构负责人决定终止听证：

（一）有权提起听证的公民死亡、丧失行为能力，没有继承人或者继承人放弃听证权利的，以及没有监护人或监护人放弃听证权利的；

（二）有权提起听证的法人或者其他组织终止，无权利义务承受人或者承受其权利的法人或组织放弃听证权利的；

（三）当事人书面撤回听证申请，放弃听证权利的；

（四）当事人及其代理人无正当理由拒不出席听证或未经主持人许可中途退出的；

（五）可以终止听证的其他情形。

第二十条 听证结束后，财政部门应当根据听证笔录，依法作出行政处罚决定。

第二十一条 听证主持人、听证员、记录员应当严格按照法律及有关规定履行职责。违反法律及有关规定的，取消其听证主持人、听证员、记录员的资格，并承担相应的责任。

第二十二条 财政部门对依法应当听证的行政处罚事项不组织听证，或者不按照规定组织听证的，不得作出行政处罚决定。

第二十三条 因组织听证所发生的费用由组织听证的财政部门承担。

当事人参加听证所发生的费用，组织听证的财政部门不予承担。

第二十四条 当事人同意并签订确认书的，财政部门可以采用传真、电子邮件等电子方式送达《财政行政处罚事项告知书》、《财政行政处罚听证通知书》、《财政行政处罚听证延期通知书》、《财政行政处罚听证中止通知书》等文书。

第二十五条 经过听证程序的案件，听证期间不计算在行政处罚决定的期限内。

听证期间为当事人提出听证申请之日至听证笔录由听证参加人完成签字或者盖章之日。

第二十六条 本办法中"3日"、"5日"、"7日"的规定是指工作日，不含法定节假日。

第二十七条 本办法自2022年3月1日起施行。《财政机关行政处罚听证实施办法》（财政部令第23号）同时废止。

国务院办公厅关于进一步推进省以下财政体制改革工作的指导意见

·2022年5月29日
·国办发〔2022〕20号

各省、自治区、直辖市人民政府，国务院各部委、各直属机构：

省以下财政体制是政府间财政关系制度的组成部分，对于建立健全科学的财税体制，优化资源配置、维护市场统一、促进社会公平、实现国家长治久安具有重要作用。党的十八大以来，按照党中央、国务院决策部署，根据中央与地方财政事权和支出责任划分改革安排，各地不断完善省以下财政体制，充分发挥财政职能作用，在推动经济社会发展、保障和改善民生以及落实基层"三保"（保基本民生、保工资、保运转）任务等方面取得积极成效。同时，省以下财政体制还存在财政事权和支出责任划分不尽合理、收入划分不够规范、有的转移支付定位不清、一些地方"三保"压力较大、基本公共服务均等化程度有待提升等问题。为更好发挥财政在国家治理中的基础和重要支柱作用，健全省以下财政体制，增强基层公共服务保障能力，经国务院同意，现提出以下意见。

一、总体要求

（一）指导思想。以习近平新时代中国特色社会主义思想为指导，全面贯彻落实党的十九大和十九届历次全会精神，坚持稳中求进工作总基调，完整、准确、全面贯彻新发展理念，加快构建新发展格局，按照深化财税体制改革和建立现代财政制度的总体要求，进一步理顺省以下政府间财政关系，建立健全权责配置更为合理、收入划分更加规范、财力分布相对均衡、基层保障更加有力的省以下财政体制，促进加快建设全国统一大市场，推进基本公共服务均等化，推动高质量发展，为全面建设社会主义现代化国家提供坚实保障。

（二）基本原则。

——坚持统一领导、全面规范。坚持党中央集中统一领导，厘清政府与市场边界，保持与行政管理体制相适应,在中央和地方分税制的原则框架内,遵循完善政府间财政关系的基本原则,理顺地方各级财政事权和支出责任以及政府间收入划分关系等,逐步形成规范的省以下财政体制。

——坚持因地制宜、激励相容。坚持省负总责、分级负责,尊重地方的自主性和首创精神,鼓励各地区因地制宜采取差异化措施,激励与约束并重,充分调动省以下各级政府积极性,以增量改革为主,适度调整存量结构,优化权责配置和财力格局,增强财政体制的适应性和有效性。

——坚持稳中求进、守正创新。把握好改革的节奏与力度,平稳有序推进改革,保持财政体制连贯性和政策连续性。鼓励解放思想、探索实践,着力破解体制机制难题,创新管理模式,发挥财政体制在改革发展中的引导和保障作用。

二、清晰界定省以下财政事权和支出责任

(三)合理划分省以下各级财政事权。结合本地区实际加快推进省以下各级财政事权划分改革,根据基本公共服务受益范围、信息管理复杂程度等事权属性,清晰界定省以下各级财政事权。适度强化教育、科技研发、企业职工基本养老保险、城乡居民基本医疗保险、粮食安全、跨市县重大基础设施规划建设、重点区域(流域)生态环境保护与治理、国土空间规划及用途管制、防范和督促化解地方政府债务风险等方面的省级财政事权。将直接面向基层、由基层政府提供更为便捷有效的社会治安、市政交通、城乡建设、农村公路、公共设施管理等基本公共服务确定为市县级财政事权。

(四)明晰界定省以下各级财政支出责任。按照政府间财政事权划分,合理确定省以下各级财政承担的支出责任。省级财政事权由省级政府承担支出责任,市县级财政支出责任根据其履行的财政事权确定。共同财政事权要逐步明确划分省、市、县各级支出责任,按照减轻基层负担、体现区域差别的原则,根据经济发展水平、财力状况、支出成本等,差别化确定不同区域的市县级财政支出责任。推动建立共同财政事权保障标准,按比例分担支出责任,研究逐步推进同一市县不同领域的财政支出责任分担比例统一。上级财政事权确需委托下级履行的,要足额安排资金,不得以考核评比、下达任务、要求配套资金等任何形式,变相增加下级支出责任或向下级转嫁支出责任。

三、理顺省以下政府间收入关系

(五)参照税种属性划分收入。将税基流动性强、区域间分布不均、年度间收入波动较大的税收收入作为省级收入或由省级分享较高比例;将税基较为稳定、地域属性明显的税收收入作为市县级收入或由市县级分享较高比例。对金融、电力、石油、铁路、高速公路等领域税费收入,可作为省级收入,也可在相关市县间合理分配。除按规定上缴财政的国有资本经营收益外,逐步减少直至取消按企业隶属关系划分政府间收入的做法。

(六)规范收入分享方式。税收收入应在省以下各级政府间进行明确划分,对主体税种实行按比例分享,结合各税种税基分布、收入规模、区域间均衡度等因素,合理确定各税种分享比例。对非税收入可采取总额分成、分类分成、增量分成等分享方式,逐步加以规范。省内同一税费收入在省与市、省与省直管县、市与所辖区、市与所辖县之间的归属和分享比例原则上应逐步统一。除国家另有规定外,逐步取消对各类区域的财政收入全留或增量返还政策,确需支持的通过规范的转移支付安排。逐步规范设区的市与所辖区之间的收入关系。结合税源实际合理编制各级收入预算,依法依规征收税费,严格落实退税减税降费政策,严禁虚收空转、收"过头税费"、乱收费,不得违规对税费收入指标进行考核排名。逐步清理不当干预市场和与税费收入相挂钩的补贴或返还政策。

(七)适度增强省级调控能力。结合省级财政支出责任、区域间均衡度、中央对地方转移支付等因素,合理确定省级收入分享比例。基层"三保"压力较大的地区以及区域间人均支出差距较大的地区,应逐步提高省级收入分享比例,增强省级统筹调控能力。区域间资源分布不均的地区,省级可参与资源税收入分享,结合资源集中度、资源税收入规模、区域间均衡度等因素确定省级分享比例。省级财政应完善省以下增值税留抵退税分担机制,缓解退税相对集中市县的退税压力,确保退税政策及时准确落实到位。省级因规范财政体制集中的收入增量,原则上主要用于对下级特别是县级的一般性转移支付。

四、完善省以下转移支付制度

(八)厘清各类转移支付功能定位。建立健全省以下转移支付体系,根据财政事权属性,加大对财力薄弱地区的支持力度,健全转移支付定期评估机制。一般性转移支付用于均衡区域间基本财力配置,向革命老区、民族地区、边疆地区、欠发达地区,以及担负国家安全、生态保护、粮食和重要农产品生产等职责的重要功能区域倾斜,不指定具体支出用途,由下级政府统筹安排使用。共同财政事权转移支付与财政事权和支出责任划分改革相衔接,用于履行本级政府应承担的共同财政事权支出责任,下级政府要确保上级拨付的共同财政事权转移支付资金

全部安排用于履行相应财政事权。编制预算时，共同财政事权转移支付暂列一般性转移支付。专项转移支付用于办理特定事项、引导下级干事创业等，下级政府要按照上级政府规定的用途安排使用。

（九）优化转移支付结构。围绕"兜底线、促均衡、保重点"目标，调整省以下转移支付结构，优化横向、纵向财力格局，推动财力下沉，增强基层公共服务保障能力，推动落实中央重大决策部署。建立一般性转移支付合理增长机制，结合均衡区域间财力需要，逐步提高一般性转移支付规模。根据基本公共服务保障标准、支出责任分担比例、常住人口规模等，结合政策需要和财力可能等，足额安排共同财政事权转移支付，落实各级支出责任，确保共同财政事权履行到位。合理控制专项转移支付新增项目和资金规模，逐步退出市场机制能够有效调节的相关领域，整合政策目标接近、资金投入方向雷同、资金管理方式相近的项目。

（十）科学分配各类转移支付资金。贯彻政府过紧日子的要求，坚持勤俭节约的原则，按照规范的管理办法，围绕政策目标主要采用因素法或项目法分配各类转移支付资金。采用因素法分配资金，应选择与财政收支政策有较强相关性的因素，赋予不同因素相应权重或标准，并结合实际情况运用财政困难程度、支出成本差异、绩效结果等系数加以调节，采取公式化方式测算，体现明确的政策导向和支持重点。确需以项目形式下达的转移支付可采用项目法分配资金，遵循公平、公正、公开的原则，结合实际采取竞争性评审等方式，按照规范程序分配。转移支付资金分配应与下级政府提供基本公共服务的成本相衔接，同时充分考虑下级政府努力程度，强化绩效管理，适度体现激励约束。

五、建立健全省以下财政体制调整机制

（十一）建立财政事权和支出责任划分动态调整机制。根据事务管理及执行方式、机构职能调整等客观实际，动态调整省以下各级财政事权和支出责任划分。健全共同财政事权支出责任动态调整机制，结合各地区经济发展、财政自给率变化、保障标准调整等情况，适时调整省以下各级财政支出责任分担比例。

（十二）稳步推进收入划分调整。探索建立省以下区域间均衡度评估机制，定期开展评估。根据财政事权和支出责任划分动态调整情况，结合省以下区域间经济社会发展、财政收入分布和规模、财政收支均衡度等变化，适时稳步调整省以下政府间收入划分。省级可通过合理调整收入分享方式或分享比例等办法，抑制收入虚收空转行为。省以下各级政府财政体制调整，涉及收入和支出项目的划分以及上解等具体办法，应依法报同级人民代表大会常务委员会备案。

（十三）加强各类转移支付动态管理。严格各类转移支付设立条件和决策程序，健全转移支付定期评估和退出机制。根据省以下区域间均衡度等变化，及时调整完善各类转移支付资金分配办法。加强资金绩效管理和监督，探索建立以共同财政事权转移支付和专项转移支付为重点的后评价制度，将绩效评价、后评价结果作为完善政策、安排预算、改进管理的重要依据。强化各类转移支付资金分配、拨付、使用监管，科学高效、规范合理用好资金。健全财政资金直达机制，将与中央财政直达资金对应的地方财政资金纳入直达范围，加快资金分配下达，加强资金管理和监控，根据支出轻重缓急和项目实际进度统筹安排支出，更好发挥惠企利民作用。

六、规范省以下财政管理

（十四）规范各类开发区财政管理体制。未单独设立财政管理机构的开发区（含园区，下同）等预决算按照部门预决算管理，纳入同级政府或设立该开发区地方政府的部门预决算并单独列示。单独设立财政管理机构的开发区，参照实行独立财政管理体制，预决算纳入同级政府或设立该开发区地方政府的预决算并单独列示。各地区在依法依规的前提下，可结合本地实际探索创新开发区财政管理体制模式，更好调动各方面积极性。各地区要加强开发区政府性债务管理，保持与财政管理体制相适应，强化开发区管委会等政府派出机构举债融资约束，坚决遏制地方政府隐性债务增量，合理控制政府债务规模，切实防范债务风险。

（十五）推进省直管县财政改革。按照突出重点、利于发展、管理有效等要求，因地制宜逐步调整优化省直管县财政改革实施范围和方式。对区位优势不明显、经济发展潜力有限、财政较为困难的县，可纳入省直管范围或参照直管方式管理，加强省级对县级的财力支持。对由市级管理更有利于加强区域统筹规划、增强发展活力的县，适度强化市级的财政管理职责。

（十六）做实县级"三保"保障机制。建立县级财力长效保障机制。坚持县级为主、市级帮扶、省级兜底、中央激励，全面落实基层"三保"责任。建立健全事前审核、事中监控、事后处置的工作机制，严格省对县级"三保"支出预算安排方案的审核制度，强化"三保"支出预算执行硬性约束，加强"三保"支出库款保障和运行监控，结合实际逐步推动"三保"相关转移支付纳入省对下直达资金范围,做好"三保"风险防范和应急处置。

(十七)推动乡财县管工作提质增效。将财政收入难以覆盖支出需要、财政管理能力薄弱的乡镇纳入乡财县管范围。加强财力薄弱乡镇支出保障,防范化解乡镇财政运行风险,加大对农村公益性事业发展的支持力度。结合预算管理一体化系统建设和应用,调整优化乡镇财政职能,强化县级财政对乡镇预算编制、预算执行、国有资产管理等监督,提升乡镇财政管理效率和水平。

(十八)加强地方政府债务管理。坚持省级党委和政府对本地区债务风险负总责,省以下各级党委和政府按属地原则和管理权限各负其责。落实省级政府责任,按属地原则和管理权限压实市县主体责任,通过增收节支、变现资产等方式化解债务风险,切实降低市县偿债负担,坚决查处违法违规举债行为。健全地方政府债务限额分配机制,一般债务限额应与一般公共预算收入相匹配,专项债务限额应与政府性基金预算收入及项目收益等相匹配,促进融资规模与项目收益相平衡,完善专项债券资金投向领域禁止类项目清单和违规使用专项债券处理处罚机制。

各地区、各有关部门要充分认识进一步推进省以下财政体制改革的重要意义,把思想和行动统一到党中央、国务院决策部署上来,增强"四个意识"、坚定"四个自信"、做到"两个维护",主动谋划,精心组织,周密安排,扎实推进改革。各省、自治区、直辖市人民政府要按照本意见要求,制定实施方案,细化政策措施,推动各项改革任务落地见效。财政部等有关部门要加强对地方的指导督促,积极配合地方推进改革,确保各项任务落地见效。

(本文有删减)

(二)预 算

中华人民共和国预算法

- 1994年3月22日第八届全国人民代表大会第二次会议通过
- 根据2014年8月31日第十二届全国人民代表大会常务委员会第十次会议《关于修改〈中华人民共和国预算法〉的决定》第一次修正
- 根据2018年12月29日第十三届全国人民代表大会常务委员会第七次会议《关于修改〈中华人民共和国产品质量法〉等五部法律的决定》第二次修正

第一章 总 则

第一条 为了规范政府收支行为,强化预算约束,加强对预算的管理和监督,建立健全全面规范、公开透明的预算制度,保障经济社会的健康发展,根据宪法,制定本法。

第二条 预算、决算的编制、审查、批准、监督,以及预算的执行和调整,依照本法规定执行。

第三条 国家实行一级政府一级预算,设立中央,省、自治区、直辖市,设区的市、自治州,县、自治县、不设区的市、市辖区,乡、民族乡、镇五级预算。

全国预算由中央预算和地方预算组成。地方预算由各省、自治区、直辖市总预算组成。

地方各级总预算由本级预算和汇总的下一级总预算组成;下一级只有本级预算的,下一级总预算即指下一级的本级预算。没有下一级预算的,总预算即指本级预算。

第四条 预算由预算收入和预算支出组成。

政府的全部收入和支出都应当纳入预算。

第五条 预算包括一般公共预算、政府性基金预算、国有资本经营预算、社会保险基金预算。

一般公共预算、政府性基金预算、国有资本经营预算、社会保险基金预算应当保持完整、独立。政府性基金预算、国有资本经营预算、社会保险基金预算应当与一般公共预算相衔接。

第六条 一般公共预算是对以税收为主体的财政收入,安排用于保障和改善民生、推动经济社会发展、维护国家安全、维持国家机构正常运转等方面的收支预算。

中央一般公共预算包括中央各部门(含直属单位,下同)的预算和中央对地方的税收返还、转移支付预算。

中央一般公共预算收入包括中央本级收入和地方向中央的上解收入。中央一般公共预算支出包括中央本级支出、中央对地方的税收返还和转移支付。

第七条 地方各级一般公共预算包括本级各部门(含直属单位,下同)的预算和税收返还、转移支付预算。

地方各级一般公共预算收入包括地方本级收入、上级政府对本级政府的税收返还和转移支付、下级政府的上解收入。地方各级一般公共预算支出包括地方本级支出、对上级政府的上解支出、对下级政府的税收返还和转移支付。

第八条 各部门预算由本部门及其所属各单位预算组成。

第九条 政府性基金预算是对依照法律、行政法规的规定在一定期限内向特定对象征收、收取或者以其他方式筹集的资金,专项用于特定公共事业发展的收支预算。

政府性基金预算应当根据基金项目收入情况和实际支出需要,按基金项目编制,做到以收定支。

第十条 国有资本经营预算是对国有资本收益作出支出安排的收支预算。

国有资本经营预算应当按照收支平衡的原则编制,不列赤字,并安排资金调入一般公共预算。

第十一条 社会保险基金预算是对社会保险缴款、一般公共预算安排和其他方式筹集的资金,专项用于社会保险的收支预算。

社会保险基金预算应当按照统筹层次和社会保险项目分别编制,做到收支平衡。

第十二条 各级预算应当遵循统筹兼顾、勤俭节约、量力而行、讲求绩效和收支平衡的原则。

各级政府应当建立跨年度预算平衡机制。

第十三条 经人民代表大会批准的预算,非经法定程序,不得调整。各级政府、各部门、各单位的支出必须以经批准的预算为依据,未列入预算的不得支出。

第十四条 经本级人民代表大会或者本级人民代表大会常务委员会批准的预算、预算调整、决算、预算执行情况的报告及报表,应当在批准后二十日内由本级政府财政部门向社会公开,并对本级政府财政转移支付安排、执行的情况以及举借债务的情况等重要事项作出说明。

经本级政府财政部门批复的部门预算、决算及报表,应当在批复后二十日内由各部门向社会公开,并对部门预算、决算中机关运行经费的安排、使用情况等重要事项作出说明。

各级政府、各部门、各单位应当将政府采购的情况及时向社会公开。

本条前三款规定的公开事项,涉及国家秘密的除外。

第十五条 国家实行中央和地方分税制。

第十六条 国家实行财政转移支付制度。财政转移支付应当规范、公平、公开,以推进地区间基本公共服务均等化为主要目标。

财政转移支付包括中央对地方的转移支付和地方上级政府对下级政府的转移支付,以为均衡地区间基本财力、由下级政府统筹安排使用的一般性转移支付为主体。

按照法律、行政法规和国务院的规定可以设立专项转移支付,用于办理特定事项。建立健全专项转移支付定期评估和退出机制。市场竞争机制能够有效调节的事项不得设立专项转移支付。

上级政府在安排专项转移支付时,不得要求下级政府承担配套资金。但是,按照国务院的规定应当由上下级政府共同承担的事项除外。

第十七条 各级预算的编制、执行应当建立健全相互制约、相互协调的机制。

第十八条 预算年度自公历一月一日起,至十二月三十一日止。

第十九条 预算收入和预算支出以人民币元为计算单位。

第二章 预算管理职权

第二十条 全国人民代表大会审查中央和地方预算草案及中央和地方预算执行情况的报告;批准中央预算和中央预算执行情况的报告;改变或者撤销全国人民代表大会常务委员会关于预算、决算的不适当的决议。

全国人民代表大会常务委员会监督中央和地方预算的执行;审查和批准中央预算的调整方案;审查和批准中央决算;撤销国务院制定的同宪法、法律相抵触的关于预算、决算的行政法规、决定和命令;撤销省、自治区、直辖市人民代表大会及其常务委员会制定的同宪法、法律和行政法规相抵触的关于预算、决算的地方性法规和决议。

第二十一条 县级以上地方各级人民代表大会审查本级总预算草案及本级总预算执行情况的报告;批准本级预算和本级预算执行情况的报告;改变或者撤销本级人民代表大会常务委员会关于预算、决算的不适当的决议;撤销本级政府关于预算、决算的不适当的决定和命令。

县级以上地方各级人民代表大会常务委员会监督本级总预算的执行;审查和批准本级预算的调整方案;审查和批准本级决算;撤销本级政府和下一级人民代表大会及其常务委员会关于预算、决算的不适当的决定、命令和决议。

乡、民族乡、镇的人民代表大会审查和批准本级预算和本级预算执行情况的报告;监督本级预算的执行;审查和批准本级预算的调整方案;审查和批准本级决算;撤销本级政府关于预算、决算的不适当的决定和命令。

第二十二条 全国人民代表大会财政经济委员会对中央预算草案初步方案及上一年预算执行情况、中央预算调整初步方案和中央决算草案进行初步审查,提出初步审查意见。

省、自治区、直辖市人民代表大会有关专门委员会对本级预算草案初步方案及上一年预算执行情况、本级预算调整初步方案和本级决算草案进行初步审查,提出初步审查意见。

设区的市、自治州人民代表大会有关专门委员会对本级预算草案初步方案及上一年预算执行情况、本级预算调整初步方案和本级决算草案进行初步审查，提出初步审查意见；未设立专门委员会的，由本级人民代表大会常务委员会有关工作机构研究提出意见。

县、自治县、不设区的市、市辖区人民代表大会常务委员会对本级预算草案初步方案及上一年预算执行情况进行初步审查，提出初步审查意见。县、自治县、不设区的市、市辖区人民代表大会常务委员会有关工作机构对本级预算调整初步方案和本级决算草案研究提出意见。

设区的市、自治州以上各级人民代表大会有关专门委员会进行初步审查、常务委员会有关工作机构研究提出意见时，应当邀请本级人民代表大会代表参加。

对依照本条第一款至第四款规定提出的意见，本级政府财政部门应当将处理情况及时反馈。

依照本条第一款至第四款规定提出的意见以及本级政府财政部门反馈的处理情况报告，应当印发本级人民代表大会代表。

全国人民代表大会常务委员会和省、自治区、直辖市、设区的市、自治州人民代表大会常务委员会有关工作机构，依照本级人民代表大会常务委员会的决定，协助本级人民代表大会财政经济委员会或者有关专门委员会承担审查预算草案、预算调整方案、决算草案和监督预算执行等方面的具体工作。

第二十三条 国务院编制中央预算、决算草案；向全国人民代表大会作关于中央和地方预算草案的报告；将省、自治区、直辖市政府报送备案的预算汇总后报全国人民代表大会常务委员会备案；组织中央和地方预算的执行；决定中央预算预备费的动用；编制中央预算调整方案；监督中央各部门和地方政府的预算执行；改变或者撤销中央各部门和地方政府关于预算、决算的不适当的决定、命令；向全国人民代表大会、全国人民代表大会常务委员会报告中央和地方预算的执行情况。

第二十四条 县级以上地方各级政府编制本级预算、决算草案；向本级人民代表大会作关于本级总预算草案的报告；将下一级政府报送备案的预算汇总后报本级人民代表大会常务委员会备案；组织本级总预算的执行；决定本级预算预备费的动用；编制本级预算的调整方案；监督本级各部门和下级政府的预算执行；改变或者撤销本级各部门和下级政府关于预算、决算的不适当的决定、命令；向本级人民代表大会、本级人民代表大会常务委员会报告本级总预算的执行情况。

乡、民族乡、镇政府编制本级预算、决算草案；向本级人民代表大会作关于本级预算草案的报告；组织本级预算的执行；决定本级预算预备费的动用；编制本级预算的调整方案；向本级人民代表大会报告本级预算的执行情况。

经省、自治区、直辖市政府批准，乡、民族乡、镇本级预算草案、预算调整方案、决算草案，可以由上一级政府代编，并依照本法第二十一条的规定报乡、民族乡、镇的人民代表大会审查和批准。

第二十五条 国务院财政部门具体编制中央预算、决算草案；具体组织中央和地方预算的执行；提出中央预算预备费动用方案；具体编制中央预算的调整方案；定期向国务院报告中央和地方预算的执行情况。

地方各级政府财政部门具体编制本级预算、决算草案；具体组织本级总预算的执行；提出本级预算预备费动用方案；具体编制本级预算的调整方案；定期向本级和上一级政府财政部门报告本级总预算的执行情况。

第二十六条 各部门编制本部门预算、决算草案；组织和监督本部门预算的执行；定期向本级政府财政部门报告预算的执行情况。

各单位编制本单位预算、决算草案；按照国家规定上缴预算收入，安排预算支出，并接受国家有关部门的监督。

第三章 预算收支范围

第二十七条 一般公共预算收入包括各项税收收入、行政事业性收费收入、国有资源（资产）有偿使用收入、转移性收入和其他收入。

一般公共预算支出按照其功能分类，包括一般公共服务支出，外交、公共安全、国防支出，农业、环境保护支出，教育、科技、文化、卫生、体育支出，社会保障及就业支出和其他支出。

一般公共预算支出按照其经济性质分类，包括工资福利支出、商品和服务支出、资本性支出和其他支出。

第二十八条 政府性基金预算、国有资本经营预算和社会保险基金预算的收支范围，按照法律、行政法规和国务院的规定执行。

第二十九条 中央预算与地方预算有关收入和支出项目的划分，地方向中央上解收入、中央对地方税收返还或者转移支付的具体办法，由国务院规定，报全国人民代表大会常务委员会备案。

第三十条 上级政府不得在预算之外调用下级政府预算的资金。下级政府不得挤占或者截留属于上级政府预算的资金。

第四章 预算编制

第三十一条 国务院应当及时下达关于编制下一年预算草案的通知。编制预算草案的具体事项由国务院财政部门部署。

各级政府、各部门、各单位应当按照国务院规定的时间编制预算草案。

第三十二条 各级预算应当根据年度经济社会发展目标、国家宏观调控总体要求和跨年度预算平衡的需要,参考上一年预算执行情况、有关支出绩效评价结果和本年度收支预测,按照规定程序征求各方面意见后,进行编制。

各级政府依据法定权限作出决定或者制定行政措施,凡涉及增加或者减少财政收入或者支出的,应当在预算批准前提出并在预算草案中作出相应安排。

各部门、各单位应当按照国务院财政部门制定的政府收支分类科目、预算支出标准和要求,以及绩效目标管理等预算编制规定,根据其依法履行职能和事业发展的需要以及存量资产情况,编制本部门、本单位预算草案。

前款所称政府收支分类科目,收入分为类、款、项、目;支出按其功能分类分为类、款、项,按其经济性质分类分为类、款。

第三十三条 省、自治区、直辖市政府应当按照国务院规定的时间,将本级总预算草案报国务院审核汇总。

第三十四条 中央一般公共预算中必需的部分资金,可以通过举借国内和国外债务等方式筹措,举借债务应当控制适当的规模,保持合理的结构。

对中央一般公共预算中举借的债务实行余额管理,余额的规模不得超过全国人民代表大会批准的限额。

国务院财政部门具体负责对中央政府债务的统一管理。

第三十五条 地方各级预算按照量入为出、收支平衡的原则编制,除本法另有规定外,不列赤字。

经国务院批准的省、自治区、直辖市的预算中必需的建设投资的部分资金,可以在国务院确定的限额内,通过发行地方政府债券举借债务的方式筹措。举借债务的规模,由国务院报全国人民代表大会或者全国人民代表大会常务委员会批准。省、自治区、直辖市依照国务院下达的限额举借的债务,列入本级预算调整方案,报本级人民代表大会常务委员会批准。举借的债务应当有偿还计划和稳定的偿还资金来源,只能用于公益性资本支出,不得用于经常性支出。

除前款规定外,地方政府及其所属部门不得以任何方式举借债务。

除法律另有规定外,地方政府及其所属部门不得为任何单位和个人的债务以任何方式提供担保。

国务院建立地方政府债务风险评估和预警机制、应急处置机制以及责任追究制度。国务院财政部门对地方政府债务实施监督。

第三十六条 各级预算收入的编制,应当与经济社会发展水平相适应,与财政政策相衔接。

各级政府、各部门、各单位应当依照本法规定,将所有政府收入全部列入预算,不得隐瞒、少列。

第三十七条 各级预算支出应当依照本法规定,按其功能和经济性质分类编制。

各级预算支出的编制,应当贯彻勤俭节约的原则,严格控制各部门、各单位的机关运行经费和楼堂馆所等基本建设支出。

各级一般公共预算支出的编制,应当统筹兼顾,在保证基本公共服务合理需要的前提下,优先安排国家确定的重点支出。

第三十八条 一般性转移支付应当按照国务院规定的基本标准和计算方法编制。专项转移支付应当分地区、分项目编制。

县级以上各级政府应当将对下级政府的转移支付预计数提前下达下级政府。

地方各级政府应当将上级政府提前下达的转移支付预计数编入本级预算。

第三十九条 中央预算和有关地方预算中应当安排必要的资金,用于扶助革命老区、民族地区、边疆地区、贫困地区发展经济社会建设事业。

第四十条 各级一般公共预算应当按照本级一般公共预算支出额的百分之一至百分之三设置预备费,用于当年预算执行中的自然灾害等突发事件处理增加的支出及其他难以预见的开支。

第四十一条 各级一般公共预算按照国务院的规定可以设置预算周转金,用于本级政府调剂预算年度内季节性收支差额。

各级一般公共预算按照国务院的规定可以设置预算稳定调节基金,用于弥补以后年度预算资金的不足。

第四十二条 各级政府上一年预算的结转资金,应当在下一年用于结转项目的支出;连续两年未用完的结转资金,应当作为结余资金管理。

各部门、各单位上一年预算的结转、结余资金按照国务院财政部门的规定办理。

第五章 预算审查和批准

第四十三条 中央预算由全国人民代表大会审查和批准。

地方各级预算由本级人民代表大会审查和批准。

第四十四条 国务院财政部门应当在每年全国人民代表大会会议举行的四十五日前，将中央预算草案的初步方案提交全国人民代表大会财政经济委员会进行初步审查。

省、自治区、直辖市政府财政部门应当在本级人民代表大会会议举行的三十日前，将本级预算草案的初步方案提交本级人民代表大会有关专门委员会进行初步审查。

设区的市、自治州政府财政部门应当在本级人民代表大会会议举行的三十日前，将本级预算草案的初步方案提交本级人民代表大会有关专门委员会进行初步审查，或者送交本级人民代表大会常务委员会有关工作机构征求意见。

县、自治县、不设区的市、市辖区政府应当在本级人民代表大会会议举行的三十日前，将本级预算草案的初步方案提交本级人民代表大会常务委员会进行初步审查。

第四十五条 县、自治县、不设区的市、市辖区、乡、民族乡、镇的人民代表大会举行会议审查预算草案前，应当采用多种形式，组织本级人民代表大会代表，听取选民和社会各界的意见。

第四十六条 报送各级人民代表大会审查和批准的预算草案应当细化。本级一般公共预算支出，按其功能分类应当编列到项；按其经济性质分类，基本支出应当编列到款。本级政府性基金预算、国有资本经营预算、社会保险基金预算支出，按其功能分类应当编列到项。

第四十七条 国务院在全国人民代表大会举行会议时，向大会作关于中央和地方预算草案以及中央和地方预算执行情况的报告。

地方各级政府在本级人民代表大会举行会议时，向大会作关于总预算草案和总预算执行情况的报告。

第四十八条 全国人民代表大会和地方各级人民代表大会对预算草案及其报告、预算执行情况的报告重点审查下列内容：

（一）上一年预算执行情况是否符合本级人民代表大会预算决议的要求；

（二）预算安排是否符合本法的规定；

（三）预算安排是否贯彻国民经济和社会发展的方针政策，收支政策是否切实可行；

（四）重点支出和重大投资项目的预算安排是否适当；

（五）预算的编制是否完整，是否符合本法第四十六条的规定；

（六）对下级政府的转移性支出预算是否规范、适当；

（七）预算安排举借的债务是否合法、合理，是否有偿还计划和稳定的偿还资金来源；

（八）与预算有关重要事项的说明是否清晰。

第四十九条 全国人民代表大会财政经济委员会向全国人民代表大会主席团提出关于中央和地方预算草案及中央和地方预算执行情况的审查结果报告。

省、自治区、直辖市、设区的市、自治州人民代表大会有关专门委员会，县、自治县、不设区的市、市辖区人民代表大会常务委员会，向本级人民代表大会主席团提出关于总预算草案及上一年总预算执行情况的审查结果报告。

审查结果报告应当包括下列内容：

（一）对上一年预算执行和落实本级人民代表大会预算决议的情况作出评价；

（二）对本年度预算草案是否符合本法的规定，是否可行作出评价；

（三）对本级人民代表大会批准预算草案和预算报告提出建议；

（四）对执行年度预算、改进预算管理、提高预算绩效、加强预算监督等提出意见和建议。

第五十条 乡、民族乡、镇政府应当及时将经本级人民代表大会批准的本级预算报上一级政府备案。县级以上地方各级政府应当及时将经本级人民代表大会批准的本级预算及下一级政府报送备案的预算汇总，报上一级政府备案。

县级以上地方各级政府将下一级政府依照前款规定报送备案的预算汇总后，报本级人民代表大会常务委员会备案。国务院将省、自治区、直辖市政府依照前款规定报送备案的预算汇总后，报全国人民代表大会常务委员会备案。

第五十一条 国务院和县级以上地方各级政府对下一级政府依照本法第五十条规定报送备案的预算，认为有同法律、行政法规相抵触或者有其他不适当之处，需要撤销批准预算的决议的，应当提请本级人民代表大会常务委员会审议决定。

第五十二条 各级预算经本级人民代表大会批准后，本级政府财政部门应当在二十日内向本级各部门批复预算。各部门应当在接到本级政府财政部门批复的本部门预算后十五日内向所属各单位批复预算。

中央对地方的一般性转移支付应当在全国人民代表大会批准预算后三十日内正式下达。中央对地方的专项转移支付应当在全国人民代表大会批准预算后九十日内正式下达。

省、自治区、直辖市政府接到中央一般性转移支付和专项转移支付后，应当在三十日内正式下达到本行政区域县级以上各级政府。

县级以上地方各级预算安排对下级政府的一般性转移支付和专项转移支付，应当分别在本级人民代表大会批准预算后的三十日和六十日内正式下达。

对自然灾害等突发事件处理的转移支付，应当及时下达预算；对据实结算等特殊项目的转移支付，可以分期下达预算，或者先预付后结算。

县级以上各级政府财政部门应当将批复本级各部门的预算和批复下级政府的转移支付预算，抄送本级人民代表大会财政经济委员会、有关专门委员会和常务委员会有关工作机构。

第六章　预算执行

第五十三条　各级预算由本级政府组织执行，具体工作由本级政府财政部门负责。

各部门、各单位是本部门、本单位的预算执行主体，负责本部门、本单位的预算执行，并对执行结果负责。

第五十四条　预算年度开始后，各级预算草案在本级人民代表大会批准前，可以安排下列支出：

（一）上一年度结转的支出；

（二）参照上一年同期的预算支出数额安排必须支付的本年度部门基本支出、项目支出，以及对下级政府的转移性支出；

（三）法律规定必须履行支付义务的支出，以及用于自然灾害等突发事件处理的支出。

根据前款规定安排支出的情况，应当在预算草案的报告中作出说明。

预算经本级人民代表大会批准后，按照批准的预算执行。

第五十五条　预算收入征收部门和单位，必须依照法律、行政法规的规定，及时、足额征收应征的预算收入。不得违反法律、行政法规规定，多征、提前征收或者减征、免征、缓征应征的预算收入，不得截留、占用或者挪用预算收入。

各级政府不得向预算收入征收部门和单位下达收入指标。

第五十六条　政府的全部收入应当上缴国家金库（以下简称国库），任何部门、单位和个人不得截留、占用、挪用或者拖欠。

对于法律有明确规定或者经国务院批准的特定专用资金，可以依照国务院的规定设立财政专户。

第五十七条　各级政府财政部门必须依照法律、行政法规和国务院财政部门的规定，及时、足额地拨付预算支出资金，加强对预算支出的管理和监督。

各级政府、各部门、各单位的支出必须按照预算执行，不得虚假列支。

各级政府、各部门、各单位应当对预算支出情况开展绩效评价。

第五十八条　各级预算的收入和支出实行收付实现制。

特定事项按照国务院的规定实行权责发生制的有关情况，应当向本级人民代表大会常务委员会报告。

第五十九条　县级以上各级预算必须设立国库；具备条件的乡、民族乡、镇也应当设立国库。

中央国库业务由中国人民银行经理，地方国库业务依照国务院的有关规定办理。

各级国库应当按照国家有关规定，及时准确地办理预算收入的收纳、划分、留解、退付和预算支出的拨付。

各级国库库款的支配权属于本级政府财政部门。除法律、行政法规另有规定外，未经本级政府财政部门同意，任何部门、单位和个人都无权冻结、动用国库库款或者以其他方式支配已入国库的库款。

各级政府应当加强对本级国库的管理和监督，按照国务院的规定完善国库现金管理，合理调节国库资金余额。

第六十条　已经缴入国库的资金，依照法律、行政法规的规定或者国务院的决定需要退付的，各级政府财政部门或者其授权的机构应当及时办理退付。按照规定应当由财政支出安排的事项，不得用退库处理。

第六十一条　国家实行国库集中收缴和集中支付制度，对政府全部收入和支出实行国库集中收付管理。

第六十二条　各级政府应当加强对预算执行的领导，支持政府财政、税务、海关等预算收入的征收部门依法组织预算收入，支持政府财政部门严格管理预算支出。

财政、税务、海关等部门在预算执行中，应当加强对预算执行的分析；发现问题时应当及时建议本级政府采取措施予以解决。

第六十三条　各部门、各单位应当加强对预算收入和支出的管理，不得截留或者动用应当上缴的预算收入，不得擅自改变预算支出的用途。

第六十四条 各级预算预备费的动用方案,由本级政府财政部门提出,报本级政府决定。

第六十五条 各级预算周转金由本级政府财政部门管理,不得挪作他用。

第六十六条 各级一般公共预算年度执行中有超收收入的,只能用于冲减赤字或者补充预算稳定调节基金。

各级一般公共预算的结余资金,应当补充预算稳定调节基金。

省、自治区、直辖市一般公共预算年度执行中出现短收,通过调入预算稳定调节基金、减少支出等方式仍不能实现收支平衡的,省、自治区、直辖市政府报本级人民代表大会或者其常务委员会批准,可以增列赤字,报国务院财政部门备案,并应当在下一年度预算中予以弥补。

第七章 预算调整

第六十七条 经全国人民代表大会批准的中央预算和经地方各级人民代表大会批准的地方各级预算,在执行中出现下列情况之一的,应当进行预算调整:

(一)需要增加或者减少预算总支出的;

(二)需要调入预算稳定调节基金的;

(三)需要调减预算安排的重点支出数额的;

(四)需要增加举借债务数额的。

第六十八条 在预算执行中,各级政府一般不制定新的增加财政收入或者支出的政策和措施,也不制定减少财政收入的政策和措施;必须作出并需要进行预算调整的,应当在预算调整方案中作出安排。

第六十九条 在预算执行中,各级政府对于必须进行的预算调整,应当编制预算调整方案。预算调整方案应当说明预算调整的理由、项目和数额。

在预算执行中,由于发生自然灾害等突发事件,必须及时增加预算支出的,应当先动支预备费;预备费不足支出的,各级政府可以先安排支出,属于预算调整的,列入预算调整方案。

国务院财政部门应当在全国人民代表大会常务委员会举行会议审查和批准预算调整方案的三十日前,将预算调整初步方案送交全国人民代表大会财政经济委员会进行初步审查。

省、自治区、直辖市政府财政部门应当在本级人民代表大会常务委员会举行会议审查和批准预算调整方案的三十日前,将预算调整初步方案送交本级人民代表大会有关专门委员会进行初步审查。

设区的市、自治州政府财政部门应当在本级人民代表大会常务委员会举行会议审查和批准预算调整方案的三十日前,将预算调整初步方案送交本级人民代表大会有关专门委员会进行初步审查,或者送交本级人民代表大会常务委员会有关工作机构征求意见。

县、自治县、不设区的市、市辖区政府财政部门应当在本级人民代表大会常务委员会举行会议审查和批准预算调整方案的三十日前,将预算调整初步方案送交本级人民代表大会常务委员会有关工作机构征求意见。

中央预算的调整方案应当提请全国人民代表大会常务委员会审查和批准。县级以上地方各级预算的调整方案应当提请本级人民代表大会常务委员会审查和批准;乡、民族乡、镇预算的调整方案应当提请本级人民代表大会审查和批准。未经批准,不得调整预算。

第七十条 经批准的预算调整方案,各级政府应当严格执行。未经本法第六十九条规定的程序,各级政府不得作出预算调整的决定。

对违反前款规定作出的决定,本级人民代表大会、本级人民代表大会常务委员会或者上级政府应当责令其改变或者撤销。

第七十一条 在预算执行中,地方各级政府因上级政府增加不需要本级政府提供配套资金的专项转移支付而引起的预算支出变化,不属于预算调整。

接受增加专项转移支付的县级以上地方各级政府应当向本级人民代表大会常务委员会报告有关情况;接受增加专项转移支付的乡、民族乡、镇政府应当向本级人民代表大会报告有关情况。

第七十二条 各部门、各单位的预算支出应当按照预算科目执行。严格控制不同预算科目、预算级次或者项目间的预算资金的调剂,确需调剂使用的,按照国务院财政部门的规定办理。

第七十三条 地方各级预算的调整方案经批准后,由本级政府报上一级政府备案。

第八章 决 算

第七十四条 决算草案由各级政府、各部门、各单位,在每一预算年度终了后按照国务院规定的时间编制。

编制决算草案的具体事项,由国务院财政部门部署。

第七十五条 编制决算草案,必须符合法律、行政法规,做到收支真实、数额准确、内容完整、报送及时。

决算草案应当与预算相对应,按预算数、调整预算数、决算数分别列出。一般公共预算支出应当按其功能分类编列到项,按其经济性质分类编列到款。

第七十六条 各部门对所属各单位的决算草案,应当审核并汇总编制本部门的决算草案,在规定的期限内报本级政府财政部门审核。

各级政府财政部门对本级各部门决算草案审核后发现有不符合法律、行政法规定的,有权予以纠正。

第七十七条 国务院财政部门编制中央决算草案,经国务院审计部门审计后,报国务院审定,由国务院提请全国人民代表大会常务委员会审查和批准。

县级以上地方各级政府财政部门编制本级决算草案,经本级政府审计部门审计后,报本级政府审定,由本级政府提请本级人民代表大会常务委员会审查和批准。

乡、民族乡、镇政府编制本级决算草案,提请本级人民代表大会审查和批准。

第七十八条 国务院财政部门应当在全国人民代表大会常务委员会举行会议审查和批准中央决算草案的三十日前,将上一年度中央决算草案提交全国人民代表大会财政经济委员会进行初步审查。

省、自治区、直辖市政府财政部门应当在本级人民代表大会常务委员会举行会议审查和批准本级决算草案的三十日前,将上一年度本级决算草案提交本级人民代表大会有关专门委员会进行初步审查。

设区的市、自治州政府财政部门应当在本级人民代表大会常务委员会举行会议审查和批准本级决算草案的三十日前,将上一年度本级决算草案提交本级人民代表大会有关专门委员会进行初步审查,或者送交本级人民代表大会常务委员会有关工作机构征求意见。

县、自治县、不设区的市、市辖区政府财政部门应当在本级人民代表大会常务委员会举行会议审查和批准本级决算草案的三十日前,将上一年度本级决算草案送交本级人民代表大会常务委员会有关工作机构征求意见。

全国人民代表大会财政经济委员会和省、自治区、直辖市、设区的市、自治州人民代表大会有关专门委员会,向本级人民代表大会常务委员会提出关于本级决算草案的审查结果报告。

第七十九条 县级以上各级人民代表大会常务委员会和乡、民族乡、镇人民代表大会对本级决算草案,重点审查下列内容:

(一)预算收入情况;

(二)支出政策实施情况和重点支出、重大投资项目资金的使用及绩效情况;

(三)结转资金的使用情况;

(四)资金结余情况;

(五)本级预算调整及执行情况;

(六)财政转移支付安排执行情况;

(七)经批准举借债务的规模、结构、使用、偿还等情况;

(八)本级预算周转金规模和使用情况;

(九)本级预备费使用情况;

(十)超收收入安排情况,预算稳定调节基金的规模和使用情况;

(十一)本级人民代表大会批准的预算决议落实情况;

(十二)其他与决算有关的重要情况。

县级以上各级人民代表大会常务委员会应当结合本级政府提出的上一年度预算执行和其他财政收支的审计工作报告,对本级决算草案进行审查。

第八十条 各级决算经批准后,财政部门应当在二十日内向本级各部门批复决算。各部门应当在接到本级政府财政部门批复的本部门决算后十五日内向所属单位批复决算。

第八十一条 地方各级政府应当将经批准的决算及下一级政府上报备案的决算汇总,报上一级政府备案。

县级以上各级政府应当将下一级政府报送备案的决算汇总后,报本级人民代表大会常务委员会备案。

第八十二条 国务院和县级以上地方各级政府对下一级政府依照本法第八十一条规定报送备案的决算,认为有同法律、行政法规相抵触或者其他不适当之处,需要撤销批准该项决算的决议的,应当提请本级人民代表大会常务委员会审议决定;经审议决定撤销的,该下级人民代表大会常务委员会应当责成本级政府依照本法规定重新编制决算草案,提请本级人民代表大会常务委员会审查和批准。

第九章 监 督

第八十三条 全国人民代表大会及其常务委员会对中央和地方预算、决算进行监督。

县级以上地方各级人民代表大会及其常务委员会对本级和下级预算、决算进行监督。

乡、民族乡、镇人民代表大会对本级预算、决算进行监督。

第八十四条 各级人民代表大会和县级以上各级人民代表大会常务委员会有权就预算、决算中的重大事项或者特定问题组织调查,有关的政府、部门、单位和个人应当如实反映情况和提供必要的材料。

第八十五条 各级人民代表大会和县级以上各级人民代表大会常务委员会举行会议时,人民代表大会代表或者常务委员会组成人员,依照法律规定程序就预算、决算中的有关问题提出询问或者质询,受询问或者受质询的有关的政府或者财政部门必须及时给予答复。

第八十六条　国务院和县级以上地方各级政府应当在每年六月至九月期间向本级人民代表大会常务委员会报告预算执行情况。

第八十七条　各级政府监督下级政府的预算执行；下级政府应当定期向上一级政府报告预算执行情况。

第八十八条　各级政府财政部门负责监督本级各部门及其所属各单位预算管理有关工作，并向本级政府和上一级政府财政部门报告预算执行情况。

第八十九条　县级以上政府审计部门依法对预算执行、决算实行审计监督。

对预算执行和其他财政收支的审计工作报告应当向社会公开。

第九十条　政府各部门负责监督检查所属各单位的预算执行，及时向本级政府财政部门反映本部门预算执行情况，依法纠正违反预算的行为。

第九十一条　公民、法人或者其他组织发现有违反本法的行为，可以依法向有关国家机关进行检举、控告。

接受检举、控告的国家机关应当依法进行处理，并为检举人、控告人保密。任何单位或者个人不得压制和打击报复检举人、控告人。

第十章　法律责任

第九十二条　各级政府及有关部门有下列行为之一的，责令改正，对负有直接责任的主管人员和其他直接责任人员追究行政责任：

（一）未依照本法规定，编制、报送预算草案、预算调整方案、决算草案和部门预算、决算以及批复预算、决算的；

（二）违反本法规定，进行预算调整的；

（三）未依照本法规定对有关预算事项进行公开和说明的；

（四）违反规定设立政府性基金项目和其他财政收入项目的；

（五）违反法律、法规规定使用预算预备费、预算周转金、预算稳定调节基金、超收收入的；

（六）违反本法规定开设财政专户的。

第九十三条　各级政府及有关部门、单位有下列行为之一的，责令改正，对负有直接责任的主管人员和其他直接责任人员依法给予降级、撤职、开除的处分：

（一）未将所有政府收入和支出列入预算或者虚列收入和支出的；

（二）违反法律、行政法规的规定，多征、提前征收或者减征、免征、缓征应征预算收入的；

（三）截留、占用、挪用或者拖欠应当上缴国库的预算收入的；

（四）违反本法规定，改变预算支出用途的；

（五）擅自改变上级政府专项转移支付资金用途的；

（六）违反本法规定拨付预算支出资金，办理预算收入收纳、划分、留解、退付，或者违反本法规定冻结、动用国库库款或者以其他方式支配已入国库库款的。

第九十四条　各级政府、各部门、各单位违反本法规定举借债务或者为他人债务提供担保，或者挪用重点支出资金，或者在预算之外及超预算标准建设楼堂馆所的，责令改正，对负有直接责任的主管人员和其他直接责任人员给予撤职、开除的处分。

第九十五条　各级政府有关部门、单位及其工作人员有下列行为之一的，责令改正，追回骗取、使用的资金，有违法所得的没收违法所得，对单位给予警告或者通报批评；对负有直接责任的主管人员和其他直接责任人员依法给予处分：

（一）违反法律、法规的规定，改变预算收入上缴方式的；

（二）以虚报、冒领等手段骗取预算资金的；

（三）违反规定扩大开支范围、提高开支标准的；

（四）其他违反财政管理规定的行为。

第九十六条　本法第九十二条、第九十三条、第九十四条、第九十五条所列违法行为，其他法律对其处理、处罚另有规定的，依照其规定。

违反本法规定，构成犯罪的，依法追究刑事责任。

第十一章　附　则

第九十七条　各级政府财政部门应当按年度编制以权责发生制为基础的政府综合财务报告，报告政府整体财务状况、运行情况和财政中长期可持续性，报本级人民代表大会常务委员会备案。

第九十八条　国务院根据本法制定实施条例。

第九十九条　民族自治地方的预算管理，依照民族区域自治法的有关规定执行；民族区域自治法没有规定的，依照本法和国务院的有关规定执行。

第一百条　省、自治区、直辖市人民代表大会或者其常务委员会根据本法，可以制定有关预算审查监督的决定或者地方性法规。

第一百零一条　本法自1995年1月1日起施行。1991年10月21日国务院发布的《国家预算管理条例》同时废止。

中华人民共和国预算法实施条例

· 1995年11月22日中华人民共和国国务院令第186号发布
· 2020年8月3日中华人民共和国国务院令第729号修订

第一章 总 则

第一条 根据《中华人民共和国预算法》(以下简称预算法),制定本条例。

第二条 县级以上地方政府的派出机关根据本级政府授权进行预算管理活动,不作为一级预算,其收支纳入本级预算。

第三条 社会保险基金预算应当在精算平衡的基础上实现可持续运行,一般公共预算可以根据需要和财力适当安排资金补充社会保险基金预算。

第四条 预算法第六条第二款所称各部门,是指与本级政府财政部门直接发生预算缴拨款关系的国家机关、军队、政党组织、事业单位、社会团体和其他单位。

第五条 各部门预算应当反映一般公共预算、政府性基金预算、国有资本经营预算安排给本部门及其所属各单位的所有预算资金。

各部门预算收入包括本级财政安排给本部门及其所属各单位的预算拨款收入和其他收入。各部门预算支出为与部门预算收入相对应的支出,包括基本支出和项目支出。

本条第二款所称基本支出,是指各部门、各单位为保障其机构正常运转、完成日常工作任务所发生的支出,包括人员经费和公用经费;所称项目支出,是指各部门、各单位为完成其特定的工作任务和事业发展目标所发生的支出。

各部门及其所属各单位的本级预算拨款收入和其相对应的支出,应当在部门预算中单独反映。

部门预算编制、执行的具体办法,由本级政府财政部门依法作出规定。

第六条 一般性转移支付向社会公开应当细化到地区。专项转移支付向社会公开应当细化到地区和项目。

政府债务、机关运行经费、政府采购、财政专户资金等情况,按照有关规定向社会公开。

部门预算、决算应当公开基本支出和项目支出。部门预算、决算支出按其功能分类应当公开到项;按其经济性质分类,基本支出应当公开到款。

各部门所属单位的预算、决算及报表,应当在部门批复后20日内由单位向社会公开。单位预算、决算应当公开基本支出和项目支出。单位预算、决算支出按其功能分类应当公开到项;按其经济性质分类,基本支出应当公开到款。

第七条 预算法第十五条所称中央和地方分税制,是指在划分中央与地方事权的基础上,确定中央与地方财政支出范围,并按税种划分中央与地方预算收入的财政管理体制。

分税制财政管理体制的具体内容和实施办法,按照国务院的有关规定执行。

第八条 县级以上地方各级政府应根据中央和地方分税制的原则和上级政府的有关规定,确定本级政府对下级政府的财政管理体制。

第九条 预算法第十六条第二款所称一般性转移支付,包括:

(一)均衡性转移支付;

(二)对革命老区、民族地区、边疆地区、贫困地区的财力补助;

(三)其他一般性转移支付。

第十条 预算法第十六条第三款所称专项转移支付,是指上级政府为了实现特定的经济和社会发展目标给予下级政府,并由下级政府按照上级政府规定的用途安排使用的预算资金。

县级以上各级政府财政部门应当会同有关部门建立健全专项转移支付定期评估和退出机制。对评估后的专项转移支付,按照下列情形分别予以处理:

(一)符合法律、行政法规和国务院规定,有必要继续执行的,可以继续执行;

(二)设立的有关要求变更,或者实际绩效与目标差距较大、管理不够完善的,应当予以调整;

(三)设立依据失效或者废止的,应当予以取消。

第十一条 预算收入和预算支出以人民币元为计算单位。预算收支以人民币以外的货币收纳和支付的,应当折合成人民币计算。

第二章 预算收支范围

第十二条 预算法第二十七条第一款所称行政事业性收费收入,是指国家机关、事业单位等依照法律法规规定,按照国务院规定的程序批准,在实施社会公共管理以及在向公民、法人和其他组织提供特定公共服务过程中,按照规定标准向特定对象收取费用形成的收入。

预算法第二十七条第一款所称国有资源(资产)有偿使用收入,是指矿藏、水流、海域、无居民海岛以及法律规定属于国家所有的森林、草原等国有资源有偿使用收入,按照规定纳入一般公共预算管理的国有资产收入等。

预算法第二十七条第一款所称转移性收入，是指上级税收返还和转移支付、下级上解收入、调入资金以及按照财政部规定列入转移性收入的无隶属关系政府的无偿援助。

第十三条 转移性支出包括上解上级支出、对下级的税收返还和转移支付、调出资金以及按照财政部规定列入转移性支出的给予无隶属关系政府的无偿援助。

第十四条 政府性基金预算收入包括政府性基金各项目收入和转移性收入。

政府性基金预算支出包括与政府性基金预算收入相对应的各项目支出和转移性支出。

第十五条 国有资本经营预算收入包括依照法律、行政法规和国务院规定应当纳入国有资本经营预算的国有独资企业和国有独资公司按照规定上缴国家的利润收入、从国有资本控股和参股公司获得的股息红利收入、国有产权转让收入、清算收入和其他收入。

国有资本经营预算支出包括资本性支出、费用性支出、向一般公共预算调出资金等转移性支出和其他支出。

第十六条 社会保险基金预算收入包括各项社会保险费收入、利息收入、投资收益、一般公共预算补助收入、集体补助收入、转移收入、上级补助收入、下级上解收入和其他收入。

社会保险基金预算支出包括各项社会保险待遇支出、转移支出、补助下级支出、上解上级支出和其他支出。

第十七条 地方各级预算上下级之间有关收入和支出项目的划分以及上解、返还或者转移支付的具体办法，由上级地方政府规定，报本级人民代表大会常务委员会备案。

第十八条 地方各级社会保险基金预算上下级之间有关收入和支出项目的划分以及上解、补助的具体办法，按照统筹层次由上级地方政府规定，报本级人民代表大会常务委员会备案。

第三章 预算编制

第十九条 预算法第三十一条所称预算草案，是指各级政府、各部门、各单位编制的未经法定程序审查和批准的预算。

第二十条 预算法第三十二条第一款所称绩效评价，是指根据设定的绩效目标，依照规范的程序，对预算资金的投入、使用过程、产出与效果进行系统和客观的评价。

绩效评价结果应当按照规定作为改进管理和编制以后年度预算的依据。

第二十一条 预算法第三十二条第三款所称预算支出标准，是指对预算事项合理分类并分别规定的支出预算编制标准，包括基本支出标准和项目支出标准。

地方各级政府财政部门应当根据财政部制定的预算支出标准，结合本地区经济社会发展水平、财力状况等，制定本地区或者本级的预算支出标准。

第二十二条 财政部于每年6月15日前部署编制下一年度预算草案的具体事项，规定报表格式、编报方法、报送期限等。

第二十三条 中央各部门应当按照国务院的要求和财政部的部署，结合本部门的具体情况，组织编制本部门及其所属各单位的预算草案。

中央各部门负责本部门所属各单位预算草案的审核，并汇总编制本部门的预算草案，按照规定报财政部审核。

第二十四条 财政部审核中央各部门的预算草案，具体编制中央预算草案；汇总地方预算草案或者地方预算，汇编中央和地方预算草案。

第二十五条 省、自治区、直辖市政府按照国务院的要求和财政部的部署，结合本地区的具体情况，提出本行政区域编制预算草案的要求。

县级以上地方各级政府财政部门应当于每年6月30日前部署本行政区域编制下一年度预算草案的具体事项，规定有关报表格式、编报方法、报送期限等。

第二十六条 县级以上地方各级政府各部门应当根据本级政府的要求和本级政府财政部门的部署，结合本部门的具体情况，组织编制本部门及其所属各单位的预算草案，按照规定报本级政府财政部门审核。

第二十七条 县级以上地方各级政府财政部门审核本级各部门的预算草案，具体编制本级预算草案，汇编本级总预算草案，经本级政府审定后，按照规定期限报上一级政府财政部门。

省、自治区、直辖市政府财政部门汇总的本级总预算草案或者本级总预算，应当于下一年度1月10日前报财政部。

第二十八条 县级以上各级政府财政部门审核本级各部门的预算草案时，发现不符合编制预算要求的，应当予以纠正；汇编本级总预算草案时，发现下级预算草案不符合上级政府或者本级政府编制预算要求的，应当及时向本级政府报告，由本级政府予以纠正。

第二十九条 各级政府财政部门编制收入预算草案时，应当征求税务、海关等预算收入征收部门和单位的意见。

预算收入征收部门和单位应当按照财政部门的要求提供下一年度预算收入征收预测情况。

第三十条 财政部门会同社会保险行政部门部署编制下一年度社会保险基金预算草案的具体事项。

社会保险经办机构具体编制下一年度社会保险基金预算草案,报本级社会保险行政部门审核汇总。社会保险基金收入预算草案由社会保险经办机构会同社会保险费征收机构具体编制。财政部门负责审核并汇总编制社会保险基金预算草案。

第三十一条 各级政府财政部门应当依照预算法和本条例规定,制定本级预算草案编制规程。

第三十二条 各部门、各单位在编制预算草案时,应当根据资产配置标准,结合存量资产情况编制相关支出预算。

第三十三条 中央一般公共预算收入编制内容包括本级一般公共预算收入、从国有资本经营预算调入资金、地方上解收入、从预算稳定调节基金调入资金、其他调入资金。

中央一般公共预算支出编制内容包括本级一般公共预算支出、对地方的税收返还和转移支付、补充预算稳定调节基金。

中央政府债务余额的限额应当在本级预算中单独列示。

第三十四条 地方各级一般公共预算收入编制内容包括本级一般公共预算收入、从国有资本经营预算调入资金、上级税收返还和转移支付、下级上解收入、从预算稳定调节基金调入资金、其他调入资金。

地方各级一般公共预算支出编制内容包括本级一般公共预算支出、上解上级支出、对下级的税收返还和转移支付、补充预算稳定调节基金。

第三十五条 中央政府性基金预算收入编制内容包括本级政府性基金各项收入、上一年度结余、地方上解收入。

中央政府性基金预算支出编制内容包括本级政府性基金各项支出、对地方的转移支付、调出资金。

第三十六条 地方政府性基金预算收入编制内容包括本级政府性基金各项收入、上一年度结余、下级上解收入、上级转移支付。

地方政府性基金预算支出编制内容包括本级政府性基金各项支出、上解上级支出、对下级的转移支付、调出资金。

第三十七条 中央国有资本经营预算收入编制内容包括本级收入、上一年度结余、地方上解收入。

中央国有资本经营预算支出编制内容包括本级支出、向一般公共预算调出资金、对地方特定事项的转移支付。

第三十八条 地方国有资本经营预算收入编制内容包括本级收入、上一年度结余、上级对特定事项的转移支付、下级上解收入。

地方国有资本经营预算支出编制内容包括本级支出、向一般公共预算调出资金、对下级特定事项的转移支付、上解上级支出。

第三十九条 中央和地方社会保险基金预算收入、支出编制内容包括本条例第十六条规定的各项收入和支出。

第四十条 各部门、各单位预算收入编制内容包括本级预算拨款收入、预算拨款结转和其他收入。

各部门、各单位预算支出编制内容包括基本支出和项目支出。

各部门、各单位的预算支出,按其功能分类应当编列到项,按其经济性质分类应当编列到款。

第四十一条 各级政府应当加强项目支出管理。各级政府财政部门应当建立和完善项目支出预算评审制度。各部门、各单位应当按照本级政府财政部门的规定开展预算评审。

项目支出实行项目库管理,并建立健全项目入库评审机制和项目滚动管理机制。

第四十二条 预算法第三十四条第二款所称余额管理,是指国务院在全国人民代表大会批准的中央一般公共预算债务的余额限额内,决定发债规模、品种、期限和时点的管理方式;所称余额,是指中央一般公共预算中举借债务未偿还的本金。

第四十三条 地方政府债务余额实行限额管理。各省、自治区、直辖市的政府债务限额,由财政部在全国人民代表大会或者其常务委员会批准的总限额内,根据各地区债务风险、财力状况等因素,并考虑国家宏观调控政策等需要,提出方案报国务院批准。

各省、自治区、直辖市的政府债务余额不得突破国务院批准的限额。

第四十四条 预算法第三十五条第二款所称举借债务的规模,是指各地方政府债务余额限额的总和,包括一般债务限额和专项债务限额。一般债务是指列入一般公共预算用于公益性事业发展的一般债券、地方政府负有偿还责任的外国政府和国际经济组织贷款转贷债务;专项债务是指列入政府性基金预算用于有收益的公益性事业发展的专项债券。

第四十五条 省、自治区、直辖市政府财政部门依照国务院下达的本地区地方政府债务限额，提出本级和转贷给下级政府的债务限额安排方案，报本级政府批准后，将增加举借的债务列入本级预算调整方案，报本级人民代表大会常务委员会批准。

接受转贷并向下级政府转贷的政府应当将转贷债务纳入本级预算管理。使用转贷并负有直接偿还责任的政府，应当将转贷债务列入本级预算调整方案，报本级人民代表大会常务委员会批准。

地方各级政府财政部门负责统一管理本地区政府债务。

第四十六条 国务院可以将举借的外国政府和国际经济组织贷款转贷给省、自治区、直辖市政府。

国务院向省、自治区、直辖市政府转贷的外国政府和国际经济组织贷款，省、自治区、直辖市政府负有直接偿还责任的，应当纳入本级预算管理。省、自治区、直辖市政府未能按时履行还款义务的，国务院可以相应抵扣对该地区的税收返还等资金。

省、自治区、直辖市政府可以将国务院转贷的外国政府和国际经济组织贷款再转贷给下级政府。

第四十七条 财政部和省、自治区、直辖市政府财政部门应当建立健全地方政府债务风险评估指标体系，组织评估地方政府债务风险状况，对债务高风险地区提出预警，并监督化解债务风险。

第四十八条 县级以上各级政府应当按照本年度转移支付预计执行数的一定比例将下一年度转移支付预计数提前下达至下一级政府，具体下达事宜由本级政府财政部门办理。

除据实结算等特殊项目的转移支付外，提前下达的一般性转移支付预计数的比例一般不低于90%；提前下达的专项转移支付预计数的比例一般不低于70%。其中，按照项目法管理分配的专项转移支付，应当一并明确下一年度组织实施的项目。

第四十九条 经本级政府批准，各级政府财政部门可以设置预算周转金，额度不得超过本级一般公共预算支出总额的1%。年度终了时，各级政府财政部门可以将预算周转金收回并用于补充预算稳定调节基金。

第五十条 预算法第四十二条第一款所称结转资金，是指预算安排项目的支出年度终了时尚未执行完毕，或者因故未执行但下一年度需要按原用途继续使用的资金；连续两年未用完的结转资金，是指预算安排项目的支出在下一年度终了时仍未用完的资金。

预算法第四十二条第一款所称结余资金，是指年度预算执行终了时，预算收入实际完成数扣除预算支出实际完成数和结转资金后剩余的资金。

第四章 预算执行

第五十一条 预算执行中，政府财政部门的主要职责：

（一）研究和落实财政税收政策措施，支持经济社会健康发展；

（二）制定组织预算收入、管理预算支出以及相关财务、会计、内部控制、监督等制度和办法；

（三）督促各预算收入征收部门和单位依法履行职责，征缴预算收入；

（四）根据年度支出预算和用款计划，合理调度、拨付预算资金，监督各部门、各单位预算资金使用管理情况；

（五）统一管理政府债务的举借、支出与偿还，监督债务资金使用情况；

（六）指导和监督各部门、各单位建立健全财务制度和会计核算体系，规范账户管理，健全内部控制机制，按照规定使用预算资金；

（七）汇总、编报分期的预算执行数据，分析预算执行情况，按照本级人民代表大会常务委员会、本级政府和上一级政府财政部门的要求定期报告预算执行情况，并提出相关政策建议；

（八）组织和指导预算资金绩效监控、绩效评价；

（九）协调预算收入征收部门和单位、国库以及其他有关部门的业务工作。

第五十二条 预算法第五十六条第二款所称财政专户，是指财政部门为履行财政管理职能，根据法律规定或者经国务院批准开设的用于管理核算特定专用资金的银行结算账户；所称特定专用资金，包括法律规定可以设立财政专户的资金，外国政府和国际经济组织的贷款、赠款，按照规定存储的人民币以外的货币，财政部会同有关部门报国务院批准的其他特定专用资金。

开设、变更财政专户应当经财政部核准，撤销财政专户应当报财政部备案，中国人民银行应当加强对银行业金融机构开户的核准、管理和监督工作。

财政专户资金由本级政府财政部门管理。除法律另有规定外，未经本级政府财政部门同意，任何部门、单位和个人都无权冻结、动用财政专户资金。

财政专户资金应当由本级政府财政部门纳入统一的

会计核算,并在预算执行情况、决算和政府综合财务报告中单独反映。

第五十三条 预算执行中,各部门、各单位的主要职责:

(一)制定本部门、本单位预算执行制度,建立健全内部控制机制;

(二)依法组织收入,严格支出管理,实施绩效监控,开展绩效评价,提高资金使用效益;

(三)对单位的各项经济业务进行会计核算;

(四)汇总本部门、本单位的预算执行情况,定期向本级政府财政部门报送预算执行情况报告和绩效评价报告。

第五十四条 财政部门会同社会保险行政部门、社会保险费征收机构制定社会保险基金预算的收入、支出以及财务管理的具体办法。

社会保险基金预算由社会保险费征收机构和社会保险经办机构具体执行,并按照规定向本级政府财政部门和社会保险行政部门报告执行情况。

第五十五条 各级政府财政部门和税务、海关等预算收入征收部门和单位必须依法组织预算收入,按照财政管理体制、征收管理制度和国库集中收缴制度的规定征收预算收入,除依法缴入财政专户的社会保险基金等预算收入外,应当及时将预算收入缴入国库。

第五十六条 除依法缴入财政专户的社会保险基金等预算收入外,一切有预算收入上缴义务的部门和单位,必须将应当上缴的预算收入,按照规定的预算级次、政府收支分类科目、缴库方式和期限缴入国库,任何部门、单位和个人不得截留、占用、挪用或者拖欠。

第五十七条 各级政府财政部门应当加强对预算资金拨付的管理,并遵循下列原则:

(一)按照预算拨付,即按照批准的年度预算和用款计划拨付资金。除预算法第五十四条规定的在预算草案批准前可以安排支出的情形外,不得办理无预算、无用款计划、超预算或者超计划的资金拨付,不得擅自改变支出用途;

(二)按照规定的预算级次和程序拨付,即根据用款单位的申请,按照用款单位的预算级次、审定的用款计划和财政部门规定的预算资金拨付程序拨付资金;

(三)按照进度拨付,即根据用款单位的实际用款进度拨付资金。

第五十八条 财政部应当根据全国人民代表大会批准的中央政府债务余额限额,合理安排发行国债的品种、结构、期限和时点。

省、自治区、直辖市政府财政部门应当根据国务院批准的本地区政府债务限额,合理安排发行本地区政府债券的结构、期限和时点。

第五十九条 转移支付预算下达和资金拨付应当由财政部门办理,其他部门和单位不得对下级政府部门和单位下达转移支付预算或者拨付转移支付资金。

第六十条 各级政府、各部门、各单位应当加强对预算支出的管理,严格执行预算,遵守财政制度,强化预算约束,不得擅自扩大支出范围、提高开支标准;严格按照预算规定的支出用途使用资金,合理安排支出进度。

第六十一条 财政部负责制定与预算执行有关的财务规则、会计准则和会计制度。各部门、各单位应当按照本级政府财政部门的要求建立健全财务制度,加强会计核算。

第六十二条 国库是办理预算收入的收纳、划分、留解、退付和库款支拨的专门机构。国库分为中央国库和地方国库。

中央国库业务由中国人民银行经理。未设中国人民银行分支机构的地区,由中国人民银行商财政部后,委托有关银行业金融机构办理。

地方国库业务由中国人民银行分支机构经理。未设中国人民银行分支机构的地区,由上级中国人民银行分支机构商有关地方政府财政部门后,委托有关银行业金融机构办理。

具备条件的乡、民族乡、镇,应当设立国库。具体条件和标准由省、自治区、直辖市政府财政部门确定。

第六十三条 中央国库业务应当接受财政部的指导和监督,对中央财政负责。

地方国库业务应当接受本级政府财政部门的指导和监督,对地方财政负责。

省、自治区、直辖市制定的地方国库业务规程应当报财政部和中国人民银行备案。

第六十四条 各级国库应当及时向本级政府财政部门编报预算收入入库、解库、库款拨付以及库款余额情况的日报、旬报、月报和年报。

第六十五条 各级国库应当依照有关法律、行政法规、国务院以及财政部、中国人民银行的有关规定,加强对国库业务的管理,及时准确地办理预算收入的收纳、划分、留解、退付和预算支出的拨付。

各级国库和有关银行业金融机构必须遵守国家有关预算收入缴库的规定,不得延解、占压应当缴入国库的预算收入和国库库款。

第六十六条 各级国库必须凭本级政府财政部门签发的拨款凭证或者支付清算指令于当日办理资金拨付，并及时将款项转入收款单位的账户或者清算资金。

各级国库和有关银行业金融机构不得占压财政部门拨付的预算资金。

第六十七条 各级政府财政部门、预算收入征收部门和单位、国库应当建立健全相互之间的预算收入对账制度，在预算执行中按月、按年核对预算收入的收纳以及库款拨付情况，保证预算收入的征收入库、库款拨付和库存金额准确无误。

第六十八条 中央预算收入、中央和地方预算共享收入退库的办法，由财政部制定。地方预算收入退库的办法，由省、自治区、直辖市政府财政部门制定。

各级预算收入退库的审批权属于本级政府财政部门。中央预算收入、中央和地方预算共享收入的退库，由财政部或者财政部授权的机构批准。地方预算收入的退库，由地方政府财政部门或者其授权的机构批准。具体退库程序按照财政部的有关规定办理。

办理预算收入退库，应当直接退给申请单位或者申请个人，按照国家规定用途使用。任何部门、单位和个人不得截留、挪用退库款项。

第六十九条 各级政府应当加强对本级国库的管理和监督，各级政府财政部门负责协调本级预算收入征收部门和单位与国库的业务工作。

第七十条 国务院各部门制定的规章、文件，凡涉及减免应缴预算收入、设立和改变收入项目和标准、罚没财物处理、经费开支标准和范围、国有资产处置和收益分配以及会计核算等事项的，应当符合国家统一的规定；凡涉及增加或者减少财政收入或者支出的，应当征求财政部意见。

第七十一条 地方政府依据法定权限制定的规章和规定的行政措施，不得涉及减免中央预算收入、中央和地方预算共享收入，不得影响中央预算收入、中央和地方预算共享收入的征收；违反规定的，有关预算收入征收部门和单位有权拒绝执行，并应当向上级预算收入征收部门和单位以及财政部报告。

第七十二条 各级政府应当加强对预算执行工作的领导，定期听取财政部门有关预算执行情况的汇报，研究解决预算执行中出现的问题。

第七十三条 各级政府财政部门有权监督本级各部门及其所属各单位的预算管理有关工作，对各部门的预算执行情况和绩效进行评价、考核。

各级政府财政部门有权对与本级各预算收入相关的征收部门和单位征收本级预算收入的情况进行监督，对违反法律、行政法规规定多征、提前征收、减征、免征、缓征或者退还预算收入的，责令改正。

第七十四条 各级政府财政部门应当每月向本级政府报告预算执行情况，具体报告内容、方式和期限由本级政府规定。

第七十五条 地方各级政府财政部门应当定期向上一级政府财政部门报送本行政区域预算执行情况，包括预算执行旬报、月报、季报，政府债务余额统计报告，国库库款报告以及相关文字说明材料。具体报送内容、方式和期限由上一级政府财政部门规定。

第七十六条 各级税务、海关等预算收入征收部门和单位应当按照财政部门规定的期限和要求，向财政部门和上级主管部门报送有关预算收入征收情况，并附文字说明材料。

各级税务、海关等预算收入征收部门和单位应当与相关财政部门建立收入征管信息共享机制。

第七十七条 各部门应当按照本级政府财政部门规定的期限和要求，向本级政府财政部门报送本部门及其所属各单位的预算收支情况等报表和文字说明材料。

第七十八条 预算法第六十六条第一款所称超收收入，是指年度本级一般公共预算收入的实际完成数超过经本级人民代表大会或者其常务委员会批准的预算收入数的部分。

预算法第六十六条第三款所称短收，是指年度本级一般公共预算收入的实际完成数小于经本级人民代表大会或者其常务委员会批准的预算收入数的情形。

前两款所称实际完成数和预算收入数，不包括转移性收入和政府债务收入。

省、自治区、直辖市政府依照预算法第六十六条第三款规定增列的赤字，可以通过在国务院下达的本地区政府债务限额内发行地方政府一般债券予以平衡。

设区的市、自治州以下各级一般公共预算年度执行中出现短收的，应当通过调入预算稳定调节基金或者其他预算资金、减少支出等方式实现收支平衡；采取上述措施仍不能实现收支平衡的，可以通过申请上级政府临时救助平衡当年预算，并在下一年度预算中安排资金归还。

各级一般公共预算年度执行中厉行节约、节约开支，造成本级预算支出实际执行数小于预算总支出的，不属于预算调整的情形。

各级政府性基金预算年度执行中有超收收入的,应当在下一年度安排使用并优先用于偿还相应的专项债务;出现短收的,应当通过减少支出实现收支平衡。国务院另有规定的除外。

各级国有资本经营预算年度执行中有超收收入的,应当在下一年度安排使用;出现短收的,应当通过减少支出实现收支平衡。国务院另有规定的除外。

第七十九条 年度预算确定后,部门、单位改变隶属关系引起预算级次或者预算关系变化的,应当在改变财务关系的同时,相应办理预算、资产划转。

第五章 决 算

第八十条 预算法第七十四条所称决算草案,是指各级政府、各部门、各单位编制的未经法定程序审查和批准的预算收支和结余的年度执行结果。

第八十一条 财政部应当在每年第四季度部署编制决算草案的原则、要求、方法和报送期限,制发中央各部门决算、地方决算以及其他有关决算的报表格式。

省、自治区、直辖市政府按照国务院的要求和财政部的部署,结合本地区的具体情况,提出本行政区域编制决算草案的要求。

县级以上地方政府财政部门根据财政部的部署和省、自治区、直辖市政府的要求,部署编制本级政府各部门和下级政府决算草案的原则、要求、方法和报送期限,制发本级政府各部门决算、下级政府决算以及其他有关决算的报表格式。

第八十二条 地方政府财政部门根据上级政府财政部门的部署,制定本行政区域决算草案和本级各部门决算草案的具体编制办法。

各部门根据本级政府财政部门的部署,制定所属各单位决算草案的具体编制办法。

第八十三条 各级政府财政部门、各部门、各单位在每一预算年度终了时,应当清理核实全年预算收入、支出数据和往来款项,做好决算数据对账工作。

决算各项数据应当以经核实的各级政府、各部门、各单位会计数据为准,不得以估计数据替代,不得弄虚作假。

各部门、各单位决算应当列示结转、结余资金。

第八十四条 各单位应当按照主管部门的布置,认真编制本单位决算草案,在规定期限内上报。

各部门在审核汇总所属各单位决算草案基础上,连同本部门自身的决算收入和支出数据,汇编成本部门决算草案并附详细说明,经部门负责人签章后,在规定期限内报本级政府财政部门审核。

第八十五条 各级预算收入征收部门和单位应当按照财政部门的要求,及时编制收入年报以及有关资料并报送财政部门。

第八十六条 各级政府财政部门应当根据本级预算、预算会计核算数据等相关资料编制本级决算草案。

第八十七条 年度预算执行终了,对于上下级财政之间按照规定需要清算的事项,应当在决算时办理结算。

县级以上各级政府财政部门编制的决算草案应当及时报送本级政府审计部门审计。

第八十八条 县级以上地方各级政府应当自本级决算经批准之日起30日内,将本级决算以及下一级政府上报备案的决算汇总,报上一级政府备案;将下一级政府报送备案的决算汇总,报本级人民代表大会常务委员会备案。

乡、民族乡、镇政府应当自本级决算经批准之日起30日内,将本级决算报上一级政府备案。

第六章 监 督

第八十九条 县级以上各级政府应当接受本级和上级人民代表大会及其常务委员会对预算执行情况和决算的监督,乡、民族乡、镇政府应当接受本级人民代表大会和上级人民代表大会及其常务委员会对预算执行情况和决算的监督;按照本级人民代表大会或者其常务委员会的要求,报告预算执行情况;认真研究处理本级人民代表大会代表或者其常务委员会组成人员有关改进预算管理的建议、批评和意见,并及时答复。

第九十条 各级政府应当加强对下级政府预算执行情况的监督,对下级政府在预算执行中违反预算法、本条例和国家方针政策的行为,依法予以制止和纠正;对本级预算执行中出现的问题,及时采取处理措施。

下级政府应当接受上级政府对预算执行情况的监督;根据上级政府的要求,及时提供资料,如实反映情况,不得隐瞒、虚报;严格执行上级政府作出的有关决定,并将执行结果及时上报。

第九十一条 各部门及其所属各单位应当接受本级政府财政部门对预算管理有关工作的监督。

财政部派出机构根据职责和财政部的授权,依法开展工作。

第九十二条 各级政府审计部门应当依法对本级预算执行情况和决算草案,本级各部门、各单位和下级政府的预算执行情况和决算,进行审计监督。

第七章 法律责任

第九十三条 预算法第九十三条第六项所称违反本法规定冻结、动用国库库款或者以其他方式支配已入国库库款,是指:

(一)未经有关政府财政部门同意,冻结、动用国库库款;

(二)预算收入征收部门和单位违反规定将所收税款和其他预算收入存入国库之外的其他账户;

(三)未经有关政府财政部门或者财政部门授权的机构同意,办理资金拨付和退付;

(四)将国库库款挪作他用;

(五)延解、占压国库库款;

(六)占压政府财政部门拨付的预算资金。

第九十四条 各级政府、有关部门和单位有下列行为之一的,责令改正;对负有直接责任的主管人员和其他直接责任人员,依法给予处分:

(一)突破一般债务限额或者专项债务限额举借债务;

(二)违反本条例规定下达转移支付预算或者拨付转移支付资金;

(三)擅自开设、变更账户。

第八章 附则

第九十五条 预算法第九十七条所称政府综合财务报告,是指以权责发生制为基础编制的反映各级政府整体财务状况、运行情况和财政中长期可持续性的报告。政府综合财务报告包括政府资产负债表、收入费用表等财务报表和报表附注,以及以此为基础进行的综合分析等。

第九十六条 政府投资年度计划应当和本级预算相衔接。政府投资决策、项目实施和监督管理按照政府投资有关行政法规执行。

第九十七条 本条例自 2020 年 10 月 1 日起施行。

全国人民代表大会常务委员会关于加强中央预算审查监督的决定

- 1999 年 12 月 25 日第九届全国人民代表大会常务委员会第十三次会议通过
- 2021 年 4 月 29 日第十三届全国人民代表大会常务委员会第二十八次会议修订

为履行宪法法律赋予全国人民代表大会及其常务委员会的预算审查监督职责,贯彻落实党中央关于加强人大预算决算审查监督职能的部署要求,推进全面依法治国,健全完善中国特色社会主义预算审查监督制度,规范预算行为,提高预算绩效,厉行节约,更好地发挥中央预算在推进国家治理体系和治理能力现代化、推动高质量发展、促进社会进步、改善人民生活和全面深化改革开放中的重要作用,必须进一步加强对中央预算的审查监督。为此,特作如下决定:

一、加强全口径审查和全过程监管。 全国人民代表大会及其常务委员会对政府预算决算开展全口径审查和全过程监管,坚持党中央集中统一领导,坚持围绕服务党和国家工作大局,坚持以人民为中心,坚持依法审查监督,聚焦重点,注重实效,保障宪法和法律贯彻实施,保障国家方针政策和决策部署贯彻落实。

(一)加强财政政策审查监督。审查监督重点包括:财政政策贯彻落实国家方针政策和决策部署的情况;与经济社会发展目标和宏观调控总体要求相衔接的情况;加强中期财政规划管理工作,对国家重大战略任务保障的情况;财政政策制定过程中充分听取人大代表与社会各界意见建议的情况;财政政策的合理性、可行性、可持续性等情况。

(二)加强一般公共预算审查监督。审查监督一般公共预算支出总量和结构的重点包括:支出总量和结构贯彻落实国家方针政策和决策部署的情况;支出总量及其增减的情况,财政赤字规模及其占年度预计国内生产总值比重的情况;调整优化支出结构,严格控制一般性支出,提高财政资金配置效率和使用绩效等情况。

审查监督重点支出与重大投资项目的重点包括:重点支出预算和支出政策相衔接的情况;重点支出规模变化和结构优化的情况;重点支出决策论证、政策目标和绩效的情况。重大投资项目与国民经济和社会发展规划相衔接的情况;重大投资项目决策论证、投资安排和实施效果的情况。

审查监督部门预算的重点包括:部门各项收支全纳入预算的情况;部门预算与支出政策、部门职责衔接匹配的情况;项目库建设情况;部门重点项目预算安排和绩效的情况;新增资产配置情况;结转资金使用情况;审计查出问题整改落实等情况。

审查监督中央对地方转移支付的重点包括:各类转移支付保障中央财政承担的财政事权和支出责任的情况;促进地区间财力均衡及增强基层公共服务保障能力的情况;健全规范转移支付制度、优化转移支付结构的情况;专项转移支付定期评估和退出的情况;转移支付预下达和使用的情况；转移支付绩效的情况。

审查监督一般公共预算收入的重点包括：预算收入安排与经济社会发展目标、国家宏观调控总体要求相适应的情况；各项税收收入与对应税基相协调的情况；预算收入依法依规征收、真实完整的情况；预算收入结构优化、质量提高的情况；依法规范非税收入管理等情况。

（三）加强政府债务审查监督。审查监督中央政府债务重点包括：根据中央财政赤字规模和上年末国债余额限额，科学确定当年国债余额限额，合理控制国债余额与限额之间的差额；评估政府债务风险水平情况，推进实现稳增长和防风险的长期均衡。审查监督地方政府债务重点包括：地方政府债务纳入预算管理的情况；根据债务率、利息支出率等指标评估地方政府债务风险水平，审查地方政府新增一般债务限额和专项债务限额的合理性情况；地方政府专项债务偿还的情况；积极稳妥化解地方政府债务风险等情况。

（四）加强政府性基金预算审查监督。审查监督重点包括：基金项目设立、征收、使用和期限符合法律法规规定的情况；收支政策和预算安排的合理性、可行性、可持续性的情况；政府性基金支出使用情况；政府性基金项目绩效和评估调整等情况。

（五）加强国有资本经营预算审查监督。审查监督重点包括：预算范围完整、制度规范的情况；国有资本足额上缴收益和产权转让等收入的情况；支出使用方向和项目符合法律法规规定和政策的情况；国有资本经营预算调入一般公共预算的情况；政府投资基金管理的情况；发挥优化国有资本布局、与国资国企改革相衔接等情况。

（六）加强社会保险基金预算审查监督。审查监督重点包括：各项基金收支安排、财政补助和预算平衡的情况；预算安排贯彻落实社会保障政策的情况；推进基本养老保险全国统筹的情况；基金绩效和运营投资的情况；中长期收支预测及可持续运行等情况。

（七）进一步推进预算决算公开，提高预算决算透明度。以公开为常态、不公开为例外，监督中央政府及其部门依法及时公开预算决算信息，主动回应社会普遍关注的问题，接受社会监督。

二、加强中央预算编制的监督工作。坚持先有预算、后有支出、严格按预算支出的原则，细化预算和提前编制预算。按预算法规定的时间将中央预算草案全部编制完毕。中央预算应当按照宪法和法律规定，贯彻落实国家方针政策和决策部署，做到政策明确、标准科学、安排合理，增强可读性和可审性。

中央一般公共预算草案，应当列示预算收支情况表、转移支付预算表、基本建设支出表、政府债务情况表等，说明收支预算安排及转移支付绩效目标情况。中央政府性基金预算草案应当按基金项目分别编列、分别说明。政府性基金支出编列到资金使用的具体项目，说明结转结余和绩效目标情况。中央国有资本经营预算草案收入编列到行业或企业，说明纳入预算的企业单位的上年总体经营财务状况；支出编列到使用方向和用途，说明项目安排的依据和绩效目标。中央社会保险基金预算草案应当按保险项目编制，反映基本养老保险全国统筹推进情况，说明社会保险基金可持续运行情况。

三、加强和改善中央预算的初步审查工作。国务院财政部门应当及时向全国人民代表大会财政经济委员会和全国人民代表大会常务委员会预算工作委员会通报有关中央预算编制的情况。预算工作委员会应当结合听取全国人大代表和社会各界意见建议情况，与国务院财政等部门密切沟通，研究提出关于年度预算的分析报告。在全国人民代表大会会议举行的四十五日前，国务院财政部门应当将中央预算草案初步方案提交财政经济委员会，由财政经济委员会对中央预算草案初步方案进行初步审查，并就有关重点问题开展专题审议，提出初步审查意见。

财政经济委员会开展初步审查阶段，全国人民代表大会有关专门委员会围绕国家方针政策和决策部署，对相关领域部门预算初步方案、转移支付资金和政策开展专项审查，提出专项审查意见。专项审查意见中增加相关支出预算的建议，应当与减少其他支出预算的建议同时提出，以保持预算的平衡性、完整性和统一性。有关专门委员会的专项审查意见，送财政经济委员会、预算工作委员会研究处理，必要时作为初步审查意见的附件印发全国人民代表大会会议。

四、加强中央预算执行情况的监督工作。在全国人民代表大会及其常务委员会领导下，财政经济委员会和预算工作委员会应当做好有关工作。国务院有关部门应当及时向财政经济委员会、预算工作委员会提交落实全国人民代表大会关于预算决议的情况。国务院财政部门应当定期提供全国、中央和地方的预算执行报表，反映预算收支、政府债务等相关情况。国务院有关部门应当通过国家电子政务网等平台，定期提供部门预算执行、宏观经济、金融、审计、税务、海关、社会保障、国有资产等方面政策制度和数据信息。

全国人民代表大会常务委员会通过听取和审议专项

工作报告、执法检查、专题调研等监督方式，加强对重点收支政策贯彻实施、重点领域财政资金分配和使用、重大财税改革和政策调整、重大投资项目落实情况的监督。国务院在每年八月向全国人民代表大会常务委员会报告当年预算执行情况。国务院财政部门及相关主管部门每季度提供预算执行、有关政策实施和重点项目进展情况。

全国人民代表大会常务委员会利用现代信息技术开展预算联网监督，提高预算审查监督效能，实现预算审查监督的网络化、智能化。对预算联网监督发现的问题，适时向国务院有关部门通报，有关部门应当核实处理并反馈处理情况。

五、加强中央预算调整方案的审查工作。 中央预算执行中，农业、教育、科技、社会保障等重点领域支出的调减，新增发行特别国债，增加地方政府举借债务规模，须经全国人民代表大会常务委员会审查和批准。中央预算执行中必须作出预算调整的，国务院应当编制中央预算调整方案，一般于当年六月至十月期间提交全国人民代表大会常务委员会。严格控制预算调剂，各部门、各单位的预算支出应当按照预算执行，因重大事项确需调剂的，严格按照规定程序办理。中央预算执行中出台重要的增加财政收入或者支出的政策措施，调入全国社会保障基金，或者预算收支结构发生重要变化的情况，国务院财政部门应当及时向预算工作委员会通报。预算工作委员会及时将有关情况向财政经济委员会通报，必要时向全国人民代表大会常务委员会报告。

六、加强中央决算的审查工作。 中央决算草案应当按照全国人民代表大会批准的预算所列科目编制，按预算数、调整预算数以及决算数分别列出，对重要变化应当作出说明。一般公共预算支出应当按功能分类编列到项，按经济性质分类编列到款。政府性基金预算支出、国有资本经营预算支出、社会保险基金预算支出，应当按功能分类编列到项。按照国务院规定实行权责发生制的特定事项，在审查中央决算草案前向全国人民代表大会常务委员会报告。中央决算草案应当在全国人民代表大会常务委员会举行会议审查和批准的三十日前，提交财政经济委员会，由财政经济委员会结合审计工作报告进行初步审查。

七、加强预算绩效的审查监督工作。 各部门、各单位应当实施全面预算绩效管理，强化事前绩效评估，严格绩效目标管理，完善预算绩效指标体系，提升绩效评价质量。加强绩效评价结果运用，促进绩效评价结果与完善政策、安排预算和改进管理相结合，推进预算绩效信息公开，将重要绩效评价结果与决算草案同步报送全国人民代表大会常务委员会审查。全国人民代表大会常务委员会加强对重点支出和重大项目绩效目标、绩效评价结果的审查监督。必要时，召开预算绩效听证会。

八、加强对中央预算执行和决算的审计监督。 审计机关应当按照真实、合法和效益的要求，对中央预算执行和其他财政收支情况以及决算草案进行审计监督，为全国人民代表大会常务委员会开展预算执行、决算审查监督提供支持服务。国务院应当在每年六月向全国人民代表大会常务委员会提出对上一年度中央预算执行和其他财政收支的审计工作报告。审计工作报告应当重点报告上一年度中央预算执行和决算草案、重要政策实施、财政资金绩效的审计情况，全面客观反映审计查出的问题，揭示问题产生的原因，提出改进工作的建议。审计查出的问题要依法纠正、处理，加强审计结果运用，强化责任追究，完善审计查出问题整改工作机制，健全整改情况公开机制。必要时，全国人民代表大会常务委员会可以对审计工作报告作出决议。

九、加强审计查出问题整改情况的监督工作。 全国人民代表大会常务委员会对审计查出突出问题整改情况开展跟踪监督。综合运用听取和审议专项工作报告、专题询问等方式开展跟踪监督，加大监督力度，增强监督效果，推动建立健全整改长效机制，完善预算管理制度。健全人大预算审查监督与纪检监察监督、审计监督的贯通协调机制，加强信息共享，形成监督合力。

全国人民代表大会常务委员会在每年十二月听取和审议国务院关于审计查出问题整改情况的报告，根据需要可以听取审计查出突出问题相关责任部门单位的单项整改情况报告。有关责任部门单位负责人应当到会听取意见，回答询问。国务院提交的整改情况报告，应当与审计工作报告揭示的问题和提出的建议相对应，重点反映审计查出突出问题的整改情况，并提供审计查出突出问题的单项整改结果和中央部门预算执行审计查出问题整改情况清单。必要时，全国人民代表大会常务委员会可以对审计查出问题整改情况报告作出决议。

十、依法执行备案制度、强化预算法律责任。 国务院应当将有关预算的法规及规范性文件，中央预算与地方预算有关收入和支出项目的划分、地方向中央上解收入、中央对地方税收返还或者转移支付的具体办法，省、自治区、直辖市政府报送国务院备案的预算决算的汇总，中央政府综合财务报告，以及其他应当报送的事项，及时报送全国人民代表大会常务委员会备案。

全国人民代表大会常务委员会开展预算决算审查监督工作发现的问题，相关机关、部门单位和地方应当及时研究处理，对违反预算法等法律规定的，依法追究法律责任；需要给予政务处分的，全国人民代表大会常务委员会有关工作机构及时通报监察机关。

十一、更好发挥全国人大代表作用。国务院财政等部门应当通过座谈会、通报会、专题调研、办理议案建议和邀请全国人大代表视察等方式，在编制预算、制定政策、推进改革过程中，认真听取全国人大代表意见建议，主动回应全国人大代表关切。全国人民代表大会有关专门委员会、常务委员会有关工作机构应当加强与全国人大代表的沟通联系，更好发挥代表作用。健全预算审查联系代表工作机制。

十二、预算工作委员会职责。预算工作委员会是全国人民代表大会常务委员会的工作机构，协助财政经济委员会承担全国人民代表大会及其常务委员会审查预算决算、审查预算调整方案和监督预算执行方面的具体工作；承担国有资产管理情况监督、审计查出突出问题整改情况跟踪监督方面的具体工作；承担预算、国有资产联网监督方面的具体工作；受委员长会议委托，承担有关法律草案的起草工作，协助财政经济委员会承担有关法律草案审议方面的具体工作；以及承办本决定规定的和常务委员会、委员长会议交办以及财政经济委员会需要协助办理的其他有关财政预算的具体事项。经委员长会议同意，预算工作委员会可以要求政府有关部门和单位提供预算情况，并获取相关信息资料及说明。经委员长会议批准，可以对各部门、各预算单位、重大建设项目的预算资金使用和专项资金的使用进行调查，政府有关部门和单位应积极协助、配合。

本决定自公布之日起施行。

预算评审管理暂行办法

· 2023年10月28日
· 财预〔2023〕95号

第一章 总 则

第一条 为加强部门预算管理，促进预算评审科学化、规范化，提高财政资源配置效率，根据《中华人民共和国预算法》及其实施条例、《国务院关于进一步深化预算管理制度改革的意见》（国发〔2021〕5号）等有关规定，制定本办法。

第二条 本办法所称预算评审，是指各级财政部门对部门预算项目资金需求、支出标准等开展的评审活动，为预算编制、预算绩效管理等提供技术支撑。

第三条 财政部门开展预算评审工作，应遵循以下原则：

（一）依法依规。依据法律法规、政策文件、预算管理制度等开展预算评审，规范评审行为。

（二）科学合理。统筹兼顾经济社会发展水平和财力可能，科学合理分析、评定项目实施必要性、可行性，分析资金需求方案合理性。

（三）客观公正。推进预算评审程序化、规范化、标准化，公平、公正开展评审工作。

（四）绩效导向。落实全面实施预算绩效管理有关要求，与事前绩效评估、绩效目标管理等有效衔接，落实过紧日子要求，促进优化资源配置，提高资金使用效益。

第二章 管理职责

第四条 财政部门的主要职责：

（一）制定本级预算评审业务规范、操作规程等工作规定，完善预算评审制度；

（二）明确本级预算评审项目范围，选取项目开展评审；

（三）负责组织、监督预算评审的具体实施，组织运用评审结果；

（四）指导下级财政部门的预算评审工作。

第五条 评审项目的主管部门、申报单位应积极配合财政部门完成对本部门本单位项目所开展的预算评审工作。

第三章 预算评审范围

第六条 财政部组织对中央部门预算项目开展评审。

（一）优先开展评审的项目。符合以下条件之一的项目，按照"即有即评"原则分批开展评审。

1. 项目支出总额较大的项目，指特定目标类项目中资金需求总额在1亿元（含）以上的二级项目。

2. 年度资金需求较大的项目，指专项业务费和运转类项目中年度资金需求在1亿元（含）以上的二级项目。同一部门所属单位的相同性质二级项目合计年度资金需求在1亿元（含）以上的，作为一个项目开展评审。

3. 专业性强的项目，指特定目标类项目中资金需求总额在1亿元以下5000万元（含）以上的新设机构开办类、庆典会展类、维修改造及新建楼堂馆所等二级项目。

4. 技术复杂的项目，指特定目标类项目中资金需求总额在1亿元以下2000万元（含）以上的检验监测类、信息化建设类等二级项目。

（二）随机抽选评审的项目。财政部根据年度预算审核需要，结合预算评审任务情况，从项目库一定范围内随机抽选项目集中评审。对巡视、审计、财会监督、预算绩效管理等发现问题的项目、制定支出标准需要评审的项目和其他确有评审必要性的项目，可以单独安排抽选或提高抽选比例。抽选结果应内部公示。

第七条 地方各级财政部门负责组织对本级各部门预算项目开展评审，重点选取项目支出总额及年度资金需求大、专业性强、技术复杂的项目。具体范围和标准可参考中央财政评审，由地方财政部门自行规定。

第八条 按照节约高效原则，各级财政部门对以下项目原则上无需开展评审，相应不列入优先评审范围和随机抽选范围：

（一）人员类项目和公用经费项目；

（二）已出台政策或文件中明确资金数额的项目；

（三）已开展过预算评审且项目支出总额或年度资金需求未增加的项目；

（四）按同级财政部门规定或认定的支出标准和任务量可直接测算资金需求的项目；

（五）按规定由项目主管部门（指负责专项资金管理并审核相关单位申报项目的部门）负责评审并批复立项、可行性研究报告、任务书等文件的项目；

（六）项目内容敏感、知悉范围有严格限定的项目；

（七）项目支出总额低于同级财政部门规定金额标准的项目；

（八）同级财政部门规定不需评审的其他项目。

第四章 评审内容和方法

第九条 预算评审要将项目的必要性、可行性、完整性、合规性、合理性、经济性以及绩效目标、支出标准等作为重点审核内容，其中延续性项目的评审应当将以前年度的预算执行情况、预算绩效管理情况等作为重要参考。

（一）项目的必要性、可行性、完整性。

1. 必要性。主要是项目立项依据是否充分，项目内容是否与国家有关重大决策部署、法律法规和有关行业政策、发展规划相符；与部门职责衔接是否紧密；与其他项目是否存在交叉重复。

2. 可行性。主要是项目实施方案是否具体可行、任务是否明确、实施条件是否具备，项目预算规模与计划方案、目标任务是否匹配，预期投资进度与预期工作进展是否匹配。

3. 完整性。主要是项目立项是否按规定履行相关程序，内容范围、目标任务、规模标准是否清晰明确，预算申报材料及相关依据资料是否齐全。

（二）预算的合规性、合理性、经济性。

1. 合规性。主要是项目内容是否符合财经法律法规等。

2. 合理性。主要是项目是否与经济社会发展水平、本级财力水平相适应，是否属于本级支出责任，支出内容是否真实，经费测算依据是否充分、方法是否得当等。

3. 经济性。主要是项目实施方案是否落实过紧日子要求，厉行勤俭节约，是否有利于降低成本；资金需求是否按照标准测算，是否精打细算。

（三）绩效目标审核。主要是对绩效目标的完整性、相关性、适当性、可行性、与项目资金需求的匹配性等进行审核。

（四）支出标准审核。主要是对编制预算时使用的支出标准是否适用进行审核。

（五）其他评审侧重点审核。根据项目实施需要，对项目性质、资金来源等情况进行审核。

第十条 围绕项目支出预算评审内容，综合运用政策评估、比较分析、工作量计算、成本效益分析、市场询价、专家咨询、现场核实等方法实施评审。

第十一条 预算评审的依据包括：

（一）国家相关法律、法规；

（二）国民经济和社会发展政策和规划；

（三）财政部门或财政部门会同相关部门出台的资金管理、预算管理、国有资产管理办法等；

（四）部门职能职责、中长期事业发展规划，以及年度工作计划、重点工作安排；

（五）项目立项依据文件，项目实施方案，合同及相关制度文件等；

（六）相关历史数据、行业标准、计划标准、支出标准等；

（七）以前年度预算绩效管理情况；

（八）其他项目相关的依据材料。

第五章 评审组织管理

第十二条 各级财政部门根据预算管理权限和预算评审范围规定，综合考虑事前绩效评估、绩效评价、支出标准制定等任务需求，合理确定预算评审任务，并明确相关项目评审的原则、依据、重点、时限等，下达给评审机构。

第十三条 各级财政部门要统筹安排事前绩效评估和预算评审工作。事前绩效评估已经对项目资金需求出具明确意见的，视为已开展预算评审。

第十四条 开展预算评审的一般程序为：

（一）前期准备。财政部门确定预算评审任务后，通知项目主管部门做好评审准备。项目主管部门和申报单位应当积极配合评审机构，按要求在规定时限内提供相关资料，并对所提供资料的真实性、合法性、完整性负责。

（二）制定方案。评审机构根据评审任务要求制定评审方案。评审方案应包括基本情况、评审重点关注内容、评审方法和依据、评审工作组成员、评审时间及进度安排等。

（三）实施评审。评审机构根据评审方案实施项目评审。评审中加强信息沟通，初步评审结论形成后，应及时反馈给组织评审的财政部门，由财政部门或者财政部门授权评审机构，与项目主管部门或申报单位正式交换意见。评审机构根据有关意见对评审结论进行完善，并出具评审报告。对评审报告存在较大争议或发现评审质量存在严重问题的，由评审机构进行复审或者财政部门选取其他评审机构重新评审。

（四）报告及归档。评审报告应包括基本情况、评审依据、评审结论、问题和建议，如有项目申报单位签署的意见或者需要特殊说明的情况，在报告中一并体现。出具报告后，评审机构应当及时整理评审资料，建立评审档案，将评审要件完整存入档案。

第十五条 各级财政部门应当加强预算评审工作的保密管理，严控涉密项目知悉范围，严格涉密资料使用、保存、复制和销毁管理。

参与涉密项目评审的单位、中介机构、专家需具备国家保密法律法规要求的资质，满足相应场地、人员、设备、档案管理等条件，按照有关规定履行签署保密协议或保密承诺书等保密管理程序。

受委托的中介机构评审人员和评审专家不得对外透露评审工作中涉及的单位和项目相关信息。

第六章　评审机构和专家管理

第十六条 财政部预算评审中心等作为中央财政评审机构，承担财政部预算司组织确定并下达的评审任务，接受财政部部门预算管理司对评审项目相关政策业务的指导。

中央财政评审机构要聚焦客观公正开展评审工作，提升评审专业能力，提高评审工作效率。评审机构原则上在接到评审任务15个工作日内出具评审报告，对于集中下达的评审任务，在接到评审任务45个工作日内出具评审报告。

中央财政评审机构对评审报告负责，按照要求对评审报告进行解释和提供审计等监督部门。财政部部门预算管理司负责运用评审结果，对利用评审结果形成的预算安排予以解释，不得将预算审核主体责任转交评审机构。

第十七条 地方各级财政部门根据机构职能设置情况，可以由财政部门内设机构、具有评审职能的下属单位承担评审任务，或委托有相关资质的中介机构、组织专家等开展评审。地方财政评审机构要提升预算评审能力，严格评审工作纪律，做到客观公正。

第十八条 财政部门或评审机构委托中介机构从事评审的，应当严格按照政府采购、政府购买服务的制度和要求，采取公开招标、邀请招标、竞争性谈判、单一来源采购等方式择优选取专业能力突出、机构管理规范、执业信誉较好的中介机构参与评审工作，向中介机构付费应当符合相关规定。

接受委托的中介机构应当在委托方指导下独立开展评审工作。中介机构与项目申报单位有利益关联关系，或评审项目可能影响中介机构利益的，应主动回避，不得参与相关项目评审。中介机构参与相关项目评审后，不得向项目申报单位承揽设计、造价、招标代理、监理、审计等有利益关联关系的业务。同一中介机构不得接受不同主体委托开展同一项目的论证、评审等工作。

第十九条 财政部门或评审机构组织专家评审的，应根据工作需要建立预算评审专家库，原则上应从专家库中随机抽取符合相关专业要求的专家开展评审，明确专家遴选、考评、退出等机制。

加强专家参与评审管理，严肃工作纪律和工作要求，接受委托的专家应当客观公正开展工作，对出具的评审意见负责。专家与项目申报单位存在聘用、合作等可能影响评审公正性关系的，应主动回避，不得参与相关项目评审。同一专家不得接受不同主体委托参与对同一项目的论证、评审等工作。

第七章　结果运用

第二十条 各级财政部门应当加强预算评审结果运用，结果运用的方式包括：

（一）将评审结果应用于预算安排。财政部门要将评审结果作为审核预算申请的参考。被评审项目预算安排金额一般不应超过评审结果，确需超出评审结果安排预算的，应由相关部门、财政部门严格论证后，在部门、单位预算审核测算过程中作出重点说明。

（二）提高部门预算编报质量。财政部门根据预算评审中发现的问题，向预算申报部门提出改进预算编制的意见建议。对评审中发现虚报基础数据或资金需求的部门、单位，财政部门可酌情核减部门、单位预算。对预算审减率低、预算申报质量较高的部门、单位，财政部门可在预算安排、绩效考核等方面予以激励。

（三）推进支出标准体系建设。各级财政部门应当结合预算评审，强化对评审数据的积累和有效利用，加强对同类项目评审情况的总结分析，逐步建立共性项目的支出标准和规范，推动工作重心由评审资金需求向制定完善支出标准拓展。

（四）支撑预算绩效标准体系建设。各级财政部门应加强共性项目绩效目标的审核分析，发挥预算评审支撑预算绩效标准体系建设的作用。

第八章 实施保障

第二十一条 预算评审所需经费按照"谁委托谁付费"的原则，由组织评审的财政部门承担。评审机构和专家不得向被评审单位收取任何费用。

第二十二条 各级财政部门应当严格按照法律、行政法规和制度规定组织开展预算评审。财政部门内设机构及工作人员不得违规指定评审机构，不得违规干预预算评审结果，不得向评审机构提出审减率等指令性要求，存在违反本办法规定，以及其他滥用职权、玩忽职守、徇私舞弊等违法违规行为的，依法依规追究相应责任。

评审机构及工作人员、参与评审专家、中介机构人员存在玩忽职守、滥用职权、徇私舞弊等违法违规行为的，依法依规追究相应责任。

第九章 附 则

第二十三条 各省、自治区、直辖市、计划单列市财政部门可根据本办法出台实施细则。

各部门自行开展的预算评审，可参照本办法有关原则，明确评审分工，规范评审程序，强化结果运用。

中国人民解放军、武装警察部队经费的预算评审管理，参照本办法执行。

第二十四条 本办法自2024年1月1日起施行。各级财政部门现有规定与本办法不一致的，按照本办法执行。

地方预决算公开操作规程

- 2016年10月27日
- 财预〔2016〕143号

一、总 则

第一条 为贯彻落实党的十八届三中全会关于建立全面规范、公开透明预算制度要求和党中央、国务院有关决策部署，进一步改进地方预决算公开工作，根据《中华人民共和国预算法》《中华人民共和国政府信息公开条例》等法律法规规定，制定本规程。

第二条 本规程所称地方预决算，是指经地方各级人民代表大会或其常务委员会批准的预算、预算调整、决算、预算执行情况的报告及报表（以下简称政府预决算），以及经地方各级政府财政部门批复的部门预算、决算及报表（以下简称部门预决算）。

第三条 地方预决算公开的原则是：以公开为常态，不公开为例外，依法依规公开预决算。除涉及国家秘密外，不得少公开、不公开应当公开的事项，保证公开内容全面、真实、完整。通过公开进一步促进财政改革，促进财税政策落实，促进财政管理规范，促进政府效能提高。

第四条 地方预决算公开的基本要求是：公开及时，内容准确，形式规范。坚持问题导向，重视公开实效，聚焦社会热点，回应公众关切。方便社会监督，公开内容公众找得着、看得懂、能监督。

二、预决算公开职责

第五条 地方各级财政部门在本级政府信息公开工作主管部门领导下，组织开展本地区政府预决算公开工作，制定本地区预决算公开的规定，负责向社会公开政府预决算；指导和督促本级各部门和下级财政部门预决算公开工作，向本级政府信息公开工作主管部门和上一级政府财政部门报告本地区预决算公开情况。

第六条 地方各部门在本级政府信息公开工作主管部门领导下，组织开展本部门预决算公开工作，制定本部门预决算公开规定，负责向社会公开本部门预决算，向本级政府信息公开工作主管部门和本级政府财政部门报告本部门预决算公开情况。

第七条 地方各级财政部门和各部门应当树立依法公开观念，增强主动公开意识，切实履行主动公开责任；加强沟通合作，相互配合，共同推进本地区预决算公开工作。

三、预决算公开时间

第八条 政府预决算应当在本级人民代表大会或其常务委员会批准后20日内向社会公开。地方各级财政部门必须在法律规定的时限内公开，鼓励公开时间适当提前。

第九条 部门预决算应当在本级政府财政部门批复后20日内向社会公开。地方各部门必须在法律规定的时限内公开，鼓励公开时间适当提前，原则上在同一天集中公开。

四、政府预决算公开内容

第十条 地方各级财政部门应当公开一般公共预算、政府性基金预算、国有资本经营预算、社会保险基金预算四本预算。涉及国家秘密的除外。

第十一条 地方一般公共预算原则上至少公开6张报表,包括:①一般公共预算收入表。②一般公共预算支出表。③一般公共预算本级支出表。④一般公共预算本级基本支出表。⑤一般公共预算税收返还和转移支付表。⑥政府一般债务限额和余额情况表。

地方本级汇总的一般公共预算"三公"经费,包括预算总额,以及因公出国(境)费、公务用车购置及运行费(区分公务用车购置费、公务用车运行费两项)、公务接待费分项数额,由地方各级财政部门负责公开,并对增减变化情况进行说明。

第十二条 地方政府性基金预算原则上至少公开4张报表,包括:①政府性基金收入表。②政府性基金支出表。③政府性基金转移支付表。④政府专项债务限额和余额情况表。

第十三条 地方国有资本经营预算原则上至少公开2张报表,包括:①国有资本经营预算收入表。②国有资本经营预算支出表。对下安排转移支付的应当公开国有资本经营预算转移支付表。

第十四条 地方社会保险基金预算原则上至少公开2张报表,包括:①社会保险基金收入表。②社会保险基金支出表。没有数据的表格应当列出空表并说明。

第十五条 地方一般公共预算、政府性基金预算、国有资本经营预算和社会保险基金预算报表中涉及本级支出的,应当公开到功能分类项级科目。一般公共预算基本支出应当公开到经济性质分类款级科目,专项转移支付应当分地区、分项目公开。

第十六条 地方各级财政部门在公开政府预决算时,应当对财政转移支付安排、举借政府债务、预算绩效工作开展情况等重要事项进行解释、说明。

五、部门预决算公开内容

第十七条 地方部门预决算公开的内容为地方各级财政部门批复的部门预决算及报表,包括部门收支总体情况和财政拨款收支情况,其中:财政拨款收支情况包括一般公共预算、政府性基金预算、国有资本经营预算拨款收支情况。涉及国家秘密的除外。

第十八条 部门收支总体情况原则上至少公开3张报表,包括:①部门收支总体情况表。②部门收入总体情况表。③部门支出总体情况表。

财政拨款收支情况原则上至少公开5张报表,包括:①财政拨款收支总体情况表。②一般公共预算支出情况表。③一般公共预算基本支出情况表。④一般公共预算"三公"经费支出情况表。⑤政府性基金预算支出情况表。没有数据的表格应当列出空表并说明。

第十九条 一般公共预算支出情况表公开到功能分类项级科目。一般公共预算基本支出表公开到经济性质分类款级科目。一般公共预算"三公"经费支出表按"因公出国(境)费"、"公务用车购置及运行费"、"公务接待费"公开,其中,"公务用车购置及运行费"应当细化到"公务用车购置费"、"公务用车运行费"两个项目。

第二十条 地方各部门公开预决算的同时,应当一并公开本部门的职责、机构设置情况、预决算收支增减变化、机关运行经费安排以及政府采购等情况的说明,并对专业性较强的名词进行解释。

各地区应结合工作进展情况,推动各部门逐步公开国有资产占用、重点项目预算的绩效目标和绩效评价结果等情况。

本条第一款所称机关运行经费,是指各部门的公用经费,包括办公及印刷费、邮电费、差旅费、会议费、福利费、日常维修费、专用材料及一般设备购置费、办公用房水电费、办公用房取暖费、办公用房物业管理费、公务用车运行维护费以及其他费用。

六、预决算公开方式

第二十一条 地方各级财政部门和各部门建有门户网站的,应当在门户网站公开预决算,并永久保留,其中当年预决算应当公开在网站醒目位置;没有门户网站的,应当采取措施在公开媒体公开预决算,并积极推动门户网站建设。

第二十二条 自2017年起,地方各级财政部门应当在本级政府或财政部门门户网站上设立预决算公开统一平台(或专栏),将政府预决算、部门预决算在平台(或专栏)上集中公开。对在统一平台公开政府预决算、部门预决算,应当编制目录,对公开内容进行分类、分级,方便公众查阅和监督。

七、涉密事项管理

第二十三条 地方各级财政部门和各部门应当建立健全预决算公开保密审查机制,严格依照《中华人民共和国保守国家秘密法》、《中华人民共和国政府信息公开条例》等法律法规规定进行审查。

第二十四条 地方各级财政部门和各部门在依法公开政府预决算、部门预决算时，对涉及国家秘密的内容不予公开。部分内容涉及国家秘密的，在确保安全的前提下，按照下列原则处理：

（一）同一功能分类款级科目下，大部分项级科目涉密的，仅公开到该款级科目；

（二）同一功能分类类级科目下，大部分款级科目涉密的，仅公开到该类级科目；

（三）个别功能分类款级科目或项级科目涉密的，除不公开该涉密科目外，同一级次的"其他支出"科目也不公开。

八、保障措施

第二十五条 地方各级财政部门应当加强对本地区预决算公开工作的指导，及时制定预决算公开规范，明确政府预决算和部门预决算公开时间、内容、程序，选择部分工作基础好的下级财政部门和有关部门制作公开模版，提供下级财政部门、本级各部门参照，提高本地区政府预决算、部门预决算公开的规范化水平。

第二十六条 地方各级财政部门要将预决算公开情况纳入地方财政工作考核范围，选择预决算公开的及时性、完整性、准确性、细化程度，以及公开形式是否规范、组织是否切实有效等指标，结合社会公众评价，对本级各部门和下级财政部门预决算公开情况进行考核。各部门要结合实际，将预决算公开纳入绩效考核范围，增强职能部门和相关人员责任。

第二十七条 地方各级财政部门应当在本级政府信息公开工作主管部门领导下，开展预决算公开检查。财政部驻各省、自治区、直辖市、计划单列市财政监察专员办事处（以下简称专员办）应当按照国务院要求，将地方预决算公开工作纳入日常监督范围，对地方预决算公开情况进行监督检查。

地方各级财政部门、专员办应当对预决算公开检查结果进行量化评价、排名，排名情况在系统内通报。检查中发现的问题要坚决曝光，监督整改。整改不力的可采取通报、约谈和现场督导等方式，督促整改到位。

第二十八条 地方预决算公开检查中发现依法应当追究责任的，应当移送政府信息公开工作主管部门和监察机关，建议其依照《中华人民共和国预算法》《中华人民共和国政府信息公开条例》等法律法规的规定，对直接负责的主管人员和其他直接责任人员给予处分。

九、附　则

第二十九条 本规程自印发之日起执行。地方各级财政部门可结合实际情况制定实施细则。

地方各级财政部门在执行中发现问题，应当及时向财政部报告。

部门决算管理办法

- 2021年10月13日
- 财库〔2021〕36号

第一章　总　则

第一条 为进一步加强部门决算管理，根据《中华人民共和国预算法》《中华人民共和国会计法》《中华人民共和国预算法实施条例》《行政单位财务规则》《事业单位财务规则》和政府会计准则制度等有关规定，制定本办法。

第二条 本办法适用于各级政府财政部门、各部门、各单位的部门决算管理工作。

本办法所称各部门是指与本级政府财政部门直接发生预算缴款关系的国家机关、政党组织、事业单位、社会团体和其他单位，涵盖范围与部门预算相对应。各单位是指部门所属预算单位，含经费自理事业单位。

第三条 本办法所称部门决算，是指各部门依据国家有关法律法规规定及其履行职能情况编制，反映部门所有预算收支和结余执行结果及绩效等情况的综合性年度报告，是改进部门预算执行以及编制后续年度部门预算的参考和依据。

第四条 部门决算由本部门及其所属单位决算组成。

第五条 部门决算管理按照"依法依规、科学规范、统一高效"的原则，由财政部实施统一管理，各级政府财政部门、各部门、各单位依据预算管理关系分别组织实施。

第六条 部门决算管理事项主要包括：部门决算的工作组织、报告体系设计、编制审核、汇总报送、批复、信息公开、分析应用以及数据资料管理等。

第二章　报告体系设计

第七条 部门决算报告体系包括决算报表、报表说明和决算分析等。

第八条 决算报表包括报表封面、主表、附表等，反映部门和单位收支预算执行结果以及与预算管理相关的机构人员、存量资产等信息。

第九条 报表说明包括报表编制基本情况、数据审核情况，以及需要说明的重要事项等，主要反映决算报表编制的相关情况。

第十条 决算分析包括收支预算执行、机构人员、预算绩效等情况分析，以及决算管理工作开展情况，主要反映部门预决算管理及预算执行情况。

第三章 编制审核和汇总报送

第十一条 每一预算年度终了，各部门、各单位应当按照本级政府财政部门的工作部署，依法依规编制决算，做到收支真实、数额准确、内容完整、报送及时。

第十二条 各部门、各单位应当全面清理核实收入、支出等情况，并在办理年终结账的基础上编制决算。具体程序是：

（一）清理收支账目、往来款项，核对年度预算收支和各项缴拨款项，做到账实相符、账证相符、账表相符、表表相符。

（二）按照规定的时间结账，不得提前或者延迟。

（三）根据预算会计核算生成的数据、财政部门对预算的批复文件等编制决算，如实反映年度内全部收支，不得以估计数据替代，不得弄虚作假。

第十三条 各级政府财政部门、各部门、各单位应当按规定审核部门决算，主要内容包括：

（一）审核决算编制范围是否完整，是否有漏报和重复编报情况。

（二）审核决算报表是否合规、准确、完整。

（三）审核报表说明和决算分析是否符合决算编制规定。

第十四条 各部门对所属各单位的纸质报表、电子数据以及相关资料，按照相关规定及要求组织审核。

各级政府财政部门对本级各部门以及下级政府财政部门汇总的部门决算纸质报表、电子数据以及相关资料，按照相关规定及要求组织审核。

第十五条 各级政府财政部门、各部门发现决算编制不符合规定，存在漏报、重报、虚报、瞒报、错报等问题的，应当要求有关单位限期纠正。

第十六条 各部门在审核汇总所属各单位决算基础上，连同本部门自身的决算收入和支出等数据，汇编成本部门决算并附报表说明和决算分析等资料，经部门负责人签章后，在规定期限内报本级政府财政部门。

第十七条 财政部依法依规组织中央部门编制决算草案，报经国务院审定后提请全国人民代表大会常务委员会审查和批准。

地方各级政府财政部门根据本级人民代表大会常务委员会规定，组织本级部门编制、报送决算草案。

第十八条 地方各级政府财政部门应当逐级汇总本级各部门和下一级政府财政部门报送的部门决算，在规定期限内报送上一级政府财政部门。

第四章 批复和信息公开

第十九条 各级政府财政部门应当在本级人民代表大会常务委员会批准本级政府决算后二十日内，向本级各部门批复决算。

各部门应当在接到本级政府财政部门批复的本部门决算后十五日内，向所属单位批复决算。

第二十条 决算批复内容应当与预算批复相衔接，主要包括收入、支出、结转和结余，以及其他相关决算数据。

各级政府财政部门、各部门根据管理需要，在决算批复文件中提出决算审核中发现的主要问题及改进财政财务管理的意见。

第二十一条 各部门、各单位应当根据决算批复文件、审核审计意见等，办理预算执行调整事项，并按照政府会计准则制度规定进行会计处理。

第二十二条 各级人民代表大会常务委员会批准本级决算后，按照相关制度规定，部门决算数据确需变动的，调整下一年度决算报表年初数。

第二十三条 各部门、各单位是决算公开的主体。除涉及国家秘密的内容外，各部门、各单位应当按照有关规定，向社会公开经批复的决算。

第二十四条 各部门应当自本级政府财政部门批复决算后二十日内向社会公开决算。

各单位应当自部门批复本单位决算后二十日内向社会公开决算。

第二十五条 各部门、各单位应当以本部门、本单位门户网站为主要平台公开决算，并保持长期公开状态。

未设置门户网站的，通过本级政府门户网站、上级部门门户网站公开决算，或通过政府公报、报刊、广播、电视等公开决算。

第二十六条 各部门应当制定有关工作规范和工作方案，明确单位决算公开的时间、内容、方式、程序等，指导单位妥善处理涉密信息。

各级政府财政部门应当加强对决算信息公开工作的协调和业务指导。

第二十七条 各部门应当根据本级政府财政部门要求，报告本部门的决算公开情况。

地方各级政府财政部门应当根据上一级政府财政部门要求，报告本地区的部门决算公开情况。

第五章 分析应用和数据资料管理

第二十八条 各级政府财政部门、各部门、各单位应当加强对决算数据和预算绩效的分析，汇编分析资料，撰写分析报告，强化决算分析结果的反馈和运用，及时解决决算反映的问题，发挥决算对预算编制、执行以及财务管理的促进作用。

第二十九条 各级政府财政部门、各部门、各单位应当充分利用信息技术，推动部门决算数据共享工作，提高决算数据的应用质效。

第三十条 各级政府财政部门、各部门、各单位应当按照《会计档案管理办法》有关规定，采取必要措施，对部门决算数据资料进行管理和维护。

部门决算数据资料包括以各种介质存放的决算报表、报表说明、决算分析等。

第三十一条 部门决算数据资料涉及国家秘密的，各级政府财政部门、各部门、各单位应当依法严格执行保密规定，既确保国家秘密安全，又便利信息资源合理利用。

第六章 管理职责

第三十二条 财政部负责制定部门决算报告体系，管理部门决算软件业务需求，负责部门决算工作布置、审核汇总和数据管理；组织中央部门向国务院和全国人民代表大会常务委员会报送决算草案；组织中央部门决算审核、批复和公开工作；指导地方政府财政部门开展部门决算管理工作。

财政部各地监管局根据授权，开展属地中央预算单位决算审核工作。

地方各级政府财政部门根据上级政府财政部门的部署，开展本级部门决算管理工作，并指导下级政府财政部门开展部门决算管理工作。

第三十三条 各部门、各单位是本部门、本单位的决算管理主体，对决算的规范性、真实性、准确性、完整性负责。

各部门根据本级政府财政部门的部署，组织、指导本部门所属各单位决算布置、审核、汇总报送、批复、公开、分析应用以及数据资料管理等工作。

各单位按照主管部门的布置，做好本单位决算管理工作。

第三十四条 未依法依规编制、报送、批复、公开决算，以及故意漏报、瞒报以及编报虚假决算信息的行为，按照《中华人民共和国预算法》、《中华人民共和国会计法》、《财政违法行为处罚处分条例》等国家有关规定予以处理。

第七章 附则

第三十五条 地方各级政府财政部门、各部门可以依据本办法，结合工作实际，制定具体办法。

第三十六条 本办法自2022年1月1日起施行。2013年12月10日财政部发布的《部门决算管理制度》(财库〔2013〕209号)同时废止。

第三方机构预算绩效评价业务监督管理暂行办法

- 2021年4月29日
- 财监〔2021〕4号

第一条 为引导和规范第三方机构从事预算绩效评价业务，严格第三方机构执业质量监督管理，促进提高财政资源配置效率和使用效益，根据《中华人民共和国预算法》、《中华人民共和国预算法实施条例》、《中共中央 国务院关于全面实施预算绩效管理的意见》、《财政部关于贯彻落实〈中共中央 国务院关于全面实施预算绩效管理的意见〉的通知》(财预〔2018〕167号)、《财政部关于委托第三方机构参与预算绩效管理的指导意见》(财预〔2021〕6号)等有关规定，制定本办法。

第二条 本办法所称第三方机构是指依法设立并向各级财政部门、预算部门和单位等管理、使用财政资金的主体(以下统称委托方)提供预算绩效评价服务，独立于委托方和预算绩效评价对象的组织，主要包括专业咨询机构、会计师事务所、资产评估机构、律师事务所、科研院所、高等院校等。

本条第一款所称预算绩效评价服务是指第三方机构接受委托方委托，对预算绩效评价对象进行评价，并出具预算绩效评价报告的专业服务行为。

第三条 第三方机构接受委托依法依规从事预算绩效评价业务，任何组织和个人不得非法干预，不得侵害第三方机构及其工作人员的合法权益。

第四条 县级以上人民政府财政部门(以下简称财政部门)依法依规对第三方机构及其工作人员从事预算绩效评价业务进行管理和监督。第三方机构及其工作人员对财政部门的管理和监督工作应当予以配合。

第五条 财政部门加强对第三方机构及其工作人员从事预算绩效评价业务的培训和指导。鼓励社会力量依法依规开展预算绩效评价业务培训。

第六条 第三方机构应当遵守法律、法规等有关规定，并按照以下原则从事预算绩效评价业务：

（一）独立原则。第三方机构应当在委托方和被评价对象提供工作便利条件和相关资料情况下独立完成委托事项。

（二）客观原则。第三方机构应当按照协议（合同）约定事项客观公正、实事求是地开展预算绩效评价，不得出具不实预算绩效评价报告。

（三）规范原则。第三方机构应当履行必要评价程序，合理选取具有代表性的样本，对原始资料进行必要的核查验证，形成结论并出具预算绩效评价报告。

第七条 第三方机构出具预算绩效评价报告应当由其主评人签字确认。绩效评价主评人由第三方机构根据以下条件择优评定：

（一）遵守法律、行政法规和本办法的规定，具有良好的职业道德；

（二）具有与预算绩效评价业务相适应的学历、能力；

（三）具备中高级职称或注册会计师、评估师、律师、内审师、注册造价工程师、注册咨询工程师等相关行业管理部门认可的专业资质；

（四）具有5年以上工作经验，其中从事预算绩效评价工作3年以上；

（五）具有较强的政策理解、项目管理和沟通协调能力；

（六）未被追究过刑事责任，或者从事评估、财务、会计、审计活动中因过失犯罪而受刑事处罚，刑罚执行期满逾5年。

第八条 第三方机构自领取营业执照或者法人证书之日起，可以通过财政部门户网站"预算绩效评价第三方机构信用管理平台"，录入本机构下列信息：

（一）机构名称、统一社会信用代码、办公场所、通讯地址、法定代表人或首席合伙人、从事预算绩效评价业务人员、联系方式等信息；

（二）主评人的资质证书、学历证书、主评人与第三方机构的劳动合同等信息；

（三）合作的预算绩效评价专家信息；

（四）分支机构相关信息；

（五）签署或参与的主要预算绩效评价项目信息；

（六）不良诚信记录和3年内在预算绩效评价活动中重大违法记录信息；

（七）内部管理制度；

（八）财政部和省级财政部门要求提供的其他信息。

前款规定的信息发生变更的，第三方机构应当在信息变更之日起30个工作日内予以更新。

第三方机构非独立法人性质的分支机构信息，由总部机构统一录入。第三方机构独立法人性质的分支机构信息，由该分支机构录入。

第三方机构应当对其填报的信息真实性负责。

第九条 委托方可以从"预算绩效评价第三方机构信用管理平台"查询第三方机构有关信息，并在遵守政府采购和政府购买服务有关规定的前提下，按照下列条件择优选择第三方机构：

（一）具备开展预算绩效评价工作所必需的人员力量、设备和专业技术能力；

（二）治理结构健全，内部质量控制完备，具有规范健全的财务会计、资产管理、保密管理、业务培训等管理制度；

（三）具有良好信誉，3年内在预算绩效评价活动中没有重大违法记录。

委托方可以根据所委托预算绩效评价工作的特殊需求，增加选聘第三方机构的特定条件，但不得以不合理的条件对第三方机构实行差别待遇或者歧视待遇。

第十条 对于涉及国家秘密、国家安全的预算绩效评价事项，委托方应当按照《中华人民共和国保守国家秘密法》、《中华人民共和国国家安全法》等规定，合理确定第三方机构参与预算绩效评价的具体范围；涉及商业秘密的，按照商业秘密保护有关规定办理。

第十一条 第三方机构从事预算绩效评价业务，不得有以下行为：

（一）将预算绩效评价业务转包；

（二）未经委托方同意将预算绩效评价业务分包给其他单位或个人实施；

（三）允许其他机构以本机构名义或者冒用其他机构名义开展业务；

（四）出具本机构未承办业务、未履行适当评价程序、存在虚假情况或者重大遗漏的评价报告；

（五）以恶意压价等不正当竞争手段承揽业务；

（六）聘用或者指定不具备条件的相关人员开展业务；

（七）其他违反国家法律法规的行为。

第十二条 第三方机构从事预算绩效评价业务的工作人员应当严格遵守国家相关法律制度规定，遵守职业道德，合理使用并妥善保管有关资料，严格保守工作中知悉的国家秘密、商业秘密和个人隐私，并有权拒绝项目单位和个人的非法干预。

第十三条 第三方机构应当在了解被评价对象基本情况的基础上，充分考虑自身胜任能力以及能否保持独立性,决定是否接受预算绩效评价委托。确定接受委托的,第三方机构应当与委托方签订书面业务协议(合同),明确当事人的名称和住所、委托评价的项目和内容、履行期限、费用、支付方式、双方的权利义务、归档责任、违约责任、争议解决的方式等内容,并严格按协议(合同)条款执行。

第十四条 第三方机构开展预算绩效评价业务,应当成立由至少1名主评人和其他工作人员组成的工作组,并在评价过程中保持工作组成员的相对稳定。

第十五条 第三方机构应当加强与委托方及被评价对象的沟通,在调研、全面了解被评价对象相关情况和委托方意图的基础上,按照有关规定拟订科学可行的预算绩效评价实施方案。

预算绩效评价实施方案应当包括人员配置、时间安排、评价目的、评价内容、评价依据、评价方法、指标体系、评价标准、样本确定、调查问卷、资料清单以及工作纪律等要素。

第十六条 第三方机构可以组织评议专家组对预算绩效评价实施方案进行评议。第三方机构未组织对预算绩效评价实施方案进行评议的,应当将预算绩效评价实施方案报送委托方审核确定。

评议专家组一般应由委托方代表、第三方机构代表、预算绩效评价专家、被评价领域行业专家等共同组成。

第十七条 第三方机构及其工作人员应当根据预算绩效评价实施方案开展现场调查和资料收集整理工作,通过座谈、现场调研、问卷发放等方式,获取评价工作所需要的有关数据和资料。

在特殊情况下,经委托方同意,第三方机构开展评价工作可以采取非现场评价方式进行。

委托方和被评价对象对其提供材料的真实性、准确性负责。

第十八条 第三方机构在完成相关评价工作后,按照以下程序向委托方提交预算绩效评价报告:

(一)按照规定要求和文本格式,撰写预算绩效评价报告初稿,力求做到逻辑清晰、内容完整、依据充分、数据详实、分析透彻、结论准确、建议可行。

(二)评价报告初稿撰写完成后,第三方机构应当书面征求被评价对象和委托方的意见。委托方或被评价对象可以组织评议专家组对评价报告进行评议,向第三方机构反馈书面意见。第三方机构应当对反馈的意见逐一核实,逐条说明采纳或不予采纳的理由,并根据反馈的有

效意见对评价报告初稿进行修改。

(三)指定内部有关职能部门或者专门人员,对修改后的评价报告进行内部审核。

(四)经内部审核通过的评价报告,由该项目主评人签名,加盖第三方机构公章后,形成正式评价报告,提交委托方。

第三方机构及其签名的主评人应当对所出具预算绩效评价报告的真实性和准确性负责。

第十九条 第三方机构在出具预算绩效评价报告后,应当根据财政部有关规定,通过"预算绩效评价第三方机构信用管理平台"上传预算绩效评价报告有关信息。

第二十条 第三方机构和委托方应根据协议(合同)确定的归档责任,按照《中华人民共和国档案法》、《中华人民共和国保守国家秘密法》等法律法规的要求,及时对评价业务资料进行建档、存放、保管管理,确保档案资料的原始、完整和安全。

归档资料主要包括立项性材料(委托评价业务协议或合同等)、证明性材料(预算绩效评价实施方案、基础数据报表、数据核查确认报告、预算绩效评价工作底稿及附件、调查问卷等)、结论性材料(评价报告、被评价项目单位和委托方的反馈意见、评价工作组的说明等)。

第二十一条 第三方机构及其工作人员对评价工作及评价报告涉及的信息资料负有保护信息安全的义务。未经委托方及其同级财政部门同意,第三方机构及其工作人员不得以任何形式对外提供、泄露、公开评价报告和相关文档资料。

第二十二条 委托方和被评价对象认为从事预算绩效评价的第三方机构及其工作人员存在违法违规行为的,可以向财政部门及其行业行政管理部门投诉、举报。

第二十三条 财政部门应当依法依规加强对第三方机构预算绩效评价执业质量的监督检查,监督检查包括以下内容:

(一)第三方机构及其工作人员的执业情况;

(二)第三方机构录入信息的情况;

(三)第三方机构的评价报告信息上传及档案管理情况;

(四)第三方机构预算绩效评价主评人的评定管理情况;

(五)第三方机构的内部管理和执业质量控制制度建立与执行情况;

（六）第三方机构对分支机构实施管理的情况；

（七）法律、行政法规规定的与第三方机构预算绩效评价工作相关的其他情况。

第二十四条 财政部门应当建立健全对第三方机构预算绩效评价工作定向检查和不定向抽查相结合的监督检查机制。对存在违法违规线索的预算绩效评价工作开展定向检查；对日常监管事项，通过随机抽取检查对象、随机选派执法检查人员等方式开展不定向检查。

财政部各地监管局根据财政部规定对第三方机构预算绩效评价执业质量开展监督检查。

第二十五条 财政部应当加强对省级及省级以下财政部门监督管理第三方机构及其工作人员预算绩效评价业务的监督和指导。省级财政部门应当加强对省级以下财政部门监督管理第三方机构及其工作人员预算绩效评价业务的监督和指导。

省级财政部门应当按照财政部要求建立违法违规信息报告制度，将第三方机构及其工作人员预算绩效评价工作中发生的重大违法违规案件及时上报财政部。

第二十六条 第三方机构及其工作人员在预算绩效评价工作中有下列情形之一的，视情节轻重，给予责令改正、约谈诫勉、通报给行业监管部门或主管部门、记录不良诚信档案等处理。

（一）违反本办法第十一条有关规定的；

（二）在参加政府采购活动中有舞弊行为的；

（三）录入及变更信息存在虚假的；

（四）由于故意或重大过失而提供虚假数据和结论的；

（五）擅自泄露预算绩效评价信息、结论等有关情况的；

（六）违反法律、法规和本办法规定的其他行为。

第三方机构参与预算绩效评价选聘、履行预算绩效评价协议（合同）过程中，存在《中华人民共和国政府采购法》第七十七条、《中华人民共和国政府采购法实施条例》第七十二条规定情形的，依法予以处理处罚。

第二十七条 第三方机构及其工作人员在开展预算绩效评价工作中造成损失的，依法承担民事赔偿责任；涉嫌犯罪的，依法追究刑事责任。

第二十八条 第三方机构及其工作人员对财政部门行政处理处罚决定不服的，可以依法申请行政复议或者提起行政诉讼。

第二十九条 财政部门工作人员在第三方机构预算绩效评价业务监督管理中存在滥用职权、玩忽职守、徇私舞弊等违法违纪行为的，依照国家有关规定追究相关责任；涉嫌犯罪的，依法追究刑事责任。

第三十条 外商投资者在中华人民共和国境内开展预算绩效评价业务，应当依法履行中华人民共和国国家安全审查程序。

第三十一条 省级财政部门可结合地方实际情况制定本地区具体实施细则，并报财政部备案。

第三十二条 本办法自2021年8月1日起施行。

中央对地方均衡性转移支付办法

· 2022年4月13日
· 财预〔2022〕58号

第一条 为加快建立现代财政制度，建立权责清晰、财力协调、区域均衡的中央和地方财政关系，推进基本公共服务均等化，根据《中华人民共和国预算法》及其实施条例，制定《中央对地方均衡性转移支付办法》。

第二条 中央财政建立均衡性转移支付规模稳定增长机制，确保均衡性转移支付增幅高于转移支付的总体增幅。对于中央出台增支政策需要纳入均衡性转移支付测算的，中央财政相应增加均衡性转移支付规模。

本办法所指均衡性转移支付，不含农业转移人口市民化奖励资金。

第三条 中央财政按照测算办法，对标准财政支出大于标准财政收入的省、自治区、直辖市、计划单列市、新疆生产建设兵团（以下统称省）安排均衡性转移支付。

均衡性转移支付不规定具体用途，由相关省根据本地区实际情况统筹安排使用。

第四条 均衡性转移支付资金分配选取影响财政收支的客观因素，按照各地标准财政收入和标准财政支出差额及转移支付系数计算确定。其中，标准财政收入反映地方收入能力，根据工业增加值等因素及全国平均有效税率计算确定；标准财政支出旨在衡量地方支出需求，考虑人口规模、人口密度、海拔、温度、少数民族等成本差异计算确定。

各地享受均衡性转移支付用公式表示为：

某地区均衡性转移支付＝(该地区标准财政支出－该地区标准财政收入)×该地区转移支付系数＋增幅控制调整＋省对下均等化努力程度奖励资金

第五条 标准财政收入分省计算，由地方本级标准财政收入、中央对地方返还及补助（扣除地方上解）等构成。同时,考虑地方收入增长和中央出台的减税降费政策对地方财政收入的影响。

(一)地方本级标准财政收入主要根据相关税种的税基和税率计算,并根据实际收入适当调整。

1. 增值税标准财政收入(地方分享部分)。税基采用工业、建筑业、批发和零售业、交通运输仓储和邮政业、住宿和餐饮业、金融业、房地产业等行业增加值,税率采用全国平均有效税率。考虑部分行业实行低税率,以及各地产业结构差异等因素,标准财政收入根据实际收入适当调整。

2. 企业所得税标准财政收入(地方分享部分)。采用企业利润作为代理税基,税率按照全国平均有效税率计算确定。考虑企业利润与企业应纳税所得额等企业所得税税基有一定差异,标准财政收入根据实际收入适当调整。

3. 个人所得税标准财政收入(地方分享部分)。按照税目分别计算。其中,工资薪金所得税税基采用国家统计局提供的各地在岗职工平均工资、各地区就业人数、各地城镇居民人均可支配收入等,税率按照全国平均有效税率分类计算确定;个体工商业户所得税税基采用个体工商业户营业收入,税率按照全国平均有效税率分类计算确定;其他个人所得税按照实际收入计算。标准财政收入根据实际收入适当调整。

4. 城市维护建设税标准财政收入。税基采用消费税实际收入、增值税标准财政收入之和,税率按照各地实际有效税率计算确定。其中,各地实际有效税率根据各地区城市维护建设税实际收入占增值税、消费税实际收入之和的比例确定。

5. 耕地占用税标准财政收入。税基采用耕地占用量,税率按照全国平均有效税率计算确定。标准财政收入根据实际收入适当调整。

6. 契税标准财政收入。税基采用商品房销售额和实际土地出让收入,税率按照全国平均有效税率计算确定。标准财政收入根据实际收入适当调整。

7. 据实计算收入。税收收入中资源税、房产税、印花税、城镇土地使用税、土地增值税、车船税、烟叶税、环境保护税,非税收入中的罚没收入、专项收入、其他收入按照实际收入计算。非税收入中行政事业性收费收入、国有资本经营收入、国有资源(资产)有偿使用收入、捐赠收入、政府住房基金收入等按实际收入的一定比例计算。

(二)中央对地方转移支付按照决算数确定。转移支付包括:一般性转移支付和专项转移支付。其中,一般性转移支付包括县级基本财力保障机制奖补资金、老少边穷转移支付、生猪(牛羊)调出大县奖励资金、共同财政事权转移支付、税收返还及固定补助、体制结算补助等。

第六条 标准财政支出主要根据省、市、县(含乡镇级,下同)三个行政级次分级,按政府收支功能分类分项测算,选取各地总人口、学生数等与该项支出直接相关的指标为主要因素,按照客观因素乘以单位因素平均支出计算,并根据海拔、人口密度、温度、地表状况、运输距离、少数民族、地方病任务等影响财政支出的客观因素确定各地成本差异系数。考虑到各地支出责任划分的差异,部分支出项目根据实际情况适当调整不同级次人均支出标准。为保持标准财政收支口径可比,根据标准财政收入计算口径,相应对标准财政支出进行适当调整。

(一)一般公共服务标准财政支出。

一般公共服务标准财政支出 = $\sum_i (\sum_j$ 各级次总人口×该级次人均支出标准×支出成本差异系数)

i = 省本级、地市本级(省会城市、其他城市分别计算)、县级(县市旗、市辖区分别计算),下同。

$j = 0,1,2,……$该级次行政单位个数,下同。

总人口 = 户籍人口 + 流入(流出)人口×流入(流出)人口折算比例,下同。

其中:考虑农业转移人口市民化增加财政支出,流入(流出)人口 = 常住人口 - 户籍人口。折算比例根据流入(流出)人口人均财政支出与户籍人口财政支出之比计算确定。

人均支出标准 = 该级次一般公共服务全国总支出÷该级次全国总人口

支出成本差异系数 = (人口规模系数×0.85 + 面积系数×0.15)×{艰苦边远系数×人员经费占该项支出比重 + 冬季温度系数×取暖费占该项支出比重 + 夏季温度系数×防暑费占该项支出比重 + 海拔系数×运距系数×燃油费占该项支出比重 + 路况系数×车辆维修费占该项支出比重 + [1-(人员经费占比 + 取暖费占比 + 防暑费占比 + 燃油费占比 + 车辆维修费占比)]}×供养率差异系数×民族系数×直辖差异系数×脱贫地区系数

其中:人口规模系数、面积系数、温度系数分别根据人口、面积、温度分档,系数 = 该档内人均财政支出÷全国平均人均财政支出,并适当平滑。

艰苦边远系数 = 该地区工资津贴补贴总额÷全国平均工资津贴补贴总额

海拔系数按照海拔分档,各档海拔系数根据燃油消耗差异情况计算确定。

运距系数＝该地区省地运距及地县运距÷全国平均省地运距及地县运距

路况系数根据公路等级及车辆研究所提供相关系数确定。

供养率差异系数按照各地财政供养率分档，根据各档财政供养率与全国平均水平差异情况计算确定。

民族系数根据各地少数民族人口比重计算确定。

直辖差异系数根据直辖区县人均支出与其余县区平均水平差异的情况确定。

脱贫地区系数根据原国家扶贫开发工作重点县、原"三区三州"深度贫困地区等情况确定。

（二）公共安全标准财政支出。

公共安全标准财政支出＝$\sum_i$（$\sum_j$各级次总人口×该级次人均支出标准×支出成本差异系数）

人均支出标准＝该级次公共安全全国总支出÷该级次全国总人口

公共安全支出成本差异系数参照一般公共服务标准支出成本差异系数测算办法计算确定。

（三）教育标准财政支出。

教育标准财政支出＝$\sum_i$（$\sum_j$各级次学生数×该级次生均支出标准×支出成本差异系数）

生均支出标准＝该级次教育全国总支出÷全国总学生数

教育支出成本差异系数参照一般公共服务标准支出成本差异系数测算办法计算确定。

（四）文化旅游体育与传媒标准财政支出。

文化旅游体育与传媒标准财政支出＝$\sum_i$（$\sum_j$各级次总人口×该级次人均支出标准×支出成本差异系数）

人均支出标准＝该级次文化旅游体育与传媒全国总支出÷该级次全国总人口

文化旅游体育与传媒支出成本差异系数参照一般公共服务标准支出成本差异系数测算办法计算确定。

（五）卫生健康标准财政支出。

卫生健康标准财政支出＝$\sum_i$（$\sum_j$各级次总人口×该级次人均支出标准（不含县级财政对基本医疗保险基金的补助）×支出成本差异系数）＋县级财政对基本医疗保险基金的补助

人均支出标准＝该级次卫生健康全国总支出（不含县级财政对基本医疗保险基金的补助）÷该级次全国总人口

卫生健康支出成本差异系数＝（人口规模系数×0.85＋面积系数×0.15）×｛艰苦边远系数×人员经费占该项支出比重＋冬季温度系数×取暖费占该项支出比重＋夏季温度系数×防暑费占该项支出比重＋海拔系数×运距系数×燃油费占该项支出比重＋路况系数×车辆维修费占该项支出比重＋[1－（人员经费占比＋取暖费占比＋防暑费占比＋燃油费占比＋车辆维修费占比）]｝×民族系数×直辖差异系数×脱贫地区系数×人均寿命系数×地方病系数

人均寿命系数根据各地人均寿命情况分档，各档人均寿命系数根据各地人均寿命与全国平均水平差异情况确定。

地方病系数根据地方病发生情况，以及实际支出水平计算确定。

（六）节能环保标准财政支出。

节能环保类下，除污染防治外，均据实计算。

污染防治标准财政支出＝$\sum_i$[$\sum_j$（环境保护实际支出－污染防治实际支出＋单位化学需氧量排放污染防治费用×化学需氧量排放×该因素占比＋单位二氧化硫排放污染防治费用×二氧化硫排放×该因素占比）]

单位化学需氧量排放污染防治费用＝该级次污染防治费用/该级次化学需氧量排放

单位二氧化硫排放污染防治费用＝该级次污染防治费用/该级次二氧化硫排放

因素占比根据实际支出等情况确定。

（七）城乡社区标准财政支出。

城乡社区标准财政支出＝$\sum_i$｛$\sum_j$[（单位建成区面积城乡社区支出×建成区面积×该因素占比＋人均支出标准×人口数×人口规模系数×该因素占比）×权重＋实际支出×权重]｝

单位建成区面积城乡社区支出＝该级次城乡社区全国总支出÷该级次全国建成区总面积

因素占比根据实际支出等情况分级确定。

人均支出标准＝该级次城乡社区全国总支出÷该级次全国总人口

其中，市本级（省会城市和其他城市）人口数指户籍人口，县市旗和市辖区人口数指城区人口。

（八）农业农村标准财政支出。

农业农村标准财政支出以省为单位测算。

农业农村标准财政支出＝max[（农村人口×人均支出标准×权重＋耕地面积×单位面积农业支出标准×权重＋粮棉油产量×单位产量农业支出标准×权重）×干旱系数，实际支出]

人均支出标准＝全国农业农村总支出÷全国农村总

人口

单位面积农业农村支出标准＝全国农业农村总支出÷全国耕地面积

单位产量农业农村支出标准＝全国农业农村总支出÷全国粮棉油总产量

干旱系数根据各省降雨量分档确定。权重根据回归分析确定。

(九)林业和草原标准财政支出。

林业和草原标准财政支出以省为单位测算。

林业和草原标准财政支出＝max{[(林地面积×单位面积林业和草原支出标准)×权重+实际支出×权重]×干旱系数,实际支出}

单位面积林业和草原支出标准＝全国林业和草原总支出÷(全国林地面积+全国草地面积×折算比例)

干旱系数根据各省降雨量分档确定。

(十)水利标准财政支出。

水利标准财政支出以省为单位测算。

水利标准财政支出＝据实计算支出+标准化测算支出

据实计算支出包括水利款下防汛支出、农村水利支出,其余支出项目采用标准化测算。

标准化测算支出＝(堤防长度×单位堤防长度支出标准×权重+已建成水库总库容×单位库容支出标准×权重+有效灌溉面积×单位灌溉面积支出标准×权重)×干旱系数

单位堤防长度支出标准＝全国水利支出÷全国堤防长度

单位库容支出标准＝全国水利支出÷全国已建成水库总库容

单位灌溉面积支出标准＝全国水利支出÷全国有效灌溉面积

干旱系数根据各省降雨量分档确定。权重根据回归分析确定。

农林水类下,除农业农村、林业和草原、水利支出外,其他支出均据实计算。

(十一)交通运输标准财政支出。

交通运输标准财政支出以省为单位,分直辖市和其他地区两类分别测算。

交通运输标准财政支出＝(公路里程×每公里交通支出×权重+常住人口×人均交通支出×权重+县个数×县均交通支出×权重+民用汽车拥有量×车均交通支出×权重+面积×单位面积交通支出×权重)×地表起伏度系数

地表起伏度系数,按照地表起伏度分类,并根据支出情况确定。其中地表起伏度根据海拔高度、海拔相对高差、地表坡度和地表面积指数合成。

相关因素权重根据回归分析计算确定。

(十二)社会保障和就业标准财政支出。

社会保障和就业标准财政支出中城市居民最低生活保障和农村最低生活保障支出采用标准化测算,其余据实计算。

城市居民最低生活保障标准财政支出＝城市低保人数×城市人均支出标准

城市人均支出标准＝全国城市低保支出÷全国城市低保人数

农村最低生活保障标准财政支出测算办法与城市相同,采用农村最低生活保障相关人数和标准。

(十三)住房保障标准财政支出。

住房保障标准财政支出以省为单位测算,除廉租住房和公共租赁住房及棚户区改造外,均据实计算。

某地住房保障标准财政支出＝该地住房保障实际支出－廉租住房和公共租赁住房支出－棚户区改造支出+该地保障性租赁住房和公租房任务量×保障性租赁住房和公租房单位支出标准+各类棚户区改造任务量×棚户区改造单位支出标准

保障性租赁住房和公租房单位支出标准＝地方廉租住房和公共租赁住房支出总额÷地方保障性租赁住房和公租房任务总量

棚户区改造单位支出标准＝地方棚户区改造支出总额÷地方棚户区改造任务总量

(十四)人口较少少数民族标准财政支出。

人口较少少数民族标准财政支出以省为单位测算。

人口较少少数民族标准财政支出＝人口较少少数民族人数×县级单位人均支出标准×折算比例

县级单位人均支出标准＝县级单位标准支出÷县级单位总人口

(十五)特殊支出。

特殊支出应满足以下条件:

1.根据基础数据及统一公式测算难以体现;

2.属于典型的中央委托事务,或中央出台增支政策形成地方财力缺口,中央财政未通过其他方式补助或未足额补助;

3.外溢性明显、政策性较强等。

特殊支出根据相关因素或者地方实际支出确定。

(十六)根据实际情况调整和据实测算的相关支出。

标准财政支出测算考虑实际支出情况适当调整。对于难以选取客观因素、各地政策差异较大、保障力度较好的外交、国防、科学技术、资源勘探工业信息、商业服务业、粮油物资储备、金融、自然资源海洋气象、灾害防治及应急管理、债务付息、债务发行费用、援助其他地区、其他支出等支出按实际支出的一定比例计算。对于国务院确定的调整工资政策，按地方当年增支需求计算。

第七条 均衡性转移支付系数按照均衡性转移支付总额、各地区标准财政收支缺口总额以及各地区财政困难程度系数等因素确定。其中，困难程度系数根据地方基本公共服务必保支出占标准财政收入比重及缺口率计算确定。

某省均衡性转移支付系数=（均衡性转移支付总额÷标准财政收支缺口总额）×权重+某省困难程度系数×权重

其中，标准财政收支缺口=标准财政支出-标准财政收入

困难程度系数=标准化处理后（基本公共服务必保支出÷地方标准财政收入）×55%+标准化处理后（标准财政收支缺口÷标准财政支出）×45%

标准化处理=（某指标-该指标均值）÷该指标标准差

指标均值为$\frac{1}{n}\sum x$，指标标准差为$\sqrt{\frac{n\sum x^2-(\sum x)^2}{n(n-1)}}$。

对标准化处理后的结果，设置合理数值区间，并进行数学处理。

第八条 为保障各地财政运行的稳定性，以中央对地方均衡性转移支付平均增长率为基准，对超过（或低于）基准增长率一定幅度的地方适当调减（或调增）转移支付额。调减（或调增）相关地区转移支付所余（或所需）资金，中央财政不调剂他用（或另行安排），在保持转移支付总规模稳定的基础上，通过同比例放大（或压缩）享受转移支付地区转移支付的办法处理。

对享受均衡性转移支付资金规模时间较短和连续多年调减（或调增）转移支付额的地区适当放宽增幅控制。

第九条 为促进省以下推进基本公共服务均等化，对省对下均等化努力程度较好的地区，考虑当年测算情况给予奖励。

省对下均等化努力程度=标准化处理后（上年省以下人均支出差异系数-省以下人均支出差异系数）×权重+标准化处理后（省以下人均支出差异系数）×权重

标准化处理办法参照第七条相关内容。

第十条 均衡性转移支付测算所需资料原则上来源于统计年鉴等公开资料和相关部门提供的数据。

第十一条 均衡性转移支付必须纳入地方政府预算管理，按规定向同级人大或其常委会报告。财政部于每年10月31日前，提前向省级财政部门下达下一年度均衡性转移支付预计数。省级财政部门收到财政部提前下达均衡性转移支付预计数30日内，提前向省以下财政部门下达下一年度均衡性转移支付预计数。

第十二条 按照分级管理的财政体制，省以下均衡性转移支付办法由各省制定。各省要根据本地对下财政体制、行政区域内财力分布等实际情况，统筹安排，加强对基层财政部门的指导和监督，加大对财政困难县乡的支持力度，保障县级政府履行职能的基本财力需求。基层财政部门要将上级下达的均衡性转移支付资金，重点用于基本公共服务领域，推进民生改善，促进社会和谐。

第十三条 各级财政部门及其工作人员在资金分配、下达和管理工作中存在违反本办法行为，以及其他滥用职权、玩忽职守、徇私舞弊等违法违规行为的，依法追究相应责任。

资金使用部门和个人存在弄虚作假或挤占、挪用、滞留资金等行为的，依照《中华人民共和国预算法》及其实施条例、《财政违法行为处罚处分条例》等国家有关规定追究相应责任。

第十四条 本办法自发布之日起施行。《中央对地方均衡性转移支付办法》（财预〔2019〕108号）同时废止。

中央对地方重点生态功能区转移支付办法

- 2022年4月13日
- 财预〔2022〕59号

第一条 为深入贯彻习近平生态文明思想，加快生态文明制度体系建设，深化生态保护补偿制度改革，加强重点生态功能区转移支付管理，根据《中华人民共和国预算法》及其实施条例，制定本办法。

第二条 重点生态功能区转移支付列一般性转移支付，用于提高重点生态县域等地区基本公共服务保障能力，引导地方政府加强生态环境保护。

第三条 重点生态功能区转移支付包括重点补助、禁止开发区补助、引导性补助以及考核评价奖惩资金。

第四条 重点生态功能区转移支付不规定具体用途，中央财政分配下达到省、自治区、直辖市、计划单列市以及新疆生产建设兵团（以下统称省）省级财政部门，由相关省级根据本地区实际情况统筹安排使用。

第五条 重点生态功能区转移支付支持范围。

（一）重点补助范围。

1. 重点生态县域,包括限制开发的国家重点生态功能区所属县(含县级市、市辖区、旗等,下同)以及新疆生产建设兵团相关团场。

2. 生态功能重要地区,包括未纳入限制开发区的京津冀有关县、海南省有关县、雄安新区和白洋淀周边县。

3. 长江经济带地区,包括长江经济带沿线11省。

4. 巩固拓展脱贫攻坚成果同乡村振兴衔接地区,包括国家乡村振兴重点帮扶县及原"三区三州"等深度贫困地区。

(二)禁止开发补助范围。

相关省所辖国家级禁止开发区域。

(三)引导性补助范围。

南水北调工程相关地区(东线水源地、工程沿线部分地区和汉江中下游地区)以及其他生态功能重要的县。

第六条 重点生态功能区转移支付资金按照以下原则进行分配:

(一)公平公正,公开透明。选取客观因素进行公式化分配,转移支付办法和分配结果公开。

(二)分类处理,突出重点。根据生态功能重要性、财力水平等因素对转移支付对象实施差异化补助,体现差别、突出重点。

(三)注重激励,强化约束。健全生态环境监测评价和奖惩机制,激励地方加大生态环境保护力度,提高资金使用效率。

第七条 重点生态功能区转移支付资金选取影响财政收支的客观因素测算。具体计算公式为:

某省转移支付应补助额=重点补助+禁止开发补助+引导性补助±考核评价奖惩资金

测算的转移支付应补助额(不含考核评价奖惩资金)少于该省上一年转移支付预算执行数的,按照上一年转移支付预算执行数安排。

第八条 重点补助测算。

(一)重点生态县域和生态功能重要地区补助按照标准财政收支缺口并考虑补助系数测算。其中,标准财政收支缺口参照均衡性转移支付办法测算,结合中央与地方生态环境领域财政事权和支出责任划分,将各地生态环境保护方面的减收增支情况作为转移支付测算的重要因素;补助系数根据标准财政收支缺口、生态保护红线、产业发展受限对财力的影响情况等因素测算,并向西藏和四省涉藏州县、南水北调中线工程水源地倾斜。

重点生态县域和生态功能重要地区补助参照均衡性转移支付办法设置增幅控制机制。对倾斜支持地区、以前年度补助水平较低的地区,适当放宽增幅控制。

(二)长江经济带补助根据生态保护红线、森林面积、人口等因素测算。

(三)巩固拓展脱贫攻坚成果同乡村振兴衔接地区补助根据脱贫人口数、标准财政支出水平等因素测算,并结合脱贫人口占比、人均转移支付水平进行适当调节。

第九条 禁止开发补助根据各省禁止开发区域的面积和个数等因素测算,根据生态功能重要性适当提高国家自然保护区和国家森林公园权重,并向西藏和四省涉藏州县倾斜。

第十条 引导性补助中,南水北调工程相关地区(东线水源地、工程沿线部分地区和汉江中下游地区)按照相关规定予以补助;其他生态功能重要的县按照标准财政收支缺口并考虑补助系数测算。

第十一条 考核评价奖惩资金根据生态环境质量监测评价情况实施奖惩,对评价结果为明显变好和一般变好的地区予以适当奖励;对评价结果为明显变差和一般变差的地区,适当扣减转移支付资金。

第十二条 财政部于每年10月31日前,提前向省级财政部门下达下一年度重点生态功能区转移支付预计数。省级财政部门收到财政部提前下达重点生态功能区转移支付预计数30日内,提前向下级财政部门下达下一年度重点生态功能区转移支付预计数。

第十三条 省级财政部门应当根据本地实际情况,制定省对下重点生态功能区转移支付办法,规范资金分配,加强资金管理,将各项补助资金落实到位。各省应当加大重点生态功能区转移支付力度。省级财政部门分配重点生态功能区转移支付资金,应重点支持中央财政补助范围内的地区。

第十四条 享受重点生态功能区转移支付的地区应当切实增强生态环境保护意识,将转移支付用于保护生态环境和改善民生,不得用于楼堂馆所及形象工程建设和竞争性领域,同时加强对生态环境质量的考核和资金的绩效管理。

第十五条 财政部各地监管局根据工作职责和财政部要求,对重点生态功能区转移支付资金进行监管。

第十六条 各级财政部门及其工作人员在资金分配、下达和管理工作中存在违反本办法行为,以及其他滥用职权、玩忽职守、徇私舞弊等违法违规行为的,依法追究相应责任。

资金使用部门和个人存在弄虚作假或挤占、挪用、滞留资金等行为的,依照《中华人民共和国预算法》及其实施条例》《财政违法行为处罚处分条例》等国家有关规定追究相应责任。

第十七条 本办法自发布之日起施行。《中央对地方重点生态功能区转移支付办法》(财预〔2019〕94号)同时废止。

中央财政预算管理一体化资金支付管理办法(试行)

· 2022年1月14日
· 财库〔2022〕5号

第一章 总 则

第一条 为加快推进中央财政预算管理一体化建设(以下简称中央一体化),进一步优化预算单位资金支付管理和规范预算单位资金支付行为,根据《中华人民共和国预算法》及其实施条例、《中华人民共和国国家金库条例》及其实施细则、《国务院关于进一步深化预算管理制度改革的意见》(国发〔2021〕5号)、《财政部关于印发〈预算管理一体化规范(试行)〉的通知》(财办〔2020〕13号)以及财政国库管理有关制度规定,制定本办法。

第二条 中央一体化试点部门(以下简称试点部门)及其所属相关预算单位(以下简称试点单位)财政拨款资金、教育收费专户管理资金、单位资金的支付管理(以下简称资金支付)适用本办法。

第三条 资金支付实行全流程电子化管理,通过中央预算管理一体化系统(以下简称中央一体化系统)办理业务。

第四条 除单位资金中按往来收入管理的资金外,其他资金支付坚持先有预算后有支出,根据预算指标、国库库款或有关账户余额情况拨付资金。

第五条 试点单位应当按照中央一体化试点有关要求,配合做好以下信息维护管理工作:

(一)本单位工作人员的工资卡卡号、公务卡卡号等与预算执行业务有关的人员类信息;

(二)本单位零余额账户和实有资金账户信息;

(三)单位财务公章等电子印鉴信息;

(四)其他需要试点单位维护管理的信息。

第二章 用款计划

第六条 用款计划主要用于财政国库现金流量控制及资金清算管理,不再按项目编制。财政拨款资金和教育收费专户管理资金应当编制用款计划,单位资金暂不编制用款计划。

第七条 试点单位月度用款计划当月开始生效,当年累计支付金额(不含单位资金支付金额)不得超过当年累计已批复的用款计划。

第八条 试点单位应当加强预算执行事前规划,严格依据预算指标(含部门预算"二上"控制数)、项目实施进度以及用款需求等编制分月用款计划,情况发生变化时应当及时上报调整用款计划。除特殊情况外,试点部门不得代替所属试点单位编制用款计划。

第九条 试点部门审核汇总所属试点单位用款计划后报送财政部。财政部根据预算指标、库款情况等批复分月用款计划,不再向中央国库集中支付业务代理银行(以下简称代理银行)下达用款额度。

第十条 财政部根据批复的用款计划生成国库集中支付汇总清算额度通知单,按时签发发送人民银行,作为人民银行与代理银行清算国库集中支付资金的依据。用款计划变化导致国库集中支付汇总清算额度调整的,财政部及时将调整结果发送人民银行。

第三章 资金支付一般规定

第十一条 试点单位办理资金支付业务时,应当通过中央一体化系统填报资金支付申请。财政部(国库司)对资金支付申请集中校验(审核)后,向代理银行发送支付凭证。代理银行根据支付凭证支付资金,不再对试点单位资金支付进行额度控制。试点单位原则上应当通过预算单位零余额账户支付资金,未开设预算单位零余额账户的试点单位通过财政零余额账户支付资金。具体流程如下:

(一)试点单位按规定通过中央一体化系统填报资金支付申请。通过预算单位零余额账户支付资金的,试点单位在提交资金支付申请时预生成支付凭证并按规定加盖电子签章(签名)。

(二)财政部根据预算指标和批复的用款计划对试点单位资金支付申请进行控制。预算指标的基本控制口径为:单位、指标类型、资金性质、支出功能分类科目(底级)、政府预算支出经济分类科目(类级)、预算项目、金额。用款计划的基本控制口径为:单位、支出功能分类科目、资金性质、支付方式、指标类型、金额。

(三)中央一体化系统根据预设的校验规则对资金支付申请进行校验,校验不通过的,转为试点部门人工审核;试点部门人工审核后提交资金支付申请,系统校验仍不通过的,按规定转为财政部(国库司)人工审核。

(四)校验(审核)通过后,财政部(国库司)将支付凭证发送代理银行。代理银行支付资金后,向财政部和试点单位发送国库集中支付凭证回单,作为财政总预算会计和单位会计核算的依据。

第十二条 按照支出活动的具体特点和管理要求，资金支付分为以下类型：

（一）购买性支出。购买性支出包括所有编制政府采购预算的支出，以及部门预算支出经济分类科目特定范围内的支出。

编制政府采购预算的购买性支出，资金支付申请应当匹配政府采购合同。中央一体化系统校验政府采购合同中的收款人信息、合同金额等信息，校验不通过的原则上不允许支付资金。

部门预算支出经济分类科目特定范围内的购买性支出，资金支付申请应当按规定匹配相关合同或协议。中央一体化系统校验相关合同或协议，校验不通过的原则上不允许支付资金；无法提供相关合同或协议的，按规定转为人工审核。

（二）公务卡还款。公务卡发卡银行应当通过中央一体化系统向财政部（国库司）按时提供公务卡消费明细信息。试点单位比对持卡人报销还款信息和公务卡消费信息后，按照本办法第十一条有关规定办理公务卡还款。

公务卡原则上只能用于公务支出活动。

（三）纳入财政统发范围的工资和离退休经费（以下简称统发工资）通过财政零余额账户办理资金支付。统发工资预算指标余额不足时，中央一体化系统对试点单位进行预警提示，试点单位应当按照预算管理规定及时补足预算指标。未及时补足预算指标的，由试点单位按照本办法第十一条有关规定自行发放工资。

（四）委托收款。试点单位办理水费、电费、燃气费、电话费、网络费用、社会保险缴费、个人所得税缴纳等委托收款业务时，应当提前指定用于委托收款的预算指标。委托收款扣款时，代理银行通过中央一体化系统发送委托扣款申请，系统验证通过后自动进行资金支付。

委托收款预算指标额度不足时，试点单位可以另行选择预算指标，或按照本办法第十一条有关规定办理资金支付。

第十三条 除下列情形外，试点单位不得从本单位零余额账户向本单位或本部门其他预算单位实有资金账户划转资金：

（一）根据政府购买服务相关政策，按合同约定向本部门所属事业单位支付的政府购买服务支出；

（二）确需划转的工会经费、住房改革支出、应缴或代扣代缴的税款，以及符合相关制度规定的工资代扣事项；

（三）暂不能通过零余额账户委托收款的社会保险缴费、职业年金缴费、水费、电费、取暖费等；

（四）按规定允许划转的科研项目和教育资金；

（五）财政部（国库司）规定的其他情形。

第十四条 代理银行应当在营业时间内办理国库集中支付业务，并在人民银行（国库局）规定的清算时限内向其发送已完成支付的申请划款凭证及所附划款明细，申请清算资金。除另有规定外，超出营业时间代理银行原则上不办理资金支付。

代理银行完成资金清算后，应当按日对资金支付明细信息进行核对；发现错误的，及时告知财政部（国库司）、人民银行（国库局），并按规定办理更正。

第十五条 资金支付完成后，因技术性差错等原因误用预算指标或支出经济分类的，试点单位应当通过中央一体化系统填报支付更正申请，经系统自动校验或人工审核后，更正相关信息。涉及国库集中支付汇总清算额度调整的，财政部（国库司）及时将调整结果发送人民银行（国库局），同步更正信息。

第十六条 资金退回业务按以下方式办理：

（一）因收款人账户名称或账号填写错误等原因导致的当年资金退回或项目未结束的跨年资金退回，代理银行应当将资金退回零余额账户，不得转存银行内部账户，在匹配原支付凭证的当日（超过清算时间的，于下一个工作日）将资金退回国库，并生成财政资金退回通知书发送财政部和试点单位。财政部（国库司）和试点单位根据退回通知书进行会计核算，并恢复试点单位相应预算指标。

（二）除另有规定外，项目结束或收回结余资金导致的资金退回，试点部门应当通过其实有资金账户汇总相关资金，按规定填写一般缴款书或银行汇款单后，统一上缴国库。财政部（国库司）和试点单位根据相关回单进行会计核算。

（三）对于错误缴入预算单位零余额账户的资金，试点单位应当向代理银行开具资金退回凭证。代理银行按资金退回凭证退回资金后，向试点单位发送回单。

第四章 资金支付特殊规定

第十七条 教育收费专户管理资金通过中央一体化系统进行集中校验和人工审核后，直接拨付到试点单位实有资金账户，不再由试点部门转拨。具体流程如下：

（一）试点单位按规定通过中央一体化系统填报资金支付申请。

（二）财政部根据预算指标、用款计划、教育收费专户资金余额等校验审核资金支付申请,审核通过后向教育收费专户开户银行发送支付凭证。教育收费专户开户银行支付资金后,向财政部发送相关支付凭证回单,作为财政总预算会计核算的依据。

(三)因收款人账户名称或账号填写错误等原因发生资金退回的,教育收费专户开户银行应当在匹配原支付凭证信息后,向财政部报送财政专户退款通知书,同时将资金退回教育收费专户。财政部根据财政专户退款通知书进行会计核算,并相应恢复试点单位预算指标。

第十八条 单位资金包括资金收入管理、资金支付管理、支付更正管理和资金退回管理。

(一)资金收入管理。试点单位基本存款账户开户银行应当通过中央一体化系统及时向试点单位发送账户收款及余额变动信息,试点单位应当根据资金到账通知书,按单位资金收入、往来收入、退回资金三种类型对入账资金予以确认。

按本办法第十三条规定转入试点单位基本存款账户的财政拨款资金,按照往来收入管理。

(二)资金支付管理。试点单位基本存款账户开户银行根据中央一体化系统发送的支付凭证办理单位资金支付。除另有规定外,试点单位基本存款账户开户银行原则上不得接受中央一体化系统以外的单位资金支付指令。

属于单位资金收入的,试点单位按规定通过中央一体化系统填报资金支付申请。中央一体化系统根据预算指标及账户余额信息(编制政府采购预算的资金支付应当对应政府采购合同)进行校验,校验通过后向试点单位基本存款账户开户银行发送支付凭证。

属于往来收入的,试点单位按规定通过中央一体化系统填报资金支付申请。中央一体化系统根据试点单位基本存款账户余额信息进行校验,校验通过后向试点单位基本存款账户开户银行发送支付凭证。

(三)支付更正管理。属于单位资金收入的,试点单位应当按规定通过中央一体化系统填报支付更正申请,经系统自动校验通过后完成更正。

(四)资金退回管理。退回资金中能够匹配原支付凭证(信息)的,试点单位应当自行确认是否恢复对应的预算指标;无法匹配原支付凭证(信息)的,按照往来收入管理。

第五章 监督管理

第十九条 财政部(国库司)对资金支付组织开展动态监控,核实疑点信息,及时纠错纠偏。

第二十条 财政部各地监管局按规定通过中央一体化系统对属地试点单位预算执行进行全过程查询和监管,不再对资金支付申请进行前置审核。

第二十一条 人民银行对商业银行办理的国库集中支付业务进行监督检查。

第二十二条 试点部门在资金支付中的主要职责是:

(一)负责按照部门预算管理使用资金,并做好相应的财务管理和会计核算工作;

(二)负责本部门及所属试点单位资金支付管理的相关工作;

(三)组织本部门及所属试点单位编制用款计划,审核汇总所属试点单位用款计划;

(四)配合财政部对本部门及所属试点单位预算执行、资金申请与拨付和账户管理等情况进行监督管理。

第二十三条 试点单位在资金支付中的主要职责是:

(一)负责按单位预算使用资金,并做好相应的财务管理和会计核算工作;

(二)负责编制本单位用款计划;

(三)按规定填报资金支付申请,预生成有关电子凭证,并保证凭证的真实性、合规性。

(四)配合财政部及主管部门对本单位预算执行、资金申请与拨付和账户管理等情况进行监督管理。

第二十四条 有关商业银行在资金支付中的主要职责是:

(一)按照与财政部签订的委托代理协议及有关规定办理账户和资金支付业务,定期对账。严格按照中央一体化系统发送的支付凭证支付资金,不得违规支付资金,不得占压挪用资金。接受财政部监督,业务办理情况纳入财政部年度综合考评。

(二)按规定开发与维护代理中央一体化资金支付业务的信息管理系统并与财政部、人民银行联网,按要求向财政部、人民银行反馈资金支付相关信息。妥善保管有关支付凭证及资料,并负有保密义务。

(三)按照与人民银行签订的资金支付清算协议及有关规定办理资金支付清算等业务,定期对账,接受人民银行的监督检查。

第六章 附 则

第二十五条 本办法施行前有关规定与本办法不一致的,以本办法为准;本办法未作出规定的,按照现行制度规定执行。

第二十六条 资金支付具体业务细则按照有关中央一体化试点操作规程办理。

第二十七条 本办法由财政部会同人民银行负责解释。

第二十八条 本办法自印发之日起施行。

附：中央财政预算管理一体化资金支付管理凭证样式（略）

政府投资条例

- 2018年12月5日国务院第33次常务会议通过
- 2019年4月14日中华人民共和国国务院令第712号公布
- 自2019年7月1日起施行

第一章 总 则

第一条 为了充分发挥政府投资作用，提高政府投资效益，规范政府投资行为，激发社会投资活力，制定本条例。

第二条 本条例所称政府投资，是指在中国境内使用预算安排的资金进行固定资产投资建设活动，包括新建、扩建、改建、技术改造等。

第三条 政府投资资金应当投向市场不能有效配置资源的社会公益服务、公共基础设施、农业农村、生态环境保护、重大科技进步、社会管理、国家安全等公共领域的项目，以非经营性项目为主。

国家完善有关政策措施，发挥政府投资资金的引导和带动作用，鼓励社会资金投向前款规定的领域。

国家建立政府投资范围定期评估调整机制，不断优化政府投资方向和结构。

第四条 政府投资应当遵循科学决策、规范管理、注重绩效、公开透明的原则。

第五条 政府投资应当与经济社会发展水平和财政收支状况相适应。

国家加强对政府投资资金的预算约束。政府及其有关部门不得违法违规举借债务筹措政府投资资金。

第六条 政府投资资金按项目安排，以直接投资方式为主；对确需支持的经营性项目，主要采取资本金注入方式，也可以适当采取投资补助、贷款贴息等方式。

安排政府投资资金，应当符合推进中央与地方财政事权和支出责任划分改革的有关要求，并平等对待各类投资主体，不得设置歧视性条件。

国家通过建立项目库等方式，加强对使用政府投资资金项目的储备。

第七条 国务院投资主管部门依照本条例和国务院的规定，履行政府投资综合管理职责。国务院其他有关部门依照本条例和国务院规定的职责分工，履行相应的政府投资管理职责。

县级以上地方人民政府投资主管部门和其他有关部门依照本条例和本级人民政府规定的职责分工，履行相应的政府投资管理职责。

第二章 政府投资决策

第八条 县级以上人民政府应当根据国民经济和社会发展规划、中期财政规划和国家宏观调控政策，结合财政收支状况，统筹安排使用政府投资资金的项目，规范使用各类政府投资资金。

第九条 政府采取直接投资方式、资本金注入方式投资的项目（以下统称政府投资项目），项目单位应当编制项目建议书、可行性研究报告、初步设计，按照政府投资管理权限和规定的程序，报投资主管部门或者其他有关部门审批。

项目单位应当加强政府投资项目的前期工作，保证前期工作的深度达到规定的要求，并对项目建议书、可行性研究报告、初步设计以及依法应当附具的其他文件的真实性负责。

第十条 除涉及国家秘密的项目外，投资主管部门和其他有关部门应当通过投资项目在线审批监管平台（以下简称在线平台），使用在线平台生成的项目代码办理政府投资项目审批手续。

投资主管部门和其他有关部门应当通过在线平台列明与政府投资有关的规划、产业政策等，公开政府投资项目审批的办理流程、办理时限等，并为项目单位提供相关咨询服务。

第十一条 投资主管部门或者其他有关部门应当根据国民经济和社会发展规划、相关领域专项规划、产业政策等，从下列方面对政府投资项目进行审查，作出是否批准的决定：

（一）项目建议书提出的项目建设的必要性；

（二）可行性研究报告分析的项目的技术经济可行性、社会效益以及项目资金等主要建设条件的落实情况；

（三）初步设计及其提出的投资概算是否符合可行性研究报告批复以及国家有关标准和规范的要求；

（四）依照法律、行政法规和国家有关规定应当审查的其他事项。

投资主管部门或者其他有关部门对政府投资项目不予批准的，应当书面通知项目单位并说明理由。

对经济社会发展、社会公众利益有重大影响或者投资规模较大的政府投资项目，投资主管部门或者其他有关部门应当在中介服务机构评估、公众参与、专家评议、风险评估的基础上作出是否批准的决定。

第十二条 经投资主管部门或者其他有关部门核定的投资概算是控制政府投资项目总投资的依据。

初步设计提出的投资概算超过经批准的可行性研究报告提出的投资估算10%的，项目单位应当向投资主管部门或者其他有关部门报告，投资主管部门或者其他有关部门可以要求项目单位重新报送可行性研究报告。

第十三条 对下列政府投资项目，可以按照国家有关规定简化需要报批的文件和审批程序：

（一）相关规划中已经明确的项目；

（二）部分扩建、改建项目；

（三）建设内容单一、投资规模较小、技术方案简单的项目；

（四）为应对自然灾害、事故灾难、公共卫生事件、社会安全事件等突发事件需要紧急建设的项目。

前款第三项所列项目的具体范围，由国务院投资主管部门会同国务院其他有关部门规定。

第十四条 采取投资补助、贷款贴息等方式安排政府投资资金的，项目单位应当按照国家有关规定办理手续。

第三章 政府投资年度计划

第十五条 国务院投资主管部门对其负责安排的政府投资编制政府投资年度计划，国务院其他有关部门对其负责安排的本行业、本领域的政府投资编制政府投资年度计划。

县级以上地方人民政府有关部门按照本级人民政府的规定，编制政府投资年度计划。

第十六条 政府投资年度计划应当明确项目名称、建设内容及规模、建设工期、项目总投资、年度投资额及资金来源等事项。

第十七条 列入政府投资年度计划的项目应当符合下列条件：

（一）采取直接投资方式、资本金注入方式的，可行性研究报告已经批准或者投资概算已经核定；

（二）采取投资补助、贷款贴息等方式的，已经按照国家有关规定办理手续；

（三）县级以上人民政府有关部门规定的其他条件。

第十八条 政府投资年度计划应当和本级预算相衔接。

第十九条 财政部门应当根据经批准的预算，按照法律、行政法规和国库管理的有关规定，及时、足额办理政府投资资金拨付。

第四章 政府投资项目实施

第二十条 政府投资项目开工建设，应当符合本条例和有关法律、行政法规规定的建设条件；不符合规定的建设条件的，不得开工建设。

国务院规定应当审批开工报告的重大政府投资项目，按照规定办理开工报告审批手续后方可开工建设。

第二十一条 政府投资项目应当按照投资主管部门或者其他有关部门批准的建设地点、建设规模和建设内容实施；拟变更建设地点或者拟对建设规模、建设内容等作较大变更的，应当按照规定的程序报原审批部门审批。

第二十二条 政府投资项目所需资金应当按照国家有关规定确保落实到位。

政府投资项目不得由施工单位垫资建设。

第二十三条 政府投资项目建设投资原则上不得超过经核定的投资概算。

因国家政策调整、价格上涨、地质条件发生重大变化等原因需增加投资概算的，项目单位应当提出调整方案及资金来源，按照规定的程序报原初步设计审批部门或者投资概算核定部门核定；涉及预算调整或者调剂的，依照有关预算的法律、行政法规和国家有关规定办理。

第二十四条 政府投资项目应当按照国家有关规定合理确定并严格执行建设工期，任何单位和个人不得非法干预。

第二十五条 政府投资项目建成后，应当按照国家有关规定进行竣工验收，并在竣工验收合格后及时办理竣工财务决算。

政府投资项目结余的财政资金，应当按照国家有关规定缴回国库。

第二十六条 投资主管部门或者其他有关部门应当按照国家有关规定选择有代表性的已建成政府投资项目，委托中介服务机构对所选项目进行后评价。后评价应当根据项目建成后的实际效果，对项目审批和实施进行全面评价并提出明确意见。

第五章 监督管理

第二十七条 投资主管部门和依法对政府投资项目负有监督管理职责的其他部门应当采取在线监测、现场核查等方式，加强对政府投资项目实施情况的监督检查。

项目单位应当通过在线平台如实报送政府投资项目开工建设、建设进度、竣工的基本信息。

第二十八条 投资主管部门和依法对政府投资项目负有监督管理职责的其他部门应当建立政府投资项目信

息共享机制,通过在线平台实现信息共享。

第二十九条 项目单位应当按照国家有关规定加强政府投资项目档案管理,将项目审批和实施过程中的有关文件、资料存档备查。

第三十条 政府投资年度计划、政府投资项目审批和实施以及监督检查的信息应当依法公开。

第三十一条 政府投资项目的绩效管理、建设工程质量管理、安全生产管理等事项,依照有关法律、行政法规和国家有关规定执行。

第六章 法律责任

第三十二条 有下列情形之一的,责令改正,对负有责任的领导人员和直接责任人员依法给予处分:
(一)超越审批权限审批政府投资项目;
(二)对不符合规定的政府投资项目予以批准;
(三)未按照规定核定或者调整政府投资项目的投资概算;
(四)为不符合规定的项目安排投资补助、贷款贴息等政府投资资金;
(五)履行政府投资管理职责中其他玩忽职守、滥用职权、徇私舞弊的情形。

第三十三条 有下列情形之一的,依照有关预算的法律、行政法规和国家有关规定追究法律责任:
(一)政府及其有关部门违法违规举借债务筹措政府投资资金;
(二)未按照规定及时、足额办理政府投资资金拨付;
(三)转移、侵占、挪用政府投资资金。

第三十四条 项目单位有下列情形之一的,责令改正,根据具体情况,暂停、停止拨付资金或者收回已拨付的资金,暂停或者停止建设活动,对负有责任的领导人员和直接责任人员依法给予处分:
(一)未经批准或者不符合规定的建设条件开工建设政府投资项目;
(二)弄虚作假骗取政府投资项目审批或者投资补助、贷款贴息等政府投资资金;
(三)未经批准变更政府投资项目的建设地点或者对建设规模、建设内容等作较大变更;
(四)擅自增加投资概算;
(五)要求施工单位对政府投资项目垫资建设;
(六)无正当理由不实施或者不按照建设工期实施已批准的政府投资项目。

第三十五条 项目单位未按照规定将政府投资项目审批和实施过程中的有关文件、资料存档备查,或者转移、隐匿、篡改、毁弃项目有关文件、资料的,责令改正,对负有责任的领导人员和直接责任人员依法给予处分。

第三十六条 违反本条例规定,构成犯罪的,依法追究刑事责任。

第七章 附 则

第三十七条 国防科技工业领域政府投资的管理办法,由国务院国防科技工业管理部门根据本条例规定的原则另行制定。

第三十八条 中国人民解放军和中国人民武装警察部队的固定资产投资管理,按照中央军事委员会的规定执行。

第三十九条 本条例自 2019 年 7 月 1 日起施行。

中央部门结转和结余资金管理办法

· 2016 年 2 月 17 日
· 财预〔2016〕18 号

第一章 总 则

第一条 为加强中央部门结转和结余资金(以下简称结转结余资金)管理,优化财政资源配置,提高资金使用效益,根据《中华人民共和国预算法》、《中华人民共和国预算法实施条例》以及部门预算管理有关规定,制定本办法。

第二条 本办法所称结转结余资金,是指与中央财政有缴拨款关系的中央级行政单位、事业单位(含企业化管理的事业单位)、社会团体及企业,按照财政部批复的预算,在年度预算执行结束时,未列支出的一般公共预算和政府性基金预算资金。

第三条 结转资金是指预算未全部执行或未执行,下年需按原用途继续使用的预算资金。结余资金是指项目实施周期已结束、项目目标完成或项目提前终止,尚未列支的项目支出预算资金;因项目实施计划调整,不需要继续支出的预算资金;预算批复后连续两年未用完的预算资金。

第四条 按照国库集中收付管理制度,结转结余资金包括国库集中支付结余资金和非国库集中支付结余资金。

第五条 中央部门核算和统计结转结余资金,应与会计账表相关数字保持一致。

第六条 按照本办法管理的结转结余资金应扣除以下两项内容:一是已支付的预付账款;二是已用于购买存货,因存货未领用等原因尚未列支的账面资金。预付账款在以后年度收回资金,或者在以后年度因出售存货收回资金,收回的资金应按照本办法相关规定管理。

第二章 基本支出结转资金管理

第七条 年度预算执行结束时，尚未列支的基本支出全部作为结转资金管理，结转下年继续用于基本支出。

第八条 基本支出结转资金包括人员经费结转资金和公用经费结转资金。

第九条 编制年度预算时，中央部门应充分预计和反映基本支出结转资金，并结合结转资金情况统筹安排以后年度基本支出预算。财政部批复年初预算时一并批复部门上年底基本支出结转资金情况。

第十条 部门决算批复后，决算中基本支出结转资金数与年初批复数不一致的，应以决算数据作为结转资金执行依据。

第十一条 中央部门在预算执行中因增人增编需增加基本支出的，应首先通过基本支出结转资金安排。

第三章 项目支出结转资金管理

第十二条 项目实施周期内，年度预算执行结束时，除连续两年未用完的预算资金外，已批复的预算资金尚未列支的部分，作为结转资金管理，结转下年按原用途继续使用。

第十三条 基本建设项目竣工之前，均视为在项目实施周期内，年度预算执行结束时，已批复的预算资金尚未列支的部分，作为结转资金管理，结转下年按原用途继续使用。

第十四条 编制年度预算时，中央部门应充分预计和反映项目支出结转资金，并结合结转资金情况统筹安排以后年度项目支出预算。财政部批复年初预算时一并批复部门上年底项目支出结转资金情况。

第十五条 部门决算批复后，决算中项目支出结转资金数与年初批复数不一致的，应以决算数据作为结转资金执行依据。

第四章 项目支出结余资金管理

第十六条 项目支出结余资金包括：项目目标完成或项目提前终止，尚未列支的预算资金；实施周期内，因实施计划调整，不需要继续支出的预算资金；实施周期内，连续两年未用完的预算资金；实施周期结束，尚未列支的预算资金；部门机动经费在预算批复当年未动用的部分。项目支出结余资金原则上由财政部收回。

第十七条 按照基本建设财务管理的有关规定，基本建设项目竣工后，项目建设单位应抓紧办理工程价款结算和清理项目结余资金，并编报竣工财务决算。财政部和相关主管部门应及时批复竣工财务决算。基本建设项目的结余资金，由财政部收回。

第十八条 按照《关于改进加强中央财政科研项目和资金管理的若干意见》(国发〔2014〕11号)精神，中央财政科研项目结余资金中符合相关条件的，报财政部确认后，可在一定期限内由项目单位统筹安排用于科研活动的直接支出。具体管理办法另行制定。

第十九条 年度预算执行结束后，中央部门应在45日内完成对结余资金的清理，将清理情况区分国库集中支付结余资金和非国库集中支付结余资金报财政部。财政部收到中央部门报送的结余清理情况后，应在30日内发文收回结余资金。

第二十条 部门决算批复后，决算中项目支出结余资金数超出财政部已收回结余资金数的，财政部应根据批复的决算，及时发文将超出部分的结余资金收回；决算中项目支出结余资金数低于财政部已收回结余资金数的，收回的资金不再退回中央部门。

第二十一条 年度预算执行中，因项目目标完成、项目提前终止或实施计划调整，不需要继续支出的预算资金，中央部门应及时清理为结余资金并报财政部，由财政部发文收回。

第五章 控制结转资金规模

第二十二条 中央部门应努力提高预算编制的科学性、准确性，合理安排分年支出计划，根据实际支出需求编制年度预算。

第二十三条 预算执行中，中央部门应及时跟踪预算资金使用情况，定期进行统计，分析预算执行中存在的问题及原因，采取措施合理加快执行进度。

第二十四条 对当年批复的预算，预计年底将形成结转资金的部分，除基本建设项目外，中央部门按照规定程序报经批准后，可调减当年预算或调剂用于其他急需资金的支出。

第二十五条 对结转资金中预计当年难以支出的部分，除基本建设项目外，中央部门按照规定程序报经批准后，可调剂用于其他急需资金的支出。连续两年未用完的结转资金，由财政部收回。

第二十六条 中央部门拟调减预算或对结转资金用途进行调剂，应按照规定程序在8月31日前提出申请。财政部收到中央部门申请后，原则上应在9月30日前办理完成。

第二十七条 中央部门调减预算或对结转资金用途进行调剂后，相关支出如在以后年度出现经费缺口，应在部门三年支出规划确定的支出总规模内通过调整结构解决。

第二十八条 中央部门结转资金规模较大、占年度支出比重较高的，财政部可收回部分结转资金。

第二十九条 财政部对中央部门控制结转资金情况应加以考核，并对考核情况予以通报。

第三十条 中央部门应对所属单位结转资金规模控制情况进行考核，并建立激励约束机制。

第六章 结转结余资金收回

第三十一条 中央部门应按照财政部收回结转结余资金的文件，及时将资金上交国库，并区分国库集中支付结余资金和非国库集中支付结余资金，按照相关规定办理。

第三十二条 上交国库集中支付结余资金，中央部门应及时调整用款计划，财政部相应调整国库集中支付结余指标。

第三十三条 上交非国库集中支付结余资金，中央部门应在财政部发文规定的时限内将资金上交国库，并将缴款单据印送财政部备查。

第三十四条 对收回的结转结余资金，财政部应按照《财政总预算会计制度》（财库〔2015〕192号）有关规定进行会计处理。

第三十五条 基本建设项目结余资金的收回，按照基本建设项目结余财政资金管理的有关规定执行。

第七章 国库集中支付结余资金管理

第三十六条 年度预算执行结束后，中央部门与财政部就预算指标、资金支出情况进行核对。根据核对情况，财政部于1月31日前将国库集中支付结余数据发给中央部门。

第三十七条 中央部门收到国库集中支付结余数据后，应在15日内将国库集中支付结余资金申报核批表报财政部。财政部收到核批表后，应及时发文批复。申报和批复国库集中支付结余资金时，不得调整支出功能分类科目。

第八章 附 则

第三十八条 中央部门在结转结余资金管理中违反本办法规定的，财政部应责成其进行纠正。对未及时纠正的，财政部可将有关资金收回。

第三十九条 中央部门可以依据本办法规定，结合部门实际情况，制定本部门结转结余资金管理的具体办法。中国人民解放军、武装警察部队参照本办法的原则，另行制定管理规定。

第四十条 本办法由财政部负责解释。

第四十一条 本办法自发布之日起施行，财政部2010年1月18日发布的《中央部门财政拨款结转和结余资金管理办法》（财预〔2010〕7号）同时废止。

中央预算内投资补助和贴息项目管理办法

· 2016年12月5日国家发展和改革委员会令第45号公布
· 根据2023年3月23日《国家发展改革委关于修订投资管理有关规章和行政规范性文件的决定》修正

第一章 总 则

第一条 为规范中央预算内投资补助和贴息项目的管理，提高中央预算内投资补助和贴息资金的使用效益，着力推动投资高质量发展，依据《中共中央、国务院关于深化投融资体制改革的意见》《国务院关于投资体制改革的决定》《政府投资条例》《企业投资项目核准和备案管理条例》等，制定本办法。

第二条 以投资补助和贴息方式安排中央预算内投资的项目管理，适用本办法。

第三条 本办法所称投资补助，是指国家发展改革委对符合条件的地方政府投资项目和企业投资项目给予的投资资金补助。

本办法所称贴息，是指国家发展改革委对符合条件、使用了贷款的投资项目给予的贷款利息补贴。

投资补助和贴息资金均为无偿投入。

第四条 投资补助和贴息资金重点用于市场不能有效配置资源、需要政府支持的经济和社会领域。具体包括：

（一）社会公益服务和公共基础设施；
（二）农业和农村；
（三）生态环境保护和修复；
（四）重大科技进步；
（五）社会管理和国家安全；
（六）符合国家有关规定的其他公共领域。

第五条 安排投资补助和贴息资金应当贯彻落实国家重大战略、规划和有关重大方针政策，统筹兼顾国民经济社会发展各相关政策目标，争取获得经济和社会发展综合效益。

安排投资补助和贴息资金应当与经济社会发展水平和财政收支状况相适应，并充分发挥引导和撬动作用，带动社会资金投向本办法第四条规定的领域。

第六条 国家发展改革委应当按照国家宏观调控的要求和重点，遵循科学决策、规范管理、注重绩效、公开透明的原则，会同相关行业部门统筹安排中央预算内投资资金，平等对待各类投资主体，不得设置歧视性条件。对欠发达地区，特别是革命老区、民族地区、边疆地区和原集中连片特殊困难地区的投资项目应当适当倾斜。

第七条 国家发展改革委安排投资补助和贴息项目，应当分专项制定工作方案或管理办法，明确投资补助和贴息的预定目标、实施周期、支持范围、资金安排方式、工作程序、监督管理等主要内容，并针对不同行业、不同地区、不同性质投资项目的具体情况，确定相应的投资补助、贴息标准，作为各专项投资补助和贴息项目管理的具体依据。

工作方案或管理办法应当符合国家有关法律法规、产业政策、专项规划和有关宏观调控政策的要求，凡不涉及保密内容的，均应当公开。

第八条 投资补助和贴息资金应当用于计划新开工或续建项目，原则上不得用于已完工项目。

项目的投资补助和贴息金额原则上应当一次性核定，对于已经足额安排的项目，不得重复申请。同一项目原则上不得重复申请不同专项资金。

第二章 申报和审核

第九条 申请投资补助或者贴息资金的项目，应当列入三年滚动投资计划，并通过投资项目在线审批监管平台（以下简称"在线平台"）完成审批、核准或备案程序（地方政府投资项目应完成项目可行性研究报告或者初步设计审批），并提交资金申请报告。

第十条 资金申请报告应当包括以下内容：

（一）项目单位的基本情况；

（二）项目的基本情况，包括在线平台生成的项目代码、建设内容、总投资及资金来源、建设条件落实情况等；

（三）项目列入三年滚动投资计划，并通过在线平台完成审批（核准、备案）情况；

（四）申请投资补助或者贴息资金的主要理由和政策依据；

（五）工作方案或管理办法要求提供的其他内容。

项目单位应对所提交的资金申请报告内容的真实性负责。

第十一条 资金申请报告由需要申请投资补助或者贴息资金的项目单位提出，按程序报送项目汇总申报单位。项目汇总申报单位应当对资金申请报告提出审核意见，并汇总报送国家发展改革委。资金申请报告可以单独报送，或者与年度投资计划申请合并报送。

各省、自治区、直辖市和计划单列市、新疆生产建设兵团发展改革委（以下简称省级发展改革委）、计划单列企业集团和中央管理企业等为项目汇总申报单位。

第十二条 项目汇总申报单位应当对资金申请报告的下列事项进行审核，并对审核结果和申报材料的真实性、合规性负责。

（一）符合本办法规定的资金投向和申请程序；

（二）符合有关专项工作方案或管理办法的要求；

（三）项目的主要建设条件基本落实；

（四）项目已经列入三年滚动投资计划，并通过在线平台完成审批（核准、备案）。

第三章 批复和下达

第十三条 国家发展改革委受理资金申请报告后，视具体情况对相关事项进行审查，确有必要时可以委托相关单位进行评审。

项目单位被列入联合惩戒合作备忘录黑名单的，国家发展改革委不予受理其资金申请报告。

第十四条 对于同意安排投资补助或者贴息资金的项目，国家发展改革委应当批复其资金申请报告。资金申请报告可以单独批复，或者在下达投资计划时合并批复。

第十五条 批复资金申请报告应当确定给予项目的投资补助或者贴息金额，并根据项目实施和资金安排情况，一次或者分次下达投资计划。

第十六条 采用贴息方式的，贴息资金总额根据项目符合贴息条件的贷款总额、当年贴息率和贴息年限计算确定。贴息率应当不高于当期银行中长期贷款利率的上限。

第十七条 对于补助地方的项目，数量多、范围广、单项资金少的和下达年度投资计划时无法明确到具体项目的，国家发展改革委可以打捆或切块下达年度投资计划。

打捆下达的年度投资计划仅下达同意安排的项目数量、投资补助和贴息总额，由省级发展改革委负责分解。切块下达的年度投资计划，应当明确投资目标、建设任务、补助标准和工作要求等，由省级发展改革委负责安排具体项目。

省级发展改革委应当对上述计划分解和安排的合规性负责，并在规定时限内通过在线平台报备相关项目信息。国家发展改革委应当加大监督检查工作力度。

第四章 项目实施管理

第十八条 使用投资补助和贴息资金的项目，应当严格执行国家有关政策要求，不得擅自改变主要建设内容和建设标准，严禁转移、侵占或者挪用投资补助和贴息资金。

第十九条 项目汇总申报单位应当定期组织调度已下达投资补助和贴息项目的下列实施情况,并按时通过在线平台向国家发展改革委报告。

(一)项目实际开竣工时间;

(二)项目资金到位、支付和投资完成情况;

(三)项目的主要建设内容;

(四)项目工程形象进度;

(五)存在的问题。

第二十条 因不能开工建设或者建设规模、标准和内容发生较大变化等情况,导致项目不能完成既定建设目标的,项目单位和项目汇总申报单位应当及时报告情况和原因,国家发展改革委可以根据具体情况进行相应调整。打捆和切块下达年度投资计划的项目由省级发展改革委调整,调整结果应当及时通过在线平台报备。

第二十一条 国家发展改革委必要时可以对投资补助和贴息有关工作方案和政策等开展中期评估和后评价工作,并根据评估评价情况及时对有关工作方案和政策作出必要调整。

第二十二条 投资补助和贴息项目的财务管理,按照财政部门的有关财务管理规定执行。

第五章 监督检查和法律责任

第二十三条 不涉及保密要求的投资补助和贴息项目,应当按照有关规定公开。

国家发展改革委接受单位、个人对投资补助和贴息项目在审批、建设过程中违法违规行为的举报,并按照有关规定予以查处。

第二十四条 各级发展改革部门应当会同有关部门,依据职责分工,采取抽查等方式开展项目监管,并依托投资项目在线审批监管平台(国家重大项目库),对使用投资补助和贴息资金的项目加强监管,防止转移、侵占或者挪用投资补助和贴息资金,保证政府投资资金的合理使用和项目顺利建设实施。

对未履行、不当履行或违法履行监管职责的,要依法依规严肃处理;涉嫌犯罪的,要移送有关机关依法处理。对严格依据抽查事项清单和相关工作要求开展监管,项目出现问题的,应结合执法检查人员工作态度、工作程序方法、客观条件等进行综合分析,该免责的依法依规免予追究相关责任。

第二十五条 各级发展改革部门、中央管理企业和项目单位应当自觉接受审计、监察、财政等部门依据职能分工进行的监督检查。

第二十六条 国家发展改革委工作人员有下列行为之一的,责令其限期整改,根据实际情况依纪依法追究有关责任人的党纪责任、行政责任;构成犯罪的,由司法机关依法追究刑事责任。

(一)违反《中国共产党纪律处分条例》、《行政机关公务员处分条例》相关规定的;

(二)违反规定受理资金申请报告的;

(三)违反规定的程序和原则安排投资补助和贴息的;

(四)其他违反本办法的行为。

第二十七条 项目汇总申报单位和地(市)、县(市)级发展改革部门有下列行为之一的,国家发展改革委可根据情节,在一定时期和范围内不再受理其报送的资金申请报告,或者调减其中央预算内投资安排规模。

(一)指令或授意项目单位提供虚假情况、骗取投资补助和贴息资金的;

(二)审核项目不严、造成投资补助和贴息资金损失的;

(三)对于打捆和切块下达的年度投资计划分解和安排出现严重失误的;

(四)所在地区或所属企业的项目存在较多问题且督促整改不到位的;

(五)未按要求通过在线平台报告相关项目信息的;

(六)其他违反本办法的行为。

第二十八条 项目单位有下列行为之一的,国家发展改革委(打捆和切块下达投资计划的项目由省级发展改革委)责令其限期整改;拒不整改或者整改后仍不符合要求的,应当核减、收回或者停止拨付投资补助和贴息资金,暂停其申报中央投资补助和贴息项目,将相关信息纳入全国信用信息共享平台和在"信用中国"网站公开,并可以根据情节轻重提请或者移交有关机关依法追究有关责任人的行政或者法律责任:

(一)提供虚假情况,骗取投资补助和贴息资金的;

(二)转移、侵占或者挪用投资补助和贴息资金的;

(三)擅自改变主要建设内容和建设标准的;

(四)项目建设规模、标准和内容发生较大变化而不及时报告的;

(五)无正当理由未及时建设实施的;

(六)拒不接受依法进行的监督检查的;

(七)未按要求通过在线平台报告相关项目信息的;

(八)其他违反国家法律法规和本办法规定的行为。

第六章 附则

第二十九条 地方发展改革部门对于政府投资项目以切块、打捆等方式申请中央预算内投资支持的,参照本办法执行,但在分解投资计划时,地方发展改革部门应当按项目明确具体资金安排方式。

为了应对自然灾害和突发事件等不可预见事项,需要紧急下达投资补助或贴息的项目,不适用本办法。

第三十条 本办法由国家发展改革委负责解释。

第三十一条 本办法自 2017 年 1 月 5 日起施行。《中央预算内投资补助和贴息项目管理办法》(中华人民共和国国家发展和改革委员会令第 3 号)同时废止。

中央预算内固定资产投资补助资金财政财务管理暂行办法

· 2005 年 7 月 26 日
· 财建〔2005〕355 号

第一章 总 则

第一条 为加强中央预算内固定资产投资补助资金(以下简称"投资补助")预算管理,提高财政资金使用效益,根据《中华人民共和国预算法》、《中华人民共和国预算法实施条例》、《国务院关于投资体制改革的决定》以及《基本建设财务管理规定》等有关法律、行政法规,制定本办法。

第二条 本办法所称投资补助是指由中央预算内固定资产投资(含国债项目资金)安排的,专项对符合条件的固定资产投资项目给予的投资补助资金。

第二章 投资补助适用范围

第三条 投资补助主要适用于需要政府支持的经济和社会领域。主要包括:

(一)公益性和公共基础设施项目;

(二)保护和改善生态环境项目;

(三)促进欠发达地区的经济和社会发展项目;

(四)推进科技进步和高新技术产业化项目;

(五)符合国家有关规定的其他项目。

第四条 投资补助根据国家调控宏观经济的需要和国家确定的重点进行安排。对具体项目的投资补助,原则上不得超过项目总投资的 50%。

第五条 投资补助可根据项目建设实施进度一次或分次安排。

第三章 投资补助项目预算管理

第六条 财政部门要加强对投资补助资金的预算管理,实行"先审核,后下达预算"的办法,严把预算下达审核关。并按照预算管理程序,下达投资补助项目预算。

第七条 有下列情形之一的,财政部门可以暂缓或停止下达预算:

(一)投资计划不符合国务院确定的投资补助安排原则和重点;

(二)项目已申请其他投资补助的;

(三)项目未履行基本建设程序的;

(四)需要地方财政部门财力配套,地方财政部门未出具意见的;

(五)需要地方财政部门承诺有关事项,地方财政部门没有承诺的;

(六)项目建成后,需同级财政部门安排运营经费而同级财政部门没有出具意见的;

(七)项目单位未按有关规定进行招投标或政府采购的;

(八)审计部门、财政监督机构和评审机构发现项目单位有违反国家法律法规行为的;

(九)项目单位违法违规受到举报的;

(十)其他违反国家法律法规和本办法规定的行为。

第八条 投资补助项目预算下达后,必须严格执行,除特殊情况外一律不得调整。对确需调整的项目,应严格按照调整预算的相关规定执行。

第九条 中央对地方项目投资补助要纳入地方同级财政预算管理。

第四章 投资补助资金拨付和财务管理

第十条 财政部门要坚持按照投资补助项目预算、国库集中支付管理规定、基本建设程序等要求拨付资金。

第十一条 投资补助资金实行与地方配套资金、银行贷款和其他资金同比例拨付的原则。财政部门拨付投资补助资金,要根据项目单位的申请,按照投资补助项目预算,综合考虑项目建设进度以及相关建设资金拨付进度等因素。

第十二条 对中央项目的投资补助,由财政部拨付到主管部门(含中央企业),各主管部门应及时将资金拨付到项目单位;对地方项目的投资补助,通过中央财政补助地方财政部门,由地方财政部门拨付到项目单位。实行国库集中支付管理的项目按有关规定执行。

第十三条 有下列情形之一的,财政部门要责令其限期整改,逾期不改正的,要核减、停止拨付或收回补助资金:

(一)提供虚假情况,骗取投资补助的;

(二)转移、侵占或者挪用投资补助的;

(三)配套资金没有落实或长期不能到位的;

(四)未按要求完成项目前期工作或未按规定建设

实施的；

（五）擅自改变主要建设内容和建设标准，存在超概算、超规模、超标准等情况的；

（六）项目单位未按有关规定进行招投标和政府采购的；

（七）项目单位违法违规受到举报的；

（八）其他违反国家法律法规和本办法规定的行为。

第十四条 项目单位收到投资补助后，必须专款专用，单独建账核算，并分别按如下情况进行财务处理：

（一）对非经营性建设项目的投资补助按财政拨款有关规定执行。

（二）对经营性建设项目的投资补助作为资本公积管理，项目单位同意增资扩股的情况下，可以作为国家资本金管理。

中央对地方项目的投资补助，比照本办法执行；如地方政府有另行规定的，可从其规定。

第五章 监督检查

第十五条 国务院有关主管部门和省级财政主管部门要加强对投资补助安排使用的监督和检查，每年要不定期组成检查组或委托财政部驻当地财政监察专员办事处等机构抽查使用投资补助的项目单位，确保投资补助按规定安排使用。使用投资补助的项目单位，应在每年年底前向同级财政部门报告投资补助的使用情况，并抄送财政部驻当地财政监察专员办事处。

第十六条 各单位要对以下内容进行重点审核，并按照有关规定做出检查结论，对不属于本部门职权范围的事项依法移送，并将相关情况上报财政部。对于应缴回资金，由财政部驻当地财政监察专员办事处负责以"其他收入"科目就地监缴入库。

（一）核定项目是否按规定实施，项目单位是否按规定使用投资补助。对项目单位擅自改变主要建设内容和建设标准或未按规定安排使用投资补助的，要将拨付的投资补助资金收缴国库。

（二）项目单位是否按有关规定进行招投标和政府采购。

（三）投资补助资金是否按规定进行财务处理，对未按规定处理的要及时予以纠正。

（四）项目竣工后，核定项目投资补助总额及项目概算中其他资金来源实际到位额。对投资补助总额占项目总投资的比例超过50%的，转作直接投资或资本金注入方式管理，并根据有关规定和各投资主体资金实际到位额重新确定项目各方出资比例，由同级财政部门指定有

关机构依法代表国家行使所有者或出资人权利。

第十七条 各有关部门及项目单位要严格按照国家规定管理和使用投资补助，并自觉接受财政、审计部门的监督检查。

第十八条 凡违反规定，弄虚作假、骗取、截留、挪用投资补助或项目未按规定实施的，除将已拨付资金全额收缴国库外，各级财政部门要立即停止对项目单位所在主管部门或省、自治区、直辖市及计划单列市投资补助拨付，并进行全面核查，直至纠正。对有关人员根据《财政违法行为处罚处分条例》（国务院令第427号）及国家有关规定追究责任，触犯法律的要追究相应的法律责任。

第六章 附 则

第十九条 本办法自发布之日起30日后施行。

第二十条 本办法由财政部负责解释。

中央预算内固定资产投资贴息资金财政财务管理暂行办法

· 2005年7月26日
· 财建〔2005〕第354号

第一章 总 则

第一条 为加强中央预算内固定资产投资贴息资金（以下简称"贴息资金"）预算管理，提高财政资金使用效益，带动和引导社会投资，根据《中华人民共和国预算法》、《中华人民共和国预算法实施条例》、《国务院关于投资体制改革的决定》以及《基本建设财务管理规定》等有关法律、行政法规，制定本办法。

第二条 本办法所称贴息资金是指由中央预算内固定资产投资（含国债项目资金）安排的，用于符合条件、使用了中长期银行贷款的固定资产投资项目贴息的资金。

第二章 贴息资金安排的适用范围和标准

第三条 贴息资金主要适用于需要政府鼓励和引导社会投资的竞争性、经营性项目。主要包括：

（一）公共基础设施项目；

（二）保护和改善生态环境项目；

（三）促进欠发达地区的经济和社会发展项目；

（四）推进科技进步和高新技术产业化项目；

（五）符合国家有关规定的其他项目。

第四条 贴息资金贴补率不得超过当期银行中长期贷款利率。贴息资金总额根据符合贴息条件的项目银行

贷款总额、当年贴补率和贴息年限计算确定,不得超过项目建设期实际支付的银行中长期贷款利息总额。

第五条 贴息资金可根据项目建设实施进度和贷款的实际发生额一次或分次安排。

第三章 贴息资金预算管理

第六条 财政部门要加强对贴息资金的预算管理,实行"先审核,后下达预算"的办法,严把预算下达审核关。并按照预算管理程序要求,下达项目贴息资金预算。

第七条 有下列情形之一的,财政部门可以暂缓或停止下达预算:

(一)投资计划不符合国务院确定的投资安排范围和重点,不符合贴息资金使用范围和国家有关规定;

(二)投资计划相应的项目贴息资金超过应付银行中长期贷款利息总额;

(三)已申请其他贴息资金;

(四)项目单位银行贷款未落实;

(五)需要地方财政部门承诺有关事项,没有承诺的;

(六)项目建成后,需同级财政部门安排运营经费而同级财政部门没有出具意见的;

(七)需要地方财政部门财力配套,地方财政部门未出具意见的;

(八)审计部门、财政监督机构和评审机构发现项目单位有违反国家法律法规行为;

(九)项目单位违法违规受到举报的;

(十)其他违反国家法律法规和本办法规定的行为。

第八条 贴息资金预算下达后,必须严格执行,除特殊情况外一律不得调整。对确需调整的项目,应严格按照调整预算的相关规定执行。

第九条 中央对地方项目贴息资金要纳入地方同级财政预算管理。

第四章 贴息资金的资金拨付和财务管理

第十条 财政部门要坚持按照贴息资金预算、国库集中支付管理规定、基本建设程序等要求拨付资金。

第十一条 财政部门拨付贴息资金,要根据项目单位的申请,按照贴息资金预算,综合考虑项目建设进度、贷款到位情况以及实际利息发生额等因素。

第十二条 对中央项目的贴息资金,由财政部拨付到主管部门(含中央企业),各主管部门应及时将资金拨付到项目单位;对地方项目的贴息资金,通过中央财政补助地方财政部门,由地方财政部门拨付到项目单位。实行国库集中支付管理的项目按有关规定执行。

第十三条 有下列情形之一的,财政部门要责令其限期整改,逾期不改正的,要核减、停止拨付或收回贴息资金:

(一)提供虚假情况,骗取贴息资金的;

(二)转移、侵占或者挪用贴息资金的;

(三)银行贷款为流动资金贷款的;

(四)擅自改变主要建设内容和建设标准,存在超概算、超规模、超标准等情况的;

(五)项目单位违法违规受到举报的;

(六)其他违反国家法律法规和本办法规定的行为。

第十四条 项目单位收到贴息资金后,必须专款专用,单独核算,并分别按以下情况进行财务处理:在建项目冲减工程成本;竣工项目冲减财务费用。

第五章 监督检查

第十五条 国务院有关主管部门和省级财政主管部门要加强对贴息资金使用的监督和检查,每年要不定期组成检查组或委托财政部驻当地财政监察专员办事处等机构抽查使用贴息资金的项目单位,确保贴息资金按规定安排使用。使用贴息资金的项目单位,应在每年年底前向同级财政部门报告贴息资金的使用情况,并抄送财政部驻当地财政监察专员办事处。

第十六条 各单位要对以下内容进行重点审核,并按照有关规定做出检查结论,对不属于本部门职权范围的事项依法移送,并将相关情况上报财政部。对于应缴回资金,由财政部驻当地财政监察专员办事处负责以"其他收入"科目就地监缴入库。

(一)核定项目是否按规定实施,项目单位是否按规定使用贴息资金。对项目单位擅自改变主要建设内容和建设标准或未按规定安排使用贴息资金的,要将拨付的贴息资金收缴国库。

(二)贴息资金是否按规定进行财务处理。对未按规定处理的,要及时予以纠正。

(三)项目竣工后,核定贴息项目中长期贷款计息单。对累计贴息额超过项目建设期实际支付银行利息额部分,作为净结余资金收缴国库。

第十七条 各有关部门及项目单位要严格按照国家规定管理和使用贴息资金,并自觉接受财政、审计部门的监督检查。

第十八条 凡违反规定,弄虚作假,骗取、截留、挪用贴息资金或项目未按规定实施的,除将已拨付资金全额收缴国库外,各级财政部门要立即停止对项目单位所在主管部门或省、自治区、直辖市及计划单列市贴息资金拨付,并进行全面核查,直至纠正。对有关人员根据《财政违法行为处罚处分条例》(国务院令第427号)及国家有关规定追究责任,触犯法律的要追究相应的法律责任。

第六章 附 则

第十九条 本办法自发布之日起30日后施行。

第二十条 本办法由财政部负责解释。

项目支出绩效评价管理办法

· 2020年2月25日
· 财预〔2020〕10号

第一章 总 则

第一条 为全面实施预算绩效管理,建立科学、合理的项目支出绩效评价管理体系,提高财政资源配置效率和使用效益,根据《中华人民共和国预算法》和《中共中央 国务院关于全面实施预算绩效管理的意见》等有关规定,制定本办法。

第二条 项目支出绩效评价(以下简称绩效评价)是指财政部门、预算部门和单位,依据设定的绩效目标,对项目支出的经济性、效率性、效益性和公平性进行客观、公正的测量、分析和评判。

第三条 一般公共预算、政府性基金预算、国有资本经营预算项目支出的绩效评价适用本办法。涉及预算资金及相关管理活动,如政府投资基金、主权财富基金、政府和社会资本合作(PPP)、政府购买服务、政府债务项目等绩效评价可参照本办法执行。

第四条 绩效评价分为单位自评、部门评价和财政评价三种方式。单位自评是指预算部门组织部门本级和所属单位对预算批复的项目绩效目标完成情况进行自我评价。部门评价是指预算部门根据相关要求,运用科学、合理的绩效评价指标、评价标准和方法,对本部门的项目组织开展的绩效评价。财政评价是财政部门对预算部门的项目组织开展的绩效评价。

第五条 绩效评价应当遵循以下基本原则:

(一)科学公正。绩效评价应当运用科学合理的方法,按照规范的程序,对项目绩效进行客观、公正的反映。

(二)统筹兼顾。单位自评、部门评价和财政评价应职责明确,各有侧重,相互衔接。单位自评应由项目单位自主实施,即"谁支出、谁自评"。部门评价和财政评价应在单位自评的基础上开展,必要时可委托第三方机构实施。

(三)激励约束。绩效评价结果应与预算安排、政策调整、改进管理实质性挂钩,体现奖优罚劣和激励相容导向,有效要安排、低效要压减、无效要问责。

(四)公开透明。绩效评价结果应依法依规公开,并自觉接受社会监督。

第六条 绩效评价的主要依据:

(一)国家相关法律、法规和规章制度;

(二)党中央、国务院重大决策部署,经济社会发展目标,地方各级党委和政府重点任务要求;

(三)部门职责相关规定;

(四)相关行业政策、行业标准及专业技术规范;

(五)预算管理制度及办法,项目及资金管理办法、财务和会计资料;

(六)项目设立的政策依据和目标,预算执行情况,年度决算报告、项目决算或验收报告等相关材料;

(七)本级人大审查结果报告、审计报告及决定,财政监督稽核报告等;

(八)其他相关资料。

第七条 绩效评价期限包括年度、中期及项目实施期结束后;对于实施期5年及以上的项目,应适时开展中期和实施期后绩效评价。

第二章 绩效评价的对象和内容

第八条 单位自评的对象包括纳入政府预算管理的所有项目支出。

第九条 部门评价对象应根据工作需要,优先选择部门履职的重大改革发展项目,随机选择一般性项目。原则上应以5年为周期,实现部门评价重点项目全覆盖。

第十条 财政评价对象应根据工作需要,优先选择贯彻落实党中央、国务院重大方针政策和决策部署的项目,覆盖面广、影响力大、社会关注度高、实施期长的项目。对重点项目应周期性组织开展绩效评价。

第十一条 单位自评的内容主要包括项目总体绩效目标、各项绩效指标完成情况以及预算执行情况。对未完成绩效目标或偏离绩效目标较大的项目要分析并说明原因,研究提出改进措施。

第十二条 财政和部门评价的内容主要包括:

(一)决策情况;

(二)资金管理和使用情况;

(三)相关管理制度办法的健全性及执行情况;

(四)实现的产出情况;

(五)取得的效益情况;

(六)其他相关内容。

第三章 绩效评价指标、评价标准和方法

第十三条 单位自评指标是指预算批复时确定的绩效指标,包括项目的产出数量、质量、时效、成本,以及经济效益、社会效益、生态效益、可持续影响、服务对象满意度等。

单位自评指标的权重由各单位根据项目实际情况确定。原则上预算执行率和一级指标权重统一设置为:预算执行率10%、产出指标50%、效益指标30%、服务对象满意度指标10%。如有特殊情况,一级指标权重可做适当调整。二、三级指标应当根据指标重要程度、项目实施阶段等因素综合确定,准确反映项目的产出和效益。

第十四条 财政和部门绩效评价指标的确定应当符合以下要求:与评价对象密切相关,全面反映项目决策、项目和资金管理、产出和效益;优先选取最具代表性、最能直接反映产出和效益的核心指标,精简实用;指标内涵应当明确、具体、可衡量,数据及佐证资料应当可采集、可获得;同类项目绩效评价指标和标准应具有一致性,便于评价结果相互比较。

财政和部门评价指标的权重根据各项指标在评价体系中的重要程度确定,应当突出结果导向,原则上产出、效益指标权重不低于60%。同一评价对象处于不同实施阶段时,指标权重应体现差异性,其中,实施期间的评价更加注重决策、过程和产出,实施期结束后的评价更加注重产出和效益。

第十五条 绩效评价标准通常包括计划标准、行业标准、历史标准等,用于对绩效指标完成情况进行比较。

(一)计划标准。指以预先制定的目标、计划、预算、定额等作为评价标准。

(二)行业标准。指参照国家公布的行业指标数据制定的评价标准。

(三)历史标准。指参照历史数据制定的评价标准,为体现绩效改进的原则,在可实现的条件下应当确定相对较高的评价标准。

(四)财政部门和预算部门确认或认可的其他标准。

第十六条 单位自评采用定量与定性评价相结合的比较法,总分由各项指标得分汇总形成。

定量指标得分按照以下方法评定:与年初指标值相比,完成指标值的,记该指标所赋全部分值;对完成值高于指标值较多的,要分析原因,如果是由于年初指标值设定明显偏低造成的,要按照偏离度适度调减分值;未完成指标值的,按照完成值与指标值的比例记分。

定性指标得分按照以下方法评定:根据指标完成情况分为达成年度指标、部分达成年度指标并具有一定效果、未达成年度指标且效果较差三档,分别按照该指标对应分值区间100%-80%(含)、80%-60%(含)、60%-0%合理确定分值。

第十七条 财政和部门评价的方法主要包括成本效益分析法、比较法、因素分析法、最低成本法、公众评判法、标杆管理法等。根据评价对象的具体情况,可采用一种或多种方法。

(一)成本效益分析法。是指将投入与产出、效益进行关联性分析的方法。

(二)比较法。是指将实施情况与绩效目标、历史情况、不同部门和地区同类支出情况进行比较的方法。

(三)因素分析法。是指综合分析影响绩效目标实现、实施效果的内外部因素的方法。

(四)最低成本法。是指在绩效目标确定的前提下,成本最小者为优的方法。

(五)公众评判法。是指通过专家评估、公众问卷及抽样调查等方式进行评判的方法。

(六)标杆管理法。是指以国内外同行业中较高的绩效水平为标杆进行评判的方法。

(七)其他评价方法。

第十八条 绩效评价结果采取评分和评级相结合的方式,具体分值和等级可根据不同评价内容设定。总分一般设置为100分,等级一般划分为四档:90(含)-100分为优、80(含)-90分为良、60(含)-80分为中、60分以下为差。

第四章 绩效评价的组织管理与实施

第十九条 财政部门负责拟定绩效评价制度办法,指导本级各部门和下级财政部门开展绩效评价工作;会同有关部门对单位自评和部门评价结果进行抽查复核,督促部门充分应用自评和评价结果;根据需要组织实施绩效评价,加强评价结果反馈和应用。

第二十条 各部门负责制定本部门绩效评价办法,组织部门本级和所属单位开展自评工作,汇总自评结果,加强自评结果审核和应用;具体组织实施部门评价工作,加强评价结果反馈和应用。积极配合财政评价工作,落实评价整改意见。

第二十一条 部门本级和所属单位按照要求具体负责自评工作,对自评结果的真实性和准确性负责,自评中发现的问题要及时进行整改。

第二十二条 财政和部门评价工作主要包括以下环节:

(一)确定绩效评价对象和范围;

(二)下达绩效评价通知；

(三)研究制订绩效评价工作方案；

(四)收集绩效评价相关数据资料，并进行现场调研、座谈；

(五)核实有关情况，分析形成初步结论；

(六)与被评价部门(单位)交换意见；

(七)综合分析并形成最终结论；

(八)提交绩效评价报告；

(九)建立绩效评价档案。

第二十三条 财政和部门评价根据需要可委托第三方机构或相关领域专家(以下简称第三方，主要是指与资金使用单位没有直接利益关系的单位和个人)参与，并加强对第三方的指导，对第三方工作质量进行监督管理，推动提高评价的客观性和公正性。

第二十四条 部门委托第三方开展绩效评价的，要体现委托人与项目实施主体相分离的原则，一般由主管财务的机构委托，确保绩效评价的独立、客观、公正。

第五章 绩效评价结果应用及公开

第二十五条 单位自评结果主要通过项目支出绩效自评表的形式反映，做到内容完整、权重合理、数据真实、结果客观。财政和部门评价结果主要以绩效评价报告的形式体现，绩效评价报告应当依据充分、分析透彻、逻辑清晰、客观公正。

绩效评价工作和结果应依法自觉接受审计监督。

第二十六条 各部门应当按照要求随同部门决算向本级财政部门报送绩效自评结果。

部门和单位应切实加强自评结果的整理、分析，将自评结果作为本部门、本单位完善政策和改进管理的重要依据。对预算执行率偏低、自评结果较差的项目，要单独说明原因，提出整改措施。

第二十七条 财政部门和预算部门应在绩效评价工作完成后，及时将评价结果反馈被评价部门(单位)，并明确整改时限；被评价部门(单位)应当按要求向财政部门或主管部门报送整改落实情况。

各部门应按要求将部门评价结果报送本级财政部门，评价结果作为本部门安排预算、完善政策和改进管理的重要依据；财政评价结果作为安排政府预算、完善政策和改进管理的重要依据。原则上，对评价等级为优、良的，根据情况予以支持；对评价等级为中、差的，要完善政策、改进管理，根据情况核减预算。对不进行整改或整改不到位的，根据情况相应调减预算或整改到位后再予安排。

第二十八条 各级财政部门、预算部门应当按照要求将绩效评价结果分别编入政府决算和本部门决算，报送本级人民代表大会常务委员会，并依法予以公开。

第六章 法律责任

第二十九条 对使用财政资金严重低效无效并造成重大损失的责任人，要按照相关规定追责问责。对绩效评价过程中发现的资金使用单位和个人的财政违法行为，依照《中华人民共和国预算法》《财政违法行为处罚处分条例》等有关规定追究责任；发现违纪违法问题线索的，应当及时移送纪检监察机关。

第三十条 各级财政部门、预算部门和单位及其工作人员在绩效评价管理工作中存在违反本办法的行为，以及其他滥用职权、玩忽职守、徇私舞弊等违法违纪行为的，依照《中华人民共和国预算法》《中华人民共和国公务员法》《中华人民共和国监察法》《财政违法行为处罚处分条例》等国家有关规定追究相应责任；涉嫌犯罪的，依法移送司法机关处理。

第七章 附 则

第三十一条 各地区、各部门可结合实际制定具体的管理办法和实施细则。

第三十二条 本办法自印发之日起施行。《财政支出绩效评价管理暂行办法》(财预〔2011〕285号)同时废止。

附：1. 项目支出绩效自评表(略)

2. 项目支出绩效评价指标体系框架(参考)(略)

3. 项目支出绩效评价报告(参考提纲)(略)

地方政府专项债券用途调整操作指引

- 2021年9月8日
- 财预〔2021〕110号

第一章 总 则

第一条 为规范和加强地方政府专项债券(以下简称专项债券)管理，提高专项债券资金使用绩效，防范地方政府债务风险，根据《中华人民共和国预算法》及其实施条例、《国务院关于加强地方政府性债务管理的意见》(国发〔2014〕43号)、《中共中央办公厅 国务院办公厅关于做好地方政府专项债券发行及项目配套融资工作的通知》《财政部关于印发〈地方政府专项债务预算管理办法〉的通知》(财预〔2016〕155号)、《财政部关于加快地方政府专项债券发行使用有关工作的通知》(财预〔2020〕94号)、《财政部关于印发〈财政总预算会计制度〉的通知》(财库〔2015〕192号)等法律法规和制度规定，制定本指引。

第二条 专项债券用途调整,属于财政预算管理范畴,主要是对新增专项债券资金已已安排的项目,因债券项目实施条件变化等原因导致专项债券资金无法及时有效使用,需要调整至其他项目产生的专项债券资金用途变动。

第三条 专项债券资金使用,坚持以不调整为常态、调整为例外。专项债券一经发行,应当严格按照发行信息公开文件约定的项目用途使用债券资金,各地确因特殊情况需要调整的,应当严格履行规定程序,严禁擅自随意调整专项债券用途,严禁先挪用、后调整等行为。

第四条 专项债券用途调整,由省级政府统筹安排,省级财政部门组织省以下各级财政部门具体实施。

第二章 项目调整条件

第五条 专项债券资金已安排的项目,可以申请调整的具体情形包括:

(一)项目实施过程中发生重大变化,确无专项债券资金需求或需求少于预期的;

(二)项目竣工后,专项债券资金发生结余的;

(三)财政、审计等发现专项债券使用存在违规问题,按照监督检查意见或审计意见确需调整的;

(四)其他需要调整的。

第六条 专项债券用途调整,应符合以下原则:

(一)调整安排的项目必须经审核把关具备发行和使用条件。项目属于有一定收益的公益性项目,且预期收益与融资规模自求平衡。项目前期准备充分、可尽早形成实物工作量。项目周期应当与申请调整的债券剩余期限相匹配。

(二)调整安排的专项债券资金,优先支持党中央、国务院明确的重点领域符合条件的重大项目。

(三)调整安排的专项债券资金,优先选择与原已安排的项目属于相同类型和领域的项目。确需改变项目类型的,应当进行必要的解释说明。

(四)调整安排的专项债券资金,严禁用于置换存量债务,严禁用于楼堂馆所、形象工程和政绩工程以及非公益性资本支出项目,依法不得用于经常性支出。

第七条 调整安排的专项债券资金,优先用于本级政府符合条件的项目,确无符合条件项目的,省级财政部门可以收回专项债券资金和对应的专项债务限额统筹安排。

第三章 项目调整程序

第八条 省级财政部门原则上每年9月底前可集中组织实施1到2次项目调整工作。地方各级财政部门会同有关部门组织梳理本级政府专项债券项目实施情况,确需调整专项债券用途的,要客观评估拟调整项目预期收益和资产价值,编制拟调整项目融资平衡方案、财务评估报告书、法律意见书,经同级政府同意后,及时报送省级财政部门。

拟调整项目融资平衡方案应当准确反映项目基本情况、前期手续、投融资规模、收益来源、建设周期、分年度投资计划、原债券期限内预期收益与融资平衡情况、原已安排的项目调整原因、潜在风险评估、主管部门责任、调整后债券本息偿还安排等。

第九条 省级财政部门负责汇总各地调整申请,统筹研究提出包括专项债务限额和专项债券项目在内的调整方案,于10月底前按程序报省级政府批准后,报财政部备案。

第四章 项目调整执行管理

第十条 按照预算法等法律法规规定,规范专项债券项目调整涉及的预算调整和调剂管理。省级政府批准后,对专项债券用途调整涉及增加或减少预算总支出、调减预算安排的专项债券重点支出数额、增加举借债务数额的,地方财政部门应当编制预算调整方案按程序提请同级人大常委会审议;其他预算调剂事项,地方财政部门应当按程序办理。

第十一条 按照《财政总预算会计制度》规定,规范专项债券项目调整涉及的预算执行管理。对专项债券用途调整,地方各级财政部门应按有关规定及时对原项目对应的预算科目收入、支出进行调减,对调整安排的项目对应的预算科目收入、支出进行调增。原项目调减的金额应等于调整安排的项目调增的金额。涉及跨地区专项债券调整的,要对专项债务的债务(转贷)收入、债务(转贷)支出等预算科目进行相应调整。涉及跨年度专项债券调整的,要按照收付实现制核算要求,在当年预算收支中对相关预算科目进行调整。

第十二条 省级财政部门在地区间调整债券资金用途时,应与相关地区重新签署转贷协议或通过预算指标文件明确调整事宜。

第五章 信息公开

第十三条 专项债券用途调整,省级财政部门要按以下原则及时进行信息公开:

(一)专项债券用途调整,不改变原专项债券注册信息,包括债券发行量、期限、代码、名称、利率、兑付安排等。

(二)专项债券用途调整,要发布调整公告,重点说明调整事项已经省级政府批准,一并公开本地区经济社会发展指标、地方政府性基金预算情况、专项债务情况等。

(三)专项债券用途调整,要公布项目调整信息,包括调整前原已安排的项目名称、调整金额,以及调整后项目概况、分年度投资计划、项目资金来源、预期收益和融资平衡方案、潜在风险评估、主管部门责任、第三方评估信息(包括财务评估报告书、法律意见书、信用评级报告等)等。

(四)其他按规定需要公开的信息。

第十四条 省级财政部门应当在省级政府批准后(涉及预算调整的按程序报省级人大或其常委会批准后)的10个工作日内,在全国统一的地方政府债务信息公开平台(www.celma.org.cn),以及省级政府或财政部门门户网站、发行登记托管机构门户网站等公开相关预算调整和项目调整信息。

市县级财政部门应当在省级政府、市县人大或其常委会批准后的10个工作日内,在本级政府或财政部门门户网站公开本地区专项债券用途调整相关信息。

第六章 监督管理

第十五条 地方各级财政部门应当按照预算管理一体化要求,通过信息管理系统全过程登记专项债券用途调整情况,督促相关部门和项目单位及时规范使用债券资金,提高使用绩效。

第十六条 财政部各地监管局依法对专项债券用途调整实施监督,确保发挥债券资金使用效益。

第十七条 专项债券资金已安排的项目调整规模大、频次多的地区或部门,省级财政部门可适当扣减下一年度新增专项债券额度,引导各地区、各部门提升专项债券项目储备和安排的精准性、规范性。

第十八条 各地不得违规调整专项债券用途,严禁假借专项债券用途名义挪用、套取专项债券资金。对违反法律法规和政策规定的,依法依规追究相关责任单位和责任人的责任。

第七章 附 则

第十九条 本指引自印发之日起施行。

(三)政府采购

中华人民共和国政府采购法

- 2002年6月29日第九届全国人民代表大会常务委员会第二十八次会议通过
- 根据2014年8月31日第十二届全国人民代表大会常务委员会第十次会议《关于修改〈中华人民共和国保险法〉等五部法律的决定》修正

第一章 总 则

第一条 为了规范政府采购行为,提高政府采购资金的使用效益,维护国家利益和社会公共利益,保护政府采购当事人的合法权益,促进廉政建设,制定本法。

第二条 在中华人民共和国境内进行的政府采购适用本法。

本法所称政府采购,是指各级国家机关、事业单位和团体组织,使用财政性资金采购依法制定的集中采购目录以内的或者采购限额标准以上的货物、工程和服务的行为。

政府集中采购目录和采购限额标准依照本法规定的权限制定。

本法所称采购,是指以合同方式有偿取得货物、工程和服务的行为,包括购买、租赁、委托、雇用等。

本法所称货物,是指各种形态和种类的物品,包括原材料、燃料、设备、产品等。

本法所称工程,是指建设工程,包括建筑物和构筑物的新建、改建、扩建、装修、拆除、修缮等。

本法所称服务,是指除货物和工程以外的其他政府采购对象。

第三条 政府采购应当遵循公开透明原则、公平竞争原则、公正原则和诚实信用原则。

第四条 政府采购工程进行招标投标的,适用招标投标法。

第五条 任何单位和个人不得采用任何方式,阻挠和限制供应商自由进入本地区和本行业的政府采购市场。

第六条 政府采购应当严格按照批准的预算执行。

第七条 政府采购实行集中采购和分散采购相结合。集中采购的范围由省级以上人民政府公布的集中采购目录确定。

属于中央预算的政府采购项目,其集中采购目录由国务院确定并公布;属于地方预算的政府采购项目,其集中采购目录由省、自治区、直辖市人民政府或者其授权的机构确定并公布。

纳入集中采购目录的政府采购项目,应当实行集中采购。

第八条 政府采购限额标准,属于中央预算的政府采购项目,由国务院确定并公布;属于地方预算的政府采购项目,由省、自治区、直辖市人民政府或者其授权的机构确定并公布。

第九条 政府采购应当有助于实现国家的经济和社会发展政策目标,包括保护环境,扶持不发达地区和少数民族地区,促进中小企业发展等。

第十条 政府采购应当采购本国货物、工程和服务。但有下列情形之一的除外:

(一)需要采购的货物、工程或者服务在中国境内无法获取或者无法以合理的商业条件获取的;

(二)为在中国境外使用而进行采购的;

(三)其他法律、行政法规另有规定的。

前款所称本国货物、工程和服务的界定,依照国务院有关规定执行。

第十一条 政府采购的信息应当在政府采购监督管理部门指定的媒体上及时向社会公开发布,但涉及商业秘密的除外。

第十二条 在政府采购活动中,采购人员及相关人员与供应商有利害关系的,必须回避。供应商认为采购人员及相关人员与其他供应商有利害关系的,可以申请其回避。

前款所称相关人员,包括招标采购中评标委员会的组成人员,竞争性谈判采购中谈判小组的组成人员,询价采购中询价小组的组成人员等。

第十三条 各级人民政府财政部门是负责政府采购监督管理的部门,依法履行对政府采购活动的监督管理职责。

各级人民政府其他有关部门依法履行与政府采购活动有关的监督管理职责。

第二章 政府采购当事人

第十四条 政府采购当事人是指在政府采购活动中享有权利和承担义务的各类主体,包括采购人、供应商和采购代理机构等。

第十五条 采购人是指依法进行政府采购的国家机关、事业单位、团体组织。

第十六条 集中采购机构为采购代理机构。设区的市、自治州以上人民政府根据本级政府采购项目组织集中采购的需要设立集中采购机构。

集中采购机构是非营利事业法人,根据采购人的委托办理采购事宜。

第十七条 集中采购机构进行政府采购活动,应当符合采购价格低于市场平均价格、采购效率更高、采购质量优良和服务良好的要求。

第十八条 采购人采购纳入集中采购目录的政府采购项目,必须委托集中采购机构代理采购;采购未纳入集中采购目录的政府采购项目,可以自行采购,也可以委托集中采购机构在委托的范围内代理采购。

纳入集中采购目录属于通用的政府采购项目的,应当委托集中采购机构代理采购;属于本部门、本系统有特殊要求的项目,应当实行部门集中采购;属于本单位有特殊要求的项目,经省级以上人民政府批准,可以自行采购。

第十九条 采购人可以委托集中采购机构以外的采购代理机构,在委托的范围内办理政府采购事宜。

采购人有权自行选择采购代理机构,任何单位和个人不得以任何方式为采购人指定采购代理机构。

第二十条 采购人依法委托采购代理机构办理采购事宜的,应当由采购人与采购代理机构签订委托代理协议,依法确定委托代理的事项,约定双方的权利义务。

第二十一条 供应商是指向采购人提供货物、工程或者服务的法人、其他组织或者自然人。

第二十二条 供应商参加政府采购活动应当具备下列条件:

(一)具有独立承担民事责任的能力;

(二)具有良好的商业信誉和健全的财务会计制度;

(三)具有履行合同所必需的设备和专业技术能力;

(四)有依法缴纳税收和社会保障资金的良好记录;

(五)参加政府采购活动前三年内,在经营活动中没有重大违法记录;

(六)法律、行政法规规定的其他条件。

采购人可以根据采购项目的特殊要求,规定供应商的特定条件,但不得以不合理的条件对供应商实行差别待遇或者歧视待遇。

第二十三条 采购人可以要求参加政府采购的供应商提供有关资质证明文件和业绩情况,并根据本法规定的供应商条件和采购项目对供应商的特定要求,对供应商的资格进行审查。

第二十四条 两个以上的自然人、法人或者其他组织可以组成一个联合体,以一个供应商的身份共同参加政府采购。

以联合体形式进行政府采购的,参加联合体的供应商均应当具备本法第二十二条规定的条件,并应当向采购人提交联合协议,载明联合体各方承担的工作和义务。联合体各方应当共同与采购人签订采购合同,就采购合同约定的事项对采购人承担连带责任。

第二十五条 政府采购当事人不得相互串通损害国家利益、社会公共利益和其他当事人的合法权益;不得以任何手段排斥其他供应商参与竞争。

供应商不得以向采购人、采购代理机构、评标委员会的组成人员、竞争性谈判小组的组成人员、询价小组的组成人员行贿或者采取其他不正当手段谋取中标或者成交。

采购代理机构不得以向采购人行贿或者采取其他不正当手段谋取非法利益。

第三章 政府采购方式

第二十六条 政府采购采用以下方式:

(一)公开招标;

(二)邀请招标;

(三)竞争性谈判;

(四)单一来源采购;

(五)询价;

(六)国务院政府采购监督管理部门认定的其他采购方式。

公开招标应作为政府采购的主要采购方式。

第二十七条 采购人采购货物或者服务应当采用公开招标方式的,其具体数额标准,属于中央预算的政府采购项目,由国务院规定;属于地方预算的政府采购项目,由省、自治区、直辖市人民政府规定;因特殊情况需要采用公开招标以外的采购方式的,应当在采购活动开始前获得设区的市、自治州以上人民政府采购监督管理部门的批准。

第二十八条 采购人不得将应当以公开招标方式采购的货物或者服务化整为零或者以其他任何方式规避公开招标采购。

第二十九条 符合下列情形之一的货物或者服务,可以依照本法采用邀请招标方式采购:

(一)具有特殊性,只能从有限范围的供应商处采购的;

(二)采用公开招标方式的费用占政府采购项目总价值的比例过大的。

第三十条 符合下列情形之一的货物或者服务,可以依照本法采用竞争性谈判方式采购:

(一)招标后没有供应商投标或者没有合格标的或者重新招标未能成立的;

(二)技术复杂或者性质特殊,不能确定详细规格或者具体要求的;

(三)采用招标所需时间不能满足用户紧急需要的;

(四)不能事先计算出价格总额的。

第三十一条 符合下列情形之一的货物或者服务,可以依照本法采用单一来源方式采购:

(一)只能从惟一供应商处采购的;

(二)发生了不可预见的紧急情况不能从其他供应商处采购的;

(三)必须保证原有采购项目一致性或者服务配套的要求,需要继续从原供应商处添购,且添购资金总额不超过原合同采购金额百分之十的。

第三十二条 采购的货物规格、标准统一、现货货源充足且价格变化幅度小的政府采购项目,可以依照本法采用询价方式采购。

第四章 政府采购程序

第三十三条 负有编制部门预算职责的部门在编制下一财政年度部门预算时,应当将该财政年度政府采购的项目及资金预算列出,报本级财政部门汇总。部门预算的审批,按预算管理权限和程序进行。

第三十四条 货物或者服务项目采取邀请招标方式采购的,采购人应当从符合相应资格条件的供应商中,通过随机方式选择三家以上的供应商,并向其发出投标邀请书。

第三十五条 货物和服务项目实行招标方式采购的,自招标文件开始发出之日起至投标人提交投标文件截止之日止,不得少于二十日。

第三十六条 在招标采购中,出现下列情形之一的,应予废标:

(一)符合专业条件的供应商或者对招标文件作实质响应的供应商不足三家的;

(二)出现影响采购公正的违法、违规行为的;

(三)投标人的报价均超过了采购预算,采购人不能支付的;

(四)因重大变故,采购任务取消的。

废标后,采购人应当将废标理由通知所有投标人。

第三十七条 废标后,除采购任务取消情形外,应当重新组织招标;需要采取其他方式采购的,应当在采购活动开始前获得设区的市、自治州以上人民政府采购监督管理部门或者政府有关部门批准。

第三十八条 采用竞争性谈判方式采购的,应当遵循下列程序：

（一）成立谈判小组。谈判小组由采购人的代表和有关专家共三人以上的单数组成，其中专家的人数不得少于成员总数的三分之二。

（二）制定谈判文件。谈判文件应当明确谈判程序、谈判内容、合同草案的条款以及评定成交的标准等事项。

（三）确定邀请参加谈判的供应商名单。谈判小组从符合相应资格条件的供应商名单中确定不少于三家的供应商参加谈判，并向其提供谈判文件。

（四）谈判。谈判小组所有成员集中与单一供应商分别进行谈判。在谈判中，谈判的任何一方不得透露与谈判有关的其他供应商的技术资料、价格和其他信息。谈判文件有实质性变动的，谈判小组应当以书面形式通知所有参加谈判的供应商。

（五）确定成交供应商。谈判结束后，谈判小组应当要求所有参加谈判的供应商在规定时间内进行最后报价，采购人从谈判小组提出的成交候选人中根据符合采购需求、质量和服务相等且报价最低的原则确定成交供应商，并将结果通知所有参加谈判的未成交的供应商。

第三十九条 采取单一来源方式采购的，采购人与供应商应当遵循本法规定的原则，在保证采购项目质量和双方商定合理价格的基础上进行采购。

第四十条 采取询价方式采购的，应当遵循下列程序：

（一）成立询价小组。询价小组由采购人的代表和有关专家共三人以上的单数组成，其中专家的人数不得少于成员总数的三分之二。询价小组应当对采购项目的价格构成和评定成交的标准等事项作出规定。

（二）确定被询价的供应商名单。询价小组根据采购需求，从符合相应资格条件的供应商名单中确定不少于三家的供应商，并向其发出询价通知书让其报价。

（三）询价。询价小组要求被询价的供应商一次报出不得更改的价格。

（四）确定成交供应商。采购人根据符合采购需求、质量和服务相等且报价最低的原则确定成交供应商，并将结果通知所有被询价的未成交的供应商。

第四十一条 采购人或者其委托的采购代理机构应当组织对供应商履约的验收。大型或者复杂的政府采购项目，应当邀请国家认可的质量检测机构参加验收工作。验收方成员应当在验收书上签字，并承担相应的法律责任。

第四十二条 采购人、采购代理机构对政府采购项目每项采购活动的采购文件应当妥善保存，不得伪造、变造、隐匿或者销毁。采购文件的保存期限为从采购结束之日起至少保存十五年。

采购文件包括采购活动记录、采购预算、招标文件、投标文件、评标标准、评估报告、定标文件、合同文本、验收证明、质疑答复、投诉处理决定及其他有关文件、资料。

采购活动记录至少应当包括下列内容：

（一）采购项目类别、名称；

（二）采购项目预算、资金构成和合同价格；

（三）采购方式，采用公开招标以外的采购方式的，应当载明原因；

（四）邀请和选择供应商的条件及原因；

（五）评标标准及确定中标人的原因；

（六）废标的原因；

（七）采用招标以外采购方式的相应记载。

第五章　政府采购合同

第四十三条 政府采购合同适用合同法。采购人和供应商之间的权利和义务，应当按照平等、自愿的原则以合同方式约定。

采购人可以委托采购代理机构代表其与供应商签订政府采购合同。由采购代理机构以采购人名义签订合同的，应当提交采购人的授权委托书，作为合同附件。

第四十四条 政府采购合同应当采用书面形式。

第四十五条 国务院政府采购监督管理部门应当会同国务院有关部门，规定政府采购合同必须具备的条款。

第四十六条 采购人与中标、成交供应商应当在中标、成交通知书发出之日起三十日内，按照采购文件确定的事项签订政府采购合同。

中标、成交通知书对采购人和中标、成交供应商均具有法律效力。中标、成交通知书发出后，采购人改变中标、成交结果的，或者中标、成交供应商放弃中标、成交项目的，应当依法承担法律责任。

第四十七条 政府采购项目的采购合同自签订之日起七个工作日内，采购人应当将合同副本报同级政府采购监督管理部门和有关部门备案。

第四十八条 经采购人同意，中标、成交供应商可以依法采取分包方式履行合同。

政府采购合同分包履行的，中标、成交供应商就采购项目和分包项目向采购人负责，分包供应商就分包项目承担责任。

第四十九条 政府采购合同履行中，采购人需追加与合同标的相同的货物、工程或者服务的，在不改变合同其他条款的前提下，可以与供应商协商签订补充合同，但所有补充合同的采购金额不得超过原合同采购金额的百分之十。

第五十条 政府采购合同的双方当事人不得擅自变更、中止或者终止合同。

政府采购合同继续履行将损害国家利益和社会公共利益的，双方当事人应当变更、中止或者终止合同。有过错的一方应当承担赔偿责任，双方都有过错的，各自承担相应的责任。

第六章 质疑与投诉

第五十一条 供应商对政府采购活动事项有疑问的，可以向采购人提出询问，采购人应当及时作出答复，但答复的内容不得涉及商业秘密。

第五十二条 供应商认为采购文件、采购过程和中标、成交结果使自己的权益受到损害的，可以在知道或者应知其权益受到损害之日起七个工作日内，以书面形式向采购人提出质疑。

第五十三条 采购人应当在收到供应商的书面质疑后七个工作日内作出答复，并以书面形式通知质疑供应商和其他有关供应商，但答复的内容不得涉及商业秘密。

第五十四条 采购人委托采购代理机构采购的，供应商可以向采购代理机构提出询问或者质疑，采购代理机构应当依照本法第五十一条、第五十三条的规定就采购人委托授权范围内的事项作出答复。

第五十五条 质疑供应商对采购人、采购代理机构的答复不满意或者采购人、采购代理机构未在规定的时间内作出答复的，可以在答复期满后十五个工作日内向同级政府采购监督管理部门投诉。

第五十六条 政府采购监督管理部门应当在收到投诉后三十个工作日内，对投诉事项作出处理决定，并以书面形式通知投诉人和与投诉事项有关的当事人。

第五十七条 政府采购监督管理部门在处理投诉事项期间，可以视具体情况书面通知采购人暂停采购活动，但暂停时间最长不得超过三十日。

第五十八条 投诉人对政府采购监督管理部门的投诉处理决定不服或者政府采购监督管理部门逾期未作处理的，可以依法申请行政复议或者向人民法院提起行政诉讼。

第七章 监督检查

第五十九条 政府采购监督管理部门应当加强对政府采购活动及集中采购机构的监督检查。

监督检查的主要内容是：

（一）有关政府采购的法律、行政法规和规章的执行情况；

（二）采购范围、采购方式和采购程序的执行情况；

（三）政府采购人员的职业素质和专业技能。

第六十条 政府采购监督管理部门不得设置集中采购机构，不得参与政府采购项目的采购活动。

采购代理机构与行政机关不得存在隶属关系或者其他利益关系。

第六十一条 集中采购机构应当建立健全内部监督管理制度。采购活动的决策和执行程序应当明确，并相互监督、相互制约。经办采购的人员与负责采购合同审核、验收人员的职责权限应当明确，并相互分离。

第六十二条 集中采购机构的采购人员应当具有相关职业素质和专业技能，符合政府采购监督管理部门规定的专业岗位任职要求。

集中采购机构对其工作人员应当加强教育和培训；对采购人员的专业水平、工作实绩和职业道德状况定期进行考核。采购人员经考核不合格的，不得继续任职。

第六十三条 政府采购项目的采购标准应当公开。

采用本法规定的采购方式的，采购人在采购活动完成后，应当将采购结果予以公布。

第六十四条 采购人必须按照本法规定的采购方式和采购程序进行采购。

任何单位和个人不得违反本法规定，要求采购人或者采购工作人员向其指定的供应商进行采购。

第六十五条 政府采购监督管理部门应当对政府采购项目的采购活动进行检查，政府采购当事人应当如实反映情况，提供有关材料。

第六十六条 政府采购监督管理部门应当对集中采购机构的采购价格、节约资金效果、服务质量、信誉状况、有无违法行为等事项进行考核，并定期如实公布考核结果。

第六十七条 依照法律、行政法规的规定对政府采购负有行政监督职责的政府有关部门，应当按照其职责分工，加强对政府采购活动的监督。

第六十八条 审计机关应当对政府采购进行审计监督。政府采购监督管理部门、政府采购各当事人有关政府采购活动，应当接受审计机关的审计监督。

第六十九条 监察机关应当加强对参与政府采购活动的国家机关、国家公务员和国家行政机关任命的其他人员实施监察。

第七十条　任何单位和个人对政府采购活动中的违法行为,有权控告和检举,有关部门、机关应当依照各自职责及时处理。

第八章　法律责任

第七十一条　采购人、采购代理机构有下列情形之一的,责令限期改正,给予警告,可以并处罚款,对直接负责的主管人员和其他直接责任人员,由其行政主管部门或者有关机关给予处分,并予通报:

(一)应当采用公开招标方式而擅自采用其他方式采购的;

(二)擅自提高采购标准的;

(三)以不合理的条件对供应商实行差别待遇或者歧视待遇的;

(四)在招标采购过程中与投标人进行协商谈判的;

(五)中标、成交通知书发出后不与中标、成交供应商签订采购合同的;

(六)拒绝有关部门依法实施监督检查的。

第七十二条　采购人、采购代理机构及其工作人员有下列情形之一,构成犯罪的,依法追究刑事责任;尚不构成犯罪的,处以罚款,有违法所得的,并处没收违法所得,属于国家机关工作人员的,依法给予行政处分:

(一)与供应商或者采购代理机构恶意串通的;

(二)在采购过程中接受贿赂或者获取其他不正当利益的;

(三)在有关部门依法实施的监督检查中提供虚假情况的;

(四)开标前泄露标底的。

第七十三条　有前两条违法行为之一影响中标、成交结果或者可能影响中标、成交结果的,按下列情况分别处理:

(一)未确定中标、成交供应商的,终止采购活动;

(二)中标、成交供应商已经确定但采购合同尚未履行的,撤销合同,从合格的中标、成交候选人中另行确定中标、成交供应商;

(三)采购合同已经履行的,给采购人、供应商造成损失的,由责任人承担赔偿责任。

第七十四条　采购人对应当实行集中采购的政府采购项目,不委托集中采购机构实行集中采购的,由政府采购监督管理部门责令改正;拒不改正的,停止按预算向其支付资金,由其上级行政主管部门或者有关机关依法给予其直接负责的主管人员和其他直接责任人员处分。

第七十五条　采购人未依法公布政府采购项目的采购标准和采购结果的,责令改正,对直接负责的主管人员依法给予处分。

第七十六条　采购人、采购代理机构违反本法规定隐匿、销毁应当保存的采购文件或者伪造、变造采购文件的,由政府采购监督管理部门处以二万元以上十万元以下的罚款,对其直接负责的主管人员和其他直接责任人员依法给予处分;构成犯罪的,依法追究刑事责任。

第七十七条　供应商有下列情形之一的,处以采购金额千分之五以上千分之十以下的罚款,列入不良行为记录名单,在一至三年内禁止参加政府采购活动,有违法所得的,并处没收违法所得,情节严重的,由工商行政管理机关吊销营业执照;构成犯罪的,依法追究刑事责任:

(一)提供虚假材料谋取中标、成交的;

(二)采取不正当手段诋毁、排挤其他供应商的;

(三)与采购人、其他供应商或者采购代理机构恶意串通的;

(四)向采购人、采购代理机构行贿或者提供其他不正当利益的;

(五)在招标采购过程中与采购人进行协商谈判的;

(六)拒绝有关部门监督检查或者提供虚假情况的。

供应商有前款第(一)至(五)项情形之一的,中标、成交无效。

第七十八条　采购代理机构在代理政府采购业务中有违法行为的,按照有关法律规定处以罚款,可以在一至三年内禁止其代理政府采购业务,构成犯罪的,依法追究刑事责任。

第七十九条　政府采购当事人有本法第七十一条、第七十二条、第七十七条违法行为之一,给他人造成损失的,并应依照有关民事法律规定承担民事责任。

第八十条　政府采购监督管理部门的工作人员在实施监督检查中违反本法规定滥用职权,玩忽职守,徇私舞弊的,依法给予行政处分;构成犯罪的,依法追究刑事责任。

第八十一条　政府采购监督管理部门对供应商的投诉逾期未作处理的,给予直接负责的主管人员和其他直接责任人员行政处分。

第八十二条　政府采购监督管理部门对集中采购机构业绩的考核,有虚假陈述,隐瞒真实情况的,或者不作定期考核和公布考核结果的,应当及时纠正,由其上级机关或者监察机关对其负责人进行通报,并对直接负责的人员依法给予行政处分。

集中采购机构在政府采购监督管理部门考核中,虚报业绩,隐瞒真实情况的,处以二万元以上二十万元以下的罚款,并予以通报;情节严重的,取消其代理采购的资格。

第八十三条 任何单位或者个人阻挠和限制供应商进入本地区或者本行业政府采购市场的,责令限期改正;拒不改正的,由该单位、个人的上级行政主管部门或者有关机关给予单位责任人或者个人处分。

第九章 附 则

第八十四条 使用国际组织和外国政府贷款进行的政府采购,贷款方、资金提供方与中方达成的协议对采购的具体条件另有规定的,可以适用其规定,但不得损害国家利益和社会公共利益。

第八十五条 对因严重自然灾害和其他不可抗力事件所实施的紧急采购和涉及国家安全和秘密的采购,不适用本法。

第八十六条 军事采购法规由中央军事委员会另行制定。

第八十七条 本法实施的具体步骤和办法由国务院规定。

第八十八条 本法自2003年1月1日起施行。

中华人民共和国政府采购法实施条例

- 2014年12月31日国务院第75次常务会议通过
- 2015年1月30日中华人民共和国国务院令第658号公布
- 自2015年3月1日起施行

第一章 总 则

第一条 根据《中华人民共和国政府采购法》(以下简称政府采购法),制定本条例。

第二条 政府采购法第二条所称财政性资金是指纳入预算管理的资金。

以财政性资金作为还款来源的借贷资金,视同财政性资金。

国家机关、事业单位和团体组织的采购项目既使用财政性资金又使用非财政性资金的,使用财政性资金采购的部分,适用政府采购法及本条例;财政性资金与非财政性资金无法分割采购的,统一适用政府采购法及本条例。

政府采购法第二条所称服务,包括政府自身需要的服务和政府向社会公众提供的公共服务。

第三条 集中采购目录包括集中采购机构采购项目和部门集中采购项目。

技术、服务等标准统一,采购人普遍使用的项目,列为集中采购机构采购项目;采购人本部门、本系统基于业务需要有特殊要求,可以统一采购的项目,列为部门集中采购项目。

第四条 政府采购法所称集中采购,是指采购人将列入集中采购目录的项目委托集中采购机构代理采购或者进行部门集中采购的行为;所称分散采购,是指采购人将采购限额标准以上的未列入集中采购目录的项目自行采购或者委托采购代理机构代理采购的行为。

第五条 省、自治区、直辖市人民政府或者其授权的机构根据实际情况,可以确定分别适用于本行政区域省级、设区的市级、县级的集中采购目录和采购限额标准。

第六条 国务院财政部门应当根据国家的经济和社会发展政策,会同国务院有关部门制定政府采购政策,通过制定采购需求标准、预留采购份额、价格评审优惠、优先采购等措施,实现节约能源、保护环境、扶持不发达地区和少数民族地区、促进中小企业发展等目标。

第七条 政府采购工程以及与工程建设有关的货物、服务,采用招标方式采购的,适用《中华人民共和国招标投标法》及其实施条例;采用其他方式采购的,适用政府采购法及本条例。

前款所称工程,是指建设工程,包括建筑物和构筑物的新建、改建、扩建及其相关的装修、拆除、修缮等;所称与工程建设有关的货物,是指构成工程不可分割的组成部分,且为实现工程基本功能所必需的设备、材料;所称与工程建设有关的服务,是指为完成工程所需的勘察、设计、监理等服务。

政府采购工程以及与工程建设有关的货物、服务,应当执行政府采购政策。

第八条 政府采购项目信息应当在省级以上人民政府财政部门指定的媒体上发布。采购项目预算金额达到国务院财政部门规定标准的,政府采购项目信息应当在国务院财政部门指定的媒体上发布。

第九条 在政府采购活动中,采购人员及相关人员与供应商有下列利害关系之一的,应当回避:

(一)参加采购活动前3年内与供应商存在劳动关系;

(二)参加采购活动前3年内担任供应商的董事、监事;

(三)参加采购活动前3年内是供应商的控股股东或者实际控制人;

(四)与供应商的法定代表人或者负责人有夫妻、直系血亲、三代以内旁系血亲或者近姻亲关系;

（五）与供应商有其他可能影响政府采购活动公平、公正进行的关系。

供应商认为采购人员及相关人员与其他供应商有利害关系的，可以向采购人或者采购代理机构书面提出回避申请，并说明理由。采购人或者采购代理机构应当及时询问被申请回避人员，有利害关系的被申请回避人员应当回避。

第十条 国家实行统一的政府采购电子交易平台建设标准，推动利用信息网络进行电子化政府采购活动。

第二章 政府采购当事人

第十一条 采购人在政府采购活动中应当维护国家利益和社会公共利益，公正廉洁，诚实守信，执行政府采购政策，建立政府采购内部管理制度，厉行节约，科学合理确定采购需求。

采购人不得向供应商索要或者接受其给予的赠品、回扣或者与采购无关的其他商品、服务。

第十二条 政府采购法所称采购代理机构，是指集中采购机构和集中采购机构以外的采购代理机构。

集中采购机构是设区的市级以上人民政府依法设立的非营利事业法人，是代理集中采购项目的执行机构。集中采购机构应当根据采购人委托制定集中采购项目的实施方案，明确采购规程，组织政府采购活动，不得将集中采购项目转委托。集中采购机构以外的采购代理机构，是从事采购代理业务的社会中介机构。

第十三条 采购代理机构应当建立完善的政府采购内部监督管理制度，具备开展政府采购业务所需的评审条件和设施。

采购代理机构应当提高确定采购需求，编制招标文件、谈判文件、询价通知书，拟订合同文本和优化采购程序的专业化服务水平，根据采购人委托在规定的时间内及时组织采购人与中标或者成交供应商签订政府采购合同，及时协助采购人对采购项目进行验收。

第十四条 采购代理机构不得以不正当手段获取政府采购代理业务，不得与采购人、供应商恶意串通操纵政府采购活动。

采购代理机构工作人员不得接受采购人或者供应商组织的宴请、旅游、娱乐，不得收受礼品、现金、有价证券等，不得向采购人或者供应商报销应当由个人承担的费用。

第十五条 采购人、采购代理机构应当根据政府采购政策、采购预算、采购需求编制采购文件。

采购需求应当符合法律法规以及政府采购政策规定的技术、服务、安全等要求。政府向社会公众提供的公共服务项目，应当就确定采购需求征求社会公众的意见。除因技术复杂或者性质特殊，不能确定详细规格或者具体要求外，采购需求应当完整、明确。必要时，应当就确定采购需求征求相关供应商、专家的意见。

第十六条 政府采购法第二十条规定的委托代理协议，应当明确代理采购的范围、权限和期限等具体事项。

采购人和采购代理机构应当按照委托代理协议履行各自义务，采购代理机构不得超越代理权限。

第十七条 参加政府采购活动的供应商应当具备政府采购法第二十二条第一款规定的条件，提供下列材料：

（一）法人或者其他组织的营业执照等证明文件，自然人的身份证明；

（二）财务状况报告，依法缴纳税收和社会保障资金的相关材料；

（三）具备履行合同所必需的设备和专业技术能力的证明材料；

（四）参加政府采购活动前3年内在经营活动中没有重大违法记录的书面声明；

（五）具备法律、行政法规规定的其他条件的证明材料。

采购项目有特殊要求的，供应商还应当提供其符合特殊要求的证明材料或者情况说明。

第十八条 单位负责人为同一人或者存在直接控股、管理关系的不同供应商，不得参加同一合同项下的政府采购活动。

除单一来源采购项目外，为采购项目提供整体设计、规范编制或者项目管理、监理、检测等服务的供应商，不得再参加该采购项目的其他采购活动。

第十九条 政府采购法第二十二条第一款第五项所称重大违法记录，是指供应商因违法经营受到刑事处罚或者责令停产停业、吊销许可证或者执照、较大数额罚款等行政处罚。

供应商在参加政府采购活动前3年内因违法经营被禁止在一定期限内参加政府采购活动，期限届满的，可以参加政府采购活动。

第二十条 采购人或者采购代理机构有下列情形之一的，属于以不合理的条件对供应商实行差别待遇或者歧视待遇：

（一）就同一采购项目向供应商提供有差别的项目信息；

（二）设定的资格、技术、商务条件与采购项目的具体特点和实际需要不相适应或者与合同履行无关；

（三）采购需求中的技术、服务等要求指向特定供应商、特定产品；

（四）以特定行政区域或者特定行业的业绩、奖项作为加分条件或者中标、成交条件；

（五）对供应商采取不同的资格审查或者评审标准；

（六）限定或者指定特定的专利、商标、品牌或者供应商；

（七）非法限定供应商的所有制形式、组织形式或者所在地；

（八）以其他不合理条件限制或者排斥潜在供应商。

第二十一条 采购人或者采购代理机构对供应商进行资格预审的，资格预审公告应当在省级以上人民政府财政部门指定的媒体上发布。已进行资格预审的，评审阶段可以不再对供应商资格进行审查。资格预审合格的供应商在评审阶段资格发生变化的，应当通知采购人和采购代理机构。

资格预审公告应当包括采购人和采购项目名称、采购需求、对供应商的资格要求以及供应商提交资格预审申请文件的时间和地点。提交资格预审申请文件的时间自公告发布之日起不得少于5个工作日。

第二十二条 联合体中有同类资质的供应商按照联合体分工承担相同工作的，应当按照资质等级较低的供应商确定资质等级。

以联合体形式参加政府采购活动的，联合体各方不得再单独参加或者与其他供应商另外组成联合体参加同一合同项下的政府采购活动。

第三章 政府采购方式

第二十三条 采购人采购公开招标数额标准以上的货物或者服务，符合政府采购法第二十九条、第三十条、第三十一条、第三十二条规定情形或者有需要执行政府采购政策等特殊情况的，经设区的市级以上人民政府财政部门批准，可以依法采用公开招标以外的采购方式。

第二十四条 列入集中采购目录的项目，适合实行批量集中采购的，应当实行批量集中采购，但紧急的小额零星货物项目和有特殊要求的服务、工程项目除外。

第二十五条 政府采购工程依法不进行招标的，应当依照政府采购法和本条例规定的竞争性谈判或者单一来源采购方式采购。

第二十六条 政府采购法第三十条第三项规定的情形，应当是采购人不可预见的或者非因采购人拖延导致的；第四项规定的情形，是指因采购艺术品或者因专利、专有技术或者因服务的时间、数量事先不能确定等导致不能事先计算出价格总额。

第二十七条 政府采购法第三十一条第一项规定的情形，是指因货物或者服务使用不可替代的专利、专有技术，或者公共服务项目具有特殊要求，导致只能从某一特定供应商处采购。

第二十八条 在一个财政年度内，采购人将一个预算项目下的同一品目或者类别的货物、服务采用公开招标以外的方式多次采购，累计资金数额超过公开招标数额标准的，属于以化整为零方式规避公开招标，但项目预算调整或者经批准采用公开招标以外方式采购除外。

第四章 政府采购程序

第二十九条 采购人应当根据集中采购目录、采购限额标准和已批复的部门预算编制政府采购实施计划，报本级人民政府财政部门备案。

第三十条 采购人或者采购代理机构应当在招标文件、谈判文件、询价通知书中公开采购项目预算金额。

第三十一条 招标文件的提供期限自招标文件开始发出之日起不得少于5个工作日。

采购人或者采购代理机构可以对已发出的招标文件进行必要的澄清或者修改。澄清或者修改的内容可能影响投标文件编制的，采购人或者采购代理机构应当在投标截止时间至少15日前，以书面形式通知所有获取招标文件的潜在投标人；不足15日的，采购人或者采购代理机构应当顺延提交投标文件的截止时间。

第三十二条 采购人或者采购代理机构应当按照国务院财政部门制定的招标文件标准文本编制招标文件。

招标文件应当包括采购项目的商务条件、采购需求、投标人的资格条件、投标报价要求、评标方法、评标标准以及拟签订的合同文本等。

第三十三条 招标文件要求投标人提交投标保证金的，投标保证金不得超过采购项目预算金额的2%。投标保证金应当以支票、汇票、本票或者金融机构、担保机构出具的保函等非现金形式提交。投标人未按照招标文件要求提交投标保证金的，投标无效。

采购人或者采购代理机构应当自中标通知书发出之日起5个工作日内退还未中标供应商的投标保证金，自政府采购合同签订之日起5个工作日内退还中标供应商的投标保证金。

竞争性谈判或者询价采购中要求参加谈判或者询价的供应商提交保证金的，参照前两款的规定执行。

第三十四条 政府采购招标评标方法分为最低评标

价法和综合评分法。

最低评标价法，是指投标文件满足招标文件全部实质性要求且投标报价最低的供应商为中标候选人的评标方法。综合评分法，是指投标文件满足招标文件全部实质性要求且按照评审因素的量化指标评审得分最高的供应商为中标候选人的评标方法。

技术、服务等标准统一的货物和服务项目，应当采用最低评标价法。

采用综合评分法的，评审标准中的分值设置应当与评审因素的量化指标相对应。

招标文件中没有规定的评标标准不得作为评审的依据。

第三十五条 谈判文件不能完整、明确列明采购需求，需要由供应商提供最终设计方案或者解决方案的，在谈判结束后，谈判小组应当按照少数服从多数的原则投票推荐3家以上供应商的设计方案或者解决方案，并要求其在规定时间内提交最后报价。

第三十六条 询价通知书应当根据采购需求确定政府采购合同条款。在询价过程中，询价小组不得改变询价通知书所确定的政府采购合同条款。

第三十七条 政府采购法第三十八条第五项、第四十条第四项所称质量和服务相等，是指供应商提供的产品质量和服务均能满足采购文件规定的实质性要求。

第三十八条 达到公开招标数额标准，符合政府采购法第三十一条第一项规定情形，只能从唯一供应商处采购的，采购人应当将采购项目信息和唯一供应商名称在省级以上人民政府财政部门指定的媒体上公示，公示期不得少于5个工作日。

第三十九条 除国务院财政部门规定的情形外，采购人或者采购代理机构应当从政府采购评审专家库中随机抽取评审专家。

第四十条 政府采购评审专家应当遵守评审工作纪律，不得泄露评审文件、评审情况和评审中获悉的商业秘密。

评标委员会、竞争性谈判小组或者询价小组在评审过程中发现供应商有行贿、提供虚假材料或者串通等违法行为的，应当及时向财政部门报告。

政府采购评审专家在评审过程中受到非法干预的，应当及时向财政、监察等部门举报。

第四十一条 评标委员会、竞争性谈判小组或者询价小组成员应当按照客观、公正、审慎的原则，根据采购文件规定的评审程序、评审方法和评审标准进行独立评审。采购文件内容违反国家有关强制性规定的，评标委员会、竞争性谈判小组或者询价小组应当停止评审并向采购人或者采购代理机构说明情况。

评标委员会、竞争性谈判小组或者询价小组成员应当在评审报告上签字，对自己的评审意见承担法律责任。对评审报告有异议的，应当在评审报告上签署不同意见，并说明理由，否则视为同意评审报告。

第四十二条 采购人、采购代理机构不得向评标委员会、竞争性谈判小组或者询价小组的评审专家作倾向性、误导性的解释或者说明。

第四十三条 采购代理机构应当自评审结束之日起2个工作日内将评审报告送交采购人。采购人应当自收到评审报告之日起5个工作日内在评审报告推荐的中标或者成交候选人中按顺序确定中标或者成交供应商。

采购人或者采购代理机构应当自中标、成交供应商确定之日起2个工作日内，发出中标、成交通知书，并在省级以上人民政府财政部门指定的媒体上公告中标、成交结果，招标文件、竞争性谈判文件、询价通知书随中标、成交结果同时公告。

中标、成交结果公告内容应当包括采购人和采购代理机构的名称、地址、联系方式，项目名称和项目编号，中标或者成交供应商名称、地址和中标或者成交金额，主要中标或者成交标的的名称、规格型号、数量、单价、服务要求以及评审专家名单。

第四十四条 除国务院财政部门规定的情形外，采购人、采购代理机构不得以任何理由组织重新评审。采购人、采购代理机构按照国务院财政部门的规定组织重新评审的，应当书面报告本级人民政府财政部门。

采购人或者采购代理机构不得通过对样品进行检测、对供应商进行考察等方式改变评审结果。

第四十五条 采购人或者采购代理机构应当按照政府采购合同规定的技术、服务、安全标准组织对供应商履约情况进行验收，并出具验收书。验收书应当包括每一项技术、服务、安全标准的履约情况。

政府向社会公众提供的公共服务项目，验收时应当邀请服务对象参与并出具意见，验收结果应当向社会公告。

第四十六条 政府采购法第四十二条规定的采购文件，可以用电子档案方式保存。

第五章　政府采购合同

第四十七条 国务院财政部门应当会同国务院有关部门制定政府采购合同标准文本。

第四十八条 采购文件要求中标或者成交供应商提

交履约保证金的,供应商应当以支票、汇票、本票或者金融机构、担保机构出具的保函等非现金形式提交。履约保证金的数额不得超过政府采购合同金额的10%。

第四十九条 中标或者成交供应商拒绝与采购人签订合同的,采购人可以按照评审报告推荐的中标或者成交候选人名单排序,确定下一候选人为中标或者成交供应商,也可以重新开展政府采购活动。

第五十条 采购人应当自政府采购合同签订之日起2个工作日内,将政府采购合同在省级以上人民政府财政部门指定的媒体上公告,但政府采购合同中涉及国家秘密、商业秘密的内容除外。

第五十一条 采购人应当按照政府采购合同规定,及时向中标或者成交供应商支付采购资金。

政府采购项目资金支付程序,按照国家有关财政资金支付管理的规定执行。

第六章 质疑与投诉

第五十二条 采购人或者采购代理机构应当在3个工作日内对供应商依法提出的询问作出答复。

供应商提出的询问或者质疑超出采购人对采购代理机构委托授权范围的,采购代理机构应当告知供应商向采购人提出。

政府采购评审专家应当配合采购人或者采购代理机构答复供应商的询问和质疑。

第五十三条 政府采购法第五十二条规定的供应商应知其权益受到损害之日,是指:

（一）对可以质疑的采购文件提出质疑的,为收到采购文件之日或者采购文件公告期限届满之日;

（二）对采购过程提出质疑的,为各采购程序环节结束之日;

（三）对中标或者成交结果提出质疑的,为中标或者成交结果公告期限届满之日。

第五十四条 询问或者质疑事项可能影响中标、成交结果的,采购人应当暂停签订合同,已经签订合同的,应当中止履行合同。

第五十五条 供应商质疑、投诉应当有明确的请求和必要的证明材料。供应商投诉的事项不得超出已质疑事项的范围。

第五十六条 财政部门处理投诉事项采用书面审查的方式,必要时可以进行调查取证或者组织质证。

对财政部门依法进行的调查取证,投诉人和与投诉事项有关的当事人应当如实反映情况,并提供相关材料。

第五十七条 投诉人捏造事实、提供虚假材料或者以非法手段取得证明材料进行投诉的,财政部门应当予以驳回。

财政部门受理投诉后,投诉人书面申请撤回投诉的,财政部门应当终止投诉处理程序。

第五十八条 财政部门处理投诉事项,需要检验、检测、鉴定、专家评审以及需要投诉人补正材料的,所需时间不计算在投诉处理期限内。

财政部门对投诉事项作出的处理决定,应当在省级以上人民政府财政部门指定的媒体上公告。

第七章 监督检查

第五十九条 政府采购法第六十三条所称政府采购项目的采购标准,是指项目采购所依据的经费预算标准、资产配置标准和技术、服务标准等。

第六十条 除政府采购法第六十六条规定的考核事项外,财政部门对集中采购机构的考核事项还包括:

（一）政府采购政策的执行情况;

（二）采购文件编制水平;

（三）采购方式和采购程序的执行情况;

（四）询问、质疑答复情况;

（五）内部监督管理制度建设及执行情况;

（六）省级以上人民政府财政部门规定的其他事项。

财政部门应当制定考核计划,定期对集中采购机构进行考核,考核结果有重要情况的,应当向本级人民政府报告。

第六十一条 采购人发现采购代理机构有违法行为的,应当要求其改正。采购代理机构拒不改正的,采购人应当向本级人民政府财政部门报告,财政部门应当依法处理。

采购代理机构发现采购人的采购需求存在以不合理条件对供应商实行差别待遇、歧视待遇或者其他不符合法律、法规和政府采购政策规定内容,或者发现采购人有其他违法行为的,应当建议其改正。采购人拒不改正的,采购代理机构应当向采购人的本级人民政府财政部门报告,财政部门应当依法处理。

第六十二条 省级以上人民政府财政部门应当对政府采购评审专家库实行动态管理,具体管理办法由国务院财政部门制定。

采购人或者采购代理机构应当对评审专家在政府采购活动中的职责履行情况予以记录,并及时向财政部门报告。

第六十三条 各级人民政府财政部门和其他有关部门应当加强对参加政府采购活动的供应商、采购代理机构、评审专家的监督管理，对其不良行为予以记录，并纳入统一的信用信息平台。

第六十四条　各级人民政府财政部门对政府采购活动进行监督检查，有权查阅、复制有关文件、资料，相关单位和人员应当予以配合。

第六十五条　审计机关、监察机关以及其他有关部门依法对政府采购活动实施监督，发现采购当事人有违法行为的，应当及时通报财政部门。

第八章　法律责任

第六十六条　政府采购法第七十一条规定的罚款，数额为10万元以下。

政府采购法第七十二条规定的罚款，数额为5万元以上25万元以下。

第六十七条　采购人有下列情形之一的，由财政部门责令限期改正，给予警告，对直接负责的主管人员和其他直接责任人员依法给予处分，并予以通报：

（一）未按照规定编制政府采购实施计划或者未按照规定将政府采购实施计划报本级人民政府财政部门备案；

（二）将应当进行公开招标的项目化整为零或者以其他任何方式规避公开招标；

（三）未按照规定在评标委员会、竞争性谈判小组或者询价小组推荐的中标或者成交候选人中确定中标或者成交供应商；

（四）未按照采购文件确定的事项签订政府采购合同；

（五）政府采购合同履行中追加与合同标的相同的货物、工程或者服务的采购金额超过原合同采购金额10%的；

（六）擅自变更、中止或者终止政府采购合同；

（七）未按照规定公告政府采购合同；

（八）未按照规定时间将政府采购合同副本报本级人民政府财政部门和有关部门备案。

第六十八条　采购人、采购代理机构有下列情形之一的，依照政府采购法第七十一条、第七十八条的规定追究法律责任：

（一）未依照政府采购法和本条例规定的方式实施采购；

（二）未依法在指定的媒体上发布政府采购项目信息；

（三）未按照规定执行政府采购政策；

（四）违反本条例第十五条的规定导致无法组织对供应商履约情况进行验收或者国家财产遭受损失；

（五）未依法从政府采购评审专家库中抽取评审专家；

（六）非法干预采购评审活动；

（七）采用综合评分法时评审标准中的分值设置未与评审因素的量化指标相对应；

（八）对供应商的询问、质疑逾期未作处理；

（九）通过对样品进行检测、对供应商进行考察等方式改变评审结果；

（十）未按照规定组织对供应商履约情况进行验收。

第六十九条　集中采购机构有下列情形之一的，由财政部门责令限期改正，给予警告，有违法所得的，并处没收违法所得，对直接负责的主管人员和其他直接责任人员依法给予处分，并予以通报：

（一）内部监督管理制度不健全，对依法应当分设、分离的岗位、人员未分设、分离；

（二）将集中采购项目委托其他采购代理机构采购；

（三）从事营利活动。

第七十条　采购人员与供应商有利害关系而不依法回避的，由财政部门给予警告，并处2000元以上2万元以下的罚款。

第七十一条　有政府采购法第七十一条、第七十二条规定的违法行为之一，影响或者可能影响中标、成交结果的，依照下列规定处理：

（一）未确定中标或者成交供应商的，终止本次政府采购活动，重新开展政府采购活动；

（二）已确定中标或者成交供应商但尚未签订政府采购合同的，中标或者成交结果无效，从合格的中标或者成交候选人中另行确定中标或者成交供应商；没有合格的中标或者成交候选人的，重新开展政府采购活动；

（三）政府采购合同已签订但尚未履行的，撤销合同，从合格的中标或者成交候选人中另行确定中标或者成交供应商；没有合格的中标或者成交候选人的，重新开展政府采购活动；

（四）政府采购合同已经履行，给采购人、供应商造成损失的，由责任人承担赔偿责任。

政府采购当事人有其他违反政府采购法或者本条例规定的行为，经改正后仍然影响或者可能影响中标、成交结果或者依法被认定为中标、成交无效的，依照前款规定处理。

第七十二条　供应商有下列情形之一的，依照政府采购法第七十七条第一款的规定追究法律责任：

（一）向评标委员会、竞争性谈判小组或者询价小组成员行贿或者提供其他不正当利益；

（二）中标或者成交后无正当理由拒不与采购人签订政府采购合同；

（三）未按照采购文件确定的事项签订政府采购合同；

（四）将政府采购合同转包；

（五）提供假冒伪劣产品；

（六）擅自变更、中止或者终止政府采购合同。

供应商有前款第一项规定情形的，中标、成交无效。评审阶段资格发生变化，供应商未依照本条例第二十一条的规定通知采购人和采购代理机构的，处以采购金额5‰的罚款，列入不良行为记录名单，中标、成交无效。

第七十三条 供应商捏造事实、提供虚假材料或者以非法手段取得证明材料进行投诉的，由财政部门列入不良行为记录名单，禁止其1至3年内参加政府采购活动。

第七十四条 有下列情形之一的，属于恶意串通，对供应商依照政府采购法第七十七条第一款的规定追究法律责任，对采购人、采购代理机构及其工作人员依照政府采购法第七十二条的规定追究法律责任：

（一）供应商直接或者间接从采购人或者采购代理机构处获得其他供应商的相关情况并修改其投标文件或者响应文件；

（二）供应商按照采购人或者采购代理机构的授意撤换、修改投标文件或者响应文件；

（三）供应商之间协商报价、技术方案等投标文件或者响应文件的实质性内容；

（四）属于同一集团、协会、商会等组织成员的供应商按照该组织要求协同参加政府采购活动；

（五）供应商之间事先约定由某一特定供应商中标、成交；

（六）供应商之间商定部分供应商放弃参加政府采购活动或者放弃中标、成交；

（七）供应商与采购人或者采购代理机构之间、供应商相互之间，为谋求特定供应商中标、成交或者排斥其他供应商的其他串通行为。

第七十五条 政府采购评审专家未按采购文件规定的评审程序、评审方法和评审标准进行独立评审或者泄露评审文件、评审情况的，由财政部门给予警告，并处2000元以上2万元以下的罚款；影响中标、成交结果的，处2万元以上5万元以下的罚款，禁止其参加政府采购评审活动。

政府采购评审专家与供应商存在利害关系未回避的，处2万元以上5万元以下的罚款，禁止其参加政府采购评审活动。

政府采购评审专家收受采购人、采购代理机构、供应商贿赂或者获取其他不正当利益，构成犯罪的，依法追究刑事责任；尚不构成犯罪的，处2万元以上5万元以下的罚款，禁止其参加政府采购评审活动。

政府采购评审专家有上述违法行为的，其评审意见无效，不得获取评审费；有违法所得的，没收违法所得；给他人造成损失的，依法承担民事责任。

第七十六条 政府采购当事人违反政府采购法和本条例规定，给他人造成损失的，依法承担民事责任。

第七十七条 财政部门在履行政府采购监督管理职责中违反政府采购法和本条例规定，滥用职权、玩忽职守、徇私舞弊的，对直接负责的主管人员和其他直接责任人员依法给予处分；直接负责的主管人员和其他直接责任人员构成犯罪的，依法追究刑事责任。

第九章 附 则

第七十八条 财政管理实行省直接管理的县级人民政府可以根据需要并报经省级人民政府批准，行使政府采购法和本条例规定的设区的市级人民政府批准变更采购方式的职权。

第七十九条 本条例自2015年3月1日起施行。

政府采购需求管理办法

· 2021年4月30日
· 财库〔2021〕22号

第一章 总 则

第一条 为加强政府采购需求管理，实现政府采购项目绩效目标，根据《中华人民共和国政府采购法》和《中华人民共和国政府采购法实施条例》等有关法律法规，制定本办法。

第二条 政府采购货物、工程和服务项目的需求管理适用本办法。

第三条 本办法所称政府采购需求管理，是指采购人组织确定采购需求和编制采购实施计划，并实施相关风险控制管理的活动。

第四条 采购需求管理应当遵循科学合理、厉行节约、规范高效、权责清晰的原则。

第五条 采购人对采购需求管理负有主体责任，按照本办法的规定开展采购需求管理各项工作，对采购需求和采购实施计划的合法性、合规性、合理性负责。主管预算单位负责指导本部门采购需求管理工作。

第二章 采购需求

第六条 本办法所称采购需求,是指采购人为实现项目目标,拟采购的标的及其需要满足的技术、商务要求。

技术要求是指对采购标的的功能和质量要求,包括性能、材料、结构、外观、安全,或者服务内容和标准等。

商务要求是指取得采购标的的时间、地点、财务和服务要求,包括交付(实施)的时间(期限)和地点(范围)、付款条件(进度和方式)、包装和运输、售后服务、保险等。

第七条 采购需求应当符合法律法规、政府采购政策和国家有关规定,符合国家强制性标准,遵循预算、资产和财务等相关管理制度规定,符合采购项目特点和实际需要。

采购需求应当依据部门预算(工程项目概预算)确定。

第八条 确定采购需求应当明确实现项目目标的所有技术、商务要求,功能和质量指标的设置要充分考虑可能影响供应商报价和项目实施风险的因素。

第九条 采购需求应当清楚明了、表述规范、含义准确。

技术要求和商务要求应当客观,量化指标应当明确相应等次,有连续区间的按照区间划分等次。需由供应商提供设计方案、解决方案或者组织方案的采购项目,应当说明采购标的的功能、应用场景、目标等基本要求,并尽可能明确其中的客观、量化指标。

采购需求可以直接引用相关国家标准、行业标准、地方标准等标准、规范,也可以根据项目目标提出更高的技术要求。

第十条 采购人可以在确定采购需求前,通过咨询、论证、问卷调查等方式开展需求调查,了解相关产业发展、市场供给、同类采购项目历史成交信息,可能涉及的运行维护、升级更新、备品备件、耗材等后续采购,以及其他相关情况。

面向市场主体开展需求调查时,选择的调查对象一般不少于3个,并应当具有代表性。

第十一条 对于下列采购项目,应当开展需求调查:

(一)1000万元以上的货物、服务采购项目,3000万元以上的工程采购项目;

(二)涉及公共利益、社会关注度较高的采购项目,包括政府向社会公众提供的公共服务项目等;

(三)技术复杂、专业性较强的项目,包括需定制开发的信息化建设项目、采购进口产品的项目等;

(四)主管预算单位或者采购人认为需要开展需求调查的其他采购项目。

编制采购需求前一年内,采购人已就相关采购标的开展过需求调查的可以不再重复开展。

按照法律法规的规定,对采购项目开展可行性研究等前期工作,已包含本办法规定的需求调查内容的,可以不再重复调查;对在可行性研究等前期工作中未涉及的部分,应当按照本办法的规定开展需求调查。

第三章 采购实施计划

第十二条 本办法所称采购实施计划,是指采购人围绕实现采购需求,对合同的订立和管理所做的安排。

采购实施计划根据法律法规、政府采购政策和国家有关规定,结合采购需求的特点确定。

第十三条 采购实施计划主要包括以下内容:

(一)合同订立安排,包括采购项目预(概)算、最高限价,开展采购活动的时间安排,采购组织形式和委托代理安排,采购包划分与合同分包,供应商资格条件,采购方式、竞争范围和评审规则等。

(二)合同管理安排,包括合同类型、定价方式、合同文本的主要条款、履约验收方案、风险管控措施等。

第十四条 采购人应当通过确定供应商资格条件、设定评审规则等措施,落实支持创新、绿色发展、中小企业发展等政府采购政策功能。

第十五条 采购人要根据采购项目实施的要求,充分考虑采购活动所需时间和可能影响采购活动进行的因素,合理安排采购活动实施时间。

第十六条 采购人采购纳入政府集中采购目录的项目,必须委托集中采购机构采购。政府集中采购目录以外的项目可以自行采购,也可以自主选择委托集中采购机构,或者集中采购机构以外的采购代理机构采购。

第十七条 采购人要按照有利于采购项目实施的原则,明确采购包或者合同分包要求。

采购项目划分采购包的,要分别确定每个采购包的采购方式、竞争范围、评审规则和合同类型、合同文本、定价方式等相关合同订立、管理安排。

第十八条 根据采购需求特点提出的供应商资格条件,要与采购标的的功能、质量和供应商履约能力直接相关,且属于履行合同必需的条件,包括特定的专业资格或者技术资格、设备设施、业绩情况、专业人才及其管理能力等。

业绩情况作为资格条件时,要求供应商提供的同类业务合同一般不超过2个,并明确同类业务的具体范围。

涉及政府采购政策支持的创新产品采购的，不得提出同类业务合同、生产台数、使用时长等业绩要求。

第十九条 采购方式、评审方法和定价方式的选择应当符合法定适用情形和采购需求特点，其中，达到公开招标数额标准，因特殊情况需要采用公开招标以外的采购方式的，应当依法获得批准。

采购需求客观、明确且规格、标准统一的采购项目，如通用设备、物业管理等，一般采用招标或者询价方式采购，以价格作为授予合同的主要考虑因素，采用固定总价或者固定单价的定价方式。

采购需求客观、明确，且技术较复杂或者专业性较强的采购项目，如大型装备、咨询服务等，一般采用招标、谈判（磋商）方式采购，通过综合性评审选择性价比最优的产品，采用固定总价或者固定单价的定价方式。

不能完全确定客观指标，需由供应商提供设计方案、解决方案或者组织方案的采购项目，如首购订购、设计服务、政府和社会资本合作等，一般采用谈判（磋商）方式采购，综合考虑以单方案报价、多方案报价以及性价比要求等因素选择评审方法，并根据实现项目目标的要求，采取固定总价或者固定单价、成本补偿、绩效激励等单一或者组合定价方式。

第二十条 除法律法规规定可以在有限范围内竞争或者只能从唯一供应商处采购的情形外，一般采用公开方式邀请供应商参与政府采购活动。

第二十一条 采用综合性评审方法的，评审因素应当按照采购需求和与实现项目目标相关的其他因素确定。

采购需求客观、明确的采购项目，采购需求中客观但不可量化的指标应当作为实质性要求，不得作为评分项；参与评分的指标应当是采购需求中的量化指标，评分项应当按照量化指标的等次，设置对应的不同分值。不能完全确定客观指标，需由供应商提供设计方案、解决方案或者组织方案的采购项目，可以结合需求调查的情况，尽可能明确不同技术路线、组织形式及相关指标的重要性和优先级，设定客观、量化的评审因素、分值和权重。价格因素应当按照相关规定确定分值和权重。

采购项目涉及后续采购的，如大型装备等，要考虑兼容性要求。可以要求供应商报出后续供应的价格，以及后续采购的可替代性、相关产品和估价，作为评审时考虑的因素。

需由供应商提供设计方案、解决方案或者组织方案，且供应商经验和能力对履约有直接影响的，如设计、设等采购项目，可以在评审因素中适当考虑供应商的履约能力要求，并合理设置分值和权重。需由供应商提供设计方案、解决方案或者组织方案，采购人认为有必要考虑全生命周期成本的，可以明确使用年限，要求供应商报出安装调试费用、使用期间能源管理、废弃处置等全生命周期成本，作为评审时考虑的因素。

第二十二条 合同类型按照民法典规定的典型合同类别，结合采购标的的实际情况确定。

第二十三条 合同文本应当包含法定必备条款和采购需求的所有内容，包括但不限于标的名称，采购标的质量、数量（规模）、履行时间（期限）、地点和方式，包装方式，价款或者报酬、付款进度安排、资金支付方式，验收、交付标准和方法，质量保修范围和保修期，违约责任与解决争议的方法等。

采购项目涉及采购标的的知识产权归属、处理的，如订购、设计、定制开发的信息化建设项目等，应当约定知识产权的归属和处理方式。采购人可以根据项目特点划分合同履行阶段，明确分期考核要求和对应的付款进度安排。对于长期运行的项目，要充分考虑成本、收益以及可能出现的重大市场风险，在合同中约定成本补偿、风险分担等事项。

合同权利义务要围绕采购需求和合同履行设置。国务院有关部门依法制定了政府采购合同标准文本的，应当使用标准文本。属于本办法第十一条规定范围的采购项目，合同文本应当经过采购人聘请的法律顾问审定。

第二十四条 履约验收方案要明确履约验收的主体、时间、方式、程序、内容和验收标准等事项。采购人、采购代理机构可以邀请参加本项目的其他供应商或者第三方专业机构及专家参与验收，相关验收意见作为验收的参考资料。政府向社会公众提供的公共服务项目，验收时应当邀请服务对象参与并出具意见，验收结果应当向社会公告。

验收内容要包括每一项技术和商务要求的履约情况，验收标准要包括所有客观、量化指标。不能明确客观标准、涉及主观判断的，可以通过在采购人、使用人中开展问卷调查等方式，转化为客观、量化的验收标准。

分期实施的采购项目，应当结合分期考核的情况，明确分期验收要求。货物类项目可以根据需要设置出厂检验、到货检验、安装调试检验、配套服务检验等多重验收环节。工程类项目的验收方案应当符合行业管理部门规定的标准、方法和内容。

履约验收方案应当在合同中约定。

第二十五条 对于本办法第十一条规定的采购项目,要研究采购过程和合同履行过程中的风险,判断风险发生的环节、可能性、影响程度和管控责任,提出有针对性的处置措施和替代方案。

采购过程和合同履行过程中的风险包括国家政策变化、实施环境变化、重大技术变化、预算项目调整、因质疑投诉影响采购进度、采购失败、不按规定签订或者履行合同、出现损害国家利益和社会公共利益情形等。

第二十六条 各级财政部门应当按照简便、必要的原则,明确报财政部门备案的采购实施计划具体内容,包括采购项目的类别、名称、采购标的、采购预算、采购数量(规模)、组织形式、采购方式、落实政府采购政策有关内容等。

第四章 风险控制

第二十七条 采购人应当将采购需求管理作为政府采购内控管理的重要内容,建立健全采购需求管理制度,加强对采购需求的形成和实现过程的内部控制和风险管理。

第二十八条 采购人可以自行组织确定采购需求和编制采购实施计划,也可以委托采购代理机构或者其他第三方机构开展。

第二十九条 采购人应当建立审查工作机制,在采购活动开始前,针对采购需求管理中的重点风险事项,对采购需求和采购实施计划进行审查,审查分为一般性审查和重点审查。

对于审查不通过的,应当修改采购需求和采购实施计划的内容并重新进行审查。

第三十条 一般性审查主要审查是否按照本办法规定的程序和内容确定采购需求、编制采购实施计划。审查内容包括,采购需求是否符合预算、资产、财务等管理制度规定;对采购方式、评审规则、合同类型、定价方式的选择是否说明适用理由;属于按规定需要报相关监管部门批准、核准的事项,是否作出相关安排;采购实施计划是否完整。

第三十一条 重点审查是在一般性审查的基础上,进行以下审查:

(一)非歧视性审查。主要审查是否指向特定供应商或者特定产品,包括资格条件设置是否合理,要求供应商提供超过2个同类业务合同的,是否具有合理性;技术要求是否指向特定的专利、商标、品牌、技术路线等;评审因素设置是否具有倾向性,将有关履约能力作为评审因素是否适当。

(二)竞争性审查。主要审查是否确保充分竞争,包括应当以公开方式邀请供应商的,是否依法采用公开竞争方式;采用单一来源采购方式的,是否符合法定情形;采购需求的内容是否完整、明确,是否考虑后续采购竞争性;评审方法、评审因素、价格权重等评审规则是否适当。

(三)采购政策审查。主要审查进口产品的采购是否必要,是否落实支持创新、绿色发展、中小企业发展等政府采购政策要求。

(四)履约风险审查。主要审查合同文本是否按规定由法律顾问审定,合同文本运用是否适当,是否围绕采购需求和合同履行设置权利义务,是否明确知识产权等方面的要求,履约验收方案是否完整、标准是否明确,风险处置措施和替代方案是否可行。

(五)采购人或者主管预算单位认为应当审查的其他内容。

第三十二条 审查工作机制成员应当包括本部门、本单位的采购、财务、业务、监督等内部机构。采购人可以根据本单位实际情况,建立相关专家和第三方机构参与审查的工作机制。

参与确定采购需求和编制采购实施计划的专家和第三方机构不得参与审查。

第三十三条 一般性审查和重点审查的具体采购项目范围,由采购人根据实际情况确定。主管预算单位可以根据本部门实际情况,确定由主管预算单位统一组织重点审查的项目类别或者金额范围。

属于本办法第十一条规定范围的采购项目,应当开展重点审查。

第三十四条 采购需求和采购实施计划的调查、确定、编制、审查等工作应当形成书面记录并存档。

采购文件应当按照审核通过的采购需求和采购实施计划编制。

第五章 监督检查与法律责任

第三十五条 财政部门应当依法加强对政府采购需求管理的监督检查,将采购人需求管理作为政府采购活动监督检查的重要内容,不定期开展监督检查工作,采购人应当如实反映情况,提供有关材料。

第三十六条 在政府采购项目投诉、举报处理和监督检查过程中,发现采购人未按本办法规定建立采购需求管理内控制度、开展采购需求调查和审查工作的,由财政部门采取约谈、书面关注等方式责令采购人整改,并告知其主管预算单位。对情节严重或者拒不改正的,将有关线索移交纪检监察、审计部门处理。

第三十七条 在政府采购项目投诉、举报处理和监督检查过程中，发现采购方式、评审规则、供应商资格条件等存在歧视性、限制性、不符合政府采购政策等问题的，依照《中华人民共和国政府采购法》等国家有关规定处理。

第三十八条 在政府采购项目投诉、举报处理和监督检查过程中，发现采购人存在无预算或者超预算采购、超标准采购、铺张浪费、未按规定编制政府采购实施计划等问题的，依照《中华人民共和国政府采购法》《中华人民共和国预算法》《财政违法行为处罚处分条例》《党政机关厉行节约反对浪费条例》等国家有关规定处理。

第六章 附 则

第三十九条 采购项目涉及国家秘密的，按照涉密政府采购有关规定执行。

第四十条 因采购人不可预见的紧急情况实施采购的，可以适当简化相关管理要求。

第四十一条 由集中采购机构组织的批量集中采购和框架协议采购的需求管理，按照有关制度规定执行。

第四十二条 各省、自治区、直辖市财政部门可以根据本办法制定具体实施办法。

第四十三条 本办法所称主管预算单位是指负有编制部门预算职责，向本级财政部门申报预算的国家机关、事业单位和团体组织。

第四十四条 本办法自2021年7月1日起施行。

政府采购货物和服务招标投标管理办法

- 2017年7月11日财政部令第87号公布
- 自2017年10月1日起施行

第一章 总 则

第一条 为了规范政府采购当事人的采购行为，加强对政府采购货物和服务招标投标活动的监督管理，维护国家利益、社会公共利益和政府采购招标投标活动当事人的合法权益，依据《中华人民共和国政府采购法》（以下简称政府采购法）、《中华人民共和国政府采购法实施条例》（以下简称政府采购法实施条例）和其他有关法律法规规定，制定本办法。

第二条 本办法适用于在中华人民共和国境内开展政府采购货物和服务（以下简称货物服务）招标投标活动。

第三条 货物服务招标分为公开招标和邀请招标。

公开招标，是指采购人依法以招标公告的方式邀请非特定的供应商参加投标的采购方式。

邀请招标，是指采购人依法从符合相应资格条件的供应商中随机抽取3家以上供应商，并以投标邀请书的方式邀请其参加投标的采购方式。

第四条 属于地方预算的政府采购项目，省、自治区、直辖市人民政府根据实际情况，可以确定分别适用于本行政区域省级、设区的市级、县级公开招标数额标准。

第五条 采购人应当在货物服务招标投标活动中落实节约能源、保护环境、扶持不发达地区和少数民族地区、促进中小企业发展等政府采购政策。

第六条 采购人应当按照行政事业单位内部控制规范要求，建立健全本单位政府采购内部控制制度，在编制政府采购预算和实施计划、确定采购需求、组织采购活动、履约验收、答复询问质疑、配合投诉处理及监督检查等重点环节加强内部控制管理。

采购人不得向供应商索要或者接受其给予的赠品、回扣或者与采购无关的其他商品、服务。

第七条 采购人应当按照财政部制定的《政府采购品目分类目录》确定采购项目属性。按照《政府采购品目分类目录》无法确定的，按照有利于采购项目实施的原则确定。

第八条 采购人委托采购代理机构代理招标的，采购代理机构应当在采购人委托的范围内依法开展采购活动。

采购代理机构及其分支机构不得在所代理的采购项目中投标或者代理投标，不得为所代理的采购项目的投标人参加本项目提供投标咨询。

第二章 招 标

第九条 未纳入集中采购目录的政府采购项目，采购人可以自行招标，也可以委托采购代理机构在委托的范围内代理招标。

采购人自行组织开展招标活动的，应当符合下列条件：

（一）有编制招标文件、组织招标的能力和条件；

（二）有与采购项目专业性相适应的专业人员。

第十条 采购人应当对采购标的的市场技术或者服务水平、供应、价格等情况进行市场调查，根据调查情况、资产配置标准等科学、合理地确定采购需求，进行价格测算。

第十一条 采购需求应当完整、明确，包括以下内容：

（一）采购标的需实现的功能或者目标，以及为落实政府采购政策需满足的要求；

（二）采购标的需执行的国家相关标准、行业标准、地方标准或者其他标准、规范；

（三）采购标的需满足的质量、安全、技术规格、物理特性等要求；

（四）采购标的的数量、采购项目交付或者实施的时间和地点；

（五）采购标的需满足的服务标准、期限、效率等要求；

（六）采购标的的验收标准；

（七）采购标的的其他技术、服务等要求。

第十二条 采购人根据价格测算情况，可以在采购预算额度内合理设定最高限价，但不得设定最低限价。

第十三条 公开招标公告应当包括以下主要内容：

（一）采购人及其委托的采购代理机构的名称、地址和联系方法；

（二）采购项目的名称、预算金额，设定最高限价的，还应当公开最高限价；

（三）采购人的采购需求；

（四）投标人的资格要求；

（五）获取招标文件的时间期限、地点、方式及招标文件售价；

（六）公告期限；

（七）投标截止时间、开标时间及地点；

（八）采购项目联系人姓名和电话。

第十四条 采用邀请招标方式的，采购人或者采购代理机构应当通过以下方式产生符合资格条件的供应商名单，并从中随机抽取3家以上供应商向其发出投标邀请书：

（一）发布资格预审公告征集；

（二）从省级以上人民政府财政部门（以下简称财政部门）建立的供应商库中选取；

（三）采购人书面推荐。

采用前款第一项方式产生符合资格条件供应商名单的，采购人或者采购代理机构应当按照资格预审文件载明的标准和方法，对潜在投标人进行资格审查。

采用第一款第二项或者第三项方式产生符合资格条件供应商名单的，备选的符合资格条件供应商总数不得少于拟随机抽取供应商总数的两倍。

随机抽取是指通过抽签等能够保证所有符合资格条件供应商机会均等的方式选定供应商。随机抽取供应商时，应当有不少于两名采购人工作人员在场监督，并形成书面记录，随采购文件一并存档。

投标邀请书应当同时向所有受邀请的供应商发出。

第十五条 资格预审公告应当包括以下主要内容：

（一）本办法第十三条第一至四项、第六项和第八项内容；

（二）获取资格预审文件的时间期限、地点、方式；

（三）提交资格预审申请文件的截止时间、地点及资格预审日期。

第十六条 招标公告、资格预审公告的公告期限为5个工作日。公告内容应当以省级以上财政部门指定媒体发布的公告为准。公告期限自省级以上财政部门指定媒体最先发布公告之日起算。

第十七条 采购人、采购代理机构不得将投标人的注册资本、资产总额、营业收入、从业人员、利润、纳税额等规模条件作为资格要求或者评审因素，也不得通过将除进口货物以外的生产厂家授权、承诺、证明、背书等作为资格要求，对投标人实行差别待遇或者歧视待遇。

第十八条 采购人或者采购代理机构应当按照招标公告、资格预审公告或者投标邀请书规定的时间、地点提供招标文件或者资格预审文件，提供期限自招标公告、资格预审公告发布之日起计算不得少于5个工作日。提供期限届满后，获取招标文件或者资格预审文件的潜在投标人不足3家的，可以顺延提供期限，并予公告。

公开招标进行资格预审的，招标公告和资格预审公告可以合并发布，招标文件应当向所有通过资格预审的供应商提供。

第十九条 采购人或者采购代理机构应当根据采购项目的实施要求，在招标公告、资格预审公告或者投标邀请书中载明是否接受联合体投标。如未载明，不得拒绝联合体投标。

第二十条 采购人或者采购代理机构应当根据采购项目的特点和采购需求编制招标文件。招标文件应当包括以下主要内容：

（一）投标邀请；

（二）投标人须知（包括投标文件的密封、签署、盖章要求等）；

（三）投标人应当提交的资格、资信证明文件；

（四）为落实政府采购政策，采购标的需满足的要求，以及投标人须提供的证明材料；

（五）投标文件编制要求、投标报价要求和投标保证金交纳、退还方式以及不予退还投标保证金的情形；

（六）采购项目预算金额，设定最高限价的，还应当公开最高限价；

（七）采购项目的技术规格、数量、服务标准、验收等要求，包括附件、图纸等；

（八）拟签订的合同文本；

（九）货物、服务提供的时间、地点、方式；

（十）采购资金的支付方式、时间、条件；

（十一）评标方法、评标标准和投标无效情形；

（十二）投标有效期；

（十三）投标截止时间、开标时间及地点；

（十四）采购代理机构代理费用的收取标准和方式；

（十五）投标人信用信息查询渠道及截止时点、信用信息查询记录和证据留存的具体方式、信用信息的使用规则等；

（十六）省级以上财政部门规定的其他事项。

对于不允许偏离的实质性要求和条件，采购人或者采购代理机构应当在招标文件中规定，并以醒目的方式标明。

第二十一条 采购人或者采购代理机构应当根据采购项目的特点和采购需求编制资格预审文件。资格预审文件应当包括以下主要内容：

（一）资格预审邀请；

（二）申请人须知；

（三）申请人的资格要求；

（四）资格审核标准和方法；

（五）申请人应当提供的资格预审申请文件的内容和格式；

（六）提交资格预审申请文件的方式、截止时间、地点及资格审核日期；

（七）申请人信用信息查询渠道及截止时点、信用信息查询记录和证据留存的具体方式、信用信息的使用规则等内容；

（八）省级以上财政部门规定的其他事项。

资格预审文件应当免费提供。

第二十二条 采购人、采购代理机构一般不得要求投标人提供样品，仅凭书面方式不能准确描述采购需求或者需要对样品进行主观判断以确认是否满足采购需求等特殊情况除外。

要求投标人提供样品的，应当在招标文件中明确规定样品制作的标准和要求、是否需要随样品提交相关检测报告、样品的评审方法以及评审标准。需要随样品提交检测报告的，还应当规定检测机构的要求、检测内容等。

采购活动结束后，对于未中标人提供的样品，应当及时退还或者经未中标人同意后自行处理；对于中标人提供的样品，应当按照招标文件的规定进行保管、封存，并作为履约验收的参考。

第二十三条 投标有效期从提交投标文件的截止之日起算。投标文件中承诺的投标有效期应当不少于招标文件中载明的投标有效期。投标有效期内投标人撤销投标文件的，采购人或者采购代理机构可以不退还投标保证金。

第二十四条 招标文件售价应当按照弥补制作、邮寄成本的原则确定，不得以营利为目的，不得以招标采购金额作为确定招标文件售价的依据。

第二十五条 招标文件、资格预审文件的内容不得违反法律、行政法规、强制性标准、政府采购政策，或者违反公开透明、公平竞争、公正和诚实信用原则。

有前款规定情形，影响潜在投标人投标或者资格预审结果的，采购人或者采购代理机构应当修改招标文件或者资格预审文件后重新招标。

第二十六条 采购人或者采购代理机构可以在招标文件提供期限截止后，组织已获取招标文件的潜在投标人现场考察或者召开开标前答疑会。

组织现场考察或者召开答疑会的，应当在招标文件中载明，或者在招标文件提供期限截止后以书面形式通知所有获取招标文件的潜在投标人。

第二十七条 采购人或者采购代理机构可以对已发出的招标文件、资格预审文件、投标邀请书进行必要的澄清或者修改，但不得改变采购标的和资格条件。澄清或者修改应当在原公告发布媒体上发布澄清公告。澄清或者修改的内容为招标文件、资格预审文件、投标邀请书的组成部分。

澄清或者修改的内容可能影响投标文件编制的，采购人或者采购代理机构应当在投标截止时间至少15日前，以书面形式通知所有获取招标文件的潜在投标人；不足15日的，采购人或者采购代理机构应当顺延提交投标文件的截止时间。

澄清或者修改的内容可能影响资格预审申请文件编制的，采购人或者采购代理机构应当在提交资格预审申请文件截止时间至少3日前，以书面形式通知所有获取资格预审文件的潜在投标人；不足3日的，采购人或者采购代理机构应当顺延提交资格预审申请文件的截止时间。

第二十八条 投标截止时间前，采购人、采购代理机构和有关人员不得向他人透露已获取招标文件的潜在投标人的名称、数量以及可能影响公平竞争的有关招标投标的其他情况。

第二十九条 采购人、采购代理机构在发布招标公告、资格预审公告或者发出投标邀请书后,除因重大变故采购任务取消情况外,不得擅自终止招标活动。

终止招标的,采购人或者采购代理机构应当及时在原公告发布媒体上发布终止公告,以书面形式通知已经获取招标文件、资格预审文件或者被邀请的潜在投标人,并将项目实施情况和采购任务取消原因报告本级财政部门。已经收取招标文件费用或者投标保证金的,采购人或者采购代理机构应当在终止采购活动后5个工作日内,退还所收取的招标文件费用和所收取的投标保证金及其在银行产生的孳息。

第三章 投 标

第三十条 投标人,是指响应招标、参加投标竞争的法人、其他组织或者自然人。

第三十一条 采用最低评标价法的采购项目,提供相同品牌产品的不同投标人参加同一合同项下投标的,以其中通过资格审查、符合性审查且报价最低的参加评标;报价相同的,由采购人或者采购人委托评标委员会按照招标文件规定的方式确定一个参加评标的投标人,招标文件未规定的采取随机抽取方式确定,其他投标无效。

使用综合评分法的采购项目,提供相同品牌产品且通过资格审查、符合性审查的不同投标人参加同一合同项下投标的,按一家投标人计算,评审后得分最高的同品牌投标人获得中标人推荐资格;评审得分相同的,由采购人或者采购人委托评标委员会按照招标文件规定的方式确定一个投标人获得中标人推荐资格,招标文件未规定的采取随机抽取方式确定,其他同品牌投标人不作为中标候选人。

非单一产品采购项目,采购人应当根据采购项目技术构成、产品价格比重等合理确定核心产品,并在招标文件中载明。多家投标人提供的核心产品品牌相同的,按前两款规定处理。

第三十二条 投标人应当按照招标文件的要求编制投标文件。投标文件应当对招标文件提出的要求和条件作出明确响应。

第三十三条 投标人应当在招标文件要求提交投标文件的截止时间前,将投标文件密封送达投标地点。采购人或者采购代理机构收到投标文件后,应当如实记载投标文件的送达时间和密封情况,签收保存,并向投标人出具签收回执。任何单位和个人不得在开标前开启投标文件。

逾期送达或者未按照招标文件要求密封的投标文件,采购人、采购代理机构应当拒收。

第三十四条 投标人在投标截止时间前,可以对所递交的投标文件进行补充、修改或者撤回,并书面通知采购人或者采购代理机构。补充、修改的内容应当按照招标文件要求签署、盖章、密封后,作为投标文件的组成部分。

第三十五条 投标人根据招标文件的规定和采购项目的实际情况,拟在中标后将中标项目的非主体、非关键性工作分包的,应当在投标文件中载明分包承担主体,分包承担主体应当具备相应资质条件且不得再次分包。

第三十六条 投标人应当遵循公平竞争的原则,不得恶意串通,不得妨碍其他投标人的竞争行为,不得损害采购人或者其他投标人的合法权益。

在评标过程中发现投标人有上述情形的,评标委员会应当认定其投标无效,并书面报告本级财政部门。

第三十七条 有下列情形之一的,视为投标人串通投标,其投标无效:

(一)不同投标人的投标文件由同一单位或者个人编制;

(二)不同投标人委托同一单位或者个人办理投标事宜;

(三)不同投标人的投标文件载明的项目管理成员或者联系人员为同一人;

(四)不同投标人的投标文件异常一致或者投标报价呈规律性差异;

(五)不同投标人的投标文件相互混装;

(六)不同投标人的投标保证金从同一单位或者个人的账户转出。

第三十八条 投标人在投标截止时间前撤回已提交的投标文件的,采购人或者采购代理机构应当自收到投标人书面撤回通知之日起5个工作日内,退还已收取的投标保证金,但因投标人自身原因导致无法及时退还的除外。

采购人或者采购代理机构应当自中标通知书发出之日起5个工作日内退还未中标人的投标保证金,自采购合同签订之日起5个工作日内退还中标人的投标保证金或者转为中标人的履约保证金。

采购人或者采购代理机构逾期退还投标保证金的,除应当退还投标保证金本金外,还应当按中国人民银行同期贷款基准利率上浮20%后的利率支付超期资金占用费，但因投标人自身原因导致无法及时退还的除外。

第四章 开标、评标

第三十九条 开标应当在招标文件确定的提交投标文件截止时间的同一时间进行。开标地点应当为招标文件中预先确定的地点。

采购人或者采购代理机构应当对开标、评标现场活动进行全程录音录像。录音录像应当清晰可辨，音像资料作为采购文件一并存档。

第四十条 开标由采购人或者采购代理机构主持，邀请投标人参加。评标委员会成员不得参加开标活动。

第四十一条 开标时，应当由投标人或者其推选的代表检查投标文件的密封情况；经确认无误后，由采购人或者采购代理机构工作人员当众拆封，宣布投标人名称、投标价格和招标文件规定的需要宣布的其他内容。

投标人不足3家的，不得开标。

第四十二条 开标过程应当由采购人或者采购代理机构负责记录，由参加开标的各投标人代表和相关工作人员签字确认后随采购文件一并存档。

投标人代表对开标过程和开标记录有疑义，以及认为采购人、采购代理机构相关工作人员需要回避的情形，应当场提出询问或者回避申请。采购人、采购代理机构对投标人代表提出的询问或回避申请应当及时处理。

投标人未参加开标的，视同认可开标结果。

第四十三条 公开招标数额标准以上的采购项目，投标截止后投标人不足3家或者通过资格审查或符合性审查的投标人不足3家的，除采购任务取消情形外，按照以下方式处理：

（一）招标文件存在不合理条款或者招标程序不符合规定的，采购人、采购代理机构改正后依法重新招标；

（二）招标文件没有不合理条款、招标程序符合规定，需要采用其他采购方式采购的，采购人应当依法报财政部门批准。

第四十四条 公开招标采购项目开标结束后，采购人或者采购代理机构应当依法对投标人的资格进行审查。

合格投标人不足3家的，不得评标。

第四十五条 采购人或者采购代理机构负责组织评标工作，并履行下列职责：

（一）核对评审专家身份和采购人代表授权函，对评审专家在政府采购活动中的职责履行情况予以记录，并及时将有关违法违规行为向财政部门报告；

（二）宣布评标纪律；

（三）公布投标人名单，告知评审专家应当回避的情形；

（四）组织评标委员会推选评标组长，采购人代表不得担任组长；

（五）在评标期间采取必要的通讯管理措施，保证评标活动不受外界干扰；

（六）根据评标委员会的要求介绍政府采购相关政策法规、招标文件；

（七）维护评标秩序，监督评标委员会依照招标文件规定的评标程序、方法和标准进行独立评审，及时制止和纠正采购人代表、评审专家的倾向性言论或者违法违规行为；

（八）核对评标结果，有本办法第六十四条规定情形的，要求评标委员会复核或者书面说明理由，评标委员会拒绝的，应予记录并向本级财政部门报告；

（九）评审工作完成后，按照规定向评审专家支付劳务报酬和异地评审差旅费，不得向评审专家以外的其他人员支付评审劳务报酬；

（十）处理与评标有关的其他事项。

采购人可以在评标前说明项目背景和采购需求，说明内容不得含有歧视性、倾向性意见，不得超出招标文件所述范围。说明应当提交书面材料，并随采购文件一并存档。

第四十六条 评标委员会负责具体评标事务，并独立履行下列职责：

（一）审查、评价投标文件是否符合招标文件的商务、技术等实质性要求；

（二）要求投标人对投标文件有关事项作出澄清或者说明；

（三）对投标文件进行比较和评价；

（四）确定中标候选人名单，以及根据采购人委托直接确定中标人；

（五）向采购人、采购代理机构或者有关部门报告评标中发现的违法行为。

第四十七条 评标委员会由采购人代表和评审专家组成，成员人数应当为5人以上单数，其中评审专家不得少于成员总数的三分之二。

采购项目符合下列情形之一的，评标委员会成员人数应当为7人以上单数：

（一）采购预算金额在1000万元以上；

（二）技术复杂；
（三）社会影响较大。

评审专家对本单位的采购项目只能作为采购人代表参与评标，本办法第四十八条第二款规定情形除外。采购代理机构工作人员不得参加由本机构代理的政府采购项目的评标。

评标委员会成员名单在评标结果公告前应当保密。

第四十八条 采购人或者采购代理机构应当从省级以上财政部门设立的政府采购评审专家库中，通过随机方式抽取评审专家。

对技术复杂、专业性强的采购项目，通过随机方式难以确定合适评审专家的，经主管预算单位同意，采购人可以自行选定相应专业领域的评审专家。

第四十九条 评标中因评标委员会成员缺席、回避或者健康等特殊原因导致评标委员会组成不符合本办法规定的，采购人或者采购代理机构应当依法补足后继续评标。被更换的评标委员会成员所作出的评标意见无效。

无法及时补足评标委员会成员的，采购人或者采购代理机构应当停止评标活动，封存所有投标文件和开标、评标资料，依法重新组建评标委员会进行评标。原评标委员会所作出的评标意见无效。

采购人或者采购代理机构应当将变更、重新组建评标委员会的情况予以记录，并随采购文件一并存档。

第五十条 评标委员会应当对符合资格的投标人的投标文件进行符合性审查，以确定其是否满足招标文件的实质性要求。

第五十一条 对于投标文件中含义不明确、同类问题表述不一致或者有明显文字和计算错误的内容，评标委员会应当以书面形式要求投标人作出必要的澄清、说明或者补正。

投标人的澄清、说明或者补正应当采用书面形式，并加盖公章，或者由法定代表人或其授权的代表签字。投标人的澄清、说明或者补正不得超出投标文件的范围或者改变投标文件的实质性内容。

第五十二条 评标委员会应当按照招标文件中规定的评标方法和标准，对符合性审查合格的投标文件进行商务和技术评估，综合比较与评价。

第五十三条 评标方法分为最低评标价法和综合评分法。

第五十四条 最低评标价法，是指投标文件满足招标文件全部实质性要求，且投标报价最低的投标人为中标候选人的评标方法。技术、服务等标准统一的货物服务项目，应当采用最低评标价法。

采用最低评标价法评标时，除了算术修正和落实政府采购政策需进行的价格扣除外，不能对投标人的投标价格进行任何调整。

第五十五条 综合评分法，是指投标文件满足招标文件全部实质性要求，且按照评审因素的量化指标评审得分最高的投标人为中标候选人的评标方法。

评审因素的设定应当与投标人所提供货物服务的质量相关，包括投标报价、技术或者服务水平、履约能力、售后服务等。资格条件不得作为评审因素。评审因素应当在招标文件中规定。

评审因素应当细化和量化，且与相应的商务条件和采购需求对应。商务条件和采购需求指标有区间规定的，评审因素应当量化到相应区间，并设置各区间对应的不同分值。

评标时，评标委员会各成员应当独立对每个投标人的投标文件进行评价，并汇总每个投标人的得分。

货物项目的价格分值占总分值的比重不得低于30%；服务项目的价格分值占总分值的比重不得低于10%。执行国家统一定价标准和采用固定价格采购的项目，其价格不列为评审因素。

价格分应当采用低价优先法计算，即满足招标文件要求且投标价格最低的投标报价为评标基准价，其价格分为满分。其他投标人的价格分统一按照下列公式计算：

投标报价得分＝（评标基准价／投标报价）×100

评标总得分＝$F1×A1+F2×A2+……+Fn×An$

$F1$、$F2$……Fn 分别为各项评审因素的得分；

$A1$、$A2$……An 分别为各项评审因素所占的权重（$A1+A2+……+An=1$）。

评标过程中，不得去掉报价中的最高报价和最低报价。

因落实政府采购政策进行价格调整的，以调整后的价格计算评标基准价和投标报价。

第五十六条 采用最低评标价法的，评标结果按投标报价由低到高顺序排列。投标报价相同的并列。投标文件满足招标文件全部实质性要求且投标报价最低的投标人为排名第一的中标候选人。

第五十七条 采用综合评分法的，评标结果按评审后得分由高到低顺序排列。得分相同的，按投标报价由低到高顺序排列。得分且投标报价相同的并列。投标文件满足招标文件全部实质性要求,且按照评审因素的量化指标评审得分最高的投标人为排名第一的中标候选人。

第五十八条 评标委员会根据全体评标成员签字的原始评标记录和评标结果编写评标报告。评标报告应当包括以下内容:

(一)招标公告刊登的媒体名称、开标日期和地点;

(二)投标人名单和评标委员会成员名单;

(三)评标方法和标准;

(四)开标记录和评标情况及说明,包括无效投标人名单及原因;

(五)评标结果,确定的中标候选人名单或者经采购人委托直接确定的中标人;

(六)其他需要说明的情况,包括评标过程中投标人根据评标委员会要求进行的澄清、说明或者补正,评标委员会成员的更换等。

第五十九条 投标文件报价出现前后不一致的,除招标文件另有规定外,按下列规定修正:

(一)投标文件中开标一览表(报价表)内容与投标文件中相应内容不一致的,以开标一览表(报价表)为准;

(二)大写金额和小写金额不一致的,以大写金额为准;

(三)单价金额小数点或者百分比有明显错位的,以开标一览表的总价为准,并修改单价;

(四)总价金额与按单价汇总金额不一致的,以单价金额计算结果为准。

同时出现两种以上不一致的,按照前款规定的顺序修正。修正后的报价按照本办法第五十一条第二款的规定经投标人确认后产生约束力,投标人不确认的,其投标无效。

第六十条 评标委员会认为投标人的报价明显低于其他通过符合性审查投标人的报价,有可能影响产品质量或者不能诚信履约的,应当要求其在评标现场合理的时间内提供书面说明,必要时提交相关证明材料;投标人不能证明其报价合理性的,评标委员会应当将其作为无效投标处理。

第六十一条 评标委员会成员对需要共同认定的事项存在争议的,应当按照少数服从多数的原则作出结论。持不同意见的评标委员会成员应当在评标报告上签署不同意见及理由,否则视为同意评标报告。

第六十二条 评标委员会及其成员不得有下列行为:

(一)确定参与评标至评标结束前私自接触投标人;

(二)接受投标人提出的与投标文件不一致的澄清或者说明,本办法第五十一条规定的情形除外;

(三)违反评标纪律发表倾向性意见或者征询采购人的倾向性意见;

(四)对需要专业判断的主观评审因素协商评分;

(五)在评标过程中擅离职守,影响评标程序正常进行的;

(六)记录、复制或者带走任何评标资料;

(七)其他不遵守评标纪律的行为。

评标委员会成员有前款第一至五项行为之一的,其评审意见无效,并不得获取评审劳务报酬和报销异地评审差旅费。

第六十三条 投标人存在下列情况之一的,投标无效:

(一)未按照招标文件的规定提交投标保证金的;

(二)投标文件未按招标文件要求签署、盖章的;

(三)不具备招标文件中规定的资格要求的;

(四)报价超过招标文件中规定的预算金额或者最高限价的;

(五)投标文件含有采购人不能接受的附加条件的;

(六)法律、法规和招标文件规定的其他无效情形。

第六十四条 评标结果汇总完成后,除下列情形外,任何人不得修改评标结果:

(一)分值汇总计算错误的;

(二)分项评分超出评分标准范围的;

(三)评标委员会成员对客观评审因素评分不一致的;

(四)经评标委员会认定评分畸高、畸低的。

评标报告签署前,经复核发现存在以上情形之一的,评标委员会应当当场修改评标结果,并在评标报告中记载;评标报告签署后,采购人或者采购代理机构发现存在以上情形之一的,应当组织原评标委员会进行重新评审,重新评审改变评标结果的,书面报告本级财政部门。

投标人对本条第一款情形提出质疑的,采购人或者采购代理机构可以组织原评标委员会进行重新评审,重新评审改变评标结果的,应当书面报告本级财政部门。

第六十五条 评标委员会发现招标文件存在歧义、重大缺陷导致评标工作无法进行,或者招标文件内容违反国家有关强制性规定的,应当停止评标工作,与采购人或者采购代理机构沟通并作书面记录。采购人或者采购代理机构确认后,应当修改招标文件,重新组织采购活动。

第六十六条　采购人、采购代理机构应当采取必要措施，保证评标在严格保密的情况下进行。除采购人代表、评标现场组织人员外，采购人的其他工作人员以及与评标工作无关的人员不得进入评标现场。

有关人员对评标情况以及在评标过程中获悉的国家秘密、商业秘密负有保密责任。

第六十七条　评标委员会或者其成员存在下列情形导致评标结果无效的，采购人、采购代理机构可以重新组建评标委员会进行评标，并书面报告本级财政部门，但采购合同已经履行的除外：

（一）评标委员会组成不符合本办法规定的；
（二）有本办法第六十二条第一至五项情形的；
（三）评标委员会及其成员独立评标受到非法干预的；
（四）有政府采购法实施条例第七十五条规定的违法行为的。

有违法违规行为的原评标委员会成员不得参加重新组建的评标委员会。

第五章　中标和合同

第六十八条　采购代理机构应当在评标结束后2个工作日内将评标报告送采购人。

采购人应当自收到评标报告之日起5个工作日内，在评标报告确定的中标候选人名单中按顺序确定中标人。中标候选人并列的，由采购人或者采购人委托评标委员会按照招标文件规定的方式确定中标人；招标文件未规定的，采取随机抽取的方式确定。

采购人自行组织招标的，应当在评标结束后5个工作日内确定中标人。

采购人在收到评标报告5个工作日内未按评标报告推荐的中标候选人顺序确定中标人，又不能说明合法理由的，视同按评标报告推荐的顺序确定排名第一的中标候选人为中标人。

第六十九条　采购人或者采购代理机构应当自中标人确定之日起2个工作日内，在省级以上财政部门指定的媒体上公告中标结果，招标文件应当随中标结果同时公告。

中标结果公告内容应当包括采购人及其委托的采购代理机构的名称、地址、联系方式，项目名称和项目编号，中标人名称、地址和中标金额，主要中标标的的名称、规格型号、数量、单价、服务要求，中标公告期限以及评审专家名单。

中标公告期限为1个工作日。

邀请招标采购人采用书面推荐方式产生符合资格条件的潜在投标人的，还应当将所有被推荐供应商名单和推荐理由随中标结果同时公告。

在公告中标结果的同时，采购人或者采购代理机构应当向中标人发出中标通知书；对未通过资格审查的投标人，应当告知其未通过的原因；采用综合评分法评审的，还应当告知未中标人本人的评审得分与排序。

第七十条　中标通知书发出后，采购人不得违法改变中标结果，中标人无正当理由不得放弃中标。

第七十一条　采购人应当自中标通知书发出之日起30日内，按照招标文件和中标人投标文件的规定，与中标人签订书面合同。所签订的合同不得对招标文件确定的事项和中标人投标文件作实质性修改。

采购人不得向中标人提出任何不合理的要求作为签订合同的条件。

第七十二条　政府采购合同应当包括采购人与中标人的名称和住所、标的、数量、质量、价款或者报酬、履行期限及地点和方式、验收要求、违约责任、解决争议的方法等内容。

第七十三条　采购人与中标人应当根据合同的约定依法履行合同义务。

政府采购合同的履行、违约责任和解决争议的方法等适用《中华人民共和国合同法》。

第七十四条　采购人应当及时对采购项目进行验收。采购人可以邀请参加本项目的其他投标人或者第三方机构参与验收。参与验收的投标人或者第三方机构的意见作为验收书的参考资料一并存档。

第七十五条　采购人应当加强对中标人的履约管理，并按照采购合同约定，及时向中标人支付采购资金。对于中标人违反采购合同约定的行为，采购人应当及时处理，依法追究其违约责任。

第七十六条　采购人、采购代理机构应当建立真实完整的招标采购档案，妥善保存每项采购活动的采购文件。

第六章　法律责任

第七十七条　采购人有下列情形之一的，由财政部门责令限期改正；情节严重的，给予警告，对直接负责的主管人员和其他直接责任人员由其行政主管部门或者有关机关依法给予处分，并予以通报；涉嫌犯罪的，移送司法机关处理：

（一）未按照本办法的规定编制采购需求的；
（二）违反本办法第六条第二款规定的；
（三）未在规定时间内确定中标人的；

（四）向中标人提出不合理要求作为签订合同条件的。

第七十八条 采购人、采购代理机构有下列情形之一的，由财政部门责令限期改正，情节严重的，给予警告，对直接负责的主管人员和其他直接责任人员，由其行政主管部门或者有关机关给予处分，并予通报；采购代理机构有违法所得的，没收违法所得，并可以处以不超过违法所得3倍、最高不超过3万元的罚款，没有违法所得的，可以处以1万元以下的罚款：

（一）违反本办法第八条第二款规定的；

（二）设定最低限价的；

（三）未按照规定进行资格预审或者资格审查的；

（四）违反本办法规定确定招标文件售价的；

（五）未按规定对开标、评标活动进行全程录音录像的；

（六）擅自终止招标活动的；

（七）未按照规定进行开标和组织评标的；

（八）未按照规定退还投标保证金的；

（九）违反本办法规定进行重新评审或者重新组建评标委员会进行评标的；

（十）开标前泄露已获取招标文件的潜在投标人的名称、数量或者其他可能影响公平竞争的有关招标投标情况的；

（十一）未妥善保存采购文件的；

（十二）其他违反本办法规定的情形。

第七十九条 有本办法第七十七条、第七十八条规定的违法行为之一，经改正后仍然影响或者可能影响中标结果的，依照政府采购法实施条例第七十一条规定处理。

第八十条 政府采购当事人违反本办法规定，给他人造成损失的，依法承担民事责任。

第八十一条 评标委员会成员有本办法第六十二条所列行为之一的，由财政部门责令限期改正；情节严重的，给予警告，并对其不良行为予以记录。

第八十二条 财政部门应当依法履行政府采购监督管理职责。财政部门及其工作人员在履行监督管理职责中存在懒政怠政、滥用职权、玩忽职守、徇私舞弊等违法违纪行为的，依照政府采购法、《中华人民共和国公务员法》、《中华人民共和国行政监察法》、政府采购法实施条例等国家有关规定追究相应责任；涉嫌犯罪的，移送司法机关处理。

第七章 附则

第八十三条 政府采购货物服务电子招标投标、政府采购货物中的进口机电产品招标投标有关特殊事宜，由财政部另行规定。

第八十四条 本办法所称主管预算单位是指负有编制部门预算职责，向本级财政部门申报预算的国家机关、事业单位和团体组织。

第八十五条 本办法规定按日计算期间的，开始当天不计入，从次日开始计算。期限的最后一日是国家法定节假日的，顺延到节假日后的次日为期限的最后一日。

第八十六条 本办法所称的"以上"、"以下"、"内"、"以内"，包括本数；所称的"不足"，不包括本数。

第八十七条 各省、自治区、直辖市财政部门可以根据本办法制定具体实施办法。

第八十八条 本办法自2017年10月1日起施行。财政部2004年8月11日发布的《政府采购货物和服务招标投标管理办法》（财政部令第18号）同时废止。

政府采购非招标采购方式管理办法

· 2013年12月19日财政部令第74号公布
· 自2014年2月1日起施行

第一章 总则

第一条 为了规范政府采购行为，加强对采用非招标采购方式采购活动的监督管理，维护国家利益、社会公共利益和政府采购当事人的合法权益，依据《中华人民共和国政府采购法》（以下简称政府采购法）和其他法律、行政法规的有关规定，制定本办法。

第二条 采购人、采购代理机构采用非招标采购方式采购货物、工程和服务的，适用本办法。

本办法所称非招标采购方式，是指竞争性谈判、单一来源采购和询价采购方式。

竞争性谈判是指谈判小组与符合资格条件的供应商就采购货物、工程和服务事宜进行谈判，供应商按照谈判文件的要求提交响应文件和最后报价，采购人从谈判小组提出的成交候选人中确定成交供应商的采购方式。

单一来源采购是指采购人从某一特定供应商处采购货物、工程和服务的采购方式。

询价是指询价小组向符合资格条件的供应商发出采购货物询价通知书，要求供应商一次报出不得更改的价格，采购人从询价小组提出的成交候选人中确定成交供应商的采购方式。

第三条 采购人、采购代理机构采购以下货物、工程和服务之一的，可以采用竞争性谈判、单一来源采购方式采购；采购货物的，还可以采用询价采购方式：

（一）依法制定的集中采购目录以内，且未达到公开招标数额标准的货物、服务；

（二）依法制定的集中采购目录以外，采购限额标准以上，且未达到公开招标数额标准的货物、服务；

（三）达到公开招标数额标准、经批准采用非公开招标方式的货物、服务；

（四）按照招标投标法及其实施条例必须进行招标的工程建设项目以外的政府采购工程。

第二章 一般规定

第四条 达到公开招标数额标准的货物、服务采购项目，拟采用非招标采购方式的，采购人应当在采购活动开始前，报经主管预算单位同意后，向设区的市、自治州以上人民政府财政部门申请批准。

第五条 根据本办法第四条申请采用非招标采购方式采购的，采购人应当向财政部门提交以下材料并对材料的真实性负责：

（一）采购人名称、采购项目名称、项目概况等项目基本情况说明；

（二）项目预算金额、预算批复文件或者资金来源证明；

（三）拟申请采用的采购方式和理由。

第六条 采购人、采购代理机构应当按照政府采购法和本办法的规定组织开展非招标采购活动，并采取必要措施，保证评审在严格保密的情况下进行。

任何单位和个人不得非法干预、影响评审过程和结果。

第七条 竞争性谈判小组或者询价小组由采购人代表和评审专家共3人以上单数组成，其中评审专家人数不得少于竞争性谈判小组或者询价小组成员总数的2/3。采购人不得以评审专家身份参加本部门或本单位采购项目的评审。采购代理机构人员不得参加本机构代理的采购项目的评审。

达到公开招标数额标准的货物或者服务采购项目，或者达到招标规模标准的政府采购工程，竞争性谈判小组或者询价小组应当由5人以上单数组成。

采用竞争性谈判、询价方式采购的政府采购项目，评审专家应当从政府采购评审专家库内相关专业的专家名单中随机抽取。技术复杂、专业性强的竞争性谈判采购项目，通过随机方式难以确定合适的评审专家的，经主管预算单位同意，可以自行选定评审专家。技术复杂、专业性强的竞争性谈判采购项目，评审专家中应当包含1名法律专家。

第八条 竞争性谈判小组或者询价小组在采购活动过程中应当履行下列职责：

（一）确认或者制定谈判文件、询价通知书；

（二）从符合相应资格条件的供应商名单中确定不少于3家的供应商参加谈判或者询价；

（三）审查供应商的响应文件并作出评价；

（四）要求供应商解释或者澄清其响应文件；

（五）编写评审报告；

（六）告知采购人、采购代理机构在评审过程中发现的供应商的违法违规行为。

第九条 竞争性谈判小组或者询价小组成员应当履行下列义务：

（一）遵纪守法，客观、公正、廉洁地履行职责；

（二）根据采购文件的规定独立进行评审，对个人的评审意见承担法律责任；

（三）参与评审报告的起草；

（四）配合采购人、采购代理机构答复供应商提出的质疑；

（五）配合财政部门的投诉处理和监督检查工作。

第十条 谈判文件、询价通知书应当根据采购项目的特点和采购人的实际需求制定，并经采购人书面同意。采购人应当以满足实际需求为原则，不得擅自提高经费预算和资产配置等采购标准。

谈判文件、询价通知书不得要求或者标明供应商名称或者特定货物的品牌，不得含有指向特定供应商的技术、服务等条件。

第十一条 谈判文件、询价通知书应当包括供应商资格条件、采购邀请、采购方式、采购预算、采购需求、采购程序、价格构成或者报价要求、响应文件编制要求、提交响应文件截止时间及地点、保证金交纳数额和形式、评定成交的标准等。

谈判文件除本条第一款规定的内容外，还应当明确谈判小组根据与供应商谈判情况可能实质性变动的内容，包括采购需求中的技术、服务要求以及合同草案条款。

第十二条 采购人、采购代理机构应当通过发布公告、从省级以上财政部门建立的供应商库中随机抽取或者采购人和评审专家分别书面推荐的方式邀请不少于3家符合相应资格条件的供应商参与竞争性谈判或者询价采购活动。

符合政府采购法第二十二条第一款规定条件的供应商可以在采购活动开始前加入供应商库。财政部门不得对供应商申请入库收取任何费用，不得利用供应商库进行地区和行业封锁。

采取采购人和评审专家书面推荐方式选择供应商的，

采购人和评审专家应当各自出具书面推荐意见。采购人推荐供应商的比例不得高于推荐供应商总数的50%。

第十三条 供应商应当按照谈判文件、询价通知书的要求编制响应文件，并对其提交的响应文件的真实性、合法性承担法律责任。

第十四条 采购人、采购代理机构可以要求供应商在提交响应文件截止时间之前交纳保证金。保证金应当采用支票、汇票、本票、网上银行支付或者金融机构、担保机构出具的保函等非现金形式交纳。保证金数额应当不超过采购项目预算的2%。

供应商为联合体的，可以由联合体中的一方或者多方共同交纳保证金，其交纳的保证金对联合体各方均具有约束力。

第十五条 供应商应当在谈判文件、询价通知书要求的截止时间前，将响应文件密封送达指定地点。在截止时间后送达的响应文件为无效文件，采购人、采购代理机构或者谈判小组、询价小组应当拒收。

供应商在提交询价响应文件截止时间前，可以对所提交的响应文件进行补充、修改或者撤回，并书面通知采购人、采购代理机构。补充、修改的内容作为响应文件的组成部分。补充、修改的内容与响应文件不一致的，以补充、修改的内容为准。

第十六条 谈判小组、询价小组在对响应文件的有效性、完整性和响应程度进行审查时，可以要求供应商对响应文件中含义不明确、同类问题表述不一致或者有明显文字和计算错误的内容等作出必要的澄清、说明或者更正。供应商的澄清、说明或者更正不得超出响应文件的范围或者改变响应文件的实质性内容。

谈判小组、询价小组要求供应商澄清、说明或者更正响应文件应当以书面形式作出。供应商的澄清、说明或者更正应当由法定代表人或其授权代表签字或者加盖公章。由授权代表签字的，应当附法定代表人授权书。供应商为自然人的，应当由本人签字并附身份证明。

第十七条 谈判小组、询价小组应当根据评审记录和评审结果编写评审报告，其主要内容包括：

（一）邀请供应商参加采购活动的具体方式和相关情况，以及参加采购活动的供应商名单；

（二）评审日期和地点，谈判小组、询价小组成员名单；

（三）评审情况记录和说明，包括对供应商的资格审查情况、供应商响应文件评审情况、谈判情况、报价情况等；

（四）提出的成交候选人的名单及理由。

评审报告应当由谈判小组、询价小组全体人员签字认可。谈判小组、询价小组成员对评审报告有异议的，谈判小组、询价小组按照少数服从多数的原则推荐成交候选人，采购程序继续进行。对评审报告有异议的谈判小组、询价小组成员，应当在报告上签署不同意见并说明理由，由谈判小组、询价小组书面记录相关情况。谈判小组、询价小组成员拒绝在报告上签字又不书面说明其不同意见和理由的，视为同意评审报告。

第十八条 采购人或者采购代理机构应当在成交供应商确定后2个工作日内，在省级以上财政部门指定的媒体上公告成交结果，同时向成交供应商发出成交通知书，并将竞争性谈判文件、询价通知书随成交结果同时公告。成交结果公告应当包括以下内容：

（一）采购人和采购代理机构的名称、地址和联系方式；

（二）项目名称和项目编号；

（三）成交供应商名称、地址和成交金额；

（四）主要成交标的的名称、规格型号、数量、单价、服务要求；

（五）谈判小组、询价小组成员名单及单一来源采购人员名单。

采用书面推荐供应商参加采购活动的，还应当公告采购人和评审专家的推荐意见。

第十九条 采购人与成交供应商应当在成交通知书发出之日起30日内，按照采购文件确定的合同文本以及采购标的、规格型号、采购金额、采购数量、技术和服务要求等事项签订政府采购合同。

采购人不得向成交供应商提出超出采购文件以外的任何要求作为签订合同的条件，不得与成交供应商订立背离采购文件确定的合同文本以及采购标的、规格型号、采购金额、采购数量、技术和服务要求等实质性内容的协议。

第二十条 采购人或者采购代理机构应当在采购活动结束后及时退还供应商的保证金，但因供应商自身原因导致无法及时退还的除外。未成交供应商的保证金应当在成交通知书发出后5个工作日内退还，成交供应商的保证金应当在采购合同签订后5个工作日内退还。

有下列情形之一的，保证金不予退还：

（一）供应商在提交响应文件截止时间后撤回响应文件的；

（二）供应商在响应文件中提供虚假材料的；

（三）除因不可抗力或谈判文件、询价通知书认可的情形以外，成交供应商不与采购人签订合同的；

（四）供应商与采购人、其他供应商或者采购代理机构恶意串通的；

（五）采购文件规定的其他情形。

第二十一条 除资格性审查认定错误和价格计算错误外，采购人或者采购代理机构不得以任何理由组织重新评审。采购人、采购代理机构发现谈判小组、询价小组未按照采购文件规定的评定成交的标准进行评审的，应当重新开展采购活动，并同时书面报告本级财政部门。

第二十二条 除不可抗力等因素外，成交通知书发出后，采购人改变成交结果，或者成交供应商拒绝签订政府采购合同的，应当承担相应的法律责任。

成交供应商拒绝签订政府采购合同的，采购人可以按照本办法第三十六条第二款、第四十九条第二款规定的原则确定其他供应商作为成交供应商并签订政府采购合同，也可以重新开展采购活动。拒绝签订政府采购合同的成交供应商不得参加对该项目重新开展的采购活动。

第二十三条 在采购活动中因重大变故，采购任务取消的，采购人或者采购代理机构应当终止采购活动，通知所有参加采购活动的供应商，并将项目实施情况和采购任务取消原因报送本级财政部门。

第二十四条 采购人或者采购代理机构应当按照采购合同规定的技术、服务等要求组织对供应商履约的验收，并出具验收书。验收书应当包括每一项技术、服务等要求的履约情况。大型或者复杂的项目，应当邀请国家认可的质量检测机构参加验收。验收方成员应当在验收书上签字，并承担相应的法律责任。

第二十五条 谈判小组、询价小组成员以及与评审工作有关的人员不得泄露评审情况以及评审过程中获悉的国家秘密、商业秘密。

第二十六条 采购人、采购代理机构应当妥善保管每项采购活动的采购文件。采购文件包括采购活动记录、采购预算、谈判文件、询价通知书、响应文件、推荐供应商的意见、评审报告、成交供应商确定文件、单一来源采购协商情况记录、合同文本、验收证明、质疑答复、投诉处理决定以及其他有关文件、资料。采购文件可以电子档案方式保存。

采购活动记录至少应当包括下列内容：

（一）采购项目类别、名称；

（二）采购项目预算、资金构成和合同价格；

（三）采购方式，采用该方式的原因及相关说明材料；

（四）选择参加采购活动的供应商的方式及原因；

（五）评定成交的标准及确定成交供应商的原因；

（六）终止采购活动的，终止的原因。

第三章　竞争性谈判

第二十七条 符合下列情形之一的采购项目，可以采用竞争性谈判方式采购：

（一）招标后没有供应商投标或者没有合格标的，或者重新招标未能成立的；

（二）技术复杂或者性质特殊，不能确定详细规格或者具体要求的；

（三）非采购人所能预见的原因或者非采购人拖延造成采用招标所需时间不能满足用户紧急需要的；

（四）因艺术品采购、专利、专有技术或者服务的时间、数量事先不能确定等原因不能事先计算出价格总额的。

公开招标的货物、服务采购项目，招标过程中提交投标文件或者经评审实质性响应招标文件要求的供应商只有两家时，采购人、采购代理机构按照本办法第四条经本级财政部门批准后可以与该两家供应商进行竞争性谈判采购，采购人、采购代理机构应当根据招标文件中的采购需求编制谈判文件，成立谈判小组，由谈判小组对谈判文件进行确认。符合本款情形的，本办法第三十三条、第三十五条中规定的供应商最低数量可以为两家。

第二十八条 符合本办法第二十七条第一款第一项情形和第二款情形，申请采用竞争性谈判采购方式时，除提交本办法第五条第一至三项规定的材料外，还应当提交下列申请材料：

（一）在省级以上财政部门指定的媒体上发布招标公告的证明材料；

（二）采购人、采购代理机构出具的对招标文件和招标过程是否有供应商质疑及质疑处理情况的说明；

（三）评标委员会或者3名以上评审专家出具的招标文件没有不合理条款的论证意见。

第二十九条 从谈判文件发出之日起至供应商提交首次响应文件截止之日止不得少于3个工作日。

提交首次响应文件截止之日前，采购人、采购代理机构或者谈判小组可以对已发出的谈判文件进行必要的澄清或者修改，澄清或者修改的内容作为谈判文件的组成部分。澄清或者修改的内容可能影响响应文件编制的，采购人、采购代理机构或者谈判小组应当在提交首次响应文件截止之日3个工作日前，以书面形式通知所有接收谈判文件的供应商，不足3个工作日的，应当顺延提交首次响应文件截止之日。

第三十条 谈判小组应当对响应文件进行评审，并根据谈判文件规定的程序、评定成交的标准等事项与实质性响应谈判文件要求的供应商进行谈判。未实质性响应谈判文件的响应文件按无效处理，谈判小组应当告知有关供应商。

第三十一条　谈判小组所有成员应当集中与单一供应商分别进行谈判，并给予所有参加谈判的供应商平等的谈判机会。

第三十二条　在谈判过程中，谈判小组可以根据谈判文件和谈判情况实质性变动采购需求中的技术、服务要求以及合同草案条款，但不得变动谈判文件中的其他内容。实质性变动的内容，须经采购人代表确认。

对谈判文件作出的实质性变动是谈判文件的有效组成部分，谈判小组应当及时以书面形式同时通知所有参加谈判的供应商。

供应商应当按照谈判文件的变动情况和谈判小组的要求重新提交响应文件，并由其法定代表人或授权代表签字或者加盖公章。由授权代表签字的，应当附法定代表人授权书。供应商为自然人的，应当由本人签字并附身份证明。

第三十三条　谈判文件能够详细列明采购标的的技术、服务要求的，谈判结束后，谈判小组应当要求所有继续参加谈判的供应商在规定时间内提交最后报价，提交最后报价的供应商不得少于3家。

谈判文件不能详细列明采购标的的技术、服务要求，需经谈判由供应商提供最终设计方案或解决方案的，谈判结束后，谈判小组应当按照少数服从多数的原则投票推荐3家以上供应商的设计方案或者解决方案，并要求其在规定时间内提交最后报价。

最后报价是供应商响应文件的有效组成部分。

第三十四条　已提交响应文件的供应商，在提交最后报价之前，可以根据谈判情况退出谈判。采购人、采购代理机构应当退还退出谈判的供应商的保证金。

第三十五条　谈判小组应当从质量和服务均能满足采购文件实质性响应要求的供应商中，按照最后报价由低到高的顺序提出3名以上成交候选人，并编写评审报告。

第三十六条　采购代理机构应当在评审结束后2个工作日内将评审报告送采购人确认。

采购人应当在收到评审报告后5个工作日内，从评审报告提出的成交候选人中，根据质量和服务均能满足采购文件实质性响应要求且最后报价最低的原则确定成交供应商，也可以书面授权谈判小组直接确定成交供应商。采购人逾期未确定成交供应商且不提出异议的，视为确定评审报告提出的最后报价最低的供应商为成交供应商。

第三十七条　出现下列情形之一的，采购人或者采购代理机构应当终止竞争性谈判采购活动，发布项目终止公告并说明原因，重新开展采购活动：

（一）因情况变化，不再符合规定的竞争性谈判采购方式适用情形的；

（二）出现影响采购公正的违法、违规行为的；

（三）在采购过程中符合竞争要求的供应商或者报价未超过采购预算的供应商不足3家的，但本办法第二十七条第二款规定的情形除外。

第四章　单一来源采购

第三十八条　属于政府采购法第三十一条第一项情形，且达到公开招标数额的货物、服务项目，拟采用单一来源采购方式的，采购人、采购代理机构在按照本办法第四条报财政部门批准之前，应当在省级以上财政部门指定媒体上公示，并将公示情况一并报财政部门。公示期不得少于5个工作日，公示内容应当包括：

（一）采购人、采购项目名称和内容；

（二）拟采购的货物或者服务的说明；

（三）采用单一来源采购方式的原因及相关说明；

（四）拟定的唯一供应商名称、地址；

（五）专业人员对相关供应商因专利、专有技术等原因具有唯一性的具体论证意见，以及专业人员的姓名、工作单位和职称；

（六）公示的期限；

（七）采购人、采购代理机构、财政部门的联系地址、联系人和联系电话。

第三十九条　任何供应商、单位或者个人对采用单一来源采购方式公示有异议的，可以在公示期内将书面意见反馈给采购人、采购代理机构，并同时抄送相关财政部门。

第四十条　采购人、采购代理机构收到对采用单一来源采购方式公示的异议后，应当在公示期满后5个工作日内，组织补充论证，论证后认为异议成立的，应当依法采取其他采购方式；论证后认为异议不成立的，应当将异议意见、论证意见与公示情况一并报相关财政部门。

采购人、采购代理机构应当将补充论证的结论告知提出异议的供应商、单位或者个人。

第四十一条　采用单一来源采购方式采购的，采购人、采购代理机构应当组织具有相关经验的专业人员与供应商商定合理的成交价格并保证采购项目质量。

第四十二条 单一来源采购人员应当编写协商情况记录，主要内容包括：

（一）依据本办法第三十八条进行公示的，公示情况说明；

（二）协商日期和地点，采购人员名单；

（三）供应商提供的采购标的成本、同类项目合同价格以及相关专利、专有技术等情况说明；

（四）合同主要条款及价格商定情况。

协商情况记录应当由采购全体人员签字认可。对记录有异议的采购人员，应当签署不同意见并说明理由。采购人员拒绝在记录上签字又不书面说明其不同意见和理由的，视为同意。

第四十三条 出现下列情形之一的，采购人或者采购代理机构应当终止采购活动，发布项目终止公告并说明原因，重新开展采购活动：

（一）因情况变化，不再符合规定的单一来源采购方式适用情形的；

（二）出现影响采购公正的违法、违规行为的；

（三）报价超过采购预算的。

第五章　询　价

第四十四条 询价采购需求中的技术、服务等要求应当完整、明确，符合相关法律、行政法规和政府采购政策的规定。

第四十五条 从询价通知书发出之日起至供应商提交响应文件截止之日止不得少于3个工作日。

提交响应文件截止之日前，采购人、采购代理机构或者询价小组可以对已发出的询价通知书进行必要的澄清或者修改，澄清或者修改的内容作为询价通知书的组成部分。澄清或者修改的内容可能影响响应文件编制的，采购人、采购代理机构或者询价小组应当在提交响应文件截止之日3个工作日前，以书面形式通知所有接收询价通知书的供应商，不足3个工作日的，应当顺延提交响应文件截止之日。

第四十六条 询价小组在询价过程中，不得改变询价通知书所确定的技术和服务等要求、评审程序、评定成交的标准和合同文本等事项。

第四十七条 参加询价采购活动的供应商，应当按照询价通知书的规定一次报出不得更改的价格。

第四十八条 询价小组应当从质量和服务均能满足采购文件实质性响应要求的供应商中，按照报价由低到高的顺序提出3名以上成交候选人，并编写评审报告。

第四十九条 采购代理机构应当在评审结束后2个工作日内将评审报告送采购人确认。

采购人应当在收到评审报告后5个工作日内，从评审报告提出的成交候选人中，根据质量和服务均能满足采购文件实质性响应要求且报价最低的原则确定成交供应商，也可以书面授权询价小组直接确定成交供应商。采购人逾期未确定成交供应商且不提出异议的，视为确定评审报告提出的最后报价最低的供应商为成交供应商。

第五十条 出现下列情形之一的，采购人或者采购代理机构应当终止询价采购活动，发布项目终止公告并说明原因，重新开展采购活动：

（一）因情况变化，不再符合规定的询价采购方式适用情形的；

（二）出现影响采购公正的违法、违规行为的；

（三）在采购过程中符合竞争要求的供应商或者报价未超过采购预算的供应商不足3家的。

第六章　法律责任

第五十一条 采购人、采购代理机构有下列情形之一的，责令限期改正，给予警告；有关法律、行政法规规定处以罚款的，并处罚款；涉嫌犯罪的，依法移送司法机关处理：

（一）未按照本办法规定在指定媒体上发布政府采购信息的；

（二）未按照本办法规定组成谈判小组、询价小组的；

（三）在询价采购过程中与供应商进行协商谈判的；

（四）未按照政府采购法和本办法规定的程序和要求确定成交候选人的；

（五）泄露评审情况以及评审过程中获悉的国家秘密、商业秘密的。

采购代理机构有前款情形之一的，情节严重的，暂停其政府采购代理机构资格3至6个月；情节特别严重或者逾期不改正的，取消其政府采购代理机构资格。

第五十二条 采购人有下列情形之一的，责令限期改正，给予警告；有关法律、行政法规规定处以罚款的，并处罚款：

（一）未按照政府采购法和本办法的规定采用非招标采购方式的；

（二）未按照政府采购法和本办法的规定确定成交供应商的；

（三）未按照采购文件确定的事项签订政府采购合同，或者与成交供应商另行订立背离合同实质性内容的协议的；

（四）未按规定将政府采购合同副本报本级财政部门备案的。

第五十三条　采购人、采购代理机构有本办法第五十一条、第五十二条规定情形之一，且情节严重或者拒不改正的，其直接负责的主管人员和其他直接责任人员属于国家机关工作人员的，由任免机关或者监察机关依法给予处分，并予通报。

第五十四条　成交供应商有下列情形之一的，责令限期改正，情节严重的，列入不良行为记录名单，在1至3年内禁止参加政府采购活动，并予以通报：

（一）未按照采购文件确定的事项签订政府采购合同，或者与采购人另行订立背离合同实质性内容的协议的；

（二）成交后无正当理由不与采购人签订合同的；

（三）拒绝履行合同义务的。

第五十五条　谈判小组、询价小组成员有下列行为之一的，责令改正，给予警告；有关法律、行政法规规定处以罚款的，并处罚款；涉嫌犯罪的，依法移送司法机关处理：

（一）收受采购人、采购代理机构、供应商、其他利害关系人的财物或者其他不正当利益的；

（二）泄露评审情况以及评审过程中获悉的国家秘密、商业秘密的；

（三）明知与供应商有利害关系而不依法回避的；

（四）在评审过程中擅离职守，影响评审程序正常进行的；

（五）在评审过程中有明显不合理或者不正当倾向性的；

（六）未按照采购文件规定的评定成交的标准进行评审的。

评审专家有前款情形之一，情节严重的，取消其政府采购评审专家资格，不得再参加任何政府采购项目的评审，并在财政部门指定的政府采购信息发布媒体上予以公告。

第五十六条　有本办法第五十一条、第五十二条、第五十五条违法行为之一，并且影响或者可能影响成交结果的，应当按照下列情形分别处理：

（一）未确定成交供应商的，终止本次采购活动，依法重新开展采购活动；

（二）已确定成交供应商但采购合同尚未履行的，撤销合同，从合格的成交候选人中另行确定成交供应商，没有合格的成交候选人的，重新开展采购活动；

（三）采购合同已经履行的，给采购人、供应商造成损失的，由责任人依法承担赔偿责任。

第五十七条　政府采购当事人违反政府采购法和本办法规定，给他人造成损失的，应当依照有关民事法律规定承担民事责任。

第五十八条　任何单位或者个人非法干预、影响评审过程或者结果的，责令改正；该单位责任人或者个人属于国家机关工作人员的，由任免机关或者监察机关依法给予处分。

第五十九条　财政部门工作人员在实施监督管理过程中违法干预采购活动或者滥用职权、玩忽职守、徇私舞弊的，依法给予处分；涉嫌犯罪的，依法移送司法机关处理。

第七章　附　则

第六十条　本办法所称主管预算单位是指负有编制部门预算职责，向同级财政部门申报预算的国家机关、事业单位和团体组织。

第六十一条　各省、自治区、直辖市人民政府财政部门可以根据本办法制定具体实施办法。

第六十二条　本办法自2014年2月1日起施行。

政府采购信息发布管理办法

· 2019年11月27日财政部令第101号公布
· 自2020年3月1日起施行

第一条　为了规范政府采购信息发布行为，提高政府采购透明度，根据《中华人民共和国政府采购法》《中华人民共和国政府采购法实施条例》等有关法律、行政法规，制定本办法。

第二条　政府采购信息发布，适用本办法。

第三条　本办法所称政府采购信息，是指依照政府采购有关法律制度规定应予公开的公开招标公告、资格预审公告、单一来源采购公示、中标（成交）结果公告、政府采购合同公告等政府采购项目信息，以及投诉处理结果、监督检查处理结果、集中采购机构考核结果等政府采购监管信息。

第四条　政府采购信息发布应当遵循格式规范统一、渠道相对集中、便于查找获得的原则。

第五条　财政部指导和协调全国政府采购信息发布工作，并依照政府采购法律、行政法规有关规定，对中央预算单位的政府采购信息发布活动进行监督管理。

地方各级人民政府财政部门（以下简称财政部门）对本级预算单位的政府采购信息发布活动进行监督管理。

第六条　财政部对中国政府采购网进行监督管理。省级(自治区、直辖市、计划单列市)财政部门对中国政府采购网省级分网进行监督管理。

第七条　政府采购信息应当按照财政部规定的格式编制。

第八条　中央预算单位政府采购信息应当在中国政府采购网发布,地方预算单位政府采购信息应当在所在行政区域的中国政府采购网省级分网发布。

除中国政府采购网及其省级分网以外,政府采购信息可以在省级以上财政部门指定的其他媒体同步发布。

第九条　财政部门、采购人和其委托的采购代理机构(以下统称发布主体)应当对其提供的政府采购信息的真实性、准确性、合法性负责。

中国政府采购网及其省级分网和省级以上财政部门指定的其他媒体(以下统称指定媒体)应当对其收到的政府采购信息发布的及时性、完整性负责。

第十条　发布主体发布政府采购信息不得有虚假和误导性陈述,不得遗漏依法必须公开的事项。

第十一条　发布主体应当确保其在不同媒体发布的同一政府采购信息内容一致。

在不同媒体发布的同一政府采购信息内容、时间不一致的,以在中国政府采购网或者其省级分网发布的信息为准。同时在中国政府采购网和省级分网发布的,以在中国政府采购网上发布的信息为准。

第十二条　指定媒体应当采取必要措施,对政府采购信息发布主体的身份进行核验。

第十三条　指定媒体应当及时发布收到的政府采购信息。

中国政府采购网或者其省级分网应当自收到政府采购信息起1个工作日内发布。

第十四条　指定媒体应当加强安全防护,确保发布的政府采购信息不被篡改、不遗漏,不得擅自删除或者修改信息内容。

第十五条　指定媒体应当向发布主体免费提供信息发布服务,不得向市场主体和社会公众收取信息查阅费用。

第十六条　采购人或者其委托的采购代理机构未依法在指定媒体上发布政府采购项目信息的,依照政府采购法实施条例第六十八条追究法律责任。

采购人或者其委托的采购代理机构存在其他违反本办法规定行为的,由县级以上财政部门依法责令限期改正,给予警告,对直接负责的主管人员和其他直接责任人员,建议其行政主管部门或者有关机关依法依规处理,并予通报。

第十七条　指定媒体违反本办法规定的,由实施指定行为的省级以上财政部门依法责令限期改正,对直接负责的主管人员和其他直接责任人员,建议其行政主管部门或者有关机关依法依规处理,并予通报。

第十八条　财政部门及其工作人员在政府采购信息发布活动中存在懒政怠政、滥用职权、玩忽职守、徇私舞弊等违法违纪行为的,依照《中华人民共和国政府采购法》《中华人民共和国公务员法》《中华人民共和国监察法》《中华人民共和国政府采购法实施条例》等国家有关规定追究相应责任;涉嫌犯罪的,依法移送有关国家机关处理。

第十九条　涉密政府采购项目信息发布,依照国家有关规定执行。

第二十条　省级财政部门可以根据本办法制定具体实施办法。

第二十一条　本办法自2020年3月1日起施行。财政部2004年9月11日颁布实施的《政府采购信息公告管理办法》(财政部令第19号)同时废止。

政府采购评审专家管理办法

- 2016年11月18日
- 财库〔2016〕198号

第一章　总　则

第一条　为加强政府采购评审活动管理,规范政府采购评审专家(以下简称评审专家)评审行为,根据《中华人民共和国政府采购法》(以下简称《政府采购法》)、《中华人民共和国政府采购法实施条例》(以下简称《政府采购法实施条例》)等法律法规及有关规定,制定本办法。

第二条　本办法所称评审专家,是指经省级以上人民政府财政部门选聘,以独立身份参加政府采购评审,纳入评审专家库管理的人员。评审专家选聘、解聘、抽取、使用、监督管理适用本办法。

第三条　评审专家实行统一标准、管用分离、随机抽取的管理原则。

第四条　财政部负责制定全国统一的评审专家专业分类标准和评审专家库建设标准,建设管理国家评审专家库。

省级人民政府财政部门负责建设本地区评审专家库并实行动态管理,与国家评审专家库互联互通、资源共享。

各级人民政府财政部门依法履行对评审专家的监督管理职责。

第二章 评审专家选聘与解聘

第五条 省级以上人民政府财政部门通过公开征集、单位推荐和自我推荐相结合的方式选聘评审专家。

第六条 评审专家应当具备以下条件：

（一）具有良好的职业道德、廉洁自律、遵纪守法，无行贿、受贿、欺诈等不良信用记录；

（二）具有中级专业技术职称或同等专业水平且从事相关领域工作满8年，或者具有高级专业技术职称或同等专业水平；

（三）熟悉政府采购相关政策法规；

（四）承诺以独立身份参加评审工作，依法履行评审专家工作职责并承担相应法律责任的中国公民；

（五）不满70周岁，身体健康，能够承担评审工作；

（六）申请成为评审专家前三年内，无本办法第二十九条规定的不良行为记录。

对评审专家数量较少的专业，前款第（二）项、第（五）项所列条件可以适当放宽。

第七条 符合本办法第六条规定条件，自愿申请成为评审专家的人员（以下简称申请人），应当提供以下申请材料：

（一）个人简历、本人签署的申请书和承诺书；

（二）学历学位证书、专业技术职称证书或者具有同等专业水平的证明材料；

（三）证明本人身份的有效证件；

（四）本人认为需要申请回避的信息；

（五）省级以上人民政府财政部门规定的其他材料。

第八条 申请人应当根据本人专业或专长申报评审专业。

第九条 省级以上人民政府财政部门对申请人提交的申请材料、申报的评审专业和信用信息进行审核，符合条件的选聘为评审专家，纳入评审专家库管理。

第十条 评审专家工作单位、联系方式、专业技术职称、需要回避的信息等发生变化的，应当及时向相关省级以上人民政府财政部门申请变更相关信息。

第十一条 评审专家存在以下情形之一的，省级以上人民政府财政部门应当将其解聘：

（一）不符合本办法第六条规定条件；

（二）本人申请不再担任评审专家；

（三）存在本办法第二十九条规定的不良行为记录；

（四）受到刑事处罚。

第三章 评审专家抽取与使用

第十二条 采购人或者采购代理机构应当从省级以上人民政府财政部门设立的评审专家库中随机抽取评审专家。

评审专家库中相关专家数量不能保证随机抽取需要的，采购人或者采购代理机构可以推荐符合条件的人员，经审核选聘入库后再随机抽取使用。

第十三条 技术复杂、专业性强的采购项目，通过随机方式难以确定合适评审专家的，经主管预算单位同意，采购人可以自行选定相应专业领域的评审专家。

自行选定评审专家的，应当优先选择本单位以外的评审专家。

第十四条 除采用竞争性谈判、竞争性磋商方式采购，以及异地评审的项目外，采购人或者采购代理机构抽取评审专家的开始时间原则上不得早于评审活动开始前2个工作日。

第十五条 采购人或者采购代理机构应当在评审活动开始前宣布评审工作纪律，并将记载评审工作纪律的书面文件作为采购文件一并存档。

第十六条 评审专家与参加采购活动的供应商存在下列利害关系之一的，应当回避：

（一）参加采购活动前三年内，与供应商存在劳动关系，或者担任过供应商的董事、监事，或者是供应商的控股股东或实际控制人；

（二）与供应商的法定代表人或者负责人有夫妻、直系血亲、三代以内旁系血亲或者近姻亲关系；

（三）与供应商有其他可能影响政府采购活动公平、公正进行的关系。

评审专家发现本人与参加采购活动的供应商有利害关系的，应当主动提出回避。采购人或者采购代理机构发现评审专家与参加采购活动的供应商有利害关系的，应当要求其回避。

除本办法第十三条规定的情形外，评审专家对本单位的政府采购项目只能作为采购人代表参与评审活动。

各级财政部门政府采购监督管理工作人员，不得作为评审专家参与政府采购项目的评审活动。

第十七条 出现评审专家缺席、回避等情形导致评审现场专家数量不符合规定的，采购人或者采购代理机构应当及时补抽评审专家，或者经采购人主管预算单位同意自行选定补足评审专家。无法及时补足评审专家的，采购人或者采购代理机构应当立即停止评审工作，妥善保存采购文件，依法重新组建评标委员会、谈判小组、询价小组、磋商小组进行评审。

第十八条　评审专家应当严格遵守评审工作纪律，按照客观、公正、审慎的原则，根据采购文件规定的评审程序、评审方法和评审标准进行独立评审。

评审专家发现采购文件内容违反国家有关强制性规定或者采购文件存在歧义、重大缺陷导致评审工作无法进行时，应当停止评审并向采购人或者采购代理机构书面说明情况。

评审专家应当配合答复供应商的询问、质疑和投诉等事项，不得泄露评审文件、评审情况和在评审过程中获悉的商业秘密。

评审专家发现供应商具有行贿、提供虚假材料或者串通等违法行为的，应当及时向财政部门报告。

评审专家在评审过程中受到非法干预的，应当及时向财政、监察等部门举报。

第十九条　评审专家应当在评审报告上签字，对自己的评审意见承担法律责任。对需要共同认定的事项存在争议的，按照少数服从多数的原则做出结论。对评审报告有异议的，应当在评审报告上签署不同意见并说明理由，否则视为同意评审报告。

第二十条　评审专家名单在评审结果公告前应当保密。评审活动完成后，采购人或者采购代理机构应当随中标、成交结果一并公告评审专家名单，并对自行选定的评审专家做出标注。

各级财政部门、采购人和采购代理机构有关工作人员不得泄露评审专家的个人情况。

第二十一条　采购人或者采购代理机构应当于评审活动结束后5个工作日内，在政府采购信用评价系统中记录评审专家的职责履行情况。

评审专家可以在政府采购信用评价系统中查询本人职责履行情况记录，并就有关情况作出说明。

省级以上人民政府财政部门可根据评审专家履职情况等因素设置阶梯抽取概率。

第二十二条　评审专家应当于评审活动结束后5个工作日内，在政府采购信用评价系统中记录采购人或者采购代理机构的职责履行情况。

第二十三条　集中采购目录内的项目，由集中采购机构支付评审专家劳务报酬；集中采购目录外的项目，由采购人支付评审专家劳务报酬。

第二十四条　省级人民政府财政部门应当根据实际情况，制定本地区评审专家劳务报酬标准。中央预算单位参照本单位所在地或评审活动所在地标准支付评审专家劳务报酬。

第二十五条　评审专家参加异地评审的，其往返的城市间交通费、住宿费等实际发生的费用，可参照采购人执行的差旅费管理办法相应标准向采购人或集中采购机构凭据报销。

第二十六条　评审专家未完成评审工作擅自离开评审现场，或者在评审活动中有违法违规行为的，不得获取劳务报酬和报销异地评审差旅费。评审专家以外的其他人员不得获取评审劳务报酬。

第四章　评审专家监督管理

第二十七条　评审专家未按照采购文件规定的评审程序、评审方法和评审标准进行独立评审或者泄露评审文件、评审情况的，由财政部门给予警告，并处2000元以上2万元以下的罚款；影响中标、成交结果的，处2万元以上5万元以下的罚款，禁止其参加政府采购评审活动。

评审专家与供应商存在利害关系未回避的，处2万元以上5万元以下的罚款，禁止其参加政府采购评审活动。

评审专家收受采购人、采购代理机构、供应商贿赂或者获取其他不正当利益，构成犯罪的，依法追究刑事责任；尚不构成犯罪的，处2万元以上5万元以下的罚款，禁止其参加政府采购评审活动。

评审专家有上述违法行为的，其评审意见无效；有违法所得的，没收违法所得；给他人造成损失的，依法承担民事责任。

第二十八条　采购人、采购代理机构发现评审专家有违法违规行为的，应当及时向采购人本级财政部门报告。

第二十九条　申请人或评审专家有下列情形的，列入不良行为记录：

（一）未按照采购文件规定的评审程序、评审方法和评审标准进行独立评审；

（二）泄露评审文件、评审情况；

（三）与供应商存在利害关系未回避；

（四）收受采购人、采购代理机构、供应商贿赂或者获取其他不正当利益；

（五）提供虚假申请材料；

（六）拒不履行配合答复供应商询问、质疑、投诉等法定义务；

（七）以评审专家身份从事有损政府采购公信力的活动。

第三十条　采购人或者采购代理机构未按照本办法规定抽取和使用评审专家的，依照《政府采购法》及有关法律法规追究法律责任。

第三十一条 财政部门工作人员在评审专家管理工作中存在滥用职权、玩忽职守、徇私舞弊等违法违纪行为的，依照《政府采购法》《公务员法》《行政监察法》《政府采购法实施条例》等国家有关规定追究相应责任；涉嫌犯罪，移送司法机关处理。

第五章 附 则

第三十二条 参加评审活动的采购人代表、采购人依法自行选定的评审专家管理参照本办法执行。

第三十三条 国家对评审专家抽取、选定另有规定的，从其规定。

第三十四条 各省级人民政府财政部门，可以根据本办法规定，制定具体实施办法。

第三十五条 本办法由财政部负责解释。

第三十六条 本办法自2017年1月1日起施行。财政部、监察部2003年11月17日发布的《政府采购评审专家管理办法》(财库〔2003〕119号)同时废止。

政府采购质疑和投诉办法

- 2017年12月26日财政部令第94号公布
- 自2018年3月1日起施行

第一章 总 则

第一条 为了规范政府采购质疑和投诉行为，保护参加政府采购活动当事人的合法权益，根据《中华人民共和国政府采购法》《中华人民共和国政府采购法实施条例》和其他有关法律法规规定，制定本办法。

第二条 本办法适用于政府采购质疑的提出和答复、投诉的提起和处理。

第三条 政府采购供应商（以下简称供应商）提出质疑和投诉应当坚持依法依规、诚实信用原则。

第四条 政府采购质疑答复和投诉处理应当坚持依法依规、权责对等、公平公正、简便高效原则。

第五条 采购人负责供应商质疑答复。采购人委托采购代理机构采购的，采购代理机构在委托授权范围内作出答复。

县级以上各级人民政府财政部门（以下简称财政部门）负责依法处理供应商投诉。

第六条 供应商投诉按照采购人所属预算级次，由本级财政部门处理。

跨区域联合采购项目的投诉，采购人所属预算级次相同的，由采购文件事先约定的财政部门负责处理，事先未约定的，由最先收到投诉的财政部门负责处理；采购人所属预算级次不同的，由预算级次最高的财政部门负责处理。

第七条 采购人、采购代理机构应当在采购文件中载明接收质疑函的方式、联系部门、联系电话和通讯地址等信息。

县级以上财政部门应当在省级以上财政部门指定的政府采购信息发布媒体公布受理投诉的方式、联系部门、联系电话和通讯地址等信息。

第八条 供应商可以委托代理人进行质疑和投诉。其授权委托书应当载明代理人的姓名或者名称、代理事项、具体权限、期限和相关事项。供应商为自然人的，应当由本人签字；供应商为法人或者其他组织的，应当由法定代表人、主要负责人签字或者盖章，并加盖公章。

代理人提出质疑和投诉，应当提交供应商签署的授权委托书。

第九条 以联合体形式参加政府采购活动的，其投诉应当由组成联合体的所有供应商共同提出。

第二章 质疑提出与答复

第十条 供应商认为采购文件、采购过程、中标或者成交结果使自己的权益受到损害的，可以在知道或者应知其权益受到损害之日起7个工作日内，以书面形式向采购人、采购代理机构提出质疑。

采购文件可以要求供应商在法定质疑期内一次性提出针对同一采购程序环节的质疑。

第十一条 提出质疑的供应商（以下简称质疑供应商）应当是参与所质疑项目采购活动的供应商。

潜在供应商已依法获取其可质疑的采购文件的，可以对该文件提出质疑。对采购文件提出质疑的，应当在获取采购文件或者采购文件公告期限届满之日起7个工作日内提出。

第十二条 供应商提出质疑应当提交质疑函和必要的证明材料。质疑函应当包括下列内容：

（一）供应商的姓名或者名称、地址、邮编、联系人及联系电话；

（二）质疑项目的名称、编号；

（三）具体、明确的质疑事项和与质疑事项相关的请求；

（四）事实依据；

（五）必要的法律依据；

（六）提出质疑的日期。

供应商为自然人的，应当由本人签字；供应商为法人或者其他组织的，应当由法定代表人、主要负责人，或者其授权代表签字或者盖章，并加盖公章。

第十三条 采购人、采购代理机构不得拒收质疑供应商在法定质疑期内发出的质疑函，应当在收到质疑函后7个工作日内作出答复，并以书面形式通知质疑供应商和其他有关供应商。

第十四条　供应商对评审过程、中标或者成交结果提出质疑的，采购人、采购代理机构可以组织原评标委员会、竞争性谈判小组、询价小组或者竞争性磋商小组协助答复质疑。

第十五条　质疑答复应当包括下列内容：
（一）质疑供应商的姓名或者名称；
（二）收到质疑函的日期、质疑项目名称及编号；
（三）质疑事项、质疑答复的具体内容、事实依据和法律依据；
（四）告知质疑供应商依法投诉的权利；
（五）质疑答复人名称；
（六）答复质疑的日期。
质疑答复的内容不得涉及商业秘密。

第十六条　采购人、采购代理机构认为供应商质疑不成立，或者成立但未对中标、成交结果构成影响的，继续开展采购活动；认为供应商质疑成立且影响或者可能影响中标、成交结果的，按下列情况处理：
（一）对采购文件提出的质疑，依法通过澄清或者修改可以继续开展采购活动的，澄清或者修改采购文件后继续开展采购活动；否则应当修改采购文件后重新开展采购活动。
（二）对采购过程、中标或者成交结果提出的质疑，合格供应商符合法定数量时，可以从合格的中标或者成交候选人中另行确定中标、成交供应商的，应当依法另行确定中标、成交供应商；否则应当重新开展采购活动。
质疑答复导致中标、成交结果改变的，采购人或者采购代理机构应当将有关情况书面报告本级财政部门。

第三章　投诉提起

第十七条　质疑供应商对采购人、采购代理机构的答复不满意，或者采购人、采购代理机构未在规定时间内作出答复的，可以在答复期满后15个工作日内向本办法第六条规定的财政部门提起投诉。

第十八条　投诉人投诉时，应当提交投诉书和必要的证明材料，并按照被投诉采购人、采购代理机构（以下简称被投诉人）和与投诉事项有关的供应商数量提供投诉书的副本。投诉书应当包括下列内容：
（一）投诉人和被投诉人的姓名或者名称、通讯地址、邮编、联系人及联系电话；
（二）质疑和质疑答复情况说明及相关证明材料；
（三）具体、明确的投诉事项和与投诉事项相关的投诉请求；
（四）事实依据；
（五）法律依据；
（六）提起投诉的日期。
投诉人为自然人的，应当由本人签字；投诉人为法人或者其他组织的，应当由法定代表人、主要负责人，或者其授权代表签字或者盖章，并加盖公章。

第十九条　投诉人应当根据本办法第七条第二款规定的信息内容，并按照其规定的方式提起投诉。
投诉人提起投诉应当符合下列条件：
（一）提起投诉前已依法进行质疑；
（二）投诉书内容符合本办法的规定；
（三）在投诉有效期限内提起投诉；
（四）同一投诉事项未经财政部门投诉处理；
（五）财政部规定的其他条件。

第二十条　供应商投诉的事项不得超出已质疑事项的范围，但基于质疑答复内容提出的投诉事项除外。

第四章　投诉处理

第二十一条　财政部门收到投诉书后，应当在5个工作日内进行审查，审查后按照下列情况处理：
（一）投诉书内容不符合本办法第十八条规定的，应当在收到投诉书5个工作日内一次性书面通知投诉人补正。补正通知应当载明需要补正的事项和合理的补正期限。未按照补正期限进行补正或者补正后仍不符合规定的，不予受理。
（二）投诉不符合本办法第十九条规定条件的，应当在3个工作日内书面告知投诉人不予受理，并说明理由。
（三）投诉不属于本部门管辖的，应当在3个工作日内书面告知投诉人向有管辖权的部门提起投诉。
（四）投诉符合本办法第十八条、第十九条规定的，自收到投诉书之日起即为受理，并在收到投诉后8个工作日内向被投诉人和其他与投诉事项有关的当事人发出投诉答复通知书及投诉书副本。

第二十二条　被投诉人和其他与投诉事项有关的当事人应当在收到投诉答复通知书及投诉书副本之日起5个工作日内，以书面形式向财政部门作出说明，并提交相关证据、依据和其他有关材料。

第二十三条　财政部门处理投诉事项原则上采用书面审查的方式。财政部门认为有必要时，可以进行调查取证或者组织质证。

财政部门可以根据法律、法规规定或者职责权限，委托相关单位或者第三方开展调查取证、检验、检测、鉴定。

质证应当通知相关当事人到场，并制作质证笔录。质证笔录应当由当事人签字确认。

第二十四条 财政部门依法进行调查取证时，投诉人、被投诉人以及与投诉事项有关的单位及人员应当如实反映情况，并提供财政部门所需要的相关材料。

第二十五条 应当由投诉人承担举证责任的投诉事项，投诉人未提供相关证据、依据和其他有关材料的，视为该投诉事项不成立；被投诉人未按照投诉答复通知书要求提交相关证据、依据和其他有关材料的，视同其放弃说明权利，依法承担不利后果。

第二十六条 财政部门应当自收到投诉之日起30个工作日内，对投诉事项作出处理决定。

第二十七条 财政部门处理投诉事项，需要检验、检测、鉴定、专家评审以及需要投诉人补正材料的，所需时间不计算在投诉处理期限内。

前款所称所需时间，是指财政部门向相关单位、第三方、投诉人发出相关文书、补正通知之日至收到相关反馈文书或材料之日。

财政部门向相关单位、第三方开展检验、检测、鉴定、专家评审的，应当将所需时间告知投诉人。

第二十八条 财政部门在处理投诉事项期间，可以视具体情况书面通知采购人和采购代理机构暂停采购活动，暂停采购活动时间最长不得超过30日。

采购人和采购代理机构收到暂停采购活动通知后应当立即中止采购活动，在法定的暂停期限结束前或者财政部门发出恢复采购活动通知前，不得进行该项采购活动。

第二十九条 投诉处理过程中，有下列情形之一的，财政部门应当驳回投诉：

（一）受理后发现投诉不符合法定受理条件；

（二）投诉事项缺乏事实依据，投诉事项不成立；

（三）投诉人捏造事实或者提供虚假材料；

（四）投诉人以非法手段取得证明材料。证据来源的合法性存在明显疑问，投诉人无法证明其取得方式合法的，视为以非法手段取得证明材料。

第三十条 财政部门受理投诉后，投诉人书面申请撤回投诉的，财政部门应当终止投诉处理程序，并书面告知相关当事人。

第三十一条 投诉人对采购文件提起的投诉事项，财政部门经查证属实的，应当认定投诉事项成立。经认定成立的投诉事项不影响采购结果的，继续开展采购活动；影响或者可能影响采购结果的，财政部门按照下列情况处理：

（一）未确定中标或者成交供应商的，责令重新开展采购活动。

（二）已确定中标或者成交供应商但尚未签订政府采购合同的，认定中标或者成交结果无效，责令重新开展采购活动。

（三）政府采购合同已经签订但尚未履行的，撤销合同，责令重新开展采购活动。

（四）政府采购合同已经履行，给他人造成损失的，相关当事人可依法提起诉讼，由责任人承担赔偿责任。

第三十二条 投诉人对采购过程或者采购结果提起的投诉事项，财政部门经查证属实的，应当认定投诉事项成立。经认定成立的投诉事项不影响采购结果的，继续开展采购活动；影响或者可能影响采购结果的，财政部门按照下列情况处理：

（一）未确定中标或者成交供应商的，责令重新开展采购活动。

（二）已确定中标或者成交供应商但尚未签订政府采购合同的，认定中标或者成交结果无效。合格供应商符合法定数量时，可以从合格的中标或者成交候选人中另行确定中标或者成交供应商的，应当要求采购人依法另行确定中标、成交供应商；否则责令重新开展采购活动。

（三）政府采购合同已经签订但尚未履行的，撤销合同。合格供应商符合法定数量时，可以从合格的中标或者成交候选人中另行确定中标或者成交供应商的，应当要求采购人依法另行确定中标、成交供应商；否则责令重新开展采购活动。

（四）政府采购合同已经履行，给他人造成损失的，相关当事人可依法提起诉讼，由责任人承担赔偿责任。

投诉人对废标行为提起的投诉事项成立的，财政部门应当认定废标行为无效。

第三十三条 财政部门作出处理决定，应当制作投诉处理决定书，并加盖公章。投诉处理决定书应当包括下列内容：

（一）投诉人和被投诉人的姓名或者名称、通讯地址等；

（二）处理决定查明的事实和相关依据，具体处理决定和法律依据；

（三）告知相关当事人申请行政复议的权利、行政复议机关和行政复议申请期限，以及提起行政诉讼的权利和起诉期限；

（四）作出处理决定的日期。

第三十四条　财政部门应当将投诉处理决定书送达投诉人和与投诉事项有关的当事人，并及时将投诉处理结果在省级以上财政部门指定的政府采购信息发布媒体上公告。

投诉处理决定书的送达，参照《中华人民共和国民事诉讼法》关于送达的规定执行。

第三十五条　财政部门应当建立投诉处理档案管理制度，并配合有关部门依法进行的监督检查。

第五章　法律责任

第三十六条　采购人、采购代理机构有下列情形之一的，由财政部门责令限期改正；情节严重的，给予警告，对直接负责的主管人员和其他直接责任人员，由其行政主管部门或者有关机关给予处分，并予通报：

（一）拒收质疑供应商在法定质疑期内发出的质疑函；

（二）对质疑不予答复或者答复与事实明显不符，并不能作出合理说明；

（三）拒绝配合财政部门处理投诉事宜。

第三十七条　投诉人在全国范围12个月内三次以上投诉查无实据的，由财政部门列入不良行为记录名单。

投诉人有下列行为之一的，属于虚假、恶意投诉，由财政部门列入不良行为记录名单，禁止其1至3年内参加政府采购活动：

（一）捏造事实；

（二）提供虚假材料；

（三）以非法手段取得证明材料。证据来源的合法性存在明显疑问，投诉人无法证明其取得方式合法的，视为以非法手段取得证明材料。

第三十八条　财政部门及其工作人员在履行投诉处理职责中违反本办法规定及存在其他滥用职权、玩忽职守、徇私舞弊等违法违纪行为的，依照《中华人民共和国政府采购法》《中华人民共和国公务员法》《中华人民共和国行政监察法》《中华人民共和国政府采购法实施条例》等国家有关规定追究相应责任；涉嫌犯罪的，依法移送司法机关处理。

第六章　附　则

第三十九条　质疑函和投诉书应当使用中文。质疑函和投诉书的范本，由财政部制定。

第四十条　相关当事人提供外文书证或者外国语视听资料的，应当附有中文译本，由翻译机构盖章或者翻译人员签名。

相关当事人向财政部门提供的在中华人民共和国领域外形成的证据，应当说明来源，经所在国公证机关证明，并经中华人民共和国驻该国使领馆认证，或者履行中华人民共和国与证据所在国订立的有关条约中规定的证明手续。

相关当事人提供的在香港特别行政区、澳门特别行政区和台湾地区内形成的证据，应当履行相关的证明手续。

第四十一条　财政部门处理投诉不得向投诉人和被投诉人收取任何费用。但因处理投诉发生的第三方检验、检测、鉴定等费用，由提出申请的供应商先行垫付。投诉处理决定明确双方责任后，按照"谁过错谁负担"的原则由承担责任的一方负担；双方都有责任的，由双方合理分担。

第四十二条　本办法规定的期间开始之日，不计算在期间内。期间届满的最后一日是节假日的，以节假日后的第一日为期间届满的日期。期间不包括在途时间，质疑和投诉文书在期满前交邮的，不算过期。

本办法规定的"以上""以下"均含本数。

第四十三条　对在质疑答复和投诉处理过程中知悉的国家秘密、商业秘密、个人隐私和依法不予公开的信息，财政部门、采购人、采购代理机构等相关知情人应当保密。

第四十四条　省级财政部门可以根据本办法制定具体实施办法。

第四十五条　本办法自2018年3月1日起施行。财政部2004年8月11日发布的《政府采购供应商投诉处理办法》（财政部令第20号）同时废止。

政府采购代理机构管理暂行办法

·2018年1月4日
·财库〔2018〕2号

第一章　总　则

第一条　为加强政府采购代理机构监督管理，促进政府采购代理机构规范发展，根据《中华人民共和国政府采购法》《中华人民共和国政府采购法实施条例》等法律法规，制定本办法。

第二条　本办法所称政府采购代理机构（以下简称代理机构）是指集中采购机构以外、受采购人委托从事政府采购代理业务的社会中介机构。

第三条　代理机构的名录登记、从业管理、信用评价及监督检查适用本办法。

第四条　各级人民政府财政部门（以下简称财政部门）依法对代理机构从事政府采购代理业务进行监督管理。

第五条　财政部门应当加强对代理机构的政府采购

业务培训，不断提高代理机构专业化水平。鼓励社会力量开展培训，增强代理机构业务能力。

第二章 名录登记

第六条 代理机构实行名录登记管理。省级财政部门依托中国政府采购网省级分网（以下简称省级分网）建立政府采购代理机构名录（以下简称名录）。名录信息全国共享并向社会公开。

第七条 代理机构应当通过工商登记注册地（以下简称注册地）省级分网填报以下信息申请进入名录，并承诺对信息真实性负责：

（一）代理机构名称、统一社会信用代码、办公场所地址、联系电话等机构信息；

（二）法定代表人及专职从业人员有效身份证明等个人信息；

（三）内部监督管理制度；

（四）在自有场所组织评审工作的，应当提供评审场所地址、监控设备设施情况；

（五）省级财政部门要求提供的其他材料。

登记信息发生变更的，代理机构应当在信息变更之日起10个工作日内自行更新。

第八条 代理机构登记信息不完整的，财政部门应当及时告知其完善登记资料；代理机构登记信息完整清晰的，财政部门应当及时为其开通相关政府采购管理交易系统信息发布、专家抽取等操作权限。

第九条 代理机构在其注册地省级行政区划以外从业的，应当向从业地财政部门申请开通政府采购管理交易系统相关操作权限，从业地财政部门不得要求其重复提交登记材料，不得强制要求其在从业地设立分支机构。

第十条 代理机构注销时，应当向相关采购人移交档案，并及时向注册地所在省级财政部门办理名录注销手续。

第三章 从业管理

第十一条 代理机构代理政府采购业务应当具备以下条件：

（一）具有独立承担民事责任的能力；

（二）建立完善的政府采购内部监督管理制度；

（三）拥有不少于5名熟悉政府采购法律法规、具备编制采购文件和组织采购活动等相应能力的专职从业人员；

（四）具备独立办公场所和代理政府采购业务所必需的办公条件；

（五）在自有场所组织评审工作的，应当具备必要的评审场地和录音录像等监控设备设施并符合省级人民政府规定的标准。

第十二条 采购人应当根据项目特点、代理机构专业领域和综合信用评价结果，从名录中自主择优选择代理机构。

任何单位和个人不得以摇号、抽签、遴选等方式干预采购人自行选择代理机构。

第十三条 代理机构受采购人委托办理采购事宜，应当与采购人签订委托代理协议，明确采购代理范围、权限、期限、档案保存、代理费用收取方式及标准、协议解除及终止、违约责任等具体事项，约定双方权利义务。

第十四条 代理机构应当严格按照委托代理协议的约定依法依规开展政府采购代理业务，相关开标及评审活动应当全程录音录像，录音录像应当清晰可辨，音像资料作为采购文件一并存档。

第十五条 代理费用可以由中标、成交供应商支付，也可由采购人支付。由中标、成交供应商支付的，供应商报价应当包含代理费用。代理费用超过分散采购限额标准的，原则上由中标、成交供应商支付。

代理机构应当在采购文件中明示代理费用收取方式及标准，随中标、成交结果一并公开本项目收费情况，包括具体收费标准及收费金额等。

第十六条 采购人和代理机构在委托代理协议中约定由代理机构负责保存采购文件的，代理机构应当妥善保存采购文件，不得伪造、变造、隐匿或者销毁采购文件。采购文件的保存期限为从采购结束之日起至少十五年。

采购文件可以采用电子档案方式保存。采用电子档案方式保存采购文件的，相关电子档案应当符合《中华人民共和国档案法》《中华人民共和国电子签名法》等法律法规的要求。

第四章 信用评价及监督检查

第十七条 财政部门负责组织开展代理机构综合信用评价工作。采购人、供应商和评审专家根据代理机构的从业情况对代理机构的代理活动进行综合信用评价。综合信用评价结果应当全国共享。

第十八条 采购人、评审专家应当在采购活动或评审活动结束后5个工作日内，在政府采购信用评价系统中记录代理机构的职责履行情况。

供应商可以在采购活动结束后5个工作日内，在政府采购信用评价系统中记录代理机构的职责履行情况。

代理机构可以在政府采购信用评价系统中查询本机

构的职责履行情况，并就有关情况作出说明。

第十九条 财政部门应当建立健全定向抽查和不定向抽查相结合的随机抽查机制。对存在违法违规线索的政府采购项目开展定向检查；对日常监管事项，通过随机抽取检查对象、随机选派执法检查人员等方式开展不定向检查。

财政部门可以根据综合信用评价结果合理优化对代理机构的监督检查频次。

第二十条 财政部门应当依法加强对代理机构的监督检查，监督检查包括以下内容：

（一）代理机构名录信息的真实性；

（二）委托代理协议的签订和执行情况；

（三）采购文件编制与发售、评审组织、信息公告发布、评审专家抽取及评价情况；

（四）保证金收取及退还情况，中标或者成交供应商的通知情况；

（五）受托签订政府采购合同、协助采购人组织验收情况；

（六）答复供应商质疑、配合财政部门处理投诉情况；

（七）档案管理情况；

（八）其他政府采购从业情况。

第二十一条 对代理机构的监督检查结果应当在省级以上财政部门指定的政府采购信息发布媒体向社会公开。

第二十二条 受到财政部门禁止代理政府采购业务处罚的代理机构，应当及时停止代理业务，已经签订委托代理协议的项目，按下列情况分别处理：

（一）尚未开始执行的项目，应当及时终止委托代理协议；

（二）已经开始执行的项目，可以终止的应当及时终止，确因客观原因无法终止的应当妥善做好善后工作。

第二十三条 代理机构及其工作人员违反政府采购法律法规的行为，依照政府采购法律法规进行处理；涉嫌犯罪，依法移送司法机关处理。

代理机构的违法行为给他人造成损失的，依法承担民事责任。

第二十四条 财政部门工作人员在代理机构管理中存在滥用职权、玩忽职守、徇私舞弊等违法违纪行为的，依照《中华人民共和国政府采购法》《中华人民共和国公务员法》《中华人民共和国行政监察法》《中华人民共和国政府采购法实施条例》等国家有关规定追究相关责任；涉嫌犯罪的，依法移送司法机关处理。

第五章 附 则

第二十五条 政府采购行业协会按照依法制定的章程开展活动，加强代理机构行业自律。

第二十六条 省级财政部门可根据本办法规定制定具体实施办法。

第二十七条 本办法自2018年3月1日施行。

中央预算单位变更政府采购方式审批管理办法

· 2015年1月15日
· 财库〔2015〕36号

第一章 总 则

第一条 为了加强中央预算单位政府采购管理，规范中央预算单位变更政府采购方式审批管理工作，根据《中华人民共和国政府采购法》、《政府采购非招标采购方式管理办法》及政府采购相关制度规定，制定本办法。

第二条 中央预算单位达到公开招标数额标准的货物、服务采购项目，需要采用公开招标以外采购方式的，应当在采购活动开始前，按照本办法规定申请变更政府采购方式。

本办法所称公开招标以外的采购方式，是指邀请招标、竞争性谈判、竞争性磋商、单一来源采购、询价以及财政部认定的其他采购方式。

第三条 变更政府采购方式申请应当由中央主管预算单位向财政部提出。财政部应当按照政府采购法和本办法规定进行审批。

第四条 中央主管预算单位应当加强对本部门所属预算单位变更政府采购方式工作的指导和监督。中央预算单位应当提交完整、明确、合规的申请材料，并对申请材料的真实性负责。

第二章 变更方式申请

第五条 中央预算单位应当建立和完善采购方式变更内部管理制度，明确采购、财务、业务相关部门（岗位）责任。业务部门应当结合工作实际，根据经费预算和资产配置等采购标准，提出合理采购需求。采购部门（岗位）应当组织财务、业务等相关部门（岗位），根据采购需求和相关行业、产业发展状况，对拟申请采用采购方式的理由及必要性进行内部会商。会商意见应当由相关部门（岗位）人员共同签字认可。

第六条 中央预算单位申请单一来源采购方式，符合政府采购法第三十一条第一项情形的，在进行单位内部会商前，应先组织3名以上专业人员对只能从唯一供应商处采购的理由进行论证。专业人员论证意见应当完整、清晰和明确,意见不明确或者含混不清的,属于无效意见,不作为审核依据。专业人员论证意见中应当载明专业人员姓名、工作单位、职称、联系电话和身份证号码。专业人员不能与论证项目有直接利害关系,不能是本单位或者潜在供应商及其关联单位的工作人员。

第七条 中央预算单位申请采用公开招标以外采购方式的,应当提交以下材料:

(一)中央主管预算单位出具的变更采购方式申请公文,公文中应当载明以下内容:中央预算单位名称、采购项目名称、项目概况等项目基本情况说明,拟申请采用的采购方式和理由,联系人及联系电话等。申请变更为单一来源采购方式的,还需提供拟定的唯一供应商名称、地址;

(二)项目预算金额、预算批复文件或者资金来源证明;

(三)单位内部会商意见。申请变更为单一来源采购方式的,如符合政府采购法第三十一条第一项情形,还需提供专业人员论证意见。

第八条 非中央预算单位所能预见的原因或者非中央预算单位拖延造成采用招标所需时间不能满足需要而申请变更采购方式的,中央预算单位应当提供项目紧急原因的说明材料。

第九条 中央预算单位因采购任务涉及国家秘密需要变更采购方式的,应当提供由国家保密机关出具的本项目为涉密采购项目的证明文件。

第十条 中央预算单位符合《政府采购非招标采购方式管理办法》第二十七条第一款第一项情形和第二款情形,申请采用竞争性谈判采购方式的;公开招标过程中提交投标文件或者经评审实质性响应招标文件要求的供应商只有一家时,申请单一来源采购方式的,除按照本办法第七条第一项和第二项要求提供有关申请材料外,还应当提供以下材料:

(一)在中国政府采购网发布招标公告的证明材料;

(二)中央预算单位、采购代理机构出具的对招标文件和招标过程没有供应商质疑的说明材料;

(三)评标委员会或3名以上评审专家出具的招标文件没有不合理条款的论证意见。

第十一条 中央主管预算单位在同一预算年度内,对所属多个预算单位因相同采购需求和原因采购同一品目的货物或者服务,拟申请采用同一种采购方式的,可统一组织一次内部会商后,向财政部报送一揽子方式变更申请。

第十二条 中央预算单位一般应通过"政府采购计划管理系统"报送采购方式变更申请,对系统中已导入政府采购预算的,不再提供部门预算批复文件复印件。因采购任务涉及国家秘密需要变更采购方式的,应当通过纸质文件报送。

第十三条 中央预算单位申请采用单一来源采购方式,符合政府采购法第三十一条第一项情形的,在向财政部提出变更申请前,经中央主管预算单位同意后,在中国政府采购网上进行公示,并将公示情况一并报财政部。

因采购任务涉及国家秘密需要变更为单一来源采购方式的,可不进行公示。

第十四条 中央预算单位申请变更为单一来源采购方式的申请前公示,公示期不得少于5个工作日,公示材料为单一来源采购征求意见公示文书和专业人员论证意见。因公开招标过程中提交投标文件或者经评审实质性响应招标文件要求的供应商只有一家时,申请采用单一来源采购方式的,公示材料还包括评审专家和代理机构分别出具的招标文件无歧视性条款、招标过程未受质疑相关意见材料。

单一来源采购征求意见公示文书内容应包括:中央预算单位、采购项目名称和内容;公示的期限;拟采购的唯一供应商名称;中央主管预算单位、财政部政府采购监管部门的联系地址、联系人和联系电话。

第十五条 任何供应商、单位或者个人对采用单一来源采购方式公示有异议的,可以在公示期内将书面意见反馈给中央预算单位,并同时抄送中央主管预算单位和财政部。

第十六条 中央预算单位收到对采用单一来源采购方式公示的异议后,应当在公示期满5个工作日内,组织补充论证,论证后认为异议成立的,应当依法采取其他采购方式;论证后认为异议不成立的,应当将异议意见、论证意见与公示情况一并报财政部。

第三章 审批管理

第十七条 财政部收到变更采购方式申请后应当及时审查,并按下列情形限时办结:

(一)变更政府采购方式申请的理由和申请材料符合政府采购法和本办法规定的,财政部应当在收到材料之日起,7个工作日内予以批复。

(二)申请材料不符合本办法规定的,财政部应当在3个工作日内通知中央主管预算单位修改补充。办结日期以财政部重新收到申报材料时算起。

(三)变更政府采购方式申请的理由不符合政府采购

法规定的，财政部应当在收到材料之日起，3个工作日内予以答复，并将不予批复的理由告知中央主管预算单位。

第十八条 中央预算单位应当按照财政部的批复文件，依法开展政府采购活动，未经批准，擅自采用公开招标以外采购方式的，财政部将依据政府采购法及有关法律法规予以处理。

第四章 附 则

第十九条 中央预算单位采购限额标准以上公开招标数额标准以下的货物、工程和服务，以及达到招标规模标准依法可不进行招标的政府采购工程建设项目，需要采用公开招标以外采购方式的，由单位根据《政府采购非招标采购方式管理办法》及有关制度规定，自主选择相应采购方式。

第二十条 本办法自2015年3月1日起实施。原《中央单位变更政府采购方式审批管理暂行办法》（财库〔2009〕48号）、《财政部关于对中央单位申请单一来源采购实行审核前公示相关问题的通知》（财库〔2011〕130号）停止执行。

政府采购促进中小企业发展管理办法

- 2020年12月18日
- 财库〔2020〕46号

第一条 为了发挥政府采购的政策功能，促进中小企业健康发展，根据《中华人民共和国政府采购法》、《中华人民共和国中小企业促进法》等有关法律法规，制定本办法。

第二条 本办法所称中小企业，是指在中华人民共和国境内依法设立，依据国务院批准的中小企业划分标准确定的中型企业、小型企业和微型企业，但与大企业的负责人为同一人，或者与大企业存在直接控股、管理关系的除外。

符合中小企业划分标准的个体工商户，在政府采购活动中视同中小企业。

第三条 采购人在政府采购活动中应当通过加强采购需求管理，落实预留采购份额、价格评审优惠、优先采购等措施，提高中小企业在政府采购中的份额，支持中小企业发展。

第四条 在政府采购活动中，供应商提供的货物、工程或者服务符合下列情形的，享受本办法规定的中小企业扶持政策：

（一）在货物采购项目中，货物由中小企业制造，即货物由中小企业生产且使用该中小企业商号或者注册商标；

（二）在工程采购项目中，工程由中小企业承建，即工程施工单位为中小企业；

（三）在服务采购项目中，服务由中小企业承接，即提供服务的人员为中小企业依照《中华人民共和国劳动合同法》订立劳动合同的从业人员。

在货物采购项目中，供应商提供的货物既有中小企业制造货物，也有大型企业制造货物的，不享受本办法规定的中小企业扶持政策。

以联合体形式参加政府采购活动，联合体各方均为中小企业的，联合体视同中小企业。其中，联合体各方均为小微企业的，联合体视同小微企业。

第五条 采购人在政府采购活动中应当合理确定采购项目的采购需求，不得以企业注册资本、资产总额、营业收入、从业人员、利润、纳税额等规模条件和财务指标作为供应商的资格要求或者评审因素，不得在企业股权结构、经营年限等方面对中小企业实行差别待遇或者歧视待遇。

第六条 主管预算单位应当组织评估本部门及所属单位政府采购项目，统筹制定面向中小企业预留采购份额的具体方案，对适宜由中小企业提供的采购项目和采购包，预留采购份额专门面向中小企业采购，并在政府采购预算中单独列示。

符合下列情形之一的，可不专门面向中小企业预留采购份额：

（一）法律法规和国家有关政策明确规定优先或者应当面向事业单位、社会组织等非企业主体采购的；

（二）因确需使用不可替代的专利、专有技术，基础设施限制，或者提供特定公共服务等原因，只能从中小企业之外的供应商处采购的；

（三）按照本办法规定预留采购份额无法确保充分供应、充分竞争，或者存在可能影响政府采购目标实现的情形；

（四）框架协议采购项目；

（五）省级以上人民政府财政部门规定的其他情形。

除上述情形外，其他均为适宜由中小企业提供的情形。

第七条 采购限额标准以上，200万元以下的货物和服务采购项目、400万元以下的工程采购项目，适宜由中小企业提供的，采购人应当专门面向中小企业采购。

第八条 超过200万元的货物和服务采购项目、超过400万元的工程采购项目中适宜由中小企业提供的，预留该部分采购项目预算总额的30%以上专门面向中小企业采购,其中预留给小微企业的比例不低于60%。预留份额通过下列措施进行:

(一)将采购项目整体或者设置采购包专门面向中小企业采购;

(二)要求供应商以联合体形式参加采购活动,且联合体中中小企业承担的部分达到一定比例;

(三)要求获得采购合同的供应商将采购项目中的一定比例分包给一家或者多家中小企业。

组成联合体或者接受分包合同的中小企业与联合体内其他企业、分包企业之间不得存在直接控股、管理关系。

第九条 对于经主管预算单位统筹后未预留份额专门面向中小企业采购的采购项目,以及预留份额项目中的非预留部分采购包,采购人、采购代理机构应当对符合本办法规定的小微企业报价给予6%—10%(工程项目为3%—5%)的扣除,用扣除后的价格参加评审。适用招标投标法的政府采购工程建设项目,采用综合评估法但未采用低价优先法计算价格分的,评标时应当在采用原报价进行评分的基础上增加其价格得分的3%—5%作为其价格分。

接受大中型企业与小微企业组成联合体或者允许大中型企业向一家或者多家小微企业分包的采购项目,对于联合协议或者分包意向协议约定小微企业的合同份额占到合同总金额30%以上的,采购人、采购代理机构应当对联合体或者大中型企业的报价给予2%—3%(工程项目为1%—2%)的扣除,用扣除后的价格参加评审。适用招标投标法的政府采购工程建设项目,采用综合评估法但未采用低价优先法计算价格分的,评标时应当在采用原报价进行评分的基础上增加其价格得分的1%—2%作为其价格分。组成联合体或者接受分包的小微企业与联合体内其他企业、分包企业之间存在直接控股、管理关系的,不享受价格扣除优惠政策。

价格扣除比例或者价格分加分比例对小型企业和微型企业同等对待,不作区分。具体采购项目的价格扣除比例或者价格分加分比例,由采购人根据采购标的相关行业平均利润率、市场竞争状况等,在本办法规定的幅度内确定。

第十条 采购人应当严格按照本办法规定和主管预算单位制定的预留采购份额具体方案开展采购活动。预留份额的采购项目或者采购包,通过发布公告方式邀请供应商后,符合资格条件的中小企业数量不足3家的,应当中止采购活动,视同未预留份额的采购项目或者采购包,按照本办法第九条有关规定重新组织采购活动。

第十一条 中小企业参加政府采购活动,应当出具本办法规定的《中小企业声明函》(附1),否则不得享受相关中小企业扶持政策。任何单位和个人不得要求供应商提供《中小企业声明函》之外的中小企业身份证明文件。

第十二条 采购项目涉及中小企业采购的,采购文件应当明确以下内容:

(一)预留份额的采购项目或者采购包,明确该项目或相关采购包专门面向中小企业采购,以及相关标的及预算金额;

(二)要求以联合体形式参加或者合同分包的,明确联合协议或者分包意向协议中中小企业合同金额应当达到的比例,并作为供应商资格条件;

(三)非预留份额的采购项目或者采购包,明确有关价格扣除比例或者价格加分比例;

(四)规定依据本办法规定享受扶持政策获得政府采购合同的,小微企业不得将合同分包给大中型企业,中型企业不得将合同分包给大型企业;

(五)采购人认为具备相关条件的,明确对中小企业在资金支付期限、预付款比例等方面的优惠措施;

(六)明确采购标的对应的中小企业划分标准所属行业;

(七)法律法规和省级以上人民政府财政部门规定的其他事项。

第十三条 中标、成交供应商享受本办法规定的中小企业扶持政策的,采购人、采购代理机构应当随中标、成交结果公开中标、成交供应商的《中小企业声明函》。

适用招标投标法的政府采购工程建设项目,应当在公示中标候选人时公开中标候选人的《中小企业声明函》。

第十四条 对于通过预留采购项目、预留专门采购包、要求以联合体形式参加或者合同分包等措施签订的采购合同,应当明确标注本合同为中小企业预留合同。其中,要求以联合体形式参加采购活动或者合同分包的,应当将联合协议或者分包意向协议作为采购合同的组成部分。

第十五条 鼓励各地区、各部门在采购活动中允许中小企业引入信用担保手段,为中小企业在投标(响应)保证、履约保证等方面提供专业化服务。鼓励中小企业依法合规通过政府采购合同融资。

第十六条 政府采购监督检查、投诉处理及政府采购行政处罚中对中小企业的认定,由货物制造商或者工程、服务供应商注册登记所在地的县级以上人民政府中小企业主管部门负责。

中小企业主管部门应当在收到财政部门或者有关招

标投标行政监督部门关于协助开展中小企业认定函后10个工作日内做出书面答复。

第十七条 各地区、各部门应当对涉及中小企业采购的预算项目实施全过程绩效管理，合理设置绩效目标和指标，落实扶持中小企业有关政策要求，定期开展绩效监控和评价，强化绩效评价结果应用。

第十八条 主管预算单位应当自2022年起向同级财政部门报告本部门上一年度面向中小企业预留份额和采购的具体情况，并在中国政府采购网公开预留项目执行情况（附2）。未达到本办法规定的预留份额比例的，应当作出说明。

第十九条 采购人未按本办法规定为中小企业预留采购份额，采购人、采购代理机构未按照本办法规定要求实施价格扣除或者价格分加分的，属于未按照规定执行政府采购政策，依照《中华人民共和国政府采购法》等国家有关规定追究法律责任。

第二十条 供应商按照本办法规定提供声明函内容不实的，属于提供虚假材料谋取中标、成交，依照《中华人民共和国政府采购法》等国家有关规定追究相应责任。

适用招标投标法的政府采购工程建设项目，投标人按照本办法规定提供声明函内容不实的，属于弄虚作假骗取中标，依照《中华人民共和国招标投标法》等国家有关规定追究相应责任。

第二十一条 财政部门、中小企业主管部门及其工作人员在履行职责中违反本办法规定及存在其他滥用职权、玩忽职守、徇私舞弊等违法违纪行为的，依照《中华人民共和国政府采购法》、《中华人民共和国公务员法》、《中华人民共和国监察法》、《中华人民共和国政府采购法实施条例》等国家有关规定追究相应责任；涉嫌犯罪的，依法移送有关国家机关处理。

第二十二条 对外援助项目、国家相关资格或者资质管理制度另有规定的项目，不适用本办法。

第二十三条 关于视同中小企业的其他主体的政府采购扶持政策，由财政部会同有关部门另行规定。

第二十四条 省级财政部门可以会同中小企业主管部门根据本办法的规定制定具体实施办法。

第二十五条 本办法自2021年1月1日起施行。《财政部、工业和信息化部关于印发〈政府采购促进中小企业发展暂行办法〉的通知》（财库〔2011〕181号）同时废止。

附：1. 中小企业声明函
　　2. 面向中小企业预留项目执行情况公告

附1

中小企业声明函（货物）

本公司（联合体）郑重声明，根据《政府采购促进中小企业发展管理办法》（财库〔2020〕46号）的规定，本公司（联合体）参加（单位名称）的（项目名称）采购活动，提供的货物全部由符合政策要求的中小企业制造。相关企业（含联合体中的中小企业、签订分包意向协议的中小企业）的具体情况如下：

1. （标的名称），属于（采购文件中明确的所属行业）行业；制造商为（企业名称），从业人员＿＿＿＿＿人，营业收入为＿＿＿＿＿万元，资产总额为＿＿＿＿＿万元①，属于（中型企业、小型企业、微型企业）；

2. （标的名称），属于（采购文件中明确的所属行业）行业；制造商为（企业名称），从业人员＿＿＿＿＿人，营业收入为＿＿＿＿＿万元，资产总额为＿＿＿＿＿万元，属于（中型企业、小型企业、微型企业）；

……

以上企业，不属于大企业的分支机构，不存在控股股东为大企业的情形，也不存在与大企业的负责人为同一人的情形。本企业对上述声明内容的真实性负责。如有虚假，将依法承担相应责任。

企业名称（盖章）：

日期：

---

① 从业人员、营业收入、资产总额填报上一年度数据，无上一年度数据的新成立企业可不填报。

中小企业声明函(工程、服务)

本公司(联合体)郑重声明,根据《政府采购促进中小企业发展管理办法》(财库〔2020〕46号)的规定,本公司(联合体)参加(单位名称)的(项目名称)采购活动,工程的施工单位全部为符合政策要求的中小企业(或者:服务全部由符合政策要求的中小企业承接)。相关企业(含联合体中的中小企业、签订分包意向协议的中小企业)的具体情况如下:

1.(标的名称),属于(采购文件中明确的所属行业);承建(承接)企业为(企业名称),从业人员____人,营业收入为____万元,资产总额为____万元①,属于(中型企业、小型企业、微型企业);

2.(标的名称),属于(采购文件中明确的所属行业);承建(承接)企业为(企业名称),从业人员____人,营业收入为____万元,资产总额为____万元,属于(中型企业、小型企业、微型企业);

……

以上企业,不属于大企业的分支机构,不存在控股股东为大企业的情形,也不存在与大企业的负责人为同一人的情形。

本企业对上述声明内容的真实性负责。如有虚假,将依法承担相应责任。

企业名称(盖章):
日期:

附2

(单位名称)××年面向中小企业预留项目执行情况公告

根据《政府采购促进中小企业发展管理办法》(财库〔2020〕46号)要求,现对本部门(单位)××年面向中小企业预留项目执行情况公告如下:

本部门(单位)××年预留项目面向中小企业采购共计××万元,其中,面向小微企业采购××万元,占××%。

面向中小企业预留项目明细

序号	项目名称	预留选项	面向中小企业采购金额	合同链接
	(填写集中采购目录以内或者采购限额标准以上的采购项目)	(填写"采购项目整体预留"、"设置专门采购包"、"要求以联合体形式参加"或者"要求合同分包",除"采购项目全部预留"外,还应当填写预留给中小企业的比例)	(精确到万元)	(填写合同在中国政府采购网公开的网址,合同中应当包含有关联合体协议或者分包意向协议)
……	……	……	……	……

部门(单位)名称:
日期:

---

① 从业人员、营业收入、资产总额填报上一年度数据,无上一年度数据的新成立企业可不填报。

财政部、农业农村部、国家乡村振兴局关于运用政府采购政策支持乡村产业振兴的通知

- 2021年4月24日
- 财库〔2021〕19号

各中央预算单位，各省、自治区、直辖市、计划单列市财政厅（局）、农业农村（农牧）厅（局、委）、乡村振兴局（扶贫办），新疆生产建设兵团财政局、农业农村局、乡村振兴局（扶贫办）：

为深入贯彻习近平总书记关于实施乡村振兴战略的重要论述和党的十九届五中全会精神，认真落实《中共中央 国务院关于实现巩固拓展脱贫攻坚成果同乡村振兴有效衔接的意见》关于调整优化政府采购政策继续支持脱贫地区产业发展的工作部署，进一步做好运用政府采购政策支持乡村产业振兴工作，现就有关事项通知如下：

一、充分认识运用政府采购政策支持乡村产业振兴的重要意义

党的十九届五中全会提出巩固拓展脱贫攻坚成果同乡村振兴有效衔接，对全面建设社会主义现代化国家和实现第二个百年奋斗目标具有十分重要的意义。运用政府采购政策，组织预算单位采购脱贫地区农副产品，通过稳定的采购需求持续激发脱贫地区发展生产的内生动力，促进乡村产业振兴，是贯彻落实党中央、国务院关于调整优化政府采购政策支持脱贫地区产业发展工作部署，构建以国内大循环为主体新发展格局的具体举措，有助于推动脱贫地区实现更宽领域、更高层次的发展。各级财政、农业农村、乡村振兴部门及各级预算单位要充分认识运用政府采购政策支持乡村产业振兴的重要意义，以高度的责任感、使命感、紧迫感投身到政府采购脱贫地区农副产品工作中，确保政策取得实效。

二、预留份额采购脱贫地区农副产品

自2021年起，各级预算单位应当按照不低于10%的比例预留年度食堂食材采购份额，通过脱贫地区农副产品网络销售平台（原贫困地区农副产品网络销售平台）采购脱贫地区农副产品。脱贫地区农副产品是指在832个脱贫县域内注册的企业、农民专业合作社、家庭农场等出产的农副产品。确因地域、相关政策限制等特殊原因难以完成10%预留份额任务的预算单位，可由中央主管预算单位或省级财政部门报经财政部（国库司）审核同意后，适当放宽预留比例要求。

三、建立健全相关保障措施

财政部会同农业农村部、国家乡村振兴局等部门制定政府采购脱贫地区农副产品工作的实施意见，加强脱贫地区农副产品货源组织、供应链管理和网络销售平台运营管理，积极组织预算单位采购脱贫地区农副产品。地方各级财政、农业农村和乡村振兴部门要细化工作措施，加大工作力度，确保政府采购脱贫地区农副产品相关政策落实落细。

本通知自印发之日起施行。《财政部 国务院扶贫办关于运用政府采购政策支持脱贫攻坚的通知》（财库〔2019〕27号）同时废止。

政府采购框架协议采购方式管理暂行办法

- 2022年1月14日财政部令第110号公布
- 自2022年3月1日起施行

第一章 总 则

第一条 为了规范多频次、小额度采购活动，提高政府采购项目绩效，根据《中华人民共和国政府采购法》、《中华人民共和国政府采购法实施条例》等法律法规规定，制定本办法。

第二条 本办法所称框架协议采购，是指集中采购机构或者主管预算单位对技术、服务等标准明确、统一，需要多次重复采购的货物和服务，通过公开征集程序，确定第一阶段入围供应商并订立框架协议，采购人或者服务对象按照框架协议约定规则，在入围供应商范围内确定第二阶段成交供应商并订立采购合同的采购方式。

前款所称主管预算单位是指负有编制部门预算职责，向本级财政部门申报预算的国家机关、事业单位和团体组织。

第三条 符合下列情形之一的，可以采用框架协议采购方式采购：

（一）集中采购目录以内品目，以及与之配套的必要耗材、配件等，属于小额零星采购的；

（二）集中采购目录以外，采购限额标准以上，本部门、本系统行政管理所需的法律、评估、会计、审计等鉴证咨询服务，属于小额零星采购的；

（三）集中采购目录以外，采购限额标准以上，为本部门、本系统以外的服务对象提供服务的政府购买服务项目，需要确定2家以上供应商由服务对象自主选择的；

（四）国务院财政部门规定的其他情形。

前款所称采购限额标准以上，是指同一品目或者同一类别的货物、服务年度采购预算达到采购限额标准以上。

属于本条第一款第二项情形,主管预算单位能够归集需求形成单一项目进行采购,通过签订时间、地点、数量不确定的采购合同满足需求的,不得采用框架协议采购方式。

第四条 框架协议采购包括封闭式框架协议采购和开放式框架协议采购。

封闭式框架协议采购是框架协议采购的主要形式。除法律、行政法规或者本办法另有规定外,框架协议采购应当采用封闭式框架协议采购。

第五条 集中采购目录以内品目以及与之配套的必要耗材、配件等,采用框架协议采购的,由集中采购机构负责征集程序和订立框架协议。

集中采购目录以外品目采用框架协议采购的,由主管预算单位负责征集程序和订立框架协议。其他预算单位确有需要的,经其主管预算单位批准,可以采用框架协议采购方式采购。其他预算单位采用框架协议采购方式采购的,应当遵守本办法关于主管预算单位的规定。

主管预算单位可以委托采购代理机构代理框架协议采购,采购代理机构应当在委托的范围内依法开展采购活动。

集中采购机构、主管预算单位及其委托的采购代理机构,本办法统称征集人。

第六条 框架协议采购遵循竞争择优、讲求绩效的原则,应当有明确的采购标的和定价机制,不得采用供应商符合资格条件即入围的方法。

第七条 框架协议采购应当实行电子化采购。

第八条 集中采购机构采用框架协议采购的,应当拟定采购方案,报本级财政部门审核后实施。主管预算单位采用框架协议采购的,应当在采购活动开始前将采购方案报本级财政部门备案。

第二章 一般规定

第九条 封闭式框架协议采购是指符合本办法第三条规定情形,通过公开竞争订立框架协议后,除经过框架协议约定的补充征集程序外,不得增加协议供应商的框架协议采购。

封闭式框架协议的公开征集程序,按照政府采购公开招标的规定执行,本办法另有规定的,从其规定。

第十条 开放式框架协议采购是指符合本条第二款规定情形,明确采购需求和付费标准等框架协议条件,愿意接受协议条件的供应商可以随时申请加入的框架协议采购。开放式框架协议的公开征集程序,按本办法规定执行。

符合下列情形之一的,可以采用开放式框架协议采购:

(一)本办法第三条第一款第一项规定的情形,因执行政府采购政策不宜淘汰供应商的,或者受基础设施、行政许可、知识产权等限制,供应商数量在3家以下且不宜淘汰供应商的;

(二)本办法第三条第一款第三项规定的情形,能够确定统一付费标准,因地域等服务便利性要求,需要接纳所有愿意接受协议条件的供应商加入框架协议,以供服务对象自主选择的。

第十一条 集中采购机构或者主管预算单位应当确定框架协议采购需求。框架协议采购需求在框架协议有效期内不得变动。

确定框架协议采购需求应当开展需求调查,听取采购人、供应商和专家等意见。面向采购人和供应商开展需求调查时,应当选择具有代表性的调查对象,调查对象一般各不少于3个。

第十二条 框架协议采购需求应当符合以下规定:

(一)满足采购人和服务对象实际需要,符合市场供应状况和市场公允标准,在确保功能、性能和必要采购要求的情况下促进竞争;

(二)符合预算标准、资产配置标准等有关规定,厉行节约,不得超标准采购;

(三)按照《政府采购品目分类目录》,将采购标的细化到底级品目,并细分不同等次、规格或者标准的采购需求,合理设置采购包;

(四)货物项目应当明确货物的技术和商务要求,包括功能、性能、材料、结构、外观、安全、包装、交货期限、交货的地域范围、售后服务等;

(五)服务项目应当明确服务内容、服务标准、技术保障、服务人员组成、服务交付或者实施的地域范围,以及所涉及的货物的质量标准、服务工作量的计量方式等。

第十三条 集中采购机构或者主管预算单位应当在征集公告和征集文件中确定框架协议采购的最高限制单价。征集文件中可以明确量价关系折扣,即达到一定采购数量,价格应当按照征集文件中明确的折扣降低。在开放式框架协议中,付费标准即为最高限制单价。

最高限制单价是供应商第一阶段响应报价的最高限价。入围供应商第一阶段响应报价(有量价关系折扣的,包括量价关系折扣,以下统称协议价格)是采购人或者服务对象确定第二阶段成交供应商的最高限价。

确定最高限制单价时,有政府定价的,执行政府定价；没有政府定价的，应当通过需求调查，并根据需求标准科学确定。属于本办法第十条第二款第一项规定情形的采购项目，需要订立开放式框架协议的，与供应商协商确定。

货物项目单价按照台（套）等计量单位确定，其中包含售后服务等相关服务费用。服务项目单价按照单位采购标的价格或者人工单价等确定。服务项目所涉及的货物的费用，能够折算入服务项目单价的应当折入，需要按实结算的应当明确结算规则。

第十四条　框架协议应当包括以下内容：

（一）集中采购机构或者主管预算单位以及入围供应商的名称、地址和联系方式；

（二）采购项目名称、编号；

（三）采购需求以及最高限制单价；

（四）封闭式框架协议第一阶段的入围产品详细技术规格或者服务内容、服务标准、协议价格；

（五）入围产品升级换代规则；

（六）确定第二阶段成交供应商的方式；

（七）适用框架协议的采购人或者服务对象范围，以及履行合同的地域范围；

（八）资金支付方式、时间和条件；

（九）采购合同文本，包括根据需要约定适用的简式合同或者具有合同性质的凭单、订单；

（十）框架协议期限；

（十一）入围供应商清退和补充规则；

（十二）协议方的权利和义务；

（十三）需要约定的其他事项。

第十五条　集中采购机构或者主管预算单位应当根据工作需要和采购标的市场供应及价格变化情况，科学合理确定框架协议期限。货物项目框架协议有效期一般不超过1年，服务项目框架协议有效期一般不超过2年。

第十六条　集中采购机构或者主管预算单位应当根据框架协议约定，组织落实框架协议的履行，并履行下列职责：

（一）为第二阶段合同授予提供工作便利；

（二）对第二阶段最高限价和需求标准执行情况进行管理；

（三）对第二阶段确定成交供应商情况进行管理；

（四）根据框架协议约定，在质量不降低、价格不提高的前提下，对入围供应商因产品升级换代、用新产品替代原入围产品的情形进行审核；

（五）建立用户反馈和评价机制，接受采购人和服务对象对入围供应商履行框架协议和采购合同情况的反馈与评价，并将用户反馈和评价情况向采购人和服务对象公开，作为第二阶段直接选定成交供应商的参考；

（六）公开封闭式框架协议的第二阶段成交结果；

（七）办理入围供应商清退和补充相关事宜。

第十七条　采购人或者服务对象采购框架协议约定的货物、服务，应当将第二阶段的采购合同授予入围供应商，但是本办法第三十七条另有规定的除外。

同一框架协议采购应当使用统一的采购合同文本，采购人、服务对象和供应商不得擅自改变框架协议约定的合同实质性条款。

第十八条　货物项目框架协议的入围供应商应当为入围产品生产厂家或者生产厂家唯一授权供应商。入围供应商可以委托一家或者多家代理商，按照框架协议约定接受采购人合同授予，并履行采购合同。入围供应商应当在框架协议中提供委托协议和委托的代理商名单。

第十九条　入围供应商有下列情形之一，尚未签订框架协议的，取消其入围资格；已经签订框架协议的，解除与其签订的框架协议：

（一）恶意串通谋取入围或者合同成交的；

（二）提供虚假材料谋取入围或者合同成交的；

（三）无正当理由拒不接受合同授予的；

（四）不履行合同义务或者履行合同义务不符合约定，经采购人请求履行后仍不履行或者仍未按约定履行的；

（五）框架协议有效期内，因违法行为被禁止或限制参加政府采购活动的；

（六）框架协议约定的其他情形。

被取消入围资格或者被解除框架协议的供应商不得参加同一封闭式框架协议补充征集，或者重新申请加入同一开放式框架协议。

第二十条　封闭式框架协议入围供应商无正当理由，不得主动放弃入围资格或者退出框架协议。

开放式框架协议入围供应商可以随时申请退出框架协议。集中采购机构或者主管预算单位应当在收到退出申请2个工作日内，发布入围供应商退出公告。

第二十一条　征集人应当建立真实完整的框架协议采购档案，妥善保存每项采购活动的采购文件资料。除征集人和采购人另有约定外，合同授予的采购文件资料由采购人负责保存。

采购档案可以采用电子形式保存，电子档案和纸质档案具有同等效力。

第三章 封闭式框架协议采购

第一节 封闭式框架协议的订立

第二十二条 征集人应当发布征集公告。征集公告应当包括以下主要内容:

(一)征集人的名称、地址、联系人和联系方式;

(二)采购项目名称、编号,采购需求以及最高限制单价,适用框架协议的采购人或者服务对象范围,能预估采购数量的,还应当明确预估采购数量;

(三)供应商的资格条件;

(四)框架协议的期限;

(五)获取征集文件的时间、地点和方式;

(六)响应文件的提交方式、提交截止时间和地点,开启方式、时间和地点;

(七)公告期限;

(八)省级以上财政部门规定的其他事项。

第二十三条 征集人应当编制征集文件。征集文件应当包括以下主要内容:

(一)参加征集活动的邀请;

(二)供应商应当提交的资格材料;

(三)资格审查方法和标准;

(四)采购需求以及最高限制单价;

(五)政府采购政策要求以及政策执行措施;

(六)框架协议的期限;

(七)报价要求;

(八)确定第一阶段入围供应商的评审方法、评审标准、确定入围供应商的淘汰率或者入围供应商数量上限和响应文件无效情形;

(九)响应文件的编制要求,提交方式、提交截止时间和地点,开启方式、时间和地点,以及响应文件有效期;

(十)拟签订的框架协议文本和采购合同文本;

(十一)确定第二阶段成交供应商的方式;

(十二)采购资金的支付方式、时间和条件;

(十三)入围产品升级换代规则;

(十四)用户反馈和评价机制;

(十五)入围供应商的清退和补充规则;

(十六)供应商信用信息查询渠道及截止时点、信用信息查询记录和证据留存的具体方式、信用信息的使用规则等;

(十七)采购代理机构代理费用的收取标准和方式;

(十八)省级以上财政部门规定的其他事项。

第二十四条 供应商应当按照征集文件要求编制响应文件,对响应文件的真实性和合法性承担法律责任。

供应商响应的货物和服务的技术、商务等条件不得低于采购需求,货物原则上应当是市场上已有销售的规格型号,不得是专供政府采购的产品。对货物项目每个采购包只能用一个产品进行响应,征集文件有要求的,应当同时对产品的选配件、耗材进行报价。服务项目包含货物的,响应文件中应当列明货物清单及质量标准。

第二十五条 确定第一阶段入围供应商的评审方法包括价格优先法和质量优先法。

价格优先法是指对满足采购需求且响应报价不超过最高限制单价的货物、服务,按照响应报价从低到高排序,根据征集文件规定的淘汰率或者入围供应商数量上限,确定入围供应商的评审方法。

质量优先法是指对满足采购需求且响应报价不超过最高限制单价的货物、服务进行质量综合评分,按照质量评分从高到低排序,根据征集文件规定的淘汰率或者入围供应商数量上限,确定入围供应商的评审方法。货物项目质量因素包括采购标的的技术水平、产品配置、售后服务等,服务项目质量因素包括服务内容、服务水平、供应商的履约能力、服务经验等。质量因素中的可量化指标应当划分等次,作为评分项;质量因素中的其他指标可以作为实质性要求,不得作为评分项。

有政府定价、政府指导价的项目,以及对质量有特别要求的检测、实验等仪器设备,可以采用质量优先法,其他项目应当采用价格优先法。

第二十六条 对耗材使用量大的复印、打印、实验、医疗等仪器设备进行框架协议采购的,应当要求供应商同时对3年以上约定期限内的专用耗材进行报价。评审时应当考虑约定期限的专用耗材使用成本,修正仪器设备的响应报价或者质量评分。

征集人应当在征集文件、框架协议和采购合同中规定,入围供应商在约定期限内,应当以不高于其报价的价格向适用框架协议的采购人供应专用耗材。

第二十七条 确定第一阶段入围供应商时,提交响应文件和符合资格条件、实质性要求的供应商应当均不少于2家,淘汰比例一般不得低于20%,且至少淘汰一家供应商。

采用质量优先法的检测、实验等仪器设备采购,淘汰比例不得低于40%,且至少淘汰一家供应商。

第二十八条 入围结果公告应当包括以下主要内容:

(一)采购项目名称、编号;

(二)征集人的名称、地址、联系人和联系方式;

（三）入围供应商名称、地址及排序；

（四）最高入围价格或者最低入围分值；

（五）入围产品名称、规格型号或者主要服务内容及服务标准，入围单价；

（六）评审小组成员名单；

（七）采购代理服务收费标准及金额；

（八）公告期限；

（九）省级以上财政部门规定的其他事项。

第二十九条 集中采购机构或者主管预算单位应当在入围通知书发出之日起 30 日内和入围供应商签订框架协议，并在框架协议签订后 7 个工作日内，将框架协议副本报本级财政部门备案。

框架协议不得对征集文件确定的事项以及入围供应商的响应文件作实质性修改。

第三十条 征集人应当在框架协议签订后 3 个工作日内通过电子化采购系统将入围信息告知适用框架协议的所有采购人或者服务对象。

入围信息应当包括所有入围供应商的名称、地址、联系方式、入围产品信息和协议价格等内容。入围产品信息应当详细列明技术规格或者服务内容、服务标准等能反映产品质量特点的内容。

征集人应当确保征集文件和入围信息在整个框架协议有效期内随时可供公众查阅。

第三十一条 除剩余入围供应商不足入围供应商总数 70%且影响框架协议执行的情形外，框架协议有效期内，征集人不得补充征集供应商。

征集人补充征集供应商的，补充征集规则应当在框架协议中约定，补充征集的条件、程序、评审方法和淘汰比例应当与初次征集相同。补充征集应当遵守原框架协议的有效期。补充征集期间，原框架协议继续履行。

第二节 采购合同的授予

第三十二条 确定第二阶段成交供应商的方式包括直接选定、二次竞价和顺序轮候。

直接选定方式是确定第二阶段成交供应商的主要方式。除征集人根据采购项目特点和提高绩效等要求，在征集文件中载明采用二次竞价或者顺序轮候方式外，确定第二阶段成交供应商应当由采购人或者服务对象依据入围产品价格、质量以及服务便利性、用户评价等因素，从第一阶段入围供应商中直接选定。

第三十三条 二次竞价方式是指以框架协议约定的入围产品、采购合同文本等为依据，以协议价格为最高限价，采购人明确第二阶段竞价需求，从入围供应商中选择所有符合竞价需求的供应商参与二次竞价，确定报价最低的为成交供应商的方式。

进行二次竞价应当给予供应商必要的响应时间。

二次竞价一般适用于采用价格优先法的采购项目。

第三十四条 顺序轮候方式是指根据征集文件中确定的轮候顺序规则，对所有入围供应商依次授予采购合同的方式。

每个入围供应商在一个顺序轮候期内，只有一次获得合同授予的机会。合同授予顺序确定后，应当书面告知所有入围供应商。除清退入围供应商和补充征集外，框架协议有效期内不得调整合同授予顺序。

顺序轮候一般适用于服务项目。

第三十五条 以二次竞价或者顺序轮候方式确定成交供应商的，征集人应当在确定成交供应商后 2 个工作日内逐笔发布成交结果公告。

成交结果单笔公告可以在省级以上财政部门指定的媒体上发布，也可以在开展框架协议采购的电子化采购系统发布，发布成交结果公告的渠道应当在征集文件或者框架协议中告知供应商。单笔公告应当包括以下主要内容：

（一）采购人的名称、地址和联系方式；

（二）框架协议采购项目名称、编号；

（三）成交供应商名称、地址和成交金额；

（四）成交标的名称、规格型号或者主要服务内容及服务标准、数量、单价；

（五）公告期限。

征集人应当在框架协议有效期满后 10 个工作日内发布成交结果汇总公告。汇总公告应当包括前款第一项、第二项内容和所有成交供应商的名称、地址及其成交合同总数和总金额。

第三十六条 框架协议采购应当订立固定价格合同。

根据实际采购数量和协议价格确定合同总价的，合同中应当列明实际采购数量或者计量方式，包括服务项目用于计算合同价的工日数、服务工作量等详细工作量清单。采购人应当要求供应商提供能证明其按照合同约定数量或者工作量清单履约的相关记录或者凭证，作为验收资料一并存档。

第三十七条 采购人证明能够以更低价格向非入围供应商采购相同货物，且入围供应商不同意将价格降至非入围供应商以下的，可以将合同授予非入围供应商。

采购项目适用前款规定的，征集人应当在征集文件中载明并在框架协议中约定。

采购人将合同授予非入围供应商的，应当在确定成交供应商后1个工作日内，将成交结果抄送征集人，由征集人按照单笔公告要求发布成交结果公告。采购人应当将相关证明材料和采购合同一并存档备查。

第四章　开放式框架协议采购

第三十八条　订立开放式框架协议的，征集人应当发布征集公告，邀请供应商加入框架协议。征集公告应当包括以下主要内容：

（一）本办法第二十二条第一项至四项和第二十三条第二项至三项、第十三项至十六项内容；

（二）订立开放式框架协议的邀请；

（三）供应商提交加入框架协议申请的方式、地点，以及对申请文件的要求；

（四）履行合同的地域范围、协议方的权利和义务、入围供应商的清退机制等框架协议内容；

（五）采购合同文本；

（六）付费标准、费用结算及支付方式；

（七）省级以上财政部门规定的其他事项。

第三十九条　征集公告发布后至框架协议期满前，供应商可以按照征集公告要求，随时提交加入框架协议的申请。征集人应当在收到供应商申请后7个工作日内完成审核，并将审核结果书面通知申请供应商。

第四十条　征集人应当在审核通过后2个工作日内，发布入围结果公告，公告入围供应商名称、地址、联系方式及付费标准，并动态更新入围供应商信息。

征集人应当确保征集公告和入围结果公告在整个框架协议有效期内随时可供公众查阅。

第四十一条　征集人可以根据采购项目特点，在征集公告中申明是否与供应商另行签订书面框架协议。申明不再签订书面框架协议的，发布入围结果公告，视为签订框架协议。

第四十二条　第二阶段成交供应商由采购人或者服务对象从第一阶段入围供应商中直接选定。

供应商履行合同后，依据框架协议约定的凭单、订单以及结算方式，与采购人进行费用结算。

第五章　法律责任

第四十三条　主管预算单位、采购人、采购代理机构违反本办法规定的，由财政部门责令限期改正；情节严重的，给予警告，对直接负责的主管人员和其他责任人员，由其行政主管部门或者有关机关依法给予处分，并予以通报。

第四十四条　违反本办法规定，经责令改正后仍然影响或者可能影响入围结果或者成交结果的，依照政府采购法等有关法律、行政法规处理。

第四十五条　供应商有本办法第十九条第一款第一项至三项情形之一，以及无正当理由放弃封闭式框架协议入围资格或者退出封闭式框架协议的，依照政府采购法等有关法律、行政法规追究法律责任。

第四十六条　政府采购当事人违反本办法规定，给他人造成损失的，依法承担民事责任。

第四十七条　财政部门及其工作人员在履行监督管理职责中存在滥用职权、玩忽职守、徇私舞弊等违法违纪行为的，依法追究相应责任。

第六章　附　则

第四十八条　除本办法第三十五条规定外，本办法规定的公告信息，应当在省级以上财政部门指定的媒体上发布。

第四十九条　本办法规定按日计算期间的，开始当天不计入，从次日开始计算。期限的最后一日是国家法定节假日的，顺延到节假日后的次日为期限的最后一日。

第五十条　本办法所称的"以上"、"以下"、"内"、"以内"、"不少于"、"不超过"，包括本数；所称的"不足"、"低于"，不包括本数。

第五十一条　各省、自治区、直辖市财政部门可以根据本办法制定具体实施办法。

第五十二条　本办法自2022年3月1日起施行。

关于进一步提高政府采购透明度和采购效率相关事项的通知

·2023年12月8日
·财办库〔2023〕243号

各中央预算单位办公厅（室），各省、自治区、直辖市、计划单列市财政厅（局），新疆生产建设兵团财政局，有关集中采购机构：

为打造市场化法治化国际化营商环境，进一步提高政府采购透明度和采购效率，方便各类经营主体参与政府采购活动，现就相关事项通知如下：

一、推进政府采购合同变更信息公开。政府采购合同的双方当事人不得擅自变更合同，依照政府采购法确需变更政府采购合同内容的，采购人应当自合同变更之日起2个工作日内在省级以上财政部门指定的媒体上发布政府采购合同变更公告,但涉及国家秘密、商业秘密的信息和其他依法不得公开的信息除外。政府采购合同变更公告应当包括原合同编号、名称和文本,原合同变更的条款号,变更后作为原合同组成部分的补充合同文本,合同变更时间,变更公告日期等。

二、完善中标、成交结果信息公开。采购人、采购代理机构应当按照政府采购法、政府采购法实施条例以及《政府采购信息发布管理办法》等法律制度规定,进一步做好信息公开工作。项目采购采用最低评标(审)价法的,公告中标、成交结果时应当同时公告因落实政府采购政策等原因进行价格扣除后中标、成交供应商的评审报价;项目采购采用综合评分法的,公告中标、成交结果时应当同时公告中标、成交供应商的评审总得分。

三、推进采购项目电子化实施。鼓励各部门、各地区利用数据电文形式和电子信息网络开展政府采购活动,除涉密政府采购项目外,具备电子化实施条件的部门和地区,应当推进政府采购项目全流程电子化交易,实现在线公开采购意向、发布采购公告、提供采购文件、提交投标(响应)文件、提交投标(履约)保证金(包括金融机构、担保机构出具的保函、保险等)、签订采购合同、提交发票、支付资金,并逐步完善履约验收、信用评价、用户反馈等功能。省级财政部门可以按照统一规范和技术标准组织建设本地区政府采购全流程电子化平台。各电子化政府采购平台应当完善平台注册供应商查询功能,方便各方主体及时了解供应商信息。

四、提高采购合同签订效率。采购人应当严格按照政府采购法有关规定,在中标、成交通知书发出之日起30日内,按照采购文件确定的事项与中标、成交供应商签订政府采购合同。采购人因不可抗力原因迟延签订合同的,应当自不可抗力事由消除之日起7日内完成合同签订事宜。鼓励采购人通过完善内部流程进一步缩短合同签订期限。

五、加快支付采购资金。采购人要进一步落实《关于促进政府采购公平竞争优化营商环境的通知》(财库〔2019〕38号)有关要求,在政府采购合同中约定资金支付的方式、时间和条件,明确逾期支付资金的违约责任。对于有预付安排的合同,鼓励采购人将合同预付款比例提高到30%以上。对于满足合同约定支付条件的,采购人原则上应自收到发票后10个工作日内将资金支付到合同约定的供应商账户,鼓励采购人完善内部流程,自收到发票后1个工作日内完成资金支付事宜。采购人和供应商对资金支付产生争议的,应当按照法律规定和合同约定及时解决,保证资金支付效率。

六、支持开展政府采购融资。省级财政部门要以省为单位,积极推进与银行业金融机构共享本省范围内的政府采购信息,支持银行业金融机构以政府采购合同为基础向中标、成交供应商提供融资。要优化完善政府采购融资业务办理,推动银行业金融机构逐步实现供应商在线申请、在线审批、在线提款的全流程电子化运行,为供应商提供快捷高效的融资服务。

各部门、各地区要充分认识优化政府采购营商环境,提高政府采购透明度和采购效率的重要意义,加强组织领导,积极协调推动,细化落实举措,强化监督检查,确保各项要求落实到位。

本通知自印发之日起施行。

二、财务会计

(一)企业财务

中华人民共和国发票管理办法

- 1993 年 12 月 12 日国务院批准
- 1993 年 12 月 23 日财政部令第 6 号发布
- 根据 2010 年 12 月 20 日《国务院关于修改〈中华人民共和国发票管理办法〉的决定》第一次修订
- 根据 2019 年 3 月 2 日《国务院关于修改部分行政法规的决定》第二次修订
- 根据 2023 年 7 月 20 日《国务院关于修改和废止部分行政法规的决定》第三次修订

第一章 总 则

第一条 为了加强发票管理和财务监督,保障国家税收收入,维护经济秩序,根据《中华人民共和国税收征收管理法》,制定本办法。

第二条 在中华人民共和国境内印制、领用、开具、取得、保管、缴销发票的单位和个人(以下称印制、使用发票的单位和个人),必须遵守本办法。

第三条 本办法所称发票,是指在购销商品、提供或者接受服务以及从事其他经营活动中,开具、收取的收付款凭证。

发票包括纸质发票和电子发票。电子发票与纸质发票具有同等法律效力。国家积极推广使用电子发票。

第四条 发票管理工作应当坚持和加强党的领导,为经济社会发展服务。

国务院税务主管部门统一负责全国的发票管理工作。省、自治区、直辖市税务机关依据职责做好本行政区域内的发票管理工作。

财政、审计、市场监督管理、公安等有关部门在各自的职责范围内,配合税务机关做好发票管理工作。

第五条 发票的种类、联次、内容、编码规则、数据标准、使用范围等具体管理办法由国务院税务主管部门规定。

第六条 对违反发票管理法规的行为,任何单位和个人可以举报。税务机关应当为检举人保密,并酌情给予奖励。

第二章 发票的印制

第七条 增值税专用发票由国务院税务主管部门确定的企业印制;其他发票,按照国务院税务主管部门的规定,由省、自治区、直辖市税务机关确定的企业印制。禁止私自印制、伪造、变造发票。

第八条 印制发票的企业应当具备下列条件:

(一)取得印刷经营许可证和营业执照;

(二)设备、技术水平能够满足印制发票的需要;

(三)有健全的财务制度和严格的质量监督、安全管理、保密制度。

税务机关应当按照政府采购有关规定确定印制发票的企业。

第九条 印制发票应当使用国务院税务主管部门确定的全国统一的发票防伪专用品。禁止非法制造发票防伪专用品。

第十条 发票应当套印全国统一发票监制章。全国统一发票监制章的式样和发票版面印刷的要求,由国务院税务主管部门规定。发票监制章由省、自治区、直辖市税务机关制作。禁止伪造发票监制章。

发票实行不定期换版制度。

第十一条 印制发票的企业按照税务机关的统一规定,建立发票印制管理制度和保管措施。

发票监制章和发票防伪专用品的使用和管理实行专人负责制度。

第十二条 印制发票的企业必须按照税务机关确定的式样和数量印制发票。

第十三条 发票应当使用中文印制。民族自治地方的发票,可以加印当地一种通用的民族文字。有实际需要的,也可以同时使用中外两种文字印制。

第十四条 各省、自治区、直辖市内的单位和个人使用的发票,除增值税专用发票外,应当在本省、自治区、直辖市内印制;确有必要到外省、自治区、直辖市印制的,应当由省、自治区、直辖市税务机关商印制地省、自治区、直辖市税务机关同意后确定印制发票的企业。

禁止在境外印制发票。

第三章 发票的领用

第十五条 需要领用发票的单位和个人,应当持设立登记证件或者税务登记证件,以及经办人身份证明,向主管税务机关办理发票领用手续。领用纸质发票的,还应当提供按照国务院税务主管部门规定式样制作的发票专用章的印模。主管税务机关根据领用单位和个人的经营范围、规模和风险等级,在5个工作日内确认领用发票的种类、数量以及领用方式。

单位和个人领用发票时,应当按照税务机关的规定报告发票使用情况,税务机关应当按照规定进行查验。

第十六条 需要临时使用发票的单位和个人,可以凭购销商品、提供或者接受服务以及从事其他经营活动的书面证明、经办人身份证明,直接向经营地税务机关申请代开发票。依照税收法律、行政法规规定应当缴纳税款的,税务机关应当先征收税款,再开具发票。税务机关根据发票管理的需要,可以按照国务院税务主管部门的规定委托其他单位代开发票。

禁止非法代开发票。

第十七条 临时到本省、自治区、直辖市以外从事经营活动的单位或者个人,应当凭所在地税务机关的证明,向经营地税务机关领用经营地的发票。

临时在本省、自治区、直辖市以内跨市、县从事经营活动领用发票的办法,由省、自治区、直辖市税务机关规定。

第四章 发票的开具和保管

第十八条 销售商品、提供服务以及从事其他经营活动的单位和个人,对外发生经营业务收取款项,收款方应当向付款方开具发票;特殊情况下,由付款方向收款方开具发票。

第十九条 所有单位和从事生产、经营活动的个人在购买商品、接受服务以及从事其他经营活动支付款项,应当向收款方取得发票。取得发票时,不得要求变更品名和金额。

第二十条 不符合规定的发票,不得作为财务报销凭证,任何单位和个人有权拒收。

第二十一条 开具发票应当按照规定的时限、顺序、栏目,全部联次一次性如实开具,开具纸质发票应当加盖发票专用章。

任何单位和个人不得有下列虚开发票行为:

(一)为他人、为自己开具与实际经营业务情况不符的发票;

(二)让他人为自己开具与实际经营业务情况不符的发票;

(三)介绍他人开具与实际经营业务情况不符的发票。

第二十二条 安装税控装置的单位和个人,应当按照规定使用税控装置开具发票,并按期向主管税务机关报送开具发票的数据。

使用非税控电子器具开具发票的,应当将非税控电子器具使用的软件程序说明资料报主管税务机关备案,并按照规定保存、报送开具发票的数据。

单位和个人开发电子发票信息系统自用或者为他人提供电子发票服务的,应当遵守国务院税务主管部门的规定。

第二十三条 任何单位和个人应当按照发票管理规定使用发票,不得有下列行为:

(一)转借、转让、介绍他人转让发票、发票监制章和发票防伪专用品;

(二)知道或者应当知道是私自印制、伪造、变造、非法取得或者废止的发票而受让、开具、存放、携带、邮寄、运输;

(三)拆本使用发票;

(四)扩大发票使用范围;

(五)以其他凭证代替发票使用;

(六)窃取、截留、篡改、出售、泄露发票数据。

税务机关应当提供查询发票真伪的便捷渠道。

第二十四条 除国务院税务主管部门规定的特殊情形外,纸质发票限于领用单位和个人在本省、自治区、直辖市内开具。

省、自治区、直辖市税务机关可以规定跨市、县开具纸质发票的办法。

第二十五条 除国务院税务主管部门规定的特殊情形外,任何单位和个人不得跨规定的使用区域携带、邮寄、运输空白发票。

禁止携带、邮寄或者运输空白发票出入境。

第二十六条 开具发票的单位和个人应当建立发票使用登记制度,配合税务机关进行身份验证,并定期向主管税务机关报告发票使用情况。

第二十七条 开具发票的单位和个人应当在办理变更或者注销税务登记的同时,办理发票的变更、缴销手续。

第二十八条 开具发票的单位和个人应当按照国家有关规定存放和保管发票,不得擅自损毁。已经开具的发票存根联,应当保存5年。

第五章 发票的检查

第二十九条 税务机关在发票管理中有权进行下列检查：

（一）检查印制、领用、开具、取得、保管和缴销发票的情况；

（二）调出发票查验；

（三）查阅、复制与发票有关的凭证、资料；

（四）向当事各方询问与发票有关的问题和情况；

（五）在查处发票案件时，对与案件有关的情况和资料，可以记录、录音、录像、照像和复制。

第三十条 印制、使用发票的单位和个人，必须接受税务机关依法检查，如实反映情况，提供有关资料，不得拒绝、隐瞒。

税务人员进行检查时，应当出示税务检查证。

第三十一条 税务机关需要将已开具的发票调出查验时，应当向被查验的单位和个人开具发票换票证。发票换票证与所调出查验的发票有同等的效力。被调出查验发票的单位和个人不得拒绝接受。

税务机关需要将空白发票调出查验时，应当开具收据；经查无问题的，应当及时返还。

第三十二条 单位和个人从中国境外取得的与纳税有关的发票或者凭证，税务机关在纳税审查时有疑义的，可以要求其提供境外公证机构或者注册会计师的确认证明，经税务机关审核认可后，方可作为记账核算的凭证。

第六章 罚 则

第三十三条 违反本办法的规定，有下列情形之一的，由税务机关责令改正，可以处 1 万元以下的罚款；有违法所得的予以没收：

（一）应当开具而未开具发票，或者未按照规定的时限、顺序、栏目，全部联次一次性开具发票，或者未加盖发票专用章的；

（二）使用税控装置开具发票，未按期向主管税务机关报送开具发票的数据的；

（三）使用非税控电子器具开具发票，未将非税控电子器具使用的软件程序说明资料报主管税务机关备案，或者未按照规定保存、报送开具发票的数据的；

（四）拆本使用发票的；

（五）扩大发票使用范围的；

（六）以其他凭证代替发票使用的；

（七）跨规定区域开具发票的；

（八）未按照规定缴销发票的；

（九）未按照规定存放和保管发票的。

第三十四条 跨规定的使用区域携带、邮寄、运输空白发票，以及携带、邮寄或者运输空白发票出入境的，由税务机关责令改正，可以处 1 万元以下的罚款；情节严重的，处 1 万元以上 3 万元以下的罚款；有违法所得的予以没收。

丢失发票或者擅自损毁发票的，依照前款规定处罚。

第三十五条 违反本办法的规定虚开发票的，由税务机关没收违法所得；虚开金额在 1 万元以下的，可以并处 5 万元以下的罚款；虚开金额超过 1 万元的，并处 5 万元以上 50 万元以下的罚款；构成犯罪的，依法追究刑事责任。

非法代开发票的，依照前款规定处罚。

第三十六条 私自印制、伪造、变造发票，非法制造发票防伪专用品，伪造发票监制章，窃取、截留、篡改、出售、泄露发票数据的，由税务机关没收违法所得，没收、销毁作案工具和非法物品，并处 1 万元以上 5 万元以下的罚款；情节严重的，并处 5 万元以上 50 万元以下的罚款；构成犯罪的，依法追究刑事责任。

前款规定的处罚，《中华人民共和国税收征收管理法》有规定的，依照其规定执行。

第三十七条 有下列情形之一的，由税务机关处 1 万元以上 5 万元以下的罚款；情节严重的，处 5 万元以上 50 万元以下的罚款；有违法所得的予以没收：

（一）转借、转让、介绍他人转让发票、发票监制章和发票防伪专用品的；

（二）知道或者应当知道是私自印制、伪造、变造、非法取得或者废止的发票而受让、开具、存放、携带、邮寄、运输的。

第三十八条 对违反发票管理规定 2 次以上或者情节严重的单位和个人，税务机关可以向社会公告。

第三十九条 违反发票管理法规，导致其他单位或者个人未缴、少缴或者骗取税款的，由税务机关没收违法所得，可以并处未缴、少缴或者骗取的税款 1 倍以下的罚款。

第四十条 当事人对税务机关的处罚决定不服的，可以依法申请行政复议或者向人民法院提起行政诉讼。

第四十一条 税务人员利用职权之便，故意刁难印制、使用发票的单位和个人，或者有违反发票管理法规行为的，依照国家有关规定给予处分；构成犯罪的，依法追究刑事责任。

第七章 附 则

第四十二条 国务院税务主管部门可以根据有关行业特殊的经营方式和业务需求，会同国务院有关主管部门制定该行业的发票管理办法。

国务院税务主管部门可以根据增值税专用发票管理的特殊需要,制定增值税专用发票的具体管理办法。

第四十三条 本办法自发布之日起施行。财政部 1986 年发布的《全国发票管理暂行办法》和原国家税务局 1991 年发布的《关于对外商投资企业和外国企业发票管理的暂行规定》同时废止。

中华人民共和国发票管理办法实施细则

- 2011 年 2 月 14 日国家税务总局令第 25 号公布
- 根据 2014 年 12 月 27 日《国家税务总局关于修改〈中华人民共和国发票管理办法实施细则〉的决定》第一次修正
- 根据 2018 年 6 月 15 日《国家税务总局关于修改部分税务部门规章的决定》第二次修正
- 根据 2019 年 7 月 24 日《国家税务总局关于公布取消一批税务证明事项以及废止和修改部分规章规范性文件的决定》第三次修正
- 根据 2024 年 1 月 15 日《国家税务总局关于修改〈中华人民共和国发票管理办法实施细则〉的决定》第四次修正

第一章 总 则

第一条 根据《中华人民共和国发票管理办法》(以下简称《办法》)规定,制定本实施细则。

第二条 在全国范围内统一式样的发票,由国家税务总局确定。

在省、自治区、直辖市范围内统一式样的发票,由省、自治区、直辖市税务局(以下简称省税务局)确定。

第三条 《办法》第三条所称电子发票是指在购销商品、提供或者接受服务以及从事其他经营活动中,按照税务机关发票管理规定以数据电文形式开具、收取的收付款凭证。

电子发票与纸质发票的法律效力相同,任何单位和个人不得拒收。

第四条 税务机关建设电子发票服务平台,为用票单位和个人提供数字化等形态电子发票开具、交付、查验等服务。

第五条 税务机关应当按照法律、行政法规的规定,建立健全发票数据安全管理制度,保障发票数据安全。

单位和个人按照国家税务总局有关规定开展发票数据处理活动,依法承担发票数据安全保护义务,不得超过规定的数量存储发票数据,不得违反规定使用、非法出售或非法向他人提供发票数据。

第六条 纸质发票的基本联次包括存根联、发票联、记账联。存根联由收款方或开票方留存备查;发票联由付款方或受票方作为付款原始凭证;记账联由收款方或开票方作为记账原始凭证。

省以上税务机关可根据纸质发票管理情况以及纳税人经营业务需要,增减除发票联以外的其他联次,并确定其用途。

第七条 发票的基本内容包括:发票的名称、发票代码和号码、联次及用途、客户名称、开户银行及账号、商品名称或经营项目、计量单位、数量、单价、大小写金额、税率(征收率)、税额、开票人、开票日期、开票单位(个人)名称(章)等。

省以上税务机关可根据经济活动以及发票管理需要,确定发票的具体内容。

第八条 领用发票单位可以书面向税务机关要求使用印有本单位名称的发票,税务机关依据《办法》第十五条的规定,确认印有该单位名称发票的种类和数量。

第二章 发票的印制

第九条 税务机关根据政府采购合同和发票防伪用品管理要求对印制发票企业实施监督管理。

第十条 全国统一的纸质发票防伪措施由国家税务总局确定,省税务局可以根据需要增加本地区的纸质发票防伪措施,并向国家税务总局备案。

纸质发票防伪专用品应当按照规定专库保管,不得丢失。次品、废品应当在税务机关监督下集中销毁。

第十一条 全国统一发票监制章是税务机关管理发票的法定标志,其形状、规格、内容、印色由国家税务总局规定。

第十二条 全国范围内发票换版由国家税务总局确定;省、自治区、直辖市范围内发票换版由省税务局确定。

发票换版时,应当进行公告。

第十三条 监制发票的税务机关根据需要下达发票印制通知书,印制企业必须按照要求印制。

发票印制通知书应当载明印制发票企业名称、用票单位名称、发票名称、发票代码、种类、联次、规格、印色、印制数量、起止号码、交货时间、地点等内容。

第十四条 印制发票企业印制完毕的成品应当按照规定验收后专库保管,不得丢失。废品应当及时销毁。

第三章 发票的领用

第十五条 《办法》第十五条所称经办人身份证明是指经办人的居民身份证、护照或者其他能证明经办人身份的证件。

第十六条　《办法》第十五条所称发票专用章是指领用发票单位和个人在其开具纸质发票时加盖的有其名称、统一社会信用代码或者纳税人识别号、发票专用章字样的印章。

发票专用章式样由国家税务总局确定。

第十七条　税务机关对领用纸质发票单位和个人提供的发票专用章的印模应当留存备查。

第十八条　《办法》第十五条所称领用方式是指批量供应、交旧领新、验旧领新、额度确定等方式。

税务机关根据单位和个人的税收风险程度、纳税信用级别、实际经营情况确定或调整其领用发票的种类、数量、额度以及领用方式。

第十九条　《办法》第十五条所称发票使用情况是指发票领用存情况及相关开票数据。

第二十条　《办法》第十六条所称书面证明是指有关业务合同、协议或者税务机关认可的其他资料。

第二十一条　税务机关应当与受托代开发票的单位签订协议，明确代开发票的种类、对象、内容和相关责任等内容。

第四章　发票的开具和保管

第二十二条　《办法》第十八条所称特殊情况下，由付款方向收款方开具发票，是指下列情况：

（一）收购单位和扣缴义务人支付个人款项时；

（二）国家税务总局认为其他需要由付款方向收款方开具发票的。

第二十三条　向消费者个人零售小额商品或者提供零星服务的，是否可免予逐笔开具发票，由省税务局确定。

第二十四条　填开发票的单位和个人必须在发生经营业务确认营业收入时开具发票。未发生经营业务一律不准开具发票。

第二十五条　《办法》第十九条规定的不得变更金额，包括不得变更涉及金额计算的单价和数量。

第二十六条　开具纸质发票后，如发生销售退回、开票有误、应税服务中止等情形，需要作废发票的，应当收回原发票全部联次并注明"作废"字样后作废发票。

开具纸质发票后，如发生销售退回、开票有误、应税服务中止、销售折让等情形，需要开具红字发票的，应当收回原发票全部联次并注明"红冲"字样后开具红字发票。无法收回原发票全部联次的，应当取得对方有效证明后开具红字发票。

第二十七条　开具电子发票后，如发生销售退回、开票有误、应税服务中止、销售折让等情形的，应当按照规定开具红字发票。

第二十八条　单位和个人在开具发票时，应当填写项目齐全，内容真实。

开具纸质发票应当按照发票号码顺序填开，字迹清楚，全部联次一次打印，内容完全一致，并在发票联和抵扣联加盖发票专用章。

第二十九条　《办法》第二十一条所称与实际经营业务情况不符是指具有下列行为之一的：

（一）未购销商品、未提供或者接受服务、未从事其他经营活动，而开具或取得发票；

（二）有购销商品、提供或者接受服务、从事其他经营活动，但开具或取得的发票载明的购买方、销售方、商品名称或经营项目、金额等与实际情况不符。

第三十条　开具发票应当使用中文。民族自治地方可以同时使用当地通用的一种民族文字。

第三十一条　单位和个人向委托人提供发票领用、开具等服务，应当接受税务机关监管，所存储发票数据的最大数量应当符合税务机关的规定。

第三十二条　开发电子发票信息系统为他人提供发票数据查询、下载、存储、使用等涉税服务的，应当符合税务机关的数据标准和管理规定，并与委托人签订协议，不得超越授权范围使用发票数据。

第三十三条　《办法》第二十五条所称规定的使用区域是指国家税务总局和省税务局规定的区域。

第三十四条　《办法》第二十六条所称身份验证是指单位和个人在领用、开具、代开发票时，其经办人应当实名办税。

第三十五条　使用纸质发票的单位和个人应当妥善保管发票。发生发票丢失情形时，应当于发现丢失当日书面报告税务机关。

第五章　发票的检查

第三十六条　税务机关在发票检查中，可以对发票数据进行提取、调出、查阅、复制。

第三十七条　《办法》第三十一条所称发票换票证仅限于在本县(市)范围内使用。需要调出外县(市)的发票查验时，应当提请该县(市)税务机关调取发票。

第三十八条　用票单位和个人有权申请税务机关对发票的真伪进行鉴别。收到申请的税务机关应当受理并负责鉴别发票的真伪；鉴别有困难的，可以提请发票监制税务机关协助鉴别。

在伪造、变造现场以及买卖地、存放地查获的发票，由当地税务机关鉴别。

第六章 罚 则

第三十九条 税务机关对违反发票管理法规的行为依法进行处罚的,由县以上税务机关决定;罚款额在2000元以下的,可由税务所决定。

第四十条 《办法》第三十三条第六项规定以其他凭证代替发票使用的,包括:

(一)应当开具发票而未开具发票,以其他凭证代替发票使用;

(二)应当取得发票而未取得发票,以发票外的其他凭证或者自制凭证用于抵扣税款、出口退税、税前扣除和财务报销;

(三)取得不符合规定的发票,用于抵扣税款、出口退税、税前扣除和财务报销。

构成逃避缴纳税款、骗取出口退税、虚开发票的,按照《中华人民共和国税收征收管理法》《办法》相关规定执行。

第四十一条 《办法》第三十八条所称的公告是指,税务机关应当在办税场所或者广播、电视、报纸、期刊、网络等新闻媒体上公告纳税人发票违法的情况。公告内容包括:纳税人名称、统一社会信用代码或者纳税人识别号、经营地点、违反发票管理法规的具体情况。

第四十二条 对违反发票管理法规情节严重构成犯罪的,税务机关应当依法移送司法机关处理。

第七章 附 则

第四十三条 计划单列市税务局参照《办法》中省、自治区、直辖市税务局的职责做好发票管理工作。

第四十四条 本实施细则自2011年2月1日起施行。

网络发票管理办法

· 2013年2月25日国家税务总局令第30号公布
· 根据2018年6月15日《国家税务总局关于修改部分税务部门规章的决定》修正

第一条 为加强普通发票管理,保障国家税收收入,规范网络发票的开具和使用,根据《中华人民共和国发票管理办法》规定,制定本办法。

第二条 在中华人民共和国境内使用网络发票管理系统开具发票的单位和个人办理网络发票管理系统的开户登记、网上领取发票手续、在线开具、传输、查验和缴销等事项,适用本办法。

第三条 本办法所称网络发票是指符合国家税务总局统一标准并通过国家税务总局及省、自治区、直辖市税务局公布的网络发票管理系统开具的发票。

国家积极推广使用网络发票管理系统开具发票。

第四条 税务机关应加强网络发票的管理,确保网络发票的安全、唯一、便利,并提供便捷的网络发票信息查询渠道;应通过应用网络发票数据分析,提高信息管税水平。

第五条 税务机关应根据开具发票的单位和个人的经营情况,核定其在线开具网络发票的种类、行业类别、开票限额等内容。

开具发票的单位和个人需要变更网络发票核定内容的,可向税务机关提出书面申请,经税务机关确认,予以变更。

第六条 开具发票的单位和个人开具网络发票应登录网络发票管理系统,如实完整填写发票的相关内容及数据,确认保存后打印发票。

开具发票的单位和个人在线开具的网络发票,经系统自动保存数据后即完成开票信息的确认、查验。

第七条 单位和个人取得网络发票时,应及时查询验证网络发票信息的真实性、完整性,对不符合规定的发票,不得作为财务报销凭证,任何单位和个人有权拒收。

第八条 开具发票的单位和个人需要开具红字发票的,必须收回原网络发票全部联次或取得受票方出具的有效证明,通过网络发票管理系统开具金额为负数的红字网络发票。

第九条 开具发票的单位和个人作废开具的网络发票,应收回原网络发票全部联次,注明"作废",并在网络发票管理系统中进行发票作废处理。

第十条 开具发票的单位和个人应当在办理变更或者注销税务登记的同时,办理网络发票管理系统的用户变更、注销手续并缴销空白发票。

第十一条 税务机关根据发票管理的需要,可以按照国家税务总局的规定委托其他单位通过网络发票管理系统代开网络发票。

税务机关应当与受托代开发票的单位签订协议,明确代开网络发票的种类、对象、内容和相关责任等内容。

第十二条 开具发票的单位和个人必须如实在线开具网络发票,不得利用网络发票进行转借、转让、虚开发票及其他违法活动。

第十三条 开具发票的单位和个人在网络出现故

障，无法在线开具发票时，可离线开具发票。

开具发票后，不得改动开票信息，并于48小时内上传开票信息。

第十四条 开具发票的单位和个人违反本办法规定的，按照《中华人民共和国发票管理办法》有关规定处理。

第十五条 省以上税务机关在确保网络发票电子信息正确生成、可靠存储、查询验证、安全唯一等条件的情况下，可以试行电子发票。

第十六条 本办法自2013年4月1日起施行。

现金管理暂行条例

· 1988年9月8日中华人民共和国国务院令第12号发布
· 根据2011年1月8日《国务院关于废止和修改部分行政法规的决定》修订

第一章 总则

第一条 为改善现金管理，促进商品生产和流通，加强对社会经济活动的监督，制定本条例。

第二条 凡在银行和其他金融机构（以下简称开户银行）开立账户的机关、团体、部队、企业、事业单位和其他单位（以下简称开户单位），必须依照本条例的规定收支和使用现金，接受开户银行的监督。

国家鼓励开户单位和个人在经济活动中，采取转账方式进行结算，减少使用现金。

第三条 开户单位之间的经济往来，除按本条例规定的范围可以使用现金外，应当通过开户银行进行转账结算。

第四条 各级人民银行应当严格履行金融主管机关的职责，负责对开户银行的现金管理进行监督和稽核。

开户银行依照本条例和中国人民银行的规定，负责现金管理的具体实施，对开户单位收支、使用现金进行监督管理。

第二章 现金管理和监督

第五条 开户单位可以在下列范围内使用现金：

（一）职工工资、津贴；

（二）个人劳务报酬；

（三）根据国家规定颁发给个人的科学技术、文化艺术、体育等各种奖金；

（四）各种劳保、福利费用以及国家规定的对个人的其他支出；

（五）向个人收购农副产品和其他物资的价款；

（六）出差人员必须随身携带的差旅费；

（七）结算起点以下的零星支出；

（八）中国人民银行确定需要支付现金的其他支出。

前款结算起点定为1000元。结算起点的调整，由中国人民银行确定，报国务院备案。

第六条 除本条例第五条第（五）、（六）项外，开户单位支付给个人的款项，超过使用现金限额的部分，应当以支票或者银行本票支付；确需全额支付现金的，经开户银行审核后，予以支付现金。

前款使用现金限额，按本条例第五条第二款的规定执行。

第七条 转账结算凭证在经济往来中，具有同现金相同的支付能力。

开户单位在销售活动中，不得对现金结算给予比转账结算优惠待遇；不得拒收支票、银行汇票和银行本票。

第八条 机关、团体、部队、全民所有制和集体所有制企业事业单位购置国家规定的专项控制商品，必须采取转账结算方式，不得使用现金。

第九条 开户银行应当根据实际需要，核定开户单位3天至5天的日常零星开支所需的库存现金限额。

边远地区和交通不便地区的开户单位的库存现金限额，可以多于5天，但不得超过15天的日常零星开支。

第十条 经核定的库存现金限额，开户单位必须严格遵守。需要增加或者减少库存现金限额的，应当向开户银行提出申请，由开户银行核定。

第十一条 开户单位现金收支应当依照下列规定办理：

（一）开户单位现金收入应当于当日送存开户银行。当日送存确有困难的，由开户银行确定送存时间；

（二）开户单位支付现金，可以从本单位库存现金限额中支付或者从开户银行提取，不得从本单位的现金收入中直接支付（即坐支）。因特殊情况需要坐支现金的，应当事先报经开户银行审查批准，由开户银行核定坐支范围和限额。坐支单位应当定期向开户银行报送坐支金额和使用情况；

（三）开户单位根据本条例第五条和第六条的规定，从开户银行提取现金，应当写明用途，由本单位财会部门负责人签字盖章，经开户银行审核后，予以支付现金；

（四）因采购地点不固定，交通不便，生产或者市场急需，抢险救灾以及其他特殊情况必须使用现金的，开户单位应当向开户银行提出申请，由本单位财会部门负责人签字盖章，经开户银行审核后，予以支付现金。

第十二条 开户单位应当建立健全现金账目,逐笔记载现金支付。账目应当日清月结,账款相符。

第十三条 对个体工商户、农村承包经营户发放的贷款,应当以转账方式支付。对确需在集市使用现金购买物资的,经开户银行审核后,可以在贷款金额内支付现金。

第十四条 在开户银行开户的个体工商户、农村承包经营户异地采购所需货款,应当通过银行汇兑方式支付。因采购地点不固定,交通不便必须携带现金的,由开户银行根据实际需要,予以支付现金。

未在开户银行开户的个体工商户、农村承包经营户异地采购所需货款,可以通过银行汇兑方式支付。凡加盖"现金"字样的结算凭证,汇入银行必须保证支付现金。

第十五条 具备条件的银行应当接受开户单位的委托,开展代发工资、转存储蓄业务。

第十六条 为保证开户单位的现金收入及时送存银行,开户银行必须按照规定做好现金收款工作,不得随意缩短收款时间。大中城市和商业比较集中的地区,应当建立非营业时间收款制度。

第十七条 开户银行应当加强柜台审查,定期和不定期地对开户单位现金收支情况进行检查,并按规定向当地人民银行报告现金管理情况。

第十八条 一个单位在几家银行开户的,由一家开户银行负责现金管理工作,核定开户单位库存现金限额。

各金融机构的现金管理分工,由中国人民银行确定。有关现金管理分工的争议,由当地人民银行协调、裁决。

第十九条 开户银行应当建立健全现金管理制度,配备专职人员,改进工作作风,改善服务设施。现金管理工作所需经费应当在开户银行业务费中解决。

第三章 法律责任

第二十条 开户单位有下列情形之一的,开户银行应当依照中国人民银行的规定,责令其停止违法活动,并可根据情节轻重处以罚款:

(一)超出规定范围、限额使用现金的;

(二)超出核定的库存现金限额留存现金的。(2011年1月8日删除)

第二十一条 开户单位有下列情形之一的,开户银行应当依照中国人民银行的规定,予以警告或者罚款;情节严重的,可在一定期限内停止对该单位的贷款或者停止对该单位的现金支付:

(一)对现金结算给予比转账结算优惠待遇的;

(二)拒收支票、银行汇票和银行本票的;

(三)违反本条例第八条规定,不采取转账结算方式购置国家规定的专项控制商品的;

(四)用不符合财务会计制度规定的凭证顶替库存现金的;

(五)用转账凭证套换现金的;

(六)编造用途套取现金的;

(七)互相借用现金的;

(八)利用账户替其他单位和个人套取现金的;

(九)将单位的现金收入按个人储蓄方式存入银行的;

(十)保留账外公款的;

(十一)未经批准坐支或者未按开户银行核定的坐支范围和限额坐支现金的。(2011年1月8日删除)

第二十二条 开户单位对开户银行作出的处罚决定不服的,必须首先按照处罚决定执行,然后可在10日内向开户银行的同级人民银行申请复议。同级人民银行应当在收到复议申请之日起30日内作出复议决定。开户单位对复议决定不服的,可以在收到复议决定之日起30日内向人民法院起诉。(2011年1月8日删除)

第二十三条 银行工作人员违反本条例规定,徇私舞弊、贪污受贿、玩忽职守纵容违法行为的,应当根据情节轻重,给予行政处分和经济处罚;构成犯罪的,由司法机关依法追究刑事责任。

第四章 附 则

第二十四条 本条例由中国人民银行负责解释;施行细则由中国人民银行制定。

第二十五条 本条例自1988年10月1日起施行。1977年11月28日发布的《国务院关于实行现金管理的决定》同时废止。

单位公务卡管理办法(试行)

· 2016年1月4日
· 财库〔2016〕8号

第一条 为适应预算单位支付结算管理需要,进一步丰富公务卡品种,健全公务卡制度体系,根据财政国库管理制度和银行卡管理有关规定,制定本办法。

第二条 本办法所称单位公务卡,是指预算单位指定工作人员持有,仅用于公务支出与财务报销,以单位为还款责任主体的信用卡。

公务卡包括单位公务卡和个人公务卡两类。个人公务卡是预算单位工作人员持有的,主要用于公务支出与财务报销,并与个人信用记录相关联的信用卡。

第三条 单位公务卡采用发卡行标识代码(Bank Identification Number,BIN)为"628"开头的人民币单币种银联标准信用卡,卡片正面右上方用中文标识"单位公务卡",卡片正面左下方标识持卡人个人姓名(汉语拼音或英文字母)。单位公务卡统一采用符合PBOC3.0标准的IC芯片介质,禁止发行纯磁条卡。

第四条 预算单位在公务卡代理银行范围内,自行选择一家银行作为单位公务卡发卡银行(以下简称发卡银行)。

第五条 预算单位应根据本单位公务支出实际情况,指定少数特定人员持有单位公务卡,每单位一般不超过4人。特殊情况下可酌情增加持卡人数,原则上不应超过8人。

第六条 单位公务卡的持卡人应为预算单位正式在编人员。持卡人一人一卡,不允许一人持有多张单位公务卡。

持卡人因离职、退休等原因离开单位时,预算单位应及时办理销卡手续。持卡人发生变更,单位应注销原持卡人卡片,按照标准申卡流程重新指定新持卡人,办理和使用单位公务卡。

第七条 单位公务卡账户信用额度由预算单位向发卡银行提出申请,由发卡银行予以核定。

每个预算单位的多张单位公务卡共享一个账户信用总额度,试点期间总额度上限暂定为50万元人民币。超过50万元人民币总额上限的,应经单位主管部门核准。核准结果应提供给发卡银行。

预算单位可在总额度内,协商发卡银行调剂分配各张卡的卡片信用额度。账户总额度不能满足公务支付临时需要时,预算单位可向发卡银行申请临时调额。临时调额有关情况要报单位主管部门备案。临时调额期限届满,发卡银行应及时恢复其原有额度。

第八条 单位公务卡由预算单位承担还款责任。

第九条 单位公务卡只能用于公务支出,禁止用于个人支出,禁止分期付款,禁止存取现金,不产生积分或发卡银行用卡红利返还。

第十条 单位公务卡和个人公务卡都适用于公务卡强制结算目录所规定的结算项目。发行单位公务卡后,个人公务卡主要用于结算差旅费支出项目,单位公务卡主要用于结算差旅费之外的其他支出项目。

第十一条 单位公务卡和个人公务卡均可在线下、线上渠道(网上购买商品或服务等)支付结算。单位公务卡用于线下交易必须采用"密码+签名"方式进行核验。线下交易的销售点终端(Point of Sale,POS)签购单、线上交易的记录凭据等,可作为辅助报销凭证。商户发票为必备报销凭证。

第十二条 单位公务卡使用现行代理银行公务卡支持系统(或财政部门国库集中支付管理系统的公务卡模块)进行报销,并纳入财政部门预算执行动态监控范围。报销和动态监控有关规定参照个人公务卡执行。

第十三条 预算单位应在单位公务卡免息还款期内完成报销还款工作,逾期产生的利息、滞纳金等相关费用均由单位承担。但持卡人应当按照有关规定,及时提请办理单位公务卡报销手续。

第十四条 单位公务卡被盗或遗失,持卡人应及时联系发卡银行办理挂失,并向单位报告。挂失不及时造成的损失,由持卡人承担主要责任。

第十五条 预算单位应积极配合发卡银行加强单位公务卡风险控制,严格制定有关内部管理制度,特别是明确与持卡人在保管、使用、报销,以及卡片发生遗失盗刷等情况下的责任关系。

第十六条 财政部门在单位公务卡管理中的主要职责是:

(一)组织制定单位公务卡管理有关制度规定,组织管理单位公务卡试点和推广工作。

(二)指导和督促发卡银行按照单位公务卡服务协议,做好有关服务工作。

(三)管理预算执行动态监控系统,对单位公务卡的消费支出和报销事项进行监控管理,对重大问题进行调研和核查处理。

(四)协调有关部门,解决单位公务卡实施中的有关政策衔接问题,并协同推动改善公务卡受理环境。

第十七条 中国人民银行及其分支机构在单位公务卡管理中的主要职责是:

(一)配合同级财政部门制定单位公务卡管理有关制度规定,共同推动单位公务卡实施工作。

(二)加强对单位公务卡的业务指导和管理,引导发卡银行、收单机构、银行卡清算机构不断加强公务卡应用、受理环境建设。

第十八条 预算单位在单位公务卡管理中的主要职责是：

（一）选择单位公务卡发卡银行，签订单位公务卡服务协议。

（二）确定本单位单位公务卡的持卡人，组织统一办理单位公务卡，合理分配信用额度，并做好离职、变更等情况下的单位公务卡管理工作。

（三）制定单位公务卡内部管理规定，加强对单位公务卡持卡人的培训和管理，防范持卡用卡风险。

（四）及时办理单位公务卡报销还款和资金退回等业务，做好有关账务处理及对账工作。

（五）配合财政部门做好单位公务卡监督管理和业务数据统计工作。

第十九条 发卡银行在单位公务卡管理中的主要职责是：

（一）主动向中国银联申请单位公务卡专用卡 BIN，确保单位公务卡与个人公务卡的卡 BIN 分离管理。

（二）按照本办法规定及与预算单位签订的单位公务卡服务协议，为单位及持卡人提供办卡、使用、挂失、注销、资金信息反馈等方面的服务。

（三）按照财政部门有关政策要求，加强与单位公务卡管理有关的内部制度规范和信息系统建设，及时反馈动态监控所需信息，并确保信息传送的准确性和保密性。

（四）配合财政部门做好有关单位公务卡业务的数据统计和报送工作。

（五）加强对员工的公务卡业务培训，不断提升公务卡服务水平。积极扩大线下、线上商户范围，不断改善公务卡受理环境。

第二十条 银行卡清算机构在单位公务卡管理中的主要职责是：

（一）负责单位公务卡 BIN 的分配管理和发卡银行卡面设计的审核。

（二）确保转接清算系统的平稳运行。

（三）配合财政部门做好有关单位公务卡业务的数据统计和报送工作。

（四）配合财政部门、中国人民银行及其分支机构、发卡银行开展单位公务卡的宣传推广工作。

第二十一条 持卡人在单位公务卡管理中的主要职责是：

（一）按规定持有单位公务卡，妥善保管卡片和密码。

（二）严格执行单位公务卡有关使用规定，规范用卡行为，防范支付风险。

（三）按照单位有关内部管理规定，及时申请办理单位公务卡报销业务。

第二十二条 本办法由财政部会同中国人民银行负责解释。

第二十三条 本办法自 2016 年 2 月 1 日起实施。

企业财务通则

· 2006 年 12 月 4 日财政部令第 41 号公布
· 自 2007 年 1 月 1 日起施行

第一章 总 则

第一条 为了加强企业财务管理，规范企业财务行为，保护企业及其相关方的合法权益，推进现代企业制度建设，根据有关法律、行政法规的规定，制定本通则。

第二条 在中华人民共和国境内依法设立的具备法人资格的国有及国有控股企业适用本通则。金融企业除外。

其他企业参照执行。

第三条 国有及国有控股企业（以下简称企业）应当确定内部财务管理体制，建立健全财务管理制度，控制财务风险。

企业财务管理应当按照制定的财务战略，合理筹集资金，有效营运资产，控制成本费用，规范收益分配及重组清算财务行为，加强财务监督和财务信息管理。

第四条 财政部负责制定企业财务规章制度。

各级财政部门（以下通称主管财政机关）应当加强对企业财务的指导、管理、监督，其主要职责包括：

（一）监督执行企业财务规章制度，按照财务关系指导企业建立健全内部财务制度。

（二）制定促进企业改革发展的财政财务政策，建立健全支持企业发展的财政资金管理制度。

（三）建立健全企业年度财务会计报告审计制度，检查企业财务会计报告质量。

（四）实施企业财务评价，监测企业财务运行状况。

（五）研究、拟订企业国有资本收益分配和国有资本经营预算的制度。

（六）参与审核属于本级人民政府及其有关部门、机构出资的企业重要改革、改制方案。

（七）根据企业财务管理的需要提供必要的帮助、服务。

第五条 各级人民政府及其部门、机构，企业法人、其他组织或者自然人等企业投资者（以下通称投资者）、企业经理、厂长或者实际负责经营管理的其他领导成员（以下通称经营者），依照法律、法规、本通则和企业章程的规定，履行企业内部财务管理职责。

第六条 企业应当依法纳税。企业财务处理与税收法律、行政法规规定不一致的，纳税时应当依法进行调整。

第七条 各级人民政府及其部门、机构出资的企业，其财务关系隶属同级财政机关。

第二章 企业财务管理体制

第八条 企业实行资本权属清晰、财务关系明确、符合法人治理结构要求的财务管理体制。

企业应当按照国家有关规定建立有效的内部财务管理级次。企业集团公司自行决定集团内部财务管理体制。

第九条 企业应当建立财务决策制度，明确决策规则、程序、权限和责任等。法律、行政法规规定应当通过职工（代表）大会审议或者听取职工、相关组织意见的财务事项，依照其规定执行。

企业应当建立财务决策回避制度。对投资者、经营者个人与企业利益有冲突的财务决策事项，相关投资者、经营者应当回避。

第十条 企业应当建立财务风险管理制度，明确经营者、投资者及其他相关人员的管理权限和责任，按照风险与收益均衡、不相容职务分离等原则，控制财务风险。

第十一条 企业应当建立财务预算管理制度，以现金流为核心，按照实现企业价值最大化等财务目标的要求，对资金筹集、资产营运、成本控制、收益分配、重组清算等财务活动，实施全面预算管理。

第十二条 投资者的财务管理职责主要包括：

（一）审议批准企业内部财务管理制度、企业财务战略、财务规划和财务预算。

（二）决定企业的筹资、投资、担保、捐赠、重组、经营者报酬、利润分配等重大财务事项。

（三）决定企业聘请或者解聘会计师事务所、资产评估机构等中介机构事项。

（四）对经营者实施财务监督和财务考核。

（五）按照规定向全资或者控股企业委派或者推荐财务总监。

投资者应当通过股东（大）会、董事会或者其他形式的内部机构履行财务管理职责，可以通过企业章程、内部制度、合同约定等方式将部分财务管理职责授予经营者。

第十三条 经营者的财务管理职责主要包括：

（一）拟订企业内部财务管理制度、财务战略、财务规划，编制财务预算。

（二）组织实施企业筹资、投资、担保、捐赠、重组和利润分配等财务方案，诚信履行企业偿债义务。

（三）执行国家有关职工劳动报酬和劳动保护的规定，依法缴纳社会保险费、住房公积金等，保障职工合法权益。

（四）组织财务预测和财务分析，实施财务控制。

（五）编制并提供企业财务会计报告，如实反映财务信息和有关情况。

（六）配合有关机构依法进行审计、评估、财务监督等工作。

第三章 资金筹集

第十四条 企业可以接受投资者以货币资金、实物、无形资产、股权、特定债权等形式的出资。其中，特定债权是指企业依法发行的可转换债券、符合有关规定转作股权的债权等。

企业接受投资者非货币资产出资时，法律、行政法规对出资形式、程序和评估作价等有规定的，依照其规定执行。

企业接受投资者商标权、著作权、专利权及其他专有技术等无形资产出资的，应当符合法律、行政法规规定的比例。

第十五条 企业依法以吸收直接投资、发行股份等方式筹集权益资金的，应当拟订筹资方案，确定筹资规模，履行内部决策程序和必要的报批手续，控制筹资成本。

企业筹集的实收资本，应当依法委托法定验资机构验资并出具验资报告。

第十六条 企业应当执行国家有关资本管理制度，在获准工商登记后30日内，依据验资报告等向投资者出具出资证明书，确定投资者的合法权益。

企业筹集的实收资本，在持续经营期间可以由投资者依照法律、行政法规以及企业章程的规定转让或者减少，投资者不得抽逃或者变相抽回出资。

除《公司法》等有关法律、行政法规另有规定外，企业不得回购本企业发行的股份。企业依法回购股份，应当符合有关条件和财务处理办法，并经投资者决议。

第十七条 对投资者实际缴付的出资超出注册资本的差额（包括股票溢价），企业应当作为资本公积管理。

经投资者审议决定后，资本公积用于转增资本。国家另有规定的，从其规定。

第十八条 企业从税后利润中提取的盈余公积包括法定公积金和任意公积金,可以用于弥补企业亏损或者转增资本。法定公积金转增资本后留存企业的部分,以不少于转增前注册资本的25%为限。

第十九条 企业增加实收资本或者以资本公积、盈余公积转增实收资本,由投资者履行财务决策程序后,办理相关财务事项和工商变更登记。

第二十条 企业取得的各类财政资金,区分以下情况处理:

(一)属于国家直接投资、资本注入的,按照国家有关规定增加国家资本或者国有资本公积。

(二)属于投资补助的,增加资本公积或者实收资本。国家拨款时对权属有规定的,按规定执行;没有规定的,由全体投资者共同享有。

(三)属于贷款贴息、专项经费补助的,作为企业收益处理。

(四)属于政府转贷、偿还性资助的,作为企业负债管理。

(五)属于弥补亏损、救助损失或者其他用途的,作为企业收益处理。

第二十一条 企业依法以借款、发行债券、融资租赁等方式筹集债务资金的,应当明确筹资目的,根据资金成本、债务风险和合理的资金需求,进行必要的资本结构决策,并签订书面合同。

企业筹集资金用于固定资产投资项目的,应当遵守国家产业政策、行业规划、自有资本比例及其他规定。

企业筹集资金,应当按规定核算和使用,并诚信履行合同,依法接受监督。

第四章 资产营运

第二十二条 企业应当根据风险与收益均衡等原则和经营需要,确定合理的资产结构,并实施资产结构动态管理。

第二十三条 企业应当建立内部资金调度控制制度,明确资金调度的条件、权限和程序,统一筹集、使用和管理资金。企业支付、调度资金,应当按照内部财务管理制度的规定,依据有效合同、合法凭证,办理相关手续。

企业向境外支付、调度资金应当符合国家有关外汇管理的规定。

企业集团可以实行内部资金集中统一管理,但应当符合国家有关金融管理等法律、行政法规规定,并不得损害成员企业的利益。

第二十四条 企业应当建立合同的财务审核制度,明确业务流程和审批权限,实行财务监控。

企业应当加强应收款项的管理,评估客户信用风险,跟踪客户履约情况,落实收账责任,减少坏账损失。

第二十五条 企业应当建立健全存货管理制度,规范存货采购审批、执行程序,根据合同的约定以及内部审批制度支付货款。

企业选择供货商以及实施大宗采购,可以采取招标等方式进行。

第二十六条 企业应当建立固定资产购建、使用、处置制度。

企业自行选择、确定固定资产折旧办法,可以征询中介机构、有关专家的意见,并由投资者审议批准。固定资产折旧办法一经选用,不得随意变更。确需变更的,应当说明理由,经投资者审议批准。

企业购建重要的固定资产、进行重大技术改造,应当经过可行性研究,按照内部审批制度履行财务决策程序,落实决策和执行责任。

企业在建工程项目交付使用后,应当在一个年度内办理竣工决算。

第二十七条 企业对外投资应当遵守法律、行政法规和国家有关政策的规定,符合企业发展战略的要求,进行可行性研究,按照内部审批制度履行批准程序,落实决策和执行的责任。

企业对外投资应当签订书面合同,明确企业投资权益,实施财务监管。依据合同支付投资款项,应当按照企业内部审批制度执行。

企业向境外投资的,还应当经投资者审议批准,并遵守国家境外投资项目核准和外汇管理等相关规定。

第二十八条 企业通过自创、购买、接受投资等方式取得的无形资产,应当依法明确权属,落实有关经营、管理的财务责任。

无形资产出现转让、租赁、质押、授权经营、连锁经营、对外投资等情形时,企业应当签订书面合同,明确双方的权利义务,合理确定交易价格。

第二十九条 企业对外担保应当符合法律、行政法规及有关规定,根据被担保单位的资信及偿债能力,按照内部审批制度采取相应的风险控制措施,并设立备查账簿登记,实行跟踪监督。

企业对外捐赠应当符合法律、行政法规及有关财务规定,制定实施方案,明确捐赠的范围和条件,落实执行责任,严格办理捐赠资产的交接手续。

第三十条 企业从事期货、期权、证券、外汇交易等业务或者委托其他机构理财，不得影响主营业务的正常开展，并应当签订书面合同，建立交易报告制度，定期对账，控制风险。

第三十一条 企业从事代理业务，应当严格履行合同，实行代理业务与自营业务分账管理，不得挪用客户资金、互相转嫁经营风险。

第三十二条 企业应当建立各项资产损失或者减值准备管理制度。各项资产损失或者减值准备的计提标准，一经选用，不得随意变更。企业在制订计提标准时可以征询中介机构、有关专家的意见。

对计提损失或者减值准备后的资产，企业应当落实监管责任。能够收回或者继续使用以及没有证据证明实际损失的资产，不得核销。

第三十三条 企业发生的资产损失，应当及时予以核实、查清责任，追偿损失，按照规定程序处理。

企业重组中清查出的资产损失，经批准后依次冲减未分配利润、盈余公积、资本公积和实收资本。

第三十四条 企业以出售、抵押、置换、报废等方式处理资产时，应当按照国家有关规定和企业内部财务管理制度规定的权限和程序进行。其中，处理主要固定资产涉及企业经营业务调整或者资产重组的，应当根据投资者审议通过的业务调整或者资产重组方案实施。

第三十五条 企业发生关联交易的，应当遵守国家有关规定，按照独立企业之间的交易计价结算。投资者或者经营者不得利用关联交易非法转移企业经济利益或者操纵关联企业的利润。

第五章 成本控制

第三十六条 企业应当建立成本控制系统，强化成本预算约束，推行质量成本控制办法，实行成本定额管理、全员管理和全过程控制。

第三十七条 企业实行费用归口、分级管理和预算控制，应当建立必要的费用开支范围、标准和报销审批制度。

第三十八条 企业技术研发和科技成果转化项目所需经费，可以通过建立研发准备金筹措，据实列入相关资产成本或者当期费用。

符合国家规定条件的企业集团，可以集中使用研发费用，用于企业主导产品和核心技术的自主研发。

第三十九条 企业依法实施安全生产、清洁生产、污染治理、地质灾害防治、生态恢复和环境保护等所需经费，按照国家有关标准列入相关资产成本或者当期费用。

第四十条 企业发生销售折扣、折让以及支付要求的佣金、回扣、手续费、劳务费、提成、返利、进场费、业务奖励等支出的，应当签订相关合同，履行内部审批手续。

企业开展进出口业务收取或者支付的佣金、保险费、运费，按照合同规定的价格条件处理。

企业向个人以及非经营单位支付费用的，应当严格履行内部审批及支付的手续。

第四十一条 企业可以根据法律、法规和国家有关规定，对经营者和核心技术人员实行与其他职工不同的薪酬办法，属于本级人民政府及其部门、机构出资的企业，应当将薪酬办法报主管财政机关备案。

第四十二条 企业应当按照劳动合同及国家有关规定支付职工报酬，并为从事高危作业的职工缴纳团体人身意外伤害保险费，所需费用直接作为成本(费用)列支。

经营者可以在工资计划中安排一定数额，对企业技术研发、降低能源消耗、治理"三废"、促进安全生产、开拓市场等作出突出贡献的职工给予奖励。

第四十三条 企业应当依法为职工支付基本医疗、基本养老、失业、工伤等社会保险费，所需费用直接作为成本(费用)列支。

已参加基本医疗、基本养老保险的企业，具有持续盈利能力和支付能力的，可以为职工建立补充医疗保险和补充养老保险，所需费用按照省级以上人民政府规定的比例从成本(费用)中提取。超出规定比例的部分，由职工个人负担。

第四十四条 企业为职工缴纳住房公积金以及职工住房货币化分配的财务处理，按照国家有关规定执行。

职工教育经费按照国家规定的比例提取，专项用于企业职工后续职业教育和职业培训。

工会经费按照国家规定比例提取并拨缴工会。

第四十五条 企业应当依法缴纳行政事业性收费、政府性基金以及使用或者占用国有资源的费用等。

企业对没有法律法规依据或者超过法律法规规定范围和标准的各种摊派、收费、集资，有权拒绝。

第四十六条 企业不得承担属于个人的下列支出：
(一)娱乐、健身、旅游、招待、购物、馈赠等支出；
(二)购买商业保险、证券、股权、收藏品等支出；
(三)个人行为导致的罚款、赔偿等支出；
(四)购买住房、支付物业管理费等支出；
(五)应由个人承担的其他支出。

第六章 收益分配

第四十七条 投资者、经营者及其他职工履行本企业职务或者以企业名义开展业务所得的收入，包括销售收入以及对方给予的销售折扣、折让、佣金、回扣、手续费、劳务费、提成、返利、进场费、业务奖励等收入,全部属于企业。

企业应当建立销售价格管理制度,明确产品或者劳务的定价和销售价格调整的权限、程序与方法,根据预期收益、资金周转、市场竞争、法律规范约束等要求,采取相应的价格策略,防范销售风险。

第四十八条 企业出售股权投资,应当按照规定的程序和方式进行。股权投资出售底价,参照资产评估结果确定,并按照合同约定收取所得价款。在履行交割时,对尚未收款部分的股权投资,应当按照合同的约定结算,取得受让方提供的有效担保。

上市公司国有股减持所得收益,按照国务院的规定处理。

第四十九条 企业发生的年度经营亏损,依照税法的规定弥补。税法规定年限内的税前利润不足弥补的,用以后年度的税后利润弥补,或者经投资者审议后用盈余公积弥补。

第五十条 企业年度净利润,除法律、行政法规另有规定外,按照以下顺序分配:

(一)弥补以前年度亏损。

(二)提取10%法定公积金。法定公积金累计额达到注册资本50%以后,可以不再提取。

(三)提取任意公积金。任意公积金提取比例由投资者决议。

(四)向投资者分配利润。企业以前年度未分配的利润,并入本年度利润,在充分考虑现金流量状况后,向投资者分配。属于各级人民政府及其部门、机构出资的企业,应当将应付国有利润上缴财政。

国有企业可以将任意公积金与法定公积金合并提取。股份有限公司依法回购后暂未转让或者注销的股份,不得参与利润分配;以回购股份对经营者及其他职工实施股权激励的,在拟订利润分配方案时,应当预留回购股份所需利润。

第五十一条 企业弥补以前年度亏损和提取盈余公积后,当年没有可供分配的利润时,不得向投资者分配利润,但法律、行政法规另有规定的除外。

第五十二条 企业经营者和其他职工以管理、技术等要素参与企业收益分配的,应当按照国家有关规定在企业章程或者有关合同中对分配办法作出规定,并区别以下情况处理:

(一)取得企业股权的,与其他投资者一同进行企业利润分配。

(二)没有取得企业股权的,在相关业务实现的利润限额和分配标准内,从当期费用中列支。

第七章 重组清算

第五十三条 企业通过改制、产权转让、合并、分立、托管等方式实施重组,对涉及资本权益的事项,应当由投资者或者授权机构进行可行性研究,履行内部财务决策程序,并组织开展以下工作:

(一)清查财产,核实债务,委托会计师事务所审计。

(二)制订职工安置方案,听取重组企业的职工、职工代表大会的意见或者提交职工代表大会审议。

(三)与债权人协商,制订债务处置或者承继方案。

(四)委托评估机构进行资产评估,并以评估价值作为净资产作价或者折股的参考依据。

(五)拟订股权设置方案和资本重组实施方案,经过审议后履行报批手续。

第五十四条 企业采取分立方式进行重组,应当明晰分立后的企业产权关系。

企业划分各项资产、债务以及经营业务,应当按照业务相关性或者资产相关性原则制订分割方案。对不能分割的整体资产,在评估机构评估价值的基础上,经分立各方协商,由拥有整体资产的一方给予他方适当经济补偿。

第五十五条 企业可以采取新设或者吸收方式进行合并重组。企业合并前的各项资产、债务以及经营业务,由合并后的企业承继,并应当明确合并后企业的产权关系以及各投资者的出资比例。

企业合并的资产税收处理应当符合国家有关税法的规定,合并后净资产超出注册资本的部分,作为资本公积;少于注册资本的部分,应当变更注册资本或者由投资者补足出资。

对资不抵债的企业以承担债务方式合并的,合并方应当制定企业重整措施,按照合并方案履行偿还债务责任,整合财务资源。

第五十六条 企业实行托管经营,应当由投资者决定,并签订托管协议,明确托管经营的资产负债状况、托管经营目标、托管资产处置权限以及收益分配办法等,并落实财务监管措施。

受托企业应当根据托管协议制订相关方案,重组托管企业的资产与债务。未经托管企业投资者同意,不得改组、改制托管企业,不得转让托管企业及转移托管资产、经营业务,不得以托管企业名义或者以托管资产对外担保。

第五十七条 企业进行重组时,对已占用的国有划拨土地应当按照有关规定进行评估,履行相关手续,并区别以下情况处理:

(一)继续采取划拨方式的,可以不纳入企业资产管理,但企业应当明确划拨土地使用权权益,并按规定用途使用,设立备查账簿登记。国家另有规定的除外。

(二)采取作价入股方式的,将应缴纳的土地出让金转作国家资本,形成的国有股权由企业重组前的国有资本持有单位或者主管财政机关确认的单位持有。

(三)采取出让方式的,由企业购买土地使用权,支付出让费用。

(四)采取租赁方式的,由企业租赁使用,租金水平参照银行同期贷款利率确定,并在租赁合同中约定。

企业进行重组时,对已占用的水域、探矿权、采矿权、特许经营权等国有资源,依法可以转让的,比照前款处理。

第五十八条 企业重组过程中,对拖欠职工的工资和医疗、伤残补助、抚恤费用以及欠缴的基本社会保险费、住房公积金,应当以企业现有资产优先清偿。

第五十九条 企业被责令关闭、依法破产、经营期限届满而终止经营的,或者经投资者决议解散的,应当按照法律、法规和企业章程的规定实施清算。清算财产变卖底价,参照资产评估结果确定。国家另有规定的,从其规定。

企业清算结束,应当编制清算报告,委托会计师事务所审计,报投资者或者人民法院确认后,向相关部门、债权人以及其他的利益相关人通告。其中,属于各级人民政府及其部门、机构出资的企业,其清算报告应当报送主管财政机关。

第六十条 企业解除职工劳动关系,按照国家有关规定支付的经济补偿金或者安置费,除正常经营期间发生的列入当期费用以外,应当区别以下情况处理:

(一)企业重组中发生的,依次从未分配利润、盈余公积、资本公积、实收资本中支付。

(二)企业清算时发生的,以企业扣除清算费用后的清算财产优先清偿。

第八章 信息管理

第六十一条 企业可以结合经营特点,优化业务流程,建立财务和业务一体化的信息处理系统,逐步实现财务、业务相关信息一次性处理和实时共享。

第六十二条 企业应当逐步创造条件,实行统筹企业资源计划,全面整合和规范财务、业务流程,对企业物流、资金流、信息流进行一体化管理和集成运作。

第六十三条 企业应当建立财务预警机制,自行确定财务危机警戒标准,重点监测经营性净现金流量与到期债务、企业资产与负债的适配性,及时沟通企业有关财务危机预警的信息,提出解决财务危机的措施和方案。

第六十四条 企业应当按照有关法律、行政法规和国家统一的会计制度的规定,按时编制财务会计报告,经营者或者投资者不得拖延、阻挠。

第六十五条 企业应当按照规定向主管财政机关报送月份、季度、年度财务会计报告等材料,不得在报送的财务会计报告等材料上作虚假记载或者隐瞒重要事实。主管财政机关应当根据企业的需要提供必要的培训和技术支持。

企业对外提供的年度财务会计报告,应当依法经过会计师事务所审计。国家另有规定的,从其规定。

第六十六条 企业应当在年度内定期向职工公开以下信息:

(一)职工劳动报酬、养老、医疗、工伤、住房、培训、休假等信息。

(二)经营者报酬实施方案。

(三)年度财务会计报告审计情况。

(四)企业重组涉及的资产评估及处置情况。

(五)其他依法应当公开的信息。

第六十七条 主管财政机关应当建立健全企业财务评价体系,主要评估企业内部财务控制的有效性,评价企业的偿债能力、盈利能力、资产营运能力、发展能力和社会贡献。评估和评价的结果可以通过适当方式向社会发布。

第六十八条 主管财政机关及其工作人员应当恰当使用所掌握的企业财务信息,并依法履行保密义务,不得利用企业的财务信息谋取私利或者损害企业利益。

第九章 财务监督

第六十九条 企业应当依法接受主管财政机关的财务监督和国家审计机关的财务审计。

第七十条 经营者在经营过程中违反本通则有关规定的,投资者可以依法追究经营者的责任。

第七十一条 企业应当建立、健全内部财务监督制度。

企业设立监事会或者监事人员的,监事会或者监事人员依照法律、行政法规、本通则和企业章程的规定,履行企业内部财务监督职责。

经营者应当实施内部财务控制,配合投资者或者企业监事会以及中介机构的检查、审计工作。

第七十二条 企业和企业负有直接责任的主管人员和其他人员有以下行为之一的，县级以上主管财政机关可以责令限期改正、予以警告，有违法所得的，没收违法所得，并可以处以不超过违法所得3倍、但最高不超过3万元的罚款；没有违法所得的，可以处以1万元以下的罚款：

（一）违反本通则第三十九条、四十条、四十二条第一款、四十三条、四十六条规定列支成本费用的。

（二）违反本通则第四十七条第一款规定截留、隐瞒、侵占企业收入的。

（三）违反本通则第五十条、五十一条、五十二条规定进行利润分配的。但依照《公司法》设立的企业不按本通则第五十条第一款第二项规定提取法定公积金的，依照《公司法》的规定予以处罚。

（四）违反本通则第五十七条规定处理国有资源的。

（五）不按本通则第五十八条规定清偿职工债务的。

第七十三条 企业和企业负有直接责任的主管人员和其他人员有以下行为之一的，县级以上主管财政机关可以责令限期改正、予以警告：

（一）未按本通则规定建立健全各项内部财务管理制度的；

（二）内部财务管理制度明显与法律、行政法规和通用的企业财务规章制度相抵触，且不按主管财政机关要求修正的。

第七十四条 企业和企业负有直接责任的主管人员和其他人员不按本通则第六十四条、第六十五条规定编制、报送财务会计报告等材料的，县级以上主管财政机关可以依照《公司法》、《企业财务会计报告条例》的规定予以处罚。

第七十五条 企业在财务活动中违反财政、税收等法律、行政法规的，依照《财政违法行为处罚处分条例》(国务院令第427号）及有关税收法律、行政法规的规定予以处理、处罚。

第七十六条 主管财政机关以及政府其他部门、机构有关工作人员，在企业财务管理中滥用职权、玩忽职守、徇私舞弊或者泄露国家机密、企业商业秘密的，依法进行处理。

第十章 附 则

第七十七条 实行企业化管理的事业单位比照适用本通则。

第七十八条 本通则自2007年1月1日起施行。

财政部关于划转部分国有资本充实社保基金后企业增资财务处理有关事项的通知

· 2021年8月5日
· 财资〔2021〕116号

各省、自治区、直辖市财政厅（局），新疆生产建设兵团财政局，有关中央企业、中央金融机构：

为积极稳妥、规范有序做好划转部分国有资本充实社保基金工作，根据《中华人民共和国公司法》、《国务院关于印发划转部分国有资本充实社保基金实施方案的通知》(国发〔2017〕49号）、《企业财务通则》和其他有关规定，现就划转部分国有资本充实社保基金后企业增资财务处理有关事项通知如下：

一、企业国有股权划转完成后，社保基金会和各地方承接主体（以下统称承接主体）作为财务投资者，按照企业划转基准日账面值确认出资，并登记入账。

二、登记入账后，企业发生财政资金注入、企业增资等新增资本事项时，承接主体有权按照实际享有的股权比例缴纳出资。

三、企业新增资本时，按照承接主体及企业其他股东的不同增资情形分别处理：

（一）承接主体及企业其他股东按持有的股权同比例缴纳出资的，各股东持有的股权比例保持不变。

（二）承接主体或企业其他股东未按持有的股权同比例缴纳出资的，应以增资前最近一次经审计的财务报告为基础，承接主体享有的净资产账面值不减少为原则，按规定计算确定增资后企业各股东持有的股权比例。

四、商事制度改革实施后，新设立企业认缴资本分次注入时，按照本通知执行。

五、本通知自印发之日起生效。印发前相关工作未按上述规定处理的，应在印发后按照本通知进行调整。

六、中央企业和中央金融机构增资相关事宜，国务院另有规定的，从其规定。

事业单位财务规则

· 2022年1月7日财政部令第108号公布
· 自2022年3月1日起施行

第一章 总 则

第一条 为了进一步规范事业单位的财务行为，加强事业单位财务管理和监督，提高资金使用效益，保障事业单位健康发展，制定本规则。

第二条 本规则适用于各级各类事业单位（以下简称事业单位）的财务活动。

第三条 事业单位财务管理的基本原则是：执行国家有关法律、法规和财务规章制度；坚持勤俭办一切事业的方针；正确处理事业发展需要和资金供给的关系，社会效益和经济效益的关系，国家、单位和个人三者利益的关系。

第四条 事业单位财务管理的主要任务是：合理编制单位预算，严格预算执行，完整、准确编制单位决算报告和财务报告，真实反映单位预算执行情况、财务状况和运行情况；依法组织收入，努力节约支出；建立健全财务制度，加强经济核算，全面实施绩效管理，提高资金使用效益；加强资产管理，合理配置和有效利用资产，防止资产流失；加强对单位经济活动的财务控制和监督，防范财务风险。

第五条 事业单位的财务活动在单位负责人的领导下，由单位财务部门统一管理。

第六条 事业单位的各项经济业务事项按国家统一的会计制度进行会计核算。

第二章 单位预算管理

第七条 事业单位预算是指事业单位根据事业发展目标和计划编制的年度财务收支计划。

事业单位预算由收入预算和支出预算组成。

第八条 国家对事业单位实行核定收支、定额或者定项补助、超支不补、结转和结余按规定使用的预算管理办法。

定额或者定项补助根据国家有关政策和财力可能，结合事业单位改革要求、事业特点、事业发展目标和计划、事业单位收支及资产状况等确定。定额或者定项补助可以为零。

非财政补助收入大于支出较多的事业单位，可以实行收入上缴办法。具体办法由财政部门会同有关主管部门制定。

第九条 事业单位参考以前年度预算执行情况，根据预算年度的收入增减因素和措施，以及以前年度结转和结余情况，测算编制收入预算草案；根据事业发展需要与财力可能，测算编制支出预算草案。

事业单位预算应当自求收支平衡，不得编制赤字预算。

第十条 事业单位应当根据国家宏观调控总体要求、年度事业发展目标和计划以及预算编制的规定，提出预算建议数，经主管部门审核汇总报财政部门（一级预算单位直接报财政部门，下同）。事业单位根据财政部门下达的预算控制数编制预算草案，由主管部门审核汇总报财政部门，经法定程序审核批复后执行。

第十一条 事业单位应当严格执行批准的预算。预算执行中，国家对财政补助收入和财政专户管理资金的预算一般不予调剂，确需调剂的，由事业单位报主管部门审核后报财政部门调剂；其他资金确需调剂的，按照国家有关规定办理。

第十二条 事业单位决算是指事业单位预算收支和结余的年度执行结果。

第十三条 事业单位应当按照规定编制年度决算草案，由主管部门审核汇总后报财政部门审批。

第十四条 事业单位应当加强决算审核和分析，保证决算数据的真实、准确，规范决算管理工作。

第十五条 事业单位应当全面加强预算绩效管理，提高资金使用效益。

第三章 收入管理

第十六条 收入是指事业单位为开展业务及其他活动依法取得的非偿还性资金。

第十七条 事业单位收入包括：

（一）财政补助收入，即事业单位从本级财政部门取得的各类财政拨款。

（二）事业收入，即事业单位开展专业业务活动及其辅助活动取得的收入。其中：按照国家有关规定应当上缴国库或者财政专户的资金，不计入事业收入；从财政专户核拨给事业单位的资金和经核准不上缴国库或者财政专户的资金，计入事业收入。

（三）上级补助收入，即事业单位从主管部门和上级单位取得的非财政补助收入。

（四）附属单位上缴收入，即事业单位附属独立核算单位按照有关规定上缴的收入。

（五）经营收入，即事业单位在专业业务活动及其辅助活动之外开展非独立核算经营活动取得的收入。

（六）其他收入，即本条上述规定范围以外的各项收入，包括投资收益、利息收入、捐赠收入、非本级财政补助收入、租金收入等。

第十八条 事业单位应当将各项收入全部纳入单位预算，统一核算，统一管理，未纳入预算的收入不得安排支出。

第十九条 事业单位对按照规定上缴国库或者财政专户的资金，应当按照国库集中收缴的有关规定及时足额上缴，不得隐瞒、滞留、截留、占用、挪用、拖欠或坐支。

第四章 支出管理

第二十条 支出是指事业单位开展业务及其他活动发生的资金耗费和损失。

第二十一条 事业单位支出包括：

（一）事业支出，即事业单位开展专业业务活动及其辅助活动发生的基本支出和项目支出。基本支出，是指事业单位为保障其单位正常运转、完成日常工作任务所发生的支出，包括人员经费和公用经费；项目支出，是指事业单位为完成其特定的工作任务和事业发展目标所发生的支出。

（二）经营支出，即事业单位在专业业务活动及其辅助活动之外开展非独立核算经营活动发生的支出。

（三）对附属单位补助支出，即事业单位用财政补助收入之外的收入对附属单位补助发生的支出。

（四）上缴上级支出，即事业单位按照财政部门和主管部门的规定上缴上级单位的支出。

（五）其他支出，即本条上述规定范围以外的各项支出，包括利息支出、捐赠支出等。

第二十二条 事业单位应当将各项支出全部纳入单位预算，实行项目库管理，建立健全支出管理制度。

第二十三条 事业单位的支出应当厉行节约，严格执行国家有关财务规章制度规定的开支范围及开支标准；国家有关财务规章制度没有统一规定的，由事业单位规定，报主管部门和财政部门备案。事业单位的规定违反法律制度和国家政策的，主管部门和财政部门应当责令改正。

第二十四条 事业单位从财政部门和主管部门取得的有指定项目和用途的专项资金，应当专款专用、单独核算，并按照规定报送专项资金使用情况的报告，接受财政部门或者主管部门的检查、验收。

第二十五条 事业单位应当加强经济核算，可以根据开展业务活动及其他活动的实际需要，实行成本核算。成本核算的具体办法按照国务院财政部门相关规定执行。

第二十六条 事业单位应当严格执行国库集中支付制度和政府采购制度等有关规定。

第二十七条 事业单位应当依法加强各类票据管理，确保票据来源合法、内容真实、使用正确，不得使用虚假票据。

第五章 结转和结余管理

第二十八条 结转和结余是指事业单位年度收入与支出相抵后的余额。

结转资金是指当年预算已执行但未完成，或者因故未执行，下一年度需要按照原用途继续使用的资金。结余资金是指当年预算工作目标已完成，或者因故终止，当年剩余的资金。

经营收支结转和结余应当单独反映。

第二十九条 财政拨款结转和结余的管理，应当按照国家有关规定执行。

第三十条 非财政拨款结转按照规定结转下一年度继续使用。非财政拨款结余可以按照国家有关规定提取职工福利基金，剩余部分用于弥补以后年度单位收支差额；国家另有规定的，从其规定。

第三十一条 事业单位应当加强非财政拨款结余的管理，盘活存量，统筹安排、合理使用，支出不得超出非财政拨款结余规模。

第六章 专用基金管理

第三十二条 专用基金是指事业单位按照规定提取或者设置的有专门用途的资金。

专用基金管理应当遵循先提后用、专款专用的原则，支出不得超出基金规模。

第三十三条 专用基金包括职工福利基金和其他专用基金。

职工福利基金是指按照非财政拨款结余的一定比例提取以及按照其他规定提取转入，用于单位职工的集体福利设施、集体福利待遇等的资金。

其他专用基金是指除职工福利基金外，按照有关规定提取或者设置的专用资金。

第三十四条 事业单位应当将专用基金纳入预算管理，结合实际需要按照规定提取，保持合理规模，提高使用效益。专用基金余额较多的，应当降低提取比例或者暂停提取；确需调整用途的，由主管部门会同本级财政部门确定。

第三十五条 各项基金的提取比例和管理办法，国家有统一规定的，按照统一规定执行；没有统一规定的，由主管部门会同本级财政部门确定。

第七章 资产管理

第三十六条 资产是指事业单位依法直接支配的各类经济资源。

第三十七条 事业单位的资产包括流动资产、固定资产、在建工程、无形资产、对外投资、公共基础设施、政府储备物资、文物文化资产、保障性住房等。

第三十八条 事业单位应当建立健全单位资产管理制度，明确资产使用人和管理人的岗位责任，按照国家规定设置国有资产台账,加强和规范资产配置、使用和处置管理,维护资产安全完整,提高资产使用效率。涉及资产评估的,按照国家有关规定执行。

事业单位应当汇总编制本单位行政事业性国有资产管理情况报告。

事业单位应当定期或者不定期对资产进行盘点、对账。出现资产盘盈盘亏的,应当按照财务、会计和资产管理制度有关规定处理,做到账实相符和账账相符。

事业单位对需要办理权属登记的资产应当依法及时办理。

第三十九条 事业单位应当根据依法履行职能和事业发展的需要,结合资产存量、资产配置标准、绩效目标和财政承受能力配置资产。优先通过调剂方式配置资产。不能调剂的,可以采用购置、建设、租用等方式。

第四十条 流动资产是指可以在一年以内变现或者耗用的资产,包括现金、各种存款、应收及预付款项、存货等。

前款所称存货是指事业单位在开展业务活动及其他活动中为耗用或出售而储存的资产,包括材料、燃料、包装物和低值易耗品以及未达到固定资产标准的用具、装具、动植物等。

事业单位货币性资产损失核销,应当经主管部门审核同意后报本级财政部门审批。

第四十一条 固定资产是指使用期限超过一年,单位价值在1000元以上,并在使用过程中基本保持原有物质形态的资产。单位价值虽未达到规定标准,但是耐用时间在一年以上的大批同类物资,作为固定资产管理。

行业事业单位的固定资产明细目录由国务院主管部门制定,报国务院财政部门备案。

第四十二条 在建工程是指已经发生必要支出,但尚未达到交付使用状态的建设工程。

在建工程达到交付使用状态时,应当按照规定办理工程竣工财务决算和资产交付使用,期限最长不得超过1年。

第四十三条 无形资产是指不具有实物形态而能为使用者提供某种权利的资产,包括专利权、商标权、著作权、土地使用权、非专利技术以及其他财产权利。

事业单位转让无形资产取得的收入、取得无形资产发生的支出,应当按照国家有关规定处理。

第四十四条 对外投资是指事业单位依法利用货币资金、实物、无形资产等方式向其他单位的投资。

事业单位应当严格控制对外投资。利用国有资产对外投资应当有利于事业发展和实现国有资产保值增值,符合国家有关规定,经可行性研究和集体决策,按照规定的权限和程序进行。事业单位不得使用财政拨款及其结余进行对外投资,不得从事股票、期货、基金、企业债券等投资,国家另有规定的除外。

事业单位应当明确对外投资形成的股权及其相关权益管理责任,按照国家有关规定将对外投资形成的股权纳入经营性国有资产集中统一监管体系。

第四十五条 公共基础设施、政府储备物资、文物文化资产、保障性住房等资产管理的具体办法,由国务院财政部门会同有关部门制定。

第四十六条 事业单位资产处置应当遵循公开、公平、公正和竞争、择优的原则,严格履行相关审批程序。

事业单位出租、出借资产应当严格履行相关审批程序。

第四十七条 事业单位应当在确保安全使用的前提下,推进本单位大型设备等国有资产共享共用工作,可以对提供方给予合理补偿。

第八章 负债管理

第四十八条 负债是指事业单位所承担的能以货币计量,需要以资产或者劳务偿还的债务。

第四十九条 事业单位的负债包括借入款项、应付款项、暂存款项、应缴款项等。

应缴款项包括事业单位按照国家有关规定收取的应当上缴国库或者财政专户的资金、应缴税费,以及其他应当上缴的款项。

第五十条 事业单位应当对不同性质的负债分类管理,及时清理并按照规定办理结算,保证各项负债在规定期限内偿还。

第五十一条 事业单位应当建立健全财务风险预警和控制机制,规范和加强借入款项管理,如实反映依法举借债务情况,严格执行审批程序,不得违反规定融资或者提供担保。

第九章 事业单位清算

第五十二条 事业单位发生划转、改制、撤销、合并、分立时,应当进行清算。

第五十三条 事业单位清算,应当在主管部门和财政部门的监督指导下,对单位的财产、债权、债务等进行全面清理,编制财产目录和债权、债务清单,提出财产作价依据和债权、债务处理办法,做好资产和负债的移交、接收、划转和管理工作,并妥善处理各项遗留问题。

第五十四条 事业单位清算结束后,经主管部门审

核并报财政部门批准,其资产和负债分别按照下列办法处理:

(一)因隶属关系改变,成建制划转的事业单位,全部资产和负债无偿移交,并相应划转经费指标。

(二)转为企业的事业单位,全部资产扣除负债后,转作国家资本金。

(三)撤销的事业单位,全部资产和负债由主管部门和财政部门核准处理。

(四)合并的事业单位,全部资产和负债移交接收单位或者新组建单位,合并后多余的资产由主管部门和财政部门核准处理。

(五)分立的事业单位,全部资产和负债按照有关规定移交分立后的事业单位,并相应划转经费指标。

第十章 财务报告和决算报告

第五十五条 事业单位应当按国家有关规定向主管部门和财政部门以及其他有关的报告使用者提供财务报告、决算报告。

事业单位财务会计和预算会计要素的确认、计量、记录、报告应当遵循政府会计准则制度的规定。

第五十六条 财务报告主要以权责发生制为基础编制,综合反映事业单位特定日期财务状况和一定时期运行情况等信息。

第五十七条 财务报告由财务报表和财务分析两部分组成。财务报表主要包括资产负债表、收入费用表等会计报表和报表附注。财务分析的内容主要包括财务状况分析、运行情况分析和财务管理情况等。

第五十八条 决算报告主要以收付实现制为基础编制,综合反映事业单位年度预算收支执行结果等信息。

第五十九条 决算报告由决算报表和决算分析两部分组成。决算报表主要包括收入支出表、财政拨款收入支出表等。决算分析的内容主要包括收支预算执行分析、资金使用效益分析和机构人员情况等。

第十一章 财务监督

第六十条 事业单位财务监督主要包括对预算管理、收入管理、支出管理、结转和结余管理、专用基金管理、资产管理、负债管理等的监督。

第六十一条 事业单位财务监督应当实行事前监督、事中监督、事后监督相结合,日常监督与专项监督相结合。

第六十二条 事业单位应当建立健全内部控制制度、经济责任制度、财务信息披露制度等监督制度,依法公开财务信息。

第六十三条 事业单位应当遵守财经纪律和财务制度,依法接受主管部门和财政、审计部门的监督。

第六十四条 各级事业单位、主管部门和财政部门及其工作人员存在违反本规则规定的行为,以及其他滥用职权、玩忽职守、徇私舞弊等违法违规行为的,依法追究相应责任。

第十二章 附 则

第六十五条 事业单位基本建设投资的财务管理,应当执行本规则,但国家基本建设投资财务管理制度另有规定的,从其规定。

第六十六条 参照公务员法管理的事业单位财务制度的适用,由国务院财政部门另行规定。

第六十七条 接受国家经常性资助的社会力量举办的公益服务性组织和社会团体,依照本规则执行;其他社会力量举办的公益服务性组织和社会团体,可以参照本规则执行。

第六十八条 下列事业单位或者事业单位特定项目,执行企业财务制度,不执行本规则:

(一)纳入企业财务管理体系的事业单位和事业单位附属独立核算的生产经营单位;

(二)事业单位经营的接受外单位要求投资回报的项目;

(三)经主管部门和财政部门批准的具备条件的其他事业单位。

第六十九条 行业特点突出,需要制定行业事业单位财务管理制度的,由国务院财政部门会同有关主管部门根据本规则制定。

第七十条 省、自治区、直辖市人民政府财政部门可以根据本规则结合本地区实际情况制定事业单位具体财务管理办法。

第七十一条 本规则自 2022 年 3 月 1 日起施行。《事业单位财务规则》(财政部令第 68 号)同时废止。

行政单位财务规则

- 2023 年 1 月 28 日财政部令第 113 号公布
- 自 2023 年 3 月 1 日起施行

第一章 总 则

第一条 为了规范行政单位的财务行为,加强行政单位财务管理和监督,提高资金使用效益,保障行政单位工作任务的完成,制定本规则。

第二条 本规则适用于各级各类国家机关、政党组织(以下统称行政单位)的财务活动。

第三条 行政单位财务管理的基本原则是:艰苦奋斗,厉行节约;量入为出,保障重点;从严从简,勤俭办一切事业;制止奢侈浪费,降低行政成本,注重资金使用效益。

第四条 行政单位财务管理的主要任务是:

(一)科学、合理编制预算,严格预算执行,完整、准确、及时编制决算;

(二)建立健全财务制度,实施内部控制管理,加强对行政单位财务活动的控制和监督;

(三)全面实施绩效管理,提高资金使用效益;

(四)加强资产管理,合理配置、有效利用、规范处置资产,防止国有资产流失;

(五)按照规定编制决算报告和财务报告,真实反映单位预算执行情况、财务状况和运行情况;

(六)对行政单位所属并归口行政财务管理的单位的财务活动实施指导、监督;

(七)加强对非独立核算的机关后勤服务部门的财务管理,实行内部核算办法。

第五条 行政单位的财务活动在单位负责人领导下,由单位财务部门统一管理。

行政单位应当实行独立核算,明确承担相关职责的机构,配备与履职相适应的财务、会计人员力量。不具备配备条件的,可以委托经批准从事代理记账业务的中介机构代理记账。

行政单位的各项经济业务事项应当按照国家统一的会计制度进行会计核算。

第二章 单位预算管理

第六条 行政单位预算由收入预算和支出预算组成。

第七条 按照预算管理权限,行政单位预算管理分为下列级次:

(一)向本级财政部门申报预算的行政单位,为一级预算单位;

(二)向一级预算单位申报预算并有下级预算单位的行政单位,为二级预算单位,依次类推;

(三)向上一级预算单位申报预算,且没有下级预算单位的行政单位,为基层预算单位。

一级预算单位有下级预算单位的,为主管预算单位。

第八条 各级预算单位应当按照预算管理级次申报预算,并按照批准的预算组织实施,定期将预算执行情况向上一级预算单位或者本级财政部门报告。

第九条 国家对行政单位实行收支统一管理、结转和结余按照规定使用的预算管理办法。

第十条 行政单位编制预算,应当综合考虑以下因素:

(一)年度工作计划和收支预测;

(二)以前年度预算执行情况;

(三)以前年度结转和结余情况;

(四)资产配置标准和存量资产情况;

(五)有关绩效结果;

(六)其他因素。

第十一条 行政单位预算依照下列程序编报和审批:

(一)行政单位测算、提出预算建议数,逐级汇总后报送本级财政部门;

(二)财政部门审核行政单位提出的预算建议数,下达预算控制数;

(三)行政单位根据预算控制数正式编制年度预算草案,逐级汇总后报送本级财政部门;

(四)经法定程序批准后,财政部门批复行政单位预算。

第十二条 行政单位应当严格执行预算,按照收支平衡的原则,合理安排各项资金,不得超预算安排支出。

预算在执行中应当严格控制调剂。确需调剂的,行政单位应当按照规定程序办理。

第十三条 行政单位应当按照规定编制决算草案,逐级审核汇总后报本级财政部门审批。

第十四条 行政单位应当加强决算审核和分析,规范决算管理工作,保证决算数据的完整、真实、准确。

第十五条 行政单位应当全面实施预算绩效管理,加强绩效结果应用,提高资金使用效益。

第三章 收入管理

第十六条 收入是指行政单位依法取得的非偿还性资金,包括财政拨款收入和其他收入。

财政拨款收入,是指行政单位从本级财政部门取得的预算资金。

其他收入,是指行政单位依法取得的除财政拨款收入以外的各项收入。

行政单位依法取得的应当上缴财政的罚没收入、行政事业性收费收入、政府性基金收入、国有资源(资产)有偿使用收入等,不属于行政单位的收入。

第十七条 行政单位取得各项收入,应当符合国家规定,按照财务管理的要求,分项如实核算。

第十八条 行政单位应当将各项收入全部纳入单位预算,统一核算,统一管理,未纳入预算的收入不得安排支出。

第四章 支出管理

第十九条 支出是指行政单位为保障机构正常运转和完成工作任务所发生的资金耗费和损失，包括基本支出和项目支出。

基本支出，是指行政单位为保障其机构正常运转和完成日常工作任务所发生的支出，包括人员经费和公用经费。

项目支出，是指行政单位为完成其特定的工作任务所发生的支出。

第二十条 行政单位应当将各项支出全部以项目形式纳入预算项目库，实施项目全生命周期管理，未纳入预算项目库的项目一律不得安排预算。

各项支出由单位财务部门按照批准的预算和有关规定审核办理。

第二十一条 行政单位应当严格执行国家规定的开支范围及标准，不得擅自扩大开支范围、提高开支标准，建立健全支出管理制度，合理安排支出进度，严控一般性支出。

第二十二条 行政单位从财政部门或者上级预算单位取得的项目资金，应当按照批准的项目和用途使用，专款专用，在单位统一会计账簿中按项目明细单独核算，并按照有关规定报告资金使用情况，接受财政部门和上级预算单位的监督。

第二十三条 行政单位应当严格执行国库集中支付制度和政府采购法律制度等规定。

第二十四条 行政单位可以根据机构运转和完成工作任务的实际需要，实行成本核算。成本核算的具体办法按照国务院财政部门有关规定执行。

第二十五条 行政单位应当依法依规加强各类票据管理，确保票据来源合法、内容真实、使用正确，不得使用虚假票据。

第五章 结转和结余管理

第二十六条 结转资金，是指当年预算已执行但未完成，或者因故未执行，下一年度需要按照原用途继续使用的资金。

第二十七条 结余资金，是指当年预算工作目标已完成，或者因故终止，当年剩余的资金。

结转资金在规定使用年限未使用或者未使用完的，视为结余资金。

第二十八条 财政拨款结转和结余的管理，应当按照国家有关规定执行。

第六章 资产管理

第二十九条 资产是指行政单位依法直接支配的、能以货币计量的各类经济资源，包括流动资产、固定资产、在建工程、无形资产、公共基础设施、政府储备物资、文物文化资产、保障性住房等。

第三十条 流动资产是指预计在一年以内耗用或者可以变现的资产，包括货币资金、应收及预付款项、存货等。

前款所称存货是指行政单位在工作中为耗用而储存的资产，包括材料、产品、包装物和低值易耗品以及未达到固定资产标准的用具、装具、动植物等。

第三十一条 固定资产是指使用期限超过一年，单位价值在 1000 元以上，并且在使用过程中基本保持原有物质形态的资产。单位价值虽未达到规定标准，但是耐用时间在一年以上的大批同类物资，作为固定资产管理。

第三十二条 在建工程是指已经发生必要支出，但尚未达到交付使用状态的建设项目工程。

在建工程达到交付使用状态时，应当按照规定办理工程竣工财务决算和资产交付使用，期限最长不得超过 1 年。

第三十三条 无形资产是指不具有实物形态而能为使用者提供某种权利的资产，包括专利权、商标权、著作权、土地使用权、非专利技术等。

第三十四条 行政单位应当建立健全单位资产管理制度，明确资产使用人和管理人的岗位责任，按照国家规定设置国有资产台账，加强和规范资产配置、使用和处置管理，维护资产安全完整。涉及资产评估的，按照国家有关规定执行。

行政单位应当汇总编制本单位行政事业性国有资产管理情况报告。

第三十五条 行政单位应当根据依法履行职能和完成工作任务的需要，结合资产存量和价值、资产配置标准、绩效目标和财政承受能力，优先通过调剂方式配置资产。不能调剂的，可以采用购置、建设、租用等方式。

第三十六条 行政单位应当加强资产日常管理工作，做好资产建账、核算和登记工作，定期或者不定期进行清查盘点、对账，保证账账相符、账实相符。出现资产盘盈盘亏的，应当按照财务、会计和资产管理制度有关规定处理。

行政单位对需要办理权属登记的资产应当依法及时办理。

第三十七条 行政单位开设银行存款账户，应当报本级财政部门审批或者备案,并由财务部门统一管理。

第三十八条 行政单位应当加强应收及预付款项的管理,严格控制规模,并及时进行清理,不得长期挂账。

第三十九条 行政单位的资产增加时,应当及时登记入账;减少时,应当按照资产处置规定办理报批手续,进行账务处理。

行政单位货币性资产损失核销,按照本级财政部门预算及财务管理有关规定执行。

第四十条 除法律另有规定外,行政单位不得以任何形式用其依法直接支配的国有资产对外投资或者设立营利性组织。对于未与行政单位脱钩的营利性组织,行政单位应当按照有关规定进行监管。

除法律、行政法规另有规定外,行政单位不得以任何方式举借债务,不得以任何方式对外提供担保。

第四十一条 行政单位对外出租、出借国有资产,应当按照有关规定履行相关审批程序。未经批准,不得对外出租、出借。

第四十二条 行政单位应当在确保安全使用的前提下,推进本单位大型设备等国有资产共享共用工作,可以对提供方给予合理补偿。

第四十三条 行政单位资产处置应当遵循公开、公平、公正和竞争、择优的原则,依法进行资产评估,严格履行相关审批程序。

第四十四条 公共基础设施、政府储备物资、文物文化资产、保障性住房等国有资产管理的具体办法,由国务院财政部门会同有关部门制定。

第七章 负债管理

第四十五条 负债是指行政单位过去的经济业务事项形成的、预期会导致经济资源流出的现时义务,包括应缴款项、暂存款项、应付款项等。

第四十六条 应缴款项是指行政单位依法取得的应当上缴财政的资金,包括罚没收入、行政事业性收费收入、政府性基金收入、国有资源(资产)有偿使用收入等。

第四十七条 行政单位取得罚没收入、行政事业性收费收入、政府性基金收入、国有资源(资产)有偿使用收入等,应当按照国库集中收缴的有关规定及时足额上缴,不得隐瞒、滞留、截留、占用、挪用、拖欠或者坐支。

第四十八条 暂存款项是行政单位在业务活动中与其他单位或者个人发生的预收、代管等待结算的款项。

第四十九条 行政单位应当加强对暂存款项的管理,不得将应当纳入单位收入管理的款项列入暂存款项;对各种暂存款项应当及时清理、结算,不得长期挂账。

第八章 行政单位划转撤并的财务处理

第五十条 行政单位划转撤并的财务处理,应当在财政部门、主管预算单位等部门的监督指导下进行。

划转撤并的行政单位应当对单位的财产、债权、债务等进行全面清理,编制财产目录和债权、债务清单,提出财产作价依据和债权、债务处理办法,做好资产和负债的移交、接收、划转和管理工作,并妥善处理各项遗留问题。

第五十一条 划转撤并的行政单位的资产和负债经主管预算单位审核并上报财政部门和有关部门批准后,分别按照下列规定处理:

(一)转为事业单位和改变隶属关系的行政单位,其资产和负债无偿移交,并相应调整、划转经费指标。

(二)转为企业的行政单位,其资产按照有关规定进行评估作价并扣除负债后,转作企业的国有资本。

(三)撤销的行政单位,其全部资产和负债由财政部门或者财政部门授权的单位处理。

(四)合并的行政单位,其全部资产和负债移交接收单位或者新组建单位,并相应划转经费指标;合并后多余的资产,由财政部门或者财政部门授权的单位处理。

(五)分立的行政单位,其资产和负债按照有关规定移交分立后的行政单位,并相应划转经费指标。

第九章 财务报告和决算报告

第五十二条 行政单位应当按照国家有关规定向主管预算单位和财政部门以及其他有关的报告使用者提供财务报告、决算报告。

行政单位财务会计和预算会计要素的确认、计量、记录、报告应当遵循政府会计准则制度的规定。

第五十三条 财务报告主要以权责发生制为基础编制,以财务会计核算生成的数据为准,综合反映行政单位特定日期财务状况和一定时期运行情况等信息。

第五十四条 财务报告由财务报表和财务分析两部分组成。财务报表主要包括资产负债表、收入费用表等会计报表和报表附注。财务分析的内容主要包括财务状况分析、运行情况分析和财务管理情况等。

第五十五条 决算报告主要以收付实现制为基础编制,以预算会计核算生成的数据为准,综合反映行政单位年度预算收支执行结果等信息。

第五十六条 决算报告由决算报表和决算分析两部分组成。决算报表主要包括收入支出表、财政拨款收入支出表等。决算分析的内容主要包括收支预算执行分析、资金使用效益分析和机构人员情况等。

第十章　财务监督

第五十七条　行政单位财务监督主要包括对预算管理、收入管理、支出管理、结转和结余管理、资产管理、负债管理等的监督。

第五十八条　行政单位财务监督应当实行事前监督、事中监督、事后监督相结合，日常监督与专项监督相结合，并对违反财务规章制度的问题进行检查处理。

第五十九条　行政单位应当建立健全内部控制制度、经济责任制度、财务信息披露制度等监督制度，按照规定编制内部控制报告，依法依规公开财务信息，做好预决算公开工作。

第六十条　行政单位应当遵守财经纪律和财务制度，依法接受主管预算单位和财政、审计部门的监督。

第六十一条　财政部门、行政单位及其工作人员存在违反本规则规定的行为，以及其他滥用职权、玩忽职守、徇私舞弊等违法违规行为的，依法追究相应责任。

第十一章　附　则

第六十二条　行政单位基本建设投资的财务管理，应当执行本规则，但国家基本建设投资财务管理制度另有规定的，从其规定。

第六十三条　行政单位应当严格按照《中华人民共和国保守国家秘密法》等法律法规和有关规定，做好涉密事项的财务管理工作。

第六十四条　行政单位所属独立核算的企业、事业单位分别执行相应的财务制度，不执行本规则。

第六十五条　省、自治区、直辖市人民政府财政部门可以依据本规则结合本地区实际情况制定实施办法。

第六十六条　本规则自 2023 年 3 月 1 日起施行。《行政单位财务规则》（财政部令第 71 号）同时废止。

财政部、住房城乡建设部关于完善建设工程价款结算有关办法的通知

- 2022 年 6 月 14 日
- 财建〔2022〕183 号

党中央有关部门，国务院各部委、各直属机构，全国人大常委会办公厅，全国政协办公厅，最高人民法院，最高人民检察院，各民主党派中央，有关人民团体，各中央管理企业，各省、自治区、直辖市、计划单列市财政厅（局）、住房和城乡建设厅（委、管委、局），新疆生产建设兵团财政局、住房和城乡建设局：

为进一步完善建设工程价款结算有关办法，维护建设市场秩序，减轻建筑企业负担，保障农民工权益，根据《基本建设财务规则》（财政部令第 81 号）、《建设工程价款结算暂行办法》（财建〔2004〕369 号）等有关规定，现就有关工作通知如下：

一、提高建设工程进度款支付比例。政府机关、事业单位、国有企业建设工程进度款支付应不低于已完成工程价款的 80%；同时，在确保不超出工程总概（预）算以及工程决（结）算工作顺利开展的前提下，除按合同约定保留不超过工程价款总额 3% 的质量保证金外，进度款支付比例可由发承包双方根据项目实际情况自行确定。在结算过程中，若发生进度款支付超出实际已完成工程价款的情况，承包单位应按规定在结算后 30 日内向发包单位返还多收到的工程进度款。

二、当年开工、当年不能竣工的新开工项目可以推行过程结算。发承包双方通过合同约定，将施工过程按时间或进度节点划分施工周期，对周期内已完成且无争议的工程量（含变更、签证、索赔等）进行价款计算、确认和支付，支付金额不得超出已完工部分对应的批复概（预）算。经双方确认的过程结算文件作为竣工结算文件的组成部分，竣工后原则上不再重复审核。

三、本通知自 2022 年 8 月 1 日起施行。自此日期起签订的工程合同应按照本通知执行。除本通知所规范事项外，其它有关事项继续按照《建设工程价款结算暂行办法》（财建〔2004〕369 号）执行。

（二）会　计

中华人民共和国会计法

- 1985 年 1 月 21 日第六届全国人民代表大会常务委员会第九次会议通过
- 根据 1993 年 12 月 29 日第八届全国人民代表大会常务委员会第五次会议《关于修改〈中华人民共和国会计法〉的决定》第一次修正
- 1999 年 10 月 31 日第九届全国人民代表大会常务委员会第十二次会议修订
- 根据 2017 年 11 月 4 日第十二届全国人民代表大会常务委员会第三十次会议《关于修改〈中华人民共和国会计法〉等十一部法律的决定》第二次修正

第一章　总　则

第一条　为了规范会计行为，保证会计资料真实、完整，加强经济管理和财务管理，提高经济效益，维护社会

主义市场经济秩序,制定本法。

第二条 国家机关、社会团体、公司、企业、事业单位和其他组织(以下统称单位)必须依照本法办理会计事务。

第三条 各单位必须依法设置会计帐簿,并保证其真实、完整。

第四条 单位负责人对本单位的会计工作和会计资料的真实性、完整性负责。

第五条 会计机构、会计人员依照本法规定进行会计核算,实行会计监督。

任何单位或者个人不得以任何方式授意、指使、强令会计机构、会计人员伪造、变造会计凭证、会计帐簿和其他会计资料,提供虚假财务会计报告。

任何单位或者个人不得对依法履行职责、抵制违反本法规定行为的会计人员实行打击报复。

第六条 对认真执行本法,忠于职守,坚持原则,做出显著成绩的会计人员,给予精神的或者物质的奖励。

第七条 国务院财政部门主管全国的会计工作。

县级以上地方各级人民政府财政部门管理本行政区域内的会计工作。

第八条 国家实行统一的会计制度。国家统一的会计制度由国务院财政部门根据本法制定并公布。

国务院有关部门可以依照本法和国家统一的会计制度制定对会计核算和会计监督有特殊要求的行业实施国家统一的会计制度的具体办法或者补充规定,报国务院财政部门审核批准。

中国人民解放军总后勤部可以依照本法和国家统一的会计制度制定军队实施国家统一的会计制度的具体办法,报国务院财政部门备案。

第二章 会计核算

第九条 各单位必须根据实际发生的经济业务事项进行会计核算,填制会计凭证,登记会计帐簿,编制财务会计报告。

任何单位不得以虚假的经济业务事项或者资料进行会计核算。

第十条 下列经济业务事项,应当办理会计手续,进行会计核算:

(一)款项和有价证券的收付;
(二)财物的收发、增减和使用;
(三)债权债务的发生和结算;
(四)资本、基金的增减;
(五)收入、支出、费用、成本的计算;
(六)财务成果的计算和处理;
(七)需要办理会计手续、进行会计核算的其他事项。

第十一条 会计年度自公历1月1日起至12月31日止。

第十二条 会计核算以人民币为记帐本位币。

业务收支以人民币以外的货币为主的单位,可以选定其中一种货币作为记帐本位币,但是编报的财务会计报告应当折算为人民币。

第十三条 会计凭证、会计帐簿、财务会计报告和其他会计资料,必须符合国家统一的会计制度的规定。

使用电子计算机进行会计核算的,其软件及其生成的会计凭证、会计帐簿、财务会计报告和其他会计资料,也必须符合国家统一的会计制度的规定。

任何单位和个人不得伪造、变造会计凭证、会计帐簿及其他会计资料,不得提供虚假的财务会计报告。

第十四条 会计凭证包括原始凭证和记帐凭证。

办理本法第十条所列的经济业务事项,必须填制或者取得原始凭证并及时送交会计机构。

会计机构、会计人员必须按照国家统一的会计制度的规定对原始凭证进行审核,对不真实、不合法的原始凭证有权不予接受,并向单位负责人报告;对记载不准确、不完整的原始凭证予以退回,并要求按照国家统一的会计制度的规定更正、补充。

原始凭证记载的各项内容均不得涂改;原始凭证有错误的,应当由出具单位重开或者更正,更正处应当加盖出具单位印章。原始凭证金额有错误的,应当由出具单位重开,不得在原始凭证上更正。

记帐凭证应当根据经过审核的原始凭证及有关资料编制。

第十五条 会计帐簿登记,必须以经过审核的会计凭证为依据,并符合有关法律、行政法规和国家统一的会计制度的规定。会计帐簿包括总帐、明细帐、日记帐和其他辅助性帐簿。

会计帐簿应当按照连续编号的页码顺序登记。会计帐簿记录发生错误或者隔页、缺号、跳行的,应当按照国家统一的会计制度规定的方法更正,并由会计人员和会计机构负责人(会计主管人员)在更正处盖章。

使用电子计算机进行会计核算的,其会计帐簿的登记、更正,应当符合国家统一的会计制度的规定。

第十六条 各单位发生的各项经济业务事项应当在依法设置的会计帐簿上统一登记、核算,不得违反本法和国家统一的会计制度的规定私设会计帐簿登记、核算。

第十七条　各单位应当定期将会计帐簿记录与实物、款项及有关资料相互核对,保证会计帐簿记录与实物及款项的实有数额相符、会计帐簿记录与会计凭证的有关内容相符、会计帐簿之间相对应的记录相符、会计帐簿记录与会计报表的有关内容相符。

第十八条　各单位采用的会计处理方法,前后各期应当一致,不得随意变更;确有必要变更的,应当按照国家统一的会计制度的规定变更,并将变更的原因、情况及影响在财务会计报告中说明。

第十九条　单位提供的担保、未决诉讼或有事项,应当按照国家统一的会计制度的规定,在财务会计报告中予以说明。

第二十条　财务会计报告应当根据经过审核的会计帐簿记录和有关资料编制,并符合本法和国家统一的会计制度关于财务会计报告的编制要求、提供对象和提供期限的规定;其他法律、行政法规另有规定的,从其规定。

财务会计报告由会计报表、会计报表附注和财务情况说明书组成。向不同的会计资料使用者提供的财务会计报告,其编制依据应当一致。有关法律、行政法规规定会计报表、会计报表附注和财务情况说明书须经注册会计师审计的,注册会计师及其所在的会计师事务所出具的审计报告应当随同财务会计报告一并提供。

第二十一条　财务会计报告应当由单位负责人和主管会计工作的负责人、会计机构负责人(会计主管人员)签名并盖章;设置总会计师的单位,还须由总会计师签名并盖章。

单位负责人应当保证财务会计报告真实、完整。

第二十二条　会计记录的文字应当使用中文。在民族自治地方,会计记录可以同时使用当地通用的一种民族文字。在中华人民共和国境内的外商投资企业、外国企业和其他外国组织的会计记录可以同时使用一种外国文字。

第二十三条　各单位对会计凭证、会计帐簿、财务会计报告和其他会计资料应当建立档案,妥善保管。会计档案的保管期限和销毁办法,由国务院财政部门会同有关部门制定。

第三章　公司、企业会计核算的特别规定

第二十四条　公司、企业进行会计核算,除应当遵守本法第二章的规定外,还应当遵守本章规定。

第二十五条　公司、企业必须根据实际发生的经济业务事项,按照国家统一的会计制度的规定确认、计量和记录资产、负债、所有者权益、收入、费用、成本和利润。

第二十六条　公司、企业进行会计核算不得有下列行为:

(一)随意改变资产、负债、所有者权益的确认标准或者计量方法,虚列、多列、不列或者少列资产、负债、所有者权益;

(二)虚列或者隐瞒收入,推迟或者提前确认收入;

(三)随意改变费用、成本的确认标准或者计量方法,虚列、多列、不列或者少列费用、成本;

(四)随意调整利润的计算、分配方法,编造虚假利润或者隐瞒利润;

(五)违反国家统一的会计制度规定的其他行为。

第四章　会计监督

第二十七条　各单位应当建立、健全本单位内部会计监督制度。单位内部会计监督制度应当符合下列要求:

(一)记帐人员与经济业务事项和会计事项的审批人员、经办人员、财物保管人员的职责权限应当明确,并相互分离、相互制约;

(二)重大对外投资、资产处置、资金调度和其他重要经济业务事项的决策和执行的相互监督、相互制约程序应当明确;

(三)财产清查的范围、期限和组织程序应当明确;

(四)对会计资料定期进行内部审计的办法和程序应当明确。

第二十八条　单位负责人应当保证会计机构、会计人员依法履行职责,不得授意、指使、强令会计机构、会计人员违法办理会计事项。

会计机构、会计人员对违反本法和国家统一的会计制度规定的会计事项,有权拒绝办理或者按照职权予以纠正。

第二十九条　会计机构、会计人员发现会计帐簿记录与实物、款项及有关资料不相符的,按照国家统一的会计制度的规定有权自行处理的,应当及时处理;无权处理的,应当立即向单位负责人报告,请求查明原因,作出处理。

第三十条　任何单位和个人对违反本法和国家统一的会计制度规定的行为,有权检举。收到检举的部门有权处理的,应当依法按照职责分工及时处理;无权处理的,应当及时移送有权处理的部门处理。收到检举的部门、负责处理的部门应当为检举人保密,不得将检举人姓名和检举材料转给被检举单位和被检举人个人。

第三十一条　有关法律、行政法规规定,须经注册会计师进行审计的单位,应当向受委托的会计师事务所如

实提供会计凭证、会计帐簿、财务会计报告和其他会计资料以及有关情况。

任何单位或者个人不得以任何方式要求或者示意注册会计师及其所在的会计师事务所出具不实或者不当的审计报告。

财政部门有权对会计师事务所出具审计报告的程序和内容进行监督。

第三十二条 财政部门对各单位的下列情况实施监督：

（一）是否依法设置会计帐簿；

（二）会计凭证、会计帐簿、财务会计报告和其他会计资料是否真实、完整；

（三）会计核算是否符合本法和国家统一的会计制度的规定；

（四）从事会计工作的人员是否具备专业能力、遵守职业道德。

在对前款第（二）项所列事项实施监督，发现重大违法嫌疑时，国务院财政部门及其派出机构可以向与被监督单位有经济业务往来的单位和被监督单位开立帐户的金融机构查询有关情况，有关单位和金融机构应当给予支持。

第三十三条 财政、审计、税务、人民银行、证券监管、保险监管等部门应当依照有关法律、行政法规规定的职责，对有关单位的会计资料实施监督检查。

前款所列监督检查部门对有关单位的会计资料依法实施监督检查后，应当出具检查结论。有关监督检查部门已经作出的检查结论能够满足其他监督检查部门履行本部门职责需要的，其他监督检查部门应当加以利用，避免重复查帐。

第三十四条 依法对有关单位的会计资料实施监督检查的部门及其工作人员对在监督检查中知悉的国家秘密和商业秘密负有保密义务。

第三十五条 各单位必须依照有关法律、行政法规的规定，接受有关监督检查部门依法实施的监督检查，如实提供会计凭证、会计帐簿、财务会计报告和其他会计资料以及有关情况，不得拒绝、隐匿、谎报。

第五章　会计机构和会计人员

第三十六条 各单位应当根据会计业务的需要，设置会计机构，或者在有关机构中设置会计人员并指定会计主管人员；不具备设置条件的，应当委托经批准设立从事会计代理记帐业务的中介机构代理记帐。

国有的和国有资产占控股地位或者主导地位的大、中型企业必须设置总会计师。总会计师的任职资格、任免程序、职责权限由国务院规定。

第三十七条 会计机构内部应当建立稽核制度。

出纳人员不得兼任稽核、会计档案保管和收入、支出、费用、债权债务帐目的登记工作。

第三十八条 会计人员应当具备从事会计工作所需要的专业能力。

担任单位会计机构负责人（会计主管人员）的，应当具备会计师以上专业技术职务资格或者从事会计工作三年以上经历。

本法所称会计人员的范围由国务院财政部门规定。

第三十九条 会计人员应当遵守职业道德，提高业务素质。对会计人员的教育和培训工作应当加强。

第四十条 因有提供虚假财务会计报告，做假帐，隐匿或者故意销毁会计凭证、会计帐簿、财务会计报告，贪污、挪用公款，职务侵占等与会计职务有关的违法行为被依法追究刑事责任的人员，不得再从事会计工作。

第四十一条 会计人员调动工作或者离职，必须与接管人员办清交接手续。

一般会计人员办理交接手续，由会计机构负责人（会计主管人员）监交；会计机构负责人（会计主管人员）办理交接手续，由单位负责人监交，必要时主管单位可以派人会同监交。

第六章　法律责任

第四十二条 违反本法规定，有下列行为之一的，由县级以上人民政府财政部门责令限期改正，可以对单位并处三千元以上五万元以下的罚款；对其直接负责的主管人员和其他直接责任人员，可以处二千元以上二万元以下的罚款；属于国家工作人员的，还应当由其所在单位或者有关单位依法给予行政处分：

（一）不依法设置会计帐簿的；

（二）私设会计帐簿的；

（三）未按照规定填制、取得原始凭证或者填制、取得的原始凭证不符合规定的；

（四）以未经审核的会计凭证为依据登记会计帐簿或者登记会计帐簿不符合规定的；

（五）随意变更会计处理方法的；

（六）向不同的会计资料使用者提供的财务会计报告编制依据不一致的；

（七）未按照规定使用会计记录文字或者记帐本位币的；

（八）未按照规定保管会计资料，致使会计资料毁损、灭失的；

（九）未按照规定建立并实施单位内部会计监督制度或者拒绝依法实施的监督或者不如实提供有关会计资料及有关情况的；

（十）任用会计人员不符合本法规定的。

有前款所列行为之一，构成犯罪的，依法追究刑事责任。

会计人员有第一款所列行为之一，情节严重的，五年内不得从事会计工作。

有关法律对第一款所列行为的处罚另有规定的，依照有关法律的规定办理。

第四十三条 伪造、变造会计凭证、会计帐簿，编制虚假财务会计报告，构成犯罪的，依法追究刑事责任。

有前款行为，尚不构成犯罪的，由县级以上人民政府财政部门予以通报，可以对单位并处五千元以上十万元以下的罚款；对其直接负责的主管人员和其他直接责任人员，可以处三千元以上五万元以下的罚款；属于国家工作人员的，还应当由其所在单位或者有关单位依法给予撤职直至开除的行政处分；其中的会计人员，五年内不得从事会计工作。

第四十四条 隐匿或者故意销毁依法应当保存的会计凭证、会计帐簿、财务会计报告，构成犯罪的，依法追究刑事责任。

有前款行为，尚不构成犯罪的，由县级以上人民政府财政部门予以通报，可以对单位并处五千元以上十万元以下的罚款；对其直接负责的主管人员和其他直接责任人员，可以处三千元以上五万元以下的罚款；属于国家工作人员的，还应当由其所在单位或者有关单位依法给予撤职直至开除的行政处分；其中的会计人员，五年内不得从事会计工作。

第四十五条 授意、指使、强令会计机构、会计人员及其他人员伪造、变造会计凭证、会计帐簿，编制虚假财务会计报告或者隐匿、故意销毁依法应当保存的会计凭证、会计帐簿、财务会计报告，构成犯罪的，依法追究刑事责任；尚不构成犯罪的，可以处五千元以上五万元以下的罚款；属于国家工作人员的，还应当由其所在单位或者有关单位依法给予降级、撤职、开除的行政处分。

第四十六条 单位负责人对依法履行职责、抵制违反本法规定行为的会计人员以降级、撤职、调离工作岗位、解聘或者开除等方式实行打击报复，构成犯罪的，依法追究刑事责任；尚不构成犯罪的，由其所在单位或者有关单位依法给予行政处分。对受打击报复的会计人员，应当恢复其名誉和原有职务、级别。

第四十七条 财政部门及有关行政部门的工作人员在实施监督管理中滥用职权、玩忽职守、徇私舞弊或者泄露国家秘密、商业秘密，构成犯罪的，依法追究刑事责任；尚不构成犯罪的，依法给予行政处分。

第四十八条 违反本法第三十条规定，将检举人姓名和检举材料转给被检举单位和被检举人个人的，由所在单位或者有关单位依法给予行政处分。

第四十九条 违反本法规定，同时违反其他法律规定的，由有关部门在各自职权范围内依法进行处罚。

第七章 附 则

第五十条 本法下列用语的含义：

单位负责人，是指单位法定代表人或者法律、行政法规规定代表单位行使职权的主要负责人。

国家统一的会计制度，是指国务院财政部门根据本法制定的关于会计核算、会计监督、会计机构和会计人员以及会计工作管理的制度。

第五十一条 个体工商户会计管理的具体办法，由国务院财政部门根据本法的原则另行规定。

第五十二条 本法自 2000 年 7 月 1 日起施行。

中华人民共和国注册会计师法

·1993 年 10 月 31 日第八届全国人民代表大会常务委员会第四次会议通过
·根据 2014 年 8 月 31 日第十二届全国人民代表大会常务委员会第十次会议《关于修改〈中华人民共和国保险法〉等五部法律的决定》修正

第一章 总 则

第一条 为了发挥注册会计师在社会经济活动中的鉴证和服务作用，加强对注册会计师的管理，维护社会公共利益和投资者的合法权益，促进社会主义市场经济的健康发展，制定本法。

第二条 注册会计师是依法取得注册会计师证书并接受委托从事审计和会计咨询、会计服务业务的执业人员。

第三条 会计师事务所是依法设立并承办注册会计师业务的机构。

注册会计师执行业务，应当加入会计师事务所。

第四条 注册会计师协会是由注册会计师组成的社会团体。中国注册会计师协会是注册会计师的全国组织，省、自治区、直辖市注册会计师协会是注册会计师的地方组织。

第五条 国务院财政部门和省、自治区、直辖市人民政府财政部门，依法对注册会计师、会计师事务所和注册会计师协会进行监督、指导。

第六条 注册会计师和会计师事务所执行业务，必须遵守法律、行政法规。

注册会计师和会计师事务所依法独立、公正执行业务，受法律保护。

第二章 考试和注册

第七条 国家实行注册会计师全国统一考试制度。注册会计师全国统一考试办法，由国务院财政部门制定，由中国注册会计师协会组织实施。

第八条 具有高等专科以上学校毕业的学历、或者具有会计或者相关专业中级以上技术职称的中国公民，可以申请参加注册会计师全国统一考试；具有会计或者相关专业高级技术职称的人员，可以免于部分科目的考试。

第九条 参加注册会计师全国统一考试成绩合格，并从事审计业务工作二年以上的，可以向省、自治区、直辖市注册会计师协会申请注册。

除有本法第十条所列情形外，受理申请的注册会计师协会应当准予注册。

第十条 有下列情形之一的，受理申请的注册会计师协会不予注册：

（一）不具有完全民事行为能力的；

（二）因受刑事处罚，自刑罚执行完毕之日起至申请注册之日止不满五年的；

（三）因在财务、会计、审计、企业管理或者其他经济管理工作中犯有严重错误受行政处罚、撤职以上处分，自处罚、处分决定之日起至申请注册之日止不满二年的；

（四）受吊销注册会计师证书的处罚，自处罚决定之日起至申请注册之日止不满五年的；

（五）国务院财政部门规定的其他不予注册的情形的。

第十一条 注册会计师协会应当将准予注册的人员名单报国务院财政部门备案。国务院财政部门发现注册会计师协会的注册不符合本法规定的，应当通知有关的注册会计师协会撤销注册。

注册会计师协会依照本法第十条的规定不予注册的，应当自决定之日起十五日内书面通知申请人。申请人有异议的，可以自收到通知之日起十五日内向国务院财政部门或省、自治区、直辖市人民政府财政部门申请复议。

第十二条 准予注册的申请人，由注册会计师协会发给国务院财政部门统一制定的注册会计师证书。

第十三条 已取得注册会计师证书的人员，除本法第十一条第一款规定的情形外，注册后有下列情形之一的，由准予注册的注册会计师协会撤销注册，收回注册会计师证书：

（一）完全丧失民事行为能力的；

（二）受刑事处罚的；

（三）因在财务、会计、审计、企业管理或者其他经济管理工作中犯有严重错误受行政处罚、撤职以上处分的；

（四）自行停止执行注册会计师业务满一年的。

被撤销注册的当事人有异议的，可以自接到撤销注册、收回注册会计师证书的通知之日起十五日内向国务院财政部门或者省、自治区、直辖市人民政府财政部门申请复议。

依照第一款规定被撤销注册的人员可以重新申请注册，但必须符合本法第九条、第十条的规定。

第三章 业务范围和规则

第十四条 注册会计师承办下列审计业务：

（一）审查企业会计报表，出具审计报告；

（二）验证企业资本，出具验资报告；

（三）办理企业合并、分立、清算事宜中的审计业务，出具有关的报告；

（四）法律、行政法规规定的其他审计业务。

注册会计师依法执行审计业务出具的报告，具有证明效力。

第十五条 注册会计师可以承办会计咨询、会计服务业务。

第十六条 注册会计师承办业务，由其所在的会计师事务所统一受理并与委托人签订委托合同。

会计师事务所对本所注册会计师依照前款规定承办的业务，承担民事责任。

第十七条 注册会计师执行业务，可以根据需要查阅委托人的有关会计资料和文件，查看委托人的业务现场和设施，要求委托人提供其他必要的协助。

第十八条 注册会计师与委托人有利害关系的，应当回避；委托人有权要求其回避。

第十九条 注册会计师对在执行业务中知悉的商业秘密，负有保密义务。

第二十条 注册会计师执行审计业务，遇有下列情形之一的，应当拒绝出具有关报告：

（一）委托人示意其作不实或者不当证明的；
（二）委托人故意不提供有关会计资料和文件的；
（三）因委托人有其他不合理要求，致使注册会计师出具的报告不能对财务会计的重要事项作出正确表述的。

第二十一条 注册会计师执行审计业务，必须按照执业准则、规则确定的工作程序出具报告。

注册会计师执行审计业务出具报告时，不得有下列行为：

（一）明知委托人对重要事项的财务会计处理与国家有关规定相抵触，而不予指明；
（二）明知委托人的财务会计处理会直接损害报告使用人或者其他利害关系人的利益，而予以隐瞒或者作不实的报告；
（三）明知委托人的财务会计处理会导致报告使用人或者其他利害关系人产生重大误解，而不予指明；
（四）明知委托人的会计报表的重要事项有其他不实的内容，而不予指明。

对委托人有前款所列行为，注册会计师按照执业准则、规则应当知道的，适用前款规定。

第二十二条 注册会计师不得有下列行为：

（一）在执行审计业务期间，在法律、行政法规规定不得买卖被审计单位的股票、债券或者不得购买被审计单位或者个人的其他财产的期限内，买卖被审计单位的股票、债券或者购买被审计单位或者个人所拥有的其他财产；
（二）索取、收受委托合同约定以外的酬金或者其他财物，或者利用执行业务之便，谋取其他不正当的利益；
（三）接受委托催收债款；
（四）允许他人以本人名义执行业务；
（五）同时在两个或者两个以上的会计师事务所执行业务；
（六）对其能力进行广告宣传以招揽业务；
（七）违反法律、行政法规的其他行为。

第四章 会计师事务所

第二十三条 会计师事务所可以由注册会计师合伙设立。

合伙设立的会计师事务所的债务，由合伙人按照出资比例或者协议的约定，以各自的财产承担责任。合伙人对会计师事务所的债务承担连带责任。

第二十四条 会计师事务所符合下列条件的，可以是负有限责任的法人：

（一）不少于三十万元的注册资本；
（二）有一定数量的专职从业人员，其中至少有五名注册会计师；
（三）国务院财政部门规定的业务范围和其他条件。

负有限责任的会计师事务所以其全部资产对其债务承担责任。

第二十五条 设立会计师事务所，由省、自治区、直辖市人民政府财政部门批准。

申请设立会计师事务所，申请者应当向审批机关报送下列文件：

（一）申请书；
（二）会计师事务所的名称、组织机构和业务场所；
（三）会计师事务所章程，有合伙协议的并应报送合伙协议；
（四）注册会计师名单、简历及有关证明文件；
（五）会计师事务所主要负责人、合伙人的姓名、简历及有关证明文件；
（六）负有限责任的会计师事务所的出资证明；
（七）审批机关要求的其他文件。

第二十六条 审批机关应当自收到申请文件之日起三十日内决定批准或者不批准。

省、自治区、直辖市人民政府财政部门批准的会计师事务所，应当报国务院财政部门备案。国务院财政部门发现批准不当的，应当自收到备案报告之日起三十日内通知原审批机关重新审查。

第二十七条 会计师事务所设立分支机构，须经分支机构所在地的省、自治区、直辖市人民政府财政部门批准。

第二十八条 会计师事务所依法纳税。

会计师事务所按照国务院财政部门的规定建立职业风险基金，办理职业保险。

第二十九条 会计师事务所受理业务，不受行政区域、行业的限制；但是，法律、行政法规另有规定的除外。

第三十条 委托人委托会计师事务所办理业务，任何单位和个人不得干预。

第三十一条 本法第十八条至第二十一条的规定，适用于会计师事务所。

第三十二条 会计师事务所不得有本法第二十二条第（一）项至第（四）项、第（六）项、第（七）项所列的行为。

第五章 注册会计师协会

第三十三条 注册会计师应当加入注册会计师协会。

第三十四条 中国注册会计师协会的章程由全国会

员代表大会制定，并报国务院财政部门备案；省、自治区、直辖市注册会计师协会的章程由省、自治区、直辖市会员代表大会制定，并报省、自治区、直辖市人民政府财政部门备案。

第三十五条 中国注册会计师协会依法拟订注册会计师执业准则、规则，报国务院财政部门批准后施行。

第三十六条 注册会计师协会应当支持注册会计师依法执行业务，维护其合法权益，向有关方面反映其意见和建议。

第三十七条 注册会计师协会应当对注册会计师的任职资格和执业情况进行年度检查。

第三十八条 注册会计师协会依法取得社会团体法人资格。

第六章 法律责任

第三十九条 会计师事务所违反本法第二十条、第二十一条规定的，由省级以上人民政府财政部门给予警告，没收违法所得，可以并处违法所得一倍以上五倍以下的罚款；情节严重的，并可以由省级以上人民政府财政部门暂停其经营业务或者予以撤销。

注册会计师违反本法第二十条、第二十一条规定的，由省级以上人民政府财政部门给予警告；情节严重的，可以由省级以上人民政府财政部门暂停其执行业务或者吊销注册会计师证书。

会计师事务所、注册会计师违反本法第二十条、第二十一条的规定，故意出具虚假的审计报告、验资报告，构成犯罪的，依法追究刑事责任。

第四十条 对未经批准承办本法第十四条规定的注册会计师业务的单位，由省级以上人民政府财政部门责令其停止违法活动，没收违法所得，可以并处违法所得一倍以上五倍以下的罚款。

第四十一条 当事人对行政处罚决定不服，可以在接到处罚通知之日起十五日内向作出处罚决定的机关的上一级机关申请复议；当事人也可以在接到处罚决定通知之日起十五日内直接向人民法院起诉。

复议机关应当在接到复议申请之日起六十日内作出复议决定。当事人对复议决定不服的，可以在接到复议决定之日起十五日内向人民法院起诉。复议机关逾期不作出复议决定的，当事人可以在复议期满之日起十五日内向人民法院起诉。

当事人逾期不申请复议，也不向人民法院起诉，又不履行处罚决定的，作出处罚决定的机关可以申请人民法院强制执行。

第四十二条 会计师事务所违反本法规定，给委托人、其他利害关系人造成损失的，应当依法承担赔偿责任。

第七章 附则

第四十三条 在审计事务所工作的注册审计师，经认定为具有注册会计师资格的，可以执行本法规定的业务，其资格认定和对其监督、指导、管理的办法由国务院另行规定。

第四十四条 外国人申请参加中国注册会计师全国统一考试和注册，按照互惠原则办理。

外国会计师事务所需要在中国境内临时办理有关业务的，须经有关的省、自治区、直辖市人民政府财政部门批准。

第四十五条 国务院可以根据本法制定实施条例。

第四十六条 本法自1994年1月1日起施行。1986年7月3日国务院发布的《中华人民共和国注册会计师条例》同时废止。

总会计师条例

·1990年12月31日中华人民共和国国务院令第72号发布
·根据2011年1月8日《国务院关于废止和修改部分行政法规的决定》修订

第一章 总则

第一条 为了确定总会计师的职权和地位，发挥总会计师在加强经济管理、提高经济效益中的作用，制定本条例。

第二条 全民所有制大、中型企业设置总会计师；事业单位和业务主管部门根据需要，经批准可以设置总会计师。

总会计师的设置、职权、任免和奖惩，依照本条例的规定执行。

第三条 总会计师是单位行政领导成员，协助单位主要行政领导人工作，直接对单位主要行政领导人负责。

第四条 凡设置总会计师的单位，在单位行政领导成员中，不设与总会计师职权重叠的副职。

第五条 总会计师组织领导本单位的财务管理、成本管理、预算管理、会计核算和会计监督等方面的工作，参与本单位重要经济问题的分析和决策。

第六条 总会计师具体组织本单位执行国家有关财经法律、法规、方针、政策和制度，保护国家财产。

总会计师的职权受国家法律保护。单位主要行政领导人应当支持并保障总会计师依法行使职权。

第二章 总会计师的职责

第七条 总会计师负责组织本单位的下列工作：

（一）编制和执行预算、财务收支计划、信贷计划，拟订资金筹措和使用方案，开辟财源，有效地使用资金；

（二）进行成本费用预测、计划、控制、核算、分析和考核，督促本单位有关部门降低消耗、节约费用、提高经济效益；

（三）建立、健全经济核算制度，利用财务会计资料进行经济活动分析；

（四）承办单位主要行政领导人交办的其他工作。

第八条 总会计师负责对本单位财会机构的设置和会计人员的配备、会计专业职务的设置和聘任提出方案；组织会计人员的业务培训和考核；支持会计人员依法行使职权。

第九条 总会计师协助单位主要行政领导人对企业的生产经营、行政事业单位的业务发展以及基本建设投资等问题作出决策。

总会计师参与新产品开发、技术改造、科技研究、商品（劳务）价格和工资奖金等方案的制定；参与重大经济合同和经济协议的研究、审查。

第三章 总会计师的权限

第十条 总会计师对违反国家财经法律、法规、方针、政策、制度和有可能在经济上造成损失、浪费的行为，有权制止或者纠正。制止或者纠正无效时，提请单位主要行政领导人处理。

单位主要行政领导人不同意总会计师对前款行为的处理意见的，总会计师应当依照《中华人民共和国会计法》的有关规定执行。

第十一条 总会计师有权组织本单位各职能部门、直属基层组织的经济核算、财务会计和成本管理方面的工作。

第十二条 总会计师主管审批财务收支工作。除一般的财务收支可以由总会计师授权的财会机构负责人或者其他指定人员审批外，重大的财务收支，须经总会计师审批或者由总会计师报单位主要行政领导人批准。

第十三条 预算、财务收支计划、成本和费用计划、信贷计划、财务专题报告、会计决算报表，须经总会计师签署。

涉及财务收支的重大业务计划、经济合同、经济协议等，在单位内部须经总会计师会签。

第十四条 会计人员的任用、晋升、调动、奖惩，应当事先征求总会计师的意见。财会机构负责人或者会计主管人员的人选，应当由总会计师进行业务考核，依照有关规定审批。

第四章 任免与奖惩

第十五条 企业的总会计师由本单位主要行政领导人提名，政府主管部门任命或者聘任；免职或者解聘程序与任命或者聘任程序相同。

事业单位和业务主管部门的总会计师依照干部管理权限任命或者聘任；免职或者解聘程序与任命或者聘任程序相同。

第十六条 总会计师必须具备下列条件：

（一）坚持社会主义方向，积极为社会主义建设和改革开放服务；

（二）坚持原则，廉洁奉公；

（三）取得会计师任职资格后，主管一个单位或者单位内一个重要方面的财务会计工作时间不少于3年；

（四）有较高的理论政策水平，熟悉国家财经法律、法规、方针、政策和制度，掌握现代化管理的有关知识；

（五）具备本行业的基本业务知识，熟悉行业情况，有较强的组织领导能力；

（六）身体健康，能胜任本职工作。

第十七条 总会计师在工作中成绩显著，有下列情形之一的，依照国家有关企业职工或者国家行政机关工作人员奖惩的规定给予奖励：

（一）在加强财务会计管理，应用现代化会计方法和技术手段，提高财务管理水平和经济效益方面，取得显著成绩的；

（二）在组织经济核算，挖掘增产节约、增收节支潜力，加速资金周转，提高资金使用效果方面，取得显著成绩的；

（三）在维护国家财经纪律，抵制违法行为，保护国家财产，防止或者避免国家财产遭受重大损失方面，有突出贡献的；

（四）在廉政建设方面，事迹突出的；

（五）有其他突出成就或者模范事迹的。

第十八条 总会计师在工作中有下列情形之一的，应当区别情节轻重，依照国家有关企业职工或者国家行政机关工作人员奖惩的规定给予处分：

（一）违反法律、法规、方针、政策和财经制度，造成财会工作严重混乱的；

（二）对偷税漏税、截留应当上交国家的收入、滥发奖金、补贴，挥霍浪费国家资财，损害国家利益的行为，不

抵制、不制止、不报告,致使国家利益遭受损失的;

(三)在其主管的工作范围内发生严重失误,或者由于玩忽职守,致使国家利益遭受损失的;

(四)以权谋私、弄虚作假、徇私舞弊,致使国家利益遭受损失,或者造成恶劣影响的;

(五)有其他渎职行为和严重错误的。

总会计师有前款所列行为,情节严重,构成犯罪的,由司法机关依法追究刑事责任。

第十九条 单位主要行政领导人阻碍总会计师行使职权的,以及对其打击报复或者变相打击报复的,上级主管单位应当根据情节给予行政处分。情节严重,构成犯罪的,由司法机关依法追究刑事责任。

第五章 附 则

第二十条 城乡集体所有制企业事业单位需要设置总会计师的,参照本条例执行。

第二十一条 各省、自治区、直辖市、国务院各部门可以根据本条例的规定,结合本地区、本部门的实际情况制定实施办法。

第二十二条 本条例由财政部负责解释。

第二十三条 本条例自发布之日起施行。1963年10月18日国务院批转国家经济委员会、财政部《关于国营工业、交通企业设置总会计师的几项规定(草案)》、1978年9月12日国务院发布的《会计人员职权条例》中有关总会计师的规定同时废止。

企业财务会计报告条例

· 2000年6月21日中华人民共和国国务院令第287号公布
· 自2001年1月1日起施行

第一章 总 则

第一条 为了规范企业财务会计报告,保证财务会计报告的真实、完整,根据《中华人民共和国会计法》,制定本条例。

第二条 企业(包括公司,下同)编制和对外提供财务会计报告,应当遵守本条例。

本条例所称财务会计报告,是指企业对外提供的反映企业某一特定日期财务状况和某一会计期间经营成果、现金流量的文件。

第三条 企业不得编制和对外提供虚假的或者隐瞒重要事实的财务会计报告。

企业负责人对本企业财务会计报告的真实性、完整性负责。

第四条 任何组织或者个人不得授意、指使、强令企业编制和对外提供虚假的或者隐瞒重要事实的财务会计报告。

第五条 注册会计师、会计师事务所审计企业财务会计报告,应当依照有关法律、行政法规以及注册会计师执业规则的规定进行,并对所出具的审计报告负责。

第二章 财务会计报告的构成

第六条 财务会计报告分为年度、半年度、季度和月度财务会计报告。

第七条 年度、半年度财务会计报告应当包括:

(一)会计报表;

(二)会计报表附注;

(三)财务情况说明书。

会计报表应当包括资产负债表、利润表、现金流量表及相关附表。

第八条 季度、月度财务会计报告通常仅指会计报表,会计报表至少应当包括资产负债表和利润表。国家统一的会计制度规定季度、月度财务会计报告需要编制会计报表附注的,从其规定。

第九条 资产负债表是反映企业在某一特定日期财务状况的报表。资产负债表应当按照资产、负债和所有者权益(或者股东权益,下同)分类分项列示。其中,资产、负债和所有者权益的定义及列示应当遵循下列规定:

(一)资产,是指过去的交易、事项形成并由企业拥有或者控制的资源,该资源预期会给企业带来经济利益。在资产负债表上,资产应当按照其流动性分类分项列示,包括流动资产、长期投资、固定资产、无形资产及其他资产。银行、保险公司和非银行金融机构的各项资产有特殊性的,按照其性质分类分项列示。

(二)负债,是指过去的交易、事项形成的现时义务,履行该义务预期会导致经济利益流出企业。在资产负债表上,负债应当按照其流动性分类分项列示,包括流动负债、长期负债等。银行、保险公司和非银行金融机构的各项负债有特殊性的,按照其性质分类分项列示。

(三)所有者权益,是指所有者在企业资产中享有的经济利益,其金额为资产减去负债后的余额。在资产负债表上,所有者权益应当按照实收资本(或者股本)、资本公积、盈余公积、未分配利润等项目分项列示。

第十条 利润表是反映企业在一定会计期间经营成果的报表。利润表应当按照各项收入、费用以及构成利润的各个项目分类分项列示。其中,收入、费用和利润的定义及列示应当遵循下列规定：

（一）收入，是指企业在销售商品、提供劳务及让渡资产使用权等日常活动中所形成的经济利益的总流入。收入不包括为第三方或者客户代收的款项。在利润表上，收入应当按照其重要性分项列示。

（二）费用，是指企业为销售商品、提供劳务等日常活动所发生的经济利益的流出。在利润表上，费用应当按照其性质分项列示。

（三）利润，是指企业在一定会计期间的经营成果。在利润表上，利润应当按照营业利润、利润总额和净利润等利润的构成分类分项列示。

第十一条 现金流量表是反映企业一定会计期间现金和现金等价物（以下简称现金）流入和流出的报表。现金流量表应当按照经营活动、投资活动和筹资活动的现金流量分类分项列示。其中，经营活动、投资活动和筹资活动的定义及列示应当遵循下列规定：

（一）经营活动，是指企业投资活动和筹资活动以外的所有交易和事项。在现金流量表上，经营活动的现金流量应当按照其经营活动的现金流入和流出的性质分项列示；银行、保险公司和非银行金融机构的经营活动按照其经营活动特点分项列示。

（二）投资活动，是指企业长期资产的购建和不包括在现金等价物范围内的投资及其处置活动。在现金流量表上，投资活动的现金流量应当按照其投资活动的现金流入和流出的性质分项列示。

（三）筹资活动，是指导致企业资本及债务规模和构成发生变化的活动。在现金流量表上，筹资活动的现金流量应当按照其筹资活动的现金流入和流出的性质分项列示。

第十二条 相关附表是反映企业财务状况、经营成果和现金流量的补充报表，主要包括利润分配表以及国家统一的会计制度规定的其他附表。

利润分配表是反映企业一定会计期间对实现净利润以及以前年度未分配利润的分配或者亏损弥补的报表。利润分配表应当按照利润分配各个项目分类分项列示。

第十三条 年度、半年度会计报表至少应当反映两个年度或者相关两个期间的比较数据。

第十四条 会计报表附注是为便于会计报表使用者理解会计报表的内容而对会计报表的编制基础、编制依据、编制原则和方法及主要项目等所作的解释。会计报表附注至少应当包括下列内容：

（一）不符合基本会计假设的说明；

（二）重要会计政策和会计估计及其变更情况、变更原因及其对财务状况和经营成果的影响；

（三）或有事项和资产负债表日后事项的说明；

（四）关联方关系及其交易的说明；

（五）重要资产转让及其出售情况；

（六）企业合并、分立；

（七）重大投资、融资活动；

（八）会计报表中重要项目的明细资料；

（九）有助于理解和分析会计报表需要说明的其他事项。

第十五条 财务情况说明书至少应当对下列情况作出说明：

（一）企业生产经营的基本情况；

（二）利润实现和分配情况；

（三）资金增减和周转情况；

（四）对企业财务状况、经营成果和现金流量有重大影响的其他事项。

第三章 财务会计报告的编制

第十六条 企业应当于年度终了编报年度财务会计报告。国家统一的会计制度规定企业应当编报半年度、季度和月度财务会计报告的，从其规定。

第十七条 企业编制财务会计报告，应当根据真实的交易、事项以及完整、准确的账簿记录等资料，并按照国家统一的会计制度规定的编制基础、编制依据、编制原则和方法。

企业不得违反本条例和国家统一的会计制度规定，随意改变财务会计报告的编制基础、编制依据、编制原则和方法。

任何组织或者个人不得授意、指使、强令企业违反本条例和国家统一的会计制度规定，改变财务会计报告的编制基础、编制依据、编制原则和方法。

第十八条 企业应当依照本条例和国家统一的会计制度规定，对会计报表中各项会计要素进行合理的确认和计量，不得随意改变会计要素的确认和计量标准。

第十九条 企业应当依照有关法律、行政法规和本条例规定的结账日进行结账，不得提前或者延迟。年度结账日为公历年度每年的12月31日；半年度、季度、月度结账日分别为公历年度每半年、每季、每月的最后1天。

第二十条 企业在编制年度财务会计报告前，应当按照下列规定，全面清查资产、核实债务：

（一）结算款项，包括应收款项、应付款项、应交税金等是否存在，与债务、债权单位的相应债务、债权金额是否一致；

（二）原材料、在产品、自制半成品、库存商品等各项存货的实存数量与账面数量是否一致，是否有报废损失和积压物资等；

（三）各项投资是否存在，投资收益是否按照国家统一的会计制度规定进行确认和计量；

（四）房屋建筑物、机器设备、运输工具等各项固定资产的实存数量与账面数量是否一致；

（五）在建工程的实际发生额与账面记录是否一致；

（六）需要清查、核实的其他内容。

企业通过前款规定的清查、核实，查明财产物资的实存数量与账面数量是否一致、各项结算款项的拖欠情况及其原因、材料物资的实际储备情况、各项投资是否达到预期目的、固定资产的使用情况及其完好程度等。企业清查、核实后，应当将清查、核实的结果及其处理办法向企业的董事会或者相应机构报告，并根据国家统一的会计制度的规定进行相应的会计处理。

企业应当在年度中间根据具体情况，对各项财产物资和结算款项进行重点抽查、轮流清查或者定期清查。

第二十一条　企业在编制财务会计报告前，除应当全面清查资产、核实债务外，还应当完成下列工作：

（一）核对各会计账簿记录与会计凭证的内容、金额等是否一致，记账方向是否相符；

（二）依照本条例规定的结账日进行结账，结出有关会计账簿的余额和发生额，并核对各会计账簿之间的余额；

（三）检查相关的会计核算是否按照国家统一的会计制度的规定进行；

（四）对于国家统一的会计制度没有规定统一核算方法的交易、事项，检查其是否按照会计核算的一般原则进行确认和计量以及相关账务处理是否合理；

（五）检查是否存在因会计差错、会计政策变更等原因需要调整前期或者本期相关项目的。

在前款规定工作中发现问题的，应当按照国家统一的会计制度的规定进行处理。

第二十二条　企业编制年度和半年度财务会计报告时，对经查实后的资产、负债有变动的，应当按照资产、负债的确认和计量标准进行确认和计量，并按照国家统一的会计制度的规定进行相应的会计处理。

第二十三条　企业应当按照国家统一的会计制度规定的会计报表格式和内容，根据登记完整、核对无误的会计账簿记录和其他有关资料编制会计报表，做到内容完整、数字真实、计算准确，不得漏报或者任意取舍。

第二十四条　会计报表之间、会计报表各项目之间，凡有对应关系的数字，应当相互一致；会计报表中本期与上期的有关数字应当相互衔接。

第二十五条　会计报表附注和财务情况说明书应当按照本条例和国家统一的会计制度的规定，对会计报表中需要说明的事项作出真实、完整、清楚的说明。

第二十六条　企业发生合并、分立情形的，应当按照国家统一的会计制度的规定编制相应的财务会计报告。

第二十七条　企业终止营业的，应当在终止营业时按照编制年度财务会计报告的要求全面清查资产、核实债务、进行结账，并编制财务会计报告；在清算期间，应当按照国家统一的会计制度的规定编制清算期间的财务会计报告。

第二十八条　按照国家统一的会计制度的规定，需要编制合并会计报表的企业集团，母公司除编制其个别会计报表外，还应当编制企业集团的合并会计报表。

企业集团合并会计报表，是指反映企业集团整体财务状况、经营成果和现金流量的会计报表。

第四章　财务会计报告的对外提供

第二十九条　对外提供的财务会计报告反映的会计信息应当真实、完整。

第三十条　企业应当依照法律、行政法规和国家统一的会计制度有关财务会计报告提供期限的规定，及时对外提供财务会计报告。

第三十一条　企业对外提供的财务会计报告应当依次编定页数，加具封面，装订成册，加盖公章。封面上应当注明：企业名称、企业统一代码、组织形式、地址、报表所属年度或者月份、报出日期，并由企业负责人和主管会计工作的负责人、会计机构负责人（会计主管人员）签名并盖章；设置总会计师的企业，还应当由总会计师签名并盖章。

第三十二条　企业应当依照企业章程的规定，向投资者提供财务会计报告。

国务院派出监事会的国有重点大型企业、国有重点金融机构和省、自治区、直辖市人民政府派出监事会的国有企业，应当依法定期向监事会提供财务会计报告。

第三十三条　有关部门或者机构依照法律、行政法规或者国务院的规定，要求企业提供部分或者全部财务会计报告及其有关数据的，应当向企业出示依据，并不得要求企业改变财务会计报告有关数据的会计口径。

第三十四条　非依照法律、行政法规或者国务院的规定,任何组织或者个人不得要求企业提供部分或者全部财务会计报告及其有关数据。

违反本条例规定,要求企业提供部分或者全部财务会计报告及其有关数据的,企业有权拒绝。

第三十五条 国有企业、国有控股的或者占主导地位的企业,应当至少每年一次向本企业的职工代表大会公布财务会计报告,并重点说明下列事项:

(一)反映与职工利益密切相关的信息,包括:管理费用的构成情况,企业管理人员工资、福利和职工工资、福利费用的发放、使用和结余情况,公益金的提取及使用情况,利润分配的情况以及其他与职工利益相关的信息;

(二)内部审计发现的问题及纠正情况;

(三)注册会计师审计的情况;

(四)国家审计机关发现的问题及纠正情况;

(五)重大的投资、融资和资产处置决策及其原因的说明;

(六)需要说明的其他重要事项。

第三十六条 企业依照本条例规定向有关各方提供的财务会计报告,其编制基础、编制依据、编制原则和方法应当一致,不得提供编制基础、编制依据、编制原则和方法不同的财务会计报告。

第三十七条 财务会计报告须经注册会计师审计的,企业应当将注册会计师及其会计师事务所出具的审计报告随同财务会计报告一并对外提供。

第三十八条 接受企业财务会计报告的组织或者个人,在企业财务会计报告未正式对外披露前,应当对其内容保密。

第五章 法律责任

第三十九条 违反本条例规定,有下列行为之一的,由县级以上人民政府财政部门责令限期改正,对企业可以处 3000 元以上 5 万元以下的罚款;对直接负责的主管人员和其他直接责任人员,可以处 2000 元以上 2 万元以下的罚款;属于国家工作人员的,并依法给予行政处分或者纪律处分。

(一)随意改变会计要素的确认和计量标准的;

(二)随意改变财务会计报告的编制基础、编制依据、编制原则和方法的;

(三)提前或者延迟结账日结账的;

(四)在编制年度财务会计报告前,未按照本条例规定全面清查资产、核实债务的;

(五)拒绝财政部门和其他有关部门对财务会计报告依法进行的监督检查,或者不如实提供有关情况的。

会计人员有前款所列行为之一,情节严重的,由县级以上人民政府财政部门吊销会计从业资格证书。

第四十条 企业编制、对外提供虚假的或者隐瞒重要事实的财务会计报告,构成犯罪的,依法追究刑事责任。

有前款行为的,尚不构成犯罪的,由县级以上人民政府财政部门予以通报,对企业可以处 5000 元以上 10 万元以下的罚款;对直接负责的主管人员和其他直接责任人员,可以处 3000 元以上 5 万元以下的罚款;属于国家工作人员的,并依法给予撤职直至开除的行政处分或者纪律处分;对其中的会计人员,情节严重的,并由县级以上人民政府财政部门吊销会计从业资格证书。

第四十一条 授意、指使、强令会计机构、会计人员及其他人员编制、对外提供虚假的或者隐瞒重要事实的财务会计报告,或者隐匿、故意销毁依法应当保存的财务会计报告,构成犯罪的,依法追究刑事责任;尚不构成犯罪的,可以处 5000 元以上 5 万元以下的罚款;属于国家工作人员的,并依法给予降级、撤职、开除的行政处分或者纪律处分。

第四十二条 违反本条例的规定,要求企业向其提供部分或者全部财务会计报告及其有关数据的,由县级以上人民政府责令改正。

第四十三条 违反本条例规定,同时违反其他法律、行政法规规定的,由有关部门在各自的职权范围内依法给予处罚。

第六章 附 则

第四十四条 国务院财政部门可以根据本条例的规定,制定财务会计报告的具体编报办法。

第四十五条 不对外筹集资金、经营规模较小的企业编制和对外提供财务会计报告的办法,由国务院财政部门根据本条例的原则另行规定。

第四十六条 本条例自 2001 年 1 月 1 日起施行。

会计基础工作规范

· 1996 年 6 月 17 日财会字〔1996〕19 号公布
· 根据 2019 年 3 月 14 日《财政部关于修改〈代理记账管理办法〉等 2 部部门规章的决定》修改

第一章 总 则

第一条 为了加强会计基础工作,建立规范的会计工作秩序,提高会计工作水平,根据《中华人民共和国会计法》的有关规定,制定本规范。

第二条 国家机关、社会团体、企业、事业单位、个体工商户和其他组织的会计基础工作,应当符合本规范的规定。

第三条 各单位应当依据有关法律、法规和本规范的规定,加强会计基础工作,严格执行会计法规制度,保证会计工作依法有序地进行。

第四条 单位领导人对本单位的会计基础工作负有领导责任。

第五条 各省、自治区、直辖市财政厅(局)要加强对会计基础工作的管理和指导,通过政策引导、经验交流、监督检查等措施,促进基层单位加强会计基础工作,不断提高会计工作水平。

国务院各业务主管部门根据职责权限管理本部门的会计基础工作。

第二章 会计机构和会计人员

第一节 会计机构设置和会计人员配备

第六条 各单位应当根据会计业务的需要设置会计机构;不具备单独设置会计机构条件的,应当在有关机构中配备专职会计人员。

事业行政单位会计机构的设置和会计人员的配备,应当符合国家统一事业行政单位会计制度的规定。

设置会计机构,应当配备会计机构负责人;在有关机构中配备专职会计人员,应当在专职会计人员中指定会计主管人员。

会计机构负责人、会计主管人员的任免,应当符合《中华人民共和国会计法》和有关法律的规定。

第七条 会计机构负责人、会计主管人员应当具备下列基本条件:

(一)坚持原则,廉洁奉公;

(二)具备会计师以上专业技术职务资格或者从事会计工作不少于三年;

(三)熟悉国家财经法律、法规、规章和方针、政策,掌握本行业业务管理的有关知识;

(四)有较强的组织能力;

(五)身体状况能够适应本职工作的要求。

第八条 没有设置会计机构或者配备会计人员的单位,应当根据《代理记账管理办法》的规定,委托会计师事务所或者持有代理记账许可证书的代理记账机构进行代理记账。

第九条 大、中型企业、事业单位、业务主管部门应当根据法律和国家有关规定设置总会计师。总会计师由具有会计师以上专业技术资格的人员担任。

总会计师行使《总会计师条例》规定的职责、权限。

总会计师的任命(聘任)、免职(解聘)依照《总会计师条例》和有关法律的规定办理。

第十条 各单位应当根据会计业务需要配备会计人员,督促其遵守职业道德和国家统一的会计制度。

第十一条 各单位应当根据会计业务需要设置会计工作岗位。

会计工作岗位一般可分为:会计机构负责人或者会计主管人员,出纳,财产物资核算,工资核算,成本费用核算,财务成果核算,资金核算,往来结算,总帐报表,稽核,档案管理等。开展会计电算化和管理会计的单位,可以根据需要设置相应工作岗位,也可以与其他工作岗位相结合。

第十二条 会计工作岗位,可以一人一岗、一人多岗或者一岗多人。但出纳人员不得兼管稽核、会计档案保管和收入、费用、债权债务帐目的登记工作。

第十三条 会计人员的工作岗位应当有计划地进行轮换。

第十四条 会计人员应当具备必要的专业知识和专业技能,熟悉国家有关法律、法规、规章和国家统一会计制度,遵守职业道德。

会计人员应当按照国家有关规定参加会计业务的培训。各单位应当合理安排会计人员的培训,保证会计人员每年有一定时间用于学习和参加培训。

第十五条 各单位领导人应当支持会计机构、会计人员依法行使职权;对忠于职守、坚持原则、做出显著成绩的会计机构、会计人员,应当给予精神的和物质的奖励。

第十六条 国家机关、国有企业、事业单位任用会计人员应当实行回避制度。

单位领导人的直系亲属不得担任本单位的会计机构负责人、会计主管人员。会计机构负责人、会计主管人员的直系亲属不得在本单位会计机构中担任出纳工作。

需要回避的直系亲属为:夫妻关系、直系血亲关系、三代以内旁系血亲以及配偶亲关系。

第二节 会计人员职业道德

第十七条 会计人员在会计工作中应当遵守职业道德,树立良好的职业品质、严谨的工作作风,严守工作纪律,努力提高工作效率和工作质量。

第十八条 会计人员应当热爱本职工作,努力钻研业务,使自己的知识和技能适应所从事工作的要求。

第十九条 会计人员应当熟悉财经法律、法规、规章和国家统一会计制度,并结合会计工作进行广泛宣传。

第二十条 会计人员应当按照会计法律、法规和国家统一会计制度规定的程序和要求进行会计工作，保证所提供的会计信息合法、真实、准确、及时、完整。

第二十一条 会计人员办理会计事务应当实事求是、客观公正。

第二十二条 会计人员应当熟悉本单位的生产经营和业务管理情况，运用掌握的会计信息和会计方法，为改善单位内部管理、提高经济效益服务。

第二十三条 会计人员应当保守本单位的商业秘密。除法律规定和单位领导人同意外，不能私自向外界提供或者泄露单位的会计信息。

第二十四条 财政部门、业务主管部门和各单位应当定期检查会计人员遵守职业道德的情况，并作为会计人员晋升、晋级、聘任专业职务、表彰奖励的重要考核依据。

会计人员违反职业道德的，由所在单位进行处理。

第三节 会计工作交接

第二十五条 会计人员工作调动或者因故离职，必须将本人所经管的会计工作全部移交给接替人员。没有办清交接手续的，不得调动或离职。

第二十六条 接替人员应当认真接管移交工作，并继续办理移交的未了事项。

第二十七条 会计人员办理移交手续前，必须及时做好以下工作：

（一）已经受理的经济业务尚未填制会计凭证的，应当填制完毕。

（二）尚未登记的帐目，应当登记完毕，并在最后一笔余额后加盖经办人员印章。

（三）整理应该移交的各项资料，对未了事项写出书面材料。

（四）编制移交清册，列明应当移交的会计凭证、会计帐簿、会计报表、印章、现金、有价证券、支票簿、发票、文件、其他会计资料和物品等内容；实行会计电算化的单位，从事该项工作的移交人员还应当在移交清册中列明会计软件及密码、会计软件数据磁盘（磁带等）及有关资料、实物等内容。

第二十八条 会计人员办理交接手续，必须有监交人负责监交。一般会计人员交接，由单位会计机构负责人、会计主管人员负责监交；会计机构负责人、会计主管人员交接，由单位领导人负责监交，必要时可由上级主管部门派人会同监交。

第二十九条 移交人员在办理移交时，要按移交清册逐项移交；接替人员要逐项核对点收。

（一）现金、有价证券要根据会计帐簿有关记录进行点交。库存现金、有价证券必须与会计帐簿记录保持一致。不一致时，移交人员必须限期查清。

（二）会计凭证、会计帐簿、会计报表和其他会计资料必须完整无缺。如有短缺，必须查清原因，并在移交清册中注明，由移交人员负责。

（三）银行存款帐户余额要与银行对帐单核对，如不一致，应当编制银行存款余额调节表调节相符，各种财产物资和债权债务的明细帐户余额要与总帐有关帐户余额核对相符；必要时，要抽查个别帐户的余额，与实物核对相符，或者与往来单位、个人核对清楚。

（四）移交人员经管的票据、印章和其他实物等，必须交接清楚；移交人员从事会计电算化工作的，要对有关电子数据在实际操作状态下进行交接。

第三十条 会计机构负责人、会计主管人员移交时，还必须将全部财务会计工作、重大财务收支和会计人员的情况等，向接替人员详细介绍。对需要移交的遗留问题，应当写出书面材料。

第三十一条 交接完毕后，交接双方和监交人员要在移交注册上签名或者盖章。并应在移交注册上注明：单位名称，交接日期，交接双方和监交人员的职务、姓名，移交清册页数以及需要说明的问题和意见等。

移交清册一般应当填制一式三份，交接双方各执一份，存档一份。

第三十二条 接替人员应当继续使用移交的会计帐簿，不得自行另立新帐，以保持会计记录的连续性。

第三十三条 会计人员临时离职或者因病不能工作且需要接替或者代理的，会计机构负责人、会计主管人员或者单位领导人必须指定有关人员接替或者代理，并办理交接手续。

临时离职或者因病不能工作的会计人员恢复工作的，应当与接替或者代理人员办理交接手续。

移交人员因病或者其他特殊原因不能亲自办理移交的，经单位领导人批准，可由移交人员委托他人代办移交，但委托人应当承担本规范第三十五条规定的责任。

第三十四条 单位撤销时，必须留有必要的会计人员，会同有关人员办理清理工作，编制决算。未移交前，不得离职。接收单位和移交日期由主管部门确定。

单位合并、分立的，其会计工作交接手续比照上述有关规定办理。

第三十五条 移交人员对所移交的会计凭证、会计帐簿、会计报表和其他有关资料的合法性、真实性承担法律责任。

第三章 会计核算
第一节 会计核算一般要求

第三十六条 各单位应当按照《中华人民共和国会计法》和国家统一会计制度的规定建立会计帐册，进行会计核算，及时提供合法、真实、准确、完整的会计信息。

第三十七条 各单位发生的下列事项，应当及时办理会计手续、进行会计核算：

（一）款项和有价证券的收付；

（二）财物的收发、增减和使用；

（三）债权债务的发生和结算；

（四）资本、基金的增减；

（五）收入、支出、费用、成本的计算；

（六）财务成果的计算和处理；

（七）其他需要办理会计手续、进行会计核算的事项。

第三十八条 各单位的会计核算应当以实际发生的经济业务为依据，按照规定的会计处理方法进行，保证会计指标的口径一致、相互可比和会计处理方法的前后各期相一致。

第三十九条 会计年度自公历1月1日起至12月31日止。

第四十条 会计核算以人民币为记帐本位币。

收支业务以外国货币为主的单位，也可以选定某种外国货币作为记帐本位币，但是编制的会计报表应当折算为人民币反映。

境外单位向国内有关部门编报的会计报表，应当折算为人民币反映。

第四十一条 各单位根据国家统一会计制度的要求，在不影响会计核算要求、会计报表指标汇总和对外统一会计报表的前提下，可以根据实际情况自行设置和使用会计科目。

事业行政单位会计科目的设置和使用，应当符合国家统一事业行政单位会计制度的规定。

第四十二条 会计凭证、会计帐簿、会计报表和其他会计资料的内容和要求必须符合国家统一会计制度的规定，不得伪造、变造会计凭证和会计帐簿，不得设置帐外帐，不得报送虚假会计报表。

第四十三条 各单位对外报送的会计报表格式由财政部统一规定。

第四十四条 实行会计电算化的单位，对使用的会计软件及其生成的会计凭证、会计帐簿、会计报表和其他会计资料的要求，应当符合财政部关于会计电算化的有关规定。

第四十五条 各单位的会计凭证、会计帐簿、会计报表和其他会计资料，应当建立档案，妥善保管。会计档案建档要求、保管期限、销毁办法等依据《会计档案管理办法》的规定进行。

实行会计电算化的单位，有关电子数据、会计软件资料等应当作为会计档案进行管理。

第四十六条 会计记录的文字应当使用中文，少数民族自治地区可以同时使用少数民族文字。中国境内的外商投资企业、外国企业和其他外国经济组织也可以同时使用某种外国文字。

第二节 填制会计凭证

第四十七条 各单位办理本规范第三十七条规定的事项，必须取得或者填制原始凭证，并及时送交会计机构。

第四十八条 原始凭证的基本要求是：

（一）原始凭证的内容必须具备：凭证的名称；填制凭证的日期；填制凭证单位名称或者填制人姓名；经办人员的签名或者盖章；接受凭证单位名称；经济业务内容；数量、单价和金额。

（二）从外单位取得的原始凭证，必须盖有填制单位的公章；从个人取得的原始凭证，必须有填制人员的签名或者盖章。自制原始凭证必须有经办单位领导人或者其指定的人员签名或者盖章。对外开出的原始凭证，必须加盖本单位公章。

（三）凡填有大写和小写金额的原始凭证，大写与小写金额必须相符。购买实物的原始凭证，必须有验收证明。支付款项的原始凭证，必须有收款单位和收款人的收款证明。

（四）一式几联的原始凭证，应当注明各联的用途，只能以一联作为报销凭证。

一式几联的发票和收据，必须用双面复写纸（发票和收据本身具备复写纸功能的除外）套写，并连续编号。作废时应当加盖"作废"戳记，连同存根一起保存，不得撕毁。

（五）发生销货退回的，除填制退货发票外，还必须有退货验收证明；退款时，必须取得对方的收款收据或者汇款银行的凭证，不得以退货发票代替收据。

（六）职工公出借款凭据，必须附在记帐凭证之后。

收回借款时,应当另开收据或者退还借据副本,不得退还原借款收据。

(七)经上级有关部门批准的经济业务,应当将批准文件作为原始凭证附件。如果批准文件需要单独归档的,应当在凭证上注明批准机关名称、日期和文件字号。

第四十九条 原始凭证不得涂改、挖补。发现原始凭证有错误的,应当由开出单位重开或者更正,更正处应当加盖开出单位的公章。

第五十条 会计机构、会计人员要根据审核无误的原始凭证填制记帐凭证。

记帐凭证可以分为收款凭证、付款凭证和转帐凭证,也可以使用通用记帐凭证。

第五十一条 记帐凭证的基本要求是:

(一)记帐凭证的内容必须具备:填制凭证的日期;凭证编号;经济业务摘要;会计科目;金额;所附原始凭证张数;填制凭证人员、稽核人员、记帐人员、会计机构负责人、会计主管人员签名或者盖章。收款和付款记帐凭证还应当由出纳人员签名或者盖章。

以自制的原始凭证或者原始凭证汇总表代替记帐凭证的,也必须具备记帐凭证应有的项目。

(二)填制记帐凭证时,应当对记帐凭证进行连续编号。一笔经济业务需要填制两张以上记帐凭证的,可以采用分数编号法编号。

(三)记帐凭证可以根据每一张原始凭证填制,或者根据若干张同类原始凭证汇总填制,也可以根据原始凭证汇总表填制。但不得将不同内容和类别的原始凭证汇总填制在一张记帐凭证上。

(四)除结帐和更正错误的记帐凭证可以不附原始凭证外,其他记帐凭证必须附有原始凭证。如果一张原始凭证涉及几张记帐凭证,可以把原始凭证附在一张主要的记帐凭证后面,并在其他记帐凭证上注明附有该原始凭证的记帐凭证的编号或者附原始凭证复印件。

一张原始凭证所列支出需要几个单位共同负担的,应当将其他单位负担的部分,开给对方原始凭证分割单,进行结算。原始凭证分割单必须具备原始凭证的基本内容:凭证名称、填制凭证日期、填制凭证单位名称或者填制人姓名、经办人的签名或者盖章、接受凭证单位名称、经济业务内容、数量、单价、金额和费用分摊情况等。

(五)如果在填制记帐凭证时发生错误,应当重新填制。

已经登记入帐的记帐凭证,在当年内发现填写错误时,可以用红字填写一张与原内容相同的记帐凭证,在摘要栏注明"注销某月某日某号凭证"字样,同时再用蓝字重新填制一张正确的记帐凭证,注明"订正某月某日某号凭证"字样。如果会计科目没有错误,只是金额错误,也可以将正确数字与错误数字之间的差额,另编一张调整的记帐凭证,调增金额用蓝字,调减金额用红字。发现以前年度记帐凭证有错误的,应当用蓝字填制一张更正的记帐凭证。

(六)记帐凭证填制完经济业务事项后,如有空行,应当自金额栏最后一笔金额数字下的空行处至合计数上的空行处划线注销。

第五十二条 填制会计凭证,字迹必须清晰、工整,并符合下列要求:

(一)阿拉伯数字应当一个一个地写,不得连笔写。阿拉伯金额数字前面应当书写货币币种符号或者货币名称简写和币种符号。币种符号与阿拉伯金额数字之间不得留有空白。凡阿拉伯数字前有币种符号的,数字后面不再写货币单位。

(二)所有以元为单位(其他货币种类为货币基本单位,下同)的阿拉伯数字,除表示单价等情况外,一律填写到角分;无角分的,角位和分位可写"0 0",或者符号"——";有角无分的,分位应当写"0",不得用符号"——"代替。

(三)汉字大写数字金额如零、壹、贰、叁、肆、伍、陆、柒、捌、玖、拾、佰、仟、万、亿等,一律用正楷或者行书体书写,不得用0、一、二、三、四、五、六、七、八、九、十等简化字代替,不得任意自造简化字。大写金额数字到元或者角为止的,在"元"或者"角"字之后应当写"整"字或者"正"字;大写金额数字有分的,分字后面不写"整"或者"正"字。

(四)大写金额数字前未印有货币名称的,应当加填货币名称,货币名称与金额数字之间不得留有空白。

(五)阿拉伯金额数字中间有"0"时,汉字大写金额要写"零"字;阿拉伯数字金额中间连续有几个"0"时,汉字大写金额中可以只写一个"零"字;阿拉伯金额数字元位是"0",或者数字中间连续有几个"0"、元位也是"0"但角位不是"0"时,汉字大写金额可以只写一个"零"字,也可以不写"零"字。

第五十三条 实行会计电算化的单位,对于机制记帐凭证,要认真审核,做到会计科目使用正确,数字准确无误。打印出的机制记帐凭证要加盖制单人员、审核人员、记帐人员及会计机构负责人、会计主管人员印章或者签字。

第五十四条 各单位会计凭证的传递程序应当科学、合理,具体办法由各单位根据会计业务需要自行规定。

第五十五条 会计机构、会计人员要妥善保管会计凭证。

(一)会计凭证应当及时传递,不得积压。

(二)会计凭证登记完毕后,应当按照分类和编号顺序保管,不得散乱丢失。

(三)记帐凭证应当连同所附的原始凭证或者原始凭证汇总表,按照编号顺序,折叠整齐,按期装订成册,并加具封面,注明单位名称、年度、月份和起讫日期、凭证种类、起讫号码,由装订人在装订线封签外签名或者盖章。

对于数量过多的原始凭证,可以单独装订保管,在封面上注明记帐凭证日期、编号、种类,同时在记帐凭证上注明"附件另订"和原始凭证名称及编号。

各种经济合同、存出保证金收据以及涉外文件等重要原始凭证,应当另编目录,单独登记保管,并在有关的记帐凭证和原始凭证上相互注明日期和编号。

(四)原始凭证不得外借,其他单位如因特殊原因需要使用原始凭证时,经本单位会计机构负责人、会计主管人员批准,可以复制。向外单位提供的原始凭证复制件,应当在专设的登记簿上登记,并由提供人员和收取人员共同签名或者盖章。

(五)从外单位取得的原始凭证如有遗失,应当取得原开出单位盖有公章的证明,并注明原来凭证的号码、金额和内容等,由经办单位会计机构负责人、会计主管人员和单位领导人批准后,才能代作原始凭证。如果确实无法取得证明的,如火车、轮船、飞机票等凭证,由当事人写出详细情况,由经办单位会计机构负责人、会计主管人员和单位领导人批准后,代作原始凭证。

第三节 登记会计帐簿

第五十六条 各单位应当按照国家统一会计制度的规定和会计业务的需要设置会计帐簿。会计帐簿包括总帐、明细帐、日记帐和其他辅助性帐簿。

第五十七条 现金日记帐和银行存款日记帐必须采用订本式帐簿。不得用银行对帐单或者其他方法代替日记帐。

第五十八条 实行会计电算化的单位,用计算机打印的会计帐簿必须连续编号,经审核无误后装订成册,并由记帐人员和会计机构负责人、会计主管人员签字或者盖章。

第五十九条 启用会计帐簿时,应当在帐簿封面上写明单位名称和帐簿名称。在帐簿扉页上应当附启用表,内容包括:启用日期、帐簿页数、记帐人员和会计机构负责人、会计主管人员姓名,并加盖名章和单位公章。记帐人员或者会计机构负责人、会计主管人员调动工作时,应当注明交接日期、接办人员或者监交人员姓名,并由交接双方人员签名或者盖章。

启用订本式帐簿,应当从第一页到最后一页顺序编定页数,不得跳页、缺号。使用活页式帐页,应当按帐户顺序编号,并须定期装订成册。装订后再按实际使用的帐页顺序编定页码。另加目录,记明每个帐户的名称和页次。

第六十条 会计人员应当根据审核无误的会计凭证登记会计帐簿。登记帐簿的基本要求是:

(一)登记会计帐簿时,应当将会计凭证日期、编号、业务内容摘要、金额和其他有关资料逐项记入帐内,做到数字准确、摘要清楚、登记及时、字迹工整。

(二)登记完毕后,要在记帐凭证上签名或者盖章,并注明已经登帐的符号,表示已记帐。

(三)帐簿中书写的文字和数字上面要留有适当空格,不要写满格;一般应占格距的二分之一。

(四)登记帐簿要用蓝黑墨水或者碳素墨水书写,不得使用圆珠笔(银行的复写帐簿除外)或者铅笔书写。

(五)下列情况,可以用红色墨水记帐:

1.按照红字冲帐的记帐凭证,冲销错误记录;

2.在不设借贷等栏的多栏式帐页中,登记减少数;

3.在三栏式帐户的余额栏前,如未印明余额方向的,在余额栏内登记负数余额;

4.根据国家统一会计制度的规定可以用红字登记的其他会计记录。

(六)各种帐簿按页次顺序连续登记,不得跳行、隔页。如果发生跳行、隔页,应当将空行、空页划线注销,或者注明"此行空白"、"此页空白"字样,并由记帐人员签名或者盖章。

(七)凡需要结出余额的帐户,结出余额后,应当在"借或贷"等栏内写明"借"或者"贷"等字样。没有余额的帐户,应当在"借或贷"等栏内写"平"字,并在余额栏内用"Q"表示。

现金日记帐和银行存款日记帐必须逐日结出余额。

(八)每一帐页登记完毕结转下页时,应当结出本页合计数及余额,写在本页最后一行和下页第一行有关栏内,并在摘要栏内注明"过次页"和"承前页"字样;也可以将本页合计数及金额只写在下页第一行有关栏内,并在摘要栏内注明"承前页"字样。

对需要结计本月发生额的帐户,结计"过次页"的本页合计数应当为自本月初起至本页末止的发生额合计数;对需要结计本年累计发生额的帐户,结计"过次页"的本页合计数应当为自年初起至本页末止的累计数;对既不需要结计本月发生额也不需要结计本年累计发生额的帐户,可以只将每页末的余额结转次页。

第六十一条　帐簿记录发生错误,不准涂改、挖补、刮擦或者用药水消除字迹,不准重新抄写,必须按照下列方法进行更正:

(一)登记帐簿时发生错误,应当将错误的文字或者数字划红线注销,但必须使原有字迹仍可辨认;然后在划线上方填写正确的文字或者数字,并由记帐人员在更正处盖章。对于错误的数字,应当全部划红线更正,不得只更正其中的错误数字。对于文字错误,可只划去错误的部分。

(二)由于记帐凭证错误而使帐簿记录发生错误,应当按更正的记帐凭证登记帐簿。

第六十二条　各单位应当定期对会计帐簿记录的有关数字与库存实物、货币资金、有价证券、往来单位或者个人等进行相互核对,保证帐证相符、帐帐相符、帐实相符。对帐工作每年至少进行一次。

(一)帐证核对。核对会计帐簿记录与原始凭证、记帐凭证的时间、凭证字号、内容、金额是否一致,记帐方向是否相符。

(二)帐帐核对。核对不同会计帐簿之间的帐簿记录是否相符,包括:总帐有关帐户的余额核对,总帐与明细帐核对,总帐与日记帐核对,会计部门的财产物资明细帐与财产物资保管和使用部门的有关明细帐核对等。

(三)帐实核对。核对会计帐簿记录与财产等实有数额是否相符。包括:现金日记帐帐面余额与现金实际库存数相核对;银行存款日记帐帐面余额定期与银行对帐单相核对;各种财物明细帐帐面余额与财物实存数额相核对;各种应收、应付款明细帐帐面余额与有关债务、债权单位或个人核对等。

第六十三条　各单位应当按照规定定期结帐。

(一)结帐前,必须将本期内所发生的各项经济业务全部登记入帐。

(二)结帐时,应当结出每个帐户的期末余额。需要结出当月发生额的,应当在摘要栏内注明"本月合计"字样,并在下面通栏划单红线。需要结出本年累计发生额的,应当在摘要栏内注明"本年累计"字样,并在下面通栏划单红线;12月末的"本年累计"就是全年累计发生额。全年累计发生额下面应当通栏划双红线。年度终了结帐时,所有总帐帐户都应当结出全年发生额和年末余额。

(三)年度终了,要把各帐户的余额结转到下一会计年度,并在摘要栏注明"结转下年"字样;在下一会计年度新建有关会计帐簿的第一行余额栏内填写上年结转的余额,并在摘要栏注明"上年结转"字样。

第四节　编制财务报告

第六十四条　各单位必须按照国家统一会计制度的规定,定期编制财务报告。

财务报告包括会计报表及其说明。会计报表包括会计报表主表、会计报表附表、会计报表附注。

第六十五条　各单位对外报送的财务报告应当根据国家统一会计制度规定的格式和要求编制。

单位内部使用的财务报告,其格式和要求由各单位自行规定。

第六十六条　会计报表应当根据登记完整、核对无误的会计帐簿记录和其他有关资料编制,做到数字真实、计算准确、内容完整、说明清楚。

任何人不得篡改或者授意、指使、强令他人篡改会计报表的有关数字。

第六十七条　会计报表之间、会计报表各项目之间,凡有对应关系的数字,应当相互一致。本期会计报表与上期会计报表之间有关的数字应当相互衔接。如果不同会计年度会计报表中各项目的内容和核算方法有变更的,应当在年度会计报表中加以说明。

第六十八条　各单位应当按照国家统一会计制度的规定认真编写会计报表附注及其说明,做到项目齐全,内容完整。

第六十九条　各单位应当按照国家规定的期限对外报送财务报告。

对外报送的财务报告,应当依次编写页码,加具封面,装订成册,加盖公章。封面上应当注明:单位名称,单位地址,财务报告所属年度、季度、月度,送出日期,并由单位领导人、总会计师、会计机构负责人、会计主管人员签名或者盖章。

单位领导人对财务报告的合法性、真实性负法律责任。

第七十条　根据法律和国家有关规定应当对财务报告进行审计的,财务报告编制单位应当先行委托注册会计师进行审计,并将注册会计师出具的审计报告随同财务报告按照规定的期限报送有关部门。

第七十一条 如果发现对外报送的财务报告有错误,应当及时办理更正手续。除更正本单位留存的财务报告外,并应同时通知接受财务报告的单位更正。错误较多的,应当重新编报。

第四章 会计监督

第七十二条 各单位的会计机构、会计人员对本单位的经济活动进行会计监督。

第七十三条 会计机构、会计人员进行会计监督的依据是:

（一）财经法律、法规、规章；

（二）会计法律、法规和国家统一会计制度；

（三）各省、自治区、直辖市财政厅（局）和国务院业务主管部门根据《中华人民共和国会计法》和国家统一会计制度制定的具体实施办法或者补充规定；

（四）各单位根据《中华人民共和国会计法》和国家统一会计制度制定的单位内部会计管理制度；

（五）各单位内部的预算、财务计划、经济计划、业务计划等。

第七十四条 会计机构、会计人员应当对原始凭证进行审核和监督。

对不真实、不合法的原始凭证,不予受理。对弄虚作假、严重违法的原始凭证,在不予受理的同时,应当予以扣留,并及时向单位领导人报告,请求查明原因,追究当事人的责任。

对记载不准确、不完整的原始凭证,予以退回,要求经办人员更正、补充。

第七十五条 会计机构、会计人员对伪造、变造、故意毁灭会计帐簿或者帐外设帐行为,应当制止和纠正；制止和纠正无效的,应当向上级主管单位报告,请求作出处理。

第七十六条 会计机构、会计人员应当对实物、款项进行监督,督促建立并严格执行财产清查制度。发现帐簿记录与实物、款项不符时,应当按照国家有关规定进行处理。超出会计机构、会计人员职权范围的,应当立即向本单位领导报告,请求查明原因,作出处理。

第七十七条 会计机构、会计人员对指使、强令编造、篡改财务报告行为,应当制止和纠正；制止和纠正无效的,应当向上级主管单位报告,请求处理。

第七十八条 会计机构、会计人员应当对财务收支进行监督。

（一）对审批手续不全的财务收支,应当退回,要求补充、更正。

（二）对违反规定不纳入单位统一会计核算的财务收支,应当制止和纠正。

（三）对违反国家统一的财政、财务、会计制度规定的财务收支,不予办理。

（四）对认为是违反国家统一的财政、财务、会计制度规定的财务收支,应当制止和纠正；制止和纠正无效的,应当向单位领导人提出书面意见请求处理。

单位领导人应当在接到书面意见起十日内作出书面决定,并对决定承担责任。

（五）对违反国家统一的财政、财务、会计制度规定的财务收支,不予制止和纠正,又不向单位领导人提出书面意见的,也应当承担责任。

（六）对严重违反国家利益和社会公众利益的财务收支,应当向主管单位或者财政、审计、税务机关报告。

第七十九条 会计机构、会计人员对违反单位内部会计管理制度的经济活动,应当制止和纠正；制止和纠正无效的,向单位领导人报告,请求处理。

第八十条 会计机构、会计人员应当对单位制定的预算、财务计划、经济计划、业务计划的执行情况进行监督。

第八十一条 各单位必须依照法律和国家有关规定接受财政、审计、税务等机关的监督,如实提供会计凭证、会计帐簿、会计报表和其他会计资料以及有关情况,不得拒绝、隐匿、谎报。

第八十二条 按照法律规定应当委托注册会计师进行审计的单位,应当委托注册会计师进行审计,并配合注册会计师的工作,如实提供会计凭证、会计帐簿、会计报表和其他会计资料以及有关情况,不得拒绝、隐匿、谎报,不得示意注册会计师出具不当的审计报告。

第五章 内部会计管理制度

第八十三条 各单位应当根据《中华人民共和国会计法》和国家统一会计制度的规定,结合单位类型和内容管理的需要,建立健全相应的内部会计管理制度。

第八十四条 各单位制定内部会计管理制度应当遵循下列原则：

（一）应当执行法律、法规和国家统一的财务会计制度。

（二）应当体现本单位的生产经营、业务管理的特点和要求。

（三）应当全面规范本单位的各项会计工作,建立健全会计基础,保证会计工作的有序进行。

（四）应当科学、合理，便于操作和执行。
（五）应当定期检查执行情况。
（六）应当根据管理需要和执行中的问题不断完善。

第八十五条 各单位应当建立内部会计管理体系。主要内容包括：单位领导人、总会计师对会计工作的领导职责；会计部门及其会计机构负责人、会计主管人员的职责、权限；会计部门与其他职能部门的关系；会计核算的组织形式等。

第八十六条 各单位应当建立会计人员岗位责任制度。主要内容包括：会计人员的工作岗位设置；各会计工作岗位的职责和标准；各会计工作岗位的人员和具体分工；会计工作岗位轮换办法；对各会计工作岗位的考核办法。

第八十七条 各单位应当建立帐务处理程序制度。主要内容包括：会计科目及其明细科目的设置和使用；会计凭证的格式、审核要求和传递程序；会计核算方法；会计帐簿的设置；编制会计报表的种类和要求；单位会计指标体系。

第八十八条 各单位应当建立内部牵制制度。主要内容包括：内部牵制制度的原则；组织分工；出纳岗位的职责和限制条件；有关岗位的职责和权限。

第八十九条 各单位应当建立稽核制度。主要内容包括：稽核工作的组织形式和具体分工；稽核工作的职责、权限；审核会计凭证和复核会计帐簿、会计报表的方法。

第九十条 各单位应当建立原始记录管理制度。主要内容包括：原始记录的内容和填制方法；原始记录的格式；原始记录的审核；原始记录填制人的责任；原始记录签署、传递、汇集要求。

第九十一条 各单位应当建立定额管理制度。主要内容包括：定额管理的范围；制定和修订定额的依据、程序和方法；定额的执行；定额考核和奖惩办法等。

第九十二条 各单位应当建立计量验收制度。主要内容包括：计量检测手段和方法；计量验收管理的要求；计量验收人员的责任和奖惩办法。

第九十三条 各单位应当建立财产清查制度。主要内容包括：财产清查的范围；财产清查的组织；财产清查的期限和方法；对财产清查中发现问题的处理办法；对财产管理人员的奖惩办法。

第九十四条 各单位应当建立财务收支审批制度。主要内容包括：财务收支审批人员和审批权限；财务收支审批程序；财务收支审批人员的责任。

第九十五条 实行成本核算的单位应当建立成本核算制度。主要内容包括：成本核算的对象；成本核算的方法和程序；成本分析等。

第九十六条 各单位应当建立财务会计分析制度。主要内容包括：财务会计分析的主要内容；财务会计分析的基本要求和组织程序；财务会计分析的具体方法；财务会计分析报告的编写要求等。

第六章 附　则

第九十七条 本规范所称国家统一会计制度，是指由财政部制定、或者财政部与国务院有关部门联合制定、或者经财政部审核批准的在全国范围内统一执行的会计规章、准则、办法等规范性文件。

本规范所称会计主管人员，是指不设置会计机构、只在其他机构中设置专职会计人员的单位行使会计机构负责人职权的人员。

本规范第三章第二节和第三节关于填制会计凭证、登记会计帐簿的规定，除特别指出外，一般适用于手工记帐。实行会计电算化的单位，填制会计凭证和登记会计帐簿的有关要求，应当符合财政部关于会计电算化的有关规定。

第九十八条 各省、自治区、直辖市财政厅（局）、国务院各业务主管部门可以根据本规范的原则，结合本地区、本部门的具体情况，制定具体实施办法，报财政部备案。

第九十九条 本规范由财政部负责解释、修改。

第一百条 本规范自公布之日起实施。1984年4月24日财政部发布的《会计人员工作规则》同时废止。

政府会计准则——基本准则

- 2015年10月23日财政部令第78号公布
- 自2017年1月1日起施行

第一章 总　则

第一条 为了规范政府的会计核算，保证会计信息质量，根据《中华人民共和国会计法》《中华人民共和国预算法》和其他有关法律、行政法规，制定本准则。

第二条 本准则适用于各级政府、各部门、各单位（以下统称政府会计主体）。

前款所称各部门、各单位是指与本级政府财政部门直接或者间接发生预算拨款关系的国家机关、军队、政党组织、社会团体、事业单位和其他单位。

军队、已纳入企业财务管理体系的单位和执行《民间非营利组织会计制度》的社会团体，不适用本准则。

第三条 政府会计由预算会计和财务会计构成。

预算会计实行收付实现制,国务院另有规定的,依照其规定。

财务会计实行权责发生制。

第四条 政府会计具体准则及其应用指南、政府会计制度等,应当由财政部遵循本准则制定。

第五条 政府会计主体应当编制决算报告和财务报告。

决算报告的目标是向决算报告使用者提供与政府预算执行情况有关的信息,综合反映政府会计主体预算收支的年度执行结果,有助于决算报告使用者进行监督和管理,并为编制后续年度预算提供参考和依据。政府决算报告使用者包括各级人民代表大会及其常务委员会、各级政府及其有关部门、政府会计主体自身、社会公众和其他利益相关者。

财务报告的目标是向财务报告使用者提供与政府的财务状况、运行情况(含运行成本,下同)和现金流量等有关信息,反映政府会计主体公共受托责任履行情况,有助于财务报告使用者作出决策或者进行监督和管理。政府财务报告使用者包括各级人民代表大会常务委员会、债权人、各级政府及其有关部门、政府会计主体自身和其他利益相关者。

第六条 政府会计主体应当对其自身发生的经济业务或者事项进行会计核算。

第七条 政府会计核算应当以政府会计主体持续运行为前提。

第八条 政府会计核算应当划分会计期间,分期结算账目,按规定编制决算报告和财务报告。

会计期间至少分为年度和月度。会计年度、月度等会计期间的起迄日期采用公历日期。

第九条 政府会计核算应当以人民币作为记账本位币。发生外币业务时,应当将有关外币金额折算为人民币金额计量,同时登记外币金额。

第十条 政府会计核算应当采用借贷记账法记账。

第二章 政府会计信息质量要求

第十一条 政府会计主体应当以实际发生的经济业务或者事项为依据进行会计核算,如实反映各项会计要素的情况和结果,保证会计信息真实可靠。

第十二条 政府会计主体应当将发生的各项经济业务或者事项统一纳入会计核算,确保会计信息能够全面反映政府会计主体预算执行情况和财务状况、运行情况、现金流量等。

第十三条 政府会计主体提供的会计信息,应当与反映政府会计主体公共受托责任履行情况以及报告使用者决策或者监督、管理的需要相关,有助于报告使用者对政府会计主体过去、现在或者未来的情况作出评价或者预测。

第十四条 政府会计主体对已经发生的经济业务或者事项,应当及时进行会计核算,不得提前或者延后。

第十五条 政府会计主体提供的会计信息应当具有可比性。

同一政府会计主体不同时期发生的相同或者相似的经济业务或者事项,应当采用一致的会计政策,不得随意变更。确需变更的,应当将变更的内容、理由及其影响在附注中予以说明。

不同政府会计主体发生的相同或者相似的经济业务或者事项,应当采用一致的会计政策,确保政府会计信息口径一致,相互可比。

第十六条 政府会计主体提供的会计信息应当清晰明了,便于报告使用者理解和使用。

第十七条 政府会计主体应当按照经济业务或者事项的经济实质进行会计核算,不限于以经济业务或者事项的法律形式为依据。

第三章 政府预算会计要素

第十八条 政府预算会计要素包括预算收入、预算支出与预算结余。

第十九条 预算收入是指政府会计主体在预算年度内依法取得的并纳入预算管理的现金流入。

第二十条 预算收入一般在实际收到时予以确认,以实际收到的金额计量。

第二十一条 预算支出是指政府会计主体在预算年度内依法发生并纳入预算管理的现金流出。

第二十二条 预算支出一般在实际支付时予以确认,以实际支付的金额计量。

第二十三条 预算结余是指政府会计主体预算年度内预算收入扣除预算支出后的资金余额,以及历年滚存的资金余额。

第二十四条 预算结余包括结余资金和结转资金。

结余资金是指年度预算执行终了,预算收入实际完成数扣除预算支出和结转资金后剩余的资金。

结转资金是指预算安排项目的支出年终尚未执行完毕或者因故未执行,且下年需要按原用途继续使用的资金。

第二十五条 符合预算收入、预算支出和预算结余定义及其确认条件的项目应当列入政府决算报表。

第四章 政府财务会计要素

第二十六条 政府财务会计要素包括资产、负债、净资产、收入和费用。

第一节 资 产

第二十七条 资产是指政府会计主体过去的经济业务或者事项形成的，由政府会计主体控制的，预期能够产生服务潜力或者带来经济利益流入的经济资源。

服务潜力是指政府会计主体利用资产提供公共产品和服务以履行政府职能的潜在能力。

经济利益流入表现为现金及现金等价物的流入，或者现金及现金等价物流出的减少。

第二十八条 政府会计主体的资产按照流动性，分为流动资产和非流动资产。

流动资产是指预计在1年内（含1年）耗用或者可以变现的资产，包括货币资金、短期投资、应收及预付款项、存货等。

非流动资产是指流动资产以外的资产，包括固定资产、在建工程、无形资产、长期投资、公共基础设施、政府储备资产、文物文化资产、保障性住房和自然资源资产等。

第二十九条 符合本准则第二十七条规定的资产定义的经济资源，在同时满足以下条件时，确认为资产：

（一）与该经济资源相关的服务潜力很可能实现或者经济利益很可能流入政府会计主体；

（二）该经济资源的成本或者价值能够可靠地计量。

第三十条 资产的计量属性主要包括历史成本、重置成本、现值、公允价值和名义金额。

在历史成本计量下，资产按照取得时支付的现金金额或者支付对价的公允价值计量。

在重置成本计量下，资产按照现在购买相同或者相似资产所需支付的现金金额计量。

在现值计量下，资产按照预计从其持续使用和最终处置中所产生的未来净现金流入量的折现金额计量。

在公允价值计量下，资产按照市场参与者在计量日发生的有序交易中，出售资产所能收到的价格计量。

无法采用上述计量属性的，采用名义金额（即人民币1元）计量。

第三十一条 政府会计主体在对资产进行计量时，一般应当采用历史成本。

采用重置成本、现值、公允价值计量的，应当保证所确定的资产金额能够持续、可靠计量。

第三十二条 符合资产定义和资产确认条件的项目，应当列入资产负债表。

第二节 负 债

第三十三条 负债是指政府会计主体过去的经济业务或者事项形成的，预期会导致经济资源流出政府会计主体的现时义务。

现时义务是指政府会计主体在现行条件下已承担的义务。未来发生的经济业务或者事项形成的义务不属于现时义务，不应当确认为负债。

第三十四条 政府会计主体的负债按照流动性，分为流动负债和非流动负债。

流动负债是指预计在1年内（含1年）偿还的负债，包括应付及预收款项、应付职工薪酬、应缴款项等。

非流动负债是指流动负债以外的负债，包括长期应付款、应付政府债券和政府依法担保形成的债务等。

第三十五条 符合本准则第三十三条规定的负债定义的义务，在同时满足以下条件时，确认为负债：

（一）履行该义务很可能导致含有服务潜力或者经济利益的经济资源流出政府会计主体；

（二）该义务的金额能够可靠地计量。

第三十六条 负债的计量属性主要包括历史成本、现值和公允价值。

在历史成本计量下，负债按照因承担现时义务而实际收到的款项或者资产的金额，或者承担现时义务的合同金额，或者按照为偿还负债预期需要支付的现金计量。

在现值计量下，负债按照预计期限内需要偿还的未来净现金流出量的折现金额计量。

在公允价值计量下，负债按照市场参与者在计量日发生的有序交易中，转移负债所需支付的价格计量。

第三十七条 政府会计主体在对负债进行计量时，一般应当采用历史成本。

采用现值、公允价值计量的，应当保证所确定的负债金额能够持续、可靠计量。

第三十八条 符合负债定义和负债确认条件的项目，应当列入资产负债表。

第三节 净资产

第三十九条 净资产是指政府会计主体资产扣除负债后的净额。

第四十条 净资产金额取决于资产和负债的计量。

第四十一条 净资产项目应当列入资产负债表。

第四节 收 入

第四十二条 收入是指报告期内导致政府会计主体净资产增加的、含有服务潜力或者经济利益的经济资源的流入。

第四十三条 收入的确认应当同时满足以下条件：

（一）与收入相关的含有服务潜力或者经济利益的经济资源很可能流入政府会计主体；

（二）含有服务潜力或者经济利益的经济资源流入会导致政府会计主体资产增加或者负债减少；

（三）流入金额能够可靠地计量。

第四十四条 符合收入定义和收入确认条件的项目，应当列入收入费用表。

第五节 费 用

第四十五条 费用是指报告期内导致政府会计主体净资产减少的、含有服务潜力或者经济利益的经济资源的流出。

第四十六条 费用的确认应当同时满足以下条件：

（一）与费用相关的含有服务潜力或者经济利益的经济资源很可能流出政府会计主体；

（二）含有服务潜力或者经济利益的经济资源流出会导致政府会计主体资产减少或者负债增加；

（三）流出金额能够可靠地计量。

第四十七条 符合费用定义和费用确认条件的项目，应当列入收入费用表。

第五章 政府决算报告和财务报告

第四十八条 政府决算报告是综合反映政府会计主体年度预算收支执行结果的文件。

政府决算报告应当包括决算报表和其他应当在决算报告中反映的相关信息和资料。

政府决算报告的具体内容及编制要求等，由财政部另行规定。

第四十九条 政府财务报告是反映政府会计主体某一特定日期的财务状况和某一会计期间的运行情况和现金流量等信息的文件。

政府财务报告应当包括财务报表和其他应当在财务报告中披露的相关信息和资料。

第五十条 政府财务报告包括政府综合财务报告和政府部门财务报告。

政府综合财务报告是指由政府财政部门编制的、反映各级政府整体财务状况、运行情况和财政中长期可持续性的报告。

政府部门财务报告是指政府各部门、各单位按规定编制的财务报告。

第五十一条 财务报表是对政府会计主体财务状况、运行情况和现金流量等信息的结构性表述。

财务报表包括会计报表和附注。

会计报表至少应当包括资产负债表、收入费用表和现金流量表。

政府会计主体应当根据相关规定编制合并财务报表。

第五十二条 资产负债表是反映政府会计主体在某一特定日期的财务状况的报表。

第五十三条 收入费用表是反映政府会计主体在一定会计期间运行情况的报表。

第五十四条 现金流量表是反映政府会计主体在一定会计期间现金及现金等价物流入和流出情况的报表。

第五十五条 附注是对在资产负债表、收入费用表、现金流量表等报表中列示项目所作的进一步说明，以及对未能在这些报表中列示项目的说明。

第五十六条 政府决算报告的编制主要以收付实现制为基础，以预算会计核算生成的数据为准。

政府财务报告的编制主要以权责发生制为基础，以财务会计核算生成的数据为准。

第六章 附 则

第五十七条 本准则所称会计核算，包括会计确认、计量、记录和报告各个环节，涵盖填制会计凭证、登记会计账簿、编制报告全过程。

第五十八条 本准则所称预算会计，是指以收付实现制为基础对政府会计主体预算执行过程中发生的全部收入和全部支出进行会计核算，主要反映和监督预算收支执行情况的会计。

第五十九条 本准则所称财务会计，是指以权责发生制为基础对政府会计主体发生的各项经济业务或者事项进行会计核算，主要反映和监督政府会计主体财务状况、运行情况和现金流量等的会计。

第六十条 本准则所称收付实现制，是指以现金的实际收付为标志来确定本期收入和支出的会计核算基础。凡在当期实际收到的现金收入和支出，均应作为当期的收入和支出；凡是不属于当期的现金收入和支出，均不应当作为当期的收入和支出。

第六十一条 本准则所称权责发生制，是指以取得收取款项的权利或支付款项的义务为标志来确定本期收入和费用的会计核算基础。凡是当期已经实现的收入和已经发生的或应当负担的费用，不论款项是否收付，都应当作为当期的收入和费用;凡是不属于当期的收入和费用,即使款项已在当期收付,也不应当作为当期的收入和费用。

第六十二条 本准则自2017年1月1日起施行。

企业会计准则——基本准则

· 2006年2月15日财政部令第33号公布
· 根据2014年7月23日《财政部关于修改〈企业会计准则——基本准则〉的决定》修改

第一章 总 则

第一条 为了规范企业会计确认、计量和报告行为,保证会计信息质量,根据《中华人民共和国会计法》和其他有关法律、行政法规,制定本准则。

第二条 本准则适用于在中华人民共和国境内设立的企业(包括公司,下同)。

第三条 企业会计准则包括基本准则和具体准则,具体准则的制定应当遵循本准则。

第四条 企业应当编制财务会计报告(又称财务报告,下同)。财务会计报告的目标是向财务会计报告使用者提供与企业财务状况、经营成果和现金流量等有关的会计信息,反映企业管理层受托责任履行情况,有助于财务会计报告使用者作出经济决策。

财务会计报告使用者包括投资者、债权人、政府及其有关部门和社会公众等。

第五条 企业应当对其本身发生的交易或者事项进行会计确认、计量和报告。

第六条 企业会计确认、计量和报告应当以持续经营为前提。

第七条 企业应当划分会计期间,分期结算账目和编制财务会计报告。

会计期间分为年度和中期。中期是指短于一个完整的会计年度的报告期间。

第八条 企业会计应当以货币计量。

第九条 企业应当以权责发生制为基础进行会计确认、计量和报告。

第十条 企业应当按照交易或者事项的经济特征确定会计要素。会计要素包括资产、负债、所有者权益、收入、费用和利润。

第十一条 企业应当采用借贷记账法记账。

第二章 会计信息质量要求

第十二条 企业应当以实际发生的交易或者事项为依据进行会计确认、计量和报告,如实反映符合确认和计量要求的各项会计要素及其他相关信息,保证会计信息真实可靠、内容完整。

第十三条 企业提供的会计信息应当与财务会计报告使用者的经济决策需要相关,有助于财务会计报告使用者对企业过去、现在或者未来的情况作出评价或者预测。

第十四条 企业提供的会计信息应当清晰明了,便于财务会计报告使用者理解和使用。

第十五条 企业提供的会计信息应当具有可比性。

同一企业不同时期发生的相同或者相似的交易或者事项,应当采用一致的会计政策,不得随意变更。确需变更的,应当在附注中说明。

不同企业发生的相同或者相似的交易或者事项,应当采用规定的会计政策,确保会计信息口径一致、相互可比。

第十六条 企业应当按照交易或者事项的经济实质进行会计确认、计量和报告,不应仅以交易或者事项的法律形式为依据。

第十七条 企业提供的会计信息应当反映与企业财务状况、经营成果和现金流量等有关的所有重要交易或者事项。

第十八条 企业对交易或者事项进行会计确认、计量和报告应当保持应有的谨慎,不应高估资产或者收益、低估负债或者费用。

第十九条 企业对于已经发生的交易或者事项,应当及时进行会计确认、计量和报告,不得提前或者延后。

第三章 资 产

第二十条 资产是指企业过去的交易或者事项形成的、由企业拥有或者控制的、预期会给企业带来经济利益的资源。

前款所指的企业过去的交易或者事项包括购买、生产、建造行为或其他交易或者事项。预期在未来发生的交易或者事项不形成资产。

由企业拥有或者控制,是指企业享有某项资源的所有权,或者虽然不享有某项资源的所有权,但该资源能被企业所控制。

预期会给企业带来经济利益,是指直接或者间接导致现金和现金等价物流入企业的潜力。

第二十一条 符合本准则第二十条规定的资产定义的资源,在同时满足以下条件时,确认为资产:

(一)与该资源有关的经济利益很可能流入企业;

(二)该资源的成本或者价值能够可靠地计量。

第二十二条 符合资产定义和资产确认条件的项

目,应当列入资产负债表;符合资产定义,但不符合资产确认条件的项目,不应当列入资产负债表。

第四章 负债

第二十三条 负债是指企业过去的交易或者事项形成的、预期会导致经济利益流出企业的现时义务。

现时义务是指企业在现行条件下已承担的义务。未来发生的交易或者事项形成的义务,不属于现时义务,不应当确认为负债。

第二十四条 符合本准则第二十三条规定的负债定义的义务,在同时满足以下条件时,确认为负债:

(一)与该义务有关的经济利益很可能流出企业;

(二)未来流出的经济利益的金额能够可靠地计量。

第二十五条 符合负债定义和负债确认条件的项目,应当列入资产负债表;符合负债定义、但不符合负债确认条件的项目,不应当列入资产负债表。

第五章 所有者权益

第二十六条 所有者权益是指企业资产扣除负债后由所有者享有的剩余权益。

公司的所有者权益又称为股东权益。

第二十七条 所有者权益的来源包括所有者投入的资本、直接计入所有者权益的利得和损失、留存收益等。

直接计入所有者权益的利得和损失,是指不应计入当期损益、会导致所有者权益发生增减变动的、与所有者投入资本或者向所有者分配利润无关的利得或者损失。

利得是指由企业非日常活动所形成的、会导致所有者权益增加的、与所有者投入资本无关的经济利益的流入。

损失是指由企业非日常活动所发生的、会导致所有者权益减少的、与向所有者分配利润无关的经济利益的流出。

第二十八条 所有者权益金额取决于资产和负债的计量。

第二十九条 所有者权益项目应当列入资产负债表。

第六章 收入

第三十条 收入是指企业在日常活动中形成的、会导致所有者权益增加的、与所有者投入资本无关的经济利益的总流入。

第三十一条 收入只有在经济利益很可能流入从而导致企业资产增加或者负债减少、且经济利益的流入额能够可靠计量时才能予以确认。

第三十二条 符合收入定义和收入确认条件的项目,应当列入利润表。

第七章 费用

第三十三条 费用是指企业在日常活动中发生的、会导致所有者权益减少的、与向所有者分配利润无关的经济利益的总流出。

第三十四条 费用只有在经济利益很可能流出从而导致企业资产减少或者负债增加、且经济利益的流出额能够可靠计量时才能予以确认。

第三十五条 企业为生产产品、提供劳务等发生的可归属于产品成本、劳务成本等的费用,应当在确认产品销售收入、劳务收入等时,将已销售产品、已提供劳务的成本等计入当期损益。

企业发生的支出不产生经济利益的,或者即使能够产生经济利益但不符合或者不再符合资产确认条件的,应当在发生时确认为费用,计入当期损益。

企业发生的交易或者事项导致其承担了一项负债而又不确认为一项资产的,应当在发生时确认为费用,计入当期损益。

第三十六条 符合费用定义和费用确认条件的项目,应当列入利润表。

第八章 利润

第三十七条 利润是指企业在一定会计期间的经营成果。利润包括收入减去费用后的净额、直接计入当期利润的利得和损失等。

第三十八条 直接计入当期利润的利得和损失,是指应当计入当期损益、会导致所有者权益发生增减变动的、与所有者投入资本或者向所有者分配利润无关的利得或者损失。

第三十九条 利润金额取决于收入和费用、直接计入当期利润的利得和损失金额的计量。

第四十条 利润项目应当列入利润表。

第九章 会计计量

第四十一条 企业在将符合确认条件的会计要素登记入账并列报于会计报表及其附注(又称财务报表,下同)时,应当按照规定的会计计量属性进行计量,确定其金额。

第四十二条 会计计量属性主要包括:

(一)历史成本。在历史成本计量下,资产按照购置时支付的现金或者现金等价物的金额,或者按照购置资产时所付出的对价的公允价值计量。负债按照因承担现时义务而实际收到的款项或者资产的金额,或者承担现时义务的合同金额,或者按照日常活动中为偿还负债预期需要支付的现金或者现金等价物的金额计量。

（二）重置成本。在重置成本计量下，资产按照现在购买相同或者相似资产所需支付的现金或者现金等价物的金额计量。负债按照现在偿付该项债务所需支付的现金或者现金等价物的金额计量。

（三）可变现净值。在可变现净值计量下，资产按照其正常对外销售所能收到现金或者现金等价物的金额扣减该资产至完工时估计将要发生的成本、估计的销售费用以及相关税费后的金额计量。

（四）现值。在现值计量下，资产按照预计从其持续使用和最终处置中所产生的未来净现金流入量的折现金额计量。负债按照预计期限内需要偿还的未来净现金流出量的折现金额计量。

（五）公允价值。在公允价值计量下，资产和负债按照市场参与者在计量日发生的有序交易中，出售资产所能收到或者转移负债所需支付的价格计量。

第四十三条 企业在对会计要素进行计量时，一般应当采用历史成本，采用重置成本、可变现净值、现值、公允价值计量的，应当保证所确定的会计要素金额能够取得并可靠计量。

第十章 财务会计报告

第四十四条 财务会计报告是指企业对外提供的反映企业某一特定日期的财务状况和某一会计期间的经营成果、现金流量等会计信息的文件。

财务会计报告包括会计报表及其附注和其他应当在财务会计报告中披露的相关信息和资料。会计报表至少应当包括资产负债表、利润表、现金流量表等报表。

小企业编制的会计报表可以不包括现金流量表。

第四十五条 资产负债表是指反映企业在某一特定日期的财务状况的会计报表。

第四十六条 利润表是指反映企业在一定会计期间的经营成果的会计报表。

第四十七条 现金流量表是指反映企业在一定会计期间的现金和现金等价物流入和流出的会计报表。

第四十八条 附注是指对在会计报表中列示项目所作的进一步说明，以及对未能在这些报表中列示项目的说明等。

第十一章 附 则

第四十九条 本准则由财政部负责解释。

第五十条 本准则自2007年1月1日起施行。

小企业会计准则

- 2011年10月18日
- 财会〔2011〕17号

第一章 总 则

第一条 为了规范小企业会计确认、计量和报告行为，促进小企业可持续发展，发挥小企业在国民经济和社会发展中的重要作用，根据《中华人民共和国会计法》及其他有关法律和法规，制定本准则。

第二条 本准则适用于在中华人民共和国境内依法设立的、符合《中小企业划型标准规定》所规定的小型企业标准的企业。

下列三类小企业除外：

（一）股票或债券在市场上公开交易的小企业。

（二）金融机构或其他具有金融性质的小企业。

（三）企业集团内的母公司和子公司。

前款所称企业集团、母公司和子公司的定义与《企业会计准则》的规定相同。

第三条 符合本准则第二条规定的小企业，可以执行本准则，也可以执行《企业会计准则》。

（一）执行本准则的小企业，发生的交易或者事项本准则未作规范的，可以参照《企业会计准则》中的相关规定进行处理。

（二）执行《企业会计准则》的小企业，不得在执行《企业会计准则》的同时，选择执行本准则的相关规定。

（三）执行本准则的小企业公开发行股票或债券的，应当转为执行《企业会计准则》；因经营规模或企业性质变化导致不符合本准则第二条规定而成为大中型企业或金融企业的，应当从次年1月1日起转为执行《企业会计准则》。

（四）已执行《企业会计准则》的上市公司、大中型企业和小企业，不得转为执行本准则。

第四条 执行本准则的小企业转为执行《企业会计准则》时，应当按照《企业会计准则第38号——首次执行企业会计准则》等相关规定进行会计处理。

第二章 资 产

第五条 资产，是指小企业过去的交易或者事项形成的、由小企业拥有或者控制的、预期会给小企业带来经济利益的资源。

小企业的资产按照流动性，可分为流动资产和非流动资产。

第六条 小企业的资产应当按照成本计量，不计提资产减值准备。

第一节 流动资产

第七条 小企业的流动资产,是指预计在1年内(含1年,下同)或超过1年的一个正常营业周期内变现、出售或耗用的资产。

小企业的流动资产包括:货币资金、短期投资、应收及预付款项、存货等。

第八条 短期投资,是指小企业购入的能随时变现并且持有时间不准备超过1年(含1年,下同)的投资,如小企业以赚取差价为目的从二级市场购入的股票、债券、基金等。

短期投资应当按照以下规定进行会计处理:

(一)以支付现金取得的短期投资,应当按照购买价款和相关税费作为成本进行计量。

实际支付价款中包含的已宣告但尚未发放的现金股利或已到付息期但尚未领取的债券利息,应当单独确认为应收股利或应收利息,不计入短期投资的成本。

(二)在短期投资持有期间,被投资单位宣告分派的现金股利或在债务人应付利息日按照分期付息、一次还本债券投资的票面利率计算的利息收入,应当计入投资收益。

(三)出售短期投资,出售价款扣除其账面余额、相关税费后的净额,应当计入投资收益。

第九条 应收及预付款项,是指小企业在日常生产经营活动中发生的各项债权。包括:应收票据、应收账款、应收股利、应收利息、其他应收款等应收款项和预付账款。

应收及预付款项应当按照发生额入账。

第十条 小企业应收及预付款项符合下列条件之一的,减除可收回的金额后确认的无法收回的应收及预付款项,作为坏账损失:

(一)债务人依法宣告破产、关闭、解散、被撤销,或者被依法注销、吊销营业执照,其清算财产不足清偿的。

(二)债务人死亡,或者依法被宣告失踪、死亡,其财产或者遗产不足清偿的。

(三)债务人逾期3年以上未清偿,且有确凿证据证明已无力清偿债务的。

(四)与债务人达成债务重组协议或法院批准破产重整计划后,无法追偿的。

(五)因自然灾害、战争等不可抗力导致无法收回的。

(六)国务院财政、税务主管部门规定的其他条件。

应收及预付款项的坏账损失应当于实际发生时计入营业外支出,同时冲减应收及预付款项。

第十一条 存货,是指小企业在日常生产经营过程中持有以备出售的产成品或商品、处在生产过程中的在产品、将在生产过程或提供劳务过程中耗用的材料和物料等,以及小企业(农、林、牧、渔业)为出售而持有的、或在将来收获为农产品的消耗性生物资产。

小企业的存货包括:原材料、在产品、半成品、产成品、商品、周转材料、委托加工物资、消耗性生物资产等。

(一)原材料,是指小企业在生产过程中经加工改变其形态或性质并构成产品主要实体的各种原料及主要材料、辅助材料、外购半成品(外购件)、修理用备件(备品备件)、包装材料、燃料等。

(二)在产品,是指小企业正在制造尚未完工的产品。包括:正在各个生产工序加工的产品,以及已加工完毕但尚未检验或已检验但尚未办理入库手续的产品。

(三)半成品,是指小企业经过一定生产过程并已检验合格交付半成品仓库保管,但尚未制造完工成为产成品,仍需进一步加工的中间产品。

(四)产成品,是指小企业已经完成全部生产过程并已验收入库,符合标准规格和技术条件,可以按照合同规定的条件送交订货单位,或者可以作为商品对外销售的产品。

(五)商品,是指小企业(批发业、零售业)外购或委托加工完成并已验收入库用于销售的各种商品。

(六)周转材料,是指小企业能够多次使用、逐渐转移其价值但仍保持原有形态且不确认为固定资产的材料。包括:包装物、低值易耗品、小企业(建筑业)的钢模板、木模板、脚手架等。

(七)委托加工物资,是指小企业委托外单位加工的各种材料、商品等物资。

(八)消耗性生物资产,是指小企业(农、林、牧、渔业)生长中的大田作物、蔬菜、用材林以及存栏待售的牲畜等。

第十二条 小企业取得的存货,应当按照成本进行计量。

(一)外购存货的成本包括:购买价款、相关税费、运输费、装卸费、保险费以及在外购存货过程发生的其他直接费用,但不含按照税法规定可以抵扣的增值税进项税额。

(二)通过进一步加工取得存货的成本包括:直接材料、直接人工以及按照一定方法分配的制造费用。

经过1年期以上的制造才能达到预定可销售状态的

存货发生的借款费用,也计入存货的成本。

前款所称借款费用,是指小企业因借款而发生的利息及其他相关成本。包括:借款利息、辅助费用以及因外币借款而发生的汇兑差额等。

(三)投资者投入存货的成本,应当按照评估价值确定。

(四)提供劳务的成本包括:与劳务提供直接相关的人工费、材料费和应分摊的间接费用。

(五)自行栽培、营造、繁殖或养殖的消耗性生物资产的成本,应当按照下列规定确定:

1. 自行栽培的大田作物和蔬菜的成本包括:在收获前耗用的种子、肥料、农药等材料费、人工费和应分摊的间接费用。

2. 自行营造的林木类消耗性生物资产的成本包括:郁闭前发生的造林费、抚育费、营林设施费、良种试验费、调查设计费和应分摊的间接费用。

3. 自行繁殖的育肥畜的成本包括:出售前发生的饲料费、人工费和应分摊的间接费用。

4. 水产养殖的动物和植物的成本包括:在出售或入库前耗用的苗种、饲料、肥料等材料费、人工费和应分摊的间接费用。

(六)盘盈存货的成本,应当按照同类或类似存货的市场价格或评估价值确定。

第十三条 小企业应当采用先进先出法、加权平均法或者个别计价法确定发出存货的实际成本。计价方法一经选用,不得随意变更。

对于性质和用途相似的存货,应当采用相同的成本计算方法确定发出存货的成本。

对于不能替代使用的存货、为特定项目专门购入或制造的存货以及提供的劳务,采用个别计价法确定发出存货的成本。

对于周转材料,采用一次转销法进行会计处理,在领用时按其成本计入生产成本或当期损益;金额较大的周转材料,也可以采用分次摊销法进行会计处理。出租或出借周转材料,不需要结转其成本,但应当进行备查登记。

对于已售存货,应当将其成本结转为营业成本。

第十四条 小企业应当根据生产特点和成本管理的要求,选择适合于本企业的成本核算对象、成本项目和成本计算方法。

小企业发生的各项生产费用,应当按照成本核算对象和成本项目分别归集。

(一)属于材料费、人工费等直接费用,直接计入基本生产成本和辅助生产成本。

(二)属于辅助生产车间为生产产品提供的动力等直接费用,可以先作为辅助生产成本进行归集,然后按照合理的方法分配计入基本生产成本;也可以直接计入所生产产品发生的生产成本。

(三)其他间接费用应当作为制造费用进行归集,月度终了,再按一定的分配标准,分配计入有关产品的成本。

第十五条 存货发生毁损,处置收入、可收回的责任人赔偿和保险赔款,扣除其成本、相关税费后的净额,应当计入营业外支出或营业外收入。

盘盈存货实现的收益应当计入营业外收入。

盘亏存货发生的损失应当计入营业外支出。

第二节 长期投资

第十六条 小企业的非流动资产,是指流动资产以外的资产。

小企业的非流动资产包括:长期债券投资、长期股权投资、固定资产、生产性生物资产、无形资产、长期待摊费用等。

第十七条 长期债券投资,是指小企业准备长期(在1年以上,下同)持有的债券投资。

第十八条 长期债券投资应当按照购买价款和相关税费作为成本进行计量。

实际支付价款中包含的已到付息期但尚未领取的债券利息,应当单独确认为应收利息,不计入长期债券投资的成本。

第十九条 长期债券投资在持有期间发生的应收利息应当确认为投资收益。

(一)分期付息、一次还本的长期债券投资,在债务人应付利息日按照票面利率计算的应收未收利息收入应当确认为应收利息,不增加长期债券投资的账面余额。

(二)一次还本付息的长期债券投资,在债务人应付利息日按照票面利率计算的应收未收利息收入应当增加长期债券投资的账面余额。

(三)债券的折价或者溢价在债券存续期间内于确认相关债券利息收入时采用直线法进行摊销。

第二十条 长期债券投资到期,小企业收回长期债券投资,应当冲减其账面余额。

处置长期债券投资,处置价款扣除其账面余额、相关税费后的净额,应当计入投资收益。

第二十一条 小企业长期债券投资符合本准则第十

条所列条件之一的,减除可收回的金额后确认的无法收回的长期债券投资,作为长期债券投资损失。

长期债券投资损失应当于实际发生时计入营业外支出,同时冲减长期债券投资账面余额。

第二十二条 长期股权投资,是指小企业准备长期持有的权益性投资。

第二十三条 长期股权投资应当按照成本进行计量。

(一)以支付现金取得的长期股权投资,应当按照购买价款和相关税费作为成本进行计量。

实际支付价款中包含的已宣告但尚未发放的现金股利,应当单独确认为应收股利,不计入长期股权投资的成本。

(二)通过非货币性资产交换取得的长期股权投资,应当按照换出非货币性资产的评估价值和相关税费作为成本进行计量。

第二十四条 长期股权投资应当采用成本法进行会计处理。

在长期股权投资持有期间,被投资单位宣告分派的现金股利或利润,应当按照应分得的金额确认为投资收益。

第二十五条 处置长期股权投资,处置价款扣除其成本、相关税费后的净额,应当计入投资收益。

第二十六条 小企业长期股权投资符合下列条件之一的,减除可收回的金额后确认的无法收回的长期股权投资,作为长期股权投资损失:

(一)被投资单位依法宣告破产、关闭、解散、被撤销,或者被依法注销、吊销营业执照的。

(二)被投资单位财务状况严重恶化,累计发生巨额亏损,已连续停止经营3年以上,且无重新恢复经营改组计划的。

(三)对被投资单位不具有控制权,投资期限届满或者投资期限已超过10年,且被投资单位因连续3年经营亏损导致资不抵债的。

(四)被投资单位财务状况严重恶化,累计发生巨额亏损,已完成清算或清算期超过3年以上的。

(五)国务院财政、税务主管部门规定的其他条件。

长期股权投资损失应当于实际发生时计入营业外支出,同时冲减长期股权投资账面余额。

第三节 固定资产和生产性生物资产

第二十七条 固定资产,是指小企业为生产产品、提供劳务、出租或经营管理而持有的,使用寿命超过1年的有形资产。

小企业的固定资产包括:房屋、建筑物、机器、机械、运输工具、设备、器具、工具等。

第二十八条 固定资产应当按照成本进行计量。

(一)外购固定资产的成本包括:购买价款、相关税费、运输费、装卸费、保险费、安装费等,但不含按照税法规定可以抵扣的增值税进项税额。

以一笔款项购入多项没有单独标价的固定资产,应当按照各项固定资产或类似资产的市场价格或评估价值比例对总成本进行分配,分别确定各项固定资产的成本。

(二)自行建造固定资产的成本,由建造该项资产在竣工决算前发生的支出(含相关的借款费用)构成。

小企业在建工程在试运转过程中形成的产品、副产品或试车收入冲减在建工程成本。

(三)投资者投入固定资产的成本,应当按照评估价值和相关税费确定。

(四)融资租入的固定资产的成本,应当按照租赁合同约定的付款总额和在签订租赁合同过程中发生的相关税费等确定。

(五)盘盈固定资产的成本,应当按照同类或者类似固定资产的市场价格或评估价值,扣除按照该项固定资产新旧程度估计的折旧后的余额确定。

第二十九条 小企业应当对所有固定资产计提折旧,但已提足折旧仍继续使用的固定资产和单独计价入账的土地不得计提折旧。

固定资产的折旧费应当根据固定资产的受益对象计入相关资产成本或者当期损益。

前款所称折旧,是指在固定资产使用寿命内,按照确定的方法对应计折旧额进行系统分摊。应计折旧额,是指应当计提折旧的固定资产的原价(成本)扣除其预计净残值后的金额。预计净残值,是指固定资产预计使用寿命已满,小企业从该项固定资产处置中获得的扣除预计处置费用后的净额。已提足折旧,是指已经提足该项固定资产的应计折旧额。

第三十条 小企业应当按照年限平均法(即直线法,下同)计提折旧。小企业的固定资产由于技术进步等原因,确需加速折旧的,可以采用双倍余额递减法和年数总和法。

小企业应当根据固定资产的性质和使用情况,并考虑税法的规定,合理确定固定资产的使用寿命和预计净残值。

固定资产的折旧方法、使用寿命、预计净残值一经确定,不得随意变更。

第三十一条 小企业应当按月计提折旧,当月增加的固定资产,当月不计提折旧,从下月起计提折旧;当月减少的固定资产,当月仍计提折旧,从下月起不计提折旧。

第三十二条 固定资产的日常修理费,应当在发生时根据固定资产的受益对象计入相关资产成本或者当期损益。

第三十三条 固定资产的改建支出,应当计入固定资产的成本,但已提足折旧的固定资产和经营租入的固定资产发生的改建支出应当计入长期待摊费用。

前款所称固定资产的改建支出,是指改变房屋或者建筑物结构、延长使用年限等发生的支出。

第三十四条 处置固定资产,处置收入扣除其账面价值、相关税费和清理费用后的净额,应当计入营业外收入或营业外支出。

前款所称固定资产的账面价值,是指固定资产原价(成本)扣减累计折旧后的金额。

盘亏固定资产发生的损失应当计入营业外支出。

第三十五条 生产性生物资产,是指小企业(农、林、牧、渔业)为生产农产品、提供劳务或出租等目的而持有的生物资产。包括:经济林、薪炭林、产畜和役畜等。

第三十六条 生产性生物资产应当按照成本进行计量。

(一)外购的生产性生物资产的成本,应当按照购买价款和相关税费确定。

(二)自行营造或繁殖的生产性生物资产的成本,应当按照下列规定确定:

1.自行营造的林木类生产性生物资产的成本包括:达到预定生产经营目的前发生的造林费、抚育费、营林设施费、良种试验费、调查设计费和应分摊的间接费用等必要支出。

2.自行繁殖的产畜和役畜的成本包括:达到预定生产经营目的前发生的饲料费、人工费和应分摊的间接费用等必要支出。

前款所称达到预定生产经营目的,是指生产性生物资产进入正常生产期,可以多年连续稳定产出农产品、提供劳务或出租。

第三十七条 生产性生物资产应当按照年限平均法计提折旧。

小企业(农、林、牧、渔业)应当根据生产性生物资产的性质和使用情况,并考虑税法的规定,合理确定生产性生物资产的使用寿命和预计净残值。

生产性生物资产的折旧方法、使用寿命、预计净残值一经确定,不得随意变更。

小企业(农、林、牧、渔业)应当自生产性生物资产投入使用月份的下月起按月计提折旧;停止使用的生产性生物资产,应当自停止使用月份的下月起停止计提折旧。

第四节 无形资产

第三十八条 无形资产,是指小企业为生产产品、提供劳务、出租或经营管理而持有的、没有实物形态的可辨认非货币性资产。

小企业的无形资产包括:土地使用权、专利权、商标权、著作权、非专利技术等。

自行开发建造厂房等建筑物,相关的土地使用权与建筑物应当分别进行处理。外购土地及建筑物支付的价款应当在建筑物与土地使用权之间按照合理的方法进行分配;难以合理分配的,应当全部作为固定资产。

第三十九条 无形资产应当按照成本进行计量。

(一)外购无形资产的成本包括:购买价款、相关税费和相关的其他支出(含相关的借款费用)。

(二)投资者投入的无形资产的成本,应当按照评估价值和相关税费确定。

(三)自行开发的无形资产的成本,由符合资本化条件后至达到预定用途前发生的支出(含相关的借款费用)构成。

第四十条 小企业自行开发无形资产发生的支出,同时满足下列条件的,才能确认为无形资产:

(一)完成该无形资产以使其能够使用或出售在技术上具有可行性;

(二)具有完成该无形资产并使用或出售的意图;

(三)能够证明运用该无形资产生产的产品存在市场或无形资产自身存在市场,无形资产将在内部使用的,应当证明其有用性;

(四)有足够的技术、财务资源和其他资源支持,以完成该无形资产的开发,并有能力使用或出售该无形资产;

(五)归属于该无形资产开发阶段的支出能够可靠地计量。

第四十一条 无形资产应当在其使用寿命内采用年限平均法进行摊销,根据其受益对象计入相关资产成本或者当期损益。

无形资产的摊销期自其可供使用时开始至停止使用或出售时止。有关法律规定或合同约定了使用年限的,可以按照规定或约定的使用年限分期摊销。

小企业不能可靠估计无形资产使用寿命的,摊销期不得低于10年。

第四十二条 处置无形资产,处置收入扣除其账面价值、相关税费等后的净额,应当计入营业外收入或营业外支出。

前款所称无形资产的账面价值,是指无形资产的成本扣减累计摊销后的金额。

第五节 长期待摊费用

第四十三条 小企业的长期待摊费用包括:已提足折旧的固定资产的改建支出、经营租入固定资产的改建支出、固定资产的大修理支出和其他长期待摊费用等。

前款所称固定资产的大修理支出,是指同时符合下列条件的支出:

(一)修理支出达到取得固定资产时的计税基础50%以上;

(二)修理后固定资产的使用寿命延长2年以上。

第四十四条 长期待摊费用应当在其摊销期限内采用年限平均法进行摊销,根据其受益对象计入相关资产的成本或者管理费用,并冲减长期待摊费用。

(一)已提足折旧的固定资产的改建支出,按照固定资产预计尚可使用年限分期摊销。

(二)经营租入固定资产的改建支出,按照合同约定的剩余租赁期限分期摊销。

(三)固定资产的大修理支出,按照固定资产尚可使用年限分期摊销。

(四)其他长期待摊费用,自支出发生月份的下月起分期摊销,摊销期不得低于3年。

第三章 负 债

第四十五条 负债,是指小企业过去的交易或者事项形成的,预期会导致经济利益流出小企业的现时义务。

小企业的负债按照其流动性,可分为流动负债和非流动负债。

第一节 流动负债

第四十六条 小企业的流动负债,是指预计在1年内或者超过1年的一个正常营业周期内清偿的债务。

小企业的流动负债包括:短期借款、应付及预收款项、应付职工薪酬、应交税费、应付利息等。

第四十七条 各项流动负债应当按照其实际发生额入账。

小企业确实无法偿付的应付款项,应当计入营业外收入。

第四十八条 短期借款应当按照借款本金和借款合同利率在应付利息日计提利息费用,计入财务费用。

第四十九条 应付职工薪酬,是指小企业为获得职工提供的服务而应付给职工的各种形式的报酬以及其他相关支出。

小企业的职工薪酬包括:

(一)职工工资、奖金、津贴和补贴。

(二)职工福利费。

(三)医疗保险费、养老保险费、失业保险费、工伤保险费和生育保险费等社会保险费。

(四)住房公积金。

(五)工会经费和职工教育经费。

(六)非货币性福利。

(七)因解除与职工的劳动关系给予的补偿。

(八)其他与获得职工提供的服务相关的支出等。

第五十条 小企业应当在职工为其提供服务的会计期间,将应付的职工薪酬确认为负债,并根据职工提供服务的受益对象,分别下列情况进行会计处理:

(一)应由生产产品、提供劳务负担的职工薪酬,计入产品成本或劳务成本。

(二)应由在建工程、无形资产开发项目负担的职工薪酬,计入固定资产成本或无形资产成本。

(三)其他职工薪酬(含因解除与职工的劳动关系给予的补偿),计入当期损益。

第二节 非流动负债

第五十一条 小企业的非流动负债,是指流动负债以外的负债。

小企业的非流动负债包括:长期借款、长期应付款等。

第五十二条 非流动负债应当按照其实际发生额入账。

长期借款应当按照借款本金和借款合同利率在应付利息日计提利息费用,计入相关资产成本或财务费用。

第四章 所有者权益

第五十三条 所有者权益,是指小企业资产扣除负债后由所有者享有的剩余权益。

小企业的所有者权益包括:实收资本(或股本,下同)、资本公积、盈余公积和未分配利润。

第五十四条 实收资本,是指投资者按照合同协议约定或相关规定投入到小企业、构成小企业注册资本的部分。

(一)小企业收到投资者以现金或非货币性资产投

入的资本,应当按照其在本企业注册资本中所占的份额计入实收资本,超出的部分,应当计入资本公积。

(二)投资者根据有关规定对小企业进行增资或减资,小企业应当增加或减少实收资本。

第五十五条 资本公积,是指小企业收到的投资者出资额超过其在注册资本或股本中所占份额的部分。

小企业用资本公积转增资本,应当冲减资本公积。小企业的资本公积不得用于弥补亏损。

第五十六条 盈余公积,是指小企业按照法律规定在税后利润中提取的法定公积金和任意公积金。

小企业用盈余公积弥补亏损或者转增资本,应当冲减盈余公积。小企业的盈余公积还可以用于扩大生产经营。

第五十七条 未分配利润,是指小企业实现的净利润,经过弥补亏损、提取法定公积金和任意公积金、向投资者分配利润后,留存在本企业的、历年结存的利润。

第五章 收 入

第五十八条 收入,是指小企业在日常生产经营活动中形成的、会导致所有者权益增加、与所有者投入资本无关的经济利益的总流入。包括:销售商品收入和提供劳务收入。

第五十九条 销售商品收入,是指小企业销售商品(或产成品、材料,下同)取得的收入。

通常,小企业应当在发出商品且收到货款或取得收款权利时,确认销售商品收入。

(一)销售商品采用托收承付方式的,在办妥托收手续时确认收入。

(二)销售商品采取预收款方式的,在发出商品时确认收入。

(三)销售商品采用分期收款方式的,在合同约定的收款日期确认收入。

(四)销售商品需要安装和检验的,在购买方接受商品以及安装和检验完毕时确认收入。安装程序比较简单的,可在发出商品时确认收入。

(五)销售商品采用支付手续费方式委托代销的,在收到代销清单时确认收入。

(六)销售商品以旧换新的,销售的商品作为销售商品处理,回收的商品作为购进商品处理。

(七)采取产品分成方式取得的收入,在分得产品之日按照产品的市场价格或评估价值确定销售商品收入金额。

第六十条 小企业应当按照从购买方已收或应收的合同或协议价款,确定销售商品收入金额。

销售商品涉及现金折扣的,应当按照扣除现金折扣前的金额确定销售商品收入金额。现金折扣应当在实际发生时,计入当期损益。

销售商品涉及商业折扣的,应当按照扣除商业折扣后的金额确定销售商品收入金额。

前款所称现金折扣,是指债权人为鼓励债务人在规定的期限内付款而向债务人提供的债务扣除。商业折扣,是指小企业为促进商品销售而在商品标价上给予的价格扣除。

第六十一条 小企业已经确认销售商品收入的售出商品发生的销售退回(不论属于本年度还是属于以前年度的销售),应当在发生时冲减当期销售商品收入。

小企业已经确认销售商品收入的售出商品发生的销售折让,应当在发生时冲减当期销售商品收入。

前款所称销售退回,是指小企业售出的商品由于质量、品种不符合要求等原因发生的退货。销售折让,是指小企业因售出商品的质量不合格等原因而在售价上给予的减让。

第六十二条 小企业提供劳务的收入,是指小企业从事建筑安装、修理修配、交通运输、仓储租赁、邮电通信、咨询经纪、文化体育、科学研究、技术服务、教育培训、餐饮住宿、中介代理、卫生保健、社区服务、旅游、娱乐、加工以及其他劳务服务活动取得的收入。

第六十三条 同一会计年度内开始并完成的劳务,应当在提供劳务交易完成且收到款项或取得收款权利时,确认提供劳务收入。提供劳务收入的金额为从接受劳务方已收或应收的合同或协议价款。

劳务的开始和完成分属不同会计年度的,应当按照完工进度确认提供劳务收入。年度资产负债表日,按照提供劳务收入总额乘以完工进度扣除以前会计年度累计已确认提供劳务收入后的金额,确认本年度的提供劳务收入;同时,按照估计的提供劳务成本总额乘以完工进度扣除以前会计年度累计已确认营业成本后的金额,结转本年度营业成本。

第六十四条 小企业与其他企业签订的合同或协议包含销售商品和提供劳务时,销售商品部分和提供劳务部分能够区分且能够单独计量的,应当将销售商品的部分作为销售商品处理,将提供劳务的部分作为提供劳务处理。

销售商品部分和提供劳务部分不能够区分,或虽能区分但不能够单独计量的,应当作为销售商品处理。

第六章 费用

第六十五条 费用,是指小企业在日常生产经营活动中发生的、会导致所有者权益减少、与向所有者分配利润无关的经济利益的总流出。

小企业的费用包括:营业成本、营业税金及附加、销售费用、管理费用、财务费用等。

(一)营业成本,是指小企业所销售商品的成本和所提供劳务的成本。

(二)营业税金及附加,是指小企业开展日常生产经营活动应负担的消费税、营业税、城市维护建设税、资源税、土地增值税、城镇土地使用税、房产税、车船税、印花税和教育费附加、矿产资源补偿费、排污费等。

(三)销售费用,是指小企业在销售商品或提供劳务过程中发生的各种费用。包括:销售人员的职工薪酬、商品维修费、运输费、装卸费、包装费、保险费、广告费、业务宣传费、展览费等费用。

小企业(批发业、零售业)在购买商品过程中发生的费用(包括:运输费、装卸费、包装费、保险费、运输途中的合理损耗和入库前的挑选整理费等)也构成销售费用。

(四)管理费用,是指小企业为组织和管理生产经营发生的其他费用。包括:小企业在筹建期间内发生的开办费、行政管理部门发生的费用(包括:固定资产折旧费、修理费、办公费、水电费、差旅费、管理人员的职工薪酬等)、业务招待费、研究费用、技术转让费、相关长期待摊费用摊销、财产保险费、聘请中介机构费、咨询费(含顾问费)、诉讼费等费用。

(五)财务费用,是指小企业为筹集生产经营所需资金发生的筹资费用。包括:利息费用(减利息收入)、汇兑损失、银行相关手续费、小企业给予的现金折扣(减享受的现金折扣)等费用。

第六十六条 通常,小企业的费用应当在发生时按照其发生额计入当期损益。

小企业销售商品收入和提供劳务收入已予确认的,应当将已销售商品和已提供劳务的成本作为营业成本结转至当期损益。

第七章 利润及利润分配

第六十七条 利润,是指小企业在一定会计期间的经营成果。包括:营业利润、利润总额和净利润。

(一)营业利润,是指营业收入减去营业成本、营业税金及附加、销售费用、管理费用、财务费用,加上投资收益(或减去投资损失)后的金额。

前款所称营业收入,是指小企业销售商品和提供劳务实现的收入总额。投资收益,由小企业股权投资取得的现金股利(或利润)、债券投资取得的利息收入和处置股权投资和债券投资取得的处置价款扣除成本或账面余额、相关税费后的净额三部分构成。

(二)利润总额,是指营业利润加上营业外收入,减去营业外支出后的金额。

(三)净利润,是指利润总额减去所得税费用后的净额。

第六十八条 营业外收入,是指小企业非日常生产经营活动形成的、应当计入当期损益、会导致所有者权益增加、与所有者投入资本无关的经济利益的净流入。

小企业的营业外收入包括:非流动资产处置净收益、政府补助、捐赠收益、盘盈收益、汇兑收益、出租包装物和商品的租金收入、逾期未退包装物押金收益、确实无法偿付的应付款项、已作坏账损失处理后又收回的应收款项、违约金收益等。

通常,小企业的营业外收入应当在实现时按照其实现金额计入当期损益。

第六十九条 政府补助,是指小企业从政府无偿取得货币性资产或非货币性资产,但不含政府作为小企业所有者投入的资本。

(一)小企业收到与资产相关的政府补助,应当确认为递延收益,并在相关资产的使用寿命内平均分配,计入营业外收入。

收到的其他政府补助,用于补偿本企业以后期间的相关费用或亏损的,确认为递延收益,并在确认相关费用或发生亏损的期间,计入营业外收入;用于补偿本企业已发生的相关费用或亏损的,直接计入营业外收入。

(二)政府补助为货币性资产的,应当按照收到的金额计量。

政府补助为非货币性资产的,政府提供了有关凭据的,应当按照凭据上标明的金额计量;政府没有提供有关凭据的,应当按照同类或类似资产的市场价格或评估价值计量。

(三)小企业按照规定实行企业所得税、增值税、消费税、营业税等先征后返的,应当在实际收到返还的企业所得税、增值税(不含出口退税)、消费税、营业税时,计入营业外收入。

第七十条 营业外支出,是指小企业非日常生产经营活动发生的、应当计入当期损益、会导致所有者权益减少、与向所有者分配利润无关的经济利益的净流出。

小企业的营业外支出包括：存货的盘亏、毁损、报废损失，非流动资产处置净损失，坏账损失，无法收回的长期债券投资损失，无法收回的长期股权投资损失，自然灾害等不可抗力因素造成的损失，税收滞纳金，罚金，罚款，被没收财物的损失，捐赠支出，赞助支出等。

通常，小企业的营业外支出应当在发生时按照其发生额计入当期损益。

第七十一条 小企业应当按照企业所得税法规定计算的当期应纳税额，确认所得税费用。

小企业应当在利润总额的基础上，按照企业所得税法规定进行纳税调整，计算出当期应纳税所得额，按照应纳税所得额与适用所得税税率为基础计算确定当期应纳税额。

第七十二条 小企业以当年净利润弥补以前年度亏损等剩余的税后利润，可用于向投资者进行分配。

小企业（公司制）在分配当年税后利润时，应当按照公司法的规定提取法定公积金和任意公积金。

第八章 外币业务

第七十三条 小企业的外币业务由外币交易和外币财务报表折算构成。

第七十四条 外币交易，是指小企业以外币计价或者结算的交易。

小企业的外币交易包括：买入或者卖出以外币计价的商品或者劳务、借入或者借出外币资金和其他以外币计价或者结算的交易。

前款所称外币，是指小企业记账本位币以外的货币。记账本位币，是指小企业经营所处的主要经济环境中的货币。

第七十五条 小企业应当选择人民币作为记账本位币。业务收支以人民币以外的货币为主的小企业，可以选定其中一种货币作为记账本位币，但编报的财务报表应当折算为人民币财务报表。

小企业记账本位币一经确定，不得随意变更，但小企业经营所处的主要经济环境发生重大变化除外。

小企业因经营所处的主要经济环境发生重大变化，确需变更记账本位币的，应当采用变更当日的即期汇率将所有项目折算为变更后的记账本位币。

前款所称即期汇率，是指中国人民银行公布的当日人民币外汇牌价的中间价。

第七十六条 小企业对于发生的外币交易，应将外币金额折算为记账本位币金额。

外币交易在初始确认时，采用交易发生日的即期汇率将外币金额折算为记账本位币金额；也可以采用交易当期平均汇率折算。

小企业收到投资者以外币投入的资本，应当采用交易发生日即期汇率折算，不得采用合同约定汇率和交易当期平均汇率折算。

第七十七条 小企业在资产负债表日，应当按照下列规定对外币货币性项目和外币非货币性项目进行会计处理：

（一）外币货币性项目，采用资产负债表日的即期汇率折算。因资产负债表日即期汇率与初始确认时或者前一资产负债表日即期汇率不同而产生的汇兑差额，计入当期损益。

（二）以历史成本计量的外币非货币性项目，仍采用交易发生日的即期汇率折算，不改变其记账本位币金额。

前款所称货币性项目，是指小企业持有的货币资金和将以固定或可确定的金额收取的资产或者偿付的负债。货币性项目分为货币性资产和货币性负债。货币性资产包括：库存现金、银行存款、应收账款、其他应收款等；货币性负债包括：短期借款、应付账款、其他应付款、长期借款、长期应付款等。非货币性项目，是指货币性项目以外的项目。包括：存货、长期股权投资、固定资产、无形资产等。

第七十八条 小企业对外币财务报表进行折算时，应当采用资产负债表日的即期汇率对外币资产负债表、利润表和现金流量表的所有项目进行折算。

第九章 财务报表

第七十九条 财务报表，是指对小企业财务状况、经营成果和现金流量的结构性表述。小企业的财务报表至少应当包括下列组成部分：

（一）资产负债表；

（二）利润表；

（三）现金流量表；

（四）附注。

第八十条 资产负债表，是指反映小企业在某一特定日期财务状况的报表。

（一）资产负债表中的资产类至少应当单独列示反映下列信息的项目：

1. 货币资金；

2. 应收及预付款项；

3. 存货；

4. 长期债券投资；

5. 长期股权投资；

6. 固定资产；
7. 生产性生物资产；
8. 无形资产；
9. 长期待摊费用。
(二)资产负债表中的负债类至少应当单独列示反映下列信息的项目：
1. 短期借款；
2. 应付及预收款项；
3. 应付职工薪酬；
4. 应交税费；
5. 应付利息；
6. 长期借款；
7. 长期应付款。
(三)资产负债表中的所有者权益类至少应当单独列示反映下列信息的项目：
1. 实收资本；
2. 资本公积；
3. 盈余公积；
4. 未分配利润。
(四)资产负债表中的资产类应当包括流动资产和非流动资产的合计项目；负债类应当包括流动负债、非流动负债和负债的合计项目；所有者权益类应当包括所有者权益的合计项目。
资产负债表应当列示资产总计项目，负债和所有者权益总计项目。

第八十一条 利润表，是指反映小企业在一定会计期间的经营成果的报表。
费用应当按照功能分类，分为营业成本、营业税金及附加、销售费用、管理费用和财务费用等。
利润表至少应当单独列示反映下列信息的项目：
(一)营业收入；
(二)营业成本；
(三)营业税金及附加；
(四)销售费用；
(五)管理费用；
(六)财务费用；
(七)所得税费用；
(八)净利润。

第八十二条 现金流量表，是指反映小企业在一定会计期间现金流入和流出情况的报表。
现金流量表应当分别经营活动、投资活动和筹资活动列报现金流量。现金流量应当分别按照现金流入和现金流出总额列报。
前款所称现金，是指小企业的库存现金以及可以随时用于支付的存款和其他货币资金。

第八十三条 经营活动，是指小企业投资活动和筹资活动以外的所有交易和事项。
小企业经营活动产生的现金流量应当单独列示反映下列信息的项目：
(一)销售产成品、商品、提供劳务收到的现金；
(二)购买原材料、商品、接受劳务支付的现金；
(三)支付的职工薪酬；
(四)支付的税费。

第八十四条 投资活动，是指小企业固定资产、无形资产、其他非流动资产的购建和短期投资、长期债券投资、长期股权投资及其处置活动。
小企业投资活动产生的现金流量应当单独列示反映下列信息的项目：
(一)收回短期投资、长期债券投资和长期股权投资收到的现金；
(二)取得投资收益收到的现金；
(三)处置固定资产、无形资产和其他非流动资产收回的现金净额；
(四)短期投资、长期债券投资和长期股权投资支付的现金；
(五)购建固定资产、无形资产和其他非流动资产支付的现金。

第八十五条 筹资活动，是指导致小企业资本及债务规模和构成发生变化的活动。
小企业筹资活动产生的现金流量应当单独列示反映下列信息的项目：
(一)取得借款收到的现金；
(二)吸收投资者投资收到的现金；
(三)偿还借款本金支付的现金；
(四)偿还借款利息支付的现金；
(五)分配利润支付的现金。

第八十六条 附注，是指对在资产负债表、利润表和现金流量表等报表中列示项目的文字描述或明细资料，以及对未能在这些报表中列示项目的说明等。
附注应当按照下列顺序披露：
(一)遵循小企业会计准则的声明。
(二)短期投资、应收账款、存货、固定资产项目的说明。
(三)应付职工薪酬、应交税费项目的说明。

(四)利润分配的说明。

(五)用于对外担保的资产名称、账面余额及形成的原因;未决诉讼、未决仲裁以及对外提供担保所涉及的金额。

(六)发生严重亏损的,应当披露持续经营的计划、未来经营的方案。

(七)对已在资产负债表和利润表中列示项目与企业所得税法规定存在差异的纳税调整过程。

(八)其他需要在附注中说明的事项。

第八十七条 小企业应当根据实际发生的交易和事项,按照本准则的规定进行确认和计量,在此基础上按月或者按季编制财务报表。

第八十八条 小企业对会计政策变更、会计估计变更和会计差错更正应当采用未来适用法进行会计处理。

前款所称会计政策,是指小企业在会计确认、计量和报告中所采用的原则、基础和会计处理方法。会计估计变更,是指由于资产和负债的当前状况及预期经济利益和义务发生了变化,从而对资产或负债的账面价值或者资产的定期消耗金额进行调整。前期差错包括:计算错误、应用会计政策错误、应用会计估计错误等。未来适用法,是指将变更后的会计政策和会计估计应用于变更日及以后发生的交易或者事项,或者在会计差错发生或发现的当期更正差错的方法。

第十章 附 则

第八十九条 符合《中小企业划型标准规定》所规定的微型企业标准的企业参照执行本准则。

第九十条 本准则自2013年1月1日起施行。财政部2004年发布的《小企业会计制度》(财会[2004]2号)同时废止。

附录:小企业会计准则——会计科目、主要账务处理和财务报表(略)

增值税会计处理规定

· 2016年12月3日
· 财会[2016]22号

根据《中华人民共和国增值税暂行条例》和《关于全面推开营业税改征增值税试点的通知》(财税[2016]36号)等有关规定,现对增值税有关会计处理规定如下:

一、会计科目及专栏设置

增值税一般纳税人应当在"应交税费"科目下设置"应交增值税"、"未交增值税"、"预交增值税"、"待抵扣进项税额"、"待认证进项税额"、"待转销项税额"、"增值税留抵税额"、"简易计税"、"转让金融商品应交增值税"、"代扣代交增值税"等明细科目。

(一)增值税一般纳税人应在"应交增值税"明细账内设置"进项税额"、"销项税额抵减"、"已交税金"、"转出未交增值税"、"减免税款"、"出口抵减内销产品应纳税额"、"销项税额"、"出口退税"、"进项税额转出"、"转出多交增值税"等专栏。其中:

1. "进项税额"专栏,记录一般纳税人购进货物、加工修理修配劳务、服务、无形资产或不动产而支付或负担的、准予从当期销项税额中抵扣的增值税额;

2. "销项税额抵减"专栏,记录一般纳税人按照现行增值税制度规定因扣减销售额而减少的销项税额;

3. "已交税金"专栏,记录一般纳税人当月已交纳的应交增值税额;

4. "转出未交增值税"和"转出多交增值税"专栏,分别记录一般纳税人月度终了转出当月应交未交或多交的增值税额;

5. "减免税款"专栏,记录一般纳税人按现行增值税制度规定准予减免的增值税额;

6. "出口抵减内销产品应纳税额"专栏,记录实行"免、抵、退"办法的一般纳税人按规定计算的出口货物的进项税抵减内销产品的应纳税额;

7. "销项税额"专栏,记录一般纳税人销售货物、加工修理修配劳务、服务、无形资产或不动产应收取的增值税额;

8. "出口退税"专栏,记录一般纳税人出口货物、加工修理修配劳务、服务、无形资产按规定退回的增值税额;

9. "进项税额转出"专栏,记录一般纳税人购进货物、加工修理修配劳务、服务、无形资产或不动产等发生非正常损失以及其他原因而不应从销项税额中抵扣、按规定转出的进项税额。

(二)"未交增值税"明细科目,核算一般纳税人月度终了从"应交增值税"或"预交增值税"明细科目转入当月应交未交、多交或预缴的增值税额,以及当月交纳以前期间未交的增值税额。

(三)"预交增值税"明细科目,核算一般纳税人转让不动产、提供不动产经营租赁服务、提供建筑服务、采用预收款方式销售自行开发的房地产项目等,以及其他按现行增值税制度规定应预缴的增值税额。

(四)"待抵扣进项税额"明细科目,核算一般纳税人已取得增值税扣税凭证并经税务机关认证,按照现行增值税制度规定准予以后期间从销项税额中抵扣的进项税额。包括：一般纳税人自2016年5月1日后取得并按固定资产核算的不动产或者2016年5月1日后取得的不动产在建工程，按现行增值税制度规定准予以后期间从销项税额中抵扣的进项税额；实行纳税辅导期管理的一般纳税人取得的尚未交叉稽核比对的增值税扣税凭证上注明或计算的进项税额。

（五）"待认证进项税额"明细科目，核算一般纳税人由于未经税务机关认证而不得从当期销项税额中抵扣的进项税额。包括：一般纳税人已取得增值税扣税凭证、按照现行增值税制度规定准予从销项税额中抵扣，但尚未经税务机关认证的进项税额；一般纳税人已申请稽核但尚未取得稽核相符结果的海关缴款书进项税额。

（六）"待转销项税额"明细科目，核算一般纳税人销售货物、加工修理修配劳务、服务、无形资产或不动产，已确认相关收入（或利得）但尚未发生增值税纳税义务而需于以后期间确认为销项税额的增值税额。

（七）"增值税留抵税额"明细科目，核算兼有销售服务、无形资产或者不动产的原增值税一般纳税人，截止到纳入营改增试点之日前的增值税期末留抵税额按照现行增值税制度规定不得从销售服务、无形资产或不动产的销项税额中抵扣的增值税留抵税额。

（八）"简易计税"明细科目，核算一般纳税人采用简易计税方法发生的增值税计提、扣减、预缴、缴纳等业务。

（九）"转让金融商品应交增值税"明细科目，核算增值税纳税人转让金融商品发生的增值税额。

（十）"代扣代交增值税"明细科目，核算纳税人购进在境内未设经营机构的境外单位或个人在境内的应税行为代扣代缴的增值税。

小规模纳税人只需在"应交税费"科目下设置"应交增值税"明细科目，不需要设置上述专栏及除"转让金融商品应交增值税"、"代扣代交增值税"外的明细科目。

二、账务处理

（一）取得资产或接受劳务等业务的账务处理。

1. 采购等业务进项税额允许抵扣的账务处理。一般纳税人购进货物、加工修理修配劳务、服务、无形资产或不动产，按应计入相关成本费用或资产的金额，借记"在途物资"或"原材料"、"库存商品"、"生产成本"、"无形资产"、"固定资产"、"管理费用"等科目，按当月已认证的可抵扣增值税额，借记"应交税费——应交增值税（进项税额）"科目，按当月未认证的可抵扣增值税额，借记"应交税费——待认证进项税额"科目，按应付或实际支付的金额，贷记"应付账款"、"应付票据"、"银行存款"等科目。发生退货的，如原增值税专用发票已做认证，应根据税务机关开具的红字增值税专用发票做相反的会计分录；如原增值税专用发票未做认证，应将发票退回并做相反的会计分录。

2. 采购等业务进项税额不得抵扣的账务处理。一般纳税人购进货物、加工修理修配劳务、服务、无形资产或不动产，用于简易计税方法计税项目、免征增值税项目、集体福利或个人消费等，其进项税额按照现行增值税制度规定不得从销项税额中抵扣的，取得增值税专用发票时，应借记相关成本费用或资产科目，借记"应交税费——待认证进项税额"科目，贷记"银行存款"、"应付账款"等科目，经税务机关认证后，应借记相关成本费用或资产科目，贷记"应交税费——应交增值税（进项税额转出）"科目。

3. 购进不动产或不动产在建工程按规定进项税额分年抵扣的账务处理。一般纳税人自2016年5月1日后取得并按固定资产核算的不动产或者2016年5月1日后取得的不动产在建工程，其进项税额按现行增值税制度规定自取得之日起分2年从销项税额中抵扣的，应当按取得成本，借记"固定资产"、"在建工程"等科目，按当期可抵扣的增值税额，借记"应交税费——应交增值税（进项税额）"科目，按以后期间可抵扣的增值税额，借记"应交税费——待抵扣进项税额"科目，按应付或实际支付的金额，贷记"应付账款"、"应付票据"、"银行存款"等科目。尚未抵扣的进项税额待以后期间允许抵扣时，按允许抵扣的金额，借记"应交税费——应交增值税（进项税额）"科目，贷记"应交税费——待抵扣进项税额"科目。

4. 货物等已验收入库但尚未取得增值税扣税凭证的账务处理。一般纳税人购进的货物等已到达并验收入库，但尚未收到增值税扣税凭证并未付款的，应在月末按货物清单或相关合同协议上的价格暂估入账，不需要将增值税的进项税额暂估入账。下月初，用红字冲销原暂估入账金额，待取得相关增值税扣税凭证并经认证后，按应计入相关成本费用或资产的金额，借记"原材料"、"库存商品"、"固定资产"、"无形资产"等科目，按可抵扣的增值税额，借记"应交税费——应交增值税（进项税额）"科目，按应付金额，贷记"应付账款"等科目。

5. 小规模纳税人采购等业务的账务处理。小规模纳税人购买物资、服务、无形资产或不动产，取得增值税专用发票上注明的增值税应计入相关成本费用或资产，不通过"应交税费——应交增值税"科目核算。

6. 购买方作为扣缴义务人的账务处理。按照现行增值税制度规定，境外单位或个人在境内发生应税行为，在境内未设有经营机构的，以购买方为增值税扣缴义务人。境内一般纳税人购进服务、无形资产或不动产，按应计入相关成本费用或资产的金额，借记"生产成本"、"无形资产"、"固定资产"、"管理费用"等科目，按可抵扣的增值税额，借记"应交税费——进项税额"科目（小规模纳税人应借记相关成本费用或资产科目），按应付或实际支付的金额，贷记"应付账款"等科目，按应代扣代缴的增值税额，贷记"应交税费——代扣代交增值税"科目。实际缴纳代扣代缴增值税时，按代扣代缴的增值税额，借记"应交税费——代扣代交增值税"科目，贷记"银行存款"科目。

（二）销售等业务的账务处理。

1. 销售业务的账务处理。企业销售货物、加工修理修配劳务、服务、无形资产或不动产，应当按应收或已收的金额，借记"应收账款"、"应收票据"、"银行存款"等科目，按取得的收入金额，贷记"主营业务收入"、"其他业务收入"、"固定资产清理"、"工程结算"等科目，按现行增值税制度规定计算的销项税额（或采用简易计税方法计算的应纳增值税额），贷记"应交税费——应交增值税（销项税额）"或"应交税费——简易计税"科目（小规模纳税人应贷记"应交税费——应交增值税"科目）。发生销售退回的，应根据按规定开具的红字增值税专用发票做相反的会计分录。

按照国家统一的会计制度确认收入或利得的时点早于按照增值税制度确认增值税纳税义务发生时点的，应将相关销项税额计入"应交税费——待转销项税额"科目，待实际发生纳税义务时再转入"应交税费——应交增值税（销项税额）"或"应交税费——简易计税"科目。

按照增值税制度确认增值税纳税义务发生时点早于按照国家统一的会计制度确认收入或利得的时点的，应将应纳增值税额，借记"应收账款"科目，贷记"应交税费——应交增值税（销项税额）"或"应交税费——简易计税"科目，按照国家统一的会计制度确认收入或利得时，应按扣除增值税销项税额后的金额确认收入。

2. 视同销售的账务处理。企业发生税法上视同销售的行为，应当按照企业会计准则制度相关规定进行相应的会计处理，并按照现行增值税制度规定计算的销项税额（或采用简易计税方法计算的应纳增值税额），借记"应付职工薪酬"、"利润分配"等科目，贷记"应交税费——应交增值税（销项税额）"或"应交税费——简易计税"科目（小规模纳税人应计入"应交税费——应交增值税"科目）。

3. 全面试行营业税改征增值税前已确认收入，此后产生增值税纳税义务的账务处理。企业营业税改征增值税前已确认收入，但因未产生营业税纳税义务而未计提营业税的，在达到增值税纳税义务时点时，企业应在确认应交增值税销项税额的同时冲减当期收入；已经计提营业税且未缴纳的，在达到增值税纳税义务时点时，应借记"应交税费——应交营业税"、"应交税费——应交城市维护建设税"、"应交税费——应交教育费附加"等科目，贷记"主营业务收入"科目，并根据调整后的收入计算确定计入"应交税费——待转销项税额"科目的金额，同时冲减收入。

全面试行营业税改征增值税后，"营业税金及附加"科目名称调整为"税金及附加"科目，该科目核算企业经营活动发生的消费税、城市维护建设税、资源税、教育费附加及房产税、土地使用税、车船使用税、印花税等相关税费；利润表中的"营业税金及附加"项目调整为"税金及附加"项目。

（三）差额征税的账务处理。

1. 企业发生相关成本费用允许扣减销售额的账务处理。按现行增值税制度规定企业发生相关成本费用允许扣减销售额的，发生成本费用时，按应付或实际支付的金额，借记"主营业务成本"、"存货"、"工程施工"等科目，贷记"应付账款"、"应付票据"、"银行存款"等科目。待取得合规增值税扣税凭证且纳税义务发生时，按照允许抵扣的税额，借记"应交税费——应交增值税（销项税额抵减）"或"应交税费——简易计税"科目（小规模纳税人应借记"应交税费——应交增值税"科目），贷记"主营业务成本"、"存货"、"工程施工"等科目。

2. 金融商品转让按规定以盈亏相抵后的余额作为销售额的账务处理。金融商品实际转让月末，如产生转让收益，则按应纳税额借记"投资收益"等科目，贷记"应交税费——转让金融商品应交增值税"科目；如产生转让损失，则按可结转下月抵扣税额，借记"应交税费——转让金融商品应交增值税"科目，贷记"投资收益"等科目。交纳增值税时，应借记"应交税费——转让金融商品应交增值税"科目，贷记"银行存款"科目。年末，本科目如有借方余额，则借记"投资收益"等科目，贷记"应交税费——转让金融商品应交增值税"科目。

（四）出口退税的账务处理。

为核算纳税人出口货物应收取的出口退税款，设置

"应收出口退税款"科目,该科目借方反映销售出口货物按规定向税务机关申报应退回的增值税、消费税等,贷方反映实际收到的出口货物应退回的增值税、消费税等。期末借方余额,反映尚未收到的应退税额。

1. 未实行"免、抵、退"办法的一般纳税人出口货物按规定退税的,按规定计算的应收出口退税额,借记"应收出口退税款"科目,贷记"应交税费——应交增值税(出口退税)"科目,收到出口退税时,借记"银行存款"科目,贷记"应收出口退税款"科目;退税额低于购进时取得的增值税专用发票上的增值税额的差额,借记"主营业务成本"科目,贷记"应交税费——应交增值税(进项税额转出)"科目。

2. 实行"免、抵、退"办法的一般纳税人出口货物,在货物出口销售后结转产品销售成本时,按规定计算的退税额低于购进时取得的增值税专用发票上的增值税额的差额,借记"主营业务成本"科目,贷记"应交税费——应交增值税(进项税额转出)"科目;按规定计算的当期出口货物的进项税抵减内销产品的应纳税额,借记"应交税费——应交增值税(出口抵减内销产品应纳税额)"科目,贷记"应交税费——应交增值税(出口退税)"科目。在规定期限内,内销产品的应纳税额不足以抵减出口货物的进项税额,不足部分按有关税法规定给予退税的,应在实际收到退税款时,借记"银行存款"科目,贷记"应交税费——应交增值税(出口退税)"科目。

(五)进项税额抵扣情况发生改变的账务处理。

因发生非正常损失或改变用途等,原已计入进项税额、待抵扣进项税额或待认证进项税额,但按现行增值税制度规定不得从销项税额中抵扣的,借记"待处理财产损溢"、"应付职工薪酬"、"固定资产"、"无形资产"等科目,贷记"应交税费——应交增值税(进项税额转出)"、"应交税费——待抵扣进项税额"或"应交税费——待认证进项税额"科目;原不得抵扣且未抵扣进项税额的固定资产、无形资产等,因改变用途等用于允许抵扣进项税额的应税项目的,应按允许抵扣的进项税额,借记"应交税费——应交增值税(进项税额)"科目,贷记"固定资产"、"无形资产"等科目。固定资产、无形资产等经上述调整后,应按调整后的账面价值在剩余尚可使用寿命内计提折旧或摊销。

一般纳税人购进时已全额计提进项税额的货物或服务等转用于不动产在建工程的,对于结转以后期间的进项税额,应借记"应交税费——待抵扣进项税额"科目,贷记"应交税费——应交增值税(进项税额转出)"科目。

(六)月末转出多交增值税和未交增值税的账务处理。

月度终了,企业应当将当月应交未交或多交的增值税自"应交增值税"明细科目转入"未交增值税"明细科目。对于当月应交未交的增值税,借记"应交税费——应交增值税(转出未交增值税)"科目,贷记"应交税费——未交增值税"科目;对于当月多交的增值税,借记"应交税费——未交增值税"科目,贷记"应交税费——应交增值税(转出多交增值税)"科目。

(七)交纳增值税的账务处理。

1. 交纳当月应交增值税的账务处理。企业交纳当月应交的增值税,借记"应交税费——应交增值税(已交税金)"科目(小规模纳税人应借记"应交税费——应交增值税"科目),贷记"银行存款"科目。

2. 交纳以前期间未交增值税的账务处理。企业交纳以前期间未交的增值税,借记"应交税费——未交增值税"科目,贷记"银行存款"科目。

3. 预缴增值税的账务处理。企业预缴增值税时,借记"应交税费——预交增值税"科目,贷记"银行存款"科目。月末,企业应将"预交增值税"明细科目余额转入"未交增值税"明细科目,借记"应交税费——未交增值税"科目,贷记"应交税费——预交增值税"科目。房地产开发企业等在预缴增值税后,应直至纳税义务发生时方可从"应交税费——预交增值税"科目结转至"应交税费——未交增值税"科目。

4. 减免增值税的账务处理。对于当期直接减免的增值税,借记"应交税费——应交增值税(减免税款)"科目,贷记损益类相关科目。

(八)增值税期末留抵税额的账务处理。

纳入营改增试点当月月初,原增值税一般纳税人应按不得从销售服务、无形资产或不动产的销项税额中抵扣的增值税留抵税额,借记"应交税费——增值税留抵税额"科目,贷记"应交税费——应交增值税(进项税额转出)"科目。待以后期间允许抵扣时,按允许抵扣的金额,借记"应交税费——应交增值税(进项税额)"科目,贷记"应交税费——增值税留抵税额"科目。

(九)增值税税控系统专用设备和技术维护费用抵减增值税额的账务处理。

按现行增值税制度规定,企业初次购买增值税税控系统专用设备支付的费用以及缴纳的技术维护费允许在增值税应纳税额中全额抵减的,按规定抵减的增值税应纳税额,借记"应交税费——应交增值税(减免税款)"科目(小规模纳税人应借记"应交税费——应交增值税"科目),贷记"管理费用"等科目。

(十)关于小微企业免征增值税的会计处理规定。

小微企业在取得销售收入时,应当按照税法的规定计算应交增值税,并确认为应交税费,在达到增值税制度规定的免征增值税条件时,将有关应交增值税转入当期损益。

三、财务报表相关项目列示

"应交税费"科目下的"应交增值税"、"未交增值税"、"待抵扣进项税额"、"待认证进项税额"、"增值税留抵税额"等明细科目期末借方余额应根据情况,在资产负债表中的"其他流动资产"或"其他非流动资产"项目列示;"应交税费——待转销项税额"等科目期末贷方余额应根据情况,在资产负债表中的"其他流动负债"或"其他非流动负债"项目列示;"应交税费"科目下的"未交增值税"、"简易计税"、"转让金融商品应交增值税"、"代扣代交增值税"等科目期末贷方余额应在资产负债表中的"应交税费"项目列示。

四、附则

本规定自发布之日起施行,国家统一的会计制度中相关规定与本规定不一致的,应按本规定执行。2016年5月1日至本规定施行之间发生的交易由于本规定而影响资产、负债等金额的,应按本规定调整。《营业税改征增值税试点有关企业会计处理规定》(财会〔2012〕13号)及《关于小微企业免征增值税和营业税的会计处理规定》(财会〔2013〕24号)等原有关增值税会计处理的规定同时废止。

会计人员管理办法

- 2018年12月6日
- 财会〔2018〕33号

第一条 为加强会计人员管理,规范会计人员行为,根据《中华人民共和国会计法》及相关法律法规的规定,制定本办法。

第二条 会计人员,是指根据《中华人民共和国会计法》的规定,在国家机关、社会团体、企业、事业单位和其他组织(以下统称单位)中从事会计核算、实行会计监督等会计工作的人员。

会计人员包括从事下列具体会计工作的人员:

(一)出纳;
(二)稽核;
(三)资产、负债和所有者权益(净资产)的核算;
(四)收入、费用(支出)的核算;
(五)财务成果(政府预算执行结果)的核算;
(六)财务会计报告(决算报告)编制;
(七)会计监督;
(八)会计机构内会计档案管理;
(九)其他会计工作。

担任单位会计机构负责人(会计主管人员)、总会计师的人员,属于会计人员。

第三条 会计人员从事会计工作,应当符合下列要求:

(一)遵守《中华人民共和国会计法》和国家统一的会计制度等法律法规;
(二)具备良好的职业道德;
(三)按照国家有关规定参加继续教育;
(四)具备从事会计工作所需要的专业能力。

第四条 会计人员具有会计类专业知识,基本掌握会计基础知识和业务技能,能够独立处理基本会计业务,表明具备从事会计工作所需要的专业能力。

单位应当根据国家有关法律法规和本办法有关规定,判断会计人员是否具备从事会计工作所需要的专业能力。

第五条 单位应当根据《中华人民共和国会计法》等法律法规和本办法有关规定,结合会计工作需要,自主任用(聘用)会计人员。

单位任用(聘用)的会计机构负责人(会计主管人员)、总会计师,应当符合《中华人民共和国会计法》《总会计师条例》等法律法规和本办法有关规定。

单位应当对任用(聘用)的会计人员及其从业行为加强监督和管理。

第六条 因发生与会计职务有关的违法行为被依法追究刑事责任的人员,单位不得任用(聘用)其从事会计工作。

因违反《中华人民共和国会计法》有关规定受到行政处罚五年内不得从事会计工作的人员,处罚期届满前,单位不得任用(聘用)其从事会计工作。

本条第一款和第二款规定的违法人员行业禁入期限,自其违法行为被认定之日起计算。

第七条 单位应当根据有关法律法规、内部控制制度要求和会计业务需要设置会计岗位,明确会计人员职责权限。

第八条 县级以上地方人民政府财政部门、新疆生产建设兵团财政局、中央军委后勤保障部、中共中央直属机关事务管理局、国家机关事务管理局应当采用随机抽取检查对象、随机选派执法检查人员的方式,依法对单位任用(聘用)会计人员及其从业情况进行管理和监督检查,并将监督检查情况及结果及时向社会公开。

第九条 依法成立的会计人员自律组织,应当依据有关法律法规和其章程规定,指导督促会员依法从事会计工作,对违反有关法律法规、会计职业道德和其章程的会员进行惩戒。

第十条 各省、自治区、直辖市、计划单列市财政厅(局),新疆生产建设兵团财政局,中央军委后勤保障部、中共中央直属机关事务管理局、国家机关事务管理局可以根据本办法制定具体实施办法,报财政部备案。

第十一条 本办法自2019年1月1日起施行。

注册会计师注册办法

· 2005年1月22日财政部令第25号公布
· 根据2017年12月4日《财政部关于修改〈注册会计师注册办法〉等6部规章的决定》第一次修订
· 根据2019年3月15日《财政部关于修改〈注册会计师注册办法〉的决定》第二次修订

第一条 为了规范注册会计师注册工作,根据《中华人民共和国注册会计师法》及相关法律,制定本办法。

第二条 申请注册成为注册会计师适用本办法。

第三条 省、自治区、直辖市注册会计师协会(以下简称"省级注册会计师协会")负责本地区注册会计师的注册及相关管理工作。中国注册会计师协会对省级注册会计师协会的注册管理工作进行指导。

注册会计师依法执行业务,应当取得财政部统一制定的中华人民共和国注册会计师证书(以下简称"注册会计师证书")。

第四条 具备下列条件之一,并在中国境内从事审计业务工作2年以上者,可以向省级注册会计师协会申请注册:
(一)参加注册会计师全国统一考试成绩合格;
(二)经依法认定或者考核具有注册会计师资格。

第五条 申请人有下列情形之一的,不予注册:
(一)不具有完全民事行为能力的;
(二)因受刑事处罚,自刑罚执行完毕之日起至申请注册之日止不满5年的;
(三)因在财务、会计、审计、企业管理或者其他经济管理工作中犯有严重错误受行政处罚、撤职以上处分,自处罚、处分决定生效之日起至申请注册之日止不满2年的;
(四)受吊销注册会计师证书的处罚,自处罚决定生效之日起至申请注册之日止不满5年的;
(五)因以欺骗、贿赂等不正当手段取得注册会计师证书而被撤销注册,自撤销注册决定生效之日起至申请注册之日止不满3年的;
(六)不在会计师事务所专职执业的;
(七)年龄超过70周岁的。

第六条 申请人申请注册,应当通过其所在的会计师事务所,向会计师事务所所在地的省级注册会计师协会提交注册会计师注册申请表(附表1):
(一)申请人基本情况;
(二)申请人出具的符合注册条件的承诺;
(三)申请人所在会计师事务所出具的申请人在该会计师事务所专职从业的承诺。

申请人为香港、澳门特别行政区和台湾地区居民的,应当提交港澳台居民居住证信息或者港澳台居民出入境证件信息。

申请人为外国人的,应当同时提交护照和签证信息以及《外国人工作许可证》信息。

经依法认定或者考核具有注册会计师资格的,应当提交相关文件和符合认定或者考核条件的相关材料。

第七条 申请人和所在的会计师事务所应当分别对申请材料内容的真实性负责。

第八条 省级注册会计师协会应当在受理申请的办公场所将申请注册应当提交的材料目录及要求、准予注册的程序及期限,以及不予注册的情形予以公示。

第九条 省级注册会计师协会收到申请人提交的申请材料后,应当对其进行形式审查。

申请材料不齐全或者不符合法定形式的,应当当场或者在5个工作日内一次告知需要补正的材料及内容。

申请材料齐全、符合法定形式的,应当受理其注册申请。

第十条 省级注册会计师协会受理或者不予受理注册申请,应当向申请人出具加盖本单位专用印章和注明日期的书面凭证。

第十一条 省级注册会计师协会应当对申请材料的内容进行审查,并自受理注册申请之日起20个工作日内作出准予或者不予注册的决定。20个工作日内不能作出决定的,经省级注册会计师协会负责人批准,可以延长10个工作日,并应当将延长期限的理由告知申请人。

第十二条 省级注册会计师协会作出准予注册决定

的，应当自作出决定之日起 10 个工作日内向申请人颁发注册会计师证书。

省级注册会计师协会应当自作出准予注册决定之日起 20 个工作日内，将准予注册的决定和注册会计师注册备案表（附表 2）报送财政部、中国注册会计师协会备案，抄报所在地的省、自治区、直辖市人民政府财政部门（以下简称"省级财政部门"）并将准予注册人员的名单在全国性报刊或者相关网站上予以公告。

第十三条 省级注册会计师协会作出不予注册决定的，应当自作出决定之日起 15 个工作日内书面通知申请人。书面通知中应当说明不予注册的理由，并告知申请人享有依法申请行政复议或者提起行政诉讼的权利。

第十四条 财政部依法对省级注册会计师协会的注册工作进行检查，发现注册不符合本办法规定的，应当通知省级注册会计师协会撤销注册。

第十五条 中国注册会计师协会和省级注册会计师协会应当对注册会计师的任职资格和执业情况进行监督检查，必要时可以进行实地检查。

第十六条 注册会计师有下列情形之一的，由所在地的省级注册会计师协会撤销注册，收回注册会计师证书：

（一）完全丧失民事行为能力的；
（二）受刑事处罚的；
（三）自行停止执行注册会计师业务满 1 年的；
（四）以欺骗、贿赂等不正当手段取得注册会计师证书的。

对因前款第（四）项被撤销注册、收回注册会计师证书的人员，由省级财政部门给予警告，并向社会公告。

第十七条 申请人及其所在会计师事务所出具虚假申请材料的，由省级财政部门对申请人、会计师事务所首席合伙人（主任会计师）给予警告，并向社会公告。

第十八条 省级注册会计师协会工作人员滥用职权、玩忽职守准予注册的，或者对不具备申请资格或不符合法定条件的申请人准予注册的，由省级注册会计师协会撤销注册，收回注册会计师证书。

第十九条 被撤销注册的人员可以重新申请注册，但必须符合本办法第四条规定条件，并且没有本办法第五条规定所列情形。

第二十条 注册会计师有下列情形之一的，由所在地的省级注册会计师协会注销注册：

（一）依法被撤销注册，或者吊销注册会计师证书的；
（二）不在会计师事务所专职执业的。

第二十一条 省级注册会计师协会应当将注销的决定抄报财政部和所在地的省级财政部门、中国注册会计师协会，并自作出决定之日起 10 个工作日内将注销注册人员的名单在全国性报刊或者相关网站上予以公告。

第二十二条 注册会计师违反《中华人民共和国注册会计师法》第二十条、第二十一条规定，由财政部或者所在地的省级财政部门给予警告；情节严重的，可以由财政部或者所在地的省级财政部门暂停其执行业务或者吊销注册会计师证书。

财政部和省级财政部门应当按照《中华人民共和国行政处罚法》及有关规定实施行政处罚，并将行政处罚决定抄送中国注册会计师协会和注册会计师所在地的省级注册会计师协会。

第二十三条 受到行政处罚，或者被撤销注册或注销注册的当事人有异议的，可以依法申请行政复议或者提起行政诉讼。

第二十四条 各省级注册会计师协会及其工作人员在开展注册会计师注册工作中，存在违反本办法规定的行为，以及其他滥用职权、玩忽职守、徇私舞弊等违法违纪行为的，依照《中华人民共和国注册会计师法》《中华人民共和国行政许可法》《中华人民共和国监察法》《财政违法行为处罚处分条例》等国家有关规定追究相应责任；涉嫌犯罪的，依法移送司法机关处理。

第二十五条 香港、澳门特别行政区和台湾地区居民以及按照互惠原则确认的外国人申请注册，依照本办法办理。

第二十六条 本办法自 2005 年 3 月 1 日起施行。

自本办法施行之日起，《注册会计师注册审批暂行办法》〔(93)财会协字第 122 号〕、《外籍中国注册会计师注册审批暂行办法》（财协字〔1998〕9 号）、《〈外籍中国注册会计师注册审批暂行办法〉的补充规定》（财会〔2003〕34 号）同时废止。

附：1. 注册会计师注册申请表（略）
2. 注册会计师注册备案表（略）

会计师事务所执业许可和监督管理办法

·2017 年 8 月 20 日财政部令第 89 号公布
·根据 2019 年 1 月 2 日《财政部关于修改〈会计师事务所执业许可和监督管理办法〉等 2 部部门规章的决定》修改

第一章 总 则

第一条 为规范会计师事务所及其分所执业许可，加强对会计师事务所的监督管理，促进注册会计师行业健康发展,根据《中华人民共和国注册会计师法》(以下简称《注册会计师法》)、《中华人民共和国合伙企业法》、《中华人民共和国公司法》等法律、行政法规,制定本办法。

第二条 财政部和省、自治区、直辖市人民政府财政部门(以下简称省级财政部门)对会计师事务所和注册会计师进行管理、监督和指导,适用本办法。

第三条 省级财政部门应当遵循公开、公平、公正、便民、高效的原则,依法办理本地区会计师事务所执业许可工作,并对本地区会计师事务所进行监督管理。

财政部和省级财政部门应当加强对会计师事务所和注册会计师的政策指导,营造公平的会计市场环境,引导和鼓励会计师事务所不断完善内部治理,实现有序发展。

省级财政部门应当推进网上政务,便利会计师事务所执业许可申请和变更备案。

第四条 会计师事务所、注册会计师应当遵守法律、行政法规,恪守职业道德,遵循执业准则、规则。

第五条 会计师事务所、注册会计师依法独立、客观、公正执业,受法律保护,任何单位和个人不得违法干预。

第六条 会计师事务所可以采用普通合伙、特殊普通合伙或者有限责任公司形式。

会计师事务所从事证券服务业务和经法律、行政法规规定的关系公众利益的其他特定业务,应当采用普通合伙或者特殊普通合伙形式,接受财政部的监督。

第二章 会计师事务所执业许可的取得

第七条 会计师事务所应当自领取营业执照之日起60日内,向所在地的省级财政部门申请执业许可。

未取得会计师事务所执业许可的,不得以会计师事务所的名义开展业务活动,不得从事《注册会计师法》第十四条规定的业务(以下简称注册会计师法定业务)。

第八条 普通合伙会计师事务所申请执业许可,应当具备下列条件:

(一)2名以上合伙人,且合伙人均符合本办法第十一条规定条件;

(二)书面合伙协议;

(三)有经营场所。

第九条 特殊普通合伙会计师事务所申请执业许可,应当具备下列条件:

(一)15名以上由注册会计师担任的合伙人,且合伙人均符合本办法第十一条、第十二条规定条件;

(二)60名以上注册会计师;

(三)书面合伙协议;

(四)有经营场所;

(五)法律、行政法规或者财政部依授权规定的其他条件。

第十条 有限责任会计师事务所申请执业许可,应当具备下列条件:

(一)5名以上股东,且股东均符合本办法第十一条规定条件;

(二)不少于人民币30万元的注册资本;

(三)股东共同制定的公司章程;

(四)有经营场所。

第十一条 除本办法第十二条规定外,会计师事务所的合伙人(股东),应当具备下列条件:

(一)具有注册会计师执业资格;

(二)成为合伙人(股东)前3年内没有因为执业行为受到行政处罚;

(三)最近连续3年在会计师事务所从事审计业务且在会计师事务所从事审计业务时间累计不少于10年或者取得注册会计师执业资格后最近连续5年在会计师事务所从事审计业务;

(四)成为合伙人(股东)前3年内没有因欺骗、贿赂等不正当手段申请会计师事务所执业许可而被省级财政部门作出不予受理、不予批准或者撤销会计师事务所执业许可的决定;

(五)在境内有稳定住所,每年在境内居留不少于6个月,且最近连续居留已满5年。

因受行政处罚、刑事处罚被吊销、撤销注册会计师执业资格的,其被吊销、撤销执业资格之前在会计师事务所从事审计业务的年限,不得计入本条第一款第三项规定的累计年限。

第十二条 不符合本办法第十一条第一款第一项和第三项规定的条件,但具有相关职业资格的人员,经合伙协议约定,可以担任特殊普通合伙会计师事务所履行内部特定管理职责或者从事咨询业务的合伙人,但不得担任首席合伙人和执行合伙事务的合伙人,不得以任何形式对该会计师事务所实施控制。具体办法另行制定。

第十三条 普通合伙会计师事务所和特殊普通合伙会计师事务所应当设立首席合伙人,由执行合伙事务的合伙人担任。

有限责任会计师事务所应当设立主任会计师,由法定代表人担任,法定代表人应当是有限责任会计师事务所的股东。

首席合伙人（主任会计师）应当符合下列条件：

（一）在境内有稳定住所，每年在境内居留不少于6个月，且最近连续居留已满10年；

（二）具有代表会计师事务所履行合伙协议或者公司章程授予的管理职权的能力和经验。

第十四条 会计师事务所应当加强执业质量控制，建立健全合伙人（股东）、签字注册会计师和其他从业人员在执业质量控制中的权责体系。

首席合伙人（主任会计师）对会计师事务所的执业质量负主体责任。审计业务主管合伙人（股东）、质量控制主管合伙人（股东）对会计师事务所的审计业务质量负直接主管责任。审计业务项目合伙人（股东）对组织承办的具体业务项目的审计质量负直接责任。

第十五条 注册会计师担任会计师事务所的合伙人（股东），涉及执业关系转移的，该注册会计师应当先在省、自治区、直辖市注册会计师协会（以下简称省级注册会计师协会）办理从原会计师事务所转出的手续。若为原会计师事务所合伙人（股东）的，还应当按照有关法律、行政法规，以及合伙协议或者公司章程的规定，先办理退伙或者股权转让手续。

第十六条 会计师事务所的名称应当符合国家有关规定。未经同意，会计师事务所不得使用包含其他已取得执业许可的会计师事务所字号的名称。

第十七条 申请会计师事务所执业许可，应当向其所在地的省级财政部门提交下列材料：

（一）会计师事务所执业许可申请表；

（二）会计师事务所合伙人（股东）执业经历等符合规定条件的材料；

（三）拟在该会计师事务所执业的注册会计师情况汇总表；

（四）统一社会信用代码。

合伙人（股东）是境外人员或移居境外人员的，还应当提交符合本办法第十一条第一款第五项、第十三条第三款第一项条件的材料及承诺函。

因合并或者分立新设会计师事务所的，申请时还应当提交合并协议或者分立协议。

申请人应当对申请材料内容的真实性、准确性、完整性负责。

第十八条 省级财政部门应当对申请人提交的申请材料进行审查。对申请材料不齐全或者不符合法定形式的，应当当场或者在接到申请材料后5日内一次性告知申请人需要补正的全部内容。对申请材料齐全、符合法定形式，或者申请人按照要求提交全部补正申请材料的，应当受理。受理申请或者不予受理申请，应当向申请人出具加盖本行政机关专用印章和注明日期的书面凭证。

省级财政部门受理申请的，应当将申请材料中有关会计师事务所名称以及合伙人（股东）执业资格及执业时间等情况在5日内予以公示。

第十九条 省级财政部门应当通过财政会计行业管理系统对申请人有关信息进行核对，并自受理申请之日起30日内作出准予或者不予会计师事务所执业许可的决定。

第二十条 省级财政部门作出准予会计师事务所执业许可决定的，应当自作出准予决定之日起10日内向申请人出具准予行政许可的书面决定、颁发会计师事务所执业证书，并予以公告。准予许可决定应当载明下列事项：

（一）会计师事务所的名称和组织形式；

（二）会计师事务所合伙人（股东）的姓名；

（三）会计师事务所首席合伙人（主任会计师）的姓名；

（四）会计师事务所的业务范围。

第二十一条 省级财政部门作出准予会计师事务所执业许可决定的，应当自作出准予决定之日起30日内将准予许可决定报财政部备案。

财政部发现准予许可不当的，应当自收到准予许可决定之日起30日内通知省级财政部门重新审查。

省级财政部门重新审查后发现申请人不符合本办法规定的申请执业许可的条件的，应当撤销执业许可，并予以公告。

第二十二条 省级财政部门作出不予会计师事务所执业许可决定的，应当自作出决定之日起10日内向申请人出具书面决定，并通知工商行政管理部门。

书面决定应当说明不予许可的理由，并告知申请人享有依法申请行政复议或者提起行政诉讼的权利。

会计师事务所执业许可申请未予准许，企业主体继续存续的，不得从事注册会计师法定业务，企业名称中不得继续使用"会计师事务所"字样，申请人应当自收到不予许可决定之日起20日内办理工商变更登记。

第二十三条 会计师事务所的合伙人（股东）应当自会计师事务所取得执业证书之日起30日内办理完成转入该会计师事务所的手续。

注册会计师在未办理完成转入手续以前，不得在拟转入的会计师事务所执业。

第二十四条　会计师事务所应当完善职业风险防范机制,建立职业风险基金,办理职业责任保险。具体办法由财政部另行制定。

特殊普通合伙会计师事务所的合伙人按照《合伙企业法》等法律法规的规定及合伙协议的约定,对会计师事务所的债务承担相应责任。

第三章　会计师事务所分所执业许可的取得

第二十五条　会计师事务所设立分支机构应当依照本办法规定申请分所执业许可。

第二十六条　会计师事务所分所的名称应当采用"会计师事务所名称+分支机构所在行政区划名+分所"的形式。

第二十七条　会计师事务所应当在人事、财务、业务、技术标准、信息管理等方面对其设立的分所进行实质性的统一管理,并对分所的业务活动、执业质量和债务承担法律责任。

第二十八条　会计师事务所申请分所执业许可,应当自领取分所营业执照之日起60日内,向分所所在地的省级财政部门提出申请。

第二十九条　申请分所执业许可的会计师事务所,应当具备下列条件:

(一)取得会计师事务所执业许可3年以上,内部管理制度健全;

(二)不少于50名注册会计师(已到和拟到分所执业的注册会计师除外);

(三)申请设立分所前3年内没有因为执业行为受到行政处罚。

跨省级行政区划申请分所执业许可的,会计师事务所上一年度业务收入应当达到2000万元以上。

因合并或者分立新设的会计师事务所申请分所执业许可的,其取得会计师事务所执业许可的期限,可以从合并或者分立前会计师事务所取得执业许可的时间算起。

第三十条　会计师事务所申请分所执业许可,该分所应当具备下列条件:

(一)分所负责人为会计师事务所的合伙人(股东),并具有注册会计师执业资格;

(二)不少于5名注册会计师,且注册会计师的执业关系应当转入分所所在地省级注册会计师协会;由总所人员兼任分所负责人的,其执业关系可以不作变动,但不计入本项规定的5名注册会计师;

(三)有经营场所。

第三十一条　会计师事务所申请分所执业许可,应当向分所所在地的省级财政部门提交下列材料:

(一)分所执业许可申请表;

(二)会计师事务所合伙人会议或者股东会作出的设立分所的书面决议;

(三)注册会计师情况汇总表(会计师事务所和申请执业许可的分所分别填写);

(四)分所统一社会信用代码;

(五)会计师事务所对该分所进行实质性统一管理的承诺书,该承诺书由首席合伙人(主任会计师)签署,并加盖会计师事务所公章。

跨省级行政区划申请分所执业许可的,还应当提交上一年度会计师事务所业务收入情况。

第三十二条　省级财政部门审批分所执业许可的程序比照本办法第十八条至第二十二条第二款的规定办理。

会计师事务所跨省级行政区划设立分所的,准予分所执业许可的省级财政部门还应当将准予许可决定抄送会计师事务所所在地的省级财政部门。

省级财政部门作出不予分所执业许可决定的,会计师事务所应当自收到不予许可决定之日起20日内办理该分所的工商注销手续。

第四章　会计师事务所及其分所的变更备案和执业许可的注销

第三十三条　会计师事务所下列事项发生变更的,应当自作出决议之日起20日内向所在地的省级财政部门备案;涉及工商变更登记的,应当自办理完工商变更登记之日起20日内向所在地的省级财政部门备案:

(一)会计师事务所的名称;

(二)首席合伙人(主任会计师);

(三)合伙人(股东);

(四)经营场所;

(五)有限责任会计师事务所的注册资本。

分所的名称、负责人或者经营场所发生变更的,该会计师事务所应当同时向会计师事务所和分所所在地的省级财政部门备案。

第三十四条　会计师事务所及其分所变更备案的,应当提交变更事项情况表,以及变更事项符合事务所和分所执业许可条件的材料。

第三十五条　会计师事务所及其分所变更名称的,应当同时向会计师事务所和分所所在地的省级财政部门交回原会计师事务所执业证书或者分所执业证书,换取新的会计师事务所执业证书或者分所执业证书。

省级财政部门应当将会计师事务所及其分所的名称变更情况予以公告。

第三十六条 会计师事务所跨省级行政区划迁移经营场所的，应当在办理完迁入地工商登记手续后10日内向迁入地省级财政部门备案，并提交会计师事务所跨省级行政区划迁移表和合伙人（股东）情况汇总表。

迁入地省级财政部门应当在收到备案材料后10日内，及时核实该会计师事务所有关情况，收回原会计师事务所执业证书，换发新的会计师事务所执业证书，并予以公告，同时通知迁出地省级财政部门。

迁出地省级财政部门收到通知后，将该会计师事务所迁移情况予以公告。

第三十七条 迁入地省级财政部门应当对迁入的会计师事务所持续符合执业许可条件的情况予以审查。未持续符合执业许可条件的，责令其在60日内整改，未在规定期限内整改或者整改期满仍未达到执业许可条件的，由迁入地省级财政部门撤销执业许可，并予以公告。

第三十八条 跨省级行政区划迁移经营场所的会计师事务所设有分所的，会计师事务所应当在取得迁入地省级财政部门换发的执业证书后15日内向其分所所在地的省级财政部门备案，并提交新的执业证书信息。分所所在地省级财政部门应当收回原分所执业证书，换发新的分所执业证书。

第三十九条 会计师事务所未在规定时间内办理迁出和迁入备案手续的，由迁出地省级财政部门自发现之日起15日内公告该会计师事务所执业许可失效。

第四十条 省级财政部门应当在受理申请的办公场所将会计师事务所、会计师事务所分所申请执业许可的条件、变更、注销等应当提交的材料目录及要求、批准的程序及期限予以公示。

第四十一条 会计师事务所发生下列情形之一的，省级财政部门应当办理会计师事务所执业许可注销手续，收回会计师事务所执业许可证书：

（一）会计师事务所依法终止的；

（二）会计师事务所执业许可被依法撤销、撤回或者执业许可证书依法被吊销的；

（三）法律、行政法规规定的应当注销执业许可的其他情形。

会计师事务所分所执业许可注销的，比照本条第一款规定办理。

会计师事务所或者分所依法终止的，应当自办理工商注销手续之日起10日内，告知所在地的省级财政部门。

第四十二条 会计师事务所执业许可被依法注销，企业主体继续存续的，不得从事注册会计师法定业务，企业名称中不得继续使用"会计师事务所"字样，并应当自执业许可被注销之日起10日内，办理工商变更登记。

分所执业许可被依法注销的，应当自注销之日起20日内办理工商注销手续。

第四十三条 省级财政部门应当将注销会计师事务所或者分所执业许可的有关情况予以公告，并通知工商行政管理部门。

第四十四条 会计师事务所及其分所在接受财政部或省级财政部门（以下简称省级以上财政部门）检查、整改及整改情况核查期间，不得办理以下手续：

（一）首席合伙人（主任会计师）、审计业务主管合伙人（股东）、质量控制主管合伙人（股东）和相关签字注册会计师的离职、退伙（转股）或者转所；

（二）跨省级行政区划迁移经营场所。

第五章 监督检查

第四十五条 省级以上财政部门依法对下列事项实施监督检查：

（一）会计师事务所及其分所持续符合执业许可条件的情况；

（二）会计师事务所备案事项的报备情况；

（三）会计师事务所和注册会计师的执业情况；

（四）会计师事务所的风险管理和执业质量控制制度建立与执行情况；

（五）会计师事务所对分所实施实质性统一管理的情况；

（六）法律、行政法规规定的其他监督检查事项。

第四十六条 省级以上财政部门依法对会计师事务所实施全面或者专项监督检查。

省级以上财政部门对会计师事务所进行监督检查时，可以依法对被审计单位进行延伸检查或者调查。财政部门开展其他检查工作时，发现被检查单位存在违规行为而会计师事务所涉嫌出具不实审计报告及其他鉴证报告的，可以由省级以上财政部门延伸检查相关会计师事务所。

省级以上财政部门在开展检查过程中，可以根据工作需要，聘用一定数量的专业人员协助检查。

第四十七条 在实施监督检查过程中，检查人员应当严格遵守财政检查工作的有关规定。

第四十八条 财政部应当加强对省级财政部门监督、指导会计师事务所和注册会计师工作的监督检查。

省级财政部门应当按照财政部要求建立信息报告制度,将会计师事务所和注册会计师发生的重大违法违规案件及时上报财政部。

第四十九条 省级以上财政部门在开展会计师事务所监督检查时,要采取随机抽取检查对象、随机选派执法检查人员并及时公开抽查情况和查处结果。

省级以上财政部门结合会计师事务所业务分布、质量控制和内部管理等情况,分类确定对会计师事务所实施监督检查的频次和方式,建立定期轮查制度和随机抽查制度。

第五十条 省级以上财政部门应当将发生以下情形的会计师事务所列为重点检查对象,实施严格监管:

(一)审计收费明显低于成本的;

(二)会计师事务所对分所实施实质性统一管理薄弱的;

(三)以向委托人或者被审计单位有关人员、中间人支付回扣、协作费、劳务费、信息费、咨询费等不正当方式承揽业务的;

(四)有不良执业记录的;

(五)被实名投诉或者举报的;

(六)业务报告数量明显超出服务能力的;

(七)被非注册会计师实际控制的;

(八)需要实施严格监管的其他情形。

第五十一条 会计师事务所应当在出具审计报告及其他鉴证报告后30日内,通过财政会计行业管理系统报备签字注册会计师、审计意见、审计收费等基本信息。

会计师事务所应当在出具审计报告后60日内,通过财政会计行业管理系统报备其出具的年度财务报表审计报告,省级财政部门不得自行增加报备信息,不得要求会计师事务所报送纸质材料,并与注册会计师协会等实行信息共享。

第五十二条 省级以上财政部门可以对会计师事务所依法进行实地检查,或者将有关材料调到本机关或者检查人员办公地点进行核查。

调阅的有关材料应当在检查工作结束后1个月内送还并保持完整。

第五十三条 省级以上财政部门在实施监督检查过程中,有权要求会计师事务所和注册会计师说明有关情况,调阅会计师事务所工作底稿及相关资料,向相关单位和人员调查、询问、取证和核实有关情况。

第五十四条 会计师事务所和注册会计师应当接受省级以上财政部门依法实施的监督检查,如实提供中文工作底稿及相关资料,不得拒绝、延误、阻挠、逃避检查,不得谎报、隐匿、销毁相关证据材料。

会计师事务所或者注册会计师有明显转移、隐匿有关证据材料迹象的,省级以上财政部门可以对证据材料先行登记保存。

第五十五条 对会计师事务所和注册会计师的违法违规行为,省级以上财政部门依法作出行政处罚决定的,应当自作出处罚决定之日起10日内将相关信息录入财政会计行业管理系统,并及时予以公告。

第五十六条 会计师事务所应当于每年5月31日之前,按照财政部要求通过财政会计行业管理系统向所在地的省级财政部门报备下列信息:

(一)持续符合执业许可条件的相关信息;

(二)上一年度经营情况;

(三)内部治理及会计师事务所对分所实施实质性统一管理情况;

(四)会计师事务所由于执行业务涉及法律诉讼情况。

会计师事务所与境外会计师事务所有成员所、联系所或者业务合作关系的,应当同时报送相关信息,说明上一年度与境外会计师事务所合作开展业务的情况。

会计师事务所在境外发展成员所、联系所或者设立分支机构的,应当同时报送相关信息。

会计师事务所跨省级行政区划设有分所的,应当同时将分所有关材料报送分所所在地的省级财政部门。

第五十七条 省级财政部门收到会计师事务所按照本办法第五十六条的规定报送的材料后,应当对会计师事务所及其分所持续符合执业许可条件等情况进行汇总,于6月30日之前报财政部,并将持续符合执业许可条件的会计师事务所及其分所名单及时予以公告。

第五十八条 会计师事务所未按照本办法第五十一条、第五十六条规定报备的,省级以上财政部门应当责令限期补交报备材料、约谈首席合伙人(主任会计师),并视补交报备材料和约谈情况组织核查。

第五十九条 会计师事务所及其分所未能持续符合执业许可条件的,会计师事务所应当在20日内向所在地的省级财政部门报告,并在报告日后60日内自行整改。

省级财政部门在日常管理、监督检查中发现会计师事务所及其分所未持续符合执业许可条件的,应当责令其60日内整改。

整改期满,会计师事务所及其分所仍未达到执业许可条件的,由所在地的省级财政部门撤销执业许可并予以公告。

第六十条 会计师事务所和注册会计师必须按照执业准则、规则的要求，在实施必要的审计程序后，以经过核实的审计证据为依据，形成审计意见，出具审计报告，不得有下列行为：

（一）在未履行必要的审计程序，未获取充分适当的审计证据的情况下出具审计报告；

（二）对同一委托单位的同一事项，依据相同的审计证据出具不同结论的审计报告；

（三）隐瞒审计中发现的问题，发表不恰当的审计意见；

（四）为被审计单位编造或者伪造事由，出具虚假或者不实的审计报告；

（五）未实施严格的逐级复核制度，未按规定编制和保存审计工作底稿；

（六）未保持形式上和实质上的独立；

（七）违反执业准则、规则的其他行为。

第六十一条 注册会计师不得有下列行为：

（一）在执行审计业务期间，在法律、行政法规规定不得买卖被审计单位的股票、债券或者不得购买被审计单位或者个人的其他财产的期限内，买卖被审计单位的股票、债券或者购买被审计单位或者个人所拥有的其他财产；

（二）索取、收受委托合同约定以外的酬金或者其他财物，或者利用执行业务之便，谋取其他不正当利益；

（三）接受委托催收债款；

（四）允许他人以本人名义执行业务；

（五）同时在两个或者两个以上的会计师事务所执行业务；

（六）同时为被审计单位编制财务会计报告；

（七）对其能力进行广告宣传以招揽业务；

（八）违反法律、行政法规的其他行为。

第六十二条 会计师事务所不得有下列行为：

（一）分支机构未取得执业许可；

（二）对分所未实施实质性统一管理；

（三）向省级以上财政部门提供虚假材料或者不及时报送相关材料；

（四）雇用正在其他会计师事务所执业的注册会计师，或者允许本所人员以他人名义执行业务，或者明知本所的注册会计师在其他会计师事务所执业而不予制止；

（五）允许注册会计师在本所挂名而不在本所执行业务，或者明知本所注册会计师在其他单位从事获取工资性收入的工作而不予制止；

（六）借用、冒用其他单位名义承办业务；

（七）允许其他单位或者个人以本所名义承办业务；

（八）采取强迫、欺诈、贿赂等不正当方式招揽业务，或者通过网络平台或者其他媒介售卖注册会计师业务报告；

（九）承办与自身规模、执业能力、风险承担能力不匹配的业务；

（十）违反法律、行政法规的其他行为。

第六章　法律责任

第六十三条 会计师事务所或者注册会计师违反法律法规及本办法规定的，由省级以上财政部门依法给予行政处罚。

违法情节轻微，没有造成危害后果的，省级以上财政部门可以采取责令限期整改、下达监管关注函、出具管理建议书、约谈、通报等方式进行处理。

第六十四条 会计师事务所采取隐瞒有关情况、提供虚假材料等手段拒绝提供申请执业许可情况的真实材料的，省级财政部门不予受理或者不予许可，并对会计师事务所和负有责任的相关人员给予警告。

会计师事务所采取欺骗、贿赂等不正当手段获得会计师事务所执业许可的，由省级财政部门予以撤销，并对负有责任的相关人员给予警告。

第六十五条 会计师事务所及其分所已办理完工商登记手续但未在规定时间内申请执业许可的，以及违反本办法第二十二条第三款、第三十二条第三款、第四十二条规定的，由省级财政部门责令限期改正，逾期不改正的，通知工商行政管理部门依法进行处理，并予以公告，对其执行合伙事务合伙人、法定代表人或者分所负责人给予警告，不予办理变更、转所手续。

第六十六条 会计师事务所有下列情形之一的，由省级以上财政部门责令限期改正，逾期不改正的可以按照本办法第六十三条第二款的规定进行处理：

（一）未按照本办法第二十三条规定办理转所手续的；

（二）分所名称不符合本办法第二十六条规定的；

（三）未按照本办法第三十三条至三十五条第一款规定办理有关变更事项备案手续的。

第六十七条 会计师事务所违反本办法第六十条第一项至第四项规定的，由省级以上财政部门给予警告，没收违法所得，可以并处违法所得1倍以上5倍以下的罚款；情节严重的，并可以由省级以上财政部门暂停其执业

1个月到1年或者吊销执业许可。

会计师事务所违反本办法第六十条第五项至第七项规定,情节轻微,没有造成危害后果的,按照本办法第六十三条第二款的规定进行处理;情节严重的,由省级以上财政部门给予警告,没收违法所得。

第六十八条 会计师事务所违反本办法第二十四条、第六十二条第二项至第十项规定的,由省级以上财政部门责令限期整改,未按规定期限整改的,对会计师事务所给予警告,有违法所得的,可以并处违法所得1倍以上3倍以下罚款,最高不超过3万元;没有违法所得的,可以并处1万元以下的罚款。对会计师事务所首席合伙人(主任会计师)等相关管理人员和直接责任人员可以给予警告,情节严重的,可以并处1万元以下罚款;涉嫌犯罪,移送司法机关,依法追究刑事责任。

第六十九条 会计师事务所违反本办法第四十四条、第五十四条规定的,由省级以上财政部门对会计师事务所给予警告,可以并处1万元以下的罚款;对会计师事务所首席合伙人(主任会计师)等相关管理人员和直接责任人员给予警告,可以并处1万元以下罚款。

第七十条 注册会计师违反本办法第六十条第一项至第四项规定的,由省级以上财政部门给予警告;情节严重的,可以由省级以上财政部门暂停其执行业务1个月至1年或者吊销注册会计师证书。

注册会计师违反本办法第六十条第五项至第七项规定的,情节轻微,没有造成危害后果的,按照本办法第六十三条第二款的规定进行处理;情节严重的,由省级以上财政部门给予警告。

第七十一条 注册会计师违反本办法第六十一条规定,情节轻微,没有造成危害后果的,按照本办法第六十三条第二款的规定进行处理;情节严重的,由省级以上财政部门给予警告,有违法所得的,可以并处违法所得1倍以上3倍以下的罚款,最高不超过3万元;没有违法所得的,可以并处1万元以下罚款。

第七十二条 法人或者其他组织未获得执业许可,或者被撤销、注销执业许可后继续承办注册会计师法定业务的,由省级以上财政部门责令其停止违法活动,没收违法所得,可以并处违法所得1倍以上5倍以下的罚款。

会计师事务所违反本办法第六条第二款规定的,适用前款规定处理。

第七十三条 会计师事务所或者注册会计师违反本办法的规定,故意出具虚假的审计报告、验资报告,涉嫌犯罪,移送司法机关,依法追究刑事责任。

第七十四条 省级以上财政部门在作出较大数额罚款、暂停执业、吊销注册会计师证书或者会计师事务所执业许可的决定之前,应当告知当事人有要求听证的权利;当事人要求听证的,应当按规定组织听证。

第七十五条 当事人对省级以上财政部门审批和监督行为不服的,可以依法申请行政复议或者提起行政诉讼。

第七十六条 省级以上财政部门的工作人员在实施审批和监督过程中,滥用职权、玩忽职守、徇私舞弊或者泄露国家秘密、商业秘密的,按照《公务员法》等国家有关规定追究相应责任;涉嫌犯罪的,移送司法机关,依法追究刑事责任。

第七章 附 则

第七十七条 本办法所称"注册会计师"是指中国注册会计师;所称"注册会计师执业资格"是指中国注册会计师执业资格。

本办法所称"以上"、"以下"均包括本数或者本级。本办法规定的期限以工作日计算,不含法定节假日。

第七十八条 具有注册会计师执业资格的境外人员可以依据本办法申请担任会计师事务所合伙人(股东)。

其他国家或者地区对具有该国家或者地区注册会计师执业资格的中国境内居民在当地设立会计师事务所、担任会计师事务所合伙人(股东)或者执业有特别规定的,我国可以采取对等管理措施。

第七十九条 本办法施行前已经取得的会计师事务所及其分所执业许可继续有效,发生变更事项的,其变更后的情况应当符合本办法的规定。

会计师事务所申请转制为普通合伙或者特殊普通合伙会计师事务所的,转制办法另行制定。

第八十条 注册会计师协会是由会计师事务所和注册会计师组成的社会团体,依照《注册会计师法》履行相关职责,接受财政部和省级财政部门的监督、指导。

第八十一条 本办法自2017年10月1日起施行。财政部2005年1月18日发布的《会计师事务所审批和监督暂行办法》(财政部令第24号)同时废止。

会计师事务所自查自纠报告管理办法

· 2022年1月17日
· 财会〔2022〕2号

第一条 为建立健全会计师事务所(以下简称事务所)自查自纠报告机制,压实事务所主体责任,促进事务所增强风险管控能力，提升内部治理水平和审计质量，根据《中华人民共和国注册会计师法》《国务院办公厅关于进一步规范财务审计秩序促进注册会计师行业健康发展的意见》（国办发〔2021〕30号）、《会计师事务所执业许可和监督管理办法》（财政部令第97号）等规定，制定本办法。

第二条 事务所开展自查自纠工作，财政部和省级（含深圳市、新疆生产建设兵团）财政部门（以下统称省级以上财政部门）对事务所自查自纠情况进行监督，适用本办法。

第三条 事务所应当建立年度自查自纠报告机制，做好自查自纠基础工作，系统梳理业务流程，全面排查风险点，建立健全风险管控措施。

第四条 事务所应当在自查自纠报告中，如实、完整、详细反映以下各方面存在的问题、整改措施和完成时间：

（一）事务所和注册会计师因执业行为被处理处罚；

（二）事务所和注册会计师的执业质量；

（三）事务所和注册会计师保持独立性；

（四）事务所职业风险防范；

（五）事务所信息安全管理；

（六）事务所认为应当报告的其他方面。

第五条 事务所应当每年通过财政会计行业管理系统（http://acc.mof.gov.cn），以填列信息方式，向所在地省级财政部门报备上一年度自查自纠报告。其中，执业质量情况相关内容可于每年8月31日前提交，其他内容于每年5月31日前提交。

设立分所的事务所，其年度自查自纠报告由事务所总所统一提交，报告内容应当包括总所及各分所情况。

事务所提交的年度自查自纠报告应当加盖事务所总所公章、首席合伙人（或主任会计师）签章。

第六条 事务所和注册会计师对因执业行为被处理处罚情况进行自查自纠，存在下列情形的应当予以报告：

（一）被刑事处罚、行政处罚、行业惩戒，包括时间、事由、类型、内容、文书名称及文号等；

（二）被采取监督管理措施、立案调查或者被司法机关侦查，包括时间、事由、类型、内容、执法机构名称、文号等。

除依法应当保密的外，存在上述情形的，事务所应当说明具体问题、整改措施和完成时间。

第七条 事务所和注册会计师对执业质量情况进行自查自纠，自查发现存在下列情形的应当予以报告：

（一）未履行必要的审计程序，甚至未履行审计程序即出具审计报告；

（二）未获取充分适当的审计证据，甚至未获取审计证据即出具审计报告；

（三）除事务所纠正错误审计意见重新出具审计报告以外，对同一委托单位的同一事项，依据相同的审计证据出具不同意见审计报告；

（四）隐瞒审计中发现的问题，发表不恰当审计意见；

（五）为被审计单位编造或伪造事由，出具虚假或不实审计报告；

（六）审计工作底稿记录不完整，不能有效证明审计过程；

（七）承接业务数量与事务所人员、规模明显不匹配等超出胜任能力执业；

（八）恶性竞争、低价揽客影响执业质量；

（九）从事证券服务业务未依法依规进行备案；

（十）违反执业准则、规则、注册会计师行业管理政策的其他行为。

存在上述违法违规情形的，事务所应当说明具体问题、整改措施和完成时间。

第八条 事务所和注册会计师对独立性保持情况进行自查自纠，存在下列情形的应当予以报告：

（一）同时为被审计单位提供可能影响独立性且未采取有效应对措施的非鉴证业务；

（二）将合伙人薪酬或业绩评价与其向被审计单位推荐的非审计服务挂钩；

（三）审计收费采取或有收费方式，如被审计单位根据审计意见类型、能够实现上市、发债等目的支付部分或全部审计费用；

（四）项目组人员、质量复核人员兼任被审计单位董事、监事、高级管理人员或与被审计单位董事、监事、高级管理人员存在主要亲属关系以及其他可能损害其独立性的利害关系；

（五）项目组人员、质量复核人员存在索取、收受被审计单位合同约定以外的酬金、其他财物或服务的行为；

（六）项目组人员、质量复核人员持有被审计单位以及被审计单位子公司的股票；

（七）未按规定对签字注册会计师进行实质性轮换；

（八）存在违反注册会计师职业道德守则等影响独立性的其他情形。

存在上述违法违规情形的，事务所应当说明具体问题、整改措施和完成时间。

第九条 事务所对职业风险防范情况进行自查自

纠,存在下列情形的应当予以报告:

(一)未按照《会计师事务所职业风险基金管理办法》(财会函〔2007〕9号)规定提取和使用职业风险基金,以及违规分配职业风险基金;

(二)未按照《会计师事务所职业责任保险暂行办法》(财会〔2015〕13号)规定统一购买职业责任保险。

存在上述违法违规情形的,事务所应当说明具体问题、整改措施和完成时间。事务所应当一并报告承担审计责任时保险公司未进行赔付的情况。

第十条 事务所对信息安全管理情况进行自查自纠,存在下列情形的应当予以报告:

(一)存储业务工作、被审计单位资料的数据服务器和信息技术应用服务器未架设在中国境内;

(二)存储业务工作、被审计单位资料的数据服务器和信息技术应用服务器未设置安全隔离或备份;

(三)对本条第(一)、(二)项所列服务器的访问以及相关数据调用未保存清晰完整的日志;

(四)审计数据保存不符合国家保密工作规定及被审计单位约定的信息保密要求;

(五)未建立审计工作底稿出境涉密筛查内部制度及程序;

(六)未对境外网络成员所或合作所访问事务所信息系统采取隔离、限制、权限管理等措施;

(七)未通过监管合作渠道向境外监管机构提供资料。

存在上述违法违规情形的,事务所应当说明具体问题、整改措施和完成时间。

第十一条 省级财政部门应当及时整理、汇总、分析本地区事务所提交的自查自纠报告。省级以上财政部门应当监督事务所进行整改,对未按规定进行整改或整改不到位的,依法依规作出处理。事务所不按时或拒绝提交自查自纠报告的,省级以上财政部门在开展监督检查工作时,应当对其予以重点关注。

省级财政部门可以组织本地区市级财政部门、注册会计师协会协助开展监督检查工作。财政部门、注册会计师协会在开展事务所监督检查工作中应当核实自查自纠报告内容。

第十二条 省级财政部门应当于每年9月30日前,在财政会计行业管理系统提交本地区事务所自查自纠问题及整改情况汇总表。

第十三条 省级财政部门应当及时梳理、总结、提炼事务所自查自纠工作中的经验做法,形成典型案例、风险防范目录,指导事务所加强风险管控。

省级财政部门应当于每年12月31日前,通过财政会计行业管理系统将本地区的经验做法、典型案例等报送财政部。

事务所自查自纠报告主要用于财政部门加强注册会计师行业日常管理,督促督导事务所持续改进和长远健康发展,财政部门不对外披露报告具体内容。

第十四条 有关财政部门及其工作人员,在会计师事务所自查自纠监督工作中,存在滥用职权、玩忽职守、徇私舞弊等违法违规行为的,依法追究相应责任。

第十五条 本办法由财政部负责解释。

第十六条 本办法自2022年3月1日起施行。

会计师事务所一体化管理办法

- 2022年5月12日
- 财会〔2022〕12号

第一章 总 则

第一条 为了提高会计师事务所一体化管理水平,强化内部治理,促进审计质量提升,根据《中华人民共和国注册会计师法》、《会计师事务所执业许可和监督管理办法》(财政部令第97号文件修改发布),制定本办法。

第二条 会计师事务所一体化管理,是指会计师事务所在人员管理、财务管理、业务管理、技术标准和质量管理、信息化建设等方面,建立并有效实施实质统一的管理体系。

第三条 会计师事务所应对设立的分支机构、内设部门、业务团队进行一体化管理。

第四条 会计师事务所应当建立健全一体化管理制度体系并确保有效实施,在合伙协议(公司章程)中明确一体化管理要求。首席合伙人(主任会计师)对会计师事务所实行一体化管理负主要责任。

第五条 财政部和省级(含深圳市、新疆生产建设兵团)财政部门(以下统称省级以上财政部门)将会计师事务所一体化管理情况作为对会计师事务所监督检查的重要内容,有效开展会计师事务所一体化管理水平综合评价,督促会计师事务所通过提升一体化管理水平提高审计质量。

第二章 基本要求

第六条 会计师事务所应当建立实施统一的人员管理制度,制定统一的人员聘用、定级、晋升、业绩考核、薪酬、培训等方面的政策与程序并确保有效执行。会计师事务所的人员业绩考核、晋升和薪酬政策应当坚持以质量为导向,将质量因素作为人员考评、晋升和薪酬的重要因素。

第七条 设立分支机构的会计师事务所应当对分支机构负责人和质量管理负责人、财务负责人等关键管理人员实施统一委派、监督和考核,在全所范围内实施统一的人力资源调度和配置。

第八条 会计师事务所应当实施统一的财务管理制度,制定统一的业务收费、预算管理、资金管理、费用和支出管理、会计核算、利润分配、职业风险补偿机制并确保有效执行。业务收费应当以项目工时预算和人员级差费率为基础,严禁不正当低价竞争。

职业风险补偿机制,是指会计师事务所应对职业风险建立的制度、程序,包括职业责任保险购买、职业风险基金提取与使用等。

第九条 会计师事务所应当坚持以质量为导向,对合伙人实施业绩评价、考核晋升和利润分配。会计师事务所应当实施统一的合伙人业绩考核政策与标准,确保全体合伙人在统一的"利润池"中分配,禁止以费用报销代替利润分配,不得以承接和执行业务的收入或利润作为首要指标,禁止"各自为政"、"分灶吃饭"。

"各自为政"、"分灶吃饭"是指分支机构、业务分部、业务团队或合伙人给会计师事务所上交管理费后,其余业务收入自行分配的行为。

第十条 会计师事务所应当实施统一的业务管理制度,制定统一的客户与业务风险评估分类标准、业务承接与保持、业务执行、独立性与职业道德管理、报告签发、印章管理等方面的政策与程序并确保有效执行。会计师事务所应当为每个审计项目投入充足的资源,保证不同层级员工工作负荷合理适当。

第十一条 会计师事务所应当实行矩阵式管理,即结合所服务客户的行业特点和业务性质,以及本会计师事务所分支机构的地域分布,对业务团队进行专业化设置,以团队专业能力的匹配度为依据分派业务。

第十二条 会计师事务所应当实施统一的技术标准与质量管理制度,制定项目咨询、意见分歧解决、项目质量复核、项目质量检查、质量管理缺陷识别与整改等方面的政策与程序并确保有效执行。技术标准应当依据有关法律法规和注册会计师执业准则制定并统一施行。注册会计师应当按照本所统一的技术标准执行业务并出具报告。

第十三条 会计师事务所应当明确项目质量复核人员资格条件并建立合格人员清单,确保项目质量复核人员独立于项目组,并在全所范围内统一委派项目质量复核人员。

质量复核人员的人选,以及相关人员的业绩考评、晋升与薪酬不受被复核或检查的项目组的干预或影响。

会计师事务所应当统一安排质量检查抽取的项目和执行质量检查的人员。

第十四条 会计师事务所应当统一开展信息系统的规划、建设、运行与维护,通过持续有效的投入,维护信息系统的安全性、实用性,以信息技术手段提高审计作业效率与质量,提升独立性与职业道德管理水平,保障一体化管理体系有效实施。

第十五条 会计师事务所信息系统核心功能或子系统包括但不限于:审计作业管理、工时管理、客户管理、人力资源管理、独立性与职业道德管理、电子邮件、会计核算与财务管理等。会计师事务所的系统服务器应当架设在境内,数据信息应当在境内存储,并符合国家安全保密等规定。

会计师事务所应当持续增强信息化管理能力,服务一体化管理和治理决策。

第三章 评价与检查

第十六条 会计师事务所应当定期按照本办法的规定和会计师事务所一体化管理评估指标具体评分标准进行自我评价,形成自评报告。会计师事务所首席合伙人(主任会计师)应当对自评报告的真实性、准确性、完整性负责,并按照年度报备工作有关要求于每年5月31日前向所在地省级财政部门报送。

会计师事务所一体化管理评估指标具体评分标准由财政部另行制定。

第十七条 省级以上财政部门、注册会计师协会在对会计师事务所监督检查、自律检查过程中,应当对会计师事务所一体化管理情况进行检查,按照本办法的规定和会计师事务所一体化管理评估指标具体评分标准对会计师事务所一体化管理情况进行评价。省级以上财政部门和注册会计师协会应加强信息共享、开展联合监管,避免对会计师事务所一体化管理情况重复检查评价。

第十八条 会计师事务所、注册会计师应当配合省级以上财政部门和注册会计师协会的检查评价,如实提供工作底稿、相关资料及电子数据,不得拒绝、延误、阻挠、逃避检查,不得谎报、隐匿、销毁相关证据材料。

第十九条 会计师事务所一体化管理情况自评结果和省级以上财政部门及注册会计师协会检查评价结

果以适当方式向社会公开。一体化管理情况检查评价过程中发现的会计师事务所违法违规问题，依法予以处理处罚。

第四章 评价结果运用

第二十条 会计师事务所应当将一体化管理的自评结果和检查评价结果作为一体化管理整改提升的重要依据，认真做好自查自纠和检查整改工作，不断提升一体化管理水平。会计师事务所不得将一体化管理评价结果用于广告、宣传、营销等商业目的。

第二十一条 进一步完善会计师事务所综合排名机制，将一体化管理检查评估结果作为排名的重要依据，引导会计师事务所依法加强内部管理。

第二十二条 会计师事务所一体化管理检查评价结果作为财政部门审批会计师事务所分支机构的依据，并作为监管部门配置监管资源、确定检查方式等的参考。

第二十三条 省级以上财政部门及其工作人员，在会计师事务所一体化检查评价工作中，违反规定存在滥用职权、玩忽职守、徇私舞弊等违法违规行为的，依法追究相应责任。

第五章 附 则

第二十四条 本办法由财政部负责解释，自2022年10月1日起施行。

会计档案管理办法

- 2015年12月11日财政部、国家档案局令第79号公布
- 自2016年1月1日起施行

第一条 为了加强会计档案管理，有效保护和利用会计档案，根据《中华人民共和国会计法》《中华人民共和国档案法》等有关法律和行政法规，制定本办法。

第二条 国家机关、社会团体、企业、事业单位和其他组织（以下统称单位）管理会计档案适用本办法。

第三条 本办法所称会计档案是指单位在进行会计核算等过程中接收或形成的，记录和反映单位经济业务事项的，具有保存价值的文字、图表等各种形式的会计资料，包括通过计算机等电子设备形成、传输和存储的电子会计档案。

第四条 财政部和国家档案局主管全国会计档案工作，共同制定全国统一的会计档案工作制度，对全国会计档案工作实行监督和指导。

县级以上地方人民政府财政部门和档案行政管理部门管理本行政区域内的会计档案工作，并对本行政区域内会计档案工作实行监督和指导。

第五条 单位应当加强会计档案管理工作，建立和完善会计档案的收集、整理、保管、利用和鉴定销毁等管理制度，采取可靠的安全防护技术和措施，保证会计档案的真实、完整、可用、安全。

单位的档案机构或者档案工作人员所属机构（以下统称单位档案管理机构）负责管理本单位的会计档案。单位也可以委托具备档案管理条件的机构代为管理会计档案。

第六条 下列会计资料应当进行归档：

（一）会计凭证，包括原始凭证、记账凭证；

（二）会计账簿，包括总账、明细账、日记账、固定资产卡片及其他辅助性账簿；

（三）财务会计报告，包括月度、季度、半年度、年度财务会计报告；

（四）其他会计资料，包括银行存款余额调节表、银行对账单、纳税申报表、会计档案移交清册、会计档案保管清册、会计档案销毁清册、会计档案鉴定意见书及其他具有保存价值的会计资料。

第七条 单位可以利用计算机、网络通信等信息技术手段管理会计档案。

第八条 同时满足下列条件的，单位内部形成的属于归档范围的电子会计资料可仅以电子形式保存，形成电子会计档案：

（一）形成的电子会计资料来源真实有效，由计算机等电子设备形成和传输；

（二）使用的会计核算系统能够准确、完整、有效接收和读取电子会计资料，能够输出符合国家标准归档格式的会计凭证、会计账簿、财务会计报表等会计资料，设定了经办、审核、审批等必要的审签程序；

（三）使用的电子档案管理系统能够有效接收、管理、利用电子会计档案，符合电子档案的长期保管要求，并建立了电子会计档案与相关联的其他纸质会计档案的检索关系；

（四）采取有效措施，防止电子会计档案被篡改；

（五）建立电子会计档案备份制度，能够有效防范自然灾害、意外事故和人为破坏的影响；

（六）形成的电子会计资料不属于具有永久保存价值或者其他重要保存价值的会计档案。

第九条 满足本办法第八条规定条件，单位从外部接收的电子会计资料附有符合《中华人民共和国电子签

名法》规定的电子签名的,可仅以电子形式归档保存,形成电子会计档案。

第十条 单位的会计机构或会计人员所属机构(以下统称单位会计管理机构)按照归档范围和归档要求,负责定期将应当归档的会计资料整理立卷,编制会计档案保管清册。

第十一条 当年形成的会计档案,在会计年度终了后,可由单位会计管理机构临时保管一年,再移交单位档案管理机构保管。因工作需要确需推迟移交的,应当经单位档案管理机构同意。

单位会计管理机构临时保管会计档案最长不超过三年。临时保管期间,会计档案的保管应当符合国家档案管理的有关规定,且出纳人员不得兼管会计档案。

第十二条 单位会计管理机构在办理会计档案移交时,应当编制会计档案移交清册,并按照国家档案管理的有关规定办理移交手续。

纸质会计档案移交时应当保持原卷的封装。电子会计档案移交时应当将电子会计档案及其元数据一并移交,且文件格式应当符合国家档案管理的有关规定。特殊格式的电子会计档案应当与其读取平台一并移交。

单位档案管理机构接收电子会计档案时,应当对电子会计档案的准确性、完整性、可用性、安全性进行检测,符合要求的才能接收。

第十三条 单位应当严格按照相关制度利用会计档案,在进行会计档案查阅、复制、借出时履行登记手续,严禁篡改和损坏。

单位保存的会计档案一般不得对外借出。确因工作需要且根据国家有关规定必须借出的,应当严格按照规定办理相关手续。

会计档案借用单位应当妥善保管和利用借入的会计档案,确保借入会计档案的安全完整,并在规定时间内归还。

第十四条 会计档案的保管期限分为永久、定期两类。定期保管期限一般分为10年和30年。

会计档案的保管期限,从会计年度终了后的第一天算起。

第十五条 各类会计档案的保管期限原则上应当按照本办法附表执行,本办法规定的会计档案保管期限为最低保管期限。

单位会计档案的具体名称如有同本办法附表所列档案名称不相符的,应当比照类似档案的保管期限办理。

第十六条 单位应当定期对已到保管期限的会计档案进行鉴定,并形成会计档案鉴定意见书。经鉴定,仍需继续保存的会计档案,应当重新划定保管期限;对保管期满、确无保存价值的会计档案,可以销毁。

第十七条 会计档案鉴定工作应当由单位档案管理机构牵头,组织单位会计、审计、纪检监察等机构或人员共同进行。

第十八条 经鉴定可以销毁的会计档案,应当按照以下程序销毁:

(一)单位档案管理机构编制会计档案销毁清册,列明拟销毁会计档案的名称、卷号、册数、起止年度、档案编号、应保管期限、已保管期限和销毁时间等内容。

(二)单位负责人、档案管理机构负责人、会计管理机构负责人、档案管理机构经办人、会计管理机构经办人在会计档案销毁清册上签署意见。

(三)单位档案管理机构负责组织会计档案销毁工作,并与会计管理机构共同派员监销。监销人在会计档案销毁前,应当按照会计档案销毁清册所列内容进行清点核对;在会计档案销毁后,应当在会计档案销毁清册上签名或盖章。

电子会计档案的销毁还应当符合国家有关电子档案的规定,并由单位档案管理机构、会计管理机构和信息系统管理机构共同派员监销。

第十九条 保管期满但未结清的债权债务会计凭证和涉及其他未了事项的会计凭证不得销毁,纸质会计档案应当单独抽出立卷,电子会计档案单独转存,保管到未了事项完结时为止。

单独抽出立卷或转存的会计档案,应当在会计档案鉴定意见书、会计档案销毁清册和会计档案保管清册中列明。

第二十条 单位因撤销、解散、破产或其他原因而终止的,在终止或办理注销登记手续之前形成的会计档案,按照国家档案管理的有关规定处置。

第二十一条 单位分立后原单位存续的,其会计档案应当由分立后的存续方统一保管,其他方可以查阅、复制与其业务相关的会计档案。

单位分立后原单位解散的,其会计档案应当经各方协商后由其中一方代管或按照国家档案管理的有关规定处置,各方可以查阅、复制与其业务相关的会计档案。

单位分立中未结清的会计事项所涉及的会计凭证,应当单独抽出由业务相关方保存,并按照规定办理交接手续。

单位因业务移交其他单位办理所涉及的会计档案,

应当由原单位保管，承接业务单位可以查阅、复制与其业务相关的会计档案。对其中未结清的会计事项所涉及的会计凭证，应当单独抽出由承接业务单位保存，并按照规定办理交接手续。

第二十二条 单位合并后原各单位解散或者一方存续其他方解散的，原各单位的会计档案应当由合并后的单位统一保管。单位合并后原各单位仍存续的，其会计档案仍应当由原各单位保管。

第二十三条 建设单位在项目建设期间形成的会计档案，需要移交给建设项目接受单位的，应当在办理竣工财务决算后及时移交，并按照规定办理交接手续。

第二十四条 单位之间交接会计档案时，交接双方应当办理会计档案交接手续。

移交会计档案的单位，应当编制会计档案移交清册，列明应当移交的会计档案名称、卷号、册数、起止年度、档案编号、应保管期限和已保管期限等内容。

交接会计档案时，交接双方应当按照会计档案移交清册所列内容逐项交接，并由交接双方的单位有关负责人负责监督。交接完毕后，交接双方经办人和监督人应当在会计档案移交清册上签名或盖章。

电子会计档案应当与其元数据一并移交，特殊格式的电子会计档案应当与其读取平台一并移交。档案接受单位应当对保存电子会计档案的载体及其技术环境进行检测，确保所接收电子会计档案的准确、完整、可用和安全。

第二十五条 单位的会计档案及其复制件需要携带、寄运或者传输至境外的，应当按照国家有关规定执行。

第二十六条 单位委托中介机构代理记账的，应当在签订的书面委托合同中，明确会计档案的管理要求及相应责任。

第二十七条 违反本办法规定的单位和个人，由县级以上人民政府财政部门、档案行政管理部门依据《中华人民共和国会计法》《中华人民共和国档案法》等法律法规处理处罚。

第二十八条 预算、计划、制度等文件材料，应当执行文书档案管理规定，不适用本办法。

第二十九条 不具备设立档案机构或配备档案工作人员条件的单位和依法建账的个体工商户，其会计档案的收集、整理、保管、利用和鉴定销毁等参照本办法执行。

第三十条 各省、自治区、直辖市、计划单列市人民政府财政部门、档案行政管理部门，新疆生产建设兵团财务局、档案局，国务院各业务主管部门，中国人民解放军总后勤部，可以根据本办法制定具体实施办法。

第三十一条 本办法由财政部、国家档案局负责解释，自2016年1月1日起施行。1998年8月21日财政部、国家档案局发布的《会计档案管理办法》(财会字〔1998〕32号)同时废止。

附表：1. 企业和其他组织会计档案保管期限表(略)
　　　2. 财政总预算、行政单位、事业单位和税收会计档案保管期限表(略)

代理记账管理办法

· 2016年2月16日财政部令第80号公布
· 根据2019年3月14日《财政部关于修改〈代理记账管理办法〉等2部部门规章的决定》修改

第一条 为了加强代理记账资格管理，规范代理记账活动，促进代理记账行业健康发展，根据《中华人民共和国会计法》等法律、行政法规，制定本办法。

第二条 代理记账资格的申请、取得和管理，以及代理记账机构从事代理记账业务，适用本办法。

本办法所称代理记账机构是指依法取得代理记账资格，从事代理记账业务的机构。

本办法所称代理记账是指代理记账机构接受委托办理会计业务。

第三条 除会计师事务所以外的机构从事代理记账业务，应当经县级以上地方人民政府财政部门(以下简称审批机关)批准，领取由财政部统一规定样式的代理记账许可证书。具体审批机关由省、自治区、直辖市、计划单列市人民政府财政部门确定。

会计师事务所及其分所可以依法从事代理记账业务。

第四条 申请代理记账资格的机构应当同时具备以下条件：

(一)为依法设立的企业；
(二)专职从业人员不少于3名；
(三)主管代理记账业务的负责人具有会计师以上专业技术职务资格或者从事会计工作不少于三年，且为专职从业人员；
(四)有健全的代理记账业务内部规范。

代理记账机构从业人员应当具有会计类专业基础知识和业务技能，能够独立处理基本会计业务，并由代理记账机构自主评价认定。

本条第一款所称专职从业人员是指仅在一个代理记账机构从事代理记账业务的人员。

第五条 申请代理记账资格的机构，应当向所在地的审批机关提交申请及下列材料，并对提交材料的真实性负责：

（一）统一社会信用代码；

（二）主管代理记账业务的负责人具备会计师以上专业技术职务资格或者从事会计工作不少于三年的书面承诺；

（三）专职从业人员在本机构专职从业的书面承诺；

（四）代理记账业务内部规范。

第六条 审批机关审批代理记账资格应当按照下列程序办理：

（一）申请人提交的申请材料不齐全或不符合规定形式的，应当在5日内一次告知申请人需要补正的全部内容，逾期不告知的，自收到申请材料之日起即视为受理；申请人提交的申请材料齐全、符合规定形式的，或者申请人按照要求提交全部补正申请材料的，应当受理申请。

（二）受理申请后应当按照规定对申请材料进行审核，并自受理申请之日起10日内作出批准或者不予批准的决定。10日内不能作出决定的，经本审批机关负责人批准可延长10日，并应当将延长期限的理由告知申请人。

（三）作出批准决定的，应当自作出决定之日起10日内向申请人发放代理记账许可证书，并向社会公示。审批机关进行全覆盖例行检查，发现实际情况与承诺内容不符的，依法撤销审批并给予处罚。

（四）作出不予批准决定的，应当自作出决定之日起10日内书面通知申请人。书面通知应当说明不予批准的理由，并告知申请人享有依法申请行政复议或者提起行政诉讼的权利。

第七条 申请人应当自取得代理记账许可证书之日起20日内通过企业信用信息公示系统向社会公示。

第八条 代理记账机构名称、主管代理记账业务的负责人发生变更，设立或撤销分支机构，跨原审批机关管辖地迁移办公地点的，应当自作出变更决定或变更之日起30日内依法向审批机关办理变更登记，并应当自变更登记完成之日起20日内通过企业信用信息公示系统向社会公示。

代理记账机构变更名称的，应当向审批机关领取新的代理记账许可证书，并同时交回原代理记账许可证书。

代理记账机构跨原审批机关管辖地迁移办公地点的，迁出地审批机关应当及时将代理记账机构的相关信息及材料移交迁入地审批机关。

第九条 代理记账机构设立分支机构的，分支机构应当及时向其所在地的审批机关办理备案登记。

分支机构名称、主管代理记账业务的负责人发生变更的，分支机构应当按照要求向其所在地的审批机关办理变更登记。

代理记账机构应当在人事、财务、业务、技术标准、信息管理等方面对其设立的分支机构进行实质性的统一管理，并对分支机构的业务活动、执业质量和债务承担法律责任。

第十条 未设置会计机构或配备会计人员的单位，应当委托代理记账机构办理会计业务。

第十一条 代理记账机构可以接受委托办理下列业务：

（一）根据委托人提供的原始凭证和其他相关资料，按照国家统一的会计制度的规定进行会计核算，包括审核原始凭证、填制记账凭证、登记会计账簿、编制财务会计报告等；

（二）对外提供财务会计报告；

（三）向税务机关提供税务资料；

（四）委托人委托的其他会计业务。

第十二条 委托人委托代理记账机构代理记账，应当在相互协商的基础上，订立书面委托合同。委托合同除应具备法律规定的基本条款外，应当明确下列内容：

（一）双方对会计资料真实性、完整性各自应当承担的责任；

（二）会计资料传递程序和签收手续；

（三）编制和提供财务会计报告的要求；

（四）会计档案的保管要求及相应的责任；

（五）终止委托合同应当办理的会计业务交接事宜。

第十三条 委托人应当履行下列义务：

（一）对本单位发生的经济业务事项，应当填制或者取得符合国家统一的会计制度规定的原始凭证；

（二）应当配备专人负责日常货币收支和保管；

（三）及时向代理记账机构提供真实、完整的原始凭证和其他相关资料；

（四）对于代理记账机构退回的，要求按国家统一的会计制度的规定进行更正、补充的原始凭证，应当及时予以更正、补充。

第十四条 代理记账机构及其从业人员应当履行下列义务：

（一）遵守有关法律、法规和国家统一的会计制度的规定，按照委托合同办理代理记账业务；

（二）对在执行业务中知悉的商业秘密予以保密；

（三）对委托人要求其作出不当的会计处理、提供不实的会计资料，以及其他不符合法律、法规和国家统一的会计制度行为的，予以拒绝；

（四）对委托人提出的有关会计处理相关问题予以解释。

第十五条 代理记账机构为委托人编制的财务会计报告，经代理记账机构负责人和委托人负责人签名并盖章后，按照有关法律、法规和国家统一的会计制度的规定对外提供。

第十六条 代理记账机构应当于每年4月30日之前，向审批机关报送下列材料：

（一）代理记账机构基本情况表（附表）；

（二）专职从业人员变动情况。

代理记账机构设立分支机构的，分支机构应当于每年4月30日之前向其所在地的审批机关报送上述材料。

第十七条 县级以上人民政府财政部门对代理记账机构及其从事代理记账业务情况实施监督，随机抽取检查对象、随机选派执法检查人员，并将抽查情况及查处结果依法及时向社会公开。

对委托代理记账的企业因违反财税法律、法规受到处理处罚的，县级以上人民政府财政部门应当将其委托的代理记账机构列入重点检查对象。

对其他部门移交的代理记账违法行为线索，县级以上人民政府财政部门应当及时予以查处。

第十八条 公民、法人或者其他组织发现有违反本办法规定的代理记账行为，可以依法向县级以上人民政府财政部门进行举报，县级以上人民政府财政部门应当依法进行处理。

第十九条 代理记账机构采取欺骗、贿赂等不正当手段取得代理记账资格的，由审批机关撤销其资格，并对代理记账机构及其负责人给予警告，记入会计领域违法失信记录，根据有关规定实施联合惩戒，并向社会公告。

第二十条 代理记账机构在经营期间达不到本办法规定的资格条件的，审批机关发现后，应当责令其在60日内整改；逾期仍达不到规定条件的，由审批机关撤销其代理记账资格。

第二十一条 代理记账机构有下列情形之一的，审批机关应当办理注销手续，收回代理记账许可证书并予以公告：

（一）代理记账机构依法终止的；

（二）代理记账资格被依法撤销或撤回的；

（三）法律、法规规定的应当注销的其他情形。

第二十二条 代理记账机构违反本办法第七条、第八条、第九条、第十四条、第十六条规定，由县级以上人民政府财政部门责令其限期改正，拒不改正的，将代理记账机构及其负责人列入重点关注名单，并向社会公示，提醒其履行有关义务；情节严重的，由县级以上人民政府财政部门按照有关法律、法规给予行政处罚，并向社会公示。

第二十三条 代理记账机构及其负责人、主管代理记账业务负责人及其从业人员违反规定出具虚假申请材料或者备案材料的，由县级以上人民政府财政部门给予警告，记入会计领域违法失信记录，根据有关规定实施联合惩戒，并向社会公告。

第二十四条 代理记账机构从业人员在办理业务中违反会计法律、法规和国家统一的会计制度的规定，造成委托人会计核算混乱、损害国家和委托人利益的，由县级以上人民政府财政部门依据《中华人民共和国会计法》等有关法律、法规的规定处理。

代理记账机构有前款行为的，县级以上人民政府财政部门应当责令其限期改正，并给予警告；有违法所得的，可以处违法所得3倍以下罚款，但最高不得超过3万元；没有违法所得的，可以处1万元以下罚款。

第二十五条 委托人向代理记账机构隐瞒真实情况或者委托人会同代理记账机构共同提供虚假会计资料的，应当承担相应法律责任。

第二十六条 未经批准从事代理记账业务的单位或者个人，由县级以上人民政府财政部门按照《中华人民共和国行政许可法》及有关规定予以查处。

第二十七条 县级以上人民政府财政部门及其工作人员在代理记账资格管理过程中，滥用职权、玩忽职守、徇私舞弊的，依法给予行政处分；涉嫌犯罪的，移送司法机关处理。

第二十八条 代理记账机构依法成立的行业组织，应当维护会员合法权益，建立会员诚信档案，规范会员代理记账行为，推动代理记账信息化建设。

代理记账行业组织应当接受县级以上人民政府财政部门的指导和监督。

第二十九条 本办法规定的"5日""10日""20日""30日"均指工作日。

第三十条 省级人民政府财政部门可以根据本办法制定具体实施办法，报财政部备案。

第三十一条 外商投资企业申请代理记账资格，从事代理记账业务按照本办法和其他有关规定办理。

第三十二条 本办法自2016年5月1日起施行，财政部2005年1月22日发布的《代理记账管理办法》(财政部令第27号)同时废止。

附表：代理记账机构基本情况表(略)

代理记账基础工作规范(试行)

- 2023年11月8日
- 财会〔2023〕27号

第一章 总 则

第一条 为加强代理记账基础工作，规范代理记账机构开展代理记账业务，保障代理记账服务质量，根据《中华人民共和国会计法》、《代理记账管理办法》、《会计基础工作规范》、《会计档案管理办法》等相关法律法规，制定本规范。

第二条 本规范适用于代理记账机构接受委托办理代理记账业务。

第三条 代理记账机构应当严格执行有关法律法规，提高代理记账业务规范水平，保证会计信息质量。

第四条 代理记账机构开展代理记账业务应当遵守本规范，至少履行下列基本程序：业务承接、工作计划、资料交接、会计核算、质量控制、档案管理等。

代理记账机构开展相关工作时，可以根据有关法律法规等规定，结合具体情况运用专业判断作出相应处理。

第二章 业务承接

第五条 业务承接包括了解委托人基本情况和签订代理记账业务委托合同。

了解委托人基本情况，是指对委托人所处外部环境及所在行业的一般了解和对委托人内部情况的具体了解。

代理记账业务委托合同(以下简称委托合同)，是指代理记账机构与委托人共同签订的，据以确认委托与受托关系，明确委托目的、委托范围及双方责任与义务等事项的书面协议。

第六条 代理记账机构应当了解委托人基本情况，初步调查委托人经营管理状况，查询市场监管和税务相关政务网站公开信息，并与委托人就约定事项进行商议，经充分评估业务风险后，结合自身专业胜任能力确定是否承接此项业务。

第七条 代理记账机构拟承接代理记账业务的，应当在开展工作前，与委托人就代理记账业务约定条款协商一致，并签订委托合同。

第八条 委托合同除应符合有关法律法规的一般性规定外，至少还应包括以下内容：

(一)委托业务范围及其他预期目标；

(二)会计资料传递程序和签收手续，终止委托合同应当办理的会计业务交接事宜，包括使用信息系统交付财务数据的约定；

(三)双方对会计资料真实性、完整性、合法性各自应当承担的责任，会计档案的保管要求及相应的责任；

(四)委托业务的收费；

(五)委托合同的有效期间；

(六)签约时间；

(七)违约责任；

(八)解决争议的方法；

(九)签约双方认为应约定的其他事项。

第九条 代理记账机构应当对委托合同统一编号，并及时归档。

第三章 工作计划

第十条 代理记账机构为完成代理记账工作，达到预期目标，在具体开展代理记账业务前应当编制工作计划。

第十一条 代理记账机构应当根据自身业务规模和风险评估情况界定重大项目的判定标准，一般是代理记账业务的影响比较大或金额比较大。通常情况下，代理记账业务经分析判断可能会引起风险显著增加的，则视为影响比较大；业务金额预计占机构全年代理记账业务收入的2%及以上的，则视为金额比较大。代理记账机构可结合自身实际对上述比例作出合理调减，以控制经营风险。

第十二条 编制工作计划应当考虑以下因素：

(一)合同约定条款；

(二)委托业务是否为重大项目；

(三)委托人所属行业及特点，业务性质及复杂程度、组织结构、经营情况及经营风险；

(四)委托人执行的会计准则制度，以及以前年度的会计核算情况；

(五)委托人会计原始凭证及相关会计资料归集、整理、交接的环境及条件；

(六)委托人对会计信息的需求；

(七)代理记账机构从业人员(以下简称从业人员)及其技能的要求。

第十三条 工作计划一般应包括以下基本内容：

（一）委托人基本情况，包括委托人所属行业及特点、会计准则制度的选用、以前年度会计核算情况等；

（二）业务小组成员及职责分工；

（三）初次资料交接情况，包括初次资料交接的内容、参与人员、时间及地点等；

（四）初次建账情况及安排，包括初次建账的内容、人员安排及时间等；

（五）工作进度及时间安排，包括各阶段的执行人及执行日期，原始凭证等会计资料的交接方式及时间、记账完成时间、出具会计报表时间、会计档案移交时间等；

（六）根据委托人情况，其他应当考虑的事项。

非首次为委托人办理代理记账业务，工作计划无须包含初次资料交接情况、初次建账情况及安排等内容。对于简易业务，可以根据实际需要简化工作计划。

第十四条 工作计划应附委托合同及其他相关资料一并交由项目负责人员或质量控制人员审核批准。重大项目的工作计划，一般还应经业务负责人审核批准。

第十五条 工作计划应重点审核以下事项：

（一）时间安排是否合理；

（二）从业人员的选派与分工是否恰当；

（三）合同约定的预期目标能否实现。

第十六条 代理记账业务开展过程中，应当在必要时对工作计划作出调整。调整后的工作计划应按照第十四条规定的程序和权限审批。

第四章 资料交接

第十七条 资料交接指代理记账机构初次接受委托、日常开展工作、终止委托关系后与委托人等有关单位，根据约定进行的会计资料交接工作。

第十八条 代理记账机构初次接受委托与终止委托关系时，移交人员应当整理需要移交的各项资料，编制移交清册，列明移交的会计凭证、会计账簿、会计报表、其他会计资料、相关文件及物品等内容。对未了事项应当予以书面说明。

移交人员应按移交清册逐项移交，接收人员应逐项核对点收，并由交接双方的有关责任人负责监督。交接完毕后，交接双方经办人和监交人应在移交清册上签名或者盖章。并应在移交清册上注明：单位名称；交接日期；交接双方经办人和监交人的职务、姓名；移交清册页数以及需要说明的问题和意见等。

移交清册一式两份，交接双方各执一份，代理记账机构留存的一份应当归档保管。

第十九条 初次接受委托时应重点关注以下方面：

（一）会计凭证、会计账簿、会计报表和其他会计资料必须完整无缺，如有短缺，应当查清原因，并明确相关责任；

（二）银行存款账户余额要与银行对账单核对，如不一致，应当编制银行存款余额调节表调节相符，各种财产物资和债权债务的明细账户余额应与总账及会计报表有关账户余额核对相符，纳税申报表数据应与账面数据核对相符，必要时可抽查个别账户的余额，确保账实核对一致；

（三）重大债权债务形成原因及未完结的税务事项；

（四）需要移交的票据、印章、密钥等实物，应书面列明，交接清楚；

（五）需要移交的相关系统、平台的登录方式以及对应的账号、口令等，应书面列明，交接清楚。

第二十条 代理记账机构应当按照约定，定期了解委托人的经营事项，并接收委托人移交的原始凭证等会计资料。

代理记账机构应当对收到的原始凭证进行审核和监督。对不真实、不合法的原始凭证，不予受理。对记载不准确、不完整的原始凭证，予以退回，要求委托人更正、补充。

第二十一条 日常交接时应当填写原始凭证交接表，列明原始凭证的种类、数量等内容，交接双方应当逐项清点核对，并履行必要的确认手续。交接表一式两份，交接双方各执一份，代理记账机构留存的一份应当归档保管。

通过信息化手段进行电子凭证交接的，应形成电子凭证交接单，并确保交接记录真实有效、交接内容有据可查。

第五章 会计核算

第二十二条 代理记账机构应当根据委托人提供的原始凭证等会计资料，按照国家统一的会计制度进行会计核算，包括审核原始凭证、填制记账凭证、登记会计账簿、编制财务会计报告等。

第二十三条 代理记账机构记账凭证的编制及装订，会计账簿的登记及装订，以及财务会计报告的编制等应当遵循《会计基础工作规范》的规定。

第二十四条 代理记账机构采用信息化方式为委托人办理代理记账业务的，使用的会计软件及其生成的会计凭证、会计账簿、会计报表和其他会计资料，应当符合财政部对于会计信息化工作的有关规定。

第六章 质量控制

第二十五条 代理记账机构应当建立并执行符合机构实际的内部控制制度,根据业务规模和内部机构设置情况,至少设置项目负责人员、质量控制人员、业务负责人等岗位。同一项目的项目负责人员和质量控制人员不得为同一人。

项目负责人员指具体负责代理记账业务的人员。

质量控制人员指对项目负责人员形成的工作成果进行审查复核的人员。

业务负责人指代理记账机构中主管代理记账业务的负责人。

第二十六条 代理记账机构应当根据业务性质及复杂程度,综合考虑从业人员的专业水平、会计工作年限和执业经历等,将工作委派给具有相应专业胜任能力的人员。

委派的人员应当符合回避制度,确保独立客观执业。

第二十七条 代理记账机构应当建立健全复核制度,至少执行一级复核程序,明确复核时间、方式及人员安排。对于重大项目,应当至少执行二级复核程序。

代理记账机构应当定期以抽查等形式,由质量控制人员或业务负责人对未经二级复核的业务进行审查。

第二十八条 代理记账机构应当及时对相关人员的工作成果进行复核,确保:

(一)代理记账业务按照工作计划进行;

(二)代理记账业务的过程及结果被适当记录;

(三)预期目标可实现;

(四)会计核算工作符合国家统一的会计制度等规定;

(五)会计档案按规定妥善保管,并顺利交接。

第二十九条 代理记账机构应当建立健全与委托人的沟通机制。

初次接受委托时,应当与委托人有关人员进行充分交流,并进行必要的指导和培训,以进一步明确双方的责任,确保各项工作顺利开展。至少包括以下方面:

(一)应当定期归集、整理、移交的会计资料的范围及要求;

(二)会计档案及其他有关资料的交接流程、时间节点、人员安排及要求;

(三)代理记账业务流程;

(四)会计政策等会计核算有关的重要事项;

(五)其他需要沟通的事项。

第三十条 代理记账机构应当建立健全内部信息与沟通机制,明确信息的收集、处理和传递程序,确保内部各部门、各不兼容岗位间的沟通和反馈,发现问题应及时报告并采取应对措施。

第三十一条 代理记账机构应当建立健全客户投诉管理制度,投诉受理人应对投诉及时处理,并反馈处理过程和结果。

第三十二条 委托人负责人与代理记账机构负责人应当对财务报告的真实性、合法性承担相应的法律责任。

第三十三条 从业人员工作调动或者离职,应当与指定接管人员按规定及时办清交接手续。从业人员办理交接手续,必须有监交人负责监交,不得出现自我监交的情形。业务负责人办理交接手续,由代理记账机构负责人监交。

第七章 人员管理

第三十四条 从业人员应当具备下列资格条件和专业胜任能力:

(一)具有会计类专业基础知识和业务技能,能够独立处理基本会计业务;

(二)熟悉国家财经、税收法律、法规、规章和方针、政策,掌握本行业业务管理的有关知识;

(三)恪守会计人员职业道德规范;

(四)《代理记账管理办法》等规定的其他执业要求。

第三十五条 从业人员开展代理记账业务时,应当遵循以下原则:

(一)遵守法律法规等有关规定,严格按照委托合同开展代理记账业务;

(二)对工作中知悉的商业秘密、个人信息予以保密;

(三)对委托人要求其作出不当的会计处理,提供不实的会计资料,以及其他违法违规行为的,应当拒绝办理;

(四)依法向财政部门报告委托人的违法违规行为。

第三十六条 代理记账机构应当通过提供专业培训、加强职业道德教育、支持督促参加会计人员继续教育、建立职业能力提升激励机制等方式,确保全体从业人员达到履行其职责所需要的专业胜任能力,以应有的职业态度开展代理记账业务。

第三十七条 从业人员应当自觉按照有关规定,及时完成会计人员继续教育。

第八章 档案管理

第三十八条 代理记账机构应当建立健全会计档案

管理制度,对当年开展代理记账业务过程中具有保存价值的会计资料,应当按照归档要求,定期整理立卷,装订成册,编制会计档案保管清册,并指定专人保管。

开展会计信息化工作的代理记账机构,应当同时将具有保存价值的电子会计资料及其元数据作为会计档案进行管理。

第三十九条 委托人会计档案的查阅、复制、借出等应当经过授权和审批,履行登记手续。除法律授权外,未经委托人同意,代理记账机构不得将委托人会计档案交由其他单位及人员使用。

第四十条 会计年度终了,代理记账机构应当按照约定,将形成的会计档案移交给委托人。编制的会计档案移交清册中应当列明移交的会计档案名称、卷号、册数、起止年度、档案编号和保管期限等内容。

交接会计档案时,交接双方应当按照会计档案移交清册所列内容逐项交接,由交接双方有关负责人负责监督。交接完毕后,交接双方经办人和监交人应当在会计档案移交清册上签名或盖章。移交清册一式两份,交接双方各执一份,代理记账机构留存的一份应当归档保管。

电子会计档案应当与其元数据一并移交,特殊格式电子会计档案,应与其读取平台一并移交或转换为通用格式后移交。

第四十一条 受托继续保管会计档案的,代理记账机构应当按照《会计档案管理办法》等有关规定妥善保管,保证会计档案的真实、完整、可用、安全。

第九章 附 则

第四十二条 违反本规范中涉及《中华人民共和国会计法》、《代理记账管理办法》、《会计基础工作规范》、《会计档案管理办法》等规定的单位和个人,由县级以上人民政府财政部门依据相关法律法规进行处理。

第四十三条 会计师事务所及分所从事代理记账业务应当遵守本规范。

第四十四条 本规范由财政部负责解释。

第四十五条 本规范自2024年1月1日起施行。

附:1. 代理记账业务委托合同(参考范例)(略)
2. 代理记账业务工作计划(参考范例)(略)
3. 资料交接手册(参考范例)(略)
4. 原始凭证交接表(参考范例)(略)
5. 会计档案移交清册(参考范例)(略)

(三)审 计

中华人民共和国审计法

- 1994年8月31日第八届全国人民代表大会常务委员会第九次会议通过
- 根据2006年2月28日第十届全国人民代表大会常务委员会第二十次会议《关于修改〈中华人民共和国审计法〉的决定》第一次修正
- 根据2021年10月23日第十三届全国人民代表大会常务委员会第三十一次会议《关于修改〈中华人民共和国审计法〉的决定》第二次修正

第一章 总 则

第一条 为了加强国家的审计监督,维护国家财政经济秩序,提高财政资金使用效益,促进廉政建设,保障国民经济和社会健康发展,根据宪法,制定本法。

第二条 国家实行审计监督制度。坚持中国共产党对审计工作的领导,构建集中统一、全面覆盖、权威高效的审计监督体系。

国务院和县级以上地方人民政府设立审计机关。

国务院各部门和地方各级人民政府及其各部门的财政收支,国有的金融机构和企业事业组织的财务收支,以及其他依照本法规定应当接受审计的财政收支、财务收支,依照本法规定接受审计监督。

审计机关对前款所列财政收支或者财务收支的真实、合法和效益,依法进行审计监督。

第三条 审计机关依照法律规定的职权和程序,进行审计监督。

审计机关依据有关财政收支、财务收支的法律、法规和国家其他有关规定进行审计评价,在法定职权范围内作出审计决定。

第四条 国务院和县级以上地方人民政府应当每年向本级人民代表大会常务委员会提出审计工作报告。审计工作报告应当报告审计机关对预算执行、决算草案以及其他财政收支的审计情况,重点报告对预算执行及其绩效的审计情况,按照有关法律、行政法规的规定报告对国有资源、国有资产的审计情况。必要时,人民代表大会常务委员会可以对审计工作报告作出决议。

国务院和县级以上地方人民政府应当将审计工作报告中指出的问题的整改情况和处理结果向本级人民代表大会常务委员会报告。

第五条 审计机关依照法律规定独立行使审计监督权,不受其他行政机关、社会团体和个人的干涉。

第六条　审计机关和审计人员办理审计事项,应当客观公正,实事求是,廉洁奉公,保守秘密。

第二章　审计机关和审计人员

第七条　国务院设立审计署,在国务院总理领导下,主管全国的审计工作。审计长是审计署的行政首长。

第八条　省、自治区、直辖市、设区的市、自治州、县、自治县、不设区的市、市辖区的人民政府的审计机关,分别在省长、自治区主席、市长、州长、县长、区长和上一级审计机关的领导下,负责本行政区域内的审计工作。

第九条　地方各级审计机关对本级人民政府和上一级审计机关负责并报告工作,审计业务以上级审计机关领导为主。

第十条　审计机关根据工作需要,经本级人民政府批准,可以在其审计管辖范围内设立派出机构。

派出机构根据审计机关的授权,依法进行审计工作。

第十一条　审计机关履行职责所必需的经费,应当列入预算予以保证。

第十二条　审计机关应当建设信念坚定、为民服务、业务精通、作风务实、敢于担当、清正廉洁的高素质专业化审计队伍。

审计机关应当加强对审计人员遵守法律和执行职务情况的监督,督促审计人员依法履职尽责。

审计机关和审计人员应当依法接受监督。

第十三条　审计人员应当具备与其从事的审计工作相适应的专业知识和业务能力。

审计机关根据工作需要,可以聘请具有与审计事项相关专业知识的人员参加审计工作。

第十四条　审计机关和审计人员不得参加可能影响其依法独立履行审计监督职责的活动,不得干预、插手被审计单位及其相关单位的正常生产经营和管理活动。

第十五条　审计人员办理审计事项,与被审计单位或者审计事项有利害关系的,应当回避。

第十六条　审计机关和审计人员对在执行职务中知悉的国家秘密、工作秘密、商业秘密、个人隐私和个人信息,应当予以保密,不得泄露或者向他人非法提供。

第十七条　审计人员依法执行职务,受法律保护。

任何组织和个人不得拒绝、阻碍审计人员依法执行职务,不得打击报复审计人员。

审计机关负责人依照法定程序任免。审计机关负责人没有违法失职或者其他不符合任职条件的情况的,不得随意撤换。

地方各级审计机关负责人的任免,应当事先征求上一级审计机关的意见。

第三章　审计机关职责

第十八条　审计机关对本级各部门(含直属单位)和下级政府预算的执行情况和决算以及其他财政收支情况,进行审计监督。

第十九条　审计署在国务院总理领导下,对中央预算执行情况、决算草案以及其他财政收支情况进行审计监督,向国务院总理提出审计结果报告。

地方各级审计机关分别在省长、自治区主席、市长、州长、县长、区长和上一级审计机关的领导下,对本级预算执行情况、决算草案以及其他财政收支情况进行审计监督,向本级人民政府和上一级审计机关提出审计结果报告。

第二十条　审计署对中央银行的财务收支,进行审计监督。

第二十一条　审计机关对国家的事业组织和使用财政资金的其他事业组织的财务收支,进行审计监督。

第二十二条　审计机关对国有企业、国有金融机构和国有资本占控股地位或者主导地位的企业、金融机构的资产、负债、损益以及其他财务收支情况,进行审计监督。

遇有涉及国家财政金融重大利益情形,为维护国家经济安全,经国务院批准,审计署可以对前款规定以外的金融机构进行专项审计调查或者审计。

第二十三条　审计机关对政府投资和以政府投资为主的建设项目的预算执行情况和决算,对其他关系国家利益和公共利益的重大公共工程项目的资金管理使用和建设运营情况,进行审计监督。

第二十四条　审计机关对国有资源、国有资产,进行审计监督。

审计机关对政府部门管理的和其他单位受政府委托管理的社会保险基金、全国社会保障基金、社会捐赠资金以及其他公共资金的财务收支,进行审计监督。

第二十五条　审计机关对国际组织和外国政府援助、贷款项目的财务收支,进行审计监督。

第二十六条　根据经批准的审计项目计划安排,审计机关可以对被审计单位贯彻落实国家重大经济社会政策措施情况进行审计监督。

第二十七条　除本法规定的审计事项外,审计机关对其他法律、行政法规规定应当由审计机关进行审计的事项,依照本法和有关法律、行政法规的规定进行审计监督。

第二十八条 审计机关可以对被审计单位依法应当接受审计的事项进行全面审计，也可以对其中的特定事项进行专项审计。

第二十九条 审计机关有权对与国家财政收支有关的特定事项，向有关地方、部门、单位进行专项审计调查，并向本级人民政府和上一级审计机关报告审计调查结果。

第三十条 审计机关履行审计监督职责，发现经济社会运行中存在风险隐患的，应当及时向本级人民政府报告或者向有关主管机关、单位通报。

第三十一条 审计机关根据被审计单位的财政、财务隶属关系或者国有资源、国有资产监督管理关系，确定审计管辖范围。

审计机关之间对审计管辖范围有争议的，由其共同的上级审计机关确定。

上级审计机关对其审计管辖范围内的审计事项，可以授权下级审计机关进行审计，但本法第十八条至第二十条规定的审计事项不得进行授权；上级审计机关对下级审计机关审计管辖范围内的重大审计事项，可以直接进行审计，但是应当防止不必要的重复审计。

第三十二条 被审计单位应当加强对内部审计工作的领导，按照国家有关规定建立健全内部审计制度。

审计机关应当对被审计单位的内部审计工作进行业务指导和监督。

第三十三条 社会审计机构审计的单位依法属于被审计单位的，审计机关按照国务院的规定，有权对该社会审计机构出具的相关审计报告进行核查。

第四章 审计机关权限

第三十四条 审计机关有权要求被审计单位按照审计机关的规定提供财务、会计资料以及与财政收支、财务收支有关的业务、管理等资料，包括电子数据和有关文档。被审计单位不得拒绝、拖延、谎报。

被审计单位负责人应当对本单位提供资料的及时性、真实性和完整性负责。

审计机关对取得的电子数据等资料进行综合分析，需要向被审计单位核实有关情况的，被审计单位应当予以配合。

第三十五条 国家政务信息系统和数据共享平台应当按照规定向审计机关开放。

审计机关通过政务信息系统和数据共享平台取得的电子数据等资料能够满足需要的，不得要求被审计单位重复提供。

第三十六条 审计机关进行审计时，有权检查被审计单位的财务、会计资料以及与财政收支、财务收支有关的业务、管理等资料和资产，有权检查被审计单位信息系统的安全性、可靠性、经济性，被审计单位不得拒绝。

第三十七条 审计机关进行审计时，有权就审计事项的有关问题向有关单位和个人进行调查，并取得有关证明材料。有关单位和个人应当支持、协助审计机关工作，如实向审计机关反映情况，提供有关证明材料。

审计机关经县级以上人民政府审计机关负责人批准，有权查询被审计单位在金融机构的账户。

审计机关有证据证明被审计单位违反国家规定将公款转入其他单位、个人在金融机构账户的，经县级以上人民政府审计机关主要负责人批准，有权查询有关单位、个人在金融机构与审计事项相关的存款。

第三十八条 审计机关进行审计时，被审计单位不得转移、隐匿、篡改、毁弃财务、会计资料以及与财政收支、财务收支有关的业务、管理等资料，不得转移、隐匿、故意毁损所持有的违反国家规定取得的资产。

审计机关对被审计单位违反前款规定的行为，有权予以制止；必要时，经县级以上人民政府审计机关负责人批准，有权封存有关资料和违反国家规定取得的资产；对其中在金融机构的有关存款需要予以冻结的，应当向人民法院提出申请。

审计机关对被审计单位正在进行的违反国家规定的财政收支、财务收支行为，有权予以制止；制止无效的，经县级以上人民政府审计机关负责人批准，通知财政部门和有关主管机关、单位暂停拨付与违反国家规定的财政收支、财务收支行为直接有关的款项，已经拨付的，暂停使用。

审计机关采取前两款规定的措施不得影响被审计单位合法的业务活动和生产经营活动。

第三十九条 审计机关认为被审计单位所执行的上级主管机关、单位有关财政收支、财务收支的规定与法律、行政法规相抵触的，应当建议有关主管机关、单位纠正；有关主管机关、单位不予纠正的，审计机关应当提请有权处理的机关、单位依法处理。

第四十条 审计机关可以向政府有关部门通报或者向社会公布审计结果。

审计机关通报或者公布审计结果，应当保守国家秘密、工作秘密、商业秘密、个人隐私和个人信息，遵守法律、行政法规和国务院的有关规定。

第四十一条 审计机关履行审计监督职责，可以提请公安、财政、自然资源、生态环境、海关、税务、市场监督管理等机关予以协助。有关机关应当依法予以配合。

第五章 审计程序

第四十二条 审计机关根据经批准的审计项目计划确定的审计事项组成审计组，并应当在实施审计三日前，向被审计单位送达审计通知书；遇有特殊情况，经县级以上人民政府审计机关负责人批准，可以直接持审计通知书实施审计。

被审计单位应当配合审计机关的工作，并提供必要的工作条件。

审计机关应当提高审计工作效率。

第四十三条 审计人员通过审查财务、会计资料，查阅与审计事项有关的文件、资料，检查现金、实物、有价证券和信息系统，向有关单位和个人调查等方式进行审计，并取得证明材料。

向有关单位和个人进行调查时，审计人员应当不少于二人，并出示其工作证件和审计通知书副本。

第四十四条 审计组对审计事项实施审计后，应当向审计机关提出审计组的审计报告。审计组的审计报告报送审计机关前，应当征求被审计单位的意见。被审计单位应当自接到审计组的审计报告之日起十日内，将其书面意见送交审计组。审计组应当将被审计单位的书面意见一并报送审计机关。

第四十五条 审计机关按照审计署规定的程序对审计组的审计报告进行审议，并对被审计单位对审计组的审计报告提出的意见一并研究后，出具审计机关的审计报告。对违反国家规定的财政收支、财务收支行为，依法应当给予处理、处罚的，审计机关在法定职权范围内作出审计决定；需要移送有关主管机关、单位处理、处罚的，审计机关应当依法移送。

审计机关应当将审计机关的审计报告和审计决定送达被审计单位和有关主管机关、单位，并报上一级审计机关。审计决定自送达之日起生效。

第四十六条 上级审计机关认为下级审计机关作出的审计决定违反国家有关规定的，可以责成下级审计机关予以变更或者撤销，必要时也可以直接作出变更或者撤销的决定。

第六章 法律责任

第四十七条 被审计单位违反本法规定，拒绝、拖延提供与审计事项有关的资料，或者提供的资料不真实、不完整的，或者拒绝、阻碍检查、调查、核实有关情况的，由审计机关责令改正，可以通报批评，给予警告；拒不改正的，依法追究法律责任。

第四十八条 被审计单位违反本法规定，转移、隐匿、篡改、毁弃财务、会计资料以及与财政收支、财务收支有关的业务、管理等资料，或者转移、隐匿、故意毁损所持有的违反国家规定取得的资产，审计机关认为对直接负责的主管人员和其他直接责任人员依法应当给予处分的，应当向被审计单位提出处理建议，或者移送监察机关和有关主管机关、单位处理，有关机关、单位应当将处理结果书面告知审计机关；构成犯罪的，依法追究刑事责任。

第四十九条 对本级各部门（含直属单位）和下级政府违反预算的行为或者其他违反国家规定的财政收支行为，审计机关、人民政府或者有关主管机关、单位在法定职权范围内，依照法律、行政法规的规定，区别情况采取下列处理措施：

（一）责令限期缴纳应当上缴的款项；

（二）责令限期退还被侵占的国有资产；

（三）责令限期退还违法所得；

（四）责令按照国家统一的财务、会计制度的有关规定进行处理；

（五）其他处理措施。

第五十条 对被审计单位违反国家规定的财务收支行为，审计机关、人民政府或者有关主管机关、单位在法定职权范围内，依照法律、行政法规的规定，区别情况采取前条规定的处理措施，并可以依法给予处罚。

第五十一条 审计机关在法定职权范围内作出的审计决定，被审计单位应当执行。

审计机关依法责令被审计单位缴纳应当上缴的款项，被审计单位拒不执行的，审计机关应当通报有关主管机关、单位，有关主管机关、单位应当依照有关法律、行政法规的规定予以扣缴或者采取其他处理措施，并将处理结果书面告知审计机关。

第五十二条 被审计单位应当按照规定时间整改审计查出的问题，将整改情况报告审计机关，同时向本级人民政府或者有关主管机关、单位报告，并按照规定向社会公布。

各级人民政府和有关主管机关、单位应当督促被审计单位整改审计查出的问题。审计机关应当对被审计单位整改情况进行跟踪检查。

审计结果以及整改情况应当作为考核、任免、奖惩领导干部和制定政策、完善制度的重要参考；拒不整改或者整改时弄虚作假的，依法追究法律责任。

第五十三条 被审计单位对审计机关作出的有关财务收支的审计决定不服的，可以依法申请行政复议或者提起行政诉讼。

被审计单位对审计机关作出的有关财政收支的审计决定不服的，可以提请审计机关的本级人民政府裁决，本级人民政府的裁决为最终决定。

第五十四条 被审计单位的财政收支、财务收支违反国家规定，审计机关认为对直接负责的主管人员和其他直接责任人员依法应当给予处分的，应当向被审计单位提出处理建议，或者移送监察机关和有关主管机关、单位处理，有关机关、单位应当将处理结果书面告知审计机关。

第五十五条 被审计单位的财政收支、财务收支违反法律、行政法规的规定，构成犯罪的，依法追究刑事责任。

第五十六条 报复陷害审计人员的，依法给予处分；构成犯罪的，依法追究刑事责任。

第五十七条 审计人员滥用职权、徇私舞弊、玩忽职守或者泄露、向他人非法提供所知悉的国家秘密、工作秘密、商业秘密、个人隐私和个人信息的，依法给予处分；构成犯罪的，依法追究刑事责任。

第七章 附 则

第五十八条 领导干部经济责任审计和自然资源资产离任审计，依照本法和国家有关规定执行。

第五十九条 中国人民解放军和中国人民武装警察部队审计工作的规定，由中央军事委员会根据本法制定。

审计机关和军队审计机构应当建立健全协作配合机制，按照国家有关规定对涉及军地经济事项实施联合审计。

第六十条 本法自1995年1月1日起施行。1988年11月30日国务院发布的《中华人民共和国审计条例》同时废止。

中华人民共和国审计法实施条例

· 1997年10月21日中华人民共和国国务院令第231号公布
· 2010年2月2日国务院第100次常务会议修订通过
· 2010年2月11日中华人民共和国国务院令第571号公布
· 自2010年5月1日起施行

第一章 总 则

第一条 根据《中华人民共和国审计法》（以下简称审计法）的规定，制定本条例。

第二条 审计法所称审计，是指审计机关依法独立检查被审计单位的会计凭证、会计账簿、财务会计报告以及其他与财政收支、财务收支有关的资料和资产，监督财政收支、财务收支真实、合法和效益的行为。

第三条 审计法所称财政收支，是指依照《中华人民共和国预算法》和国家其他有关规定，纳入预算管理的收入和支出，以及下列财政资金中未纳入预算管理的收入和支出：

（一）行政事业性收费；
（二）国有资源、国有资产收入；
（三）应当上缴的国有资本经营收益；
（四）政府举借债务筹措的资金；
（五）其他未纳入预算管理的财政资金。

第四条 审计法所称财务收支，是指国有的金融机构、企业事业组织以及依法应当接受审计机关审计监督的其他单位，按照国家财务会计制度的规定，实行会计核算的各项收入和支出。

第五条 审计机关依照审计法和本条例以及其他有关法律、法规规定的职责、权限和程序进行审计监督。

审计机关依照有关财政收支、财务收支的法律、法规，以及国家有关政策、标准、项目目标等方面的规定进行审计评价，对被审计单位违反国家规定的财政收支、财务收支行为，在法定职权范围内作出处理、处罚的决定。

第六条 任何单位和个人对依法应当接受审计机关审计监督的单位违反国家规定的财政收支、财务收支行为，有权向审计机关举报。审计机关接到举报，应当依法及时处理。

第二章 审计机关和审计人员

第七条 审计署在国务院总理领导下，主管全国的审计工作，履行审计法和国务院规定的职责。

地方各级审计机关在本级人民政府行政首长和上一级审计机关的领导下，负责本行政区域的审计工作，履行法律、法规和本级人民政府规定的职责。

第八条 省、自治区人民政府设有派出机关的，派出机关的审计机关对派出机关和省、自治区人民政府审计机关负责并报告工作，审计业务以省、自治区人民政府审计机关领导为主。

第九条 审计机关派出机构依照法律、法规和审计机关的规定，在审计机关的授权范围内开展审计工作，不受其他行政机关、社会团体和个人的干涉。

第十条 审计机关编制年度经费预算草案的依据主要包括：

（一）法律、法规；
（二）本级人民政府的决定和要求；
（三）审计机关的年度审计工作计划；
（四）定员定额标准；
（五）上一年度经费预算执行情况和本年度的变化因素。

第十一条 审计人员实行审计专业技术资格制度，具体按照国家有关规定执行。

审计机关根据工作需要，可以聘请具有与审计事项相关专业知识的人员参加审计工作。

第十二条 审计人员办理审计事项，有下列情形之一的，应当申请回避，被审计单位也有权申请审计人员回避：

（一）与被审计单位负责人或者有关主管人员有夫妻关系、直系血亲关系、三代以内旁系血亲或者近姻亲关系的；

（二）与被审计单位或者审计事项有经济利益关系的；

（三）与被审计单位、审计事项、被审计单位负责人或者有关主管人员有其他利害关系，可能影响公正执行公务的。

审计人员的回避，由审计机关负责人决定；审计机关负责人办理审计事项时的回避，由本级人民政府或者上一级审计机关负责人决定。

第十三条 地方各级审计机关正职和副职负责人的任免，应当事先征求上一级审计机关的意见。

第十四条 审计机关负责人在任职期间没有下列情形之一的，不得随意撤换：

（一）因犯罪被追究刑事责任的；

（二）因严重违法、失职受到处分，不适宜继续担任审计机关负责人的；

（三）因健康原因不能履行职责1年以上的；

（四）不符合国家规定的其他任职条件的。

第三章　审计机关职责

第十五条 审计机关对本级人民政府财政部门具体组织本级预算执行的情况，本级预算收入征收部门征收预算收入的情况，与本级人民政府财政部门直接发生预算缴款、拨款关系的部门、单位的预算执行情况和决算，下级人民政府的预算执行情况和决算，以及其他财政收支情况，依法进行审计监督。经本级人民政府批准，审计机关对其他取得财政资金的单位和项目接受、运用财政资金的真实、合法和效益情况，依法进行审计监督。

第十六条 审计机关对本级预算收入和支出的执行情况进行审计监督的内容包括：

（一）财政部门按照本级人民代表大会批准的本级预算向本级各部门（含直属单位）批复预算的情况、本级预算执行中调整情况和预算收支变化情况；

（二）预算收入征收部门依照法律、行政法规的规定和国家其他有关规定征收预算收入情况；

（三）财政部门按照批准的年度预算、用款计划，以及规定的预算级次和程序，拨付本级预算支出资金情况；

（四）财政部门依照法律、行政法规的规定和财政管理体制，拨付和管理政府间财政转移支付资金情况以及办理结算、结转情况；

（五）国库按照国家有关规定办理预算收入的收纳、划分、留解情况和预算支出资金的拨付情况；

（六）本级各部门（含直属单位）执行年度预算情况；

（七）依照国家有关规定实行专项管理的预算资金收支情况；

（八）法律、法规规定的其他预算执行情况。

第十七条 审计法第十七条所称审计结果报告，应当包括下列内容：

（一）本级预算执行和其他财政收支的基本情况；

（二）审计机关对本级预算执行和其他财政收支情况作出的审计评价；

（三）本级预算执行和其他财政收支中存在的问题以及审计机关依法采取的措施；

（四）审计机关提出的改进本级预算执行和其他财政收支管理工作的建议；

（五）本级人民政府要求报告的其他情况。

第十八条 审计署对中央银行及其分支机构履行职责所发生的各项财务收支，依法进行审计监督。

审计署向国务院总理提出的中央预算执行和其他财政收支情况审计结果报告，应当包括对中央银行的财务收支的审计情况。

第十九条 审计法第二十一条所称国有资本占控股地位或者主导地位的企业、金融机构，包括：

（一）国有资本占企业、金融机构资本（股本）总额的比例超过50%的；

（二）国有资本占企业、金融机构资本（股本）总额的比例在50%以下，但国有资本投资主体拥有实际控制权的。

审计机关对前款规定的企业、金融机构，除国务院另有规定外，比照审计法第十八条第二款、第二十条规定进行审计监督。

第二十条 审计法第二十二条所称政府投资和以政府投资为主的建设项目,包括:

(一)全部使用预算内投资资金、专项建设基金、政府举借债务筹措的资金等财政资金的;

(二)未全部使用财政资金,财政资金占项目总投资的比例超过50%,或者占项目总投资的比例在50%以下,但政府拥有项目建设、运营实际控制权的。

审计机关对前款规定的建设项目的总预算或者概算的执行情况、年度预算的执行情况和年度决算、单项工程结算、项目竣工决算,依法进行审计监督;对前款规定的建设项目进行审计时,可以对直接有关的设计、施工、供货等单位取得建设项目资金的真实性、合法性进行调查。

第二十一条 审计法第二十三条所称社会保障基金,包括社会保险、社会救助、社会福利基金以及发展社会保障事业的其他专项基金;所称社会捐赠资金,包括来源于境内外的货币、有价证券和实物等各种形式的捐赠。

第二十二条 审计法第二十四条所称国际组织和外国政府援助、贷款项目,包括:

(一)国际组织、外国政府及其机构向中国政府及其机构提供的贷款项目;

(二)国际组织、外国政府及其机构向中国企业事业组织以及其他组织提供的由中国政府及其机构担保的贷款项目;

(三)国际组织、外国政府及其机构向中国政府及其机构提供的援助和赠款项目;

(四)国际组织、外国政府及其机构向受中国政府委托管理有关基金、资金的单位提供的援助和赠款项目;

(五)国际组织、外国政府及其机构提供援助、贷款的其他项目。

第二十三条 审计机关可以依照审计法和本条例规定的审计程序、方法以及国家其他有关规定,对预算管理或者国有资产管理使用等与国家财政收支有关的特定事项,向有关地方、部门、单位进行专项审计调查。

第二十四条 审计机关根据被审计单位的财政、财务隶属关系,确定审计管辖范围;不能根据财政、财务隶属关系确定审计管辖范围的,根据国有资产监督管理关系,确定审计管辖范围。

两个以上国有资本投资主体投资的金融机构、企业事业组织和建设项目,由对主要投资主体有审计管辖权的审计机关进行审计监督。

第二十五条 各级审计机关应当按照确定的审计管辖范围进行审计监督。

第二十六条 依法属于审计机关审计监督对象的单位的内部审计工作,应当接受审计机关的业务指导和监督。

依法属于审计机关审计监督对象的单位,可以根据内部审计工作的需要,参加依法成立的内部审计自律组织。审计机关可以通过内部审计自律组织,加强对内部审计工作的业务指导和监督。

第二十七条 审计机关进行审计或者专项审计调查时,有权对社会审计机构出具的相关审计报告进行核查。

审计机关核查社会审计机构出具的相关审计报告时,发现社会审计机构存在违反法律、法规或者执业准则等情况的,应当移送有关主管机关依法追究责任。

第四章 审计机关权限

第二十八条 审计机关依法进行审计监督时,被审计单位应当依照审计法第三十一条规定,向审计机关提供与财政收支、财务收支有关的资料。被审计单位负责人应当对本单位提供资料的真实性和完整性作出书面承诺。

第二十九条 各级人民政府财政、税务以及其他部门(含直属单位)应当向本级审计机关报送下列资料:

(一)本级人民代表大会批准的本级预算和本级人民政府财政部门向本级各部门(含直属单位)批复的预算,预算收入征收部门的年度收入计划,以及本级各部门(含直属单位)向所属各单位批复的预算;

(二)本级预算收支执行和预算收入征收部门的收入计划完成情况月报、年报,以及决算情况;

(三)综合性财政税务工作统计年报、情况简报,财政、预算、税务、财务和会计等规章制度;

(四)本级各部门(含直属单位)汇总编制的本部门决算草案。

第三十条 审计机关依照审计法第三十三条规定查询被审计单位在金融机构的账户的,应当持县级以上人民政府审计机关负责人签发的协助查询单位账户通知书;查询被审计单位以个人名义在金融机构的存款的,应当持县级以上人民政府审计机关主要负责人签发的协助查询个人存款通知书。有关金融机构应当予以协助,并提供证明材料,审计机关和审计人员负有保密义务。

第三十一条 审计法第三十四条所称违反国家规定取得的资产,包括:

(一)弄虚作假骗取的财政拨款、实物以及金融机构贷款;

(二)违反国家规定享受国家补贴、补助、贴息、免息、减税、免税、退税等优惠政策取得的资产；

（三）违反国家规定向他人收取的款项、有价证券、实物；

（四）违反国家规定处分国有资产取得的收益；

（五）违反国家规定取得的其他资产。

第三十二条　审计机关依照审计法第三十四条规定封存被审计单位有关资料和违反国家规定取得的资产的，应当持县级以上人民政府审计机关负责人签发的封存通知书，并在依法收集与审计事项相关的证明材料或者采取其他措施后解除封存。封存的期限为7日以内；有特殊情况需要延长的，经县级以上人民政府审计机关负责人批准，可以适当延长，但延长的期限不得超过7日。

对封存的资料、资产，审计机关可以指定被审计单位负责保管，被审计单位不得损毁或者擅自转移。

第三十三条　审计机关依照审计法第三十六条规定，可以就有关审计事项向政府有关部门通报或者向社会公布对被审计单位的审计、专项审计调查结果。

审计机关经与有关主管机关协商，可以在向社会公布的审计、专项审计调查结果中，一并公布对社会审计机构相关审计报告核查的结果。

审计机关拟向社会公布对上市公司的审计、专项审计调查结果的，应当在5日前将拟公布的内容告知上市公司。

第五章　审计程序

第三十四条　审计机关应当根据法律、法规和国家其他有关规定，按照本级人民政府和上级审计机关的要求，确定年度审计工作重点，编制年度审计项目计划。

审计机关在年度审计项目计划中确定对国有资本占控股地位或者主导地位的企业、金融机构进行审计的，应当自确定之日起7日内告知列入年度审计项目计划的企业、金融机构。

第三十五条　审计机关应当根据年度审计项目计划，组成审计组，调查了解被审计单位的有关情况，编制审计方案，并在实施审计3日前，向被审计单位送达审计通知书。

第三十六条　审计法第三十八条所称特殊情况，包括：

（一）办理紧急事项的；

（二）被审计单位涉嫌严重违法违规的；

（三）其他特殊情况。

第三十七条　审计人员实施审计时，应当按照下列规定办理：

（一）通过检查、查询、监督盘点、发函询证等方法实施审计；

（二）通过收集原件、原物或者复制、拍照等方法取得证明材料；

（三）对与审计事项有关的会议和谈话内容作出记录，或者要求被审计单位提供会议记录材料；

（四）记录审计实施过程和查证结果。

第三十八条　审计人员向有关单位和个人调查取得的证明材料，应当有提供者的签名或者盖章；不能取得提供者签名或者盖章的，审计人员应当注明原因。

第三十九条　审计组向审计机关提出审计报告前，应当书面征求被审计单位意见。被审计单位应当自接到审计组的审计报告之日起10日内，提出书面意见；10日内未提出书面意见的，视同无异议。

审计组应当针对被审计单位提出的书面意见，进一步核实情况，对审计组的审计报告作必要修改，连同被审计单位的书面意见一并报送审计机关。

第四十条　审计机关有关业务机构和专门机构或者人员对审计组的审计报告以及相关审计事项进行复核、审理后，由审计机关按照下列规定办理：

（一）提出审计机关的审计报告，内容包括：对审计事项的审计评价，对违反国家规定的财政收支、财务收支行为提出的处理、处罚意见，移送有关主管机关、单位的意见，改进财政收支、财务收支管理工作的意见；

（二）对违反国家规定的财政收支、财务收支行为，依法应当给予处理、处罚的，在法定职权范围内作出处理、处罚的审计决定；

（三）对依法应当追究有关人员责任的，向有关主管机关、单位提出给予处分的建议；对依法应当由有关主管机关处理、处罚的，移送有关主管机关；涉嫌犯罪的，移送司法机关。

第四十一条　审计机关在审计中发现损害国家利益和社会公共利益的事项，但处理、处罚依据又不明确的，应当向本级人民政府和上一级审计机关报告。

第四十二条　被审计单位应当按照审计机关规定的期限和要求执行审计决定。对应当上缴的款项，被审计单位应当按照财政管理体制和国家有关规定缴入国库或者财政专户。审计决定需要有关主管机关、单位协助执行的，审计机关应当书面提请协助执行。

第四十三条　上级审计机关应当对下级审计机关的审计业务依法进行监督。

下级审计机关作出的审计决定违反国家有关规定

的,上级审计机关可以责成下级审计机关予以变更或者撤销,也可以直接作出变更或者撤销的决定;审计决定被撤销后需要重新作出审计决定的,上级审计机关可以责成下级审计机关在规定的期限内重新作出审计决定,也可以直接作出审计决定。

下级审计机关应当作出而没有作出审计决定的,上级审计机关可以责成下级审计机关在规定的期限内作出审计决定,也可以直接作出审计决定。

第四十四条 审计机关进行专项审计调查时,应当向被调查的地方、部门、单位出示专项审计调查的书面通知,并说明有关情况;有关地方、部门、单位应当接受调查,如实反映情况,提供有关资料。

在专项审计调查中,依法属于审计机关审计监督对象的部门、单位有违反国家规定的财政收支、财务收支行为或者其他违法违规行为的,专项审计调查人员和审计机关可以依照审计法和本条例的规定提出审计报告,作出审计决定,或者移送有关主管机关、单位依法追究责任。

第四十五条 审计机关应当按照国家有关规定建立、健全审计档案制度。

第四十六条 审计机关送达审计文书,可以直接送达,也可以邮寄送达或者以其他方式送达。直接送达的,以被审计单位在送达回证上注明的签收日期或者见证人证明的收件日期为送达日期;邮寄送达的,以邮政回执上注明的收件日期为送达日期;以其他方式送达的,以签收或者收件日期为送达日期。

审计机关的审计文书的种类、内容和格式,由审计署规定。

第六章 法律责任

第四十七条 被审计单位违反审计法和本条例的规定,拒绝、拖延提供与审计事项有关的资料,或者提供的资料不真实、不完整,或者拒绝、阻碍检查的,由审计机关责令改正,可以通报批评,给予警告;拒不改正的,对被审计单位可以处5万元以下的罚款,对直接负责的主管人员和其他直接责任人员,可以处2万元以下的罚款,审计机关认为应当给予处分的,向有关主管机关、单位提出给予处分的建议;构成犯罪的,依法追究刑事责任。

第四十八条 对本级各部门(含直属单位)和下级人民政府违反预算的行为或者其他违反国家规定的财政收支行为,审计机关在法定职权范围内,依照法律、行政法规的规定,区别情况采取审计法第四十五条规定的处理措施。

第四十九条 对被审计单位违反国家规定的财务收支行为,审计机关在法定职权范围内,区别情况采取审计法第四十五条规定的处理措施,可以通报批评,给予警告;有违法所得的,没收违法所得,并处违法所得1倍以上5倍以下的罚款;没有违法所得的,可以处5万元以下的罚款;对直接负责的主管人员和其他直接责任人员,可以处2万元以下的罚款,审计机关认为应当给予处分的,向有关主管机关、单位提出给予处分的建议;构成犯罪的,依法追究刑事责任。

法律、行政法规对被审计单位违反国家规定的财务收支行为处理、处罚另有规定的,从其规定。

第五十条 审计机关在作出较大数额罚款的处罚决定前,应当告知被审计单位和有关人员有要求举行听证的权利。较大数额罚款的具体标准由审计署规定。

第五十一条 审计机关提出的对被审计单位给予处理、处罚的建议以及对直接负责的主管人员和其他直接责任人员给予处分的建议,有关主管机关、单位应当依法及时作出决定,并将结果书面通知审计机关。

第五十二条 被审计单位对审计机关依照审计法第十六条、第十七条和本条例第十五条规定进行审计监督作出的审计决定不服的,可以自审计决定送达之日起60日内,提请审计机关的本级人民政府裁决,本级人民政府的裁决为最终决定。

审计机关应当在审计决定中告知被审计单位提请裁决的途径和期限。

裁决期间,审计决定不停止执行。但是,有下列情形之一的,可以停止执行:

(一)审计机关认为需要停止执行的;

(二)受理裁决的人民政府认为需要停止执行的;

(三)被审计单位申请停止执行,受理裁决的人民政府认为其要求合理,决定停止执行的。

裁决由本级人民政府法制机构办理。裁决决定应当自接到提请之日起60日内作出;有特殊情况需要延长的,经法制机构负责人批准,可以适当延长,并告知审计机关和提请裁决的被审计单位,但延长的期限不得超过30日。

第五十三条 除本条例第五十二条规定的可以提请裁决的审计决定外,被审计单位对审计机关作出的其他审计决定不服的,可以依法申请行政复议或者提起行政诉讼。

审计机关应当在审计决定中告知被审计单位申请行政复议或者提起行政诉讼的途径和期限。

第五十四条 被审计单位应当将审计决定执行情况书面报告审计机关。审计机关应当检查审计决定的执行情况。

被审计单位不执行审计决定的，审计机关应当责令限期执行；逾期仍不执行的，审计机关可以申请人民法院强制执行，建议有关主管机关、单位对直接负责的主管人员和其他直接责任人员给予处分。

第五十五条 审计人员滥用职权、徇私舞弊、玩忽职守，或者泄露所知悉的国家秘密、商业秘密的，依法给予处分；构成犯罪的，依法追究刑事责任。

审计人员违法违纪取得的财物，依法予以追缴、没收或者责令退赔。

第七章 附 则

第五十六条 本条例所称以上、以下，包括本数。

本条例第五十二条规定的期间的最后一日是法定节假日的，以节假日后的第一个工作日为期间届满日。审计法和本条例规定的其他期间以工作日计算，不含法定节假日。

第五十七条 实施经济责任审计的规定，另行制定。

第五十八条 本条例自2010年5月1日起施行。

审计机关审计听证规定

· 2021年11月19日审计署令第14号公布
· 自公布之日起施行

第一条 为规范审计机关的审计处罚程序，保证审计质量，维护公民、法人或者其他组织的合法权益，根据《中华人民共和国行政处罚法》和《中华人民共和国审计法》及其实施条例，制定本规定。

第二条 审计机关进行审计听证应当遵循公正、公平、公开的原则。

第三条 审计机关对被审计单位和有关责任人员（以下统称当事人）拟作出下列审计处罚的，应当向当事人送达审计听证告知书，告知当事人有要求听证的权利，当事人要求听证的，审计机关应当举行审计听证会：

（一）对被审计单位处以十万元以上或者对个人处以一万元以上罚款的；

（二）对被审计单位处以没收十万元以上违法所得的；

（三）法律、法规、规章规定的其他情形。

第四条 审计听证告知书主要包括以下内容：

（一）当事人的名称或者姓名；
（二）当事人违法的事实和证据；
（三）审计处罚的法律依据；
（四）审计处罚建议；
（五）当事人有要求审计听证的权利；
（六）当事人申请审计听证的期限；
（七）审计机关的名称（印章）和日期。

第五条 当事人要求举行审计听证会的，应当自收到审计听证告知书之日起五个工作日内，向审计机关提出书面申请，列明听证要求，并由当事人签名或者盖章。逾期不提出书面申请的，视为放弃审计听证权利。

第六条 审计机关应当在举行审计听证会七个工作日前向当事人及有关人员送达审计听证会通知书，通知当事人举行审计听证会的时间、地点，审计听证主持人、书记员姓名，并告知当事人有申请主持人、书记员回避的权利。

第七条 除涉及国家秘密、商业秘密或者个人隐私依法予以保密外，审计听证会应当公开举行。

第八条 审计听证会的主持人由审计机关负责人指定的非本案审计人员担任，负责审计听证会的组织、主持工作。

书记员可以由一至二人组成，由主持人指定，负责审计听证的记录工作，制作审计听证笔录。

第九条 当事人认为主持人或者书记员与本案有直接利害关系的，有权申请其回避并说明理由。

当事人申请主持人回避应当在审计听证会举行之前提出；申请书记员回避可以在审计听证会举行时提出。

当事人申请回避可以以书面形式提出，也可以以口头形式提出。以口头形式提出的，由书记员记录在案。

第十条 主持人的回避，由审计机关负责人决定；书记员的回避，由主持人决定。

相关回避情况应当记入审计听证笔录。

第十一条 当事人可以亲自参加审计听证，也可以委托一至二人代理参加审计听证。委托他人代理参加审计听证会的，代理人应当出具当事人的授权委托书。

当事人的授权委托书应当载明代理人的代理权限。

第十二条 当事人接到审计听证通知书后，本人或者其代理人不能按时参加审计听证会的，应当及时告知审计机关并说明理由。

当事人及其代理人无正当理由拒不出席听证或者未经许可中途退出听证的，视为放弃听证权利，审计机关终止听证。终止听证的情况应当记入审计听证笔录。

第十三条　书记员应当将审计听证的全部活动记入审计听证笔录。审计机关认为有必要的，可以对审计听证会情况进行录音、录像。

审计听证笔录应当交听证双方确认无误后签字或者盖章。当事人或者其代理人如认为笔录有差错，可以要求补正。当事人或者其代理人拒绝签字或者盖章的，由听证主持人在笔录中注明。

第十四条　审计听证会参加人和旁听人员应当遵守以下听证纪律：

（一）审计听证会参加人应当在主持人的主持下发言、提问、辩论；

（二）未经主持人允许，审计听证会参加人不得提前退席；

（三）未经主持人允许，任何人不得录音、录像或摄影；

（四）旁听人员要保持肃静，不得发言、提问或者议论。

第十五条　主持人在审计听证会主持过程中，有以下权利：

（一）对审计听证会参加人的不当辩论或者其他违反审计听证会纪律的行为予以制止、警告；

（二）对违反审计听证会纪律的旁听人员予以制止、警告、责令退席；

（三）对违反审计听证纪律的人员制止无效的，提请公安机关依法处置。

第十六条　审计听证会应当按照下列程序进行：

（一）主持人宣读审计听证会的纪律和应注意的事项；

（二）主持人宣布审计听证会开始；

（三）主持人宣布案由并宣读参加审计听证会的主持人、书记员、听证参加人的姓名、工作单位和职务；

（四）主持人告知当事人或者其代理人有申请书记员回避的权利，并询问当事人或者其代理人是否申请回避；

（五）本案审计人员提出当事人违法的事实、证据和审计处罚的法律依据以及审计处罚建议；

（六）当事人进行陈述、申辩；

（七）在主持人允许下，双方进行质证、辩论；

（八）双方作最后陈述；

（九）书记员将所作的笔录交听证双方当场确认并签字或者盖章；

（十）主持人宣布审计听证会结束。

第十七条　有下列情形之一的，可以延期举行审计听证会：

（一）当事人或者其代理人有正当理由未到场的；

（二）需要通知新的证人到场，或者有新的事实需要重新调查核实的；

（三）主持人应当回避，需要重新确定主持人的；

（四）其他需要延期的情形。

第十八条　审计听证会结束后，主持人应当将审计听证笔录、案卷材料等一并报送审计机关。

审计机关根据审计听证笔录以及有关审理意见，区别以下情形作出决定：

（一）确有应受审计处罚的违法行为的，根据情节轻重及具体情况，作出审计处罚；

（二）违法事实不能成立的，不予审计处罚；

（三）违法行为轻微，依法依规可以不予审计处罚的，不予审计处罚。

违法行为涉嫌犯罪的，审计机关应当依法依规移送监察机关或者司法机关处理。

第十九条　审计机关不得因当事人要求审计听证、在审计听证中进行申辩和质证而加重处罚。

第二十条　审计听证文书和有关资料应当归入相应的审计项目档案。

第二十一条　审计听证文书送达适用《中华人民共和国民事诉讼法》的有关规定。

第二十二条　本规定由审计署负责解释。

第二十三条　本规定自发布之日起施行。审计署于2000年1月28日发布的《审计机关审计听证的规定》（2000年审计署第1号令）同时废止。

附件：

1. 审计听证告知书（参考格式）（略）
2. 审计听证会通知书（参考格式）（略）
3. 审计听证笔录（参考格式）（略）

中华人民共和国国家审计准则

· 2010年9月1日审计署令第8号公布
· 自2011年1月1日起施行

第一章　总　则

第一条　为了规范和指导审计机关和审计人员执行审计业务的行为，保证审计质量，防范审计风险，发挥审计保障国家经济和社会健康运行的"免疫系统"功能，根据《中华人民共和国审计法》、《中华人民共和国审计法实施条例》和其他有关法律法规，制定本准则。

第二条 本准则是审计机关和审计人员履行法定审计职责的行为规范，是执行审计业务的职业标准，是评价审计质量的基本尺度。

第三条 本准则中使用"应当"、"不得"词汇的条款为约束性条款，是审计机关和审计人员执行审计业务必须遵守的职业要求。

本准则中使用"可以"词汇的条款为指导性条款，是对良好审计实务的推介。

第四条 审计机关和审计人员执行审计业务，应当适用本准则。其他组织或者人员接受审计机关的委托、聘用、承办或者参加审计业务，也应当适用本准则。

第五条 审计机关和审计人员执行审计业务，应当区分被审计单位的责任和审计机关的责任。

在财政收支、财务收支以及有关经济活动中，履行法定职责、遵守相关法律法规、建立并实施内部控制、按照有关会计准则和会计制度编报财务会计报告、保持财务会计资料的真实性和完整性，是被审计单位的责任。

依据法律法规和本准则的规定，对被审计单位财政收支、财务收支以及有关经济活动独立实施审计并作出审计结论，是审计机关的责任。

第六条 审计机关的主要工作目标是通过监督被审计单位财政收支、财务收支以及有关经济活动的真实性、合法性、效益性，维护国家经济安全，推进民主法治，促进廉政建设，保障国家经济和社会健康发展。

真实性是指反映财政收支、财务收支以及有关经济活动的信息与实际情况相符合的程度。

合法性是指财政收支、财务收支以及有关经济活动遵守法律、法规或者规章的情况。

效益性是指财政收支、财务收支以及有关经济活动实现的经济效益、社会效益和环境效益。

第七条 审计机关对依法属于审计机关审计监督对象的单位、项目、资金进行审计。

审计机关按照国家有关规定，对依法属于审计机关审计监督对象的单位的主要负责人经济责任进行审计。

第八条 审计机关依法对预算管理或者国有资产管理使用等与国家财政收支有关的特定事项向有关地方、部门、单位进行专项审计调查。

审计机关进行专项审计调查时，也应当适用本准则。

第九条 审计机关和审计人员执行审计业务，应当依据年度审计项目计划，编制审计实施方案，获取审计证据，作出审计结论。

审计机关应当委派具备相应资格和能力的审计人员承办审计业务，并建立和执行审计质量控制制度。

第十条 审计机关依据法律法规规定，公开履行职责的情况及其结果，接受社会公众的监督。

第十一条 审计机关和审计人员未遵守本准则约束性条款的，应当说明原因。

第二章 审计机关和审计人员

第十二条 审计机关和审计人员执行审计业务，应当具备本准则规定的资格条件和职业要求。

第十三条 审计机关执行审计业务，应当具备下列资格条件：

（一）符合法定的审计职责和权限；

（二）有职业胜任能力的审计人员；

（三）建立适当的审计质量控制制度；

（四）必需的经费和其他工作条件。

第十四条 审计人员执行审计业务，应当具备下列职业要求：

（一）遵守法律法规和本准则；

（二）恪守审计职业道德；

（三）保持应有的审计独立性；

（四）具备必需的职业胜任能力；

（五）其他职业要求。

第十五条 审计人员应当恪守严格依法、正直坦诚、客观公正、勤勉尽责、保守秘密的基本审计职业道德。

严格依法就是审计人员应当严格依照法定的审计职责、权限和程序进行审计监督，规范审计行为。

正直坦诚就是审计人员应当坚持原则，不屈从于外部压力；不歪曲事实，不隐瞒审计发现的问题；廉洁自律，不利用职权谋取私利；维护国家利益和公共利益。

客观公正就是审计人员应当保持客观公正的立场和态度，以适当、充分的审计证据支持审计结论，实事求是地作出审计评价和处理审计发现的问题。

勤勉尽责就是审计人员应当爱岗敬业，勤勉高效，严谨细致，认真履行审计职责，保证审计工作质量。

保守秘密就是审计人员应当保守其在执行审计业务中知悉的国家秘密、商业秘密；对于执行审计业务取得的资料、形成的审计记录和掌握的相关情况，未经批准不得对外提供和披露，不得用于与审计工作无关的目的。

第十六条 审计人员执行审计业务时，应当保持应有的审计独立性，遇有下列可能损害审计独立性情形的，应当向审计机关报告：

（一）与被审计单位负责人或者有关主管人员有夫

妻关系、直系血亲关系、三代以内旁系血亲以及近姻亲关系；

（二）与被审计单位或者审计事项有直接经济利益关系；

（三）对曾经管理或者直接办理过的相关业务进行审计；

（四）可能损害审计独立性的其他情形。

第十七条　审计人员不得参加影响审计独立性的活动，不得参与被审计单位的管理活动。

第十八条　审计机关组成审计组时，应当了解审计组成员可能损害审计独立性的情形，并根据具体情况采取下列措施，避免损害审计独立性：

（一）依法要求相关审计人员回避；

（二）对相关审计人员执行具体审计业务的范围作出限制；

（三）对相关审计人员的工作追加必要的复核程序；

（四）其他措施。

第十九条　审计机关应当建立审计人员交流等制度，避免审计人员因执行审计业务长期与同一被审计单位接触可能对审计独立性造成的损害。

第二十条　审计机关可以聘请外部人员参加审计业务或者提供技术支持、专业咨询、专业鉴定。

审计机关聘请的外部人员应当具备本准则第十四条规定的职业要求。

第二十一条　有下列情形之一的外部人员，审计机关不得聘请：

（一）被刑事处罚的；

（二）被劳动教养的；

（三）被行政拘留的；

（四）审计独立性可能受到损害的；

（五）法律规定不得从事公务的其他情形。

第二十二条　审计人员应当具备与其从事审计业务相适应的专业知识、职业能力和工作经验。

审计机关应当建立和实施审计人员录用、继续教育、培训、业绩评价考核和奖惩激励制度，确保审计人员具有与其从事业务相适应的职业胜任能力。

第二十三条　审计机关应当合理配备审计人员，组成审计组，确保其在整体上具备与审计项目相适应的职业胜任能力。

被审计单位的信息技术对实现审计目标有重大影响的，审计组的整体胜任能力应当包括信息技术方面的胜任能力。

第二十四条　审计人员执行审计业务时，应当合理运用职业判断，保持职业谨慎，对被审计单位可能存在的重要问题保持警觉，并审慎评价所获取审计证据的适当性和充分性，得出恰当的审计结论。

第二十五条　审计人员执行审计业务时，应当从下列方面保持与被审计单位的工作关系：

（一）与被审计单位沟通并听取其意见；

（二）客观公正地作出审计结论，尊重并维护被审计单位的合法权益；

（三）严格执行审计纪律；

（四）坚持文明审计，保持良好的职业形象。

第三章　审计计划

第二十六条　审计机关应当根据法定的审计职责和审计管辖范围，编制年度审计项目计划。

编制年度审计项目计划应当服务大局，围绕政府工作中心，突出审计工作重点，合理安排审计资源，防止不必要的重复审计。

第二十七条　审计机关按照下列步骤编制年度审计项目计划：

（一）调查审计需求，初步选择审计项目；

（二）对初选审计项目进行可行性研究，确定备选审计项目及其优先顺序；

（三）评估审计机关可用审计资源，确定审计项目，编制年度审计项目计划。

第二十八条　审计机关从下列方面调查审计需求，初步选择审计项目：

（一）国家和地区财政收支、财务收支以及有关经济活动情况；

（二）政府工作中心；

（三）本级政府行政首长和相关领导机关对审计工作的要求；

（四）上级审计机关安排或者授权审计的事项；

（五）有关部门委托或者请求审计机关审计的事项；

（六）群众举报、公众关注的事项；

（七）经分析相关数据认为应当列入审计的事项；

（八）其他方面的需求。

第二十九条　审计机关对初选审计项目进行可行性研究，确定初选审计项目的审计目标、审计范围、审计重点和其他重要事项。

进行可行性研究重点调查研究下列内容：

（一）与确定和实施审计项目相关的法律法规和政策；

（二）管理体制、组织结构、主要业务及其开展情况；
（三）财政收支、财务收支状况及结果；
（四）相关的信息系统及其电子数据情况；
（五）管理和监督机构的监督检查情况及结果；
（六）以前年度审计情况；
（七）其他相关内容。

第三十条　审计机关在调查审计需求和可行性研究过程中，从下列方面对初选审计项目进行评估，以确定备选审计项目及其优先顺序：
（一）项目重要程度，评估在国家经济和社会发展中的重要性、政府行政首长和相关领导机关及公众关注程度、资金和资产规模等；
（二）项目风险水平，评估项目规模、管理和控制状况等；
（三）审计预期效果；
（四）审计频率和覆盖面；
（五）项目对审计资源的要求。

第三十一条　年度审计项目计划应当按照审计机关规定的程序审定。
审计机关在审定年度审计项目计划前，根据需要，可以组织专家进行论证。

第三十二条　下列审计项目应当作为必选审计项目：
（一）法律法规规定每年应当审计的项目；
（二）本级政府行政首长和相关领导机关要求审计的项目；
（三）上级审计机关安排或者授权的审计项目。
审计机关对必选审计项目，可以不进行可行性研究。

第三十三条　上级审计机关直接审计下级审计机关审计管辖范围内的重大审计事项，应当列入上级审计机关年度审计项目计划，并及时通知下级审计机关。

第三十四条　上级审计机关可以依法将其审计管辖范围内的审计事项，授权下级审计机关进行审计。对于上级审计机关审计管辖范围内的审计事项，下级审计机关也可以提出授权申请，报有管辖权的上级审计机关审批。
获得授权的审计机关应当将授权的审计事项列入年度审计项目计划。

第三十五条　根据中国政府及其机构与国际组织、外国政府及其机构签订的协议和上级审计机关的要求，审计机关确定对国际组织、外国政府及其机构援助、贷款项目进行审计的，应当纳入年度审计项目计划。

第三十六条　对于预算管理或者国有资产管理使用等与国家财政收支有关的特定事项，符合下列情形的，可以进行专项审计调查：
（一）涉及宏观性、普遍性、政策性或者体制、机制问题的；
（二）事项跨行业、跨地区、跨单位的；
（三）事项涉及大量非财务数据的；
（四）其他适宜进行专项审计调查的。

第三十七条　审计机关年度审计项目计划的内容主要包括：
（一）审计项目名称；
（二）审计目标，即实施审计项目预期要完成的任务和结果；
（三）审计范围，即审计项目涉及的具体单位、事项和所属期间；
（四）审计重点；
（五）审计项目组织和实施单位；
（六）审计资源。
采取跟踪审计方式实施的审计项目，年度审计项目计划应当列明跟踪的具体方式和要求。
专项审计调查项目的年度审计项目计划应当列明专项审计调查的要求。

第三十八条　审计机关编制年度审计项目计划可以采取文字、表格或者两者相结合的形式。

第三十九条　审计机关计划管理部门与业务部门或者派出机构，应当建立经常性的沟通和协调机制。
调查审计需求、进行可行性研究和确定备选审计项目，以业务部门或者派出机构为主实施；备选审计项目排序、配置审计资源和编制年度审计项目计划草案，以计划管理部门为主实施。

第四十条　审计机关根据项目评估结果，确定年度审计项目计划。

第四十一条　审计机关应当将年度审计项目计划报经本级政府行政首长批准并向上一级审计机关报告。

第四十二条　审计机关应当对确定的审计项目配置必要的审计人力资源、审计时间、审计技术装备、审计经费等审计资源。

第四十三条　审计机关同一年度内对同一被审计单位实施不同的审计项目，应当在人员和时间安排上进行协调，尽量避免给被审计单位工作带来不必要的影响。

第四十四条　审计机关应当将年度审计项目计划下达审计项目组织和实施单位执行。

年度审计项目计划一经下达，审计项目组织和实施单位应当确保完成，不得擅自变更。

第四十五条 年度审计项目计划执行过程中，遇有下列情形之一的，应当按照原审批程序调整：

（一）本级政府行政首长和相关领导机关临时交办审计项目的；

（二）上级审计机关临时安排或者授权审计项目的；

（三）突发重大公共事件需要进行审计的；

（四）原定审计项目的被审计单位发生重大变化，导致原计划无法实施的；

（五）需要更换审计项目实施单位的；

（六）审计目标、审计范围等发生重大变化需要调整的；

（七）需要调整的其他情形。

第四十六条 上级审计机关应当指导下级审计机关编制年度审计项目计划，提出下级审计机关重点审计领域或者审计项目安排的指导意见。

第四十七条 年度审计项目计划确定审计机关统一组织多个审计组共同实施一个审计项目或者分别实施同一类审计项目的，审计机关业务部门应当编制审计工作方案。

第四十八条 审计机关业务部门编制审计工作方案，应当根据年度审计项目计划形成过程中调查审计需求、进行可行性研究的情况，开展进一步调查，对审计目标、范围、重点和项目组织实施等进行确定。

第四十九条 审计工作方案的内容主要包括：

（一）审计目标；

（二）审计范围；

（三）审计内容和重点；

（四）审计工作组织安排；

（五）审计工作要求。

第五十条 审计机关业务部门编制的审计工作方案应当按照审计机关规定的程序审批。在年度审计项目计划确定的实施审计起始时间之前，下达到审计项目实施单位。

审计机关批准审计工作方案前，根据需要，可以组织专家进行论证。

第五十一条 审计机关业务部门根据审计实施过程中情况的变化，可以申请对审计工作方案的内容进行调整，并按审计机关规定的程序报批。

第五十二条 审计机关应当定期检查年度审计项目计划执行情况，评估执行效果。

审计项目实施单位应当向下达审计项目计划的审计机关报告计划执行情况。

第五十三条 审计机关应当按照国家有关规定，建立和实施审计项目计划执行情况及其结果的统计制度。

第四章 审计实施

第一节 审计实施方案

第五十四条 审计机关应当在实施项目审计前组成审计组。

审计组由审计组组长和其他成员组成。审计组实行审计组组长负责制。审计组组长由审计机关确定，审计组组长可以根据需要在审计组成员中确定主审，主审应当履行其规定职责和审计组组长委托履行的其他职责。

第五十五条 审计机关应当依照法律法规的规定，向被审计单位送达审计通知书。

第五十六条 审计通知书的内容主要包括被审计单位名称、审计依据、审计范围、审计起始时间、审计组组长及其他成员名单和被审计单位配合审计工作的要求。同时，还应当向被审计单位告知审计组的审计纪律要求。

采取跟踪审计方式实施审计的，审计通知书应当列明跟踪审计的具体方式和要求。

专项审计调查项目的审计通知书应当列明专项审计调查的要求。

第五十七条 审计组应当调查了解被审计单位及其相关情况，评估被审计单位存在重要问题的可能性，确定审计应对措施，编制审计实施方案。

对于审计机关已经下达审计工作方案的，审计组应当按照审计工作方案的要求编制审计实施方案。

第五十八条 审计实施方案的内容主要包括：

（一）审计目标；

（二）审计范围；

（三）审计内容、重点及审计措施，包括审计事项和根据本准则第七十三条确定的审计应对措施；

（四）审计工作要求，包括项目审计进度安排、审计组内部重要管理事项及职责分工等。

采取跟踪审计方式实施审计的，审计实施方案应当对整个跟踪审计工作作出统筹安排。

专项审计调查项目的审计实施方案应当列明专项审计调查的要求。

第五十九条 审计组调查了解被审计单位及其相关情况，为作出下列职业判断提供基础：

（一）确定职业判断适用的标准；

（二）判断可能存在的问题；
（三）判断问题的重要性；
（四）确定审计应对措施。

第六十条 审计人员可以从下列方面调查了解被审计单位及其相关情况：
（一）单位性质、组织结构；
（二）职责范围或者经营范围、业务活动及其目标；
（三）相关法律法规、政策及其执行情况；
（四）财政财务管理体制和业务管理体制；
（五）适用的业绩指标体系以及业绩评价情况；
（六）相关内部控制及其执行情况；
（七）相关信息系统及其电子数据情况；
（八）经济环境、行业状况及其他外部因素；
（九）以往接受审计和监管及其整改情况；
（十）需要了解的其他情况。

第六十一条 审计人员可以从下列方面调查了解被审计单位相关内部控制及其执行情况：
（一）控制环境，即管理模式、组织结构、责权配置、人力资源制度等；
（二）风险评估，即被审计单位确定、分析与实现内部控制目标相关的风险，以及采取的应对措施；
（三）控制活动，即根据风险评估结果采取的控制措施，包括不相容职务分离控制、授权审批控制、资产保护控制、预算控制、业绩分析和绩效考评控制等；
（四）信息与沟通，即收集、处理、传递与内部控制相关的信息，并能有效沟通的情况；
（五）对控制的监督，即对各项内部控制设计、职责及其履行情况的监督检查。

第六十二条 审计人员可以从下列方面调查了解被审计单位信息系统控制情况：
（一）一般控制，即保障信息系统正常运行的稳定性、有效性、安全性等方面的控制；
（二）应用控制，即保障信息系统产生的数据的真实性、完整性、可靠性等方面的控制。

第六十三条 审计人员可以采取下列方法调查了解被审计单位及其相关情况：
（一）书面或者口头询问被审计单位内部和外部相关人员；
（二）检查有关文件、报告、内部管理手册、信息系统的技术文档和操作手册；
（三）观察有关业务活动及其场所、设施和有关内部控制的执行情况；
（四）追踪有关业务的处理过程；
（五）分析相关数据。

第六十四条 审计人员根据审计目标和被审计单位的实际情况，运用职业判断确定调查了解的范围和程度。

对于定期审计项目，审计人员可以利用以往审计中获得的信息，重点调查了解已经发生变化的情况。

第六十五条 审计人员在调查了解被审计单位及其相关情况的过程中，可以选择下列标准作为职业判断的依据：
（一）法律、法规、规章和其他规范性文件；
（二）国家有关方针和政策；
（三）会计准则和会计制度；
（四）国家和行业的技术标准；
（五）预算、计划和合同；
（六）被审计单位的管理制度和绩效目标；
（七）被审计单位的历史数据和历史业绩；
（八）公认的业务惯例或者良好实务；
（九）专业机构或者专家的意见；
（十）其他标准。

审计人员在审计实施过程中需要持续关注标准的适用性。

第六十六条 职业判断所选择的标准应当具有客观性、适用性、相关性、公认性。

标准不一致时，审计人员应当采用权威的和公认程度高的标准。

第六十七条 审计人员应当结合适用的标准，分析调查了解的被审计单位及其相关情况，判断被审计单位可能存在的问题。

第六十八条 审计人员应当运用职业判断，根据可能存在问题的性质、数额及其发生的具体环境，判断其重要性。

第六十九条 审计人员判断重要性时，可以关注下列因素：
（一）是否属于涉嫌犯罪的问题；
（二）是否属于法律法规和政策禁止的问题；
（三）是否属于故意行为所产生的问题；
（四）可能存在问题涉及的数量或者金额；
（五）是否涉及政策、体制或者机制的严重缺陷；
（六）是否属于信息系统设计缺陷；
（七）政府行政首长和相关领导机关及公众的关注程度；
（八）需要关注的其他因素。

第七十条 审计人员实施审计时,应当根据重要性判断的结果,重点关注被审计单位可能存在的重要问题。

第七十一条 需要对财务报表发表审计意见的,审计人员可以参照中国注册会计师执业准则的有关规定确定和运用重要性。

第七十二条 审计组应当评估被审计单位存在重要问题的可能性,以确定审计事项和审计应对措施。

第七十三条 审计组针对审计事项确定的审计应对措施包括:

(一)评估对内部控制的依赖程度,确定是否及如何测试相关内部控制的有效性;

(二)评估对信息系统的依赖程度,确定是否及如何检查相关信息系统的有效性、安全性;

(三)确定主要审计步骤和方法;

(四)确定审计时间;

(五)确定执行的审计人员;

(六)其他必要措施。

第七十四条 审计组在分配审计资源时,应当为重要审计事项分派有经验的审计人员和安排充足的审计时间,并评估特定审计事项是否需要利用外部专家的工作。

第七十五条 审计人员认为存在下列情形之一的,应当测试相关内部控制的有效性:

(一)某项内部控制设计合理且预期运行有效,能够防止重要问题的发生;

(二)仅实施实质性审查不足以为发现重要问题提供适当、充分的审计证据。

审计人员决定不依赖某项内部控制的,可以对审计事项直接进行实质性审查。

被审计单位规模较小、业务比较简单的,审计人员可以对审计事项直接进行实质性审查。

第七十六条 审计人员认为存在下列情形之一的,应当检查相关信息系统的有效性、安全性:

(一)仅审计电子数据不足以为发现重要问题提供适当、充分的审计证据;

(二)电子数据中频繁出现某类差异。

审计人员在检查被审计单位相关信息系统时,可以利用被审计单位信息系统的现有功能或者采用其他计算机技术和工具,检查中应当避免被审计单位相关信息系统及其电子数据造成不良影响。

第七十七条 审计人员实施审计时,应当持续关注已作出的重要性判断和对存在重要问题可能性的评估是否恰当,及时作出修正,并调整审计应对措施。

第七十八条 遇有下列情形之一的,审计组应当及时调整审计实施方案:

(一)年度审计项目计划、审计工作方案发生变化的;

(二)审计目标发生重大变化的;

(三)重要审计事项发生变化的;

(四)被审计单位及其相关情况发生重大变化的;

(五)审计组人员及其分工发生重大变化的;

(六)需要调整的其他情形。

第七十九条 一般审计项目的审计实施方案应当经审计组组长审定,并及时报审计机关业务部门备案。

重要审计项目的审计实施方案应当报经审计机关负责人审定。

第八十条 审计组调整审计实施方案中的下列事项,应当报经审计机关主要负责人批准:

(一)审计目标;

(二)审计组组长;

(三)审计重点;

(四)现场审计结束时间。

第八十一条 编制和调整审计实施方案可以采取文字、表格或者两者相结合的形式。

第二节 审计证据

第八十二条 审计证据是指审计人员获取的能够为审计结论提供合理基础的全部事实,包括审计人员调查了解被审计单位及其相关情况和对确定的审计事项进行审查所获取的证据。

第八十三条 审计人员应当依照法定权限和程序获取审计证据。

第八十四条 审计人员获取的审计证据,应当具有适当性和充分性。

适当性是对审计证据质量的衡量,即审计证据在支持审计结论方面具有的相关性和可靠性。相关性是指审计证据与审计事项及其具体审计目标之间具有实质性联系。可靠性是指审计证据真实、可信。

充分性是对审计证据数量的衡量。审计人员在评估存在重要问题的可能性和审计证据质量的基础上,决定应当获取审计证据的数量。

第八十五条 审计人员对审计证据的相关性分析时,应当关注下列方面:

(一)一种取证方法获取的审计证据可能只与某些具体审计目标相关,而与其他具体审计目标无关;

(二)针对一项具体审计目标可以从不同来源获取

审计证据或者获取不同形式的审计证据。

第八十六条 审计人员可以从下列方面分析审计证据的可靠性：

（一）从被审计单位外部获取的审计证据比从内部获取的审计证据更可靠；

（二）内部控制健全有效情况下形成的审计证据比内部控制缺失或者无效情况下形成的审计证据更可靠；

（三）直接获取的审计证据比间接获取的审计证据更可靠；

（四）从被审计单位财务会计资料中直接采集的审计证据比经被审计单位加工处理后提交的审计证据更可靠；

（五）原件形式的审计证据比复制件形式的审计证据更可靠。

不同来源和不同形式的审计证据存在不一致或者不能相互印证时，审计人员应当追加必要的审计措施，确定审计证据的可靠性。

第八十七条 审计人员获取的电子审计证据包括与信息系统控制相关的配置参数、反映交易记录的电子数据等。

采集被审计单位电子数据作为审计证据的，审计人员应当记录电子数据的采集和处理过程。

第八十八条 审计人员根据实际情况，可以在审计事项中选取全部项目或者部分特定项目进行审查，也可以进行审计抽样，以获取审计证据。

第八十九条 存在下列情形之一的，审计人员可以对审计事项中的全部项目进行审查：

（一）审计事项由少量大额项目构成的；

（二）审计事项可能存在重要问题，而选取其中部分项目进行审查无法提供适当、充分的审计证据的；

（三）对审计事项中的全部项目进行审查符合成本效益原则的。

第九十条 审计人员可以在审计事项中选取下列特定项目进行审查：

（一）大额或者重要项目；

（二）数量或者金额符合设定标准的项目；

（三）其他特定项目。

选取部分特定项目进行审查的结果，不能用于推断整个审计事项。

第九十一条 在审计事项包含的项目数量较多，需要对审计事项某一方面的总体特征作出结论时，审计人员可以进行审计抽样。

审计人员进行审计抽样时，可以参照中国注册会计师执业准则的有关规定。

第九十二条 审计人员可以采取下列方法向有关单位和个人获取审计证据：

（一）检查，是指对纸质、电子或者其他介质形式存在的文件、资料进行审查，或者对有形资产进行审查；

（二）观察，是指察看相关人员正在从事的活动或者执行的程序；

（三）询问，是指以书面或者口头方式向有关人员了解关于审计事项的信息；

（四）外部调查，是指向与审计事项有关的第三方进行调查；

（五）重新计算，是指以手工方式或者使用信息技术对有关数据计算的正确性进行核对；

（六）重新操作，是指对有关业务程序或者控制活动独立进行重新操作验证；

（七）分析，是指研究财务数据之间、财务数据与非财务数据之间可能存在的合理关系，对相关信息作出评价，并关注异常波动和差异。

审计人员进行专项审计调查，可以使用上述方法及其以外的其他方法。

第九十三条 审计人员应当依照法律法规规定，取得被审计单位负责人对本单位提供资料真实性和完整性的书面承诺。

第九十四条 审计人员取得证明被审计单位存在违反国家规定的财政收支、财务收支行为以及其他重要审计事项的审计证据材料，应当由提供证据的有关人员、单位签名或者盖章；不能取得签名或者盖章不影响事实存在的，该审计证据仍然有效，但审计人员应当注明原因。

审计事项比较复杂或者取得的审计证据数量较大的，可以对审计证据进行汇总分析，编制审计取证单，由证据提供者签名或者盖章。

第九十五条 被审计单位的相关资料、资产可能被转移、隐匿、篡改、毁弃并影响获取审计证据的，审计机关应当依照法律法规的规定采取相应的证据保全措施。

第九十六条 审计机关执行审计业务过程中，因行使职权受到限制而无法获取适当、充分的审计证据，或者无法制止违法行为对国家利益的侵害时，根据需要，可以按照有关规定提请有权处理的机关或者相关单位予以协助和配合。

第九十七条 审计人员需要利用所聘请外部人员的专业咨询和专业鉴定作为审计证据的，应当对下列方面作出判断：
（一）依据的样本是否符合审计项目的具体情况；
（二）使用的方法是否适当和合理；
（三）专业咨询、专业鉴定是否与其他审计证据相符。

第九十八条 审计人员需要使用有关监管机构、中介机构、内部审计机构等已经形成的工作结果作为审计证据的，应当对该工作结果的下列方面作出判断：
（一）是否与审计目标相关；
（二）是否可靠；
（三）是否与其他审计证据相符。

第九十九条 审计人员对于重要问题，可以围绕下列方面获取审计证据：
（一）标准，即判断被审计单位是否存在问题的依据；
（二）事实，即客观存在和发生的情况。事实与标准之间的差异构成审计发现的问题；
（三）影响，即问题产生的后果；
（四）原因，即问题产生的条件。

第一百条 审计人员在审计实施过程中，应当持续评价审计证据的适当性和充分性。
已采取的审计措施难以获取适当、充分审计证据的，审计人员应当采取替代审计措施；仍无法获取审计证据的，由审计组报请审计机关采取其他必要的措施或者不作出审计结论。

第三节 审计记录

第一百零一条 审计人员应当真实、完整地记录实施审计的过程、得出的结论和与审计项目有关的重要管理事项，以实现下列目标：
（一）支持审计人员编制审计实施方案和审计报告；
（二）证明审计人员遵循相关法律法规和本准则；
（三）便于对审计人员的工作实施指导、监督和检查。

第一百零二条 审计人员作出的记录，应当使未参与该项业务的有经验的其他审计人员能够理解其执行的审计措施、获取的审计证据、作出的职业判断和得出的审计结论。

第一百零三条 审计记录包括调查了解记录、审计工作底稿和重要管理事项记录。

第一百零四条 审计组在编制审计实施方案前，应当对调查了解被审计单位及其相关情况作出记录。调查了解记录的内容主要包括：
（一）对被审计单位及其相关情况的调查了解情况；
（二）对被审计单位存在重要问题可能性的评估情况；
（三）确定的审计事项及其审计应对措施。

第一百零五条 审计工作底稿主要记录审计人员依据审计实施方案执行审计措施的活动。
审计人员对审计实施方案确定的每一审计事项，均应当编制审计工作底稿。一个审计事项可以根据需要编制多份审计工作底稿。

第一百零六条 审计工作底稿的内容主要包括：
（一）审计项目名称；
（二）审计事项名称；
（三）审计过程和结论；
（四）审计人员姓名及审计工作底稿编制日期并签名；
（五）审核人员姓名、审核意见及审核日期并签名；
（六）索引号及页码；
（七）附件数量。

第一百零七条 审计工作底稿记录的审计过程和结论主要包括：
（一）实施审计的主要步骤和方法；
（二）取得的审计证据的名称和来源；
（三）审计认定的事实摘要；
（四）得出的审计结论及其相关标准。

第一百零八条 审计证据材料应当作为调查了解记录和审计工作底稿的附件。一份审计证据材料对应多个审计记录时，审计人员可以将审计证据材料附在与其关系最密切的审计记录后面，并在其他审计记录中予以注明。

第一百零九条 审计组起草审计报告前，审计组组长应当对审计工作底稿的下列事项进行审核：
（一）具体审计目标是否实现；
（二）审计措施是否有效执行；
（三）事实是否清楚；
（四）审计证据是否适当、充分；
（五）得出的审计结论及其相关标准是否适当；
（六）其他有关重要事项。

第一百一十条 审计组组长审核审计工作底稿，应当根据不同情况分别提出下列意见：
（一）予以认可；
（二）责成采取进一步审计措施，获取适当、充分的审计证据；
（三）纠正或者责成纠正不恰当的审计结论。

第一百一十一条 重要管理事项记录应当记载与审

计项目相关并对审计结论有重要影响的下列管理事项：

（一）可能损害审计独立性的情形及采取的措施；

（二）所聘请外部人员的相关情况；

（三）被审计单位承诺情况；

（四）征求被审计对象或者相关单位及人员意见的情况、被审计对象或者相关单位及人员反馈的意见及审计组的采纳情况；

（五）审计组对审计发现的重大问题和审计报告讨论的过程及结论；

（六）审计机关业务部门对审计报告、审计决定书等审计项目材料的复核情况和意见；

（七）审理机构对审计项目的审理情况和意见；

（八）审计机关对审计报告的审定过程和结论；

（九）审计人员未能遵守本准则规定的约束性条款及其原因；

（十）因外部因素使审计任务无法完成的原因及影响；

（十一）其他重要管理事项。

重要管理事项记录可以使用被审计单位承诺书、审计机关内部审批文稿、会议记录、会议纪要、审理意见书或者其他书面形式。

第四节 重大违法行为检查

第一百一十二条 审计人员执行审计业务时，应当保持职业谨慎，充分关注可能存在的重大违法行为。

第一百一十三条 本准则所称重大违法行为是指被审计单位和相关人员违反法律法规、涉及金额比较大、造成国家重大经济损失或者对社会造成重大不良影响的行为。

第一百一十四条 审计人员检查重大违法行为，应当评估被审计单位和相关人员实施重大违法行为的动机、性质、后果和违法构成。

第一百一十五条 审计人员调查了解被审计单位及其相关情况时，可以重点了解可能与重大违法行为有关的下列事项：

（一）被审计单位所在行业发生重大违法行为的状况；

（二）有关的法律法规及其执行情况；

（三）监管部门已经发现和了解的与被审计单位有关的重大违法行为的事实或者线索；

（四）可能形成重大违法行为的动机和原因；

（五）相关的内部控制及其执行情况；

（六）其他情况。

第一百一十六条 审计人员可以通过关注下列情况，判断可能存在的重大违法行为：

（一）具体经济活动中存在的异常事项；

（二）财务和非财务数据中反映出的异常变化；

（三）有关部门提供的线索和群众举报；

（四）公众、媒体的反映和报道；

（五）其他情况。

第一百一十七条 审计人员根据被审计单位实际情况、工作经验和审计发现的异常现象，判断可能存在重大违法行为的性质，并确定检查重点。

审计人员在检查重大违法行为时，应当关注重大违法行为的高发领域和环节。

第一百一十八条 发现重大违法行为的线索，审计组或者审计机关可以采取下列应对措施：

（一）增派具有相关经验和能力的人员；

（二）避免让有关单位和人员事先知晓检查的时间、事项、范围和方式；

（三）扩大检查范围，使其能够覆盖重大违法行为可能涉及的领域；

（四）获取必要的外部证据；

（五）依法采取保全措施；

（六）提请有关机关予以协助和配合；

（七）向政府和有关部门报告；

（八）其他必要的应对措施。

第五章 审计报告

第一节 审计报告的形式和内容

第一百一十九条 审计报告包括审计机关进行审计后出具的审计报告以及专项审计调查后出具的专项审计调查报告。

第一百二十条 审计组实施审计或者专项审计调查后，应当向派出审计组的审计机关提交审计报告。审计机关审定审计组的审计报告后，应当出具审计机关的审计报告。遇有特殊情况，审计机关可以不向被调查单位出具专项审计调查报告。

第一百二十一条 审计报告应当内容完整、事实清楚、结论正确、用词恰当、格式规范。

第一百二十二条 审计机关的审计报告（审计组的审计报告）包括下列基本要素：

（一）标题；

（二）文号（审计组的审计报告不含此项）；

（三）被审计单位名称；

（四）审计项目名称；
（五）内容；
（六）审计机关名称（审计组名称及审计组组长签名）；
（七）签发日期（审计组向审计机关提交报告的日期）。

经济责任审计报告还包括被审计人员姓名及所担任职务。

第一百二十三条 审计报告的内容主要包括：
（一）审计依据，即实施审计所依据的法律法规规定；
（二）实施审计的基本情况，一般包括审计范围、内容、方式和实施的起止时间；
（三）被审计单位基本情况；
（四）审计评价意见，即根据不同的审计目标，以适当、充分的审计证据为基础发表的评价意见；
（五）以往审计决定执行情况和审计建议采纳情况；
（六）审计发现的被审计单位违反国家规定的财政收支、财务收支行为和其他重要问题的事实、定性、处理处罚意见以及依据的法律法规和标准；
（七）审计发现的移送处理事项的事实和移送处理意见，但是涉嫌犯罪等不宜让被审计单位知悉的事项除外；
（八）针对审计发现的问题，根据需要提出的改进建议。

审计期间被审计单位对审计发现的问题已经整改的，审计报告还应当包括有关整改情况。

经济责任审计报告还应当包括被审计人员履行经济责任的基本情况，以及被审计人员对审计发现问题承担的责任。

核查社会审计机构相关审计报告发现的问题，应当在审计报告中一并反映。

第一百二十四条 采取跟踪审计方式实施审计的，审计组在跟踪审计过程中发现的问题，应当以审计机关的名义及时向被审计单位通报，并要求其整改。

跟踪审计实施工作全部结束后，应当以审计机关的名义出具审计报告。审计报告应当反映审计发现但尚未整改的问题，以及已经整改的重要问题及其整改情况。

第一百二十五条 专项审计调查报告除符合审计报告的要素和内容要求外，还应当根据专项审计调查目标重点分析宏观性、普遍性、政策性或者体制、机制问题并提出改进建议。

第一百二十六条 对审计或者专项审计调查中发现被审计单位违反国家规定的财政收支、财务收支行为，依法应当由审计机关在法定职权范围内作出处理处罚决定的，审计机关应当出具审计决定书。

第一百二十七条 审计决定书的内容主要包括：
（一）审计的依据、内容和时间；
（二）违反国家规定的财政收支、财务收支行为的事实、定性、处理处罚决定以及法律法规依据；
（三）处理处罚决定执行的期限和被审计单位书面报告审计决定执行结果等要求；
（四）依法提请政府裁决或者申请行政复议、提起行政诉讼的途径和期限。

第一百二十八条 审计或者专项审计调查发现的依法需要移送其他有关主管机关或者单位纠正、处理处罚或者追究有关人员责任的事项，审计机关应当出具审计移送处理书。

第一百二十九条 审计移送处理书的内容主要包括：
（一）审计的时间和内容；
（二）依法需要移送有关主管机关或者单位纠正、处理处罚或者追究有关人员责任事项的事实、定性及其依据和审计机关的意见；
（三）移送的依据和移送处理说明，包括将处理结果书面告知审计机关的说明；
（四）所附的审计证据材料。

第一百三十条 出具对国际组织、外国政府及其机构援助、贷款项目的审计报告，按照审计机关的相关规定执行。

第二节　审计报告的编审

第一百三十一条 审计组在起草审计报告前，应当讨论确定下列事项：
（一）评价审计目标的实现情况；
（二）审计实施方案确定的审计事项完成情况；
（三）评价审计证据的适当性和充分性；
（四）提出审计评价意见；
（五）评估审计发现问题的重要性；
（六）提出对审计发现问题的处理处罚意见；
（七）其他有关事项。

审计组应当对讨论前款事项的情况及其结果作出记录。

第一百三十二条 审计组组长应当确认审计工作底稿和审计证据已经审核，并从总体上评价审计证据的适当性和充分性。

第一百三十三条　审计组根据不同的审计目标，以审计认定的事实为基础，在防范审计风险的情况下，按照重要性原则，从真实性、合法性、效益性方面提出审计评价意见。

审计组应当只对所审计的事项发表审计评价意见。对审计过程中未涉及、审计证据不适当或者不充分、评价依据或者标准不明确以及超越审计职责范围的事项，不得发表审计评价意见。

第一百三十四条　审计组应当根据审计发现问题的性质、数额及其发生的原因和审计报告的使用对象，评估审计发现问题的重要性，如实在审计报告中予以反映。

第一百三十五条　审计组对审计发现的问题提出处理处罚意见时，应当关注下列因素：

（一）法律法规的规定；

（二）审计职权范围：属于审计职权范围的，直接提出处理处罚意见，不属于审计职权范围的，提出移送处理意见；

（三）问题的性质、金额、情节、原因和后果；

（四）对同类问题处理处罚的一致性；

（五）需要关注的其他因素。

审计发现被审计单位信息系统存在重大漏洞或者不符合国家规定的，应当责成被审计单位在规定期限内整改。

第一百三十六条　审计组应当针对经济责任审计发现的问题，根据被审计人员履行职责情况，界定其应当承担的责任。

第一百三十七条　审计组实施审计或者专项审计调查后，应当提出审计报告，按照审计机关规定的程序审批后，以审计机关的名义征求被审计单位、被调查单位和拟处罚的有关责任人员的意见。

经济责任审计报告还应当征求被审计人员的意见；必要时，征求有关干部监督管理部门的意见。

审计报告中涉及的重大经济案件调查等特殊事项，经审计机关主要负责人批准，可以不征求被审计单位或者被审计人员的意见。

第一百三十八条　被审计单位、被调查单位、被审计人员或有关责任人员对征求意见的审计报告有异议的，审计组应当进一步核实，并根据核实情况对审计报告作出必要的修改。

审计组应当对采纳被审计单位、被调查单位、被审计人员、有关责任人员意见的情况和原因，或者上述单位或人员未在法定时间内提出书面意见的情况作出书面说明。

第一百三十九条　对被审计单位或者被调查单位违反国家规定的财政收支、财务收支行为，依法应当由审计机关进行处理处罚的，审计组应当起草审计决定书。

对依法应当由其他有关部门纠正、处理处罚或者追究有关责任人员责任的事项，审计组应当起草审计移送处理书。

第一百四十条　审计组应当将下列材料报送审计机关业务部门复核：

（一）审计报告；

（二）审计决定书；

（三）被审计单位、被调查单位、被审计人员或者有关责任人员对审计报告的书面意见及审计组采纳情况的书面说明；

（四）审计实施方案；

（五）调查了解记录、审计工作底稿、重要管理事项记录、审计证据材料；

（六）其他有关材料。

第一百四十一条　审计机关业务部门应当对下列事项进行复核，并提出书面复核意见：

（一）审计目标是否实现；

（二）审计实施方案确定的审计事项是否完成；

（三）审计发现的重要问题是否在审计报告中反映；

（四）事实是否清楚、数据是否正确；

（五）审计证据是否适当、充分；

（六）审计评价、定性、处理处罚和移送处理意见是否恰当，适用法律法规和标准是否适当；

（七）被审计单位、被调查单位、被审计人员或有关责任人员提出的合理意见是否采纳；

（八）需要复核的其他事项。

第一百四十二条　审计机关业务部门应当将复核修改后的审计报告、审计决定书等审计项目材料连同书面复核意见，报送审理机构审理。

第一百四十三条　审理机构以审计实施方案为基础，重点关注审计实施的过程及结果，主要审理下列内容：

（一）审计实施方案确定的审计事项是否完成；

（二）审计发现的重要问题是否在审计报告中反映；

（三）主要事实是否清楚、相关证据是否适当、充分；

（四）适用法律法规和标准是否适当；

（五）评价、定性、处理处罚意见是否恰当；

（六）审计程序是否符合规定。

第一百四十四条 审理机构审理时,应当就有关事项与审计组及相关业务部门进行沟通。

必要时,审理机构可以参加审计组与被审计单位交换意见的会议,或者向被审计单位和有关人员了解相关情况。

第一百四十五条 审理机构审理后,可以根据情况采取下列措施:

(一)要求审计组补充重要审计证据;

(二)对审计报告、审计决定书进行修改。

审理过程中遇有复杂问题的,经审计机关负责人同意后,审理机构可以组织专家进行论证。

审理机构审理后,应当出具审理意见书。

第一百四十六条 审理机构将审理后的审计报告、审计决定书连同审理意见书报送审计机关负责人。

第一百四十七条 审计报告、审计决定书原则上应当由审计机关审计业务会议审定;特殊情况下,经审计机关主要负责人授权,可以由审计机关其他负责人审定。

第一百四十八条 审计决定书经审定,处罚的事实、理由、依据、决定与审计组征求意见的审计报告不一致并且加重处罚的,审计机关应当依照有关法律法规的规定及时告知被审计单位、被调查单位和有关责任人员,并听取其陈述和申辩。

第一百四十九条 对于拟作出罚款的处罚决定,符合法律法规规定的听证条件的,审计机关应当依照有关法律法规的规定履行听证程序。

第一百五十条 审计报告、审计决定书经审计机关负责人签发后,按照下列要求办理:

(一)审计报告送达被审计单位、被调查单位;

(二)经济责任审计报告送达被审计单位和被审计人员;

(三)审计决定书送达被审计单位、被调查单位、被处罚的有关责任人员。

第三节 专题报告与综合报告

第一百五十一条 审计机关在审计中发现的下列事项,可以采用专题报告、审计信息等方式向本级政府、上一级审计机关报告:

(一)涉嫌重大违法犯罪的问题;

(二)与国家财政收支、财务收支有关政策及其执行中存在的重大问题;

(三)关系国家经济安全的重大问题;

(四)关系国家信息安全的重大问题;

(五)影响人民群众经济利益的重大问题;

(六)其他重大事项。

第一百五十二条 专题报告应当主题突出、事实清楚、定性准确、建议适当。

审计信息应当事实清楚、定性准确、内容精炼、格式规范、反映及时。

第一百五十三条 审计机关统一组织审计项目的,可以根据需要汇总审计情况和结果,编制审计综合报告。必要时,审计综合报告应当征求有关主管机关的意见。

审计综合报告按照审计机关规定的程序审定后,向本级政府和上一级审计机关报送,或者向有关部门通报。

第一百五十四条 审计机关实施经济责任审计项目后,应当按照相关规定,向本级政府行政首长和有关干部监督管理部门报告经济责任审计结果。

第一百五十五条 审计机关依照法律法规的规定,每年汇总对本级预算执行情况和其他财政收支情况的审计报告,形成审计结果报告,报送本级政府和上一级审计机关。

第一百五十六条 审计机关依照法律法规的规定,代本级政府起草本级预算执行情况和其他财政收支情况的审计工作报告(稿),经本级政府行政首长审定后,受本级政府委托向本级人民代表大会常务委员会报告。

第四节 审计结果公布

第一百五十七条 审计机关依法实行公告制度。审计机关的审计结果、审计调查结果依法向社会公布。

第一百五十八条 审计机关公布的审计和审计调查结果主要包括下列信息:

(一)被审计(调查)单位基本情况;

(二)审计(调查)评价意见;

(三)审计(调查)发现的主要问题;

(四)处理处罚决定及审计(调查)建议;

(五)被审计(调查)单位的整改情况。

第一百五十九条 在公布审计和审计调查结果时,审计机关不得公布下列信息:

(一)涉及国家秘密、商业秘密的信息;

(二)正在调查、处理过程中的事项;

(三)依照法律法规的规定不予公开的其他信息。

涉及商业秘密的信息,经权利人同意或者审计机关认为不公布可能对公共利益造成重大影响的,可以予以公布。

审计机关公布审计和审计调查结果应当客观公正。

第一百六十条 审计机关公布审计和审计调查结果,应当指定专门机构统一办理,履行规定的保密审查和审核手续,报经审计机关主要负责人批准。

审计机关内设机构、派出机构和个人,未经授权不得向社会公布审计和审计调查结果。

第一百六十一条 审计机关统一组织不同级次审计机关参加的审计项目,其审计和审计调查结果原则上由负责该项目组织工作的审计机关统一对外公布。

第一百六十二条 审计机关公布审计和审计调查结果按照国家有关规定需要报批的,未经批准不得公布。

第五节 审计整改检查

第一百六十三条 审计机关应当建立审计整改检查机制,督促被审计单位和其他有关单位根据审计结果进行整改。

第一百六十四条 审计机关主要检查或者了解下列事项:

(一)执行审计机关作出的处理处罚决定情况;

(二)对审计机关要求自行纠正事项采取措施的情况;

(三)根据审计机关的审计建议采取措施的情况;

(四)对审计机关移送处理事项采取措施的情况。

第一百六十五条 审计组在审计实施过程中,应当及时督促被审计单位整改审计发现的问题。

审计机关在出具审计报告、作出审计决定后,应当在规定的时间内检查或者了解被审计单位和其他有关单位的整改情况。

第一百六十六条 审计机关可以采取下列方式检查或者了解被审计单位和其他有关单位的整改情况:

(一)实地检查或者了解;

(二)取得并审阅相关书面材料;

(三)其他方式。

对于定期审计项目,审计机关可以结合下一次审计,检查或者了解被审计单位的整改情况。

检查或者了解被审计单位和其他有关单位的整改情况应当取得相关证明材料。

第一百六十七条 审计机关指定的部门负责检查或者了解被审计单位和其他有关单位整改情况,并向审计机关提出检查报告。

第一百六十八条 检查报告的内容主要包括:

(一)检查工作开展情况,主要包括检查时间、范围、对象、和方式等;

(二)被审计单位和其他有关单位的整改情况;

(三)没有整改或者没有完全整改事项的原因和建议。

第一百六十九条 审计机关对被审计单位没有整改或者没有完全整改的事项,依法采取必要措施。

第一百七十条 审计机关对审计决定书中存在的重要错误事项,应当予以纠正。

第一百七十一条 审计机关汇总审计整改情况,向本级政府报送关于审计工作报告中指出问题的整改情况的报告。

第六章 审计质量控制和责任

第一百七十二条 审计机关应当建立审计质量控制制度,以保证实现下列目标:

(一)遵守法律法规和本准则;

(二)作出恰当的审计结论;

(三)依法进行处理处罚。

第一百七十三条 审计机关应当针对下列要素建立审计质量控制制度:

(一)审计质量责任;

(二)审计职业道德;

(三)审计人力资源;

(四)审计业务执行;

(五)审计质量监控。

对前款第二、三、四项应当按照本准则第二至五章的有关要求建立审计质量控制制度。

第一百七十四条 审计机关实行审计组成员、审计组主审、审计组组长、审计机关业务部门、审理机构、总审计师和审计机关负责人对审计业务的分级质量控制。

第一百七十五条 审计组成员的工作职责包括:

(一)遵守本准则,保持审计独立性;

(二)按照分工完成审计任务,获取审计证据;

(三)如实记录实施的审计工作并报告工作结果;

(四)完成分配的其他工作。

第一百七十六条 审计组成员应当对下列事项承担责任:

(一)未按审计实施方案实施审计导致重大问题未被发现的;

(二)未按照本准则的要求获取审计证据导致审计证据不适当、不充分的;

(三)审计记录不真实、不完整的;

(四)对发现的重要问题隐瞒不报或者不如实报告的。

第一百七十七条 审计组组长的工作职责包括:

(一)编制或者审定审计实施方案;

(二)组织实施审计工作;

(三)督导审计组成员的工作；
(四)审核审计工作底稿和审计证据；
(五)组织编制并审核审计组起草的审计报告、审计决定书、审计移送处理书、专题报告、审计信息；
(六)配置和管理审计组的资源；
(七)审计机关规定的其他职责。

第一百七十八条 审计组组长应当从下列方面督导审计组成员的工作：
(一)将具体审计事项和审计措施等信息告知审计组成员，并与其讨论；
(二)检查审计组成员的工作进展，评估审计组成员的工作质量，并解决工作中存在的问题；
(三)给予审计组成员必要的培训和指导。

第一百七十九条 审计组组长应当对审计项目的总体质量负责，并对下列事项承担责任：
(一)审计实施方案编制或者组织实施不当，造成审计目标未实现或者重要问题未被发现的；
(二)审核未发现或者未纠正审计证据不适当、不充分问题的；
(三)审核未发现或者未纠正审计工作底稿不真实、不完整问题的；
(四)得出的审计结论不正确的；
(五)审计组起草的审计文书和审计信息反映的问题严重失实的；
(六)提出的审计处理处罚意见或者移送处理意见不正确的；
(七)对审计组发现的重要问题隐瞒不报或者不如实报告的；
(八)违反法定审计程序的。

第一百八十条 根据工作需要，审计组可以设立主审。主审根据审计分工和审计组组长的委托，主要履行下列职责：
(一)起草审计实施方案、审计文书和审计信息；
(二)对主要审计事项进行审计查证；
(三)协助组织实施审计；
(四)督导审计组成员的工作；
(五)审核审计工作底稿和审计证据；
(六)组织审计项目归档工作；
(七)完成审计组组长委托的其他工作。

第一百八十一条 审计组组长将其工作职责委托给主审或者审计组其他成员，仍应当对委托事项承担责任。受委托的成员在受托范围内承担相应责任。

第一百八十二条 审计机关业务部门的工作职责包括：
(一)提出审计组组长人选；
(二)确定聘请外部人员事宜；
(三)指导、监督审计组的审计工作；
(四)复核审计报告、审计决定书等审计项目材料；
(五)审计机关规定的其他职责。

业务部门统一组织审计项目的，应当承担编制审计工作方案，组织、协调审计实施和汇总审计结果的职责。

第一百八十三条 审计机关业务部门应当及时发现和纠正审计组工作中存在的重要问题，并对下列事项承担责任：
(一)对审计组请示的问题未及时采取适当措施导致严重后果的；
(二)复核未发现审计报告、审计决定书等审计项目材料中存在的重要问题的；
(三)复核意见不正确的；
(四)要求审计组不在审计文书和审计信息中反映重要问题的。

业务部门对统一组织审计项目的汇总审计结果出现重大错误、造成严重不良影响的事项承担责任。

第一百八十四条 审计机关审理机构的工作职责包括：
(一)审查修改审计报告、审计决定书；
(二)提出审理意见；
(三)审计机关规定的其他职责。

第一百八十五条 审计机关审理机构对下列事项承担责任：
(一)审理意见不正确的；
(二)对审计报告、审计决定书作出的修改不正确的；
(三)审理时应当发现而未发现重要问题的。

第一百八十六条 审计机关负责人的工作职责包括：
(一)审定审计项目目标、范围和审计资源的配置；
(二)指导和监督检查审计工作；
(三)审定审计文书和审计信息；
(四)审计管理中的其他重要事项。

审计机关负责人对审计项目实施结果承担最终责任。

第一百八十七条 审计机关对审计人员违反法律法规和本准则的行为，应当按照相关规定追究其责任。

第一百八十八条 审计机关应当按照国家有关规

定,建立健全审计项目档案管理制度,明确审计项目归档要求、保存期限、保存措施、档案利用审批程序等。

第一百八十九条 审计项目归档工作实行审计组组长负责制,审计组组长应当确定立卷责任人。

立卷责任人应当收集审计项目的文件材料,并在审计项目终结后及时立卷归档,由审计组组长审查验收。

第一百九十条 审计机关实行审计业务质量检查制度,对其业务部门、派出机构和下级审计机关的审计业务质量进行检查。

第一百九十一条 审计机关可以通过查阅有关文件和审计档案、询问相关人员等方式、方法,检查下列事项:

(一)建立和执行审计质量控制制度的情况;

(二)审计工作中遵守法律法规和本准则的情况;

(三)与审计业务质量有关的其他事项。

审计业务质量检查应当重点关注审计结论的恰当性、审计处理处罚意见的合法性和适当性。

第一百九十二条 审计机关开展审计业务质量检查,应当向被检查单位通报检查结果。

第一百九十三条 审计机关在审计业务质量检查中,发现被检查的派出机构或者下级审计机关应当作出审计决定而未作出的,可以依法直接或者责成其在规定期限内作出审计决定;发现其作出的审计决定违反国家有关规定的,可以依法直接或者责成其在规定期限内变更、撤销审计决定。

第一百九十四条 审计机关应当对其业务部门、派出机构实行审计业务年度考核制度,考核审计质量控制目标的实现情况。

第一百九十五条 审计机关可以定期组织优秀审计项目评选,对被评为优秀审计项目的予以表彰。

第一百九十六条 审计机关应当对审计质量控制制度及其执行情况进行持续评估,及时发现审计质量控制制度及其执行中存在的问题,并采取措施加以纠正或者改进。

审计机关可以结合日常管理工作或者通过开展审计业务质量检查、考核和优秀审计项目评选等方式,对审计质量控制制度及其执行情况进行持续评估。

第七章 附 则

第一百九十七条 审计机关和审计人员开展下列工作,不适用本准则的规定:

(一)配合有关部门查处案件;

(二)与有关部门共同办理检查事项;

(三)接受交办或者接受委托办理不属于法定审计职责范围的事项。

第一百九十八条 地方审计机关可以根据本地实际情况,在遵循本准则规定的基础上制定实施细则。

第一百九十九条 本准则由审计署负责解释。

第二百条 本准则自2011年1月1日起施行。附件所列的审计署以前发布的审计准则和规定同时废止。

附件

废止的审计准则和规定目录

1. 中华人民共和国国家审计基本准则(2000年审计署第1号令)

2. 审计机关审计处理处罚的规定(2000年审计署第1号令)

3. 审计机关审计方案准则(2000年审计署第2号令)

4. 审计机关审计证据准则(2000年审计署第2号令)

5. 审计机关审计工作底稿准则(试行)(2000年审计署第2号令)

6. 审计机关审计报告编审准则(2000年审计署第2号令)

7. 审计机关审计复核准则(2000年审计署第2号令)

8. 审计机关专项审计调查准则(2001年审计署第3号令)

9. 审计机关公布审计结果准则(2001年审计署第3号令)

10. 审计机关审计人员职业道德准则(2001年审计署第3号令)

11. 审计机关国家建设项目审计准则(2001年审计署第3号令)

12. 审计机关审计重要性与审计风险评价准则(2003年审计署第5号令)

13. 审计机关分析性复核准则(2003年审计署第5号令)

14. 审计机关内部控制测评准则(2003年审计署第5号令)

15. 审计机关审计抽样准则(2003年审计署第5号令)

16. 审计机关审计事项评价准则(2003年审计署第5号令)

17. 国有企业财务审计准则（试行）（审法发〔1999〕10号）

18. 审计机关审计项目质量控制办法（试行）（2004年审计署第6号令）

19. 审计署关于国有金融机构财务审计实施办法（审金发〔1996〕331号）

20. 审计署关于中央银行财务审计实施办法（审金发〔1996〕332号）

21. 审计机关对社会保障基金审计实施办法（审行发〔1996〕350号）

22. 审计机关对社会捐赠资金审计实施办法（审行发〔1996〕351号）

23. 审计机关对国外贷援款项目审计实施办法（审外资发〔1996〕353号）

24. 审计机关审计行政强制性措施的规定（审法发〔1996〕359号）

25. 审计机关指导监督内部审计业务的规定（审管发〔1996〕367号）

26. 审计署关于派出审计局开展审计工作的暂行办法（审发〔1998〕314号）

27. 中央预算执行审计工作程序实施细则（审财发〔1999〕32号）

28. 审计机关审计项目计划管理办法（审办发〔2002〕104号）

审计署关于内部审计工作的规定

- 2018年1月12日审计署令第11号公布
- 自2018年3月1日起施行

第一章　总　则

第一条　为了加强内部审计工作，建立健全内部审计制度，提升内部审计工作质量，充分发挥内部审计作用，根据《中华人民共和国审计法》《中华人民共和国审计法实施条例》以及国家其他有关规定，制定本规定。

第二条　依法属于审计机关审计监督对象的单位（以下统称单位）的内部审计工作，以及审计机关对单位内部审计工作的业务指导和监督，适用本规定。

第三条　本规定所称内部审计，是指对本单位及所属单位财政财务收支、经济活动、内部控制、风险管理实施独立、客观的监督、评价和建议，以促进单位完善治理、实现目标的活动。

第四条　单位应当依照有关法律法规、本规定和内部审计职业规范，结合本单位实际情况，建立健全内部审计制度，明确内部审计工作的领导体制、职责权限、人员配备、经费保障、审计结果运用和责任追究等。

第五条　内部审计机构和内部审计人员从事内部审计工作，应当严格遵守有关法律法规、本规定和内部审计职业规范，忠于职守，做到独立、客观、公正、保密。

内部审计机构和内部审计人员不得参与可能影响独立、客观履行审计职责的工作。

第二章　内部审计机构和人员管理

第六条　国家机关、事业单位、社会团体等单位的内部审计机构或者履行内部审计职责的内设机构，应当在本单位党组织、主要负责人的直接领导下开展内部审计工作，向其负责并报告工作。

国有企业内部审计机构或者履行内部审计职责的内设机构应当在企业党组织、董事会（或者主要负责人）直接领导下开展内部审计工作，向其负责并报告工作。国有企业应当按照有关规定建立总审计师制度。总审计师协助党组织、董事会（或者主要负责人）管理内部审计工作。

第七条　内部审计人员应当具备从事审计工作所需要的专业能力。单位应当严格内部审计人员录用标准，支持和保障内部审计机构通过多种途径开展继续教育，提高内部审计人员的职业胜任能力。

内部审计机构负责人应当具备审计、会计、经济、法律或者管理等工作背景。

第八条　内部审计机构应当根据工作需要，合理配备内部审计人员。除涉密事项外，可以根据内部审计工作需要向社会购买审计服务，并对采用的审计结果负责。

第九条　单位应当保障内部审计机构和内部审计人员依法依规独立履行职责，任何单位和个人不得打击报复。

第十条　内部审计机构履行内部审计职责所需经费，应当列入本单位预算。

第十一条　对忠于职守、坚持原则、认真履职、成绩显著的内部审计人员，由所在单位予以表彰。

第三章　内部审计职责权限和程序

第十二条　内部审计机构或者履行内部审计职责的内设机构应当按照国家有关规定和本单位的要求，履行下列职责：

（一）对本单位及所属单位贯彻落实国家重大政策措施情况进行审计；

（二）对本单位及所属单位发展规划、战略决策、重大措施以及年度业务计划执行情况进行审计；

（三）对本单位及所属单位财政财务收支进行审计；

（四）对本单位及所属单位固定资产投资项目进行审计；

（五）对本单位及所属单位的自然资源资产管理和生态环境保护责任的履行情况进行审计；

（六）对本单位及所属单位的境外机构、境外资产和境外经济活动进行审计；

（七）对本单位及所属单位经济管理和效益情况进行审计；

（八）对本单位及所属单位内部控制及风险管理情况进行审计；

（九）对本单位内部管理的领导人员履行经济责任情况进行审计；

（十）协助本单位主要负责人督促落实审计发现问题的整改工作；

（十一）对本单位所属单位的内部审计工作进行指导、监督和管理；

（十二）国家有关规定和本单位要求办理的其他事项。

第十三条　内部审计机构或者履行内部审计职责的内设机构应有下列权限：

（一）要求被审计单位按时报送发展规划、战略决策、重大措施、内部控制、风险管理、财政财务收支等有关资料（含相关电子数据，下同），以及必要的计算机技术文档；

（二）参加单位有关会议，召开与审计事项有关的会议；

（三）参与研究制定有关的规章制度，提出制定内部审计规章制度的建议；

（四）检查有关财政财务收支、经济活动、内部控制、风险管理的资料、文件和现场勘察实物；

（五）检查有关计算机系统及其电子数据和资料；

（六）就审计事项中的有关问题，向有关单位和个人开展调查和询问，取得相关证明材料；

（七）对正在进行的严重违法违规、严重损失浪费行为及时向单位主要负责人报告，经同意作出临时制止决定；

（八）对可能转移、隐匿、篡改、毁弃会计凭证、会计账簿、会计报表以及与经济活动有关的资料，经批准，有权予以暂时封存；

（九）提出纠正、处理违法违规行为的意见和改进管理、提高绩效的建议；

（十）对违法违规和造成损失浪费的被审计单位和人员，给予通报批评或者提出追究责任的建议；

（十一）对严格遵守财经法规、经济效益显著、贡献突出的被审计单位和个人，可以向单位党组织、董事会（或者主要负责人）提出表彰建议。

第十四条　单位党组织、董事会（或者主要负责人）应当定期听取内部审计工作汇报，加强对内部审计工作规划、年度审计计划、审计质量控制、问题整改和队伍建设等重要事项的管理。

第十五条　下属单位、分支机构较多或者实行系统垂直管理的单位，其内部审计机构应当对全系统的内部审计工作进行指导和监督。系统内各单位的内部审计结果和发现的重大违纪违法问题线索，在向本单位党组织、董事会（或者主要负责人）报告的同时，应当及时向上一级单位的内部审计机构报告。

单位应当将内部审计工作计划、工作总结、审计报告、整改情况以及审计中发现的重大违纪违法问题线索等资料报送同级审计机关备案。

第十六条　内部审计的实施程序，应当依照内部审计职业规范和本单位的相关规定执行。

第十七条　内部审计机构或者履行内部审计职责的内设机构，对本单位内部管理的领导人员实施经济责任审计时，可以参照执行国家有关经济责任审计的规定。

第四章　审计结果运用

第十八条　单位应当建立健全审计发现问题整改机制，明确被审计单位主要负责人为整改第一责任人。对审计发现的问题和提出的建议，被审计单位应当及时整改，并将整改结果书面告知内部审计机构。

第十九条　单位对内部审计发现的典型性、普遍性、倾向性问题，应当及时分析研究，制定和完善相关管理制度，建立健全内部控制措施。

第二十条　内部审计机构应当加强与内部纪检监察、巡视巡察、组织人事等其他内部监督力量的协作配合，建立信息共享、结果共用、重要事项共同实施、问题整改问责共同落实等工作机制。

内部审计结果及整改情况应当作为考核、任免、奖惩干部和相关决策的重要依据。

第二十一条　单位对内部审计发现的重大违纪违法问题线索，应当按照管辖权限依法依规及时移送纪检监察机关、司法机关。

第二十二条　审计机关在审计中，特别是在国家机关、事业单位和国有企业三级以下单位审计中，应当有效利用内部审计力量和成果。对内部审计发现且已经纠正的问题不再在审计报告中反映。

第五章 对内部审计工作的指导和监督

第二十三条 审计机关应当依法对内部审计工作进行业务指导和监督,明确内部职能机构和专职人员,并履行下列职责:

(一)起草有关内部审计工作的法规草案;

(二)制定有关内部审计工作的规章制度和规划;

(三)推动单位建立健全内部审计制度;

(四)指导内部审计统筹安排审计计划,突出审计重点;

(五)监督内部审计职责履行情况,检查内部审计业务质量;

(六)指导内部审计自律组织开展工作;

(七)法律、法规规定的其他职责。

第二十四条 审计机关可以通过业务培训、交流研讨等方式,加强对内部审计人员的业务指导。

第二十五条 审计机关应当对单位报送的备案资料进行分析,将其作为编制年度审计项目计划的参考依据。

第二十六条 审计机关可以采取日常监督、结合审计项目监督、专项检查等方式,对单位的内部审计制度建立健全情况、内部审计工作质量情况等进行指导和监督。

对内部审计制度建设和内部审计工作质量存在问题的,审计机关应当督促单位内部审计机构及时进行整改并书面报告整改情况;情节严重的,应当通报批评并视情况抄送有关主管部门。

第二十七条 审计机关应当按照国家有关规定对内部审计自律组织进行政策和业务指导,推动内部审计自律组织按法律法规和章程开展活动。必要时,可以向内部审计自律组织购买服务。

第六章 责任追究

第二十八条 被审计单位有下列情形之一的,由单位党组织、董事会(或者主要负责人)责令改正,并对直接负责的主管人员和其他直接责任人员进行处理:

(一)拒绝接受或者不配合内部审计工作的;

(二)拒绝、拖延提供与内部审计事项有关的资料,或者提供资料不真实、不完整的;

(三)拒不纠正审计发现问题的;

(四)整改不力、屡审屡犯的;

(五)违反国家规定或者本单位内部规定的其他情形。

第二十九条 内部审计机构或者履行内部审计职责的内设机构和内部审计人员有下列情形之一的,由单位对直接负责的主管人员和其他直接责任人员进行处理;涉嫌犯罪的,移送司法机关依法追究刑事责任:

(一)未按有关法律法规、本规定和内部审计职业规范实施审计导致应当发现的问题未被发现并造成严重后果的;

(二)隐瞒审计查出的问题或者提供虚假审计报告的;

(三)泄露国家秘密或者商业秘密的;

(四)利用职权谋取私利的;

(五)违反国家规定或者本单位内部规定的其他情形。

第三十条 内部审计人员因履行职责受到打击、报复、陷害的,单位党组织、董事会(或者主要负责人)应当及时采取保护措施,并对相关责任人员进行处理;涉嫌犯罪的,移送司法机关依法追究刑事责任。

第七章 附则

第三十一条 本规定所称国有企业是指国有和国有资本占控股地位或者主导地位的企业、金融机构。

第三十二条 不属于审计机关审计监督对象的单位的内部审计工作,可以参照本规定执行。

第三十三条 本规定由审计署负责解释。

第三十四条 本规定自2018年3月1日起施行。审计署于2003年3月4日发布的《审计署关于内部审计工作的规定》(2003年审计署第4号令)同时废止。

审计机关封存资料资产规定

· 2010年12月28日审计署令第9号公布
· 自2011年2月1日起施行

第一条 为了规范审计机关封存被审计单位有关资料和违反国家规定取得的资产的行为,保障审计机关和审计人员严格依法行使审计监督职权,提高依法审计水平,维护国家利益和被审计单位的合法权益,根据审计法、审计法实施条例和其他有关法律法规,制定本规定。

第二条 审计机关对被审计单位有关资料和违反国家规定取得的资产采取封存措施适用本规定。

审计机关在审计证据可能灭失或者以后难以取得的情况下,采取的先行登记保存措施,依照行政处罚法和有关行政法规的规定执行。

第三条 审计机关采取封存措施,应当遵循合法、谨慎的原则。

审计机关应当严格依照审计法、审计法实施条例和本规定确定的条件、程序采取封存措施，不得滥用封存权。

审计机关通过制止被审计单位违法行为、及时取证或者采取先行登记保存措施可以达到审计目的的，不必采取封存措施。

第四条 有下列情形之一的，审计机关可以采取封存措施：

（一）被审计单位正在或者可能转移、隐匿、篡改、毁弃会计凭证、会计账簿、财务会计报告以及其他与财政收支或者财务收支有关的资料的；

（二）被审计单位正在或者可能转移、隐匿违反国家规定取得的资产的。

第五条 审计机关依法对被审计单位的下列资料进行封存：

（一）会计凭证、会计账簿、财务会计报告等会计资料；

（二）合同、文件、会议记录等与被审计单位财政收支或者财务收支有关的其他资料。

上述资料存储在磁、光、电等介质上的，审计机关可以依法封存相关存储介质。

第六条 审计机关依法对被审计单位违反国家规定取得的现金、实物等资产或者有价证券、权属证明等资产凭证进行封存。

第七条 审计机关采取封存措施，应当经县级以上人民政府审计机关（含县级人民政府审计机关和省级以上人民政府审计机关派出机构，下同）负责人批准，由两名审计人员实施。

第八条 审计机关采取封存措施，应当向被审计单位送达封存通知书。

封存通知书包括下列内容：

（一）被审计单位名称；

（二）封存依据；

（三）封存资料或者资产的名称、数量等；

（四）封存期限；

（五）被审计单位申请行政复议或者提起行政诉讼的途径和期限；

（六）审计机关的名称、印章和日期。

在被审计单位正在转移、隐匿、篡改、毁弃有关资料或者正在转移、隐匿违反国家规定取得的资产等紧急情况下，审计人员报经县级以上人民政府审计机关负责人口头批准，可以采取必要措施，当场予以封存，再补送封存通知书。

第九条 审计机关采取封存措施时，审计人员应当会同被审计单位相关人员对有关资料或者资产进行清点，开列封存清单。

封存清单一般登记封存资料的名称、数量，封存资产的名称、规格、型号、数量等。封存资料存储在磁、光、电等介质上的，还应当列明存储介质的名称、规格等。

封存清单一式两份，由审计人员和被审计单位相关人员核对后签名或者盖章，双方各执一份。

第十条 审计机关应当对存放封存资料或者资产的文件柜、保险柜、档案室、库房等加贴封条。

封条上应当注明审计机关名称、封存日期并加盖审计机关印章。

第十一条 审计机关具备保管条件的，可以自行保管封存的资料或者资产；不具备保管条件的，可以指定被审计单位对存放封存资料、资产的设备或者设施进行保管或者看管；特殊情况下，也可以委托与被审计单位无利害关系的第三人保管。

审计机关指定被审计单位保管或者看管存放封存资料、资产的设备或者设施的，应当在封存通知书中一并载明被审计单位的保管责任。

第十二条 被审计单位或者受托保管的第三人应当履行保管责任，除本规定第十三条规定的情形外，不得擅自启封，不得损毁或者转移存放封存资料、资产的设备或者设施。

第十三条 遇有自然灾害等突发事件，可能导致封存的资料或者资产损毁的，负有保管责任的被审计单位或者第三人，应当将封存的资料或者资产转移到安全的地方，并将情况及时报告采取封存措施的审计机关。

第十四条 封存的期限一般不得超过7个工作日；有特殊情况需要延长的，经县级以上人民政府审计机关负责人批准，可以适当延长，但延长的期限不得超过7个工作日。

第十五条 审计机关封存资料或者资产后，审计人员应当及时进行审查，获取审计证据，或者提请有关主管部门对被审计单位违反国家规定取得的资产进行处理。

第十六条 审计机关在封存期限届满或者在封存期限内完成对有关资料或者资产处理的，审计人员应当与被审计单位相关人员共同清点封存的资料或者资产后予以退还，并在双方持有的封存清单上注明解除封存日期和退还的资料或者资产，由双方签名或者盖章。

第十七条 审计机关违反规定采取封存措施，给国家利益或者被审计单位的合法权益造成重大损害的,依照有关法律法规的规定追究相关人员的责任。

第十八条 被审计单位或者负有保管责任的第三人有下列行为之一的,依照有关法律法规的规定追究相关人员的责任:

(一)除本规定第十三条规定的情形外,擅自启封的;

(二)故意或者未尽保管责任,导致封存的资料被转移、隐匿、篡改、毁弃的;

(三)故意或者未尽保管责任,导致封存的资产被转移、隐匿、损毁的。

第十九条 本规定由审计署负责解释。

第二十条 本规定自2011年2月1日起施行。

中央企业内部审计管理暂行办法

- 2004年8月23日国务院国有资产监督管理委员会令第8号公布
- 自2004年8月30日起施行

第一章 总 则

第一条 为加强对国务院国有资产监督管理委员会(以下简称国资委)履行出资人职责企业(以下简称企业)的内部监督和风险控制,规范企业内部审计工作,保障企业财务管理、会计核算和生产经营符合国家各项法律法规要求,根据《企业国有资产监督管理暂行条例》和国家有关法律法规,制定本办法。

第二条 企业开展内部审计工作,适用本办法。

第三条 本办法所称企业内部审计,是指企业内部审计机构依据国家有关法律法规、财务会计制度和企业内部管理规定,对本企业及子企业(单位)财务收支、财务预算、财务决算、资产质量、经营绩效,以及建设项目或者有关经济活动的真实性、合法性和效益性进行监督和评价工作。

第四条 企业应当按照国家有关规定,依照内部审计准则的要求,认真组织做好内部审计工作,及时发现问题,明确经济责任,纠正违规行为,检查内部控制程序的有效性,防范和化解经营风险,维护企业正常生产经营秩序,促进企业提高经营管理水平,实现国有资产的保值增值。

第五条 国资委依法对企业内部审计工作进行指导和监督。

第二章 内部审计机构设置

第六条 企业应当按照国家有关规定,建立相对独立的内部审计机构,配备相应的专职工作人员,建立健全内部审计工作规章制度,有效开展内部审计工作,强化企业内部监督和风险控制。

第七条 国有控股公司和国有独资公司,应当依据完善公司治理结构和完备内部控制机制的要求,在董事会下设立独立的审计委员会。企业审计委员会成员应当由熟悉企业财务、会计和审计等方面专业知识并具备相应业务能力的董事组成,其中主任委员应当由外部董事担任。

第八条 企业审计委员会应当履行以下主要职责:

(一)审议企业年度内部审计工作计划;

(二)监督企业内部审计质量与财务信息披露;

(三)监督企业内部审计机构负责人的任免,提出有关意见;

(四)监督企业社会中介审计等机构的聘用、更换和报酬支付;

(五)审查企业内部控制程序的有效性,并接受有关方面的投诉;

(六)其他重要审计事项。

第九条 未建立董事会的国有独资公司及国有独资企业,应当按照加强财务监督和完善内部控制机制的要求,依据国家的有关规定,加强内部审计工作的组织领导,明确工作责任,强化企业内部审计工作,做好内部审计机构与内部监察(纪检)、财务、人事等有关部门的协调工作。

第十条 企业内部审计机构依据国家有关规定开展内部审计工作,直接对企业董事会(或主要负责人)负责;设立审计委员会的企业,内部审计机构应当接受审计委员会的监督和指导。

第十一条 企业所属子企业应当按照有关规定设立相应的内部审计机构;尚不具备条件的应当设立专职审计人员。

第十二条 企业内部审计人员应当具备审计岗位所必备的会计、审计等专业知识和业务能力;内部审计机构的负责人应当具备相应的专业技术职称资格。

第三章 内部审计机构主要职责

第十三条 根据国家有关规定,结合出资人财务监督和企业管理工作的需要,企业内部审计机构应当履行以下主要职责:

(一)制定企业内部审计工作制度,编制企业年度内部审计工作计划;

(二)按企业内部分工组织或参与组织企业年度财务决算的审计工作,并对企业年度财务决算的审计质量进行监督；

（三）对国家法律法规规定不适宜或者未规定须由社会中介机构进行年度财务决算审计的有关内容组织进行内部审计；

（四）对本企业及其子企业的财务收支、财务预算、财务决算、资产质量、经营绩效以及其他有关的经济活动进行审计监督；

（五）组织对企业主要业务部门负责人和子企业的负责人进行任期或定期经济责任审计；

（六）组织对发生重大财务异常情况的子企业进行专项经济责任审计工作；

（七）对本企业及其子企业的基建工程和重大技术改造、大修等的立项、概（预）算、决算和竣工交付使用进行审计监督；

（八）对本企业及其子企业的物资（劳务）采购、产品销售、工程招标、对外投资及风险控制等经济活动和重要的经济合同等进行审计监督；

（九）对本企业及其子企业内部控制系统的健全性、合理性和有效性进行检查、评价和意见反馈，对企业有关业务的经营风险进行评估和意见反馈；

（十）对本企业及其子企业的经营绩效及有关经济活动进行监督与评价；

（十一）对本企业年度工资总额来源、使用和结算情况进行检查；

（十二）其他事项。

第十四条 企业内部审计机构对年度财务决算的审计质量监督应当根据企业的内部职责分工，依据独立、客观、公正的原则，保障企业财务管理、会计核算和生产经营符合国家各项法律法规要求。

第十五条 为保证企业年度财务决算报告的真实和完整，企业内部审计机构应按照国资委相关工作要求，对下列特殊情形的子企业组织进行定期内部审计工作：

（一）按照国家有关规定，涉及国家安全不适宜社会中介机构审计的特殊子企业；

（二）依据所在国家及地区法律规定，在境外进行审计的境外子企业；

（三）国家法律、法规未规定须委托社会中介机构审计的企业内部有关单位。

第十六条 企业内部审计机构对本企业及其子企业的经营绩效及有关经济活动的评价工作，依据国家有关经营绩效评价政策进行。

第十七条 企业内部审计机构应当加强对社会中介机构开展本企业及其子企业有关财务审计、资产评估及相关业务活动工作结果的真实性、合法性进行监督，并做好社会中介机构聘用、更换和报酬支付的监督。

第十八条 企业内部审计机构相关审计工作应当与外部审计相互协调，并按有关规定对外部审计提供必要的支持和相关工作资料。

第十九条 企业应当依据国家有关法律法规，完善内部审计管理规章制度，保障内部审计机构拥有履行职责所必需的权限：

（一）参加企业有关经营和财务管理决策会议，参与协助企业有关业务部门研究制定和修改企业有关规章制度并督促落实；

（二）检查被审计单位会计账簿、报表、凭证和现场勘察相关资产，有权查阅有关生产经营活动等方面的文件、会议记录、计算机软件等相关资料；

（三）对与审计事项有关的部门和个人进行调查，并取得相关证明材料；

（四）对正在进行的严重违法违规和严重损失浪费行为，可作出临时中止决定，并及时向董事会（或企业主要负责人）报告；

（五）对可能被转移、隐匿、篡改、毁弃的会计凭证、会计账簿、会计报表以及与经济活动有关的资料，经企业主要负责人或有关权力机构授权可暂予以封存；

（六）企业主要负责人或权力机构在管理权限范围内，应当授予内部审计机构必要的处理权或者处罚权。

第四章 内部审计工作程序

第二十条 企业内部审计机构应当根据国家有关规定，结合企业实际情况，制定企业年度审计工作计划，对内部审计工作作出合理安排，并报经企业主要负责人或审计委员会审核批准后实施。

第二十一条 企业内部审计机构应当充分考虑审计风险和内部管理需要，制定具体项目审计计划，做好审计准备。

第二十二条 企业内部审计机构应当在实施审计前5个工作日，向被审计单位送达审计通知书。对于需要突击执行审计的特殊业务，审计通知书可在实施审计时送达。

被审计单位接到审计通知书后，应当做好接受审计的各项准备。

第二十三条 企业内部审计人员在出具审计报告前应当与被审计单位交换审计意见。被审计单位有异议的，应当自接到审计报告之日起10个工作日内提出书面意见;逾期不提出的,视为无异议。

第二十四条 被审计单位若对审计报告有异议且无法协调时,设立审计委员会的企业,应当将审计报告与被审计单位意见一并报审计委员会协调处理;尚未设立审计委员会的企业,应当将审计报告与被审计单位意见一并报企业主要负责人协调处理。

第二十五条 审计报告上报企业董事会或主要负责人审定后,企业内部审计机构应当根据审计结论,向被审计单位下达审计意见(决定)。

对于报请审计委员会、主要负责人协调处理的审计报告,应当根据审计委员会、主要负责人的审定意见,向被审计单位下达审计意见(决定)。

第二十六条 企业内部审计机构对已办结的内部审计事项,应当按照国家档案管理规定建立审计档案。

第二十七条 企业内部审计机构应当每年向本企业董事会(或主要负责人)和审计委员会提交内部审计工作总结报告。

第二十八条 企业内部审计机构对主要审计项目应当进行后续审计监督,督促检查被审计单位对审计意见的采纳情况和对审计决定的执行情况。

第五章 内部审计工作要求

第二十九条 企业内部审计机构应当根据国家有关规定和企业内部管理需要有效开展内部审计工作,加强内部监督,纠正违规行为,规避经营风险。

第三十条 企业内部审计机构应当对违反国家法律法规和企业内部管理制度的行为及时报告,并提出处理意见;对发现的企业内部控制管理漏洞,及时提出改进建议。

第三十一条 对于被审计单位及相关工作人员不及时落实内部审计意见,给企业造成损失浪费的,企业应当追究相关人员责任;对于给企业造成重大损失的,还应当按有关规定向上一级机构及时反映情况。

第三十二条 企业内部审计机构下列工作事项应当报国资委备案:

(一)企业年度内部审计工作计划和工作总结报告;

(二)重要子企业负责人及企业财务部门负责人的经济责任审计报告;

企业内部审计工作中发现的重大违法违纪问题、重大资产损失情况、重大经济案件及重大经营风险等,应向国资委报送专项报告。

第三十三条 根据出资人财务监督工作需要,企业内部审计机构按照国资委有关工作要求,对企业及其子企业发生重大财务异常等情况组织进行的专项经济责任审计,应当向国资委提交审计报告。

第三十四条 企业内部审计机构要不断提高内部审计业务质量,并依法接受国资委、国家审计机关对内部审计业务质量的检查和评估。

第三十五条 企业内部审计机构应当根据本办法组织开展内部审计工作,并对其出具的内部审计报告的客观真实性承担责任。

第三十六条 为保证内部审计工作的独立、客观、公正,企业内部审计人员与审计事项有利害关系的,应当回避。

第三十七条 企业内部审计人员应当严格遵守审计职业道德规范,坚持原则、客观公正、恪尽职守、保持廉洁、保守秘密,不得滥用职权,徇私舞弊,泄露秘密,玩忽职守。

第三十八条 企业内部审计人员在实施内部审计时,应当在深入调查的基础上,采用检查、抽样和分析性复核等审计方法,获取充分、相关、可靠的审计证据,以支持审计结论和审计建议。

第三十九条 企业董事会(或主要负责人)应当保障内部审计机构和人员依法行使职权和履行职责;企业内部各职能机构应当积极配合内部审计工作。任何组织和个人不得对认真履行职责的内部审计人员进行打击报复。

第四十条 企业对于认真履行职责、忠于职守、坚持原则、作出显著成绩的内部审计人员,应当给予奖励。

第四十一条 企业应当保证内部审计机构所必需的审计工作经费,并列入企业年度财务预算。企业内部审计人员参加国家统一组织的专业技术职务资格的考评、聘任和后续教育,企业应当按照国家有关规定予以执行。

第六章 罚则

第四十二条 对于企业出现重大违反国家财经法纪的行为和企业内部控制程序出现严重缺陷,除按规定依法追究企业主要负责人、总会计师(或者主管财务工作负责人)及财务部门负责人的有关责任外,同时还相应追究企业审计委员会及内部审计机构相关人员的监督责任。

第四十三条 对于滥用职权、徇私舞弊、玩忽职守、泄漏秘密的内部审计人员,由所在单位依照国家有关规定给予纪律处分;涉嫌犯罪的,依法移交司法机关处理。

第四十四条 对于打击报复内部审计人员问题,企业应及时予以纠正;涉嫌犯罪的,依法移交司法机关处理。受打击报复的企业内部审计人员有权直接向国资委报告相关情况。

第四十五条 被审计单位相关人员不配合企业内部审计工作、拒绝审计或者不提供资料、提供虚假资料、拒不执行审计结论的，企业应当给予纪律处分；涉嫌犯罪的，依法移交司法机关处理。

第七章 附 则

第四十六条 各中央企业可结合本企业实际情况，制定具体实施细则。

第四十七条 各省、自治区、直辖市国有资产监督管理机构可参照本办法，结合本地区实际制定本地区相关工作规范。

第四十八条 本办法自2004年8月30日起施行。

审计署、人民银行、银保监会、证监会关于审计机关查询单位和个人在金融机构账户和存款有关问题的通知

- 2022年1月24日
- 审法发〔2022〕7号

2021年10月23日，国家主席习近平签署第100号主席令，公布《全国人民代表大会常务委员会关于修改〈中华人民共和国审计法〉的决定》，自2022年1月1日起施行。修订后的审计法第三十七条第二款、第三款规定："审计机关经县级以上人民政府审计机关负责人批准，有权查询被审计单位在金融机构的账户。""审计机关有证据证明被审计单位违反国家规定将公款转入其他单位、个人在金融机构账户的，经县级以上人民政府审计机关主要负责人批准，有权查询有关单位、个人在金融机构与审计事项相关的存款。"为进一步落实上述规定，规范审计机关查询被审计单位在金融机构的账户和有关单位、个人在金融机构的存款（以下统称单位、个人账户和存款）工作，现就有关事项通知如下：

一、审计机关在审计（含专项审计调查，下同）过程中，有权依法向金融机构查询单位、个人账户和存款，并取得证明材料，金融机构应当予以协助。审计机关查询的账户和存款，包括单位、个人在政策性银行、商业银行、城市信用合作社、农村信用合作社、保险公司、信托投资公司、财务公司、金融租赁公司、中央国债登记结算公司、中国证券登记结算有限责任公司、证券公司、证券投资基金管理公司、期货公司以及经国务院金融监督管理机构批准设立的其他金融机构（以下统称金融机构）开立的银行、资金、证券、基金、信托、保险等各类账户，以及在金融机构办理的储蓄账户、结算账户以及买卖证券、基金等的资金账户的资金。

二、审计机关查询单位、个人账户和存款应当严格依法履行审批程序。查询被审计单位账户应当经县级以上人民政府审计机关（含省级以上人民政府审计机关派出机构，下同）负责人批准，制发协助查询通知书；查询其他单位、个人存款应当取得相关的证明材料（主要涉及其他单位、个人与被审计单位之间的关系、款项的来源、款项使用情况、相关当事人确认的被审计单位违反国家规定将公款转入其他单位、个人在金融机构账户的调查记录等），以此认定被审计单位违反国家规定将公款转入其他单位、个人在金融机构账户，并经县级以上人民政府审计机关主要负责人批准，制发协助查询通知书。

三、审计机关查询单位、个人账户和存款时，应当向有关金融机构送达协助查询通知书。审计人员具体执行查询任务时，应当由两名以上审计人员参加，并出示审计人员的工作证件和审计通知书。

四、审计机关查询单位、个人账户和存款时，应当向金融机构提供账户名称、账号或者有关身份信息。对因群众举报等原因，审计机关无法提供上述信息的，审计机关应当向金融机构说明原因，由金融机构协助查询。

五、审计机关查询单位、个人账户和存款的内容，主要包括开户销户情况、交易日期、内容、金额和账户余额情况，以及交易资金流向、交易设备和网络信息、第三方支付信息等记录。

六、审计机关查询单位、个人账户和存款时，可以对相关资料进行抄录、复印、照相，或拷贝电子数据，但不得带走原件。金融机构应当在其提供的证明材料上注明来源并盖章。

七、金融机构应当依法协助审计机关办理查询工作，如实提供相关资料，不得隐匿。金融机构协助复制存款资料等支付了成本费用的，可以按照相关规定向审计机关收取工本费。

八、审计机关需要到异地查询单位、个人账户和存款的，可以直接到异地金融机构进行查询，也可以委托当地审计机关查询。

九、对金融机构提供的有关资料以及在查询工作中知悉的国家秘密、工作秘密、商业秘密、个人隐私和个人信息，审计机关和审计人员应当依法予以保密。对审计机关查询单位、个人账户和存款的情况和内容，金融机构及其工作人员应当保密，不得告知有关单位或者个人。

十、审计机关和审计人员违反本通知的规定进行查询，由上级审计机关依法追究有关人员的责任；金融机构和有关工作人员未按本通知的规定协助查询，由有关金融监管机构依法追究有关人员的责任。

十一、以上各项规定请各级审计机关、各金融机构认真贯彻执行。对执行中遇到的问题，请及时报告上级审计机关和相应的金融监管机构。

十二、本通知自印发之日起执行。《审计署 人民银行 银监会证监会关于审计机关查询被审计单位在金融机构账户和存款有关问题的通知》（审法发〔2006〕67号）同时废止。

附件：

1. 协助查询单位账户通知书（略）
2. 协助查询单位、个人存款通知书（略）

三、税　法

(一) 商品税

1. 增值税

全国人民代表大会常务委员会关于外商投资企业和外国企业适用增值税、消费税、营业税等税收暂行条例的决定

· 1993 年 12 月 29 日第八届全国人民代表大会常务委员会第五次会议通过
· 1993 年 12 月 29 日中华人民共和国主席令第 18 号公布
· 自公布之日起施行

　　第八届全国人民代表大会常务委员会第五次会议审议了国务院关于提请审议外商投资企业和外国企业适用增值税、消费税、营业税等税收暂行条例的议案，为了统一税制，公平税负，改善我国的投资环境，适应建立和发展社会主义市场经济的需要，特作如下决定：

　　一、在有关税收法律制定以前，外商投资企业和外国企业自 1994 年 1 月 1 日起适用国务院发布的增值税暂行条例、消费税暂行条例和营业税暂行条例。1958 年 9 月 11 日全国人民代表大会常务委员会第一百零一次会议原则通过，1958 年 9 月 13 日国务院公布试行的《中华人民共和国工商统一税条例（草案）》同时废止。

　　中外合作开采海洋石油、天然气，按实物征收增值税，其税率和征收办法由国务院另行规定。

　　二、1993 年 12 月 31 日前已批准设立的外商投资企业，由于依照本决定第一条的规定改征增值税、消费税、营业税而增加税负的，经企业申请，税务机关批准，在已批准的经营期限内，最长不超过 5 年，退还其因税负增加而多缴纳的税款；没有经营期限的，经企业申请，税务机关批准，在最长不超过 5 年的期限内，退还其因税负增加而多缴纳的税款。具体办法由国务院规定。

　　三、除增值税、消费税、营业税外，其他税种对外商投资企业和外国企业的适用，法律有规定的，依照法律的规定执行；法律未作规定的，依照国务院的规定执行。

　　本决定所称外商投资企业，是指在中国境内设立的中外合资经营企业、中外合作经营企业和外资企业。

　　本决定所称外国企业，是指在中国境内设立机构、场所，从事生产、经营和虽未设立机构、场所，而有来源于中国境内所得的外国公司、企业和其他经济组织。

　　本决定自公布之日起施行。

全国人民代表大会常务委员会关于惩治虚开、伪造和非法出售增值税专用发票犯罪的决定

· 1995 年 10 月 30 日第八届全国人民代表大会常务委员会第十六次会议通过
· 1995 年 10 月 30 日中华人民共和国主席令第 57 号公布
· 自公布之日起施行

　　为了惩治虚开、伪造和非法出售增值税专用发票和其他发票进行偷税、骗税等犯罪活动，保障国家税收，特作如下决定：

　　一、虚开增值税专用发票的，处 3 年以下有期徒刑或者拘役，并处 2 万元以上 20 万元以下罚金；虚开的税款数额较大或者有其他严重情节的，处 3 年以上 10 年以下有期徒刑，并处 5 万元以上 50 万元以下罚金；虚开的税款数额巨大或者有其他特别严重情节的，处 10 年以上有期徒刑或者无期徒刑，并处没收财产。

　　有前款行为骗取国家税款，数额特别巨大、情节特别严重、给国家利益造成特别重大损失的，处无期徒刑或者死刑，并处没收财产。

　　虚开增值税专用发票的犯罪集团的首要分子，分别依照前两款的规定从重处罚。

　　虚开增值税专用发票是指有为他人虚开、为自己虚开、让他人为自己虚开、介绍他人虚开增值税专用发票行为之一的。

　　二、伪造或者出售伪造的增值税专用发票的，处 3 年以下有期徒刑或者拘役，并处 2 万元以上 20 万元以下罚金；数量较大或者有其他严重情节的，处 3 年以上 10 年以下有期徒刑，并处 5 万元以上 50 万元以下罚金；数量巨大或者有其他特别严重情节的，处 10 年以上有期徒刑或者无期徒刑，并处没收财产。

伪造并出售伪造的增值税专用发票,数量特别巨大、情节特别严重、严重破坏经济秩序的,处无期徒刑或者死刑,并处没收财产。

伪造、出售伪造的增值税专用发票的犯罪集团的首要分子,分别依照前两款的规定从重处罚。

三、非法出售增值税专用发票的,处3年以下有期徒刑或者拘役,并处2万元以上20万元以下罚金;数量较大的,处3年以上10年以下有期徒刑,并处5万元以上50万元以下罚金;数量巨大的,处10年以上有期徒刑或者无期徒刑,并处没收财产。

四、非法购买增值税专用发票或者购买伪造的增值税专用发票的,处5年以下有期徒刑、拘役,并处或者单处2万元以上20万元以下罚金。

非法购买增值税专用发票或者购买伪造的增值税专用发票又虚开或者出售的,分别依照第一条、第二条、第三条的规定处罚。

五、虚开用于骗取出口退税、抵扣税款的其他发票的,依照本决定第一条的规定处罚。

虚开用于骗取出口退税、抵扣税款的其他发票是指有为他人虚开、为自己虚开、让他人为自己虚开、介绍他人虚开用于骗取出口退税、抵扣税款的其他发票行为之一的。

六、伪造、擅自制造或者出售伪造、擅自制造的可以用于骗取出口退税、抵扣税款的其他发票的,处3年以下有期徒刑或者拘役,并处2万元以上20万元以下罚金;数量巨大的,处3年以上7年以下有期徒刑,并处5万元以上50万元以下罚金;数量特别巨大的,处7年以上有期徒刑,并处没收财产。

伪造、擅自制造或者出售伪造、擅自制造的前款规定以外的其他发票的,比照刑法第一百二十四条的规定处罚。

非法出售可以用于骗取出口退税、抵扣税款的其他发票的,依照第一款的规定处罚。

非法出售前款规定以外的其他发票的,比照刑法第一百二十四条的规定处罚。

七、盗窃增值税专用发票或者其他发票的,依照刑法关于盗窃罪的规定处罚。

使用欺骗手段骗取增值税专用发票或者其他发票的,依照刑法关于诈骗罪的规定处罚。

八、税务机关或者其他国家机关的工作人员有下列情形之一的,依照本决定的有关规定从重处罚:

(一)与犯罪分子相勾结,实施本决定规定的犯罪的;

(二)明知是虚开的发票,予以退税或者抵扣税款的;

(三)明知犯罪分子实施本决定规定的犯罪,而提供其他帮助的。

九、税务机关的工作人员违反法律、行政法规的规定,在发售发票、抵扣税款、出口退税工作中玩忽职守,致使国家利益遭受重大损失的,处5年以下有期徒刑或者拘役;致使国家利益遭受特别重大损失的,处5年以上有期徒刑。

十、单位犯本决定第一条、第二条、第三条、第四条、第五条、第六条、第七条第二款规定之罪的,对单位判处罚金,并对直接负责的主管人员和其他直接责任人员依照各该条的规定追究刑事责任。

十一、有本决定第二条、第三条、第四条第一款、第六条规定的行为,情节显著轻微,尚不构成犯罪的,由公安机关处15日以下拘留、5000元以下罚款。

十二、对追缴犯本决定规定之罪的犯罪分子的非法抵扣和骗取的税款,由税务机关上交国库,其他的违法所得和供犯罪使用的财物一律没收。

供本决定规定的犯罪所使用的发票和伪造的发票一律没收。

十三、本决定自公布之日起施行。

中华人民共和国增值税暂行条例

· 1993年12月13日中华人民共和国国务院令第134号公布
· 2008年11月5日国务院第34次常务会议修订通过
· 根据2016年2月6日《国务院关于修改部分行政法规的决定》第一次修订
· 根据2017年11月19日《国务院关于废止〈中华人民共和国营业税暂行条例〉和修改〈中华人民共和国增值税暂行条例〉的决定》第二次修订

第一条 在中华人民共和国境内销售货物或者加工、修理修配劳务(以下简称劳务),销售服务、无形资产、不动产以及进口货物的单位和个人,为增值税的纳税人,应当依照本条例缴纳增值税。

第二条 增值税税率:

(一)纳税人销售货物、劳务、有形动产租赁服务或者进口货物,除本条第二项、第四项、第五项另有规定外,税率为17%。

(二)纳税人销售交通运输、邮政、基础电信、建筑、不动产租赁服务,销售不动产,转让土地使用权,销售或

者进口下列货物,税率为11%:

1. 粮食等农产品、食用植物油、食用盐;
2. 自来水、暖气、冷气、热水、煤气、石油液化气、天然气、二甲醚、沼气、居民用煤炭制品;
3. 图书、报纸、杂志、音像制品、电子出版物;
4. 饲料、化肥、农药、农机、农膜;
5. 国务院规定的其他货物。

(三)纳税人销售服务、无形资产,除本条第一项、第二项、第五项另有规定外,税率为6%。

(四)纳税人出口货物,税率为零;但是,国务院另有规定的除外。

(五)境内单位和个人跨境销售国务院规定范围内的服务、无形资产,税率为零。

税率的调整,由国务院决定。

第三条 纳税人兼营不同税率的项目,应当分别核算不同税率项目的销售额;未分别核算销售额的,从高适用税率。

第四条 除本条例第十一条规定外,纳税人销售货物、劳务、服务、无形资产、不动产(以下统称应税销售行为),应纳税额为当期销项税额抵扣当期进项税额后的余额。应纳税额计算公式:

应纳税额=当期销项税额−当期进项税额

当期销项税额小于当期进项税额不足抵扣时,其不足部分可以结转下期继续抵扣。

第五条 纳税人发生应税销售行为,按照销售额和本条例第二条规定的税率计算收取的增值税,为销项税额。销项税额计算公式:

销项税额=销售额×税率

第六条 销售额为纳税人发生应税销售行为收取的全部价款和价外费用,但是不包括收取的销项税额。

销售额以人民币计算。纳税人以人民币以外的货币结算销售额的,应当折合成人民币计算。

第七条 纳税人发生应税销售行为的价格明显偏低并无正当理由的,由主管税务机关核定其销售额。

第八条 纳税人购进货物、劳务、服务、无形资产、不动产支付或者负担的增值税额,为进项税额。

下列进项税额准予从销项税额中抵扣:

(一)从销售方取得的增值税专用发票上注明的增值税额。

(二)从海关取得的海关进口增值税专用缴款书上注明的增值税额。

(三)购进农产品,除取得增值税专用发票或者海关进口增值税专用缴款书外,按照农产品收购发票或者销售发票上注明的农产品买价和11%的扣除率计算的进项税额,国务院另有规定的除外。进项税额计算公式:

进项税额=买价×扣除率

(四)自境外单位或者个人购进劳务、服务、无形资产或者境内的不动产,从税务机关或者扣缴义务人取得的代扣代缴税款的完税凭证上注明的增值税额。

准予抵扣的项目和扣除率的调整,由国务院决定。

第九条 纳税人购进货物、劳务、服务、无形资产、不动产,取得的增值税扣税凭证不符合法律、行政法规或者国务院税务主管部门有关规定的,其进项税额不得从销项税额中抵扣。

第十条 下列项目的进项税额不得从销项税额中抵扣:

(一)用于简易计税方法计税项目、免征增值税项目、集体福利或者个人消费的购进货物、劳务、服务、无形资产和不动产;

(二)非正常损失的购进货物,以及相关的劳务和交通运输服务;

(三)非正常损失的在产品、产成品所耗用的购进货物(不包括固定资产)、劳务和交通运输服务;

(四)国务院规定的其他项目。

第十一条 小规模纳税人发生应税销售行为,实行按照销售额和征收率计算应纳税额的简易办法,并不得抵扣进项税额。应纳税额计算公式:

应纳税额=销售额×征收率

小规模纳税人的标准由国务院财政、税务主管部门规定。

第十二条 小规模纳税人增值税征收率为3%,国务院另有规定的除外。

第十三条 小规模纳税人以外的纳税人应当向主管税务机关办理登记。具体登记办法由国务院税务主管部门制定。

小规模纳税人会计核算健全,能够提供准确税务资料的,可以向主管税务机关办理登记,不作为小规模纳税人,依照本条例有关规定计算应纳税额。

第十四条 纳税人进口货物,按照组成计税价格和本条例第二条规定的税率计算应纳税额。组成计税价格和应纳税额计算公式:

组成计税价格=关税完税价格+关税+消费税

应纳税额=组成计税价格×税率

第十五条 下列项目免征增值税:

（一）农业生产者销售的自产农产品；

（二）避孕药品和用具；

（三）古旧图书；

（四）直接用于科学研究、科学试验和教学的进口仪器、设备；

（五）外国政府、国际组织无偿援助的进口物资和设备；

（六）由残疾人的组织直接进口供残疾人专用的物品；

（七）销售的自己使用过的物品。

除前款规定外，增值税的免税、减税项目由国务院规定。任何地区、部门均不得规定免税、减税项目。

第十六条 纳税人兼营免税、减税项目的，应当分别核算免税、减税项目的销售额；未分别核算销售额的，不得免税、减税。

第十七条 纳税人销售额未达到国务院财政、税务主管部门规定的增值税起征点的，免征增值税；达到起征点的，依照本条例规定全额计算缴纳增值税。

第十八条 中华人民共和国境外的单位或者个人在境内销售劳务，在境内未设有经营机构的，以其境内代理人为扣缴义务人；在境内没有代理人的，以购买方为扣缴义务人。

第十九条 增值税纳税义务发生时间：

（一）发生应税销售行为，为收讫销售款项或者取得索取销售款项凭据的当天；先开具发票的，为开具发票的当天。

（二）进口货物，为报关进口的当天。

增值税扣缴义务发生时间为纳税人增值税纳税义务发生的当天。

第二十条 增值税由税务机关征收，进口货物的增值税由海关代征。

个人携带或者邮寄进境自用物品的增值税，连同关税一并计征。具体办法由国务院关税税则委员会会同有关部门制定。

第二十一条 纳税人发生应税销售行为，应当向索取增值税专用发票的购买方开具增值税专用发票，并在增值税专用发票上分别注明销售额和销项税额。

属于下列情形之一的，不得开具增值税专用发票：

（一）应税销售行为的购买方为消费者个人的；

（二）发生应税销售行为适用免税规定的。

第二十二条 增值税纳税地点：

（一）固定业户应当向其机构所在地的主管税务机关申报纳税。总机构和分支机构不在同一县（市）的，应当分别向各自所在地的主管税务机关申报纳税；经国务院财政、税务主管部门或者其授权的财政、税务机关批准，可以由总机构汇总向总机构所在地的主管税务机关申报纳税。

（二）固定业户到外县（市）销售货物或者劳务，应当向其机构所在地的主管税务机关报告外出经营事项，并向其机构所在地的主管税务机关申报纳税；未报告的，应当向销售地或者劳务发生地的主管税务机关申报纳税；未向销售地或者劳务发生地的主管税务机关申报纳税的，由其机构所在地的主管税务机关补征税款。

（三）非固定业户销售货物或者劳务，应当向销售地或者劳务发生地的主管税务机关申报纳税；未向销售地或者劳务发生地的主管税务机关申报纳税的，由其机构所在地或者居住地的主管税务机关补征税款。

（四）进口货物，应当向报关地海关申报纳税。

扣缴义务人应当向其机构所在地或者居住地的主管税务机关申报缴纳其扣缴的税款。

第二十三条 增值税的纳税期限分别为1日、3日、5日、10日、15日、1个月或者1个季度。纳税人的具体纳税期限，由主管税务机关根据纳税人应纳税额的大小分别核定；不能按照固定期限纳税的，可以按次纳税。

纳税人以1个月或者1个季度为1个纳税期的，自期满之日起15日内申报纳税；以1日、3日、5日、10日或者15日为1个纳税期的，自期满之日起5日内预缴税款，于次月1日起15日内申报纳税并结清上月应纳税款。

扣缴义务人解缴税款的期限，依照前两款规定执行。

第二十四条 纳税人进口货物，应当自海关填发海关进口增值税专用缴款书之日起15日内缴纳税款。

第二十五条 纳税人出口货物适用退（免）税规定的，应当向海关办理出口手续，凭出口报关单等有关凭证，在规定的出口退（免）税申报期内按月向主管税务机关申报办理该项出口货物的退（免）税；境内单位和个人跨境销售服务和无形资产适用退（免）税规定的，应当按期向主管税务机关申报办理退（免）税。具体办法由国务院财政、税务主管部门制定。

出口货物办理退税后发生退货或者退关的，纳税人应当依法补缴已退的税款。

第二十六条 增值税的征收管理，依照《中华人民共和国税收征收管理法》及本条例有关规定执行。

第二十七条 纳税人缴纳增值税的有关事项，国务院或者国务院财政、税务主管部门经国务院同意另有规定的,依照其规定。

第二十八条 本条例自 2009 年 1 月 1 日起施行。

中华人民共和国增值税暂行条例实施细则

· 2008 年 12 月 15 日财政部、国家税务总局令第 50 号公布
· 根据 2011 年 10 月 28 日《关于修改〈中华人民共和国增值税暂行条例实施细则〉和〈中华人民共和国营业税暂行条例实施细则〉的决定》修订

第一条 根据《中华人民共和国增值税暂行条例》(以下简称条例),制定本细则。

第二条 条例第一条所称货物,是指有形动产,包括电力、热力、气体在内。

条例第一条所称加工,是指受托加工货物,即委托方提供原料及主要材料,受托方按照委托方的要求,制造货物并收取加工费的业务。

条例第一条所称修理修配,是指受托对损伤和丧失功能的货物进行修复,使其恢复原状和功能的业务。

第三条 条例第一条所称销售货物,是指有偿转让货物的所有权。

条例第一条所称提供加工、修理修配劳务(以下称应税劳务),是指有偿提供加工、修理修配劳务。单位或者个体工商户聘用的员工为本单位或者雇主提供加工、修理修配劳务,不包括在内。

本细则所称有偿,是指从购买方取得货币、货物或者其他经济利益。

第四条 单位或者个体工商户的下列行为,视同销售货物:

(一)将货物交付其他单位或者个人代销;

(二)销售代销货物;

(三)设有两个以上机构并实行统一核算的纳税人,将货物从一个机构移送其他机构用于销售,但相关机构设在同一县(市)的除外;

(四)将自产或者委托加工的货物用于非增值税应税项目;

(五)将自产、委托加工的货物用于集体福利或者个人消费;

(六)将自产、委托加工或者购进的货物作为投资,提供给其他单位或者个体工商户;

(七)将自产、委托加工或者购进的货物分配给股东或者投资者;

(八)将自产、委托加工或者购进的货物无偿赠送其他单位或者个人。

第五条 一项销售行为如果既涉及货物又涉及非增值税应税劳务,为混合销售行为。除本细则第六条的规定外,从事货物的生产、批发或者零售的企业、企业性单位和个体工商户的混合销售行为,视为销售货物,应当缴纳增值税;其他单位和个人的混合销售行为,视为销售非增值税应税劳务,不缴纳增值税。

本条第一款所称非增值税应税劳务,是指属于应缴营业税的交通运输业、建筑业、金融保险业、邮电通信业、文化体育业、娱乐业、服务业税目征收范围的劳务。

本条第一款所称从事货物的生产、批发或者零售的企业、企业性单位和个体工商户,包括以从事货物的生产、批发或者零售为主,并兼营非增值税应税劳务的单位和个体工商户在内。

第六条 纳税人的下列混合销售行为,应当分别核算货物的销售额和非增值税应税劳务的营业额,并根据其销售货物的销售额计算缴纳增值税,非增值税应税劳务的营业额不缴纳增值税;未分别核算的,由主管税务机关核定其货物的销售额:

(一)销售自产货物并同时提供建筑业劳务的行为;

(二)财政部、国家税务总局规定的其他情形。

第七条 纳税人兼营非增值税应税项目的,应分别核算货物或者应税劳务的销售额和非增值税应税项目的营业额;未分别核算的,由主管税务机关核定货物或者应税劳务的销售额。

第八条 条例第一条所称在中华人民共和国境内(以下简称境内)销售货物或者提供加工、修理修配劳务,是指:

(一)销售货物的起运地或者所在地在境内;

(二)提供的应税劳务发生在境内。

第九条 条例第一条所称单位,是指企业、行政单位、事业单位、军事单位、社会团体及其他单位。

条例第一条所称个人,是指个体工商户和其他个人。

第十条 单位租赁或者承包给其他单位或者个人经营的,以承租人或者承包人为纳税人。

第十一条 小规模纳税人以外的纳税人(以下称一般纳税人)因销售货物退回或者折让而退还给购买方的增值税额,应从发生销售货物退回或者折让当期的销项税额中扣减;因购进货物退出或者折让而收回的增值税额,应从发生购进货物退出或者折让当期的进项税额中扣减。

一般纳税人销售货物或者应税劳务,开具增值税专用发票后,发生销售货物退回或者折让、开票有误等情形,应按国家税务总局的规定开具红字增值税专用发票。未按规定开具红字增值税专用发票的,增值税额不得从销项税额中扣减。

第十二条 条例第六条第一款所称价外费用,包括价外向购买方收取的手续费、补贴、基金、集资费、返还利润、奖励费、违约金、滞纳金、延期付款利息、赔偿金、代收款项、代垫款项、包装费、包装物租金、储备费、优质费、运输装卸费以及其他各种性质的价外收费。但下列项目不包括在内:

(一)受托加工应征消费税的消费品所代收代缴的消费税;

(二)同时符合以下条件的代垫运输费用:

1.承运部门的运输费用发票开具给购买方的;

2.纳税人将该项发票转交给购买方的。

(三)同时符合以下条件代为收取的政府性基金或者行政事业性收费:

1.由国务院或者财政部批准设立的政府性基金,由国务院或者省级人民政府及其财政、价格主管部门批准设立的行政事业性收费;

2.收取时开具省级以上财政部门印制的财政票据;

3.所收款项全额上缴财政。

(四)销售货物的同时代办保险等而向购买方收取的保险费,以及向购买方收取的代购买方缴纳的车辆购置税、车辆牌照费。

第十三条 混合销售行为依照本细则第五条规定应当缴纳增值税的,其销售额为货物的销售额与非增值税应税劳务营业额的合计。

第十四条 一般纳税人销售货物或者应税劳务,采用销售额和销项税额合并定价方法的,按下列公式计算销售额:

销售额=含税销售额÷(1+税率)

第十五条 纳税人按人民币以外的货币结算销售额的,其销售额的人民币折合率可以选择销售额发生的当天或者当月1日的人民币汇率中间价。纳税人应在事先确定采用何种折合率,确定后1年内不得变更。

第十六条 纳税人有条例第七条所称价格明显偏低并无正当理由或者有本细则第四条所列视同销售货物行为而无销售额者,按下列顺序确定销售额:

(一)按纳税人最近时期同类货物的平均销售价格确定;

(二)按其他纳税人最近时期同类货物的平均销售价格确定;

(三)按组成计税价格确定。组成计税价格的公式为:

组成计税价格=成本×(1+成本利润率)

属于应征消费税的货物,其组成计税价格中应加计消费税额。

公式中的成本是指:销售自产货物的为实际生产成本,销售外购货物的为实际采购成本。公式中的成本利润率由国家税务总局确定。

第十七条 条例第八条第二款第(三)项所称买价,包括纳税人购进农产品在农产品收购发票或者销售发票上注明的价款和按规定缴纳的烟叶税。

第十八条 条例第八条第二款第(四)项所称运输费用金额,是指运输费用结算单据上注明的运输费用(包括铁路临管线及铁路专线运输费用)、建设基金,不包括装卸费、保险费等其他杂费。

第十九条 条例第九条所称增值税扣税凭证,是指增值税专用发票、海关进口增值税专用缴款书、农产品收购发票和农产品销售发票以及运输费用结算单据。

第二十条 混合销售行为依照本细则第五条规定应当缴纳增值税的,该混合销售行为所涉及的非增值税应税劳务所用购进货物的进项税额,符合条例第八条规定的,准予从销项税额中抵扣。

第二十一条 条例第十条第(一)项所称购进货物,不包括既用于增值税应税项目(不含免征增值税项目)也用于非增值税应税项目、免征增值税(以下简称免税)项目、集体福利或者个人消费的固定资产。

前款所称固定资产,是指使用期限超过12个月的机器、机械、运输工具以及其他与生产经营有关的设备、工具、器具等。

第二十二条 条例第十条第(一)项所称个人消费包括纳税人的交际应酬消费。

第二十三条 条例第十条第(一)项和本细则所称非增值税应税项目,是指提供非增值税应税劳务、转让无形资产、销售不动产和不动产在建工程。

前款所称不动产是指不能移动或者移动后会引起性质、形状改变的财产,包括建筑物、构筑物和其他土地附着物。

纳税人新建、改建、扩建、修缮、装饰不动产,均属于不动产在建工程。

第二十四条 条例第十条第(二)项所称非正常损

失,是指因管理不善造成被盗、丢失、霉烂变质的损失。

第二十五条 纳税人自用的应征消费税的摩托车、汽车、游艇,其进项税额不得从销项税额中抵扣。

第二十六条 一般纳税人兼营免税项目或者非增值税应税劳务而无法划分不得抵扣的进项税额的,按下列公式计算不得抵扣的进项税额:

不得抵扣的进项税额=当月无法划分的全部进项税额×当月免税项目销售额、非增值税应税劳务营业额合计÷当月全部销售额、营业额合计

第二十七条 已抵扣进项税额的购进货物或者应税劳务,发生条例第十条规定的情形的(免税项目、非增值税应税劳务除外),应当将该项购进货物或者应税劳务的进项税额从当期的进项税额中扣减;无法确定该项进项税额的,按当期实际成本计算应扣减的进项税额。

第二十八条 条例第十一条所称小规模纳税人的标准为:

(一)从事货物生产或者提供应税劳务的纳税人,以及以从事货物生产或者提供应税劳务为主,并兼营货物批发或者零售的纳税人,年应征增值税销售额(以下简称应税销售额)在50万元以下(含本数,下同)的;

(二)除本条第一款第(一)项规定以外的纳税人,年应税销售额在80万元以下的。

本条第一款所称以从事货物生产或者提供应税劳务为主,是指纳税人的年货物生产或者提供应税劳务的销售额占年应税销售额的比重在50%以上。

第二十九条 年应税销售额超过小规模纳税人标准的其他个人按小规模纳税人纳税;非企业性单位、不经常发生应税行为的企业可选择按小规模纳税人纳税。

第三十条 小规模纳税人的销售额不包括其应纳税额。

小规模纳税人销售货物或者应税劳务采用销售额和应纳税额合并定价方法的,按下列公式计算销售额:

销售额=含税销售额÷(1+征收率)

第三十一条 小规模纳税人因销售货物退回或者折让退还给购买方的销售额,应从发生销售货物退回或者折让当期的销售额中扣减。

第三十二条 条例第十三条和本细则所称会计核算健全,是指能够按照国家统一的会计制度规定设置账簿,根据合法、有效凭证核算。

第三十三条 除国家税务总局另有规定外,纳税人一经认定为一般纳税人后,不得转为小规模纳税人。

第三十四条 有下列情形之一者,应按销售额依照增值税税率计算应纳税额,不得抵扣进项税额,也不得使用增值税专用发票:

(一)一般纳税人会计核算不健全,或者不能够提供准确税务资料的;

(二)除本细则第二十九条规定外,纳税人销售额超过小规模纳税人标准,未申请办理一般纳税人认定手续的。

第三十五条 条例第十五条规定的部分免税项目的范围,限定如下:

(一)第一款第(一)项所称农业,是指种植业、养殖业、林业、牧业、水产业。

农业生产者,包括从事农业生产的单位和个人。

农产品,是指初级农产品,具体范围由财政部、国家税务总局确定。

(二)第一款第(三)项所称古旧图书,是指向社会收购的古书和旧书。

(三)第一款第(七)项所称自己使用过的物品,是指其他个人自己使用过的物品。

第三十六条 纳税人销售货物或者应税劳务适用免税规定的,可以放弃免税,依照条例的规定缴纳增值税。放弃免税后,36个月内不得再申请免税。

第三十七条 增值税起征点的适用范围限于个人。

增值税起征点的幅度规定如下:

(一)销售货物的,为月销售额5000-20000元;

(二)销售应税劳务的,为月销售额5000-20000元;

(三)按次纳税的,为每次(日)销售额300-500元。

前款所称销售额,是指本细则第三十条第一款所称小规模纳税人的销售额。

省、自治区、直辖市财政厅(局)和国家税务局应在规定的幅度内,根据实际情况确定本地区适用的起征点,并报财政部、国家税务总局备案。

第三十八条 条例第十九条第一款第(一)项规定的收讫销售款项或者取得索取销售款项凭据的当天,按销售结算方式的不同,具体为:

(一)采取直接收款方式销售货物,不论货物是否发出,均为收到销售款或者取得索取销售款凭据的当天;

(二)采取托收承付和委托银行收款方式销售货物,为发出货物并办妥托收手续的当天;

(三)采取赊销和分期收款方式销售货物,为书面合同约定的收款日期的当天,无书面合同的或者书面合同没有约定收款日期的,为货物发出的当天;

(四)采取预收货款方式销售货物,为货物发出的当天,但生产销售生产工期超过12个月的大型机械设备、

船舶、飞机等货物,为收到预收款或者书面合同约定的收款日期的当天;

(五)委托其他纳税人代销货物,为收到代销单位的代销清单或者收到全部或者部分货款的当天。未收到代销清单及货款的,为发出代销货物满180天的当天;

(六)销售应税劳务,为提供劳务同时收讫销售款或者取得索取销售款的凭据的当天。

(七)纳税人发生本细则第四条第(三)项至第(八)项所列视同销售货物行为,为货物移送的当天。

第三十九条 条例第二十三条以1个季度为纳税期限的规定仅适用于小规模纳税人。小规模纳税人的具体纳税期限,由主管税务机关根据其应纳税额的大小分别核定。

第四十条 本细则自2009年1月1日起施行。

增值税若干具体问题的规定[①]

· 1993年12月28日
· 国税发[1993]154号

一、征税范围

(一)货物期货(包括商品期货和贵金属期货),应当征收增值税。

(二)银行销售金银的业务,应当征收增值税。

(三)融资租赁业务,无论租赁的货物的所有权是否转让给承租方,均不征收增值税。**(本项已失效或废止)**

(四)基本建设单位和从事建筑安装业务的企业附设的工厂、车间生产的水泥预制构件、其他构件或建筑材料,用于本单位或本企业的建筑工程的,应在移送使用时征收增值税。但对其在建筑现场制造的预制构件,凡直接用于本单位或本企业建筑工程的,不征收增值税。

(五)典当业的死当物品销售业务和寄售业代委托人销售寄售物品的业务,均应征收增值税。

(六)因转让著作所有权而发生的销售电影母片、录像带母带、录音磁带母带的业务,以及因转让专利技术和非专利技术的所有权而发生的销售计算机软件的业务,不征收增值税。

(七)供应或开采未经加工的天然水(如水库供应农业灌溉用水,工厂自采地下水用于生产),不征收增值税。

(八)邮政部门销售集邮邮票、首日封,应当征收增值税。

(九)缝纫,应当征收增值税。

二、计税依据

(一)纳税人为销售货物而出租出借包装物收取的押金,单独记账核算的,不并入销售额征收。但对因逾期未收回包装物不再退还的押金,应按所包装货物的适用税率征收增值税。

(二)纳税人采取折扣方式销售货物,如果销售额和折扣额在同一张发票上分别注明的,可按折扣后的销售额征收增值税;如果将折扣额另开发票,不论其在财务上如何处理,均不得从销售额中减除折扣额。

(三)纳税人采取以旧换新方式销售货物,应按新货物的同期销售价格确定销售额。

纳税人采取还本销售方式销售货物,不得从销售额中减除还本支出。

(四)纳税人因销售价格明显偏低或无销售价格等原因,按规定需组成计税价格确定销售额的,其组价公式中的成本利润率为10%。但属于应从价定率征收消费税的货物,其组价公式中的成本利润率,为《消费税若干具体问题的规定》中规定的成本利润率。

三、小规模纳税人标准(本部分已失效或废止)

(一)增值税细则第二十四条关于小规模纳税人标准的规定中所提到的销售额,是指该细则第二十五条所说的小规模纳税人的销售额。

(二)该细则第二十四条所说的以从事货物生产或提供应税劳务为主,并兼营货物的批发或零售的纳税人,是指该类纳税人的全部年应税销售额中货物或应税劳务的销售额超过50%,批发或零售货物的销售额不到50%。

四、固定业户到外县(市)销售货物,应当向其机构所在地主管税务机关申请开具外出经营活动税收管理证明,回其机构所在地向税务机关申报纳税。未持有其机构所在地主管税务机关核发的外出经营活动税收管理证明的,销售地主管税务机关一律按6%的征收率征税。其在销售地发生的销售额,回机构所在地后,仍应按规定申报纳税,在销售地缴纳的税款不得从当期应纳税额中扣减。**(本部分已失效或废止)**

[①] 本规定第一条第三项、第三条、第四条已被宣布失效或废止。

国家税务总局关于深化增值税改革有关事项的公告①

- 2019年3月21日
- 国家税务总局公告2019年第14号

现将深化增值税改革有关事项公告如下：

一、增值税一般纳税人（以下称纳税人）在增值税税率调整前已按原16%、10%适用税率开具的增值税发票，发生销售折让、中止或者退回等情形需要开具红字发票的，按照原适用税率开具红字发票；开票有误需要重新开具的，先按照原适用税率开具红字发票后，再重新开具正确的蓝字发票。

二、纳税人在增值税税率调整前未开具增值税发票的增值税应税销售行为，需要补开增值税发票的，应当按照原适用税率补开。

三、增值税发票税控开票软件税率栏次默认显示调整后税率，纳税人发生本公告第一条、第二条所列情形的，可以手工选择原适用税率开具增值税发票。

四、税务总局在增值税发票税控开票软件中更新了《商品和服务税收分类编码表》，纳税人应当按照更新后的《商品和服务税收分类编码表》开具增值税发票。

五、纳税人应当及时完成增值税发票税控开票软件升级和自身业务系统调整。

六、已抵扣进项税额的不动产，发生非正常损失，或者改变用途，专用于简易计税方法计税项目、免征增值税项目、集体福利或者个人消费的，按照下列公式计算不得抵扣的进项税额，并从当期进项税额中扣减：

不得抵扣的进项税额＝已抵扣进项税额×不动产净值率

不动产净值率＝（不动产净值÷不动产原值）×100%

七、按照规定不得抵扣进项税额的不动产，发生用途改变，用于允许抵扣进项税额项目的，按照下列公式在改变用途的次月计算可抵扣进项税额。

可抵扣进项税额＝增值税扣税凭证注明或计算的进项税额×不动产净值率

八、按照《财政部 税务总局 海关总署关于深化增值税改革有关政策的公告》（财政部 税务总局 海关总署公告2019年第39号）规定，适用加计抵减政策的生产、生活性服务业纳税人，应在年度首次确认适用加计抵减政策时，通过电子税务局（或前往办税服务厅）提交《适用加计抵减政策的声明》（见附件）。适用加计抵减政策的纳税人，同时兼营邮政服务、电信服务、现代服务、生活服务的，应按照四项服务中收入占比最高的业务在《适用加计抵减政策的声明》中勾选确定所属行业。

九、本公告自2019年4月1日起施行。《不动产进项税额分期抵扣暂行办法》（国家税务总局公告2016年第15号发布）同时废止。

附件：适用加计抵减政策的声明（略）

财政部、税务总局、海关总署关于深化增值税改革有关政策的公告

- 2019年3月20日
- 财政部、税务总局、海关总署公告2019年第39号

为贯彻落实党中央、国务院决策部署，推进增值税实质性减税，现将2019年增值税改革有关事项公告如下：

一、增值税一般纳税人（以下称纳税人）发生增值税应税销售行为或者进口货物，原适用16%税率的，税率调整为13%；原适用10%税率的，税率调整为9%。

二、纳税人购进农产品，原适用10%扣除率的，扣除率调整为9%。纳税人购进用于生产或者委托加工13%税率货物的农产品，按照10%的扣除率计算进项税额。

三、原适用16%税率且出口退税率为16%的出口货物劳务，出口退税率调整为13%；原适用10%税率且出口退税率为10%的出口货物、跨境应税行为，出口退税率调整为9%。

2019年6月30日前（含2019年4月1日前），纳税人出口前款所涉货物劳务、发生前款所涉跨境应税行为，适用增值税免退税办法的，购进时已按调整前税率征收增值税的，执行调整前的出口退税率，购进时已按调整后税率征收增值税的，执行调整后的出口退税率；适用增值税免抵退税办法的，执行调整前的出口退税率，在计算免抵退税时，适用税率低于出口退税率的，适用税率与出口退税率之差视为零参与免抵退税计算。

出口退税率的执行时间及出口货物劳务、发生跨境应税行为的时间，按照以下规定执行：报关出口的货物劳务（保税区及经保税区出口除外），以海关出口报关单上注明的出口日期为准；非报关出口的货物劳务、跨境应税行为，以出口发票或普通发票的开具时间为准；保税区及经保税区出口的货物，以货物离境时海关出具的出境货

---

① 本公告第八条及附件已被《国家税务总局关于增值税小规模纳税人减免增值税等政策有关征管事项的公告》废止。

物备案清单上注明的出口日期为准。

四、适用13%税率的境外旅客购物离境退税物品，退税率为11%；适用9%税率的境外旅客购物离境退税物品，退税率为8%。

2019年6月30日前，按调整前税率征收增值税的，执行调整前的退税率；按调整后税率征收增值税的，执行调整后的退税率。

退税率的执行时间，以退税物品增值税普通发票的开具日期为准。

五、自2019年4月1日起，《营业税改征增值税试点有关事项的规定》(财税〔2016〕36号印发)第一条第(四)项第1点、第二条第(一)项第1点停止执行，纳税人取得不动产或者不动产在建工程的进项税额不再分2年抵扣。此前按照上述规定尚未抵扣完毕的待抵扣进项税额，可自2019年4月税款所属期起从销项税额中抵扣。

六、纳税人购进国内旅客运输服务，其进项税额允许从销项税额中抵扣。

(一)纳税人未取得增值税专用发票的，暂按照以下规定确定进项税额：

1. 取得增值税电子普通发票的，为发票上注明的税额；

2. 取得注明旅客身份信息的航空运输电子客票行程单的，为按照下列公式计算进项税额：

航空旅客运输进项税额＝(票价＋燃油附加费)÷(1＋9%)×9%

3. 取得注明旅客身份信息的铁路车票的，为按照下列公式计算的进项税额：

铁路旅客运输进项税额＝票面金额÷(1＋9%)×9%

4. 取得注明旅客身份信息的公路、水路等其他客票的，按照下列公式计算进项税额：

公路、水路等其他旅客运输进项税额＝票面金额÷(1＋3%)×3%

(二)《营业税改征增值税试点实施办法》(财税〔2016〕36号印发)第二十七条第(六)项和《营业税改征增值税试点有关事项的规定》(财税〔2016〕36号印发)第二条第(一)项第5点中"购进的旅客运输服务、贷款服务、餐饮服务、居民日常服务和娱乐服务"修改为"购进的贷款服务、餐饮服务、居民日常服务和娱乐服务"。

七、自2019年4月1日至2021年12月31日，允许生产、生活性服务业纳税人按照当期可抵扣进项税额加计10%，抵减应纳税额(以下称加计抵减政策)。

(一)本公告所称生产、生活性服务业纳税人，是指提供邮政服务、电信服务、现代服务、生活服务(以下称四项服务)取得的销售额占全部销售额的比重超过50%的纳税人。四项服务的具体范围按照《销售服务、无形资产、不动产注释》(财税〔2016〕36号印发)执行。

2019年3月31日前设立的纳税人，自2018年4月至2019年3月期间的销售额(经营期不满12个月的，按照实际经营期的销售额)符合上述规定条件的，自2019年4月1日起适用加计抵减政策。

2019年4月1日后设立的纳税人，自设立之日起3个月的销售额符合上述规定条件的，自登记为一般纳税人之日起适用加计抵减政策。

纳税人确定适用加计抵减政策后，当年内不再调整，以后年度是否适用，根据上年度销售额计算确定。

纳税人可计提但未计提的加计抵减额，可在确定适用加计抵减政策当期一并计提。

(二)纳税人应按照当期可抵扣进项税额的10%计提当期加计抵减额。按照现行规定不得从销项税额中抵扣的进项税额，不得计提加计抵减额；已计提加计抵减额的进项税额，按规定作进项税额转出的，应在进项税额转出当期，相应调减加计抵减额。计算公式如下：

当期计提加计抵减额＝当期可抵扣进项税额×10%

当期可抵减加计抵减额＝上期末加计抵减额余额＋当期计提加计抵减额－当期调减加计抵减额

(三)纳税人应按照现行规定计算一般计税方法下的应纳税额(以下称抵减前的应纳税额)后，区分以下情形加计抵减：

1. 抵减前的应纳税额等于零的，当期可抵减加计抵减额全部结转下期抵减；

2. 抵减前的应纳税额大于零，且大于当期可抵减加计抵减额的，当期可抵减加计抵减额全额从抵减前的应纳税额中抵减；

3. 抵减前的应纳税额大于零，且小于或等于当期可抵减加计抵减额的，以当期可抵减加计抵减额抵减应纳税额至零。未抵减完的当期可抵减加计抵减额，结转下期继续抵减。

(四)纳税人出口货物劳务、发生跨境应税行为不适用加计抵减政策，其对应的进项税额不得计提加计抵减额。

纳税人兼营出口货物劳务、发生跨境应税行为且无法划分不得计提加计抵减额的进项税额，按照以下公式计算：

不得计提加计抵减额的进项税额=当期无法划分的全部进项税额×当期出口货物劳务和发生跨境应税行为的销售额÷当期全部销售额

（五）纳税人应单独核算加计抵减额的计提、抵减、调减、结余等变动情况。骗取适用加计抵减政策或虚增加计抵减额的，按照《中华人民共和国税收征收管理法》等有关规定处理。

（六）加计抵减政策执行到期后，纳税人不再计提加计抵减额，结余的加计抵减额停止抵减。

八、自2019年4月1日起，试行增值税期末留抵税额退税制度。

（一）同时符合以下条件的纳税人，可以向主管税务机关申请退还增量留抵税额：

1. 自2019年4月税款所属期起，连续六个月（按季纳税的，连续两个季度）增量留抵税额均大于零，且第六个月增量留抵税额不低于50万元；

2. 纳税信用等级为A级或者B级；

3. 申请退税前36个月未发生骗取留抵退税、出口退税或虚开增值税专用发票情形的；

4. 申请退税前36个月未因偷税被税务机关处罚两次及以上的；

5. 自2019年4月1日起未享受即征即退、先征后返（退）政策的。

（二）本公告所称增量留抵税额，是指与2019年3月底相比新增加的期末留抵税额。

（三）纳税人当期允许退还的增量留抵税额，按照以下公式计算：

允许退还的增量留抵税额=增量留抵税额×进项构成比例×60%

进项构成比例，为2019年4月至申请退税前一税款所属期内已抵扣的增值税专用发票（含税控机动车销售统一发票）、海关进口增值税专用缴款书、解缴税款完税凭证注明的增值税额占同期全部已抵扣进项税额的比重。

（四）纳税人应在增值税纳税申报期内，向主管税务机关申请退还留抵税额。

（五）纳税人出口货物劳务、发生跨境应税行为，适用免抵退办法的，办理免抵退税后，仍符合本公告规定条件的，可以申请退还留抵税额；适用免退税办法的，相关进项税额不得用于退还留抵税额。

（六）纳税人取得退还的留抵税额后，应相应调减当期留抵税额。按照本条规定再次满足退税条件的，可以继续向主管税务机关申请退还留抵税额，但本条第（一）项第1点规定的连续期间，不得重复计算。

（七）以虚增进项、虚假申报或其他欺骗手段，骗取留抵退税款的，由税务机关追缴其骗取的退税款，并按照《中华人民共和国税收征收管理法》等有关规定处理。

（八）退还的增量留抵税额中央、地方分担机制另行通知。

九、本公告自2019年4月1日起执行。

特此公告。

增值税日常稽查办法

·1998年3月26日
·国税发〔1998〕44号

第一条 为了规范增值税日常稽查的内容和程序，加强增值税日常稽查管理，防范和查处偷骗增值税行为，提高纳税人依法纳税自觉性，根据《中华人民共和国税收征收管理法》、《中华人民共和国增值税暂行条例》制定本办法。

第二条 本办法适用于税务机关对增值税一般纳税人（以下简称纳税人）实施的增值税日常稽查。小规模纳税人增值税日常稽查办法另行制定。

第三条 增值税日常稽查是税务机关依照税收法律、法规和规章，对纳税人履行纳税义务情况实施常规稽核和检查的总称，包括稽核、检查及一般性违法问题的处理。

第四条 增值税稽核是税务机关监审纳税人增值税纳税申报情况及相关资料，筛选检查对象的过程，分为一级稽核和二级稽核。

一级稽核的工作内容和步骤：

（一）监控纳税人的申报情况。对超过纳税申报期限未办理纳税申报者，在本纳税申报期结束后5日内，向其发出催报通知。对连续两个月逾期未申报的，列印《未申报纳税人清单》送交检查。

（二）审核纳税人的申报数据。依据纳税申报表内各指标之间的逻辑关系，对所申报的应纳税额进行逻辑审核。对申报有误的，应及时向纳税人发出《申报错误更正通知》。

（三）按季计算分析纳税人销售额变动率和税负率，计算公式如下：

1. 销售额变动率=（本年累计应税销售额−上年同期应税销售额）/上年同期应税销售额×100%

2. 税负率＝本年累计应纳税额/本年累计应税销售额×100%

将销售额变动率和税负率与相应的正常峰值进行比较，对存在下列问题的纳税人，列印《纳税申报异常纳税人清单》送交二级稽核。

1. 销售额变动率高于正常峰值，税负率低于正常峰值的；
2. 销售额变动率低于正常峰值，税负率低于正常峰值的；
3. 销售额变动率及税负率均高于正常峰值的。

前款所称正常峰值，是指纳税人在一定时期内实现的销售额和税负正常变化的上限或下限。即：销售额变动率正常峰值，为纳税人在正常经营的前提下，销售额与上年同期比较，销售额变动率（±）所能达到的最大值；税负率正常峰值，为纳税人在正常履行纳税义务的前提下，由于受市场、季节等因素的影响而使税负率变化所能达到的最小值或最大值。正常峰值由地市级以上税务机关根据本地区不同行业的具体情况分别确定。

二级稽核的工作内容和步骤：

（一）审核增值税纳税申报表、发票领用存月报表、相关发票存根联、抵扣联、发票领用存原始记录等资料之间的数据是否相符。

（二）对防伪税控系统开具的增值税专用发票抵扣联按规定进行认证。

（三）运用全国丢失、被盗增值税专用发票查询系统对其抵扣联进行抽查验证。

（四）根据纳税人报送的增值税纳税申报表、资产负债表、损益表和其他有关纳税资料，做好案头分析工作，对纳税人形成异常申报的原因作出初步判断。

1. 毛益率分析。根据损益表计算销售毛益率，计算公式为：

销售毛益率＝（销售收入－销售成本）÷销售收入×100%

若本期销售毛益率较以前各期或上年同期有较大幅度下降，可能存在购进货物（包括应税劳务，下同）入账，销售货物结转销售成本而不计或少计销售额的问题。

2. 存货、负债、进项税额综合分析。适用于商品流通企业。分析时，先计算本期进项税额控制数，计算公式为：

本期进项税额控制数＝〔期末存货较期初增加额（减少额用负数表示）＋本期销售成本＋期末应付账款较期初减少数（增加额用负数表示）〕×主要外购货物的增值税税率＋本期运费支出数×10%

以进项税额控制数与增值税申报表中的本期进项税额核对，若前者明显小于后者，则可能存在虚抵进项税额和未付款的购进货物提前申报抵扣进项税额的问题。

3. 销售额分析。将损益表中的当期销售成本加上按成本毛利率计算出的毛益额后，与损益表、增值税申报表中的本期销售额进行对比，若表中数额小，且差距较大，则可能存在销售额不入账、挂账或瞒报等问题。成本毛利率计算公式如下：

成本毛利率＝本年累计毛利额/本年累计销售成本×100%

第五条 将稽核发现的问题和疑点，分别不同情况作如下处理：

（一）对纳税人申报异常提出质询，并逐一记录质询情况，质询记录内容包括：纳税人名称、纳税人识别号、申报异常所属时期、销售额变动率及税负率、答复人姓名以及答复情况等。

（二）对申报异常且无正当理由的纳税人应填写《增值税待查对象通知》，送交检查；申报异常现象特别严重或有较大偷骗税嫌疑的，填写《增值税待查对象特急通知》送交专案检查。

（三）质询记录、待查对象通知和检查情况所报资料要随时复核，定期统计并报主管领导审阅。

第六条 对稽核阶段未被列入检查对象的纳税人，应定期随机抽取一定数量的待查对象送交检查。对该类纳税人的检查间隔（即实施两次检查之间的时间）最长不得超过3年。

第七条 增值税检查是税务机关对纳税人会计核算资料及有关生产经营情况进行实地检查的过程。

第八条 增值税检查的对象为稽核环节送达的未申报清单和待查对象通知所列的纳税人以及根据本办法第六条确定的纳税人。

第九条 增值税检查应按计划组织实施，对未申报待查对象的检查应自通知送达之日起1个月内实施，对申报异常的待查对象的检查应自通知送达之日起2个月内实施。

第十条 增值税检查方法根据待查对象的具体情况确定。

（一）无申报异常现象的，可采取抽查的方法，如有问题再全面检查。

（二）有申报异常现象的，应以销项或进项的某一方面问题核实为主，实施销项税额与进项税额的全面检查。

1. 销售额变动率高于正常峰值及税负率低于正常

峰值或销售额变动率正常,而税负率低于正常峰值的,以进项税额为检查重点,查证有无扩大进项抵扣范围、骗抵进项税额、不按规定申报抵扣等问题,对应核实销项税额计算的正确性;

2. 销售额变动率低于正常峰值及税负率变动低于正常峰值的,销项税额和进项税额均应作为检查重点。

对销项税额的检查,应侧重查证有无账外经营、瞒报、迟报计税销售额、混淆增值税与营业税征税范围、错用税率等问题。

检查基本方法见附件1。

第十一条 经稽核、检查核实的一般性偷骗税问题应按《中华人民共和国税收征收管理法》有关条款及现行有关管理规定进行处理;同时责成纳税人进行相关的账务调整(具体调账方法见附件2)。对偷骗税数额较大、情节较严重、涉及地域范围较广的偷骗税案件应及时移送专案稽查。

第十二条 经增值税检查查实的问题及处理情况应按国家税务总局统一规定的文书形式反馈给二级稽核。

第十三条 《未申报纳税人清单》、《申报错误更正通知》、《纳税申报异常纳税人清单》、《增值税待查对象通知》、《增值税待查对象特急通知》的样式及内容由各省级税务机关确定。

第十四条 本办法自1998年1月1日起执行。

附件1:

增值税检查基本方法

一、瞒报计税销售额的检查。应对下列问题运用账证核对法逐项查证:

(一)发票上填开的销售额与有关收入账户中的记录是否一致;

(二)有无计税销售额记入往来账户问题;

(三)有无将计税销售额或差价记入"应付福利费"、"投资收益"、"资本公积"、"盈余公积"等账户,逃避纳税的现象;

(四)以物易物有无不反映销售而只办理存货之间转账的问题;

(五)有无发生销售不反映销售额,而是以"生产成本"、"产成品"、"库存商品"等存货账户以及资金账户或往来账户对转的问题;

(六)有关收入账户的红字冲销记录有无足以证明业务确实发生的证据;

(七)视同销售业务不申报纳税。检查"应付福利费"、"在建工程"、"长期投资"、"营业外支出"等账户的借方记录,核对会计凭证,查明视同销售是否按规定申报了计税销售额和销项税额。

二、迟报计税销售额的检查。

(一)将已填开的发票存根联与有关收入账户记录进行核对,看当月实现的收入是否全部入账,有无压票现象;

(二)对不以销货发票为记账依据的商业零售企业,应查明有无将本月的"销售日报"作为下月原始凭证入账的现象。

三、适用税率的检查。看已填开的增值税专用发票和含税销售额换算为不含税销售额所使用的税率是否正确。

四、虚开发票的检查。将已填开的发票存根联与其所列货物的明细账记录进行核对,看账证记录是否一致。

五、扩大进项税额抵扣范围的检查。以"进项税额"账户为中心,逐一分析每笔记录记账凭证的会计处理和原始凭证所载明的经济业务,看有无将不属于抵扣范围的进项税额申报抵扣。

六、骗抵进项税额的检查。将进项凭证与相关的付款凭证、资金账户、相关的存货账户进行核实,凡发现异常的进项凭证或涉嫌虚开、伪造的进项凭证,应委托销货方所在地税务机关配合查实。

对依据运费发票等其他扣税凭证计算进项税额的,应检查进项税额计算的正确性和扣税凭证的真实性。

七、擅自抵扣期初存货进项税额的检查。对纳税人申报抵扣的期初存货进项税额,应查明是否经主管税务机关批准,验证其计算的正确性。

八、进项税额转出的检查。分析"应付福利费"、"在建工程"、"其他业务支出"、"待处理财产损益"、"营业外支出"以及销售收入类等账户,并核对其会计凭证,看是否发生了进项税额转出事项,该办理进项税额转出的是否已经转出,转出额确定的是否正确。对兼营免税项目的纳税人,应通过分析有关销售收入和成本账户,看是否按规定办理进项税。

九、账外经营检查。涉嫌有账外经营的,可采用突击检查方式,运用盘存法对存货和库存现金进行账实核对,凡相差悬殊的,要进一步查证有无未入账的进项凭证(包括代购,寄存等其他有效凭证)和现金收入凭证,如有未入账凭证,将其所载金额从实存数中扣除后,其结果仍大于账存的,即存在账外经营。

附件2：

增值税检查调账方法

增值税检查后的账务调整，应设立"应交税金-增值税检查调整"专门账户。凡检查后应调减账面进项税额或调增销项税额和进项税额转出的数额，借记有关科目，贷记本科目；凡检查后应调增账面进项税额或调减销项税额和进项税额转出的数额，借记本科目，贷记有关科目；全部调账事项入账后，应结出本账户的余额，并对该余额进行处理：

1. 若余额在借方，全部视同留抵进项税额，按借方余额数，借记"应交税金-应交增值税（进项税额）"科目，贷记本科目。

2. 若余额在贷方，且"应交税金-应交增值税"账户无余额，按贷方余额数，借记本科目，贷记"应交税金-未交增值税"科目。

3. 若本账户余额在贷方，"应交税金-应交增值税"账户有借方余额且等于或大于这个贷方余额，按贷方余额数，借记本科目，贷记"应交税金-应交增值税"科目。

4. 若本账户余额在贷方，"应交税金-应交增值税"账户有借方余额但小于这个贷方余额，应将这两个账户的余额冲出，其差额贷记"应交税金-未交增值税"科目。

上述账务调整应按纳税期逐期进行。

增值税一般纳税人纳税申报办法

· 2003年5月13日国税发〔2003〕53号公布
· 根据2018年6月15日《国家税务总局关于修改部分税收规范性文件的公告》修正

根据《中华人民共和国税收征收管理法》及其实施细则、《中华人民共和国增值税暂行条例》和《中华人民共和国发票管理办法》的有关规定，制定本办法。

一、凡增值税一般纳税人（以下简称纳税人）均按本办法进行纳税申报。

二、纳税人进行纳税申报必须实行电子信息采集。使用防伪税控系统开具增值税专用发票的纳税人必须在抄报税成功后，方可进行纳税申报。

三、纳税申报资料

（一）必报资料

1.《增值税纳税申报表（适用于增值税一般纳税人）》及其《增值税纳税申报表附列资料（表一）、（表二）、（表三）、（表四）》；

2. 使用防伪税控系统的纳税人，必须报送记录当期纳税信息的IC卡（明细数据备份在软盘上的纳税人，还须报送备份数据软盘）、《增值税专用发票存根联明细表》及《增值税专用发票抵扣联明细表》；

3.《资产负债表》和《损益表》；

4.《成品油购销存情况明细表》（发生成品油零售业务的纳税人填报）；

5. 主管税务机关规定的其他必报资料。

纳税申报实行电子信息采集的纳税人，除向主管税务机关报送上述必报资料的电子数据外，还需报送纸介的《增值税纳税申报表（适用于一般纳税人）》（主表及附表）。

（二）备查资料

1. 已开具的增值税专用发票和普通发票存根联；

2. 符合抵扣条件并且在本期申报抵扣的增值税专用发票抵扣联；

3. 海关进口货物完税凭证、运输发票、购进农产品普通发票及购进废旧物资普通发票的复印件；

4. 收购凭证的存根联或报查联；

5. 代扣代缴税款凭证存根联；

6. 主管税务机关规定的其他备查资料。

备查资料是否需要在当期报送，由各省税务局确定。

四、增值税纳税申报资料的管理

（一）增值税纳税申报必报资料

纳税人在纳税申报期内，应及时将全部必报资料的电子数据报送主管税务机关，并在主管税务机关按照税法规定确定的期限内（具体时间由各省税务局确定），将本办法第三条、第一款要求报送的纸介的必报资料（具体份数由省税务局确定）报送主管税务机关，税务机关签收后，一份退还纳税人，其余留存。

（二）增值税纳税申报备查资料

纳税人在月度终了后，应将备查资料认真整理并装订成册。

1. 属于整本开具的手工版增值税专用发票及普通发票的存根联，按原顺序装订；开具的电脑版增值税专用发票，包括防伪税控系统开具的增值税专用发票的存根联，应按开票顺序号码每25份装订一册，不足25份的按实际开具份数装订。

2. 对属于扣税凭证的单证，根据取得的时间顺序，按单证种类每25份装订一册，不足25份的按实际份数装订。

3. 装订时，必须使用税务机关统一规定的《征税/扣税单证汇总簿封面》（以下简称《封面》），并按规定填写封面内容，由办税人员和财务人员审核签章。启用《封面》后，纳税人可不再填写原增值税专用发票的封面内容。

4. 纳税人当月未使用完的手工版增值税专用发票，暂不加装《封面》，两个月仍未使用完的，应在主管税务机关对其剩余部分剪角作废的当月加装《封面》。

纳税人开具的普通发票及收购凭证在其整本使用完毕的当月，加装《封面》。

5.《封面》的内容包括纳税人单位名称、本册单证份数、金额、税额、本月此种单证总册数及本册单证编号、税款所属时间等，具体格式由各省税务局制定。

五、《增值税纳税申报表（适用于增值税一般纳税人）》（主表及附表）由纳税人向主管税务机关购领。

六、申报期限

纳税人应按月进行纳税申报，申报期为次月1日起至10日止，遇最后一日为法定节假日的，顺延1日；在每月1日至10日内有连续3日以上法定休假日的，按休假日天数顺延。

七、罚则

（一）纳税人未按规定期限办理纳税申报和报送纳税资料的，按照《中华人民共和国税收征收管理法》第六十二条的有关规定处罚。

（二）纳税人经税务机关通知申报而拒不申报或者进行虚假的纳税申报，不缴或者少缴应纳税款的，按偷税处理，并按《中华人民共和国税收征收管理法》第六十三条的有关规定处罚。

（三）纳税人不进行纳税申报，不缴或者少缴应纳税款的，按《中华人民共和国税收征收管理法》第六十四条的有关规定处罚。

附件：

1. 增值税纳税申报表（适用于增值税一般纳税人）（略）
2. 增值税纳税申报表附列资料（表一）（略）
3. 增值税纳税申报表附列资料（表二）（略）
4. 增值税纳税申报表附列资料（表三）（略）
5. 增值税纳税申报表附列资料（表四）（略）
6. 增值税纳税申报表（适用于一般纳税人）及其附表填表说明（略）
7. 增值税纳税申报表逻辑关系审核表（略）
8. 资产负债表（略）
9. 损益表（略）
10. 成品油购销存情况明细表及填表说明（略）

增值税纳税申报比对管理操作规程（试行）

· 2017年10月30日
· 税总发〔2017〕124号

一、为进一步加强和规范增值税纳税申报比对（以下简称"申报比对"）管理，提高申报质量，优化纳税服务，根据《中华人民共和国税收征收管理法》和《中华人民共和国增值税暂行条例》等有关税收法律、法规规定，制定本规程。

二、申报比对管理是指税务机关以信息化为依托，通过优化整合现有征管信息资源，对增值税纳税申报信息进行票表税比对，并对比对结果进行相应处理。

三、主管税务机关应设置申报异常处理岗，主要负责异常比对结果的核实及相关处理工作。异常处理岗原则上不设置在办税服务厅前台。

四、申报比对范围及内容

（一）比对信息范围

1. 增值税纳税申报表及其附列资料（以下简称"申报表"）信息。
2. 增值税一般纳税人和小规模纳税人开具的增值税发票信息。
3. 增值税一般纳税人取得的进项抵扣凭证信息。
4. 纳税人税款入库信息。
5. 增值税优惠备案信息。
6. 申报比对所需的其他信息。

（二）比对内容

比对内容包括表表比对、票表比对和表税比对。表表比对是指申报表表内、表间逻辑关系比对。票表比对是指各类发票、凭证、备案资格等信息与申报表进行比对。表税比对是指纳税人当期申报的应纳税款与当期的实际入库税款进行比对。

五、申报比对规则

（一）申报表表内、表间逻辑关系比对，按照税务总局制定的申报表填写规则执行。

（二）增值税一般纳税人票表比对规则

1. 销项比对。

当期开具发票（不包含不征税发票）的金额、税额合计数应小于或者等于当期申报的销售额、税额合计数。

纳税人当期申报免税销售额、即征即退销售额的，应当比对其增值税优惠备案信息，按规定不需要办理备案手续的除外。

2. 进项比对。

（1）当期已认证或确认的进项增值税专用发票（以

下简称"专用发票")上注明的金额、税额合计数应大于或者等于申报表中本期申报抵扣的专用发票进项金额、税额合计数。

（2）经稽核比对相符的海关进口增值税专用缴款书上注明的税额合计数应大于或者等于申报表中本期申报抵扣的海关进口增值税专用缴款书的税额。

（3）取得的代扣代缴税收缴款凭证上注明的增值税税额合计数应大于或者等于申报表中本期申报抵扣的代扣代缴税收缴款凭证的税额。

（4）取得的《出口货物转内销证明》上注明的进项税额合计数应大于或者等于申报表中本期申报抵扣的外贸企业进项税额抵扣证明的税额。

（5）按照政策规定，依据相关凭证注明的金额计算抵扣进项税额的，计算得出的进项税额应大于或者等于申报表中本期申报抵扣的相应凭证税额。

（6）红字增值税专用发票信息表中注明的应作转出的进项税额应等于申报表中进项税额转出中的红字专用发票信息表注明的进项税额。

（7）申报表中进项税额转出金额不应小于零。

3. 应纳税额减征额比对。当期申报的应纳税额减征额应小于或者等于当期符合政策规定的减征税额。

4. 预缴税款比对。申报表中的预缴税额本期发生额应小于或者等于实际已预缴的税款。

5. 特殊规则。

（1）实行汇总缴纳增值税的总机构和分支机构可以不进行票表比对。

（2）按季申报的纳税人应当对其季度数据进行汇总比对。

（三）增值税小规模纳税人票表比对规则

1. 当期开具的增值税专用发票金额应小于或者等于申报表填报的增值税专用发票销售额。

2. 当期开具的增值税普通发票金额应小于或者等于申报表填报的增值税普通发票销售额。

3. 申报表中的预缴税额应小于或者等于实际已预缴的税款。

4. 纳税人当期申报免税销售额的，应当比对其增值税优惠备案信息，按规定不需要办理备案手续的除外。

（四）表税比对规则

纳税人当期申报的应纳税款应小于或者等于当期实际入库税款。

（五）申报比对其他规则

1. 税务总局可以根据增值税风险管理的需要，对申报表特定项目设置申报比对规则。

2. 各省国税机关可以根据申报比对管理实际，合理设置相关比对项目金额尾差的正负范围。

3. 主管税务机关可以结合申报比对管理实际，将征收方式、发票开具等业务存在特殊情形的纳税人列入白名单管理，并根据实际情况确定所适用的申报比对规则。白名单实行动态管理。

（六）本条第（一）至（三）项比对规则为基本规则，第（四）至（五）项比对规则为可选规则。各省税务机关可以在上述比对规则的基础上，根据申报管理的需要自主增加比对规则。

六、申报比对操作流程

申报比对环节可以设置在事中或者事后，由省税务机关根据申报管理需要进行确定。主管税务机关通过征管信息系统或网上申报系统进行申报比对，并根据比对结果分别采取以下处理流程：

（一）申报比对相符

申报比对相符后，主管税务机关对纳税人税控设备进行解锁。

（二）申报比对不相符

申报比对不相符的，向纳税人反馈比对不相符的内容，并按照下列流程进行处理：

1. 申报比对不符的，除符合本项第2点情形外，暂不对其税控设备进行解锁，并将异常比对结果转交申报异常处理岗。

2. 纳税人仅因为相关资格尚未备案，造成比对不符的，应当对税控设备进行解锁。

3. 异常比对结果经申报异常处理岗核实可以解除异常的，对纳税人税控设备进行解锁；核实后仍不能解除异常的，不得对税控设备解锁，由税源管理部门继续核实处理。

4. 异常比对结果经税源管理部门核实可以解除异常的，对纳税人税控设备进行解锁。核实后发现涉嫌虚开发票等严重涉税违法行为，经稽查部门分析判断认为需要稽查立案的，转交稽查部门处理，经处理可以解除异常的，对纳税人税控设备进行解锁。

5. 异常比对结果的处理期限，由主管税务机关根据实际情况确定。

七、由于出现信息系统异常等突发情形，影响正常纳税申报秩序时，省税务机关可以采取应急措施，暂停申报比对。在突发情形消除后，可以根据实际情况重新启动申报比对流程。

增值税一般纳税人登记管理办法

- 2017年12月29日国家税务总局令第43号公布
- 自2018年2月1日起施行

第一条 为了做好增值税一般纳税人（以下简称"一般纳税人"）登记管理，根据《中华人民共和国增值税暂行条例》及其实施细则有关规定，制定本办法。

第二条 增值税纳税人（以下简称"纳税人"），年应税销售额超过财政部、国家税务总局规定的小规模纳税人标准（以下简称"规定标准"）的，除本办法第四条规定外，应当向主管税务机关办理一般纳税人登记。

本办法所称年应税销售额，是指纳税人在连续不超过12个月或四个季度的经营期内累计应征增值税销售额，包括纳税申报销售额、稽查查补销售额、纳税评估调整销售额。

销售服务、无形资产或者不动产（以下简称"应税行为"）有扣除项目的纳税人，其应税行为年应税销售额按未扣除之前的销售额计算。纳税人偶然发生的销售无形资产、转让不动产的销售额，不计入应税行为年应税销售额。

第三条 年应税销售额未超过规定标准的纳税人，会计核算健全，能够提供准确税务资料的，可以向主管税务机关办理一般纳税人登记。

本办法所称会计核算健全，是指能够按照国家统一的会计制度规定设置账簿，根据合法、有效凭证进行核算。

第四条 下列纳税人不办理一般纳税人登记：

（一）按照政策规定，选择按照小规模纳税人纳税的；

（二）年应税销售额超过规定标准的其他个人。

第五条 纳税人应当向其机构所在地主管税务机关办理一般纳税人登记手续。

第六条 纳税人办理一般纳税人登记的程序如下：

（一）纳税人向主管税务机关填报《增值税一般纳税人登记表》（附件1），如实填写固定生产经营场所等信息，并提供税务登记证件；

（二）纳税人填报内容与税务登记信息一致的，主管税务机关当场登记；

（三）纳税人填报内容与税务登记信息不一致，或者不符合填列要求的，税务机关应当场告知纳税人需要补正的内容。

第七条 年应税销售额超过规定标准的纳税人符合本办法第四条第一项规定的，应当向主管税务机关提交书面说明（附件2）。

第八条 纳税人在年应税销售额超过规定标准的月份（或季度）的所属申报期结束后15日内按照本办法第六条或者第七条的规定办理相关手续；未按规定时限办理的，主管税务机关应当在规定时限结束后5日内制作《税务事项通知书》，告知纳税人应当在5日内向主管税务机关办理相关手续；逾期仍不办理的，次月起按销售额依照增值税税率计算应纳税额，不得抵扣进项税额，直至纳税人办理相关手续为止。

第九条 纳税人自一般纳税人生效之日起，按照增值税一般计税方法计算应纳税额，并可以按照规定领用增值税专用发票，财政部、国家税务总局另有规定的除外。

本办法所称的生效之日，是指纳税人办理登记的当月1日或者次月1日，由纳税人在办理登记手续时自行选择。

第十条 纳税人登记为一般纳税人后，不得转为小规模纳税人，国家税务总局另有规定的除外。

第十一条 主管税务机关应当加强对税收风险的管理。对税收遵从度低的一般纳税人，主管税务机关可以实行纳税辅导期管理，具体办法由国家税务总局另行制定。

第十二条 本办法自2018年2月1日起施行，《增值税一般纳税人资格认定管理办法》（国家税务总局令第22号公布）同时废止。

附件1

增值税一般纳税人登记表

纳税人名称		社会信用代码（纳税人识别号）	
法定代表人 （负责人、业主）		证件名称及号码	联系电话
财务负责人		证件名称及号码	联系电话
办税人员		证件名称及号码	联系电话

续表

税务登记日期	
生产经营地址	
注册地址	
纳税人类别:企业□ 非企业性单位□ 个体工商户□ 其他□	
主营业务类别:工业□ 商业□ 服务业□ 其他□	
会计核算健全:是□	
一般纳税人生效之日:当月1日□ 次月1日□	
纳税人(代理人)承诺: 　　会计核算健全,能够提供准确税务资料,上述各项内容真实、可靠、完整。如有虚假,愿意承担相关法律责任。 　　经办人：　　法定代表人：　　代理人：　　(签章) 　　　　　　　　　　　　　　　　　　　　　　　　　年　月　日	
以下由税务机关填写	
税务机关受理情况	受理人：　　　　　　　　　　　　　　　受理税务机关(章) 　　　　　　　　　　　　　　　　　　　　年　月　日

填表说明：1. 本表由纳税人如实填写。
2. 表中"证件名称及号码"相关栏次,根据纳税人的法定代表人、财务负责人、办税人员的居民身份证、护照等有效身份证件及号码填写。
3. 表中"一般纳税人生效之日"由纳税人自行勾选。
4. 本表一式二份,主管税务机关和纳税人各留存一份。

附件2

选择按小规模纳税人纳税的情况说明

纳税人名称		社会信用代码 (纳税人识别号)	
连续不超过12个月或四个季度的经营期内累计应税销售额		货物劳务：年　月至　年　月共　　　　　　　　　　元。	
		应税行为：年　月至　年　月共　　　　　　　　　　元。	
情况说明			

续表

纳税人(代理人)承诺:						
上述各项内容真实、可靠、完整。如有虚假,愿意承担相关法律责任。						
经办人:	法定代表人:	代理人:	(签章)		年 月 日	
以下由税务机关填写						
税务机关受理情况	受理人:			受理税务机关(章) 年 月 日		

填表说明:1."情况说明"栏由纳税人填写符合财政部、国家税务总局规定可选择按小规模纳税人纳税的具体情形及理由。
　　　　2.本表一式二份,主管税务机关和纳税人各留存一份。

国家税务总局关于增值税一般纳税人登记管理若干事项的公告①

- 2018年1月29日
- 国家税务总局公告2018年第6号

为了贯彻实施《增值税一般纳税人登记管理办法》(国家税务总局令第43号,以下简称《办法》),现将有关事项公告如下:

一、《办法》第二条所称"经营期"是指在纳税人存续期内的连续经营期间,含未取得销售收入的月份或季度。

二、《办法》第二条所称"纳税申报销售额"是指纳税人自行申报的全部应征增值税销售额,其中包括免税销售额和税务机关代开发票销售额。"稽查查补销售额"和"纳税评估调整销售额"计入查补税款申报当月(或当季)的销售额,不计入税款所属期销售额。

三、《办法》第四条第二项所称的"其他个人"是指自然人。

四、《办法》第六条第一项所称的"固定生产经营场所"信息是指填写在《增值税一般纳税人登记表》"生产经营地址"栏次中的内容。

五、《办法》第六条第一项所称的"税务登记证件",包括纳税人领取的由工商行政管理部门或者其他主管部门核发的加载法人和其他组织统一社会信用代码的相关证件。

六、《办法》第八条规定主管税务机关制作的《税务事项通知书》中,需告知纳税人的内容应当包括:纳税人年应税销售额已超过规定标准,应在收到《税务事项通知书》后5日内向税务机关办理增值税一般纳税人登记手续或者选择按照小规模纳税人纳税的手续;逾期未办理的,自通知时限期满的次月起按销售额依照增值税税率计算应纳税额,不得抵扣进项税额,直至纳税人办理相关手续为止。

七、纳税人兼有销售货物、提供加工修理修配劳务(以下称"应税货物及劳务")和销售服务、无形资产、不动产(以下称"应税行为")的,应税货物及劳务销售额与应税行为销售额分别计算,分别适用增值税一般纳税人登记标准,其中有一项销售额超过规定标准,就应当按照规定办理增值税一般纳税人登记相关手续。

八、经税务机关核对后退还纳税人留存的《增值税一般纳税人登记表》,可以作为证明纳税人成为增值税一般纳税人的凭据。

九、《办法》中所规定期限的最后一日是法定休假日的,以休假日期满的次日为期限的最后一日;在期限内有连续3日以上(含3日)法定休假日的,按休假日天数顺延。

十、本公告自2018年2月1日起施行。《国家税务总局关于明确〈增值税一般纳税人资格认定管理办法〉若干条款处理意见的通知》(国税函〔2010〕139号)、《国家税务总局关于调整增值税一般纳税人管理有关事项的公告》(国家税务总局公告2015年第18号)、《国家税务总局关于"三证合一"登记制度改革涉及增值税一般纳

---

① 本公告第七条已被《国家税务总局关于统一小规模纳税人标准等若干增值税问题的公告》废止。

税人管理有关事项的公告》(国家税务总局公告2015年第74号)、《国家税务总局关于全面推开营业税改征增值税试点有关税收征收管理事项的公告》(国家税务总局公告2016年第23号)第二条同时废止。

特此公告。

增值税一般纳税人纳税辅导期管理办法

- 2010年4月7日
- 国税发〔2010〕40号

第一条 为加强增值税一般纳税人纳税辅导期管理,根据《增值税一般纳税人资格认定管理办法》(以下简称认定办法)第十三条规定,制定本办法。

第二条 实行纳税辅导期管理的增值税一般纳税人(以下简称辅导期纳税人),适用本办法。

第三条 认定办法第十三条第一款所称的"小型商贸批发企业",是指注册资金在80万元(含80万元)以下、职工人数在10人(含10人)以下的批发企业。只从事出口贸易,不需要使用增值税专用发票的企业除外。

批发企业按照国家统计局颁发的《国民经济行业分类》(GB/T4754-2002)中有关批发业的行业划分方法界定。

第四条 认定办法第十三条所称"其他一般纳税人",是指具有下列情形之一的一般纳税人:

(一)增值税偷税数额占应纳税额的10%以上并且偷税数额在10万元以上的;

(二)骗取出口退税的;

(三)虚开增值税扣税凭证的;

(四)国家税务总局规定的其他情形。

第五条 新认定为一般纳税人的小型商贸批发企业实行纳税辅导期管理的期限为3个月;其他一般纳税人实行纳税辅导期管理的期限为6个月。

第六条 对新办小型商贸批发企业,主管税务机关应在认定办法第九条第(四)款规定的《税务事项通知书》内告知纳税人对其实行纳税辅导期管理,纳税辅导期自主管税务机关制作《税务事项通知书》的当月起执行;对其他一般纳税人,主管税务机关应自稽查部门作出《税务稽查处理决定书》后40个工作日内,制作、送达《税务事项通知书》告知纳税人对其实行纳税辅导期管理,纳税辅导期自主管税务机关制作《税务事项通知书》的次月起执行。

第七条 辅导期纳税人取得的增值税专用发票(以下简称专用发票)抵扣联、海关进口增值税专用缴款书以及运输费用结算单据应当在交叉稽核比对无误后,方可抵扣进项税额。

第八条 主管税务机关对辅导期纳税人实行限量限额发售专用发票。

(一)实行纳税辅导期管理的小型商贸批发企业,领购专用发票的最高开票限额不得超过十万元;其他一般纳税人专用发票最高开票限额应根据企业实际经营情况重新核定。

(二)辅导期纳税人专用发票的领购实行按次限量控制,主管税务机关可根据纳税人的经营情况核定每次专用发票的供应数量,但每次发售专用发票数量不得超过25份。

辅导期纳税人领购的专用发票未使用完而再次领购的,主管税务机关发售专用发票的份数不得超过核定的每次领购专用发票份数与未使用完的专用发票份数的差额。

第九条 辅导期纳税人一个月内多次领购专用发票的,应从当月第二次领购专用发票起,按照上一次已领购并开具的专用发票销售额的3%预缴增值税,未预缴增值税的,主管税务机关不得向其发售专用发票。

预缴增值税时,纳税人应提供已领购并开具的专用发票记账联,主管税务机关根据其提供的专用发票记账联计算应预缴的增值税。

第十条 辅导期纳税人按第九条规定预缴的增值税可在本期增值税应纳税额中抵减,抵减后预缴增值税仍有余额的,可抵减下期再次领购专用发票时应当预缴的增值税。

纳税辅导期结束后,纳税人因增购专用发票发生的预缴增值税有余额的,主管税务机关应在纳税辅导期结束后的第一个月内,一次性退还纳税人。

第十一条 辅导期纳税人应当在"应交税金"科目下增设"待抵扣进项税额"明细科目,核算尚未交叉稽核比对的专用发票抵扣联、海关进口增值税专用缴款书以及运输费用结算单据(以下简称增值税抵扣凭证)注明或者计算的进项税额。

辅导期纳税人取得增值税抵扣凭证后,借记"应交税金——待抵扣进项税额"明细科目,贷记相关科目。交叉稽核比对无误后,借记"应交税金——应交增值税(进项税额)"科目,贷记"应交税金——待抵扣进项税额"科目。经核实不得抵扣的进项税额,红字借记"应交税金——待抵扣进项税额",红字贷记相关科目。

第十二条　主管税务机关定期接收交叉稽核比对结果,通过《稽核结果导出工具》导出发票明细数据及《稽核结果通知书》并告知辅导期纳税人。

辅导期纳税人根据交叉稽核比对结果相符的增值税抵扣凭证本期数据申报抵扣进项税额,未收到交叉稽核比对结果的增值税抵扣凭证留待下期抵扣。

第十三条　辅导期纳税人按以下要求填写《增值税纳税申报表附列资料(表二)》。

(一)第2栏填写当月取得认证相符且当月收到《稽核比对结果通知书》及其明细清单注明的稽核相符专用发票、协查结果中允许抵扣的专用发票的份数、金额、税额。

(二)第3栏填写前期取得认证相符且当月收到《稽核比对结果通知书》及其明细清单注明的稽核相符专用发票、协查结果中允许抵扣的专用发票的份数、金额、税额。

(三)第5栏填写税务机关告知的《稽核比对结果通知书》及其明细清单注明的本期稽核相符的海关进口增值税专用缴款书、协查结果中允许抵扣的海关进口增值税专用缴款书的份数、金额、税额。

(四)第7栏"废旧物资发票"不再填写。

(五)第8栏填写税务机关告知的《稽核比对结果通知书》及其明细清单注明的本期稽核相符的运输费用结算单据、协查结果中允许抵扣的运输费用结算单据的份数、金额、税额。

(六)第23栏填写认证相符但未收到稽核比对结果的增值税专用发票月初余额数。

(七)第24栏填写本月已认证相符但未收到稽核比对结果的专用发票数据。

(八)第25栏填写已认证相符但未收到稽核比对结果的专用发票月末余额数。

(九)第28栏填写本月未收到稽核比对结果的海关进口增值税专用缴款书。

(十)第30栏"废旧物资发票"不再填写。

(十一)第31栏填写本月未收到稽核比对结果的运输费用结算单据数据。

第十四条　主管税务机关在受理辅导期纳税人纳税申报时,按照以下要求进行"一窗式"票表比对。

(一)审核《增值税纳税申报表》附表二第3栏份数、金额、税额是否等于或小于本期稽核系统比对相符的专用发票抵扣联数据。

(二)审核《增值税纳税申报表》附表二第5栏份数、金额、税额是否等于或小于本期交叉稽核比对相符和协查后允许抵扣的海关进口增值税专用缴款书合计数。

(三)审核《增值税纳税申报表》附表二中第8栏的份数、金额是否等于或小于本期交叉稽核比对相符和协查后允许抵扣的运输费用结算单据合计数。

(四)申报表数据若大于稽核结果数据的,按现行"一窗式"票表比对异常情况处理。

第十五条　纳税辅导期内,主管税务机关未发现纳税人存在偷税、逃避追缴欠税、骗取出口退税、抗税或其他需要立案查处的税收违法行为的,从期满的次月起不再实行纳税辅导期管理,主管税务机关应制作、送达《税务事项通知书》,告知纳税人;主管税务机关发现辅导期纳税人存在偷税、逃避追缴欠税、骗取出口退税、抗税或其他需要立案查处的税收违法行为的,从期满的次月起按照本规定重新实行纳税辅导期管理,主管税务机关应制作、送达《税务事项通知书》,告知纳税人。

第十六条　本办法自2010年3月20日起执行。《国家税务总局关于加强新办商贸企业增值税征收管理有关问题的紧急通知》(国税发明电〔2004〕37号)、《国家税务总局关于辅导期一般纳税人实施"先比对、后扣税"有关管理问题的通知》(国税发明电〔2004〕51号)、《国家税务总局关于加强新办商贸企业增值税征收管理有关问题的补充通知》(国税发明电〔2004〕62号)、《国家税务总局关于辅导期增值税一般纳税人增值税专用发票预缴增值税有关问题的通知》(国税函〔2005〕1097号)同时废止。

财政部、税务总局关于统一增值税小规模纳税人标准的通知

· 2018年4月4日
· 财税〔2018〕33号

各省、自治区、直辖市、计划单列市财政厅(局)、国家税务局、地方税务局,新疆生产建设兵团财政局:

为完善增值税制度,进一步支持中小微企业发展,现将统一增值税小规模纳税人标准有关事项通知如下:

一、增值税小规模纳税人标准为年应征增值税销售额500万元及以下。

二、按照《中华人民共和国增值税暂行条例实施细则》第二十八条规定已登记为增值税一般纳税人的单位和个人,在2018年12月31日前,可转登记为小规模纳税人,其未抵扣的进项税额作转出处理。

三、本通知自2018年5月1日起执行。

国家税务总局关于统一小规模纳税人标准等若干增值税问题的公告

- 2018年4月20日
- 国家税务总局公告2018年第18号

现将统一小规模纳税人标准等若干增值税问题公告如下：

一、同时符合以下条件的一般纳税人，可选择按照《财政部 税务总局关于统一增值税小规模纳税人标准的通知》（财税〔2018〕33号）第二条的规定，转登记为小规模纳税人，或选择继续作为一般纳税人：

（一）根据《中华人民共和国增值税暂行条例》第十三条和《中华人民共和国增值税暂行条例实施细则》第二十八条的有关规定，登记为一般纳税人。

（二）转登记日前连续12个月（以1个月为1个纳税期，下同）或者连续4个季度（以1个季度为1个纳税期，下同）累计应征增值税销售额（以下称应税销售额）未超过500万元。

转登记日前经营期不满12个月或者4个季度的，按照月（季度）平均应税销售额估算上款规定的累计应税销售额。

应税销售额的具体范围，按照《增值税一般纳税人登记管理办法》（国家税务总局令第43号）和《国家税务总局关于增值税一般纳税人登记管理若干事项的公告》（国家税务总局公告2018年第6号）的有关规定执行。

二、符合本公告第一条规定的纳税人，向主管税务机关填报《一般纳税人转为小规模纳税人登记表》（表样见附件），并提供税务登记证件；已实行实名办税的纳税人，无需提供税务登记证件。主管税务机关根据下列情况分别作出处理：

（一）纳税人填报内容与税务登记、纳税申报信息一致的，主管税务机关当场办理。

（二）纳税人填报内容与税务登记、纳税申报信息不一致，或者不符合填列要求的，主管税务机关应当场告知纳税人需要补正的内容。

三、一般纳税人转登记为小规模纳税人（以下称转登记纳税人）后，自转登记日的下期起，按照简易计税方法计算缴纳增值税；转登记日当期仍按照一般纳税人的有关规定计算缴纳增值税。

四、转登记纳税人尚未申报抵扣的进项税额以及转登记日当期的期末留抵税额，计入"应交税费—待抵扣进项税额"核算。

尚未申报抵扣的进项税额计入"应交税费—待抵扣进项税额"时：

（一）转登记日当期已经取得的增值税专用发票、机动车销售统一发票、收费公路通行费增值税电子普通发票，应当已经通过增值税发票选择确认平台进行选择确认或认证后稽核比对相符；经稽核比对异常的，应当按照现行规定进行核查处理。已经取得的海关进口增值税专用缴款书，经稽核比对相符的，应当自行下载《海关进口增值税专用缴款书稽核结果通知书》；经稽核比对异常的，应当按照现行规定进行核查处理。

（二）转登记日当期尚未取得的增值税专用发票、机动车销售统一发票、收费公路通行费增值税电子普通发票，转登记纳税人在取得上述发票以后，应当持税控设备，由主管税务机关通过增值税发票选择确认平台（税务局端）为其办理选择确认。尚未取得的海关进口增值税专用缴款书，转登记纳税人在取得以后，经稽核比对相符的，应当由主管税务机关通过稽核系统为其下载《海关进口增值税专用缴款书稽核结果通知书》；经稽核比对异常的，应当按照现行规定进行核查处理。

五、转登记纳税人在一般纳税人期间销售或者购进的货物、劳务、服务、无形资产、不动产，自转登记日的下期起发生销售折让、中止或者退回的，调整转登记日当期的销项税额、进项税额和应纳税额。

（一）调整后的应纳税额小于转登记日当期申报的应纳税额形成的多缴税款，从发生销售折让、中止或者退回当期的应纳税额中抵减；不足抵减的，结转下期继续抵减。

（二）调整后的应纳税额大于转登记日当期申报的应纳税额形成的少缴税款，从"应交税费—待抵扣进项税额"中抵减；抵减后仍有余额的，计入发生销售折让、中止或者退回当期的应纳税额一并申报缴纳。

转登记纳税人因税务稽查、补充申报等原因，需要对一般纳税人期间的销项税额、进项税额和应纳税额进行调整的，按照上述规定处理。

转登记纳税人应准确核算"应交税费—待抵扣进项税额"的变动情况。

六、转登记纳税人可以继续使用现有税控设备开具增值税发票，不需要缴销税控设备和增值税发票。

转登记纳税人自转登记日的下期起，发生增值税应税销售行为，应当按照征收率开具增值税发票；转登记日前已作增值税专用发票票种核定的，继续通过增值税发票管理系统自行开具增值税专用发票；销售其取得的不动产，需要开具增值税专用发票的，应当按照有关规定向税务机关申请代开。

七、转登记纳税人在一般纳税人期间发生的增值税应税销售行为，未开具增值税发票需要补开的，应当按照原适用税率或者征收率补开增值税发票；发生销售折让、中止或者退回等情形，需要开具红字发票的，按照原蓝字发票记载的内容开具红字发票；开票有误需要重新开具的，先按照原蓝字发票记载的内容开具红字发票后，再重新开具正确的蓝字发票。

转登记纳税人发生上述行为，需要按照原适用税率开具增值税发票的，应当在互联网连接状态下开具。按照有关规定不使用网络办税的特定纳税人，可以通过离线方式开具增值税发票。

八、自转登记日的下期起连续不超过12个月或者连续不超过4个季度的经营期内，转登记纳税人应税销售额超过财政部、国家税务总局规定的小规模纳税人标准的，应当按照《增值税一般纳税人登记管理办法》（国家税务总局令第43号）的有关规定，向主管税务机关办理一般纳税人登记。

转登记纳税人按规定再次登记为一般纳税人后，不得再转登记为小规模纳税人。

九、一般纳税人在增值税税率调整前已按原适用税率开具的增值税发票，发生销售折让、中止或者退回等情形需要开具红字发票的，按照原适用税率开具红字发票；开票有误需要重新开具的，先按照原适用税率开具红字发票后，再重新开具正确的蓝字发票。

一般纳税人在增值税税率调整前未开具增值税发票的增值税应税销售行为，需要补开增值税发票的，应当按照原适用税率补开。

增值税发票税控开票软件税率栏次默认显示调整后税率，一般纳税人发生上述行为可以手工选择原适用税率开具增值税发票。

十、国家税务总局在增值税发票管理系统中更新了《商品和服务税收分类编码表》，纳税人应当按照更新后的《商品和服务税收分类编码表》开具增值税发票。

转登记纳税人和一般纳税人应当及时完成增值税发票税控开票软件升级、税控设备变更发行和自身业务系统调整。

十一、本公告自2018年5月1日起施行。《国家税务总局关于增值税一般纳税人登记管理若干事项的公告》（国家税务总局公告2018年第6号）第七条同时废止。

特此公告。

附件：一般纳税人转为小规模纳税人登记表（略）

财政部、税务总局关于调整增值税税率的通知

· 2018年4月4日
· 财税〔2018〕32号

各省、自治区、直辖市、计划单列市财政厅（局）、国家税务局、地方税务局，新疆生产建设兵团财政局：

为完善增值税制度，现将调整增值税税率有关政策通知如下：

一、纳税人发生增值税应税销售行为或者进口货物，原适用17%和11%税率的，税率分别调整为16%、10%。

二、纳税人购进农产品，原适用11%扣除率的，扣除率调整为10%。

三、纳税人购进用于生产销售或委托加工16%税率货物的农产品，按照12%的扣除率计算进项税额。

四、原适用17%税率且出口退税率为17%的出口货物，出口退税率调整至16%。原适用11%税率且出口退税率为11%的出口货物、跨境应税行为，出口退税率调整至10%。

五、外贸企业2018年7月31日前出口的第四条所涉货物、销售的第四条所涉跨境应税行为，购进时已按调整前税率征收增值税的，执行调整前的出口退税率；购进时已按调整后税率征收增值税的，执行调整后的出口退税率。生产企业2018年7月31日前出口的第四条所涉货物、销售的第四条所涉跨境应税行为，执行调整前的出口退税率。

调整出口货物退税率的执行时间及出口货物的时间，以出口货物报关单上注明的出口日期为准，调整跨境应税行为退税率的执行时间及销售跨境应税行为的时间，以出口发票的开具日期为准。

六、本通知自2018年5月1日起执行。此前有关规定与本通知规定的增值税税率、扣除率、出口退税率不一致的，以本通知为准。

七、各地要高度重视增值税税率调整工作，做好实施前的各项准备以及实施过程中的监测分析、宣传解释等工作，确保增值税税率调整工作平稳、有序推进。如遇问题，请及时上报财政部和税务总局。

财政部、税务总局关于
简并增值税税率有关政策的通知

· 2017年4月28日
· 财税〔2017〕37号

各省、自治区、直辖市、计划单列市财政厅（局）、国家税

务局、地方税务局,新疆生产建设兵团财务局:

自2017年7月1日起,简并增值税税率结构,取消13%的增值税税率。现将有关政策通知如下:

一、纳税人销售或者进口下列货物,税率为11%:

农产品(含粮食)、自来水、暖气、石油液化气、天然气、食用植物油、冷气、热水、煤气、居民用煤炭制品、食用盐、农机、饲料、农药、农膜、化肥、沼气、二甲醚、图书、报纸、杂志、音像制品、电子出版物。

上述货物的具体范围见本通知附件1。

二、纳税人购进农产品,按下列规定抵扣进项税额:

(一)除本条第(二)项规定外,纳税人购进农产品,取得一般纳税人开具的增值税专用发票或海关进口增值税专用缴款书的,以增值税专用发票或海关进口增值税专用缴款书上注明的增值税额为进项税额;从按照简易计税方法依照3%征收率计算缴纳增值税的小规模纳税人取得增值税专用发票的,以增值税专用发票上注明的金额和11%的扣除率计算进项税额;取得(开具)农产品销售发票或收购发票的,以农产品销售发票或收购发票上注明的农产品买价和11%的扣除率计算进项税额。

(二)营业税改征增值税试点期间,纳税人购进用于生产销售或委托受托加工17%税率货物的农产品维持原扣除力度不变。

(三)继续推进农产品增值税进项税额核定扣除试点,纳税人购进农产品进项税额已实行核定扣除的,仍按照《财政部 国家税务总局关于在部分行业试行农产品增值税进项税额核定扣除办法的通知》(财税〔2012〕38号)、《财政部 国家税务总局关于扩大农产品增值税进项税额核定扣除试点行业范围的通知》(财税〔2013〕57号)执行。其中,《农产品增值税进项税额核定扣除试点实施办法》(财税〔2012〕38号印发)第四条第(二)项规定的扣除率调整为11%;第(三)项规定的扣除率调整为按本条第(一)项、第(二)项规定执行。

(四)纳税人从批发、零售环节购进适用免征增值税政策的蔬菜、部分鲜活肉蛋而取得的普通发票,不得作为计算抵扣进项税额的凭证。

(五)纳税人购进农产品既用于生产销售或委托受托加工17%税率货物又用于生产销售其他货物服务的,应当分别核算用于生产销售或委托受托加工17%税率货物和其他货物服务的农产品进项税额。未分别核算的,统一以增值税专用发票或海关进口增值税专用缴款书上注明的增值税额为进项税额,或以农产品收购发票或销售发票上注明的农产品买价和11%的扣除率计算进项税额。

(六)《中华人民共和国增值税暂行条例》第八条第二款第(三)项和本通知所称销售发票,是指农业生产者销售自产农产品适用免征增值税政策而开具的普通发票。

三、本通知附件2所列货物的出口退税率调整为11%。出口货物适用的出口退税率,以出口货物报关单上注明的出口日期界定。

外贸企业2017年8月31日前出口本通知附件2所列货物,购进时已按13%税率征收增值税的,执行13%出口退税率;购进时已按11%税率征收增值税的,执行11%出口退税率。生产企业2017年8月31日前出口本通知附件2所列货物,执行13%出口退税率。出口货物的时间,按照出口货物报关单上注明的出口日期执行。

四、本通知自2017年7月1日起执行。此前有关规定与本通知规定的增值税税率、扣除率、相关货物具体范围不一致的,以本通知为准。《财政部 国家税务总局关于免征部分鲜活肉蛋产品流通环节增值税政策的通知》(财税〔2012〕75号)第三条同时废止。

五、各地要高度重视简并增值税税率工作,切实加强组织领导,周密安排,明确责任。做好实施前的各项准备以及实施过程中的监测分析、宣传解释等工作,确保简并增值税税率平稳、有序推进。遇到问题请及时向财政部和税务总局反映。

附件:1. 适用11%增值税税率货物范围注释(略)
2. 出口退税率调整产品清单(略)

国家税务总局关于逾期增值税扣税凭证抵扣问题的公告

· 2011年9月14日国家税务总局公告2011年第50号公布
· 根据2017年10月13日《国家税务总局关于进一步优化增值税、消费税有关涉税事项办理程序的公告》第一次修正
· 根据2018年6月15日《国家税务总局关于修改部分税收规范性文件的公告》第二次修正

为保障纳税人合法权益,经国务院批准,现将2007年1月1日以后开具的增值税扣税凭证未能按照规定期限办理认证或者稽核比对(以下简称逾期)抵扣问题公告如下:

一、增值税一般纳税人发生真实交易但由于客观原因造成增值税扣税凭证(包括增值税专用发票、海关进口增值税专用缴款书和机动车销售统一发票)未能按照规定期限办理认证、确认或者稽核比对的,经主管税务机关核实、逐级上报,由省税务局认证并稽核比对后,对比对

相符的增值税扣税凭证，允许纳税人继续抵扣其进项税额。

增值税一般纳税人由于除本公告第二条规定以外的其他原因造成增值税扣税凭证逾期的，仍应按照增值税扣税凭证抵扣期限有关规定执行。

二、客观原因包括如下类型：

（一）因自然灾害、社会突发事件等不可抗力因素造成增值税扣税凭证逾期；

（二）增值税扣税凭证被盗、抢，或者因邮寄丢失、误递导致逾期；

（三）有关司法、行政机关在办理业务或者检查中，扣押增值税扣税凭证，纳税人不能正常履行申报义务，或者税务机关信息系统、网络故障，未能及时处理纳税人网上认证数据等导致增值税扣税凭证逾期；

（四）买卖双方因经济纠纷，未能及时传递增值税扣税凭证，或者纳税人变更纳税地点，注销旧户和重新办理税务登记的时间过长，导致增值税扣税凭证逾期；

（五）由于企业办税人员伤亡、突发危重疾病或者擅自离职，未能办理交接手续，导致增值税扣税凭证逾期；

（六）国家税务总局规定的其他情形。

三、增值税一般纳税人因客观原因造成增值税扣税凭证逾期的，可按照本公告附件《逾期增值税扣税凭证抵扣管理办法》的规定，申请办理逾期抵扣手续。

四、本公告自2011年10月1日起执行。

特此公告。

附件：

逾期增值税扣税凭证抵扣管理办法

一、增值税一般纳税人发生真实交易但由于客观原因造成增值税扣税凭证逾期的，可向主管税务机关申请办理逾期抵扣。

二、纳税人申请办理逾期抵扣时，应报送如下资料：

（一）《逾期增值税扣税凭证抵扣申请单》；

（二）增值税扣税凭证逾期情况说明。纳税人应详细说明未能按期办理认证、确认或者稽核比对的原因，并加盖企业公章。其中，对客观原因不涉及第三方的，纳税人应说明的情况具体为：发生自然灾害、社会突发事件等不可抗力原因的，纳税人应详细说明自然灾害或者社会突发事件发生的时间、影响地区、对纳税人生产经营的实际影响等；纳税人变更纳税地点，注销旧户和重新办理税务登记的时间过长，导致增值税扣税凭证逾期的，纳税人应详细说明办理搬迁时间、注销旧户和注册新户的时间、搬出及搬入地点等；企业办税人员擅自离职，未办理交接手续的，纳税人应详细说明事情经过、办税人员姓名、离职时间等，并提供解除劳动关系合同及企业内部相关处理决定。

（三）客观原因涉及第三方的，应提供第三方证明或说明。具体为：企业办税人员伤亡或者突发危重疾病的，应提供公安机关、交通管理部门或者医院证明；有关司法、行政机关在办理业务或者检查中，扣押增值税扣税凭证，导致纳税人不能正常履行申报义务的，应提供相关司法、行政机关证明；增值税扣税凭证被盗、抢的，应提供公安机关证明；买卖双方因经济纠纷，未能及时传递增值税扣税凭证的，应提供卖方出具的情况说明；邮寄丢失或者误递导致增值税扣税凭证逾期的，应提供邮政单位出具的说明。

（四）逾期增值税扣税凭证电子信息；

（五）逾期增值税扣税凭证复印件（复印件必须整洁、清晰，在凭证备注栏注明"与原件一致"并加盖企业公章，增值税专用发票复印件必须裁剪成与原票大小一致）。

三、由于税务机关自身原因造成纳税人增值税扣税凭证逾期的，主管税务机关应在上报文件中说明相关情况。具体为，税务机关信息系统或者网络故障，未能及时处理纳税人网上认证数据的，主管税务机关应详细说明信息系统或网络故障出现、持续的时间，故障原因及表现等。

四、主管税务机关应认真核实纳税人所报资料，重点核查纳税人所报送资料是否齐全、交易是否真实发生、造成增值税扣税凭证逾期的原因是否属于客观原因、第三方证明或说明所述时间是否具有逻辑性、资料信息是否一致、增值税扣税凭证复印件与原件是否一致等。

主管税务机关核实无误后，应向上级税务机关上报，并将增值税扣税凭证逾期情况说明、第三方证明或说明、逾期增值税扣税凭证电子信息、逾期增值税扣税凭证复印件逐级上报至省税务局。

五、省税务局对上报的资料进行案头复核，并对逾期增值税扣税凭证信息进行认证、稽核比对，对资料符合条件、稽核比对结果相符的，允许纳税人继续抵扣逾期增值税扣税凭证上所注明或计算的税额。

六、主管税务机关可定期或者不定期对已抵扣逾期增值税扣税凭证进项税额的纳税人进行复查，发现纳税人提供虚假信息，存在弄虚作假行为的，应责令纳税人将已抵扣进项税额转出，并按《中华人民共和国税收征收管理法》的有关规定进行处罚。

附表：1. 逾期增值税扣税凭证抵扣申请单（略）

2. 逾期增值税扣税凭证电子信息格式（略）

税务机关代开增值税专用发票管理办法（试行）

· 2004年12月22日国税发〔2004〕153号公布
· 根据2018年6月15日《国家税务总局关于修改部分税收规范性文件的公告》修正

第一条 为了进一步加强税务机关为增值税纳税人代开增值税专用发票（以下简称专用发票）管理，防范不法分子利用代开专用发票进行偷骗税活动，优化税收服务，特制定本办法。

第二条 本办法所称代开专用发票是指主管税务机关为所辖范围内的增值税纳税人代开专用发票，其他单位和个人不得代开。

第三条 主管税务机关应设立代开专用发票岗位和税款征收岗位，并分别确定专人负责代开专用发票和税款征收工作。

第四条 代开专用发票统一使用增值税防伪税控代开票系统开具。非防伪税控代开票系统开具的代开专用发票不得作为增值税进项税额抵扣凭证。

增值税防伪税控代开票系统由防伪税控企业发行岗位按规定发行。

第五条 本办法所称增值税纳税人是指已办理税务登记的小规模纳税人（包括个体经营者）以及国家税务总局确定的其他可予代开增值税专用发票的纳税人。

第六条 增值税纳税人发生增值税应税行为、需要开具专用发票时，可向其主管税务机关申请代开。

第七条 增值税纳税人申请代开专用发票时，应填写《代开增值税专用发票缴纳税款申报单》（式样见附件，以下简称《申报单》），连同税务登记证副本，到主管税务机关税款征收岗位为专用发票上注明的税额全额申报缴纳税款，同时缴纳专用发票工本费。

第八条 税款征收岗位接到《申报单》后，应对以下事项进行审核：

（一）是否属于本税务机关管辖的增值税纳税人；

（二）《申报单》上增值税征收率填写、税额计算是否正确。

审核无误后，税款征收岗位应通过防伪税控代开票征收子系统录入《申报单》的相关信息，按照《申报单》上注明的税额征收税款，开具税收完税凭证，同时收取专用发票工本费，按照规定开具有关票证，将有关征税电子信息及时传递给代开发票岗位。

在防伪税控代开票征税子系统未使用前暂传递纸质凭证。

税务机关可采取税银联网划款、银行卡（POS机）划款或现金收取三种方式征收税款。

第九条 增值税纳税人缴纳税款后，凭《申报单》和税收完税凭证及税务登记证副本，到代开专用发票岗位申请代开专用发票。

代开发票岗位确认税款征收岗位传来的征税电子信息与《申报单》和税收完税凭证上的金额、税额相符后，按照《申报单》、完税凭证和专用发票一一对应即"一单一证一票"原则，为增值税纳税人代开专用发票。

在防伪税控代开票征税子系统未使用前，代开票岗位凭《申报单》和税收完税凭证代开发票。

第十条 代开发票岗位应按下列要求填写专用发票的有关项目：

1. "单价"栏和"金额"栏分别填写不含增值税税额的单价和销售额；

2. "税率"栏填写增值税征收率；

3. 销货单位栏填写代开税务机关的统一代码和代开税务机关名称；

4. 销方开户银行及账号栏内填写税收完税凭证号码；

5. 备注栏内注明增值税纳税人的名称和纳税人识别号。

其他项目按照专用发票填开的有关规定填写。

第十一条 增值税纳税人应在代开专用发票的备注栏上，加盖本单位的财务专用章或发票专用章。

第十二条 代开专用发票遇有填写错误、销货退回或销售折让等情形的，按照专用发票有关规定处理。

税务机关代开专用发票时填写有误的，应及时在防伪税控代开票系统中作废，重新开具。代开专用发票后发生退票的，税务机关应按照增值税一般纳税人作废或开具负数专用发票的有关规定进行处理。对需要重新开票的，税务机关应同时进行新开票税额与原开票税额的清算，多退少补；对无需重新开票的，按有关规定退还增值税纳税人已缴的税款或抵顶下期正常申报税款。

第十三条 为增值税纳税人代开的专用发票应统一使用六联专用发票，第五联代开发票岗位留存，以备发票的扫描补录，第六联交税款征收岗位，用于代开发票税额与征收税款的定期核对，其他联次交增值税纳税人。

第十四条 代开专用发票岗位领用专用发票，经发票管理部门负责人批准后，到专用发票发售窗口领取专用发票，并将相应发票的电子信息读入防伪税控代开票系统。

第十五条　代开专用发票岗位应在每月纳税申报期的第一个工作日,将上月所开具的代开专用发票数据抽取、传递到防伪税控报税系统。代开专用发票的金税卡等专用设备发生故障的,税务机关应使用留存的专用发票第五联进行扫描补录。

第十六条　代开发票岗位应妥善保管代开专用发票数据,及时备份。

第十七条　税务机关应按月对代开专用发票进行汇总统计,对代开专用发票数据通过增值税计算机稽核系统比对后属于滞留、缺联、失控、作废、红字缺联等情况,应及时分析,查明原因,按规定处理,确保代开专用发票存根联数据采集的完整性和准确性。

第十八条　代开专用发票各岗位人员应严格执行本办法及有关规定。对违反规定的,追究有关人员的责任。

第十九条　各省、自治区、直辖市和计划单列市税务局可根据实际在本办法基础上制定实施细则。

第二十条　本办法自二〇〇五年一月一日起实施,凡与本办法相抵触的规定同时停止执行。

增值税专用发票使用规定①

· 2006年10月17日国税发〔2006〕156号公布
· 根据2018年6月15日《国家税务总局关于修改部分税收规范性文件的公告》修正

第一条　为加强增值税征收管理,规范增值税专用发票(以下简称专用发票)使用行为,根据《中华人民共和国增值税暂行条例》及其实施细则和《中华人民共和国税收征收管理法》及其实施细则,制定本规定。

第二条　专用发票,是增值税一般纳税人(以下简称一般纳税人)销售货物或者提供应税劳务开具的发票,是购买方支付增值税额并可按照增值税有关规定据以抵扣增值税进项税额的凭证。

第三条　一般纳税人应通过增值税防伪税控系统(以下简称防伪税控系统)使用专用发票。使用,包括领购、开具、缴销、认证纸质专用发票及其相应的数据电文。

本规定所称防伪税控系统,是指经国务院同意推行的、使用专用设备和通用设备、运用数字密码和电子存储技术管理专用发票的计算机管理系统。

本规定所称专用设备,是指金税卡、IC卡、读卡器和其他设备。

本规定所称通用设备,是指计算机、打印机、扫描器具和其他设备。

第四条　专用发票由基本联次或者基本联次附加其他联次构成,基本联次为三联:发票联、抵扣联和记账联。发票联,作为购买方核算采购成本和增值税进项税额的记账凭证;抵扣联,作为购买方报送主管税务机关认证和留存备查的凭证;记账联,作为销售方核算销售收入和增值税销项税额的记账凭证。其他联次用途,由一般纳税人自行确定。

第五条　专用发票实行最高开票限额管理。最高开票限额,是指单份专用发票开具的销售额合计数不得达到的上限额度。

最高开票限额由一般纳税人申请,税务机关依法审批。最高开票限额为十万元及以下的,由区县级税务机关审批;最高开票限额为一百万元的,由地市级税务机关审批;最高开票限额为一千万元及以上的,由省级税务机关审批。防伪税控系统的具体发行工作由区县级税务机关负责。

税务机关审批最高开票限额应进行实地核查。批准使用最高开票限额为十万元及以下的,由区县级税务机关派人实地核查;批准使用最高开票限额为一百万元的,由地市级税务机关派人实地核查;批准使用最高开票限额为一千万元及以上的,由地市级税务机关派人实地核查后将核查资料报省级税务机关审核。

一般纳税人申请最高开票限额时,需填报《最高开票限额申请表》(附件1)。

第六条　一般纳税人领购专用设备后,凭《增值税专用发票最高开票限额申请单》、《发票领购簿》到主管税务机关办理初始发行。

本规定所称初始发行,是指主管税务机关将一般纳税人的下列信息载入空白金税卡和IC卡的行为。

(一)企业名称;

(二)税务登记代码;

(三)开票限额;

(四)购票限量;

---

① 本规定中的第五条已被《国家税务总局关于在全国开展营业税改征增值税试点有关征收管理问题的公告》废止,第二十八条已被《国家税务总局关于简化增值税发票领用和使用程序有关问题的公告》废止,第十四条、第十五条、第十六条、第十七条、第十八条、第十九条已被《国家税务总局关于推行增值税发票系统升级版有关问题的公告》废止,第六条中关于"一般纳税人领购专用设备后,凭《最高开票限额申请表》、《发票领购簿》到主管税务机关办理初始发行"的内容已被《国家税务总局关于部分税务事项实行容缺办理和进一步精简涉税费资料报送的公告》废止。

（五）购票人员姓名、密码；

（六）开票机数量；

（七）国家税务总局规定的其他信息。

一般纳税人发生上列第一、三、四、五、六、七项信息变化，应向主管税务机关申请变更发行；发生第二项信息变化，应向主管税务机关申请注销发行。

第七条 一般纳税人凭《发票领购簿》、IC卡和经办人身份证明领购专用发票。

第八条 一般纳税人有下列情形之一的，不得领购开具专用发票：

（一）会计核算不健全，不能向税务机关准确提供增值税销项税额、进项税额、应纳税额数据及其他有关增值税税务资料的。

上列其他有关增值税税务资料的内容，由省、自治区、直辖市和计划单列市税务局确定。

（二）有《税收征管法》规定的税收违法行为，拒不接受税务机关处理的。

（三）有下列行为之一，经税务机关责令限期改正而仍未改正的：

1. 虚开增值税专用发票；
2. 私自印制专用发票；
3. 向税务机关以外的单位和个人买取专用发票；
4. 借用他人专用发票；
5. 未按本规定第十一条开具专用发票；
6. 未按规定保管专用发票和专用设备；
7. 未按规定申请办理防伪税控系统变更发行；
8. 未按规定接受税务机关检查。

有上列情形的，如已领购专用发票，主管税务机关应暂扣其结存的专用发票和IC卡。

第九条 有下列情形之一的，为本规定第八条所称未按规定保管专用发票和专用设备：

（一）未设专人保管专用发票和专用设备；

（二）未按税务机关要求存放专用发票和专用设备；

（三）未将认证相符的专用发票抵扣联、《认证结果通知书》和《认证结果清单》装订成册；

（四）未经税务机关查验，擅自销毁专用发票基本联次。

第十条 一般纳税人销售货物或者提供应税劳务，应向购买方开具专用发票。

商业企业一般纳税人零售的烟、酒、食品、服装、鞋帽（不包括劳保专用部分）、化妆品等消费品不得开具专用发票。

增值税小规模纳税人（以下简称小规模纳税人）需要开具专用发票的，可向主管税务机关申请代开。

销售免税货物不得开具专用发票，法律、法规及国家税务总局另有规定的除外。

第十一条 专用发票应按下列要求开具：

（一）项目齐全，与实际交易相符；

（二）字迹清楚，不得压线、错格；

（三）发票联和抵扣联加盖财务专用章或者发票专用章；

（四）按照增值税纳税义务的发生时间开具。

对不符合上列要求的专用发票，购买方有权拒收。

第十二条 一般纳税人销售货物或者提供应税劳务可汇总开具专用发票。汇总开具专用发票的，同时使用防伪税控系统开具《销售货物或者提供应税劳务清单》（附件2），并加盖财务专用章或者发票专用章。

第十三条 一般纳税人在开具专用发票当月，发生销货退回、开票有误等情形，收到退回的发票联、抵扣联符合作废条件的，按作废处理；开具时发现有误的，可即时作废。

作废专用发票须在防伪税控系统中将相应的数据电文按"作废"处理，在纸质专用发票（含未打印的专用发票）各联次上注明"作废"字样，全联次留存。

第十四条 一般纳税人取得专用发票后，发生销货退回、开票有误等情形但不符合作废条件的，或者因销货部分退回及发生销售折让的，购买方应向主管税务机关填报《开具红字增值税专用发票申请单》（以下简称《申请单》，附件3）。

《申请单》所对应的蓝字专用发票应经税务机关认证。

经认证结果为"认证相符"并且已经抵扣增值税进项税额的，一般纳税人在填报《申请单》时不填写相对应的蓝字专用发票信息。

经认证结果为"纳税人识别号认证不符"、"专用发票代码、号码认证不符"的，一般纳税人在填报《申请单》时应填写相对应的蓝字专用发票信息。

第十五条 《申请单》一式两联：第一联由购买方留存；第二联由购买方主管税务机关留存。

《申请单》应加盖一般纳税人财务专用章。

第十六条 主管税务机关对一般纳税人填报的《申请单》进行审核后，出具《开具红字增值税专用发票通知单》（以下简称《通知单》，附件4）。《通知单》应与《申请单》一一对应。

第十七条 《通知单》一式三联：第一联由购买方主

管税务机关留存;第二联由购买方送交销售方留存;第三联由购买方留存。

《通知单》应加盖主管税务机关印章。

《通知单》应按月依次装订成册,并比照专用发票保管规定管理。

第十八条 购买方必须暂依《通知单》所列增值税税额从当期进项税额中转出,未抵扣增值税进项税额的可列入当期进项税额,待取得销售方开具的红字专用发票后,与留存的《通知单》一并作为记账凭证。属于本规定第十四条第四款所列情形的,不作进项税额转出。

第十九条 销售方凭购买方提供的《通知单》开具红字专用发票,在防伪税控系统中以销项负数开具。

红字专用发票应与《通知单》一一对应。

第二十条 同时具有下列情形的,为本规定所称作废条件:

(一)收到退回的发票联、抵扣联时间未超过销售方开票当月;

(二)销售方未抄税并且未记账;

(三)购买方未认证或者认证结果为"纳税人识别号认证不符"、"专用发票代码、号码认证不符"。

本规定所称抄税,是报税前用IC卡或者IC卡和软盘抄取开票数据电文。

第二十一条 一般纳税人开具专用发票应在增值税纳税申报期内向主管税务机关报税,在申报所属月份内可分次向主管税务机关报税。

本规定所称报税,是纳税人持IC卡或者IC卡和软盘向税务机关报送开票数据电文。

第二十二条 因IC卡、软盘质量等问题无法报税的,应更换IC卡、软盘。

因硬盘损坏、更换金税卡等原因不能正常报税的,应提供已开具未向税务机关报税的专用发票记账联原件或者复印件,由主管税务机关补采开票数据。

第二十三条 一般纳税人注销税务登记或者转为小规模纳税人,应将专用设备和结存未用的纸质专用发票送交主管税务机关。

主管税务机关应缴销其专用发票,并按有关安全管理的要求处理专用设备。

第二十四条 本规定第二十三条所称专用发票的缴销,是指主管税务机关在纸质专用发票监制章处按"V"字剪角作废,同时作废相应的专用发票数据电文。

被缴销的纸质专用发票应退还纳税人。

第二十五条 用于抵扣增值税进项税额的专用发票应经税务机关认证相符(国家税务总局另有规定的除外)。认证相符的专用发票应作为购买方的记账凭证,不得退还销售方。

本规定所称认证,是税务机关通过防伪税控系统对专用发票所列数据的识别、确认。

本规定所称认证相符,是指纳税人识别号无误,专用发票所列密文解译后与明文一致。

第二十六条 经认证,有下列情形之一的,不得作为增值税进项税额的抵扣凭证,税务机关退还原件,购买方可要求销售方重新开具专用发票。

(一)无法认证。

本规定所称无法认证,是指专用发票所列密文或者明文不能辨认,无法产生认证结果。

(二)纳税人识别号认证不符。

本规定所称纳税人识别号认证不符,是指专用发票所列购买方纳税人识别号有误。

(三)专用发票代码、号码认证不符。

本规定所称专用发票代码、号码认证不符,是指专用发票所列密文解译后与明文的代码或者号码不一致。

第二十七条 经认证,有下列情形之一的,暂不得作为增值税进项税额的抵扣凭证,税务机关扣留原件,查明原因,分别情况进行处理。

(一)重复认证。

本规定所称重复认证,是指已经认证相符的同一张专用发票再次认证。

(二)密文有误。

本规定所称密文有误,是指专用发票所列密文无法解译。

(三)认证不符。

本规定所称认证不符,是指纳税人识别号有误,或者专用发票所列密文解译后与明文不一致。

本项所称认证不符不含第二十六条第二项、第三项所列情形。

(四)列为失控专用发票。

本规定所称列为失控专用发票,是指认证时的专用发票已被登记为失控专用发票。

第二十八条 一般纳税人丢失已开具专用发票的发票联和抵扣联,如果丢失前已认证相符的,购买方凭销售方提供的相应专用发票记账联复印件及销售方所在地主管税务机关出具的《丢失增值税专用发票已报税证明单》(附件5),经购买方主管税务机关审核同意后,可作为增值税进项税额的抵扣凭证;如果丢失前未认证的,购买方凭销售方提供的相应专用发票记账联复印件到主管税务机关进行认证，认证相符的凭该专用发票记账联复印件及销售方所在地主管税务机关出具的《丢失增值税专用发票已报税证明单》，经购买方主管税务机关审核同意后，可作为增值税进项税额的抵扣凭证。

一般纳税人丢失已开具专用发票的抵扣联，如果丢失前已认证相符的，可使用专用发票发票联复印件留存备查；如果丢失前未认证的，可使用专用发票发票联到主管税务机关认证，专用发票发票联复印件留存备查。

一般纳税人丢失已开具专用发票的发票联，可将专用发票抵扣联作为记账凭证，专用发票抵扣联复印件留存备查。

第二十九条 专用发票抵扣联无法认证的，可使用专用发票发票联到主管税务机关认证。专用发票发票联复印件留存备查。

第三十条 本规定自2007年1月1日施行，《国家税务总局关于印发〈增值税专用发票使用规定〉的通知》（国税发〔1993〕150号）、《国家税务总局关于增值税专用发票使用问题的补充通知》（国税发〔1994〕056号）、《国家税务总局关于由税务所为小规模企业代开增值税专用发票的通知》（国税发〔1994〕058号）、《国家税务总局关于印发〈关于商业零售企业开具增值税专用发票的通告〉的通知》（国税发〔1994〕081号）、《国家税务总局关于修改〈国家税务总局关于严格控制增值税专用发票使用范围的通知〉的通知》（国税发〔2000〕075号）、《国家税务总局关于加强防伪税控开票系统最高开票限额管理的通知》（国税发明电〔2001〕57号）、《国家税务总局关于增值税一般纳税人丢失防伪税控系统开具的增值税专用发票有关税务处理问题的通知》（国税发〔2002〕010号）、《国家税务总局关于进一步加强防伪税控开票系统最高开票限额管理的通知》（国税发明电〔2002〕33号）同时废止。以前有关政策规定与本规定不一致的，以本规定为准。

附件：(略)

国家税务总局关于增值税发票开具有关问题的公告

· 2017年5月19日
· 国家税务总局公告2017年第16号

为进一步加强增值税发票管理，保障全面推开营业税改征增值税试点工作顺利实施，保护纳税人合法权益，营造健康公平的税收环境，现将增值税发票开具有关问题公告如下：

一、自2017年7月1日起，购买方为企业的，索取增值税普通发票时，应向销售方提供纳税人识别号或统一社会信用代码；销售方为其开具增值税普通发票时，应在"购买方纳税人识别号"栏填写购买方的纳税人识别号或统一社会信用代码。不符合规定的发票，不得作为税收凭证。

本公告所称企业，包括公司、非公司制企业法人、企业分支机构、个人独资企业、合伙企业和其他企业。

二、销售方开具增值税发票时，发票内容应按照实际销售情况如实开具，不得根据购买方要求填开与实际交易不符的内容。销售方开具发票时，通过销售平台系统与增值税发票税控系统后台对接，导入相关信息开票的，系统导入的开票数据内容应与实际交易相符，如不相符应及时修改完善销售平台系统。

特此公告。

国家税务总局关于新办纳税人首次申领增值税发票有关事项的公告

· 2018年6月11日
· 国家税务总局公告2018年第29号

为了进一步深化税务系统"放管服"改革，优化税收营商环境，方便新办纳税人首次申领增值税发票，按照国务院关于进一步压缩企业开办时间的要求，税务总局决定压缩新办纳税人首次申领增值税发票时间。现将有关事项公告如下：

一、同时满足下列条件的新办纳税人首次申领增值税发票，主管税务机关应当自受理申请之日起2个工作日内办结，有条件的主管税务机关当日办结：

（一）纳税人的办税人员、法定代表人已经进行实名信息采集和验证（需要采集、验证法定代表人实名信息的纳税人范围由各省税务机关确定）；

（二）纳税人有开具增值税发票需求，主动申领发票；

（三）纳税人按照规定办理税控设备发行等事项。

二、新办纳税人首次申领增值税发票主要包括发票票种核定、增值税专用发票（增值税税控系统）最高开票限额审批、增值税税控系统专用设备初始发行、发票领用等涉税事项。

三、税务机关为符合本公告第一条规定的首次申领增值税发票的新办纳税人办理发票票种核定，增值税专用发票最高开票限额不超过10万元，每月最高领用数量不超过25份；增值税普通发票最高开票限额不超过10

万元，每月最高领用数量不超过 50 份。各省税务机关可以在此范围内结合纳税人税收风险程度，自行确定新办纳税人首次申领增值税发票票种核定标准。

四、各省税务机关要根据本地区的实际情况，进一步明确新办纳税人首次申领增值税发票的办理时限、办理方式和办理流程，尽可能实现税控设备网上购买，并做好压缩新办纳税人首次申领增值税发票时间相关政策的宣传解释工作，确保符合条件的新办纳税人及时、顺利地领用增值税发票。

除新疆、青海、西藏以外的地区，本公告自 2018 年 8 月 1 日起施行；新疆、青海、西藏地区自 2018 年 10 月 1 日起施行。

特此公告。

国家税务总局关于使用印有本单位名称的增值税普通发票（卷票）有关问题的公告

· 2017 年 4 月 14 日国家税务总局公告 2017 年第 9 号公布
· 根据 2018 年 6 月 15 日《国家税务总局关于修改部分税收规范性文件的公告》修正

为进一步规范增值税发票管理，优化纳税服务，保障全面推开营业税改征增值税试点工作顺利实施，现将使用印有本单位名称的增值税普通发票（卷票）有关问题公告如下：

一、纳税人可按照《中华人民共和国发票管理办法》及其实施细则要求，书面向税务机关要求使用印有本单位名称的增值税普通发票（卷票），税务机关按规定确认印有该单位名称发票的种类和数量。纳税人通过增值税发票管理新系统开具印有本单位名称的增值税普通发票（卷票）。

二、印有本单位名称的增值税普通发票（卷票），由税务总局统一招标采购的增值税普通发票（卷票）中标厂商印制，其式样、规格、联次和防伪措施等与原有增值税普通发票（卷票）一致，并加印企业发票专用章。

三、印有本单位名称的增值税普通发票（卷票）发票代码及号码按照《国家税务总局关于启用增值税普通发票（卷票）有关事项的公告》（国家税务总局公告 2016 年第 82 号）规定的编码规则编制。发票代码的第 8-10 位代表批次，由省税务机关在 501-999 范围内统一编制。

四、使用印有本单位名称的增值税普通发票（卷票）的企业，按照《国家税务总局 财政部关于冠名发票印制费结算问题的通知》（税总发〔2013〕53 号）规定，与发票印制企业直接结算印制费用。

本公告自 2017 年 7 月 1 日起施行。

特此公告。

国家税务总局关于异常增值税扣税凭证管理等有关事项的公告

· 2019 年 11 月 14 日
· 国家税务总局公告 2019 年第 38 号

现将异常增值税扣税凭证（以下简称"异常凭证"）管理等有关事项公告如下：

一、符合下列情形之一的增值税专用发票，列入异常凭证范围：

（一）纳税人丢失、被盗税控专用设备中未开具或已开具未上传的增值税专用发票；

（二）非正常户纳税人未向税务机关申报或未按规定缴纳税款的增值税专用发票；

（三）增值税发票管理系统稽核比对发现"比对不符""缺联""作废"的增值税专用发票；

（四）经税务总局、省税务局大数据分析发现，纳税人开具的增值税专用发票存在涉嫌虚开、未按规定缴纳消费税等情形的；

（五）属于《国家税务总局关于走逃（失联）企业开具增值税专用发票认定处理有关问题的公告》（国家税务总局公告 2016 年第 76 号）第二条第（一）项规定情形的增值税专用发票。

二、增值税一般纳税人申报抵扣异常凭证，同时符合下列情形的，其对应开具的增值税专用发票列入异常凭证范围：

（一）异常凭证进项税额累计占同期全部增值税专用发票进项税额 70%（含）以上的；

（二）异常凭证进项税额累计超过 5 万元的。

纳税人尚未申报抵扣、尚未申报出口退税或已作进项税额转出的异常凭证，其涉及的进项税额不计入异常凭证进项税额的计算。

三、增值税一般纳税人取得的增值税专用发票列入异常凭证范围的，应按照以下规定处理：

（一）尚未申报抵扣增值税进项税额的，暂不允许抵扣。已经申报抵扣增值税进项税额的，除另有规定外，一律作进项税额转出处理。

（二）尚未申报出口退税或者已申报但尚未办理出口退税的，除另有规定外，暂不允许办理出口退税。适用增值税免抵退税办法的纳税人已经办理出口退税的,应根据列入异常凭证范围的增值税专用发票上注明的增值税额作进项税额转出处理;适用增值税免退税办法的纳税人已经办理出口退税的,税务机关应按照现行规定对列入异常凭证范围的增值税专用发票对应的已退税款追回。

纳税人因骗取出口退税停止出口退(免)税期间取得的增值税专用发票列入异常凭证范围的,按照本条第(一)项规定执行。

(三)消费税纳税人以外购或委托加工收回的已税消费品为原料连续生产应税消费品,尚未申报扣除原料已纳消费税税款的,暂不允许抵扣;已经申报抵扣的,冲减当期允许抵扣的消费税税款,当期不足冲减的应当补缴税款。

(四)纳税信用A级纳税人取得异常凭证且已经申报抵扣增值税、办理出口退税或抵扣消费税的,可以自接到税务机关通知之日起10个工作日内,向主管税务机关提出核实申请。经税务机关核实,符合现行增值税进项税额抵扣、出口退税或消费税抵扣相关规定的,可不作进项税额转出、追回已退税款、冲减当期允许抵扣的消费税税款等处理。纳税人逾期未提出核实申请的,应于期满后按照本条第(一)项、第(二)项、第(三)项规定作相关处理。

(五)纳税人对税务机关认定的异常凭证存有异议,可以向主管税务机关提出核实申请。经税务机关核实,符合现行增值税进项税额抵扣或出口退税相关规定的,纳税人可继续申报抵扣或者重新申报出口退税;符合消费税抵扣规定且已缴纳消费税税款的,纳税人可继续申报抵扣消费税税款。

四、经税务总局、省税务局大数据分析发现存在涉税风险的纳税人,不得离线开具发票,其开票人员在使用开票软件时,应当按照税务机关指定的方式进行人员身份信息实名验证。

五、新办理增值税一般纳税人登记的纳税人,自首次开票之日起3个月内不得离线开具发票,按照有关规定不使用网络办税或不具备风险条件的特定纳税人除外。

六、本公告自2020年2月1日起施行。《国家税务总局关于走逃(失联)企业开具增值税专用发票认定处理有关问题的公告》(国家税务总局公告2016年第76号)第二条第(二)项、《国家税务总局关于建立增值税失控发票快速反应机制的通知》(国税发〔2004〕123号文件印发,国家税务总局公告2018年第31号修改)、《国家税

务总局关于金税工程增值税征管信息系统发现的涉嫌违规增值税专用发票处理问题的通知》(国税函〔2006〕969号)第一条第(二)项和第二条、《国家税务总局关于认真做好增值税失控发票数据采集工作有关问题的通知》(国税函〔2007〕517号)、《国家税务总局关于失控增值税专用发票处理的批复》(国税函〔2008〕607号)、《国家税务总局关于外贸企业使用增值税专用发票办理出口退税有关问题的公告》(国家税务总局公告2012年第22号)第二条第(二)项同时废止。

特此公告。

房地产开发企业销售自行开发的房地产项目增值税征收管理暂行办法

· 2016年3月31日国家税务总局公告2016年第18号公布
· 根据2018年6月15日《国家税务总局关于修改部分税收规范性文件的公告》修正

第一章 适用范围

第一条 根据《财政部、国家税务总局关于全面推开营业税改征增值税试点的通知》(财税〔2016〕36号)及现行增值税有关规定,制定本办法。

第二条 房地产开发企业销售自行开发的房地产项目,适用本办法。

自行开发,是指在依法取得土地使用权的土地上进行基础设施和房屋建设。

第三条 房地产开发企业以接盘等形式购入未完工的房地产项目继续开发后,以自己的名义立项销售的,属于本办法规定的销售自行开发的房地产项目。

第二章 一般纳税人征收管理

第一节 销售额

第四条 房地产开发企业中的一般纳税人(以下简称一般纳税人)销售自行开发的房地产项目,适用一般计税方法计税,按照取得的全部价款和价外费用,扣除当期销售房地产项目对应的土地价款后的余额计算销售额。销售额的计算公式如下:

销售额=(全部价款和价外费用-当期允许扣除的土地价款)÷(1+11%)

第五条 当期允许扣除的土地价款按照以下公式计算:

当期允许扣除的土地价款=(当期销售房地产项目建筑面积÷房地产项目可供销售建筑面积)×支付的土地价款

当期销售房地产项目建筑面积，是指当期进行纳税申报的增值税销售额对应的建筑面积。

房地产项目可供销售建筑面积，是指房地产项目可以出售的总建筑面积，不包括销售房地产项目时未单独作价结算的配套公共设施的建筑面积。

支付的土地价款，是指向政府、土地管理部门或受政府委托收取土地价款的单位直接支付的土地价款。

第六条 在计算销售额时从全部价款和价外费用中扣除土地价款，应当取得省级以上（含省级）财政部门监（印）制的财政票据。

第七条 一般纳税人应建立台账登记土地价款的扣除情况，扣除的土地价款不得超过纳税人实际支付的土地价款。

第八条 一般纳税人销售自行开发的房地产老项目，可以选择适用简易计税方法按照5%的征收率计税。一经选择简易计税方法计税的，36个月内不得变更为一般计税方法计税。

房地产老项目，是指：

（一）《建筑工程施工许可证》注明的合同开工日期在2016年4月30日前的房地产项目；

（二）《建筑工程施工许可证》未注明合同开工日期或者未取得《建筑工程施工许可证》但建筑工程承包合同注明的开工日期在2016年4月30日前的建筑工程项目。

第九条 一般纳税人销售自行开发的房地产老项目适用简易计税方法计税的，以取得的全部价款和价外费用为销售额，不得扣除对应的土地价款。

第二节 预缴税款

第十条 一般纳税人采取预收款方式销售自行开发的房地产项目，应在收到预收款时按照3%的预征率预缴增值税。

第十一条 应预缴税款按照以下公式计算：

应预缴税款＝预收款÷(1+适用税率或征收率)×3%

适用一般计税方法计税的，按照11%的适用税率计算；适用简易计税方法计税的，按照5%的征收率计算。

第十二条 一般纳税人应在取得预收款的次月纳税申报期向主管税务机关预缴税款。

第三节 进项税额

第十三条 一般纳税人销售自行开发的房地产项目，兼有一般计税方法计税、简易计税方法计税、免征增值税的房地产项目而无法划分不得抵扣的进项税额的，应以《建筑工程施工许可证》注明的"建设规模"为依据进行划分。

不得抵扣的进项税额＝当期无法划分的全部进项税额×（简易计税、免税房地产项目建设规模÷房地产项目总建设规模）

第四节 纳税申报

第十四条 一般纳税人销售自行开发的房地产项目适用一般计税方法计税的，应按照《营业税改征增值税试点实施办法》（财税〔2016〕36号文件印发，以下简称《试点实施办法》）第四十五条规定的纳税义务发生时间，以当期销售额和11%的适用税率计算当期应纳税额，抵减已预缴税款后，向主管税务机关申报纳税。未抵减完的预缴税款可以结转下期继续抵减。

第十五条 一般纳税人销售自行开发的房地产项目适用简易计税方法计税的，应按照《试点实施办法》第四十五条规定的纳税义务发生时间，以当期销售额和5%的征收率计算当期应纳税额，抵减已预缴税款后，向主管税务机关申报纳税。未抵减完的预缴税款可以结转下期继续抵减。

第五节 发票开具

第十六条 一般纳税人销售自行开发的房地产项目，自行开具增值税发票。

第十七条 一般纳税人销售自行开发的房地产项目，其2016年4月30日前收取并已向主管地税机关申报缴纳营业税的预收款，未开具营业税发票的，可以开具增值税普通发票，不得开具增值税专用发票。

第十八条 一般纳税人向其他个人销售自行开发的房地产项目，不得开具增值税专用发票。

第三章 小规模纳税人征收管理

第一节 预缴税款

第十九条 房地产开发企业中的小规模纳税人（以下简称小规模纳税人）采取预收款方式销售自行开发的房地产项目，应在收到预收款时按照3%的预征率预缴增值税。

第二十条 应预缴税款按照以下公式计算：

应预缴税款＝预收款÷(1+5%)×3%

第二十一条 小规模纳税人应在取得预收款的次月纳税申报期或主管税务机关核定的纳税期限向主管税务机关预缴税款。

第二节 纳税申报

第二十二条 小规模纳税人销售自行开发的房地产

项目,应按照《试点实施办法》第四十五条规定的纳税义务发生时间,以当期销售额和5%的征收率计算当期应纳税额,抵减已预缴税款后,向主管税务机关申报纳税。未抵减完的预缴税款可以结转下期继续抵减。

第三节 发票开具

第二十三条 小规模纳税人销售自行开发的房地产项目,自行开具增值税普通发票。购买方需要增值税专用发票的,小规模纳税人向主管税务机关申请代开。

第二十四条 小规模纳税人销售自行开发的房地产项目,其2016年4月30日前收取并已向主管地税机关申报缴纳营业税的预收款,未开具营业税发票的,可以开具增值税普通发票,不得申请代开增值税专用发票。

第二十五条 小规模纳税人向其他个人销售自行开发的房地产项目,不得申请代开增值税专用发票。

第四章 其他事项

第二十六条 房地产开发企业销售自行开发的房地产项目,按照本办法规定预缴税款时,应填报《增值税预缴税款表》。

第二十七条 房地产开发企业以预缴税款抵减应纳税额,应以完税凭证作为合法有效凭证。

第二十八条 房地产开发企业销售自行开发的房地产项目,未按本办法规定预缴或缴纳税款的,由主管税务机关按照《中华人民共和国税收征收管理法》及相关规定进行处理。

纳税人转让不动产增值税征收管理暂行办法

· 2016年3月31日国家税务总局公告2016年第14号公布
· 根据2018年6月15日《国家税务总局关于修改部分税收规范性文件的公告》修正

第一条 根据《财政部、国家税务总局关于全面推开营业税改征增值税试点的通知》(财税〔2016〕36号)及现行增值税有关规定,制定本办法。

第二条 纳税人转让其取得的不动产,适用本办法。

本办法所称取得的不动产,包括以直接购买、接受捐赠、接受投资入股、自建以及抵债等各种形式取得的不动产。

房地产开发企业销售自行开发的房地产项目不适用本办法。

第三条 一般纳税人转让其取得的不动产,按照以下规定缴纳增值税:

(一)一般纳税人转让其2016年4月30日前取得(不含自建)的不动产,可以选择适用简易计税方法计税,以取得的全部价款和价外费用扣除不动产购置原价或者取得不动产时的作价后的余额为销售额,按照5%的征收率计算应纳税额。纳税人应按照上述计税方法向不动产所在地主管税务机关预缴税款,向机构所在地主管税务机关申报纳税。

(二)一般纳税人转让其2016年4月30日前自建的不动产,可以选择适用简易计税方法计税,以取得的全部价款和价外费用为销售额,按照5%的征收率计算应纳税额。纳税人应按照上述计税方法向不动产所在地主管税务机关预缴税款,向机构所在地主管税务机关申报纳税。

(三)一般纳税人转让其2016年4月30日前取得(不含自建)的不动产,选择适用一般计税方法计税的,以取得的全部价款和价外费用为销售额计算应纳税额。纳税人应以取得的全部价款和价外费用扣除不动产购置原价或者取得不动产时的作价后的余额,按照5%的预征率向不动产所在地主管税务机关预缴税款,向机构所在地主管税务机关申报纳税。

(四)一般纳税人转让其2016年4月30日前自建的不动产,选择适用一般计税方法计税的,以取得的全部价款和价外费用为销售额计算应纳税额。纳税人应以取得的全部价款和价外费用,按照5%的预征率向不动产所在地主管税务机关预缴税款,向机构所在地主管税务机关申报纳税。

(五)一般纳税人转让其2016年5月1日后取得(不含自建)的不动产,适用一般计税方法,以取得的全部价款和价外费用为销售额计算应纳税额。纳税人应以取得的全部价款和价外费用扣除不动产购置原价或者取得不动产时的作价后的余额,按照5%的预征率向不动产所在地主管税务机关预缴税款,向机构所在地主管税务机关申报纳税。

(六)一般纳税人转让其2016年5月1日后自建的不动产,适用一般计税方法,以取得的全部价款和价外费用为销售额计算应纳税额。纳税人应以取得的全部价款和价外费用,按照5%的预征率向不动产所在地主管税务机关预缴税款,向机构所在地主管税务机关申报纳税。

第四条 小规模纳税人转让其取得的不动产,除个人转让其购买的住房外,按照以下规定缴纳增值税:

(一)小规模纳税人转让其取得(不含自建)的不动产,以取得的全部价款和价外费用扣除不动产购置原价或者取得不动产时的作价后的余额为销售额,按照5%的征收率计算应纳税额。

（二）小规模纳税人转让其自建的不动产，以取得的全部价款和价外费用为销售额，按照5%的征收率计算应纳税额。

除其他个人之外的小规模纳税人，应按照本条规定的计税方法向不动产所在地主管税务机关预缴税款，向机构所在地主管税务机关申报纳税；其他个人按照本条规定的计税方法向不动产所在地主管税务机关申报纳税。

第五条 个人转让其购买的住房，按照以下规定缴纳增值税：

（一）个人转让其购买的住房，按照有关规定全额缴纳增值税的，以取得的全部价款和价外费用为销售额，按照5%的征收率计算应纳税额。

（二）个人转让其购买的住房，按照有关规定差额缴纳增值税的，以取得的全部价款和价外费用扣除购买住房价款后的余额为销售额，按照5%的征收率计算应纳税额。

个体工商户应按照本条规定的计税方法向住房所在地主管税务机关预缴税款，向机构所在地主管税务机关申报纳税；其他个人应按照本条规定的计税方法向住房所在地主管税务机关申报纳税。

第六条 其他个人以外的纳税人转让其取得的不动产，区分以下情形计算应向不动产所在地主管税务机关预缴的税款：

（一）以转让不动产取得的全部价款和价外费用作为预缴税款计算依据的，计算公式为：

应预缴税款＝全部价款和价外费用÷(1+5%)×5%

（二）以转让不动产取得的全部价款和价外费用扣除不动产购置原价或者取得不动产时的作价后的余额作为预缴税款计算依据的，计算公式为：

应预缴税款＝(全部价款和价外费用−不动产购置原价或者取得不动产时的作价)÷(1+5%)×5%

第七条 其他个人转让其取得的不动产，按照本办法第六条规定的计算方法计算应纳税额并向不动产所在地主管税务机关申报纳税。

第八条 纳税人按规定从取得的全部价款和价外费用中扣除不动产购置原价或者取得不动产时的作价的，应当取得符合法律、行政法规和国家税务总局规定的合法有效凭证。否则，不得扣除。

上述凭证是指：

（一）税务部门监制的发票。

（二）法院判决书、裁定书、调解书，以及仲裁裁决书、公证债权文书。

（三）国家税务总局规定的其他凭证。

第九条 纳税人转让其取得的不动产，向不动产所在地主管税务机关预缴的增值税税款，可以在当期增值税应纳税额中抵减，抵减不完的，结转下期继续抵减。

纳税人以预缴税款抵减应纳税额，应以完税凭证作为合法有效凭证。

第十条 小规模纳税人转让其取得的不动产，不能自行开具增值税发票的，可向不动产所在地主管税务机关申请代开。

第十一条 纳税人向其他个人转让其取得的不动产，不得开具或申请代开增值税专用发票。

第十二条 纳税人转让不动产，按照本办法规定应向不动产所在地主管税务机关预缴税款而自应当预缴之月起超过6个月没有预缴税款的，由机构所在地主管税务机关按照《中华人民共和国税收征收管理法》及相关规定进行处理。

纳税人转让不动产，未按照本办法规定缴纳税款的，由主管税务机关按照《中华人民共和国税收征收管理法》及相关规定进行处理。

纳税人提供不动产经营租赁服务增值税征收管理暂行办法

· 2016年3月31日国家税务总局公告2016年第16号公布
· 根据2018年6月15日《国家税务总局关于修改部分税收规范性文件的公告》修正

第一条 根据《财政部、国家税务总局关于全面推开营业税改征增值税试点的通知》（财税〔2016〕36号）及现行增值税有关规定，制定本办法。

第二条 纳税人以经营租赁方式出租其取得的不动产（以下简称出租不动产），适用本办法。

取得的不动产，包括以直接购买、接受捐赠、接受投资入股、自建以及抵债等各种形式取得的不动产。

纳税人提供道路通行服务不适用本办法。

第三条 一般纳税人出租不动产，按照以下规定缴纳增值税：

（一）一般纳税人出租其2016年4月30日前取得的不动产，可以选择适用简易计税方法，按照5%的征收率计算应纳税额。

不动产所在地与机构所在地不在同一县（市、区）的，纳税人应按照上述计税方法向不动产所在地主管税务机关预缴税款，向机构所在地主管税务机关申报纳税。

不动产所在地与机构所在地在同一县（市、区）的，纳税人向机构所在地主管税务机关申报纳税。

（二）一般纳税人出租其2016年5月1日后取得的不动产，适用一般计税方法计税。

不动产所在地与机构所在地不在同一县（市、区）的，纳税人应按照3%的预征率向不动产所在地主管税务机关预缴税款，向机构所在地主管税务机关申报纳税。

不动产所在地与机构所在地在同一县（市、区）的，纳税人应向机构所在地主管税务机关申报纳税。

一般纳税人出租其2016年4月30日前取得的不动产适用一般计税方法计税的，按照上述规定执行。

第四条 小规模纳税人出租不动产，按照以下规定缴纳增值税。

（一）单位和个体工商户出租不动产（不含个体工商户出租住房），按照5%的征收率计算应纳税额。个体工商户出租住房，按照5%的征收率减按1.5%计算应纳税额。

不动产所在地与机构所在地不在同一县（市、区）的，纳税人应按照上述计税方法向不动产所在地主管税务机关预缴税款，向机构所在地主管税务机关申报纳税。

不动产所在地与机构所在地在同一县（市、区）的，纳税人应向机构所在地主管税务机关申报纳税。

（二）其他个人出租不动产（不含住房），按照5%的征收率计算应纳税额，向不动产所在地主管税务机关申报纳税。其他个人出租住房，按照5%的征收率减按1.5%计算应纳税额，向不动产所在地主管税务机关申报纳税。

第五条 纳税人出租的不动产所在地与其机构所在地在同一直辖市或计划单列市但不在同一县（市、区）的，由直辖市或计划单列市税务机关决定是否在不动产所在地预缴税款。

第六条 纳税人出租不动产，按照本办法规定需要预缴税款的，应在取得租金的次月纳税申报期或不动产所在地主管税务机关核定的纳税期限预缴税款。

第七条 预缴税款的计算

（一）纳税人出租不动产适用一般计税方法计税的，按照以下公式计算应预缴税款：

应预缴税款＝含税销售额÷（1+11%）×3%

（二）纳税人出租不动产适用简易计税方法计税的，除个人出租住房外，按照以下公式计算应预缴税款：

应预缴税款＝含税销售额÷（1+5%）×5%

（三）个体工商户出租住房，按照以下公式应预缴税款：

应预缴税款＝含税销售额÷（1+5%）×1.5%

第八条 其他个人出租不动产，按照以下公式计算应纳税款：

（一）出租住房：

应纳税款＝含税销售额÷（1+5%）×1.5%

（二）出租非住房：

应纳税款＝含税销售额÷（1+5%）×5%

第九条 单位和个体工商户出租不动产，按照本办法规定向不动产所在地主管税务机关预缴税款时，应填写《增值税预缴税款表》。

第十条 单位和个体工商户出租不动产，向不动产所在地主管税务机关预缴的增值税款，可以在当期增值税应纳税额中抵减，抵减不完的，结转下期继续抵减。

纳税人以预缴税款抵减应纳税额，应以完税凭证作为合法有效凭证。

第十一条 小规模纳税人中的单位和个体工商户出租不动产，不能自行开具增值税发票的，可向不动产所在地主管税务机关申请代开增值税发票。

其他个人出租不动产，可向不动产所在地主管税务机关申请代开增值税发票。

第十二条 纳税人向其他个人出租不动产，不得开具或申请代开增值税专用发票。

第十三条 纳税人出租不动产，按照本办法规定应向不动产所在地主管税务机关预缴税款而自应当预缴之月起超过6个月没有预缴税款的，由机构所在地主管税务机关按照《中华人民共和国税收征收管理法》及相关规定进行处理。

纳税人出租不动产，未按照本办法规定缴纳税款的，由主管税务机关按照《中华人民共和国税收征收管理法》及相关规定进行处理。

财政部、税务总局关于资管产品增值税有关问题的通知

- 2017年6月30日
- 财税〔2017〕56号

各省、自治区、直辖市、计划单列市财政厅（局）、国家税务局、地方税务局，新疆生产建设兵团财务局：

现将资管产品增值税有关问题通知如下：

一、资管产品管理人（以下称管理人）运营资管产品过程中发生的增值税应税行为（以下称资管产品运营业务），暂适用简易计税方法，按照3%的征收率缴纳增值税。

资管产品管理人，包括银行、信托公司、公募基金管

理公司及其子公司、证券公司及其子公司、期货公司及其子公司、私募基金管理人、保险资产管理公司、专业保险资产管理机构、养老保险公司。

资管产品,包括银行理财产品、资金信托(包括集合资金信托、单一资金信托)、财产权信托、公开募集证券投资基金、特定客户资产管理计划、集合资产管理计划、定向资产管理计划、私募投资基金、债权投资计划、股权投资计划、股债结合型投资计划、资产支持计划、组合类保险资产管理产品、养老保障管理产品。

财政部和税务总局规定的其他资管产品管理人及资管产品。

二、管理人接受投资者委托或信托对受托资产提供的管理服务以及管理人发生的除本通知第一条规定的其他增值税应税行为(以下称其他业务),按照现行规定缴纳增值税。

三、管理人应分别核算资管产品运营业务和其他业务的销售额和增值税应纳税额。未分别核算的,资管产品运营业务不得适用本通知第一条规定。

四、管理人可选择分别或汇总核算资管产品运营业务销售额和增值税应纳税额。

五、管理人应按照规定的纳税期限,汇总申报缴纳资管产品运营业务和其他业务增值税。

六、本通知自2018年1月1日起施行。

对资管产品在2018年1月1日前运营过程中发生的增值税应税行为,未缴纳增值税的,不再缴纳;已缴纳增值税的,已纳税额从资管产品管理人以后月份的增值税应纳税额中抵减。

财政部、税务总局关于完善资源综合利用增值税政策的公告

· 2021年12月30日
· 财政部、税务总局公告2021年第40号

为推动资源综合利用行业持续健康发展,现将有关增值税政策公告如下:

一、从事再生资源回收的增值税一般纳税人销售其收购的再生资源,可以选择适用简易计税方法依照3%征收率计算缴纳增值税,或适用一般计税方法计算缴纳增值税。

(一)本公告所称再生资源,是指在社会生产和生活消费过程中产生的,已经失去原有全部或部分使用价值,经过回收、加工处理,能够使其重新获得使用价值的各种废弃物。其中,加工处理仅限于清洗、挑选、破碎、切割、拆解、打包等改变再生资源密度、湿度、长度、粗细、软硬等物理性状的简单加工。

(二)纳税人选择适用简易计税方法,应符合下列条件之一:

1. 从事危险废物收集的纳税人,应符合国家危险废物经营许可证管理办法的要求,取得危险废物经营许可证。

2. 从事报废机动车回收的纳税人,应符合国家商务主管部门出台的报废机动车回收管理办法要求,取得报废机动车回收拆解企业资质认定证书。

3. 除危险废物、报废机动车外,其他再生资源回收纳税人应符合国家商务主管部门出台的再生资源回收管理办法要求,进行市场主体登记,并在商务部门完成再生资源回收经营者备案。

(三)各级财政、主管部门及其工作人员,存在违法违规给予从事再生资源回收业务的纳税人财政返还、奖补行为的,依法追究相应责任。

二、除纳税人聘用的员工为本单位或者雇主提供的再生资源回收不征收增值税外,纳税人发生的再生资源回收并销售的业务,均应按照规定征免增值税。

三、增值税一般纳税人销售自产的资源综合利用产品和提供资源综合利用劳务(以下称销售综合利用产品和劳务),可享受增值税即征即退政策。

(一)综合利用的资源名称、综合利用产品和劳务名称、技术标准和相关条件、退税比例等按照本公告所附《资源综合利用产品和劳务增值税优惠目录(2022年版)》(以下称《目录》)的相关规定执行。

(二)纳税人从事《目录》所列的资源综合利用项目,其申请享受本公告规定的增值税即征即退政策时,应同时符合下列条件:

1. 纳税人在境内收购的再生资源,应按规定从销售方取得增值税发票;适用免税政策的,应按规定从销售方取得增值税普通发票。销售方为依法依规无法申领发票的单位或者从事小额零星经营业务的自然人,应取得销售方开具的收款凭证及收购方内部凭证,或者税务机关代开的发票。本款所称小额零星经营业务是指自然人从事应税项目经营业务的销售额不超过增值税按次起征点的业务。

纳税人从境外收购的再生资源,应按规定取得海关进口增值税专用缴款书,或者从销售方取得具有发票性质的收款凭证、相关税费缴纳凭证。

纳税人应当取得上述发票或凭证而未取得的,该部

分再生资源对应产品的销售收入不得适用本公告的即征即退规定。

不得适用本公告即征即退规定的销售收入＝当期销售综合利用产品和劳务的销售收入×(纳税人应当取得发票或凭证而未取得的购入再生资源成本÷当期购进再生资源的全部成本)。

纳税人应当在当期销售综合利用产品和劳务销售收入中剔除不得适用即征即退政策部分的销售收入后，计算可申请的即征即退税额：

可申请退税额＝[(当期销售综合利用产品和劳务的销售收入－不得适用即征即退规定的销售收入)×适用税率－当期即征即退项目的进项税额]×对应的退税比例

各级税务机关要加强发票开具相关管理工作，纳税人应按规定及时开具、取得发票。

2. 纳税人应建立再生资源收购台账，留存备查。台账内容包括：再生资源供货方单位名称或个人姓名及身份证号、再生资源名称、数量、价格、结算方式、是否取得增值税发票或符合规定的凭证等。纳税人现有账册、系统能够包括上述内容的，无需单独建立台账。

3. 销售综合利用产品和劳务，不属于发展改革委《产业结构调整指导目录》中的淘汰类、限制类项目。

4. 销售综合利用产品和劳务，不属于生态环境部《环境保护综合名录》中的"高污染、高环境风险"产品或重污染工艺。"高污染、高环境风险"产品，是指在《环境保护综合名录》中标注特性为"GHW/GHF"的产品，但纳税人生产销售的资源综合利用产品满足"GHW/GHF"例外条款规定的技术和条件的除外。

5. 综合利用的资源，属于生态环境部《国家危险废物名录》列明的危险废物的，应当取得省级或市级生态环境部门颁发的《危险废物经营许可证》，且许可经营范围包括该危险废物的利用。

6. 纳税信用级别不为C级或D级。

7. 纳税人申请享受本公告规定的即征即退政策时，申请退税税款所属期前6个月(含所属期当期)不得发生下列情形：

(1)因违反生态环境保护的法律法规受到行政处罚(警告、通报批评或单次10万元以下罚款、没收违法所得、没收非法财物除外；单次10万元不含本数，下同)。

(2)因违反税收法律法规被税务机关处罚(单次10万元以下罚款除外)，或发生骗取出口退税、虚开发票的情形。

纳税人在办理退税事宜时，应向主管税务机关提供其符合本条规定的上述条件以及《目录》规定的技术标准和相关条件的书面声明，并在书面声明中如实注明未取得发票或相关凭证以及接受环保、税收处罚等情况。未提供书面声明的，税务机关不得给予退税。

(三)已享受本公告规定的增值税即征即退政策的纳税人，自不符合本公告"三"中第"(二)"部分规定的条件以及《目录》规定的技术标准和相关条件的当月起，不再享受本公告规定的增值税即征即退政策。

(四)已享受本公告规定的增值税即征即退政策的纳税人，在享受增值税即征即退政策后，出现本公告"三"中第"(二)"部分第"7"点规定情形的，自处罚决定作出的当月起6个月内不得享受本公告规定的增值税即征即退政策。如纳税人连续12个月内发生两次以上本公告"三"中第"(二)"部分第"7"点规定的情形，自第二次处罚决定作出的当月起36个月内不得享受本公告规定的增值税即征即退政策。相关处罚决定被依法撤销、变更、确认违法或者确认无效的，符合条件的纳税人可以重新申请办理退税事宜。

(五)各省、自治区、直辖市、计划单列市税务机关应于每年3月底之前在其网站上，将本地区上一年度所有享受本公告规定的增值税即征即退或免税政策的纳税人，按下列项目予以公示：纳税人名称、纳税人识别号、综合利用的资源名称、综合利用产品和劳务名称。各省、自治区、直辖市、计划单列市税务机关在对本地区上一年度享受本公告规定的增值税即征即退或免税政策的纳税人进行公示前，应会同本地区生态环境部门，再次核实纳税人受环保处罚情况。

四、纳税人从事《目录》2.15"污水处理厂出水、工业排水(矿井水)、生活污水、垃圾处理厂渗透(滤)液等"项目、5.1"垃圾处理、污泥处理处置劳务"、5.2"污水处理劳务"项目，可适用本公告"三"规定的增值税即征即退政策，也可选择适用免征增值税政策；一经选定，36个月内不得变更。选择适用免税政策的纳税人，应满足本公告"三"有关规定以及《目录》规定的技术标准和相关条件，相关资料留存备查。

五、按照本公告规定单个所属期退税金额超过500万元的，主管税务机关应在退税完成后30个工作日内，将退税资料送同级财政部门复查，财政部门逐级复查后，由省级财政部门送财政部当地监管局出具最终复查意见。复查工作应于退税后3个月内完成，具体复查程序由财政部当地监管局会同省级财税部门制定。

六、再生资源回收、利用纳税人应依法履行纳税义务。各级税务机关要加强纳税申报、发票开具、即征即退等事项的管理工作，保障纳税人按规定及时办理相关纳税事项。

七、本公告自2022年3月1日起执行。《财政部 国家税务总局关于印发〈资源综合利用产品和劳务增值税优惠目录〉的通知》（财税〔2015〕78号）、《财政部 税务总局关于资源综合利用增值税政策的公告》（财政部 税务总局公告2019年第90号）除"技术标准和相关条件"外同时废止，"技术标准和相关条件"有关规定可继续执行至2022年12月31日止。《目录》所列的资源综合利用项目适用的国家标准、行业标准，如在执行过程中有更新、替换，统一按新的国家标准、行业标准执行。

此前已发生未处理的事项，按本公告规定执行。已处理的事项，如执行完毕则不再调整；如纳税人受到环保、税收处罚已停止享受即征即退政策的时间超过6个月但尚未执行完毕的，则自本公告执行的当月起，可重新申请享受即征即退政策；如纳税人受到环保、税收处罚已停止享受即征即退政策的时间未超过6个月，则自6个月期满后的次月起，可重新申请享受即征即退政策。

特此公告。

附件：资源综合利用产品和劳务增值税优惠目录（2022年版）（略）

财政部、税务总局关于出口货物保险增值税政策的公告

· 2021年12月22日
· 财政部、税务总局公告2021年第37号

现将出口货物保险有关增值税政策公告如下：

一、自2022年1月1日至2025年12月31日，对境内单位和个人发生的下列跨境应税行为免征增值税：

（一）以出口货物为保险标的的产品责任保险；

（二）以出口货物为保险标的的产品质量保证保险。

二、境内单位和个人发生上述跨境应税行为的增值税征收管理，按照现行跨境应税行为增值税免税管理办法的规定执行。

三、此前已发生未处理的事项，按本公告规定执行；已缴纳的相关税款，不再退还。

2. 消费税

中华人民共和国消费税暂行条例

· 1993年12月13日中华人民共和国国务院令第135号公布
· 2008年11月5日国务院第34次常务会议修订通过
· 2008年11月10日中华人民共和国国务院令第539号公布
· 自2009年1月1日起施行

第一条 在中华人民共和国境内生产、委托加工和进口本条例规定的消费品的单位和个人，以及国务院确定的销售本条例规定的消费品的其他单位和个人，为消费税的纳税人，应当依照本条例缴纳消费税。

第二条 消费税的税目、税率，依照本条例所附的《消费税税目税率表》执行。

消费税税目、税率的调整，由国务院决定。

第三条 纳税人兼营不同税率的应当缴纳消费税的消费品（以下简称应税消费品），应当分别核算不同税率应税消费品的销售额、销售数量；未分别核算销售额、销售数量，或者将不同税率的应税消费品组成成套消费品销售的，从高适用税率。

第四条 纳税人生产的应税消费品，于纳税人销售时纳税。纳税人自产自用的应税消费品，用于连续生产应税消费品的，不纳税；用于其他方面的，于移送使用时纳税。

委托加工的应税消费品，除受托方为个人外，由受托方在向委托方交货时代收代缴税款。委托加工的应税消费品，委托方用于连续生产应税消费品的，所纳税款准予按规定抵扣。

进口的应税消费品，于报关进口时纳税。

第五条 消费税实行从价定率、从量定额，或者从价定率和从量定额复合计税（以下简称复合计税）的办法计算应纳税额。应纳税额计算公式：

实行从价定率办法计算的应纳税额＝销售额×比例税率

实行从量定额办法计算的应纳税额＝销售数量×定额税率

实行复合计税办法计算的应纳税额＝销售额×比例税率＋销售数量×定额税率

纳税人销售的应税消费品，以人民币计算销售额。纳税人以人民币以外的货币结算销售额的，应当折合成人民币计算。

第六条 销售额为纳税人销售应税消费品向购买方收取的全部价款和价外费用。

第七条 纳税人自产自用的应税消费品,按照纳税人生产的同类消费品的销售价格计算纳税;没有同类消费品销售价格的,按照组成计税价格计算纳税。

实行从价定率办法计算纳税的组成计税价格计算公式:

组成计税价格=(成本+利润)÷(1-比例税率)

实行复合计税办法计算纳税的组成计税价格计算公式:

组成计税价格=(成本+利润+自产自用数量×定额税率)÷(1-比例税率)

第八条 委托加工的应税消费品,按照受托方的同类消费品的销售价格计算纳税;没有同类消费品销售价格的,按照组成计税价格计算纳税。

实行从价定率办法计算纳税的组成计税价格计算公式:

组成计税价格=(材料成本+加工费)÷(1-比例税率)

实行复合计税办法计算纳税的组成计税价格计算公式:

组成计税价格=(材料成本+加工费+委托加工数量×定额税率)÷(1-比例税率)

第九条 进口的应税消费品,按照组成计税价格计算纳税。

实行从价定率办法计算纳税的组成计税价格计算公式:

组成计税价格=(关税完税价格+关税)÷(1-消费税比例税率)

实行复合计税办法计算纳税的组成计税价格计算公式:

组成计税价格=(关税完税价格+关税+进口数量×消费税定额税率)÷(1-消费税比例税率)

第十条 纳税人应税消费品的计税价格明显偏低并无正当理由的,由主管税务机关核定其计税价格。

第十一条 对纳税人出口应税消费品,免征消费税;国务院另有规定的除外。出口应税消费品的免税办法,由国务院财政、税务主管部门规定。

第十二条 消费税由税务机关征收,进口的应税消费品的消费税由海关代征。

个人携带或者邮寄进境的应税消费品的消费税,连同关税一并征收。具体办法由国务院关税税则委员会会同有关部门制定。

第十三条 纳税人销售的应税消费品,以及自产自用的应税消费品,除国务院财政、税务主管部门另有规定外,应当向纳税人机构所在地或者居住地的主管税务机关申报纳税。

委托加工的应税消费品,除受托方为个人外,由受托方向机构所在地或者居住地的主管税务机关解缴消费税款。

进口的应税消费品,应当向报关地海关申报纳税。

第十四条 消费税的纳税期限分别为1日、3日、5日、10日、15日、1个月或者1个季度。纳税人的具体纳税期限,由主管税务机关根据纳税人应纳税额的大小分别核定;不能按照固定期限纳税的,可以按次纳税。

纳税人以1个月或者1个季度为1个纳税期的,自期满之日起15日内申报纳税;以1日、3日、5日、10日或者15日为1个纳税期的,自期满之日起5日内预缴税款,于次月1日起15日内申报纳税并结清上月应纳税款。

第十五条 纳税人进口应税消费品,应当自海关填发海关进口消费税专用缴款书之日起15日内缴纳税款。

第十六条 消费税的征收管理,依照《中华人民共和国税收征收管理法》及本条例有关规定执行。

第十七条 本条例自2009年1月1日起施行。

附:

消费税税目税率表

税　目	税　率
一、烟	
1. 卷烟	
(1)甲类卷烟	45%加0.003元/支
(2)乙类卷烟	30%加0.003元/支
2. 雪茄烟	25%
3. 烟丝	30%

续表

税　　目	税　　率
二、酒及酒精	
1. 白酒	20%加0.5元/500克(或者500毫升)
2. 黄酒	240元/吨
3. 啤酒	
(1)甲类啤酒	250元/吨
(2)乙类啤酒	220元/吨
4. 其他酒	10%
5. 酒精	5%
三、化妆品	30%
四、贵重首饰及珠宝玉石	
1. 金银首饰、铂金首饰和钻石及钻石饰品	5%
2. 其他贵重首饰和珠宝玉石	10%
五、鞭炮、焰火	15%
六、成品油	
1. 汽油	
(1)含铅汽油	0.28元/升
(2)无铅汽油	0.20元/升
2. 柴油	0.10元/升
3. 航空煤油	0.10元/升
4. 石脑油	0.20元/升
5. 溶剂油	0.20元/升
6. 润滑油	0.20元/升
7. 燃料油	0.10元/升
七、汽车轮胎	3%
八、摩托车	
1. 气缸容量(排气量,下同)在250毫升(含250毫升)以下的	3%
2. 气缸容量在250毫升以上的	10%
九、小汽车	
1. 乘用车	
(1)气缸容量(排气量,下同)在1.0升(含1.0升)以下的	1%
(2)气缸容量在1.0升以上至1.5升(含1.5升)的	3%
(3)气缸容量在1.5升以上至2.0升(含2.0升)的	5%
(4)气缸容量在2.0升以上至2.5升(含2.5升)的	9%
(5)气缸容量在2.5升以上至3.0升(含3.0升)的	12%
(6)气缸容量在3.0升以上至4.0升(含4.0升)的	25%
(7)气缸容量在4.0升以上的	40%
2. 中轻型商用客车	5%
十、高尔夫球及球具	10%

续表

税 目	税 率
十一、高档手表	20%
十二、游艇	10%
十三、木制一次性筷子	5%
十四、实木地板	5%

中华人民共和国消费税暂行条例实施细则

- 2008年12月15日财政部、国家税务总局令第51号公布
- 自2009年1月1日起施行

第一条 根据《中华人民共和国消费税暂行条例》(以下简称条例),制定本细则。

第二条 条例第一条所称单位,是指企业、行政单位、事业单位、军事单位、社会团体及其他单位。

条例第一条所称个人,是指个体工商户及其他个人。

条例第一条所称在中华人民共和国境内,是指生产、委托加工和进口属于应当缴纳消费税的消费品的起运地或者所在地在境内。

第三条 条例所附《消费税税目税率表》中所列应税消费品的具体征税范围,由财政部、国家税务总局确定。

第四条 条例第三条所称纳税人兼营不同税率的应当缴纳消费税的消费品,是指纳税人生产销售两种税率以上的应税消费品。

第五条 条例第四条第一款所称销售,是指有偿转让应税消费品的所有权。

前款所称有偿,是指从购买方取得货币、货物或者其他经济利益。

第六条 条例第四条第一款所称用于连续生产应税消费品,是指纳税人将自产自用的应税消费品作为直接材料生产最终应税消费品,自产自用应税消费品构成最终应税消费品的实体。

条例第四条第一款所称用于其他方面,是指纳税人将自产自用应税消费品用于生产非应税消费品、在建工程、管理部门、非生产机构、提供劳务、馈赠、赞助、集资、广告、样品、职工福利、奖励等方面。

第七条 条例第四条第二款所称委托加工的应税消费品,是指由委托方提供原料和主要材料,受托方只收取加工费和代垫部分辅助材料加工的应税消费品。对于由受托方提供原材料生产的应税消费品,或者受托方先将原材料卖给委托方,然后再接受加工的应税消费品,以及由受托方以委托方名义购进原材料生产的应税消费品,不论在财务上是否作销售处理,都不得作为委托加工应税消费品,而应当按照销售自制应税消费品缴纳消费税。

委托加工的应税消费品直接出售的,不再缴纳消费税。

委托个人加工的应税消费品,由委托方收回后缴纳消费税。

第八条 消费税纳税义务发生时间,根据条例第四条的规定,分列如下:

(一)纳税人销售应税消费品的,按不同的销售结算方式分别为:

1. 采取赊销和分期收款结算方式的,为书面合同约定的收款日期的当天,书面合同没有约定收款日期或者无书面合同的,为发出应税消费品的当天;

2. 采取预收货款结算方式的,为发出应税消费品的当天;

3. 采取托收承付和委托银行收款方式的,为发出应税消费品并办妥托收手续的当天;

4. 采取其他结算方式的,为收讫销售款或者取得索取销售款凭据的当天。

(二)纳税人自产自用应税消费品的,为移送使用的当天。

(三)纳税人委托加工应税消费品的,为纳税人提货的当天。

(四)纳税人进口应税消费品的,为报关进口的当天。

第九条 条例第五条第一款所称销售数量,是指应税消费品的数量。具体为:

(一)销售应税消费品的,为应税消费品的销售数量;

(二)自产自用应税消费品的,为应税消费品的移送使用数量;

(三)委托加工应税消费品的,为纳税人收回的应税消费品数量;

(四)进口应税消费品的,为海关核定的应税消费品进口征税数量。

第十条 实行从量定额办法计算应纳税额的应税消费品，计量单位的换算标准如下：

（一）黄酒　　1 吨 = 962 升
（二）啤酒　　1 吨 = 988 升
（三）汽油　　1 吨 = 1388 升
（四）柴油　　1 吨 = 1176 升
（五）航空煤油　1 吨 = 1246 升
（六）石脑油　1 吨 = 1385 升
（七）溶剂油　1 吨 = 1282 升
（八）润滑油　1 吨 = 1126 升
（九）燃料油　1 吨 = 1015 升

第十一条 纳税人销售的应税消费品，以人民币以外的货币结算销售额的，其销售额的人民币折合率可以选择销售额发生的当天或者当月1日的人民币汇率中间价。纳税人应在事先确定采用何种折合率，确定后1年内不得变更。

第十二条 条例第六条所称销售额，不包括应向购货方收取的增值税税款。如果纳税人应税消费品的销售额中未扣除增值税税款或者因不得开具增值税专用发票而发生价款和增值税税款合并收取的，在计算消费税时，应当换算为不含增值税税款的销售额。其换算公式为：

应税消费品的销售额 = 含增值税的销售额 ÷ (1 + 增值税税率或者征收率)

第十三条 应税消费品连同包装物销售的，无论包装物是否单独计价以及在会计上如何核算，均应并入应税消费品的销售额中缴纳消费税。如果包装物不作价随同产品销售，而是收取押金，此项押金则不应并入应税消费品的销售额中征税。但对因逾期未收回的包装物不再退还的或者已收取的时间超过12个月的押金，应并入应税消费品的销售额，按照应税消费品的适用税率缴纳消费税。

对既作价随同应税消费品销售，又另外收取押金的包装物的押金，凡纳税人在规定的期限内没有退还的，均应并入应税消费品的销售额，按照应税消费品的适用税率缴纳消费税。

第十四条 条例第六条所称价外费用，是指价外向购买方收取的手续费、补贴、基金、集资费、返还利润、奖励费、违约金、滞纳金、延期付款利息、赔偿金、代收款项、代垫款项、包装费、包装物租金、储备费、优质费、运输装卸费以及其他各种性质的价外收费。但下列项目不包括在内：

（一）同时符合以下条件的代垫运输费用：
1. 承运部门的运输费用发票开具给购买方的；
2. 纳税人将该项发票转交给购买方的。

（二）同时符合以下条件代为收取的政府性基金或者行政事业性收费：
1. 由国务院或者财政部批准设立的政府性基金，由国务院或者省级人民政府及其财政、价格主管部门批准设立的行政事业性收费；
2. 收取时开具省级以上财政部门印制的财政票据；
3. 所收款项全额上缴财政。

第十五条 条例第七条第一款所称纳税人自产自用的应税消费品，是指依照条例第四条第一款规定于移送使用时纳税的应税消费品。

条例第七条第一款、第八条第一款所称同类消费品的销售价格，是指纳税人或者代收代缴义务人当月销售的同类消费品的销售价格，如果当月同类消费品各期销售价格高低不同，应按销售数量加权平均计算。但销售的应税消费品有下列情况之一的，不得列入加权平均计算：

（一）销售价格明显偏低并无正当理由的；
（二）无销售价格的。

如果当月无销售或者当月未完结，应按照同类消费品上月或者最近月份的销售价格计算纳税。

第十六条 条例第七条所称成本，是指应税消费品的产品生产成本。

第十七条 条例第七条所称利润，是指根据应税消费品的全国平均成本利润率计算的利润。应税消费品全国平均成本利润率由国家税务总局确定。

第十八条 条例第八条所称材料成本，是指委托方所提供加工材料的实际成本。

委托加工应税消费品的纳税人，必须在委托加工合同上如实注明（或者以其他方式提供）材料成本，凡未提供材料成本的，受托方主管税务机关有权核定其材料成本。

第十九条 条例第八条所称加工费，是指受托方加工应税消费品向委托方所收取的全部费用（包括代垫辅助材料的实际成本）。

第二十条 条例第九条所称关税完税价格，是指海关核定的关税计税价格。

第二十一条 条例第十条所称应税消费品的计税价格的核定权限规定如下：

（一）卷烟、白酒和小汽车的计税价格由国家税务总局核定，送财政部备案；
（二）其他应税消费品的计税价格由省、自治区和直辖市国家税务局核定；
（三）进口的应税消费品的计税价格由海关核定。

第二十二条 出口的应税消费品办理退税后，发生退关,或者国外退货进口时予以免税的,报关出口者必须及时向其机构所在地或者居住地主管税务机关申报补缴已退的消费税税款。

纳税人直接出口的应税消费品办理免税后,发生退关或者国外退货,进口时已予以免税的,经机构所在地或者居住地主管税务机关批准,可暂不办理补税,待其转为国内销售时,再申报补缴消费税。

第二十三条 纳税人销售的应税消费品,如因质量等原因由购买者退回时,经机构所在地或者居住地主管税务机关审核批准后,可退还已缴纳的消费税税款。

第二十四条 纳税人到外县(市)销售或者委托外县(市)代销自产应税消费品的,于应税消费品销售后,向机构所在地或者居住地主管税务机关申报纳税。

纳税人的总机构与分支机构不在同一县(市)的,应当分别向各自机构所在地的主管税务机关申报纳税;经财政部、国家税务总局或者其授权的财政、税务机关批准,可以由总机构汇总向总机构所在地的主管税务机关申报纳税。

委托个人加工的应税消费品,由委托方向其机构所在地或者居住地主管税务机关申报纳税。

进口的应税消费品,由进口人或者其代理人向报关地海关申报纳税。

第二十五条 本细则自2009年1月1日起施行。

出口货物劳务增值税和消费税管理办法①

- 2012年6月14日
- 国家税务总局公告2012年第24号

一、根据《中华人民共和国税收征收管理法》、《中华人民共和国增值税暂行条例》、《中华人民共和国消费税暂行条例》及其实施细则,以及财政部、国家税务总局关于出口货物劳务增值税和消费税政策的规定,制定本办法。

二、出口企业和其他单位办理出口货物、视同出口货物、对外提供加工修理修配劳务(以下统称出口货物劳务)增值税、消费税的退(免)税、免税,适用本办法。

出口企业和出口货物劳务的范围、退(免)税和免税的适用范围和计算办法,按《财政部、国家税务总局关于出口货物增值税和消费税政策的通知》(财税[2012]39号)执行。

三、出口退(免)税资格的认定

(一)出口企业应在办理对外贸易经营者备案登记或签订首份委托出口协议之日起30日内,填报《出口退(免)税资格认定申请表》(见附件1),提供下列资料到主管税务机关办理出口退(免)税资格认定:

1. 加盖备案登记专用章的《对外贸易经营者备案登记表》或《中华人民共和国外商投资企业批准证书》;

2. 中华人民共和国海关进出口货物收发货人报关注册登记证书;

3. 银行开户许可证;

4. 未办理备案登记发生委托出口业务的生产企业提供委托代理出口协议,不需提供第1、2项资料;

5. 主管税务机关要求提供的其他资料。

(二)其他单位应在发生出口货物劳务业务之前,填报《出口退(免)税资格认定申请表》,提供银行开户许可证及主管税务机关要求的其他资料,到主管税务机关办理出口退(免)税资格认定。

(三)出口企业和其他单位在出口退(免)税资格认定之前发生的出口货物劳务,在办理出口退(免)税资格

---

① 本办法中的第四条第二项第2目第(5)之②、第四条第三项、第五条第二项第5目第(3)、第七条第三项第4目、第四项、第五项、第八条第三项、第九条第四项第1目第(2),第十条第四项中有关出口收汇核销单的内容、第十一条第四项、第五项,附件21、附件22已被《国家税务总局关于〈出口货物劳务增值税和消费税管理办法〉有关问题的公告》废止;与《国家税务总局关于调整出口退(免)税申报办法的公告》相冲突的内容已被废止;第三条第一项第3目已被《国家税务总局关于出口退(免)税有关问题的公告》废止;第五条第二项第5目之(2)、(5)关于"还需同时提供进口货物报关单"的内容已被《国家税务总局关于进一步加强出口退(免)税事中事后管理有关问题的公告》废止。第三条第一、二、四、五项、第十一条第三项已被《国家税务总局关于公布失效废止的税务部门规章和税收规范性文件目录的决定》废止;第五条第二项第5目第(2)"出口退税进货分批申报单"的内容、第十条第二项第2目、第十条第五项已被《国家税务总局关于出口退(免)税申报有关问题的公告》废止;第四条第二项第1目、第四条第二项第2目第(1)点中的"附表"、第四条第二项第(2)点、第四条第四项中的"并在免税原材料购进之日起至次月的增值税纳税申报期内,填报《生产企业出口货物扣除国内免税原材料申请表》(见附件14),提供正式申报电子数据,向主管税务机关办理申报手续"、第五条第二项第1目、第七条第三项第5目、第十条第三项,附件4、5、6、7、8、14、15、16、17、18、19、20、32、34、35已被《国家税务总局关于优化整合出口退税信息系统更好服务纳税人有关事项的公告》废止;第四条第二项第2目第(5)点之④中的"代理出口协议复印件"、第五条第二项第5目第(4)点中的"代理出口协议副本"、第七条第三项第二款第2目中的"代理出口协议"、第八条第四项、第九条第四项第2目第(1)点之①中的"原件"、②中的"原件"、第九条第四项第2目第(2)点之③、第十条第一项第一款第1目中的"原件"、第十条第二项第1目中报送加工贸易手册原件的规定、第3目中的"原件"、第十条第六项第一款第1目中的"出口货物退运已补税(未退税)证明原件及复印件"、第十条第七项第3目已被《国家税务总局关于进一步便利出口退税办理 促进外贸平稳发展有关事项的公告》废止。

认定后,可以在规定的退(免)税申报期内按规定申报增值税退(免)税或免税,以及消费税退(免)税或免税。

(四)出口企业和其他单位出口退(免)税资格认定的内容发生变更的,须自变更之日起30日内,填报《出口退(免)税资格认定变更申请表》(见附件2),提供相关资料向主管税务机关申请变更出口退(免)税资格认定。

(五)需要注销税务登记的出口企业和其他单位,应填报《出口退(免)税资格认定注销申请表》(见附件3),向主管税务机关申请注销出口退(免)税资格,然后再按规定办理税务登记的注销。

出口企业和其他单位在申请注销认定前,应先结清出口退(免)税款。注销认定后,出口企业和其他单位不得再申报办理出口退(免)税。

四、生产企业出口货物免抵退税的申报

(一)申报程序和期限

企业当月出口的货物须在次月的增值税纳税申报期内,向主管税务机关办理增值税纳税申报、免抵退税相关申报及消费税免税申报。

企业应在货物报关出口之日(以出口货物报关单〈出口退税专用〉上的出口日期为准,下同)次月起至次年4月30日前的各增值税纳税申报期内收齐有关凭证,向主管税务机关申报办理出口货物增值税免抵退税及消费税退税。逾期的,企业不得申报免抵退税。

(二)申报资料

1. 企业向主管税务机关办理增值税纳税申报时,除按纳税申报的规定提供有关资料外,还应提供下列资料:

(1)主管税务机关确认的上期《免抵退税申报汇总表》(见附件4)。

(2)主管税务机关要求提供的其他资料。

2. 企业向主管税务机关办理增值税免抵退税申报,应提供下列凭证资料:

(1)《免抵退税申报汇总表》及其附表(见附件5)。

(2)《免抵退税申报资料情况表》(见附件6)。

(3)《生产企业出口货物免抵退税申报明细表》(见附件7)。

(4)出口货物退(免)税正式申报电子数据。

(5)下列原始凭证:

①出口货物报关单(出口退税专用,以下未作特别说明的均为此联)(保税区内的出口企业可提供中华人民共和国海关保税区出境货物备案清单,简称出境货物备案清单,下同);

②出口收汇核销单(出口退税联,以下未作特别说明的均为此联)(远期结汇的提供远期收汇备案证明,保税区内的出口企业提供结汇水单。跨境贸易人民币结算业务、试行出口退税免予提供纸质出口收汇核销单地区和货物贸易外汇管理制度改革试点地区的企业免予提供,下同);

③出口发票;

④委托出口的货物,还应提供受托方主管税务机关签发的代理出口货物证明,以及代理出口协议复印件;

⑤主管税务机关要求提供的其他资料。

3. 生产企业出口的视同自产货物以及列名生产企业出口的非自产货物,属于消费税应税消费品(以下简称应税消费品)的,还应提供下列资料:

(1)《生产企业出口非自产货物消费税退税申报表》(附件8)。

(2)消费税专用缴款书或分割单、海关进口消费税专用缴款书、委托加工收回应税消费品的代扣代收税款凭证原件或复印件。

(三)从事进料加工业务的企业,还须按下列规定办理手册登记、进口料件申报和手册核销:

1. 企业在办理进料加工贸易手(账)册后,应于料件实际进口之日至次月(采用实耗法扣除的,在料件实际耗用之日起至次月)的增值税纳税申报期内,填报《生产企业进料加工登记申报表》(见附件9),提供正式申报的电子数据及下列资料,向主管税务机关申请办理进料加工登记手续:

(1)采用纸质手册的企业应提供进料加工手册原件及复印件;采用电子化手册的企业应提供海关签章的加工贸易电子化纸质单证;采用电子账册的企业应提供海关核发的《加工贸易联网监管企业电子账册备案证明》。

(2)主管税务机关要求提供的其他资料。

以双委托方式(生产企业进、出口均委托出口企业办理,下同)从事进料加工业务的企业,由委托方凭代理进、出口协议及受托方的上述资料的复印件,到主管税务机关办理进料加工登记手续。

已办理进料加工登记手续的纸质手册、电子化手册或电子账册,如发生加工单位、登记进口料件总额、登记出口货物总额、手册有效期等项目变更的,企业应在变更事项发生之日起至次月的增值税纳税申报期内,填报《生产企业进料加工登记变更申请表》(附件10),提供正式申报电子数据及海关核发的变更后的相关资料向主管税务机关申报办理手(账)册变更手续。

2. 从事进料加工业务的企业应于料件实际进口之

日起至次月(采用实耗法计算的,在料件实际耗用之日起至次月)的增值税纳税申报期内,持进口货物报关单、代理进口货物证明及代理进口协议等资料向主管税务机关申报《生产企业进料加工进口料件申报明细表》(见附件11)、《生产企业进料加工出口货物扣除保税进口料件申请表》(见附件12)。

3. 采用纸质手册或电子化手册的企业,应在海关签发核销结案通知书(以结案日期为准,下同)之日起至次月的增值税纳税申报期内填报《生产企业进料加工手册登记核销申请表》(见附件13),提供正式申报电子数据及纸质手册或电子化手册,向主管税务机关申请办理进料加工的核销手续;采用电子账册的企业,应在海关办结一个周期核销手续后,在海关签发核销结案通知书之日起至次月的增值税纳税申报期内填报《生产企业进料加工手册登记核销申请表》,提供正式申报电子数据,向主管税务机关申请办理进料加工的核销手续。

企业应根据核销后的免税进口料件金额,计算调整当期的增值税纳税申报和免抵退税申报。

(四)购进不计提进项税额的国内免税原材料用于加工出口货物的,企业应单独核算用于加工出口货物的免税原材料,并在免税原材料购进之日起至次月的增值税纳税申报期内,填报《生产企业出口货物扣除国内免税原材料申请表》(见附件14),提供正式申报电子数据,向主管税务机关办理申报手续。

(五)免抵退税申报数据的调整

对前期申报错误的,在当期进行调整。在当期用负数将前期错误申报数据全额冲减,再重新全额申报。

发生本年度退运的,在当期用负数冲减原免抵退税申报数据;发生跨年度退运的,应全额补缴原免抵退税款,并按现行会计制度的有关规定进行相应调整。

本年度已申报免抵退税的,如须实行免税办法或征税办法,在当期用负数冲减原免抵退税申报数据;跨年度已申报免抵退税的,如须实行免税或征税办法,不用负数冲减,应全额补缴原免抵退税款,并按现行会计制度的有关规定进行相应调整。

五、外贸企业出口货物免退税的申报

(一)申报程序和期限

企业当月出口的货物须在次月的增值税纳税申报期内,向主管税务机关办理增值税纳税申报,将适用退(免)税政策的出口货物销售额填报在增值税纳税申报表的"免税货物销售额"栏。

企业应在货物报关出口之日次月起至次年4月30日前的各增值税纳税申报期内,收齐有关凭证,向主管税务机关办理出口货物增值税、消费税免退税申报。经主管税务机关批准的,企业在增值税纳税申报期以外的其他时间也可办理免退税申报。逾期的,企业不得申报免退税。

(二)申报资料

1.《外贸企业出口退税汇总申报表》(见附件15)。

2.《外贸企业出口退税进货明细申报表》(见附件16)。

3.《外贸企业出口退税出口明细申报表》(见附件17)。

4. 出口货物退(免)税正式申报电子数据。

5. 下列原始凭证

(1)出口货物报关单;

(2)增值税专用发票(抵扣联)、出口退税进货分批申报单、海关进口增值税专用缴款书(提供海关进口增值税专用缴款书的,还需同时提供进口货物报关单,下同);

(3)出口收汇核销单;

(4)委托出口的货物,还应提供受托方主管税务机关签发的代理出口货物证明,以及代理出口协议副本;

(5)属应税消费品的,还应提供消费税专用缴款书或分割单、海关进口消费税专用缴款书(提供海关进口消费税专用缴款书的,还需同时提供进口货物报关单,下同);

(6)主管税务机关要求提供的其他资料。

六、出口企业和其他单位出口的视同出口货物及对外提供加工修理修配劳务的退(免)税申报

报关进入特殊区域并销售给特殊区域内单位或境外单位、个人的货物,特殊区域外的生产企业或外贸企业的退(免)税申报分别按本办法第四、五条的规定办理。

其他视同出口货物和对外提供加工修理修配劳务,属于报关出口的,为报关出口之日起,属于非报关出口销售的,为出口发票或普通发票开具之日起,出口企业或其他单位应在次月至次年4月30日前的各增值税纳税申报期内申报退(免)税。逾期的,出口企业或其他单位不得申报退(免)税。申报退(免)税时,生产企业除按本办法第四条,外贸企业和没有生产能力的其他单位除按本办法第五条的规定申报〔不提供出口收汇核销单;非报关出口销售的不提供出口货物报关单和出口发票,属于生产企业销售的提供普通发票〕外,下列货物劳务,出口企业和其他单位还须提供下列对应的补充资料:

(一)对外援助的出口货物,应提供商务部批准使用援外优惠贷款的批文("援外任务书")复印件或商务部批准使用援外合资合作项目基金的批文("援外任务书")复印件。

(二)用于对外承包工程项目的出口货物,应提供对外承包工程合同;属于分包的,由承接分包的出口企业或其他单位申请退(免)税,申请退(免)税时除提供对外承包合同外,还须提供分包合同(协议)。

(三)用于境外投资的出口货物,应提供商务部及其授权单位批准其在境外投资的文件副本。

(四)向海关报关运入海关监管仓库供海关隔离区内免税店销售的货物,提供的出口货物报关单应加盖有免税品经营企业报关专用章;上海虹桥、浦东机场海关国际隔离区内的免税店销售的货物,提供的出口货物报关单应加盖免税店报关专用章,并提供海关对免税店销售货物的核销证明。

(五)销售的中标机电产品,应提供下列资料:

1. 招标单位所在地主管税务机关签发的《中标证明通知书》;

2. 由中国招标公司或其他国内招标组织签发的中标证明(正本);

3. 中标人与中国招标公司或其他招标组织签订的供货合同(协议);

4. 中标人按照标书规定及供货合同向用户发货的发货单;

5. 中标机电产品用户收货清单;

6. 外国企业中标再分包给国内企业供应的机电产品,还应提供与中标企业签署的分包合同(协议)。

(六)销售给海上石油天然气开采企业的自产的海洋工程结构物,应提供销售合同。

(七)销售给外轮、远洋国轮的货物,应提供列明销售货物名称、数量、销售金额并经外轮、远洋国轮船长签名的出口发票。

(八)生产并销售给国内和国外航空公司国际航班的航空食品,应提供下列资料:

1. 与航空公司签订的配餐合同;

2. 航空公司提供的配餐计划表(须注明航班号、起降城市等内容);

3. 国际航班乘务长签字的送货清单(须注明航空公司名称、航班号等内容)。

(九)对外提供加工修理修配劳务,应提供下列资料:

1. 修理修配船舶以外其他物品的提供贸易方式为"修理物品"的出口货物报关单;

2. 与境外单位、个人签署的修理修配合同;

3. 维修工作单(对外修理修配飞机业务提供)。

七、出口货物劳务退(免)税其他申报要求

(一)输入特殊区域的水电气,由购买水电气的特殊区域内的生产企业申报退税。企业应在购进货物增值税专用发票的开具之日次月起至次年4月30日前的各增值税纳税申报期内向主管税务机关申报退税。逾期的,企业不得申报退税。申报退税时,应填报《购进自用货物退税申报表》(见附件18),提供正式电子申报数据及下列资料:

1. 增值税专用发票(抵扣联);

2. 支付水、电、气费用的银行结算凭证(加盖银行印章的复印件)。

(二)运入保税区的货物,如果属于出口企业销售给境外单位、个人,境外单位、个人将其存放在保税区内的仓储企业,离境时由仓储企业办理报关手续,海关在其全部离境后,签发进入保税区的出口货物报关单的,保税区外的生产企业和外贸企业申报退(免)税时,除分别提供本办法第四、五条规定的资料外,还须提供仓储企业的出境货物备案清单。确定申报退(免)税期限的出口日期以最后一批出境货物备案清单上的出口日期为准。

(三)出口企业和其他单位出口的在2008年12月31日以前购进的设备、2009年1月1日以后购进但按照有关规定不得抵扣进项税额的设备、非增值税纳税人购进的设备,以及营业税改征增值税试点地区的出口企业和其他单位出口在本企业试点以前购进的设备,如果属于未计算抵扣进项税额的已使用过的设备,均实行增值税免退税办法。

出口企业和其他单位应在货物报关出口之日次月起至次年4月30日前的各增值税纳税申报期内,向主管税务机关单独申报退税。逾期的,出口企业和其他单位不得申报退税。申报退税时应填报《出口已使用过的设备退税申报表》(见附件19),提供正式申报电子数据及下列资料:

1. 出口货物报关单;

2. 委托出口的货物,还应提供受托方主管税务机关签发的代理出口货物证明,以及代理出口协议;

3. 增值税专用发票(抵扣联)或海关进口增值税专用缴款书;

4. 出口收汇核销单;

5. 《出口已使用过的设备折旧情况确认表》(见附件20);

6. 主管税务机关要求提供的其他资料。

(四)边境地区一般贸易或边境小额贸易项下以人

民币结算的从所在省(自治区)的边境口岸出口到接壤毗邻国家,并采取银行转账人民币结算方式的出口货物,生产企业、外贸企业申报退(免)税时,除分别提供本办法第四、五条规定的资料外,还应提供人民币结算的银行入账单,银行入账单应与外汇管理部门出具的出口收汇核销单相匹配。确有困难不能提供银行入账单的,可提供签注"人民币核销"的出口收汇核销单。

(五)跨境贸易人民币结算方式出口的货物,出口企业申报退(免)税不必提供出口收汇核销单。

(六)出口企业和其他单位申报附件21所列货物的退(免)税,应在申报报表中的明细表"退(免)税业务类型"栏内填写附件21所列货物对应的标识。

八、退(免)税原始凭证的有关规定

(一)增值税专用发票(抵扣联)

出口企业和其他单位购进出口货物劳务取得的增值税专用发票,应按规定办理增值税专用发票的认证手续。进项税额已计算抵扣的增值税专用发票,不得在申报退(免)税时提供。

出口企业和其他单位丢失增值税专用发票的发票联和抵扣联的,经认证相符后,可凭增值税专用发票记账联复印件及销售方所在地主管税务机关出具的丢失增值税专用发票已报税证明单,向主管税务机关申报退(免)税。

出口企业和其他单位丢失增值税专用发票抵扣联的,在增值税专用发票认证相符后,可凭增值税专用发票的发票联复印件向主管出口退税的税务机关申报退(免)税。

(二)出口货物报关单

出口企业应在货物报关出口后及时在"中国电子口岸出口退税子系统"中进行报关单确认操作。及时查询出口货物报关单电子信息,对于无出口货物报关单电子信息的,应及时向中国电子口岸或主管税务机关反映。

受托方将代理出口的货物与其他货物一笔报关出口的,委托方申报退(免)税时可提供出口货物报关单的复印件。

(三)出口收汇核销单

出口企业有下列情形之一的,自发生之日起2年内,申报出口退(免)税时,必须提供出口收汇核销单:

1. 纳税信用等级评定为C级或D级的;
2. 未在规定期限内办理出口退(免)税资格认定的;
3. 财务会计制度不健全、日常申报出口退(免)税时多次出现错误的;

4. 首次申报办理出口退(免)税的;
5. 有偷税、逃避追缴欠税、骗取出口退税、抗税、虚开增值税专用发票或农产品收购发票、接受虚开增值税专用发票(善意取得虚开增值税专用发票除外)等涉税违法行为的。

出口企业不存在上述5种情形的,包括因改制、改组以及合并、分立等原因新设立并重新办理出口退(免)税资格认定且原出口企业不存在上述所列情形,并经省级税务机关批准的,在申报出口退(免)税时,可暂不提供出口收汇核销单。但须在出口退(免)税申报截止之日前,收齐并提供按月依申报明细表顺序装订成册的出口收汇核销单。

(四)有关备案单证

出口企业应在申报出口退(免)税后15日内,将所申报退(免)税货物的下列单证,按申报退(免)税的出口货物顺序,填写《出口货物备案单证目录》,注明备案单证存放地点,以备主管税务机关核查:

1. 外贸企业购货合同、生产企业收购非自产货物出口的购货合同,包括一笔购销合同下签订的补充合同等;
2. 出口货物装货单;
3. 出口货物运输单据(包括:海运提单、航空运单、铁路运单、货物承运单据、邮政收据等承运人出具的货物单据,以及出口企业承付运费的国内运输单证)。

若有无法取得上述原始单证情况的,出口企业可用具有相似内容或作用的其他单证进行单证备案。除另有规定外,备案单证由出口企业存放和保管,不得擅自损毁,保存期为5年。

视同出口货物及对外提供修理修配劳务不实行备案单证管理。

九、出口企业和其他单位适用免税政策出口货物劳务的申报

(一)特殊区域内的企业出口的特殊区域内的货物、出口企业或其他单位视同出口的适用免税政策的货物劳务,应在出口或销售次月的增值税纳税申报内,向主管税务机关办理增值税、消费税免税申报。

(二)其他的适用免税政策的出口货物劳务,出口企业和其他单位应在货物劳务免税业务发生的次月(按季度进行增值税纳税申报的为次季度),填报《免税出口货物劳务明细表》(见附件22),提供正式申报电子数据,向主管税务机关办理免税申报手续。出口货物报关单(委托出口的为代理出口货物证明)等资料留存企业备查。

非出口企业委托出口的货物,委托方应在货物劳务免税业务发生的次月（按季度进行增值税纳税申报的为次季度）的增值税纳税申报期内，凭受托方主管税务机关签发的代理出口货物证明以及代理出口协议副本等资料，向主管税务机关办理增值税、消费税免税申报。

出口企业和其他单位未在规定期限内申报出口退（免）税或申报开具《代理出口货物证明》，以及已申报增值税退（免）税，却未在规定期限内向税务机关补齐增值税退（免）税凭证的，如果在申报退（免）税截止期限前已确定要实行增值税免税政策，出口企业和其他单位可在确定免税的次月的增值税纳税申报期，按前款规定的手续向主管税务机关申报免税。已经申报免税的，不得再申报出口退（免）税或申报开具代理出口货物证明。

（三）本条第（二）项第三款出口货物若已办理退（免）税的，在申报免税前，外贸企业及没有生产能力的其他单位须补缴已退税款；生产企业按本办法第四条第（五）项规定，调整申报数据或全额补缴原免抵退税款。

（四）相关免税证明及免税核销办理。

1. 国家计划内出口的卷烟相关证明及免税核销办理

卷烟出口企业向卷烟生产企业购进卷烟时，应先在免税出口卷烟计划内向主管税务机关申请开具《准予免税购进出口卷烟证明申请表》（见附件23），然后将《准予免税购进出口卷烟证明》（见附件24）转交卷烟生产企业，卷烟生产企业据此向主管税务机关申报办理免税手续。

已准予免税购进的卷烟，卷烟生产企业须以不含消费税、增值税的价格销售给出口企业，并向主管税务机关报送《出口卷烟已免税证明申请表》（见附件25）。卷烟生产企业的主管税务机关核准免税后，出具《出口卷烟已免税证明》（见附件26），并直接寄送卷烟出口企业主管税务机关。

卷烟出口企业（包括购进免税卷烟出口的企业、直接出口自产卷烟的生产企业、委托出口自产卷烟的生产企业）应在卷烟报关出口之日次月起至次年4月30日前的各增值税纳税申报期内，向主管税务机关办理出口卷烟的免税核销手续。逾期的，出口企业不得申报核销，应按规定缴纳增值税、消费税。申报核销时，应填报《出口卷烟免税核销申报表》（见附件27），提供正式申报电子数据及下列资料：

（1）出口货物报关单；
（2）出口收汇核销单；
（3）出口发票；
（4）出口合同；
（5）《出口卷烟已免税证明》（购进免税卷烟出口的企业提供）；
（6）代理出口货物证明，以及代理出口协议副本（委托出口自产卷烟的生产企业提供）；
（7）主管税务机关要求提供的其他资料。

2. 来料加工委托加工出口的货物免税证明及核销办理

（1）从事来料加工委托加工业务的出口企业，在取得加工企业开具的加工费的普通发票后，应在加工费的普通发票开具之日起至次月的增值税纳税申报期内，填报《来料加工免税证明申请表》（见附件28），提供正式申报电子数据，及下列资料向主管税务机关办理《来料加工免税证明》（见附件29）：

①进口货物报关单原件及复印件；
②加工企业开具的加工费的普通发票原件及复印件；
③主管税务机关要求提供的其他资料。

出口企业应将《来料加工免税证明》转交加工企业，加工企业持此证明向主管税务机关申报办理加工费的增值税、消费税免税手续。

（2）出口企业以"来料加工"贸易方式出口货物并办理海关核销手续后，持海关签发的核销结案通知书、《来料加工出口货物免税证明核销申请表》（见附件30）和下列资料及正式申报电子数据，向主管税务机关办理来料加工出口货物免税核销手续：

①出口货物报关单原件及复印件；
②来料加工免税证明；
③加工企业开具的加工费的普通发票原件及复印件；
④主管税务机关要求提供的其他资料。

十、有关单证证明的办理

（一）代理出口货物证明

委托出口的货物，受托方须自货物报关出口之日起至次年4月15日前，向主管税务机关申请开具《代理出口货物证明》（附件31），并将其及时转交委托方，逾期的，受托方不得申报开具《代理出口货物证明》。申请开具代理出口货物证明时应填报《代理出口货物证明申请表》（见附件32），提供正式申报电子数据及下列资料：

1. 代理出口协议原件及复印件；
2. 出口货物报关单；
3. 委托方税务登记证副本复印件；
4. 主管税务机关要求报送的其他资料。

受托方被停止退（免）税资格的，不得申请开具代理出口货物证明。

（二）代理进口货物证明

委托进口加工贸易料件，受托方应及时向主管税务机关申请开具代理进口货物证明，并及时转交委托方。受托方申请开具代理进口货物证明时，应填报《代理进口货物证明申请表》（见附件33），提供正式申报电子数据及下列资料：

1. 加工贸易手册及复印件；
2. 进口货物报关单（加工贸易专用）；
3. 代理进口协议原件及复印件；
4. 主管税务机关要求报送的其他资料。

（三）出口货物退运已补税（未退税）证明

出口货物发生退运的，出口企业应先向主管税务机关申请开具《出口货物退运已补税（未退税）证明》（附件34），并携其到海关申请办理出口货物退运手续。委托出口的货物发生退运的，由委托方申请开具出口货物退运已补税（未退税）证明并转交受托方。申请开具《出口货物退运已补税（未退税）证明》时应填报《退运已补税（未退税）证明申请表》（见附件35），提供正式申报电子数据及下列资料：

1. 出口货物报关单（退运发生时已申报退税的，不需提供）；
2. 出口发票（外贸企业不需提供）；
3. 税收通用缴款书原件及复印件（退运发生时未申报退税的、以及生产企业本年度发生退运的、不需提供）；
4. 主管税务机关要求报送的其他资料。

（四）补办出口报关单证明及补办出口收汇核销单证明

丢失出口货物报关单或出口收汇核销单的，出口企业应向主管税务机关申请开具补办出口报关单证明或补办出口收汇核销单证明。

1. 申请开具补办出口报关单证明的，应填报《补办出口货物报关单申请表》（见附件36），提供正式申报电子数据及下列资料：

（1）出口货物报关单（其他联次或通过口岸电子执法系统打印的报关单信息页面）；

（2）主管税务机关要求报送的其他资料。

2. 申请开具补办出口收汇核销单证明的，应填报《补办出口收汇核销单证明申请表》（见附件37），提供正式申报电子数据及下列资料：

（1）出口货物报关单（出口退税专用或其他联次或通过口岸电子执法系统打印的报关单信息页面）；

（2）主管税务机关要求报送的其他资料。

（五）出口退税进货分批申报单

外贸企业购进货物需分批申报退（免）税的及生产企业购进非自产应税消费品需分批申报消费税退税的，出口企业应凭下列资料填报并向主管税务机关申请出具《出口退税进货分批申报单》（见附件38）：

1. 增值税专用发票（抵扣联）、消费税专用缴款书、已开具过的进货分批申报单；
2. 增值税专用发票清单复印件；
3. 主管税务机关要求提供的其他资料及正式申报电子数据。

（六）出口货物转内销证明

外贸企业发生原记入出口库存账的出口货物转内销或视同内销货物征税的，以及已申报退（免）税的出口货物发生退运并转内销的，外贸企业应于发生内销或视同内销货物的当月向主管税务机关申请开具出口货物转内销证明。申请开具出口货物转内销证明时，应填报《出口货物转内销证明申报表》（见附件39），提供正式申报电子数据及下列资料：

1. 增值税专用发票（抵扣联）、海关进口增值税专用缴款书、进货分批申报单、出口货物退运已补税（未退税）证明原件及复印件；
2. 内销货物发票（记账联）原件及复印件；
3. 主管税务机关要求报送的其他资料。

外贸企业应在取得出口货物转内销证明的下一个增值税纳税申报期内申报纳税时，以此作为进项税额的抵扣凭证使用。

（七）中标证明通知书

利用外国政府贷款或国际金融组织贷款建设的项目，招标机构须在招标完毕并待中标企业签订的供货合同生效后，向其所在地主管税务机关申请办理《中标证明通知书》。招标机构应向主管税务机关报送《中标证明通知书》及中标设备清单表（见附件40），并提供下列资料和信息：

1. 国家评标委员会《评标结果通知》；
2. 中标项目不退税货物清单（见附件41）；
3. 中标企业所在地主管税务机关的名称、地址、邮政编码；
4. 贷款项目中，属于外国企业中标再分包给国内企业供应的机电产品，还应提供招标机构对分包合同出具的验证证明；
5. 贷款项目中属于联合体中标的，还应提供招标机构对联合体协议出具的验证证明；

6. 税务机关要求提供的其他资料。

（八）丢失有关证明的补办

出口企业或其他单位丢失出口退税有关证明的，应向原出具证明的税务机关填报《关于补办出口退税有关证明的申请》（附件42），提供正式申报电子数据。原出具证明的税务机关在核实曾出具过相关证明后，重新出具有关证明，但需注明"补办"字样。

十一、其他规定

（一）出口货物劳务除输入特殊区域的水电气外，出口企业和其他单位不得开具增值税专用发票。

（二）增值税退税率有调整的，其执行时间：

1. 属于向海关报关出口的货物，以出口货物报关单上注明的出口日期为准；属于非报关出口销售的货物，以出口发票或普通发票的开具时间为准。

2. 保税区内出口企业或其他单位出口的货物以及经保税区出口的货物，以货物离境时海关出具的出境货物备案清单上注明的出口日期为准。

（三）需要认定为可按收购视同自产货物申报抵退税的集团公司，集团公司总部必须将书面认定申请及成员企业的证明材料报送主管税务机关，并由集团公司总部所在地的地级以上（含本级）税务机关认定。

集团公司总部及其成员企业不在同一地区的，或不在同一省（自治区、直辖市、计划单列市）的，由集团公司总部所在地的省级国家税务局认定；总部及其成员不在同一个省的，总部所在地的省级国家税务局应将认定文件抄送成员企业所在地的省级国家税务局。

（四）境外单位、个人推迟支付货款或不能支付货款的出口货物劳务，及出口企业以差额结汇方式进行结汇的进料加工出口货物，凡外汇管理部门出具出口收汇核销单的（免予提供纸质出口收汇核销单的试点地区的税务机关收到外汇管理部门传输的收汇核销电子数据），出口企业和其他单位可按现行有关规定申报退（免）税。

（五）属于远期收汇且未超过在外汇管理部门远期收汇备案的预计收汇日期的出口货物劳务，提供远期收汇备案证明申请退（免）税的，出口企业和其他单位应在预计收汇日期起30天内向主管税务机关提供出口收汇核销单（出口退税联）。逾期未提供的，或免予提供纸质出口收汇核销单的试点地区的税务机关收到外汇管理部门传输的收汇核销电子数据的"核销日期"超过预计收汇日期起30天的，主管税务机关不再办理相关出口退（免）税，已办理出口退（免）税的，由税务机关按有关规定追回已退（免）税款。

（六）输入特殊区域的水电气，区内生产企业未在规定期限内申报退（免）税的，进项税额须转入成本。

（七）适用增值税免税政策的出口货物劳务，除特殊区域内的企业出口的特殊区域内的货物、出口企业或其他单位视同出口的货物劳务外，出口企业或其他单位如果未在规定的纳税申报期内按规定申报免税的，应视同内销货物和加工修理修配劳务征免增值税、消费税，属于内销免税的，除按规定补报免税外，还应接受主管税务机关按《中华人民共和国税收征收管理法》做出的处罚；属于内销征税的，应在免税申报期次月的增值税纳税申报期内申报缴纳增值税、消费税。

出口企业或其他单位对本年度的出口货物劳务，剔除已申报增值税退（免）税、免税，已按内销征收增值税、消费税，以及已开具代理出口证明的出口货物劳务后的余额，除内销免税货物按前款规定执行外，须在次年6月份的增值税纳税申报期内申报缴纳增值税、消费税。

（八）适用增值税免税政策的出口货物劳务，出口企业或其他单位如果放弃免税，实行按内销货物征税的，应向主管税务机关提出书面报告，一旦放弃免税，36个月内不得更改。

（九）除经国家税务总局批准销售给免税店的卷烟外，免税出口的卷烟须从指定口岸（见附件43）直接报关出口。

（十）出口企业和其他单位出口财税〔2012〕39号文件第九条第（二）项第6点所列的货物，出口企业和其他单位应按财税〔2012〕39号文件附件9所列原料对应海关税则号在出口货物劳务退税率文库中对应的退税率申报纳税或免税或退（免）税。

出口企业和其他单位如果未按上述规定申报纳税或免税或退（免）税的，一经主管税务机关发现，除执行本项规定外，还应接受主管税务机关按《中华人民共和国税收征收管理法》做出的处罚。

十二、适用增值税征税政策的出口货物劳务，出口企业或其他单位申报缴纳增值税，按内销货物缴纳增值税的统一规定执行。

十三、违章处理

（一）出口企业和其他单位有下列行为之一的，主管税务机关应按照《中华人民共和国税收征收管理法》第六十条规定予以处罚：

1. 未按规定设置、使用和保管有关出口货物退（免）税账簿、凭证、资料的；

2. 未按规定装订、存放和保管备案单证的。

（二）出口企业和其他单位拒绝税务机关检查或拒绝提供有关出口货物退（免）税账簿、凭证、资料的，税务机关应按照《中华人民共和国税收征收管理法》第七十条规定予以处罚。

（三）出口企业提供虚假备案单证的，主管税务机关应按照《中华人民共和国税收征收管理法》第七十条的规定处罚。

（四）从事进料加工业务的生产企业，未按规定期限办理进料加工登记、申报、核销手续的，主管税务机关在按照《中华人民共和国税收征收管理法》第六十二条有关规定进行处理后再办理相关手续。

（五）出口企业和其他单位有违反发票管理规定行为的，主管税务机关应按照《中华人民共和国发票管理办法》有关规定予以处罚。

（六）出口企业和其他单位以假报出口或者其他欺骗手段，骗取国家出口退税款，由主管税务机关追缴其骗取的退税款，并处骗取税款1倍以上5倍以下的罚款；构成犯罪的，依法追究刑事责任。

对骗取国家出口退税款的，由省级以上（含本级）税务机关批准，按下列规定停止其出口退（免）税资格：

1. 骗取国家出口退税款不满5万元的，可以停止为其办理出口退税半年以上1年以下。

2. 骗取国家出口退税款5万元以上不满50万元的，可以停止为其办理出口退税1年以上1年半以下。

3. 骗取国家出口退税款50万元以上不满250万元，或因骗取出口退税行为受过行政处罚、2年内又骗取国家出口退税款数额在30万元以上不满150万元的，停止为其办理出口退税1年半以上2年以下。

4. 骗取国家出口退税款250万元以上，或因骗取出口退税行为受过行政处罚、两年内又骗取国家出口退税款数额在150万元以上的，停止为其办理出口退税两年以上3年以下。

5. 停止办理出口退税的时间以省级以上（含本级）税务机关批准后作出的《税务行政处罚决定书》的决定之日为起始日。

十四、本办法第四、五、六、七条中关于退（免）税申报期限的规定，第九条第（二）项第三款的出口货物的免税申报期限的规定，以及第十条第（一）项中关于申请开具代理出口货物证明期限的规定，自2011年1月1日起开始执行。2011年的出口货物劳务，退（免）税申报期限、第九条第（二）项第三款的出口货物的免税申报期限、第十条第（一）项申请开具代理出口货物证明的期限，第十一条第（七）项第二款规定的期限延长3个月。

本办法其他规定自2012年7月1日开始执行。起始日期：属于向海关报关出口的货物劳务，以出口货物报关单上注明的出口日期为准；属于非报关出口销售的货物，以出口发票（外销发票）或普通发票的开具时间为准；属于保税区内出口企业或其他单位出口的货物以及经保税区出口的货物，以货物离境时海关出具的出境货物备案清单上注明的出口日期为准。

《废止文件目录》（见附件44）所列文件及条款同时废止。本办法未纳入的出口货物增值税、消费税其他管理规定，仍按原规定执行。

附件（略）

国家税务总局关于《出口货物劳务增值税和消费税管理办法》有关问题的公告[①]

- 2013年3月13日
- 国家税务总局公告2013年第12号

为准确执行出口货物劳务税收政策，进一步规范管理，国家税务总局细化、完善了《出口货物劳务增值税和消费税管理办法》（国家税务总局公告2012年第24号，以下简称《管理办法》）有关条款，现公告如下：

一、出口退（免）税资格认定

（一）出口企业或其他单位申请办理出口退（免）税资格认定时，除提供《管理办法》规定的资料外，还应提供《出口退（免）税资格认定申请表》电子数据。

（二）出口企业或其他单位申请变更退（免）税办法的，经主管税务机关批准变更的次月起按照变更后的退（免）税办法申报退（免）税。企业应将批准变更前全部

[①] 本公告中与《国家税务总局关于调整出口退（免）税申报办法的公告》相冲突的内容已被废止，第五条第十四项已被《国家税务总局关于出口退（免）税有关问题的公告》废止，第二条第十八项中"出口企业或其他单位提出的出口退（免）税延期申报，需经省、自治区、直辖市、计划单列市国家税务局批准的规定"已被《国家税务总局关于逾期未申报的出口退（免）税可延期申报的公告》停止执行。第五条第一、十项已被《国家税务总局关于公布失效废止的税务部门规章和税收规范性文件目录的决定》废止；第二条第二项、第十项第3目、第十八项已被《国家税务总局关于出口退（免）税申报有关问题的公告》废止，第四条、附件21已被《国家税务总局关于优化整合出口退税信息系统更好服务纳税人有关事项的公告》废止，附件19已被《国家税务总局关于进一步便利出口退税办理 促进外贸平稳发展有关事项的公告》废止。

出口货物按变更前退(免)税办法申报退(免)税,变更后不得申报变更前出口货物退(免)税。

原执行免退税办法的企业,在批准变更次月的增值税纳税申报期内可将原计入出口库存账的且未申报免退税的出口货物向主管税务机关申请开具《出口转内销证明》。

原执行免抵退税办法的企业,应将批准变更当月的《免抵退税申报汇总表》中"当期应退税额"填报在批准变更次月的《增值税纳税申报表》"免、抵、退应退税额"栏中。

企业按照变更前退(免)税办法已申报但在批准变更前未审核办理的退(免)税,主管税务机关对其按照原退(免)税办法单独审核、审批办理。对原执行免抵退税办法的企业,主管税务机关对已按免抵退税办法申报的退(免)税应全部按规定审核通过后,一次性审批办理退(免)税。

退(免)税办法由免抵退税变更为免退税的,批准变更前已通过认证的增值税专用发票或取得的海关进口增值税专用缴款书,出口企业或其他单位不得作为申报免退税的原始凭证。

(三)出口企业申请注销出口退(免)税认定资格但不需要注销税务登记的,按《管理办法》第三条第(五)项相关规定办理。

二、出口退(免)税申报

(一)出口企业或其他单位应使用出口退税申报系统办理出口货物劳务退(免)税、免税申报业务及申请开具相关证明业务。《管理办法》及本公告中要求出口企业或其他单位报送的电子数据应均通过出口退税申报系统生成、报送。在出口退税申报系统信息生成、报送功能升级完成前,涉及需报送的电子数据,可暂报送纸质资料。

出口退税申报系统可从国家税务总局网站免费下载或由主管税务机关免费提供。

(二)出口企业或其他单位应先通过税务机关提供的远程预申报服务进行退(免)税预申报,在排除录入错误后,方可进行正式申报。税务机关不能提供远程预申报服务的,企业可到主管税务机关进行预申报。

出口企业或其他单位退(免)税凭证电子信息不齐的出口货物劳务,可进行正式退(免)税申报,但退(免)税需在税务机关按规定对电子信息审核通过后方能办理。

(三)在出口货物报关单上的申报日期和出口日期期间,若海关调整商品代码,导致出口货物报关单上的商品代码与调整后的商品代码不一致的,出口企业或其他单位应按照出口货物报关单上列明的商品代码申报退(免)税,并同时报送《海关出口商品代码、名称、退税率调整对应表》(附件1)及电子数据。

(四)出口企业或其他单位进行正式退(免)税申报时须提供的原始凭证,应按明细申报表载明的申报顺序装订成册。

(五)2013年5月1日以后报关出口的货物(以出口货物报关单上的出口日期为准),除下款规定以外,出口企业或其他单位申报出口退(免)税提供的出口货物报关单上的第一计量单位、第二计量单位,及出口企业申报的计量单位,至少有一个应同与其匹配的增值税专用发票上的计量单位相符,且上述出口货物报关单、增值税专用发票上的商品名称须相符,否则不得申报出口退(免)税。

如属同一货物的多种零部件需要合并报关为同一商品名称的,企业应将出口货物报关单、增值税专用发票上不同商品名称的相关性及不同计量单位的折算标准向主管税务机关书面报告,经主管税务机关确认后,可申报退(免)税。

(六)受托方将代理多家企业出口的货物集中一笔报关出口的,委托方可提供该出口货物报关单的复印件申报出口退(免)税。

(七)出口企业或其他单位出口并按会计规定做销售的货物,须在做销售的次月进行增值税纳税申报。生产企业还需办理免抵退税相关申报及消费税免税申报(属于消费税应税货物的)。《管理办法》第四条第(一)项第一款和第五条第(一)项第一款与此冲突的规定,停止执行。

《管理办法》第四条第(一)项第二款和第五条第(一)项第二款中的"逾期"是指超过次年4月30日前最后一个增值税纳税申报期截止之日。

(八)属于增值税一般纳税人的集成电路设计、软件设计、动漫设计企业及其他高新技术企业出口适用增值税退(免)税政策的货物,实行免抵退税办法,按《管理办法》第四条及本公告有关规定申报出口退(免)税。

(九)生产企业申报免抵退税时,若报送的《生产企业出口货物免、抵、退税申报明细表》中的离岸价与相应出口货物报关单上的离岸价不一致的,应按主管税务机关的要求填报《出口货物离岸价差异原因说明表》(附件2)及电子数据。

(十)从事进料加工业务的生产企业,自2013年7月1日起,按下列规定办理进料加工出口货物退(免)税的申报及手(账)册核销业务。《管理办法》第四条第(三)项停止执行。2013年7月1日以前,企业已经在主管税务机关办理登记手续的进料加工手(账)册,按原办法办理免抵退税申报、进口料件申报、手(账)册核销(电子账册核销指海关办结一个周期核销手续后的核销)。

1. 进料加工计划分配率的确定

2012年1月1日至2013年6月15日已在税务机关办理过进料加工手(账)册核销的企业,2013年度进料加工业务的计划分配率为该期间税务机关已核销的全部手(账)册的加权平均实际分配率。主管税务机关应在2013年7月1日以前,计算并与企业确认2013年度进料加工业务的计划分配率。

2012年1月1日至2013年6月15日未在税务机关办理进料加工业务手(账)册核销的企业,当年进料加工业务的计划分配率为2013年7月1日后首份进料加工手(账)册的计划分配率。企业应在首次申报2013年7月1日以后进料加工手(账)册的进料加工出口货物免抵退税前,向主管税务机关报送《进料加工企业计划分配率备案表》(附件3)及其电子数据。

2. 进料加工出口货物的免抵退税申报

对进料加工出口货物,企业应以出口货物人民币离岸价扣除出口货物耗用的保税进口料件金额的余额为增值税退(免)税的计税依据。按《管理办法》第四条的有关规定,办理免抵退税相关申报。

进料加工出口货物耗用的保税进口料件金额 = 进料加工出口货物人民币离岸价 × 进料加工计划分配率

计算不得免征和抵扣税额时,应按当期全部出口货物的离岸价扣除当期全部进料加工出口货物耗用的保税进口料件金额后的余额乘以征退税率之差计算。进料加工出口货物收齐有关凭证申报免抵退税时,以收齐凭证的进料加工出口货物人民币离岸价扣除其耗用的保税进口料件金额后的余额计算免抵退税额。

3. 年度进料加工业务的核销

自2014年起,企业应在本年度4月20日前,向主管税务机关报送《生产企业进料加工业务免抵退税核销申报表》(附件4)及电子数据,申请办理上年度海关已核销的进料加工手(账)册项下的进料加工业务核销手续。企业申请核销后,主管税务机关不再受理其上一年度进料加工出口货物的免抵退税申报。4月20日之后仍未申请核销的,该企业的出口退(免)税业务,主管税务机关暂不办理,待其申请核销后,方可办理。

主管税务机关受理核销申请后,应通过出口退税审核系统提取海关联网监管加工贸易电子数据中的进料加工"电子账册(电子化手册)核销数据"以及进料加工业务的进、出口货物报关单数据,计算生成《进料加工手(账)册实际分配率反馈表》(附件5),交企业确认。

企业应及时根据进料加工手(账)册实际发生的进出口情况对反馈表中手(账)册实际分配率进行核对。经核对相符的,企业应对该手(账)册进行确认;核对不相符的,企业应提供该手(账)册的实际进出口情况。核对完成后,企业应在《进料加工手(账)册实际分配率反馈表》中填写确认意见及需要补充的内容,加盖公章后交主管税务机关。

主管税务机关对于企业未确认相符的手(账)册,应提取海关联网监管加工贸易电子数据中的该手(账)册的进料加工"电子账册(电子化手册)核销数据"以及进、出口货物报关单数据,反馈给企业。对反馈的数据缺失或与纸质报关单不一致的,企业应及时向报关海关申请查询,并根据该手(账)册实际发生的进出口情况将缺失或不一致的数据填写《已核销手(账)册海关数据调整报告表(进口报关单/出口报关单)》(附件6-1,附件6-2),报送至主管税务机关,同时附送电子数据、相关报关单原件、向报关海关查询情况的书面说明。

主管税务机关应将企业报送的《已核销手(账)册海关数据调整报告表》电子数据读入出口退税审核系统,重新计算生成《进料加工手(账)册实际分配率反馈表》。在企业对手(账)册的实际分配率确认后,主管税务机关按照企业确认的实际分配率对进料加工业务进行核销,并将《生产企业进料加工业务免抵退税核销表》(附件7)交企业。企业应在次月根据该表调整前期免抵退税额及不得免征和抵扣税额。

主管税务机关完成年度核销后,企业应以《生产企业进料加工业务免抵退税核销表》中的"上年度已核销手(账)册综合实际分配率",作为当年度进料加工计划分配率。

4. 企业申请注销或变更退(免)税办法的,应在申请注销或变更退(免)税办法前按照上述办法进行进料加工业务的核销。

(十一)符合《财政部、国家税务总局关于出口货物劳务增值税和消费税政策的通知》(财税〔2012〕39号)第九条第(四)项规定的生产企业,应在交通运输工具和机器设备出口合同签订后,报送《先退税后核销资格申请表》(见附件8)及电子数据,经主管税务机关审核同意后,按照以下规定办理出口免抵退税申报、核销:

1. 企业应在交通运输工具或机器设备自会计上做销售后,与其他出口货物劳务一并向主管税务机关办理免抵退税申报(在《生产企业出口货物免、抵、退税申报明细表》"出口收汇核销单号"栏中填写出口合同号,"业务类型"栏填写"XTHH"),并附送下列资料:

(1)出口合同(复印件,仅第一次申报时提供);

(2)企业财务会计制度(复印件,仅第一次申报时提供);

(3)出口销售明细账(复印件);

(4)《先退税后核销企业免抵退税申报附表》(附件9)及其电子数据;

(5)年度财务报表(年度结束后至4月30日前报送);

(6)收款凭证(复印件,取得预付款的提供);

(7)主管税务机关要求提供的其他资料。

2.交通工具或机器设备报关出口之日起3个月内,企业应在增值税纳税申报期,按《管理办法》第四条规定收齐有关单证,申报免抵退税,办理已退(免)税的核销。

(十二)已申报免抵退税的出口货物发生退运,及需改为免税或征税的,应在上述情形发生的次月增值税纳税申报期内用负数申报冲减原免抵退税申报数据,并按现行会计制度的有关规定进行相应调整。《管理办法》第四条第(五)项与此冲突的规定停止执行。

(十三)免税品经营企业应根据《企业法人营业执照》规定的经营货物范围,填写《免税品经营企业销售货物退税备案表》(附件10)并生成电子数据,报主管税务机关备案。如企业的经营范围发生变化,应在变化之日后的首个增值税纳税申报期内进行补充填报。

(十四)用于对外承包工程项目的出口货物,由出口企业申请退(免)税。出口企业如属于分包单位,申请退(免)税时,须补充提供分包合同(协议)。本项规定自2012年1月1日起开始执行。《管理办法》第六条第二款第(二)项与此冲突的规定,停止执行。

(十五)销售给海上石油天然气开采企业自产的海洋工程结构物,生产企业申报出口退(免)税时,应在《生产企业出口货物免、抵、退税申报明细表》的"备注栏"中填写购货企业的纳税人识别号和购货企业名称。

(十六)申报修理修配船舶退(免)税的,应提供在修理修配业务中使用零部件、原材料的贸易方式为"一般贸易"的出口货物报关单。出口货物报关单中"标记唛码及备注"栏注明修理船舶或被修理船舶名称的,以被修理船舶作为出口货物。

(十七)为国外(地区)企业的飞机(船舶)提供航线维护(航次维修)的货物劳务,出口企业(维修企业)申报退(免)税时应将国外(地区)企业名称、航班号(船名)填写在《生产企业出口货物免、抵、退税申报明细表》的第22栏"备注"中,并提供以下资料:

1.与被维修的国外(地区)企业签订的维修合同;

2.出口发票;

3.国外(地区)企业的航班机长或外轮船长签字确认的维修单据〔须注明国外(地区)企业名称和航班号(船名)〕。

(十八)出口企业或其他单位发生的真实出口货物劳务,由于以下原因造成在规定期限内未收齐单证无法申报出口退(免)税的,应在退(免)税申报期限截止之日前向主管税务机关提出申请,并提供相关举证材料,经主管税务机关审核、逐级上报省级国家税务局批准后,可进行出口退(免)税申报。本项规定从2011年1月1日起执行。2011年1月1日前发生的同样情形的出口货物劳务,出口企业可在2013年6月30日前按照本项规定办理退(免)税申报,逾期的,主管税务机关不再受理此类申报。

1.自然灾害、社会突发事件等不可抗力因素;

2.出口退(免)税申报凭证被盗、抢,或者因邮寄丢失、误递;

3.有关司法、行政机关在办理业务或者检查中,扣押出口退(免)税申报凭证;

4.买卖双方因经济纠纷,未按时取得出口退(免)税申报凭证;

5.由于企业办税人员伤亡、突发危重疾病或者擅自离职,未能办理交接手续,导致不能按期提供出口退(免)税申报凭证;

6.由于企业向海关提出修改出口货物报关单申请,在退(免)税期限截止之日海关未完成修改,导致不能按期提供出口货物报关单;

7.国家税务总局规定的其他情形。

三、适用免税政策的出口货物劳务申报

(一)《管理办法》第十一条第(七)项中"未在规定的纳税申报期内按规定申报免税"是指出口企业或其他单位未在报关出口之日的次月至次年5月31日前的各增值税纳税申报期内填报《免税出口货物劳务明细表》(附件11),提供正式申报电子数据,向主管税务机关办理免税申报手续。

(二)出口企业或其他单位在按《管理办法》第九条第(二)项规定办理免税申报手续时,应将以下凭证按《免税出口货物劳务明细表》载明的申报顺序装订成册,留存企业备查：

1. 出口货物报关单（如无法提供出口退税联的，可提供其他联次代替）；

2. 出口发票；

3. 委托出口的货物，还应提供受托方主管税务机关出具的代理出口货物证明；

4. 属购进货物直接出口的，还应提供相应的合法有效的进货凭证。合法有效的进货凭证包括增值税专用发票、增值税普通发票及其他普通发票、海关进口增值税专用缴款书、农产品收购发票、政府非税收入票据；

5. 以旅游购物贸易方式报关出口的货物暂不提供上述第2、4项凭证。

（三）出口企业或其他单位申报的出口货物免税销售额与出口货物报关单上的离岸价不一致（来料加工出口货物除外）的，应在报送《免税出口货物劳务明细表》的同时报送《出口货物离岸价差异原因说明表》及电子数据。

（四）主管税务机关已受理出口企业或其他单位的退（免）税申报，但在免税申报期限之后审核发现按规定不予退（免）税的出口货物，若符合免税条件，企业可在主管税务机关审核不予退（免）税的次月申报免税。

（五）出口企业从事来料加工委托加工业务的，应在海关签发来料加工核销结案通知书之日（以结案日期为准）起至次月的增值税纳税申报期内，提供出口货物报关单的非"出口退税专用"联原件或复印件，按照《管理办法》第九条第（四）项第2目第（2）规定办理来料加工出口货物免税核销手续。未按规定办理来料加工出口货物免税核销手续或经主管税务机关审核不予办理免税核销的，应按规定补缴来料加工加工费的增值税。

（六）出口企业或其他单位按照《管理办法》第十一条第（八）项规定放弃免税的，应向主管税务机关报送《出口货物劳务放弃免税权声明表》（附件12），办理备案手续。自备案次月起执行征税政策，36个月内不得变更。

四、有关单证证明办理

委托出口货物发生退运的，应由委托方向主管税务机关申请开具《出口货物退运已补税（未退税）证明》转交受托方，受托方凭该证明向主管税务机关申请开具《出口货物退运已补税（未退税）证明》。《管理办法》第十条第（三）项与此冲突的内容停止执行。

五、其他补充规定

（一）符合《管理办法》第十一条第（三）项规定的集团公司，集团公司总部在申请认定时应提供以下资料：

1.《集团公司成员企业认定申请表》（附件13）及电子申报数据；

2. 集团公司总部及其控股的生产企业的营业执照副本复印件；

3. 集团公司总部及其控股的生产企业的《出口退（免）税资格认定表》复印件；

4. 集团公司总部及其控股生产企业的章程复印件；

5. 主管税务机关要求报送的其他资料。

（二）外贸企业在2012年6月30日以前签订的委托加工业务合同，如果在2012年7月1日以后收回加工货物并在2013年6月30日前出口的，按2012年6月30日以前的规定申报出口退（免）税。外贸企业须在2013年4月30日前向主管税务机关提供上述合同进行备案。

（三）为适应货物贸易外汇管理制度改革，《管理办法》中涉及到出口收汇核销单的规定不再执行。

2012年8月1日后报关出口的货物，以及截至2012年7月31日未到出口收汇核销期限或者已到出口收汇核销期限的但未核销的2012年8月1日前报关出口的货物，出口企业或其他单位在申报出口退（免）税、免税时，不填写《管理办法》附件中涉及出口收汇核销单的报表栏目。

（四）经税务机关审核发现的出口退（免）税疑点，出口企业或其他单位应按照主管税务机关的要求接受约谈、提供书面说明情况、报送《生产企业出口业务自查表》（附件14）或《外贸企业出口业务自查表》（附件15）及电子数据。

出口货物的供货企业主管税务机关按照规定需要对供货的真实性及纳税情况进行核实的，供货企业应填报《供货企业自查表》（附件16），具备条件的，应按照主管税务机关的要求同时报送电子数据。

（五）主管税务机关发现出口企业或其他单位的出口业务有以下情形之一的，该笔出口业务暂不办理出口退（免）税。已办理的，主管税务机关可按照所涉及的退税额对该企业其他已审核通过的应退税款暂缓办理出口退（免）税，无其他应退税款或应退税款小于所涉及退税额的，可由出口企业提供差额部分的担保。待税务机关核实排除相应疑点后，方可办理退（免）税或解除担保。

1. 因涉嫌骗取出口退税被税务机关稽查部门立案处未结案；

2. 因涉嫌出口走私被海关立案查处未结案；

3. 出口货物报关单、出口发票、海运提单等出口单证的商品名称、数量、金额等内容与进口国家（或地区）的进口报关数据不符；

4. 涉嫌将低退税率出口货物以高退税率出口货物报关；

5. 出口货物的供货企业存在涉嫌虚开增值税专用发票等需要对其供货的真实性及纳税情况进行核实的疑点。

（六）主管税务机关发现出口企业或其他单位购进出口的货物劳务存在财税〔2012〕39号文件第七条第（一）项第4目、第5目和第7目情形之一的，该批出口货物劳务的出口货物报关单上所载明的其他货物，主管税务机关须排除骗税疑点后，方能办理退（免）税。

（七）出口企业或其他单位被列为非正常户的，主管税务机关对该企业暂不办理出口退税。

（八）出口企业或其他单位未按规定进行单证备案（因出口货物的成交方式特性，企业没有有关备案单证的情况除外）的出口货物，不得申报退（免）税，适用免税政策。已申报退（免）税的，应用负数申报冲减原申报。

（九）出口企业或其他单位出口的货物劳务，主管税务机关如果发现有下列情形之一的，按财税〔2012〕39号文件第七条（一）项第4目和第5目规定，适用增值税征税政策。查实属于偷骗税的，应按相应的规定处理。

1. 提供的增值税专用发票、海关进口增值税专用缴款书等进货凭证为虚开或伪造；

2. 提供的增值税专用发票是在供货企业税务登记被注销或被认定为非正常户之后开具；

3. 提供的增值税专用发票抵扣联上的内容与供货企业记账联上的内容不符；

4. 提供的增值税专用发票上载明的货物劳务与供货企业实际销售的货物劳务不符；

5. 提供的增值税专用发票上的金额与实际购进交易的金额不符；

6. 提供的增值税专用发票上的货物名称、数量与供货企业的发货单、出库单及相关国内运输单据等凭证上的相关内容不符，数量属合理损溢的除外；

7. 出口货物报关单上的出口日期早于申报退税匹配的进货凭证上所列货物的发货时间（供货企业发货时间）或生产企业自产货物发货时间；

8. 出口货物报关单上载明的出口货物与申报退税匹配的进货凭证上载明的货物或生产企业自产货物不符；

9. 出口货物报关单上的商品名称、数量、重量与出口运输单据载明的不符，数量、重量属合理损溢的除外；

10. 生产企业出口自产货物的，其生产设备、工具不能生产该种货物；

11. 供货企业销售的自产货物，其生产设备、工具不能生产该种货物；

12. 供货企业销售的外购货物，其购进业务为虚假业务；

13. 供货企业销售的委托加工收回货物，其委托加工业务为虚假业务；

14. 出口货物的提单或运单等备案单证为伪造、虚假；

15. 出口货物报关单是通过报关行等单位将他人出口的货物虚构为本企业出口货物的手段取得。

（十）以边境小额贸易方式代理外国企业、外国自然人报关出口的货物（国家取消出口退税的货物除外），可按下列规定办理备案手续，办理过备案的上述货物，不进行增值税和消费税的纳、免税申报。

1. 边境地区出口企业应在货物出口之前，提供下列资料向主管税务机关办理备案登记手续：

（1）企业相关人员签字、盖有单位公章且填写内容齐全的纸质《以边境小额贸易方式代理外国企业、外国自然人报关出口货物备案登记表》（见附件17）及电子数据；

（2）代理出口协议原件及复印件。代理出口协议以外文拟定的，需同时提供中文翻译版本。

（3）委托方经办人护照或外国边民的边民证原件和复印件。

2. 边境地区出口企业应在货物报关出口之日（以出口货物报关单上的出口日期为准）次月起至次年4月30日前的各增值税纳税申报期内，提供下列资料向主管税务机关办理代理报关备案核销手续：

（1）企业相关人员签字、盖有单位公章且填写内容齐全的纸质《以边境小额贸易方式代理外国企业、外国自然人报关出口货物备案核销表》（见附件18）及电子数据；

（2）出口货物报关单（出口退税专用联，以人民币结算的为盖有海关验讫章其他联次）。

3. 边境地区出口企业代理报关出口的货物属国家明确取消出口退（免）税的，按有关规定适用增值税、消费税征税政策。

4. 边境地区出口企业在2011年1月1日至本公告执行之日代理外国企业、外国自然人报关出口的货物（以出口货物报关单上的出口日期为准），应在2013年4月30日前的各增值税纳税申报期内，提供本项第2目所列的资料，向主管税务机关办理代理报关备案核销手续。

5. 边境地区出口企业未按照本项规定办理代理报关备案登记、备案核销的，主管税务机关可取消其按照代理报关备案管理的资格，并可按《中华人民共和国税收征收管理法》第六十二条等有关规定处理。

（十一）出口企业或其他单位出口财税〔2012〕39号文件第九条第（二）项第6目所列货物，如果出口货物有两种及两种以上原材料为财税〔2012〕39号文件附件9所列原材料的，按主要原材料适用政策执行。主要原材料是指出口货物材料成本中比例最高的原材料。

（十二）输入特殊区域的水电气，区内生产企业用于出租、出让厂房的，不得申报退税，进项税额须转入成本。

（十三）出口企业或其他单位可填报《出口企业或其他单位选择出口退税业务提醒信息申请表》（见附件19），向主管税务机关申请免费的出口退税业务提醒服务。已申请出口退税业务提醒服务的，企业负责人、联系电话、邮箱等相关信息发生变化时，应及时向主管税务机关申请变更。

出口企业或其他单位应按照国家制发的出口退（免）税相关政策和管理规定办理出口退（免）税业务。主管税务机关提供的出口退税业务提醒服务仅为出口企业和其他单位参考，不作为办理出口退（免）税的依据。

（十四）出口企业或其他单位应于每年11月15日至30日，根据本年度实际出口情况及次年计划出口情况，向主管税务机关填报《出口企业预计出口情况报告表》（见附件20）及电子数据。

（十五）《管理办法》及本公告中要求同时提供原件和复印件的资料，出口企业或其他单位提供的复印件上应注明"与原件相符"字样，并加盖企业公章。主管税务机关在核对复印件与原件相符后，将原件退回，留存复印件。

六、本公告除已明确执行时间的规定外，其他规定自2013年4月1日起执行，《废止文件目录》（见附件22）所列文件条款同时废止。

特此公告。

附件（略）

国家税务总局关于出口货物劳务增值税和消费税有关问题的公告[①]

· 2013年11月13日国家税务总局公告2013年第65号公布
· 根据2018年6月15日《国家税务总局关于修改部分税收规范性文件的公告》修正

为进一步规范管理，准确执行出口货物劳务税收政策，现就出口货物劳务增值税和消费税有关问题公告如下：

一、出口企业或其他单位申请注销退（免）税资格认定，如向主管税务机关声明放弃未申报或已申报但尚未办理的出口退（免）税并按规定申报免税的，视同已结清出口退税税款。

因合并、分立、改制重组等原因申请注销退（免）税资格认定的出口企业或其他单位（以下简称注销企业），可向主管税务机关申报《申请注销退（免）税资格认定企业未结清退（免）税确认书》（附件1），提供合并、分立、改制重组企业决议、章程、相关部门批件及承继注销企业权利和义务的企业（以下简称承继企业）在注销企业所在地的开户银行、账号，经主管税务机关确认无误后，可在注销企业结清出口退（免）税款前办理退（免）税资格认定注销手续。注销后，注销企业的应退税款由其主管税务机关退还至承继企业账户，如发生需要追缴多退税款的向承继企业追缴。

二、出口企业或其他单位可以放弃全部适用退（免）税政策出口货物劳务的退（免）税，并选择适用增值税免税政策或征税政策。放弃适用退（免）税政策的出口企业或其他单位，应向主管税务机关报送《出口货物劳务放弃退（免）税声明》（附件2），办理备案手续。自备案次日起36个月内，其出口的适用增值税退（免）税政策的出口货物劳务，适用增值税免税政策或征税政策。

三、从事进料加工业务的生产企业，因上年度无海关已核销手（账）册不能确定本年度进料加工业务计划分配率的，应使用最近一次确定的"上年度已核销手（账）册综合实际分配率"作为本年度的计划分配率。

生产企业在办理年度进料加工业务核销后，如认为《生产企业进料加工业务免抵退税核销表》中的"上年度已核销手（账）册综合实际分配率"与企业当年度实际情况差别较大的，可在向主管税务机关提供当年度预计的进料加工计划分配率及书面合理理由后，将预计的进料加工计划分配率作为该年度的计划分配率。

四、出口企业将加工贸易进口料件，采取委托加工收回出口的，在申报退（免）税或申请开具《来料加工免税证明》时，如提供的加工费发票不是由加工贸易手（账）册上注明的加工单位开具的，出口企业须向主管税务机关书面说明理由，并提供主管海关出具的书面证明。否则，属于进料加工委托加工业务的，对应的加工费不得抵扣或申报退（免）税；属于来料加工委托加工业务的，不

[①] 本公告附件三已被《国家税务总局关于优化整合出口退税信息系统更好服务纳税人有关事项的公告》废止。

得申请开具《来料加工免税证明》,相应的加工费不得申报免税。

五、出口企业报关进入国家批准的出口加工区、保税物流园区、保税港区、综合保税区、珠澳跨境工业区(珠海园区)、中哈霍尔果斯国际边境合作中心(中方配套区域)、保税物流中心(B型)(以下统称特殊区域)并销售给特殊区域内单位或境外单位、个人的货物,以人民币结算的,可申报出口退(免)税,按有关规定提供收汇资料时,可以提供收取人民币的凭证。

六、出口企业或其他单位申报对外援助出口货物退(免)税时,不需要提供商务部批准使用援外优惠贷款的批文("援外任务书")复印件和商务部批准使用援外合资合作项目基金的批文("援外任务书")复印件。

七、生产企业外购的不经过本企业加工或组装,出口后能直接与本企业自产货物组合成成套产品的货物,如配套出口给进口本企业自产货物的境外单位或个人,可作为视同自产货物申报退(免)税。生产企业申报出口视同自产的货物退(免)税时,应按《生产企业出口视同自产货物业务类型对照表》(附件3),在《生产企业出口货物免、抵、退税申报明细表》的"业务类型"栏内填写对应标识,主管税务机关如发现企业填报错误的,应及时要求企业改正。

八、出口企业或其他单位出口适用增值税免税政策的货物劳务,在向主管税务机关办理增值税、消费税免税申报时,不再报送《免税出口货物劳务明细表》及其电子数据。出口货物报关单、合法有效的进货凭证等留存企业备查的资料,应按出口日期装订成册。

九、以下出口货物劳务应按照下列规定留存备查合法有效的进货凭证:

(一)出口企业或其他单位从依法拍卖单位购买货物出口的,将与拍卖人签署的成交确认书及有关收据留存备查;

(二)通过合并、分立、重组改制等资产重组方式设立的出口企业或其他单位,出口重组前的企业无偿划转的货物,将资产重组文件、无偿划转的证明材料留存备查。

十、出口企业或其他单位按照《国家税务总局关于〈出口货物劳务增值税和消费税管理办法〉有关问题的公告》(国家税务总局公告2013年第12号)第二条第(十八)项规定申请延期申报退(免)税的,如省级税务机关在免税申报截止之日后批复不予延期,若该出口货物符合其他免税条件,出口企业或其他单位应在批复的次月申报免税。次月未申报免税的,适用增值税征税政策。

十一、委托出口的货物,委托方应自货物报关出口之日起至次年3月15日前,凭委托代理出口协议(复印件)向主管税务机关报送《委托出口货物证明》(附件4)及其电子数据。主管税务机关审核委托代理出口协议后在《委托出口货物证明》签章。

受托方申请开具《代理出口货物证明》时,应提供规定的凭证资料及委托方主管税务机关签章的《委托出口货物证明》。

十二、外贸企业出口视同内销征税的货物,申请开具《出口货物转内销证明》时,需提供规定的凭证资料及计提销项税的记账凭证复印件。

主管税务机关在审核外贸企业《出口货物转内销证明申报表》时,对增值税专用发票交叉稽核信息比对不符,以及发现提供的增值税专用发票或者其他增值税扣税凭证存在以下情形之一的,不得出具《出口货物转内销证明》:

(一)提供的增值税专用发票或海关进口增值税专用缴款书为虚开、伪造或内容不实;

(二)提供的增值税专用发票是在供货企业税务登记被注销或被认定为非正常户之后开具;

(三)外贸企业出口货物转内销时申报的《出口货物转内销证明申报表》的进货凭证上载明的货物与申报免退税匹配的出口货物报关单上载明的出口货物名称不符。属同一货物的多种零部件合并报关为同一商品名称的除外;

(四)供货企业销售的自产货物,其生产设备、工具不能生产该种货物;

(五)供货企业销售的外购货物,其购进业务为虚假业务;

(六)供货企业销售的委托加工收回货物,其委托加工业务为虚假业务。

主管税务机关在开具《出口货物转内销证明》后,发现外贸企业提供的增值税专用发票或者其他增值税扣税凭证存在以上情形之一的,主管税务机关应通知外贸企业将原取得的《出口货物转内销证明》涉及的进项税额做转出处理。

十三、出口企业按规定向国家商检、海关、外汇管理等对出口货物相关事项实施监管核查部门报送的资料中,属于申报出口退(免)税规定的凭证资料及备案单证的,如果上述部门或主管税务机关发现为虚假或其内容不实的,其对应的出口货物不适用增值税退(免)税和免税政策,适用增值税征税政策。查实属于偷骗税的按照相应的规定处理。

十四、本公告自 2014 年 1 月 1 日起执行。

特此公告。

附件：1. 申请注销退（免）税资格认定企业未结清退（免）税确认书（略）

2. 出口货物劳务放弃退（免）税声明（略）

3. 生产企业出口视同自产货物业务类型对照表（略）

4. 委托出口货物证明（略）

财政部、国家税务总局关于消费税纳税人总分支机构汇总缴纳消费税有关政策的通知

- 2012 年 4 月 13 日
- 财税〔2012〕42 号

各省、自治区、直辖市、计划单列市财政厅（局）、国家税务局，新疆生产建设兵团财务局：

根据《中华人民共和国消费税暂行条例实施细则》第二十四条有关规定，现将纳税人总分支机构汇总缴纳消费税政策通知如下：

纳税人的总机构与分支机构不在同一县（市），但在同一省（自治区、直辖市）范围内，经省（自治区、直辖市）财政厅（局）、国家税务局审批同意，可以由总机构汇总向总机构所在地的主管税务机关申报缴纳消费税。

省（自治区、直辖市）财政厅（局）、国家税务局应将审批同意的结果，上报财政部、国家税务总局备案。

国家税务总局关于电子烟消费税征收管理有关事项的公告

- 2022 年 10 月 25 日
- 国家税务总局公告 2022 年第 22 号

根据《财政部 海关总署 税务总局关于对电子烟征收消费税的公告》（2022 年第 33 号，以下简称 33 号公告）规定，自 2022 年 11 月 1 日起对电子烟征收消费税。现将征收管理有关事项公告如下：

一、税务总局在税控开票软件中更新了《商品和服务税收分类编码表》，纳税人销售电子烟应当选择"电子烟"类编码开具发票。

二、《消费税及附加税费申报表》〔《国家税务总局关于增值税 消费税与附加税费申报表整合有关事项的公告》（2021 年第 20 号）附件 7 的附注 1《应税消费品名称、税率和计量单位对照表》中新增"电子烟"子目，调整后的表式见附件。

三、符合 33 号公告第二条规定的纳税人，从事生产、批发电子烟业务应当按规定填报《消费税及附加税费申报表》，办理消费税纳税申报。

四、根据《中华人民共和国消费税暂行条例实施细则》第十七条的规定和我国电子烟行业生产经营的实际情况，电子烟全国平均成本利润率暂定为 10%。

五、本公告自 2022 年 11 月 1 日起施行。《国家税务总局关于增值税 消费税与附加税费申报表整合有关事项的公告》（2021 年第 20 号）附件 7 的附注 1 同时废止。各级税务机关要根据 33 号公告和本公告的规定，对相关纳税人做好政策宣传和辅导工作，及时为其办理消费税税种认定。

特此公告。

附件：应税消费品名称、税率和计量单位对照表（略）

3. 关税

中华人民共和国海关法

- 1987 年 1 月 22 日第六届全国人民代表大会常务委员会第十九次会议通过
- 根据 2000 年 7 月 8 日第九届全国人民代表大会常务委员会第十六次会议《关于修改〈中华人民共和国海关法〉的决定》第一次修正
- 根据 2013 年 6 月 29 日第十二届全国人民代表大会常务委员会第三次会议《关于修改〈中华人民共和国文物保护法〉等十二部法律的决定》第二次修正
- 根据 2013 年 12 月 28 日第十二届全国人民代表大会常务委员会第六次会议《关于修改〈中华人民共和国海洋环境保护法〉等七部法律的决定》第三次修正
- 根据 2016 年 11 月 7 日第十二届全国人民代表大会常务委员会第二十四次会议《关于修改〈中华人民共和国对外贸易法〉等十二部法律的决定》第四次修正
- 根据 2017 年 11 月 4 日第十二届全国人民代表大会常务委员会第三十次会议《关于修改〈中华人民共和国会计法〉等十一部法律的决定》第五次修正
- 根据 2021 年 4 月 29 日第十三届全国人民代表大会常务委员会第二十八次会议《关于修改〈中华人民共和国道路交通安全法〉等八部法律的决定》第六次修正

第一章 总 则

第一条 为了维护国家的主权和利益，加强海关监督管理，促进对外经济贸易和科技文化交往，保障社会主

义现代化建设,特制定本法。

第二条 中华人民共和国海关是国家的进出关境(以下简称进出境)监督管理机关。海关依照本法和其他有关法律、行政法规,监管进出境的运输工具、货物、行李物品、邮递物品和其他物品(以下简称进出境运输工具、货物、物品),征收关税和其他税、费,查缉走私,并编制海关统计和办理其他海关业务。

第三条 国务院设立海关总署,统一管理全国海关。

国家在对外开放的口岸和海关监管业务集中的地点设立海关。海关的隶属关系,不受行政区划的限制。

海关依法独立行使职权,向海关总署负责。

第四条 国家在海关总署设立专门侦查走私犯罪的公安机构,配备专职缉私警察,负责对其管辖的走私犯罪案件的侦查、拘留、执行逮捕、预审。

海关侦查走私犯罪公安机构履行侦查、拘留、执行逮捕、预审职责,应当按照《中华人民共和国刑事诉讼法》的规定办理。

海关侦查走私犯罪公安机构根据国家有关规定,可以设立分支机构。各分支机构办理其管辖的走私犯罪案件,应当依法向有管辖权的人民检察院移送起诉。

地方各级公安机关应当配合海关侦查走私犯罪公安机构依法履行职责。

第五条 国家实行联合缉私、统一处理、综合治理的缉私体制。海关负责组织、协调、管理查缉走私工作。有关规定由国务院另行制定。

各有关行政执法部门查获的走私案件,应当给予行政处罚的,移送海关依法处理;涉嫌犯罪的,应当移送海关侦查走私犯罪公安机构、地方公安机关依据案件管辖分工和法定程序办理。

第六条 海关可以行使下列权力:

(一)检查进出境运输工具,查验进出境货物、物品;对违反本法或者其他有关法律、行政法规的,可以扣留。

(二)查阅进出境人员的证件;查问违反本法或者其他有关法律、行政法规的嫌疑人,调查其违法行为。

(三)查阅、复制与进出境运输工具、货物、物品有关的合同、发票、帐册、单据、记录、文件、业务函电、录音录像制品和其他资料;对其中与违反本法或者其他有关法律、行政法规的进出境运输工具、货物、物品有牵连的,可以扣留。

(四)在海关监管区和海关附近沿海沿边规定地区,检查有走私嫌疑的运输工具和有藏匿走私货物、物品嫌疑的场所,检查走私嫌疑人的身体;对走私嫌疑的运输工具、货物、物品和走私犯罪嫌疑人,经直属海关关长或者其授权的隶属海关关长批准,可以扣留;对走私犯罪嫌疑人,扣留时间不超过二十四小时,在特殊情况下可以延长至四十八小时。

在海关监管区和海关附近沿海沿边规定地区以外,海关在调查走私案件时,对有走私嫌疑的运输工具和除公民住处以外的有藏匿走私货物、物品嫌疑的场所,经直属海关关长或者其授权的隶属海关关长批准,可以进行检查,有关当事人应当到场;当事人未到场的,在有见证人在场的情况下,可以径行检查;对其中有证据证明有走私嫌疑的运输工具、货物、物品,可以扣留。

海关附近沿海沿边规定地区的范围,由海关总署和国务院公安部门会同有关省级人民政府确定。

(五)在调查走私案件时,经直属海关关长或者其授权的隶属海关关长批准,可以查询案件涉嫌单位和涉嫌人员在金融机构、邮政企业的存款、汇款。

(六)进出境运输工具或者个人违抗海关监管逃逸的,海关可以连续追至海关监管区和海关附近沿海沿边规定地区以外,将其带回处理。

(七)海关为履行职责,可以配备武器。海关工作人员佩带和使用武器的规则,由海关总署会同国务院公安部门制定,报国务院批准。

(八)法律、行政法规规定由海关行使的其他权力。

第七条 各地方、各部门应当支持海关依法行使职权,不得非法干预海关的执法活动。

第八条 进出境运输工具、货物、物品,必须通过设立海关的地点进境或者出境。在特殊情况下,需要经过未设立海关的地点临时进境或者出境的,必须经国务院或者国务院授权的机关批准,并依照本法规定办理海关手续。

第九条 进出口货物,除另有规定的外,可以由进出口货物收发货人自行办理报关纳税手续,也可以由进出口货物收发货人委托报关企业办理报关纳税手续。

进出境物品的所有人可以自行办理报关纳税手续,也可以委托他人办理报关纳税手续。

第十条 报关企业接受进出口货物收发货人的委托,以委托人的名义办理报关手续的,应当向海关提交由委托人签署的授权委托书,遵守本法对委托人的各项规定。

报关企业接受进出口货物收发货人的委托,以自己的名义办理报关手续的,应当承担与收发货人相同的法律责任。

委托人委托报关企业办理报关手续的,应当向报关企业提供所委托报关事项的真实情况；报关企业接受委托人的委托办理报关手续的，应当对委托人所提供情况的真实性进行合理审查。

第十一条 进出口货物收发货人、报关企业办理报关手续，应当依法向海关备案。

报关企业和报关人员不得非法代理他人报关。

第十二条 海关依法执行职务，有关单位和个人应当如实回答询问，并予以配合，任何单位和个人不得阻挠。

海关执行职务受到暴力抗拒时，执行有关任务的公安机关和人民武装警察部队应当予以协助。

第十三条 海关建立对违反本法规定逃避海关监管行为的举报制度。

任何单位和个人均有权对违反本法规定逃避海关监管的行为进行举报。

海关对举报或者协助查获违反本法案件的有功单位和个人，应当给予精神的或者物质的奖励。

海关应当为举报人保密。

第二章 进出境运输工具

第十四条 进出境运输工具到达或者驶离设立海关的地点时，运输工具负责人应当向海关如实申报，交验单证，并接受海关监管和检查。

停留在设立海关的地点的进出境运输工具，未经海关同意，不得擅自驶离。

进出境运输工具从一个设立海关的地点驶往另一个设立海关的地点的，应当符合海关监管要求，办理海关手续，未办结海关手续的，不得改驶境外。

第十五条 进境运输工具在进境以后向海关申报以前，出境运输工具在办结海关手续以后出境以前，应当按照交通主管机关规定的路线行进；交通主管机关没有规定的，由海关指定。

第十六条 进出境船舶、火车、航空器到达和驶离时间、停留地点、停留期间更换地点以及装卸货物、物品时间，运输工具负责人或者有关交通运输部门应当事先通知海关。

第十七条 运输工具装卸进出境货物、物品或者上下进出境旅客，应当接受海关监管。

货物、物品装卸完毕，运输工具负责人应当向海关递交反映实际装卸情况的交接单据和记录。

上下进出境运输工具的人员携带物品的，应当向海关如实申报，并接受海关检查。

第十八条 海关检查进出境运输工具时，运输工具负责人应当到场，并根据海关的要求开启舱室、房间、车门；有走私嫌疑的，并应当开拆可能藏匿走私货物、物品的部位，搬移货物、物料。

海关根据工作需要，可以派员随运输工具执行职务，运输工具负责人应当提供方便。

第十九条 进境的境外运输工具和出境的境内运输工具，未向海关办理手续并缴纳关税，不得转让或者移作他用。

第二十条 进出境船舶和航空器兼营境内客、货运输，应当符合海关监管要求。

进出境运输工具改营境内运输，需向海关办理手续。

第二十一条 沿海运输船舶、渔船和从事海上作业的特种船舶，未经海关同意，不得载运或者换取、买卖、转让进出境货物、物品。

第二十二条 进出境船舶和航空器，由于不可抗力的原因，被迫在未设立海关的地点停泊、降落或者抛掷、起卸货物、物品，运输工具负责人应当立即报告附近海关。

第三章 进出境货物

第二十三条 进口货物自进境起到办结海关手续止，出口货物自向海关申报起到出境止，过境、转运和通运货物自进境起到出境止，应当接受海关监管。

第二十四条 进口货物的收货人、出口货物的发货人应当向海关如实申报，交验进出口许可证件和有关单证。国家限制进出口的货物，没有进出口许可证件的，不予放行，具体处理办法由国务院规定。

进口货物的收货人应当自运输工具申报进境之日起十四日内，出口货物的发货人除海关特准的外应当在货物运抵海关监管区后、装货的二十四小时以前，向海关申报。

进口货物的收货人超过前款规定期限向海关申报的，由海关征收滞报金。

第二十五条 办理进出口货物的海关申报手续，应当采用纸质报关单和电子数据报关单的形式。

第二十六条 海关接受申报后，报关单证及其内容不得修改或者撤销，但符合海关规定情形的除外。

第二十七条 进口货物的收货人经海关同意，可以在申报前查看货物或者提取货样。需要依法检疫的货物，应当在检疫合格后提取货样。

第二十八条 进出口货物应当接受海关查验。海关查验货物时，进口货物的收货人、出口货物的发货人应当到场，并负责搬移货物，开拆和重封货物的包装。海关认为必要时,可以径行开验、复验或者提取货样。

海关在特殊情况下对进出口货物予以免验,具体办法由海关总署制定。

第二十九条 除海关特准的外,进出口货物在收发货人缴清税款或者提供担保后,由海关签印放行。

第三十条 进口货物的收货人自运输工具申报进境之日起超过三个月未向海关申报的,其进口货物由海关提取依法变卖处理,所得价款在扣除运输、装卸、储存等费用和税款后,尚有余款的,自货物依法变卖之日起一年内,经收货人申请,予以发还;其中属于国家对进口有限制性规定,应当提交许可证件而不能提供的,不予发还。逾期无人申请或者不予发还的,上缴国库。

确属误卸或者溢卸的进境货物,经海关审定,由原运输工具负责人或者货物的收发货人自该运输工具卸货之日起三个月内,办理退运或者进口手续;必要时,经海关批准,可以延期三个月。逾期未办手续的,由海关按前款规定处理。

前两款所列货物不宜长期保存的,海关可以根据实际情况提前处理。

收货人或者货物所有人声明放弃的进口货物,由海关提取依法变卖处理;所得价款在扣除运输、装卸、储存等费用后,上缴国库。

第三十一条 按照法律、行政法规、国务院或者海关总署规定暂时进口或者暂时出口的货物,应当在六个月内复运出境或者复运进境;需要延长复运出境或者复运进境期限的,应当根据海关总署的规定办理延期手续。

第三十二条 经营保税货物的储存、加工、装配、展示、运输、寄售业务和经营免税商店,应当符合海关监管要求,经海关批准,并办理注册手续。

保税货物的转让、转移以及进出保税场所,应当向海关办理有关手续,接受海关监管和查验。

第三十三条 企业从事加工贸易,应当按照海关总署的规定向海关备案。加工贸易制成品单位耗料量由海关按照有关规定核定。

加工贸易制成品应当在规定的期限内复出口。其中使用的进口料件,属于国家规定准予保税的,应当向海关办理核销手续;属于先征收税款的,依法向海关办理退税手续。

加工贸易保税进口料件或者制成品内销的,海关对保税的进口料件依法征税;属于国家对进口有限制性规定的,还应当向海关交进口许可证件。

第三十四条 经国务院批准在中华人民共和国境内设立的保税区等海关特殊监管区域,由海关按照国家有关规定实施监管。

第三十五条 进口货物应当由收货人在货物的进境地海关办理海关手续,出口货物应当由发货人在货物的出境地海关办理海关手续。

经收发货人申请,海关同意,进口货物的收货人可以在设有海关的指定地、出口货物的发货人可以在设有海关的启运地办理海关手续。上述货物的转关运输,应当符合海关监管要求;必要时,海关可以派员押运。

经电缆、管道或者其他特殊方式输送进出境的货物,经营单位应当定期向指定的海关申报和办理海关手续。

第三十六条 过境、转运和通运货物,运输工具负责人应当向进境地海关如实申报,并应当在规定期限内运输出境。

海关认为必要时,可以查验过境、转运和通运货物。

第三十七条 海关监管货物,未经海关许可,不得开拆、提取、交付、发运、调换、改装、抵押、质押、留置、转让、更换标记、移作他用或者进行其他处置。

海关加施的封志,任何人不得擅自开启或者损毁。

人民法院判决、裁定或者有关行政执法部门决定处理海关监管货物的,应当责令当事人办结海关手续。

第三十八条 经营海关监管货物仓储业务的企业,应当经海关注册,并按照海关规定,办理收存、交付手续。

在海关监管区外存放海关监管货物,应当经海关同意,并接受海关监管。

违反前两款规定或者在保管海关监管货物期间造成海关监管货物损毁或者灭失的,除不可抗力外,对海关监管货物负有保管义务的人应当承担相应的纳税义务和法律责任。

第三十九条 进出境集装箱的监管办法、打捞进出境货物和沉船的监管办法、边境小额贸易进出口货物的监管办法,以及本法未具体列明的其他进出境货物的监管办法,由海关总署或者由海关总署会同国务院有关部门另行制定。

第四十条 国家对进出境货物、物品有禁止性或者限制性规定的,海关依据法律、行政法规、国务院的规定或者国务院有关部门依据法律、行政法规的授权作出的规定实施监管。具体监管办法由海关总署制定。

第四十一条 进出口货物的原产地按照国家有关原产地规则的规定确定。

第四十二条 进出口货物的商品归类按照国家有关

商品归类的规定确定。

海关可以要求进出口货物的收发货人提供确定商品归类所需的有关资料；必要时，海关可以组织化验、检验，并将海关认定的化验、检验结果作为商品归类的依据。

第四十三条 海关可以根据对外贸易经营者提出的书面申请，对拟作进口或者出口的货物预先作出商品归类等行政裁定。

进口或者出口相同货物，应当适用相同的商品归类行政裁定。

海关对所作出的商品归类等行政裁定，应当予以公布。

第四十四条 海关依照法律、行政法规的规定，对与进出境货物有关的知识产权实施保护。

需要向海关申报知识产权状况的，进出口货物收发货人及其代理人应当按照国家规定向海关如实申报有关知识产权状况，并提交合法使用有关知识产权的证明文件。

第四十五条 自进出口货物放行之日起三年内或者在保税货物、减免税进口货物的海关监管期限内及其后的三年内，海关可以对与进出口货物直接有关的企业、单位的会计帐簿、会计凭证、报关单证以及其他有关资料和有关进出口货物实施稽查。具体办法由国务院规定。

第四章 进出境物品

第四十六条 个人携带进出境的行李物品、邮寄进出境的物品，应当以自用、合理数量为限，并接受海关监管。

第四十七条 进出境物品的所有人应当向海关如实申报，并接受海关查验。

海关加施的封志，任何人不得擅自开启或者损毁。

第四十八条 进出境邮袋的装卸、转运和过境，应当接受海关监管。邮政企业应当向海关递交邮件路单。

邮政企业应当将开拆及封发国际邮袋的时间事先通知海关，海关应当按时派员到场监管查验。

第四十九条 邮运进出境的物品，经海关查验放行后，有关经营单位方可投递或者交付。

第五十条 经海关登记准予暂时免税进境或者暂时免税出境的物品，应当由本人复带出境或者复带进境。

过境人员未经海关批准，不得将其所带物品留在境内。

第五十一条 进出境物品所有人声明放弃的物品、在海关规定期限内未办理海关手续或者无人认领的物品，以及无法投递又无法退回的进境邮递物品，由海关依照本法第三十条的规定处理。

第五十二条 享有外交特权和豁免的外国机构或者人员的公务用品或者自用物品进出境，依照有关法律、行政法规的规定办理。

第五章 关 税

第五十三条 准许进出口的货物、进出境物品，由海关依法征收关税。

第五十四条 进口货物的收货人、出口货物的发货人、进出境物品的所有人，是关税的纳税义务人。

第五十五条 进出口货物的完税价格，由海关以该货物的成交价格为基础审查确定。成交价格不能确定时，完税价格由海关依法估定。

进口货物的完税价格包括货物的货价、货物运抵中华人民共和国境内输入地点起卸前的运输及其相关费用、保险费；出口货物的完税价格包括货物的货价、货物运至中华人民共和国境内输出地点装载前的运输及其相关费用、保险费，但是其中包含的出口关税税额，应当予以扣除。

进出境物品的完税价格，由海关依法确定。

第五十六条 下列进出口货物、进出境物品，减征或者免征关税：

（一）无商业价值的广告品和货样；

（二）外国政府、国际组织无偿赠送的物资；

（三）在海关放行前遭受损坏或者损失的货物；

（四）规定数额以内的物品；

（五）法律规定减征、免征关税的其他货物、物品；

（六）中华人民共和国缔结或者参加的国际条约规定减征、免征关税的货物、物品。

第五十七条 特定地区、特定企业或者有特定用途的进出口货物，可以减征或者免征关税。特定减税或者免税的范围和办法由国务院规定。

依照前款规定减征或者免征关税进口的货物，只能用于特定地区、特定企业或者特定用途，未经海关核准并补缴关税，不得移作他用。

第五十八条 本法第五十六条、第五十七条第一款规定范围以外的临时减征或者免征关税，由国务院决定。

第五十九条 暂时进口或者暂时出口的货物，以及特准进口的保税货物，在货物收发货人向海关缴纳相当于税款的保证金或者提供担保后，准予暂时免纳关税。

第六十条 进出口货物的纳税义务人，应当自海关填发税款缴款书之日起十五日内缴纳税款；逾期缴纳的，由海关征收滞纳金。纳税义务人、担保人超过三个月仍未缴纳的，经直属海关关长或者其授权的隶属海关关长批准，海关可以采取下列强制措施：

（一）书面通知其开户银行或者其他金融机构从其存款中扣缴税款；

（二）将应税货物依法变卖，以变卖所得抵缴税款；

（三）扣留并依法变卖其价值相当于应纳税款的货物或者其他财产，以变卖所得抵缴税款。

海关采取强制措施时，对前款所列纳税义务人、担保人未缴纳的滞纳金同时强制执行。

进出境物品的纳税义务人，应当在物品放行前缴纳税款。

第六十一条　进出口货物的纳税义务人在规定的纳税期限内有明显的转移、藏匿其应税货物以及其他财产迹象的，海关可以责令纳税义务人提供担保；纳税义务人不能提供纳税担保的，经直属海关关长或者其授权的隶属海关关长批准，海关可以采取下列税收保全措施：

（一）书面通知纳税义务人开户银行或者其他金融机构暂停支付纳税义务人相当于应纳税款的存款；

（二）扣留纳税义务人价值相当于应纳税款的货物或者其他财产。

纳税义务人在规定的纳税期限内缴纳税款的，海关必须立即解除税收保全措施；期限届满仍未缴纳税款的，经直属海关关长或者其授权的隶属海关关长批准，海关可以书面通知纳税义务人开户银行或者其他金融机构从其暂停支付的存款中扣缴税款，或者依法变卖所扣留的货物或者其他财产，以变卖所得抵缴税款。

采取税收保全措施不当，或者纳税义务人在规定期限内已缴纳税款，海关未立即解除税收保全措施，致使纳税义务人的合法权益受到损失的，海关应当依法承担赔偿责任。

第六十二条　进出口货物、进出境物品放行后，海关发现少征或者漏征税款，应当自缴纳税款或者货物、物品放行之日起一年内，向纳税义务人补征。因纳税义务人违反规定而造成的少征或者漏征，海关在三年以内可以追征。

第六十三条　海关多征的税款，海关发现后应当立即退还；纳税义务人自缴纳税款之日起一年内，可以要求海关退还。

第六十四条　纳税义务人同海关发生纳税争议时，应当缴纳税款，并可以依法申请行政复议；对复议决定仍不服的，可以依法向人民法院提起诉讼。

第六十五条　进口环节海关代征税的征收管理，适用关税征收管理的规定。

第六章　海关事务担保

第六十六条　在确定货物的商品归类、估价和提供有效报关单证或者办结其他海关手续前，收发货人要求放行货物的，海关应当在其提供与其依法应当履行的法律义务相适应的担保后放行。法律、行政法规规定可以免除担保的除外。

法律、行政法规对履行海关义务的担保另有规定的，从其规定。

国家对进出境货物、物品有限制性规定，应当提供许可证件而不能提供的，以及法律、行政法规规定不得担保的其他情形，海关不得办理担保放行。

第六十七条　具有履行海关事务担保能力的法人、其他组织或者公民，可以成为担保人。法律规定不得为担保人的除外。

第六十八条　担保人可以以下列财产、权利提供担保：

（一）人民币、可自由兑换货币；

（二）汇票、本票、支票、债券、存单；

（三）银行或者非银行金融机构的保函；

（四）海关依法认可的其他财产、权利。

第六十九条　担保人应当在担保期限内承担担保责任。担保人履行担保责任的，不免除被担保人应当办理有关海关手续的义务。

第七十条　海关事务担保管理办法，由国务院规定。

第七章　执法监督

第七十一条　海关履行职责，必须遵守法律，维护国家利益，依照法定职权和法定程序严格执法，接受监督。

第七十二条　海关工作人员必须秉公执法、廉洁自律，忠于职守，文明服务，不得有下列行为：

（一）包庇、纵容走私或者与他人串通进行走私；

（二）非法限制他人人身自由，非法检查他人身体、住所或者场所，非法检查、扣留进出境运输工具、货物、物品；

（三）利用职权为自己或者他人谋取私利；

（四）索取、收受贿赂；

（五）泄露国家秘密、商业秘密和海关工作秘密；

（六）滥用职权，故意刁难，拖延监管、查验；

（七）购买、私分、占用没收的走私货物、物品；

（八）参与或者变相参与营利性经营活动；

（九）违反法定程序或者超越权限执行职务；

（十）其他违法行为。

第七十三条　海关应当根据依法履行职责的需要,加强队伍建设,使海关工作人员具有良好的政治、业务素质。

海关专业人员应当具有法律和相关专业知识,符合海关规定的专业岗位任职要求。

海关招收工作人员应当按照国家规定,公开考试,严格考核,择优录用。

海关应当有计划地对其工作人员进行政治思想、法制、海关业务培训和考核。海关工作人员必须定期接受培训和考核,经考核不合格的,不得继续上岗执行职务。

第七十四条　海关总署应当实行海关关长定期交流制度。

海关关长定期向上一级海关述职,如实陈述其执行职务情况。海关总署应当定期对直属海关关长进行考核,直属海关应当定期对隶属海关关长进行考核。

第七十五条　海关及其工作人员的行政执法活动,依法接受监察机关的监督;缉私警察进行侦查活动,依法接受人民检察院的监督。

第七十六条　审计机关依法对海关的财政收支进行审计监督,对海关办理的与国家财政收支有关的事项,有权进行专项审计调查。

第七十七条　上级海关应当对下级海关的执法活动依法进行监督。上级海关认为下级海关作出的处理或者决定不适当的,可以依法予以变更或者撤销。

第七十八条　海关应当依照本法和其他有关法律、行政法规的规定,建立健全内部监督制度,对其工作人员执行法律、行政法规和遵守纪律的情况,进行监督检查。

第七十九条　海关内部负责审单、查验、放行、稽查和调查等主要岗位的职责权限应当明确,并相互分离、相互制约。

第八十条　任何单位和个人均有权对海关及其工作人员的违法、违纪行为进行控告、检举。收到控告、检举的机关有权处理的,应当依法按照职责分工及时查处。收到控告、检举的机关和负责查处的机关应当为控告人、检举人保密。

第八十一条　海关工作人员在调查处理违法案件时,遇有下列情形之一的,应当回避:
(一)是本案的当事人或者是当事人的近亲属;
(二)本人或者其近亲属与本案有利害关系;
(三)与本案当事人有其他关系,可能影响案件公正处理的。

第八章　法律责任

第八十二条　违反本法及有关法律、行政法规,逃避海关监管,偷逃应纳税款,逃避国家有关进出境的禁止性或者限制性管理,有下列情形之一的,是走私行为:
(一)运输、携带、邮寄国家禁止或者限制进出境货物、物品或者依法应当缴纳税款的货物、物品进出境的;
(二)未经海关许可并且未缴纳应纳税款、交验有关许可证件,擅自将保税货物、特定减免税货物以及其他海关监管货物、物品、进境的境外运输工具,在境内销售的;
(三)有逃避海关监管,构成走私的其他行为的。

有前款所列行为之一,尚不构成犯罪的,由海关没收走私货物、物品及违法所得,可以并处罚款;专门或者多次用于掩护走私的货物、物品,专门或者多次用于走私的运输工具,予以没收,藏匿走私货物、物品的特制设备,责令拆毁或者没收。

有第一款所列行为之一,构成犯罪的,依法追究刑事责任。

第八十三条　有下列行为之一的,按走私行为论处,依照本法第八十二条的规定处罚:
(一)直接向走私人非法收购走私进口的货物、物品的;
(二)在内海、领海、界河、界湖,船舶及所载人员运输、收购、贩卖国家禁止或者限制进出境的货物、物品,或者运输、收购、贩卖依法应当缴纳税款的货物,没有合法证明的。

第八十四条　伪造、变造、买卖海关单证,与走私人通谋为走私人提供贷款、资金、帐号、发票、证明、海关单证,与走私人通谋为走私人提供运输、保管、邮寄或者其他方便,构成犯罪的,依法追究刑事责任;尚不构成犯罪的,由海关没收违法所得,并处罚款。

第八十五条　个人携带、邮寄超过合理数量的自用物品进出境,未依法向海关申报的,责令补缴关税,可以处以罚款。

第八十六条　违反本法规定有下列行为之一的,可以处以罚款,有违法所得的,没收违法所得:
(一)运输工具不经设立海关的地点进出境的;
(二)不将进出境运输工具到达的时间、停留的地点或者更换的地点通知海关的;
(三)进出口货物、物品或者过境、转运、通运货物向海关申报不实的;
(四)不按照规定接受海关对进出境运输工具、货物、物品进行检查、查验的;

（五）进出境运输工具未经海关同意，擅自装卸进出境货物、物品或者上下进出境旅客的；

（六）在设立海关的地点停留的进出境运输工具未经海关同意，擅自驶离的；

（七）进出境运输工具从一个设立海关的地点驶往另一个设立海关的地点，尚未办结海关手续又未经海关批准，中途擅自改驶境外或者境内未设立海关的地点的；

（八）进出境运输工具，不符合海关监管要求或者未向海关办理手续，擅自兼营或者改营境内运输的；

（九）由于不可抗力的原因，进出境船舶和航空器被迫在未设立海关的地点停泊、降落或者在境内抛掷、起卸货物、物品，无正当理由，不向附近海关报告的；

（十）未经海关许可，擅自将海关监管货物开拆、提取、交付、发运、调换、改装、抵押、质押、留置、转让、更换标记、移作他用或者进行其他处置的；

（十一）擅自开启或者损毁海关封志的；

（十二）经营海关监管货物的运输、储存、加工等业务，有关货物灭失或者有关记录不真实，不能提供正当理由的；

（十三）有违反海关监管规定的其他行为的。

第八十七条 海关准予从事有关业务的企业，违反本法有关规定的，由海关责令改正，可以给予警告，暂停其从事有关业务，直至撤销注册。

第八十八条 未向海关备案从事报关业务的，海关可以处以罚款。

第八十九条 报关企业非法代理他人报关的，由海关责令改正，处以罚款；情节严重的，禁止其从事报关活动。

报关人员非法代理他人报关的，由海关责令改正，处以罚款。

第九十条 进出口货物收发货人、报关企业向海关工作人员行贿的，由海关禁止其从事报关活动，并处以罚款；构成犯罪的，依法追究刑事责任。

报关人员向海关工作人员行贿的，处以罚款；构成犯罪的，依法追究刑事责任。

第九十一条 违反本法规定进出口侵犯中华人民共和国法律、行政法规保护的知识产权的货物的，由海关依法没收侵权货物，并处以罚款；构成犯罪的，依法追究刑事责任。

第九十二条 海关依法扣留的货物、物品、运输工具，在人民法院判决或者海关处罚决定作出之前，不得处理。但是，危险品或者鲜活、易腐、易失效等不宜长期保存的货物、物品以及所有人申请先行变卖的货物、物品、运输工具，经直属海关关长或者其授权的隶属海关关长批准，可以先行依法变卖，变卖所得价款由海关保存，并通知其所有人。

人民法院判决没收或者海关决定没收的走私货物、物品、违法所得、走私运输工具、特制设备，由海关依法统一处理，所得价款和海关决定处以的罚款，全部上缴中央国库。

第九十三条 当事人逾期不履行海关的处罚决定又不申请复议或者向人民法院提起诉讼的，作出处罚决定的海关可以将其保证金抵缴或者将其被扣留的货物、物品、运输工具依法变价抵缴，也可以申请人民法院强制执行。

第九十四条 海关在查验进出境货物、物品时，损坏被查验的货物、物品的，应当赔偿实际损失。

第九十五条 海关违法扣留货物、物品、运输工具，致使当事人的合法权益受到损失的，应当依法承担赔偿责任。

第九十六条 海关工作人员有本法第七十二条所列行为之一的，依法给予行政处分；有违法所得的，依法没收违法所得；构成犯罪的，依法追究刑事责任。

第九十七条 海关的财政收支违反法律、行政法规规定的，由审计机关以及有关部门依照法律、行政法规的规定作出处理；对直接负责的主管人员和其他直接责任人员，依法给予行政处分；构成犯罪的，依法追究刑事责任。

第九十八条 未按照本法规定为控告人、检举人、举报人保密的，对直接负责的主管人员和其他直接责任人员，由所在单位或者有关单位依法给予行政处分。

第九十九条 海关工作人员在调查处理违法案件时，未按照本法规定进行回避的，对直接负责的主管人员和其他直接责任人员，依法给予行政处分。

第九章 附 则

第一百条 本法下列用语的含义：

直属海关，是指直接由海关总署领导，负责管理一定区域范围内的海关业务的海关；隶属海关，是指由直属海关领导，负责办理具体海关业务的海关。

进出境运输工具，是指用以载运人员、货物、物品进出境的各种船舶、车辆、航空器和驮畜。

过境、转运和通运货物，是指由境外启运、通过中国境内继续运往境外的货物。其中，通过境内陆路运输的，称过境货物；在境内设立海关的地点换装运输工具，而不通过境内陆路运输的,称转运货物;由船舶、航空器载运进境并由原装运输工具载运出境的,称通运货物。

海关监管货物,是指本法第二十三条所列的进出口货物、过境、转运、通运货物,特定减免税货物,以及暂时进出口货物、保税货物和其他尚未办结海关手续的进出境货物。

保税货物,是指经海关批准未办理纳税手续进境,在境内储存、加工、装配后复运出境的货物。

海关监管区,是指设立海关的港口、车站、机场、国界孔道、国际邮件互换局(交换站)和其他有海关监管业务的场所,以及虽未设立海关,但是经国务院批准的进出境地点。

第一百零一条 经济特区等特定地区同境内其他地区之间往来的运输工具、货物、物品的监管办法,由国务院另行规定。

第一百零二条 本法自1987年7月1日起施行。1951年4月18日中央人民政府公布的《中华人民共和国暂行海关法》同时废止。

中华人民共和国进出口关税条例

- 2003年11月23日中华人民共和国国务院令第392号公布
- 根据2011年1月8日《国务院关于废止和修改部分行政法规的决定》第一次修订
- 根据2013年12月7日《国务院关于修改部分行政法规的决定》第二次修订
- 根据2016年2月6日《国务院关于修改部分行政法规的决定》第三次修订
- 根据2017年3月1日《国务院关于修改和废止部分行政法规的决定》第四次修订

第一章 总 则

第一条 为了贯彻对外开放政策,促进对外经济贸易和国民经济的发展,根据《中华人民共和国海关法》(以下简称《海关法》)的有关规定,制定本条例。

第二条 中华人民共和国准许进出口的货物、进境物品,除法律、行政法规另有规定外,海关依照本条例规定征收进出口关税。

第三条 国务院制定《中华人民共和国进出口税则》(以下简称《税则》)、《中华人民共和国进境物品进口税税率表》(以下简称《进境物品进口税税率表》),规定关税的税目、税则号列和税率,作为本条例的组成部分。

第四条 国务院设立关税税则委员会,负责《税则》和《进境物品进口税税率表》的税目、税则号列和税率的调整和解释,报国务院批准后执行;决定实行暂定税率的货物、税率和期限;决定关税配额税率;决定征收反倾销税、反补贴税、保障措施关税、报复性关税以及决定实施其他关税措施;决定特殊情况下税率的适用,以及履行国务院规定的其他职责。

第五条 进口货物的收货人、出口货物的发货人、进境物品的所有人,是关税的纳税义务人。

第六条 海关及其工作人员应当依照法定职权和法定程序履行关税征管职责,维护国家利益,保护纳税人合法权益,依法接受监督。

第七条 纳税义务人有权要求海关对其商业秘密予以保密,海关应当依法为纳税义务人保密。

第八条 海关对检举或者协助查获违反本条例行为的单位和个人,应当按照规定给予奖励,并负责保密。

第二章 进出口货物关税税率的设置和适用

第九条 进口关税设置最惠国税率、协定税率、特惠税率、普通税率、关税配额税率等税率。对进口货物在一定期限内可以实行暂定税率。

出口关税设置出口税率。对出口货物在一定期限内可以实行暂定税率。

第十条 原产于共同适用最惠国待遇条款的世界贸易组织成员的进口货物,原产于与中华人民共和国签订含有相互给予最惠国待遇条款的双边贸易协定的国家或者地区的进口货物,以及原产于中华人民共和国境内的进口货物,适用最惠国税率。

原产于与中华人民共和国签订含有关税优惠条款的区域性贸易协定的国家或者地区的进口货物,适用协定税率。

原产于与中华人民共和国签订含有特殊关税优惠条款的贸易协定的国家或者地区的进口货物,适用特惠税率。

原产于本条第一款、第二款和第三款所列以外国家或者地区的进口货物,以及原产地不明的进口货物,适用普通税率。

第十一条 适用最惠国税率的进口货物有暂定税率的,应当适用暂定税率;适用协定税率、特惠税率的进口货物有暂定税率的,应当从低适用税率;适用普通税率的进口货物,不适用暂定税率。

适用出口税率的出口货物有暂定税率的,应当适用暂定税率。

第十二条 按照国家规定实行关税配额管理的进口货物,关税配额内的,适用关税配额税率;关税配额外的,其税率的适用按照本条例第十条、第十一条的规定执行。

第十三条 按照有关法律、行政法规的规定对进口货物采取反倾销、反补贴、保障措施的,其税率的适用按照《中华人民共和国反倾销条例》、《中华人民共和国反补贴条例》和《中华人民共和国保障措施条例》的有关规定执行。

第十四条 任何国家或者地区违反与中华人民共和国签订或者共同参加的贸易协定及相关协定,对中华人民共和国在贸易方面采取禁止、限制、加征关税或者其他影响正常贸易的措施,对原产于该国家或者地区的进口货物可以征收报复性关税,适用报复性关税税率。

征收报复性关税的货物、适用国别、税率、期限和征收办法,由国务院关税税则委员会决定并公布。

第十五条 进出口货物,应当适用海关接受该货物申报进口或者出口之日实施的税率。

进口货物到达前,经海关核准先行申报的,应当适用装载该货物的运输工具申报进境之日实施的税率。

转关运输货物税率的适用日期,由海关总署另行规定。

第十六条 有下列情形之一,需缴纳税款的,应当适用海关接受申报办理纳税手续之日实施的税率:

(一)保税货物经批准不复运出境的;

(二)减免税货物经批准转让或者移作他用的;

(三)暂时进境货物经批准不复运出境,以及暂时出境货物经批准不复运进境的;

(四)租赁进口货物,分期缴纳税款的。

第十七条 补征和退还进出口货物关税,应当按照本条例第十五条或者第十六条的规定确定适用的税率。

因纳税义务人违反规定需要追征税款的,应当适用该行为发生之日实施的税率;行为发生之日不能确定的,适用海关发现该行为之日实施的税率。

第三章 进出口货物完税价格的确定

第十八条 进口货物的完税价格由海关以符合本条第三款所列条件的成交价格以及该货物运抵中华人民共和国境内输入地点起卸前的运输及其相关费用、保险费为基础审查确定。

进口货物的成交价格,是指卖方向中华人民共和国境内销售该货物时买方为进口该货物向卖方实付、应付的,并按照本条例第十九条、第二十条规定调整后的价款总额,包括直接支付的价款和间接支付的价款。

进口货物的成交价格应当符合下列条件:

(一)对买方处置或者使用该货物不予限制,但法律、行政法规规定实施的限制、对货物转售地域的限制和对货物价格无实质性影响的限制除外;

(二)该货物的成交价格没有因搭售或者其他因素的影响而无法确定;

(三)卖方不得从买方直接或者间接获得因该货物进口后转售、处置或者使用而产生的任何收益,或者虽有收益但能够按照本条例第十九条、第二十条的规定进行调整;

(四)买卖双方没有特殊关系,或者虽有特殊关系但未对成交价格产生影响。

第十九条 进口货物的下列费用应当计入完税价格:

(一)由买方负担的购货佣金以外的佣金和经纪费;

(二)由买方负担的在审查确定完税价格时与该货物视为一体的容器的费用;

(三)由买方负担的包装材料费用和包装劳务费用;

(四)与该货物的生产和向中华人民共和国境内销售有关的,由买方以免费或者以低于成本的方式提供并可以按适当比例分摊的料件、工具、模具、消耗材料及类似货物的价款,以及在境外开发、设计等相关服务的费用;

(五)作为该货物向中华人民共和国境内销售的条件,买方必须支付的、与该货物有关的特许权使用费;

(六)卖方直接或者间接从买方获得的该货物进口后转售、处置或者使用的收益。

第二十条 进口时在货物的价款中列明的下列税收、费用,不计入该货物的完税价格:

(一)厂房、机械、设备等货物进口后进行建设、安装、装配、维修和技术服务的费用;

(二)进口货物运抵境内输入地点起卸后的运输及其相关费用、保险费;

(三)进口关税及国内税收。

第二十一条 进口货物的成交价格不符合本条例第十八条第三款规定条件的,或者成交价格不能确定的,海关经了解有关情况,并与纳税义务人进行价格磋商后,依次以下列价格估定该货物的完税价格:

(一)与该货物同时或者大约同时向中华人民共和国境内销售的相同货物的成交价格;

(二)与该货物同时或者大约同时向中华人民共和国境内销售的类似货物的成交价格;

(三)与该货物进口的同时或者大约同时,将该进口货物、相同或者类似进口货物在第一级销售环节销售给

无特殊关系买方最大销售总量的单位价格,但应当扣除本条例第二十二条规定的项目;

(四)按照下列各项总和计算的价格:生产该货物所使用的料件成本和加工费用,向中华人民共和国境内销售同等级或者同种类货物通常的利润和一般费用、该货物运抵境内输入地点起卸前的运输及其相关费用、保险费;

(五)以合理方法估定的价格。

纳税义务人向海关提供有关资料后,可以提出申请,颠倒前款第(三)项和第(四)项的适用次序。

第二十二条 按照本条例第二十一条第一款第(三)项规定估定完税价格,应当扣除的项目是指:

(一)同等级或者同种类货物在中华人民共和国境内第一级销售环节销售时通常的利润和一般费用以及通常支付的佣金;

(二)进口货物运抵境内输入地点起卸后的运输及其相关费用、保险费;

(三)进口关税及国内税收。

第二十三条 以租赁方式进口的货物,以海关审查确定的该货物的租金作为完税价格。

纳税义务人要求一次性缴纳税款的,纳税义务人可以选择按照本条例第二十一条的规定估定完税价格,或者按照海关审查确定的租金总额作为完税价格。

第二十四条 运往境外加工的货物,出境时已向海关报明并在海关规定的期限内复运进境的,应当以境外加工费和料件费以及复运进境的运输及其相关费用和保险费审查确定完税价格。

第二十五条 运往境外修理的机械器具、运输工具或者其他货物,出境时已向海关报明并在海关规定的期限内复运进境的,应当以境外修理费和料件费审查确定完税价格。

第二十六条 出口货物的完税价格由海关以该货物的成交价格以及该货物运至中华人民共和国境内输出地点装载前的运输及其相关费用、保险费为基础审查确定。

出口货物的成交价格,是指该货物出口时卖方为出口该货物应当向买方直接收取和间接收取的价款总额。

出口关税不计入完税价格。

第二十七条 出口货物的成交价格不能确定的,海关经了解有关情况,并与纳税义务人进行价格磋商后,依次以下列价格估定该货物的完税价格:

(一)与该货物同时或者大约同时向同一国家或者地区出口的相同货物的成交价格;

(二)与该货物同时或者大约同时向同一国家或者地区出口的类似货物的成交价格;

(三)按照下列各项总和计算的价格:境内生产相同或者类似货物的料件成本、加工费用,通常的利润和一般费用,境内发生的运输及其相关费用、保险费;

(四)以合理方法估定的价格。

第二十八条 按照本条例规定计入或不计入完税价格的成本、费用、税收,应当以客观、可量化的数据为依据。

第四章 进出口货物关税的征收

第二十九条 进口货物的纳税义务人应当自运输工具申报进境之日起14日内,出口货物的纳税义务人除海关特准的外,应当在货物运抵海关监管区后、装货的24小时以前,向货物的进出境地海关申报。进出口货物转关运输的,按照海关总署的规定执行。

进口货物到达前,纳税义务人经海关核准可以先行申报。具体办法由海关总署另行规定。

第三十条 纳税义务人应当依法如实向海关申报,并按照海关的规定提供有关确定完税价格、进行商品归类、确定原产地以及采取反倾销、反补贴或者保障措施等所需的资料;必要时,海关可以要求纳税义务人补充申报。

第三十一条 纳税义务人应当按照《税则》规定的目录条文和归类总规则、类注、章注、子目注释以及其他归类注释,对其申报的进出口货物进行商品归类,并归入相应的税则号列;海关应当依法审核确定该货物的商品归类。

第三十二条 海关可以要求纳税义务人提供确定商品归类所需的有关资料;必要时,海关可以组织化验、检验,并将海关认定的化验、检验结果作为商品归类的依据。

第三十三条 海关为审查申报价格的真实性和准确性,可以查阅、复制与进出口货物有关的合同、发票、账册、结付汇凭证、单据、业务函电、录音录像制品和其他反映买卖双方关系及交易活动的资料。

海关对纳税义务人申报的价格有怀疑并且所涉关税数额较大的,经直属海关关长或者其授权的隶属海关关长批准,凭海关总署统一格式的协助查询账户通知书和有关工作人员的工作证件,可以查询纳税义务人在银行或者其他金融机构开立的单位账户的资金往来情况,并向银行业监督管理机构通报有关情况。

第三十四条 海关对纳税义务人申报的价格有怀疑

的,应当将怀疑的理由书面告知纳税义务人,要求其在规定的期限内书面作出说明、提供有关资料。

纳税义务人在规定的期限内未作说明、未提供有关资料的,或者海关仍有理由怀疑申报价格的真实性和准确性的,海关可以不接受纳税义务人申报的价格,并按照本条例第三章的规定估定完税价格。

第三十五条　海关审查确定进出口货物的完税价格后,纳税义务人可以以书面形式要求海关就如何确定其进出口货物的完税价格作出书面说明,海关应当向纳税义务人作出书面说明。

第三十六条　进出口货物关税,以从价计征、从量计征或者国家规定的其他方式征收。

从价计征的计算公式为:应纳税额＝完税价格×关税税率

从量计征的计算公式为:应纳税额＝货物数量×单位税额

第三十七条　纳税义务人应当自海关填发税款缴纳书之日起15日内向指定银行缴纳税款。纳税义务人未按期缴纳税款的,从滞纳税款之日起,按日加收滞纳税款万分之五的滞纳金。

海关可以对纳税义务人欠缴税款的情况予以公告。

海关征收关税、滞纳金等,应当制发缴款凭证,缴款凭证格式由海关总署规定。

第三十八条　海关征收关税、滞纳金等,应当按人民币计征。

进出口货物的成交价格以及有关费用以外币计价的,以中国人民银行公布的基准汇率折合为人民币计算完税价格;以基准汇率币种以外的外币计价的,按照国家有关规定套算为人民币计算完税价格。适用汇率的日期由海关总署规定。

第三十九条　纳税义务人因不可抗力或者在国家税收政策调整的情形下,不能按期缴纳税款的,经依法提供税款担保后,可以延期缴纳税款,但是最长不得超过6个月。

第四十条　进出口货物的纳税义务人在规定的纳税期限内有明显的转移、藏匿其应税货物以及其他财产迹象的,海关可以责令纳税义务人提供担保;纳税义务人不能提供担保的,海关可以按照《海关法》第六十一条的规定采取税收保全措施。

纳税义务人、担保人自缴纳税款期限届满之日起超过3个月仍未缴纳税款的,海关可以按照《海关法》第六十条的规定采取强制措施。

第四十一条　加工贸易的进口料件按照国家规定保税进口的,其制成品或者进口料件未在规定的期限内出口的,海关按照规定征收进口关税。

加工贸易的进口料件进境时按照国家规定征收进口关税的,其制成品或者进口料件在规定的期限内出口的,海关按照有关规定退还进境时已征收的关税税款。

第四十二条　暂时进境或者暂时出境的下列货物,在进境或者出境时纳税义务人向海关缴纳相当于应纳税款的保证金或者提供其他担保的,可以暂不缴纳关税,并应当自进境或者出境之日起6个月内复运出境或者复运进境;需要延长复运出境或者复运进境期限的,纳税义务人应当根据海关总署的规定向海关办理延期手续:

(一)在展览会、交易会、会议及类似活动中展示或者使用的货物;

(二)文化、体育交流活动中使用的表演、比赛用品;

(三)进行新闻报道或者摄制电影、电视节目使用的仪器、设备及用品;

(四)开展科研、教学、医疗活动使用的仪器、设备及用品;

(五)在本款第(一)项至第(四)项所列活动中使用的交通工具及特种车辆;

(六)货样;

(七)供安装、调试、检测设备时使用的仪器、工具;

(八)盛装货物的容器;

(九)其他用于非商业目的的货物。

第一款所列暂时进境货物在规定的期限内未复运出境的,或者暂时出境货物在规定的期限内未复运进境的,海关应当依法征收关税。

第一款所列可以暂时免征关税范围以外的其他暂时进境货物,应当按照该货物的完税价格和其在境内滞留时间与折旧时间的比例计算征收进口关税。具体办法由海关总署规定。

第四十三条　因品质或者规格原因,出口货物自出口之日起1年内原状复运进境的,不征收进口关税。

因品质或者规格原因,进口货物自进口之日起1年内原状复运出境的,不征收出口关税。

第四十四条　因残损、短少、品质不良或者规格不符原因,由进出口货物的发货人、承运人或者保险公司免费补偿或者更换的相同货物,进出口时不征收关税。被免费更换的原进口货物不退运出境或者原出口货物不退运进境的,海关应当对原进出口货物重新按照规定征收关税。

第四十五条 下列进出口货物,免征关税:

(一)关税税额在人民币50元以下的一票货物;

(二)无商业价值的广告品和货样;

(三)外国政府、国际组织无偿赠送的物资;

(四)在海关放行前损失的货物;

(五)进出境运输工具装载的途中必需的燃料、物料和饮食用品。

在海关放行前遭受损坏的货物,可以根据海关认定的受损程度减征关税。

法律规定的其他免征或者减征关税的货物,海关根据规定予以免征或者减征。

第四十六条 特定地区、特定企业或者有特定用途的进出口货物减征或者免征关税,以及临时减征或者免征关税,按照国务院的有关规定执行。

第四十七条 进口货物减征或者免征进口环节海关代征税,按照有关法律、行政法规的规定执行。

第四十八条 纳税义务人进出口减免税货物的,除另有规定外,应当在进出口该货物之前,按照规定持有关文件向海关办理减免税审批手续。经海关审查符合规定的,予以减征或者免征关税。

第四十九条 需由海关监管使用的减免税进口货物,在监管年限内转让或者移作他用需要补税的,海关应当根据该货物进口时间折旧估价,补征进口关税。

特定减免税进口货物的监管年限由海关总署规定。

第五十条 有下列情形之一的,纳税义务人自缴纳税款之日起1年内,可以申请退还关税,并应当以书面形式向海关说明理由,提供原缴款凭证及相关资料:

(一)已征进口关税的货物,因品质或者规格原因,原状退货复运出境的;

(二)已征出口关税的货物,因品质或者规格原因,原状退货复运进境,并已重新缴纳因出口而退还的国内环节有关税收的;

(三)已征出口关税的货物,因故未装运出口,申报退关的。

海关应当自受理退税申请之日起30日内查实并通知纳税义务人办理退还手续。纳税义务人应当自收到通知之日起3个月内办理有关退税手续。

按照其他有关法律、行政法规规定应当退还关税的,海关应当按照有关法律、行政法规的规定退税。

第五十一条 进出口货物放行后,海关发现少征或者漏征税款的,应当自缴纳税款或者货物放行之日起1年内,向纳税义务人补征税款。但因纳税义务人违反规定造成少征或者漏征税款的,海关可以自缴纳税款或者货物放行之日起3年内追征税款,并从缴纳税款或者货物放行之日起按日加收少征或者漏征税款万分之五的滞纳金。

海关发现海关监管货物因纳税义务人违反规定造成少征或者漏征税款的,应当自纳税义务人应缴纳税款之日起3年内追征税款,并从应缴纳税款之日起按日加收少征或者漏征税款万分之五的滞纳金。

第五十二条 海关发现多征税款的,应当立即通知纳税义务人办理退还手续。

纳税义务人发现多缴税款的,自缴纳税款之日起1年内,可以以书面形式要求海关退还多缴的税款并加算银行同期活期存款利息;海关应当自受理退税申请之日起30日内查实并通知纳税义务人办理退还手续。

纳税义务人应当自收到通知之日起3个月内办理有关退税手续。

第五十三条 按照本条例第五十条、第五十二条的规定退还税款、利息涉及从国库中退库的,按照法律、行政法规有关国库管理的规定执行。

第五十四条 报关企业接受纳税义务人的委托,以纳税义务人的名义办理报关纳税手续,因报关企业违反规定而造成海关少征、漏征税款的,报关企业对少征或者漏征的税款、滞纳金与纳税义务人承担纳税的连带责任。

报关企业接受纳税义务人的委托,以报关企业的名义办理报关纳税手续的,报关企业与纳税义务人承担纳税的连带责任。

除不可抗力外,在保管海关监管货物期间,海关监管货物损毁或者灭失的,对海关监管货物负有保管义务的人应当承担相应的纳税责任。

第五十五条 欠税的纳税义务人,有合并、分立情形的,在合并、分立前,应当向海关报告,依法缴清税款。纳税义务人合并时未缴清税款的,由合并后的法人或者其他组织继续履行未履行的纳税义务;纳税义务人分立时未缴清税款的,分立后的法人或者其他组织对未履行的纳税义务承担连带责任。

纳税义务人在减免税货物、保税货物监管期间,有合并、分立或者其他资产重组情形的,应当向海关报告。按照规定需要缴税的,应当依法缴清税款;按照规定可以继续享受减免税、保税待遇的,应当到海关办理变更纳税义务人的手续。

纳税义务人欠税或者在减免税货物、保税货物监管期间,有撤销、解散、破产或者其他依法终止经营情形的,应当在清算前向海关报告。海关应当依法对纳税义务人的应缴税款予以清缴。

第五章 进境物品进口税的征收

第五十六条 进境物品的关税以及进口环节海关代征税合并为进口税,由海关依法征收。

第五十七条 海关总署规定数额以内的个人自用进境物品,免征进口税。

超过海关总署规定数额但仍在合理数量以内的个人自用进境物品,由进境物品的纳税义务人在进境物品放行前按照规定缴纳进口税。

超过合理、自用数量的进境物品应当按照进口货物依法办理相关手续。

国务院关税税则委员会规定按货物征税的进境物品,按照本条例第二章至第四章的规定征收关税。

第五十八条 进境物品的纳税义务人是指,携带物品进境的入境人员、进境邮递物品的收件人以及以其他方式进口物品的收件人。

第五十九条 进境物品的纳税义务人可以自行办理纳税手续,也可以委托他人办理纳税手续。接受委托的人应当遵守本章对纳税义务人的各项规定。

第六十条 进口税从价计征。

进口税的计算公式为:进口税税额=完税价格×进口税税率

第六十一条 海关应当按照《进境物品进口税税率表》及海关总署制定的《中华人民共和国进境物品归类表》、《中华人民共和国进境物品完税价格表》对进境物品进行归类、确定完税价格和确定适用税率。

第六十二条 进境物品,适用海关填发税款缴款书之日实施的税率和完税价格。

第六十三条 进口税的减征、免征、补征、追征、退还以及对暂准进境物品征收进口税参照本条例对货物征收进口关税的有关规定执行。

第六章 附 则

第六十四条 纳税义务人、担保人对海关确定纳税义务人、确定完税价格、商品归类、确定原产地、适用税率或者汇率、减征或者免征税款、补税、退税、征收滞纳金、确定计征方式以及确定纳税地点有异议的,应当缴纳税款,并可以依法向上一级海关申请复议。对复议决定不服的,可以依法向人民法院提起诉讼。

第六十五条 进口环节海关代征税的征收管理,适用关税征收管理的规定。

第六十六条 有违反本条例规定行为的,按照《海关法》、《中华人民共和国海关行政处罚实施条例》和其他有关法律、行政法规的规定处罚。

第六十七条 本条例自2004年1月1日起施行。1992年3月18日国务院修订发布的《中华人民共和国进出口关税条例》同时废止。

中华人民共和国海关进出口货物征税管理办法

- 2005年1月4日海关总署令第124号公布
- 根据2010年11月26日《海关总署关于修改部分规章的决定》第一次修正
- 根据2014年3月13日《海关总署关于修改部分规章的决定》第二次修正
- 根据2017年12月20日《海关总署关于修改部分规章的决定》第三次修正
- 根据2018年5月29日《海关总署关于修改部分规章的决定》第四次修正

第一章 总 则

第一条 为了保证国家税收政策的贯彻实施,加强海关税收管理,确保依法征税,保障国家税收,维护纳税义务人的合法权益,根据《中华人民共和国海关法》(以下简称《海关法》)、《中华人民共和国进出口关税条例》(以下简称《关税条例》)以及其他有关法律、行政法规的规定,制定本办法。

第二条 海关征税工作,应当遵循准确归类、正确估价、依率计征、依法减免、严肃退补、及时入库的原则。

第三条 进出口关税、进口环节海关代征税的征收管理适用本办法。

进境物品进口税和船舶吨税的征收管理按照有关法律、行政法规和部门规章的规定执行,有关法律、行政法规、部门规章未作规定的,适用本办法。

第四条 海关应当按照国家有关规定承担保密义务,妥善保管纳税义务人提供的涉及商业秘密的资料,除法律、行政法规另有规定外,不得对外提供。

纳税义务人可以书面向海关提出为其保守商业秘密的要求,并且具体列明需要保密的内容,但不得以商业秘密为理由拒绝向海关提供有关资料。

第二章 进出口货物税款的征收

第一节 申报与审核

第五条 纳税义务人进出口货物时应当依法向海关办理申报手续,按照规定提交有关单证。海关认为必要时，纳税义务人还应当提供确定商品归类、完税价格、原产地等所需的相关资料。提供的资料为外文的，海关需要时，纳税义务人应当提供中文译文并且对译文内容负责。

进出口减免税货物的，纳税义务人还应当提交主管海关签发的《进出口货物征免税证明》（以下简称《征免税证明》），但本办法第七十条所列减免税货物除外。

第六条 纳税义务人应当按照法律、行政法规和海关规章关于商品归类、审定完税价格和原产地管理的有关规定，如实申报进出口货物的商品名称、税则号列（商品编号）、规格型号、价格、运保费及其他相关费用、原产地、数量等。

第七条 为审核确定进出口货物的商品归类、完税价格、原产地等，海关可以要求纳税义务人按照有关规定进行补充申报。纳税义务人认为必要时，也可以主动要求进行补充申报。

第八条 海关应当按照法律、行政法规和海关规章的规定，对纳税义务人申报的进出口货物商品名称、规格型号、税则号列、原产地、价格、成交条件、数量等进行审核。

海关可以根据口岸通关和货物进出口的具体情况，在货物通关环节仅对申报内容作程序性审核，在货物放行后再进行申报价格、商品归类、原产地等是否真实、正确的实质性核查。

第九条 海关为审核确定进出口货物的商品归类、完税价格及原产地等，可以对进出口货物进行查验，组织化验、检验或者对相关企业进行核查。

经审核，海关发现纳税义务人申报的进出口货物税则号列有误的，应当按照商品归类的有关规则和规定予以重新确定。

经审核，海关发现纳税义务人申报的进出口货物价格不符合成交价格条件，或者成交价格不能确定的，应当按照审定进出口货物完税价格的有关规定另行估价。

经审核，海关发现纳税义务人申报的进出口货物原产地有误的，应当通过审核纳税义务人提供的原产地证明、对货物进行实际查验或者审核其他相关单证等方法，按照海关原产地管理的有关规定予以确定。

经审核，海关发现纳税义务人提交的减免税申请或者所申报的内容不符合有关减免税规定的，应当按照规定计征税款。

纳税义务人违反海关规定，涉嫌伪报、瞒报的，应当按照规定移交海关调查或者缉私部门处理。

第十条 纳税义务人在货物实际进出口前，可以按照有关规定向海关申请对进出口货物进行商品预归类、价格预审核或者原产地预确定。海关审核确定后，应当书面通知纳税义务人，并且在货物实际进出口时予以认可。

第二节 税款的征收

第十一条 海关应当根据进出口货物的税则号列、完税价格、原产地、适用的税率和汇率计征税款。

第十二条 海关应当按照《关税条例》有关适用最惠国税率、协定税率、特惠税率、普通税率、出口税率、关税配额税率或者暂定税率，以及实施反倾销措施、反补贴措施、保障措施或者征收报复性关税等适用税率的规定，确定进出口货物适用的税率。

第十三条 进出口货物，应当适用海关接受该货物申报进口或者出口之日实施的税率。

进口货物到达前，经海关核准先行申报的，应当适用装载该货物的运输工具申报进境之日实施的税率。

进口转关运输货物，应当适用指运地海关接受该货物申报进口之日实施的税率；货物运抵指运地前，经海关核准先行申报的，应当适用装载该货物的运输工具抵达指运地之日实施的税率。

出口转关运输货物，应当适用启运地海关接受该货物申报出口之日实施的税率。

经海关批准，实行集中申报的进出口货物，应当适用每次货物进出口时海关接受该货物申报之日实施的税率。

因超过规定期限未申报而由海关依法变卖的进口货物，其税款计征应当适用装载该货物的运输工具申报进境之日实施的税率。

因纳税义务人违反规定需要追征税款的进出口货物，应当适用违反规定的行为发生之日实施的税率；行为发生之日不能确定的，适用海关发现该行为之日实施的税率。

第十四条 已申报进境并且放行的保税货物、减免税货物、租赁货物或者已申报进出境并且放行的暂时进出境货物，有下列情形之一需缴纳税款的，应当适用海关接受纳税义务人再次填写报关单申报办理纳税及有关手续之日实施的税率：

（一）保税货物经批准不复运出境的；

（二）保税仓储货物转入国内市场销售的；

（三）减免税货物经批准转让或者移作他用的；

（四）可以暂不缴纳税款的暂时进出境货物，不复运出境或者进境的；

（五）租赁进口货物，分期缴纳税款的。

第十五条 补征或者退还进出口货物税款，应当按照本办法第十三条和第十四条的规定确定适用的税率。

第十六条 进出口货物的价格及有关费用以外币计价的，海关按照该货物适用税率之日所适用的计征汇率折合为人民币计算完税价格。完税价格采用四舍五入法计算至分。

海关每月使用的计征汇率为上一个月第三个星期三（第三个星期三为法定节假日的，顺延采用第四个星期三）中国人民银行公布的外币对人民币的基准汇率；以基准汇率币种以外的外币计价的，采用同一时间中国银行公布的现汇买入价和现汇卖出价的中间值（人民币元后采用四舍五入法保留4位小数）。如果上述汇率发生重大波动，海关总署认为必要时，可以另行规定计征汇率，并且对外公布。

第十七条 海关应当按照《关税条例》的规定，以从价、从量或者国家规定的其他方式对进出口货物征收关税。

海关应当按照有关法律、行政法规规定的适用税种、税目、税率和计算公式对进口货物计征进口环节海关代征税。

除另有规定外，关税和进口环节海关代征税按照下述计算公式计征：

从价计征关税的计算公式为：应纳税额＝完税价格×关税税率

从量计征关税的计算公式为：应纳税额＝货物数量×单位关税税额

计征进口环节增值税的计算公式为：应纳税额＝（完税价格＋实征关税税额＋实征消费税税额）×增值税税率

从价计征进口环节消费税的计算公式为：应纳税额＝〔（完税价格＋实征关税税额）/（1－消费税税率）〕×消费税税率

从量计征进口环节消费税的计算公式为：应纳税额＝货物数量×单位消费税税额

第十八条 除另有规定外，海关应当在货物实际进境，并且完成海关现场接单审核工作之后及时填发税款缴款书。需要通过对货物进行查验确定商品归类、完税价格、原产地的，应当在查验核实之后填发或者更改税款缴款书。

纳税义务人收到税款缴款书后应当办理签收手续。

第十九条 海关税款缴款书一式六联，第一联（收据）由银行收款签章后交缴款单位或者纳税义务人；第二联（付款凭证）由缴款单位开户银行作为付出凭证；第三联（收款凭证）由收款国库作为收入凭证；第四联（回执）由国库盖章后退回海关财务部门；第五联（报查）国库收款后，关税专用缴款书退回海关，海关代征税专用缴款书送当地税务机关；第六联（存根）由填发单位存查。

第二十条 纳税义务人应当自海关填发税款缴款书之日起15日内向指定银行缴纳税款。逾期缴纳税款的，由海关自缴款期限届满之日至缴清税款之日止，按日加收滞纳税款万分之五的滞纳金。纳税义务人应当自海关填发滞纳金缴款书之日起15日内向指定银行缴纳滞纳金。滞纳金缴款书的格式与税款缴款书相同。

缴款期限届满日遇星期六、星期日等休息日或者法定节假日的，应当顺延至休息日或者法定节假日之后的第一个工作日。国务院临时调整休息日与工作日的，海关应当按照调整后的情况计算缴款期限。

第二十一条 关税、进口环节海关代征税、滞纳金等，应当按人民币计征，采用四舍五入法计算至分。

滞纳金的起征点为50元。

第二十二条 银行收讫税款日为纳税义务人缴清税款之日。纳税义务人向银行缴纳税款后，应当及时将盖有证明银行已收讫税款的业务印章的税款缴款书送交填发海关验核，海关据此办理核注手续。

海关发现银行未按照规定及时将税款足额划转国库的，应当将有关情况通知国库。

第二十三条 纳税义务人缴纳税款前不慎遗失税款缴款书的，可以向填发海关提出补发税款缴款书的书面申请。海关应当自接到纳税义务人的申请之日起2个工作日内审核确认并且重新予以补发。海关补发的税款缴款书内容应当与原税款缴款书完全一致。

纳税义务人缴纳税款后遗失税款缴款书的，可以自缴纳税款之日起1年内向填发海关提出确认其已缴清税款的书面申请，海关经审查核实后，应当予以确认，但不再补发税款缴款书。

第二十四条 纳税义务人因不可抗力或者国家税收政策调整不能按期缴纳税款的，依法提供税款担保后，可以向海关办理延期缴纳税款手续。

第二十五条 散装进出口货物发生溢短装的，按照以下规定办理：

（一）溢装数量在合同、发票标明数量3%以内的，或者短装的，海关应当根据审定的货物单价，按照合同、发票标明数量计征税款。

（二）溢装数量超过合同、发票标明数量3%的，海关应当根据审定的货物单价，按照实际进出口数量计征税款。

第二十六条 纳税义务人、担保人自缴款期限届满之日起超过3个月仍未缴纳税款或者滞纳金的，海关可以按照《海关法》第六十条的规定采取强制措施。

纳税义务人在规定的缴纳税款期限内有明显的转移、藏匿其应税货物以及其他财产迹象的，海关可以责令纳税义务人向海关提供税款担保。纳税义务人不能提供税款担保的，海关可以按照《海关法》第六十一条的规定采取税收保全措施。

采取强制措施和税收保全措施的具体办法另行规定。

第三章 特殊进出口货物税款的征收

第一节 无代价抵偿货物

第二十七条 进口无代价抵偿货物，不征收进口关税和进口环节海关代征税；出口无代价抵偿货物，不征收出口关税。

前款所称无代价抵偿货物是指进出口货物在海关放行后，因残损、短少、品质不良或者规格不符原因，由进出口货物的发货人、承运人或者保险公司免费补偿或者更换的与原货物相同或者与合同规定相符的货物。

第二十八条 纳税义务人应当在原进出口合同规定的索赔期内且不超过原货物进出口之日起3年，向海关申报办理无代价抵偿货物的进出口手续。

第二十九条 纳税义务人申报进口无代价抵偿货物，应当提交买卖双方签订的索赔协议。

海关认为需要时，纳税义务人还应当提交具有资质的商品检验机构出具的原进口货物残损、短少、品质不良或者规格不符的检验证明书或者其他有关证明文件。

第三十条 纳税义务人申报出口无代价抵偿货物，应当提交买卖双方签订的索赔协议。

海关认为需要时，纳税义务人还应当提交具有资质的商品检验机构出具的原出口货物残损、短少、品质不良或者规格不符的检验证明书或者其他有关证明文件。

第三十一条 纳税义务人申报进出口的无代价抵偿货物，与退运出境或者退运进境的原货物不完全相同或者与合同规定不完全相符的，应当向海关说明原因。

海关经审核认为理由正当，且其税则号列未发生改变的，应当按照审定进出口货物完税价格的有关规定和原进出口货物适用的计征汇率、税率，审核确定其完税价格、计算应征税款。应征税款高于原进出口货物已征税款的，应当补征税款的差额部分。应征税款低于原进出口货物已征税款，且原进出口货物的发货人、承运人或者保险公司同时补偿货款的，海关应当退还补偿货款部分的相应税款；未补偿货款的，税款的差额部分不予退还。

纳税义务人申报进出口的免费补偿或者更换的货物，其税则号列与原货物的税则号列不一致的，不适用无代价抵偿货物的有关规定，海关应当按照一般进出口货物的有关规定征收税款。

第三十二条 纳税义务人申报进出口无代价抵偿货物，被更换的原进口货物不退运出境且不放弃交由海关处理的，或者被更换的原出口货物不退运进境的，海关应当按照接受无代价抵偿货物申报进出口之日适用的税率、计征汇率和有关规定对原进出口货物重新估价征税。

第三十三条 被更换的原进口货物退运出境时不征收出口关税。

被更换的原出口货物退运进境时不征收进口关税和进口环节海关代征税。

第二节 租赁进口货物

第三十四条 纳税义务人进口租赁货物，除另有规定外，应当向其所在地海关办理申报进口及申报纳税手续。

纳税义务人申报进口租赁货物，应当向海关提交租赁合同及其他有关文件。海关认为必要时，纳税义务人应当提供税款担保。

第三十五条 租赁进口货物自进境之日起至租赁结束办结海关手续之日止，应当接受海关监管。

一次性支付租金的，纳税义务人应当在申报租赁货物进口时办理纳税手续，缴纳税款。

分期支付租金的，纳税义务人应当在申报租赁货物进口时，按照第一期应当支付的租金办理纳税手续，缴纳相应税款；在其后分期支付租金时，纳税义务人向海关申报办理纳税手续应当不迟于每次支付租金后的第15日。纳税义务人未在规定期限内申报纳税的，海关按照纳税义务人每次支付租金后第15日该货物适用的税率、计征汇率征收相应税款，并且自本款规定的申报办理纳税手续期限届满之日起至纳税义务人申报纳税之日止按日加收应缴纳税款万分之五的滞纳金。

第三十六条 海关应当对租赁进口货物进行跟踪管理，督促纳税义务人按期向海关申报纳税，确保税款及时足额入库。

第三十七条 纳税义务人应当自租赁进口货物租期

届满之日起30日内,向海关申请办结监管手续,将租赁进口货物复运出境。需留购、续租租赁进口货物的,纳税义务人向海关申报办理相关手续应当不迟于租赁进口货物租期届满后的第30日。

海关对留购的租赁进口货物,按照审定进口货物完税价格的有关规定和海关接受申报办理留购的相关手续之日该货物适用的计征汇率、税率,审核确定其完税价格、计征应缴纳的税款。

续租租赁进口货物的,纳税义务人应当向海关提交续租合同,并且按照本办法第三十四条和第三十五条的有关规定办理申报纳税手续。

第三十八条 纳税义务人未在本办法第三十七条第一款规定的期限内向海关申报办理留购租赁进口货物的相关手续的,海关除按照审定进口货物完税价格的有关规定和租期届满后第30日该货物适用的计征汇率、税率,审核确定其完税价格、计征应缴纳的税款外,还应当自租赁期限届满后30日起至纳税义务人申报纳税之日止按日加收应缴纳税款万分之五的滞纳金。

纳税义务人未在本办法第三十七条第一款规定的期限内向海关申报办理续租租赁进口货物的相关手续的,海关除按照本办法第三十五条的规定征收续租租赁进口货物应缴纳的税款外,还应当自租赁期限届满后30日起至纳税义务人申报纳税之日止按日加收应缴纳税款万分之五的滞纳金。

第三十九条 租赁进口货物租赁期未满终止租赁的,其租期届满之日为租赁终止日。

第三节 暂时进出境货物

第四十条 暂时进境或者暂时出境的货物,海关按照有关规定实施管理。

第四十一条 《关税条例》第四十二条第一款所列的暂时进出境货物,在海关规定期限内,可以暂不缴纳税款。

前款所述暂时进出境货物在规定期限届满后不再复运出境或者复运进境的,纳税义务人应当在规定期限届满前向海关申报办理进出口及纳税手续。海关按照有关规定征收税款。

第四十二条 《关税条例》第四十二条第一款所列范围以外的其他暂时进出境货物,海关按照审定进出口货物完税价格的有关规定和海关接受该货物申报进出境之日适用的计征汇率、税率,审核确定其完税价格、按月征收税款,或者在规定期限内货物复运出境或者复运进境时征收税款。

计征税款的期限为60个月。不足一个月但超过15天的,按一个月计征;不超过15天的,免予计征。计征税款的期限自货物放行之日起计算。

按月征收税款的计算公式为:

每月关税税额=关税总额×(1/60)

每月进口环节代征税税额=进口环节代征税总额×(1/60)

本条第一款所述暂时进出境货物在规定期限届满后不再复运出境或者复运进境的,纳税义务人应当在规定期限届满前向海关申报办理进出口及纳税手续,缴纳剩余税款。

第四十三条 暂时进出境货物未在规定期限内复运出境或者复运进境,且纳税义务人未在规定期限届满前向海关申报办理进出口及纳税手续的,海关除按照规定征收应缴纳的税款外,还应当自规定期限届满之日起至纳税义务人申报纳税之日止按日加收应缴纳税款万分之五的滞纳金。

第四十四条 本办法第四十一条至第四十三条中所称"规定期限"均包括暂时进出境货物延长复运出境或者复运进境的期限。

第四节 进出境修理货物和出境加工货物

第四十五条 纳税义务人在办理进境修理货物的进口申报手续时,应当向海关提交该货物的维修合同(或者含有保修条款的原出口合同),并且向海关提供进口税款担保或者由海关按照保税货物实施管理。进境修理货物应当在海关规定的期限内复运出境。

进境修理货物需要进口原材料、零部件的,纳税义务人在办理原材料、零部件进口申报手续时,应当向海关提供进口税款担保或者由海关按照保税货物实施管理。进口原材料、零部件只限用于进境修理货物的修理,修理剩余的原材料、零部件应当随进境修理货物一同复运出境。

第四十六条 进境修理货物及剩余进境原材料、零部件复运出境的,海关应当办理修理货物及原材料、零部件进境时纳税义务人提供的税款担保的退还手续;海关按照保税货物实施管理的,按照有关保税货物的管理规定办理。

因正当理由不能在海关规定期限内将进境修理货物复运出境的,纳税义务人应当在规定期限届满前向海关说明情况,申请延期复运出境。

第四十七条 进境修理货物未在海关允许期限(包括延长期,下同)内复运出境的,海关对其按照一般进出口货物的征税管理规定实施管理,将该货物进境时纳税义务人提供的税款担保转为税款。

第四十八条 纳税义务人在办理出境修理货物的出口申报手续时,应当向海关提交该货物的维修合同(或者含有保修条款的原进口合同)。出境修理货物应当在海关规定的期限内复运进境。

第四十九条 纳税义务人在办理出境修理货物复运进境的进口申报手续时,应当向海关提交该货物的维修发票等相关单证。

海关按照审定进口货物完税价格的有关规定和海关接受该货物申报复运进境之日适用的计征汇率、税率,审核确定其完税价格、计征进口税款。

因正当理由不能在海关规定期限内将出境修理货物复运进境的,纳税义务人应当在规定期限届满前向海关说明情况,申请延期复运进境。

第五十条 出境修理货物超过海关允许期限复运进境的,海关对其按照一般进口货物的征税管理规定征收进口税款。

第五十一条 纳税义务人在办理出境加工货物的出口申报手续时,应当向海关提交该货物的委托加工合同;出境加工货物属于征收出口关税的商品的,纳税义务人应当向海关提供出口税款担保。出境加工货物应当在海关规定的期限内复运进境。

第五十二条 纳税义务人在办理出境加工货物复运进境的进口申报手续时,应当向海关提交该货物的加工发票等相关单证。

海关按照审定进口货物完税价格的有关规定和海关接受该货物申报复运进境之日适用的计征汇率、税率,审核确定其完税价格、计征进口税款,同时办理解除该货物出境时纳税义务人提供税款担保的相关手续。

因正当理由不能在海关规定期限内将出境加工货物复运进境的,纳税义务人应当在规定期限届满前向海关说明情况,申请延期复运进境。

第五十三条 出境加工货物未在海关允许期限内复运进境的,海关对其按照一般进口货物的征税管理规定实施管理,将该货物出境时纳税义务人提供的税款担保转为税款;出境加工货物复运进境时,海关按照一般进口货物的征税管理规定征收进口税款。

第五十四条 本办法第四十五条至第五十三条中所称"海关规定期限"和"海关允许期限",由海关根据进出境修理货物、出境加工货物的有关合同规定以及具体实际情况予以确定。

第五节 退运货物

第五十五条 因品质或者规格原因,出口货物自出口放行之日起1年内原状退货复运进境的,纳税义务人在办理进口申报手续时,应当按照规定提交有关单证和证明文件。经海关确认后,对复运进境的原出口货物不予征收进口关税和进口环节海关代征税。

第五十六条 因品质或者规格原因,进口货物自进口放行之日起1年内原状退货复运出境的,纳税义务人在办理出口申报手续时,应当按照规定提交有关单证和证明文件。经海关确认后,对复运出境的原进口货物不予征收出口关税。

第四章 进出口货物税款的退还与补征

第五十七条 海关发现多征税款的,应当立即通知纳税义务人办理退税手续。纳税义务人应当自收到海关通知之日起3个月内办理有关退税手续。

第五十八条 纳税义务人发现多缴纳税款的,自缴纳税款之日起1年内,可以向海关申请退还多缴的税款并且加算银行同期活期存款利息。

纳税义务人向海关申请退还税款及利息时,应当提交下列材料:

(一)《退税申请书》;

(二)可以证明应予退税的材料。

第五十九条 已缴纳税款的进口货物,因品质或者规格原因原状退货复运出境的,纳税义务人自缴纳税款之日起1年内,可以向海关申请退税。

纳税义务人向海关申请退税时,应当提交下列材料:

(一)《退税申请书》;

(二)收发货人双方关于退货的协议。

第六十条 已缴纳出口关税的出口货物,因品质或者规格原因原状退货复运进境,并且已重新缴纳因出口而退还的国内环节有关税收的,纳税义务人自缴纳税款之日起1年内,可以向海关申请退税。

纳税义务人向海关申请退税时,应当提交下列材料:

(一)《退税申请书》;

(二)收发货人双方关于退货的协议和税务机关重新征收国内环节税的证明。

第六十一条 已缴纳出口关税的货物,因故未装运出口申报退关的,纳税义务人自缴纳税款之日起1年内,可以向海关申请退税,并提交《退税申请书》。

第六十二条 散装进出口货物发生短装并且已征税放行的,如果该货物的发货人、承运人或者保险公司已对短装部分退还或者赔偿相应货款,纳税义务人自缴纳税款之日起1年内,可以向海关申请退还进口或者出口短装部分的相应税款。

纳税义务人向海关申请退税时,应当提交下列材料:

(一)《退税申请书》;

(二)具有资质的商品检验机构出具的相关检验证明书;

(三)已经退款或者赔款的证明文件。

第六十三条 进出口货物因残损、品质不良、规格不符原因,或者发生本办法第六十二条规定以外的货物短少的情形,由进出口货物的发货人、承运人或者保险公司赔偿相应货款的,纳税义务人自缴纳税款之日起1年内,可以向海关申请退还赔偿货款部分的相应税款。

纳税义务人向海关申请退税时,应当提交下列材料:

(一)《退税申请书》;

(二)已经赔偿货款的证明文件。

第六十四条 海关收到纳税义务人的退税申请后应当进行审核。纳税义务人提交的申请材料齐全且符合规定形式的,海关应当予以受理,并且以海关收到申请材料之日作为受理之日;纳税义务人提交的申请材料不全或者不符合规定形式的,海关应当在收到申请材料之日起5个工作日内一次告知纳税义务人需要补正的全部内容,并且以海关收到全部补正申请材料之日为海关受理退税申请之日。

纳税义务人按照本办法第五十九条、第六十条或者第六十四条的规定申请退税的,海关认为需要时,可以要求纳税义务人提供具有资质的商品检验机构出具的原进口或者出口货物品质不良、规格不符或者残损、短少的检验证明书或者其他有关证明文件。

海关应当自受理退税申请之日起30日内查实并且通知纳税义务人办理退税手续或者不予退税的决定。纳税义务人应当自收到海关准予退税的通知之日起3个月内办理有关退税手续。

第六十五条 海关办理退税手续时,应当填发收入退还书,并且按照以下规定办理:

(一)按照本办法第五十八条规定应当同时退还多征税款部分所产生的利息的,应退利息按照海关填发收入退还书之日中国人民银行规定的活期储蓄存款利息率计算。计算应退利息的期限自纳税义务人缴纳税款之日起至海关填发收入退还书之日止。

(二)进口环节增值税已予抵扣的,该项增值税不予退还,但国家另有规定的除外。

(三)已征收的滞纳金不予退还。

退还税款、利息涉及从国库中退库的,按照法律、行政法规有关国库管理的规定以及有关规章规定的具体实施办法执行。

第六十六条 进出口货物放行后,海关发现少征税款的,应当自缴纳税款之日起1年内,向纳税义务人补征税款;海关发现漏征税款的,应当自货物放行之日起1年内,向纳税义务人补征税款。

第六十七条 因纳税义务人违反规定造成少征税款的,海关应当自缴纳税款之日起3年内追征税款;因纳税义务人违反规定造成漏征税款的,海关应当自货物放行之日起3年内追征税款。海关除依法追征税款外,还应当自缴纳税款或者货物放行之日起至海关发现违规行为之日止按日加收少征或者漏征税款万分之五的滞纳金。

因纳税义务人违反规定造成海关监管货物少征或者漏征税款的,海关应当自纳税义务人应缴纳税款之日起3年内追征税款,并且自应缴纳税款之日起至海关发现违规行为之日止按日加收少征或者漏征税款万分之五的滞纳金。

前款所称"应缴纳税款之日"是指纳税义务人违反规定的行为发生之日;该行为发生之日不能确定的,应当以海关发现该行为之日作为应缴纳税款之日。

第六十八条 海关补征或者追征税款,应当制发《海关补征税款告知书》。纳税义务人应当自收到《海关补征税款告知书》之日起15日内到海关办理补缴税款的手续。

纳税义务人未在前款规定期限内办理补税手续的,海关应当在规定期限届满之日填发税款缴款书。

第六十九条 根据本办法第三十五条、第三十八条、第四十三条、第六十七条的有关规定,因纳税义务人违反规定需在征收税款的同时加收滞纳金的,如果纳税义务人未在规定的15天缴款期限内缴纳税款,海关依照本办法第二十条的规定另行加收自缴款期限届满之日起至缴清税款之日止滞纳税款的滞纳金。

第五章 进出口货物税款的减征与免征

第七十条 纳税义务人进出口减免税货物,应当在货物进出口前,按照规定凭有关文件向海关办理减免税审核确认手续。下列减免税进出口货物无需办理减免税审核确认手续:

(一)关税、进口环节增值税或者消费税税额在人民币50元以下的一票货物;

(二)无商业价值的广告品和货样;

（三）在海关放行前遭受损坏或者损失的货物；

（四）进出境运输工具装载的途中必需的燃料、物料和饮食用品；

（五）其他无需办理减免税审核确认手续的减征或者免征税款的货物。

第七十一条 对于本办法第七十条第（三）项所列货物，纳税义务人应当在申报时或者自海关放行货物之日起15日内书面向海关说明情况，提供相关证明材料。海关认为需要时，可以要求纳税义务人提供具有资质的商品检验机构出具的货物受损程度的检验证明书。海关根据实际受损程度予以减征或者免征税款。

第七十二条 除另有规定外，纳税义务人应当向其主管海关申请办理减免税审核确认手续。海关按照有关规定予以审核，并且签发《征免税证明》。

第七十三条 特定地区、特定企业或者有特定用途的特定减免税进口货物，应当接受海关监管。

特定减免税进口货物的监管年限为：

（一）船舶、飞机：8年；

（二）机动车辆：6年；

（三）其他货物：3年。

监管年限自货物进口放行之日起计算。

第七十四条 在特定减免税进口货物的监管年限内，纳税义务人应当自减免税货物放行之日起每年一次向主管海关报告减免税货物的状况；除经海关批准转让给其他享受同等税收优惠待遇的项目单位外，纳税义务人在补缴税款并且办理解除监管手续后，方可转让或者进行其他处置。

特定减免税进口货物监管年限届满时，自动解除海关监管。纳税义务人需要解除监管证明的，可以自监管年限届满之日起1年内，凭有关单证向海关申请领取解除监管证明。海关应当自接到纳税义务人的申请之日起20日内核实情况，并且填发解除监管证明。

第六章 进出口货物的税款担保

第七十五条 有下列情形之一，纳税义务人要求海关先放行货物的，应当按照海关初步确定的应缴税款向海关提供足额税款担保：

（一）海关尚未确定商品归类、完税价格、原产地等征税要件的；

（二）正在海关办理减免税审核确认手续的；

（三）正在海关办理延期缴纳税款手续的；

（四）暂时进出境的；

（五）进境修理和出境加工的，按保税货物实施管理的除外；

（六）因残损、品质不良或者规格不符，纳税义务人申报进口或者出口无代价抵偿货物时，原进口货物尚未退运出境或者尚未放弃交由海关处理的，或者原出口货物尚未退运进境的；

（七）其他按照有关规定需要提供税款担保的。

第七十六条 除另有规定外，税款担保期限一般不超过6个月，特殊情况需要延期的，应当经主管海关核准。

税款担保一般应当为保证金、银行或者非银行金融机构的保函，但另有规定的除外。

银行或者非银行金融机构的税款保函，其保证方式应当是连带责任保证。税款保函明确规定保证期间的，保证期间应当不短于海关批准的担保期限。

第七十七条 在海关批准的担保期限内，纳税义务人履行纳税义务的，海关应当自纳税义务人履行纳税义务之日起5个工作日内办结解除税款担保的相关手续。

在海关批准的担保期限内，纳税义务人未履行纳税义务，对收取税款保证金的，海关应当自担保期限届满之日起5个工作日内完成保证金转为税款的相关手续；对银行或者非银行金融机构提供税款保函的，海关应当自担保期限届满之日起6个月内或者在税款保函规定的保证期间内要求担保人履行相应的纳税义务。

第七章 附 则

第七十八条 纳税义务人、担保人对海关确定纳税义务人、确定完税价格、商品归类、确定原产地、适用税率或者计征汇率、减征或者免征税款、补税、退税、征收滞纳金、确定计征方式以及确定纳税地点有异议的，应当按照海关作出的相关行政决定依法缴纳税款，并且可以依照《中华人民共和国行政复议法》和《中华人民共和国海关实施〈行政复议法〉办法》向上一级海关申请复议。对复议决定不服的，可以依法向人民法院提起诉讼。

第七十九条 违反本办法规定，构成违反海关监管规定行为、走私行为的，按照《海关法》、《中华人民共和国海关行政处罚实施条例》和其他有关法律、行政法规的规定处罚。构成犯罪的，依法追究刑事责任。

第八十条 保税货物和进出保税区、出口加工区、保税仓库及类似的保税监管场所的货物的税收管理，按照本办法规定执行。本办法未作规定的，按照有关法律、行政法规和海关规章的规定执行。

第八十一条 通过电子数据交换方式申报纳税和缴纳税款的管理办法，另行制定。

第八十二条 本办法所规定的文书由海关总署另行制定并且发布。

第八十三条 本办法由海关总署负责解释。

第八十四条 本办法自 2005 年 3 月 1 日起施行。1986 年 9 月 30 日由中华人民共和国海关总署发布的《海关征税管理办法》同时废止。

中华人民共和国海关税收保全和强制措施暂行办法

· 2009 年 8 月 19 日海关总署令第 184 号公布
· 自 2009 年 9 月 1 日起施行

第一条 为了规范海关实施税收保全和强制措施，保障国家税收，维护纳税义务人的合法权益，根据《中华人民共和国海关法》、《中华人民共和国进出口关税条例》，制定本办法。

第二条 海关实施税收保全和强制措施，适用本办法。

第三条 进出口货物的纳税义务人在规定的纳税期限内有明显的转移、藏匿其应税货物以及其他财产迹象的，海关应当制发《中华人民共和国海关责令提供担保通知书》，要求纳税义务人在海关规定的期限内提供海关认可的担保。

纳税义务人不能在海关规定的期限内按照海关要求提供担保的，经直属海关关长或者其授权的隶属海关关长批准，海关应当采取税收保全措施。

第四条 依照本办法第三条规定采取税收保全措施的，海关应当书面通知纳税义务人开户银行或者其他金融机构（以下统称金融机构）暂停支付纳税义务人相当于应纳税款的存款。

因无法查明纳税义务人账户、存款数额等情形不能实施暂停支付措施的，应当扣留纳税义务人价值相当于应纳税款的货物或者其他财产。

纳税义务人的货物或者其他财产本身不可分割，又没有其他财产可以扣留的，被扣留货物或者其他财产的价值可以高于应纳税款。

第五条 海关通知金融机构暂停支付纳税义务人存款的，应当向金融机构制发《中华人民共和国海关暂停支付通知书》，列明暂停支付的款项和期限。

海关确认金融机构已暂停支付相应款项的，应当向纳税义务人制发《中华人民共和国海关暂停支付告知书》。

第六条 纳税义务人在规定的纳税期限内缴纳税款的，海关应当向金融机构制发《中华人民共和国海关暂停支付解除通知书》，解除对纳税义务人相应存款实施的暂停支付措施。

本条第一款规定情形下，海关还应当向纳税义务人制发《中华人民共和国海关暂停支付解除告知书》。

第七条 纳税义务人自海关填发税款缴款书之日起 15 内未缴纳税款的，经直属海关关长或者其授权的隶属海关关长批准，海关应当向金融机构制发《中华人民共和国海关扣缴税款通知书》，通知其从暂停支付的款项中扣缴相应税款。

海关确认金融机构已扣缴税款的，应当向纳税义务人制发《中华人民共和国海关扣缴税款告知书》。

第八条 海关根据本办法第四条规定扣留纳税义务人价值相当于应纳税款的货物或者其他财产的，应当向纳税义务人制发《中华人民共和国海关扣留通知书》，并随附扣留清单。

扣留清单应当列明被扣留货物或者其他财产的品名、规格、数量、重量等，品名、规格、数量、重量等当场无法确定的，应当尽可能完整地描述其外在特征。扣留清单应当由纳税义务人或者其代理人、保管人确认，并签字或者盖章。

第九条 纳税义务人自海关填发税款缴款书之日起 15 日内缴纳税款的，海关应当解除扣留措施，并向纳税义务人制发《中华人民共和国海关解除扣留通知书》，随附发还清单，将有关货物、财产发还纳税义务人。

发还清单应当由纳税义务人或者其代理人确认，并签字或者盖章。

第十条 纳税义务人自海关填发税款缴款书之日起 15 内未缴纳税款的，海关应当向纳税义务人制发《中华人民共和国海关抵缴税款通知书》，依法变卖被扣留的货物或者其他财产，并以变卖所得抵缴税款。

本条第一款规定情形下，变卖所得不足以抵缴税款的，海关应当继续采取强制措施抵缴税款的差额部分；变卖所得抵缴税款及扣除相关费用后仍有余款的，应当发还纳税义务人。

第十一条 进出口货物的纳税义务人、担保人自规定的纳税期限届满之日起超过 3 个月未缴纳税款的，经直属海关关长或者其授权的隶属海关关长批准，海关可以依次采取下列强制措施：

（一）书面通知金融机构从其存款中扣缴税款；

（二）将应税货物依法变卖，以变卖所得抵缴税款；

（三）扣留并依法变卖其价值相当于应纳税款的货物或者其他财产，以变卖所得抵缴税款。

第十二条 有本办法第十一条规定情形，海关通知金融机构扣缴税款的,应当向金融机构制发《中华人民共和国海关扣缴税款通知书》,通知其从纳税义务人、担保人的存款中扣缴相应税款。

金融机构扣缴税款的,海关应当向纳税义务人、担保人制发《中华人民共和国海关扣缴税款告知书》。

第十三条 有本办法第十一条规定情形的,滞纳金按照自规定的纳税期限届满之日起至扣缴税款之日计征,并同时扣缴。

第十四条 有本办法第十一条规定情形,海关决定以应税货物、被扣留的价值相当于应纳税款的货物或者其他财产变卖抵缴税款的,应当向纳税义务人、担保人制发《中华人民共和国海关抵缴税款告知书》。

本条第一款规定情形下,变卖所得不足以抵缴税款的,海关应当继续采取强制措施抵缴税款的差额部分;变卖所得抵缴税款及扣除相关费用后仍有余款的,应当发还纳税义务人、担保人。

第十五条 依照本办法第八条、第十四条扣留货物或者其他财产的,海关应当妥善保管被扣留的货物或者其他财产,不得擅自使用或者损毁。

第十六条 无法采取税收保全措施、强制措施,或者依照本办法规定采取税收保全措施、强制措施仍无法足额征收税款的,海关应当依法向人民法院申请强制执行,并按照法院要求提交相关材料。

第十七条 依照本办法第八条、第十四条扣留货物或者其他财产的,实施扣留的海关工作人员不得少于2人,并且应当出示执法证件。

第十八条 纳税义务人、担保人对海关采取税收保全措施、强制措施不服的,可以依法申请行政复议或者提起行政诉讼。

第十九条 纳税义务人在规定的纳税期限内已缴纳税款,海关未解除税收保全措施,或者采取税收保全措施、强制措施不当,致使纳税义务人、担保人的合法权益受到损失的,海关应当承担赔偿责任。

第二十条 送达本办法所列法律文书,应当由纳税义务人或者其代理人、担保人、保管人等签字或者盖章;纳税义务人或者其代理人、担保人、保管人等拒绝签字、盖章的,海关工作人员应当在有关法律文书上注明,并且由见证人签字或者盖章。

第二十一条 海关工作人员未依法采取税收保全措施、强制措施,损害国家利益或者纳税义务人、担保人合法权益,造成严重后果的,依法给予处分。构成犯罪的,依法追究刑事责任。

第二十二条 纳税义务人、担保人抗拒、阻碍海关依法采取税收保全措施、强制措施的,移交地方公安机关依法处理。构成犯罪的,依法追究刑事责任。

第二十三条 本办法所列法律文书由海关总署另行制定并公布。

第二十四条 本办法由海关总署负责解释。

第二十五条 本办法自2009年9月1日起施行。

中华人民共和国海关审定进出口货物完税价格办法

·2013年12月25日海关总署令第213号公布
·自2014年2月1日起施行

第一章 总 则

第一条 为了正确审查确定进出口货物的完税价格,根据《中华人民共和国海关法》(以下简称《海关法》)、《中华人民共和国进出口关税条例》的规定,制定本办法。

第二条 海关审查确定进出口货物的完税价格,应当遵循客观、公平、统一的原则。

第三条 海关审查确定进出口货物的完税价格,适用本办法。

内销保税货物完税价格的确定,准许进口的进境旅客行李物品、个人邮递物品以及其他个人自用物品的完税价格的确定,涉嫌走私的进出口货物、物品的计税价格的核定,不适用本办法。

第四条 海关应当按照国家有关规定,妥善保管纳税义务人提供的涉及商业秘密的资料,除法律、行政法规另有规定外,不得对外提供。

纳税义务人可以书面向海关提出为其保守商业秘密的要求,并且具体列明需要保密的内容,但是不得以商业秘密为理由拒绝向海关提供有关资料。

第二章 进口货物的完税价格

第一节 进口货物完税价格确定方法

第五条 进口货物的完税价格,由海关以该货物的成交价格为基础审查确定,并且应当包括货物运抵中华人民共和国境内输入地点起卸前的运输及其相关费用、保险费。

第六条 进口货物的成交价格不符合本章第二节规定的,或者成交价格不能确定的,海关经了解有关情况,并且与纳税义务人进行价格磋商后,依次以下列方法审查确定该货物的完税价格:

(一)相同货物成交价格估价方法;

（二）类似货物成交价格估价方法；
（三）倒扣价格估价方法；
（四）计算价格估价方法；
（五）合理方法。

纳税义务人向海关提供有关资料后，可以提出申请，颠倒前款第三项和第四项的适用次序。

第二节 成交价格估价方法

第七条 进口货物的成交价格，是指卖方向中华人民共和国境内销售该货物时买方为进口该货物向卖方实付、应付的，并且按照本章第三节的规定调整后的价款总额，包括直接支付的价款和间接支付的价款。

第八条 进口货物的成交价格应当符合下列条件：

（一）对买方处置或者使用进口货物不予限制，但是法律、行政法规规定实施的限制、对货物销售地域的限制和对货物价格无实质性影响的限制除外；

（二）进口货物的价格不得受到使该货物成交价格无法确定的条件或者因素的影响；

（三）卖方不得直接或者间接获得因买方销售、处置或者使用进口货物而产生的任何收益，或者虽然有收益但是能够按照本办法第十一条第一款第四项的规定做出调整；

（四）买卖双方之间没有特殊关系，或者虽然有特殊关系但是按照本办法第十七条、第十八条的规定未对成交价格产生影响。

第九条 有下列情形之一的，应当视为对买方处置或者使用进口货物进行了限制：

（一）进口货物只能用于展示或者免费赠送的；

（二）进口货物只能销售给指定第三方的；

（三）进口货物加工为成品后只能销售给卖方或者指定第三方的；

（四）其他经海关审查，认定买方对进口货物的处置或者使用受到限制的。

第十条 有下列情形之一的，应当视为进口货物的价格受到了使该货物成交价格无法确定的条件或者因素的影响：

（一）进口货物的价格是以买方向卖方购买一定数量的其他货物为条件而确定的；

（二）进口货物的价格是以买方向卖方销售其他货物为条件而确定的；

（三）其他经海关审查，认定货物的价格受到使货物成交价格无法确定的条件或者因素影响的。

第三节 成交价格的调整项目

第十一条 以成交价格为基础审查确定进口货物的完税价格时，未包括在该货物实付、应付价格中的下列费用或者价值应当计入完税价格：

（一）由买方负担的下列费用：

1. 除购货佣金以外的佣金和经纪费；
2. 与该货物视为一体的容器费用；
3. 包装材料费用和包装劳务费用。

（二）与进口货物的生产和向中华人民共和国境内销售有关的，由买方以免费或者以低于成本的方式提供，并且可以按适当比例分摊的下列货物或者服务的价值：

1. 进口货物包含的材料、部件、零件和类似货物；
2. 在生产进口货物过程中使用的工具、模具和类似货物；
3. 在生产进口货物过程中消耗的材料；
4. 在境外进行的为生产进口货物所需的工程设计、技术研发、工艺及制图等相关服务。

（三）买方需向卖方或者有关方直接或者间接支付的特许权使用费，但是符合下列情形之一的除外：

1. 特许权使用费与该货物无关；
2. 特许权使用费的支付不构成该货物向中华人民共和国境内销售的条件。

（四）卖方直接或者间接从买方对该货物进口后销售、处置或者使用所得中获得的收益。

纳税义务人应当向海关提供本条所述费用或者价值的客观量化数据资料。纳税义务人不能提供的，海关与纳税义务人进行价格磋商后，按照本办法第六条列明的方法审查确定完税价格。

第十二条 在根据本办法第十一条第一款第二项确定应当计入进口货物完税价格的货物价值时，应当按照下列方法计算有关费用：

（一）由买方从与其无特殊关系的第三方购买的，应当计入的价值为购入价格；

（二）由买方自行生产或者从有特殊关系的第三方获得的，应当计入的价值为生产成本；

（三）由买方租赁获得的，应当计入的价值为买方承担的租赁成本；

（四）生产进口货物过程中使用的工具、模具和类似货物的价值，应当包括其工程设计、技术研发、工艺及制图等费用。

如果货物在被提供给卖方前已经被买方使用过，应当计入的价值为根据国内公认的会计原则对其进行折旧后的价值。

第十三条 符合下列条件之一的特许权使用费,应当视为与进口货物有关:

(一)特许权使用费是用于支付专利权或者专有技术使用权,且进口货物属于下列情形之一的:

1. 含有专利或者专有技术的;
2. 用专利方法或者专有技术生产的;
3. 为实施专利或者专有技术而专门设计或者制造的。

(二)特许权使用费是用于支付商标权,且进口货物属于下列情形之一的:

1. 附有商标的;
2. 进口后附上商标直接可以销售的;
3. 进口时已含有商标权,经过轻度加工后附上商标即可以销售的。

(三)特许权使用费是用于支付著作权,且进口货物属于下列情形之一的:

1. 含有软件、文字、乐曲、图片、图像或者其他类似内容的进口货物,包括磁带、磁盘、光盘或者其他类似载体的形式;
2. 含有其他享有著作权内容的进口货物。

(四)特许权使用费是用于支付分销权、销售权或者其他类似权利,且进口货物属于下列情形之一的:

1. 进口后可以直接销售的;
2. 经过轻度加工即可以销售的。

第十四条 买方不支付特许权使用费则不能购得进口货物,或者买方不支付特许权使用费则该货物不能以合同议定的条件成交的,应当视为特许权使用费的支付构成进口货物向中华人民共和国境内销售的条件。

第十五条 进口货物的价款中单独列明的下列税收、费用,不计入该货物的完税价格:

(一)厂房、机械或者设备等货物进口后发生的建设、安装、装配、维修或者技术援助费用,但是保修费用除外;

(二)进口货物运抵中华人民共和国境内输入地点起卸后发生的运输及其相关费用、保险费;

(三)进口关税、进口环节海关代征税及其他国内税;

(四)为在境内复制进口货物而支付的费用;

(五)境内外技术培训及境外考察费用。

同时符合下列条件的利息费用不计入完税价格:

(一)利息费用是买方为购买进口货物而融资所产生的;

(二)有书面的融资协议的;

(三)利息费用单独列明的;

(四)纳税义务人可以证明有关利率不高于在融资当时当地此类交易通常应当具有的利率水平,且没有融资安排的相同或者类似进口货物的价格与进口货物的实付、应付价格非常接近的。

第四节 特殊关系

第十六条 有下列情形之一的,应当认为买卖双方存在特殊关系:

(一)买卖双方为同一家族成员的;
(二)买卖双方互为商业上的高级职员或者董事的;
(三)一方直接或者间接地受另一方控制的;
(四)买卖双方都直接或者间接地受第三方控制的;
(五)买卖双方共同直接或者间接地控制第三方的;
(六)一方直接或者间接地拥有、控制或者持有对方5%以上(含5%)公开发行的有表决权的股票或者股份的;
(七)一方是另一方的雇员、高级职员或者董事的;
(八)买卖双方是同一合伙的成员的。

买卖双方在经营上相互有联系,一方是另一方的独家代理、独家经销或者独家受让人,如果符合前款的规定,也应当视为存在特殊关系。

第十七条 买卖双方之间存在特殊关系,但是纳税义务人能证明其成交价格与同时或者大约同时发生的下列任何一款价格相近的,应当视为特殊关系未对进口货物的成交价格产生影响:

(一)向境内无特殊关系的买方出售的相同或者类似进口货物的成交价格;

(二)按照本办法第二十三条的规定所确定的相同或者类似进口货物的完税价格;

(三)按照本办法第二十五条的规定所确定的相同或者类似进口货物的完税价格。

海关在使用上述价格进行比较时,应当考虑商业水平和进口数量的不同,以及买卖双方有无特殊关系造成的费用差异。

第十八条 海关经对与货物销售有关的情况进行审查,认为符合一般商业惯例的,可以确定特殊关系未对进口货物的成交价格产生影响。

第五节 除成交价格估价方法以外的其他估价方法

第十九条 相同货物成交价格估价方法,是指海关以与进口货物同时或者大约同时向中华人民共和国境内销售的相同货物的成交价格为基础,审查确定进口货物的完税价格的估价方法。

第二十条　类似货物成交价格估价方法,是指海关以与进口货物同时或者大约同时向中华人民共和国境内销售的类似货物的成交价格为基础,审查确定进口货物的完税价格的估价方法。

第二十一条　按照相同或者类似货物成交价格估价方法的规定审查确定进口货物的完税价格时,应当使用与该货物具有相同商业水平且进口数量基本一致的相同或者类似货物的成交价格。使用上述价格时,应当以客观量化的数据资料,对该货物与相同或者类似货物之间由于运输距离和运输方式不同而在成本和其他费用方面产生的差异进行调整。

在没有前款所述的相同或者类似货物的成交价格的情况下,可以使用不同商业水平或者不同进口数量的相同或者类似货物的成交价格。使用上述价格时,应当以客观量化的数据资料,对因商业水平、进口数量、运输距离和运输方式不同而在价格、成本和其他费用方面产生的差异做出调整。

第二十二条　按照相同或者类似货物成交价格估价方法审查确定进口货物的完税价格时,应当首先使用同一生产商生产的相同或者类似货物的成交价格。

没有同一生产商生产的相同或者类似货物的成交价格的,可以使用同一生产国或者地区其他生产商生产的相同或者类似货物的成交价格。

如果有多个相同或者类似货物的成交价格,应当以最低的成交价格为基础审查确定进口货物的完税价格。

第二十三条　倒扣价格估价方法,是指海关以进口货物、相同或者类似进口货物在境内的销售价格为基础,扣除境内发生的有关费用后,审查确定进口货物完税价格的估价方法。该销售价格应当同时符合下列条件:

(一)是在该货物进口的同时或者大约同时,将该货物、相同或者类似进口货物在境内销售的价格;

(二)是按照货物进口时的状态销售的价格;

(三)是在境内第一销售环节销售的价格;

(四)是向境内无特殊关系方销售的价格;

(五)按照该价格销售的货物合计销售总量最大。

第二十四条　按照倒扣价格估价方法审查确定进口货物完税价格的,下列各项应当扣除:

(一)同等级或者同种类货物在境内第一销售环节销售时,通常的利润和一般费用(包括直接费用和间接费用)以及通常支付的佣金;

(二)货物运抵境内输入地点起卸后的运输及其相关费用、保险费;

(三)进口关税、进口环节海关代征税及其他国内税。

如果该货物、相同或者类似货物没有按照进口时的状态在境内销售,应纳税义务人要求,可以在符合本办法第二十三条规定的其他条件的情形下,使用经进一步加工后的货物的销售价格审查确定完税价格,但是应当同时扣除加工增值额。

前款所述的加工增值额应当依据与加工成本有关的客观量化数据资料、该行业公认的标准、计算方法及其他的行业惯例计算。

按照本条的规定确定扣除的项目时,应当使用与国内公认的会计原则相一致的原则和方法。

第二十五条　计算价格估价方法,是指海关以下列各项的总和为基础,审查确定进口货物完税价格的估价方法:

(一)生产该货物所使用的料件成本和加工费用;

(二)向境内销售同等级或者同种类货物通常的利润和一般费用(包括直接费用和间接费用);

(三)该货物运抵境内输入地点起卸前的运输及相关费用、保险费。

按照前款的规定审查确定进口货物的完税价格时,海关在征得境外生产商同意并且提前通知有关国家或者地区政府后,可以在境外核实该企业提供的有关资料。

按照本条第一款的规定确定有关价值或者费用时,应当使用与生产国或者地区公认的会计原则相一致的原则和方法。

第二十六条　合理方法,是指当海关不能根据成交价格估价方法、相同货物成交价格估价方法、类似货物成交价格估价方法、倒扣价格估价方法和计算价格估价方法确定完税价格时,海关根据本办法第二条规定的原则,以客观量化的数据资料为基础审查确定进口货物完税价格的估价方法。

第二十七条　海关在采用合理方法确定进口货物的完税价格时,不得使用以下价格:

(一)境内生产的货物在境内的销售价格;

(二)可供选择的价格中较高的价格;

(三)货物在出口地市场的销售价格;

(四)以本办法第二十五条规定之外的价值或者费用计算的相同或者类似货物的价格;

(五)出口到第三国或者地区的货物的销售价格;

(六)最低限价或者武断、虚构的价格。

第三章 特殊进口货物的完税价格

第二十八条 运往境外修理的机械器具、运输工具或者其他货物，出境时已向海关报明，并且在海关规定的期限内复运进境的，应当以境外修理费和料件费为基础审查确定完税价格。

出境修理货物复运进境超过海关规定期限的，由海关按照本办法第二章的规定审查确定完税价格。

第二十九条 运往境外加工的货物，出境时已向海关报明，并且在海关规定期限内复运进境的，应当以境外加工费和料件费以及该货物复运进境的运输及其相关费用、保险费为基础审查确定完税价格。

出境加工货物复运进境超过海关规定期限的，由海关按照本办法第二章的规定审查确定完税价格。

第三十条 经海关批准的暂时进境货物，应当缴纳税款的，由海关按照本办法第二章的规定审查确定完税价格。经海关批准留购的暂时进境货物，以海关审查确定的留购价格作为完税价格。

第三十一条 租赁方式进口的货物，按照下列方法审查确定完税价格：

（一）以租金方式对外支付的租赁货物，在租赁期间以海关审查确定的租金作为完税价格，利息应当予以计入；

（二）留购的租赁货物以海关审查确定的留购价格作为完税价格；

（三）纳税义务人申请一次性缴纳税款的，可以选择申请按照本办法第六条列明的方法确定完税价格，或者按照海关审查确定的租金总额作为完税价格。

第三十二条 减税或者免税进口的货物应当补税时，应当以海关审查确定的该货物原进口时的价格，扣除折旧部分价值作为完税价格，其计算公式如下：

$$完税价格 = 海关审查确定的该货物原进口时的价格 \times \left(1 - \frac{补税时实际已进口的时间（月）}{监管年限 \times 12}\right)$$

上述计算公式中"补税时实际已进口的时间"按月计算，不足1个月但是超过15日的，按照1个月计算；不超过15日的，不予计算。

第三十三条 易货贸易、寄售、捐赠、赠送等不存在成交价格的进口货物，海关与纳税义务人进行价格磋商后，按照本办法第六条列明的方法审查确定完税价格。

第三十四条 进口载有专供数据处理设备用软件的介质，具有下列情形之一的，应当以介质本身的价值或者成本为基础审查确定完税价格：

（一）介质本身的价值或者成本与所载软件的价值分列；

（二）介质本身的价值或者成本与所载软件的价值虽未分列，但是纳税义务人能够提供介质本身的价值或者成本的证明文件，或者能提供所载软件价值的证明文件。

含有美术、摄影、声音、图像、影视、游戏、电子出版物的介质不适用前款规定。

第四章 进口货物完税价格中的运输及其相关费用、保险费的计算

第三十五条 进口货物的运输及其相关费用，应当按照由买方实际支付或者应当支付的费用计算。如果进口货物的运输及其相关费用无法确定的，海关应当按照该货物进口同期的正常运输成本审查确定。

运输工具作为进口货物，利用自身动力进境的，海关在审查确定完税价格时，不再另行计入运输及其相关费用。

第三十六条 进口货物的保险费，应当按照实际支付的费用计算。如果进口货物的保险费无法确定或者未实际发生，海关应当按照"货价加运费"两者总额的3‰计算保险费，其计算公式如下：

保险费 = （货价 + 运费） × 3‰

第三十七条 邮运进口的货物，应当以邮费作为运输及其相关费用、保险费。

第五章 出口货物的完税价格

第三十八条 出口货物的完税价格由海关以该货物的成交价格为基础审查确定，并且应当包括货物运至中华人民共和国境内输出地点装载前的运输及其相关费用、保险费。

第三十九条 出口货物的成交价格，是指该货物出口销售时，卖方为出口该货物应当向买方直接收取和间接收取的价款总额。

第四十条 下列税收、费用不计入出口货物的完税价格：

（一）出口关税；

（二）在货物价款中单独列明的货物运至中华人民共和国境内输出地点装载后的运输及其相关费用、保险费。

第四十一条 出口货物的成交价格不能确定的，海

关经了解有关情况,并且与纳税义务人进行价格磋商后,依次以下列价格审查确定该货物的完税价格:

(一)同时或者大约同时向同一国家或者地区出口的相同货物的成交价格;

(二)同时或者大约同时向同一国家或者地区出口的类似货物的成交价格;

(三)根据境内生产相同或者类似货物的成本、利润和一般费用(包括直接费用和间接费用)、境内发生的运输及其相关费用、保险费计算所得的价格;

(四)按照合理方法估定的价格。

第六章 完税价格的审查确定

第四十二条 纳税义务人向海关申报时,应当按照本办法的有关规定,如实向海关提供发票、合同、提单、装箱清单等单证。

根据海关要求,纳税义务人还应当如实提供与货物买卖有关的支付凭证以及证明申报价格真实、准确的其他商业单证、书面资料和电子数据。

货物买卖中发生本办法第二章第三节所列的价格调整项目的,或者发生本办法第三十五条所列的运输及其相关费用的,纳税义务人应当如实向海关申报。

前款规定的价格调整项目或者运输及其相关费用如果需要分摊计算的,纳税义务人应当根据客观量化的标准进行分摊,并且同时向海关提供分摊的依据。

第四十三条 海关为审查申报价格的真实性、准确性,可以行使下列职权进行价格核查:

(一)查阅、复制与进出口货物有关的合同、发票、账册、结付汇凭证、单据、业务函电、录音录像制品和其他反映买卖双方关系及交易活动的商业单证、书面资料和电子数据;

(二)向进出口货物的纳税义务人及与其有资金往来或者有其他业务往来的公民、法人或者其他组织调查与进出口货物价格有关的问题;

(三)对进出口货物进行查验或者提取货样进行检验或者化验;

(四)进入纳税义务人的生产经营场所、货物存放场所,检查与进出口活动有关的货物和生产经营情况;

(五)经直属海关关长或者其授权的隶属海关关长批准,凭《中华人民共和国海关账户查询通知书》(见附件1)及有关海关工作人员的工作证件,可以查询纳税义务人在银行或者其他金融机构开立的单位账户的资金往来情况,并且向银行业监督管理机构通报有关情况;

(六)向税务部门查询了解与进出口货物有关的缴纳国内税情况。

海关在行使前款规定的各项职权时,纳税义务人及有关公民、法人或者其他组织应当如实反映情况,提供有关书面资料和电子数据,不得拒绝、拖延和隐瞒。

第四十四条 海关对申报价格的真实性、准确性有疑问时,或者认为买卖双方之间的特殊关系影响成交价格时,应当制发《中华人民共和国海关价格质疑通知书》(以下简称《价格质疑通知书》,见附件2),将质疑的理由书面告知纳税义务人或者其代理人,纳税义务人或者其代理人应当自收到《价格质疑通知书》之日起5个工作日内,以书面形式提供相关资料或者其他证据,证明其申报价格真实、准确或者双方之间的特殊关系未影响成交价格。

纳税义务人或者其代理人确有正当理由无法在规定时间内提供前款资料的,可以在规定期限届满前以书面形式向海关申请延期。

除特殊情况外,延期不得超过10个工作日。

第四十五条 海关制发《价格质疑通知书》后,有下列情形之一的,海关与纳税义务人进行价格磋商后,按照本办法第六条或者第四十一条列明的方法审查确定进出口货物的完税价格:

(一)纳税义务人或者其代理人在海关规定期限内,未能提供进一步说明的;

(二)纳税义务人或者其代理人提供有关资料、证据后,海关经审核其所提供的资料、证据,仍然有理由怀疑申报价格的真实性、准确性的;

(三)纳税义务人或者其代理人提供有关资料、证据后,海关经审核其所提供的资料、证据,仍然有理由认为买卖双方之间的特殊关系影响成交价格的。

第四十六条 海关经过审查认为进口货物无成交价格的,可以不进行价格质疑,经与纳税义务人进行价格磋商后,按照本办法第六条列明的方法审查确定完税价格。

海关经过审查认为出口货物无成交价格的,可以不进行价格质疑,经与纳税义务人进行价格磋商后,按照本办法第四十一条列明的方法审查确定完税价格。

第四十七条 按照本办法规定需要价格磋商的,海关应当依法向纳税义务人制发《中华人民共和国海关价格磋商通知书》(见附件3)。纳税义务人应当自收到通知之日起5个工作日内与海关进行价格磋商。纳税义务人在海关规定期限内与海关进行价格磋商的,海关应当制作《中华人民共和国海关价格磋商纪录表》(见附件4)。

纳税义务人未在通知规定的时限内与海关进行磋商

的，视为其放弃价格磋商的权利，海关可以直接使用本办法第六条或者第四十一条列明的方法审查确定进出口货物的完税价格。

第四十八条 对符合下列情形之一的，经纳税义务人书面申请，海关可以不进行价格质疑以及价格磋商，按照本办法第六条或者第四十一条列明的方法审查确定进出口货物的完税价格：

（一）同一合同项下分批进出口的货物，海关对其中一批货物已经实施估价的；

（二）进出口货物的完税价格在人民币10万元以下或者关税及进口环节海关代征税总额在人民币2万元以下的；

（三）进出口货物属于危险品、鲜活品、易腐品、易失效品、废品、旧品等的。

第四十九条 海关审查确定进出口货物的完税价格期间，纳税义务人可以在依法向海关提供担保后，先行提取货物。

第五十条 海关审查确定进出口货物的完税价格后，纳税义务人可以提出书面申请，要求海关就如何确定其进出口货物的完税价格做出书面说明。海关应当根据要求出具《中华人民共和国海关估价告知书》（见附件5）。

第七章 附 则

第五十一条 本办法中下列用语的含义：

境内，是指中华人民共和国海关关境内。

完税价格，是指海关在计征关税时使用的计税价格。

买方，是指通过履行付款义务，购入货物，并且为此承担风险、享有收益的自然人、法人或者其他组织。其中进口货物的买方是指向中华人民共和国境内购入进口货物的买方。

卖方，是指销售货物的自然人、法人或者其他组织。其中进口货物的卖方是指向中华人民共和国境内销售进口货物的卖方。

向中华人民共和国境内销售，是指将进口货物实际运入中华人民共和国境内，货物的所有权和风险由卖方转移给买方，买方为此向卖方支付价款的行为。

实付、应付价格，是指买方为购买进口货物而直接或者间接支付的价款总额，即作为卖方销售进口货物的条件，由买方向卖方或者为履行卖方义务向第三方已经支付或者将要支付的全部款项。

间接支付，是指买方根据卖方的要求，将货款全部或者部分支付给第三方，或者冲抵买卖双方之间的其他资金往来的付款方式。

购货佣金，是指买方为购买进口货物向自己的采购代理人支付的劳务费用。

经纪费，是指买方为购买进口货物向代表买卖双方利益的经纪人支付的劳务费用。

相同货物，是指与进口货物在同一国家或者地区生产的，在物理性质、质量和信誉等所有方面都相同的货物，但是表面的微小差异允许存在。

类似货物，是指与进口货物在同一国家或者地区生产的，虽然不是在所有方面都相同，但是却具有相似的特征、相似的组成材料、相同的功能，并且在商业中可以互换的货物。

大约同时，是指海关接受货物申报之日的大约同时，最长不应当超过前后45日。按照倒扣价格法审查确定进口货物的完税价格时，如果进口货物、相同或者类似货物没有在海关接受进口货物申报之日前后45日内在境内销售，可以将在境内销售的时间延长至接受货物申报之日前后90日内。

公认的会计原则，是指在有关国家或者地区会计核算工作中普遍遵循的原则性规范和会计核算业务的处理方法。包括对货物价值认定有关的权责发生制原则、配比原则、历史成本原则、划分收益性与资本性支出原则等。

特许权使用费，是指进口货物的买方为取得知识产权权利人及权利人有效授权人关于专利权、商标权、专有技术、著作权、分销权或者销售权的许可或者转让而支付的费用。

技术培训费用，是指基于卖方或者与卖方有关的第三方对买方派出的技术人员进行与进口货物有关的技术指导，进口货物的买方支付的培训师资及人员的教学、食宿、交通、医疗保险等其他费用。

软件，是指《计算机软件保护条例》规定的用于数据处理设备的程序和文档。

专有技术，是指以图纸、模型、技术资料和规范等形式体现的尚未公开的工艺流程、配方、产品设计、质量控制、检测以及营销管理等方面的知识、经验、方法和诀窍等。

轻度加工，是指稀释、混合、分类、简单装配、再包装或者其他类似加工。

同等级或者同种类货物，是指由特定产业或者产业部门生产的一组或者一系列货物中的货物，包括相同货物或者类似货物。

介质，是指磁带、磁盘、光盘。

价格核查,是指海关为确定进出口货物的完税价格,依法行使本办法第四十三条规定的职权,通过审查单证、核实数据、核对实物及相关账册等方法,对进出口货物申报成交价格的真实性、准确性以及买卖双方之间是否存在特殊关系影响成交价格进行的审查。

价格磋商,是指海关在使用除成交价格以外的估价方法时,在保守商业秘密的基础上,与纳税义务人交换彼此掌握的用于确定完税价格的数据资料的行为。

起卸前,是指货物起卸行为开始之前。

装载前,是指货物装载行为开始之前。

第五十二条 纳税义务人对海关确定完税价格有异议的,应当按照海关作出的相关行政决定依法缴纳税款,并且可以依法向上一级海关申请复议。对复议决定不服的,可以依法向人民法院提起行政诉讼。

第五十三条 违反本办法规定,构成走私行为、违反海关监管规定行为或者其他违反《海关法》行为的,由海关依照《海关法》和《中华人民共和国海关行政处罚实施条例》的有关规定予以处理;构成犯罪的,依法追究刑事责任。

第五十四条 本办法由海关总署负责解释。

第五十五条 本办法自 2014 年 2 月 1 日起施行。2006 年 3 月 28 日海关总署令第 148 号发布的《中华人民共和国海关审定进出口货物完税价格办法》同时废止。

附件:1. 中华人民共和国海关账户查询通知书(略)
2. 中华人民共和国海关价格质疑通知书(略)
3. 中华人民共和国海关价格磋商通知书(略)
4. 中华人民共和国海关价格磋商记录表(略)
5. 中华人民共和国海关估价告知书(样式)(略)

中华人民共和国海关进出口货物减免税管理办法

· 2020 年 12 月 21 日海关总署令第 245 号公布
· 自 2021 年 3 月 1 日起施行

第一章 总 则

第一条 为了规范海关进出口货物减免税管理工作,保障行政相对人合法权益,优化营商环境,根据《中华人民共和国海关法》(以下简称《海关法》)、《中华人民共和国进出口关税条例》及有关法律和行政法规的规定,制定本办法。

第二条 进出口货物减征或者免征关税、进口环节税(以下简称减免税)事务,除法律、行政法规另有规定外,海关依照本办法实施管理。

第三条 进出口货物减免税申请人(以下简称减免税申请人)应当向其主管海关申请办理减免税审核确认、减免税货物税款担保、减免税货物后续管理等相关业务。

减免税申请人向主管海关申请办理减免税相关业务,应当按照规定提交齐全、有效、填报规范的申请材料,并对材料的真实性、准确性、完整性和规范性承担相应的法律责任。

第二章 减免税审核确认

第四条 减免税申请人按照有关进出口税收优惠政策的规定申请减免税进出口相关货物,应当在货物申报进出口前,取得相关政策规定的享受进出口税收优惠政策资格的证明材料,并凭以下材料向主管海关申请办理减免税审核确认手续:

(一)《进出口货物征免税申请表》;

(二)事业单位法人证书或者国家机关设立文件、社会团体法人登记证书、民办非企业单位法人登记证书、基金会法人登记证书等证明材料;

(三)进出口合同、发票以及相关货物的产品情况资料。

第五条 主管海关应当自受理减免税审核确认申请之日起 10 个工作日内,对减免税申请人主体资格、投资项目和进出口货物相关情况是否符合有关进出口税收优惠政策规定等情况进行审核,并出具进出口货物征税、减税或者免税的确认意见,制发《中华人民共和国海关进出口货物征免税确认通知书》(以下简称《征免税确认通知书》)。

有下列情形之一,主管海关不能在本条第一款规定期限内出具确认意见的,应当向减免税申请人说明理由:

(一)有关进出口税收优惠政策规定不明确或者涉及其他部门管理职责,需要与相关部门进一步协商、核实有关情况的;

(二)需要对货物进行化验、鉴定等,以确定其是否符合有关进出口税收优惠政策规定的。

有本条第二款规定情形的,主管海关应当自情形消除之日起 10 个工作日内,出具进出口货物征税、减税或者免税的确认意见,并制发《征免税确认通知书》。

第六条 减免税申请人需要变更或者撤销已出具的《征免税确认通知书》的,应当在《征免税确认通知书》有效期内向主管海关提出申请,并随附相关材料。

经审核符合规定的,主管海关应当予以变更或者撤销。予以变更的,主管海关应当重新制发《征免税确认通知书》。

第七条　《征免税确认通知书》有效期限不超过6个月,减免税申请人应当在有效期内向申报地海关办理有关进出口货物申报手续;不能在有效期内办理,需要延期的,应当在有效期内向主管海关申请办理延期手续。《征免税确认通知书》可以延期一次,延长期限不得超过6个月。

《征免税确认通知书》有效期限届满仍未使用的,其效力终止。减免税申请人需要减免税进出口该《征免税确认通知书》所列货物的,应当重新向主管海关申请办理减免税审核确认手续。

第八条　除有关进出口税收优惠政策或者其实施措施另有规定外,进出口货物征税放行后,减免税申请人申请补办减免税审核确认手续的,海关不予受理。

第三章　减免税货物税款担保

第九条　有下列情形之一的,减免税申请人可以向海关申请办理有关货物凭税款担保先予放行手续:

(一)有关进出口税收优惠政策或者其实施措施明确规定的;

(二)主管海关已经受理减免税审核确认申请,尚未办理完毕的;

(三)有关进出口税收优惠政策已经国务院批准,具体实施措施尚不明确,主管海关能够确认减免税申请人属于享受该政策范围的;

(四)其他经海关总署核准的情形。

第十条　减免税申请人需要办理有关货物凭税款担保先予放行手续的,应当在货物申报进出口前向主管海关提出申请,并随附相关材料。

主管海关应当自受理申请之日起5个工作日内出具是否准予办理担保的意见。符合本办法第九条规定情形的,主管海关应当制发《中华人民共和国海关准予办理减免税货物税款担保通知书》(以下简称《准予办理担保通知书》),并通知申报地海关;不符合有关规定情形的,制发《中华人民共和国海关不准予办理减免税货物税款担保通知书》。

第十一条　申报地海关凭主管海关制发的《准予办理担保通知书》,以及减免税申请人提供的海关依法认可的财产、权利,按照规定办理减免税货物的税款担保手续。

第十二条　《准予办理担保通知书》确定的减免税货物税款担保期限不超过6个月,主管海关可以延期1次,延长期限不得超过6个月。特殊情况仍需要延期的,应当经直属海关审核同意。

减免税货物税款担保期限届满,本办法第九条规定的有关情形仍然延续的,主管海关可以根据有关情形可能延续的时间等情况,相应延长税款担保期限,并向减免税申请人告知有关情况,同时通知申报地海关为减免税申请人办理税款担保延期手续。

第十三条　减免税申请人在减免税货物税款担保期限届满前取得《征免税确认通知书》,并已向海关办理征税、减税或者免税相关手续的,申报地海关应当解除税款担保。

第四章　减免税货物的管理

第十四条　除海关总署另有规定外,进口减免税货物的监管年限为:

(一)船舶、飞机:8年;

(二)机动车辆:6年;

(三)其他货物:3年。

监管年限自货物进口放行之日起计算。

除海关总署另有规定外,在海关监管年限内,减免税申请人应当按照海关规定保管、使用进口减免税货物,并依法接受海关监管。

第十五条　在海关监管年限内,减免税申请人应当于每年6月30日(含当日)以前向主管海关提交《减免税货物使用状况报告书》,报告减免税货物使用状况。超过规定期限未提交的,海关按照有关规定将其列入信用信息异常名录。

减免税申请人未按照前款规定报告其减免税货物使用状况,向海关申请办理减免税审核确认、减免税货物税款担保、减免税货物后续管理等相关业务的,海关不予受理。减免税申请人补报后,海关可以受理。

第十六条　在海关监管年限内,减免税货物应当在主管海关审核同意的地点使用。除有关进出口税收优惠政策实施措施另有规定外,减免税货物需要变更使用地点的,减免税申请人应当向主管海关提出申请,并说明理由;经主管海关审核同意的,可以变更使用地点。

减免税货物需要移出主管海关管辖地使用的,减免税申请人应当向主管海关申请办理异地监管手续,并随附相关材料。经主管海关审核同意并通知转入地海关后,减免税申请人可以将减免税货物运至转入地海关管辖地,并接受转入地海关监管。

减免税货物在异地使用结束后,减免税申请人应当及时向转入地海关申请办理结束地监管手续。经转入地海关审核同意并通知主管海关后,减免税申请人应当将减免税货物运回主管海关管辖地。

第十七条 在海关监管年限内,减免税申请人发生分立、合并、股东变更、改制等主体变更情形的,权利义务承受人应当自变更登记之日起30日内,向原减免税申请人的主管海关报告主体变更情况以及有关减免税货物的情况。

经原减免税申请人主管海关审核,需要补征税款的,权利义务承受人应当向原减免税申请人主管海关办理补税手续;可以继续享受减免税待遇的,权利义务承受人应当按照规定申请办理减免税货物结转等相关手续。

第十八条 在海关监管年限内,因破产、撤销、解散、改制或者其他情形导致减免税申请人终止,有权利义务承受人的,参照本办法第十七条的规定办理有关手续;没有权利义务承受人的,原减免税申请人或者其他依法应当承担关税及进口环节税缴纳义务的当事人,应当自资产清算之日起30日内,向原减免税申请人主管海关申请办理减免税货物的补缴税款手续。进口时免予提交许可证件的减免税货物,按照国家有关规定需要补办许可证件的,减免税申请人在办理补缴税款手续时还应当补交有关许可证件。有关减免税货物自办结上述手续之日起,解除海关监管。

第十九条 在海关监管年限内,减免税申请人要求将减免税货物退运出境或者出口的,应当经主管海关审核同意,并办理相关手续。

减免税货物自退运出境或者出口之日起,解除海关监管,海关不再对退运出境或者出口的减免税货物补征相关税款。

第二十条 减免税货物海关监管年限届满的,自动解除监管。

对海关监管年限内的减免税货物,减免税申请人要求提前解除监管的,应当向主管海关提出申请,并办理补缴税款手续。进口时免予提交许可证件的减免税货物,按照国家有关规定需要补办许可证件的,减免税申请人在办理补缴税款手续时还应当补交有关许可证件。有关减免税货物自办结上述手续之日起,解除海关监管。

减免税申请人可以自减免税货物解除监管之日起1年内,向主管海关申领《中华人民共和国海关进口减免税货物解除监管证明》。

第二十一条 在海关监管年限内及其后3年内,海关依照《海关法》《中华人民共和国海关稽查条例》等有关规定,对有关企业、单位进口和使用减免税货物情况实施稽查。

第五章 减免税货物的抵押、转让、移作他用

第二十二条 在减免税货物的海关监管年限内,经主管海关审核同意,并办理有关手续,减免税申请人可以将减免税货物抵押、转让、移作他用或者进行其他处置。

第二十三条 在海关监管年限内,进口时免予提交许可证件的减免税货物,减免税申请人向主管海关申请办理抵押、转让、移作他用或者其他处置手续时,按照国家有关规定需要补办许可证件的,应当补办相关手续。

第二十四条 在海关监管年限内,减免税申请人要求以减免税货物向银行或者非银行金融机构办理贷款抵押的,应当向主管海关提出申请,随附相关材料,并以海关依法认可的财产、权利提供税款担保。

主管海关应当对减免税申请人提交的申请材料是否齐全、有效,填报是否规范等进行审核,必要时可以实地了解减免税申请人经营状况、减免税货物使用状况等相关情况。经审核符合规定的,主管海关应当制发《中华人民共和国海关准予办理减免税货物贷款抵押通知书》;不符合规定的,应当制发《中华人民共和国海关不准予办理减免税货物贷款抵押通知书》。

减免税申请人不得以减免税货物向银行或者非银行金融机构以外的自然人、法人或者非法人组织办理贷款抵押。

第二十五条 主管海关同意以减免税货物办理贷款抵押的,减免税申请人应当自签订抵押合同、贷款合同之日起30日内,将抵押合同、贷款合同提交主管海关备案。

抵押合同、贷款合同的签订日期不是同一日的,按照后签订的日期计算前款规定的备案时限。

第二十六条 减免税货物贷款抵押需要延期的,减免税申请人应当在贷款抵押期限届满前,向主管海关申请办理贷款抵押的延期手续。

经审核符合规定的,主管海关应当制发《中华人民共和国海关准予办理减免税货物贷款抵押延期通知书》;不符合规定的,应当制发《中华人民共和国海关不准予办理减免税货物贷款抵押延期通知书》。

第二十七条 在海关监管年限内,减免税申请人需要将减免税货物转让给进口同一货物享受同等减免税优惠待遇的其他单位的,应当按照下列规定办理减免税货物结转手续:

(一)减免税货物的转出申请人向转出地主管海关提出申请,并随附相关材料。转出地主管海关审核同意后,通知转入地主管海关。

（二）减免税货物的转入申请人向转入地主管海关申请办理减免税审核确认手续。转入地主管海关审核同意后，制发《征免税确认通知书》。

（三）结转减免税货物的监管年限应当连续计算，转入地主管海关在剩余监管年限内对结转减免税货物继续实施后续监管。

转入地海关和转出地海关为同一海关的，参照本条第一款规定办理。

第二十八条 在海关监管年限内，减免税申请人需要将减免税货物转让给不享受进口税收优惠政策或者进口同一货物不享受同等减免税优惠待遇的其他单位的，应当事先向主管海关申请办理减免税货物补缴税款手续。进口时免予提交许可证件的减免税货物，按照国家有关规定需要补办许可证件的，减免税申请人在办理补缴税款手续时还应当补交有关许可证件。有关减免税货物自办结上述手续之日起，解除海关监管。

第二十九条 减免税货物因转让、提前解除监管以及减免税申请人发生主体变更、依法终止情形或者其他原因需要补征税款的，补税的完税价格以货物原进口时的完税价格为基础，按照减免税货物已进口时间与监管年限的比例进行折旧，其计算公式如下：

$$补税的完税价格 = 减免税货物原进口时的完税价格 \times \left[1 - \frac{减免税货物已进口时间}{监管年限 \times 12}\right]$$

减免税货物已进口时间自货物放行之日起按月计算。不足1个月但超过15日的，按1个月计算；不超过15日的，不予计算。

第三十条 按照本办法第二十九条规定计算减免税货物补税的完税价格的，应当按以下情形确定货物已进口时间的截止日期：

（一）转让减免税货物的，应当以主管海关接受减免税申请人申请办理补缴手续之日作为截止之日；

（二）减免税申请人未经海关批准，擅自转让减免税货物的，应当以货物实际转让之日作为截止之日；实际转让之日不能确定的，应当以海关发现之日作为截止之日；

（三）在海关监管年限内，减免税申请人发生主体变更情形的，应当以变更登记之日作为截止之日；

（四）在海关监管年限内，减免税申请人发生破产、撤销、解散或者其他依法终止经营情形的，应当以人民法院宣告减免税申请人破产之日或者减免税申请人被依法认定终止生产经营活动之日作为截止之日；

（五）减免税货物提前解除监管的，应当以主管海关接受减免税申请人申请办理补缴税款手续之日作为截止之日。

第三十一条 在海关监管年限内，减免税申请人需要将减免税货物移作他用的，应当事先向主管海关提出申请。经主管海关审核同意，减免税申请人可以按照海关批准的使用单位、用途、地区将减免税货物移作他用。

本条第一款所称移作他用包括以下情形：

（一）将减免税货物交给减免税申请人以外的其他单位使用；

（二）未按照原定用途使用减免税货物；

（三）未按照原定地区使用减免税货物。

除海关总署另有规定外，按照本条第一款规定将减免税货物移作他用的，减免税申请人应当事先按移作他用的时间补缴相应税款；移作他用时间不能确定的，应当提供税款担保，税款担保金额不得超过减免税货物剩余监管年限可能需要补缴的最高税款总额。

第三十二条 减免税申请人将减免税货物移作他用，需要补缴税款的，补税的完税价格以货物原进口时的完税价格为基础，按照需要补缴税款的时间与监管年限的比例进行折旧，其计算公式如下：

$$补税的完税价格 = 减免税货物原进口时的完税价格 \times \left[\frac{需要补缴税款的时间}{监管年限 \times 365}\right]$$

上述计算公式中需要补缴税款的时间为减免税货物移作他用的实际时间，按日计算，每日实际使用不满8小时或者超过8小时的均按1日计算。

第三十三条 海关在办理减免税货物贷款抵押、结转、移作他用、异地监管、主体变更、退运出境或者出口、提前解除监管等后续管理业务时，应当自受理减免税申请人的申请之日起10个工作日内作出是否同意的决定。

因特殊情形不能在前款规定期限内作出决定的，海关应当向申请人说明理由，并自特殊情形消除之日起10个工作日内作出是否同意的决定。

第六章 附则

第三十四条 在海关监管年限内，减免税申请人发生分立、合并、股东变更、改制等主体变更情形的，或者因破产、撤销、解散、改制或者其他情形导致其终止的，当事人未按照有关规定，向原减免税申请人的主管海关报告主体变更或者终止情形以及有关减免税货物的情况的，海关予以警告，责令其改正，可以处1万元以下罚款。

第三十五条 本办法下列用语的含义：

进出口货物减免税申请人，是指根据有关进出口税收优惠政策和相关法律、行政法规的规定，可以享受进出口税收优惠，并依照本办法向海关申请办理减免税相关业务的具有独立法人资格的企事业单位、社会团体、民办非企业单位、基金会、国家机关；具体实施投资项目，获得投资项目单位授权并经按照本条规定确定为主管海关的投资项目所在地海关同意，可以向其申请办理减免税相关业务的投资项目单位所属非法人分支机构；经海关总署确认的其他组织。

减免税申请人的主管海关，减免税申请人为企业法人的，主管海关是指其办理企业法人登记注册地的海关；减免税申请人为事业单位、社会团体、民办非企业单位、基金会、国家机关等非企业法人组织的，主管海关是指其住所地海关；减免税申请人为投资项目单位所属非法人分支机构的，主管海关是指其办理营业登记地的海关。下列特殊情况除外：

（一）投资项目所在地海关与减免税申请人办理企业法人登记注册地海关或者办理营业登记地海关不是同一海关的，投资项目所在地海关为主管海关；投资项目所在地涉及多个海关的，有关海关的共同上级海关或者共同上级海关指定的海关为主管海关；

（二）有关进出口税收优惠政策实施措施明确规定的情形；

（三）海关总署批准的其他情形。

第三十六条 本办法所列文书格式由海关总署另行制定并公告。

第三十七条 本办法由海关总署负责解释。

第三十八条 本办法自2021年3月1日起施行。2008年12月29日海关总署公布的《中华人民共和国海关进出口货物减免税管理办法》（海关总署令第179号）同时废止。

关于《中华人民共和国海关进出口货物减免税管理办法》实施有关事项的公告[①]

·2021年2月24日
·海关总署公告〔2021〕16号

《中华人民共和国海关进出口货物减免税管理办法》（海关总署令第245号，以下简称《办法》）于2020年12月21日发布，自2021年3月1日起施行，现将有关事项公告如下：

一、《办法》第五条中"受理减免税审核确认申请之日"是指：减免税申请人递交的申请材料符合规定，海关予以受理的，海关收到申请材料之日为受理之日；减免税申请人提交的申请材料不齐全或者不符合规定的，海关一次性告知减免税申请人需要补正的有关材料，海关收到全部补正的申请材料之日为受理之日。

减免税申请人不按规定向海关提交齐全、有效、填报规范的申请材料的，海关不予受理。

二、对于部分实行免税额度管理的税收政策，减免税申请人将该政策项下的减免税货物转让给进口同一货物享受同等减免税优惠待遇的其他单位的，转出申请人的减免税额度不予恢复，转入申请人的减免税额度按照海关审定的货物结转时的价格、数量或者应缴税款予以扣减。

减免税货物因品质或者规格原因原状退运出境，减免税申请人以无代价抵偿方式进口同一类型货物的，减免税额度不予恢复；未以无代价抵偿方式进口同一类型货物的，减免税申请人在原减免税货物退运出境之日起3个月内向海关提出申请，经海关审核同意，减免税额度可以恢复。

对于其他提前解除监管的情形，减免税额度不予恢复。

三、《办法》第六条、第七条规定的《中华人民共和国海关进出口货物征免税确认通知书》变更、撤销和延期，其办理时限参照《办法》第五条规定时限执行。

四、《办法》第十九条规定的将减免税货物退运出境或出口，报关单的"监管方式"栏目应按照贸易实际进行填报。

五、2021年3月1日前海关已出具且在有效期内的《中华人民共和国海关进出口货物征免税证明》和《中华人民共和国海关准予办理减免税货物税款担保证明》，仍可以继续使用。

六、《办法》执行过程中涉及的法律文书及相关报表格式文本详见附件1-23。

七、本公告自2021年3月1日起实施。

特此公告。

附件：法律文书及相关报表格式文本（略）

[①] 《关于修订〈中华人民共和国海关进出口货物减免税管理办法〉实施有关事项的公告〉的公告》对本公告附件2、6、17、20进行了修订。

(二)所得税

1. 企业所得税

中华人民共和国企业所得税法

- 2007年3月16日第十届全国人民代表大会第五次会议通过
- 根据2017年2月24日第十二届全国人民代表大会常务委员会第二十六次会议《关于修改〈中华人民共和国企业所得税法〉的决定》第一次修正
- 根据2018年12月29日第十三届全国人民代表大会常务委员会第七次会议《关于修改〈中华人民共和国电力法〉等四部法律的决定》第二次修正

第一章 总 则

第一条 在中华人民共和国境内,企业和其他取得收入的组织(以下统称企业)为企业所得税的纳税人,依照本法的规定缴纳企业所得税。

个人独资企业、合伙企业不适用本法。

第二条 企业分为居民企业和非居民企业。

本法所称居民企业,是指依法在中国境内成立,或者依照外国(地区)法律成立但实际管理机构在中国境内的企业。

本法所称非居民企业,是指依照外国(地区)法律成立且实际管理机构不在中国境内,但在中国境内设立机构、场所的,或者在中国境内未设立机构、场所,但有来源于中国境内所得的企业。

第三条 居民企业应当就其来源于中国境内、境外的所得缴纳企业所得税。

非居民企业在中国境内设立机构、场所的,应当就其所设机构、场所取得的来源于中国境内的所得,以及发生在中国境外但与其所设机构、场所有实际联系的所得,缴纳企业所得税。

非居民企业在中国境内未设立机构、场所的,或者虽设立机构、场所但取得的所得与其所设机构、场所没有实际联系的,应当就其来源于中国境内的所得缴纳企业所得税。

第四条 企业所得税的税率为25%。

非居民企业取得本法第三条第三款规定的所得,适用税率为20%。

第二章 应纳税所得额

第五条 企业每一纳税年度的收入总额,减除不征税收入、免税收入、各项扣除以及允许弥补的以前年度亏损后的余额,为应纳税所得额。

第六条 企业以货币形式和非货币形式从各种来源取得的收入,为收入总额。包括:

(一)销售货物收入;
(二)提供劳务收入;
(三)转让财产收入;
(四)股息、红利等权益性投资收益;
(五)利息收入;
(六)租金收入;
(七)特许权使用费收入;
(八)接受捐赠收入;
(九)其他收入。

第七条 收入总额中的下列收入为不征税收入:

(一)财政拨款;
(二)依法收取并纳入财政管理的行政事业性收费、政府性基金;
(三)国务院规定的其他不征税收入。

第八条 企业实际发生的与取得收入有关的、合理的支出,包括成本、费用、税金、损失和其他支出,准予在计算应纳税所得额时扣除。

第九条 企业发生的公益性捐赠支出,在年度利润总额12%以内的部分,准予在计算应纳税所得额时扣除;超过年度利润总额12%的部分,准予结转以后三年内在计算应纳税所得额时扣除。

第十条 在计算应纳税所得额时,下列支出不得扣除:

(一)向投资者支付的股息、红利等权益性投资收益款项;
(二)企业所得税税款;
(三)税收滞纳金;
(四)罚金、罚款和被没收财物的损失;
(五)本法第九条规定以外的捐赠支出;
(六)赞助支出;
(七)未经核定的准备金支出;
(八)与取得收入无关的其他支出。

第十一条 在计算应纳税所得额时,企业按照规定计算的固定资产折旧,准予扣除。

下列固定资产不得计算折旧扣除:

(一)房屋、建筑物以外未投入使用的固定资产;
(二)以经营租赁方式租入的固定资产;
(三)以融资租赁方式租出的固定资产;
(四)已足额提取折旧仍继续使用的固定资产;
(五)与经营活动无关的固定资产;

（六）单独估价作为固定资产入账的土地；
（七）其他不得计算折旧扣除的固定资产。

第十二条 在计算应纳税所得额时，企业按照规定计算的无形资产摊销费用，准予扣除。

下列无形资产不得计算摊销费用扣除：
（一）自行开发的支出已在计算应纳税所得额时扣除的无形资产；
（二）自创商誉；
（三）与经营活动无关的无形资产；
（四）其他不得计算摊销费用扣除的无形资产。

第十三条 在计算应纳税所得额时，企业发生的下列支出作为长期待摊费用，按照规定摊销的，准予扣除：
（一）已足额提取折旧的固定资产的改建支出；
（二）租入固定资产的改建支出；
（三）固定资产的大修理支出；
（四）其他应当作为长期待摊费用的支出。

第十四条 企业对外投资期间，投资资产的成本在计算应纳税所得额时不得扣除。

第十五条 企业使用或者销售存货，按照规定计算的存货成本，准予在计算应纳税所得额时扣除。

第十六条 企业转让资产，该项资产的净值，准予在计算应纳税所得额时扣除。

第十七条 企业在汇总计算缴纳企业所得税时，其境外营业机构的亏损不得抵减境内营业机构的盈利。

第十八条 企业纳税年度发生的亏损，准予向以后年度结转，用以后年度的所得弥补，但结转年限最长不得超过五年。

第十九条 非居民企业取得本法第三条第三款规定的所得，按照下列方法计算其应纳税所得额：
（一）股息、红利等权益性投资收益和利息、租金、特许权使用费所得，以收入全额为应纳税所得额；
（二）转让财产所得，以收入全额减除财产净值后的余额为应纳税所得额；
（三）其他所得，参照前两项规定的方法计算应纳税所得额。

第二十条 本章规定的收入、扣除的具体范围、标准和资产的税务处理的具体办法，由国务院财政、税务主管部门规定。

第二十一条 在计算应纳税所得额时，企业财务、会计处理办法与税收法律、行政法规的规定不一致的，应当依照税收法律、行政法规的规定计算。

第三章 应纳税额

第二十二条 企业的应纳税所得额乘以适用税率，减除依照本法关于税收优惠的规定减免和抵免的税额后的余额，为应纳税额。

第二十三条 企业取得的下列所得已在境外缴纳的所得税税额，可以从其当期应纳税额中抵免，抵免限额为该项所得依照本法规定计算的应纳税额；超过抵免限额的部分，可以在以后五个年度内，用每年度抵免限额抵免当年应抵税额后的余额进行抵补：
（一）居民企业来源于中国境外的应税所得；
（二）非居民企业在中国境内设立机构、场所，取得发生在中国境外但与该机构、场所有实际联系的应税所得。

第二十四条 居民企业从其直接或者间接控制的外国企业分得的来源于中国境外的股息、红利等权益性投资收益，外国企业在境外实际缴纳的所得税税额中属于该项所得负担的部分，可以作为该居民企业的可抵免境外所得税税额，在本法第二十三条规定的抵免限额内抵免。

第四章 税收优惠

第二十五条 国家对重点扶持和鼓励发展的产业和项目，给予企业所得税优惠。

第二十六条 企业的下列收入为免税收入：
（一）国债利息收入；
（二）符合条件的居民企业之间的股息、红利等权益性投资收益；
（三）在中国境内设立机构、场所的非居民企业从居民企业取得与该机构、场所有实际联系的股息、红利等权益性投资收益；
（四）符合条件的非营利组织的收入。

第二十七条 企业的下列所得，可以免征、减征企业所得税：
（一）从事农、林、牧、渔业项目的所得；
（二）从事国家重点扶持的公共基础设施项目投资经营的所得；
（三）从事符合条件的环境保护、节能节水项目的所得；
（四）符合条件的技术转让所得；
（五）本法第三条第三款规定的所得。

第二十八条 符合条件的小型微利企业，减按20%的税率征收企业所得税。

国家需要重点扶持的高新技术企业，减按15%的税率征收企业所得税。

第二十九条 民族自治地方的自治机关对本民族自治地方的企业应缴纳的企业所得税中属于地方分享的部分,可以决定减征或者免征。自治州、自治县决定减征或者免征的,须报省、自治区、直辖市人民政府批准。

第三十条 企业的下列支出,可以在计算应纳税所得额时加计扣除:

(一)开发新技术、新产品、新工艺发生的研究开发费用;

(二)安置残疾人员及国家鼓励安置的其他就业人员所支付的工资。

第三十一条 创业投资企业从事国家需要重点扶持和鼓励的创业投资,可以按投资额的一定比例抵扣应纳税所得额。

第三十二条 企业的固定资产由于技术进步等原因,确需加速折旧的,可以缩短折旧年限或者采取加速折旧的方法。

第三十三条 企业综合利用资源,生产符合国家产业政策规定的产品所取得的收入,可以在计算应纳税所得额时减计收入。

第三十四条 企业购置用于环境保护、节能节水、安全生产等专用设备的投资额,可以按一定比例实行税额抵免。

第三十五条 本法规定的税收优惠的具体办法,由国务院规定。

第三十六条 根据国民经济和社会发展的需要,或者由于突发事件等原因对企业经营活动产生重大影响的,国务院可以制定企业所得税专项优惠政策,报全国人民代表大会常务委员会备案。

第五章 源泉扣缴

第三十七条 对非居民企业取得本法第三条第三款规定的所得应缴纳的所得税,实行源泉扣缴,以支付人为扣缴义务人。税款由扣缴义务人在每次支付或者到期应支付时,从支付或者到期应支付的款项中扣缴。

第三十八条 对非居民企业在中国境内取得工程作业和劳务所得应缴纳的所得税,税务机关可以指定工程价款或者劳务费的支付人为扣缴义务人。

第三十九条 依照本法第三十七条、第三十八条规定应当扣缴的所得税,扣缴义务人未依法扣缴或者无法履行扣缴义务的,由纳税人在所得发生地缴纳。纳税人未依法缴纳的,税务机关可以从该纳税人在中国境内其他收入项目的支付人应付的款项中,追缴该纳税人的应纳税款。

第四十条 扣缴义务人每次代扣的税款,应当自代扣之日起七日内缴入国库,并向所在地的税务机关报送扣缴企业所得税报告表。

第六章 特别纳税调整

第四十一条 企业与其关联方之间的业务往来,不符合独立交易原则而减少企业或者其关联方应纳税收入或者所得额的,税务机关有权按照合理方法调整。

企业与其关联方共同开发、受让无形资产,或者共同提供、接受劳务发生的成本,在计算应纳税所得额时应当按照独立交易原则进行分摊。

第四十二条 企业可以向税务机关提出与其关联方之间业务往来的定价原则和计算方法,税务机关与企业协商、确认后,达成预约定价安排。

第四十三条 企业向税务机关报送年度企业所得税纳税申报表时,应当就其与关联方之间的业务往来,附送年度关联业务往来报告表。

税务机关在进行关联业务调查时,企业及其关联方,以及与关联业务调查有关的其他企业,应当按照规定提供相关资料。

第四十四条 企业不提供与其关联方之间业务往来资料,或者提供虚假、不完整资料,未能真实反映其关联业务往来情况的,税务机关有权依法核定其应纳税所得额。

第四十五条 由居民企业,或者由居民企业和中国居民控制的设立在实际税负明显低于本法第四条第一款规定税率水平的国家(地区)的企业,并非由于合理的经营需要而对利润不作分配或者减少分配的,上述利润中应归属于该居民企业的部分,应当计入该居民企业的当期收入。

第四十六条 企业从其关联方接受的债权性投资与权益性投资的比例超过规定标准而发生的利息支出,不得在计算应纳税所得额时扣除。

第四十七条 企业实施其他不具有合理商业目的的安排而减少其应纳税收入或者所得额的,税务机关有权按照合理方法调整。

第四十八条 税务机关依照本章规定作出纳税调整,需要补征税款的,应当补征税款,并按照国务院规定加收利息。

第七章 征收管理

第四十九条 企业所得税的征收管理除本法规定外,依照《中华人民共和国税收征收管理法》的规定执行。

第五十条 除税收法律、行政法规另有规定外,居民企业以企业登记注册地为纳税地点;但登记注册地在境外的,以实际管理机构所在地为纳税地点。

居民企业在中国境内设立不具有法人资格的营业机构的,应当汇总计算并缴纳企业所得税。

第五十一条 非居民企业取得本法第三条第二款规定的所得,以机构、场所所在地为纳税地点。非居民企业在中国境内设立两个或者两个以上机构、场所,符合国务院税务主管部门规定条件的,可以选择由其主要机构、场所汇总缴纳企业所得税。

非居民企业取得本法第三条第三款规定的所得,以扣缴义务人所在地为纳税地点。

第五十二条 除国务院另有规定外,企业之间不得合并缴纳企业所得税。

第五十三条 企业所得税按纳税年度计算。纳税年度自公历1月1日起至12月31日止。

企业在一个纳税年度中间开业,或者终止经营活动,使该纳税年度的实际经营期不足十二个月的,应当以其实际经营期为一个纳税年度。

企业依法清算时,应当以清算期间作为一个纳税年度。

第五十四条 企业所得税分月或者分季预缴。

企业应当自月份或者季度终了之日起十五日内,向税务机关报送预缴企业所得税纳税申报表,预缴税款。

企业应当自年度终了之日起五个月内,向税务机关报送年度企业所得税纳税申报表,并汇算清缴,结清应缴应退税款。

企业在报送企业所得税纳税申报表时,应当按照规定附送财务会计报告和其他有关资料。

第五十五条 企业在年度中间终止经营活动的,应当自实际经营终止之日起六十日内,向税务机关办理当期企业所得税汇算清缴。

企业应当在办理注销登记前,就其清算所得向税务机关申报并依法缴纳企业所得税。

第五十六条 依照本法缴纳的企业所得税,以人民币计算。所得以人民币以外的货币计算的,应当折合成人民币计算并缴纳税款。

第八章 附 则

第五十七条 本法公布前已经批准设立的企业,依照当时的税收法律、行政法规规定,享受低税率优惠的,按照国务院规定,可以在本法施行后五年内,逐步过渡到本法规定的税率;享受定期减免税优惠的,按照国务院规定,可以在本法施行后继续享受到期满为止,但因未获利而尚未享受优惠的,优惠期限从本法施行年度起计算。

法律设置的发展对外经济合作和技术交流的特定地区内,以及国务院已规定执行上述地区特殊政策的地区内新设立的国家需要重点扶持的高新技术企业,可以享受过渡性税收优惠,具体办法由国务院规定。

国家已确定的其他鼓励类企业,可以按照国务院规定享受减免税优惠。

第五十八条 中华人民共和国政府同外国政府订立的有关税收的协定与本法有不同规定的,依照协定的规定办理。

第五十九条 国务院根据本法制定实施条例。

第六十条 本法自2008年1月1日起施行。1991年4月9日第七届全国人民代表大会第四次会议通过的《中华人民共和国外商投资企业和外国企业所得税法》和1993年12月13日国务院发布的《中华人民共和国企业所得税暂行条例》同时废止。

中华人民共和国企业所得税法实施条例

· 2007年12月6日中华人民共和国国务院令第512号公布
· 根据2019年4月23日《国务院关于修改部分行政法规的决定》修订

第一章 总 则

第一条 根据《中华人民共和国企业所得税法》(以下简称企业所得税法)的规定,制定本条例。

第二条 企业所得税法第一条所称个人独资企业、合伙企业,是指依照中国法律、行政法规成立的个人独资企业、合伙企业。

第三条 企业所得税法第二条所称依法在中国境内成立的企业,包括依照中国法律、行政法规在中国境内成立的企业、事业单位、社会团体以及其他取得收入的组织。

企业所得税法第二条所称依照外国(地区)法律成立的企业,包括依照外国(地区)法律成立的企业和其他取得收入的组织。

第四条 企业所得税法第二条所称实际管理机构,是指对企业的生产经营、人员、账务、财产等实施实质性全面管理和控制的机构。

第五条 企业所得税法第二条第三款所称机构、场所,是指在中国境内从事生产经营活动的机构、场所,包括:

(一)管理机构、营业机构、办事机构;
(二)工厂、农场、开采自然资源的场所;
(三)提供劳务的场所;
(四)从事建筑、安装、装配、修理、勘探等工程作业的场所;
(五)其他从事生产经营活动的机构、场所。

非居民企业委托营业代理人在中国境内从事生产经营活动的,包括委托单位或者个人经常代其签订合同,或者储存、交付货物等,该营业代理人视为非居民企业在中国境内设立的机构、场所。

第六条 企业所得税法第三条所称所得,包括销售货物所得、提供劳务所得、转让财产所得、股息红利等权益性投资所得、利息所得、租金所得、特许权使用费所得、接受捐赠所得和其他所得。

第七条 企业所得税法第三条所称来源于中国境内、境外的所得,按照以下原则确定:
(一)销售货物所得,按照交易活动发生地确定;
(二)提供劳务所得,按照劳务发生地确定;
(三)转让财产所得,不动产转让所得按照不动产所在地确定,动产转让所得按照转让动产的企业或者机构、场所所在地确定,权益性投资资产转让所得按照被投资企业所在地确定;
(四)股息、红利等权益性投资所得,按照分配所得的企业所在地确定;
(五)利息所得、租金所得、特许权使用费所得,按照负担、支付所得的企业或者机构、场所所在地确定,或者按照负担、支付所得的个人的住所地确定;
(六)其他所得,由国务院财政、税务主管部门确定。

第八条 企业所得税法第三条所称实际联系,是指非居民企业在中国境内设立的机构、场所拥有据以取得所得的股权、债权,以及拥有、管理、控制据以取得所得的财产等。

第二章 应纳税所得额

第一节 一般规定

第九条 企业应纳税所得额的计算,以权责发生制为原则,属于当期的收入和费用,不论款项是否收付,均作为当期的收入和费用;不属于当期的收入和费用,即使款项已经在当期收付,均不作为当期的收入和费用。本条例和国务院财政、税务主管部门另有规定的除外。

第十条 企业所得税法第五条所称亏损,是指企业依照企业所得税法和本条例的规定将每一纳税年度的收入总额减除不征税收入、免税收入和各项扣除后小于零的数额。

第十一条 企业所得税法第五十五条所称清算所得,是指企业的全部资产可变现价值或者交易价格减除资产净值、清算费用以及相关税费等后的余额。

投资方企业从被清算企业分得的剩余资产,其中相当于从被清算企业累计未分配利润和累计盈余公积中应当分得的部分,应当确认为股息所得;剩余资产减除上述股息所得后的余额,超过或者低于投资成本的部分,应当确认为投资资产转让所得或者损失。

第二节 收 入

第十二条 企业所得税法第六条所称企业取得收入的货币形式,包括现金、存款、应收账款、应收票据、准备持有至到期的债券投资以及债务的豁免等。

企业所得税法第六条所称企业取得收入的非货币形式,包括固定资产、生物资产、无形资产、股权投资、存货、不准备持有至到期的债券投资、劳务以及有关权益等。

第十三条 企业所得税法第六条所称企业以非货币形式取得的收入,应当按照公允价值确定收入额。

前款所称公允价值,是指按照市场价格确定的价值。

第十四条 企业所得税法第六条第(一)项所称销售货物收入,是指企业销售商品、产品、原材料、包装物、低值易耗品以及其他存货取得的收入。

第十五条 企业所得税法第六条第(二)项所称提供劳务收入,是指企业从事建筑安装、修理修配、交通运输、仓储租赁、金融保险、邮电通信、咨询经纪、文化体育、科学研究、技术服务、教育培训、餐饮住宿、中介代理、卫生保健、社区服务、旅游、娱乐、加工以及其他劳务服务活动取得的收入。

第十六条 企业所得税法第六条第(三)项所称转让财产收入,是指企业转让固定资产、生物资产、无形资产、股权、债权等财产取得的收入。

第十七条 企业所得税法第六条第(四)项所称股息、红利等权益性投资收益,是指企业因权益性投资从被投资方取得的收入。

股息、红利等权益性投资收益,除国务院财政、税务主管部门另有规定外,按照被投资方作出利润分配决定的日期确认收入的实现。

第十八条 企业所得税法第六条第(五)项所称利息收入,是指企业将资金提供他人使用但不构成权益性投资,或者因他人占用本企业资金取得的收入,包括存款利息、贷款利息、债券利息、欠款利息等收入。

利息收入，按照合同约定的债务人应付利息的日期确认收入的实现。

第十九条 企业所得税法第六条第(六)项所称租金收入，是指企业提供固定资产、包装物或者其他有形资产的使用权取得的收入。

租金收入，按照合同约定的承租人应付租金的日期确认收入的实现。

第二十条 企业所得税法第六条第(七)项所称特许权使用费收入，是指企业提供专利权、非专利技术、商标权、著作权以及其他特许权的使用权取得的收入。

特许权使用费收入，按照合同约定的特许权使用人应付特许权使用费的日期确认收入的实现。

第二十一条 企业所得税法第六条第(八)项所称接受捐赠收入，是指企业接受的来自其他企业、组织或者个人无偿给予的货币性资产、非货币性资产。

接受捐赠收入，按照实际收到捐赠资产的日期确认收入的实现。

第二十二条 企业所得税法第六条第(九)项所称其他收入，是指企业取得的除企业所得税法第六条第(一)项至第(八)项规定的收入外的其他收入，包括企业资产溢余收入、逾期未退包装物押金收入、确实无法偿付的应付款项、已作坏账损失处理后又收回的应收款项、债务重组收入、补贴收入、违约金收入、汇兑收益等。

第二十三条 企业的下列生产经营业务可以分期确认收入的实现：

（一）以分期收款方式销售货物的，按照合同约定的收款日期确认收入的实现；

（二）企业受托加工制造大型机械设备、船舶、飞机，以及从事建筑、安装、装配工程业务或者提供其他劳务等，持续时间超过12个月的，按照纳税年度内完工进度或者完成的工作量确认收入的实现。

第二十四条 采取产品分成方式取得收入的，按照企业分得产品的日期确认收入的实现，其收入额按照产品的公允价值确定。

第二十五条 企业发生非货币性资产交换，以及将货物、财产、劳务用于捐赠、偿债、赞助、集资、广告、样品、职工福利或者利润分配等用途的，应当视同销售货物、转让财产或者提供劳务，但国务院财政、税务主管部门另有规定的除外。

第二十六条 企业所得税法第七条第(一)项所称财政拨款，是指各级人民政府对纳入预算管理的事业单位、社会团体等组织拨付的财政资金，但国务院和国务院财政、税务主管部门另有规定的除外。

企业所得税法第七条第(二)项所称行政事业性收费，是指依照法律法规等有关规定，按照国务院规定程序批准，在实施社会公共管理，以及在向公民、法人或者其他组织提供特定公共服务过程中，向特定对象收取并纳入财政管理的费用。

企业所得税法第七条第(二)项所称政府性基金，是指企业依照法律、行政法规等有关规定，代政府收取的具有专项用途的财政资金。

企业所得税法第七条第(三)项所称国务院规定的其他不征税收入，是指企业取得的，由国务院财政、税务主管部门规定专项用途并经国务院批准的财政性资金。

第三节 扣 除

第二十七条 企业所得税法第八条所称有关的支出，是指与取得收入直接相关的支出。

企业所得税法第八条所称合理的支出，是指符合生产经营活动常规，应当计入当期损益或者有关资产成本的必要和正常的支出。

第二十八条 企业发生的支出应当区分收益性支出和资本性支出。收益性支出在发生当期直接扣除；资本性支出应当分期扣除或者计入有关资产成本，不得在发生当期直接扣除。

企业的不征税收入用于支出所形成的费用或者财产，不得扣除或者计算对应的折旧、摊销扣除。

除企业所得税法和本条例另有规定外，企业实际发生的成本、费用、税金、损失和其他支出，不得重复扣除。

第二十九条 企业所得税法第八条所称成本，是指企业在生产经营活动中发生的销售成本、销货成本、业务支出以及其他耗费。

第三十条 企业所得税法第八条所称费用，是指企业在生产经营活动中发生的销售费用、管理费用和财务费用，已经计入成本的有关费用除外。

第三十一条 企业所得税法第八条所称税金，是指企业发生的除企业所得税和允许抵扣的增值税以外的各项税金及其附加。

第三十二条 企业所得税法第八条所称损失，是指企业在生产经营活动中发生的固定资产和存货的盘亏、毁损、报废损失，转让财产损失，呆账损失，坏账损失，自然灾害等不可抗力因素造成的损失以及其他损失。

企业发生的损失，减除责任人赔偿和保险赔款后的余额，依照国务院财政、税务主管部门的规定扣除。

企业已经作为损失处理的资产，在以后纳税年度又全部收回或者部分收回时,应当计入当期收入。

第三十三条 企业所得税法第八条所称其他支出,是指除成本、费用、税金、损失外,企业在生产经营活动中发生的与生产经营活动有关的、合理的支出。

第三十四条 企业发生的合理的工资薪金支出,准予扣除。

前款所称工资薪金,是指企业每一纳税年度支付给在本企业任职或者受雇的员工的所有现金形式或者非现金形式的劳动报酬,包括基本工资、奖金、津贴、补贴、年终加薪、加班工资,以及与员工任职或者受雇有关的其他支出。

第三十五条 企业依照国务院有关主管部门或者省级人民政府规定的范围和标准为职工缴纳的基本养老保险费、基本医疗保险费、失业保险费、工伤保险费、生育保险费等基本社会保险费和住房公积金,准予扣除。

企业为投资者或者职工支付的补充养老保险费、补充医疗保险费,在国务院财政、税务主管部门规定的范围和标准内,准予扣除。

第三十六条 除企业依照国家有关规定为特殊工种职工支付的人身安全保险费和国务院财政、税务主管部门规定可以扣除的其他商业保险费外,企业为投资者或者职工支付的商业保险费,不得扣除。

第三十七条 企业在生产经营活动中发生的合理的不需要资本化的借款费用,准予扣除。

企业为购置、建造固定资产、无形资产和经过12个月以上的建造才能达到预定可销售状态的存货发生借款的,在有关资产购置、建造期间发生的合理的借款费用,应当作为资本性支出计入有关资产的成本,并依照本条例的规定扣除。

第三十八条 企业在生产经营活动中发生的下列利息支出,准予扣除:

(一)非金融企业向金融企业借款的利息支出、金融企业的各项存款利息支出和同业拆借利息支出、企业经批准发行债券的利息支出;

(二)非金融企业向非金融企业借款的利息支出,不超过按照金融企业同期同类贷款利率计算的数额的部分。

第三十九条 企业在货币交易中,以及纳税年度终了时将人民币以外的货币性资产、负债按照期末即期人民币汇率中间价折算为人民币时产生的汇兑损失,除已经计入有关资产成本以及与向所有者进行利润分配相关的部分外,准予扣除。

第四十条 企业发生的职工福利费支出,不超过工资薪金总额14%的部分,准予扣除。

第四十一条 企业拨缴的工会经费,不超过工资薪金总额2%的部分,准予扣除。

第四十二条 除国务院财政、税务主管部门另有规定外,企业发生的职工教育经费支出,不超过工资薪金总额2.5%的部分,准予扣除;超过部分,准予在以后纳税年度结转扣除。

第四十三条 企业发生的与生产经营活动有关的业务招待费支出,按照发生额的60%扣除,但最高不得超过当年销售(营业)收入的5‰。

第四十四条 企业发生的符合条件的广告费和业务宣传费支出,除国务院财政、税务主管部门另有规定外,不超过当年销售(营业)收入15%的部分,准予扣除;超过部分,准予在以后纳税年度结转扣除。

第四十五条 企业依照法律、行政法规有关规定提取的用于环境保护、生态恢复等方面的专项资金,准予扣除。上述专项资金提取后改变用途的,不得扣除。

第四十六条 企业参加财产保险,按照规定缴纳的保险费,准予扣除。

第四十七条 企业根据生产经营活动的需要租入固定资产支付的租赁费,按照以下方法扣除:

(一)以经营租赁方式租入固定资产发生的租赁费支出,按照租赁期限均匀扣除;

(二)以融资租赁方式租入固定资产发生的租赁费支出,按照规定构成融资租入固定资产价值的部分应当提取折旧费用,分期扣除。

第四十八条 企业发生的合理的劳动保护支出,准予扣除。

第四十九条 企业之间支付的管理费、企业内营业机构之间支付的租金和特许权使用费,以及非银行企业内营业机构之间支付的利息,不得扣除。

第五十条 非居民企业在中国境内设立的机构、场所,就其中国境外总机构发生的与该机构、场所生产经营有关的费用,能够提供总机构出具的费用汇集范围、定额、分配依据和方法等证明文件,并合理分摊的,准予扣除。

第五十一条 企业所得税法第九条所称公益性捐赠,是指企业通过公益性社会组织或者县级以上人民政府及其部门,用于符合法律规定的慈善活动、公益事业的捐赠。

第五十二条 本条例第五十一条所称公益性社会组织,是指同时符合下列条件的慈善组织以及其他社会组织:

（一）依法登记，具有法人资格；
（二）以发展公益事业为宗旨，且不以营利为目的；
（三）全部资产及其增值为该法人所有；
（四）收益和营运结余主要用于符合该法人设立目的的事业；
（五）终止后的剩余财产不归属任何个人或者营利组织；
（六）不经营与其设立目的无关的业务；
（七）有健全的财务会计制度；
（八）捐赠者不以任何形式参与该法人财产的分配；
（九）国务院财政、税务主管部门会同国务院民政部门等登记管理部门规定的其他条件。

第五十三条 企业当年发生以及以前年度结转的公益性捐赠支出，不超过年度利润总额12%的部分，准予扣除。

年度利润总额，是指企业依照国家统一会计制度的规定计算的年度会计利润。

第五十四条 企业所得税法第十条第（六）项所称赞助支出，是指企业发生的与生产经营活动无关的各种非广告性质支出。

第五十五条 企业所得税法第十条第（七）项所称未经核定的准备金支出，是指不符合国务院财政、税务主管部门规定的各项资产减值准备、风险准备等准备金支出。

第四节 资产的税务处理

第五十六条 企业的各项资产，包括固定资产、生物资产、无形资产、长期待摊费用、投资资产、存货等，以历史成本为计税基础。

前款所称历史成本，是指企业取得该项资产时实际发生的支出。

企业持有各项资产期间资产增值或者减值，除国务院财政、税务主管部门规定可以确认损益外，不得调整该资产的计税基础。

第五十七条 企业所得税法第十一条所称固定资产，是指企业为生产产品、提供劳务、出租或者经营管理而持有的、使用时间超过12个月的非货币性资产，包括房屋、建筑物、机器、机械、运输工具以及其他与生产经营活动有关的设备、器具、工具等。

第五十八条 固定资产按照以下方法确定计税基础：
（一）外购的固定资产，以购买价款和支付的相关税费以及直接归属于使该资产达到预定用途发生的其他支出为计税基础；
（二）自行建造的固定资产，以竣工结算前发生的支出为计税基础；
（三）融资租入的固定资产，以租赁合同约定的付款总额和承租人在签订租赁合同过程中发生的相关费用为计税基础，租赁合同未约定付款总额的，以该资产的公允价值和承租人在签订租赁合同过程中发生的相关费用为计税基础；
（四）盘盈的固定资产，以同类固定资产的重置完全价值为计税基础；
（五）通过捐赠、投资、非货币性资产交换、债务重组等方式取得的固定资产，以该资产的公允价值和支付的相关税费为计税基础；
（六）改建的固定资产，除企业所得税法第十三条第（一）项和第（二）项规定的支出外，以改建过程中发生的改建支出增加计税基础。

第五十九条 固定资产按照直线法计算的折旧，准予扣除。

企业应当自固定资产投入使用月份的次月起计算折旧；停止使用的固定资产，应当自停止使用月份的次月起停止计算折旧。

企业应当根据固定资产的性质和使用情况，合理确定固定资产的预计净残值。固定资产的预计净残值一经确定，不得变更。

第六十条 除国务院财政、税务主管部门另有规定外，固定资产计算折旧的最低年限如下：
（一）房屋、建筑物，为20年；
（二）飞机、火车、轮船、机器、机械和其他生产设备，为10年；
（三）与生产经营活动有关的器具、工具、家具等，为5年；
（四）飞机、火车、轮船以外的运输工具，为4年；
（五）电子设备，为3年。

第六十一条 从事开采石油、天然气等矿产资源的企业，在开始商业性生产前发生的费用和有关固定资产的折耗、折旧方法，由国务院财政、税务主管部门另行规定。

第六十二条 生产性生物资产按照以下方法确定计税基础：
（一）外购的生产性生物资产，以购买价款和支付的相关税费为计税基础；
（二）通过捐赠、投资、非货币性资产交换、债务重组等方式取得的生产性生物资产，以该资产的公允价值和支付的相关税费为计税基础。

前款所称生产性生物资产,是指企业为生产农产品、提供劳务或者出租等而持有的生物资产,包括经济林、薪炭林、产畜和役畜等。

第六十三条 生产性生物资产按照直线法计算的折旧,准予扣除。

企业应当自生产性生物资产投入使用月份的次月起计算折旧;停止使用的生产性生物资产,应当自停止使用月份的次月起停止计算折旧。

企业应当根据生产性生物资产的性质和使用情况,合理确定生产性生物资产的预计净残值。生产性生物资产的预计净残值一经确定,不得变更。

第六十四条 生产性生物资产计算折旧的最低年限如下:

(一)林木类生产性生物资产,为10年;

(二)畜类生产性生物资产,为3年。

第六十五条 企业所得税法第十二条所称无形资产,是指企业为生产产品、提供劳务、出租或者经营管理而持有的、没有实物形态的非货币性长期资产,包括专利权、商标权、著作权、土地使用权、非专利技术、商誉等。

第六十六条 无形资产按照以下方法确定计税基础:

(一)外购的无形资产,以购买价款和支付的相关税费以及直接归属于使该资产达到预定用途发生的其他支出为计税基础;

(二)自行开发的无形资产,以开发过程中该资产符合资本化条件后至达到预定用途前发生的支出为计税基础;

(三)通过捐赠、投资、非货币性资产交换、债务重组等方式取得的无形资产,以该资产的公允价值和支付的相关税费为计税基础。

第六十七条 无形资产按照直线法计算的摊销费用,准予扣除。

无形资产的摊销年限不得低于10年。

作为投资或者受让的无形资产,有关法律规定或者合同约定了使用年限的,可以按照规定或者约定的使用年限分期摊销。

外购商誉的支出,在企业整体转让或者清算时,准予扣除。

第六十八条 企业所得税法第十三条第(一)项和第(二)项所称固定资产的改建支出,是指改变房屋或者建筑物结构、延长使用年限等发生的支出。

企业所得税法第十三条第(一)项规定的支出,按照固定资产预计尚可使用年限分期摊销;第(二)项规定的支出,按照合同约定的剩余租赁期限分期摊销。

改建的固定资产延长使用年限的,除企业所得税法第十三条第(一)项和第(二)项规定外,应当适当延长折旧年限。

第六十九条 企业所得税法第十三条第(三)项所称固定资产的大修理支出,是指同时符合下列条件的支出:

(一)修理支出达到取得固定资产时的计税基础50%以上;

(二)修理后固定资产的使用年限延长2年以上。

企业所得税法第十三条第(三)项规定的支出,按照固定资产尚可使用年限分期摊销。

第七十条 企业所得税法第十三条第(四)项所称其他应当作为长期待摊费用的支出,自支出发生月份的次月起,分期摊销,摊销年限不得低于3年。

第七十一条 企业所得税法第十四条所称投资资产,是指企业对外进行权益性投资和债权性投资形成的资产。

企业在转让或者处置投资资产时,投资资产的成本,准予扣除。

投资资产按照以下方法确定成本:

(一)通过支付现金方式取得的投资资产,以购买价款为成本;

(二)通过支付现金以外的方式取得的投资资产,以该资产的公允价值和支付的相关税费为成本。

第七十二条 企业所得税法第十五条所称存货,是指企业持有以备出售的产品或者商品、处在生产过程中的在产品、在生产或者提供劳务过程中耗用的材料和物料等。

存货按照以下方法确定成本:

(一)通过支付现金方式取得的存货,以购买价款和支付的相关税费为成本;

(二)通过支付现金以外的方式取得的存货,以该存货的公允价值和支付的相关税费为成本;

(三)生产性生物资产收获的农产品,以产出或者采收过程中发生的材料费、人工费和分摊的间接费用等必要支出为成本。

第七十三条 企业使用或者销售的存货的成本计算方法,可以在先进先出法、加权平均法、个别计价法中选用一种。计价方法一经选用,不得随意变更。

第七十四条 企业所得税法第十六条所称资产的净值和第十九条所称财产净值,是指有关资产、财产的计税基础减除已经按照规定扣除的折旧、折耗、摊销、准备金等后的余额。

第七十五条 除国务院财政、税务主管部门另有规定外,企业在重组过程中,应当在交易发生时确认有关资产的转让所得或者损失,相关资产应当按照交易价格重新确定计税基础。

第三章 应纳税额

第七十六条 企业所得税法第二十二条规定的应纳税额的计算公式为:

应纳税额=应纳税所得额×适用税率-减免税额-抵免税额

公式中的减免税额和抵免税额,是指依照企业所得税法和国务院的税收优惠规定减征、免征和抵免的应纳税额。

第七十七条 企业所得税法第二十三条所称已在境外缴纳的所得税税额,是指企业来源于中国境外的所得依照中国境外税收法律以及相关规定应当缴纳并已经实际缴纳的企业所得税性质的税款。

第七十八条 企业所得税法第二十三条所称抵免限额,是指企业来源于中国境外的所得,依照企业所得税法和本条例的规定计算的应纳税额。除国务院财政、税务主管部门另有规定外,该抵免限额应当分国(地区)不分项计算,计算公式如下:

抵免限额=中国境内、境外所得依照企业所得税法和本条例的规定计算的应纳税总额×来源于某国(地区)的应纳税所得额÷中国境内、境外应纳税所得总额

第七十九条 企业所得税法第二十三条所称5个年度,是指从企业取得的来源于中国境外的所得,已经在中国境外缴纳的企业所得税性质的税额超过抵免限额的当年的次年起连续5个纳税年度。

第八十条 企业所得税法第二十四条所称直接控制,是指居民企业直接持有外国企业20%以上股份。

企业所得税法第二十四条所称间接控制,是指居民企业以间接持股方式持有外国企业20%以上股份,具体认定办法由国务院财政、税务主管部门另行制定。

第八十一条 企业依照企业所得税法第二十三条、第二十四条的规定抵免企业所得税税额时,应当提供中国境外税务机关出具的税款所属年度的有关纳税凭证。

第四章 税收优惠

第八十二条 企业所得税法第二十六条第(一)项所称国债利息收入,是指企业持有国务院财政部门发行的国债取得的利息收入。

第八十三条 企业所得税法第二十六条第(二)项所称符合条件的居民企业之间的股息、红利等权益性投资收益,是指居民企业直接投资于其他居民企业取得的投资收益。企业所得税法第二十六条第(二)项和第(三)项所称股息、红利等权益性投资收益,不包括连续持有居民企业公开发行并上市流通的股票不足12个月取得的投资收益。

第八十四条 企业所得税法第二十六条第(四)项所称符合条件的非营利组织,是指同时符合下列条件的组织:

(一)依法履行非营利组织登记手续;

(二)从事公益性或者非营利性活动;

(三)取得的收入除用于与该组织有关的、合理的支出外,全部用于登记核定或者章程规定的公益性或者非营利性事业;

(四)财产及其孳息不用于分配;

(五)按照登记核定或者章程规定,该组织注销后的剩余财产用于公益性或者非营利性目的,或者由登记管理机关转赠给与该组织性质、宗旨相同的组织,并向社会公告;

(六)投入人对投入该组织的财产不保留或者享有任何财产权利;

(七)工作人员工资福利开支控制在规定的比例内,不变相分配该组织的财产。

前款规定的非营利组织的认定管理办法由国务院财政、税务主管部门会同国务院有关部门制定。

第八十五条 企业所得税法第二十六条第(四)项所称符合条件的非营利组织的收入,不包括非营利组织从事营利性活动取得的收入,但国务院财政、税务主管部门另有规定的除外。

第八十六条 企业所得税法第二十七条第(一)项规定的企业从事农、林、牧、渔业项目的所得,可以免征、减征企业所得税,是指:

(一)企业从事下列项目的所得,免征企业所得税:

1. 蔬菜、谷物、薯类、油料、豆类、棉花、麻类、糖料、水果、坚果的种植;

2. 农作物新品种的选育;

3. 中药材的种植;

4. 林木的培育和种植;

5. 牲畜、家禽的饲养;

6. 林产品的采集；
7. 灌溉、农产品初加工、兽医、农技推广、农机作业和维修等农、林、牧、渔服务业项目；
8. 远洋捕捞。
（二）企业从事下列项目的所得，减半征收企业所得税：
1. 花卉、茶以及其他饮料作物和香料作物的种植；
2. 海水养殖、内陆养殖。
企业从事国家限制和禁止发展的项目，不得享受本条规定的企业所得税优惠。

第八十七条 企业所得税法第二十七条第（二）项所称国家重点扶持的公共基础设施项目，是指《公共基础设施项目企业所得税优惠目录》规定的港口码头、机场、铁路、公路、城市公共交通、电力、水利等项目。
企业从事前款规定的国家重点扶持的公共基础设施项目的投资经营的所得，自项目取得第一笔生产经营收入所属纳税年度起，第一年至第三年免征企业所得税，第四年至第六年减半征收企业所得税。
企业承包经营、承包建设和内部自建自用本条规定的项目，不得享受本条规定的企业所得税优惠。

第八十八条 企业所得税法第二十七条第（三）项所称符合条件的环境保护、节能节水项目，包括公共污水处理、公共垃圾处理、沼气综合开发利用、节能减排技术改造、海水淡化等。项目的具体条件和范围由国务院财政、税务主管部门商国务院有关部门制订，报国务院批准后公布施行。
企业从事前款规定的符合条件的环境保护、节能节水项目的所得，自项目取得第一笔生产经营收入所属纳税年度起，第一年至第三年免征企业所得税，第四年至第六年减半征收企业所得税。

第八十九条 依照本条例第八十七条和第八十八条规定享受减免税优惠的项目，在减免税期限内转让的，受让方自受让之日起，可以在剩余期限内享受规定的减免税优惠；减免税期限届满后转让的，受让方不得就该项目重复享受减免税优惠。

第九十条 企业所得税法第二十七条第（四）项所称符合条件的技术转让所得免征、减征企业所得税，是指一个纳税年度内，居民企业技术转让所得不超过500万元的部分，免征企业所得税；超过500万元的部分，减半征收企业所得税。

第九十一条 非居民企业取得企业所得税法第二十七条第（五）项规定的所得，减按10%的税率征收企业所得税。

下列所得可以免征企业所得税：
（一）外国政府向中国政府提供贷款取得的利息所得；
（二）国际金融组织向中国政府和居民企业提供优惠贷款取得的利息所得；
（三）经国务院批准的其他所得。

第九十二条 企业所得税法第二十八条第一款所称符合条件的小型微利企业，是指从事国家非限制和禁止行业，并符合下列条件的企业：
（一）工业企业，年度应纳税所得额不超过30万元，从业人数不超过100人，资产总额不超过3000万元；
（二）其他企业，年度应纳税所得额不超过30万元，从业人数不超过80人，资产总额不超过1000万元。

第九十三条 企业所得税法第二十八条第二款所称国家需要重点扶持的高新技术企业，是指拥有核心自主知识产权，并同时符合下列条件的企业：
（一）产品（服务）属于《国家重点支持的高新技术领域》规定的范围；
（二）研究开发费用占销售收入的比例不低于规定比例；
（三）高新技术产品（服务）收入占企业总收入的比例不低于规定比例；
（四）科技人员占企业职工总数的比例不低于规定比例；
（五）高新技术企业认定管理办法规定的其他条件。
《国家重点支持的高新技术领域》和高新技术企业认定管理办法由国务院科技、财政、税务主管部门商国务院有关部门制订，报国务院批准后公布施行。

第九十四条 企业所得税法第二十九条所称民族自治地方，是指依照《中华人民共和国民族区域自治法》的规定，实行民族区域自治的自治区、自治州、自治县。
对民族自治地方内国家限制和禁止行业的企业，不得减征或者免征企业所得税。

第九十五条 企业所得税法第三十条第（一）项所称研究开发费用的加计扣除，是指企业为开发新技术、新产品、新工艺发生的研究开发费用，未形成无形资产计入当期损益的，在按照规定据实扣除的基础上，按照研究开发费用的50%加计扣除；形成无形资产的，按照无形资产成本的150%摊销。

第九十六条 企业所得税法第三十条第（二）项所称企业安置残疾人员所支付的工资的加计扣除，是指企业安置残疾人员的,在按照支付给残疾职工工资据实扣除的基础上,按照支付给残疾职工工资的100%加计扣除。残疾人员的范围适用《中华人民共和国残疾人保障法》的有关规定。

企业所得税法第三十条第(二)项所称企业安置国家鼓励安置的其他就业人员所支付的工资的加计扣除办法,由国务院另行规定。

第九十七条 企业所得税法第三十一条所称抵扣应纳税所得额,是指创业投资企业采取股权投资方式投资于未上市的中小高新技术企业2年以上的,可以按照其投资额的70%在股权持有满2年的当年抵扣该创业投资企业的应纳税所得额;当年不足抵扣的,可以在以后纳税年度结转抵扣。

第九十八条 企业所得税法第三十二条所称可以采取缩短折旧年限或者采取加速折旧的方法的固定资产,包括:

(一)由于技术进步,产品更新换代较快的固定资产;
(二)常年处于强震动、高腐蚀状态的固定资产。

采取缩短折旧年限方法的,最低折旧年限不得低于本条例第六十条规定折旧年限的60%;采取加速折旧方法的,可以采取双倍余额递减法或者年数总和法。

第九十九条 企业所得税法第三十三条所称减计收入,是指企业以《资源综合利用企业所得税优惠目录》规定的资源作为主要原材料,生产国家非限制和禁止并符合国家和行业相关标准的产品取得的收入,减按90%计入收入总额。

前款所称原材料占生产产品材料的比例不得低于《资源综合利用企业所得税优惠目录》规定的标准。

第一百条 企业所得税法第三十四条所称税额抵免,是指企业购置并实际使用《环境保护专用设备企业所得税优惠目录》、《节能节水专用设备企业所得税优惠目录》和《安全生产专用设备企业所得税优惠目录》规定的环境保护、节能节水、安全生产等专用设备的,该专用设备的投资额的10%可以从企业当年的应纳税额中抵免;当年不足抵免的,可以在以后5个纳税年度结转抵免。

享受前款规定的企业所得税优惠的企业,应当实际购置并自身实际投入使用前款规定的专用设备;企业购置上述专用设备在5年内转让、出租的,应当停止享受企业所得税优惠,并补缴已经抵免的企业所得税税款。

第一百零一条 本章第八十七条、第九十九条、第一百条规定的企业所得税优惠目录,由国务院财政、税务主管部门商国务院有关部门制订,报国务院批准后公布施行。

第一百零二条 企业同时从事适用不同企业所得税待遇的项目的,其优惠项目应当单独计算所得,并合理分摊企业的期间费用;没有单独计算的,不得享受企业所得税优惠。

第五章 源泉扣缴

第一百零三条 依照企业所得税法对非居民企业应当缴纳的企业所得税实行源泉扣缴的,应当依照企业所得税法第十九条的规定计算应纳税所得额。

企业所得税法第十九条所称收入全额,是指非居民企业向支付人收取的全部价款和价外费用。

第一百零四条 企业所得税法第三十七条所称支付人,是指依照有关法律规定或者合同约定对非居民企业直接负有支付相关款项义务的单位或者个人。

第一百零五条 企业所得税法第三十七条所称支付,包括现金支付、汇拨支付、转账支付和权益兑价支付等货币支付和非货币支付。

企业所得税法第三十七条所称到期应支付的款项,是指支付人按照权责发生制原则应当计入相关成本、费用的应付款项。

第一百零六条 企业所得税法第三十八条规定的可以指定扣缴义务人的情形,包括:

(一)预计工程作业或者提供劳务期限不足一个纳税年度,且有证据表明不履行纳税义务的;
(二)没有办理税务登记或者临时税务登记,且未委托中国境内的代理人履行纳税义务的;
(三)未按照规定期限办理企业所得税纳税申报或者预缴申报的。

前款规定的扣缴义务人,由县级以上税务机关指定,并同时告知扣缴义务人所扣税款的计算依据、计算方法、扣缴期限和扣缴方式。

第一百零七条 企业所得税法第三十九条所称所得发生地,是指依照本条例第七条规定的原则确定的所得发生地。在中国境内存在多处所得发生地的,由纳税人选择其中之一申报缴纳企业所得税。

第一百零八条 企业所得税法第三十九条所称该纳税人在中国境内其他收入,是指该纳税人在中国境内取得的其他各种来源的收入。

税务机关在追缴该纳税人应纳税款时,应当将追缴理由、追缴数额、缴纳期限和缴纳方式等告知该纳税人。

第六章 特别纳税调整

第一百零九条 企业所得税法第四十一条所称关联

方,是指与企业有下列关联关系之一的企业、其他组织或者个人：

（一）在资金、经营、购销等方面存在直接或者间接的控制关系；

（二）直接或者间接地同为第三者控制；

（三）在利益上具有相关联的其他关系。

第一百一十条 企业所得税法第四十一条所称独立交易原则,是指没有关联关系的交易各方,按照公平成交价格和营业常规进行业务往来遵循的原则。

第一百一十一条 企业所得税法第四十一条所称合理方法,包括：

（一）可比非受控价格法,是指按照没有关联关系的交易各方进行相同或者类似业务往来的价格进行定价的方法；

（二）再销售价格法,是指按照从关联方购进商品再销售给没有关联关系的交易方的价格,减除相同或者类似业务的销售毛利进行定价的方法；

（三）成本加成法,是指按照成本加合理的费用和利润进行定价的方法；

（四）交易净利润法,是指按照没有关联关系的交易各方进行相同或者类似业务往来取得的净利润水平确定利润的方法；

（五）利润分割法,是指将企业与其关联方的合并利润或者亏损在各方之间采用合理标准进行分配的方法；

（六）其他符合独立交易原则的方法。

第一百一十二条 企业可以依照企业所得税法第四十一条第二款的规定,按照独立交易原则与其关联方分摊共同发生的成本,达成成本分摊协议。

企业与其关联方分摊成本时,应当按照成本与预期收益相配比的原则进行分摊,并在税务机关规定的期限内,按照税务机关的要求报送有关资料。

企业与其关联方分摊成本时违反本条第一款、第二款规定的,其自行分摊的成本不得在计算应纳税所得额时扣除。

第一百一十三条 企业所得税法第四十二条所称预约定价安排,是指企业就其未来年度关联交易的定价原则和计算方法,向税务机关提出申请,与税务机关按照独立交易原则协商、确认后达成的协议。

第一百一十四条 企业所得税法第四十三条所称相关资料,包括：

（一）与关联业务往来有关的价格、费用的制定标准、计算方法和说明等同期资料；

（二）关联业务往来所涉及的财产、财产使用权、劳务等的再销售（转让）价格或者最终销售（转让）价格的相关资料；

（三）与关联业务调查有关的其他企业应当提供的与被调查企业可比的产品价格、定价方式以及利润水平等资料；

（四）其他与关联业务往来有关的资料。

企业所得税法第四十三条所称与关联业务调查有关的其他企业,是指与被调查企业在生产经营内容和方式上相类似的企业。

企业应当在税务机关规定的期限内提供与关联业务往来有关的价格、费用的制定标准、计算方法和说明等资料。关联方以及与关联业务调查有关的其他企业应当在税务机关与其约定的期限内提供相关资料。

第一百一十五条 税务机关依照企业所得税法第四十四条的规定核定企业的应纳税所得额时,可以采用下列方法：

（一）参照同类或者类似企业的利润率水平核定；

（二）按照企业成本加合理的费用和利润的方法核定；

（三）按照关联企业集团整体利润的合理比例核定；

（四）按照其他合理方法核定。

企业对税务机关按照前款规定的方法核定的应纳税所得额有异议的,应当提供相关证据,经税务机关认定后,调整核定的应纳税所得额。

第一百一十六条 企业所得税法第四十五条所称中国居民,是指根据《中华人民共和国个人所得税法》的规定,就其从中国境内、境外取得的所得在中国缴纳个人所得税的个人。

第一百一十七条 企业所得税法第四十五条所称控制,包括：

（一）居民企业或者中国居民直接或者间接单一持有外国企业10%以上有表决权股份,且由其共同持有该外国企业50%以上股份；

（二）居民企业,或者居民企业和中国居民持股比例没有达到第（一）项规定的标准,但在股份、资金、经营、购销等方面对该外国企业构成实质控制。

第一百一十八条 企业所得税法第四十五条所称实际税负明显低于企业所得税法第四条第一款规定税率水平,是指低于企业所得税法第四条第一款规定税率的50%。

第一百一十九条 企业所得税法第四十六条所称债

权性投资,是指企业直接或者间接从关联方获得的,需要偿还本金和支付利息或者需要以其他具有支付利息性质的方式予以补偿的融资。

企业间接从关联方获得的债权性投资,包括:

(一)关联方通过无关联第三方提供的债权性投资;

(二)无关联第三方提供的、由关联方担保且负有连带责任的债权性投资;

(三)其他间接从关联方获得的具有负债实质的债权性投资。

企业所得税法第四十六条所称权益性投资,是指企业接受的不需要偿还本金和支付利息,投资人对企业净资产拥有所有权的投资。

企业所得税法第四十六条所称标准,由国务院财政、税务主管部门另行规定。

第一百二十条 企业所得税法第四十七条所称不具有合理商业目的,是指以减少、免除或者推迟缴纳税款为主要目的。

第一百二十一条 税务机关根据税收法律、行政法规的规定,对企业作出特别纳税调整的,应当对补征的税款,自税款所属纳税年度的次年6月1日起至补缴税款之日止的期间,按日加收利息。

前款规定加收的利息,不得在计算应纳税所得额时扣除。

第一百二十二条 企业所得税法第四十八条所称利息,应当按照税款所属纳税年度中国人民银行公布的与补税期间同期的人民币贷款基准利率加5个百分点计算。

企业依照企业所得税法第四十三条和本条例的规定提供有关资料的,可以只按前款规定的人民币贷款基准利率计算利息。

第一百二十三条 企业与其关联方之间的业务往来,不符合独立交易原则,或者企业实施其他不具有合理商业目的安排的,税务机关有权在该业务发生的纳税年度起10年内,进行纳税调整。

第七章 征收管理

第一百二十四条 企业所得税法第五十条所称企业登记注册地,是指企业依照国家有关规定登记注册的住所地。

第一百二十五条 企业汇总计算并缴纳企业所得税时,应当统一核算应纳税所得额,具体办法由国务院财政、税务主管部门另行制定。

第一百二十六条 企业所得税法第五十一条所称主要机构、场所,应当同时符合下列条件:

(一)对其他各机构、场所的生产经营活动负有监督管理责任;

(二)设有完整的账簿、凭证,能够准确反映各机构、场所的收入、成本、费用和盈亏情况。

第一百二十七条 企业所得税分月或者分季预缴,由税务机关具体核定。

企业根据企业所得税法第五十四条规定分月或者分季预缴企业所得税时,应当按照月度或者季度的实际利润额预缴;按照月度或者季度的实际利润额预缴有困难的,可以按照上一纳税年度应纳税所得额的月度或者季度平均额预缴,或者按经税务机关认可的其他方法预缴。预缴方法一经确定,该纳税年度内不得随意变更。

第一百二十八条 企业在纳税年度内无论盈利或者亏损,都应当依照企业所得税法第五十四条规定的期限,向税务机关报送预缴企业所得税纳税申报表、年度企业所得税纳税申报表、财务会计报告和税务机关规定应当报送的其他有关资料。

第一百二十九条 企业所得以人民币以外的货币计算的,预缴企业所得税时,应当按照月度或者季度最后一日的人民币汇率中间价,折合成人民币计算应纳税所得额。年度终了汇算清缴时,对已经按照月度或者季度预缴税款的,不再重新折合计算,只就该纳税年度内未缴纳企业所得税的部分,按照纳税年度最后一日的人民币汇率中间价,折合成人民币计算应纳税所得额。

经税务机关检查确认,企业少计或者多计前款规定的所得的,应当按照检查确认补税或者退税时的上一个月最后一日的人民币汇率中间价,将少计或者多计的所得折合成人民币计算应纳税所得额,再计算应补缴或者应退的税款。

第八章 附则

第一百三十条 企业所得税法第五十七条第一款所称本法公布前已经批准设立的企业,是指企业所得税法公布前已经完成登记注册的企业。

第一百三十一条 在香港特别行政区、澳门特别行政区和台湾地区成立的企业,参照适用企业所得税法第二条第二款、第三款的有关规定。

第一百三十二条 本条例自2008年1月1日起施行。1991年6月30日国务院发布的《中华人民共和国外商投资企业和外国企业所得税法实施细则》和1994年2月4日财政部发布的《中华人民共和国企业所得税暂行条例实施细则》同时废止。

企业所得税汇算清缴管理办法①

- 2009年4月16日国税发〔2009〕79号公布
- 根据2018年6月15日《国家税务总局关于修改部分税收规范性文件的公告》修正

第一条 为加强企业所得税征收管理,进一步规范企业所得税汇算清缴管理工作,根据《中华人民共和国企业所得税法》及其实施条例(以下简称企业所得税法及其实施条例)和《中华人民共和国税收征收管理法》及其实施细则(以下简称税收征管法及其实施细则)的有关规定,制定本办法。

第二条 企业所得税汇算清缴,是指纳税人自纳税年度终了之日起5个月内或实际经营终止之日起60日内,依照税收法律、法规、规章及其他有关企业所得税的规定,自行计算本纳税年度应纳税所得额和应纳所得税额,根据月度或季度预缴企业所得税的数额,确定该纳税年度应补或者应退税额,并填写企业所得税年度纳税申报表,向主管税务机关办理企业所得税年度纳税申报、提供税务机关要求提供的有关资料,结清全年企业所得税税款的行为。

第三条 凡在纳税年度内从事生产、经营(包括试生产、试经营),或在纳税年度中间终止经营活动的纳税人,无论是否在减税、免税期间,也无论盈利或亏损,均应按照企业所得税法及其实施条例和本办法的有关规定进行企业所得税汇算清缴。

实行核定定额征收企业所得税的纳税人,不进行汇算清缴。

第四条 纳税人应当自纳税年度终了之日起5个月内,进行汇算清缴,结清应缴应退企业所得税税款。

纳税人在年度中间发生解散、破产、撤销等终止生产经营情形,需进行企业所得税清算的,应在清算前报告主管税务机关,并自实际经营终止之日起60日内进行汇算清缴,结清应缴应退企业所得税款;纳税人有其他情形依法终止纳税义务的,应当自停止生产、经营之日起60日内,向主管税务机关办理当期企业所得税汇算清缴。

第五条 纳税人12月份或者第四季度的企业所得税预缴纳税申报,应在纳税年度终了后15日内完成,预缴申报后进行当年企业所得税汇算清缴。

第六条 纳税人需要报经税务机关审批、审核或备案的事项,应按有关程序、时限和要求报送材料等有关规定,在办理企业所得税年度纳税申报前及时办理。

第七条 纳税人应当按照企业所得税法及其实施条例和企业所得税的有关规定,正确计算应纳税所得额和应纳所得税额,如实、正确填写企业所得税年度纳税申报表及其附表,完整、及时报送相关资料,并对纳税申报的真实性、准确性和完整性负法律责任。

第八条 纳税人办理企业所得税年度纳税申报时,应如实填写和报送下列有关资料:

(一)企业所得税年度纳税申报表及其附表;
(二)财务报表;
(三)备案事项相关资料;
(四)总机构及分支机构基本情况、分支机构征税方式、分支机构的预缴税情况;
(五)委托中介机构代理纳税申报的,应出具双方签订的代理合同,并附送中介机构出具的包括纳税调整的项目、原因、依据、计算过程、调整金额等内容的报告;
(六)涉及关联方业务往来的,同时报送《中华人民共和国企业年度关联业务往来报告表》;
(七)主管税务机关要求报送的其他有关资料。

纳税人采用电子方式办理企业所得税年度纳税申报的,应按照有关规定保存有关资料或附报纸质纳税申报资料。

第九条 纳税人因不可抗力,不能在汇算清缴期内办理企业所得税年度纳税申报或备齐企业所得税年度纳税申报资料的,应按照税收征管法及其实施细则的规定,申请办理延期纳税申报。

第十条 纳税人在汇算清缴期内发现当年企业所得税申报有误的,可在汇算清缴期内重新办理企业所得税年度纳税申报。

第十一条 纳税人在纳税年度内预缴企业所得税款少于应缴企业所得税款的,应在汇算清缴期内结清应补缴的企业所得税款;预缴税款超过应纳税款的,主管税务机关应及时按有关规定办理退税,或者经纳税人同意后抵缴其下一年度应缴企业所得税款。

第十二条 纳税人因有特殊困难,不能在汇算清缴期内补缴企业所得税款的,应按照税收征管法及其实施细则的有关规定,办理申请延期缴纳税款手续。

第十三条 实行跨地区经营汇总纳税企业所得税的纳税人,由统一计算应纳税所得额和应纳所得税额的总机构,按照上述规定,在汇算清缴期内向所在地主管税务机

---

① 本办法第十一条"或者经纳税人同意后抵缴其下一年度应缴企业所得税款"的规定已被2021年12月31日《国家税务总局关于企业所得税年度汇算清缴有关事项的公告》废止。

关办理企业所得税年度纳税申报，进行汇算清缴。分支机构不进行汇算清缴，但应将分支机构的营业收支等情况在报总机构统一汇算清缴前报送分支机构所在地主管税务机关。总机构应将分支机构及其所属机构的营业收支纳入总机构汇算清缴等情况报送各分支机构所在地主管税务机关。

第十四条 经批准实行合并缴纳企业所得税的企业集团，由集团母公司（以下简称汇缴企业）在汇算清缴期内，向汇缴企业所在地主管税务机关报送汇缴企业及各个成员企业合并计算填写的企业所得税年度纳税申报表，以及本办法第八条规定的有关资料及各个成员企业的企业所得税年度纳税申报表，统一办理汇缴企业及其成员企业的企业所得税汇算清缴。

汇缴企业应根据汇算清缴的期限要求，自行确定其成员企业向汇缴企业报送本办法第八条规定的有关资料的期限。成员企业向汇缴企业报送的上述资料，应经成员企业所在地的主管税务机关审核。

第十五条 纳税人未按规定期限进行汇算清缴，或者未报送本办法第八条所列资料的，按照税收征管法及其实施细则的有关规定处理。

第十六条 各级税务机关要结合当地实际，对每一纳税年度的汇算清缴工作进行统一安排和组织部署。汇算清缴管理工作由具体负责企业所得税日常管理的部门组织实施。税务机关内部各职能部门应充分协调和配合，共同做好汇算清缴的管理工作。

第十七条 各级税务机关应在汇算清缴开始之前和汇算清缴期间，主动为纳税人提供税收服务。

（一）采用多种形式进行宣传，帮助纳税人了解企业所得税政策、征管制度和办税程序；

（二）积极开展纳税辅导，帮助纳税人知晓汇算清缴范围、时间要求、报送资料及其他应注意的事项；

（三）必要时组织纳税培训，帮助纳税人进行企业所得税自核自缴。

第十八条 主管税务机关应及时向纳税人发放汇算清缴的表、证、单、书。

第十九条 主管税务机关受理纳税人企业所得税年度纳税申报表及有关资料时，如发现企业未按规定报齐有关资料或填报项目不完整，应及时告知企业在汇算清缴期内补齐补正。

第二十条 主管税务机关受理纳税人年度纳税申报后，应对纳税人年度纳税申报表的逻辑性和有关资料的完整性、准确性进行审核。审核重点主要包括：

（一）纳税人企业所得税年度纳税申报表及其附表与企业财务报表有关项目的数字是否相符，各项目之间的逻辑关系是否对应，计算是否正确。

（二）纳税人是否按规定弥补以前年度亏损额和结转以后年度待弥补的亏损额。

（三）纳税人是否符合税收优惠条件、税收优惠的确认和申请是否符合规定程序。

（四）纳税人税前扣除的财产损失是否真实、是否符合有关规定程序。跨地区经营汇总缴纳企业所得税的纳税人，其分支机构税前扣除的财产损失是否由分支机构所在地主管税务机关出具证明。

（五）纳税人有无预缴企业所得税的完税凭证，完税凭证上填列的预缴数额是否真实。跨地区经营汇总缴纳企业所得税的纳税人及其所属分支机构预缴的税款是否与《中华人民共和国企业所得税汇总纳税分支机构分配表》中分配的数额一致。

（六）纳税人企业所得税和其他各税种之间的数据是否相符、逻辑关系是否吻合。

第二十一条 主管税务机关应结合纳税人企业所得税预缴情况及日常征管情况，对纳税人报送的企业所得税年度纳税申报表及其附表和其他有关资料进行初步审核后，按规定程序及时办理企业所得税补、退税或抵缴其下一年度应纳所得税款等事项。

第二十二条 税务机关应做好跨地区经营汇总纳税企业和合并纳税企业汇算清缴的协同管理。

（一）总机构和汇缴企业所在地主管税务机关在对企业的汇总或合并纳税申报资料审核时，发现其分支机构或成员企业申报内容有疑点需进一步核实的，应向其分支机构或成员企业所在地主管税务机关发出有关税务事项协查函；该分支机构或成员企业所在地主管税务机关应在要求的时限内就协查事项进行调查核实，并将核查结果函复总机构或汇缴企业所在地主管税务机关。

（二）总机构和汇缴企业所在地主管税务机关收到分支机构或成员企业所在地主管税务机关反馈的核查结果后，应对总机构和汇缴企业申报的应纳税所得额及应纳所得税额作相应调整。

第二十三条 汇算清缴工作结束后，税务机关应组织开展汇算清缴数据分析、纳税评估和检查。纳税评估和检查的对象、内容、方法、程序等按照国家税务总局的有关规定执行。

第二十四条 汇算清缴工作结束后，各级税务机关应认真总结，写出书面总结报告逐级上报。各省、自治区、直辖市和计划单列市税务局应在每年7月底前将汇算清缴工作总结报告、年度企业所得税汇总报表报送国家税务总局(所得税司)。总结报告的内容应包括：

(一)汇算清缴工作的基本情况；

(二)企业所得税税源结构的分布情况；

(三)企业所得税收入增减变化及原因；

(四)企业所得税政策和征管制度贯彻落实中存在的问题和改进建议。

第二十五条 本办法适用于企业所得税居民企业纳税人。

第二十六条 各省、自治区、直辖市和计划单列市税务局可根据本办法制定具体实施办法。

第二十七条 本办法自2009年1月1日起执行。《国家税务总局关于印发〈企业所得税汇算清缴管理办法〉的通知》(国税发〔2005〕200号)、《国家税务总局关于印发新修订的〈外商投资企业和外国企业所得税汇算清缴工作规程〉的通知》(国税发〔2003〕12号)和《国家税务总局关于印发新修订的〈外商投资企业和外国企业所得税汇算清缴管理办法〉的通知》(国税发〔2003〕13号)同时废止。

2008年度企业所得税汇算清缴按本办法执行。

第二十八条 本办法由国家税务总局负责解释。

非居民企业所得税汇算清缴管理办法①

· 2009年1月22日国税发〔2009〕6号公布
· 根据2018年6月15日《国家税务总局关于修改部分税收规范性文件的公告》修正

　　为规范非居民企业所得税汇算清缴工作，根据《中华人民共和国企业所得税法》(以下简称企业所得税法)及其实施条例和《中华人民共和国税收征收管理法》(以下简称税收征管法)及其实施细则的有关规定，制定本办法。

一、汇算清缴对象

(一)依照外国(地区)法律成立且实际管理机构不在中国境内，但在中国境内设立机构、场所的非居民企业(以下称为企业)，无论盈利或者亏损，均应按照企业所得税法及本办法规定参加所得税汇算清缴。

(二)企业具有下列情形之一的，可不参加当年度的所得税汇算清缴：

1. 临时来华承包工程和提供劳务不足1年，在年度中间终止经营活动，且已经结清税款；

2. 汇算清缴期内已办理注销；

3. 其他经主管税务机关批准可不参加当年度所得税汇算清缴。

二、汇算清缴时限

(一)企业应当自年度终了之日起5个月内，向税务机关报送年度企业所得税纳税申报表，并汇算清缴，结清应缴应退税款。

(二)企业在年度中间终止经营活动的，应当自实际经营终止之日起60日内，向税务机关办理当期企业所得税汇算清缴。

三、申报纳税

(一)企业办理所得税年度申报时，应当如实填写和报送下列报表、资料：

1. 年度企业所得税纳税申报表及其附表；

2. 年度财务会计报告；

3. 税务机关规定应当报送的其他有关资料。

(二)企业因特殊原因，不能在规定期限内办理年度所得税申报，应当在年度终了之日起5个月内，向主管税务机关提出延期申报申请。主管税务机关批准后，可以适当延长申报期限。

(三)企业采用电子方式办理纳税申报的，应附报纸质纳税申报资料。

(四)企业委托中介机构代理年度企业所得税纳税申报的，应附送委托人签章的委托书原件。

(五)企业申报年度所得税后，经主管税务机关审核，需补缴或退还所得税的，应在收到主管税务机关送达的《非居民企业所得税汇算清缴涉其事宜通知书》(见附件1和附件2)后，按规定时限将税款补缴入库，或按照主管税务机关的要求办理退税手续。

(六)经批准采取汇总申报缴纳所得税的企业，其履行汇总纳税的机构、场所(以下简称汇缴机构)，应当于每年5月31日前，向汇缴机构所在地主管税务机关索取《非居民企业汇总申报企业所得税证明》(以下称为《汇总申报纳税证明》，见附件3)；企业其他机构、场所(以下简称其他机构)应当于每年6月30前将《汇总申报纳税证明》及其财务会计报告送交其所在地主管税务机关。

在上述规定期限内，其他机构未向其所在地主管税务机关提供《汇总申报纳税证明》，且又无汇缴机构延期申报批准文件的，其他机构所在地主管税务机关应负责检查核实或核定该其他机构应纳税所得额，计算征收应

---

① 本办法第三条第六项已被《国家税务总局、财政部、中国人民银行关于非居民企业机构场所汇总缴纳企业所得税有关问题的公告》废止。

补缴税款并实施处罚。

（七）企业补缴税款确因特殊困难需延期缴纳的，按税收征管法及其实施细则的有关规定办理。

（八）企业在所得税汇算清缴期限内，发现当年度所得税申报有误的，应当在年度终了之日起5个月内向主管税务机关重新办理年度所得税申报。

（九）企业报送报表期限的最后一日是法定休假日的，以休假日期满的次日为期限的最后一日；在期限内有连续三日以上法定休假日的，按休假日天数顺延。

四、法律责任

（一）企业未按规定期限办理年度所得税申报，且未经主管税务机关批准延期申报，或报送资料不全、不符合要求的，应在收到主管税务机关送达的《责令限期改正通知书》后按规定时限补报。

企业未按规定期限办理年度所得税申报，且未经主管税务机关批准延期申报的，主管税务机关除责令其限期申报外，可按照税收征管法的规定处以2000元以下的罚款，逾期仍不申报的，可处2000元以上10000元以下的罚款，同时核定其年度应纳税额，责令其限期缴纳。企业在收到主管税务机关送达的《非居民企业所得税应纳税款核定通知书》（见附件4）后，应在规定时限内缴纳税款。

（二）企业未按规定期限办理所得税汇算清缴，主管税务机关除责令其限期办理外，对发生税款滞纳的，按照税收征管法的规定，加收滞纳金。

（三）企业同税务机关在纳税上发生争议时，依照税收征管法相关规定执行。

五、本办法自2008年1月1日起执行。

附件：

1. 非居民企业所得税汇算清缴涉税事宜通知书（据实申报企业适用）（略）
2. 非居民企业所得税汇算清缴涉税事宜通知书（核定征收企业适用）（略）
3. 非居民企业汇总申报企业所得税证明（略）
4. 非居民企业所得税应纳税款核定通知书（略）

企业所得税核定征收办法（试行）

- 2008年3月6日国税发〔2008〕30号公布
- 根据2018年6月15日《国家税务总局关于修改部分税收规范性文件的公告》修正

第一条 为了加强企业所得税征收管理，规范核定征收企业所得税工作，保障国家税款及时足额入库，维护纳税人合法权益，根据《中华人民共和国企业所得税法》及其实施条例、《中华人民共和国税收征收管理法》及其实施细则的有关规定，制定本办法。

第二条 本办法适用于居民企业纳税人。

第三条 纳税人具有下列情形之一的，核定征收企业所得税：

（一）依照法律、行政法规的规定可以不设置账簿的；

（二）依照法律、行政法规的规定应当设置但未设置账簿的；

（三）擅自销毁账簿或者拒不提供纳税资料的；

（四）虽设置账簿，但账目混乱或者成本资料、收入凭证、费用凭证残缺不全，难以查账的；

（五）发生纳税义务，未按照规定的期限办理纳税申报，经税务机关责令限期申报，逾期仍不申报的；

（六）申报的计税依据明显偏低，又无正当理由的。

特殊行业、特殊类型的纳税人和一定规模以上的纳税人不适用本办法。上述特定纳税人由国家税务总局另行明确。

第四条 税务机关应根据纳税人具体情况，对核定征收企业所得税的纳税人，核定应税所得率或者核定应纳所得额。

具有下列情形之一的，核定其应税所得率：

（一）能正确核算（查实）收入总额，但不能正确核算（查实）成本费用总额的；

（二）能正确核算（查实）成本费用总额，但不能正确核算（查实）收入总额的；

（三）通过合理方法，能计算和推定纳税人收入总额或成本费用总额的。

纳税人不属于以上情形的，核定其应纳所得额。

第五条 税务机关采用下列方法核定征收企业所得税：

（一）参照当地同类行业或者类似行业中经营规模和收入水平相近的纳税人的税负水平核定；

（二）按照应税收入额或成本费用支出额定率核定；

（三）按照耗用的原材料、燃料、动力等推算或测算核定；

（四）按照其他合理方法核定。

采用前款所列一种方法不足以正确核定应纳税所得额或应纳税额的，可以同时采用两种以上的方法核定。采用两种以上方法测算的应纳税额不一致时，可按测算的应纳税额从高核定。

第六条 采用应税所得率方式核定征收企业所得税的，应纳所得税额计算公式如下：

应纳所得税额＝应纳税所得额×适用税率

应纳税所得额＝应税收入额×应税所得率

或：应纳税所得额＝成本（费用）支出额/（1-应税所得率）×应税所得率

第七条 实行应税所得率方式核定征收企业所得税的纳税人，经营多业的，无论其经营项目是否单独核算，均由税务机关根据其主营项目确定适用的应税所得率。

主营项目应为纳税人所有经营项目中，收入总额或者成本（费用）支出额或者耗用原材料、燃料、动力数量所占比重最大的项目。

第八条 应税所得率按下表规定的幅度标准确定：

行业	应税所得率(%)
农、林、牧、渔业	3－10
制造业	5－15
批发和零售贸易业	4－15
交通运输业	7－15
建筑业	8－20
饮食业	8－25
娱乐业	15－30
其他行业	10－30

第九条 纳税人的生产经营范围、主营业务发生重大变化，或者应纳税所得额或应纳税额增减变化达到20%的，应及时向税务机关申报调整已确定的应纳税所得额或应税所得率。

第十条 主管税务机关应及时向纳税人送达《企业所得税核定征收鉴定表》（表附后），及时完成对其核定征收企业所得税的鉴定工作。具体程序如下：

（一）纳税人应在收到《企业所得税核定征收鉴定表》后10个工作日内，填好该表并报送主管税务机关。《企业所得税核定征收鉴定表》一式三联，主管税务机关和县税务机关各执一联，另一联送达纳税人执行。主管税务机关还可根据实际工作需要，适当增加联次备用。

（二）主管税务机关应在受理《企业所得税核定征收鉴定表》后20个工作日内，分类逐户审查核实，提出鉴定意见，并报县税务机关复核、认定。

（三）县税务机关应在收到《企业所得税核定征收鉴定表》后30个工作日内，完成复核、认定工作。

纳税人收到《企业所得税核定征收鉴定表》后，未在规定期限内填列、报送的，税务机关视同纳税人已经报送，按上述程序进行复核认定。

第十一条 税务机关应在每年6月底前对上年度实行核定征收企业所得税的纳税人进行重新鉴定。重新鉴定工作完成前，纳税人可暂按上年度的核定征收方式预缴企业所得税；重新鉴定工作完成后，按重新鉴定的结果进行调整。

第十二条 主管税务机关应当分类逐户公示核定的应纳所得税额或应税所得率。主管税务机关应当按照便于纳税人及社会各界了解、监督的原则确定公示地点、方式。

纳税人对税务机关确定的企业所得税征收方式、核定的应纳所得税额或应税所得率有异议的，应当提供合法、有效的相关证据，税务机关经核实认定后调整有异议的事项。

第十三条 纳税人实行核定应税所得率方式的，按下列规定申报纳税：

（一）主管税务机关根据纳税人应纳税额的大小确定纳税人按月或者按季预缴，年终汇算清缴。预缴方法一经确定，一个纳税年度内不得改变。

（二）纳税人应依照确定的应税所得率计算纳税期间实际应缴纳的税额，进行预缴。按实际数额预缴有困难的，经主管税务机关同意，可按上一年度应纳税额的1/12或1/4预缴，或者按经主管税务机关认可的其他方法预缴。

（三）纳税人预缴税款或年终进行汇算清缴时，应按规定填写《中华人民共和国企业所得税月（季）度预缴纳税申报表（B类）》，在规定的纳税申报时限内报送主管税务机关。

第十四条 纳税人实行核定应纳所得税额方式的，按下列规定申报纳税：

（一）纳税人在应纳所得税额尚未确定之前，可暂按上年度应纳所得税额的1/12或1/4预缴，或者按经主管税务机关认可的其他方法，按月或按季分期预缴。

（二）在应纳所得税额确定以后，减除当年已预缴的所得税额，余额按剩余月份或季度均分，以此确定以后各月或各季的应纳税额，由纳税人按月或按季填写《中华人民共和国企业所得税月（季）度预缴纳税申报表（B类）》，在规定的纳税申报期限内进行纳税申报。

（三）纳税人年度终了后，在规定的时限内按照实际经营额或实际应纳税额向税务机关申报纳税。申报额超过核定经营额或应纳税额的，按申报额缴纳税款；申报额低于核定经营额或应纳税额的，按核定经营额或应纳额缴纳税款。

第十五条 对违反本办法规定的行为，按照《中华人民共和国税收征收管理法》及其实施细则的有关规定处理。

第十六条 各省、自治区、直辖市和计划单列市税务局，根据本办法的规定制定具体实施办法，并报国家税务总局备案。

第十七条 本办法自2008年1月1日起执行。《国家税务总局关于印发〈核定征收企业所得税暂行办法〉的通知》(国税发〔2000〕38号)同时废止。

国家税务总局关于企业所得税若干政策征管口径问题的公告

·2021年6月22日
·国家税务总局公告2021年第17号

为贯彻落实中办、国办印发的《关于进一步深化税收征管改革的意见》，深入开展2021年"我为纳税人缴费人办实事暨便民办税春风行动"，推进税收领域"放管服"改革，更好服务市场主体，根据《中华人民共和国企业所得税法》及其实施条例（以下简称税法）等相关规定，对企业所得税若干政策征管口径问题公告如下：

一、关于公益性捐赠支出相关费用的扣除问题

企业在非货币性资产捐赠过程中发生的运费、保险费、人工费用等相关支出，凡纳入国家机关、公益性社会组织开具的公益捐赠票据记载的数额中的，作为公益性捐赠支出按照规定在税前扣除；上述费用未纳入公益性捐赠票据记载的数额中的，作为企业相关费用按照规定在税前扣除。

二、关于可转换债券转换为股权投资的税务处理问题

（一）购买方企业的税务处理

1. 购买方企业购买可转换债券，在其持有期间按照约定利率取得的利息收入，应当依法申报缴纳企业所得税。

2. 购买方企业可转换债券转换为股票时，将应收未收利息一并转为股票的，该应收未收利息即使会计上未确认收入，税收上也应当作为当期利息收入申报纳税；转换后以该债券购买价、应收未收利息和支付的相关税费为该股票投资成本。

（二）发行方企业的税务处理

1. 发行方企业发生的可转换债券的利息，按照规定在税前扣除。

2. 发行方企业按照约定将购买方持有的可转换债券和应付未付利息一并转为股票的，其应付未付利息视同已支付，按照规定在税前扣除。

三、关于跨境混合性投资业务企业所得税的处理问题

境外投资者在境内从事混合性投资业务，满足《国家税务总局关于企业混合性投资业务企业所得税处理问题的公告》(2013年第41号)第一条规定的条件的，可以按照该公告第二条第一款的规定进行企业所得税处理，但同时符合以下两种情形的除外：

（一）该境外投资者与境内被投资企业构成关联关系；

（二）境外投资者所在国家（地区）将该项投资收益认定为权益性投资收益，且不征收企业所得税。

同时符合上述第（一）项和第（二）项规定情形的，境内被投资企业向境外投资者支付的利息应视为股息，不得进行税前扣除。

四、企业所得税核定征收改为查账征收后有关资产的税务处理问题

（一）企业能够提供资产购置发票的，以发票载明金额为计税基础；不能提供资产购置发票的，可以凭购置资产的合同（协议）、资金支付证明、会计核算资料等记载金额，作为计税基础。

（二）企业核定征税期间投入使用的资产，改为查账征税后，按照税法规定的折旧、摊销年限，扣除该资产投入使用年限后，就剩余年限继续计提折旧、摊销额并在税前扣除。

五、关于文物、艺术品资产的税务处理问题

企业购买的文物、艺术品用于收藏、展示、保值增值的，作为投资资产进行税务处理。文物、艺术品资产在持有期间，计提的折旧、摊销费用，不得税前扣除。

六、关于企业取得政府财政资金的收入时间确认问题

企业按照市场价格销售货物、提供劳务服务等，凡由政府财政部门根据企业销售货物、提供劳务服务的数量、金额的一定比例给予全部或部分资金支付的，应当按照权责发生制原则确认收入。

除上述情形外，企业取得的各种政府财政支付，如财政补贴、补助、补偿、退税等，应当按照实际取得收入的时间确认收入。

本公告适用于2021年及以后年度汇算清缴。

特此公告。

非居民企业所得税核定征收管理办法

- 2010年2月20日国税发〔2010〕19号公布
- 根据2015年4月17日《国家税务总局关于修改〈非居民企业所得税核定征收管理办法〉等文件的公告》第一次修正
- 根据2016年5月5日《国家税务总局关于修改按经费支出换算收入方式核定非居民企业应纳税所得额计算公式的公告》第二次修正
- 根据2018年6月15日《国家税务总局关于修改部分税收规范性文件的公告》第三次修正

第一条 为了规范非居民企业所得税核定征收工作,根据《中华人民共和国企业所得税法》(以下简称企业所得税法)及其实施条例和《中华人民共和国税收征收管理法》(以下简称税收征管法)及其实施细则,制定本办法。

第二条 本办法适用于企业所得税法第三条第二款规定的非居民企业,外国企业常驻代表机构企业所得税核定办法按照有关规定办理。

第三条 非居民企业应当按照税收征管法及有关法律法规设置账簿,根据合法、有效凭证记账,进行核算,并应按照其实际履行的功能与承担的风险相匹配的原则,准确计算应纳税所得额,据实申报缴纳企业所得税。

第四条 非居民企业因会计账簿不健全,资料残缺难以查账,或者其他原因不能准确计算并据实申报其应纳税所得额的,税务机关有权采取以下方法核定其应纳税所得额:

(一)按收入总额核定应纳税所得额:适用于能够正确核算收入或通过合理方法推定收入总额,但不能正确核算成本费用的非居民企业。计算公式如下:

应纳税所得额=收入总额×经税务机关核定的利润率

(二)按成本费用核定应纳税所得额:适用于能够正确核算成本费用,但不能正确核算收入总额的非居民企业。计算公式如下:

应纳税所得额=成本费用总额/(1-经税务机关核定的利润率)×经税务机关核定的利润率

(三)按经费支出换算收入核定应纳税所得额:适用于能够正确核算经费支出总额,但不能正确核算收入总额和成本费用的非居民企业。计算公式:

应纳税所得额=本期经费支出额/(1-核定利润率)×核定利润率

第五条 税务机关可按照以下标准确定非居民企业的利润率:

(一)从事承包工程作业、设计和咨询劳务的,利润率为15%-30%;

(二)从事管理服务的,利润率为30%-50%;

(三)从事其他劳务或劳务以外经营活动的,利润率不低于15%。

税务机关有根据认为非居民企业的实际利润率明显高于上述标准的,可以按照比上述标准更高的利润率核定其应纳税所得额。

第六条 非居民企业与中国居民企业签订机器设备或货物销售合同,同时提供设备安装、装配、技术培训、指导、监督服务等劳务,其销售货物合同中未列明提供上述劳务服务收费金额,或者计价不合理的,主管税务机关可以根据实际情况,参照相同或相近业务的计价标准核定劳务收入。无参照标准的,以不低于销售货物合同总价款的10%为原则,确定非居民企业的劳务收入。

第七条 非居民企业为中国境内客户提供劳务取得的收入,凡其提供的服务全部发生在中国境内的,应全额在中国境内申报缴纳企业所得税。凡其提供的服务同时发生在中国境内外的,应以劳务发生地为原则划分其境内外收入,并就其在中国境内取得的劳务收入申报缴纳企业所得税。税务机关对其境内外收入划分的合理性和真实性有疑义的,可以要求非居民企业提供真实有效的证明,并根据工作量、工作时间、成本费用等因素合理划分其境内外收入;如非居民企业不能提供真实有效的证明,税务机关可视同其提供的服务全部发生在中国境内,确定其劳务收入并据以征收企业所得税。

第八条 采取核定征收方式征收企业所得税的非居民企业,在中国境内从事适用不同核定利润率的经营活动,并取得应税所得的,应分别核算并适用相应的利润率计算缴纳企业所得税;凡不能分别核算的,应从高适用利润率,计算缴纳企业所得税。

第九条[①] 主管税务机关应及时向非居民企业送达《非居民企业所得税征收方式鉴定表》(见附件,以下简称《鉴定表》),非居民企业应在收到《鉴定表》后10个工作日内,完成《鉴定表》的填写并送达主管税务机关,主管税务机关在受理《鉴定表》后20个工作日内,完成该项

[①] 本条根据《关于修改〈非居民企业所得税核定征收管理办法〉等文件的公告》修改,同时,《鉴定表》也作了相应的修改。

征收方式的确认工作。

第十条 税务机关发现非居民企业采用核定征收方式计算申报的应纳税所得额不真实，或者明显与其承担的功能风险不相匹配的，有权予以调整。

第十一条 各省、自治区、直辖市和计划单列市税务局可按照本办法第五条规定确定适用的核定利润率幅度，并根据本办法规定制定具体操作规程，报国家税务总局（国际税务司）备案。

第十二条 本办法自发布之日起施行。

附件：非居民企业所得税征收方式鉴定表（略）

关于非居民企业所得税源泉扣缴有关问题的公告

·2017年10月17日国家税务总局公告2017年第37号公布
·根据2018年6月15日《国家税务总局关于修改部分税收规范性文件的公告》修正

按照《国家税务总局关于进一步深化税务系统"放管服"改革优化税收环境的若干意见》（税总发〔2017〕101号）的安排，根据《中华人民共和国企业所得税法》（以下称"企业所得税法"）及其实施条例、《中华人民共和国税收征收管理法》及其实施细则的有关规定，现就非居民企业所得税源泉扣缴有关问题公告如下：

一、依照企业所得税法第三十七条、第三十九条和第四十条规定办理非居民企业所得税源泉扣缴相关事项，适用本公告。与执行企业所得税法第三十八条规定相关的事项不适用本公告。

二、企业所得税法实施条例第一百零四条规定的支付人自行委托代理人或指定其他第三方代为支付相关款项，或者因担保合同或法律规定等原因由第三方保证人或担保人支付相关款项的，仍由委托人、指定人或被保证人、被担保人承担扣缴义务。

三、企业所得税法第十九条第二项规定的转让财产所得包含转让股权等权益性投资资产（以下称"股权"）所得。股权转让收入减除股权净值后的余额为股权转让所得应纳税所得额。

股权转让收入是指股权转让人转让股权所收取的对价，包括货币形式和非货币形式的各种收入。

股权净值是指取得该股权的计税基础。股权的计税基础是股权转让人投资入股时向中国居民企业实际支付的出资成本，或购买该项股权时向该股权的原转让人实际支付的股权受让成本。股权在持有期间发生减值或者增值，按照国务院财政、税务主管部门规定可以确认损益的，股权净值应进行相应调整。企业在计算股权转让所得时，不得扣除被投资企业未分配利润等股东留存收益中按该项股权所可能分配的金额。

多次投资或收购的同项股权被部分转让的，从该项股权全部成本中按照转让比例计算确定被转让股权对应的成本。

四、扣缴义务人支付或者到期应支付的款项以人民币以外的货币支付或计价的，分别按以下情形进行外币折算：

（一）扣缴义务人扣缴企业所得税的，应当按照扣缴义务发生之日人民币汇率中间价折合成人民币，计算非居民企业应纳税所得额。扣缴义务发生之日为相关款项实际支付或者到期应支付之日。

（二）取得收入的非居民企业在主管税务机关责令限期缴纳税款前自行申报缴纳应源泉扣缴税款的，应当按照填开税收缴款书之日前一日人民币汇率中间价折合成人民币，计算非居民企业应纳税所得额。

（三）主管税务机关责令取得收入的非居民企业限期缴纳应源泉扣缴税款的，应当按照主管税务机关作出限期缴税决定之日前一日人民币汇率中间价折合成人民币，计算非居民企业应纳税所得额。

五、财产转让收入或财产净值以人民币以外的货币计价的，分扣缴义务人扣缴税款、纳税人自行申报缴纳税款和主管税务机关责令限期缴纳税款三种情形，先将以非人民币计价项目金额比照本公告第四条规定折合成人民币金额；再按企业所得税法第十九条第二项及相关规定计算非居民企业财产转让所得应纳税所得额。

财产净值或财产转让收入的计价货币按照取得或转让财产时实际支付或收取的计价币种确定。原计价币种停止流通并启用新币种的，按照新旧货币市场转换比例转换为新币种后进行计算。

六、扣缴义务人与非居民企业签订与企业所得税法第三条第三款规定的所得有关的业务合同时，凡合同中约定由扣缴义务人实际承担应纳税款的，应将非居民企业取得的不含税所得换算为含税所得计算并解缴应扣税款。

七、扣缴义务人应当自扣缴义务发生之日起7日内向扣缴义务人所在地主管税务机关申报和解缴代扣税款。扣缴义务人发生到期应支付而未支付情形，应按照《国家税务总局关于非居民企业所得税管理若干问题的公告》（国家税务总局公告2011年第24号）第一条规定进行税务处理。

非居民企业取得应源泉扣缴的所得为股息、红利等权益性投资收益的，相关应纳税款扣缴义务发生之日为股息、红利等权益性投资收益实际支付之日。

非居民企业采取分期收款方式取得应源泉扣缴所得税的同一项转让财产所得的，其分期收取的款项可先视为收回以前投资财产的成本，待成本全部收回后，再计算并扣缴应扣税款。

八、扣缴义务人在申报和解缴应扣税款时，应填报《中华人民共和国扣缴企业所得税报告表》。

扣缴义务人可以在申报和解缴应扣税款前报送有关申报资料；已经报送的，在申报时不再重复报送。

九、按照企业所得税法第三十七条规定应当扣缴的所得税，扣缴义务人未依法扣缴或者无法履行扣缴义务的，取得所得的非居民企业应当按照企业所得税法第三十九条规定，向所得发生地主管税务机关申报缴纳未扣缴税款，并填报《中华人民共和国扣缴企业所得税报告表》。

非居民企业未按照企业所得税法第三十九条规定申报缴纳税款的，税务机关可以责令限期缴纳，非居民企业应当按照税务机关确定的期限申报缴纳税款；非居民企业在税务机关责令限期缴纳前自行申报缴纳税款的，视为已按期缴纳税款。

十、非居民企业取得的同一项所得在境内存在多个所得发生地，涉及多个主管税务机关的，在按照企业所得税法第三十九条规定自行申报缴纳未扣缴税款时，可以选择一地办理本公告第九条规定的申报缴税事宜。受理申报地主管税务机关应在受理申报后5个工作日内，向扣缴义务人所在地和同一项所得其他发生地主管税务机关发送《非居民企业税务事项联络函》(见附件)，告知非居民企业涉税事项。

十一、主管税务机关可以要求纳税人、扣缴义务人和其他知晓情况的相关方提供与应扣缴税款有关的合同和其他相关资料。扣缴义务人应当设立代扣代缴税款账簿和合同资料档案，准确记录非居民企业所得税扣缴情况。

十二、按照企业所得税法第三十七条规定应当扣缴的税款，扣缴义务人应扣未扣的，由扣缴义务人所在地主管税务机关依照《中华人民共和国行政处罚法》第二十三条规定责令扣缴义务人补扣税款，并依法追究扣缴义务人责任；需要向纳税人追缴税款的，由所得发生地主管税务机关依法执行。扣缴义务人所在地与所得发生地不一致的，负责追缴税款的所得发生地主管税务机关应通过扣缴义务人所在地主管税务机关核实有关情况；扣缴义务人所在地主管税务机关应当自确定应纳税款未依法扣缴之日起5个工作日内，向所得发生地主管税务机关发送《非居民企业税务事项联络函》，告知非居民企业涉税事项。

十三、主管税务机关在按照本公告第十二条规定追缴非居民企业应纳税款时，可以采取以下措施：

(一)责令该非居民企业限期申报缴纳应纳税款。

(二)收集、查实该非居民企业在中国境内其他收入项目及其支付人的相关信息，并向该其他项目支付人发出《税务事项通知书》，从该非居民企业其他收入项目款项中依照法定程序追缴欠缴税款及应缴的滞纳金。

其他项目支付人所在地与未扣税所得发生地不一致的，其他项目支付人所在地主管税务机关应给予配合和协助。

十四、按照本公告规定应当源泉扣缴税款的款项已经由扣缴义务人实际支付，但未在规定的期限内解缴应扣税款，并具有以下情形之一的，应作为税款已扣但未解缴情形，按照有关法律、行政法规规定处理：

(一)扣缴义务人已明确告知收款人已代扣税款的；

(二)已在财务会计处理中单独列示应扣税款的；

(三)已在其纳税申报中单独扣除或开始单独摊销扣除应扣税款的；

(四)其他证据证明已代扣税款的。

除上款规定情形外，按本公告规定应该源泉扣缴的税款未在规定的期限内解缴入库的，均作为应扣未扣税款情形，按照有关法律、行政法规规定处理。

十五、本公告与税收协定及其相关规定不一致的，按照税收协定及其相关规定执行。

十六、扣缴义务人所在地主管税务机关为扣缴义务人所得税主管税务机关。

对企业所得税法实施条例第七条规定的不同所得，所得发生地主管税务机关按以下原则确定：

(一)不动产转让所得，为不动产所在地税务机关。

(二)权益性投资资产转让所得，为被投资企业的所得税主管税务机关。

(三)股息、红利等权益性投资所得，为分配所得企业的所得税主管税务机关。

(四)利息所得、租金所得、特许权使用费所得，为负担、支付所得的单位或个人的所得税主管税务机关。

十七、本公告自2017年12月1日起施行。本公告第七条第二款和第三款、第九条第二款可以适用于在本公告施行前已经发生但未处理的所得。下列规定自2017年12月1日起废止：

（一）《国家税务总局关于印发〈非居民企业所得税源泉扣缴管理暂行办法〉的通知》（国税发〔2009〕3号）。

（二）《国家税务总局关于进一步加强非居民税收管理工作的通知》（国税发〔2009〕32号）第二条第（三）项中的以下表述：

"各地应按照《国家税务总局关于印发〈非居民企业所得税源泉扣缴管理暂行办法〉的通知》（国税发〔2009〕3号）规定，落实扣缴登记和合同备案制度，辅导扣缴义务人及时准确扣缴应纳税款，建立管理台账和管理档案，追缴漏税"。

（三）《国家税务总局关于加强税种征管促进堵漏增收的若干意见》（国税发〔2009〕85号）第四条第（二）项第3目中以下表述：

"按照《国家税务总局关于印发〈非居民企业所得税源泉扣缴管理暂行办法〉的通知》（国税发〔2009〕3号）规定，落实扣缴登记和合同备案制度，辅导扣缴义务人及时准确扣缴应纳税款，建立管理台账和管理档案"。

（四）《国家税务总局关于加强非居民企业股权转让所得企业所得税管理的通知》（国税函〔2009〕698号）。

（五）《国家税务总局关于印发〈非居民企业税收协同管理办法（试行）〉的通知》（国税发〔2010〕119号）第九条。

（六）《国家税务总局关于发布〈企业重组业务企业所得税管理办法〉的公告》（国家税务总局公告2010年第4号）第三十六条。

（七）《国家税务总局关于非居民企业所得税管理若干问题的公告》（国家税务总局公告2011年第24号）第五条和第六条。

（八）《国家税务总局关于发布〈非居民企业从事国际运输业务税收管理暂行办法〉的公告》（国家税务总局公告2014年第37号）第二条第三款中以下表述：

"和《国家税务总局关于印发〈非居民企业所得税源泉扣缴管理暂行办法〉的通知》（国税发〔2009〕3号）"。

（九）《国家税务总局关于非居民企业间接转让财产企业所得税若干问题的公告》（国家税务总局公告2015年第7号）第八条第二款。

特此公告。

附件：非居民企业税事项联络函（略）

一般反避税管理办法（试行）

· 2014年12月2日国家税务总局令第32号公布
· 自2015年2月1日起施行

第一章 总 则

第一条 为规范一般反避税管理，根据《中华人民共和国企业所得税法》（以下简称企业所得税法）及其实施条例、《中华人民共和国税收征收管理法》（以下简称税收征管法）及其实施细则，制定本办法。

第二条 本办法适用于税务机关按照企业所得税法第四十七条、企业所得税法实施条例第一百二十条的规定，对企业实施的不具有合理商业目的而获取税收利益的避税安排，实施的特别纳税调整。

下列情况不适用本办法：

（一）与跨境交易或者支付无关的安排；

（二）涉嫌逃避缴纳税款、逃避追缴欠税、骗税、抗税以及虚开发票等税收违法行为。

第三条 税收利益是指减少、免除或者推迟缴纳企业所得税应纳税额。

第四条 避税安排具有以下特征：

（一）以获取税收利益为唯一目的或者主要目的；

（二）以形式符合税法规定、但与其经济实质不符的方式获取税收利益。

第五条 税务机关应当以具有合理商业目的和经济实质的类似安排为基准，按照实质重于形式的原则实施特别纳税调整。调整方法包括：

（一）对安排的全部或者部分交易重新定性；

（二）在税收上否定交易方的存在，或者将该交易方与其他交易方视为同一实体；

（三）对相关所得、扣除、税收优惠、境外税收抵免等重新定性或者在交易各方间重新分配；

（四）其他合理方法。

第六条 企业的安排属于转让定价、成本分摊、受控外国企业、资本弱化等其他特别纳税调整范围的，应当首先适用其他特别纳税调整相关规定。

企业的安排属于受益所有人、利益限制等税收协定执行范围的，应当首先适用税收协定执行的相关规定。

第二章 立 案

第七条 各级税务机关应当结合工作实际，应用各种数据资源，如企业所得税汇算清缴、纳税评估、同期资料管理、对外支付税务管理、股权转让交易管理、税收协定执行等，及时发现一般反避税案源。

第八条 主管税务机关发现企业存在避税嫌疑的，层报省、自治区、直辖市和计划单列市（以下简称省）税务机关复核同意后，报税务总局申请立案。

第九条 省税务机关应当将税务总局形成的立案申请审核意见转发主管税务机关。税务总局同意立案的，主管税务机关实施一般反避税调查。

第三章 调 查

第十条 主管税务机关实施一般反避税调查时，应当向被调查企业送达《税务检查通知书》。

第十一条 被调查企业认为其安排不属于本办法所称避税安排的，应当自收到《税务检查通知书》之日起60日内提供下列资料：

（一）安排的背景资料；

（二）安排的商业目的等说明文件；

（三）安排的内部决策和管理资料，如董事会决议、备忘录、电子邮件等；

（四）安排涉及的详细交易资料，如合同、补充协议、收付款凭证等；

（五）与其他交易方的沟通信息；

（六）可以证明其安排不属于避税安排的其他资料；

（七）税务机关认为有必要提供的其他资料。

企业因特殊情况不能按期提供的，可以向主管税务机关提交书面延期申请，经批准可以延期提供，但是最长不得超过30日。主管税务机关应当自收到企业延期申请之日起15日内书面回复。逾期未回复的，视同税务机关同意企业的延期申请。

第十二条 企业拒绝提供资料的，主管税务机关可以按照税收征管法第三十五条的规定进行核定。

第十三条 主管税务机关实施一般反避税调查时，可以要求为企业筹划安排的单位或者个人（以下简称筹划方）提供有关资料及证明材料。

第十四条 一般反避税调查涉及向筹划方、关联方以及与关联业务调查有关的其他企业调查取证的，主管税务机关应当送达《税务事项通知书》。

第十五条 主管税务机关审核企业、筹划方、关联方以及与关联业务调查有关的其他企业提供的资料，可以采用现场调查、发函协查和查阅公开信息等方式核实。需取得境外有关资料的，可以按有关规定启动税收情报交换程序，或者通过我驻外机构调查收集有关信息。涉及境外关联方相关资料的，主管税务机关也可以要求企业提供公证机构的证明。

第四章 结 案

第十六条 主管税务机关根据调查过程中获得的相关资料，自税务总局同意立案之日起9个月内进行审核，综合判断企业是否存在避税安排，形成案件不予调整或者初步调整方案的意见和理由，层报省税务机关复核同意后，报税务总局申请结案。

第十七条 主管税务机关应当根据税务总局形成的结案申请审核意见，分别以下情况进行处理：

（一）同意不予调整的，向被调查企业下发《特别纳税调查结论通知书》；

（二）同意初步调整方案的，向被调查企业下发《特别纳税调查初步调整通知书》；

（三）税务总局有不同意见的，按照税务总局的意见修改后再次层报审核。

被调查企业在收到《特别纳税调查初步调整通知书》之日起7日内未提出异议的，主管税务机关应当下发《特别纳税调查调整通知书》。

被调查企业在收到《特别纳税调查初步调整通知书》之日起7日内提出异议，但是主管税务机关经审核后认为不应采纳的，应将被调查企业的异议及不应采纳的意见和理由层报省税务机关复核同意后，报税务总局再次申请结案。

被调查企业在收到《特别纳税调查初步调整通知书》之日起7日内提出异议，主管税务机关经审核后认为确需对调整方案进行修改的，应当将被调查企业的异议及修改后的调整方案层报省税务机关复核同意后，报税务总局再次申请结案。

第十八条 主管税务机关应当根据税务总局考虑企业异议形成的结案申请审核意见，分别以下情况进行处理：

（一）同意不应采纳企业所提异议的，向被调查企业下发《特别纳税调查调整通知书》；

（二）同意修改后调整方案的，向被调查企业下发《特别纳税调查调整通知书》；

（三）税务总局有不同意见的，按照税务总局的意见修改后再次层报审核。

第五章 争议处理

第十九条 被调查企业对主管税务机关作出的一般反避税调整决定不服的，可以按照有关法律法规的规定申请法律救济。

第二十条 主管税务机关作出的一般反避税调整

方案导致国内双重征税的,由税务总局统一组织协调解决。

第二十一条 被调查企业认为我国税务机关作出的一般反避税调整,导致国际双重征税或者不符合税收协定规定征税的,可以按照税收协定及其相关规定申请启动相互协商程序。

第六章 附 则

第二十二条 本办法自2015年2月1日起施行。2015年2月1日前税务机关尚未结案处理的避税安排适用本办法。

企业资产损失所得税税前扣除管理办法①

- 2011年3月31日国家税务总局公告2011年第25号公布
- 根据2018年6月15日《国家税务总局关于修改部分税收规范性文件的公告》修正

第一章 总 则

第一条 根据《中华人民共和国企业所得税法》(以下简称企业所得税法)及其实施条例、《中华人民共和国税收征收管理法》(以下简称征管法)及其实施细则、《财政部国家税务总局关于企业资产损失税前扣除政策的通知》(财税〔2009〕57号)(以下简称《通知》)的规定,制定本办法。

第二条 本办法所称资产是指企业拥有或者控制的、用于经营管理活动相关的资产,包括现金、银行存款、应收及预付款项(包括应收票据、各类垫款、企业之间往来款项)等货币性资产,存货、固定资产、无形资产、在建工程、生产性生物资产等非货币性资产,以及债权性投资和股权(权益)性投资。

第三条 准予在企业所得税税前扣除的资产损失,是指企业在实际处置、转让上述资产过程中发生的合理损失(以下简称实际资产损失),以及企业虽未实际处置、转让上述资产,但符合《通知》和本办法规定条件计算确认的损失(以下简称法定资产损失)。

第四条 企业实际资产损失,应当在其实际发生且会计上已作损失处理的年度申报扣除;法定资产损失,应当在企业向主管税务机关提供证据资料证明该项资产已符合法定资产损失确认条件,且会计上已作损失处理的年度申报扣除。

第五条 企业发生的资产损失,应按规定的程序和要求向主管税务机关申报后方能在税前扣除。未经申报的损失,不得在税前扣除。

第六条 企业以前年度发生的资产损失未能在当年税前扣除的,可以按照本办法的规定,向税务机关说明并进行专项申报扣除。其中,属于实际资产损失,准予追补至该项损失发生年度扣除,其追补确认期限一般不得超过五年,但因计划经济体制转轨过程中遗留的资产损失、企业重组上市过程中因权属不清出现争议而未能及时扣除的资产损失、因承担国家政策性任务而形成的资产损失以及政策定性不明确而形成资产损失等特殊原因形成的资产损失,其追补确认期限经国家税务总局批准后可适当延长。属于法定资产损失,应在申报年度扣除。

企业因以前年度实际资产损失未在税前扣除而多缴的企业所得税税款,可在追补确认年度企业所得税应纳税款中予以抵扣,不足抵扣的,向以后年度递延抵扣。

企业实际资产损失发生年度扣除追补确认的损失后出现亏损的,应先调整资产损失发生年度的亏损额,再按弥补亏损的原则计算以后年度多缴的企业所得税税款,并按前款办法进行税务处理。

第二章 申报管理

第七条 企业在进行企业所得税年度汇算清缴申报时,可将资产损失申报材料和纳税资料作为企业所得税年度纳税申报表的附件一并向税务机关报送。

第八条 企业资产损失按其申报内容和要求的不同,分为清单申报和专项申报两种申报形式。其中,属于清单申报的资产损失,企业可按会计核算科目进行归类、汇总,然后再将汇总清单报送税务机关,有关会计核算资料和纳税资料留存备查;属于专项申报的资产损失,企业应逐项(或逐笔)报送申请报告,同时附送会计核算资料及其他相关的纳税资料。

企业在申报资产损失税前扣除过程中不符合上述要求的,税务机关应当要求其改正,企业拒绝改正的,税务机关有权不予受理。

第九条 下列资产损失,应以清单申报的方式向税务机关申报扣除:

(一)企业在正常经营管理活动中,按照公允价格销

---

① 本办法中第十二条已被《国家税务总局关于企业因国务院决定事项形成的资产损失税前扣除问题的公告》废止。第四条、第七条、第八条、第十三条有关资产损失证据资料、会计核算资料、纳税资料等相关资料报送的内容已被《国家税务总局关于企业所得税资产损失资料留存备查有关事项的公告》废止。

售、转让、变卖非货币资产的损失；

（二）企业各项存货发生的正常损耗；

（三）企业固定资产达到或超过使用年限而正常报废清理的损失；

（四）企业生产性生物资产达到或超过使用年限而正常死亡发生的资产损失；

（五）企业按照市场公平交易原则，通过各种交易场所、市场等买卖债券、股票、期货、基金以及金融衍生产品等发生的损失。

第十条 前条以外的资产损失，应以专项申报的方式向税务机关申报扣除。企业无法准确判别是否属于清单申报扣除的资产损失，可以采取专项申报的形式申报扣除。

第十一条 在中国境内跨地区经营的汇总纳税企业发生的资产损失，应按以下规定申报扣除：

（一）总机构及其分支机构发生的资产损失，除应按专项申报和清单申报的有关规定，各自向当地主管税务机关申报外，各分支机构同时还应上报总机构；

（二）总机构对各分支机构上报的资产损失，除税务机关另有规定外，应以清单申报的形式向当地主管税务机关进行申报；

（三）总机构将跨地区分支机构所属资产捆绑打包转让所发生的资产损失，由总机构向当地主管税务机关进行专项申报。

第十二条 企业因国务院决定事项形成的资产损失，应向国家税务总局提供有关资料。国家税务总局审核有关情况后，将损失情况通知相关税务机关。企业应按本办法的要求进行专项申报。

第十三条 属于专项申报的资产损失，企业因特殊原因不能在规定的时限内报送相关资料的，可以向主管税务机关提出申请，经主管税务机关同意后，可适当延期申报。

第十四条 企业应当建立健全资产损失内部核销管理制度，及时收集、整理、编制、审核、申报、保存资产损失税前扣除证据材料，方便税务机关检查。

第十五条 税务机关应按分项建档、分级管理的原则，建立企业资产损失税前扣除管理台账和纳税档案，及时进行评估。对资产损失金额较大或经评估后发现不符合资产损失税前扣除规定、或存有疑点、异常情况的资产损失，应及时进行核查。对有证据证明申报扣除的资产损失不真实、不合法的，应依法作出税收处理。

第三章 资产损失确认证据

第十六条 企业资产损失相关的证据包括具有法律效力的外部证据和特定事项的企业内部证据。

第十七条 具有法律效力的外部证据，是指司法机关、行政机关、专业技术鉴定部门等依法出具的与本企业资产损失相关的具有法律效力的书面文件，主要包括：

（一）司法机关的判决或者裁定；

（二）公安机关的立案结案证明、回复；

（三）工商部门出具的注销、吊销及停业证明；

（四）企业的破产清算公告或清偿文件；

（五）行政机关的公文；

（六）专业技术部门的鉴定报告；

（七）具有法定资质的中介机构的经济鉴定证明；

（八）仲裁机构的仲裁文书；

（九）保险公司对投保资产出具的出险调查单、理赔计算单等保险单据；

（十）符合法律规定的其他证据。

第十八条 特定事项的企业内部证据，是指会计核算制度健全、内部控制制度完善的企业，对各项资产发生毁损、报废、盘亏、死亡、变质等内部证明或承担责任的声明，主要包括：

（一）有关会计核算资料和原始凭证；

（二）资产盘点表；

（三）相关经济行为的业务合同；

（四）企业内部技术鉴定部门的鉴定文件或资料；

（五）企业内部核批文件及有关情况说明；

（六）对责任人由于经营管理责任造成损失的责任认定及赔偿情况说明；

（七）法定代表人、企业负责人和企业财务负责人对特定事项真实性承担法律责任的声明。

第四章 货币资产损失的确认

第十九条 企业货币资产损失包括现金损失、银行存款损失和应收及预付款项损失等。

第二十条 现金损失应依据以下证据材料确认：

（一）现金保管人确认的现金盘点表（包括倒推至基准日的记录）；

（二）现金保管人对于短缺的说明及相关核准文件；

（三）对责任人由于管理责任造成损失的责任认定及赔偿情况的说明；

（四）涉及刑事犯罪的，应有司法机关出具的相关材料；

（五）金融机构出具的假币收缴证明。

第二十一条 企业因金融机构清算而发生的存款类资产损失应依据以下证据材料确认：

（一）企业存款类资产的原始凭证；

（二）金融机构破产、清算的法律文件；

（三）金融机构清算后剩余资产分配情况资料。

金融机构应清算而未清算超过三年的，企业可将该款项确认为资产损失，但应有法院或破产清算管理人出具的未完成清算证明。

第二十二条 企业应收及预付款项坏账损失应依据以下相关证据材料确认：

（一）相关事项合同、协议或说明；

（二）属于债务人破产清算的，应有人民法院的破产、清算公告；

（三）属于诉讼案件的，应出具人民法院的判决书或裁决书或仲裁机构的仲裁书，或者被法院裁定终（中）止执行的法律文书；

（四）属于债务人停止营业的，应有工商部门注销、吊销营业执照证明；

（五）属于债务人死亡、失踪的，应有公安机关等有关部门对债务人个人的死亡、失踪证明；

（六）属于债务重组的，应有债务重组协议及其债务人重组收益纳税情况说明；

（七）属于自然灾害、战争等不可抗力而无法收回的，应有债务人受灾情况说明以及放弃债权申明。

第二十三条 企业逾期三年以上的应收款项在会计上已作为损失处理的，可以作为坏账损失，但应说明情况，并出具专项报告。

第二十四条 企业逾期一年以上，单笔数额不超过五万或者不超过企业年度收入总额万分之一的应收款项，会计上已经作为损失处理的，可以作为坏账损失，但应说明情况，并出具专项报告。

第五章　非货币资产损失的确认

第二十五条 企业非货币资产损失包括存货损失、固定资产损失、无形资产损失、在建工程损失、生产性生物资产损失等。

第二十六条 存货盘亏损失，为其盘亏金额扣除责任人赔偿后的余额，应依据以下证据材料确认：

（一）存货计税成本确定依据；

（二）企业内部有关责任认定、责任人赔偿说明和内部核批文件；

（三）存货盘点表；

（四）存货保管人对于盘亏的情况说明。

第二十七条 存货报废、毁损或变质损失，为其计税成本扣除残值及责任人赔偿后的余额，应依据以下证据材料确认：

（一）存货计税成本的确定依据；

（二）企业内部关于存货报废、毁损、变质、残值情况说明及核销资料；

（三）涉及责任人赔偿的，应当有赔偿情况说明；

（四）该项损失数额较大的（指占企业该类资产计税成本10%以上，或减少当年应纳税所得、增加亏损10%以上，下同），应有专业技术鉴定意见或法定资质中介机构出具的专项报告等。

第二十八条 存货被盗损失，为其计税成本扣除保险理赔以及责任人赔偿后的余额，应依据以下证据材料确认：

（一）存货计税成本的确定依据；

（二）向公安机关的报案记录；

（三）涉及责任人和保险公司赔偿的，应有赔偿情况说明等。

第二十九条 固定资产盘亏、丢失损失，为其账面净值扣除责任人赔偿后的余额，应依据以下证据材料确认：

（一）企业内部有关责任认定和核销资料；

（二）固定资产盘点表；

（三）固定资产的计税基础相关资料；

（四）固定资产盘亏、丢失情况说明；

（五）损失金额较大的，应有专业技术鉴定报告或法定资质中介机构出具的专项报告等。

第三十条 固定资产报废、毁损损失，为其账面净值扣除残值和责任人赔偿后的余额，应依据以下证据材料确认：

（一）固定资产的计税基础相关资料；

（二）企业内部有关责任认定和核销资料；

（三）企业内部有关部门出具的鉴定材料；

（四）涉及责任赔偿的，应当有赔偿情况的说明；

（五）损失金额较大的或自然灾害等不可抗力原因造成固定资产毁损、报废的，应有专业技术鉴定意见或法定资质中介机构出具的专项报告等。

第三十一条 固定资产被盗损失，为其账面净值扣除责任人赔偿后的余额，应依据以下证据材料确认：

（一）固定资产计税基础相关资料；

（二）公安机关的报案记录，公安机关立案、破案和结案的证明材料；

（三）涉及责任赔偿的，应有赔偿责任的认定及赔偿情况的说明等。

第三十二条 在建工程停建、报废损失，为其工程项目投资账面价值扣除残值后的余额，应依据以下证据材料确认：

（一）工程项目投资账面价值确定依据；

（二）工程项目停建原因说明及相关材料；

（三）因质量原因停建、报废的工程项目和因自然灾害和意外事故停建、报废的工程项目，应出具专业技术鉴定意见和责任认定、赔偿情况的说明等。

第三十三条 工程物资发生损失，可比照本办法存货损失的规定确认。

第三十四条 生产性生物资产盘亏损失，为其账面净值扣除责任人赔偿后的余额，应依据以下证据材料确认：

（一）生产性生物资产盘点表；

（二）生产性生物资产盘亏情况说明；

（三）生产性生物资产损失金额较大的，企业应有专业技术鉴定意见和责任认定、赔偿情况的说明等。

第三十五条 因森林病虫害、疫情、死亡而产生的生产性生物资产损失，为其账面净值扣除残值、保险赔偿和责任人赔偿后的余额，应依据以下证据材料确认：

（一）损失情况说明；

（二）责任认定及其赔偿情况的说明；

（三）损失金额较大的，应有专业技术鉴定意见。

第三十六条 对被盗伐、被盗、丢失而产生的生产性生物资产损失，为其账面净值扣除保险赔偿以及责任人赔偿后的余额，应依据以下证据材料确认：

（一）生产性生物资产被盗后，向公安机关的报案记录或公安机关立案、破案和结案的证明材料；

（二）责任认定及其赔偿情况的说明。

第三十七条 企业由于未能按期赎回抵押资产，使抵押资产被拍卖或变卖，其账面净值大于变卖价值的差额，可认定为资产损失，按以下证据材料确认：

（一）抵押合同或协议书；

（二）拍卖或变卖证明、清单；

（三）会计核算资料等其他相关证明材料。

第三十八条 被其他新技术所代替或已经超过法律保护期限、已经丧失使用价值和转让价值，尚未摊销的无形资产损失，应提交以下证据备案：

（一）会计核算资料；

（二）企业内部核批文件及有关情况说明；

（三）技术鉴定意见和企业法定代表人、主要负责人和财务负责人签章证实无形资产已无使用价值或转让价值的书面申明；

（四）无形资产的法律保护期限文件。

第六章 投资损失的确认

第三十九条 企业投资损失包括债权性投资损失和股权（权益）性投资损失。

第四十条 企业债权投资损失应依据投资的原始凭证、合同或协议、会计核算资料等相关证据材料确认。下列情况债权投资损失的，还应出具相关证据材料：

（一）债务人或担保人依法被宣告破产、关闭、被解散或撤销、被吊销营业执照、失踪或者死亡等，应出具资产清偿证明或者遗产清偿证明。无法出具资产清偿证明或者遗产清偿证明，且上述事项超过三年以上的，或债权投资（包括信用卡透支和助学贷款）余额在三百万元以下的，应出具对应的债务人和担保人破产、关闭、解散证明、撤销文件、工商行政管理部门注销证明或查询证明以及追索记录等（包括司法追索、电话追索、信件追索和上门追索等原始记录）；

（二）债务人遭受重大自然灾害或意外事故，企业对其资产进行清偿和对担保人进行追偿后，未能收回的债权，应出具债务人遭受重大自然灾害或意外事故证明、保险赔偿证明、资产清偿证明等；

（三）债务人因承担法律责任，其资产不足归还所借债务，又无其他债务承担者的，应出具法院裁定证明和资产清偿证明；

（四）债务人和担保人不能偿还到期债务，企业提出诉讼或仲裁的，经人民法院对债务人和担保人强制执行，债务人和担保人均无资产可执行，人民法院裁定终结或终止（中止）执行的，应出具人民法院裁定文书；

（五）债务人和担保人不能偿还到期债务，企业提出诉讼后被驳回起诉的、人民法院不予受理或不予支持的，或经仲裁机构裁决免除（或部分免除）债务人责任，经追偿后无法收回的债权，应提交法院驳回起诉的证明，或法院不予受理或不予支持证明，或仲裁机构裁决免除债务人责任的文书；

（六）经国务院专案批准核销的债权，应提供国务院批准文件或经国务院同意后由国务院有关部门批准的文件。

第四十一条 企业股权投资损失应依据以下相关证据材料确认：

（一）股权投资计税基础证明材料；

（二）被投资企业破产公告、破产清偿文件；

（三）工商行政管理部门注销、吊销被投资单位营业执照文件；

（四）政府有关部门对被投资单位的行政处理决定文件；

（五）被投资企业终止经营、停止交易的法律或其他证明文件；

（六）被投资企业资产处置方案、成交及入账材料；

（七）企业法定代表人、主要负责人和财务负责人签章证实有关投资（权益）性损失的书面申明；

（八）会计核算资料等其他相关证据材料。

第四十二条 被投资企业依法宣告破产、关闭、解散或撤销、吊销营业执照、停止生产经营活动、失踪等，应出具资产清偿证明或者遗产清偿证明。

上述事项超过三年以上且未能完成清算的，应出具被投资企业破产、关闭、解散或撤销、吊销等的证明以及不能清算的原因说明。

第四十三条 企业委托金融机构向其他单位贷款，或委托其他经营机构进行理财，到期不能收回贷款或理财款项，按照本办法第六章有关规定进行处理。

第四十四条 企业对外提供与本企业生产经营活动有关的担保，因被担保人不能按期偿还债务而承担连带责任，经追索，被担保人无偿还能力，对无法追回的金额，比照本办法规定的应收款项损失进行处理。

与本企业生产经营活动有关的担保是指企业对外提供的与本企业应税收入、投资、融资、材料采购、产品销售等生产经营活动相关的担保。

第四十五条 企业按独立交易原则向关联企业转让资产而发生的损失，或向关联企业提供借款、担保而形成的债权损失，准予扣除，但企业应作专项说明，同时出具中介机构出具的专项报告及其相关的证明材料。

第四十六条 下列股权和债权不得作为损失在税前扣除：

（一）债务人或者担保人有经济偿还能力，未按期偿还的企业债权；

（二）违反法律、法规的规定，以各种形式、借口逃废或悬空的企业债权；

（三）行政干预逃废或悬空的企业债权；

（四）企业未向债务人和担保人追偿的债权；

（五）企业发生非经营活动的债权；

（六）其他不应当核销的企业债权和股权。

第七章 其他资产损失的确认

第四十七条 企业将不同类别的资产捆绑（打包），以拍卖、询价、竞争性谈判、招标等市场方式出售，其出售价格低于计税成本的差额，可以作为资产损失并准予在税前申报扣除，但应出具资产处置方案、各类资产作价依据、出售过程的情况说明、出售合同或协议、成交及入账证明、资产计税基础等确定依据。

第四十八条 企业正常经营业务因内部控制制度不健全而出现操作不当、不规范或因业务创新但政策不明确、不配套等原因形成的资产损失，应由企业承担的金额，可以作为资产损失并准予在税前申报扣除，但应出具损失原因证明材料或业务监管部门定性证明、损失专项说明。

第四十九条 企业因刑事案件原因形成的损失，应由企业承担的金额，或经公安机关立案侦查两年以上仍未追回的金额，可以作为资产损失并准予在税前申报扣除，但应出具公安机关、人民检察院的立案侦查情况或人民法院的判决书等损失原因证明材料。

第八章 附　则

第五十条 本办法没有涉及的资产损失事项，只要符合企业所得税法及其实施条例等法律、法规规定的，也可以向税务机关申报扣除。

第五十一条 省、自治区、直辖市和计划单列市税务局可以根据本办法制定具体实施办法。

第五十二条 本办法自2011年1月1日起施行，《国家税务总局关于印发〈企业资产损失税前扣除管理办法〉的通知》（国税发〔2009〕88号）、《国家税务总局关于企业以前年度未扣除资产损失企业所得税处理问题的通知》（国税函〔2009〕772号）、《国家税务总局关于电信企业坏账损失税前扣除问题的通知》（国税函〔2010〕196号）同时废止。本办法生效之日前尚未进行税务处理的资产损失事项，也应按本办法执行。

企业所得税税前扣除凭证管理办法

· 2018年6月6日
· 国家税务总局公告2018年第28号

第一条 为规范企业所得税税前扣除凭证（以下简称"税前扣除凭证"）管理，根据《中华人民共和国企业所得税法》（以下简称"企业所得税法"）及其实施条例、《中华人民共和国税收征收管理法》及其实施细则、《中华人民共和国发票管理办法》及其实施细则等规定，制定本办法。

第二条 本办法所称税前扣除凭证,是指企业在计算企业所得税应纳税所得额时,证明与取得收入有关的、合理的支出实际发生,并据以税前扣除的各类凭证。

第三条 本办法所称企业是指企业所得税法及其实施条例规定的居民企业和非居民企业。

第四条 税前扣除凭证在管理中遵循真实性、合法性、关联性原则。真实性是指税前扣除凭证反映的经济业务真实,且支出已经实际发生;合法性是指税前扣除凭证的形式、来源符合国家法律、法规等相关规定;关联性是指税前扣除凭证与其反映的支出相关联且有证明力。

第五条 企业发生支出,应取得税前扣除凭证,作为计算企业所得税应纳税所得额时扣除相关支出的依据。

第六条 企业应在当年度企业所得税法规定的汇算清缴期结束前取得税前扣除凭证。

第七条 企业应将与税前扣除凭证相关的资料,包括合同协议、支出依据、付款凭证等留存备查,以证实税前扣除凭证的真实性。

第八条 税前扣除凭证按照来源分为内部凭证和外部凭证。

内部凭证是指企业自制用于成本、费用、损失和其他支出核算的会计原始凭证。内部凭证的填制和使用应当符合国家会计法律、法规等相关规定。

外部凭证是指企业发生经营活动和其他事项时,从其他单位、个人取得的用于证明其支出发生的凭证,包括但不限于发票(包括纸质发票和电子发票)、财政票据、完税凭证、收款凭证、分割单等。

第九条 企业在境内发生的支出项目属于增值税应税项目(以下简称"应税项目")的,对方为已办理税务登记的增值税纳税人,其支出以发票(包括按照规定由税务机关代开的发票)作为税前扣除凭证;对方为依法无需办理税务登记的单位或者从事小额零星经营业务的个人,其支出以税务机关代开的发票或者收款凭证及内部凭证作为税前扣除凭证,收款凭证应载明收款单位名称、个人姓名及身份证号、支出项目、收款金额等相关信息。

小额零星经营业务的判断标准是个人从事应税项目经营业务的销售额不超过增值税相关政策规定的起征点。

税务总局对应税项目开具发票另有规定的,以规定的发票或者票据作为税前扣除凭证。

第十条 企业在境内发生的支出项目不属于应税项目的,对方为单位的,以对方开具的发票以外的其他外部凭证作为税前扣除凭证;对方为个人的,以内部凭证作为税前扣除凭证。

企业在境内发生的支出项目虽不属于应税项目,但按税务总局规定可以开具发票的,可以发票作为税前扣除凭证。

第十一条 企业从境外购进货物或者劳务发生的支出,以对方开具的发票或者具有发票性质的收款凭证、相关税费缴纳凭证作为税前扣除凭证。

第十二条 企业取得私自印制、伪造、变造、作废、开票方非法取得、虚开、填写不规范等不符合规定的发票(以下简称"不合规发票"),以及取得不符合国家法律、法规等相关规定的其他外部凭证(以下简称"不合规其他外部凭证"),不得作为税前扣除凭证。

第十三条 企业应当取得而未取得发票、其他外部凭证或者取得不合规发票、不合规其他外部凭证的,若支出真实且已实际发生,应当在当年度汇算清缴期结束前,要求对方补开、换开发票、其他外部凭证。补开、换开后的发票、其他外部凭证符合规定的,可以作为税前扣除凭证。

第十四条 企业在补开、换开发票、其他外部凭证过程中,因对方注销、撤销、依法被吊销营业执照、被税务机关认定为非正常户等特殊原因无法补开、换开发票、其他外部凭证的,可凭以下资料证实支出真实性后,其支出允许税前扣除:

(一)无法补开、换开发票、其他外部凭证原因的证明资料(包括工商注销、机构撤销、列入非正常经营户、破产公告等证明资料);

(二)相关业务活动的合同或者协议;

(三)采用非现金方式支付的付款凭证;

(四)货物运输的证明资料;

(五)货物入库、出库内部凭证;

(六)企业会计核算记录以及其他资料。

前款第一项至第三项为必备资料。

第十五条 汇算清缴期结束后,税务机关发现企业应当取得而未取得发票、其他外部凭证或者取得不合规发票、不合规其他外部凭证并且告知企业的,企业应当自被告知之日起60日内补开、换开符合规定的发票、其他外部凭证。其中,因对方特殊原因无法补开、换开发票、其他外部凭证的,企业应当按照本办法第十四条的规定,自被告知之日起60日内提供可以证实其支出真实性的相关资料。

第十六条 企业在规定的期限未能补开、换开符合规定的发票、其他外部凭证,并且未能按照本办法第十四条的规定提供相关资料证实其支出真实性的，相应支出不得在发生年度税前扣除。

第十七条 除发生本办法第十五条规定的情形外，企业以前年度应当取得而未取得发票、其他外部凭证，且相应支出在该年度没有税前扣除的，在以后年度取得符合规定的发票、其他外部凭证或者按照本办法第十四条的规定提供可以证实其支出真实性的相关资料，相应支出可以追补至该支出发生年度税前扣除，但追补年限不得超过五年。

第十八条 企业与其他企业（包括关联企业）、个人在境内共同接受应纳增值税劳务（以下简称"应税劳务"）发生的支出，采取分摊方式的，应当按照独立交易原则进行分摊，企业以发票和分割单作为税前扣除凭证，共同接受应税劳务的其他企业以企业开具的分割单作为税前扣除凭证。

企业与其他企业、个人在境内共同接受非应税劳务发生的支出，采取分摊方式的，企业以发票外的其他外部凭证和分割单作为税前扣除凭证，共同接受非应税劳务的其他企业以企业开具的分割单作为税前扣除凭证。

第十九条 企业租用（包括企业作为单一承租方租用）办公、生产用房等资产发生的水、电、燃气、冷气、暖气、通讯线路、有线电视、网络等费用，出租方作为应税项目开具发票的，企业以发票作为税前扣除凭证；出租方采取分摊方式的，企业以出租方开具的其他外部凭证作为税前扣除凭证。

第二十条 本办法自2018年7月1日起施行。

跨省市总分机构企业所得税分配及预算管理办法

- 2012年6月12日
- 财预〔2012〕40号

为了保证《中华人民共和国企业所得税法》的顺利实施，妥善处理地区间利益分配关系，做好跨省市总分机构企业所得税收入的征缴和分配管理工作，制定本办法。

一、主要内容

（一）基本方法。属于中央与地方共享范围的跨省市总分机构企业缴纳的企业所得税，按照统一规范、兼顾总机构和分支机构所在地利益的原则，实行"统一计算、分级管理、就地预缴、汇总清算、财政调库"的处理办法，总分机构统一计算的当期应纳税额的地方分享部分中，25%由总机构所在地分享，50%由各分支机构所在地分享，25%按一定比例在各地间进行分配。

统一计算，是指居民企业应统一计算包括各个不具有法人资格营业机构在内的企业全部应纳税所得额、应纳税额。总机构和分支机构适用税率不一致的，应分别按适用税率计算应纳税所得额。

分级管理，是指居民企业总机构、分支机构，分别由所在地主管税务机关属地进行监督和管理。

就地预缴，是指居民企业总机构、分支机构，应按本办法规定的比例分别就地按月或者按季向所在地主管税务机关申报、预缴企业所得税。

汇总清算，是指在年度终了后，总分机构企业根据统一计算的年度应纳税所得额、应纳税额，抵减总机构、分支机构当年已就地分期预缴的企业所得税款后，多退少补。

财政调库，是指财政部定期将缴入中央总金库的跨省市总分机构企业所得税待分配收入，按照核定的系数调整至地方国库。

（二）适用范围。跨省市总分机构企业是指跨省（自治区、直辖市和计划单列市，下同）设立不具有法人资格分支机构的居民企业。

总机构和具有主体生产经营职能的二级分支机构就地预缴企业所得税。三级及三级以下分支机构，其营业收入、职工薪酬和资产总额等统一并入二级分支机构计算。

按照现行财政体制的规定，国有邮政企业（包括中国邮政集团公司及其控股公司和直属单位）、中国工商银行股份有限公司、中国农业银行股份有限公司、中国银行股份有限公司、国家开发银行股份有限公司、中国农业发展银行、中国进出口银行、中国投资有限责任公司、中国建设银行股份有限公司、中国建银投资有限责任公司、中国信达资产管理股份有限公司、中国石油天然气股份有限公司、中国石油化工股份有限公司、海洋石油天然气企业（包括中国海洋石油总公司、中海石油（中国）有限公司、中海油田服务股份有限公司、海洋石油工程股份有限公司）、中国长江电力股份有限公司等企业总机构缴纳的企业所得税（包括滞纳金、罚款收入）为中央收入，全额上缴中央国库，不实行本办法。

不具有主体生产经营职能且在当地不缴纳营业税、增值税的产品售后服务、内部研发、仓储等企业内部辅助性的二级分支机构以及上年度符合条件的小型微利企业及其分支机构，不实行本办法。

居民企业在中国境外设立不具有法人资格分支机构的，按本办法计算有关分期预缴企业所得税时，其应纳税所得额、应纳所得税额及分摊因素数额,均不包括其境外分支机构。

二、预算科目

从2013年起,在《政府收支分类科目》中增设1010449项"分支机构汇算清缴所得税"科目,其下设01目"国有企业分支机构汇算清缴所得税"、02目"股份制企业分支机构汇算清缴所得税"、03目"港澳台和外商投资企业分支机构汇算清缴所得税"、99目"其他企业分支机构汇算清缴所得税",有关科目说明及其他修订情况见《2013年政府收支分类科目》。

三、税款预缴

由总机构统一计算企业应纳税所得额和应纳所得税额,并分别由总机构、分支机构按月或按季就地预缴。

(一)分支机构分摊预缴税款。总机构在每月或每季终了之日起十日内,按照上年度各省市分支机构的营业收入、职工薪酬和资产总额三个因素,将统一计算的企业当期应纳税额的50%在各分支机构之间进行分摊(总机构所在省市同时设有分支机构的,同样按三个因素分摊),各分支机构根据分摊税款就地办理缴库,所缴纳税款收入由中央与分支机构所在地按60∶40分享。分摊时三个因素权重依次为0.35、0.35和0.3。当年新设立的分支机构第二年起参与分摊;当年撤销的分支机构自办理注销税务登记之日起不参与分摊。

本办法所称的分支机构营业收入,是指分支机构销售商品、提供劳务、让渡资产使用权等日常经营活动实现的全部收入。其中,生产经营企业分支机构营业收入是指生产经营企业分支机构销售商品、提供劳务、让渡资产使用权等取得的全部收入;金融企业分支机构营业收入是指金融企业分支机构取得的利息、手续费、佣金等全部收入;保险企业分支机构营业收入是指保险企业分支机构取得的保费等全部收入。

本办法所称的分支机构职工薪酬,是指分支机构为获得职工提供的服务而给予职工的各种形式的报酬。

本办法所称的分支机构资产总额,是指分支机构在12月31日拥有或者控制的资产合计额。

各分支机构分摊预缴额按下列公式计算:

各分支机构分摊预缴额=所有分支机构应分摊的预缴总额×该分支机构分摊比例

其中:

所有分支机构应分摊的预缴总额=统一计算的企业当期应纳所得税额×50%

该分支机构分摊比例=(该分支机构营业收入/各分支机构营业收入之和)×0.35+(该分支机构职工薪酬/各分支机构职工薪酬之和)×0.35+(该分支机构资产总额/各分支机构资产总额之和)×0.30

以上公式中,分支机构仅指需要参与就地预缴的分支机构。

(二)总机构就地预缴税款。总机构应将统一计算的企业当期应纳税额的25%,就地办理缴库,所缴纳税款收入由中央与总机构所在地按60∶40分享。

(三)总机构预缴中央国库税款。总机构应将统一计算的企业当期应纳税额的剩余25%,就地全额缴入中央国库,所缴纳税款收入60%为中央收入,40%由财政部按照2004年至2006年各省市三年实际分享企业所得税占地方分享总额的比例定期向各省市分配。

四、汇总清算

企业总机构汇总计算企业年度应纳所得税额,扣除总机构和各境内分支机构已预缴的税款,计算出应补应退税款,分别由总机构和各分支机构(不包括当年已办理注销税务登记的分支机构)就地办理税款缴库或退库。

(一)补缴的税款按照预缴的分配比例,50%由各分支机构就地办理缴库,所缴纳税款收入由中央与分支机构所在地按60∶40分享;25%由总机构就地办理缴库,所缴纳税款收入由中央与总机构所在地按60∶40分享;其余25%部分就地全额缴入中央国库,所缴纳税款收入中60%为中央收入,40%由财政部按照2004年至2006年各省市三年实际分享企业所得税占地方分享总额的比例定期向各省市分配。

(二)多缴的税款按照预缴的分配比例,50%由各分支机构就地办理退库,所退税款由中央与分支机构所在地按60∶40分担;25%由总机构就地办理退库,所退税款由中央与总机构所在地按60∶40分担;其余25%部分就地从中央国库退库,其中60%从中央级1010442项"总机构汇算清缴所得税"下有关科目退付,40%从中央级1010443项"企业所得税待分配收入"下有关科目退付。

五、税款缴库程序

(一)分支机构分摊的预缴税款、汇算补缴税款、查补税款(包括滞纳金和罚款)由分支机构办理就地缴库。分支机构所在地税务机关开具税收缴款书,预算科目栏按企业所有制性质对应填写1010440项"分支机构预缴所得税"、1010449项"分支机构汇算清缴所得税"和1010450项"企业所得税查补税款、滞纳金、罚款收入"下的有关目级科目名称及代码,"级次"栏填写"中央60%、地方40%"。

（二）总机构就地预缴、汇算补缴、查补税款（包括滞纳金和罚款）由总机构合并办理就地缴库。中央与地方分配方式为中央60%，企业所得税分配收入（暂列中央收入）20%，总机构所在地20%。总机构所在地税务机关开具税收缴款书，预算科目栏按企业所有制性质对应填写1010441项"总机构预缴所得税"、1010442项"总机构汇算清缴所得税"和1010450项"企业所得税查补税款、滞纳金、罚款收入"下的有关目级科目名称及代码，"级次"栏按上述分配比例填写"中央60%、中央20%（待分配）、地方20%"。

国库部门收到税款（包括滞纳金和罚款）后，将其中60%列入中央级1010441项"总机构预缴所得税"、1010442项"总机构汇算清缴所得税"和1010450项"企业所得税查补税款、滞纳金、罚款收入"下有关目级科目，20%列入中央级1010443项"企业所得税待分配收入"下有关目级科目，20%列入地方1010441项"总机构预缴所得税"、1010442项"总机构汇算清缴所得税"和1010450项"企业所得税查补税款、滞纳金、罚款收入"下有关目级科目。

（三）多缴的税款由分支机构和总机构所在地税务机关开具收入退还书并按规定办理退库。收入退还书预算科目按企业所有制性质对应填写，预算级次按原缴款时的级次填写。

六、财政调库

财政部根据2004年至2006年各省市三年实际分享企业所得税占地方分享总额的比例，定期向中央总金库按目级科目开具分地区调库划款指令，将"企业所得税待分配收入"全额划转至地方国库。地方国库收款后，全额列入地方级1010441项"总机构预缴所得税"下的目级科目办理入库，并通知同级财政部门。

七、其他

（一）跨省市总分机构企业缴纳的所得税查补税款、滞纳金、罚款收入，按中央与地方60:40分成比例就地缴库。需要退还的所得税查补税款、滞纳金和罚款收入仍按现行管理办法办理审批退库手续。

（二）财政部于每年1月初按中央总金库截至上年12月31日的跨省市总分机构企业所得税待分配收入进行分配，并在库款报解整理期（1月1日至1月10日）内划转至地方国库；地方国库收到下划资金后，金额纳入上年度地方预算收入。地方财政列入上年度收入决算。各省市分库在12月31日向中央总金库报解最后一份中央预算收入日报表后，整理期内再收纳的跨省市分机构企业缴纳的所得税，统一作为新年度的缴库收入处理。

（三）税务机关与国库部门在办理总机构缴纳的所得税对账时，需要将1010441项"总机构预缴所得税"、42项"总机构汇算清缴所得税"、43项"企业所得税待分配收入"下设的目级科目级次核对一致。

（四）本办法自2013年1月1日起执行。《财政部、国家税务总局中国人民银行关于印发〈跨省市总分机构企业所得税分配及预算管理暂行办法〉的通知》（财预〔2008〕10号）同时废止。

（五）分配给地方的跨省市总分机构企业所得税收入，以及省区域内跨市县经营企业缴纳的企业所得税收入，可参照本办法制定省以下分配与预算管理办法。

财政部、国家税务总局、中国人民银行关于《跨省市总分机构企业所得税分配及预算管理办法》的补充通知

·2012年12月25日
·财预〔2012〕453号

各省、自治区、直辖市、计划单列市财政厅（局）、国家税务局、地方税务局，财政部驻各省、自治区、直辖市、计划单列市财政监察专员办事处，中国人民银行上海总部，各分行、营业管理部，省会（首府）城市中心支行，深圳、大连、青岛、厦门、宁波市中心支行：

为更好落实《财政部、国家税务总局、中国人民银行关于印发〈跨省市总分机构企业所得税分配及预算管理办法〉的通知》（财预〔2012〕40号），现对有关事项补充通知如下：

一、关于分支机构查补收入的归属。二级分支机构所在地主管税务机关自行对二级分支机构实施税务检查，二级分支机构应将查补所得税款、滞纳金、罚款地方分享部分的50%归属该二级分支机构所在地，就地办理缴库；其余50%分摊给总机构办理缴库，其中，25%归属总机构所在地，25%就地全额缴入中央国库，由中央财政按照一定比例在各地区间分配。

二、关于税款滞纳金、罚款收入的归属。除查补税款滞纳金、罚款收入实行跨地区分享外，跨省市总分机构企业缴纳的其他企业所得税滞纳金、罚款收入不实行跨地区分享，按照规定的缴库程序就地缴库。

三、关于预算科目的调整。将财预〔2012〕40号文件和2013年《政府收支分类科目》中1010450项名称修改为"企业所得税税款滞纳金、罚款、加收利息收入"。1010450项下01目名称修改为"内资企业所得税税款滞

纳金、罚款、加收利息收入";02目名称修改为"港澳台和外商投资企业所得税税款滞纳金、罚款、加收利息收入";03目名称修改为"中央企业所得税税款滞纳金、罚款、加收利息收入"。科目具体修改情况见附件。

四、关于缴库程序。 分支机构分摊的查补税款入库的预算科目为1010449项"分支机构汇算清缴所得税"下的有关目级科目,级次为"中央60%、地方40%";滞纳金、罚款入库的预算科目为1010450项"企业所得税税款滞纳金、罚款、加收利息收入"下的有关目级科目,级次为"中央60%、地方40%"。

总机构分摊的查补税款入库的预算科目为1010442项"总机构汇算清缴所得税"下的有关目级科目,级次为"中央60%、中央20%(待分配)、地方20%";滞纳金、罚款入库的预算科目为1010450项"企业所得税税款滞纳金、罚款、加收利息收入"下的有关目级科目,级次为"中央60%、中央20%(待分配)、地方20%"。国库部门收到总机构企业查补税款和滞纳金、罚款后,将其中60%列入中央级1010442项"总机构汇算清缴所得税"下的有关目级科目和1010450项"企业所得税税款滞纳金、罚款、加收利息收入"下的有关目级科目,20%列入中央级1010443项"企业所得税待分配收入"下的有关目级科目,20%列入地方级1010442项"总机构汇算清缴所得税"下的有关目级科目和1010450项"企业所得税税款滞纳金、罚款、加收利息收入"下的有关目级科目。

五、其他。 本办法实施后,缴纳和退还2012年及以前年度的企业所得税,仍按原办法执行。

财预〔2012〕40号文件规定与本文规定不一致的,按本文规定执行。

附件:2013年政府收支分类科目修订前后对照表(略)

跨地区经营汇总纳税企业所得税征收管理办法[①]

· 2012年12月27日国家税务总局令第57号公告公布
· 根据2018年6月15日《国家税务总局关于修改部分税收规范性文件的公告》修正

第一章 总 则

第一条 为加强跨地区经营汇总纳税企业所得税的征收管理,根据《中华人民共和国企业所得税法》及其实施条例(以下简称《企业所得税法》)、《中华人民共和国税收征收管理法》及其实施细则(以下简称《征收管理法》)和《财政部、国家税务总局、中国人民银行关于印发〈跨省市总分机构企业所得税分配及预算管理办法〉的通知》(财预〔2012〕40号)等的有关规定,制定本办法。

第二条 居民企业在中国境内跨地区(指跨省、自治区、直辖市和计划单列市,下同)设立不具有法人资格分支机构的,该居民企业为跨地区经营汇总纳税企业(以下简称汇总纳税企业),除另有规定外,其企业所得税征收管理适用本办法。

国有邮政企业(包括中国邮政集团公司及其控股公司和直属单位)、中国工商银行股份有限公司、中国农业银行股份有限公司、中国银行股份有限公司、国家开发银行股份有限公司、中国农业发展银行、中国进出口银行、中国投资有限责任公司、中国建设银行股份有限公司、中国建银投资有限责任公司、中国信达资产管理股份有限公司、中国石油天然气股份有限公司、中国石油化工股份有限公司、海洋石油天然气企业(包括中国海洋石油总公司、中海石油(中国)有限公司、中海油田服务股份有限公司、海洋石油工程股份有限公司)、中国长江电力股份有限公司等企业缴纳的企业所得税(包括滞纳金、罚款)为中央收入,全额上缴中央国库,其企业所得税征收管理不适用本办法。

铁路运输企业所得税征收管理不适用本办法。

第三条 汇总纳税企业实行"统一计算、分级管理、就地预缴、汇总清算、财政调库"的企业所得税征收管理办法:

(一)统一计算,是指总机构统一计算包括汇总纳税企业所属各个不具有法人资格分支机构在内的全部应纳税所得额、应纳税额。

(二)分级管理,是指总机构、分支机构所在地的主管税务机关都有对当地机构进行企业所得税管理的责任,总机构和分支机构应分别接受机构所在地主管税务机关的管理。

(三)就地预缴,是指总机构、分支机构应按本办法的规定,分月或分季分别向所在地主管税务机关申报预缴企业所得税。

(四)汇总清算,是指在年度终了后,总机构统一计算汇总纳税企业的年度应纳税所得额、应纳所得税额,抵减总机构、分支机构当年已就地分期预缴的企业所得

[①] 本办法第十条中"或者经总、分机构同意后分别抵缴其下一年度应缴企业所得税税款"的规定已被2021年12月31日《国家税务总局关于企业所得税年度汇算清缴有关事项的公告》废止。

款后，多退少补。

（五）财政调库，是指财政部定期将缴入中央国库的汇总纳税企业所得税待分配收入，按照核定的系数调整至地方国库。

第四条 总机构和具有主体生产经营职能的二级分支机构，就地分摊缴纳企业所得税。

二级分支机构，是指汇总纳税企业依法设立并领取非法人营业执照（登记证书），且总机构对其财务、业务、人员等直接进行统一核算和管理的分支机构。

第五条 以下二级分支机构不就地分摊缴纳企业所得税：

（一）不具有主体生产经营职能，且在当地不缴纳增值税、营业税的产品售后服务、内部研发、仓储等汇总纳税企业内部辅助性的二级分支机构，不就地分摊缴纳企业所得税。

（二）上年度认定为小型微利企业的，其二级分支机构不就地分摊缴纳企业所得税。

（三）新设立的二级分支机构，设立当年不就地分摊缴纳企业所得税。

（四）当年撤销的二级分支机构，自办理注销税务登记之日所属企业所得税预缴期间起，不就地分摊缴纳企业所得税。

（五）汇总纳税企业在中国境外设立的不具有法人资格的二级分支机构，不就地分摊缴纳企业所得税。

第二章 税款预缴和汇算清缴

第六条 汇总纳税企业按照《企业所得税法》规定汇总计算的企业所得税，包括预缴税款和汇算清缴应缴应退税款，50%在各分支机构间分摊，各分支机构根据分摊税款就地办理缴库或退库；50%由总机构分摊缴纳，其中25%就地办理缴库或退库，25%就地全额缴入中央国库或退库。具体的税款缴库或退库程序按照财预〔2012〕40号文件第五条等相关规定执行。

第七条 企业所得税分月或者分季预缴，由总机构所在地主管税务机关具体核定。

汇总纳税企业应根据当期实际利润额，按照本办法规定的预缴分摊方法计算总机构和分支机构的企业所得税预缴额，分别由总机构和分支机构就地预缴；在规定期限内按实际利润额预缴有困难的，也可以按照上一年度应纳税所得额的1/12或1/4，按照本办法规定的预缴分摊方法计算总机构和分支机构的企业所得税预缴额，分别由总机构和分支机构就地预缴。预缴方法一经确定，当年度不得变更。

第八条 总机构应将本期企业应纳所得税额的50%部分，在每月或季度终了后15日内就地申报预缴。总机构应将本期企业应纳所得税额的另外50%部分，按照各分支机构应分摊的比例，在各分支机构之间进行分摊，并及时通知到各分支机构；各分支机构应在每月或季度终了之日起15日内，就其分摊的所得税额就地申报预缴。

分支机构未按税款分配数额预缴所得税造成少缴税款的，主管税务机关应按照《征收管理法》的有关规定对其处罚，并将处罚结果通知总机构所在地主管税务机关。

第九条 汇总纳税企业预缴申报时，总机构除报送企业所得税预缴申报表和企业当期财务报表外，还应报送汇总纳税企业分支机构所得税分配表和各分支机构上一年度的年度财务报表（或年度财务状况和营业收支情况）；分支机构除报送企业所得税预缴申报表（只填列部分项目）外，还应报送经总机构所在地主管税务机关受理的汇总纳税企业分支机构所得税分配表。

在一个纳税年度内，各分支机构上一年度的年度财务报表（或年度财务状况和营业收支情况）原则上只需要报送一次。

第十条 汇总纳税企业应当自年度终了之日起5个月内，由总机构汇总计算企业年度应纳所得税额，扣除总机构和各分支机构已预缴的税款，计算出应缴应退税款，按照本办法规定的税款分摊方法计算总机构和分支机构的企业所得税应缴应退税款，分别由总机构和分支机构就地办理税款缴库或退库。

汇总纳税企业在纳税年度内预缴企业所得税税款少于全年应缴企业所得税税款的，应在汇算清缴期内由总、分机构分别结清应缴的企业所得税税款；预缴税款超过应缴税款的，主管税务机关应及时按有关规定分别办理退税，或者经总、分机构同意后分别抵缴其下一年度应缴企业所得税税款。

第十一条 汇总纳税企业汇算清缴时，总机构除报送企业所得税年度纳税申报表和年度财务报表外，还应报送汇总纳税企业分支机构所得税分配表、各分支机构的年度财务报表和各分支机构参与企业年度纳税调整情况的说明；分支机构除报送企业所得税年度纳税申报表（只填列部分项目）外，还应报送经总机构所在地主管税务机关受理的汇总纳税企业分支机构所得税分配表、分支机构的年度财务报表（或年度财务状况和营业收支情况）和分支机构参与企业年度纳税调整情况的说明。

分支机构参与企业年度纳税调整情况的说明，可参照企业所得税年度纳税申报表附表"纳税调整项目明细表"中列明的项目进行说明,涉及需由总机构统一计算调整的项目不进行说明。

第十二条 分支机构未按规定报送经总机构所在地主管税务机关受理的汇总纳税企业分支机构所得税分配表,分支机构所在地主管税务机关应责成该分支机构在申报期内报送,同时提请总机构所在地主管税务机关督促总机构按照规定提供上述分配表;分支机构在申报期内不提供的,由分支机构所在地主管税务机关对分支机构按照《征收管理法》的有关规定予以处罚;属于总机构未向分支机构提供分配表的,分支机构所在地主管税务机关还应提请总机构所在地主管税务机关对总机构按照《征收管理法》的有关规定予以处罚。

第三章 总分机构分摊税款的计算

第十三条 总机构按以下公式计算分摊税款:
总机构分摊税款=汇总纳税企业当期应纳所得税额×50%

第十四条 分支机构按以下公式计算分摊税款:
所有分支机构分摊税款总额=汇总纳税企业当期应纳所得税额×50%
某分支机构分摊税款=所有分支机构分摊税款总额×该分支机构分摊比例

第十五条 总机构应按照上年度分支机构的营业收入、职工薪酬和资产总额三个因素计算各分支机构分摊所得税款的比例;三级及以下分支机构,其营业收入、职工薪酬和资产总额统一计入二级分支机构;三因素的权重依次为0.35、0.35、0.30。

计算公式如下:
某分支机构分摊比例=(该分支机构营业收入/各分支机构营业收入之和)×0.35+(该分支机构职工薪酬/各分支机构职工薪酬之和)×0.35+(该分支机构资产总额/各分支机构资产总额之和)×0.30

分支机构分摊比例按上述方法一经确定后,除出现本办法第五条第(四)项和第十六条第二、三款情形外,当年不作调整。

第十六条 总机构设立具有主体生产经营职能的部门(非本办法第四条规定的二级分支机构),且该部门的营业收入、职工薪酬和资产总额与管理职能部门分开核算的,可将该部门视同一个二级分支机构,按本办法规定计算分摊并就地缴纳企业所得税;该部门与管理职能部门的营业收入、职工薪酬和资产总额不能分开核算的,该部门不得视同一个二级分支机构,不得按本办法规定计算分摊并就地缴纳企业所得税。

汇总纳税企业当年由于重组等原因从其他企业取得重组当年之前已存在的二级分支机构,并作为本企业二级分支机构管理的,该二级分支机构不视同当年新设立的二级分支机构,按本办法规定计算分摊并就地缴纳企业所得税。

汇总纳税企业内就地分摊缴纳企业所得税的总机构、二级分支机构之间,发生合并、分立、管理层级变更等形成的新设或存续的二级分支机构,不视同当年新设立的二级分支机构,按本办法规定计算分摊并就地缴纳企业所得税。

第十七条 本办法所称分支机构营业收入,是指分支机构销售商品、提供劳务、让渡资产使用权等日常经营活动实现的全部收入。其中,生产经营企业分支机构营业收入是指生产经营企业分支机构销售商品、提供劳务、让渡资产使用权等取得的全部收入。金融企业分支机构营业收入是指金融企业分支机构取得的利息、手续费、佣金等全部收入。保险企业分支机构营业收入是指保险企业分支机构取得的保费等全部收入。

本办法所称分支机构职工薪酬,是指分支机构为获得职工提供的服务而给予各种形式的报酬以及其他相关支出。

本办法所称分支机构资产总额,是指分支机构在经营活动中实际使用的应归属于该分支机构的资产合计额。

本办法所称上年度分支机构的营业收入、职工薪酬和资产总额,是指分支机构上年度全年的营业收入、职工薪酬数据和上年度12月31日的资产总额数据,是依照国家统一会计制度的规定核算的数据。

一个纳税年度内,总机构首次计算分摊税款时采用的分支机构营业收入、职工薪酬和资产总额数据,与此后经过中国注册会计师审计确认的数据不一致的,不作调整。

第十八条 对于按照税收法律、法规和其他规定,总机构和分支机构处于不同税率地区的,先由总机构统一计算全部应纳税所得额,然后按本办法第六条规定的比例和按第十五条计算的分摊比例,计算划分不同税率地区机构的应纳税所得额,再分别按各自的适用税率计算应纳税额后加总计算出汇总纳税企业的应纳所得税总额,最后按本办法第六条规定的比例和按第十五条计算的分摊比例,向总机构和分支机构分摊就地缴纳的企业所得税款。

第十九条 分支机构所在地主管税务机关应根据经总机构所在地主管税务机关受理的汇总纳税企业分支机构所得税分配表、分支机构的年度财务报表(或年度财务状况和营业收支情况)等,对其主管分支机构计算分摊税款比例的三个因素、计算的分摊税款比例和应分摊缴纳的所得税税款进行查验核对;对查验项目有异议的,应于收到汇总纳税企业分支机构所得税分配表后30日内向企业总机构所在地主管税务机关提出书面复核建议,并附送相关数据资料。

总机构所在地主管税务机关必须于收到复核建议后30日内,对分摊税款的比例进行复核,作出调整或维持原比例的决定,并将复核结果函复分支机构所在地主管税务机关。分支机构所在地主管税务机关应执行总机构所在地主管税务机关的复核决定。

总机构所在地主管税务机关未在规定时间内复核并函复复核结果的,上级税务机关应对总机构所在地主管税务机关按照有关规定进行处理。

复核期间,分支机构应先按总机构确定的分摊比例申报缴纳税款。

第二十条 汇总纳税企业未按照规定准确计算分摊税款,造成总机构与分支机构之间同时存在一方(或几方)多缴另一方(或几方)少缴税款的,其总机构或分支机构分摊缴纳的企业所得税低于按本办法规定计算分摊的数额的,应在下一税款缴纳期内,由总机构将按本办法规定计算分摊的税款差额分摊到总机构或分支机构补缴;其总机构或分支机构就地缴纳的企业所得税高于按本办法规定计算分摊的数额的,应在下一税款缴纳期内,由总机构将按本办法规定计算分摊的税款差额从总机构或分支机构的分摊税款中扣减。

第四章 日常管理

第二十一条 汇总纳税企业总机构和分支机构应依法办理税务登记,接受所在地主管税务机关的监督和管理。

第二十二条 总机构应将其所有二级及以下分支机构(包括本办法第五条规定的分支机构)信息报其所在地主管税务机关备案,内容包括分支机构名称、层级、地址、邮编、纳税人识别号及企业所得税主管税务机关名称、地址和邮编。

分支机构(包括本办法第五条规定的分支机构)应将其总机构、上级分支机构和下属分支机构信息报其所在地主管税务机关备案,内容包括总机构、上级机构和下属分支机构名称、层级、地址、邮编、纳税人识别号及企业所得税主管税务机关名称、地址和邮编。

上述备案信息发生变化的,除另有规定外,应在内容变化后30日内报总机构和分支机构所在地主管税务机关备案,并办理变更税务登记。

分支机构注销税务登记后15日内,总机构应将分支机构注销情况报所在地主管税务机关备案,并办理变更税务登记。

第二十三条 以总机构名义进行生产经营的非法人分支机构,无法提供汇总纳税企业分支机构所得税分配表,应在预缴申报期内向其所在地主管税务机关报送非法人营业执照(或登记证书)的复印件、由总机构出具的二级及以下分支机构的有效证明和支持有效证明的相关材料(包括总机构拨款证明、总分机构协议或合同、公司章程、管理制度等),证明其二级及以下分支机构身份。

二级及以下分支机构所在地主管税务机关应对二级及以下分支机构进行审核鉴定,对应按本办法规定就地分摊缴纳企业所得税的二级分支机构,应督促其及时就地缴纳企业所得税。

第二十四条 以总机构名义进行生产经营的非法人分支机构,无法提供汇总纳税企业分支机构所得税分配表,也无法提供本办法第二十三条规定相关证据证明其二级及以下分支机构身份的,应视同独立纳税人计算并就地缴纳企业所得税,不执行本办法的相关规定。

按上款规定视同独立纳税人的分支机构,其独立纳税人身份一个年度内不得变更。

汇总纳税企业以后年度改变组织结构的,该分支机构应按本办法第二十三条规定报送相关证据,分支机构所在地主管税务机关重新进行审核鉴定。

第二十五条 汇总纳税企业发生的资产损失,应按以下规定申报扣除:

(一)总机构及二级分支机构发生的资产损失,除应按专项申报和清单申报的有关规定各自向所在地主管税务机关申报外,二级分支机构还应同时上报总机构;三级及以下分支机构发生的资产损失不需向所在地主管税务机关申报,应并入二级分支机构,由二级分支机构统一申报。

(二)总机构对各分支机构上报的资产损失,除税务机关另有规定外,应以清单申报的形式向所在地主管税务机关申报。

(三)总机构将分支机构所属资产捆绑打包转让所发生的资产损失,由总机构向所在地主管税务机关专项申报。

二级分支机构所在地主管税务机关应对二级分支机构申报扣除的资产损失强化后续管理。

第二十六条 对于按照税收法律、法规和其他规定,由分支机构所在地主管税务机关管理的企业所得税优惠事项,分支机构所在地主管税务机关应加强审批(核)、备案管理,并通过评估、检查和台账管理等手段,加强后续管理。

第二十七条 总机构所在地主管税务机关应加强对汇总纳税企业申报缴纳企业所得税的管理,可以对企业自行实施税务检查,也可以与二级分支机构所在地主管税务机关联合实施税务检查。

总机构所在地主管税务机关应对查实项目按照《企业所得税法》的规定统一计算查增的应纳税所得额和应纳税额。

总机构应将查补所得税款(包括滞纳金、罚款,下同)的50%按照本办法第十五条规定计算的分摊比例,分摊给各分支机构(不包括本办法第五条规定的分支机构)缴纳,各分支机构根据分摊查补税款就地办理缴库;50%分摊给总机构缴纳,其中25%就地办理缴库,25%就地全额缴入中央国库。具体的税款缴库程序按照财预〔2012〕40号文件第五条等相关规定执行。

汇总纳税企业缴纳查补所得税款时,总机构应向其所在地主管税务机关报送汇总纳税企业分支机构所得税分配表和总机构所在地主管税务机关出具的税务检查结论,各分支机构也应向其所在地主管税务机关报送经总机构所在地主管税务机关受理的汇总纳税企业分支机构所得税分配表和税务检查结论。

第二十八条 二级分支机构所在地主管税务机关应配合总机构所在地主管税务机关对其主管二级分支机构实施税务检查,也可以自行对该二级分支机构实施税务检查。

二级分支机构所在地主管税务机关自行对其主管二级分支机构实施税务检查,可对查实项目按照《企业所得税法》的规定自行计算查增的应纳税所得额和应纳税额。

计算查增的应纳税所得额时,应减除允许弥补的汇总纳税企业以前年度亏损;对于需由总机构统一计算的税前扣除项目,不得由分支机构自行计算调整。

二级分支机构应将查补所得税款的50%分摊给总机构缴纳,其中25%就地办理缴库,25%就地全额缴入中央国库;50%分摊给该二级分支机构就地办理缴库。具体的税款缴库程序按照财预〔2012〕40号文件第五条等相关规定执行。

汇总纳税企业缴纳查补所得税款时,总机构应向其所在地主管税务机关报送经二级分支机构所在地主管税务机关受理的汇总纳税企业分支机构所得税分配表和二级分支机构所在地主管税务机关出具的税务检查结论,二级分支机构也应向其所在地主管税务机关报送汇总纳税企业分支机构所得税分配表和税务检查结论。

第二十九条 税务机关应将汇总纳税企业总机构、分支机构的税务登记信息、备案信息、总机构出具的分支机构有效证明情况及分支机构审核鉴定情况、企业所得税月(季)度预缴纳税申报表和年度纳税申报表、汇总纳税企业分支机构所得税分配表、财务报表(或年度财务状况和营业收支情况)、企业所得税款入库情况、资产损失情况、税收优惠情况、各分支机构参与企业年度纳税调整情况的说明、税务检查及查补税款分摊和入库情况等信息,定期分省汇总上传至国家税务总局跨地区经营汇总纳税企业管理信息交换平台。

第三十条 2008年底之前已成立的汇总纳税企业,2009年起新设立的分支机构,其企业所得税的征管部门应与总机构企业所得税征管部门一致;2009年起新增汇总纳税企业,其分支机构企业所得税的管理部门也应与总机构企业所得税管理部门一致。

第三十一条 汇总纳税企业不得核定征收企业所得税。

第五章 附 则

第三十二条 居民企业在中国境内没有跨地区设立不具有法人资格分支机构,仅在同一省、自治区、直辖市和计划单列市(以下称同一地区)内设立不具有法人资格分支机构的,其企业所得税征收管理办法,由各省、自治区、直辖市和计划单列市税务局参照本办法制定。

居民企业在中国境内既跨地区设立不具有法人资格分支机构,又在同一地区内设立不具有法人资格分支机构的,其企业所得税征收管理实行本办法。

第三十三条 本办法自2013年1月1日起施行。《国家税务总局关于印发〈跨地区经营汇总纳税企业所得税征收管理暂行办法〉的通知》(国税发〔2008〕28号)、《国家税务总局关于跨地区经营汇总纳税企业所得税征收管理有关问题的通知》(国税函〔2008〕747号)、《国家税务总局关于跨地区经营外商独资银行汇总纳税问题的通知》(国税函〔2008〕958号)、《国家税务总局关于华能国际电力股份有限公司汇总计算缴纳企业所得税问题的通知》(国税函〔2009〕33号)、《国家税务总局关于跨地区经营汇总纳税企业所得税征收管理若干问题的通知》(国税函〔2009〕221号)和《国家税务总局关于华能国际电力股份有限公司所属分支机构2008年度预缴企业所得税款问题的通知》(国税函〔2009〕674号)同时废止。

《国家税务总局关于发布〈中华人民共和国企业所得税月(季)度预缴纳税申报表〉等报表的公告》(税务总

局公告 2011 年第 64 号）和《国家税务总局关于发布〈中华人民共和国企业所得税月（季）度预缴纳税申报表〉等报表的补充公告》（税务总局公告 2011 年第 76 号）规定与本办法不一致的，按本办法执行。

企业重组业务企业所得税管理办法①

· 2010 年 7 月 26 日
· 国家税务总局公告 2010 年第 4 号

第一章　总则及定义

第一条　为规范和加强对企业重组业务的企业所得税管理，根据《中华人民共和国企业所得税法》（以下简称《税法》）及其实施条例（以下简称《实施条例》）、《中华人民共和国税收征收管理法》及其实施细则（以下简称《征管法》）、《财政部、国家税务总局关于企业重组业务企业所得税处理若干问题的通知》（财税〔2009〕59 号）（以下简称《通知》）等有关规定，制定本办法。

第二条　本办法所称企业重组业务，是指《通知》第一条所规定的企业法律形式改变、债务重组、股权收购、资产收购、合并、分立等各类重组。

第三条　企业发生各类重组业务，其当事各方，按重组类型，分别指以下企业：

（一）债务重组中当事各方，指债务人及债权人。

（二）股权收购中当事各方，指收购方、转让方及被收购企业。

（三）资产收购中当事各方，指转让方、受让方。

（四）合并中当事各方，指合并企业、被合并企业及各方股东。

（五）分立中当事各方，指分立企业、被分立企业及各方股东。

第四条　同一重组业务的当事各方应采取一致税务处理原则，即统一按一般性或特殊性税务处理。

第五条　《通知》第一条第（四）项所称实质经营性资产，是指企业用于从事生产经营活动、与产生经营收入直接相关的资产，包括经营所用各类资产、企业拥有的商业信息和技术、经营活动产生的应收款项、投资资产等。

第六条　《通知》第二条所称控股企业，是指由本企业直接持有股份的企业。

第七条　《通知》中规定的企业重组，其重组日的确定，按以下规定处理：

（一）债务重组，以债务重组合同或协议生效日为重组日。

（二）股权收购，以转让协议生效且完成股权变更手续日为重组日。

（三）资产收购，以转让协议生效且完成资产实际交割日为重组日。

（四）企业合并，以合并企业取得被合并企业资产所有权并完成工商登记变更日期为重组日。

（五）企业分立，以分立企业取得被分立企业资产所有权并完成工商登记变更日期为重组日。

第八条　重组业务完成年度的确定，可以按各当事方适用的会计准则确定，具体参照各当事方经审计的年度财务报告。由于当事方适用的会计准则不同导致重组业务完成年度的判定有差异时，各当事方应协商一致，确定同一个纳税年度作为重组业务完成年度。

第九条　本办法所称评估机构，是指具有合法资质的中国资产评估机构。

第二章　企业重组一般性税务处理管理

第十条　企业发生《通知》第四条第（一）项规定的由法人转变为个人独资企业、合伙企业等非法人组织，或将登记注册地转移至中华人民共和国境外（包括港澳台地区），应按照《财政部、国家税务总局关于企业清算业务企业所得税处理若干问题的通知》（财税〔2009〕60 号）规定进行清算。

企业在报送《企业清算所得纳税申报表》时，应附送以下资料：

（一）企业改变法律形式的工商部门或其他政府部门的批准文件；

（二）企业全部资产的计税基础以及评估机构出具的资产评估报告；

（三）企业债权、债务处理或归属情况说明；

（四）主管税务机关要求提供的其他资料证明。

第十一条　企业发生《通知》第四条第（二）项规定的债务重组，应准备以下相关资料，以备税务机关检查。

（一）以非货币资产清偿债务的，应保留当事各方签订的清偿债务的协议或合同，以及非货币资产公允价格确认的合法证据等；

---

① 本办法中第三条、第七条、第八条、第十六条、第十七条、第十八条、第二十二条、第二十三条、第二十四条、第二十五条、第二十七条、第三十二条被《国家税务总局关于企业重组业务企业所得税征收管理若干问题的公告》废止。第三十六条已被《国家税务总局关于非居民企业所得税源泉扣缴有关问题的公告》废止。

(二)债权转股权的,应保留当事各方签订的债权转股权协议或合同。

第十二条 企业发生《通知》第四条第(三)项规定的股权收购、资产收购重组业务,应准备以下相关资料,以备税务机关检查。

(一)当事各方所签订的股权收购、资产收购业务合同或协议;

(二)相关股权、资产公允价值的合法证据。

第十三条 企业发生《通知》第四条第(四)项规定的合并,应按照财税〔2009〕60号文件规定进行清算。

被合并企业在报送《企业清算所得纳税申报表》时,应附送以下资料:

(一)企业合并的工商部门或其他政府部门的批准文件;

(二)企业全部资产和负债的计税基础以及评估机构出具的资产评估报告;

(三)企业债务处理或归属情况说明;

(四)主管税务机关要求提供的其他资料证明。

第十四条 企业发生《通知》第四条第(五)项规定的分立,被分立企业不再继续存在,应按照财税〔2009〕60号文件规定进行清算。

被分立企业在报送《企业清算所得纳税申报表》时,应附送以下资料:

(一)企业分立的工商部门或其他政府部门的批准文件;

(二)被分立企业全部资产的计税基础以及评估机构出具的资产评估报告;

(三)企业债务处理或归属情况说明;

(四)主管税务机关要求提供的其他资料证明。

第十五条 企业合并或分立,合并各方企业或分立企业涉及享受《税法》第五十七条规定中就企业整体(即全部生产经营所得)享受的税收优惠过渡政策尚未期满的,仅就存续企业未享受完的税收优惠,按照《通知》第九条的规定执行;注销的被合并或被分立企业未享受完的税收优惠,不再由存续企业承继;合并或分立而新设的企业不得再承继或重新享受上述优惠。合并或分立各方企业按照《税法》的税收优惠规定和税收优惠过渡政策中就企业有关生产经营项目的所得享受的税收优惠承继问题,按照《实施条例》第八十九条规定执行。

第三章 企业重组特殊性税务处理管理

第十六条 企业重组业务,符合《通知》规定条件并选择特殊性税务处理的,应按《通知》第十一条规定进行备案;如企业重组各方需要税务机关确认,可以选择由重组主导方向主管税务机关提出申请,层报省税务机关给予确认。

采取申请确认的,主导方和其他当事方不在同一省(自治区、市)的,主导方省税务机关应将确认文件抄送其他当事方所在地省税务机关。

省税务机关在收到确认申请时,原则上应在当年度企业所得税汇算清缴前完成确认。特殊情况,需要延长的,应将延长理由告知主导方。

第十七条 企业重组主导方,按以下原则确定:

(一)债务重组为债务人;

(二)股权收购为股权转让方;

(三)资产收购为资产转让方;

(四)吸收合并为合并后拟存续的企业,新设合并为合并前资产较大的企业;

(五)分立为被分立的企业或存续企业。

第十八条 企业发生重组业务,按照《通知》第五条第(一)项要求,企业在备案或提交确认申请时,应从以下方面说明企业重组具有合理的商业目的:

(一)重组活动的交易方式。即重组活动采取的具体形式、交易背景、交易时间、在交易之前和之后的运作方式和有关的商业常规;

(二)该项交易的形式及实质。即形式上交易所产生的法律权利和责任,也是该项交易的法律后果。另外,交易实际上或商业上产生的最终结果;

(三)重组活动给交易各方税务状况带来的可能变化;

(四)重组各方从交易中获得的财务状况变化;

(五)重组活动是否给交易各方带来了在市场原则下不会产生的异常经济利益或潜在义务;

(六)非居民企业参与重组活动的情况。

第十九条 《通知》第五条第(三)和第(五)项所称"企业重组后的连续12个月内",是指自重组日起计算的连续12个月内。

第二十条 《通知》第五条第(五)项规定的原主要股东,是指原持有转让企业或被收购企业20%以上股权的股东。

第二十一条 《通知》第六条第(四)项规定的同一控制,是指参与合并的企业在合并前后均受同一方或相同的多方最终控制,且该控制并非暂时性的。能够对参与合并的企业在合并前后均实施最终控制权的相同多方,是指根据合同或协议的约定,对参与合并企业的财务和经营政策拥有决定控制权的投资者群体。在企业合并前,参与合并各方受最终控制方的控制在12个月以上,企业合并后所形成的主体在最终控制方的控制时间也应达到连续12个月。

第二十二条 企业发生《通知》第六条第(一)项规定的债务重组,根据不同情形,应准备以下资料:

(一)发生债务重组所产生的应纳税所得额占该企业当年应纳税所得额50%以上的,债务重组所得要求在5个纳税年度的期间内,均匀计入各年度应纳税所得额的,应准备以下资料:

1. 当事方的债务重组的总体情况说明(如果采取申请确认的,应为企业的申请,下同),情况说明中应包括债务重组的商业目的;

2. 当事各方所签订的债务重组合同或协议;

3. 债务重组所产生的应纳税所得额、企业当年应纳税所得额情况说明;

4. 税务机关要求提供的其他资料证明。

(二)发生债权转股权业务,债务人对债务清偿业务暂不确认所得或损失,债权人对股权投资的计税基础以原债权的计税基础确定,应准备以下资料:

1. 当事方的债务重组的总体情况说明。情况说明中应包括债务重组的商业目的;

2. 双方所签订的债转股合同或协议;

3. 企业所转换的股权公允价格证明;

4. 工商部门及有关部门核准相关企业股权变更事项证明材料;

5. 税务机关要求提供的其他资料证明。

第二十三条 企业发生《通知》第六条第(二)项规定的股权收购业务,应准备以下资料:

(一)当事方的股权收购业务总体情况说明,情况说明中应包括股权收购的商业目的;

(二)双方或多方所签订的股权收购业务合同或协议;

(三)由评估机构出具的所转让及支付的股权公允价值;

(四)证明重组符合特殊性税务处理条件的资料,包括股权比例,支付对价情况,以及12个月内不改变资产原来的实质性经营活动和原主要股东不转让所取得股权的承诺书等;

(五)工商等相关部门核准相关企业股权变更事项证明材料;

(六)税务机关要求的其他材料。

第二十四条 企业发生《通知》第六条第(三)项规定的资产收购业务,应准备以下资料:

(一)当事方的资产收购业务总体情况说明,情况说明中应包括资产收购的商业目的;

(二)当事各方所签订的资产收购业务合同或协议;

(三)评估机构出具的资产收购所体现的资产评估报告;

(四)受让企业股权的计税基础的有效凭证;

(五)证明重组符合特殊性税务处理条件的资料,包括资产收购比例,支付对价情况,以及12个月内不改变资产原来的实质性经营活动、原主要股东不转让所取得股权的承诺书等;

(六)工商部门核准相关企业股权变更事项证明材料;

(七)税务机关要求提供的其他材料证明。

第二十五条 企业发生《通知》第六条第(四)项规定的合并,应准备以下资料:

(一)当事方企业合并的总体情况说明。情况说明中应包括企业合并的商业目的;

(二)企业合并的政府主管部门的批准文件;

(三)企业合并各方当事人的股权关系说明;

(四)被合并企业的净资产、各单项资产和负债及其账面价值和计税基础等相关资料;

(五)证明重组符合特殊性税务处理条件的资料,包括合并前企业各股东取得股权支付比例情况、以及12个月内不改变资产原来的实质性经营活动、原主要股东不转让所取得股权的承诺书等;

(六)工商部门核准相关企业股权变更事项证明材料;

(七)主管税务机关要求提供的其他资料证明。

第二十六条 《通知》第六条第(四)项所规定的可由合并企业弥补的被合并企业亏损的限额,是指按《税法》规定的剩余结转年限内,每年可由合并企业弥补的被合并企业亏损的限额。

第二十七条 企业发生《通知》第六条第(五)项规定的分立,应准备以下资料:

(一)当事方企业分立的总体情况说明。情况说明中应包括企业分立的商业目的;

(二)企业分立的政府主管部门的批准文件;

(三)被分立企业的净资产、各单项资产和负债账面价值和计税基础等相关资料;

(四)证明重组符合特殊性税务处理条件的资料,包括分立后企业各股东取得股权支付比例情况、以及12个月内不改变资产原来的实质性经营活动、原主要股东不转让所取得股权的承诺书等；

（五）工商部门认定的分立和被分立企业股东股权比例证明材料；分立后，分立和被分立企业工商营业执照复印件；分立和被分立企业分立业务账务处理复印件；

（六）税务机关要求提供的其他资料证明。

第二十八条 根据《通知》第六条第（四）项第2目规定，被合并企业合并前的相关所得税事项由合并企业承继，以及根据《通知》第六条第（五）项第2目规定，企业分立，已分立资产相应的所得税事项由分立企业承继，这些事项包括尚未确认的资产损失、分期确认收入的处理以及尚未享受期满的税收优惠政策承继处理问题等。

其中，对税收优惠政策承继处理问题，凡属于依照《税法》第五十七条规定中就企业整体（即全部生产经营所得）享受税收优惠过渡政策的，合并或分立后的企业性质及适用税收优惠条件未发生改变的，可以继续享受合并前各企业或分立前被分立企业剩余期限的税收优惠。合并前各企业剩余的税收优惠年限不一致的，合并后企业每年度的应纳税所得额，应统一按合并日各合并前企业资产占合并后企业总资产的比例进行划分，再分别按相应的剩余优惠计算应纳税额。合并前各企业或分立前被分立企业按照《税法》的税收优惠规定以及税收优惠过渡政策中就有关生产经营项目所得享受的税收优惠承继处理问题，按照《实施条例》第八十九条规定执行。

第二十九条 适用《通知》第五条第（三）项和第（五）项的当事各方应在完成重组业务后的下一年度的企业所得税年度申报时，向主管税务机关提交书面情况说明，以证明企业在重组后的连续12个月内，有关符合特殊性税务处理的条件未发生改变。

第三十条 当事方的其中一方在规定时间内发生生产经营业务、公司性质、资产或股权结构等情况变化，致使重组业务不再符合特殊性税务处理条件的，发生变化的当事方应在情况发生变化的30天内书面通知其他所有当事方。主导方在接到通知后30日内将有关变化通知其主管税务机关。

上款所述情况发生变化后60日内，应按照《通知》第四条的规定调整重组业务的税务处理。原交易各方应各自按原交易完成时资产和负债的公允价值计算重组业务的收益或损失，调整交易完成纳税年度的应纳税所得额及相应的资产和负债的计税基础，并向各自主管税务机关申请调整交易完成纳税年度的企业所得税年度申报表。逾期不调整申报的，按照《征管法》的相关规定处理。

第三十一条 各当事方的主管税务机关应当对企业申报或确认适用特殊性税务处理的重组业务进行跟踪监管，了解重组企业的动态变化情况。发现问题，应及时与其他当事方主管税务机关沟通联系，并按照规定给予调整。

第三十二条 根据《通知》第十条规定，若同一项重组业务涉及在连续12个月内分步交易，且跨两个纳税年度，当事各方在第一步交易完成时预计整个交易可以符合特殊性税务处理条件，可以协商一致选择特殊性税务处理的，可在第一步交易完成后，适用特殊性税务处理。主管税务机关在审核有关资料后，符合条件的，可以暂认可适用特殊性税务处理。第二年进行下一步交易后，应按本办法要求，准备相关资料确认适用特殊性税务处理。

第三十三条 上述跨年度分步交易，若当事方在首个纳税年度不能预计整个交易是否符合特殊性税务处理条件，应适用一般性税务处理。在下一纳税年度全部交易完成后，适用特殊性税务处理的，可以调整上一纳税年度的企业所得税年度申报表，涉及多缴税款的，各主管税务机关应退税，或抵缴当年应纳税款。

第三十四条 企业重组的当事各方应该取得并保管与该重组有关的凭证、资料，保管期限按照《征管法》的有关规定执行。

第四章 跨境重组税收管理

第三十五条 发生《通知》第七条规定的重组，凡适用特殊性税务处理规定的，应按照本办法第三章相关规定执行。

第三十六条 发生《通知》第七条第（一）、（二）项规定的重组，适用特殊税务处理的，应按照《国家税务总局关于印发〈非居民企业所得税源泉扣缴管理暂行办法〉的通知》（国税发〔2009〕3号）和《国家税务总局关于加强非居民企业股权转让所得企业所得税管理的通知》（国税函〔2009〕698号）要求，准备资料。

第三十七条 发生《通知》第七条第（三）项规定的重组，居民企业应向其所在地主管税务机关报送以下资料：

1. 当事方的重组情况说明，申请文件中应说明股权转让的商业目的；

2. 双方所签订的股权转让协议；

3. 双方控股情况说明；

4. 由评估机构出具的资产或股权评估报告。报告中应分别列示涉及的各单项被转让资产和负债的公允价值；

5. 证明重组符合特殊性税务处理条件的资料，包括

股权或资产转让比例,支付对价情况,以及12个月内不改变资产原来的实质性经营活动、不转让所取得股权的承诺书等;

6. 税务机关要求的其他材料。

国家税务总局关于企业重组业务企业所得税征收管理若干问题的公告

· 2015年6月24日国家税务总局公告2015年第48号公布
· 根据2018年6月15日《国家税务总局关于修改部分税收规范性文件的公告》修正

根据《中华人民共和国企业所得税法》及其实施条例、《中华人民共和国税收征收管理法》及其实施细则、《国务院关于取消非行政许可审批事项的决定》(国发〔2015〕27号)、《财政部、国家税务总局关于企业重组业务企业所得税处理若干问题的通知》(财税〔2009〕59号)和《财政部、国家税务总局关于促进企业重组有关企业所得税处理问题的通知》(财税〔2014〕109号)等有关规定,现对企业重组业务企业所得税征收管理若干问题公告如下:

一、按照重组类型,企业重组的当事各方是指:

(一)债务重组中当事各方,指债务人、债权人。

(二)股权收购中当事各方,指收购方、转让方及被收购企业。

(三)资产收购中当事各方,指收购方、转让方。

(四)合并中当事各方,指合并企业、被合并企业及被合并企业股东。

(五)分立中当事各方,指分立企业、被分立企业及被分立企业股东。

上述重组交易中,股权收购中转让方、合并中被合并企业股东和分立中被分立企业股东,可以是自然人。当事各方中的自然人应按个人所得税的相关规定进行税务处理。

二、重组当事各方企业适用特殊性税务处理的(指重组业务符合财税〔2009〕59号文件和财税〔2014〕109号文件第一条、第二条规定条件并选择特殊性税务处理的,下同),应按如下规定确定重组主导方:

(一)债务重组,主导方为债务人。

(二)股权收购,主导方为股权转让方,涉及两个或两个以上股权转让方,由转让被收购企业股权比例最大的一方作为主导方(转让股权比例相同的可协商确定主导方)。

(三)资产收购,主导方为资产转让方。

(四)合并,主导方为被合并企业,涉及同一控制下多家被合并企业的,以净资产最大的一方为主导方。

(五)分立,主导方为被分立企业。

三、财税〔2009〕59号文件第十一条所称重组业务完成当年,是指重组日所属的企业所得税纳税年度。

企业重组日的确定,按以下规定处理:

1. 债务重组,以债务重组合同(协议)或法院裁定书生效日为重组日。

2. 股权收购,以转让合同(协议)生效且完成股权变更手续日为重组日。关联企业之间发生股权收购,转让合同(协议)生效后12个月内尚未完成股权变更手续的,应以转让合同(协议)生效日为重组日。

3. 资产收购,以转让合同(协议)生效且当事各方已进行会计处理的日期为重组日。

4. 合并,以合并合同(协议)生效、当事各方已进行会计处理且完成工商新设登记或变更登记日为重组日。按规定不需要办理工商新设或变更登记的合并,以合并合同(协议)生效且当事各方已进行会计处理的日期为重组日。

5. 分立,以分立合同(协议)生效、当事各方已进行会计处理且完成工商新设登记或变更登记日为重组日。

四、企业重组业务适用特殊性税务处理的,除财税〔2009〕59号文件第四条第(一)项所称企业发生其他法律形式简单改变情形外,重组各方应在该重组业务完成当年,办理企业所得税年度申报时,分别向各自主管税务机关报送《企业重组所得税特殊性税务处理报告表及附表》(详见附件1)和申报资料(详见附件2)。合并、分立中重组一方涉及注销的,应在尚未办理注销税务登记手续前进行申报。

重组主导方申报后,其他当事方向其主管税务机关办理纳税申报。申报时还应附送重组主导方经主管税务机关受理的《企业重组所得税特殊性税务处理报告表及附表》(复印件)。

五、企业重组业务适用特殊性税务处理的,申报时,应从以下方面逐条说明企业重组具有合理的商业目的:

(一)重组交易的方式;

(二)重组交易的实质结果;

(三)重组各方涉及的税务状况变化;

(四)重组各方涉及的财务状况变化;

(五)非居民企业参与重组活动的情况。

六、企业重组业务适用特殊性税务处理的,申报时,当事各方还应向主管税务机关提交重组前连续12个月内有无与该重组相关的其他股权、资产交易情况的说明,并说明这些交易与该重组是否构成分步交易,是否作为一项企业重组业务进行处理。

七、根据财税〔2009〕59号文件第十条规定，若同一项重组业务涉及在连续12个月内分步交易，且跨两个纳税年度，当事各方在首个纳税年度交易完成时预计整个交易符合特殊性税务处理条件，经协商一致选择特殊性税务处理的，可以暂时适用特殊性税务处理，并在当年企业所得税年度申报时提交书面申报资料。

在下一纳税年度全部交易完成后，企业应判断是否适用特殊性税务处理。如适用特殊性税务处理的，当事各方应按本公告要求申报相关资料；如适用一般性税务处理的，应调整相应纳税年度的企业所得税年度申报表，计算缴纳企业所得税。

八、企业发生财税〔2009〕59号文件第六条第（一）项规定的债务重组，应准确记录应予确认的债务重组所得，并在相应年度的企业所得税汇算清缴时对当年确认额及分年结转额的情况做出说明。

主管税务机关应建立台账，对企业每年申报的债务重组所得与台账进行比对分析，加强后续管理。

九、企业发生财税〔2009〕59号文件第七条第（三）项规定的重组，居民企业应准确记录应予确认的资产或股权转让收益总额，并在相应年度的企业所得税汇算清缴时对当年确认额及分年结转额的情况做出说明。

主管税务机关应建立台账，对居民企业取得股权的计税基础和每年确认的资产或股权转让收益进行比对分析，加强后续管理。

十、适用特殊性税务处理的企业，在以后年度转让或处置重组资产（股权）时，应在年度纳税申报时对资产（股权）转让所得或损失情况进行专项说明，包括特殊性税务处理时确定的重组资产（股权）计税基础与转让或处置时的计税基础的比对情况，以及递延所得税负债的处理情况等。

适用特殊性税务处理的企业，在以后年度转让或处置重组资产（股权）时，主管税务机关应加强评估和检查，将企业特殊性税务处理时确定的重组资产（股权）计税基础与转让或处置时的计税基础及相关的年度纳税申报表比对，发现问题的，应依法进行调整。

十一、税务机关应对适用特殊性税务处理的企业重组做好统计和相关资料的归档工作。各省、自治区、直辖市和计划单列市税务局应于每年8月底前将《企业重组所得税特殊性税务处理统计表》（详见附件3）上报税务总局（所得税司）。

十二、本公告适用于2015年度及以后年度企业所得税汇算清缴。《国家税务总局关于发布〈企业重组业务企业所得税管理办法〉的公告》（国家税务总局公告2010年第4号）第三条、第七条、第八条、第十六条、第十七条、第十八条、第二十二条、第二十三条、第二十四条、第二十五条、第二十七条、第三十二条同时废止。

本公告施行时企业已经签订重组协议，但尚未完成重组的，按本公告执行。

特此公告。

附件： 1. 企业重组所得税特殊性税务处理报告表及附表（略）

2. 企业重组所得税特殊性税务处理申报资料一览表（略）

3. 企业重组所得税特殊性税务处理统计表（略）

2. 个人所得税

中华人民共和国个人所得税法

- 1980年9月10日第五届全国人民代表大会第三次会议通过
- 根据1993年10月31日第八届全国人民代表大会常务委员会第四次会议《关于修改〈中华人民共和国个人所得税法〉的决定》第一次修正
- 根据1999年8月30日第九届全国人民代表大会常务委员会第十一次会议《关于修改〈中华人民共和国个人所得税法〉的决定》第二次修正
- 根据2005年10月27日第十届全国人民代表大会常务委员会第十八次会议《关于修改〈中华人民共和国个人所得税法〉的决定》第三次修正
- 根据2007年6月29日第十届全国人民代表大会常务委员会第二十八次会议《关于修改〈中华人民共和国个人所得税法〉的决定》第四次修正
- 根据2007年12月29日第十届全国人民代表大会常务委员会第三十一次会议《关于修改〈中华人民共和国个人所得税法〉的决定》第五次修正
- 根据2011年6月30日第十一届全国人民代表大会常务委员会第二十一次会议《关于修改〈中华人民共和国个人所得税法〉的决定》第六次修正
- 根据2018年8月31日第十三届全国人民代表大会常务委员会第五次会议《关于修改〈中华人民共和国个人所得税法〉的决定》第七次修正

第一条 在中国境内有住所，或者无住所而一个纳税年度内在中国境内居住累计满一百八十三天的个人，为居民个人。居民个人从中国境内和境外取得的所得,依照本法规定缴纳个人所得税。

在中国境内无住所又不居住,或者无住所而一个纳税年度内在中国境内居住累计不满一百八十三天的个人,为非居民个人。非居民个人从中国境内取得的所得,依照本法规定缴纳个人所得税。

纳税年度,自公历一月一日起至十二月三十一日止。

第二条 下列各项个人所得,应当缴纳个人所得税:

(一)工资、薪金所得;

(二)劳务报酬所得;

(三)稿酬所得;

(四)特许权使用费所得;

(五)经营所得;

(六)利息、股息、红利所得;

(七)财产租赁所得;

(八)财产转让所得;

(九)偶然所得。

居民个人取得前款第一项至第四项所得(以下称综合所得),按纳税年度合并计算个人所得税;非居民个人取得前款第一项至第四项所得,按月或者按次分项计算个人所得税。纳税人取得前款第五项至第九项所得,依照本法规定分别计算个人所得税。

第三条 个人所得税的税率:

(一)综合所得,适用百分之三至百分之四十五的超额累进税率(税率表附后);

(二)经营所得,适用百分之五至百分之三十五的超额累进税率(税率表附后);

(三)利息、股息、红利所得,财产租赁所得,财产转让所得和偶然所得,适用比例税率,税率为百分之二十。

第四条 下列各项个人所得,免征个人所得税:

(一)省级人民政府、国务院部委和中国人民解放军军以上单位,以及外国组织、国际组织颁发的科学、教育、技术、文化、卫生、体育、环境保护等方面的奖金;

(二)国债和国家发行的金融债券利息;

(三)按照国家统一规定发给的补贴、津贴;

(四)福利费、抚恤金、救济金;

(五)保险赔款;

(六)军人的转业费、复员费、退役金;

(七)按照国家统一规定发给干部、职工的安家费、退职费、基本养老金或者退休费、离休费、离休生活补助费;

(八)依照有关法律规定应予免税的各国驻华使馆、领事馆的外交代表、领事官员和其他人员的所得;

(九)中国政府参加的国际公约、签订的协议中规定免税的所得;

(十)国务院规定的其他免税所得。

前款第十项免税规定,由国务院报全国人民代表大会常务委员会备案。

第五条 有下列情形之一的,可以减征个人所得税,具体幅度和期限,由省、自治区、直辖市人民政府规定,并报同级人民代表大会常务委员会备案:

(一)残疾、孤老人员和烈属的所得;

(二)因自然灾害遭受重大损失的。

国务院可以规定其他减税情形,报全国人民代表大会常务委员会备案。

第六条 应纳税所得额的计算:

(一)居民个人的综合所得,以每一纳税年度的收入额减除费用六万元以及专项扣除、专项附加扣除和依法确定的其他扣除后的余额,为应纳税所得额。

(二)非居民个人的工资、薪金所得,以每月收入额减除费用五千元后的余额为应纳税所得额;劳务报酬所得、稿酬所得、特许权使用费所得,以每次收入额为应纳税所得额。

(三)经营所得,以每一纳税年度的收入总额减除成本、费用以及损失后的余额,为应纳税所得额。

(四)财产租赁所得,每次收入不超过四千元的,减除费用八百元;四千元以上的,减除百分之二十的费用,其余额为应纳税所得额。

(五)财产转让所得,以转让财产的收入额减除财产原值和合理费用后的余额,为应纳税所得额。

(六)利息、股息、红利所得和偶然所得,以每次收入额为应纳税所得额。

劳务报酬所得、稿酬所得、特许权使用费所得以收入减除百分之二十的费用后的余额为收入额。稿酬所得的收入额减按百分之七十计算。

个人将其所得对教育、扶贫、济困等公益慈善事业进行捐赠,捐赠额未超过纳税人申报的应纳税所得额百分之三十的部分,可以从其应纳税所得额中扣除;国务院规定对公益慈善事业捐赠实行全额税前扣除的,从其规定。

本条第一款第一项规定的专项扣除,包括居民个人按照国家规定的范围和标准缴纳的基本养老保险、基本医疗保险、失业保险等社会保险费和住房公积金等;专项附加扣除,包括子女教育、继续教育、大病医疗、住房贷款利息或者住房租金、赡养老人等支出,具体范围、标准和实施步骤由国务院确定,并报全国人民代表大会常务委员会备案。

第七条 居民个人从中国境外取得的所得,可以从其应纳税额中抵免已在境外缴纳的个人所得税税额,但抵免额不得超过该纳税人境外所得依照本法规定计算的应纳税额。

第八条 有下列情形之一的,税务机关有权按照合理方法进行纳税调整:

(一)个人与其关联方之间的业务往来不符合独立交易原则而减少本人或者其关联方应纳税额,且无正当理由;

(二)居民个人控制的,或者居民个人和居民企业共同控制的设立在实际税负明显偏低的国家(地区)的企业,无合理经营需要,对应当归属于居民个人的利润不作分配或者减少分配;

(三)个人实施其他不具有合理商业目的的安排而获取不当税收利益。

税务机关依照前款规定作出纳税调整,需要补征税款的,应当补征税款,并依法加收利息。

第九条 个人所得税以所得人为纳税人,以支付所得的单位或者个人为扣缴义务人。

纳税人有中国公民身份号码的,以中国公民身份号码为纳税人识别号;纳税人没有中国公民身份号码的,由税务机关赋予其纳税人识别号。扣缴义务人扣缴税款时,纳税人应当向扣缴义务人提供纳税人识别号。

第十条 有下列情形之一的,纳税人应当依法办理纳税申报:

(一)取得综合所得需要办理汇算清缴;

(二)取得应税所得没有扣缴义务人;

(三)取得应税所得,扣缴义务人未扣缴税款;

(四)取得境外所得;

(五)因移居境外注销中国户籍;

(六)非居民个人在中国境内从两处以上取得工资、薪金所得;

(七)国务院规定的其他情形。

扣缴义务人应当按照国家规定办理全员全额扣缴申报,并向纳税人提供其个人所得和已扣缴税款等信息。

第十一条 居民个人取得综合所得,按年计算个人所得税;有扣缴义务人的,由扣缴义务人按月或者按次预扣预缴税款;需要办理汇算清缴的,应当在取得所得的次年三月一日至六月三十日内办理汇算清缴。预扣预缴办法由国务院税务主管部门制定。

居民个人向扣缴义务人提供专项附加扣除信息的,扣缴义务人按月预扣预缴税款时应当按照规定予以扣除,不得拒绝。

非居民个人取得工资、薪金所得,劳务报酬所得,稿酬所得和特许权使用费所得,有扣缴义务人的,由扣缴义务人按月或者按次代扣代缴税款,不办理汇算清缴。

第十二条 纳税人取得经营所得,按年计算个人所得税,由纳税人在月度或者季度终了后十五日内向税务机关报送纳税申报表,并预缴税款;在取得所得的次年三月三十一日前办理汇算清缴。

纳税人取得利息、股息、红利所得,财产租赁所得,财产转让所得和偶然所得,按月或者按次计算个人所得税,有扣缴义务人的,由扣缴义务人按月或者按次代扣代缴税款。

第十三条 纳税人取得应税所得没有扣缴义务人的,应当在取得所得的次月十五日内向税务机关报送纳税申报表,并缴纳税款。

纳税人取得应税所得,扣缴义务人未扣缴税款的,纳税人应当在取得所得的次年六月三十日前,缴纳税款;税务机关通知限期缴纳的,纳税人应当按照期限缴纳税款。

居民个人从中国境外取得所得的,应当在取得所得的次年三月一日至六月三十日内申报纳税。

非居民个人在中国境内从两处以上取得工资、薪金所得的,应当在取得所得的次月十五日内申报纳税。

纳税人因移居境外注销中国户籍的,应当在注销中国户籍前办理税款清算。

第十四条 扣缴义务人每月或者每次预扣、代扣的税款,应当在次月十五日内缴入国库,并向税务机关报送扣缴个人所得税申报表。

纳税人办理汇算清缴退税或者扣缴义务人为纳税人办理汇算清缴退税的,税务机关审核后,按照国库管理的有关规定办理退税。

第十五条 公安、人民银行、金融监督管理等相关部门应当协助税务机关确认纳税人的身份、金融账户信息。教育、卫生、医疗保障、民政、人力资源社会保障、住房城乡建设、公安、人民银行、金融监督管理等相关部门应当向税务机关提供纳税人子女教育、继续教育、大病医疗、住房贷款利息、住房租金、赡养老人等专项附加扣除信息。

个人转让不动产的,税务机关应当根据不动产登记等相关信息核验应缴的个人所得税,登记机构办理转移登记时,应当查验与该不动产转让相关的个人所得税的完税凭证。个人转让股权办理变更登记的,市场主体登记机关应当查验与该股权交易相关的个人所得税的完税凭证。

有关部门依法将纳税人、扣缴义务人遵守本法的情况纳入信用信息系统,并实施联合激励或者惩戒。

第十六条 各项所得的计算,以人民币为单位。所得为人民币以外的货币的,按照人民币汇率中间价折合成人民币缴纳税款。

第十七条 对扣缴义务人按照所扣缴的税款,付给百分之二的手续费。

第十八条 对储蓄存款利息所得开征、减征、停征个人所得税及其具体办法,由国务院规定,并报全国人民代表大会常务委员会备案。

第十九条 纳税人、扣缴义务人和税务机关及其工作人员违反本法规定的,依照《中华人民共和国税收征收管理法》和有关法律法规的规定追究法律责任。

第二十条 个人所得税的征收管理,依照本法和《中华人民共和国税收征收管理法》的规定执行。

第二十一条 国务院根据本法制定实施条例。

第二十二条 本法自公布之日起施行。

个人所得税税率表一(综合所得适用)

级数	全年应纳税所得额	税率(%)
1	不超过36000元的	3
2	超过36000元至144000元的部分	10
3	超过144000元至300000元的部分	20
4	超过300000元至420000元的部分	25
5	超过420000元至660000元的部分	30
6	超过660000元至960000元的部分	35
7	超过960000元的部分	45

(注1:本表所称全年应纳税所得额是指依照本法第六条的规定,居民个人取得综合所得以每一纳税年度收入额减除费用六万元以及专项扣除、专项附加扣除和依法确定的其他扣除后的余额。

注2:非居民个人取得工资、薪金所得,劳务报酬所得,稿酬所得和特许权使用费所得,依照本表按月换算后计算应纳税额。)

个人所得税税率表二(经营所得适用)

级数	全年应纳税所得额	税率(%)
1	不超过30000元的	5
2	超过30000元至90000元的部分	10
3	超过90000元至300000元的部分	20
4	超过300000元至500000元的部分	30
5	超过500000元的部分	35

(注:本表所称全年应纳税所得额是指依照本法第六条的规定,以每一纳税年度的收入总额减除成本、费用以及损失后的余额。)

中华人民共和国个人所得税法实施条例

- 1994年1月28日中华人民共和国国务院令第142号发布
- 根据2005年12月19日《国务院关于修改〈中华人民共和国个人所得税法实施条例〉的决定》第一次修订
- 根据2008年2月18日《国务院关于修改〈中华人民共和国个人所得税法实施条例〉的决定》第二次修订
- 根据2011年7月19日《国务院关于修改〈中华人民共和国个人所得税法实施条例〉的决定》第三次修订
- 2018年12月18日中华人民共和国国务院令第707号修订公布
- 自2019年1月1日起施行

第一条 根据《中华人民共和国个人所得税法》(以下简称个人所得税法),制定本条例。

第二条 个人所得税法所称在中国境内有住所,是指因户籍、家庭、经济利益关系而在中国境内习惯性居住;所称从中国境内和境外取得的所得,分别是指来源于中国境内的所得和来源于中国境外的所得。

第三条 除国务院财政、税务主管部门另有规定外,下列所得,不论支付地点是否在中国境内,均为来源于中国境内的所得:

(一)因任职、受雇、履约等在中国境内提供劳务取得的所得;

(二)将财产出租给承租人在中国境内使用而取得的所得;

(三)许可各种特许权在中国境内使用而取得的所得;

(四)转让中国境内的不动产等财产或者在中国境内转让其他财产取得的所得;

(五)从中国境内企业、事业单位、其他组织以及居民个人取得的利息、股息、红利所得。

第四条　在中国境内无住所的个人,在中国境内居住累计满183天的年度连续不满六年的,经向主管税务机关备案,其来源于中国境外且由境外单位或者个人支付的所得,免予缴纳个人所得税;在中国境内居住累计满183天的任一年度中有一次离境超过30天的,其在中国境内居住累计满183天的年度的连续年限重新起算。

第五条　在中国境内无住所的个人,在一个纳税年度内在中国境内居住累计不超过90天的,其来源于中国境内的所得,由境外雇主支付并且不由该雇主在中国境内的机构、场所负担的部分,免予缴纳个人所得税。

第六条　个人所得税法规定的各项个人所得的范围:

(一)工资、薪金所得,是指个人因任职或者受雇取得的工资、薪金、奖金、年终加薪、劳动分红、津贴、补贴以及与任职或者受雇有关的其他所得。

(二)劳务报酬所得,是指个人从事劳务取得的所得,包括从事设计、装潢、安装、制图、化验、测试、医疗、法律、会计、咨询、讲学、翻译、审稿、书画、雕刻、影视、录音、录像、演出、表演、广告、展览、技术服务、介绍服务、经纪服务、代办服务以及其他劳务取得的所得。

(三)稿酬所得,是指个人因其作品以图书、报刊等形式出版、发表而取得的所得。

(四)特许权使用费所得,是指个人提供专利权、商标权、著作权、非专利技术以及其他特许权的使用权取得的所得;提供著作权的使用权取得的所得,不包括稿酬所得。

(五)经营所得,是指:

1.个体工商户从事生产、经营活动取得的所得,个人独资企业投资人、合伙企业的个人合伙人来源于境内注册的个人独资企业、合伙企业生产、经营的所得;

2.个人依法从事办学、医疗、咨询以及其他有偿服务活动取得的所得;

3.个人对企业、事业单位承包经营、承租经营以及转包、转租取得的所得;

4.个人从事其他生产、经营活动取得的所得。

(六)利息、股息、红利所得,是指个人拥有债权、股权等而取得的利息、股息、红利所得。

(七)财产租赁所得,是指个人出租不动产、机器设备、车船以及其他财产取得的所得。

(八)财产转让所得,是指个人转让有价证券、股权、合伙企业中的财产份额、不动产、机器设备、车船以及其他财产取得的所得。

(九)偶然所得,是指个人得奖、中奖、中彩以及其他偶然性质的所得。

个人取得的所得,难以界定应纳税所得项目的,由国务院税务主管部门确定。

第七条　对股票转让所得征收个人所得税的办法,由国务院另行规定,并报全国人民代表大会常务委员会备案。

第八条　个人所得的形式,包括现金、实物、有价证券和其他形式的经济利益;所得为实物的,应当按照取得的凭证上所注明的价格计算应纳税所得额,无凭证的实物或者凭证上所注明的价格明显偏低的,参照市场价格核定应纳税所得额;所得为有价证券的,根据票面价格和市场价格核定应纳税所得额;所得为其他形式的经济利益的,参照市场价格核定应纳税所得额。

第九条　个人所得税法第四条第一款第二项所称国债利息,是指个人持有中华人民共和国财政部发行的债券而取得的利息;所称国家发行的金融债券利息,是指个人持有经国务院批准发行的金融债券而取得的利息。

第十条　个人所得税法第四条第一款第三项所称按照国家统一规定发给的补贴、津贴,是指按照国务院规定发给的政府特殊津贴、院士津贴,以及国务院规定免予缴纳个人所得税的其他补贴、津贴。

第十一条　个人所得税法第四条第一款第四项所称福利费,是指根据国家有关规定,从企业、事业单位、国家机关、社会组织提留的福利费或者工会经费中支付给个人的生活补助费;所称救济金,是指各级人民政府民政部门支付给个人的生活困难补助费。

第十二条　个人所得税法第四条第一款第八项所称依照有关法律规定应予免税的各国驻华使馆、领事馆的外交代表、领事官员和其他人员的所得,是指依照《中华人民共和国外交特权与豁免条例》和《中华人民共和国领事特权与豁免条例》规定免税的所得。

第十三条　个人所得税法第六条第一款第一项所称依法确定的其他扣除,包括个人缴付符合国家规定的企业年金、职业年金,个人购买符合国家规定的商业健康保险、税收递延型商业养老保险的支出,以及国务院规定可以扣除的其他项目。

专项扣除、专项附加扣除和依法确定的其他扣除,以居民个人一个纳税年度的应纳税所得额为限额;一个纳税年度扣除不完的,不结转以后年度扣除。

第十四条　个人所得税法第六条第一款第二项、第四项、第六项所称每次,分别按照下列方法确定:

(一)劳务报酬所得、稿酬所得、特许权使用费所得,属于一次性收入的,以取得该项收入为一次;属于同一项目连续性收入的,以一个月内取得的收入为一次。

(二)财产租赁所得,以一个月内取得的收入为一次。

(三)利息、股息、红利所得,以支付利息、股息、红利时取得的收入为一次。

(四)偶然所得,以每次取得该项收入为一次。

第十五条 个人所得税法第六条第一款第三项所称成本、费用,是指生产、经营活动中发生的各项直接支出和分配计入成本的间接费用以及销售费用、管理费用、财务费用;所称损失,是指生产、经营活动中发生的固定资产和存货的盘亏、毁损、报废损失,转让财产损失,坏账损失,自然灾害等不可抗力因素造成的损失以及其他损失。

取得经营所得的个人,没有综合所得的,计算其每一纳税年度的应纳税所得额时,应当减除费用6万元、专项扣除、专项附加扣除以及依法确定的其他扣除。专项附加扣除在办理汇算清缴时减除。

从事生产、经营活动,未提供完整、准确的纳税资料,不能正确计算应纳税所得额的,由主管税务机关核定应纳税所得额或者应纳税额。

第十六条 个人所得税法第六条第一款第五项规定的财产原值,按照下列方法确定:

(一)有价证券,为买入价以及买入时按照规定交纳的有关费用;

(二)建筑物,为建造费或者购进价格以及其他有关费用;

(三)土地使用权,为取得土地使用权所支付的金额、开发土地的费用以及其他有关费用;

(四)机器设备、车船,为购进价格、运输费、安装费以及其他有关费用。

其他财产,参照前款规定的方法确定财产原值。

纳税人未提供完整、准确的财产原值凭证,不能按照本条第一款规定的方法确定财产原值的,由主管税务机关核定财产原值。

个人所得税法第六条第一款第五项所称合理费用,是指卖出财产时按照规定支付的有关税费。

第十七条 财产转让所得,按照一次转让财产的收入额减除财产原值和合理费用后的余额计算纳税。

第十八条 两个以上的个人共同取得同一项目收入的,应当对每个人取得的收入分别按照个人所得税法的规定计算纳税。

第十九条 个人所得税法第六条第三款所称个人将其所得对教育、扶贫、济困等公益慈善事业进行捐赠,是指个人将其所得通过中国境内的公益性社会组织、国家机关向教育、扶贫、济困等公益慈善事业的捐赠;所称应纳税所得额,是指计算扣除捐赠额之前的应纳税所得额。

第二十条 居民个人从中国境内和境外取得的综合所得、经营所得,应当分别合并计算应纳税额;从中国境内和境外取得的其他所得,应当分别单独计算应纳税额。

第二十一条 个人所得税法第七条所称已在境外缴纳的个人所得税税额,是指居民个人来源于中国境外的所得,依照该所得来源国家(地区)的法律应当缴纳并且实际已经缴纳的所得税税额。

个人所得税法第七条所称纳税人境外所得依照本法规定计算的应纳税额,是居民个人抵免已在境外缴纳的综合所得、经营所得以及其他所得的所得税税额的限额(以下简称抵免限额)。除国务院财政、税务主管部门另有规定外,来源于中国境外一个国家(地区)的综合所得抵免限额、经营所得抵免限额以及其他所得抵免限额之和,为来源于该国家(地区)所得的抵免限额。

居民个人在中国境外一个国家(地区)实际已经缴纳的个人所得税税额,低于依照前款规定计算出的来源于该国家(地区)所得的抵免限额的,应当在中国缴纳差额部分的税款;超过来源于该国家(地区)所得的抵免限额的,其超过部分不得在本纳税年度的应纳税额中抵免,但是可以在以后纳税年度来源于该国家(地区)所得的抵免限额的余额中补扣。补扣期限最长不得超过五年。

第二十二条 居民个人申请抵免已在境外缴纳的个人所得税税额,应当提供境外税务机关出具的税款所属年度的有关纳税凭证。

第二十三条 个人所得税法第八条第二款规定的利息,应当按照税款所属纳税申报期最后一日中国人民银行公布的与补税期间同期的人民币贷款基准利率计算,自税款纳税申报期满次日起至补缴税款期限届满之日止按日加收。纳税人在补缴税款期限届满前补缴税款的,利息加收至补缴税款之日。

第二十四条 扣缴义务人向个人支付应税款项时,应当依照个人所得税法规定预扣或者代扣税款,按时缴库,并专项记载备查。

前款所称支付,包括现金支付、汇拨支付、转账支付和以有价证券、实物以及其他形式的支付。

第二十五条 取得综合所得需要办理汇算清缴的情形包括：

（一）从两处以上取得综合所得，且综合所得年收入额减除专项扣除的余额超过6万元；

（二）取得劳务报酬所得、稿酬所得、特许权使用费所得中一项或者多项所得，且综合所得年收入额减除专项扣除的余额超过6万元；

（三）纳税年度内预缴税额低于应纳税额；

（四）纳税人申请退税。

纳税人申请退税，应当提供其在中国境内开设的银行账户，并在汇算清缴地就地办理税款退库。

汇算清缴的具体办法由国务院税务主管部门制定。

第二十六条 个人所得税法第十条第二款所称全员全额扣缴申报，是指扣缴义务人在代扣税款的次月十五日内，向主管税务机关报送其支付所得的所有个人的有关信息、支付所得数额、扣除事项和数额、扣缴税款的具体数额和总额以及其他相关涉税信息资料。

第二十七条 纳税人办理纳税申报的地点以及其他有关事项的具体办法，由国务院税务主管部门制定。

第二十八条 居民个人取得工资、薪金所得时，可以向扣缴义务人提供专项附加扣除有关信息，由扣缴义务人扣缴税款时减除专项附加扣除。纳税人同时从两处以上取得工资、薪金所得，并由扣缴义务人减除专项附加扣除的，对同一专项附加扣除项目，在一个纳税年度内只能选择从一处取得的所得中减除。

居民个人取得劳务报酬所得、稿酬所得、特许权使用费所得，应当在汇算清缴时向税务机关提供有关信息，减除专项附加扣除。

第二十九条 纳税人可以委托扣缴义务人或者其他单位和个人办理汇算清缴。

第三十条 扣缴义务人应当按照纳税人提供的信息计算办理扣缴申报，不得擅自更改纳税人提供的信息。

纳税人发现扣缴义务人提供或者扣缴申报的个人信息、所得、扣缴税款等与实际情况不符的，有权要求扣缴义务人修改。扣缴义务人拒绝修改的，纳税人应当报告税务机关，税务机关应当及时处理。

纳税人、扣缴义务人应当按照规定保存与专项附加扣除相关的资料。税务机关可以对纳税人提供的专项附加扣除信息进行抽查，具体办法由国务院税务主管部门另行规定。税务机关发现纳税人提供虚假信息的，应当责令改正并通知扣缴义务人；情节严重的，有关部门应当依法予以处理，纳入信用信息系统并实施联合惩戒。

第三十一条 纳税人申请退税时提供的汇算清缴信息有错误的，税务机关应当告知其更正；纳税人更正的，税务机关应当及时办理退税。

扣缴义务人未将扣缴的税款解缴入库的，不影响纳税人按照规定申请退税，税务机关应当凭纳税人提供的有关资料办理退税。

第三十二条 所得为人民币以外货币的，按照办理纳税申报或者扣缴申报的上一月最后一日人民币汇率中间价，折合成人民币计算应纳税所得额。年度终了后办理汇算清缴的，对已经按月、按季或者按次预缴税款的人民币以外货币所得，不再重新折算；对应当补缴税款的所得部分，按照上一纳税年度最后一日人民币汇率中间价，折合成人民币计算应纳税所得额。

第三十三条 税务机关按照个人所得税法第十七条的规定付给扣缴义务人手续费，应当填开退还书；扣缴义务人凭退还书，按照国库管理有关规定办理退库手续。

第三十四条 个人所得税纳税申报表、扣缴个人所得税报告表和个人所得税完税凭证式样，由国务院税务主管部门统一制定。

第三十五条 军队人员个人所得税征收事宜，按照有关规定执行。

第三十六条 本条例自2019年1月1日起施行。

个人所得税专项附加扣除暂行办法

· 2018年12月13日
· 国发〔2018〕41号

第一章 总 则

第一条 根据《中华人民共和国个人所得税法》（以下简称个人所得税法）规定，制定本办法。

第二条 本办法所称个人所得税专项附加扣除，是指个人所得税法规定的子女教育、继续教育、大病医疗、住房贷款利息或者住房租金、赡养老人等6项专项附加扣除。

第三条 个人所得税专项附加扣除遵循公平合理、利于民生、简便易行的原则。

第四条 根据教育、医疗、住房、养老等民生支出变化情况，适时调整专项附加扣除范围和标准。

第二章 子女教育

第五条 纳税人的子女接受全日制学历教育的相关支出，按照每个子女每月1000元的标准定额扣除。

学历教育包括义务教育（小学、初中教育）、高中阶段教育(普通高中、中等职业、技工教育)、高等教育(大学专科、大学本科、硕士研究生、博士研究生教育)。

年满3岁至小学入学前处于学前教育阶段的子女,按本条第一款规定执行。

第六条 父母可以选择由其中一方按扣除标准的100%扣除,也可以选择由双方分别按扣除标准的50%扣除,具体扣除方式在一个纳税年度内不能变更。

第七条 纳税人子女在中国境外接受教育的,纳税人应当留存境外学校录取通知书、留学签证等相关教育的证明资料备查。

第三章 继续教育

第八条 纳税人在中国境内接受学历(学位)继续教育的支出,在学历(学位)教育期间按照每月400元定额扣除。同一学历(学位)继续教育的扣除期限不能超过48个月。纳税人接受技能人员职业资格继续教育、专业技术人员职业资格继续教育的支出,在取得相关证书的当年,按照3600元定额扣除。

第九条 个人接受本科及以下学历(学位)继续教育,符合本办法规定扣除条件的,可以选择由其父母扣除,也可以选择由本人扣除。

第十条 纳税人接受技能人员职业资格继续教育、专业技术人员职业资格继续教育的,应当留存相关证书等资料备查。

第四章 大病医疗

第十一条 在一个纳税年度内,纳税人发生的与基本医保相关的医药费用支出,扣除医保报销后个人负担(指医保目录范围内的自付部分)累计超过15000元的部分,由纳税人在办理年度汇算清缴时,在80000元限额内据实扣除。

第十二条 纳税人发生的医药费用支出可以选择由本人或者其配偶扣除;未成年子女发生的医药费用支出可以选择由其父母一方扣除。

纳税人及其配偶、未成年子女发生的医药费用支出,按本办法第十一条规定分别计算扣除额。

第十三条 纳税人应当留存医药服务收费及医保报销相关票据原件(或者复印件)等资料备查。医疗保障部门应当向患者提供在医疗保障信息系统记录的本人年度医药费用信息查询服务。

第五章 住房贷款利息

第十四条 纳税人本人或者配偶单独或者共同使用商业银行或者住房公积金个人住房贷款为本人或者其配偶购买中国境内住房,发生的首套住房贷款利息支出,在实际发生贷款利息的年度,按照每月1000元的标准定额扣除,扣除期限最长不超过240个月。纳税人只能享受一次首套住房贷款的利息扣除。

本办法所称首套住房贷款是指购买住房享受首套住房贷款利率的住房贷款。

第十五条 经夫妻双方约定,可以选择由其中一方扣除,具体扣除方式在一个纳税年度内不能变更。

夫妻双方婚前分别购买住房发生的首套住房贷款,其贷款利息支出,婚后可以选择其中一套购买的住房,由购买方按扣除标准的100%扣除,也可以由夫妻双方对各自购买的住房分别按扣除标准的50%扣除,具体扣除方式在一个纳税年度内不能变更。

第十六条 纳税人应当留存住房贷款合同、贷款还款支出凭证备查。

第六章 住房租金

第十七条 纳税人在主要工作城市没有自有住房而发生的住房租金支出,可以按照以下标准定额扣除:

(一)直辖市、省会(首府)城市、计划单列市以及国务院确定的其他城市,扣除标准为每月1500元;

(二)除第一项所列城市以外,市辖区户籍人口超过100万的城市,扣除标准为每月1100元;市辖区户籍人口不超过100万的城市,扣除标准为每月800元。

纳税人的配偶在纳税人的主要工作城市有自有住房的,视同纳税人在主要工作城市有自有住房。

市辖区户籍人口,以国家统计局公布的数据为准。

第十八条 本办法所称主要工作城市是指纳税人任职受雇的直辖市、计划单列市、副省级城市、地级市(地区、州、盟)全部行政区域范围;纳税人无任职受雇单位的,为受理其综合所得汇算清缴的税务机关所在城市。

夫妻双方主要工作城市相同的,只能由一方扣除住房租金支出。

第十九条 住房租金支出由签订租赁住房合同的承租人扣除。

第二十条 纳税人及其配偶在一个纳税年度内不能同时分别享受住房贷款利息和住房租金专项附加扣除。

第二十一条 纳税人应当留存住房租赁合同、协议等有关资料备查。

第七章 赡养老人

第二十二条 纳税人赡养一位及以上被赡养人的赡养支出,统一按照以下标准定额扣除:

（一）纳税人为独生子女的，按照每月2000元的标准定额扣除；

（二）纳税人为非独生子女的，由其与兄弟姐妹分摊每月2000元的扣除额度，每人分摊的额度不能超过每月1000元。可以由赡养人均摊或者约定分摊，也可以由被赡养人指定分摊。约定或者指定分摊的须签订书面分摊协议，指定分摊优先于约定分摊。具体分摊方式和额度在一个纳税年度内不能变更。

第二十三条　本办法所称被赡养人是指年满60岁的父母，以及子女均已去世的年满60岁的祖父母、外祖父母。

第八章　保障措施

第二十四条　纳税人向收款单位索取发票、财政票据、支出凭证，收款单位不能拒绝提供。

第二十五条　纳税人首次享受专项附加扣除，应当将专项附加扣除相关信息提交扣缴义务人或者税务机关，扣缴义务人应当及时将相关信息报送税务机关，纳税人对所提交信息的真实性、准确性、完整性负责。专项附加扣除信息发生变化的，纳税人应当及时向扣缴义务人或者税务机关提供相关信息。

前款所称专项附加扣除相关信息，包括纳税人本人、配偶、子女、被赡养人等个人身份信息，以及国务院税务主管部门规定的其他与专项附加扣除相关的信息。

本办法规定纳税人需要留存备查的相关资料应当留存五年。

第二十六条　有关部门和单位有责任和义务向税务部门提供或者协助核实以下与专项附加扣除有关的信息：

（一）公安部门有关户籍人口基本信息、户成员关系信息、出入境证件信息、相关出国人员信息、户籍人口死亡标识等信息；

（二）卫生健康部门有关出生医学证明信息、独生子女信息；

（三）民政部门、外交部门、法院有关婚姻状况信息；

（四）教育部门有关学生学籍信息（包括学历继续教育学生学籍、考籍信息）、在相关部门备案的境外教育机构资质信息；

（五）人力资源社会保障等部门有关技工院校学生学籍信息、技能人员职业资格继续教育信息、专业技术人员职业资格继续教育信息；

（六）住房城乡建设部门有关房屋（含公租房）租赁信息、住房公积金管理机构有关住房公积金贷款还款支出信息；

（七）自然资源部门有关不动产登记信息；

（八）人民银行、金融监督管理部门有关住房商业贷款还款支出信息；

（九）医疗保障部门有关在医疗保障信息系统记录的个人负担的医药费用信息；

（十）国务院税务主管部门确定需要提供的其他涉税信息。

上述数据信息的格式、标准、共享方式，由国务院税务主管部门及各省、自治区、直辖市和计划单列市税务局商有关部门确定。

有关部门和单位拥有专项附加扣除涉税信息，但未按规定要求向税务部门提供的，拥有涉税信息的部门或者单位的主要负责人及相关人员承担相应责任。

第二十七条　扣缴义务人发现纳税人提供的信息与实际情况不符的，可以要求纳税人修改。纳税人拒绝修改的，扣缴义务人应当报告税务机关，税务机关应当及时处理。

第二十八条　税务机关核查专项附加扣除情况时，纳税人任职受雇单位所在地、经常居住地、户籍所在地的公安派出所、居民委员会或者村民委员会等有关单位和个人应当协助核查。

第九章　附　则

第二十九条　本办法所称父母，是指生父母、继父母、养父母。本办法所称子女，是指婚生子女、非婚生子女、继子女、养子女。父母之外的其他人担任未成年人的监护人的，比照本办法规定执行。

第三十条　个人所得税专项附加扣除额一个纳税年度扣除不完的，不能结转以后年度扣除。

第三十一条　个人所得税专项附加扣除具体操作办法，由国务院税务主管部门另行制定。

第三十二条　本办法自2019年1月1日起施行。

国务院关于设立3岁以下婴幼儿照护个人所得税专项附加扣除的通知

· 2022年3月19日
· 国发〔2022〕8号

各省、自治区、直辖市人民政府，国务院各部委、各直属机构：

为贯彻落实《中共中央 国务院关于优化生育政策促

进人口长期均衡发展的决定》，依据《中华人民共和国个人所得税法》有关规定，国务院决定，设立3岁以下婴幼儿照护个人所得税专项附加扣除。现将有关事项通知如下：

一、纳税人照护3岁以下婴幼儿子女的相关支出，按照每个婴幼儿每月1000元的标准定额扣除。

二、父母可以选择由其中一方按扣除标准的100%扣除，也可以选择由双方分别按扣除标准的50%扣除，具体扣除方式在一个纳税年度内不能变更。

三、3岁以下婴幼儿照护个人所得税专项附加扣除涉及的保障措施和其他事项，参照《个人所得税专项附加扣除暂行办法》有关规定执行。

四、3岁以下婴幼儿照护个人所得税专项附加扣除自2022年1月1日起实施。

国务院关于提高个人所得税有关专项附加扣除标准的通知

· 2023年8月28日
· 国发〔2023〕13号

为进一步减轻家庭生育养育和赡养老人的支出负担，依据《中华人民共和国个人所得税法》有关规定，国务院决定，提高3岁以下婴幼儿照护等三项个人所得税专项附加扣除标准。现将有关事项通知如下：

一、3岁以下婴幼儿照护专项附加扣除标准，由每个婴幼儿每月1000元提高到2000元。

二、子女教育专项附加扣除标准，由每个子女每月1000元提高到2000元。

三、赡养老人专项附加扣除标准，由每月2000元提高到3000元。其中，独生子女按照每月3000元的标准定额扣除；非独生子女与兄弟姐妹分摊每月3000元的扣除额度，每人分摊的额度不能超过每月1500元。

四、3岁以下婴幼儿照护、子女教育、赡养老人专项附加扣除涉及的其他事项，按照《个人所得税专项附加扣除暂行办法》有关规定执行。

五、上述调整后的扣除标准自2023年1月1日起实施。

国务院关于个人独资企业和合伙企业征收所得税问题的通知

· 2000年6月20日
· 国发〔2000〕16号

为公平税负，支持和鼓励个人投资兴办企业，促进国民经济持续、快速、健康发展，国务院决定，自2000年1月1日起，对个人独资企业和合伙企业停止征收企业所得税，其投资者的生产经营所得，比照个体工商户的生产、经营所得征收个人所得税。具体税收政策和征税办法由国家财税主管部门另行制定。

财政部、税务总局关于个人所得税法修改后有关优惠政策衔接问题的通知[①]

· 2018年12月27日
· 财税〔2018〕164号

各省、自治区、直辖市、计划单列市财政厅（局），国家税务总局各省、自治区、直辖市、计划单列市税务局，新疆生产建设兵团财政局：

为贯彻落实修改后的《中华人民共和国个人所得税法》，现将个人所得税优惠政策衔接有关事项通知如下：

一、关于全年一次性奖金、中央企业负责人年度绩效薪金延期兑现收入和任期奖励的政策

（一）居民个人取得全年一次性奖金，符合《国家税务总局关于调整个人取得全年一次性奖金等计算征收个人所得税方法问题的通知》（国税发〔2005〕9号）规定的，在2021年12月31日前，不并入当年综合所得，以全年一次性奖金收入除以12个月得到的数额，按照本通知所附按月换算后的综合所得税率表（以下简称月度税率表），确定适用税率和速算扣除数，单独计算纳税。计算公式为：

应纳税额＝全年一次性奖金收入×适用税率－速算扣除数

居民个人取得全年一次性奖金，也可以选择并入当年综合所得计算纳税。

自2022年1月1日起，居民个人取得全年一次性奖

---

① 根据《财政部、国家税务总局关于延续实施全年一次性奖金等个人所得税优惠政策的公告》，本通知中规定的全年一次性奖金单独计税优惠政策，执行期限延长至2023年12月31日；上市公司股权激励单独计税优惠政策，执行期限延长至2022年12月31日。根据《财政部、国家税务总局关于延续实施外籍个人津补贴等有关个人所得税优惠政策的公告》，本通知中规定的外籍个人有关津补贴优惠政策、中央企业负责人任期激励单独计税优惠政策，执行期限延长至2023年12月31日。

金,应并入当年综合所得计算缴纳个人所得税。

(二)中央企业负责人取得年度绩效薪金延期兑现收入和任期奖励,符合《国家税务总局关于中央企业负责人年度绩效薪金延期兑现收入和任期奖励征收个人所得税问题的通知》(国税发〔2007〕118号)规定的,在2021年12月31日前,参照本通知第一条第(一)项执行;2022年1月1日之后的政策另行明确。

二、关于上市公司股权激励的政策

(一)居民个人取得股票期权、股票增值权、限制性股票、股权奖励等股权激励(以下简称股权激励),符合《财政部 国家税务总局关于个人股票期权所得征收个人所得税问题的通知》(财税〔2005〕35号)、《财政部国家税务总局关于股票增值权所得和限制性股票所得征收个人所得税有关问题的通知》(财税〔2009〕5号)、《财政部国家税务总局关于将国家自主创新示范区有关税收试点政策推广到全国范围实施的通知》(财税〔2015〕116号)第四条、《财政部国家税务总局关于完善股权激励和技术入股有关所得税政策的通知》(财税〔2016〕101号)第四条第(一)项规定的相关条件的,在2021年12月31日前,不并入当年综合所得,全额单独适用综合所得税率表,计算纳税。计算公式为:

应纳税额=股权激励收入×适用税率-速算扣除数

(二)居民个人一个纳税年度内取得两次以上(含两次)股权激励的,应合并按本通知第二条第(一)项规定计算纳税。

(三)2022年1月1日之后的股权激励政策另行明确。

三、关于保险营销员、证券经纪人佣金收入的政策

保险营销员、证券经纪人取得的佣金收入,属于劳务报酬所得,以不含增值税的收入减除20%的费用后的余额为收入额,收入额减去展业成本以及附加税费后,并入当年综合所得,计算缴纳个人所得税。保险营销员、证券经纪人展业成本按照收入额的25%计算。

扣缴义务人向保险营销员、证券经纪人支付佣金收入时,应按照《个人所得税扣缴申报管理办法(试行)》(国家税务总局公告2018年第61号)规定的累计预扣法计算预扣税款。

四、关于个人领取企业年金、职业年金的政策

个人达到国家规定的退休年龄,领取的企业年金、职业年金,符合《财政部 人力资源社会保障部 国家税务总局关于企业年金 职业年金个人所得税有关问题的通知》(财税〔2013〕103号)规定的,不并入综合所得,全额单独计算应纳税款。其中按月领取的,适用月度税率表计算纳税;按季领取的,平均分摊计入各月,按每月领取额适用月度税率表计算纳税;按年领取的,适用综合所得税率表计算纳税。

个人因出境定居而一次性领取的年金个人账户资金,或个人死亡后,其指定的受益人或法定继承人一次性领取的年金个人账户余额,适用综合所得税率表计算纳税。对个人除上述特殊原因外一次性领取年金个人账户资金或余额的,适用月度税率表计算纳税。

五、关于解除劳动关系、提前退休、内部退养的一次性补偿收入的政策

(一)个人与用人单位解除劳动关系取得一次性补偿收入(包括用人单位发放的经济补偿金、生活补助费和其他补助费),在当地上年职工平均工资3倍数额以内的部分,免征个人所得税;超过3倍数额的部分,不并入当年综合所得,单独适用综合所得税率表,计算纳税。

(二)个人办理提前退休手续而取得的一次性补贴收入,应按照办理提前退休手续至法定离退休年龄之间实际年度数平均分摊,确定适用税率和速算扣除数,单独适用综合所得税率表,计算纳税。计算公式:

应纳税额={〔(一次性补贴收入÷办理提前退休手续至法定退休年龄的实际年度数)-费用扣除标准〕×适用税率-速算扣除数}×办理提前退休手续至法定退休年龄的实际年度数

(三)个人办理内部退养手续而取得的一次性补贴收入,按照《国家税务总局关于个人所得税有关政策问题的通知》(国税发〔1999〕58号)规定计算纳税。

六、关于单位低价向职工售房的政策

单位按低于购置或建造成本价格出售住房给职工,职工因此而少支出的差价部分,符合《财政部 国家税务总局关于单位低价向职工售房有关个人所得税问题的通知》(财税〔2007〕13号)第二条规定的,不并入当年综合所得,以差价收入除以12个月得到的数额,按照月度税率表确定适用税率和速算扣除数,单独计算纳税。计算公式为:

应纳税额=职工实际支付的购房价款低于该房屋的购置或建造成本价格的差额×适用税率-速算扣除数

七、关于外籍个人有关津补贴的政策

(一)2019年1月1日至2021年12月31日期间,外籍个人符合居民个人条件的,可以选择享受个人所得税专项附加扣除,也可以选择按照《财政部 国家税务总局关于个人所得税若干政策问题的通知》(财税〔1994〕20号)、《国家税务总局关于外籍个人取得有关补贴征免个

人所得税执行问题的通知》（国税发〔1997〕54号）和《财政部 国家税务总局关于外籍个人取得港澳地区住房等补贴征免个人所得税的通知》（财税〔2004〕29号）规定，享受住房补贴、语言训练费、子女教育费等津补贴免税优惠政策，但不得同时享受。外籍个人一经选择，在一个纳税年度内不得变更。

（二）自2022年1月1日起，外籍个人不再享受住房补贴、语言训练费、子女教育费津补贴免税优惠政策，应按规定享受专项附加扣除。

八、除上述衔接事项外，其他个人所得税优惠政策继续按照原文件规定执行。

九、本通知自2019年1月1日起执行。下列文件或文件条款同时废止：

（一）《财政部 国家税务总局关于个人与用人单位解除劳动关系取得的一次性补偿收入征免个人所得税问题的通知》（财税〔2001〕157号）第一条；

（二）《财政部 国家税务总局关于个人股票期权所得征收个人所得税问题的通知》（财税〔2005〕35号）第四条第（一）项；

（三）《财政部 国家税务总局关于单位低价向职工售房有关个人所得税问题的通知》（财税〔2007〕13号）第三条；

（四）《财政部 人力资源社会保障部 国家税务总局关于企业年金职业年金个人所得税有关问题的通知》（财税〔2013〕103号）第三条第1项和第3项；

（五）《国家税务总局关于个人认购股票等有价证券而从雇主取得折扣或补贴收入有关征收个人所得税问题的通知》（国税发〔1998〕9号）；

（六）《国家税务总局关于保险企业营销员（非雇员）取得的收入计征个人所得税问题的通知》（国税发〔1998〕13号）；

（七）《国家税务总局关于个人因解除劳动合同取得经济补偿金征收个人所得税问题的通知》（国税发〔1999〕178号）；

（八）《国家税务总局关于国有企业职工因解除劳动合同取得一次性补偿收入征免个人所得税问题的通知》（国税发〔2000〕77号）；

（九）《国家税务总局关于调整个人取得全年一次性奖金等计算征收个人所得税方法问题的通知》（国税发〔2005〕9号）第二条；

（十）《国家税务总局关于保险营销员取得佣金收入征免个人所得税问题的通知》（国税函〔2006〕454号）；

（十一）《国家税务总局关于个人股票期权所得缴纳个人所得税有关问题的补充通知》（国税函〔2006〕902号）第七条、第八条；

（十二）《国家税务总局关于中央企业负责人年度绩效薪金延期兑现收入和任期奖励征收个人所得税问题的通知》（国税发〔2007〕118号）第一条；

（十三）《国家税务总局关于个人提前退休取得补贴收入个人所得税问题的公告》（国家税务总局公告2011年第6号）第二条；

（十四）《国家税务总局关于证券经纪人佣金收入征收个人所得税问题的公告》（国家税务总局公告2012年第45号）。

附件：按月换算后的综合所得税率表

按月换算后的综合所得税率表

级数	全月应纳税所得额	税率（%）	速算扣除数
1	不超过3000元的	3	0
2	超过3000元至12000元的部分	10	210
3	超过12000元至25000元的部分	20	1410
4	超过25000元至35000元的部分	25	2660
5	超过35000元至55000元的部分	30	4410
6	超过55000元至80000元的部分	35	7160
7	超过80000元的部分	45	15160

个人所得税专项附加扣除操作办法（试行）

· 2022年3月25日
· 国家税务总局公告2022年第7号

第一章 总 则

第一条 为了规范个人所得税专项附加扣除行为，切实维护纳税人合法权益，根据《中华人民共和国个人所得税法》及其实施条例、《中华人民共和国税收征收管理法》及其实施细则、《国务院关于印发个人所得税专项附加扣除暂行办法的通知》（国发〔2018〕41号）、《国务院关于设立3岁以下婴幼儿照护个人所得税专项附加扣除的通知》（国发〔2022〕8号）的规定，制定本办法。

第二条 纳税人享受子女教育、继续教育、大病医疗、住房贷款利息或者住房租金、赡养老人、3岁以下婴幼儿照护专项附加扣除的，依照本办法规定办理。

第二章 享受扣除及办理时间

第三条 纳税人享受符合规定的专项附加扣除的计算时间分别为：

（一）子女教育。学前教育阶段，为子女年满3周岁当月至小学入学前一月。学历教育，为子女接受全日制学历教育入学的当月至全日制学历教育结束的当月。

（二）继续教育。学历（学位）继续教育，为在中国境内接受学历（学位）继续教育入学的当月至学历（学位）继续教育结束的当月，同一学历（学位）继续教育的扣除期限最长不得超过48个月。技能人员职业资格继续教育、专业技术人员职业资格继续教育，为取得相关证书的当年。

（三）大病医疗。为医疗保障信息系统记录的医药费用实际支出的当年。

（四）住房贷款利息。为贷款合同约定开始还款的当月至贷款全部归还或贷款合同终止的当月，扣除期限最长不得超过240个月。

（五）住房租金。为租赁合同（协议）约定的房屋租赁期开始的当月至租赁期结束的当月。提前终止合同（协议）的，以实际租赁期限为准。

（六）赡养老人。为被赡养人年满60周岁的当月至赡养义务终止的年末。

（七）3岁以下婴幼儿照护。为婴幼儿出生的当月至年满3周岁的前一个月。

前款第一项、第二项规定的学历教育和学历（学位）继续教育的期间，包含因病或其他非主观原因休学但学籍继续保留的休学期间，以及施教机构按规定组织实施的寒暑假等假期。

第四条 享受子女教育、继续教育、住房贷款利息或者住房租金、赡养老人、3岁以下婴幼儿照护专项附加扣除的纳税人，自符合条件开始，可以向支付工资、薪金所得的扣缴义务人提供上述专项附加扣除有关信息，由扣缴义务人在预扣预缴税款时，按其在本单位本年可享受的累计扣除额办理扣除；也可以在次年3月1日至6月30日内，向汇缴地主管税务机关办理汇算清缴申报时扣除。

纳税人同时从两处以上取得工资、薪金所得，并由扣缴义务人办理上述专项附加扣除的，对同一专项附加扣除项目，一个纳税年度内，纳税人只能选择从其中一处扣除。

享受大病医疗专项附加扣除的纳税人，由其在次年3月1日至6月30日内，自行向汇缴地主管税务机关办理汇算清缴申报时扣除。

第五条 扣缴义务人办理工资、薪金所得预扣预缴税款时，应当根据纳税人报送的《个人所得税专项附加扣除信息表》（以下简称《扣除信息表》，见附件）为纳税人办理专项附加扣除。

纳税人年度中间更换工作单位的，在原单位任职、受雇期间已享受的专项附加扣除金额，不得在新任职、受雇单位扣除。原扣缴义务人应当自纳税人离职不再发放工资薪金所得的当月起，停止为其办理专项附加扣除。

第六条 纳税人未取得工资、薪金所得，仅取得劳务报酬所得、稿酬所得、特许权使用费所得需要享受专项附加扣除的，应当在次年3月1日至6月30日内，自行向汇缴地主管税务机关报送《扣除信息表》，并在办理汇算清缴申报时扣除。

第七条 一个纳税年度内，纳税人在扣缴义务人预扣预缴税款环节未享受或未足额享受专项附加扣除的，可以在当年内向支付工资、薪金的扣缴义务人申请在剩余月份发放工资、薪金时补充扣除，也可以在次年3月1日至6月30日内，向汇缴地主管税务机关办理汇算清缴时申报扣除。

第三章 报送信息及留存备查资料

第八条 纳税人选择在扣缴义务人发放工资、薪金所得时享受专项附加扣除的，首次享受时应当填写并向扣缴义务人报送《扣除信息表》；纳税年度中间相关信息发生变化的，纳税人应当更新《扣除信息表》相应栏次，并及时报送给扣缴义务人。

更换工作单位的纳税人，需要由新任职、受雇扣缴义务人办理专项附加扣除的，应当在入职的当月，填写并向扣缴义务人报送《扣除信息表》。

第九条 纳税人次年需要由扣缴义务人继续办理专项附加扣除的，应当于每年12月份对次年享受专项附加扣除的内容进行确认，并报送至扣缴义务人。纳税人未及时确认的，扣缴义务人于次年1月起暂停扣除，待纳税人确认后再行办理专项附加扣除。

扣缴义务人应当将纳税人报送的专项附加扣除信息，在次月办理扣缴申报时一并报送至主管税务机关。

第十条 纳税人选择在汇算清缴申报时享受专项附加扣除的，应当填写并向汇缴地主管税务机关报送《扣除信息表》。

第十一条 纳税人将需要享受的专项附加扣除项目信息填报至《扣除信息表》相应栏次。填报要素完整的，扣缴义务人或者主管税务机关应当受理；填报要素不完整的，扣缴义务人或者主管税务机关应当及时告知纳税人补正或重新填报。纳税人未补正或重新填报的，暂不办理相关专项附加扣除,待纳税人补正或重新填报后再行办理。

第十二条 纳税人享受子女教育专项附加扣除,应当填报配偶及子女的姓名、身份证件类型及号码、子女当前受教育阶段及起止时间、子女就读学校以及本人与配偶之间扣除分配比例等信息。

纳税人需要留存备查资料包括:子女在境外接受教育的,应当留存境外学校录取通知书、留学签证等境外教育佐证资料。

第十三条 纳税人享受继续教育专项附加扣除,接受学历(学位)继续教育的,应当填报教育起止时间、教育阶段等信息;接受技能人员或者专业技术人员职业资格继续教育的,应当填报证书名称、证书编号、发证机关、发证(批准)时间等信息。

纳税人需要留存备查资料包括:纳税人接受技能人员职业资格继续教育、专业技术人员职业资格继续教育的,应当留存职业资格相关证书等资料。

第十四条 纳税人享受住房贷款利息专项附加扣除,应当填报住房权属信息、住房坐落地址、贷款方式、贷款银行、贷款合同编号、贷款期限、首次还款日期等信息;纳税人有配偶的,填写配偶姓名、身份证件类型及号码。

纳税人需要留存备查资料包括:住房贷款合同、贷款还款支出凭证等资料。

第十五条 纳税人享受住房租金专项附加扣除,应当填报主要工作城市、租赁住房坐落地址、出租人姓名及身份证件类型和号码或者出租方单位名称及纳税人识别号(社会统一信用代码)、租赁起止时间等信息;纳税人有配偶的,填写配偶姓名、身份证件类型及号码。

纳税人需要留存备查资料包括:住房租赁合同或协议等资料。

第十六条 纳税人享受赡养老人专项附加扣除,应当填报纳税人是否为独生子女、月扣除金额、被赡养人姓名及身份证件类型和号码、与纳税人关系;有共同赡养人的,需填报分摊方式、共同赡养人姓名及身份证件类型和号码等信息。

纳税人需要留存备查资料包括:约定或指定分摊的书面分摊协议等资料。

第十七条 纳税人享受大病医疗专项附加扣除,应当填报患者姓名、身份证件类型及号码、与纳税人关系、与基本医保相关的医药费用总金额、医保目录范围内个人负担的自付金额等信息。

纳税人需要留存备查资料包括:大病患者医药服务收费及医保报销相关票据原件或复印件,或者医疗保障部门出具的纳税年度医药费用清单等资料。

第十八条 纳税人享受3岁以下婴幼儿照护专项附加扣除,应当填报配偶及子女的姓名、身份证件类型(如居民身份证、子女出生医学证明等)及号码以及本人与配偶之间扣除分配比例等信息。

纳税人需要留存备查资料包括:子女的出生医学证明等资料。

第十九条 纳税人应当对报送的专项附加扣除信息的真实性、准确性、完整性负责。

第四章 信息报送方式

第二十条 纳税人可以通过远程办税端、电子或者纸质报表等方式,向扣缴义务人或者主管税务机关报送个人专项附加扣除信息。

第二十一条 纳税人选择纳税年度内由扣缴义务人办理专项附加扣除的,按下列规定办理:

(一)纳税人通过远程办税端选择扣缴义务人并报送专项附加扣除信息的,扣缴义务人根据接收的扣除信息办理扣除。

(二)纳税人通过填写电子或者纸质《扣除信息表》直接报送扣缴义务人的,扣缴义务人将相关信息导入或者录入扣缴端软件,并在次月办理扣缴申报时提交给主管税务机关。《扣除信息表》应当一式两份,纳税人和扣缴义务人签字(章)后分别留存备查。

第二十二条 纳税人选择年度终了后办理汇算清缴申报时享受专项附加扣除的,既可以通过远程办税端报送专项附加扣除信息,也可以将电子或者纸质《扣除信息表》(一式两份)报送给汇缴地主管税务机关。

报送电子《扣除信息表》的,主管税务机关受理打印,交由纳税人签字后,一份由纳税人留存备查,一份由税务机关留存;报送纸质《扣除信息表》的,纳税人签字确认、主管税务机关受理签章后,一份退还纳税人留存备查,一份由税务机关留存。

第二十三条 扣缴义务人和税务机关应当告知纳税人办理专项附加扣除的方式和渠道,鼓励并引导纳税人采用远程办税端报送信息。

第五章 后续管理

第二十四条 纳税人应当将《扣除信息表》及相关留存备查资料,自法定汇算清缴期结束后保存五年。

纳税人报送给扣缴义务人的《扣除信息表》,扣缴义务人应当自预扣预缴年度的次年起留存五年。

第二十五条 纳税人向扣缴义务人提供专项附加扣除信息的,扣缴义务人应当按照规定予以扣除,不得拒绝。扣缴义务人应当为纳税人报送的专项附加扣除信息保密。

第二十六条 扣缴义务人应当及时按照纳税人提供的信息计算办理扣缴申报,不得擅自更改纳税人提供的相关信息。

扣缴义务人发现纳税人提供的信息与实际情况不符,可以要求纳税人修改。纳税人拒绝修改的,扣缴义务人应当向主管税务机关报告,税务机关应当及时处理。

除纳税人另有要求外,扣缴义务人应当于年度终了后两个月内,向纳税人提供已办理的专项附加扣除项目及金额等信息。

第二十七条 税务机关定期对纳税人提供的专项附加扣除信息开展抽查。

第二十八条 税务机关核查时,纳税人无法提供留存备查资料,或者留存备查资料不能支持相关情况的,税务机关可以要求纳税人提供其他佐证;不能提供其他佐证材料,或者佐证材料仍不足以支持的,不得享受相关专项附加扣除。

第二十九条 税务机关核查专项附加扣除情况时,可以提请有关单位和个人协助核查,相关单位和个人应当协助。

第三十条 纳税人有下列情形之一的,主管税务机关应当责令其改正;情形严重的,应当纳入有关信用信息系统,并按照国家有关规定实施联合惩戒;涉及违反税收征管法等法律法规的,税务机关依法进行处理:

(一)报送虚假专项附加扣除信息;
(二)重复享受专项附加扣除;
(三)超范围或标准享受专项附加扣除;
(四)拒不提供留存备查资料;
(五)税务总局规定的其他情形。

纳税人在任职、受雇单位报送虚假扣除信息的,税务机关责令改正的同时,通知扣缴义务人。

第三十一条 本办法自2022年1月1日起施行。

个人所得税扣缴申报管理办法(试行)

· 2018年12月21日
· 国家税务总局公告2018年第61号

第一条 为规范个人所得税扣缴申报行为,维护纳税人和扣缴义务人合法权益,根据《中华人民共和国个人所得税法》及其实施条例、《中华人民共和国税收征收管理法》及其实施细则等法律法规的规定,制定本办法。

第二条 扣缴义务人,是指向个人支付所得的单位或者个人。扣缴义务人应当依法办理全员全额扣缴申报。

全员全额扣缴申报,是指扣缴义务人应当在代扣税款的次月十五日内,向主管税务机关报送其支付所得的所有个人的有关信息、支付所得数额、扣除事项和数额、扣缴税款的具体数额和总额以及其他相关涉税信息资料。

第三条 扣缴义务人每月或者每次预扣、代扣的税款,应当在次月十五日内缴入国库,并向税务机关报送《个人所得税扣缴申报表》。

第四条 实行个人所得税全员全额扣缴申报的应税所得包括:

(一)工资、薪金所得;
(二)劳务报酬所得;
(三)稿酬所得;
(四)特许权使用费所得;
(五)利息、股息、红利所得;
(六)财产租赁所得;
(七)财产转让所得;
(八)偶然所得。

第五条 扣缴义务人首次向纳税人支付所得时,应当按照纳税人提供的纳税人识别号等基础信息,填写《个人所得税基础信息表(A表)》,并于次月扣缴申报时向税务机关报送。

扣缴义务人对纳税人向其报告的相关基础信息变化情况,应当于次月扣缴申报时向税务机关报送。

第六条 扣缴义务人向居民个人支付工资、薪金所得时,应当按照累计预扣法计算预扣税款,并按月办理扣缴申报。

累计预扣法,是指扣缴义务人在一个纳税年度内预扣预缴税款时,以纳税人在本单位截至当月份工资、薪金所得累计收入减除累计免税收入、累计减除费用、累计专项扣除、累计专项附加扣除和累计依法确定的其他扣除后的余额为累计预扣预缴应纳税所得额,适用个人所得税预扣率表一(见附件),计算累计应预扣预缴税额,再减除累计减免税额和累计已预扣预缴税额,其余额为本期应预扣预缴税额。余额为负值时,暂不退税。纳税年度终了后余额仍为负值时,由纳税人通过办理综合所得年度汇算清缴,税款多退少补。

具体计算公式如下:

本期应预扣预缴税额=(累计预扣预缴应纳税所得额×预扣率-速算扣除数)-累计减免税额-累计已预扣预缴税额

累计预扣预缴应纳税所得额=累计收入-累计免税收入-累计减除费用-累计专项扣除-累计专项附加扣除-累计依法确定的其他扣除

其中：累计减除费用，按照5000元/月乘以纳税人当年截至本月在本单位的任职受雇月份数计算。

第七条 居民个人向扣缴义务人提供有关信息并依法要求办理专项附加扣除的，扣缴义务人应当按照规定在工资、薪金所得按月预扣预缴税款时予以扣除，不得拒绝。

第八条 扣缴义务人向居民个人支付劳务报酬所得、稿酬所得、特许权使用费所得时，应当按照以下方法按次或者按月预扣预缴税款：

劳务报酬所得、稿酬所得、特许权使用费所得以收入减除费用后的余额为收入额；其中，稿酬所得的收入额减按百分之七十计算。

减除费用：预扣预缴税款时，劳务报酬所得、稿酬所得、特许权使用费所得每次收入不超过四千元的，减除费用按八百元计算；每次收入四千元以上的，减除费用按收入的百分之二十计算。

应纳税所得额：劳务报酬所得、稿酬所得、特许权使用费所得，以每次收入额为预扣预缴应纳税所得额，计算应预扣预缴税额。劳务报酬所得适用个人所得税预扣率表二(见附件)，稿酬所得、特许权使用费所得适用百分之二十的比例预扣率。

居民个人办理年度综合所得汇算清缴时，应当依法计算劳务报酬所得、稿酬所得、特许权使用费所得的收入额，并入年度综合所得计算应纳税款，税款多退少补。

第九条 扣缴义务人向非居民个人支付工资、薪金所得，劳务报酬所得，稿酬所得和特许权使用费所得时，应当按照以下方法按月或者按次代扣代缴税款：

非居民个人的工资、薪金所得，以每月收入额减除费用五千元后的余额为应纳税所得额；劳务报酬所得、稿酬所得、特许权使用费所得，以每次收入额为应纳税所得额，适用个人所得税税率表三(见附件)计算应纳税额。劳务报酬所得、稿酬所得、特许权使用费所得以收入减按百分之二十的费用后的余额为收入额；其中，稿酬所得的收入额减按百分之七十计算。

非居民个人在一个纳税年度内税款扣缴方法保持不变，达到居民个人条件时，应当告知扣缴义务人基础信息变化情况，年度终了后按照居民个人有关规定办理汇算清缴。

第十条 扣缴义务人支付利息、股息、红利所得，财产租赁所得，财产转让所得或者偶然所得时，应当依法按次或者按月代扣代缴税款。

第十一条 劳务报酬所得、稿酬所得、特许权使用费所得，属于一次性收入的，以取得该项收入为一次；属于同一项目连续性收入的，以一个月内取得的收入为一次。

财产租赁所得，以一个月内取得的收入为一次。

利息、股息、红利所得，以支付利息、股息、红利时取得的收入为一次。

偶然所得，以每次取得该项收入为一次。

第十二条 纳税人需要享受税收协定待遇的，应当在取得应税所得时主动向扣缴义务人提出，并提交相关信息、资料，扣缴义务人代扣代缴税款时按照享受税收协定待遇有关办法办理。

第十三条 支付工资、薪金所得的扣缴义务人应当于年度终了后两个月内，向纳税人提供其个人所得和已扣缴税款等信息。纳税人年度中间需要提供上述信息的，扣缴义务人应当提供。

纳税人取得除工资、薪金所得以外的其他所得，扣缴义务人应当在扣缴税款后，及时向纳税人提供其个人所得和已扣缴税款等信息。

第十四条 扣缴义务人应当按照纳税人提供的信息计算税款、办理扣缴申报，不得擅自更改纳税人提供的信息。

扣缴义务人发现纳税人提供的信息与实际情况不符的，可以要求纳税人修改。纳税人拒绝修改的，扣缴义务人应当报告税务机关，税务机关应当及时处理。

纳税人发现扣缴义务人提供或者扣缴申报的个人信息、支付所得、扣缴税款等信息与实际情况不符的，有权要求扣缴义务人修改。扣缴义务人拒绝修改的，纳税人应当报告税务机关，税务机关应当及时处理。

第十五条 扣缴义务人对纳税人提供的《个人所得税专项附加扣除信息表》，应当按照规定妥善保存备查。

第十六条 扣缴义务人应当依法对纳税人报送的专项附加扣除等相关涉税信息和资料保密。

第十七条 对扣缴义务人按照规定扣缴的税款，按年付给百分之二的手续费。不包括税务机关、司法机关等查补或者责令补扣的税款。

扣缴义务人领取的扣缴手续费可用于提升办税能力、奖励办税人员。

第十八条 扣缴义务人依法履行代扣代缴义务，纳税人不得拒绝。纳税人拒绝的，扣缴义务人应当及时报告税务机关。

第十九条 扣缴义务人有未按照规定向税务机关报送资料和信息、未按照纳税人提供信息虚报虚扣专项附加扣除、应扣未扣税款、不缴或少缴已扣税款、借用或冒用他人身份等行为的，依照《中华人民共和国税收征收管理法》等相关法律、行政法规处理。

第二十条 本办法相关表证单书式样，由国家税务总局另行制定发布。

第二十一条 本办法自2019年1月1日起施行。《国家税务总局关于印发〈个人所得税全员全额扣缴申报管理暂行办法〉的通知》(国税发〔2005〕205号)同时废止。

附件： 个人所得税税率表及预扣率表(略)

国家税务总局关于完善调整部分纳税人个人所得税预扣预缴方法的公告

· 2020年7月28日
· 国家税务总局公告2020年第13号

为进一步支持稳就业、保就业，减轻当年新入职人员个人所得税预扣预缴阶段的税收负担，现就完善调整年度中间首次取得工资、薪金所得等人员有关个人所得税预扣预缴方法事项公告如下：

一、对一个纳税年度内首次取得工资、薪金所得的居民个人，扣缴义务人在预扣预缴个人所得税时，可按照5000元/月乘以纳税人当年截至本月份数计算累计减除费用。

二、正在接受全日制学历教育的学生因实习取得劳务报酬所得的，扣缴义务人预扣预缴个人所得税时，可按照《国家税务总局关于发布〈个人所得税扣缴申报管理办法(试行)〉的公告》(2018年第61号)规定的累计预扣法计算并预扣预缴税款。

三、符合本公告规定并可按上述条款预扣预缴个人所得税的纳税人，应当及时向扣缴义务人申明并如实提供相关佐证资料或承诺书，并对相关资料及承诺书的真实性、准确性、完整性负责。相关资料或承诺书，纳税人及扣缴义务人需留存备查。

四、本公告所称首次取得工资、薪金所得的居民个人，是指自纳税年度首月起至新入职时，未取得工资、薪金所得或者未按照累计预扣法预扣预缴过连续性劳务报酬所得个人所得税的居民个人。

本公告自2020年7月1日起施行。

国家税务总局关于进一步简便优化部分纳税人个人所得税预扣预缴方法的公告

· 2020年12月4日
· 国家税务总局公告2020年第19号

为进一步支持稳就业、保就业、促消费，助力构建新发展格局，按照《中华人民共和国个人所得税法》及其实施条例有关规定，现就进一步简便优化部分纳税人个人所得税预扣预缴方法有关事项公告如下：

一、对上一完整纳税年度内每月均在同一单位预扣预缴工资、薪金所得个人所得税且全年工资、薪金收入不超过6万元的居民个人，扣缴义务人在预扣预缴本年度工资、薪金所得个人所得税时，累计减除费用自1月份起直接按照全年6万元计算扣除。即，在纳税人累计收入不超过6万元的月份，暂不预扣预缴个人所得税；在其累计收入超过6万元的当月及年内后续月份，再预扣预缴个人所得税。

扣缴义务人应当按规定办理全员全额扣缴申报，并在《个人所得税扣缴申报表》相应纳税人的备注栏注明"上年各月均有申报且全年收入不超过6万元"字样。

二、对按照累计预扣法预扣预缴劳务报酬所得个人所得税的居民个人，扣缴义务人比照上述规定执行。

本公告自2021年1月1日起施行。

特此公告。

国家税务总局关于自然人纳税人识别号有关事项的公告

· 2018年12月17日
· 国家税务总局公告2018年第59号

根据新修改的《中华人民共和国个人所得税法》，为便利纳税人办理涉税业务，现就自然人纳税人识别号有关事项公告如下：

一、自然人纳税人识别号，是自然人纳税人办理各类涉税事项的唯一代码标识。

二、有中国公民身份号码的，以其中国公民身份号码作为纳税人识别号；没有中国公民身份号码的，由税务机关赋予其纳税人识别号。

三、纳税人首次办理涉税事项时，应当向税务机关或者扣缴义务人出示有效身份证件，并报送相关基础信息。

四、税务机关应当在赋予自然人纳税人识别号后告知或者通过扣缴义务人告知纳税人其纳税人识别号,并为自然人纳税人查询本人纳税人识别号提供便利。

五、自然人纳税人办理纳税申报、税款缴纳、申请退税、开具完税凭证、纳税查询等涉税事项时应当向税务机关或扣缴义务人提供纳税人识别号。

六、本公告所称"有效身份证件",是指:

(一)纳税人为中国公民且持有有效《中华人民共和国居民身份证》(以下简称"居民身份证")的,为居民身份证。

(二)纳税人为华侨且没有居民身份证的,为有效的《中华人民共和国护照》和华侨身份证明。

(三)纳税人为港澳居民的,为有效的《港澳居民来往内地通行证》或《中华人民共和国港澳居民居住证》。

(四)纳税人为台湾居民的,为有效的《台湾居民来往大陆通行证》或《中华人民共和国台湾居民居住证》。

(五)纳税人为持有有效《中华人民共和国外国人永久居留身份证》(以下简称永久居留证)的外籍个人的,为永久居留证和外国护照;未持有永久居留证但持有有效《中华人民共和国外国人工作许可证》(以下简称工作许可证)的,为工作许可证和外国护照;其他外籍个人,为有效的外国护照。

本公告自 2019 年 1 月 1 日起施行。

特此公告。

国家税务总局关于个人所得税自行纳税申报有关问题的公告

· 2018 年 12 月 21 日
· 国家税务总局公告 2018 年第 62 号

根据新修改的《中华人民共和国个人所得税法》及其实施条例,现就个人所得税自行纳税申报有关问题公告如下:

一、取得综合所得需要办理汇算清缴的纳税申报

取得综合所得且符合下列情形之一的纳税人,应当依法办理汇算清缴:

(一)从两处以上取得综合所得,且综合所得年收入额减除专项扣除后的余额超过 6 万元;

(二)取得劳务报酬所得、稿酬所得、特许权使用费所得中一项或者多项所得,且综合所得年收入额减除专项扣除的余额超过 6 万元;

(三)纳税年度内预缴税额低于应纳税额;

(四)纳税人申请退税。

需要办理汇算清缴的纳税人,应当在取得所得的次年 3 月 1 日至 6 月 30 日内,向任职、受雇单位所在地主管税务机关办理纳税申报,并报送《个人所得税年度自行纳税申报表》。纳税人有两处以上任职、受雇单位的,选择向其中一处任职、受雇单位所在地主管税务机关办理纳税申报;纳税人没有任职、受雇单位的,向户籍所在地或经常居住地主管税务机关办理纳税申报。

纳税人办理综合所得汇算清缴,应当准备与收入、专项扣除、专项附加扣除、依法确定的其他扣除、捐赠、享受税收优惠等相关的资料,并按规定留存备查或报送。

纳税人取得综合所得办理汇算清缴的具体办法,另行公告。

二、取得经营所得的纳税申报

个体工商户业主、个人独资企业投资者、合伙企业个人合伙人、承包承租经营者个人以及其他从事生产、经营活动的个人取得经营所得,包括以下情形:

(一)个体工商户从事生产、经营活动取得的所得,个人独资企业投资人、合伙企业的个人合伙人来源于境内注册的个人独资企业、合伙企业生产、经营的所得;

(二)个人依法从事办学、医疗、咨询以及其他有偿服务活动取得的所得;

(三)个人对企业、事业单位承包经营、承租经营以及转包、转租取得的所得;

(四)个人从事其他生产、经营活动取得的所得。

纳税人取得经营所得,按年计算个人所得税,由纳税人在月度或季度终了后 15 日内,向经营管理所在地主管税务机关办理预缴纳税申报,并报送《个人所得税经营所得纳税申报表(A 表)》。在取得所得的次年 3 月 31 日前,向经营管理所在地主管税务机关办理汇算清缴,并报送《个人所得税经营所得纳税申报表(B 表)》;从两处以上取得经营所得的,选择向其中一处经营管理所在地主管税务机关办理年度汇总申报,并报送《个人所得税经营所得纳税申报表(C 表)》。

三、取得应税所得,扣缴义务人未扣缴税款的纳税申报

纳税人取得应税所得,扣缴义务人未扣缴税款的,应当区别以下情形办理纳税申报:

(一)居民个人取得综合所得的,按照本公告第一条办理。

(二)非居民个人取得工资、薪金所得,劳务报酬所得,稿酬所得,特许权使用费所得的,应当在取得所得的次年 6 月 30 日前,向扣缴义务人所在地主管税务机关办理纳税申报,并报送《个人所得税自行纳税申报表(A

表)》。有两个以上扣缴义务人均未扣缴税款的,选择向其中一处扣缴义务人所在地主管税务机关办理纳税申报。

非居民个人在次年6月30日前离境(临时离境除外)的,应当在离境前办理纳税申报。

(三)纳税人取得利息、股息、红利所得,财产租赁所得,财产转让所得和偶然所得的,应当在取得所得的次年6月30日前,按相关规定向主管税务机关办理纳税申报,并报送《个人所得税自行纳税申报表(A表)》。

税务机关通知限期缴纳的,纳税人应当按照期限缴纳税款。

四、取得境外所得的纳税申报

居民个人从中国境外取得所得的,应当在取得所得的次年3月1日至6月30日内,向中国境内任职、受雇单位所在地主管税务机关办理纳税申报;在中国境内没有任职、受雇单位的,向户籍所在地或中国境内经常居住地主管税务机关办理纳税申报;户籍所在地与中国境内经常居住地不一致的,选择其中一地主管税务机关办理纳税申报;在中国境内没有户籍的,向中国境内经常居住地主管税务机关办理纳税申报。

纳税人取得境外所得办理纳税申报的具体规定,另行公告。

五、因移居境外注销中国户籍的纳税申报

纳税人因移居境外注销中国户籍的,应当在申请注销中国户籍前,向户籍所在地主管税务机关办理纳税申报,进行税款清算。

(一)纳税人在注销户籍年度取得综合所得的,应当在注销户籍前,办理当年综合所得的汇算清缴,并报送《个人所得税年度自行纳税申报表》。尚未办理上一年度综合所得汇算清缴的,应当在办理注销户籍纳税申报时一并办理。

(二)纳税人在注销户籍年度取得经营所得的,应当在注销户籍前,办理当年经营所得的汇算清缴,并报送《个人所得税经营所得纳税申报表(B表)》。从两处以上取得经营所得的,还应当一并报送《个人所得税经营所得纳税申报表(C表)》。尚未办理上一年度经营所得汇算清缴的,应当在办理注销户籍纳税申报时一并办理。

(三)纳税人在注销户籍当年取得利息、股息、红利所得,财产租赁所得,财产转让所得和偶然所得的,应当在注销户籍前,申报当年上述所得的完税情况,并报送《个人所得税自行纳税申报表(A表)》。

(四)纳税人有未缴或者少缴税款的,应当在注销户籍前,结清欠缴或未缴的税款。纳税人存在分期缴税且未

缴纳完毕的,应当在注销户籍前,结清尚未缴纳的税款。

(五)纳税人办理注销户籍纳税申报时,需要办理专项附加扣除、依法确定的其他扣除的,应当向税务机关报送《个人所得税专项附加扣除信息表》《商业健康保险税前扣除情况明细表》《个人税收递延型商业养老保险税前扣除情况明细表》等。

六、非居民个人在中国境内从两处以上取得工资、薪金所得的纳税申报

非居民个人在中国境内从两处以上取得工资、薪金所得的,应当在取得所得的次月15日内,向其中一处任职、受雇单位所在地主管税务机关办理纳税申报,并报送《个人所得税自行纳税申报表(A表)》。

七、纳税申报方式

纳税人可以采用远程办税端、邮寄等方式申报,也可以直接到主管税务机关申报。

八、其他有关问题

(一)纳税人办理自行纳税申报时,应当一并报送税务机关要求报送的其他有关资料。首次申报或者个人基础信息发生变化的,还应报送《个人所得税基础信息表(B表)》。

本公告涉及的有关表证单书,由国家税务总局统一制定式样,另行公告。

(二)纳税人在办理纳税申报时需要享受税收协定待遇的,按照享受税收协定待遇有关办法办理。

九、施行时间

本公告自2019年1月1日起施行。

特此公告。

个人所得税管理办法

- 2005年7月6日国税发〔2005〕120号公布
- 根据2018年6月15日《国家税务总局关于修改部分税收规范性文件的公告》修正

第一章 总 则

第一条 为了进一步加强和规范税务机关对个人所得税的征收管理,促进个人所得税征管的科学化、精细化,不断提高征管效率和质量,根据《中华人民共和国个人所得税法》(以下简称税法)、《中华人民共和国税收征收管理法》(以下简称征管法)及有关税收法律法规规定,制定本办法。

第二条 加强和规范个人所得税征管,要着力健全管理制度,完善征管手段,突出管理重点。即要建立个人

收入档案管理制度、代扣代缴明细账制度、纳税人与扣缴义务人向税务机关双向申报制度、与社会各部门配合的协税制度;尽快研发应用统一的个人所得税管理信息系统,充分利用信息技术手段加强个人所得税管理;切实加强高收入者的重点管理、税源的源泉管理、全员全额管理。

第二章 个人收入档案管理制度

第三条 个人收入档案管理制度是指,税务机关按照要求对每个纳税人的个人基本信息、收入和纳税信息以及相关信息建立档案,并对其实施动态管理的一项制度。

第四条 省以下(含省级)各级税务机关的管理部门应当按照规定逐步对每个纳税人建立收入和纳税档案,实施"一户式"的动态管理。

第五条 省以下(含省级)各级税务机关的管理部门应区别不同类型纳税人,并按以下内容建立相应的基础信息档案:

(一)雇员纳税人(不含股东、投资者、外籍人员)的档案内容包括:姓名、身份证照类型、身份证照号码、学历、职业、职务、电子邮箱地址、有效联系电话、有效通信地址、邮政编码、户籍所在地、扣缴义务人编码、是否重点纳税人。

(二)非雇员纳税人(不含股东、投资者)的档案内容包括:姓名、身份证照类型、身份证照号码、电子邮箱地址、有效联系电话、有效通信地址(工作单位或家庭地址)、邮政编码、工作单位名称、扣缴义务人编码、是否重点纳税人。

(三)股东、投资者(不含个人独资、合伙企业投资者)的档案内容包括:姓名、国籍、身份证照类型、身份证照号码、有效通讯地址、邮政编码、户籍所在地、有效联系电话、电子邮箱地址、公司股本(投资)总额、个人股本(投资)额、扣缴义务人编码、是否重点纳税人。

(四)个人独资、合伙企业投资者、个体工商户、对企事业单位的承包承租经营人的档案内容包括:姓名、身份证照类型、身份证照号码、个体工商户(或个人独资企业、合伙企业、承包承租企事业单位)名称,经济类型、行业、经营地址、邮政编码、有效联系电话、税务登记证号码、电子邮箱地址、所得税征收方式(核定、查账)、主管税务机关、是否重点纳税人。

(五)外籍人员(含雇员和非雇员)的档案内容包括:纳税人编码、姓名(中、英文)、性别、出生地(中、英文)、出生年月、境外地址(中、英文)、国籍或地区、身份证照类型、身份证照号码、居留许可号码(或台胞证号码、回乡证号码)、劳动就业证号码、职业、境内职务、境外职务、入境时间、任职期限、预计在华时间、预计离境时间、境内任职单位名称及税务登记证号码、境内任职单位地址、邮政编码、联系电话、其他任职单位(也应包括地址、电话、联系方式)名称及税务登记证号码、境内受聘或签约单位名称及税务登记证号码、地址、邮政编码、联系电话、境外派遣单位名称(中、英文)、境外派遣单位地址(中、英文)、支付地(包括境内支付还是境外支付)、是否重点纳税人。

第六条 纳税人档案的内容来源于:

(一)纳税人税务登记情况。

(二)《扣缴个人所得税报告表》和《支付个人收入明细表》。

(三)代扣代收税款凭证。

(四)个人所得税纳税申报表。

(五)社会公共部门提供的有关信息。

(六)税务机关的纳税检查情况和处罚记录。

(七)税务机关掌握的其他资料及纳税人提供的其他信息资料。

第七条 税务机关应对档案内容适时进行更新和调整;并根据本地信息化水平和征管能力提高的实际,以及个人收入的变化等情况,不断扩大档案管理的范围,直至实现全员全额管理。

第八条 税务机关应充分利用纳税人档案资料,加强个人所得税管理。定期对重点纳税人、重点行业和企业的个人档案资料进行比对分析和纳税评估,查找税源变动情况和原因,及时发现异常情况,采取措施堵塞征管漏洞。

第三章 代扣代缴明细账制度

第九条 代扣代缴明细账制度是指,税务机关依据个人所得税法和有关规定,要求扣缴义务人按规定报送其支付收入的个人所有的基本信息、支付个人收入和扣缴税款明细信息以及其他相关涉税信息,并对每个扣缴义务人建立档案,为后续实施动态管理打下基础的一项制度。

第十条 税务机关应按照税法及相关法律、法规的有关规定,督促扣缴义务人按规定设立代扣代缴税款账簿,正确反映个人所得税的扣缴情况。

第十一条 扣缴义务人申报的纳税资料,税务机关应严格审查核实。对《扣缴个人所得税报告表》和《支付个人收入明细表》没有按每一个人逐栏逐项填写的,或者填写内容不全的,主管税务机关应要求扣缴义务人重新填报。已实行信息化管理的,可以将《支付个人收入明细表》并入《扣缴个人所得税报告表》。

《扣缴个人所得税报告表》填写实际缴纳了个人所得税的纳税人的情况;《支付个人收入明细表》填写支付了应税收入,但未达到纳税标准的纳税人的情况。

第十二条 税务机关应将扣缴义务人报送的支付个人收入情况与其同期财务报表交叉比对,发现不符的,应要求其说明情况,并依法查实处理。

第十三条 税务机关应对每个扣缴义务人建立档案,其内容包括:扣缴义务人编码、扣缴义务人名称、税务(注册)登记证号码、电话号码、电子邮件地址、行业、经济类型、单位地址、邮政编码、法定代表人(单位负责人)和财务主管人员姓名及联系电话、税务登记机关、登记证照类型、发照日期、主管税务机关、应纳税所得额(按所得项目归类汇总)、免税收入、应纳税额(按所得项目归类汇总)、纳税人数、已纳税额、应补(退)税额、减免税额、滞纳金、罚款、完税凭证号等。

第十四条 扣缴义务人档案的内容来源于:

(一)扣缴义务人扣缴税款登记情况。

(二)《扣缴个人所得税报告表》和《支付个人收入明细表》。

(三)代扣代收税款凭证。

(四)社会公共部门提供的有关信息。

(五)税务机关的纳税检查情况和处罚记录。

(六)税务机关掌握的其他资料。

第四章 纳税人与扣缴义务人向税务机关双向申报制度

第十五条 纳税人与扣缴义务人向税务机关双向申报制度是指,纳税人与扣缴义务人按照法律、行政法规规定和税务机关依法律、行政法规所提出的要求,分别向主管税务机关办理纳税申报,税务机关对纳税人和扣缴义务人提供的收入、纳税信息进行交叉比对、核查的一项制度。

第十六条 对税法及其实施条例,以及相关法律、法规规定纳税人必须自行申报的,税务机关应要求其自行向主管税务机关进行纳税申报。

第十七条 税务机关接受纳税人、扣缴义务人的纳税申报时,应对申报的时限、应税项目、适用税率、税款计算及相关资料的完整性和准确性进行初步审核,发现有误的,应及时要求纳税人、扣缴义务人修正申报。

第十八条 税务机关应对双向申报的内容进行交叉比对和评估分析,从中发现问题并及时依法处理。

第五章 与社会各部门配合的协税制度

第十九条 与社会各部门配合的协税制度是指,税务机关应建立与个人收入和个人所得税征管有关的各部门的协调与配合的制度,及时掌握税源和与纳税有关的信息,共同制定和实施协税、护税措施,形成社会协税、护税网络。

第二十条 税务机关应重点加强与以下部门的协调配合:公安、检察、法院、工商、银行、文化体育、财政、劳动、房管、交通、审计、外汇管理等部门。

第二十一条 税务机关通过加强与有关部门的协调配合,着重掌握纳税人的相关收入信息。

(一)与公安部门联系,了解中国境内无住所个人出入境情况及在中国境内的居留暂住情况,实施阻止欠税人出境制度,掌握个人购车等情况。

(二)与工商部门联系,了解纳税人登记注册的变化情况和股份制企业股东及股本变化等情况。

(三)与文化体育部门联系,掌握各种演出、比赛获奖等信息,落实演出承办单位和体育单位的代扣代缴义务等情况。

(四)与房管部门联系,了解房屋买卖、出租等情况。

(五)与交通部门联系,了解出租车、货运车以及运营等情况。

(六)与劳动部门联系,了解中国境内无住所个人的劳动就业情况。

第二十二条 税务机关应积极创造条件,逐步实现与有关部门的相关信息共享或定期交换。

第二十三条 各级税务机关应当把大力宣传和普及个人所得税法知识、不断提高公民的依法纳税意识作为一项长期的基础性工作予以高度重视,列入重要议事日程,并结合征管工作的要求、社会关注的热点和本地征管的重点,加强与上述部门的密切配合。制定周密的宣传工作计划,充分利用各种宣传媒体和途径、采取灵活多样的方式进行个人所得税宣传。

第六章 加快信息化建设

第二十四条 各级税务机关应在金税工程三期的总体框架下,按照"一体化"要求和"统筹规划、统一标准、突出重点、分步实施,整合资源、讲究实效,加强管理、保证安全"的原则,进一步加快个人所得税征管信息化建设,以此提高个人所得税征管质量和效率。

第二十五条 按照一体化建设的要求,个人所得税与其他税种具有共性的部分,由核心业务系统统一开发软件,个人所得税个性的部分单独开发软件。根据个人所得税特点,总局先行开发个人所得税代扣代缴(扣缴义务人端)和基础信息管理(税务端)两个子系统。

第二十六条 代扣代缴(扣缴义务人端)系统的要求是:

(一)为扣缴义务人提供方便快捷的报税工具。

(二)可以从扣缴义务人现有的财务等软件中导入相关信息。

(三)自动计算税款,自动生成各种报表。

(四)支持多元化的申报方式。

(五)方便扣缴义务人统计、查询、打印。

(六)提供《代扣代收税款凭证》打印功能。

(七)便于税务机关接受扣缴义务人的明细扣缴申报,准确全面掌握有关基础数据资料。

第二十七条 基础信息管理系统(税务端)的要求是:

(一)建立个人收入纳税一户式档案,用于汇集扣缴义务人、纳税人的基础信息、收入及纳税信息资料。

(二)传递个人两处以上取得的收入及纳税信息给征管环节。

(三)从一户式档案中筛选高收入个人、高收入行业、重点纳税人、重点扣缴义务人,并实施重点管理。

(四)通过对纳税人收入、纳税相关信息进行汇总比对,判定纳税人申报情况的真实性。

(五)通过设定各类统计指标、口径和运用统计结果,为加强个人所得税管理和完善政策提供决策支持。

(六)建立与各部门的数据应用接口,为其他税费征收提供信息。

(七)按规定打印《中华人民共和国个人所得税完税证明》,为纳税人提供完税依据。

第二十八条 省级税务机关应做好现有个人所得税征管软件的整合工作。省级及以下各级税务机关原则上不应再自行开发个人所得税征管软件。

第七章 加强高收入者的重点管理

第二十九条 税务机关应将下列人员纳入重点纳税人范围:金融、保险、证券、电力、电信、石油、石化、烟草、民航、铁道、房地产、学校、医院、城市供水供气、出版社、公路管理、外商投资企业和外国企业、高新技术企业、中介机构、体育俱乐部等高收入行业人员;民营经济投资者、影视明星、歌星、体育明星、模特等高收入个人;临时来华演出人员。

第三十条 各级税务机关应从下列人员中,选择一定数量的个人作为重点纳税人,实施重点管理:

(一)收入较高者。

(二)知名度较高者。

(三)收入来源渠道较多者。

(四)收入项目较多者。

(五)无固定单位的自由职业者。

(六)对税收征管影响较大者。

第三十一条 各级税务机关对重点纳税人应实行滚动动态管理办法,每年都应根据本地实际情况,适时增补重点纳税人,不断扩大重点纳税人管理范围,直至实现全员全额管理。

第三十二条 税务机关应对重点纳税人按人建立专门档案,实行重点管理,随时跟踪其收入和纳税变化情况。

第三十三条 各级税务机关应充分利用建档管理掌握的重点纳税人信息,定期对重点纳税人的收入、纳税情况进行比对、评估分析,从中发现异常问题,及时采取措施堵塞管理漏洞。

第三十四条 省级(含计划单列市)税务机关应于每年7月底以前和次年1月底以前,分别将所确定的重点纳税人的半年和全年的基本情况及收入、纳税等情况,用Excel表格的形式填写《个人所得税重点纳税人收入和纳税情况汇总表》报送国家税务总局(所得税管理司)。

第三十五条 各级税务机关应强化对个体工商户、个人独资企业和合伙企业投资者以及独立从事劳务活动的个人的个人所得税征管。

(一)积极推行个体工商户、个人独资企业和合伙企业建账工作,规范财务管理,健全财务制度;有条件的地区应使用税控装置加强对纳税人的管理和监控。

(二)健全和完善核定征收工作,对账证不全、无法实行查账征收的纳税人,按规定实行核定征收,并根据纳税人经营情况及时进行定额调整。

(三)加强税务系统的协作配合,实现信息共享,建立健全个人所得税情报交流和异地协查制度,互通信息,解决同一个投资者在两处或两处以上投资和取得收入合并缴纳个人所得税的监控难题。

(四)加强个人投资者从其投资企业借款的管理,对期限超过一年又未用于企业生产经营的借款,严格按照有关规定征税。

(五)要严格对个人投资的企业和个体工商户税前扣除的管理,定期进行检查。对个人投资者以企业资金为本人、家庭成员及其相关人员支付的与生产经营无关的消费性、财产性支出，严格按照规定征税。

（六）加强对从事演出、广告、讲课、医疗等人员的劳务报酬所得的征收管理，全面推行预扣预缴办法，从源泉上加强征管。

第三十六条　税务机关要加强对重点纳税人、独立纳税人的专项检查，严厉打击涉税违法犯罪行为。各地每年应当通过有关媒体公开曝光2至3起个人所得税违法犯罪案件。

第三十七条　税务机关要重视和加强重点纳税人、独立纳税人的个人所得税日常检查，及时发现征管漏洞和薄弱环节，制定和完善征管制度、办法。日常检查由省级以下税务机关的征管和税政部门共同组织实施。

实施日常检查应当制定计划，并按规定程序进行，防止多次、重复检查，防止影响纳税人的生产经营。

第八章　加强税源的源泉管理

第三十八条　税务机关应严格税务登记管理制度，认真开展漏征漏管户的清理工作，摸清底数。

第三十九条　税务机关应按照有关要求建立和健全纳税人、扣缴义务人的档案，切实加强个人所得税税源管理。

第四十条　税务机关应继续做好代扣代缴工作，提高扣缴质量和水平：

（一）要继续贯彻落实已有的个人所得税代扣代缴工作制度和办法，并在实践中不断完善提高。

（二）要对本地区所有行政、企事业单位、社会团体等扣缴义务人进行清理和摸底，在此基础上按照纳税档案管理的指标建立扣缴义务人台账或基本账户，对其实行跟踪管理。

（三）配合全员全额管理，推行扣缴义务人支付个人收入明细申报制度。

（四）对下列行业应实行重点税源管理：金融、保险、证券、电力、电信、石油、石化、烟草、民航、铁道、房地产、学校、医院、城市供水供气、出版社、公路管理、外商投资企业、高新技术企业、中介机构、体育俱乐部等高收入行业；连续3年（含3年）为零申报的代扣代缴单位（以下简称长期零申报单位）。

（五）对重点税源管理的行业、单位和长期零申报单位，应将其列为每年开展专项检查的重点对象，或对其纳税申报材料进行重点审核。

第四十一条　各级税务机关应充分利用与各部门配合的协作制度，从公安、工商、银行、文化、体育、房管、劳动、外汇管理等社会公共部门获取税源信息。

第四十二条　各级税务机关应利用从有关部门获取的信息，加强税源管理、进行纳税评估。税务机关应定期分析税源变化情况，对变动较大等异常情况，应及时分析原因，采取相应管理措施。

第四十三条　各级税务机关在加强查账征收工作的基础上，对符合征管法第三十五条规定情形的，采取定期定额征收和核定应税所得率征收，以及其他合理的办法核定征收个人所得税。

第四十四条　主管税务机关在确定对纳税人的核定征收方式后，要选择有代表性的典型户进行调查，在此基础上确定应纳税额。典型调查面不得低于核定征收纳税人的3%。

第九章　加强全员全额管理

第四十五条　全员全额管理是指，凡取得应税收入的个人，无论收入额是否达到个人所得税的纳税标准，均应就其取得的全部收入，通过代扣代缴和个人申报，全部纳入税务机关管理。

第四十六条　各级税务机关应本着先扣缴义务人后纳税人、先重点行业、企业和纳税人后一般行业、企业和纳税人，先进"笼子"后规范的原则，积极稳妥地推进全员全额管理工作。

第四十七条　各级税务机关要按照规定和要求，尽快建立个人收入档案管理制度、代扣代缴明细账制度、纳税人与扣缴义务人向税务机关双向申报制度、与社会各部门配合的协税制度，为实施全员全额管理打下基础。

第四十八条　各级税务机关应积极创造条件，并根据金税工程三期的总体规划和有关要求，依托信息化手段，逐步实现全员全额申报管理，并在此基础上，为每个纳税人开具完税凭证（证明）。

第四十九条　税务机关应充分利用全员全额管理掌握的纳税人信息、扣缴义务人信息、税源监控信息、有关部门、媒体提供的信息、税收管理人员实地采集的信息等，依据国家有关法律和政策法规的规定，对自行申报纳税人纳税申报情况和扣缴义务人扣缴税情况的真实性、准确性进行分析、判断，开展个人所得税纳税评估，提高全员全额管理的质量。

第五十条　税务机关应加强个人独资和合伙企业投资者、个体工商户、独立劳务者等无扣缴义务人的独立纳税人的基础信息和税源管理工作。

第五十一条　个人所得税纳税评估应按"人机结合"的方式进行，其基本原理和流程是：根据当地居民收入水平及其变动、行业收入水平及其变动等影响个人所得税的相关因素，建立纳税评估分析系统；根据税收收入增减额、增减率或行业平均指标模型确定出纳税评估的重点对象；对纳税评估对象进行具体评估分析，查找锁定引起该扣缴义务人或者纳税人个人所得税变化的具体因素；据此与评估对象进行约谈，要求其说明情况并纠正错误，或者交由稽查部门实施稽查，并进行后续的重点管理。

第五十二条　税务机关应按以下范围和来源采集纳税评估的信息：

（一）信息采集的范围

1. 当地职工年平均工资、月均工资水平。
2. 当地分行业职工年平均工资、月均工资水平。
3. 当地分行业资金利润率。
4. 企业财务报表相关数据。
5. 股份制企业分配股息、红利情况。
6. 其他有关数据。

（二）信息采集的来源

1. 税务登记的有关信息。
2. 纳税申报的有关信息。
3. 会计报表有关信息。
4. 税控收款装置的有关信息。
5. 中介机构出具的审计报告、评估报告的信息。
6. 相关部门、媒体提供的信息。
7. 税收管理人员到纳税户了解采集的信息。
8. 其他途径采集的纳税人和扣缴义务人与个人所得税征管有关的信息。

第五十三条　税务机关应设置纳税评估分析指标、财务分析指标、业户不良记录评析指标，通过分析确定某一期间个人所得税的总体税源发生增减变化的主要行业、主要企业、主要群体，确定纳税评估重点对象。个人所得税纳税评估的程序、指标、方法等按照总局《纳税评估管理办法》（试行）及相关规定执行。

第五十四条　个人所得税纳税评估主要从以下项目进行：

（一）工资、薪金所得，应重点分析工资总额增减率与该项目税款增减率对比情况，人均工资增减率与人均该项目税款增减率对比情况，税款增减率与企业利润增减率对比分析，同行业、同职务人员的收入和纳税情况对比分析。

（二）利息、股息、红利所得，应重点分析当年该项目税款与上年同期对比情况，该项目税款增减率与企业利润增减率对比情况，企业转增个人股本情况，企业税后利润分配情况。

（三）个体工商户的生产、经营所得（含个人独资企业和合伙企业），应重点分析当年与上年该项目税款对比情况，该项目税款增减率与企业利润增减率对比情况；税前扣除项目是否符合现行政策规定；是否连续多个月零申报；同地区、同行业个体工商户生产、经营所得的税负对比情况。

（四）对企事业单位的承包经营、承租经营所得，应重点分析当年与上年该项目税款对比情况，该项目税款增减率与企业利润增减率对比情况，其行业利润率、上缴税款占利润总额的比重等情况；是否连续多个月零申报；同地区、同行业对企事业单位的承包经营、承租经营所得的税负对比情况。

（五）劳务报酬所得，应重点分析纳税人取得的所得与过去对比情况，支付劳务费的合同、协议、项目情况，单位白条列支劳务报酬情况。

（六）其他各项所得，应结合个人所得税征管实际，选择有针对性的评估指标进行评估分析。

第十章　附　则

第五十五条　储蓄存款利息所得的个人所得税管理办法，另行制定。

第五十六条　此前规定与本办法不一致的，按本办法执行。

第五十七条　本办法未尽事宜按照税收法律、法规以及相关规定办理。

第五十八条　本办法由国家税务总局负责解释，各省、自治区、直辖市和计划单列市税务局可根据本办法制定具体实施意见。

第五十九条　本办法自 2005 年 10 月 1 日起执行。

个人所得税自行纳税申报办法（试行）[①]

· 2006 年 11 月 6 日国税发〔2006〕162 号公布
· 根据 2018 年 6 月 15 日《国家税务总局关于修改部分税收规范性文件的公告》修正

第一章　总　则

第一条　为进一步加强个人所得税征收管理，保障国家税收收入，维护纳税人的合法权益，方便纳税人自行

---

① 本办法中附件1《个人所得税纳税申报表（适用于年所得12万元以上纳税人申报）》已被国家税务总局公告2011年第2号——《全文失效废止、部分条款失效废止的税收规范性文件目录》宣布失效，附件2至附件9已被《国家税务总局关于发布个人所得税申报表的公告》废止。

纳税申报,规范自行纳税申报行为,根据《中华人民共和国个人所得税法》(以下简称个人所得税法)及其实施条例、《中华人民共和国税收征收管理法》(以下简称税收征管法)及其实施细则和其他法律、法规的有关规定,制定本办法。

第二条 凡依据个人所得税法负有纳税义务的纳税人,有下列情形之一的,应当按照本办法的规定办理纳税申报:

(一)年所得 12 万元以上的;

(二)从中国境内两处或者两处以上取得工资、薪金所得的;

(三)从中国境外取得所得的;

(四)取得应税所得,没有扣缴义务人的;

(五)国务院规定的其他情形。

第三条 本办法第二条第一项年所得 12 万元以上的纳税人,无论取得的各项所得是否已足额缴纳了个人所得税,均应当按照本办法的规定,于纳税年度终了后向主管税务机关办理纳税申报。

本办法第二条第二项至第四项情形的纳税人,均应当按照本办法的规定,于取得所得后向主管税务机关办理纳税申报。

本办法第二条第五项情形的纳税人,其纳税申报办法根据具体情形另行规定。

第四条 本办法第二条第一项所称年所得 12 万元以上的纳税人,不包括在中国境内无住所,且在一个纳税年度中在中国境内居住不满 1 年的个人。

本办法第二条第三项所称从中国境外取得所得的纳税人,是指在中国境内有住所,或者无住所而在一个纳税年度中在中国境内居住满 1 年的个人。

第二章 申报内容

第五条 年所得 12 万元以上的纳税人,在纳税年度终了后,应当填写《个人所得税纳税申报表(适用于年所得 12 万元以上的纳税人申报)》(见附表 1),并在办理纳税申报时报送主管税务机关,同时报送个人有效身份证件复印件,以及主管税务机关要求报送的其他有关资料。

有效身份证件,包括纳税人的身份证、护照、回乡证、军人身份证件等。

第六条 本办法所称年所得 12 万元以上,是指纳税人在一个纳税年度取得以下各项所得的合计数额达到 12 万元的:

(一)工资、薪金所得;

(二)个体工商户的生产、经营所得;

(三)对企事业单位的承包经营、承租经营所得;

(四)劳务报酬所得;

(五)稿酬所得;

(六)特许权使用费所得;

(七)利息、股息、红利所得;

(八)财产租赁所得;

(九)财产转让所得;

(十)偶然所得;

(十一)经国务院财政部门确定征税的其他所得。

第七条 本办法第六条规定的所得不含以下所得:

(一)个人所得税法第四条第一项至第九项规定的免税所得,即:

1. 省级人民政府、国务院部委、中国人民解放军军以上单位,以及外国组织、国际组织颁发的科学、教育、技术、文化、卫生、体育、环境保护等方面的奖金;

2. 国债和国家发行的金融债券利息;

3. 按照国家统一规定发给的补贴、津贴,即个人所得税法实施条例第十三条规定的按照国务院规定发放的政府特殊津贴、院士津贴、资深院士津贴以及国务院规定免纳个人所得税的其他补贴、津贴;

4. 福利费、抚恤金、救济金;

5. 保险赔款;

6. 军人的转业费、复员费;

7. 按照国家统一规定发给干部、职工的安家费、退职费、退休工资、离休工资、离休生活补助费;

8. 依照我国有关法律规定应予免税的各国驻华使馆、领事馆的外交代表、领事官员和其他人员的所得;

9. 中国政府参加的国际公约、签订的协议中规定免税的所得。

(二)个人所得税法实施条例第六条规定可以免税的来源于中国境外的所得。

(三)个人所得税法实施条例第二十五条规定的按照国家规定单位为个人缴付和个人缴付的基本养老保险费、基本医疗保险费、失业保险费、住房公积金。

第八条 本办法第六条所指各项所得的年所得按照下列方法计算:

(一)工资、薪金所得,按照未减除费用(每月 1600 元)及附加减除费用(每月 3200 元)的收入额计算。

(二)个体工商户的生产、经营所得,按照应纳税所得额计算。实行查账征收的,按照每一纳税年度的收入总额减除成本、费用以及损失后的余额计算;实行定期额征收的,按照纳税人自行申报的年度应纳税所得额计算,或者按照其自行申报的年度应纳税经营额乘以应税所得率计算。

(三)对企事业单位的承包经营、承租经营所得,按照每一纳税年度的收入总额计算,即按照承包经营、承租经营者实际取得的经营利润,加上从承包、承租的企事业单位中取得的工资、薪金性质的所得计算。

(四)劳务报酬所得,稿酬所得,特许权使用费所得,按照未减除费用(每次 800 元或者每次收入的 20%)的收入额计算。

(五)财产租赁所得,按照未减除费用(每次 800 元或者每次收入的 20%)和修缮费用的收入额计算。

(六)财产转让所得,按照应纳税所得额计算,即按照以转让财产的收入额减除财产原值和转让财产过程中缴纳的税金及有关合理费用后的余额计算。

(七)利息、股息、红利所得,偶然所得和其他所得,按照收入额全额计算。

第九条 纳税人取得本办法第二条第二项至第四项所得,应当按规定填写并向主管税务机关报送相应的纳税申报表(见附表2-附表9),同时报送主管税务机关要求报送的其他有关资料。

第三章 申报地点

第十条 年所得12万元以上的纳税人,纳税申报地点分别为:

(一)在中国境内有任职、受雇单位的,向任职、受雇单位所在地主管税务机关申报。

(二)在中国境内有两处或者两处以上任职、受雇单位的,选择并固定向其中一处单位所在地主管税务机关申报。

(三)在中国境内无任职、受雇单位,年所得项目中有个体工商户的生产、经营所得或者对企事业单位的承包经营、承租经营所得(以下统称生产、经营所得)的,向其中一处实际经营所在地主管税务机关申报。

(四)在中国境内无任职、受雇单位,年所得项目中无生产、经营所得的,向户籍所在地主管税务机关申报。在中国境内有户籍,但户籍所在地与中国境内经常居住地不一致的,选择并固定向其中一地主管税务机关申报。在中国境内没有户籍的,向中国境内经常居住地主管税务机关申报。

第十一条 取得本办法第二条第二项至第四项所得的纳税人,纳税申报地点分别为:

(一)从两处或者两处以上取得工资、薪金所得的,选择并固定向其中一处单位所在地主管税务机关申报。

(二)从中国境外取得所得的,向中国境内户籍所在地主管税务机关申报。在中国境内有户籍,但户籍所在地与中国境内经常居住地不一致的,选择并固定向其中一地主管税务机关申报。在中国境内没有户籍的,向中国境内经常居住地主管税务机关申报。

(三)个体工商户向实际经营所在地主管税务机关申报。

(四)个人独资、合伙企业投资者兴办两个或两个以上企业的,区分不同情形确定纳税申报地点:

1. 兴办的企业全部是个人独资性质的,分别向各企业的实际经营管理所在地主管税务机关申报。

2. 兴办的企业中含有合伙性质的,向经常居住地主管税务机关申报。

3. 兴办的企业中含有合伙性质,个人投资者经常居住地与其兴办企业的经营管理所在地不一致的,选择并固定向其参与兴办的某一合伙企业的经营管理所在地主管税务机关申报。

(五)除以上情形外,纳税人应当向取得所得所在地主管税务机关申报。

第十二条 纳税人不得随意变更纳税申报地点,因特殊情况变更纳税申报地点的,须报原主管税务机关备案。

第十三条 本办法第十一条第四项第三目规定的纳税申报地点,除特殊情况外,5年以内不得变更。

第十四条 本办法所称经常居住地,是指纳税人离开户籍所在地最后连续居住一年以上的地方。

第四章 申报期限

第十五条 年所得12万元以上的纳税人,在纳税年度终了后3个月内向主管税务机关办理纳税申报。

第十六条 个体工商户和个人独资、合伙企业投资者取得的生产、经营所得应纳的税款,分月预缴的,纳税人在每月终了后7日内办理纳税申报;分季预缴的,纳税人在每个季度终了后7日内办理纳税申报。纳税年度终了后,纳税人在3个月内进行汇算清缴。

第十七条 纳税人年终一次性取得对企事业单位的承包经营、承租经营所得的,自取得所得之日起30日内办理纳税申报;在1个纳税年度内分次取得承包经营、承租经营所得的,在每次取得所得后的次月7日内申报预缴,纳税年度终了后3个月内汇算清缴。

第十八条 从中国境外取得所得的纳税人,在纳税年度终了后30日内向中国境内主管税务机关办理纳税申报。

　　第十九条 除本办法第十五条至第十八条规定的情形外，纳税人取得其他各项所得须申报纳税的，在取得所得的次月 7 日内向主管税务机关办理纳税申报。

　　第二十条 纳税人不能按照规定的期限办理纳税申报，需要延期的，按照税收征管法第二十七条和税收征管法实施细则第三十七条的规定办理。

第五章　申报方式

　　第二十一条 纳税人可以采取数据电文、邮寄等方式申报，也可以直接到主管税务机关申报，或者采取符合主管税务机关规定的其他方式申报。

　　第二十二条 纳税人采取数据电文方式申报的，应当按照税务机关规定的期限和要求保存有关纸质资料。

　　第二十三条 纳税人采取邮寄方式申报的，以邮政部门挂号信函收据作为申报凭据，以寄出的邮戳日期为实际申报日期。

　　第二十四条 纳税人可以委托有税务代理资质的中介机构或者他人代为办理纳税申报。

第六章　申报管理

　　第二十五条 主管税务机关应当将各类申报表，登载到税务机关的网站上，或者摆放到税务机关受理纳税申报的办税服务厅，免费供纳税人随时下载或取用。

　　第二十六条 主管税务机关应当在每年法定申报期间，通过适当方式，提醒年所得 12 万元以上的纳税人办理自行纳税申报。

　　第二十七条 受理纳税申报的主管税务机关根据纳税人的申报情况，按照规定办理税款的征、补、退、抵手续。

　　第二十八条 主管税务机关按照规定为已经办理纳税申报并缴纳税款的纳税人开具完税凭证。

　　第二十九条 税务机关依法为纳税人的纳税申报信息保密。

　　第三十条 纳税人变更纳税申报地点，并报原主管税务机关备案的，原主管税务机关应当及时将纳税人变更纳税申报地点的信息传递给新的主管税务机关。

　　第三十一条 主管税务机关对已办理纳税申报的纳税人建立纳税档案，实施动态管理。

第七章　法律责任

　　第三十二条 纳税人未按照规定的期限办理纳税申报和报送纳税资料的，依照税收征管法第六十二条的规定处理。

　　第三十三条 纳税人采取伪造、变造、隐匿、擅自销毁账簿、记账凭证，或者在账簿上多列支出或者不列、少列收入，或者经税务机关通知申报而拒不申报或者进行虚假的纳税申报，不缴或者少缴应纳税款的，依照税收征管法第六十三条的规定处理。

　　第三十四条 纳税人编造虚假计税依据的，依照税收征管法第六十四条第一款的规定处理。

　　第三十五条 纳税人有扣缴义务人支付的应税所得，扣缴义务人应扣未扣、应收未收税款的，依照税收征管法第六十九条的规定处理。

　　第三十六条 税务人员徇私舞弊或者玩忽职守，不征或者少征应征税款的，依照税收征管法第八十二条第一款的规定处理。

　　第三十七条 税务人员滥用职权，故意刁难纳税人的，依照税收征管法第八十二条第二款的规定处理。

　　第三十八条 税务机关和税务人员未依法为纳税人保密的，依照税收征管法第八十七条的规定处理。

　　第三十九条 税务代理人违反税收法律、行政法规，造成纳税人未缴或者少缴税款的，依照税收征管法实施细则第九十八条的规定处理。

　　第四十条 其他税收违法行为，依照税收法律、法规的有关规定处理。

第八章　附　则

　　第四十一条 纳税申报表由各省、自治区、直辖市和计划单列市税务局按照国家税务总局规定的式样统一印制。

　　第四十二条 纳税申报的其他事项，依照税收征管法、个人所得税法及其他有关法律、法规的规定执行。

　　第四十三条 本办法第二条第一项年所得 12 万元以上情形的纳税申报，按照第十届全国人民代表大会常务委员会第十八次会议通过的《关于修改〈中华人民共和国个人所得税法〉的决定》规定的施行时间，自 2006 年 1 月 1 日起执行。

　　第四十四条 本办法有关第二条第二项至第四项情形的纳税申报规定，自 2007 年 1 月 1 日起执行，《国家税务总局关于印发〈个人所得税自行申报纳税暂行办法〉的通知》(国税发〔1995〕077 号)同时废止。

　　附件：个人所得税的税申报表式样(略)

财政部、税务总局关于个人取得有关收入适用个人所得税应税所得项目的公告

· 2019 年 6 月 13 日
· 财政部、税务总局公告 2019 年第 74 号

为贯彻落实修改后的《中华人民共和国个人所得税法》，做好政策衔接工作，现将个人取得的有关收入适用个人所得税应税所得项目的事项公告如下：

一、个人为单位或他人提供担保获得收入，按照"偶然所得"项目计算缴纳个人所得税。

二、房屋产权所有人将房屋产权无偿赠与他人的，受赠人因无偿受赠房屋取得的受赠收入，按照"偶然所得"项目计算缴纳个人所得税。按照《财政部 国家税务总局关于个人无偿受赠房屋有关个人所得税问题的通知》（财税〔2009〕78 号）第一条规定，符合以下情形的，对当事双方不征收个人所得税：

（一）房屋产权所有人将房屋产权无偿赠与配偶、父母、子女、祖父母、外祖父母、孙子女、外孙子女、兄弟姐妹；

（二）房屋产权所有人将房屋产权无偿赠与对其承担直接抚养或者赡养义务的抚养人或者赡养人；

（三）房屋产权所有人死亡，依法取得房屋产权的法定继承人、遗嘱继承人或者受遗赠人。

前款所称受赠收入的应纳税所得额按照《财政部 国家税务总局关于个人无偿受赠房屋有关个人所得税问题的通知》（财税〔2009〕78 号）第四条规定计算。

三、企业在业务宣传、广告等活动中，随机向本单位以外的个人赠送礼品（包括网络红包，下同），以及企业在年会、座谈会、庆典以及其他活动中向本单位以外的个人赠送礼品，个人取得的礼品收入，按照"偶然所得"项目计算缴纳个人所得税，但企业赠送的具有价格折扣或折让性质的消费券、代金券、抵用券、优惠券等礼品除外。

前款所称礼品收入的应纳税所得额按照《财政部 国家税务总局关于企业促销展业赠送礼品有关个人所得税问题的通知》（财税〔2011〕50 号）第三条规定计算。

四、个人按照《财政部 税务总局 人力资源社会保障部 中国银行保险监督管理委员会 证监会关于开展个人税收递延型商业养老保险试点的通知》（财税〔2018〕22 号）的规定，领取的税收递延型商业养老保险的养老金收入，其中 25%部分予以免税，其余 75%部分按照 10%的比例税率计算缴纳个人所得税，税款计入"工资、薪金所得"项目，由保险机构代扣代缴后，在个人购买税延养老保险的机构所在地办理全员全额扣缴申报。

五、本公告自 2019 年 1 月 1 日起执行。下列文件或文件条款同时废止：

（一）《财政部 国家税务总局关于银行部门以超过国家利率支付给储户的揽储奖金征收个人所得税问题的批复》（财税字〔1995〕64 号）；

（二）《国家税务总局对中国科学院院士荣誉奖金征收个人所得税问题的复函》（国税函〔1995〕351 号）；

（三）《国家税务总局关于未分配的投资者收益和个人人寿保险收入征收个人所得税问题的批复》（国税函〔1998〕546 号）第二条；

（四）《国家税务总局关于个人所得税有关政策问题的通知》（国税发〔1999〕58 号）第三条；

（五）《国家税务总局关于股民从证券公司取得的回扣收入征收个人所得税问题的批复》（国税函〔1999〕627 号）；

（六）《财政部 国家税务总局关于个人所得税有关问题的批复》（财税〔2005〕94 号）第二条；

（七）《国家税务总局关于个人取得解除商品房买卖合同违约金征收个人所得税问题的批复》（国税函〔2006〕865 号）；

（八）《财政部 国家税务总局关于个人无偿受赠房屋有关个人所得税问题的通知》（财税〔2009〕78 号）第三条；

（九）《财政部 国家税务总局关于企业促销展业赠送礼品有关个人所得税问题的通知》（财税〔2011〕50 号）第二条第 1 项、第 2 项；

（十）《财政部 税务总局 人力资源社会保障部 中国银行保险监督管理委员会 证监会关于开展个人税收递延型商业养老保险试点的通知》（财税〔2018〕22 号）第一条第（二）项第 3 点第二段；

（十一）《国家税务总局关于开展个人税收递延型商业养老保险试点有关征管问题的公告》（国家税务总局公告 2018 年第 21 号）第二条。

特此公告。

财政部、税务总局关于非居民个人和无住所居民个人有关个人所得税政策的公告

· 2019 年 3 月 14 日
· 财政部、税务总局公告 2019 年第 35 号

为贯彻落实修改后的《中华人民共和国个人所得税法》（以下称税法）和《中华人民共和国个人所得税法实

施条例》(以下称实施条例),现将非居民个人和无住所居民个人(以下统称无住所个人)有关个人所得税政策公告如下:

一、关于所得来源地

(一)关于工资薪金所得来源地的规定。

个人取得归属于中国境内(以下称境内)工作期间的工资薪金所得为来源于境内的工资薪金所得。境内工作期间按照个人在境内工作天数计算,包括其在境内的实际工作日以及境内工作期间在境内、境外享受的公休假、个人休假、接受培训的天数。在境内、境外单位同时担任职务或者仅在境外单位任职的个人,在境内停留的当天不足24小时的,按照半天计算境内工作天数。

无住所个人在境内、境外单位同时担任职务或者仅在境外单位任职,且当期同时在境内、境外工作的,按照工资薪金所属境内、境外工作天数占当期公历天数的比例计算确定来源于境内、境外工资薪金所得的收入额。境外工作天数按照当期公历天数减去当期境内工作天数计算。

(二)关于数月奖金以及股权激励所得来源地的规定。

无住所个人取得的数月奖金或者股权激励所得按照本条第(一)项规定确定所得来源地的,无住所个人在境内履职或者执行职务时收到的数月奖金或者股权激励所得,归属于境外工作期间的部分,为来源于境外的工资薪金所得;无住所个人停止在境内履约或者执行职务离境后收到的数月奖金或者股权激励所得,对属于境内工作期间的部分,为来源于境内的工资薪金所得。具体计算方法为:数月奖金或者股权激励乘以数月奖金或者股权激励所属工作期间境内工作天数与所属工作期间公历天数之比。

无住所个人一个月内取得的境内外数月奖金或者股权激励包含归属于不同期间的多笔所得的,应当先分别按照本公告规定计算不同归属期间来源于境内的所得,然后再加总计算当月来源于境内的数月奖金或者股权激励收入额。

本公告所称数月奖金是指一次取得归属于数月的奖金、年终加薪、分红等工资薪金所得,不包括每月固定发放的奖金及一次性发放的数月工资。本公告所称股权激励包括股票期权、股权期权、限制性股票、股票增值权、股权奖励以及其他因认购股票等有价证券而从雇主取得的折扣或者补贴。

(三)关于董事、监事及高层管理人员取得报酬所得来源地的规定。

对于担任境内居民企业的董事、监事及高层管理职务的个人(以下统称高管人员),无论是否在境内履行职务,取得由境内居民企业支付或者负担的董事费、监事费、工资薪金或者其他类似报酬(以下统称高管人员报酬,包含数月奖金和股权激励),属于来源于境内的所得。

本公告所称高层管理职务包括企业正、副(总)经理、各职能总师、总监及其他类似公司管理层的职务。

(四)关于稿酬所得来源地的规定。

由境内企业、事业单位、其他组织支付或者负担的稿酬所得,为来源于境内的所得。

二、关于无住所个人工资薪金所得收入额计算

无住所个人取得工资薪金所得,按以下规定计算在境内应纳税的工资薪金所得的收入额(以下称工资薪金收入额):

(一)无住所个人为非居民个人的情形。

非居民个人取得工资薪金所得,除本条第(三)项规定以外,当月工资薪金收入额分别按照以下两种情形计算:

1. 非居民个人境内居住时间累计不超过90天的情形。

在一个纳税年度内,在境内累计居住不超过90天的非居民个人,仅就归属于境内工作期间并由境内雇主支付或者负担的工资薪金所得计算缴纳个人所得税。当月工资薪金收入额的计算公式如下(公式一):

$$当月工资薪金收入额 = 当月境内外工资薪金总额 \times \frac{当月境内支付工资薪金总额}{当月境内外工资薪金总额} \times \frac{当月工资薪金所属工作期间境内工作天数}{当月工资薪金所属工作期间公历天数}$$

本公告所称境内雇主包括雇佣员工的境内单位和个人以及境外单位或者个人在境内的机构、场所。凡境内雇主采取核定征收所得税或者无营业收入未征收所得税的,无住所个人为其工作取得工资薪金所得,不论是否在该境内雇主会计账簿中记载,均视为由该境内雇主支付或者负担。本公告所称工资薪金所属工作期间的公历天数,是指无住所个人取得工资薪金所属工作期间按公历计算的天数。

本公告所列公式中当月境内外工资薪金包含归属于不同期间的多笔工资薪金的,应当先分别按照本公告规定计算不同归属期间工资薪金收入额,然后再加总计算当月工资薪金收入额。

2. 非居民个人境内居住时间累计超过90天不满183天的情形。

在一个纳税年度内,在境内累计居住超过90天但不满183天的非居民个人,取得归属于境内工作期间的工资薪金所得,均应当计算缴纳个人所得税;其取得归属于境外工作期间的工资薪金所得,不征收个人所得税。当月工资薪金收入额的计算公式如下(公式二):

$$当月工资薪金收入额 = 当月境内外工资薪金总额 \times \frac{当月工资薪金所属工作期间境内工作天数}{当月工资薪金所属工作期间公历天数}$$

(二)无住所个人为居民个人的情形。

在一个纳税年度内,在境内累计居住满183天的无住所居民个人取得工资薪金所得,当月工资薪金收入额按照以下规定计算:

1. 无住所居民个人在境内居住累计满183天的年度连续不满六年的情形。

在境内居住累计满183天的年度连续不满六年的无住所居民个人,符合实施条例第四条优惠条件的,其取得的全部工资薪金所得,除归属于境外工作期间且由境外单位或者个人支付的工资薪金所得部分外,均应计算缴纳个人所得税。工资薪金所得收入额的计算公式如下(公式三):

$$当月工资薪金收入额 = 当月境内外工资薪金总额 \times \left[1 - \frac{当月境外支付工资薪金总额}{当月境内外工资薪金总额} \times \frac{当月工资薪金所属工作期间境外工作天数}{当月工资薪金所属工作期间公历天数} \right]$$

2. 无住所居民个人在境内居住累计满183天的年度连续满六年的情形。

在境内居住累计满183天的年度连续满六年后,不符合实施条例第四条优惠条件的无住所居民个人,其从境内、境外取得的全部工资薪金所得均应计算缴纳个人所得税。

(三)无住所个人为高管人员的情形。

无住所居民个人为高管人员的,工资薪金收入额按照本条第(二)项规定计算纳税。非居民个人为高管人员的,按照以下规定处理:

1. 高管人员在境内居住时间累计不超过90天的情形。

在一个纳税年度内,在境内累计居住不超过90天的高管人员,其取得由境内雇主支付或者负担的工资薪金所得应当计算缴纳个人所得税;不是由境内雇主支付或者负担的工资薪金所得,不缴纳个人所得税。当月工资薪金收入额为当月境内支付或者负担的工资薪金收入额。

2. 高管人员在境内居住时间累计超过90天不满183天的情形。

在一个纳税年度内,在境内累计居住超过90天但不满183天的高管人员,其取得的工资薪金所得,除归属于境外工作期间且不是由境内雇主支付或者负担的部分外,应当计算缴纳个人所得税。当月工资薪金收入额计算适用本公告公式三。

三、关于无住所个人税款计算

(一)关于无住所居民个人税款计算的规定。

无住所居民个人取得综合所得,年度终了后,应按年计算个人所得税;有扣缴义务人的,由扣缴义务人按月或者按次预扣预缴税款;需要办理汇算清缴的,按照规定办理汇算清缴,年度综合所得应纳税额计算公式如下(公式四):

年度综合所得应纳税额=(年度工资薪金收入额+年度劳务报酬收入额+年度稿酬收入额+年度特许权使用费收入额−减除费用−专项扣除−专项附加扣除−依法确定的其他扣除)×适用税率−速算扣除数

无住所居民个人为外籍个人的,2022年1月1日前计算工资薪金收入额时,已经按规定减除住房补贴、子女教育费、语言训练费等八项津补贴的,不能同时享受专项附加扣除。

年度工资薪金、劳务报酬、稿酬、特许权使用费收入额分别按年度内每月工资薪金以及每次劳务报酬、稿酬、特许权使用费收入额合计数额计算。

(二)关于非居民个人税款计算的规定。

1. 非居民个人当月取得工资薪金所得,以按照本公告第二条规定计算的当月收入额,减去税法规定的减除费用后的余额,为应纳税所得额,适用本公告所附按月换算后的综合所得税率表(以下称月度税率表)计算应纳税额。

2.非居民个人一个月内取得数月奖金,单独按照本公告第二条规定计算当月收入额,不与当月其他工资薪金合并,按6个月分摊计税,不减除费用,适用月度税率表计算应纳税额,在一个公历年度内,对每一个非居民个人,该计税办法只允许适用一次。计算公式如下(公式五):

当月数月奖金应纳税额=[(数月奖金收入额÷6)×适用税率-速算扣除数]×6

3.非居民个人一个月内取得股权激励所得,单独按照本公告第二条规定计算当月收入额,不与当月其他工资薪金合并,按6个月分摊计税(一个公历年度内的股权激励所得应合并计算),不减除费用,适用月度税率表计算应纳税额,计算公式如下(公式六):

当月股权激励所得应纳税额=[(本公历年度内股权激励所得合计额÷6)×适用税率-速算扣除数]×6-本公历年度内股权激励所得已纳税额

4.非居民个人取得来源于境内的劳务报酬所得、稿酬所得、特许权使用费所得,以税法规定的每次收入额为应纳税所得额,适用月度税率表计算应纳税额。

四、关于无住所个人适用税收协定

按照我国政府签订的避免双重征税协定、内地与香港、澳门签订的避免双重征税安排(以下称税收协定)居民条款规定为缔约对方税收居民的个人(以下称对方税收居民个人),可以按照税收协定及财政部、税务总局有关规定享受税收协定待遇,也可以选择不享受税收协定待遇计算纳税。除税收协定及财政部、税务总局另有规定外,无住所个人适用税收协定的,按照以下规定执行:

(一)关于无住所个人适用受雇所得条款的规定。

1.无住所个人享受境外受雇所得协定待遇。

本公告所称境外受雇所得协定待遇,是指按照税收协定受雇所得条款规定,对方税收居民个人在境外从事受雇活动取得的受雇所得,可不缴纳个人所得税。

无住所个人为对方税收居民个人,其取得的工资薪金所得可享受境外受雇所得协定待遇的,可不缴纳个人所得税。工资薪金收入额计算适用本公告公式二。

无住所居民个人为对方税收居民个人的,可在预扣预缴和汇算清缴时按前款规定享受协定待遇;非居民个人为对方税收居民个人的,可在取得所得时按前款规定享受协定待遇。

2.无住所个人享受境内受雇所得协定待遇。

本公告所称境内受雇所得协定待遇,是指按照税收协定受雇所得条款规定,在税收协定规定的期间内境内停留天数不超过183天的对方税收居民个人,在境内从事受雇活动取得受雇所得,不是由境内居民雇主支付或者代其支付的,也不是由雇主在境内常设机构负担的,可不缴纳个人所得税。

无住所个人为对方税收居民个人,其取得的工资薪金所得可享受境内受雇所得协定待遇的,可不缴纳个人所得税。工资薪金收入额计算适用本公告公式一。

无住所居民个人为对方税收居民个人的,可在预扣预缴和汇算清缴时按前款规定享受协定待遇;非居民个人为对方税收居民个人的,可在取得所得时按前款规定享受协定待遇。

(二)关于无住所个人适用独立个人劳务或者营业利润条款的规定。

本公告所称独立个人劳务或者营业利润协定待遇,是指按照税收协定独立个人劳务或者营业利润条款规定,对方税收居民个人取得的独立个人劳务所得或者营业利润符合税收协定规定条件的,可不缴纳个人所得税。

无住所居民个人为对方税收居民个人,其取得的劳务报酬所得、稿酬所得可享受独立个人劳务或者营业利润协定待遇的,在预扣预缴和汇算清缴时,可不缴纳个人所得税。

非居民个人为对方税收居民个人,其取得的劳务报酬所得、稿酬所得可享受独立个人劳务或者营业利润协定待遇的,在取得所得时可不缴纳个人所得税。

(三)关于无住所个人适用董事费条款的规定。

对方税收居民个人为高管人员,该个人适用的税收协定未纳入董事费条款,或者虽然纳入董事费条款但该个人不适用董事费条款,且该个人取得的高管人员报酬可享受税收协定受雇所得、独立个人劳务或者营业利润条款规定待遇的,该个人取得的高管人员报酬可不适用本公告第二条第(三)项规定,分别按照本条第(一)项、第(二)项规定执行。

对方税收居民个人为高管人员,该个人取得的高管人员报酬按照税收协定董事费条款规定可以在境内征收个人所得税的,应按照有关工资薪金所得或者劳务报酬所得规定缴纳个人所得税。

(四)关于无住所个人适用特许权使用费或者技术

服务费条款的规定。

本公告所称特许权使用费或者技术服务费协定待遇,是指按照税收协定特许权使用费或者技术服务费条款规定,对方税收居民个人取得符合规定的特许权使用费或者技术服务费,可按照税收协定规定的计税所得额和征税比例计算纳税。

无住所居民个人为对方税收居民个人,其取得的特许权使用费所得、稿酬所得或者劳务报酬所得可享受特许权使用费或者技术服务费协定待遇的,可不纳入综合所得,在取得当月按照税收协定规定的计税所得额和征税比例计算应纳税额,并预扣预缴税款。年度汇算清缴时,该个人取得的已享受特许权使用费或者技术服务费协定待遇的所得不纳入年度综合所得,单独按照税收协定规定的计税所得额和征税比例计算年度应纳税额及补退税额。

非居民个人为对方税收居民个人,其取得的特许权使用费所得、稿酬所得或者劳务报酬所得可享受特许权使用费或者技术服务费协定待遇的,可按照税收协定规定的计税所得额和征税比例计算应纳税额。

五、关于无住所个人相关征管规定

(一)关于无住所个人预计境内居住时间的规定。

无住所个人在一个纳税年度内首次申报时,应当根据合同约定等情况预计一个纳税年度内境内居住天数以及在税收协定规定的期间内境内停留天数,按照预计情况计算缴纳税款。实际情况与预计情况不符的,分别按照以下规定处理:

1. 无住所个人预先判定为非居民个人,因延长居住天数达到居民个人条件的,一个纳税年度内税款扣缴方法保持不变,年度终了后按照居民个人有关规定办理汇算清缴,但该个人在当年离境且预计年度内不再入境的,可以选择在离境之前办理汇算清缴。

2. 无住所个人预先判定为居民个人,因缩短居住天数不能达到居民个人条件的,在不能达到居民个人条件之日起至年度终了 15 天内,应当向主管税务机关报告,按照非居民个人重新计算应纳税额,申报补缴税款,不加收税收滞纳金。需要退税的,按照规定办理。

3. 无住所个人预计一个纳税年度内居住天数累计不超过 90 天,但实际累计居住天数超过 90 天的,或者对方税收居民个人预计在税收协定规定的期间内境内停留天数不超过 183 天,但实际停留天数超过 183 天的,待达到 90 天或者 183 天的月度终了后 15 天内,应当向主管税务机关报告,就以前月份工资薪金所得重新计算应纳税款,并补缴税款,不加收税收滞纳金。

(二)关于无住所个人境内雇主报告境外关联方支付工资薪金所得的规定。

无住所个人在境内任职、受雇取得来源于境内的工资薪金所得,凡境内雇主与境外单位或者个人存在关联关系,将本应由境内雇主支付的工资薪金所得,部分或者全部由境外关联方支付的,无住所个人可以自行申报缴纳税款,也可以委托境内雇主代为缴纳税款。无住所个人未委托境内雇主代为缴纳税款的,境内雇主应当在相关所得支付当月终了后 15 天内向主管税务机关报告相关信息,包括境内雇主与境外关联方对无住所个人的工作安排、境外支付情况以及无住所个人的联系方式等信息。

六、本公告自 2019 年 1 月 1 日起施行,非居民个人 2019 年 1 月 1 日后取得所得,按原有规定多缴纳税款的,可以依法申请办理退税。下列文件或者文件条款于 2019 年 1 月 1 日废止:

(一)《财政部 税务总局关于对临时来华人员按实际居住日期计算征免个人所得税若干问题的通知》((88)财税外字第 059 号);

(二)《国家税务总局关于在境内无住所的个人取得工资薪金所得纳税义务问题的通知》(国税发〔1994〕148 号);

(三)《财政部 国家税务总局关于在华无住所的个人如何计算在华居住满五年问题的通知》(财税字〔1995〕98 号);

(四)《国家税务总局关于在中国境内无住所的个人计算缴纳个人所得税若干具体问题的通知》(国税函发〔1995〕125 号)第一条、第二条、第三条、第四条;

(五)《国家税务总局关于在中国境内无住所的个人缴纳所得税涉及税收协定若干问题的通知》(国税发〔1995〕155 号);

(六)《国家税务总局关于在中国境内无住所的个人取得奖金征税问题的通知》(国税发〔1996〕183 号);

(七)《国家税务总局关于三井物产(株)大连事务所外籍雇员取得数月奖金确定纳税义务问题的批复》(国税函〔1997〕546 号);

(八)《国家税务总局关于外商投资企业和外国企业对境外企业支付其雇员的工资薪金代扣代缴个人所得税问题的通知》(国税发〔1999〕241 号);

(九)《国家税务总局关于在中国境内无住所个人取得不在华履行职务的月份奖金确定纳税义务问题的通

知》(国税函[1999]245号);

(十)《国家税务总局关于在中国境内无住所个人以有价证券形式取得工资薪金所得确定纳税义务有关问题的通知》(国税函[2000]190号);

(十一)《国家税务总局关于在境内无住所的个人执行税收协定和个人所得税法若干问题的通知》(国税发[2004]97号);

(十二)《国家税务总局关于调整个人取得全年一次性奖金等计算征收个人所得税方法问题的通知》(国税发[2005]9号)第六条;

(十三)《国家税务总局关于在境内无住所个人计算工资薪金所得缴纳个人所得税有关问题的批复》(国税函[2005]1041号);

(十四)《国家税务总局关于在中国境内担任董事或高层管理职务无住所个人计算个人所得税适用公式的批复》(国税函[2007]946号)。

特此公告。

附件:按月换算后的综合所得税率表(略)

对储蓄存款利息所得征收个人所得税的实施办法

· 1999年9月30日中华人民共和国国务院令第272号公布
· 根据2007年7月20日《国务院关于修改〈对储蓄存款利息所得征收个人所得税的实施办法〉的决定》修订

第一条 根据《中华人民共和国个人所得税法》第十二条的规定,制定本办法。

第二条 从中华人民共和国境内的储蓄机构取得人民币、外币储蓄存款利息所得的个人,应当依照本办法缴纳个人所得税。

第三条 对储蓄存款利息所得征收个人所得税的计税依据为纳税人取得的人民币、外币储蓄存款利息所得。

第四条 对储蓄存款利息所得征收个人所得税,减按5%的比例税率执行。减征幅度的调整由国务院决定。

第五条 对个人取得的教育储蓄存款利息所得以及国务院财政部门确定的其他专项储蓄存款或者储蓄性专项基金存款的利息所得,免征个人所得税。

前款所称教育储蓄是指个人按照国家有关规定在指定银行开户、存入规定数额资金、用于教育目的的专项储蓄。

第六条 对储蓄存款利息所得,按照每次取得的利息所得额计征个人所得税。

第七条 对储蓄存款利息所得征收个人所得税,以结付利息的储蓄机构为扣缴义务人,实行代扣代缴。

第八条 扣缴义务人在向储户结付利息时,依法代扣代缴税款。

前款所称结付利息,包括储户取款时结付利息、活期存款结息日结付利息和办理储蓄存款自动转存业务时结付利息等。

扣缴义务人代扣税款,应当在给储户的利息结付单上注明。

第九条 扣缴义务人每月代扣的税款,应当在次月7日内缴入中央国库,并向当地主管税务机关报送代扣代缴税款报告表;代扣的税款为外币的,应当折合成人民币缴入中央国库。

第十条 对扣缴义务人按照所扣缴的税款,付给2%的手续费。

第十一条 税务机关应当加强对扣缴义务人代扣代缴税款情况的监督和检查,扣缴义务人应当积极予以配合,如实反映情况,提供有关资料,不得拒绝、隐瞒。

第十二条 对储蓄存款利息所得征收的个人所得税,由国家税务局依照《中华人民共和国税收征收管理法》、《中华人民共和国个人所得税法》及本办法的规定负责征收管理。

第十三条 本办法所称储蓄机构,是指经国务院银行业监督管理机构批准的商业银行、城市信用合作社和农村信用合作社等吸收公众存款的金融机构。

第十四条 储蓄存款在1999年10月31日前孳生的利息所得,不征收个人所得税;储蓄存款在1999年11月1日至2007年8月14日孳生的利息所得,按照20%的比例税率征收个人所得税;储蓄存款在2007年8月15日后孳生的利息所得,按照5%的比例税率征收个人所得税。

第十五条 本办法自1999年11月1日起施行。

储蓄存款利息所得个人所得税征收管理办法

· 1999年10月8日
· 国税发[1999]179号

第一条 根据《中华人民共和国个人所得税法》、《中华人民共和国税收征收管理法》和国务院关于《对个人储蓄存款利息所得征收个人所得税的实施办法》(以下简称《实施办法》)的有关规定,特制定本办法。

第二条 储蓄存款利息所得个人所得税以取得储蓄存款利息所得的个人为纳税义务人,以办理结付个人储蓄存款利息的储蓄机构为扣缴义务人。扣缴义务人区分不同情况具体规定如下：

一、内资商业银行以支行或相当于支行的储蓄机构为扣缴义务人。经各省、自治区、直辖市和计划单列市国家税务局批准，扣缴义务人所扣税款可由其上一级机构汇总向其所在地主管税务机关申报缴纳。

二、城市信用社和农村信用社以独立核算的单位为扣缴义务人。

三、外资银行以设在中国境内的分行为扣缴义务人。

四、邮政储蓄机构以县级邮政局为扣缴义务人。

根据上述规定难以认定扣缴义务人的，由省、自治区、直辖市和计划单列市国家税务局依据便于扣缴义务人操作和税务机关征收管理、有利于明确扣缴义务人法律责任的原则进行认定。

第三条　凡办理个人储蓄业务的储蓄机构，在向个人结付储蓄存款利息时，应依法代扣代缴其应缴纳的个人所得税税款。

前款所称结付储蓄存款利息，是指向个人储户支付利息、结息日和办理存款自动转存业务时结息。

第四条　扣缴义务人应指定财务会计部门或其他有关部门的专门人员，具体负责扣缴税款的纳税申报及有关事宜。人员发生变动时，应将名单及时报告主管税务机关。

第五条　扣缴义务人在代扣税款时，应当在给储户的利息清单上注明已扣税款的数额。注明已扣税款的利息清单视同完税证明，除另有规定者外，不再开具代扣代收税款凭证。

第六条　扣缴义务人应扣未扣税款的，由扣缴义务人缴纳应扣未扣税款以及相应的滞纳金。其应纳税款按下列公式计算：

应纳税所得额=结付的利息额÷(1-税率)

应纳税额=应纳税所得额×适用税率

第七条　扣缴义务人每月所扣的税款，应当在次月7日内缴入中央国库，并向主管税务机关报送《储蓄存款利息所得扣缴个人所得税报告表》和主管税务机关要求报送的其他有关资料；所扣税款为外币的，应当按照缴款上一月最后一日中国人民银行公布的人民币基准汇价折算成人民币，以人民币缴入国库。

第八条　现有储蓄机构，符合本办法第二条规定的，应于《实施办法》公布后至11月1日前到当地主管税务机关办理扣缴税款登记；11月1日后成立的储蓄机构，凡符合本办法第二条规定的，应自中国人民银行批准开业之日起30日内，到当地主管税务机关办理扣缴税款登记。

第九条　税务机关应依法对扣缴义务人的代扣代缴税款情况进行检查，扣缴义务人必须如实反映有关情况，提供有关资料，不得拒绝或隐瞒。

税务机关在依法检查中了解的情况，应依照《中华人民共和国商业银行法》的有关规定，为储户保密。

第十条　主管税务机关应对扣缴义务人登记建档，建立收入统计台账，及时对征收情况进行总结、分析和预测。

第十一条　其他征管事项，依照《中华人民共和国个人所得税法》及其实施条例、《中华人民共和国税收征收管理法》及其实施细则和《个人所得税代扣代缴暂行办法》的有关规定执行。

第十二条　各省、自治区、直辖市国家税务局可以根据本办法规定的原则，结合本地实际，制定具体实施办法，并报国家税务总局备案。

第十三条　本办法由国家税务总局负责解释。

第十四条　本办法自发布之日起执行。

附件：储蓄存款利息所得扣缴个人所得税报告表(略)

征收个人所得税若干问题的规定[①]

· 1994年3月31日
· 国税发[1994]089号

为了更好地贯彻执行《中华人民共和国个人所得税法》(以下简称税法)及其实施条例(以下简称条例)，认真做好个人所得税的征收管理，根据税法及条例的规定精神，现将一些具体问题明确如下：

一、关于如何掌握"习惯性居住"的问题

条例第二条规定，在中国境内有住所的个人，是指因户籍、家庭、经济利益关系而在中国境内习惯性居住的个人。所谓习惯性居住，是判定纳税义务人是居民或非居民的一个法律意义上的标准，不是指实际居住或在某一个特定时期内的居住地。如因学习、工作、探亲、旅游等而在中国境外居住的，在其原因消除之后，必须回到中国境内居住的个人，则中国即为该纳税人习惯性居住地。

[①] 本规定所附"税率表一"和"税率表二"已被《国家税务总局关于贯彻执行修改后的个人所得税法有关问题的公告》废止；第十二条所附税率表一、税率表二，第十三条，第十五条已被《国家税务总局关于公布全文废止和部分条款废止的税务部门规章目录的决定》废止。

二、关于工资、薪金所得的征税问题

条例第八条第一款第一项对工资、薪金所得的具体内容和征税范围作了明确规定,应严格按照规定进行征税。对于补贴、津贴等一些具体收入项目应否计入工资、薪金所得的征税范围问题,按下述情况掌握执行:

(一)条例第十三条规定,对按照国务院规定发给的政府特殊津贴和国务院规定免纳个人所得税的补贴、津贴,免予征收个人所得税。其他各种补贴、津贴均应计入工资、薪金所得项目征税。

(二)下列不属于工资、薪金性质的补贴、津贴或者不属于纳税人本人工资、薪金所得项目的收入,不征税:

1. 独生子女补贴;
2. 执行公务员工资制度未纳入基本工资总额的补贴、津贴差额和家属成员的副食品补贴;
3. 托儿补助费;
4. 差旅费津贴、误餐补助。

三、关于在外商投资企业、外国企业和外国驻华机构工作的中方人员取得的工资、薪金所得的征税的问题

(一)在外商投资企业、外国企业和外国驻华机构工作的中方人员取得的工资、薪金收入,凡是由雇佣单位和派遣单位分别支付的,支付单位应依照税法第八条的规定代扣代缴个人所得税。按照税法第六条第一款第一项的规定,纳税义务人应以每月全部工资、薪金收入减除规定费用后的余额为应纳税所得额。为了有利于征管,对雇佣单位和派遣单位分别支付工资、薪金的,采取由支付者中的一方减除费用的方法,即只由雇佣单位在支付工资、薪金时,按税法规定减除费用,计算扣缴个人所得税;派遣单位支付的工资、薪金不再减除费用,以支付全额直接确定适用税率,计算扣缴个人所得税。

上述纳税义务人,应持两处支付单位提供的原始明细工资、薪金单(书)和完税凭证原件,选择并固定到一地税务机关申报每月工资、薪金收入,汇算清缴其工资、薪金收入的个人所得税,多退少补。具体申报期限,由各省、自治区、直辖市税务局确定。

(二)对外商投资企业、外国企业和外国驻华机构发放给中方工作人员的工资、薪金所得,应全额征税。但对可以提供有效合同或有关凭证,能够证明其工资、薪金所得的一部分按照有关规定上交派遣(介绍)单位的,可扣除其实际上交的部分,按其余额计征个人所得税。

四、关于稿酬所得的征税问题

(一)个人每次以图书、报刊方式出版、发表同一作品(文字作品、书画作品、摄影作品以及其他作品),不论出版单位是预付还是分笔支付稿酬,或者加印该作品后再付稿酬,均应合并其稿酬所得按一次计征个人所得税。在两处或两处以上出版、发表或再版同一作品而取得稿酬所得,则可分别各处取得的所得或再版所得按分次所得计征个人所得税。

(二)个人的同一作品在报刊上连载,应合并其因连载而取得的所有稿酬所得为一次,按税法规定计征个人所得税。在其连载之后又出书取得稿酬所得,或先出书后连载取得稿酬所得,应视同再版稿酬分次计征个人所得税。

(三)作者去世后,对取得其遗作稿酬的个人,按稿酬所得征收个人所得税。

五、关于拍卖文稿所得的征税问题

作者将自己的文字作品手稿原件或复印件公开拍卖(竞价)取得的所得,应按特许权使用费所得项目征收个人所得税。

六、关于财产租赁所得的征税问题

(一)纳税义务人在出租财产过程中缴纳的税金和国家能源交通重点建设基金、国家预算调节基金、教育费附加,可持完税(缴款)凭证,从其财产租赁收入中扣除。

(二)纳税义务人出租财产取得财产租赁收入,在计算征税时,除可依法减除规定费用和有关税、费外,还准予扣除能够提供有效、准确凭证,证明由纳税义务人负担的该出租财产实际开支的修缮费用。允许扣除的修缮费用,以每次 800 元为限,一次扣除不完的,准予在下一次继续扣除,直至扣完为止。

(三)确认财产租赁所得的纳税义务人,应以产权凭证为依据。无产权凭证的,由主管税务机关根据实际情况确定纳税义务人。

(四)产权所有人死亡,在未办理产权继承手续期间,该财产出租而有租金收入的,以领取租金的个人为纳税义务人。

七、关于如何确定转让债权财产原值的问题

转让债权,采用"加权平均法"确定其应予减除的财产原值和合理费用。即以纳税人购进的同一种类债券买入价和买进过程中交纳的税费总和,除以纳税人购进的该种类债券数量之和,乘以纳税人卖出的该种类债券数量,再加上卖出的该种类债券过程中交纳的税费。用公式表示为:

$$\text{一次卖出某一种类债券允许扣除的买入价和费用} = \frac{\text{纳税人购进的该种类债券买入价和买进过程中交纳的税费总和}}{\text{纳税人购进的该种类债券总数量}} \times \text{一次卖出的该种类债券的数量} + \text{卖出该种类债券过程中交纳的税费}$$

八、关于董事费的征税问题

个人由于担任董事职务所取得的董事费收入，属于劳务报酬所得性质，按照劳务报酬所得项目征收个人所得税。

九、关于个人取得不同项目劳务报酬所得的征税问题

条例第二十一条第一款第一项中所述的"同一项目"，是指劳务报酬所得列举具体劳务项目中的某一单项，个人兼有不同的劳务报酬所得，应当分别减除费用，计算缴纳个人所得税。

十、关于外籍纳税人在中国几地工作如何确定纳税地点的问题

（一）在几地工作或提供劳务的临时来华人员，应以税法所规定的申报纳税的日期为准，在某一地达到申报纳税的日期，即在该地申报纳税。但准予其提出申请，经批准后，也可固定在一地申报纳税。

（二）凡由在华企业或办事机构发放工资、薪金的外籍纳税人，由在华企业或办事机构集中向当地税务机关申报纳税。

十一、关于派发红股的征税问题

股份制企业在分配股息、红利时，以股票形式向股东个人支付应得的股息、红利（即派发红股），应以派发红股的股票票面金额为收入额，按利息、股息、红利项目计征个人所得税。

十二、关于运用速算扣除数法计算应纳税额的问题

为简便计算应纳个人所得税额，可对适用超额累进税率的工资、薪金所得，个体工商户的生产、经营所得，对企事业单位的承包经营、承租经营所得，以及适用加成征收税率的劳务报酬所得，运用速算扣除数法计算其应纳税额。应纳税额的计算公式为：

应纳税额＝应纳税所得额×适用税率－速算扣除数

适用超额累进税率的应税所得计算应纳税额的速算扣除数，详见附表一、二、三。

十三、关于纳税人一次取得属于数月的奖金或年终加薪、劳动分红的征税问题

纳税人一次取得属于数月的奖金或年终加薪、劳动分红，一般应将全部奖金或年终加薪、劳动分红同当月份的工资、薪金合并计征个人所得税。但对于合并计算后提高适用税率的，可采取以月份所属奖金或年终加薪、劳动分红加当月份工资、薪金，减去当月份费用扣除标准后的余额为基数确定适用税率，然后，将当月份工资、薪金加上全部奖金或年终加薪、劳动分红，减去当月份费用扣除标准后的余额，按适用税率计算征收个人所得税。对按上述方法计算无应纳税所得额的，免予征税。

十四、关于单位或个人为纳税义务人负担税款的计征办法问题

单位或个人为纳税义务人负担个人所得税税款，应将纳税义务人取得的不含税收入换算为应纳税所得额，计算征收个人所得税。计算公式如下：

1. 应纳税所得额＝（不含税收入额－费用扣除标准－速算扣除数）÷（1－税率）

2. 应纳税额＝应纳税所得额×适用税率－速算扣除数

公式1中的税率，是指不含税所得按不含税级距（详见所附税率表一、二、三）对应的税率；公式2中的税率，是指应纳税所得额按含税级距对应的税率。

十五、关于纳税人所得为外国货币如何办理退税和补税的问题

（一）纳税人所得为外国货币并已按照中国人民银行公布的外汇牌价以外国货币兑换成人民币缴纳税款后，如发生多缴税款需要办理退税，凡属于1993年12月31日以前取得应税所得的，可以将应退的人民币税款，按照缴纳税款时的外汇牌价（买入价，以下同）折合成外国货币，再将该外国货币数额按照填开退税凭证当日的外汇牌价折合成人民币退还税款；凡属于1994年1月1日以后取得应税所得的，应直接退还多缴的人民币税款。

（二）纳税人所得为外国货币的，发生少缴税款需要办理补税时，除依照税法规定汇算清缴以外的，应当按照填开补税凭证前一月最后一日的外汇牌价折合成人民币计算应纳税所得额补缴税款。

十六、关于在境内、境外分别取得工资、薪金所得，如何计征税款的问题

纳税义务人在境内、境外同时取得工资、薪金所得的，应根据条例第五条规定的原则，判断其境内、境外取得的所得是否来源于一国的所得。纳税义务人能够提供在境内、境外同时任职或者受雇及其工资、薪金标准的有

效证明文件,可判定其所得是来源于境内和境外所得,应按税法和条例的规定分别减除费用并计算纳税;不能提供上述证明文件的,应视为来源于一国的所得,如其任职或者受雇单位在中国境内,应为来源于中国境内的所得,如其任职或受雇单位在中国境外,应为来源于中国境外的所得。

十七、关于承包、承租期不足一年如何计征税款的问题

实行承包、承租经营的纳税义务人,应以每一纳税年度取得的承包、承租经营所得计算纳税,在一个纳税年度内,承包、承租经营不足十二个月的,以其实际承包、承租经营的月份数为一个纳税年度计算纳税。计算公式为:

应纳税所得额=该年度承包、承租经营收入额-(800×该年度实际承包、承租经营月份数)

应纳税额=应纳税所得额×适用税率-速算扣除数

十八、关于利息、股息、红利的扣缴义务人问题

利息、股息、红利所得实行源泉扣缴的征收方式,其扣缴义务人应是直接向纳税义务人支付利息、股息、红利的单位。

十九、关于工资、薪金所得与劳务报酬所得的区分问题

工资、薪金所得是属于非独立个人劳务活动,即在机关、团体、学校、部队、企事业单位及其他组织中任职、受雇而得到的报酬;劳务报酬所得则是个人独立从事各种技艺、提供各项劳务取得的报酬。两者的主要区别在于,前者存在雇佣与被雇佣关系,后者则不存在这种关系。

二十、以前规定与本规定抵触的,按本规定执行。

税率表(略)

财政部、税务总局关于境外所得有关个人所得税政策的公告

·2020 年 1 月 17 日
·财政部、税务总局公告 2020 年第 3 号

为贯彻落实《中华人民共和国个人所得税法》和《中华人民共和国个人所得税法实施条例》(以下称个人所得税法及其实施条例),现将境外所得有关个人所得税政策公告如下:

一、下列所得,为来源于中国境外的所得:

(一)因任职、受雇、履约等在中国境外提供劳务取得的所得;

(二)中国境外企业以及其他组织支付且负担的稿酬所得;

(三)许可各种特许权在中国境外使用而取得的所得;

(四)在中国境外从事生产、经营活动而取得的与生产、经营活动相关的所得;

(五)从中国境外企业、其他组织以及非居民个人取得的利息、股息、红利所得;

(六)将财产出租给承租人在中国境外使用而取得的所得;

(七)转让中国境外的不动产、转让对中国境外企业以及其他组织投资形成的股票、股权以及其他权益性资产(以下称权益性资产)或者在中国境外转让其他财产取得的所得。但转让对中国境外企业以及其他组织投资形成的权益性资产,该权益性资产被转让前三年(连续36 个公历月份)内的任一时间,被投资企业或其他组织的资产公允价值 50%以上直接或间接来自位于中国境内的不动产的,取得的所得为来源于中国境内的所得;

(八)中国境外企业、其他组织以及非居民个人支付且负担的偶然所得;

(九)财政部、税务总局另有规定的,按照相关规定执行。

二、居民个人应当依照个人所得税法及其实施条例规定,按照以下方法计算当期境内和境外所得应纳税额:

(一)居民个人来源于中国境外的综合所得,应当与境内综合所得合并计算应纳税额;

(二)居民个人来源于中国境外的经营所得,应当与境内经营所得合并计算应纳税额。居民个人来源于境外的经营所得,按照个人所得税法及其实施条例的有关规定计算的亏损,不得抵减其境内或他国(地区)的应纳税所得额,但可以用来源于同一国家(地区)以后年度的经营所得按中国税法规定弥补;

(三)居民个人来源于中国境外的利息、股息、红利所得,财产租赁所得,财产转让所得和偶然所得(以下称其他分类所得),不与境内所得合并,应当分别单独计算应纳税额。

三、居民个人在一个纳税年度内来源于中国境外的所得,依照所得来源国家(地区)税收法律规定在中国境外已缴纳的所得税税额允许在抵免限额内从其该纳税年度应纳税额中抵免。

居民个人来源于一国(地区)的综合所得、经营所得以及其他分类所得项目的应纳税额为其抵免限额,按照下列公式计算:

(一)来源于一国(地区)综合所得的抵免限额=中国境内和境外综合所得依照本公告第二条规定计算的综

合所得应纳税额×来源于该国（地区）的综合所得收入额÷中国境内和境外综合所得收入额合计

（二）来源于一国（地区）经营所得的抵免限额＝中国境内和境外经营所得依照本公告第二条规定计算的经营所得应纳税额×来源于该国（地区）的经营所得应纳税所得额÷中国境内和境外经营所得应纳税所得额合计

（三）来源于一国（地区）其他分类所得的抵免限额＝该国（地区）的其他分类所得依照本公告第二条规定计算的应纳税额

（四）来源于一国（地区）所得的抵免限额＝来源于该国（地区）综合所得抵免限额＋来源于该国（地区）经营所得抵免限额＋来源于该国（地区）其他分类所得抵免限额

四、可抵免的境外所得税税额，是指居民个人取得境外所得，依照该所得来源国（地区）税收法律应当缴纳且实际已经缴纳的所得税性质的税额。可抵免的境外所得税额不包括以下情形：

（一）按照境外所得税法律属于错缴或错征的境外所得税税额；

（二）按照我国政府签订的避免双重征税协定以及内地与香港、澳门签订的避免双重征税安排（以下统称税收协定）规定不应征收的境外所得税税额；

（三）因少缴或迟缴境外所得税而追加的利息、滞纳金或罚款；

（四）境外所得税纳税人或者其利害关系人从境外征税主体得到实际返还或补偿的境外所得税税款；

（五）按照我国个人所得税法及其实施条例规定，已经免税的境外所得负担的境外所得税税款。

五、居民个人从与我国签订税收协定的国家（地区）取得的所得，按照该国（地区）税收法律享受免税或减税待遇，且该免税或减税的数额按照税收协定饶让条款规定应视同已缴税额在中国的应纳税额中抵免的，该免税或减税数额可作为居民个人实际缴纳的境外所得税税额按规定申报税收抵免。

六、居民个人一个纳税年度内来源于一国（地区）的所得实际已经缴纳的所得税税额，低于依照本公告第三条规定计算出的来源于该国（地区）该纳税年度所得的抵免限额的，应以实际缴纳税额作为抵免额进行抵免；超过来源于该国（地区）该纳税年度所得的抵免限额的，应在限额内进行抵免，超过部分可以在以后五个纳税年度内结转抵免。

七、居民个人从中国境外取得所得的，应当在取得所得的次年3月1日至6月30日内申报纳税。

八、居民个人取得境外所得，应当向中国境内任职、受雇单位所在地主管税务机关办理纳税申报；在中国境内没有任职、受雇单位的，向户籍所在地或中国境内经常居住地主管税务机关办理纳税申报；户籍所在地与中国境内经常居住地不一致的，选择其中一地主管税务机关办理纳税申报；在中国境内没有户籍的，向中国境内经常居住地主管税务机关办理纳税申报。

九、居民个人取得境外所得的境外纳税年度与公历年度不一致的，取得境外所得的境外纳税年度最后一日所在的公历年度，为境外所得对应的我国纳税年度。

十、居民个人申报境外所得税收抵免时，除另有规定外，应当提供境外征税主体出具的税款所属年度的完税证明、税收缴款书或者纳税记录等纳税凭证，未提供符合要求的纳税凭证，不予抵免。

居民个人已申报境外所得、未进行税收抵免，在以后纳税年度取得纳税凭证并申报境外所得税收抵免的，可以追溯至该境外所得所属纳税年度进行抵免，但追溯年度不得超过五年。自取得该项境外所得的五个年度内，境外征税主体出具的税款所属纳税年度纳税凭证载明的实际缴纳税额发生变化的，按实际缴纳税额重新计算并办理补退税，不加收税收滞纳金，不退还利息。

纳税人确实无法提供纳税凭证的，可同时凭境外所得纳税申报表（或者境外征税主体确认的缴税通知书）以及对应的银行缴款凭证办理境外所得抵免事宜。

十一、居民个人被境内企业、单位、其他组织（以下称派出单位）派往境外工作，取得的工资薪金所得或者劳务报酬所得，由派出单位或者其他境内单位支付或负担的，派出单位或者其他境内单位应按照个人所得税法及其实施条例规定预扣预缴税款。

居民个人被派出单位派往境外工作，取得的工资薪金所得或者劳务报酬所得，由境外单位支付或负担的，如果境外单位为境外任职、受雇的中方机构（以下称中方机构）的，可以由境外任职、受雇的中方机构预扣税款，并委托派出单位向主管税务机关申报纳税。中方机构未预扣税款的或者境外单位不是中方机构的，派出单位应当于次年2月28日前向其主管税务机关报送外派人员情况，包括：外派人员的姓名、身份证件类型及身份证件号码、职务、派往国家和地区、境外工作单位名称和地址、派遣期限、境内外收入及缴税情况等。

中方机构包括中国境内企业、事业单位、其他经济组织以及国家机关所属的境外分支机构、子公司、使（领）馆、代表处等。

十二、居民个人取得来源于境外的所得或者实际已经在境外缴纳的所得税税额为人民币以外货币，应当按照《中华人民共和国个人所得税法实施条例》第三十二条折合计算。

十三、纳税人和扣缴义务人未按本公告规定申报缴纳、扣缴境外所得个人所得税以及报送资料的，按照《中华人民共和国税收征收管理法》和个人所得税法及其实施条例等有关规定处理，并按规定纳入个人纳税信用管理。

十四、本公告适用于2019年度及以后年度税收处理事宜。以前年度尚未抵免完毕的税额，可按本公告第六条规定处理。下列文件或文件条款同时废止：

1.《财政部、国家税务总局关于个人股票期权所得征收个人所得税问题的通知》（财税〔2005〕35号）第三条

2.《国家税务总局关于境外所得征收个人所得税若干问题的通知》（国税发〔1994〕44号）

3.《国家税务总局关于企业和个人的外币收入如何折合成人民币计算缴纳税款问题的通知》（国税发〔1995〕173号）

特此公告。

国家税务总局关于个人住房转让所得征收个人所得税有关问题的通知

- 2006年7月18日国税发〔2006〕108号公布
- 根据2018年6月15日《国家税务总局关于修改部分税收规范性文件的公告》修正

各省、自治区、直辖市和计划单列市地方税务局，河北、黑龙江、江苏、浙江、山东、安徽、福建、江西、河南、湖南、广东、广西、重庆、贵州、青海、宁夏、新疆、甘肃省（自治区、直辖市）财政厅（局），青岛、宁波、厦门市财政局：

《中华人民共和国个人所得税法》及其实施条例规定，个人转让住房，以其转让收入额减除财产原值和合理费用后的余额为应纳税所得额，按照"财产转让所得"项目缴纳个人所得税。之后，根据我国经济形势发展需要，《财政部、国家税务总局、建设部关于个人出售住房所得征收个人所得税有关问题的通知》（财税字〔1999〕278号）对个人转让住房的个人所得税应纳税所得额计算和换购住房的个人所得税有关问题做了具体规定。目前，在征收个人转让住房的个人所得税中，各地又反映出一些需要进一步明确的问题。为完善制度，加强征管，根据个人所得税法和税收征收管理法的有关规定精神，现就有关问题通知如下：

一、对住房转让所得征收个人所得税时，以实际成交价格为转让收入。纳税人申报的住房成交价格明显低于市场价格且无正当理由的，征收机关依法有权根据有关信息核定其转让收入，但必须保证各税种计税价格一致。

二、对转让住房收入计算个人所得税应纳税所得额时，纳税人可凭原购房合同、发票等有效凭证，经税务机关审核后，允许从其转让收入中减除房屋原值、转让住房过程中缴纳的税金及有关合理费用。

（一）房屋原值具体为：

1. 商品房：购置该房屋时实际支付的房价款及交纳的相关税费。

2. 自建住房：实际发生的建造费用及建造和取得产权时实际交纳的相关税费。

3. 经济适用房（含集资合作建房、安居工程住房）：原购房人实际支付的房价款及相关税费，以及按规定交纳的土地出让金。

4. 已购公有住房：原购公有住房标准面积按当地经济适用房价格计算的房价款，加上原购公有住房超标准面积实际支付的房价款以及按规定向财政部门（或原产权单位）交纳的所得收益及相关税费。

已购公有住房是指城镇职工根据国家和县级（含县级）以上人民政府有关城镇住房制度改革政策规定，按照成本价（或标准价）购买的公有住房。

经济适用房价格按县级（含县级）以上地方人民政府规定的标准确定。

5. 城镇拆迁安置住房：根据《城市房屋拆迁管理条例》（国务院令第305号）和《建设部关于印发〈城市房屋拆迁估价指导意见〉的通知》（建住房〔2003〕234号）等有关规定，其原值分别为：

（1）房屋拆迁取得货币补偿后购置房屋的，为购置该房屋实际支付的房价款及交纳的相关税费；

（2）房屋拆迁采取产权调换方式的，所调换房屋原值为《房屋拆迁补偿安置协议》注明的价款及交纳的相关税费；

（3）房屋拆迁采取产权调换方式，被拆迁人除取得所调换房屋，又取得部分货币补偿的，所调换房屋原值为《房屋拆迁补偿安置协议》注明的价款和交纳的相关税费，减去货币补偿后的余额；

（4）房屋拆迁采取产权调换方式，被拆迁人取得所调换房屋，又支付部分货币的，所调换房屋原值为《房屋拆迁补偿安置协议》注明的价款，加上所支付的货币及交纳的相关税费。

（二）转让住房过程中缴纳的税金是指：纳税人在转让住房时实际缴纳的营业税、城市维护建设税、教育费附加、土地增值税、印花税等税金。

（三）合理费用是指：纳税人按照规定实际支付的住房装修费用、住房贷款利息、手续费、公证费等费用。

1. 支付的住房装修费用。纳税人能提供实际支付装修费用的税务统一发票，并且发票上所列付款人姓名与转让房屋产权人一致的，经税务机关审核，其转让的住房在转让前实际发生的装修费用，可在以下规定比例内扣除：

（1）已购公有住房、经济适用房：最高扣除限额为房屋原值的15%；

（2）商品房及其他住房：最高扣除限额为房屋原值的10%。

纳税人原购房为装修房，即合同注明房价款中含有装修费（铺装了地板，装配了洁具、厨具等）的，不得再重复扣除装修费用。

2. 支付的住房贷款利息。纳税人出售以按揭贷款方式购置的住房的，其向贷款银行实际支付的住房贷款利息，凭贷款银行出具的有效证明据实扣除。

3. 纳税人按照有关规定实际支付的手续费、公证费等，凭有关部门出具的有效证明据实扣除。

本条规定自2006年8月1日起执行。

三、纳税人未提供完整、准确的房屋原值凭证，不能正确计算房屋原值和应纳税额的，税务机关可根据《中华人民共和国税收征收管理法》第三十五条的规定，对其实行核定征税，即按纳税人住房转让收入的一定比例核定应纳个人所得税额。具体比例由省税务局或者省税务局授权的市税务局根据纳税人出售住房的所处区域、地理位置、建造时间、房屋类型、住房平均价格水平等因素，在住房转让收入1%－3%的幅度内确定。

四、各级税务机关要严格执行《国家税务总局关于进一步加强房地产税收管理的通知》（国税发〔2005〕82号）和《国家税务总局关于实施房地产税收一体化管理若干具体问题的通知》（国税发〔2005〕156号）的规定。为方便出售住房的个人依法履行纳税义务，加强税收征管，主管税务机关要在房地产交易场所设置税收征收窗口，个人转让住房应缴纳的个人所得税，应与转让环节应缴纳的营业税、契税、土地增值税等税收一并办理；税务机关暂没有条件在房地产交易场所设置税收征收窗口的，应委托契税征收部门一并征收个人所得税等税收。

五、各级税务机关要认真落实有关住房转让个人所得税优惠政策。按照《财政部、国家税务总局、建设部关于个人出售住房所得征收个人所得税有关问题的通知》（财税字〔1999〕278号）的规定，对出售自有住房并拟在现住房出售1年内按市场价重新购房的纳税人，其出售现住房所缴纳的个人所得税，先以纳税保证金形式缴纳，再视其重新购房的金额与原住房销售额的关系，全部或部分退还纳税保证金；对个人转让自用5年以上，并且是家庭唯一生活用房取得的所得，免征个人所得税。要不折不扣地执行上述优惠政策，确保维护纳税人的合法权益。

六、各级税务机关要做好住房转让的个人所得税纳税保证金收取、退还和有关管理工作。要按照《财政部、国家税务总局、建设部关于个人出售住房所得征收个人所得税有关问题的通知》（财税字〔1999〕278号）和《国家税务总局、财政部、中国人民银行关于印发〈税务代保管资金账户管理办法〉的通知》（国税发〔2005〕181号）要求，按规定建立个人所得税纳税保证金专户，为缴纳纳税保证金的纳税人建立档案，加强对纳税保证金信息的采集、比对、审核；向纳税人宣传解释纳税保证金的征收、退还政策及程序；认真做好纳税保证金退还事宜，符合条件的确保及时办理。

七、各级税务机关要认真宣传和落实有关税收政策，维护纳税人的各项合法权益。一是要持续、广泛地宣传个人所得税法及有关税收政策，加强对纳税人和征收人员如何缴纳住房交易所得个人所得税的纳税辅导；二是要加强与房地产管理部门、中介机构的协调、沟通，充分发挥中介机构协税护税作用，促使其协助纳税人准确计算税款；三是严格执行住房交易所得的减免税条件和审批程序，明确纳税人应报送的有关资料，做好涉税资料审查鉴定工作；四是对于符合减免税政策的个人住房交易所得，要及时办理减免税审批手续。

国家税务总局关于加强和规范个人取得拍卖收入征收个人所得税有关问题的通知

· 2007年4月4日
· 国税发〔2007〕38号

各省、自治区、直辖市和计划单列市地方税务局，宁夏、西藏自治区国家税务局：

据部分地区反映，对于个人通过拍卖市场拍卖各种财产（包括字画、瓷器、玉器、珠宝、邮品、钱币、古籍、古董等物品）的所得征收个人所得税有关规定不够细化，为增强可操作性，需进一步完善规范。为此，根据《中华人民共和国个人所得税法》及其实施条例和《中华人民共和

国税收征收管理法》及其实施细则规定,现通知如下:

一、个人通过拍卖市场拍卖个人财产,对其取得所得按以下规定征税:

(一)根据《国家税务总局关于印发〈征收个人所得税若干问题的规定〉的通知》(国税发〔1994〕089号),作者将自己的文字作品手稿原件或复印件拍卖取得的所得,以其转让收入额减除800元(转让收入额4000元以下)或者20%(转让收入额4000元以上)后的余额为应纳税所得额,按照"特许权使用费"所得项目适用20%税率缴纳个人所得税。

(二)个人拍卖除文字作品原稿及复印件外的其他财产,应以其转让收入额减除财产原值和合理费用后的余额为应纳税所得额,按照"财产转让所得"项目适用20%税率缴纳个人所得税。

二、对个人财产拍卖所得征收个人所得税时,以该项财产最终拍卖成交价格为其转让收入额。

三、个人财产拍卖所得适用"财产转让所得"项目计算应纳税所得额时,纳税人凭合法有效凭证(税务机关监制的正式发票、相关境外交易单据或海关报关单据、完税证明等),从其转让收入额中减除相应的财产原值、拍卖财产过程中缴纳的税金及有关合理费用。

(一)财产原值,是指售出方个人取得该拍卖品的价格(以合法有效凭证为准)。具体为:

1. 通过商店、画廊等途径购买的,为购买该拍卖品时实际支付的价款;

2. 通过拍卖行拍得的,为拍得该拍卖品实际支付的价款及交纳的相关税费;

3. 通过祖传收藏的,为其收藏该拍卖品而发生的费用;

4. 通过赠送取得的,为其受赠该拍卖品时发生的相关税费;

5. 通过其他形式取得的,参照以上原则确定财产原值。

(二)拍卖财产过程中缴纳的税金,是指在拍卖财产时纳税人实际缴纳的相关税金及附加。

(三)有关合理费用,是指拍卖财产时纳税人按照规定实际支付的拍卖费(佣金)、鉴定费、评估费、图录费、证书费等费用。

四、纳税人如不能提供合法、完整、准确的财产原值凭证,不能正确计算财产原值的,按转让收入额的3%征收率计算缴纳个人所得税;拍卖品为经文物部门认定是海外回流文物的,按转让收入额的2%征收率计算缴纳个人所得税。

五、纳税人的财产原值凭证内容填写不规范,或者一份财产原值凭证包括多件拍卖品且无法确认每件拍卖品一一对应的原值的,不得将其作为扣除财产原值的计算依据,应视为不能提供合法、完整、准确的财产原值凭证,并按上述规定的征收率计算缴纳个人所得税。

六、纳税人能够提供合法、完整、准确的财产原值凭证,但不能提供有关税费凭证的,不得按征收率计算纳税,应当就财产原值凭证上注明的金额据实扣除,并按照税法规定计算缴纳个人所得税。

七、个人财产拍卖所得应纳的个人所得税税款,由拍卖单位负责代扣代缴,并按规定向拍卖单位所在地主管税务机关办理纳税申报。

八、拍卖单位代扣代缴个人财产拍卖所得应纳的个人所得税款时,应给纳税人填开完税凭证,并详细标明每件拍卖品的名称、拍卖成交价格、扣缴税款额。

九、主管税务机关应加强对个人财产拍卖所得的税收征管工作,在拍卖单位举行拍卖活动期间派工作人员进入拍卖现场,了解拍卖的有关情况,宣传辅导有关税收政策,审核鉴定原值凭证和费用凭证,督促拍卖单位依法代扣代缴个人所得税。

十、本通知自5月1日起执行。《国家税务总局关于书画作品、古玩等拍卖收入征收个人所得税有关问题的通知》(国税发〔1997〕154号)同时废止。

财政部、国家税务总局关于个人无偿受赠房屋有关个人所得税问题的通知[①]

· 2009年5月25日
· 财税〔2009〕78号

各省、自治区、直辖市、计划单列市财政厅(局)、地方税务局,宁夏、西藏、青海省(自治区)国家税务局,新疆生产建设兵团财务局:

为了加强个人所得税征管,堵塞税收漏洞,根据《中华人民共和国个人所得税法》有关规定,现就个人无偿受赠房屋有关个人所得税问题通知如下:

一、以下情形的房屋产权无偿赠与,对当事双方不征

---

① 本通知第三条已被《财政部、税务总局关于个人取得有关收入适用个人所得税应税所得项目的公告》废止。

收个人所得税:

（一）房屋产权所有人将房屋产权无偿赠与配偶、父母、子女、祖父母、外祖父母、孙子女、外孙子女、兄弟姐妹；

（二）房屋产权所有人将房屋产权无偿赠与对其承担直接抚养或者赡养义务的抚养人或者赡养人；

（三）房屋产权所有人死亡，依法取得房屋产权的法定继承人、遗嘱继承人或者受遗赠人。

二、赠与双方办理免税手续时，应向税务机关提交以下资料：

（一）《国家税务总局关于加强房地产交易个人无偿赠与不动产税收管理有关问题的通知》（国税发〔2006〕144号）第一条规定的相关证明材料；

（二）赠与双方当事人的有效身份证件；

（三）属于本通知第一条第（一）项规定情形的，还须提供公证机构出具的赠与人和受赠人亲属关系的公证书（原件）。

（四）属于本通知第一条第（二）项规定情形的，还须提供公证机构出具的抚养关系或者赡养关系公证书（原件），或者乡镇政府或街道办事处出具的抚养关系或者赡养关系证明。

税务机关应当认真审核赠与双方提供的上述资料，资料齐全并且填写正确的，在提交的《个人无偿赠与不动产登记表》上签字盖章后复印留存，原件退还提交人，同时办理个人所得税不征收手续。

三、除本通知第一条规定情形以外，房屋产权所有人将房屋产权无偿赠与他人的，受赠人因无偿受赠房屋取得的受赠所得，按照"经国务院财政部门确定征税的其他所得"项目缴纳个人所得税，税率为20%。

四、对受赠人无偿受赠房屋计征个人所得税时，其应纳税所得额为房地产赠与合同上标明的赠与房屋价值减除赠与过程中受赠人支付的相关税费后的余额。赠与合同标明的房屋价值明显低于市场价格或房地产赠与合同未标明赠与房屋价值的，税务机关可依据受赠房屋的市场评估价格或采取其他合理方式确定受赠人的应纳税所得额。

五、受赠人转让受赠房屋的，以其转让受赠房屋的收入减除原捐赠人取得该房屋的实际购置成本以及赠与和转让过程中受赠人支付的相关税费后的余额，为受赠人的应纳税所得额，依法计征个人所得税。受赠人转让受赠房屋价格明显偏低且无正当理由的，税务机关可以依据该房屋的市场评估价格或其他合理方式确定其转让收入。

六、本通知自发布之日起执行。

股权转让所得个人所得税管理办法（试行）

· 2014年12月7日国家税务总局公告2014年第67号公布
· 根据2018年6月15日《国家税务总局关于修改部分税收规范性文件的公告》修正

第一章 总 则

第一条 为加强股权转让所得个人所得税征收管理，规范税务机关、纳税人和扣缴义务人征纳行为，维护纳税人合法权益，根据《中华人民共和国个人所得税法》及其实施条例、《中华人民共和国税收征收管理法》及其实施细则，制定本办法。

第二条 本办法所称股权是指自然人股东（以下简称个人）投资于在中国境内成立的企业或组织（以下统称被投资企业，不包括个人独资企业和合伙企业）的股权或股份。

第三条 本办法所称股权转让是指个人将股权转让给其他个人或法人的行为，包括以下情形：

（一）出售股权；

（二）公司回购股权；

（三）发行人首次公开发行新股时，被投资企业股东将其持有的股份以公开发行方式一并向投资者发售；

（四）股权被司法或行政机关强制过户；

（五）以股权对外投资或进行其他非货币性交易；

（六）以股权抵偿债务；

（七）其他股权转移行为。

第四条 个人转让股权，以股权转让收入减除股权原值和合理费用后的余额为应纳税所得额，按"财产转让所得"缴纳个人所得税。

合理费用是指股权转让时按照规定支付的有关税费。

第五条 个人股权转让所得个人所得，以股权转让方为纳税人，以受让方为扣缴义务人。

第六条 扣缴义务人应于股权转让相关协议签订后5个工作日内，将股权转让的有关情况报告主管税务机关。

被投资企业应当详细记录股东持有本企业股权的相关成本，如实向税务机关提供与股权转让有关的信息，协助税务机关依法执行公务。

第二章 股权转让收入的确认

第七条 股权转让收入是指转让方因股权转让而获得的现金、实物、有价证券和其他形式的经济利益。

第八条 转让方取得与股权转让相关的各种款项，包括违约金、补偿金以及其他名目的款项、资产、权益等，均应当并入股权转让收入。

第九条 纳税人按照合同约定，在满足约定条件后取得的后续收入，应当作为股权转让收入。

第十条 股权转让收入应当按照公平交易原则确定。

第十一条 符合下列情形之一的，主管税务机关可以核定股权转让收入：

（一）申报的股权转让收入明显偏低且无正当理由的；

（二）未按照规定期限办理纳税申报，经税务机关责令限期申报，逾期仍不申报的；

（三）转让方无法提供或拒不提供股权转让收入的有关资料；

（四）其他应核定股权转让收入的情形。

第十二条 符合下列情形之一，视为股权转让收入明显偏低：

（一）申报的股权转让收入低于股权对应的净资产份额的。其中，被投资企业拥有土地使用权、房屋、房地产企业未销售房产、知识产权、探矿权、采矿权、股权等资产的，申报的股权转让收入低于股权对应的净资产公允价值份额的；

（二）申报的股权转让收入低于初始投资成本或低于取得该股权所支付的价款及相关税费的；

（三）申报的股权转让收入低于相同或类似条件下同一企业同一股东或其他股东股权转让收入的；

（四）申报的股权转让收入低于相同或类似条件下同类行业的企业股权转让收入的；

（五）不具合理性的无偿让渡股权或股份；

（六）主管税务机关认定的其他情形。

第十三条 符合下列条件之一的股权转让收入明显偏低，视为有正当理由：

（一）能出具有效文件，证明被投资企业因国家政策调整，生产经营受到重大影响，导致低价转让股权；

（二）继承或将股权转让给其能提供具有法律效力身份关系证明的配偶、父母、子女、祖父母、外祖父母、孙子女、外孙子女、兄弟姐妹以及对转让人承担直接抚养或者赡养义务的抚养人或者赡养人；

（三）相关法律、政府文件或企业章程规定，并有相关资料充分证明转让价格合理且真实的本企业员工持有的不能对外转让股权的内部转让；

（四）股权转让双方能够提供有效证据证明其合理性的其他合理情形。

第十四条 主管税务机关应依次按照下列方法核定股权转让收入：

（一）净资产核定法

股权转让收入按照每股净资产或股权对应的净资产份额核定。

被投资企业的土地使用权、房屋、房地产企业未销售房产、知识产权、探矿权、采矿权、股权等资产占企业总资产比例超过20%的，主管税务机关可参照纳税人提供的具有法定资质的中介机构出具的资产评估报告核定股权转让收入。

6个月内再次发生股权转让且被投资企业净资产未发生重大变化的，主管税务机关可参照上一次股权转让时被投资企业的资产评估报告核定此次股权转让收入。

（二）类比法

1. 参照相同或类似条件下同一企业同一股东或其他股东股权转让收入核定；

2. 参照相同或类似条件下同类行业企业股权转让收入核定。

（三）其他合理方法

主管税务机关采用以上方法核定股权转让收入存在困难的，可以采取其他合理方法核定。

第三章 股权原值的确认

第十五条 个人转让股权的原值依照以下方法确认：

（一）以现金出资方式取得的股权，按照实际支付的价款与取得股权直接相关的合理税费之和确认股权原值；

（二）以非货币性资产出资方式取得的股权，按照税务机关认可或核定的投资入股时非货币性资产价格与取得股权直接相关的合理税费之和确认股权原值；

（三）通过无偿让渡方式取得股权，具备本办法第十三条第二项所列情形的，按取得股权发生的合理税费与原持有人的股权原值之和确认股权原值；

（四）被投资企业以资本公积、盈余公积、未分配利润转增股本，个人股东已依法缴纳个人所得税的，以转增额和相关税费之和确认其新转增股本的股权原值；

（五）除以上情形外，由主管税务机关按照避免重复征收个人所得税的原则合理确认股权原值。

第十六条 股权转让人已被主管税务机关核定股权转让收入并依法征收个人所得税的，该股权受让人的股权原值以取得股权时发生的合理税费与股权转让人被主管税务机关核定的股权转让收入之和确认。

第十七条 个人转让股权未提供完整、准确的股权原值凭证，不能正确计算股权原值的，由主管税务机关核定其股权原值。

第十八条 对个人多次取得同一被投资企业股权的，转让部分股权时，采用"加权平均法"确定其股权原值。

第四章 纳税申报

第十九条 个人股权转让所得个人所得税以被投资企业所在地税务机关为主管税务机关。

第二十条 具有下列情形之一的，扣缴义务人、纳税人应当依法在次月15日内向主管税务机关申报纳税：

（一）受让方已支付或部分支付股权转让价款的；

（二）股权转让协议已签订生效的；

（三）受让方已经实际履行股东职责或者享受股东权益的；

（四）国家有关部门判决、登记或公告生效的；

（五）本办法第三条第四至第七项行为已完成的；

（六）税务机关认定的其他有证据表明股权已发生转移的情形。

第二十一条 纳税人、扣缴义务人向主管税务机关办理股权转让纳税（扣缴）申报时，还应当报送以下资料：

（一）股权转让合同（协议）；

（二）股权转让双方身份证明；

（三）按规定需要进行资产评估的，需提供具有法定资质的中介机构出具的净资产或土地房产等资产价值评估报告；

（四）计税依据明显偏低但有正当理由的证明材料；

（五）主管税务机关要求报送的其他材料。

第二十二条 被投资企业应当在董事会或股东会结束后5个工作日内，向主管税务机关报送与股权变动事项相关的董事会或股东会决议、会议纪要等资料。

被投资企业发生个人股东变动或者个人股东所持股权变动的，应当在次月15日内向主管税务机关报送含有股东变动信息的《个人所得税基础信息表（A表）》及股东变更情况说明。

主管税务机关应当及时向被投资企业核实其股权变动情况，并确认相关转让所得，及时督促扣缴义务人和纳税人履行法定义务。

第二十三条 转让的股权以人民币以外的货币结算的，按照结算当日人民币汇率中间价，折算成人民币计算应纳税所得额。

第五章 征收管理

第二十四条 税务机关应加强与工商部门合作，落实和完善股权信息交换制度，积极开展股权转让信息共享工作。

第二十五条 税务机关应当建立股权转让个人所得税电子台账，将个人股东的相关信息录入征管信息系统，强化对每次股权转让间股权转让收入和股权原值的逻辑审核，对股权转让实施链条式动态管理。

第二十六条 税务机关应当加强对股权转让所得个人所得税的日常管理和税务检查，积极推进股权转让各税种协同管理。

第二十七条 纳税人、扣缴义务人及被投资企业未按照规定期限办理纳税（扣缴）申报和报送相关资料的，依照《中华人民共和国税收征收管理法》及其实施细则有关规定处理。

第二十八条 各地可通过政府购买服务的方式，引入中介机构参与股权转让过程中相关资产的评估工作。

第六章 附 则

第二十九条 个人在上海证券交易所、深圳证券交易所转让从上市公司公开发行和转让市场取得的上市公司股票，转让限售股，以及其他有特别规定的股权转让，不适用本办法。

第三十条 各省、自治区、直辖市和计划单列市税务局可以根据本办法，结合本地实际，制定具体实施办法。

第三十一条 本办法自2015年1月1日起施行。《国家税务总局关于加强股权转让所得征收个人所得税管理的通知》（国税函〔2009〕285号）、《国家税务总局关于股权转让个人所得税计税依据核定问题的公告》（国家税务总局公告2010年第27号）同时废止。

财政部、国家税务总局、证监会关于上市公司股息红利差别化个人所得税政策有关问题的通知[①]

- 2015年9月7日
- 财税〔2015〕101号

各省、自治区、直辖市、计划单列市财政厅（局）、国家税务局、地方税务局，新疆生产建设兵团财务局，上海、深圳

---

① 本通知第四条已被《财政部、税务总局、证监会关于继续实施全国中小企业股份转让系统挂牌公司股息红利差别化个人所得税政策的公告》废止。

证券交易所、全国中小企业股份转让系统有限责任公司、中国证券登记结算公司：

经国务院批准，现就上市公司股息红利差别化个人所得税政策等有关问题通知如下：

一、个人从公开发行和转让市场取得的上市公司股票，持股期限超过1年的，股息红利所得暂免征收个人所得税。

个人从公开发行和转让市场取得的上市公司股票，持股期限在1个月以内（含1个月）的，其股息红利所得全额计入应纳税所得额；持股期限在1个月以上至1年（含1年）的，暂减按50%计入应纳税所得额；上述所得统一适用20%的税率计征个人所得税。

二、上市公司派发股息红利时，对个人持股1年以内（含1年）的，上市公司暂不扣缴个人所得税；待个人转让股票时，证券登记结算公司根据其持股期限计算应纳税额，由证券公司等股份托管机构从个人资金账户中扣收并划付证券登记结算公司，证券登记结算公司应于次月5个工作日内划付上市公司，上市公司在收到税款当月的法定申报期内向主管税务机关申报缴纳。

三、上市公司股息红利差别化个人所得税政策其他有关操作事项，按照《财政部、国家税务总局、证监会关于实施上市公司股息红利差别化个人所得税政策有关问题的通知》（财税〔2012〕85号）的相关规定执行。

四、全国中小企业股份转让系统挂牌公司股息红利差别化个人所得税政策，按照本通知规定执行。其他有关操作事项，按照《财政部国家税务总局 证监会关于实施全国中小企业股份转让系统挂牌公司股息红利差别化个人所得税政策有关问题的通知》（财税〔2014〕48号）的相关规定执行。

五、本通知自2015年9月8日起施行。

上市公司派发股息红利，股权登记日在2015年9月8日之后的，股息红利所得按照本通知的规定执行。本通知实施之日个人投资者证券账户已持有的上市公司股票，其持股时间自取得之日起计算。

财政部、税务总局关于权益性投资经营所得个人所得税征收管理的公告

- 2021年12月30日
- 财政部、税务总局公告2021年第41号

为贯彻落实中央办公厅、国务院办公厅《关于进一步深化税收征管改革的意见》有关要求，深化"放管服"改革，现就权益性投资经营所得个人所得税征收管理有关问题公告如下：

一、持有股权、股票、合伙企业财产份额等权益性投资的个人独资企业、合伙企业（以下简称独资合伙企业），一律适用查账征收方式计征个人所得税。

二、独资合伙企业应自持有上述权益性投资之日起30日内，主动向税务机关报送持有权益性投资的情况；公告实施前独资合伙企业已持有权益性投资的，应当在2022年1月30日前向税务机关报送持有权益性投资的情况。税务机关接到核定征收独资合伙企业报送持有权益性投资情况的，调整其征收方式为查账征收。

三、各级财政、税务部门应做好服务辅导工作，积极引导独资合伙企业建立健全账簿、完善会计核算和财务管理制度、如实申报纳税。独资合伙企业未如实报送持有权益性投资情况的，依据税收征收管理法相关规定处理。

四、本公告自2022年1月1日起施行。

特此公告。

个体工商户个人所得税计税办法

- 2014年12月27日国家税务总局令第35号公布
- 根据2018年6月15日《国家税务总局关于修改部分税务部门规章的决定》修正

第一章 总 则

第一条 为了规范和加强个体工商户个人所得税征收管理，根据个人所得税法等有关税收法律、法规和政策规定，制定本办法。

第二条 实行查账征收的个体工商户应当按照本办法的规定，计算并申报缴纳个人所得税。

第三条 本办法所称个体工商户包括：

（一）依法取得个体工商户营业执照，从事生产经营的个体工商户；

（二）经政府有关部门批准，从事办学、医疗、咨询等有偿服务活动的个人；

（三）其他从事个体生产、经营的个人。

第四条 个体工商户以业主为个人所得税纳税义务人。

第五条 个体工商户应纳税所得额的计算，以权责发生制为原则，属于当期的收入和费用，不论款项是否收付，均作为当期的收入和费用；不属于当期的收入和费用，即使款项已经在当期收付，均不作为当期收入和费

用。本办法和财政部、国家税务总局另有规定的除外。

第六条 在计算应纳税所得额时，个体工商户会计处理办法与本办法和财政部、国家税务总局相关规定不一致的，应当依照本办法和财政部、国家税务总局的相关规定计算。

第二章 计税基本规定

第七条 个体工商户的生产、经营所得，以每一纳税年度的收入总额，减除成本、费用、税金、损失、其他支出以及允许弥补的以前年度亏损后的余额，为应纳税所得额。

第八条 个体工商户从事生产经营以及与生产经营有关的活动（以下简称生产经营）取得的货币形式和非货币形式的各项收入，为收入总额。包括：销售货物收入、提供劳务收入、转让财产收入、利息收入、租金收入、接受捐赠收入、其他收入。

前款所称其他收入包括个体工商户资产溢余收入、逾期一年以上的未退包装物押金收入、确实无法偿付的应付款项、已作坏账损失处理后又收回的应收款项、债务重组收入、补贴收入、违约金收入、汇兑收益等。

第九条 成本是指个体工商户在生产经营活动中发生的销售成本、销货成本、业务支出以及其他耗费。

第十条 费用是指个体工商户在生产经营活动中发生的销售费用、管理费用和财务费用，已经计入成本的有关费用除外。

第十一条 税金是指个体工商户在生产经营活动中发生的除个人所得税和允许抵扣的增值税以外的各项税金及其附加。

第十二条 损失是指个体工商户在生产经营活动中发生的固定资产和存货的盘亏、毁损、报废损失，转让财产损失，坏账损失，自然灾害等不可抗力因素造成的损失以及其他损失。

个体工商户发生的损失，减除责任人赔偿和保险赔款后的余额，参照财政部、国家税务总局有关企业资产损失税前扣除的规定扣除。

个体工商户已经作为损失处理的资产，在以后纳税年度又全部收回或者部分收回时，应当计入收回当期的收入。

第十三条 其他支出是指除成本、费用、税金、损失外，个体工商户在生产经营活动中发生的与生产经营活动有关的、合理的支出。

第十四条 个体工商户发生的支出应当区分收益性支出和资本性支出。收益性支出在发生当期直接扣除；资本性支出应当分期扣除或者计入有关资产成本，不得在发生当期直接扣除。

前款所称支出，是指与取得收入直接相关的支出。

除税收法律法规另有规定外，个体工商户实际发生的成本、费用、税金、损失和其他支出，不得重复扣除。

第十五条 个体工商户下列支出不得扣除：

（一）个人所得税税款；

（二）税收滞纳金；

（三）罚金、罚款和被没收财物的损失；

（四）不符合扣除规定的捐赠支出；

（五）赞助支出；

（六）用于个人和家庭的支出；

（七）与取得生产经营收入无关的其他支出；

（八）国家税务总局规定不准扣除的支出。

第十六条 个体工商户生产经营活动中，应当分别核算生产经营费用和个人、家庭费用。对于生产经营与个人、家庭生活混用难以分清的费用，其40%视为与生产经营有关费用，准予扣除。

第十七条 个体工商户纳税年度发生的亏损，准予向以后年度结转，用以后年度的生产经营所得弥补，但结转年限最长不得超过五年。

第十八条 个体工商户使用或者销售存货，按照规定计算的存货成本，准予在计算应纳税所得额时扣除。

第十九条 个体工商户转让资产，该项资产的净值，准予在计算应纳税所得额时扣除。

第二十条 本办法所称亏损，是指个体工商户依照本办法规定计算的应纳税所得额小于零的数额。

第三章 扣除项目及标准

第二十一条 个体工商户实际支付给从业人员的、合理的工资薪金支出，准予扣除。

个体工商户业主的费用扣除标准，依照相关法律、法规和政策规定执行。

个体工商户业主的工资薪金支出不得税前扣除。

第二十二条 个体工商户按照国务院有关主管部门或者省级人民政府规定的范围和标准为其业主和从业人员缴纳的基本养老保险费、基本医疗保险费、失业保险费、生育保险费、工伤保险费和住房公积金，准予扣除。

个体工商户为从业人员缴纳的补充养老保险费、补充医疗保险费，分别在不超过从业人员工资总额5%标准内的部分据实扣除；超过部分，不得扣除。

个体工商户业主本人缴纳的补充养老保险费、补充医疗保险费，以当地（地级市）上年度社会平均工资的3倍为计算基数，分别在不超过该计算基数5%标准内的部分据实扣除；超过部分，不得扣除。

第二十三条　除个体工商户依照国家有关规定为特殊工种从业人员支付的人身安全保险费和财政部、国家税务总局规定可以扣除的其他商业保险费外，个体工商户业主本人或者为从业人员支付的商业保险费，不得扣除。

第二十四条　个体工商户在生产经营活动中发生的合理的不需要资本化的借款费用，准予扣除。

个体工商户为购置、建造固定资产、无形资产和经过12个月以上的建造才能达到预定可销售状态的存货发生借款的，在有关资产购置、建造期间发生的合理的借款费用，应当作为资本性支出计入有关资产的成本，并依照本办法的规定扣除。

第二十五条　个体工商户在生产经营活动中发生的下列利息支出，准予扣除：

（一）向金融企业借款的利息支出；

（二）向非金融企业和个人借款的利息支出，不超过按照金融企业同期同类贷款利率计算的数额的部分。

第二十六条　个体工商户在货币交易中，以及纳税年度终了时将人民币以外的货币性资产、负债按照期末即期人民币汇率中间价折算为人民币时产生的汇兑损失，除已经计入有关资产成本部分外，准予扣除。

第二十七条　个体工商户向当地工会组织拨缴的工会经费、实际发生的职工福利费支出、职工教育经费支出分别在工资薪金总额的2%、14%、2.5%的标准内据实扣除。

工资薪金总额是指允许在当期税前扣除的工资薪金支出数额。

职工教育经费的实际发生数额超出规定比例当期不能扣除的数额，准予在以后纳税年度结转扣除。

个体工商户业主本人向当地工会组织缴纳的工会经费、实际发生的职工福利费支出、职工教育经费支出，以当地（地级市）上年度社会平均工资的3倍为计算基数，在本条第一款规定比例内据实扣除。

第二十八条　个体工商户发生的与生产经营活动有关的业务招待费，按照实际发生额的60%扣除，但最高不得超过当年销售（营业）收入的5‰。

业主自申请营业执照之日起至开始生产经营之日止所发生的业务招待费，按照实际发生额的60%计入个体工商户的开办费。

第二十九条　个体工商户每一纳税年度发生的与其生产经营活动直接相关的广告费和业务宣传费不超过当年销售（营业）收入15%的部分，可以据实扣除；超过部分，准予在以后纳税年度结转扣除。

第三十条　个体工商户代其从业人员或者他人负担的税款，不得税前扣除。

第三十一条　个体工商户按照规定缴纳的摊位费、行政性收费、协会会费等，按实际发生数额扣除。

第三十二条　个体工商户根据生产经营活动的需要租入固定资产支付的租赁费，按照以下方法扣除：

（一）以经营租赁方式租入固定资产发生的租赁费支出，按照租赁期限均匀扣除；

（二）以融资租赁方式租入固定资产发生的租赁费支出，按照规定构成融资租入固定资产价值的部分应当提取折旧费用，分期扣除。

第三十三条　个体工商户参加财产保险，按照规定缴纳的保险费，准予扣除。

第三十四条　个体工商户发生的合理的劳动保护支出，准予扣除。

第三十五条　个体工商户自申请营业执照之日起至开始生产经营之日止所发生符合本办法规定的费用，除为取得固定资产、无形资产的支出，以及应计入资产价值的汇兑损益、利息支出外，作为开办费，个体工商户可以选择在开始生产经营的当年一次性扣除，也可自生产经营月份起在不短于3年期限内摊销扣除，但一经选定，不得改变。

开始生产经营之日为个体工商户取得第一笔销售（营业）收入的日期。

第三十六条　个体工商户通过公益性社会团体或者县级以上人民政府及其部门，用于《中华人民共和国公益事业捐赠法》规定的公益事业的捐赠，捐赠额不超过其应纳税所得额30%的部分可以据实扣除。

财政部、国家税务总局规定可以全额在税前扣除的捐赠支出项目，按有关规定执行。

个体工商户直接对受益人的捐赠不得扣除。

公益性社会团体的认定，按照财政部、国家税务总局、民政部有关规定执行。

第三十七条　本办法所称赞助支出，是指个体工商户发生的与生产经营活动无关的各种非广告性质支出。

第三十八条　个体工商户研究开发新产品、新技术、新工艺所发生的开发费用，以及研究开发新产品、新技术而购置单台价值在10万元以下的测试仪器和试验性装置的购置费准予直接扣除；单台价值在10万元以上（含10万元）的测试仪器和试验性装置，按固定资产管理，不得在当期直接扣除。

第四章 附 则

第三十九条 个体工商户资产的税务处理,参照企业所得税相关法律、法规和政策规定执行。

第四十条 个体工商户有两处或两处以上经营机构的,选择并固定向其中一处经营机构所在地主管税务机关申报缴纳个人所得税。

第四十一条 个体工商户终止生产经营的,应当在注销工商登记或者向政府有关部门办理注销前向主管税务机关结清有关纳税事宜。

第四十二条 各省、自治区、直辖市和计划单列市税务局可以结合本地实际,制定具体实施办法。

第四十三条 本办法自2015年1月1日起施行。国家税务总局1997年3月26日发布的《国家税务总局关于印发〈个体工商户个人所得税计税办法(试行)〉的通知》(国税发〔1997〕43号)同时废止。

财政部、税务总局关于个人养老金有关个人所得税政策的公告

· 2022年11月3日
· 财政部、税务总局公告2022年第34号

为贯彻落实《国务院办公厅关于推动个人养老金发展的意见》(国办发〔2022〕7号)有关要求,现就个人养老金有关个人所得税政策公告如下:

一、自2022年1月1日起,对个人养老金实施递延纳税优惠政策。在缴费环节,个人向个人养老金资金账户的缴费,按照12000元/年的限额标准,在综合所得或经营所得中据实扣除;在投资环节,计入个人养老金资金账户的投资收益暂不征收个人所得税;在领取环节,个人领取的个人养老金,不并入综合所得,单独按照3%的税率计算缴纳个人所得税,其缴纳的税款计入"工资、薪金所得"项目。

二、个人缴费享受税前扣除优惠时,以个人养老金信息管理服务平台出具的扣除凭证为扣税凭据。取得工资薪金所得、按累计预扣法预扣预缴个人所得税劳务报酬所得的,其缴费可以选择在当年预扣预缴或次年汇算清缴时在限额标准内据实扣除。选择在当年预扣预缴的,应及时将相关凭证提供给扣缴单位。扣缴单位应按照本公告有关要求,为纳税人办理税前扣除有关事项。取得其他劳务报酬、稿酬、特许权使用费等所得或经营所得的,其缴费在次年汇算清缴时在限额标准内据实扣除。个人按规定领取个人养老金时,由开立个人养老金资金账户所在市的商业银行机构代扣代缴其应缴的个人所得税。

三、人力资源社会保障部门与税务部门应建立信息交换机制,通过个人养老金信息管理服务平台将个人养老金涉税信息交换至税务部门,并配合税务部门做好相关税收征管工作。

四、商业银行有关分支机构应及时对在该行开立个人养老金资金账户纳税人的纳税情况进行全员全额明细申报,保证信息真实准确。

五、各级财政、人力资源社会保障、税务、金融监管等部门应密切配合,认真做好组织落实,对本公告实施过程中遇到的困难和问题,及时向上级主管部门反映。

六、本公告规定的税收政策自2022年1月1日起在个人养老金先行城市实施。

个人养老金先行城市名单由人力资源社会保障部会同财政部、税务总局另行发布。上海市、福建省、苏州工业园区等已实施个人税收递延型商业养老保险试点的地区,自2022年1月1日起统一按照本公告规定的税收政策执行。

特此公告。

财政部、税务总局关于延续实施全年一次性奖金个人所得税政策的公告

· 2023年8月18日
· 财政部、税务总局公告2023年第30号

为进一步减轻纳税人负担,现将全年一次性奖金个人所得税政策公告如下:

一、居民个人取得全年一次性奖金,符合《国家税务总局关于调整个人取得全年一次性奖金等计算征收个人所得税方法问题的通知》(国税发〔2005〕9号)规定的,不并入当年综合所得,以全年一次性奖金收入除以12个月得到的数额,按照本公告所附按月换算后的综合所得税率表,确定适用税率和速算扣除数,单独计算纳税。计算公式为:

应纳税额=全年一次性奖金收入×适用税率-速算扣除数

二、居民个人取得全年一次性奖金,也可以选择并入当年综合所得计算纳税。

三、本公告执行至2027年12月31日。

特此公告。

附件:按月换算后的综合所得税率表

附件

按月换算后的综合所得税率表

级数	全月应纳税所得额	税率（%）	速算扣除数
1	不超过3000元的	3	0
2	超过3000元至12000元的部分	10	210
3	超过12000元至25000元的部分	20	1410
4	超过25000元至35000元的部分	25	2660
5	超过35000元至55000元的部分	30	4410
6	超过55000元至80000元的部分	35	7160
7	超过80000元的部分	45	15160

财政部、税务总局关于延续实施外籍个人有关津补贴个人所得税政策的公告

· 2023年8月18日
· 财政部、税务总局公告2023年第29号

为进一步减轻纳税人负担，现将外籍个人有关津补贴个人所得税政策公告如下：

一、外籍个人符合居民个人条件的，可以选择享受个人所得税专项附加扣除，也可以选择按照《财政部 国家税务总局关于个人所得税若干政策问题的通知》（财税字〔1994〕020号）、《国家税务总局关于外籍个人取得有关补贴征免个人所得税执行问题的通知》（国税发〔1997〕54号）和《财政部 国家税务总局关于外籍个人取得港澳地区住房等补贴征免个人所得税的通知》（财税〔2004〕29号）规定，享受住房补贴、语言训练费、子女教育费等津补贴免税优惠政策，但不得同时享受。外籍个人一经选择，在一个纳税年度内不得变更。

二、本公告执行至2027年12月31日。

特此公告。

财政部、税务总局关于延续实施上市公司股权激励有关个人所得税政策的公告

· 2023年8月18日
· 财政部、税务总局公告2023年第25号

为继续支持企业创新发展，现将上市公司股权激励有关个人所得税政策公告如下：

一、居民个人取得股票期权、股票增值权、限制性股票、股权奖励等股权激励（以下简称股权激励），符合《财政部 国家税务总局关于个人股票期权所得征收个人所得税问题的通知》（财税〔2005〕35号）、《财政部 国家税务总局关于股票增值权所得和限制性股票所得征收个人所得税有关问题的通知》（财税〔2009〕5号）、《财政部 国家税务总局关于将国家自主创新示范区有关税收试点政策推广到全国范围实施的通知》（财税〔2015〕116号）第四条、《财政部 国家税务总局关于完善股权激励和技术入股有关所得税政策的通知》（财税〔2016〕101号）第四条第（一）项规定的相关条件的，不并入当年综合所得，全额单独适用综合所得税率表，计算纳税。计算公式为：

应纳税额＝股权激励收入×适用税率－速算扣除数

二、居民个人一个纳税年度内取得两次以上（含两次）股权激励的，应合并按本公告第一条规定计算纳税。

三、本公告执行至2027年12月31日。

特此公告。

财政部、税务总局、住房城乡建设部关于延续实施支持居民换购住房有关个人所得税政策的公告

· 2023年8月18日
· 财政部、税务总局、住房城乡建设部公告2023年第28号

为继续支持居民改善住房条件，现就有关个人所得税政策公告如下：

一、自2024年1月1日至2025年12月31日，对出售自有住房并在现住房出售后1年内在市场重新购买住房的纳税人，对其出售现住房已缴纳的个人所得税予以退税优惠。其中，新购住房金额大于或等于现住房转让金额的，全部退还已缴纳的个人所得税；新购住房金额小于现住房转让金额的，按新购住房金额占现住房转让金额的比例退还出售现住房已缴纳的个人所得税。

二、本公告所称现住房转让金额为该房屋转让的市场成交价格。新购住房为新房的，购房金额为纳税人在住房城乡建设部门网签备案的购房合同中注明的成交价格；新购住房为二手房的，购房金额为房屋的成交价格。

三、享受本公告规定优惠政策的纳税人须同时满足以下条件：

1. 纳税人出售和重新购买的住房应在同一城市范围内。同一城市范围是指同一直辖市、副省级城市、地级市（地区、州、盟）所辖全部行政区划范围。

2. 出售自有住房的纳税人与新购住房之间须直接相关,应为新购住房产权人或产权人之一。

四、符合退税优惠政策条件的纳税人应向主管税务机关提供合法、有效的售房、购房合同和主管税务机关要求提供的其他有关材料,经主管税务机关审核后办理退税。

五、各级住房城乡建设部门应与税务部门建立信息共享机制,将本地区房屋交易合同网签备案等信息(含撤销备案信息)实时共享至当地税务部门;暂未实现信息实时共享的地区,要建立健全工作机制,确保税务部门及时获取审核退税所需的房屋交易合同备案信息。

特此公告。

财政部、税务总局、国家发展改革委、中国证监会关于延续实施创业投资企业个人合伙人所得税政策的公告

· 2023 年 8 月 21 日
· 财政部、税务总局、国家发展改革委、中国证监会公告 2023 年第 24 号

为继续支持创业投资企业(含创投基金,以下统称创投企业)发展,现将有关个人所得税政策问题公告如下:

一、创投企业可以选择按单一投资基金核算或者按创投企业年度所得整体核算两种方式之一,对其个人合伙人来源于创投企业的所得计算个人所得税应纳税额。

本公告所称创投企业,是指符合《创业投资企业管理暂行办法》(发展改革委等10部门令第39号)或者《私募投资基金监督管理暂行办法》(证监会令第105号)关于创业投资企业(基金)的有关规定,并按照上述规定完成备案且规范运作的合伙制创业投资企业(基金)。

二、创投企业选择按单一投资基金核算的,其个人合伙人从该基金应分得的股权转让所得和股息红利所得,按照20%税率计算缴纳个人所得税。

创投企业选择按年度所得整体核算的,其个人合伙人应从创投企业取得的所得,按照"经营所得"项目、5%—35%的超额累进税率计算缴纳个人所得税。

三、单一投资基金核算,是指单一投资基金(包括不以基金名义设立的创投企业)在一个纳税年度内从不同创业投资项目取得的股权转让所得和股息红利所得按下述方法分别核算纳税:

(一)股权转让所得。单个投资项目的股权转让所得,按年度股权转让收入扣除对应股权原值和转让环节合理费用后的余额计算,股权原值和转让环节合理费用的确定方法,参照股权转让所得个人所得税有关政策规定执行;单一投资基金的股权转让所得,按一个纳税年度内不同投资项目的所得和损失相互抵减后的余额计算,余额大于或等于零的,即确认为该基金的年度股权转让所得;余额小于零的,该基金年度股权转让所得按零计算且不能跨年结转。

个人合伙人按照其应从基金年度股权转让所得中分得的份额计算其应纳税额,并由创投企业在次年3月31日前代扣代缴个人所得税。如符合《财政部税务总局关于创业投资企业和天使投资个人有关税收政策的通知》(财税〔2018〕55号)规定条件的,创投企业个人合伙人可以按照被转让项目对应投资额的70%抵扣其应从基金年度股权转让所得中分得的份额后再计算其应纳税额,当期不足抵扣的,不得向以后年度结转。

(二)股息红利所得。单一投资基金的股息红利所得,以其来源于所投资项目分配的股息、红利收入以及其他固定收益类证券等收入的全额计算。

个人合伙人按照其应从基金股息红利所得中分得的份额计算其应纳税额,并由创投企业按次代扣代缴个人所得税。

(三)除前述可以扣除的成本、费用之外,单一投资基金发生的包括投资基金管理人的管理费和业绩报酬在内的其他支出,不得在核算时扣除。

本条规定的单一投资基金核算方法仅适用于计算创投企业个人合伙人的应纳税额。

四、创投企业年度所得整体核算,是指将创投企业以每一纳税年度的收入总额减除成本、费用以及损失后,计算应分配给个人合伙人的所得。如符合《财政部 税务总局关于创业投资企业和天使投资个人有关税收政策的通知》(财税〔2018〕55号)规定条件的,创投企业个人合伙人可以按照被转让项目对应投资额的70%抵扣其可以创投企业应分得的经营所得后再计算其应纳税额。年度核算亏损的,准予按有关规定向以后年度结转。

按照"经营所得"项目计税的个人合伙人,没有综合所得的,可依法减除基本减除费用、专项扣除、专项附加扣除以及国务院确定的其他扣除。从多处取得经营所得的,应汇总计算个人所得税,只减除一次上述费用和扣除。

五、创投企业选择按单一投资基金核算或按创投企业年度所得整体核算后,3年内不能变更。

六、创投企业选择按单一投资基金核算的,应当在按照本公告第一条规定完成备案的30日内,向主管税务机

关进行核算方式备案；未按规定备案的，视同选择按创投企业年度所得整体核算。创投企业选择一种核算方式满3年需要调整的，应当在满3年的次年1月31日前，重新向主管税务机关备案。

七、税务部门依法开展税收征管和后续管理工作，可转请发展改革部门、证券监督管理部门对创投企业及其所投项目是否符合有关规定进行核查，发展改革部门、证券监督管理部门应当予以配合。

八、本公告执行至2027年12月31日。

特此公告。

(三)财产税和行为税

1. 城镇土地使用税

中华人民共和国城镇土地使用税暂行条例

- 1988年9月27日中华人民共和国国务院令第17号发布
- 根据2006年12月31日《国务院关于修改〈中华人民共和国城镇土地使用税暂行条例〉的决定》第一次修订
- 根据2011年1月8日《国务院关于废止和修改部分行政法规的决定》第二次修订
- 根据2013年12月7日《国务院关于修改部分行政法规的决定》第三次修订
- 根据2019年3月2日《国务院关于修改部分行政法规的决定》第四次修订

第一条　为了合理利用城镇土地，调节土地级差收入，提高土地使用效益，加强土地管理，制定本条例。

第二条　在城市、县城、建制镇、工矿区范围内使用土地的单位和个人，为城镇土地使用税(以下简称土地使用税)的纳税人，应当依照本条例的规定缴纳土地使用税。

前款所称单位，包括国有企业、集体企业、私营企业、股份制企业、外商投资企业、外国企业以及其他企业和事业单位、社会团体、国家机关、军队以及其他单位；所称个人，包括个体工商户以及其他个人。

第三条　土地使用税以纳税人实际占用的土地面积为计税依据，依照规定税额计算征收。

前款土地占用面积的组织测量工作，由省、自治区、直辖市人民政府根据实际情况确定。

第四条　土地使用税每平方米年税额如下：

(一)大城市1.5元至30元；

(二)中等城市1.2元至24元；

(三)小城市0.9元至18元；

(四)县城、建制镇、工矿区0.6元至12元。

第五条　省、自治区、直辖市人民政府，应当在本条例第四条规定的税额幅度内，根据市政建设状况、经济繁荣程度等条件，确定所辖地区的适用税额幅度。

市、县人民政府应当根据实际情况，将本地区土地划分为若干等级，在省、自治区、直辖市人民政府确定的税额幅度内，制定相应的适用税额标准，报省、自治区、直辖市人民政府批准执行。

经省、自治区、直辖市人民政府批准，经济落后地区土地使用税的适用税额标准可以适当降低，但降低额不得超过本条例第四条规定最低税额的30%。经济发达地区土地使用税的适用税额标准可以适当提高，但须报经财政部批准。

第六条　下列土地免缴土地使用税：

(一)国家机关、人民团体、军队自用的土地；

(二)由国家财政部门拨付事业经费的单位自用的土地；

(三)宗教寺庙、公园、名胜古迹自用的土地；

(四)市政街道、广场、绿化地带等公共用地；

(五)直接用于农、林、牧、渔业的生产用地；

(六)经批准开山填海整治的土地和改造的废弃土地，从使用的月份起免缴土地使用税5年至10年；

(七)由财政部另行规定免税的能源、交通、水利设施用地和其他用地。

第七条　除本条例第六条规定外，纳税人缴纳土地使用税确有困难需要定期减免的，由县以上税务机关批准。

第八条　土地使用税按年计算、分期缴纳。缴纳期限由省、自治区、直辖市人民政府确定。

第九条　新征收的土地，依照下列规定缴纳土地使用税：

(一)征收的耕地，自批准征收之日起满1年时开始缴纳土地使用税；

(二)征收的非耕地，自批准征收次月起缴纳土地使用税。

第十条　土地使用税由土地所在地的税务机关征收。土地管理机关应当向土地所在地的税务机关提供土地使用权属资料。

第十一条　土地使用税的征收管理，依照《中华人民共和国税收征收管理法》及本条例的规定执行。

第十二条　土地使用税收入纳入财政预算管理。

第十三条　本条例的实施办法由省、自治区、直辖市人民政府制定。

第十四条 本条例自 1988 年 11 月 1 日起施行,各地制定的土地使用费办法同时停止执行。

财政部、国家税务总局关于房产税城镇土地使用税有关问题的通知

- 2009 年 11 月 22 日
- 财税〔2009〕128 号

各省、自治区、直辖市、计划单列市财政厅(局)、地方税务局,西藏、宁夏、青海省(自治区)国家税务局,新疆生产建设兵团财务局:

为完善房产税、城镇土地使用税政策,堵塞税收征管漏洞,现将房产税、城镇土地使用税有关问题明确如下:

一、关于无租使用其他单位房产的房产税问题

无租使用其他单位房产的应税单位和个人,依照房产余值代缴纳房产税。

二、关于出典房产的房产税问题

产权出典的房产,由承典人依照房产余值缴纳房产税。

三、关于融资租赁房产的房产税问题

融资租赁的房产,由承租人自融资租赁合同约定开始日的次月起依照房产余值缴纳房产税。合同未约定开始日的,由承租人自合同签订的次月起依照房产余值缴纳房产税。

四、关于地下建筑用地的城镇土地使用税问题

对在城镇土地使用税征税范围内单独建造的地下建筑用地,按规定征收城镇土地使用税。其中,已取得地下土地使用权证的,按土地使用权证确认的土地面积计算应征税款;未取得地下土地使用权证或地下土地使用权证上未标明土地面积的,按地下建筑垂直投影面积计算应征税款。

对上述地下建筑用地暂按应征税款的 50%征收城镇土地使用税。

五、本通知自 2009 年 12 月 1 日起执行。《财政部税务总局关于房产税若干具体问题的解释和暂行规定》((86)财税地字第 008 号)第七条、《国家税务总局关于安徽省若干房产税业务问题的批复》(国税函发〔1993〕368 号)第二条同时废止。

财政部、国家税务总局关于集体土地城镇土地使用税有关政策的通知

- 2006 年 4 月 30 日
- 财税〔2006〕56 号

各省、自治区、直辖市、计划单列市财政厅(局)、地方税务局,新疆生产建设兵团财务局:

根据当前集体土地使用中出现的新情况、新问题,经研究,现将集体土地城镇土地使用税有关政策通知如下:

在城镇土地使用税征税范围内实际使用应税集体所有建设用地、但未办理土地使用权流转手续的,由实际使用集体土地的单位和个人按规定缴纳城镇土地使用税。

本通知自 2006 年 5 月 1 日起执行,此前凡与本通知不一致的政策规定一律以本通知为准。

国家税务总局关于通过招拍挂方式取得土地缴纳城镇土地使用税问题的公告

- 2014 年 12 月 31 日
- 国家税务总局公告 2014 年第 74 号

对以招标、拍卖、挂牌方式取得土地的城镇土地使用税问题公告如下:

通过招标、拍卖、挂牌方式取得的建设用地,不属于新征用的耕地,纳税人应按照《财政部、国家税务总局关于房产税、城镇土地使用税有关政策的通知》(财税〔2006〕186 号)第二条规定,从合同约定交付土地时间的次月起缴纳城镇土地使用税;合同未约定交付土地时间的,从合同签订的次月起缴纳城镇土地使用税。

本公告自发布之日起施行。

特此公告。

财政部、国家税务总局关于承租集体土地城镇土地使用税有关政策的通知

- 2017 年 3 月 31 日
- 财税〔2017〕29 号

各省、自治区、直辖市、计划单列市财政厅(局)、地方税务局,西藏、宁夏自治区国家税务局,新疆生产建设兵团财务局:

经研究,现将承租集体土地城镇土地使用税有关政策通知如下:

在城镇土地使用税征税范围内,承租集体所有建设用地的,由直接从集体经济组织承租土地的单位和个人,缴纳城镇土地使用税。

2. 房产税

中华人民共和国房产税暂行条例

- 1986年9月15日国务院发布
- 根据2011年1月8日《国务院关于废止和修改部分行政法规的决定》修订

第一条 房产税在城市、县城、建制镇和工矿区征收。

第二条 房产税由产权所有人缴纳。产权属于全民所有的,由经营管理的单位缴纳。产权出典的,由承典人缴纳。产权所有人、承典人不在房产所在地的,或者产权未确定及租典纠纷未解决的,由房产代管人或者使用人缴纳。

前款列举的产权所有人、经营管理单位、承典人、房产代管人或者使用人,统称为纳税义务人(以下简称纳税人)。

第三条 房产税依照房产原值一次减除10%至30%后的余值计算缴纳。具体减除幅度,由省、自治区、直辖市人民政府规定。

没有房产原值作为依据的,由房产所在地税务机关参考同类房产核定。

房产出租的,以房产租金收入为房产税的计税依据。

第四条 房产税的税率,依照房产余值计算缴纳的,税率为1.2%;依照房产租金收入计算缴纳的,税率为12%。

第五条 下列房产免纳房产税:

一、国家机关、人民团体、军队自用的房产;

二、由国家财政部门拨付事业经费的单位自用的房产;

三、宗教寺庙、公园、名胜古迹自用的房产;

四、个人所有非营业用的房产;

五、经财政部批准免税的其他房产。

第六条 除本条例第五条规定者外,纳税人纳税确有困难的,可由省、自治区、直辖市人民政府确定,定期减征或者免征房产税。

第七条 房产税按年征收、分期缴纳。纳税期限由省、自治区、直辖市人民政府规定。

第八条 房产税的征收管理,依照《中华人民共和国税收征收管理法》的规定办理。

第九条 房产税由房产所在地的税务机关征收。

第十条 本条例由财政部负责解释;施行细则由省、自治区、直辖市人民政府制定,抄送财政部备案。

第十一条 本条例自1986年10月1日起施行。

国家税务总局、财政部、建设部关于加强房地产税收管理的通知

- 2005年5月27日国税发〔2005〕89号公布
- 根据2018年6月15日《国家税务总局关于修改部分税收规范性文件的公告》修正

各省、自治区、直辖市财政厅(局)、地方税务局、建设厅(建委、房地局),计划单列市财政局、地方税务局、建委(建设局、房地局),扬州税务进修学院,新疆生产建设兵团建设局:

为贯彻落实《国务院办公厅转发建设部等部门关于做好稳定住房价格工作意见的通知》(国办发〔2005〕26号),进一步加强房地产税收征管,促进房地产市场的健康发展,现将有关事项及要求通知如下:

一、各级税务、财政部门和房地产管理部门,要认真贯彻执行房地产税收有关法律、法规和政策规定,建立和完善信息共享、情况通报制度,加强部门间的协作配合。各级税务、财政部门要切实加强房地产税收征管,并主动与当地的房地产管理部门取得联系;房地产管理部门要积极配合。

二、2005年5月31日以前,各地要根据国办发〔2005〕26号文件规定,公布本地区享受优惠政策的普通住房标准(以下简称普通住房)。其中,住房平均交易价格,是指报告期内同级别土地上住房交易的平均价格,经加权平均后形成的住房综合平均价格。由市、县房地产管理部门会同有关部门测算,报当地人民政府确定,每半年公布一次。各级别土地上住房平均交易价格的测算,依据房地产市场信息系统生成数据;没有建立房地产市场信息系统的,依据房地产交易登记管理系统生成数据。

对单位或个人将购买住房对外销售的,市、县房地产管理部门应在办理房屋权属登记的当月,向同级税务、财政部门提供权属登记房屋的坐落、产权人、房屋面积、成交价格等信息。

市、县规划管理部门要将已批准的容积率在1.0以下的住宅项目清单,一次性提供给同级税务、财政部门。新批住宅项目中容积率在1.0以下的,按月提供。

税务、财政部门要将当月房地产税收征管的有关信

息向市、县房地产管理部门提供。

各级税务、财政部门从房地产管理部门获得的房地产交易登记资料,只能用于征税之目的,并有责任予以保密。违反规定的,要追究责任。

三、各级税务、财政部门要严格执行调整后的个人住房营业税税收政策。

(一)2005年6月1日后,个人将购买不足2年的住房对外销售的,应全额征收营业税。

(二)2005年6月1日后,个人将购买超过2年(含2年)的符合当地公布的普通住房标准的住房对外销售,应持该住房的坐落、容积率、房屋面积、成交价格等证明材料及税务部门要求的其他材料,向税务部门申请办理免征营业税手续。税务部门应根据当地公布的普通住房标准,利用房地产管理部门和规划管理部门提供的相关信息,对纳税人申请免税的有关材料进行审核,凡符合规定条件的,给予免征营业税。

(三)2005年6月1日后,个人将购买超过2年(含2年)的住房对外销售不能提供属于普通住房的证明材料或经审核不符合规定条件的,一律按非普通住房的有关营业税政策征收营业税。

(四)个人购买住房以取得的房屋产权证或契税完税证明上注明的时间作为其购买房屋的时间。

(五)个人对外销售住房,应持依法取得的房屋权属证书,并到税务部门申请开具发票。

(六)对个人购买的非普通住房超过2年(含2年)对外销售的,在向税务部门申请按其售房收入减去购买房屋价款后的差额缴纳营业税时,需提供购买房屋时取得的税务部门监制的发票作为差额征税的扣除凭证。

(七)各级税务、财政部门要严格执行税收政策,对不符合规定条件的个人对外销售住房,不得减免营业税,确保调整后的营业税政策落实到位;对个人承受不享受优惠政策的住房,不得减免契税。对擅自变通政策、违反规定,不符合规定条件的个人住房给予税收优惠,影响调整后的税收政策落实的,要追究当事人的责任。对政策执行中出现的问题和有关情况,应及时上报国家税务总局。

四、各级税务、财政部门要充分利用房地产交易与权属登记信息,加强房地产税收管理。要建立、健全房地产税收税源登记档案和税源数据库,并根据变化情况及时更新税源登记档案和税源数据库的信息;要定期将从房地产管理部门取得的权属登记资料等信息,与房地产税收征管信息进行比对,查找漏征税款,建立催缴制度,及时查补税款。

各级税务、财政部门在房地产税收征管工作中,如发现纳税人未进行权属登记的,应及时将有关信息告知当地房地产管理部门,以便房地产管理部门加强房地产权属管理。

五、各级税务、财政部门和房地产管理部门要积极协商,创造条件,在房地产交易和权属登记等场所,设立房地产税收征收窗口,方便纳税人。

六、市、县房地产管理部门在办理房地产权属登记时,应严格按照《中华人民共和国契税暂行条例》、《中华人民共和国土地增值税暂行条例》的规定,要求出具完税(或减免)凭证;对于未出具完税(或减免)凭证的,房地产管理部门不得办理权属登记。

七、各级税务、财政部门应努力改进征缴税款的办法,减少现金收取,逐步实现税银联网、划卡缴税。由于种种原因,仍需收取现金税款的,应规范解缴程序,加强安全管理。

八、对于房地产管理部门配合税收管理增加的支出,地方财税部门应给予必要的经费支持。

九、各省税务部门要积极参与本地区房地产市场分析监测工作,密切关注营业税税收政策调整后的政策执行效果,及时做出营业税政策调整对本地区的房地产市场产生影响的评估报告,并将分析评估报告按季上报国家税务总局。

十、各地税务、财政部门和房地产管理部门,可结合本地情况,共同协商研究制定贯彻落实本通知的具体办法。

国家税务总局关于房地产税收政策执行中几个具体问题的通知

· 2005年10月20日国税发〔2005〕172号公布
· 根据2018年6月15日《国家税务总局关于修改部分税收规范性文件的公告》修正

各省、自治区、直辖市和计划单列市财政厅(局)、地方税务局,扬州税务进修学院,局内各单位:

根据《国家税务总局财政部建设部关于加强房地产税收管理的通知》(国税发〔2005〕89号)(以下简称《通知》)的精神,经商财政部建设部,现就各地在贯彻落实《通知》中的几个具体问题明确如下:

一、《通知》第三条第二款中规定的"成交价格"是指住房持有人对外销售房屋的成交价格。

二、《通知》第三条第四款中规定的"契税完税证明上注明的时间"是指契税完税证明上注明的填发日期。

三、纳税人申报时，同时出具房屋产权证和契税完税证明且二者所注明的时间不一致的，按照"孰先"的原则确定购买房屋的时间。即房屋产权证上注明的时间早于契税完税证明上注明的时间，以房屋产权证注明的时间为购买房屋的时间；契税完税证明上注明的时间早于房屋产权证上注明的时间，以契税完税证明上注明的时间为购买房屋的时间。

四、个人将通过受赠、继承、离婚财产分割等非购买形式取得的住房对外销售的行为，也适用《通知》的有关规定。其购房时间按发生受赠、继承、离婚财产分割行为前的购房时间确定，其购房价格按发生受赠、继承、离婚财产分割行为前的购房原价确定。个人需持其通过受赠、继承、离婚财产分割等非购买形式取得住房的合法、有效法律证明文书，到税务部门办理相关手续。

五、根据国家房改政策购买的公有住房，以购买合同的生效时间、房款收据的开具日期或房屋产权证上注明的时间，按照"孰先"的原则确定购买房屋的时间。

六、享受税收优惠政策普通住房的面积标准是指地方政府按国办发〔2005〕26号文件规定确定并公布的普通住房建筑面积标准。对于以套内面积进行计量的，应换算成建筑面积，判断该房屋是否符合普通住房标准。

3. 车船税

中华人民共和国车船税法

· 2011年2月25日第十一届全国人民代表大会常务委员会第十九次会议通过
· 根据2019年4月23日第十三届全国人民代表大会常务委员会第十次会议《关于修改〈中华人民共和国建筑法〉等八部法律的决定》修正

第一条 在中华人民共和国境内属于本法所附《车船税税目税额表》规定的车辆、船舶（以下简称车船）的所有人或者管理人，为车船税的纳税人，应当依照本法缴纳车船税。

第二条 车船的适用税额依照本法所附《车船税税目税额表》执行。

车辆的具体适用税额由省、自治区、直辖市人民政府依照本法所附《车船税税目税额表》规定的税额幅度和国务院的规定确定。

船舶的具体适用税额由国务院在本法所附《车船税税目税额表》规定的税额幅度内确定。

第三条 下列车船免征车船税：
（一）捕捞、养殖渔船；
（二）军队、武装警察部队专用的车船；
（三）警用车船；
（四）悬挂应急救援专用号牌的国家综合性消防救援车辆和国家综合性消防救援专用船舶；
（五）依照法律规定应当予以免税的外国驻华使馆、国际组织驻华代表机构及其有关人员的车船。

第四条 对节约能源、使用新能源的车船可以减征或者免征车船税；对受严重自然灾害影响纳税困难以及有其他特殊原因确需减税、免税的，可以减征或者免征车船税。具体办法由国务院规定，并报全国人民代表大会常务委员会备案。

第五条 省、自治区、直辖市人民政府根据当地实际情况，可以对公共交通车船，农村居民拥有并主要在农村地区使用的摩托车、三轮汽车和低速载货汽车定期减征或者免征车船税。

第六条 从事机动车第三者责任强制保险业务的保险机构为机动车车船税的扣缴义务人，应当在收取保险费时依法代收车船税，并出具代收税款凭证。

第七条 车船税的纳税地点为车船的登记地或者车船税扣缴义务人所在地。依法不需要办理登记的车船，车船税的纳税地点为车船的所有人或者管理人所在地。

第八条 车船税纳税义务发生时间为取得车船所有权或者管理权的当月。

第九条 车船税按年申报缴纳。具体申报纳税期限由省、自治区、直辖市人民政府规定。

第十条 公安、交通运输、农业、渔业等车船登记管理部门、船舶检验机构和车船税扣缴义务人的行业主管部门应当在提供车船有关信息等方面，协助税务机关加强车船税的征收管理。

车辆所有人或者管理人在申请办理车辆相关登记、定期检验手续时，应当向公安机关交通管理部门提交依法纳税或者免税证明。公安机关交通管理部门核查后办理相关手续。

第十一条 车船税的征收管理，依照本法和《中华人民共和国税收征收管理法》的规定执行。

第十二条 国务院根据本法制定实施条例。

第十三条 本法自2012年1月1日起施行。2006年12月29日国务院公布的《中华人民共和国车船税暂行条例》同时废止。

附：

车船税税目税额表

税 目		计税单位	年基准税额	备 注
乘用车〔按发动机汽缸容量（排气量）分档〕	1.0升（含）以下的	每辆	60元至360元	核定载客人数9人（含）以下
	1.0升以上至1.6升（含）的		300元至540元	
	1.6升以上至2.0升（含）的		360元至660元	
	2.0升以上至2.5升（含）的		660元至1200元	
	2.5升以上至3.0升（含）的		1200元至2400元	
	3.0升以上至4.0升（含）的		2400元至3600元	
	4.0升以上的		3600元至5400元	
商用车	客车	每辆	480元至1440元	核定载客人数9人以上，包括电车
	货车	整备质量每吨	16元至120元	包括半挂牵引车、三轮汽车和低速载货汽车等
挂车		整备质量每吨	按照货车税额的50%计算	
其他车辆	专用作业车	整备质量每吨	16元至120元	不包括拖拉机
	轮式专用机械车	整备质量每吨	16元至120元	
摩托车		每辆	36元至180元	
船舶	机动船舶	净吨位每吨	3元至6元	拖船、非机动驳船分别按照机动船舶税额的50%计算
	游艇	艇身长度每米	600元至2000元	

中华人民共和国车船税法实施条例

· 2011年12月5日中华人民共和国国务院令第611号公布
· 根据2019年3月2日《国务院关于修改部分行政法规的决定》修订

第一条 根据《中华人民共和国车船税法》（以下简称车船税法）的规定，制定本条例。

第二条 车船税法第一条所称车辆、船舶，是指：

（一）依法应当在车船登记管理部门登记的机动车辆和船舶；

（二）依法不需要在车船登记管理部门登记的在单位内部场所行驶或者作业的机动车辆和船舶。

第三条 省、自治区、直辖市人民政府根据车船税法所附《车船税税目税额表》确定车辆具体适用税额，应当遵循以下原则：

（一）乘用车依排气量从小到大递增税额；

（二）客车按照核定载客人数20人以下和20人（含）以上两档划分，递增税额。

省、自治区、直辖市人民政府确定的车辆具体适用税额，应当报国务院备案。

第四条 机动船舶具体适用税额为：

（一）净吨位不超过200吨的，每吨3元；

（二）净吨位超过200吨但不超过2000吨的，每吨4元；

（三）净吨位超过2000吨但不超过10000吨的，每吨5元；

（四）净吨位超过10000吨的，每吨6元。

拖船按照发动机功率每1千瓦折合净吨位0.67吨

计算征收车船税。

第五条 游艇具体适用税额为：

（一）艇身长度不超过10米的，每米600元；

（二）艇身长度超过10米但不超过18米，每米900元；

（三）艇身长度超过18米但不超过30米，每米1300元；

（四）艇身长度超过30米的，每米2000元；

（五）辅助动力帆艇，每米600元。

第六条 车船税法和本条例所涉及的排气量、整备质量、核定载客人数、净吨位、千瓦、艇身长度，以车船登记管理部门核发的车船登记证书或者行驶证所载数据为准。

依法不需要办理登记的车船和依法应当登记而未办理登记或者不能提供车船登记证书、行驶证的车船，以车船出厂合格证明或者进口凭证标注的技术参数、数据为准；不能提供车船出厂合格证明或者进口凭证的，由主管税务机关参照国家相关标准核定，没有国家相关标准的参照同类车船核定。

第七条 车船税法第三条第一项所称的捕捞、养殖渔船，是指在渔业船舶登记管理部门登记为捕捞船或者养殖船的船舶。

第八条 车船税法第三条第二项所称的军队、武装警察部队专用的车船，是指按照规定在军队、武装警察部队车船登记管理部门登记，并领取军队、武警牌照的车船。

第九条 车船税法第三条第三项所称的警用车船，是指公安机关、国家安全机关、监狱、劳动教养管理机关和人民法院、人民检察院领取警用牌照的车辆和执行警务的专用船舶。

第十条 节约能源、使用新能源的车船可以免征或者减半征收车船税。免征或者减半征收车船税的车船的范围，由国务院财政、税务主管部门商国务院有关部门制订，报国务院批准。

对受地震、洪涝等严重自然灾害影响纳税困难以及其他特殊原因确需减免的车船，可以在一定期限内减征或者免征车船税。具体减免期限和数额由省、自治区、直辖市人民政府确定，报国务院备案。

第十一条 车船税由税务机关负责征收。

第十二条 机动车车船税扣缴义务人在代收车船税时，应当在机动车交通事故责任强制保险的保险单以及保费发票上注明已收税款的信息，作为代收税款凭证。

第十三条 已完税或者依法减免税的车辆，纳税人应当向扣缴义务人提供登记地的主管税务机关出具的完税凭证或者减免税证明。

第十四条 纳税人没有按照规定期限缴纳车船税的，扣缴义务人在代收代缴税款时，可以一并代收代缴欠缴税款的滞纳金。

第十五条 扣缴义务人已代收代缴车船税的，纳税人不再向车辆登记地的主管税务机关申报缴纳车船税。

没有扣缴义务人的，纳税人应当向主管税务机关自行申报缴纳车船税。

第十六条 纳税人缴纳车船税时，应当提供反映排气量、整备质量、核定载客人数、净吨位、千瓦、艇身长度等与纳税相关信息的相应凭证以及税务机关根据实际需要要求提供的其他资料。

纳税人以前年度已经提供前款所列资料信息的，可以不再提供。

第十七条 车辆车船税的纳税人按照纳税地点所在的省、自治区、直辖市人民政府确定的具体适用税额缴纳车船税。

第十八条 扣缴义务人应当及时解缴代收代缴的税款和滞纳金，并向主管税务机关申报。扣缴义务人向税务机关解缴税款和滞纳金时，应当同时报送明细的税款和滞纳金扣缴报告。扣缴义务人解缴税款和滞纳金的具体期限，由省、自治区、直辖市税务机关依照法律、行政法规的规定确定。

第十九条 购置的新车船，购置当年的应纳税额自纳税义务发生的当月起按月计算。应纳税额为年应纳税额除以12再乘以应纳税月份数。

在一个纳税年度内，已完税的车船被盗抢、报废、灭失的，纳税人可以凭有关管理机关出具的证明和完税凭证，向纳税所在地的主管税务机关申请退还自被盗抢、报废、灭失月份起至该纳税年度终了期间的税款。

已办理退税的被盗抢车船失而复得的，纳税人应当从公安机关出具相关证明的当月起计算缴纳车船税。

第二十条 已缴纳车船税的车船在同一纳税年度内办理转让过户的，不另纳税，也不退税。

第二十一条 车船税法第八条所称取得车船所有权或者管理权的当月，应当以购买车船的发票或者其他证明文件所载日期的当月为准。

第二十二条 税务机关可以在车船登记管理部门、车船检验机构的办公场所集中办理车船税征收事宜。

公安机关交通管理部门在办理车辆相关登记和定期检验手续时，经核查，对没有提供依法纳税或者免税证明的,不予办理相关手续。

第二十三条 车船税按年申报,分月计算,一次性缴纳。纳税年度为公历1月1日至12月31日。

第二十四条 临时入境的外国车船和香港特别行政区、澳门特别行政区、台湾地区的车船,不征收车船税。

第二十五条 按照规定缴纳船舶吨税的机动船舶,自车船税法实施之日起5年内免征车船税。

依法不需要在车船登记管理部门登记的机场、港口、铁路站场内行驶或者作业的车船,自车船税法实施之日起5年内免征车船税。

第二十六条 车船税法所附《车船税税目税额表》中车辆、船舶的含义如下:

乘用车,是指在设计和技术特性上主要用于载运乘客及随身行李,核定载客人数包括驾驶员在内不超过9人的汽车。

商用车,是指除乘用车外,在设计和技术特性上用于载运乘客、货物的汽车,划分为客车和货车。

半挂牵引车,是指装备有特殊装置用于牵引半挂车的商用车。

三轮汽车,是指最高设计车速不超过每小时50公里,具有三个车轮的货车。

低速载货汽车,是指以柴油机为动力,最高设计车速不超过每小时70公里,具有四个车轮的货车。

挂车,是指就其设计和技术特性需由汽车或者拖拉机牵引,才能正常使用的一种无动力的道路车辆。

专用作业车,是指在其设计和技术特性上用于特殊工作的车辆。

轮式专用机械车,是指有特殊结构和专门功能,装有橡胶车轮可以自行行驶,最高设计车速大于每小时20公里的轮式工程机械车。

摩托车,是指无论采用何种驱动方式,最高设计车速大于每小时50公里,或者使用内燃机,其排量大于50毫升的两轮或者三轮车辆。

船舶,是指各类机动、非机动船舶以及其他水上移动装置,但是船舶上装备的救生艇筏和长度小于5米的艇筏除外。其中,机动船舶是指用机器推进的船舶;拖船是指专门用于拖(推)动运输船舶的专业作业船舶;非机动驳船,是指在船舶登记管理部门登记为驳船的非机动船舶;游艇是指具备内置机械推进动力装置,长度在90米以下,主要用于游览观光、休闲娱乐、水上体育运动等活动,并应当具有船舶检验证书和适航证书的船舶。

第二十七条 本条例自2012年1月1日起施行。

国家税务总局关于车船税征管若干问题的公告

· 2013年7月26日
· 国家税务总局公告2013年第42号

为规范车船税征管,维护纳税人合法权益,根据《中华人民共和国车船税法》(以下简称车船税法)及其实施条例,现将车船税有关征管问题明确如下:

一、关于专用作业车的认定

对于在设计和技术特性上用于特殊工作,并装置有专用设备或器具的汽车,应认定为专用作业车,如汽车起重机、消防车、混凝土泵车、清障车、高空作业车、洒水车、扫路车等。以载运人员或货物为主要目的的专用汽车,如救护车,不属于专用作业车。

二、关于税务机关核定客货两用车的征税问题

客货两用车,又称多用途货车,是指在设计和结构上主要用于载运货物,但在驾驶员座椅后带有固定或折叠式座椅,可运载3人以上乘客的货车。客货两用车依照货车的计税单位和年基准税额计征车船税。

三、关于车船税应纳税额的计算

车船税法及其实施条例涉及的整备质量、净吨位、艇身长度等计税单位,有尾数的一律按照含尾数的计税单位据实计算车船税应纳税额。计算得出的应纳税额小数点后超过两位的可四舍五入保留两位小数。

乘用车以车辆登记管理部门核发的机动车登记证书或者行驶证书所载的排气量毫升数确定税额区间。

四、关于车船因质量问题发生退货时的退税

已经缴纳车船税的车船,因质量原因,车船被退回生产企业或者经销商的,纳税人可以向纳税所在地的主管税务机关申请退还自退货月份起至该纳税年度终了期间的税款。退货月份以退货发票所载日期的当月为准。

五、关于扣缴义务人代收代缴后车辆登记地主管税务机关不再征收车船税

纳税人在购买"交强险"时,由扣缴义务人代收代缴车船税的,凭注明已收税款信息的"交强险"保险单,车辆登记地的主管税务机关不再征收该纳税年度的车船税。再次征收的,车辆登记地主管税务机关应予退还。

六、关于扣缴义务人代收代缴欠缴税款滞纳金的起算时间

车船税扣缴义务人代收代缴欠缴税款的滞纳金,从各省、自治区、直辖市人民政府规定的申报纳税期限截止日期的次日起计算。

七、关于境内外租赁船舶征收车船税的问题

境内单位和个人租入外国籍船舶的,不征收车船税。境内单位和个人将船舶出租到境外的,应依法征收车船税。

本公告自2013年9月1日起施行。《国家税务总局关于车船税征管若干问题的通知》(国税发〔2008〕48号)同时废止。

特此公告。

4. 车辆购置税

中华人民共和国车辆购置税法

- 2018年12月29日第十三届全国人民代表大会常务委员会第七次会议通过
- 2018年12月29日中华人民共和国主席令第19号公布
- 自2019年7月1日起施行

第一条 在中华人民共和国境内购置汽车、有轨电车、汽车挂车、排气量超过一百五十毫升的摩托车(以下统称应税车辆)的单位和个人,为车辆购置税的纳税人,应当依照本法规定缴纳车辆购置税。

第二条 本法所称购置,是指以购买、进口、自产、受赠、获奖或者其他方式取得并自用应税车辆的行为。

第三条 车辆购置税实行一次性征收。购置已征车辆购置税的车辆,不再征收车辆购置税。

第四条 车辆购置税的税率为百分之十。

第五条 车辆购置税的应纳税额按照应税车辆的计税价格乘以税率计算。

第六条 应税车辆的计税价格,按照下列规定确定:

(一)纳税人购买自用应税车辆的计税价格,为纳税人实际支付给销售者的全部价款,不包括增值税税款;

(二)纳税人进口自用应税车辆的计税价格,为关税完税价格加上关税和消费税;

(三)纳税人自产自用应税车辆的计税价格,按照纳税人生产的同类应税车辆的销售价格确定,不包括增值税税款;

(四)纳税人以受赠、获奖或者其他方式取得自用应税车辆的计税价格,按照购置应税车辆时相关凭证载明的价格确定,不包括增值税税款。

第七条 纳税人申报的应税车辆计税价格明显偏低,又无正当理由的,由税务机关依照《中华人民共和国税收征收管理法》的规定核定其应纳税额。

第八条 纳税人以外汇结算应税车辆价款的,按照申报纳税之日的人民币汇率中间价折合成人民币计算缴纳税款。

第九条 下列车辆免征车辆购置税:

(一)依照法律规定应当予以免税的外国驻华使馆、领事馆和国际组织驻华机构及其有关人员自用的车辆;

(二)中国人民解放军和中国人民武装警察部队列入装备订货计划的车辆;

(三)悬挂应急救援专用号牌的国家综合性消防救援车辆;

(四)设有固定装置的非运输专用作业车辆;

(五)城市公交企业购置的公共汽电车辆。

根据国民经济和社会发展的需要,国务院可以规定减征或者其他免征车辆购置税的情形,报全国人民代表大会常务委员会备案。

第十条 车辆购置税由税务机关负责征收。

第十一条 纳税人购置应税车辆,应当向车辆登记地的主管税务机关申报缴纳车辆购置税;购置不需要办理车辆登记的应税车辆的,应当向纳税人所在地的主管税务机关申报缴纳车辆购置税。

第十二条 车辆购置税的纳税义务发生时间为纳税人购置应税车辆的当日。纳税人应当自纳税义务发生之日起六十日内申报缴纳车辆购置税。

第十三条 纳税人应当在向公安机关交通管理部门办理车辆注册登记前,缴纳车辆购置税。

公安机关交通管理部门办理车辆注册登记,应当根据税务机关提供的应税车辆完税或者免税电子信息对纳税人申请登记的车辆信息进行核对,核对无误后依法办理车辆注册登记。

第十四条 免税、减税车辆因转让、改变用途等原因不再属于免税、减税范围的,纳税人应当在办理车辆转移登记或者变更登记前缴纳车辆购置税。计税价格以免税、减税车辆初次办理纳税申报时确定的计税价格为基准,每满一年扣减百分之十。

第十五条 纳税人将已征车辆购置税的车辆退回车辆生产企业或者销售企业的,可以向主管税务机关申请退还车辆购置税。退税额以已缴税款为基准,自缴纳税款之日至申请退税之日,每满一年扣减百分之十。

第十六条 税务机关和公安、商务、海关、工业和信息化等部门应当建立应税车辆信息共享和工作配合机制,及时交换应税车辆和纳税信息资料。

第十七条 车辆购置税的征收管理,依照本法和《中华人民共和国税收征收管理法》的规定执行。

第十八条 纳税人、税务机关及其工作人员违反本法规定的，依照《中华人民共和国税收征收管理法》和有关法律法规的规定追究法律责任。

第十九条 本法自2019年7月1日起施行。2000年10月22日国务院公布的《中华人民共和国车辆购置税暂行条例》同时废止。

关于延续和优化新能源汽车车辆购置税
减免政策的公告

· 2023年6月19日
· 财政部、税务总局、工业和信息化部公告2023年第10号

为支持新能源汽车产业发展，促进汽车消费，现就延续和优化新能源汽车车辆购置税减免政策有关事项公告如下：

一、对购置日期在2024年1月1日至2025年12月31日期间的新能源汽车免征车辆购置税，其中，每辆新能源乘用车免税额不超过3万元；对购置日期在2026年1月1日至2027年12月31日期间的新能源汽车减半征收车辆购置税，其中，每辆新能源乘用车减税额不超过1.5万元。

购置日期按照机动车销售统一发票或海关关税专用缴款书等有效凭证的开具日期确定。

享受车辆购置税减免政策的新能源汽车，是指符合新能源汽车产品技术要求的纯电动汽车、插电式混合动力（含增程式）汽车、燃料电池汽车。新能源汽车产品技术要求由工业和信息化部会同财政部、税务总局根据新能源汽车技术进步、标准体系发展和车型变化情况制定。

新能源乘用车，是指在设计、制造和技术特性上主要用于载运乘客及其随身行李和（或）临时物品，包括驾驶员座位在内最多不超过9个座位的新能源汽车。

二、销售方销售"换电模式"新能源汽车时，不含动力电池的新能源汽车与动力电池分别核算销售额并分别开具发票，依据购车人购置不含动力电池的新能源汽车取得的机动车销售统一发票载明的不含税价作为车辆购置税计税价格。

"换电模式"新能源汽车应当满足换电相关技术标准和要求，且新能源汽车生产企业能够自行或委托第三方为用户提供换电服务。

三、为加强和规范管理，工业和信息化部、税务总局通过发布《减免车辆购置税的新能源汽车车型目录》（以下简称《目录》）对享受减免车辆购置税的新能源汽车车型实施管理。《目录》发布后，购置列入《目录》的新能源汽车可按规定享受车辆购置税减免政策。

对已列入《目录》的新能源汽车，新能源汽车生产企业或进口新能源汽车经销商（以下简称汽车企业）在上传《机动车整车出厂合格证》或进口机动车《车辆电子信息单》（以下简称车辆电子信息）时，在"是否符合减免车辆购置税条件"字段标注"是"（即减免税标识）；对已列入《目录》的"换电模式"新能源汽车，还应在"是否为'换电模式'新能源汽车"字段标注"是"（即换电模式标识）。工业和信息化部对汽车企业上传的车辆电子信息中的减免税标识和换电模式标识进行校验，并将通过校验的信息传送至税务总局。税务机关依据工业和信息化部校验后的减免税标识、换电模式标识和机动车销售统一发票（或有效凭证），办理车辆购置税减免税手续。

四、汽车企业应当保证车辆电子信息与车辆产品相一致，销售方应当如实开具发票，对因提供虚假信息或资料造成车辆购置税税款流失的，依照《中华人民共和国税收征收管理法》及其实施细则予以处理。

特此公告。

5. 土地增值税

中华人民共和国土地增值税暂行条例

· 1993年12月13日中华人民共和国国务院令第138号发布
· 根据2011年1月8日《国务院关于废止和修改部分行政法规的决定》修订

第一条 为了规范土地、房地产市场交易秩序，合理调节土地增值收益，维护国家权益，制定本条例。

第二条 转让国有土地使用权、地上的建筑物及其附着物（以下简称转让房地产）并取得收入的单位和个人，为土地增值税的纳税义务人（以下简称纳税人），应当依照本条例缴纳土地增值税。

第三条 土地增值税按照纳税人转让房地产所取得的增值额和本条例第七条规定的税率计算征收。

第四条 纳税人转让房地产所取得的收入减除本条例第六条规定扣除项目金额后的余额，为增值额。

第五条 纳税人转让房地产所取得的收入，包括货币收入、实物收入和其他收入。

第六条 计算增值额的扣除项目：

（一）取得土地使用权所支付的金额；

（二）开发土地的成本、费用；

（三）新建房及配套设施的成本、费用，或者旧房及建筑物的评估价格；

（四）与转让房地产有关的税金；

（五）财政部规定的其他扣除项目。

第七条 土地增值税实行四级超率累进税率：

增值额未超过扣除项目金额50%的部分，税率为30%。

增值额超过扣除项目金额50%、未超过扣除项目金额100%的部分，税率为40%。

增值额超过扣除项目金额100%、未超过扣除项目金额200%的部分，税率为50%。

增值额超过扣除项目金额200%的部分，税率为60%。

第八条 有下列情形之一的，免征土地增值税：

（一）纳税人建造普通标准住宅出售，增值额未超过扣除项目金额20%的；

（二）因国家建设需要依法征收、收回的房地产。

第九条 纳税人有下列情形之一的，按照房地产评估价格计算征收：

（一）隐瞒、虚报房地产成交价格的；

（二）提供扣除项目金额不实的；

（三）转让房地产的成交价格低于房地产评估价格，又无正当理由的。

第十条 纳税人应当自转让房地产合同签订之日起7日内向房地产所在地主管税务机关办理纳税申报，并在税务机关核定的期限内缴纳土地增值税。

第十一条 土地增值税由税务机关征收。土地管理部门、房产管理部门应当向税务机关提供有关资料，并协助税务机关依法征收土地增值税。

第十二条 纳税人未按照本条例缴纳土地增值税的，土地管理部门、房产管理部门不得办理有关的权属变更手续。

第十三条 土地增值税的征收管理，依据《中华人民共和国税收征收管理法》及本条例有关规定执行。

第十四条 本条例由财政部负责解释，实施细则由财政部制定。

第十五条 本条例自1994年1月1日起施行。各地区的土地增值费征收办法，与本条例相抵触的，同时停止执行。

中华人民共和国土地增值税暂行条例实施细则

· 1995年1月27日
· 财法字〔1995〕6号

第一条 根据《中华人民共和国土地增值税暂行条例》（以下简称条例）第十四条规定，制定本细则。

第二条 条例第二条所称的转让国有土地使用权、地上的建筑物及其附着物并取得收入，是指以出售或者其他方式有偿转让房地产的行为。不包括以继承、赠与方式无偿转让房地产的行为。

第三条 条例第二条所称的国有土地，是指按国家法律规定属于国家所有的土地。

第四条 条例第二条所称的地上的建筑物，是指建于土地上的一切建筑物，包括地上地下的各种附属设施。

条例第二条所称的附着物，是指附着于土地上的不能移动，一经移动即遭损坏的物品。

第五条 条例第二条所称的收入，包括转让房地产的全部价款及有关的经济收益。

第六条 条例第二条所称的单位，是指各类企业单位、事业单位、国家机关和社会团体及其他组织。

条例第二条所称个人，包括个体经营者。

第七条 条例第六条所列的计算增值额的扣除项目，具体为：

（一）取得土地使用权所支付的金额，是指纳税人为取得土地使用权所支付的地价款和按国家统一规定交纳的有关费用。

（二）开发土地和新建房及配套设施（以下简称房地产开发）的成本，是指纳税人房地产开发项目实际发生的成本（以下简称房地产开发成本），包括土地征用及拆迁补偿费、前期工程费、建筑安装工程费、基础设施费、公共配套设施费、开发间接费用。

土地征用及拆迁补偿费，包括土地征用费、耕地占用税、劳动力安置费及有关地上、地下附着物拆迁补偿的净支出、安置动迁用房支出等。

前期工程费，包括规划、设计、项目可行性研究和水文、地质、勘察、测绘、"三通一平"等支出。

建筑安装工程费，是指以出包方式支付给承包单位的建筑安装工程费，以自营方式发生的建筑安装工程费。

基础设施费，包括开发小区内道路、供水、供电、供气、排污、排洪、通讯、照明、环卫、绿化等工程发生的支出。

公共配套设施费，包括不能有偿转让的开发小区内公共配套设施发生的支出。

开发间接费用,是指直接组织、管理开发项目发生的费用,包括工资、职工福利费、折旧费、修理费、办公费、水电费、劳动保护费、周转房摊销等。

(三)开发土地和新建房及配套设施的费用(以下简称房地产开发费用),是指与房地产开发项目有关的销售费用、管理费用、财务费用。

财务费用中的利息支出,凡能够按转让房地产项目计算分摊并提供金融机构证明的,允许据实扣除,但最高不能超过按商业银行同类同期贷款利率计算的金额。其他房地产开发费用,按本条(一)、(二)项规定计算的金额之和的5%以内计算扣除。

凡不能按转让房地产项目计算分摊利息支出或不能提供金融机构证明的,房地产开发费用按本条(一)、(二)项规定计算的金额之和的10%以内计算扣除。

上述计算扣除的具体比例,由各省、自治区、直辖市人民政府规定。

(四)旧房及建筑物的评估价格,是指在转让已使用的房屋及建筑物时,由政府批准设立的房地产评估机构评定的重置成本价乘以成新度折扣率后的价格。评估价格须经当地税务机关确认。

(五)与转让房地产有关的税金,是指在转让房地产时缴纳的营业税、城市维护建设税、印花税。因转让房地产交纳的教育费附加,也可视同税金予以扣除。

(六)根据条例第六条(五)项规定,对从事房地产开发的纳税人可按本条(一)、(二)项规定计算的金额之和,加计20%的扣除。

第八条　土地增值税以纳税人房地产成本核算的最基本的核算项目或核算对象为单位计算。

第九条　纳税人成片受让土地使用权后,分期分批开发、转让房地产的,其扣除项目金额的确定,可按转让土地使用权的面积占总面积的比例计算分摊,或按建筑面积计算分摊,也可按税务机关确认的其他方式计算分摊。

第十条　条例第七条所列四级超率累进税率,每级"增值额未超过扣除项目金额"的比例,均包括本比例数。

计算土地增值税税额,可按增值额乘以适用的税率减去扣除项目金额乘以速算扣除系数的简便方法计算,具体公式如下:

(一)增值额未超过扣除项目金额50%

土地增值税税额=增值额×30%

(二)增值额超过扣除项目金额50%,未超过100%的

土地增值税税额=增值额×40%－扣除项目金额×5%

(三)增值额超过扣除项目金额100%,未超过200%的

土地增值税税额=增值额×50%－扣除项目金额×15%

(四)增值额超过扣除项目金额200%

土地增值税税额=增值额×60%－扣除项目金额×35%

公式中的5%、15%、35%为速算扣除系数。

第十一条　条例第八条(一)项所称的普通标准住宅,是指按所在地一般民用住宅标准建造的居住用住宅。高级公寓、别墅、度假村等不属于普通标准住宅。普通标准住宅与其他住宅的具体划分界限由各省、自治区、直辖市人民政府规定。

纳税人建造普通标准住宅出售,增值额未超过本细则第七条(一)、(二)、(三)、(五)、(六)项扣除项目金额之和20%的,免征土地增值税;增值额超过扣除项目金额之和20%的,应就其全部增值额按规定计税。

条例第八条(二)项所称的因国家建设需要依法征用、收回的房地产,是指因城市实施规划、国家建设的需要而被政府批准征用的房产或收回的土地使用权。

因城市实施规划、国家建设的需要而搬迁,由纳税人自行转让原房地产的,比照本规定免征土地增值税。

符合上述免税规定的单位和个人,须向房地产所在地税务机关提出免税申请,经税务机关审核后,免予征收土地增值税。

第十二条　个人因工作调动或改善居住条件而转让原自用住房,经向税务机关申报核准,凡居住满5年或5年以上的,免予征收土地增值税;居住满3年未满5年的,减半征收土地增值税。居住未满3年的,按规定计征土地增值税。

第十三条　条例第九条所称的房地产评估价格,是指由政府批准设立的房地产评估机构根据相同地段、同类房地产进行综合评定的价格。评估价格须经当地税务机关确认。

第十四条　条例第九条(一)项所称的隐瞒、虚报房地产成交价格,是指纳税人不报或有意低报转让土地使用权、地上建筑物及其附着物价款的行为。

条例第九条(二)项所称的提供扣除项目金额不实的,是指纳税人在纳税申报时不据实提供扣除项目金额的行为。

条例第九条(三)项所称的转让房地产的成交价格低于房地产评估价格,又无正当理由的,是指纳税人申报的转让房地产的实际成交价低于房地产评估机构评定的交易价,纳税人又不能提供凭据或无正当理由的行为。

隐瞒、虚报房地产成交价格,应由评估机构参照同类房地产的市场交易价格进行评估。税务机关根据评估价格确定转让房地产的收入。

提供扣除项目金额不实的,应由评估机构按照房屋重置成本价乘以成新度折扣率计算的房屋成本价和取得土地使用权时的基准地价进行评估。税务机关根据评估价格确定扣除项目金额。

转让房地产的成交价格低于房地产评估价格,又无正当理由的,由税务机关参照房地产评估价格确定转让房地产的收入。

第十五条 根据条例第十条的规定,纳税人应按照下列程序办理纳税手续:

(一)纳税人应在转让房地产合同签订后的7日内,到房地产所在地主管税务机关办理纳税申报,并向税务机关提交房屋及建筑物产权、土地使用权证书,土地转让、房产买卖合同,房地产评估报告及其他与转让房地产有关的资料。

纳税人因经常发生房地产转让而难以在每次转让后申报的,经税务机关审核同意后,可以定期进行纳税申报,具体期限由税务机关根据情况确定。

(二)纳税人按照税务机关核定的税额及规定的期限缴纳土地增值税。

第十六条 纳税人在项目全部竣工结算前转让房地产取得的收入,由于涉及成本确定或其他原因,而无法据以计算土地增值税的,可以预征土地增值税,待该项目全部竣工、办理结算后再进行清算,多退少补。具体办法由各省、自治区、直辖市地方税务局根据当地情况制定。

第十七条 条例第十条所称的房地产所在地,是指房地产的座落地。纳税人转让的房地产座落在两个或两个以上地区的,应按房地产所在地分别申报纳税。

第十八条 条例第十一条所称的土地管理部门、房产管理部门应当向税务机关提供有关资料,是指向房地产所在地主管税务机关提供有关房屋及建筑物产权、土地使用权、土地出让金数额、土地基准地价、房地产市场交易价格及权属变更等方面的资料。

第十九条 纳税人未按规定提供房屋及建筑物产权、土地使用权证书,土地转让、房产买卖合同,房地产评估报告及其他与转让房地产有关资料的,按照《中华人民共和国税收征收管理法》(以下简称《征管法》)第三十九条的规定进行处理。

纳税人不如实申报房地产交易额及规定扣除项目金额造成少缴或未缴税款的,按照《征管法》第四十条的规定进行处理。

第二十条 土地增值税以人民币为计算单位。转让房地产所取得的收入为外国货币的,以取得收入当天或当月1日国家公布的市场汇价折合成人民币,据以计算应纳土地增值税税额。

第二十一条 条例第十五条所称的各地区的土地增值费征收办法是指与本条例规定的计征对象相同的土地增值费、土地收益金等征收办法。

第二十二条 本细则由财政部解释,或者由国家税务总局解释。

第二十三条 本细则自发布之日起施行。

第二十四条 1994年1月1日至本细则发布之日期间的土地增值税参照本细则的规定计算征收。

财政部、国家税务总局关于土地增值税若干问题的通知①

· 2006年3月2日
· 财税〔2006〕21号

各省、自治区、直辖市、计划单列市财政厅(局)、地方税务局,新疆生产建设兵团财务局:

根据《中华人民共和国土地增值税暂行条例》(以下简称《条例》)及其实施细则和有关规定精神,现将土地增值税有关问题明确如下:

一、关于纳税人建造普通标准住宅出售和居民个人转让普通住宅的征免税问题

《条例》第八条中"普通标准住宅"和《财政部、国家税务总局关于调整房地产市场若干税收政策的通知》(财税字〔1999〕210号)第三条中"普通住宅"的认定,一律按各省、自治区、直辖市人民政府根据《国务院办公厅转发建设部等部门关于做好稳定住房价格工作意见的通知》(国办发〔2005〕26号)制定并对社会公布的"中小套型、中低价位普通住房"的标准执行。纳税人既建造普通

---

① 本法通知第五条已被《财政部、国家税务总局关于企业改制重组有关土地增值税政策的通知》废止。

住宅,又建造其他商品房的,应分别核算土地增值额。

在本文件发布之日前已向房地产所在地地方税务机关提出免税申请,并经税务机关按各省、自治区、直辖市人民政府原来确定的普通标准住宅的标准审核确定,免征土地增值税的普通标准住宅,不做追溯调整。

二、关于转让旧房准予扣除项目的计算问题

纳税人转让旧房及建筑物,凡不能取得评估价格,但能提供购房发票的,经当地税务部门确认,《条例》第六条第(一)、(三)项规定的扣除项目的金额,可按发票所载金额并从购买年度起至转让年度止每年加计5%计算。对纳税人购房时缴纳的契税,凡能提供契税完税凭证的,准予作为"与转让房地产有关的税金"予以扣除,但不作为加计5%的基数。

对于转让旧房及建筑物,既没有评估价格,又不能提供购房发票的,地方税务机关可以根据《中华人民共和国税收征收管理法》(以下简称《税收征管法》)第35条的规定,实行核定征收。

三、关于土地增值税的预征和清算问题

各地要进一步完善土地增值税预征办法,根据本地区房地产业增值水平和市场发展情况,区别普通住房、非普通住房和商用房等不同类型,科学合理地确定预征率,并适时调整。工程项目竣工结算后,应及时进行清算,多退少补。

对未按预征规定期限预缴税款的,应根据《税收征管法》及其实施细则的有关规定,从限定的缴纳税款期限届满的次日起,加收滞纳金。

对已竣工验收的房地产项目,凡转让的房地产的建筑面积占整个项目可售建筑面积的比例在85%以上的,税务机关可以要求纳税人按照转让房地产的收入与扣除项目金额配比的原则,对已转让的房地产进行土地增值税的清算。具体清算办法由各省、自治区、直辖市和计划单列市地方税务局规定。

四、关于因城市实施规划、国家建设需要而搬迁,纳税人自行转让房地产的征免税问题

《中华人民共和国土地增值税暂行条例实施细则》第十一条第四款所称:因"城市实施规划"而搬迁,是指因旧城改造或因企业污染、扰民(指产生过量废气、废水、废渣和噪音,使城市居民生活受到一定危害),而由政府或政府有关主管部门根据已审批通过的城市规划确定进行搬迁的情况;因"国家建设的需要"而搬迁,是指因实施国务院、省级人民政府、国务院有关部委批准的建设项目而进行搬迁的情况。

五、关于以房地产进行投资或联营的征免税问题

对于以土地(房地产)作价入股进行投资或联营的,凡所投资、联营的企业从事房地产开发的,或者房地产开发企业以其建造的商品房进行投资和联营的,均不适用《财政部、国家税务总局关于土地增值税一些具体问题规定的通知》(财税字〔1995〕048号)第一条暂免征收土地增值税的规定。

六、本文自2006年3月2日起执行。

土地增值税清算管理规程

· 2009年5月12日
· 国税发〔2009〕91号

第一章 总 则

第一条 为了加强土地增值税征收管理,规范土地增值税清算工作,根据《中华人民共和国税收征收管理法》及其实施细则、《中华人民共和国土地增值税暂行条例》及其实施细则等规定,制定本规程(以下简称《规程》)。

第二条 《规程》适用于房地产开发项目土地增值税清算工作。

第三条 《规程》所称土地增值税清算,是指纳税人在符合土地增值税清算条件后,依照税收法律、法规及土地增值税有关政策规定,计算房地产开发项目应缴纳的土地增值税税额,并填写《土地增值税清算申报表》,向主管税务机关提供有关资料,办理土地增值税清算手续,结清该房地产项目应缴纳土地增值税税款的行为。

第四条 纳税人应当如实申报应缴纳的土地增值税税额,保证清算申报的真实性、准确性和完整性。

第五条 税务机关应当为纳税人提供优质纳税服务,加强土地增值税政策宣传辅导。

主管税务机关应及时对纳税人清算申报的收入、扣除项目金额、增值额、增值率以及税款计算等情况进行审核,依法征收土地增值税。

第二章 前期管理

第六条 主管税务机关应加强房地产开发项目的日常税收管理,实施项目管理。主管税务机关应从纳税人取得土地使用权开始,按项目分别建立档案、设置台账,对纳税人项目立项、规划设计、施工、预售、竣工验收、工程结算、项目清盘等房地产开发全过程情况实行跟踪监控,做到税务管理与纳税人项目开发同步。

第七条 主管税务机关对纳税人项目开发期间的会

计核算工作应当积极关注,对纳税人分期开发项目或者同时开发多个项目的,应督促纳税人根据清算要求按不同期间和不同项目合理归集有关收入、成本、费用。

第八条 对纳税人分期开发项目或者同时开发多个项目的,有条件的地区,主管税务机关可结合发票管理规定,对纳税人实施项目专用票据管理措施。

第三章 清算受理

第九条 纳税人符合下列条件之一的,应进行土地增值税的清算。

（一）房地产开发项目全部竣工、完成销售的；

（二）整体转让未竣工决算房地产开发项目的；

（三）直接转让土地使用权的。

第十条 对符合以下条件之一的,主管税务机关可要求纳税人进行土地增值税清算。

（一）已竣工验收的房地产开发项目,已转让的房地产建筑面积占整个项目可售建筑面积的比例在85%以上,或该比例虽未超过85%,但剩余的可售建筑面积已经出租或自用的；

（二）取得销售（预售）许可证满三年仍未销售完毕的；

（三）纳税人申请注销税务登记但未办理土地增值税清算手续的；

（四）省（自治区、直辖市、计划单列市）税务机关规定的其他情况。

对前款所列第（三）项情形,应在办理注销登记前进行土地增值税清算。

第十一条 对于符合本规程第九条规定,应进行土地增值税清算的项目,纳税人应当在满足条件之日起90日内到主管税务机关办理清算手续。对于符合本规程第十条规定税务机关可要求纳税人进行土地增值税清算的项目,由主管税务机关确定是否进行清算；对于确定需要进行清算的项目,由主管税务机关下达清算通知,纳税人应当在收到清算通知之日起90日内办理清算手续。

应进行土地增值税清算的纳税人或经主管税务机关确定需要进行清算的纳税人,在上述规定的期限内拒不清算或不提供清算资料的,主管税务机关可依据《中华人民共和国税收征收管理法》有关规定处理。

第十二条 纳税人清算土地增值税时应提供的清算资料：

（一）土地增值税清算表及其附表（参考表样见附件,各地可根据本地实际情况制定）。

（二）房地产开发项目清算说明,主要内容应包括房地产开发项目立项、用地、开发、销售、关联方交易、融资、税款缴纳等基本情况及主管税务机关需要了解的其他情况。

（三）项目竣工决算报表、取得土地使用权所支付的地价款凭证、国有土地使用权出让合同、银行贷款利息结算通知单、项目工程合同结算单、商品房购销合同统计表、销售明细表、预售许可证等与转让房地产的收入、成本和费用有关的证明资料。主管税务机关需要相应项目记账凭证的,纳税人还应提供记账凭证复印件。

（四）纳税人委托税务中介机构审核鉴证的清算项目,还应报送中介机构出具的《土地增值税清算税款鉴证报告》。

第十三条 主管税务机关收到纳税人清算资料后,对符合清算条件的项目,且报送的清算资料完备的,予以受理；对纳税人符合清算条件、但报送的清算资料不全的,应要求纳税人在规定限期内补报,纳税人在规定的期限内补齐清算资料后,予以受理；对不符合清算条件的项目,不予受理。上述具体期限由各省、自治区、直辖市、计划单列市税务机关确定。主管税务机关已受理的清算申请,纳税人无正当理由不得撤销。

第十四条 主管税务机关按照本规程第六条进行项目管理时,对符合税务机关可要求纳税人进行清算情形的,应当作出评估,并经分管领导批准,确定何时要求纳税人进行清算的时间。对确定暂不通知清算的,应继续做好项目管理,每年作出评估,及时确定清算时间并通知纳税人办理清算。

第十五条 主管税务机关受理纳税人清算资料后,应在一定期限内及时组织清算审核。具体期限由各省、自治区、直辖市、计划单列市税务机关确定。

第四章 清算审核

第十六条 清算审核包括案头审核、实地审核。

案头审核是指对纳税人报送的清算资料进行数据、逻辑审核,重点审核项目归集的一致性、数据计算准确性等。

实地审核是指在案头审核的基础上,通过对房地产开发项目实地查验等方式,对纳税人申报情况的客观性、真实性、合理性进行审核。

第十七条 清算审核时,应审核房地产开发项目是否以国家有关部门审批、备案的项目为单位进行清算；对于分期开发的项目,是否以分期项目为单位清算；对不同类型房地产是否分别计算增值额、增值率,缴纳土地增值税。

第十八条 审核收入情况时，应结合销售发票、销售合同(含房管部门网上备案登记资料)、商品房销售(预售)许可证、房产销售分户明细表及其他有关资料，重点审核销售明细表、房地产销售面积与项目可售面积的数据关联性，以核实计税收入；对销售合同所载商品房面积与有关部门实际测量面积不一致，而发生补、退房款的收入调整情况进行审核；对销售价格进行评估，审核有无价格明显偏低情况。

必要时，主管税务机关可通过实地查验，确认有无少计、漏计事项，确认有无将开发产品用于职工福利、奖励、对外投资、分配给股东或投资人、抵偿债务、换取其他单位和个人的非货币性资产等情况。

第十九条 非直接销售和自用房地产的收入确定

(一)房地产开发企业将开发产品用于职工福利、奖励、对外投资、分配给股东或投资人、抵偿债务、换取其他单位和个人的非货币性资产等，发生所有权转移时应视同销售房地产，其收入按下列方法和顺序确认：

1. 按本企业在同一地区、同一年度销售的同类房地产的平均价格确定；

2. 由主管税务机关参照当地当年、同类房地产的市场价格或评估价值确定。

(二)房地产开发企业将开发的部分房地产转为企业自用或用于出租等商业用途时，如果产权未发生转移，不征收土地增值税，在税款清算时不列收入，不扣除相应的成本和费用。

第二十条 土地增值税扣除项目审核的内容包括：

(一)取得土地使用权所支付的金额。

(二)房地产开发成本，包括：土地征用及拆迁补偿费、前期工程费、建筑安装工程费、基础设施费、公共配套设施费、开发间接费用。

(三)房地产开发费用。

(四)与转让房地产有关的税金。

(五)国家规定的其他扣除项目。

第二十一条 审核扣除项目是否符合下列要求：

(一)在土地增值税清算中，计算扣除项目金额时，其实际发生的支出应当取得但未取得合法凭据的不得扣除。

(二)扣除项目金额中所归集的各项成本和费用，必须是实际发生的。

(三)扣除项目金额应当准确地在各扣除项目中分别归集，不得混淆。

(四)扣除项目金额中所归集的各项成本和费用必须是在清算项目开发中直接发生的或应当分摊的。

(五)纳税人分期开发项目或者同时开发多个项目的，或者同一项目中建造不同类型房地产的，应按照受益对象，采用合理的分配方法，分摊共同的成本费用。

(六)对同一类事项，应当采取相同的会计政策或处理方法。会计核算与税务处理规定不一致的，以税务处理规定为准。

第二十二条 审核取得土地使用权支付金额和土地征用及拆迁补偿费时应当重点关注：

(一)同一宗土地有多个开发项目，是否予以分摊，分摊办法是否合理、合规，具体金额的计算是否正确。

(二)是否存在将房地产开发费用记入取得土地使用权支付金额以及土地征用及拆迁补偿费的情形。

(三)拆迁补偿费是否实际发生，尤其是支付给个人的拆迁补偿款，拆迁(回迁)合同和签收花名册或签收凭证是否一一对应。

第二十三条 审核前期工程费、基础设施费时应当重点关注：

(一)前期工程费、基础设施费是否真实发生，是否存在虚列情形。

(二)是否将房地产开发费用记入前期工程费、基础设施费。

(三)多个(或分期)项目共同发生的前期工程费、基础设施费，是否按项目合理分摊。

第二十四条 审核公共配套设施费时应当重点关注：

(一)公共配套设施的界定是否准确，公共配套设施费是否真实发生，有无预提的公共配套设施费情况。

(二)是否将房地产开发费用记入公共配套设施费。

(三)多个(或分期)项目共同发生的公共配套设施费，是否按项目合理分摊。

第二十五条 审核建筑安装工程费时应当重点关注：

(一)发生的费用是否与决算报告、审计报告、工程结算报告、工程施工合同记载的内容相符。

(二)房地产开发企业自购建筑材料时，自购建材费用是否重复计算扣除项目。

(三)参照当地当期同类开发项目单位平均建安成本或当地建设部门公布的单位定额成本，验证建筑安装工程费支出是否存在异常。

(四)房地产开发企业采用自营方式自行施工建设的，还应当关注有无虚列、多列施工人工费、材料费、机械使用费等情况。

（五）建筑安装发票是否在项目所在地税务机关开具。

第二十六条 审核开发间接费用时应当重点关注：

（一）是否存在将企业行政管理部门（总部）为组织和管理生产经营活动而发生的管理费用记入开发间接费用的情形。

（二）开发间接费用是否真实发生，有无预提开发间接费用的情况，取得的凭证是否合法有效。

第二十七条 审核利息支出时应当重点关注：

（一）是否将利息支出从房地产开发成本中调整至开发费用。

（二）分期开发项目或者同时开发多个项目的，其取得的一般性贷款的利息支出，是否按照项目合理分摊。

（三）利用闲置专项借款对外投资取得收益，其收益是否冲减利息支出。

第二十八条 代收费用的审核。

对于县级以上人民政府要求房地产开发企业在售房时代收的各项费用，审核其代收费用是否计入房价并向购买方一并收取；当代收费用计入房价时，审核有无将代收费用计入加计扣除以及房地产开发费用计算基数的情形。

第二十九条 关联方交易行为的审核。

在审核收入和扣除项目时，应重点关注关联企业交易是否按照公允价值和营业常规进行业务往来。

应当关注企业大额应付款余额，审核交易行为是否真实。

第三十条 纳税人委托中介机构审核鉴证的清算项目，主管税务机关应当采取适当方法对有关鉴证报告的合法性、真实性进行审核。

第三十一条 对纳税人委托中介机构审核鉴证的清算项目，主管税务机关未采信或部分未采信鉴证报告的，应当告知其理由。

第三十二条 土地增值税清算审核结束，主管税务机关应当将审核结果书面通知纳税人，并确定办理补、退税期限。

第五章 核定征收

第三十三条 在土地增值税清算过程中，发现纳税人符合核定征收条件的，应按核定征收方式对房地产项目进行清算。

第三十四条 在土地增值税清算中符合以下条件之一的，可实行核定征收。

（一）依照法律、行政法规的规定应当设置但未设置账簿的；

（二）擅自销毁账簿或者拒不提供纳税资料的；

（三）虽设置账簿，但账目混乱或者成本资料、收入凭证、费用凭证残缺不全，难以确定转让收入或扣除项目金额的；

（四）符合土地增值税清算条件，企业未按照规定的期限办理清算手续，经税务机关责令限期清算，逾期仍不清算的；

（五）申报的计税依据明显偏低，又无正当理由的。

第三十五条 符合上述核定征收条件的，由主管税务机关发出核定征收的税务事项告知书后，税务人员对房地产项目开展土地增值税核定征收核查，经主管税务机关审核合议，通知纳税人申报缴纳应补缴税款或办理退税。

第三十六条 对于分期开发的房地产项目，各期清算的方式应保持一致。

第六章 其他

第三十七条 土地增值税清算资料应按照档案化管理的要求，妥善保存。

第三十八条 本规程自2009年6月1日起施行，各省（自治区、直辖市、计划单列市）税务机关可结合本地实际，对本规程进行进一步细化。

附件：

1. 土地增值税纳税申报表（从事房地产开发的纳税人适用）（略）①

2. 各类附表（略）

国家税务总局关于土地增值税清算有关问题的通知

· 2010年5月19日
· 国税函〔2010〕220号

各省、自治区、直辖市地方税务局，宁夏、西藏、青海省（自治区）国家税务局：

为了进一步做好土地增值税清算工作，根据《中华人民共和国土地增值税暂行条例》及实施细则的规定，现将土地增值税清算工作中有关问题通知如下：

一、关于土地增值税清算时收入确认的问题

土地增值税清算时，已全额开具商品房销售发票的，按照发票所载金额确认收入；未开具发票或未全额开具

---

① 附表已被《国家税务总局关于修订土地增值税纳税申报表的通知》修改。

发票的，以交易双方签订的销售合同所载的售房金额及其他收益确认收入。销售合同所载商品房面积与有关部门实际测量面积不一致，在清算前已发生补、退房款的，应在计算土地增值税时予以调整。

二、房地产开发企业未支付的质量保证金，其扣除项目金额的确定问题

房地产开发企业在工程竣工验收后，根据合同约定，扣留建筑安装施工企业一定比例的工程款，作为开发项目的质量保证金，在计算土地增值税时，建筑安装施工企业就质量保证金对房地产开发企业开具发票的，按发票所载金额予以扣除；未开具发票的，扣留的质保金不得计算扣除。

三、房地产开发费用的扣除问题

（一）财务费用中的利息支出，凡能够按转让房地产项目计算分摊并提供金融机构证明的，允许据实扣除，但最高不能超过按商业银行同类同期贷款利率计算的金额。其他房地产开发费用，在按照"取得土地使用权所支付的金额"与"房地产开发成本"金额之和的5%以内计算扣除。

（二）凡不能按转让房地产项目计算分摊利息支出或不能提供金融机构证明的，房地产开发费用在按"取得土地使用权所支付的金额"与"房地产开发成本"金额之和的10%以内计算扣除。

全部使用自有资金，没有利息支出的，按照以上方法扣除。

上述具体适用的比例按省级人民政府此前规定的比例执行。

（三）房地产开发企业既向金融机构借款，又有其他借款的，其房地产开发费用计算扣除时不能同时适用本条（一）、（二）项所述两种办法。

（四）土地增值税清算时，已经计入房地产开发成本的利息支出，应调整至财务费用中计算扣除。

四、房地产企业逾期开发缴纳的土地闲置费的扣除问题

房地产开发企业逾期开发缴纳的土地闲置费不得扣除。

五、房地产开发企业取得土地使用权时支付的契税的扣除问题

房地产开发企业为取得土地使用权所支付的契税，应视同"按国家统一规定交纳的有关费用"，计入"取得土地使用权所支付的金额"中扣除。

六、关于拆迁安置土地增值税计算问题

（一）房地产企业用建造的本项目房地产安置回迁户的，安置用房视同销售处理，按《国家税务总局关于房地产开发企业土地增值税清算管理有关问题的通知》（国税发〔2006〕187号）第三条第（一）款规定确认收入，同时将此确认为房地产开发项目的拆迁补偿费。房地产开发企业支付给回迁户的补差价款，计入拆迁补偿费；回迁户支付给房地产开发企业的补差价款，应抵减本项目拆迁补偿费。

（二）开发企业采取异地安置，异地安置的房屋属于自行开发建造的，房屋价值按国税发〔2006〕187号第三条第（一）款的规定计算，计入本项目的拆迁补偿费；异地安置的房屋属于购入的，以实际支付的购房支出计入拆迁补偿费。

（三）货币安置拆迁的，房地产开发企业凭合法有效凭据计入拆迁补偿费。

七、关于转让旧房准予扣除项目的加计问题

《财政部 国家税务总局关于土地增值税若干问题的通知》（财税〔2006〕21号）第二条第一款规定"纳税人转让旧房及建筑物，凡不能取得评估价格，但能提供购房发票的，经当地税务部门确认，《条例》第六条第（一）、（三）项规定的扣除项目的金额，可按发票所载金额并从购买年度起至转让年度止每年加计5%计算"。计算扣除项目时"每年"按购房发票所载日期起至售房发票开具之日止，每满12个月计一年；超过一年，未满12个月但超过6个月的，可以视同为一年。

八、土地增值税清算后应补缴的土地增值税加收滞纳金问题

纳税人按规定预缴土地增值税后，清算补缴的土地增值税，在主管税务机关规定的期限内补缴的，不加收滞纳金。

国家税务总局关于房地产开发企业土地增值税清算管理有关问题的通知

- 2006年12月28日国税发〔2006〕187号公布
- 根据2018年6月15日《国家税务总局关于修改部分税收规范性文件的公告》修正

各省、自治区、直辖市和计划单列市地方税务局，西藏、宁夏自治区国家税务局：

为进一步加强房地产开发企业土地增值税清算管理工作，根据《中华人民共和国税收征收管理法》、《中华人民共和国土地增值税暂行条例》及有关规定，现就有关问题通知如下：

一、土地增值税的清算单位

土地增值税以国家有关部门审批的房地产开发项目为单位进行清算,对于分期开发的项目,以分期项目为单位清算。

开发项目中同时包含普通住宅和非普通住宅的,应分别计算增值额。

二、土地增值税的清算条件

(一)符合下列情形之一的,纳税人应进行土地增值税的清算:

1. 房地产开发项目全部竣工、完成销售的;
2. 整体转让未竣工决算房地产开发项目的;
3. 直接转让土地使用权的。

(二)符合下列情形之一的,主管税务机关可要求纳税人进行土地增值税清算:

1. 已竣工验收的房地产开发项目,已转让的房地产建筑面积占整个项目可售建筑面积的比例在85%以上,或该比例虽未超过85%,但剩余的可售建筑面积已经出租或自用的;
2. 取得销售(预售)许可证满三年仍未销售完毕的;
3. 纳税人申请注销税务登记但未办理土地增值税清算手续的;
4. 省税务机关规定的其他情况。

三、非直接销售和自用房地产的收入确定

(一)房地产开发企业将开发产品用于职工福利、奖励、对外投资、分配给股东或投资人、抵偿债务、换取其他单位和个人的非货币性资产等,发生所有权转移时应视同销售房地产,其收入按下列方法和顺序确认:

1. 按本企业在同一地区、同一年度销售的同类房地产的平均价格确定;
2. 由主管税务机关参照当地当年、同类房地产的市场价格或评估价值确定。

(二)房地产开发企业将开发的部分房地产转为企业自用或用于出租等商业用途时,如果产权未发生转移,不征收土地增值税,在税款清算时不列收入,不扣除相应的成本和费用。

四、土地增值税的扣除项目

(一)房地产开发企业办理土地增值税清算时计算与清算项目有关的扣除项目金额,应根据土地增值税暂行条例第六条及其实施细则第七条的规定执行。除另有规定外,扣除取得土地使用权所支付的金额、房地产开发成本、费用及与转让房地产有关税金,须提供合法有效凭证;不能提供合法有效凭证的,不予扣除。

(二)房地产开发企业办理土地增值税清算所附送的前期工程费、建筑安装工程费、基础设施费、开发间接费用的凭证或资料不符合清算要求或不实的,税务机关可参照当地建设工程造价管理部门公布的建安造价定额资料,结合房屋结构、用途、区位等因素,核定上述四项开发成本的单位面积金额标准,并据以计算扣除。具体核定方法由省税务机关确定。

(三)房地产开发企业开发建造的与清算项目配套的居委会和派出所用房、会所、停车场(库)、物业管理场所、变电站、热力站、水厂、文体场馆、学校、幼儿园、托儿所、医院、邮电通讯等公共设施,按以下原则处理:

1. 建成后产权属于全体业主所有的,其成本、费用可以扣除;
2. 建成后无偿移交给政府、公用事业单位用于非营利性社会公共事业的,其成本、费用可以扣除;
3. 建成后有偿转让的,应计算收入,并准予扣除成本、费用。

(四)房地产开发企业销售已装修的房屋,其装修费用可以计入房地产开发成本。

房地产开发企业的预提费用,除另有规定外,不得扣除。

(五)属于多个房地产项目共同的成本费用,应按清算项目可售建筑面积占多个项目可售总建筑面积的比例或其他合理的方法,计算确定清算项目的扣除金额。

五、土地增值税清算应报送的资料

符合本通知第二条第(一)项规定的纳税人,须在满足清算条件之日起90日内到主管税务机关办理清算手续;符合本通知第二条第(二)项规定的纳税人,须在主管税务机关限定的期限内办理清算手续。

纳税人办理土地增值税清算应报送以下资料:

(一)房地产开发企业清算土地增值税书面申请、土地增值税纳税申报表;

(二)项目竣工决算报表、取得土地使用权所支付的地价款凭证、国有土地使用权出让合同、银行贷款利息结算通知单、项目工程合同结算单、商品房购销合同统计表等与转让房地产的收入、成本和费用有关的证明资料;

(三)主管税务机关要求报送的其他与土地增值税清算有关的证明资料等。

纳税人委托税务中介机构审核鉴证的清算项目,还应报送中介机构出具的《土地增值税清算税款鉴证报告》。

六、土地增值税清算项目的审核鉴证

税务中介机构受托对清算项目审核鉴证时，应按税务机关规定的格式对审核鉴证情况出具鉴证报告。对符合要求的鉴证报告，税务机关可以采信。

税务机关要对从事土地增值税清算鉴证工作的税务中介机构在准入条件、工作程序、鉴证内容、法律责任等方面提出明确要求，并做好必要的指导和管理工作。

七、土地增值税的核定征收

房地产开发企业有下列情形之一的，税务机关可以参照与其开发规模和收入水平相近的当地企业的土地增值税税负情况，按不低于预征率的征收率核定征收土地增值税：

（一）依照法律、行政法规的规定应当设置但未设置账簿的；

（二）擅自销毁账簿或者拒不提供纳税资料的；

（三）虽设置账簿，但账目混乱或者成本资料、收入凭证、费用凭证残缺不全，难以确定转让收入或扣除项目金额的；

（四）符合土地增值税清算条件，未按照规定的期限办理清算手续，经税务机关责令限期清算，逾期仍不清算的；

（五）申报的计税依据明显偏低，又无正当理由的。

八、清算后再转让房地产的处理

在土地增值税清算时未转让的房地产，清算后销售或有偿转让的，纳税人应按规定进行土地增值税的纳税申报，扣除项目金额按清算时的单位建筑面积成本费用乘以销售或转让面积计算。

单位建筑面积成本费用=清算时的扣除项目总金额÷清算的总建筑面积

本通知自2007年2月1日起执行。各省税务机关可依据本通知的规定并结合当地实际情况制定具体清算管理办法。

国家税务总局关于房地产开发企业土地增值税清算涉及企业所得税退税有关问题的公告

· 2016年12月9日
· 国家税务总局公告2016年第81号

根据《中华人民共和国企业所得税法》及其实施条例、《中华人民共和国税收征收管理法》及其实施细则的相关规定，现就房地产开发企业（以下简称"企业"）由于土地增值税清算，导致多缴企业所得税的退税问题公告如下：

一、企业按规定对开发项目进行土地增值税清算后，当年企业所得税汇算清缴出现亏损且有其他后续开发项目的，该亏损应按照税法规定向以后年度结转，用以后年度所得弥补。后续开发项目，是指正在开发以及中标的项目。

二、企业按规定对开发项目进行土地增值税清算后，当年企业所得税汇算清缴出现亏损，且没有后续开发项目的，可以按照以下方法，计算出该项目由于土地增值税原因导致的项目开发各年度多缴企业所得税税款，并申请退税：

（一）该项目缴纳的土地增值税总额，应按照该项目开发各年度实现的项目销售收入占整个项目销售收入总额的比例，在项目开发各年度进行分摊，具体按以下公式计算：

各年度应分摊的土地增值税=土地增值税总额×(项目年度销售收入÷整个项目销售收入总额)

本公告所称销售收入包括视同销售房地产的收入，但不包括企业销售的增值额未超过扣除项目金额20%的普通标准住宅的销售收入。

（二）该项目开发各年度应分摊的土地增值税减去该年度已经在企业所得税税前扣除的土地增值税后，余额属于当年应补充扣除的土地增值税；企业应调整当年度的应纳税所得额，并按规定计算当年度应退的企业所得税税款；当年度已缴纳的企业所得税税款不足退税的，应作为亏损向以后年度结转，并调整以后年度的应纳税所得额。

（三）按照上述方法进行土地增值税分摊调整后，导致相应年度应纳税所得额出现正数的，应按规定计算缴纳企业所得税。

（四）企业按上述方法计算的累计退税额，不得超过其在该项目开发各年度累计实际缴纳的企业所得税；超过部分作为项目清算年度产生的亏损，向以后年度结转。

三、企业在申请退税时，应向主管税务机关提供书面材料说明应退企业所得税款的计算过程，包括该项目缴纳的土地增值税总额、项目销售收入总额、项目年度销售收入额、各年度应分摊的土地增值税和已经税前扣除的土地增值税、各年度的适用税率，以及是否存在后续开发项目等情况。

四、本公告自发布之日起施行。本公告发布之日前，企业凡已经对土地增值税进行清算且没有后续开发项目的，在本公告发布后仍存在尚未弥补的因土地增值税清算导致的亏损，按照本公告第二条规定的方法计算多缴企业所得税税款,并申请退税。

《国家税务总局关于房地产开发企业注销前有关企业所得税处理问题的公告》(国家税务总局公告2010年第29号)同时废止。

特此公告。

国家税务总局关于营改增后土地增值税若干征管规定的公告

· 2016年11月10日
· 国家税务总局公告2016年第70号

为进一步做好营改增后土地增值税征收管理工作,根据《中华人民共和国土地增值税暂行条例》及其实施细则、《财政部、国家税务总局关于营改增后契税、房产税、土地增值税、个人所得税计税依据问题的通知》(财税〔2016〕43号)等规定,现就土地增值税若干征管问题明确如下:

一、关于营改增后土地增值税应税收入确认问题

营改增后,纳税人转让房地产的土地增值税应税收入不含增值税。适用增值税一般计税方法的纳税人,其转让房地产的土地增值税应税收入不含增值税销项税额;适用简易计税方法的纳税人,其转让房地产的土地增值税应税收入不含增值税应纳税额。

为方便纳税人,简化土地增值税预征税款计算,房地产开发企业采取预收款方式销售自行开发的房地产项目的,可按照以下方法计算土地增值税预征计征依据:

土地增值税预征的计征依据=预收款-应预缴增值税税款

二、关于营改增后视同销售房地产的土地增值税应税收入确认问题

纳税人将开发产品用于职工福利、奖励、对外投资、分配给股东或投资人、抵偿债务、换取其他单位和个人的非货币性资产等,发生所有权转移时应视同销售房地产,其收入应按照《国家税务总局关于房地产开发企业土地增值税清算管理有关问题的通知》(国税发〔2006〕187号)第三条规定执行。纳税人安置回迁户,其拆迁安置用房应税收入和扣除项目的确认,应按照《国家税务总局关于土地增值税清算有关问题的通知》(国税函〔2010〕220号)第六条规定执行。

三、关于与转让房地产有关的税金扣除问题

(一)营改增后,计算土地增值税增值额的扣除项目中"与转让房地产有关的税金"不包括增值税。

(二)营改增后,房地产开发企业实际缴纳的城市维护建设税(以下简称"城建税")、教育费附加,凡能够按清算项目准确计算的,允许据实扣除。凡不能按清算项目准确计算的,则按该清算项目预缴增值税时实际缴纳的城建税、教育费附加扣除。

其他转让房地产行为的城建税、教育费附加扣除比照上述规定执行。

四、关于营改增前后土地增值税清算的计算问题

房地产开发企业在营改增后进行房地产开发项目土地增值税清算时,按以下方法确定相关金额:

(一)土地增值税应税收入=营改增前转让房地产取得的收入+营改增后转让房地产取得的不含增值税收入

(二)与转让房地产有关的税金=营改增前实际缴纳的营业税、城建税、教育费附加+营改增后允许扣除的城建税、教育费附加

五、关于营改增后建筑安装工程费支出的发票确认问题

营改增后,土地增值税纳税人接受建筑安装服务取得的增值税发票,应按照《国家税务总局关于全面推开营业税改征增值税试点有关税收征收管理事项的公告》(国家税务总局公告2016年第23号)规定,在发票的备注栏注明建筑服务发生地县(市、区)名称及项目名称,否则不得计入土地增值税扣除项目金额。

六、关于旧房转让时的扣除计算问题

营改增后,纳税人转让旧房及建筑物,凡不能取得评估价格,但能提供购房发票的,《中华人民共和国土地增值税暂行条例》第六条第一、三项规定的扣除项目的金额按照下列方法计算:

(一)提供的购房凭据为营改增前取得的营业税发票的,按照发票所载金额(不扣减营业税)并从购买年度起至转让年度止每年加计5%计算。

(二)提供的购房凭据为营改增后取得的增值税普通发票的,按照发票所载价税合计金额从购买年度起至转让年度止每年加计5%计算。

(三)提供的购房发票为营改增后取得的增值税专用发票的,按照发票所载不含增值税金额加上不允许抵扣的增值税进项税额之和,并从购买年度起至转让年度止每年加计5%计算。

本公告自公布之日起施行。

特此公告。

财政部、税务总局关于继续实施企业改制重组有关土地增值税政策的公告

· 2023年9月22日
· 财政部、税务总局公告2023年第51号

为支持企业改制重组，优化市场环境，现就继续执行有关土地增值税政策公告如下：

一、企业按照《中华人民共和国公司法》有关规定整体改制，包括非公司制企业改制为有限责任公司或股份有限公司，有限责任公司变更为股份有限公司，股份有限公司变更为有限责任公司，对改制前的企业将国有土地使用权、地上的建筑物及其附着物（以下称房地产）转移、变更到改制后的企业，暂不征收土地增值税。

本公告所称整体改制是指不改变原企业的投资主体，并承继原企业权利、义务的行为。

二、按照法律规定或者合同约定，两个或两个以上企业合并为一个企业，且原企业投资主体存续的，对原企业将房地产转移、变更到合并后的企业，暂不征收土地增值税。

三、按照法律规定或者合同约定，企业分设为两个或两个以上与原企业投资主体相同的企业，对原企业将房地产转移、变更到分立后的企业，暂不征收土地增值税。

四、单位、个人在改制重组时以房地产作价入股进行投资，对其将房地产转移、变更到被投资的企业，暂不征收土地增值税。

五、上述改制重组有关土地增值税政策不适用于房地产转移任意一方为房地产开发企业的情形。

六、改制重组后再转让房地产并申报缴纳土地增值税时，对"取得土地使用权所支付的金额"，按照改制重组前取得该宗国有土地使用权所支付的地价款和按国家统一规定缴纳的有关费用确定；经批准以国有土地使用权作价出资入股的，为作价入股时县级及以上自然资源部门批准的评估价格。按购房发票确定扣除项目金额的，按照改制重组前购房发票所载金额并从购买年度起至本次转让年度止每年加计5%计算扣除项目金额，购买年度是指购房发票所载日期的当年。

七、纳税人享受上述税收政策，应按相关规定办理。

八、本公告所称不改变原企业投资主体、投资主体相同，是指企业改制重组前后出资人不发生变动，出资人的出资比例可以发生变动；投资主体存续，是指原企业出资人必须存在于改制重组后的企业，出资人的出资比例可以发生变动。

九、本公告执行至2027年12月31日。

特此公告。

6. 耕地占用税

中华人民共和国耕地占用税法

· 2018年12月29日第十三届全国人民代表大会常务委员会第七次会议通过
· 2018年12月29日中华人民共和国主席令第18号公布
· 自2019年9月1日起施行

第一条 为了合理利用土地资源，加强土地管理，保护耕地，制定本法。

第二条 在中华人民共和国境内占用耕地建设建筑物、构筑物或者从事非农业建设的单位和个人，为耕地占用税的纳税人，应当依照本法规定缴纳耕地占用税。

占用耕地建设农田水利设施的，不缴纳耕地占用税。

本法所称耕地，是指用于种植农作物的土地。

第三条 耕地占用税以纳税人实际占用的耕地面积为计税依据，按照规定的适用税额一次性征收，应纳税额为纳税人实际占用的耕地面积（平方米）乘以适用税额。

第四条 耕地占用税的税额如下：

（一）人均耕地不超过一亩的地区（以县、自治县、不设区的市、市辖区为单位，下同），每平方米为十元至五十元；

（二）人均耕地超过一亩但不超过二亩的地区，每平方米为八元至四十元；

（三）人均耕地超过二亩但不超过三亩的地区，每平方米为六元至三十元；

（四）人均耕地超过三亩的地区，每平方米为五元至二十五元。

各地区耕地占用税的适用税额，由省、自治区、直辖市人民政府根据人均耕地面积和经济发展等情况，在前款规定的税额幅度内提出，报同级人民代表大会常务委员会决定，并报全国人民代表大会常务委员会和国务院备案。各省、自治区、直辖市耕地占用税适用税额的平均水平，不得低于本法所附《各省、自治区、直辖市耕地占用税平均税额表》规定的平均税额。

第五条 在人均耕地低于零点五亩的地区，省、自治区、直辖市可以根据当地经济发展情况，适当提高耕地占用税的适用税额，但提高的部分不得超过本法第四条第二款确定的适用税额的百分之五十。具体适用税额按照本法第四条第二款规定的程序确定。

第六条 占用基本农田的，应当按照本法第四条第二款或者第五条确定的当地适用税额，加按百分之一百五十征收。

第七条 军事设施、学校、幼儿园、社会福利机构、医疗机构占用耕地，免征耕地占用税。

铁路线路、公路线路、飞机场跑道、停机坪、港口、航道、水利工程占用耕地，减按每平方米二元的税额征收耕地占用税。

农村居民在规定用地标准以内占用耕地新建自用住宅，按照当地适用税额减半征收耕地占用税；其中农村居民经批准搬迁，新建自用住宅占用耕地不超过原宅基地面积的部分，免征耕地占用税。

农村烈士遗属、因公牺牲军人遗属、残疾军人以及符合农村最低生活保障条件的农村居民，在规定用地标准以内新建自用住宅，免征耕地占用税。

根据国民经济和社会发展的需要，国务院可以规定免征或者减征耕地占用税的其他情形，报全国人民代表大会常务委员会备案。

第八条 依照本法第七条第一款、第二款规定免征或者减征耕地占用税后，纳税人改变原占地用途，不再属于免征或者减征耕地占用税情形的，应当按照当地适用税额补缴耕地占用税。

第九条 耕地占用税由税务机关负责征收。

第十条 耕地占用税的纳税义务发生时间为纳税人收到自然资源主管部门办理占用耕地手续的书面通知的当日。纳税人应当自纳税义务发生之日起三十日内申报缴纳耕地占用税。

自然资源主管部门凭耕地占用税完税凭证或者免税凭证和其他有关文件发放建设用地批准书。

第十一条 纳税人因建设项目施工或者地质勘查临时占用耕地的，应当依照本法的规定缴纳耕地占用税。纳税人在批准临时占用耕地期满之日起一年内依法复垦，恢复种植条件的，全额退还已经缴纳的耕地占用税。

第十二条 占用园地、林地、草地、农田水利用地、养殖水面、渔业水域滩涂以及其他农用地建设建筑物、构筑物或者从事非农业建设的，依照本法的规定缴纳耕地占用税。

占用前款规定的农用地的，适用税额可以适当低于本地区按本法第四条第二款确定的适用税额，但降低的部分不得超过百分之五十。具体适用税额由省、自治区、直辖市人民政府提出，报同级人民代表大会常务委员会决定，并报全国人民代表大会常务委员会和国务院备案。

占用本条第一款规定的农用地建设直接为农业生产服务的生产设施的，不缴纳耕地占用税。

第十三条 税务机关应当与相关部门建立耕地占用税涉税信息共享机制和工作配合机制。县级以上地方人民政府自然资源、农业农村、水利等相关部门应当定期向税务机关提供农用地转用、临时占地等信息，协助税务机关加强耕地占用税征收管理。

税务机关发现纳税人的纳税申报数据资料异常或者纳税人未按规定期限申报纳税的，可以提请相关部门进行复核，相关部门应当自收到税务机关复核申请之日起三十日内向税务机关出具复核意见。

第十四条 耕地占用税的征收管理，依照本法和《中华人民共和国税收征收管理法》的规定执行。

第十五条 纳税人、税务机关及其工作人员违反本法规定的，依照《中华人民共和国税收征收管理法》和有关法律法规的规定追究法律责任。

第十六条 本法自2019年9月1日起施行。2007年12月1日国务院公布的《中华人民共和国耕地占用税暂行条例》同时废止。

附：

各省、自治区、直辖市耕地占用税平均税额表

省、自治区、直辖市	平均税额（元/平方米）
上海	45
北京	40
天津	35
江苏、浙江、福建、广东	30
辽宁、湖北、湖南	25
河北、安徽、江西、山东、河南、重庆、四川	22.5
广西、海南、贵州、云南、陕西	20
山西、吉林、黑龙江	17.5
内蒙古、西藏、甘肃、青海、宁夏、新疆	12.5

中华人民共和国耕地占用税法实施办法

· 2019年8月29日
· 财政部、税务总局、自然资源部、农业农村部、生态环境部公告2019年第81号

第一条 为了贯彻实施《中华人民共和国耕地占用税法》（以下简称税法），制定本办法。

第二条　经批准占用耕地的,纳税人为农用地转用审批文件中标明的建设用地人;农用地转用审批文件中未标明建设用地人的,纳税人为用地申请人,其中用地申请人为各级人民政府的,由同级土地储备中心、自然资源主管部门或政府委托的其他部门、单位履行耕地占用税申报纳税义务。

未经批准占用耕地的,纳税人为实际用地人。

第三条　实际占用的耕地面积,包括经批准占用的耕地面积和未经批准占用的耕地面积。

第四条　基本农田,是指依据《基本农田保护条例》划定的基本农田保护区范围内的耕地。

第五条　免税的军事设施,具体范围为《中华人民共和国军事设施保护法》规定的军事设施。

第六条　免税的学校,具体范围包括县级以上人民政府教育行政部门批准成立的大学、中学、小学、学历性职业教育学校和特殊教育学校,以及经省级人民政府或其人力资源社会保障行政部门批准成立的技工院校。

学校内经营性场所和教职工住房占用耕地的,按照当地适用税额缴纳耕地占用税。

第七条　免税的幼儿园,具体范围限于县级以上人民政府教育行政部门批准成立的幼儿园内专门用于幼儿保育、教育的场所。

第八条　免税的社会福利机构,具体范围限于依法登记的养老服务机构、残疾人服务机构、儿童福利机构、救助管理机构、未成年人救助保护机构内,专门为老年人、残疾人、未成年人、生活无着的流浪乞讨人员提供养护、康复、托管等服务的场所。

第九条　免税的医疗机构,具体范围限于县级以上人民政府卫生健康行政部门批准设立的医疗机构内专门从事疾病诊断、治疗活动的场所及其配套设施。

医疗机构内职工住房占用耕地的,按照当地适用税额缴纳耕地占用税。

第十条　减税的铁路线路,具体范围限于铁路路基、桥梁、涵洞、隧道及其按照规定两侧留地、防火隔离带。

专用铁路和铁路专用线占用耕地的,按照当地适用税额缴纳耕地占用税。

第十一条　减税的公路线路,具体范围限于经批准建设的国道、省道、县道、乡道和属于农村公路的村道的主体工程以及两侧边沟或者截水沟。

专用公路和城区内机动车道占用耕地的,按照当地适用税额缴纳耕地占用税。

第十二条　减税的飞机场跑道、停机坪,具体范围限于经批准建设的民用机场专门用于民用航空器起降、滑行、停放的场所。

第十三条　减税的港口,具体范围限于经批准建设的港口内供船舶进出、停靠以及旅客上下、货物装卸的场所。

第十四条　减税的航道,具体范围限于在江、河、湖泊、港湾等水域内供船舶安全航行的通道。

第十五条　减税的水利工程,具体范围限于经县级以上人民政府水行政主管部门批准建设的防洪、排涝、灌溉、引(供)水、滩涂治理、水土保持、水资源保护等各类工程及其配套和附属工程的建筑物、构筑物占压地和经批准的管理范围用地。

第十六条　纳税人符合税法第七条规定情形,享受免征或者减征耕地占用税的,应当留存相关证明资料备查。

第十七条　根据税法第八条的规定,纳税人改变原占地用途,不再属于免征或减征情形的,应自改变用途之日起30日内申报补缴税款,补缴税款按改变用途的实际占用耕地面积和改变用途时当地适用税额计算。

第十八条　临时占用耕地,是指经自然资源主管部门批准,在一般不超过2年内临时使用耕地并且没有修建永久性建筑物的行为。

依法复垦应由自然资源主管部门会同有关行业管理部门认定并出具验收合格确认书。

第十九条　因挖损、采矿塌陷、压占、污染等损毁耕地属于税法所称的非农业建设,应依照税法规定缴纳耕地占用税;自自然资源、农业农村等相关部门认定损毁耕地之日起3年内依法复垦或修复,恢复种植条件的,比照税法第十一条规定办理退税。

第二十条　园地,包括果园、茶园、橡胶园、其他园地。

前款的其他园地包括种植桑树、可可、咖啡、油棕、胡椒、药材等其他多年生作物的园地。

第二十一条　林地,包括乔木林地、竹林地、红树林地、森林沼泽、灌木林地、灌丛沼泽、其他林地,不包括城镇村庄范围内的绿化林木用地,铁路、公路征地范围内的林木用地,以及河流、沟渠的护堤林用地。

前款的其他林地包括疏林地、未成林地、迹地、苗圃等林地。

第二十二条　草地,包括天然牧草地、沼泽草地、人工牧草地,以及用于农业生产并已由相关行政主管部门发放使用权证的草地。

第二十三条　农田水利用地,包括农田排灌沟渠及相应附属设施用地。

第二十四条 养殖水面,包括人工开挖或者天然形成的用于水产养殖的河流水面、湖泊水面、水库水面、坑塘水面及相应附属设施用地。

第二十五条 渔业水域滩涂,包括专门用于种植或者养殖水生动植物的海水潮浸地带和滩地,以及用于种植芦苇并定期进行人工养护管理的苇田。

第二十六条 直接为农业生产服务的生产设施,是指直接为农业生产服务而建设的建筑物和构筑物。具体包括:储存农用机具和种子、苗木、木材等农业产品的仓储设施;培育、生产种子、种苗的设施;畜禽养殖设施;木材集材道、运材道;农业科研、试验、示范基地;野生动植物保护、护林、森林病虫害防治、森林防火、木材检疫的设施;专为农业生产服务的灌溉排水、供水、供电、供热、供气、通讯基础设施;农业生产者从事农业生产必需的食宿和管理设施;其他直接为农业生产服务的生产设施。

第二十七条 未经批准占用耕地的,耕地占用税纳税义务发生时间为自然资源主管部门认定的纳税人实际占用耕地的当日。

因挖损、采矿塌陷、压占、污染等损毁耕地的纳税义务发生时间为自然资源、农业农村等相关部门认定损毁耕地的当日。

第二十八条 纳税人占用耕地,应当在耕地所在地申报纳税。

第二十九条 在农用地转用环节,用地申请人能证明建设用地人符合税法第七条第一款规定的免税情形的,免征用地申请人的耕地占用税;在供地环节,建设用地人使用耕地用途符合税法第七条第一款规定的免税情形的,由用地申请人和建设用地人共同申请,按退税管理的规定退还用地申请人已经缴纳的耕地占用税。

第三十条 县级以上地方人民政府自然资源、农业农村、水利、生态环境等相关部门向税务机关提供的农用地转用、临时占地等信息,包括农用地转用信息、城市和村庄集镇按批次建设用地转而未供信息、经批准临时占地信息、改变原占地用途信息、未批先占农用地查处信息、土地损毁信息、土壤污染信息、土地复垦信息、草场使用和渔业养殖权证发放信息等。

各省、自治区、直辖市人民政府应当建立健全本地区跨部门耕地占用税部门协作和信息交换工作机制。

第三十一条 纳税人占地类型、占地面积和占地时间等纳税申报数据材料以自然资源等相关部门提供的相关材料为准;未提供相关材料或者材料信息不完整的,经主管税务机关提出申请,由自然资源等相关部门自收到申请之日起30日内出具认定意见。

第三十二条 纳税人的纳税申报数据资料异常或者纳税人未按照规定期限申报纳税的,包括下列情形:

(一)纳税人改变原占地用途,不再属于免征或者减征耕地占用税情形,未按照规定进行申报的;

(二)纳税人已申请用地但尚未获得批准先行占地开工,未按照规定进行申报的;

(三)纳税人实际占用耕地面积大于批准占用耕地面积,未按照规定进行申报的;

(四)纳税人未履行报批程序擅自占用耕地,未按照规定进行申报的;

(五)其他应提请相关部门复核的情形。

第三十三条 本办法自2019年9月1日起施行。

国家税务总局关于耕地占用税征收管理有关事项的公告[①]

- 2019年8月30日
- 国家税务总局公告2019年第30号

为落实《中华人民共和国耕地占用税法》(以下简称《耕地占用税法》)及《中华人民共和国耕地占用税法实施办法》(以下简称《实施办法》),规范耕地占用税征收管理,现就有关事项公告如下:

一、耕地占用税以纳税人实际占用的属于耕地占用税征税范围的土地(以下简称"应税土地")面积为计税依据,按应税土地当地适用税额计征,实行一次性征收。

耕地占用税计算公式为:应纳税额=应税土地面积×适用税额。

应税土地面积包括经批准占用面积和未经批准占用面积,以平方米为单位。

当地适用税额是指省、自治区、直辖市人民代表大会常务委员会决定的应税土地所在地县级行政区的现行适用税额。

二、按照《耕地占用税法》第六条规定,加按百分之一百五十征收耕地占用税的计算公式为:应纳税额=应税土地面积×适用税额×百分之一百五十。

---

① 本公告中的"附件"已被《国家税务总局关于简并税费申报有关事项的公告》废止。

三、按照《耕地占用税法》及《实施办法》的规定，免征、减征耕地占用税的部分项目按以下口径执行：

（一）免税的军事设施，是指《中华人民共和国军事设施保护法》第二条所列建筑物、场地和设备。具体包括：指挥机关，地面和地下的指挥工程、作战工程；军用机场、港口、码头；营区、训练场、试验场；军用洞库、仓库；军用通信、侦察、导航、观测台站，测量、导航、助航标志；军用公路、铁路专用线，军用通信、输电线路，军用输油、输水管道；边防、海防管控设施；国务院和中央军委会规定的其他军事设施。

（二）免税的社会福利机构，是指依法登记的养老服务机构、残疾人服务机构、儿童福利机构及救助管理机构、未成年人救助保护机构内专门为老年人、残疾人、未成年人及生活无着的流浪乞讨人员提供养护、康复、托管等服务的场所。

养老服务机构，是指为老年人提供养护、康复、托管等服务的老年人社会福利机构。具体包括老年社会福利院、养老院（或老人院）、老年公寓、护老院、护养院、敬老院、托老所、老年人服务中心等。

残疾人服务机构，是指为残疾人提供养护、康复、托管等服务的社会福利机构。具体包括为肢体、智力、视力、听力、语言、精神方面有残疾的人员提供康复和功能补偿的辅助器具，进行康复治疗、康复训练、承担教育、养护和托管服务的社会福利机构。

儿童福利机构，是指为孤、弃、残儿童提供养护、康复、医疗、教育、托管等服务的儿童社会福利服务机构。具体包括儿童福利院、社会福利院、SOS儿童村、孤儿学校、残疾儿童康复中心、社区特教班等。

社会救助机构，是指为生活无着的流浪乞讨人员提供寻亲、医疗、未成年人教育、离站等服务的救助管理机构。具体包括县级以上人民政府设立的救助管理站、未成年人救助保护中心等专门机构。

（三）免税的医疗机构，是指县级以上人民政府卫生健康行政部门批准设立的医疗机构内专门从事疾病诊断、治疗活动的场所及其配套设施。

（四）减税的公路线路，是指经批准建设的国道、省道、县道、乡道和属于农村公路的村道的主体工程以及两侧边沟或者截水沟。具体包括高速公路、一级公路、二级公路、三级公路、四级公路和等外公路的主体工程及两侧边沟或者截水沟。

四、根据《耕地占用税法》第八条的规定，纳税人改变原占地用途，需要补缴耕地占用税的，其纳税义务发生时间为改变用途当日，具体为：经批准改变用途的，纳税义务发生时间为纳税人收到批准文件的当日；未经批准改变用途的，纳税义务发生时间为自然资源主管部门认定纳税人改变原占地用途的当日。

五、未经批准占用应税土地的纳税人，其纳税义务发生时间为自然资源主管部门认定其实际占地的当日。

六、耕地占用税实行全国统一的纳税申报表（见附件）。

七、耕地占用税纳税人依法纳税申报时，应填报《耕地占用税纳税申报表》，同时依占用应税土地的不同情形分别提交下列材料：

（一）农用地转用审批文件复印件；

（二）临时占用耕地批准文件复印件；

（三）未经批准占用应税土地的，应提供实际占地的相关证明材料复印件。

其中第（一）项和第（二）项，纳税人提交的批准文书信息能够通过政府信息共享获取的，纳税人只需要提供上述材料的名称、文号、编码等信息供查询验证，不再提交材料复印件。

八、主管税务机关接收纳税人申报资料后，应审核资料是否齐全、是否符合法定形式、填写内容是否完整、项目间逻辑关系是否相符。审核无误的即时受理；审核发现问题的当场一次性告知补正资料或不予受理原因。

九、耕地占用税减免优惠实行"自行判别、申报享受、有关资料留存备查"办理方式。纳税人根据政策规定自行判断是否符合优惠条件，符合条件的，纳税人申报享受税收优惠，并将有关资料留存备查。纳税人对留存材料的真实性和合法性承担法律责任。

符合耕地占用税减免条件的纳税人，应留下列材料：

（一）军事设施占用应税土地的证明材料；

（二）学校、幼儿园、社会福利机构、医疗机构占用应税土地的证明材料；

（三）铁路线路、公路线路、飞机场跑道、停机坪、港口、航道、水利工程占用应税土地的证明材料；

（四）农村居民建房占用土地及其他相关证明材料；

（五）其他减免耕地占用税情形的证明材料。

十、纳税人符合《耕地占用税法》第十一条、《实施办法》第十九条的规定申请退税的，纳税人应提供身份证明查验，并提交以下材料复印件：

（一）税收缴款书、税收完税证明；

（二）复垦验收合格确认书。

十一、纳税人、建设用地人符合《实施办法》第二十九条规定共同申请退税的，纳税人、建设用地人应提供身

份证明查验,并提交以下材料复印件:

(一)纳税人应提交税收缴款书、税收完税证明;

(二)建设用地人应提交使用耕地用途符合免税规定的证明材料。

十二、本公告自2019年9月1日起施行。《国家税务总局关于农业税、牧业税、耕地占用税、契税征收管理暂参照〈中华人民共和国税收征收管理法〉执行的通知》(国税发〔2001〕110号)、《国家税务总局关于耕地占用税征收管理有关问题的通知》(国税发〔2007〕129号)、《国家税务总局关于发布〈耕地占用税管理规程(试行)〉的公告》(国家税务总局公告2016年第2号发布,国家税务总局公告2018年第31号修改)同时废止。

特此公告。

附件:耕地占用税纳税申报表(略)

7. 印花税

中华人民共和国印花税法

- 2021年6月10日第十三届全国人民代表大会常务委员会第二十九次会议通过
- 2021年6月10日中华人民共和国主席令第89号公布
- 自2022年7月1日起施行

第一条 在中华人民共和国境内书立应税凭证、进行证券交易的单位和个人,为印花税的纳税人,应当依照本法规定缴纳印花税。

在中华人民共和国境外书立在境内使用的应税凭证的单位和个人,应当依照本法规定缴纳印花税。

第二条 本法所称应税凭证,是指本法所附《印花税税目税率表》列明的合同、产权转移书据和营业账簿。

第三条 本法所称证券交易,是指转让在依法设立的证券交易所、国务院批准的其他全国性证券交易场所交易的股票和以股票为基础的存托凭证。

证券交易印花税对证券交易的出让方征收,不对受让方征收。

第四条 印花税的税目、税率,依照本法所附《印花税税目税率表》执行。

第五条 印花税的计税依据如下:

(一)应税合同的计税依据,为合同所列的金额,不包括列明的增值税税款;

(二)应税产权转移书据的计税依据,为产权转移书据所列的金额,不包括列明的增值税税款;

(三)应税营业账簿的计税依据,为账簿记载的实收资本(股本)、资本公积合计金额;

(四)证券交易的计税依据,为成交金额。

第六条 应税合同、产权转移书据未列明金额的,印花税的计税依据按照实际结算的金额确定。

计税依据按照前款规定仍不能确定的,按照书立合同、产权转移书据时的市场价格确定;依法应当执行政府定价或者政府指导价的,按照国家有关规定确定。

第七条 证券交易无转让价格的,按照办理过户登记手续时该证券前一个交易日收盘价计算确定计税依据;无收盘价的,按照证券面值计算确定计税依据。

第八条 印花税的应纳税额按照计税依据乘以适用税率计算。

第九条 同一应税凭证载有两个以上税目事项并分别列明金额的,按照各自适用的税目税率分别计算应纳税额;未分别列明金额的,从高适用税率。

第十条 同一应税凭证由两方以上当事人书立的,按照各自涉及的金额分别计算应纳税额。

第十一条 已缴纳印花税的营业账簿,以后年度记载的实收资本(股本)、资本公积合计金额比已缴纳印花税的实收资本(股本)、资本公积合计金额增加的,按照增加部分计算应纳税额。

第十二条 下列凭证免征印花税:

(一)应税凭证的副本或者抄本;

(二)依照法律规定应当予以免税的外国驻华使馆、领事馆和国际组织驻华代表机构为获得馆舍书立的应税凭证;

(三)中国人民解放军、中国人民武装警察部队书立的应税凭证;

(四)农民、家庭农场、农民专业合作社、农村集体经济组织、村民委员会购买农业生产资料或者销售农产品书立的买卖合同和农业保险合同;

(五)无息或者贴息借款合同、国际金融组织向中国提供优惠贷款书立的借款合同;

(六)财产所有权人将财产赠与政府、学校、社会福利机构、慈善组织书立的产权转移书据;

(七)非营利性医疗卫生机构采购药品或者卫生材料书立的买卖合同;

(八)个人与电子商务经营者订立的电子订单。

根据国民经济和社会发展的需要,国务院对居民住房需求保障、企业改制重组、破产、支持小型微型企业发展等情形可以规定减征或者免征印花税,报全国人民代表大会常务委员会备案。

第十三条 纳税人为单位的,应当向其机构所在地的主管税务机关申报缴纳印花税;纳税人为个人的,应当向应税凭证书立地或者纳税人居住地的主管税务机关申报缴纳印花税。

不动产产权发生转移的,纳税人应当向不动产所在地的主管税务机关申报缴纳印花税。

第十四条 纳税人为境外单位或者个人,在境内有代理人的,以其境内代理人为扣缴义务人;在境内没有代理人的,由纳税人自行申报缴纳印花税,具体办法由国务院税务主管部门规定。

证券登记结算机构为证券交易印花税的扣缴义务人,应当向其机构所在地的主管税务机关申报解缴税款以及银行结算的利息。

第十五条 印花税的纳税义务发生时间为纳税人书立应税凭证或者完成证券交易的当日。

证券交易印花税扣缴义务发生时间为证券交易完成的当日。

第十六条 印花税按季、按年或者按次计征。实行按季、按年计征的,纳税人应当自季度、年度终了之日起十五日内申报缴纳税款;实行按次计征的,纳税人应当自纳税义务发生之日起十五日内申报缴纳税款。

证券交易印花税按周解缴。证券交易印花税扣缴义务人应当自每周终了之日起五日内申报解缴税款以及银行结算的利息。

第十七条 印花税可以采用粘贴印花税票或者由税务机关依法开具其他完税凭证的方式缴纳。

印花税票粘贴在应税凭证上的,由纳税人在每枚税票的骑缝处盖戳注销或者画销。

印花税票由国务院税务主管部门监制。

第十八条 印花税由税务机关依照本法和《中华人民共和国税收征收管理法》的规定征收管理。

第十九条 纳税人、扣缴义务人和税务机关及其工作人员违反本法规定的,依照《中华人民共和国税收征收管理法》和有关法律、行政法规的规定追究法律责任。

第二十条 本法自2022年7月1日起施行。1988年8月6日国务院发布的《中华人民共和国印花税暂行条例》同时废止。

附

印花税税目税率表

税 目		税 率	备 注
合同（指书面合同）	借款合同	借款金额的万分之零点五	指银行业金融机构、经国务院银行业监督管理机构批准设立的其他金融机构与借款人（不包括同业拆借）的借款合同
	融资租赁合同	租金的万分之零点五	
	买卖合同	价款的万分之三	指动产买卖合同（不包括个人书立的动产买卖合同）
	承揽合同	报酬的万分之三	
	建设工程合同	价款的万分之三	
	运输合同	运输费用的万分之三	指货运合同和多式联运合同（不包括管道运输合同）
	技术合同	价款、报酬或者使用费的万分之三	不包括专利权、专有技术使用权转让书据
	租赁合同	租金的千分之一	
	保管合同	保管费的千分之一	
	仓储合同	仓储费的千分之一	
	财产保险合同	保险费的千分之一	不包括再保险合同

税　目		税率	备　注
产权转移书据	土地使用权出让书据	价款的万分之五	转让包括买卖（出售）、继承、赠与、互换、分割
	土地使用权、房屋等建筑物和构筑物所有权转让书据（不包括土地承包经营权和土地经营权转移）	价款的万分之五	
	股权转让书据（不包括应缴纳证券交易印花税的）	价款的万分之五	
	商标专用权、著作权、专利权、专有技术使用权转让书据	价款的万分之三	
营业账簿		实收资本（股本）、资本公积合计金额的万分之二点五	
证券交易		成交金额的千分之一	

国家税务总局关于实施《中华人民共和国印花税法》等有关事项的公告

- 2022年6月28日
- 国家税务总局公告2022年第14号

为落实《中华人民共和国印花税法》（以下简称印花税法），贯彻中办、国办印发的《关于进一步深化税收征管改革的意见》，现就印花税征收管理和纳税服务有关事项及优化土地增值税优惠事项办理方式问题公告如下：

一、印花税征收管理和纳税服务有关事项

（一）纳税人应当根据书立印花税应税合同、产权转移书据和营业账簿情况，填写《印花税税源明细表》（附件1），进行财产行为税综合申报。

（二）应税合同、产权转移书据未列明金额，在后续实际结算时确定金额的，纳税人应当于书立应税合同、产权转移书据的首个纳税申报期申报应税合同、产权转移书据书立情况，在实际结算后下一个纳税申报期，以实际结算金额计算申报缴纳印花税。

（三）印花税按季、按年或者按次计征。应税合同、产权转移书据印花税可以按季或者按次申报缴纳，营业账簿印花税可以按年或者按次申报缴纳，具体纳税期限由各省、自治区、直辖市、计划单列市税务局结合征管实际确定。

境外单位或者个人的应税凭证印花税可以按季、按年或者按次申报缴纳，具体纳税期限由各省、自治区、直辖市、计划单列市税务局结合征管实际确定。

（四）纳税人为境外单位或者个人，在境内有代理人的，以其境内代理人为扣缴义务人。境外单位或者个人的境内代理人应当按规定扣缴印花税，向境内代理人机构所在地（居住地）主管税务机关申报解缴税款。

纳税人为境外单位或者个人，在境内没有代理人的，纳税人应当自行申报缴纳印花税。境外单位或者个人可以向资产交付地、境内服务提供方或者接受方所在地（居住地）、书立应税凭证境内书立人所在地（居住地）主管税务机关申报缴纳；涉及不动产产权转移的，应当向不动产所在地主管税务机关申报缴纳。

（五）印花税法实施后，纳税人享受印花税优惠政策，继续实行"自行判别、申报享受、有关资料留存备查"的办理方式。纳税人对留存备查资料的真实性、完整性和合法性承担法律责任。

（六）税务机关要优化印花税纳税服务。加强培训辅导，重点抓好基层税务管理人员、一线窗口人员和12366话务人员的学习和培训，分类做好纳税人宣传辅导，促进纳税人规范印花税应税凭证管理。坚持问题导向，聚焦纳税人和基层税务人员在税法实施过程中反馈的意见建议，及时完善征管系统和办税流程，不断提升纳税人获得感。

二、优化土地增值税优惠事项办理方式

（一）土地增值税原备案类优惠政策，实行纳税人"自行判别、申报享受、有关资料留存备查"的办理方式。纳税人在土地增值税纳税申报时按规定填写申报表相应减免税栏次即可享受，相关政策规定的材料留存备查。纳税人对留存备查资料的真实性、完整性和合法性承担法律责任。

（二）税务机关应当加强土地增值税纳税辅导工作，畅通政策问题答复渠道，为纳税人及时、准确办理税收优惠事项提供支持和帮助。

本公告自 2022 年 7 月 1 日起施行。《全文废止和部分条款废止的印花税文件目录》（附件2）所列文件或条款同时废止。

特此公告。

附件：1. 印花税税源明细表（略）
2. 全文废止和部分条款废止的印花税文件目录（略）

财政部、税务总局关于印花税若干事项政策执行口径的公告

- 2022 年 6 月 12 日
- 财政部、税务总局公告 2022 年第 22 号

为贯彻落实《中华人民共和国印花税法》，现将印花税若干事项政策执行口径公告如下：

一、关于纳税人的具体情形

（一）书立应税凭证的纳税人，为对应税凭证有直接权利义务关系的单位和个人。

（二）采用委托贷款方式书立的借款合同纳税人，为受托人和借款人，不包括委托人。

（三）按买卖合同或者产权转移书据税目缴纳印花税的拍卖成交确认书纳税人，为拍卖标的的产权人和买受人，不包括拍卖人。

二、关于应税凭证的具体情形

（一）在中华人民共和国境外书立在境内使用的应税凭证，应当按规定缴纳印花税。包括以下几种情形：

1. 应税凭证的标的为不动产的，该不动产在境内；
2. 应税凭证的标的为股权的，该股权为中国居民企业的股权；
3. 应税凭证的标的为动产或者商标专用权、著作权、专利权、专有技术使用权的，其销售方或者购买方在境内，但不包括境外单位或者个人向境内单位或者个人销售完全在境外使用的动产或者商标专用权、著作权、专利权、专有技术使用权；

4. 应税凭证的标的为服务的，其提供方或者接受方在境内，但不包括境外单位或者个人向境内单位或者个人提供完全在境外发生的服务。

（二）企业之间书立的确定买卖关系、明确买卖双方权利义务的订单、要货单等单据，且未另外书立买卖合同的，应当按规定缴纳印花税。

（三）发电厂与电网之间、电网与电网之间书立的购售电合同，应当按买卖合同税目缴纳印花税。

（四）下列情形的凭证，不属于印花税征收范围：

1. 人民法院的生效法律文书，仲裁机构的仲裁文书，监察机关的监察文书。
2. 县级以上人民政府及其所属部门按照行政管理权限征收、收回或者补偿安置房地产书立的合同、协议或者行政类文书。
3. 总公司与分公司、分公司与分公司之间书立的作为执行计划使用的凭证。

三、关于计税依据、补税和退税的具体情形

（一）同一应税合同、应税产权转移书据中涉及两方以上纳税人，且未列明纳税人各自涉及金额的，纳税人平均分摊的应税凭证所列金额（不包括列明的增值税款）确定计税依据。

（二）应税合同、应税产权转移书据所列的金额与实际结算金额不一致，不变更应税凭证所列金额的，以所列金额为计税依据；变更应税凭证所列金额的，以变更后的所列金额为计税依据。已缴纳印花税的应税凭证，变更后所列金额增加的，纳税人应当就增加部分的金额补缴印花税；变更后所列金额减少的，纳税人可以就减少部分的金额向税务机关申请退还或者抵缴印花税。

（三）纳税人因应税凭证列明的增值税税款计算错误导致应税凭证的计税依据减少或者增加的，纳税人应当按规定调整应税凭证列明的增值税税款，重新确定应税凭证计税依据。已缴纳印花税的应税凭证，调整后计税依据增加的，纳税人应当就增加部分的金额补缴印花税；调整后计税依据减少的，纳税人可以就减少部分的金额向税务机关申请退还或者抵缴印花税。

（四）纳税人转让股权的印花税计税依据，按照产权转移书据所列的金额（不包括列明的认缴后尚未实际出资权益部分）确定。

（五）应税凭证金额为人民币以外的货币的，应当按照凭证书立当日的人民币汇率中间价折合人民币确定计税依据。

（六）境内的货物多式联运，采用在起运地统一结算

全程运费的,以全程运费作为运输合同的计税依据,由起运地运费结算双方缴纳印花税;采用分程结算运费的,以分程的运费作为计税依据,分别由办理运费结算的各方缴纳印花税。

(七)未履行的应税合同、产权转移书据,已缴纳的印花税不予退还及抵缴税款。

(八)纳税人多贴的印花税票,不予退税及抵缴税款。

四、关于免税的具体情形

(一)对应税凭证适用印花税减免优惠的,书立该应税凭证的纳税人均可享受印花税减免政策,明确特定纳税人适用印花税减免优惠的除外。

(二)享受印花税免税优惠的家庭农场,具体范围为以家庭为基本经营单元,以农场生产经营为主业,以农场经营收入为家庭主要收入来源,从事农业规模化、标准化、集约化生产经营,纳入全国家庭农场名录系统的家庭农场。

(三)享受印花税免税优惠的学校,具体范围为经县级以上人民政府或者其教育行政部门批准成立的大学、中学、小学、幼儿园,实施学历教育的职业教育学校、特殊教育学校、专门学校,以及经省级人民政府或者其人力资源社会保障行政部门批准成立的技工院校。

(四)享受印花税免税优惠的社会福利机构,具体范围为依法登记的养老服务机构、残疾人服务机构、儿童福利机构、救助管理机构、未成年人救助保护机构。

(五)享受印花税免税优惠的慈善组织,具体范围为依法设立、符合《中华人民共和国慈善法》规定,以面向社会开展慈善活动为宗旨的非营利性组织。

(六)享受印花税免税优惠的非营利性医疗卫生机构,具体范围为经县级以上人民政府卫生健康行政部门批准或者备案设立的非营利性医疗卫生机构。

(七)享受印花税免税优惠的电子商务经营者,具体范围按《中华人民共和国电子商务法》有关规定执行。

本公告自2022年7月1日起施行。

关于印花税法实施后有关优惠政策衔接问题的公告

· 2022年6月27日
· 财政部、税务总局公告2022年第23号

为贯彻落实《中华人民共和国印花税法》,现将税法实施后有关印花税优惠政策衔接问题公告如下:

一、继续执行本公告附件1中所列文件及相关条款规定的印花税优惠政策。

二、本公告附件2中所列文件及相关条款规定的印花税优惠政策予以废止。相关政策废止后,符合印花税法第十二条规定的免税情形的,纳税人可依法享受相关印花税优惠。

三、本公告附件3中所列文件及相关条款规定的印花税优惠政策予以失效。

四、本公告自2022年7月1日起施行。

特此公告。

附件:1. 继续执行的印花税优惠政策文件及条款目录
2. 废止的印花税优惠政策文件及条款目录
3. 失效的印花税优惠政策文件及条款目录

附件1

继续执行的印花税优惠政策文件及条款目录

序号	文件标题及条款	文号
1	《国家税务局关于印花税若干具体问题的规定》第6条	(1988)国税地字第25号
2	《国家税务局关于对保险公司征收印花税有关问题的通知》第二条	(1988)国税地字第37号
3	《国家税务局关于图书、报刊等征订凭证征免印花税问题的通知》第二条	(1989)国税地字第142号
4	《国家税务总局关于货运凭证征收印花税几个具体问题的通知》第五条第1项、第2项	国税发〔1990〕173号
5	《财政部 国家税务总局关于铁道部所属单位恢复征收印花税问题的补充通知》第二条、第三条、第四条	财税字〔1997〕182号
6	《财政部 国家税务总局关于中国信达等4家金融资产管理公司税收政策问题的通知》第三条第4项中"对资产公司成立时设立的资金账簿免征印花税。对资产公司收购、承接和处置不良资产,免征购销合同和产权转移书据应缴纳的印花税"的政策	财税〔2001〕10号

续表

序号	文件标题及条款	文号
7	《国家税务总局关于中国石油天然气集团和中国石油化工集团使用的"成品油配置计划表"有关印花税问题的通知》	国税函〔2002〕424号
8	《财政部 国家税务总局关于4家资产管理公司接收资本金项下的资产在办理过户时有关税收政策问题的通知》第一条和第二条中关于印花税的政策	财税〔2003〕21号
9	《财政部 国家税务总局关于全国社会保障基金有关印花税政策的通知》第一条、第二条	财税〔2003〕134号
10	《财政部 国家税务总局关于被撤销金融机构有关税收政策问题的通知》第二条第1项	财税〔2003〕141号
11	《财政部 国家税务总局关于企业改制过程中有关印花税政策的通知》第一条第1项、第2项,第二条,第三条	财税〔2003〕183号
12	《财政部 国家税务总局关于中国东方资产管理公司处置港澳国际(集团)有限公司有关资产税收政策问题的通知》第二条第1项、第三条第1项、第四条第1项	财税〔2003〕212号
13	《国家税务总局关于办理上市公司国有股权无偿转让暂不征收证券(股票)交易印花税有关审批事项的通知》第一条	国税函〔2004〕941号
14	《财政部 国家税务总局关于股权分置试点改革有关税收政策问题的通知》第一条	财税〔2005〕103号
15	《财政部 国家税务总局关于信贷资产证券化有关税收政策问题的通知》第一条第(三)、(四)、(五)项	财税〔2006〕5号
16	《财政部 国家税务总局关于证券投资者保护基金有关印花税政策的通知》第一条、第二条、第三条、第四条	财税〔2006〕104号
17	《财政部 国家税务总局关于印花税若干政策的通知》第二条	财税〔2006〕162号
18	《财政部 国家税务总局关于青藏铁路公司运营期间有关税收等政策问题的通知》第二条	财税〔2007〕11号
19	《财政部 国家税务总局关于外国银行分行改制为外商独资银行有关税收问题的通知》第三条	财税〔2007〕45号
20	《财政部 国家税务总局关于廉租住房经济适用住房和住房租赁有关税收政策的通知》第一条第(四)项中关于经济适用住房的印花税政策、第二条第(二)项	财税〔2008〕24号
21	《财政部 国家税务总局关于调整房地产交易环节税收政策的通知》第二条	财税〔2008〕137号
22	《财政部 国家税务总局关于境内证券市场转持部分国有股充实全国社会保障基金有关证券(股票)交易印花税政策的通知》	财税〔2009〕103号
23	《国家税务总局关于中国海洋石油总公司使用的"成品油配置计划表"有关印花税问题的公告》	税务总局公告2012年第58号
24	《财政部 国家税务总局关于棚户区改造有关税收政策的通知》第一条中关于印花税的政策	财税〔2013〕101号
25	《财政部 国家税务总局关于融资租赁合同有关印花税政策的通知》第二条	财税〔2015〕144号
26	《财政部 国家税务总局关于落实降低企业杠杆率税收支持政策的通知》第二条第(七)项中关于印花税的政策	财税〔2016〕125号

续表

序号	文件标题及条款	文号
27	《财政部 国家税务总局 证监会关于深港股票市场交易互联互通机制试点有关税收政策的通知》第五条	财税〔2016〕127号
28	《财政部 税务总局关于支持农村集体产权制度改革有关税收政策的通知》第二条中关于印花税的政策	财税〔2017〕55号
29	《财政部 税务总局 海关总署关于北京2022年冬奥会和冬残奥会税收政策的通知》第一条第(九)项、第二条第(二)项、第二条第(五)和(六)项中关于印花税的政策、第三条第(四)项	财税〔2017〕60号
30	《财政部 税务总局关于支持小微企业融资有关税收政策的通知》第二条	财税〔2017〕77号
31	《财政部 税务总局关于保险保障基金有关税收政策问题的通知》第二条	财税〔2018〕41号
32	《财政部 税务总局关于全国社会保障基金有关投资业务税收政策的通知》第三条	财税〔2018〕94号
33	《财政部 税务总局关于基本养老保险基金有关投资业务税收政策的通知》第三条	财税〔2018〕95号
34	《财政部 税务总局关于易地扶贫搬迁税收优惠政策的通知》第二条第(一)、(二)、(四)、(五)项中关于印花税的政策	财税〔2018〕135号
35	《财政部 税务总局关于高校学生公寓房产税印花税政策的通知》第二条	财税〔2019〕14号
36	《财政部 税务总局 中央宣传部关于继续实施文化体制改革中经营性文化事业单位转制为企业若干税收政策的通知》第一条第(四)项中关于印花税的政策	财税〔2019〕16号
37	《财政部 人力资源社会保障部 国资委 税务总局 证监会关于全面推开划转部分国有资本充实社保基金工作的通知》第五条第(二十四)项中关于印花税的政策	财资〔2019〕49号
38	《财政部 税务总局关于公共租赁住房税收优惠政策的公告》第二条和第三条中关于印花税的政策	财政部 税务总局公告2019年第61号
39	《财政部 税务总局关于继续实行农村饮水安全工程税收优惠政策的公告》第二条	财政部 税务总局公告2019年第67号
40	《财政部 税务总局 海关总署关于北京2022年冬奥会和冬残奥会税收优惠政策的公告》第六条	财政部 税务总局 海关总署公告2019年第92号
41	《财政部 税务总局 海关总署关于杭州2022年亚运会和亚残运会税收政策的公告》第七条、第八条	财政部 税务总局 海关总署公告2020年第18号
42	《财政部 税务总局 海关总署关于第18届世界中学生运动会等三项国际综合运动会税收政策的公告》第七条、第八条	财政部 税务总局 海关总署公告2020年第19号
43	《财政部 税务总局关于延长部分税收优惠政策执行期限的公告》中关于印花税的政策	财政部 税务总局公告2021年第6号
44	《财政部 税务总局关于延长部分税收优惠政策执行期限的公告》中关于印花税的政策	财政部 税务总局公告2022年第4号
45	《财政部 税务总局关于延续执行部分国家商品储备税收优惠政策的公告》第一条	财政部 税务总局公告2022年第8号
46	《财政部 税务总局关于进一步实施小微企业"六税两费"减免政策的公告》第一条中关于印花税的政策	财政部 税务总局公告2022年第10号

附件2

废止的印花税优惠政策文件及条款目录

序号	文件标题及条款	文号
1	《财政部 国家税务总局关于国家开发银行缴纳印花税问题的复函》第一条	财税字〔1995〕47号
2	《财政部 国家税务总局关于农业发展银行缴纳印花税问题的复函》第一条	财税字〔1996〕55号
3	《财政部 国家税务总局关于教育税收政策的通知》第二条中关于印花税的政策	财税〔2004〕39号
4	《财政部 国家税务总局关于对买卖封闭式证券投资基金继续予以免征印花税的通知》	财税〔2004〕173号
5	《财政部 国家税务总局关于信贷资产证券化有关税收政策问题的通知》第一条第（一）项、第（二）项	财税〔2006〕5号
6	《财政部 国家税务总局关于农民专业合作社有关税收政策的通知》第四条	财税〔2008〕81号
7	《财政部 国家税务总局 证监会关于内地与香港基金互认有关税收政策的通知》第四条第1项	财税〔2015〕125号
8	《财政部 税务总局关于对营业账簿减免印花税的通知》	财税〔2018〕50号

附件3

失效的印花税优惠政策文件及条款目录

序号	文件标题及条款	文号
1	《国家税务总局关于货运凭证征收印花税几个具体问题的通知》第五条第3项	国税发〔1990〕173号
2	《财政部 国家税务总局关于国家开发银行缴纳印花税问题的复函》第三条	财税字〔1995〕47号
3	《财政部 国家税务总局关于铁道部所属单位恢复征收印花税问题的通知》第三条	财税字〔1997〕56号
4	《财政部 国家税务总局关于铁道部所属单位恢复征收印花税问题的补充通知》第六条	财税字〔1997〕182号
5	《中国人民银行 农业部 国家发展计划委员会 财政部 国家税务总局关于免缴农村信用社接收农村合作基金会财产产权过户税费的通知》中关于印花税的政策	银发〔2000〕21号
6	《财政部 国家税务总局关于免征中国华润总公司有关新增实收资本资本公积印花税的通知》	财税〔2001〕155号
7	《财政部 国家税务总局关于中国对外贸易运输（集团）总公司有关印花税政策的通知》	财税〔2003〕7号
8	《财政部 国家税务总局关于大连证券破产及财产处置过程中有关税收政策问题的通知》第一条	财税〔2003〕88号
9	《财政部 国家税务总局关于香港中银集团重组上市有关税收问题的通知》第六条	财税〔2003〕126号
10	《财政部 国家税务总局关于中国华润总公司资产评估增值有关企业所得税和印花税政策的通知》第二条	财税〔2003〕214号
11	《财政部 国家税务总局关于中国长江电力股份有限公司上市及收购三峡发电资产有关税收问题的通知》第二条中关于印花税的政策	财税〔2003〕235号
12	《财政部 国家税务总局关于明确三峡发电资产有关印花税问题的通知》	财税〔2004〕183号
13	《财政部 国家税务总局关于免征中央汇金投资有限公司资金账簿印花税的通知》	财税〔2005〕16号

续表

序号	文件标题及条款	文号
14	《财政部 国家税务总局关于国家石油储备基地建设有关税收政策的通知》第一条中关于印花税的政策	财税〔2005〕23号
15	《财政部 国家税务总局关于中国建银投资有限责任公司有关税收政策问题的通知》第二条	财税〔2005〕160号
16	《财政部 国家税务总局关于中国石油化工集团公司受让部分国有股权有关证券（股票）交易印花税政策的通知》	财税〔2006〕31号
17	《财政部 国家税务总局关于大秦铁路改制上市有关税收问题的通知》第三条	财税〔2006〕32号
18	《财政部 国家税务总局关于对美国驻华使馆购买馆员住宅免征印花税的通知》	财税〔2006〕101号
19	《财政部 国家税务总局关于广深铁路股份有限公司改制上市和资产收购有关税收问题的通知》第三条	财税〔2008〕12号
20	《财政部 国家税务总局关于北京德国文化中心·歌德学院（中国）在华房产有关契税和印花税问题的通知》中关于印花税的政策	财税〔2009〕159号
21	《财政部 国家税务总局关于明确中国邮政集团公司邮政速递物流业务重组改制过程中有关契税和印花税政策的通知》第二条、第三条、第四条	财税〔2010〕92号
22	《财政部 国家税务总局关于中国信达资产管理股份有限公司改制过程中有关契税和印花税问题的通知》第二条	财税〔2011〕2号
23	《财政部 国家税务总局关于中国联合网络通信集团有限公司转让CDMA网及其用户资产企业合并资产整合过程中涉及的增值税 营业税 印花税和土地增值税政策问题的通知》第四条、第五条、第六条、第七条、第八条	财税〔2011〕13号
24	《财政部 国家税务总局关于全国社会保障基金理事会回拨已转持国有股有关证券（股票）交易印花税问题的通知》	财税〔2011〕65号
25	《财政部 国家税务总局关于中国中信集团公司重组改制过程中土地增值税等政策的通知》第二条中关于印花税的政策	财税〔2013〕3号
26	《财政部 国家税务总局关于第二届夏季青年奥林匹克运动会等三项国际综合运动会税收政策的通知》第一条第7项、第二条第3项	财税〔2013〕11号
27	《财政部 国家税务总局关于中国邮政储蓄银行改制上市有关税收政策的通知》第五条中关于印花税的政策	财税〔2013〕53号
28	《财政部 国家税务总局关于铁路发展基金有关税收政策的通知》第二条	财税〔2014〕56号
29	《财政部 国家税务总局关于组建中国铁路总公司有关印花税政策的通知》	财税〔2015〕57号
30	《财政部 国家税务总局关于中国华融资产管理股份有限公司改制过程中有关印花税政策的通知》	财税〔2015〕109号
31	《财政部 税务总局 海关总署关于第七届世界军人运动会税收政策的通知》第二条第（三）项	财税〔2018〕119号

财政部、国家税务总局关于印花税若干政策的通知

- 2006年11月27日
- 财税〔2006〕162号

各省、自治区、直辖市、计划单列市财政厅（局）、地方税务局，新疆生产建设兵团财务局：

为适应经济形势发展变化的需要，完善税制，现将印花税有关政策明确如下：

一、对纳税人以电子形式签订的各类应税凭证按规定征收印花税。

二、对发电厂与电网之间、电网与电网之间（国家电网公司系统、南方电网公司系统内部各级电网互供电量除外）签订的购售电合同按购销合同征收印花税。电网与用户之间签订的供用电合同不属于印花税列举征税的凭证，不征收印花税。

三、对土地使用权出让合同、土地使用权转让合同按产权转移书据征收印花税。

四、对商品房销售合同按照产权转移书据征收印花税。

8. 契税

中华人民共和国契税法

- 2020年8月11日第十三届全国人民代表大会常务委员会第二十一次会议通过
- 2020年8月11日中华人民共和国主席令第52号公布
- 自2021年9月1日起施行

第一条 在中华人民共和国境内转移土地、房屋权属，承受的单位和个人为契税的纳税人，应当依照本法规定缴纳契税。

第二条 本法所称转移土地、房屋权属，是指下列行为：

（一）土地使用权出让；

（二）土地使用权转让，包括出售、赠与、互换；

（三）房屋买卖、赠与、互换。

前款第二项土地使用权转让，不包括土地承包经营权和土地经营权的转移。

以作价投资（入股）、偿还债务、划转、奖励等方式转移土地、房屋权属的，应当依照本法规定征收契税。

第三条 契税税率为百分之三至百分之五。

契税的具体适用税率，由省、自治区、直辖市人民政府在前款规定的税率幅度内提出，报同级人民代表大会常务委员会决定，并报全国人民代表大会常务委员会和国务院备案。

省、自治区、直辖市可以依照前款规定的程序对不同主体、不同地区、不同类型的住房的权属转移确定差别税率。

第四条 契税的计税依据：

（一）土地使用权出让、出售，房屋买卖，为土地、房屋权属转移合同确定的成交价格，包括应交付的货币以及实物、其他经济利益对应的价款；

（二）土地使用权互换、房屋互换，为所互换的土地使用权、房屋价格的差额；

（三）土地使用权赠与、房屋赠与以及其他没有价格的转移土地、房屋权属行为，为税务机关参照土地使用权出售、房屋买卖的市场价格依法核定的价格。

纳税人申报的成交价格、互换价格差额明显偏低且无正当理由的，由税务机关依照《中华人民共和国税收征收管理法》的规定核定。

第五条 契税的应纳税额按照计税依据乘以具体适用税率计算。

第六条 有下列情形之一的，免征契税：

（一）国家机关、事业单位、社会团体、军事单位承受土地、房屋权属用于办公、教学、医疗、科研、军事设施；

（二）非营利性的学校、医疗机构、社会福利机构承受土地、房屋权属用于办公、教学、医疗、科研、养老、救助；

（三）承受荒山、荒地、荒滩土地使用权用于农、林、牧、渔业生产；

（四）婚姻关系存续期间夫妻之间变更土地、房屋权属；

（五）法定继承人通过继承承受土地、房屋权属；

（六）依照法律规定应当予以免税的外国驻华使馆、领事馆和国际组织驻华代表机构承受土地、房屋权属。

根据国民经济和社会发展的需要，国务院对居民住房需求保障、企业改制重组、灾后重建等情形可以规定免征或者减征契税，报全国人民代表大会常务委员会备案。

第七条 省、自治区、直辖市可以决定对下列情形免征或者减征契税：

（一）因土地、房屋被县级以上人民政府征收、征用，重新承受土地、房屋权属；

（二）因不可抗力灭失住房，重新承受住房权属。

前款规定的免征或者减征契税的具体办法，由省、自治区、直辖市人民政府提出，报同级人民代表大会常务委员会决定，并报全国人民代表大会常务委员会和国务院备案。

第八条 纳税人改变有关土地、房屋的用途，或者有其他不再属于本法第六条规定的免征、减征契税情形的，应当缴纳已经免征、减征的税款。

第九条 契税的纳税义务发生时间，为纳税人签订土地、房屋权属转移合同的当日，或者纳税人取得其他具有土地、房屋权属转移合同性质凭证的当日。

第十条 纳税人应当在依法办理土地、房屋权属登记手续前申报缴纳契税。

第十一条 纳税人办理纳税事宜后，税务机关应当开具契税完税凭证。纳税人办理土地、房屋权属登记，不动产登记机构应当查验契税完税、减免税凭证或者有关信息。未按照规定缴纳契税的，不动产登记机构不予办理土地、房屋权属登记。

第十二条 在依法办理土地、房屋权属登记前，权属转移合同、权属转移合同性质凭证不生效、无效、被撤销或者被解除的，纳税人可以向税务机关申请退还已缴纳的税款，税务机关应当依法办理。

第十三条 税务机关应当与相关部门建立契税涉税信息共享和工作配合机制。自然资源、住房城乡建设、民政、公安等相关部门应当及时向税务机关提供与转移土地、房屋权属有关的信息，协助税务机关加强契税征收管理。

税务机关及其工作人员对税收征收管理过程中知悉的纳税人的个人信息，应当依法予以保密，不得泄露或者非法向他人提供。

第十四条 契税由土地、房屋所在地的税务机关依照本法和《中华人民共和国税收征收管理法》的规定征收管理。

第十五条 纳税人、税务机关及其工作人员违反本法规定的，依照《中华人民共和国税收征收管理法》和有关法律法规的规定追究法律责任。

第十六条 本法自2021年9月1日起施行。1997年7月7日国务院发布的《中华人民共和国契税暂行条例》同时废止。

国家税务总局关于契税纳税申报有关问题的公告

- 2015年9月25日
- 国家税务总局公告2015年第67号

根据房地产权属转移契税征管中遇到的实际情况，现将下列情形契税纳税申报有关问题公告如下：

一、根据人民法院、仲裁委员会的生效法律文书发生土地、房屋权属转移，纳税人不能取得销售不动产发票的，可持人民法院执行裁定书原件及相关材料办理契税纳税申报，税务机关应予受理。

二、购买新建商品房的纳税人在办理契税纳税申报时，由于销售新建商品房的房地产开发企业已办理注销税务登记或者被税务机关列为非正常户等原因，致使纳税人不能取得销售不动产发票的，税务机关在核实有关情况后应予受理。

三、本公告自公布之日起施行。

特此公告。

财政部、税务总局关于贯彻实施契税法若干事项执行口径的公告

- 2021年6月30日
- 财政部、税务总局公告2021年第23号

为贯彻落实《中华人民共和国契税法》，现将契税若干事项执行口径公告如下：

一、关于土地、房屋权属转移

（一）征收契税的土地、房屋权属，具体为土地使用权、房屋所有权。

（二）下列情形发生土地、房屋权属转移的，承受方应当依法缴纳契税：

1. 因共有不动产份额变化的；
2. 因共有人增加或者减少的；
3. 因人民法院、仲裁委员会的生效法律文书或者监察机关出具的监察文书等因素，发生土地、房屋权属转移的。

二、关于若干计税依据的具体情形

（一）以划拨方式取得的土地使用权，经批准改为出让方式重新取得该土地使用权的，应由该土地使用权人以补缴的土地出让价款为计税依据缴纳契税。

（二）先以划拨方式取得土地使用权，后经批准转让房地产，划拨土地性质改为出让的，承受方应分别以补缴的土地出让价款和房地产权属转移合同确定的成交价格为计税依据缴纳契税。

（三）先以划拨方式取得土地使用权，后经批准转让房地产，划拨土地性质未发生改变的，承受方应以房地产权属转移合同确定的成交价格为计税依据缴纳契税。

（四）土地使用权及所附建筑物、构筑物等（包括在建的房屋、其他建筑物、构筑物和其他附着物）转让的，计

税依据为承受方应交付的总价款。

（五）土地使用权出让的，计税依据包括土地出让金、土地补偿费、安置补助费、地上附着物和青苗补偿费、征收补偿费、城市基础设施配套费、实物配建房屋等应交付的货币以及实物、其他经济利益对应的价款。

（六）房屋附属设施（包括停车位、机动车库、非机动车库、顶层阁楼、储藏室及其他房屋附属设施）与房屋为同一不动产单元的，计税依据为承受方应交付的总价款，并适用与房屋相同的税率；房屋附属设施与房屋为不同不动产单元的，计税依据为转移合同确定的成交价格，并按当地确定的适用税率计税。

（七）承受已装修房屋的，应将包括装修费用在内的费用计入承受方应交付的总价款。

（八）土地使用权互换、房屋互换，互换价格相等的，互换双方计税依据为零；互换价格不相等的，以其差额为计税依据，由支付差额的一方缴纳契税。

（九）契税的计税依据不包括增值税。

三、关于免税的具体情形

（一）享受契税免税优惠的非营利性的学校、医疗机构、社会福利机构，限于上述三类单位中依法登记为事业单位、社会团体、基金会、社会服务机构等的非营利法人和非营利组织。其中：

1. 学校的具体范围为经县级以上人民政府或者其教育行政部门批准成立的大学、中学、小学、幼儿园，实施学历教育的职业教育学校、特殊教育学校、专门学校，以及经省级人民政府或者其人力资源社会保障行政部门批准成立的技工院校。

2. 医疗机构的具体范围为经县级以上人民政府卫生健康行政部门批准或者备案设立的医疗机构。

3. 社会福利机构的具体范围为依法登记的养老服务机构、残疾人服务机构、儿童福利机构、救助管理机构、未成年人救助保护机构。

（二）享受契税免税优惠的土地、房屋用途具体如下：

1. 用于办公的，限于办公室（楼）以及其他直接用于办公的土地、房屋；

2. 用于教学的，限于教室（教学楼）以及其他直接用于教学的土地、房屋；

3. 用于医疗的，限于门诊部以及其他直接用于医疗的土地、房屋；

4. 用于科研的，限于科学试验的场所以及其他直接用于科研的土地、房屋；

5. 用于军事设施的，限于直接用于《中华人民共和国军事设施保护法》规定的军事设施的土地、房屋；

6. 用于养老的，限于直接用于为老年人提供养护、康复、托管等服务的土地、房屋；

7. 用于救助的，限于直接为残疾人、未成年人、生活无着的流浪乞讨人员提供养护、康复、托管等服务的土地、房屋。

（三）纳税人符合减征或者免征契税规定的，应当按照规定进行申报。

四、关于纳税义务发生时间的具体情形

（一）因人民法院、仲裁委员会的生效法律文书或者监察机关出具的监察文书等发生土地、房屋权属转移的，纳税义务发生时间为法律文书等生效当日。

（二）因改变土地、房屋用途等情形应当缴纳已经减征、免征契税的，纳税义务发生时间为改变有关土地、房屋用途等情形的当日。

（三）因改变土地性质、容积率等土地使用条件需补缴土地出让价款，应当缴纳契税的，纳税义务发生时间为改变土地使用条件当日。

发生上述情形，按规定不再需要办理土地、房屋权属登记的，纳税人应自纳税义务发生之日起90日内申报缴纳契税。

五、关于纳税凭证、纳税信息和退税

（一）具有土地、房屋权属转移合同性质的凭证包括契约、协议、合约、单据、确认书以及其他凭证。

（二）不动产登记机构在办理土地、房屋权属登记时，应当依法查验土地、房屋的契税完税、减免税、不征税等涉税凭证或者有关信息。

（三）税务机关应当与相关部门建立契税涉税信息共享和工作配合机制。具体转移土地、房屋权属有关的信息包括：自然资源部门的土地出让、转让、征收补偿、不动产权属登记等信息，住房城乡建设部门的房屋交易等信息，民政部门的婚姻登记、社会组织登记等信息，公安部门的户籍人口基本信息。

（四）纳税人缴纳契税后发生下列情形，可依照有关法律法规申请退税：

1. 因人民法院判决或者仲裁委员会裁决导致土地、房屋权属转移行为无效、被撤销或者被解除，且土地、房屋权属变更至原权利人的；

2. 在出让土地使用权交付时，因容积率调整或实际交付面积小于合同约定面积需退还土地出让价款的；

3. 在新建商品房交付时，因实际交付面积小于合同约定面积需返还房价款的。

六、其他

本公告自2021年9月1日起施行。《财政部 国家税务总局关于契税征收中几个问题的批复》(财税字〔1998〕96号)、《财政部 国家税务总局对河南省财政厅〈关于契税有关政策问题的请示〉的批复》(财税〔2000〕14号)、《财政部 国家税务总局关于房屋附属设施有关契税政策的批复》(财税〔2004〕126号)、《财政部 国家税务总局关于土地使用权转让契税计税依据的批复》(财税〔2007〕162号)、《财政部 国家税务总局关于企业改制过程中以国家作价出资(入股)方式转移国有土地使用权有关契税问题的通知》(财税〔2008〕129号)、《财政部 国家税务总局关于购房人办理退房有关契税问题的通知》(财税〔2011〕32号)同时废止。

财政部、税务总局关于契税法实施后有关优惠政策衔接问题的公告

- 2021年8月27日
- 财政部、税务总局公告2021年第29号

为贯彻落实《中华人民共和国契税法》,现将税法实施后继续执行的契税优惠政策公告如下:

一、夫妻因离婚分割共同财产发生土地、房屋权属变更的,免征契税。

二、城镇职工按规定第一次购买公有住房的,免征契税。

公有制单位为解决职工住房而采取集资建房方式建成的普通住房或由单位购买的普通商品住房,经县级以上地方人民政府房改部门批准,按照国家房改政策出售给本单位职工的,如属职工首次购买住房,比照公有住房免征契税。

已购公有住房经补缴土地出让价款成为完全产权住房的,免征契税。

三、外国银行分行按照《中华人民共和国外资银行管理条例》等相关规定改制为外商独资银行(或其分行),改制后的外商独资银行(或其分行)承受原外国银行分行的房屋权属的,免征契税。

四、除上述政策外,其他继续执行的契税优惠政策按原文件规定执行。涉及的文件及条款见附件1。

五、本公告自2021年9月1日起执行。附件2中所列文件及条款规定的契税优惠政策同时废止。附件3中所列文件及条款规定的契税优惠政策失效。

特此公告。

附件:1. 继续执行的契税优惠政策文件及条款目录
2. 废止的契税优惠政策文件及条款目录
3. 失效的契税优惠政策文件及条款目录

附件1

继续执行的契税优惠政策文件及条款目录

序号	文件标题及条款	文号
1	《财政部 国家税务总局关于免征军建离退休干部住房移交地方政府管理所涉及契税的通知》	财税字〔2000〕176号
2	《财政部 国家税务总局关于中国信达等4家金融资产管理公司税收政策问题的通知》第三条第3项	财税〔2001〕10号
3	《财政部 国家税务总局关于4家资产管理公司接收资本金项下的资产在办理过户时有关税收政策问题的通知》第一条中关于契税的政策	财税〔2003〕21号
4	《财政部 国家税务总局关于被撤销金融机构有关税收政策问题的通知》第二条第3项	财税〔2003〕141号
5	《财政部 国家税务总局关于中国东方资产管理公司处置港澳国际(集团)有限公司有关资产税收政策问题的通知》第二条第2项、第三条第3项、第四条第3项	财税〔2003〕212号
6	《财政部 国家税务总局关于银监会各级派出机构从中国人民银行各分支行划转房屋土地有关税收问题的函》第一条	财税〔2005〕149号
7	《财政部 国家税务总局关于青藏铁路公司运营期间有关税收等政策问题的通知》第四条	财税〔2007〕11号
8	《财政部 国家税务总局关于廉租住房经济适用住房和住房租赁有关税收政策的通知》第一条第(五)项中关于经济适用住房的契税政策、第(六)项	财税〔2008〕24号

续表

序号	文件标题及条款	文号
9	《财政部 国家税务总局关于企业以售后回租方式进行融资等有关契税政策的通知》第一条、第五条、第六条	财税〔2012〕82号
10	《财政部 国家税务总局关于棚户区改造有关税收政策的通知》第三条、第四条以及第五条中关于契税的政策	财税〔2013〕101号
11	《财政部 国家税务总局 住房城乡建设部关于调整房地产交易环节契税营业税优惠政策的通知》第一条、第三条中关于契税的政策	财税〔2016〕23号
12	《财政部 税务总局关于支持农村集体产权制度改革有关税收政策的通知》第一条、第二条第一款、第三条	财税〔2017〕55号
13	《财政部 税务总局关于易地扶贫搬迁税收优惠政策的通知》第一条第(二)项以及第二条第(一)(四)(五)项中关于契税的政策	财税〔2018〕135号
14	《财政部 税务总局关于公共租赁住房税收优惠政策的公告》第三条中关于契税的政策	财政部 税务总局公告2019年第61号
15	《财政部 税务总局关于继续实行农村饮水安全工程税收优惠政策的公告》第一条以及第六条第二款中关于契税的政策	财政部 税务总局公告2019年第67号
16	《财政部 税务总局 发展改革委 民政部 商务部 卫生健康委关于养老、托育、家政等社区家庭服务业税费优惠政策的公告》第一条第(三)项	财政部 税务总局 发展改革委 民政部 商务部 卫生健康委公告 2019年第76号
17	《财政部 税务总局关于延长部分税收优惠政策执行期限的公告》中关于契税的政策	财政部 税务总局公告2021年第6号
18	《财政部 税务总局关于继续执行企业事业单位改制重组有关契税政策的公告》	财政部 税务总局公告2021年第17号

附件2

废止的契税优惠政策文件及条款目录

序号	文件标题及条款	文号
1	《国家税务总局关于离婚后房屋权属变化是否征收契税的批复》	国税函〔1999〕391号
2	《财政部 国家税务总局关于公有制单位职工首次购买住房免征契税的通知》	财税〔2000〕130号
3	《财政部 国家税务总局关于社会力量办学契税政策问题的通知》	财税〔2001〕156号
4	《财政部 国家税务总局关于教育税收政策的通知》第三条第2项	财税〔2004〕39号
5	《财政部 国家税务总局关于国有土地使用权出让等有关契税问题的通知》	财税〔2004〕134号
6	《财政部 国家税务总局关于外国银行分行改制为外商独资银行有关税收问题的通知》第四条	财税〔2007〕45号
7	《财政部 国家税务总局关于认真落实抗震救灾及灾后重建税收政策问题的通知》第四条	财税〔2008〕62号

续表

序号	文件标题及条款	文号
8	《财政部 国家税务总局关于企业以售后回租方式进行融资等有关契税政策的通知》第二条、第三条、第四条	财税〔2012〕82号
9	《财政部 国家税务总局关于夫妻之间房屋土地权属变更有关契税政策的通知》	财税〔2014〕4号

附件3

失效的契税优惠政策文件及条款目录

序号	文件标题及条款	文号
1	《财政部 国家税务总局关于本溪金岛生态农业发展有限公司承受农村集体土地使用权征收契税的批复》	财税字〔2000〕26号
2	《财政部 国家税务总局关于全国人大机关职工住宅契税问题的通知》	财税〔2001〕199号
3	《财政部 国家税务总局关于中国华融资产管理公司接收抵债资产契税问题的通知》	财税函〔2002〕5号
4	《财政部 国家税务总局关于中国华融资产管理公司上海办事处接收中山东二路十五号楼契税问题的通知》	财税〔2002〕141号
5	《财政部 国家税务总局关于中国民族国际信托投资公司等转制为证券公司有关契税问题的通知》	财税〔2002〕151号
6	《财政部 国家税务总局关于大连证券破产及财产处置过程中有关税收政策问题的通知》第三条	财税〔2003〕88号
7	《财政部 国家税务总局关于香港中银集团重组上市有关税收问题的通知》第五条	财税〔2003〕126号
8	《财政部 国家税务总局关于中国长江电力股份有限公司上市及收购三峡发电资产有关税收问题的通知》第二条中关于契税的政策	财税〔2003〕235号
9	《财政部 国家税务总局关于中国人寿保险(集团)公司重组改制过程中有关契税政策的通知》	财税〔2004〕10号
10	《财政部 国家税务总局关于合作开发的房地产权属转移征免契税的批复》	财税〔2004〕91号
11	《财政部 国家税务总局关于航空信托投资公司转制为航空证券公司有关契税问题的通知》	财税〔2004〕122号
12	《财政部 国家税务总局关于对工行潮州分行受让国有土地使用权征免契税问题的批复》	财税〔2004〕184号
13	《财政部 国家税务总局关于国家石油储备基地建设有关税收政策的通知》第一条中关于契税的政策	财税〔2005〕23号
14	《财政部 国家税务总局关于广百新翼公司产权分割征收契税问题的批复》	财税〔2005〕26号
15	《财政部 国家税务总局关于贵州省人民政府驻京办事处收购贵州大厦用于办公的房产免征契税的通知》	财税〔2005〕141号
16	《财政部 国家税务总局关于广深铁路股份有限公司办理国有土地使用权出让有关契税问题的批复》	财税〔2005〕147号
17	《财政部 国家税务总局关于对美国驻华使馆购买馆员住宅免征契税的通知》	财税函〔2005〕160号
18	《财政部 国家税务总局关于中国建银投资有限责任公司有关税收政策问题的通知》第三条	财税〔2005〕160号

续表

序号	文件标题及条款	文号
19	《财政部 国家税务总局关于广东国际信托投资公司破产清算中房地产权属变更征收契税问题的批复》	财税〔2006〕50号
20	《财政部 国家税务总局关于中国电信集团公司和中国电信股份有限公司收购CDMA网络资产和业务有关契税政策的通知》	财税〔2009〕42号
21	《财政部 国家税务总局关于北京德国文化中心·歌德学院（中国）在华房产有关契税和印花税问题的通知》中关于契税的政策	财税〔2009〕159号
22	《财政部 国家税务总局关于中国联合网络通信集团有限公司重组过程中有关契税政策的通知》	财税〔2010〕87号
23	《财政部 国家税务总局关于明确中国邮政集团公司邮政速递物流业务重组改制过程中有关契税和印花税政策的通知》第一条	财税〔2010〕92号
24	《财政部 国家税务总局 住房城乡建设部关于调整房地产交易环节契税 个人所得税优惠政策的通知》第一条	财税〔2010〕94号
25	《财政部 国家税务总局关于中国信达资产管理股份有限公司改制过程中有关契税和印花税问题的通知》第一条	财税〔2011〕2号
26	《财政部 国家税务总局关于中国邮政储蓄银行改制上市有关税收政策的通知》第五条关于契税的政策	财税〔2013〕53号

国家税务总局关于契税纳税服务与征收管理若干事项的公告

· 2021年8月26日
· 国家税务总局公告2021年第25号

为贯彻落实中办、国办印发的《关于进一步深化税收征管改革的意见》，切实优化契税纳税服务，规范契税征收管理，根据《中华人民共和国契税法》（以下简称《契税法》）、《财政部 税务总局关于贯彻实施契税法若干事项执行口径的公告》（2021年第23号，以下简称23号公告）等相关规定，现就有关事项公告如下：

一、契税申报以不动产单元为基本单位。

二、以作价投资（入股）、偿还债务等应交付经济利益的方式转移土地、房屋权属的，参照土地使用权出让、出售或房屋买卖确定契税适用税率、计税依据等。

以划转、奖励等没有价格的方式转移土地、房屋权属的，参照土地使用权或房屋赠与确定契税适用税率、计税依据等。

三、契税计税依据不包括增值税，具体情形为：

（一）土地使用权出售、房屋买卖，承受方计征契税的成交价格不含增值税；实际取得增值税发票的，成交价格以发票上注明的不含税价格确定。

（二）土地使用权互换、房屋互换，契税计税依据为不含增值税价格的差额。

（三）税务机关核定的契税计税价格为不含增值税价格。

四、税务机关依法核定计税价格，应参照市场价格，采用房地产价格评估等方法合理确定。

五、契税纳税人依法纳税申报时，应填报《财产和行为税税源明细表》（《契税税源明细表》部分，附件1），并根据具体情形提交下列资料：

（一）纳税人身份证件；

（二）土地、房屋权属转移合同或其他具有土地、房屋权属转移合同性质的凭证；

（三）交付经济利益方式转移土地、房屋权属的，提交土地、房屋权属转移相关价款支付凭证，其中，土地使用权出让为财政票据，土地使用权出售、互换和房屋买卖、互换为增值税发票；

（四）因人民法院、仲裁委员会的生效法律文书或者监察机关出具的监察文书等因素发生土地、房屋权属转移的，提交生效法律文书或监察文书等。

符合减免税条件的，应按规定附送有关资料或将资料留存备查。

六、税务机关在契税足额征收或办理免税（不征税）手续后，应通过契税的完税凭证或契税信息联系单（以下简称联系单，附件2）等，将完税或免税（不征税）信息传递给不动产登记机构。能够通过信息共享即时传递信息的，税务机关可不再向不动产登记机构提供完税凭证或开具联系单。

七、纳税人依照《契税法》以及23号公告规定向税务机关申请退还已缴纳契税的，应提供纳税人身份证件、完税凭证复印件，并根据不同情形提交相关资料：

（一）在依法办理土地、房屋权属登记前，权属转移合同或合同性质凭证不生效、无效、被撤销或者被解除的，提交合同或合同性质凭证不生效、无效、被撤销或者被解除的证明材料；

（二）因人民法院判决或者仲裁委员会裁决导致土地、房屋权属转移行为无效、被撤销或者被解除，且土地、房屋权属变更至原权利人的，提交人民法院、仲裁委员会的生效法律文书；

（三）在出让土地使用权交付时，因容积率调整或实际交付面积小于合同约定面积需退还土地出让价款的，提交补充合同（协议）和退款凭证；

（四）在新建商品房交付时，因实际交付面积小于合同约定面积需返还房价款的，提交补充合同（协议）和退款凭证。

税务机关收取纳税人退税资料后，应向不动产登记机构核实有关土地、房屋权属登记情况。核实后符合条件的即时受理，不符合条件的一次性告知应补正资料或不予受理原因。

八、税务机关及其工作人员对税收征管过程中知悉的个人的身份信息、婚姻登记信息、不动产权属登记信息、纳税申报信息及其他商业秘密和个人隐私，应当依法予以保密，不得泄露或者非法向他人提供。纳税人的税收违法行为信息不属于保密信息范围，税务机关可依法处理。

九、各地税务机关应与当地房地产管理部门加强协作，采用不动产登记、交易和缴税一窗受理等模式，持续优化契税申报缴纳流程，共同做好契税征收与房地产管理衔接工作。

十、本公告要求纳税人提交的资料，各省、自治区、直辖市和计划单列市税务局能够通过信息共享即时查验的，可公告明确不再要求纳税人提交。

十一、本公告所称纳税人身份证件是指：单位纳税人为营业执照，或者统一社会信用代码证书或者其他有效登记证书；个人纳税人中，自然人为居民身份证，或者居民户口簿或者入境的身份证件，个体工商户为营业执照。

十二、本公告自2021年9月1日起施行。《全文废止和部分条款废止的契税文件目录》（附件3）所列文件或条款同时废止。

特此公告。

附件：1. 契税税源明细表（略）
2. 契税信息联系单（略）
3. 全文废止和部分条款废止的契税文件目录

附件3

全文废止和部分条款废止的契税文件目录

序号	文号	标题	备注
1	国税发〔1997〕176号	国家税务总局关于契税征收管理若干具体事项的通知	全文废止
2	国税函〔1998〕829号	国家税务总局关于城镇居民委托代建房屋契税征免问题的批复	全文废止
3	国税函〔1999〕465号	国家税务总局关于出售或租赁房屋使用权是否征收契税问题的批复	全文废止
4	国税函〔1999〕545号	国家税务总局关于明确对中国华融资产管理公司等在收购处置不良资产中免征契税的通知	全文废止
5	国税函〔1999〕613号	国家税务总局关于抵押贷款购买商品房征收契税的批复	全文废止
6	国税函〔1999〕737号	国家税务总局关于以补偿征地款方式取得的房产征收契税的批复	全文废止
7	国税函〔1999〕845号	国家税务总局关于三峡工程库区农村移民外迁有关税收问题的通知	废止第三条
8	国税函〔2000〕56号	国家税务总局关于免征中国石油天然气股份有限公司契税的通知	全文废止

续表

序号	文号	标题	备注
9	国税函〔2000〕468号	国家税务总局关于免征军队武警部队政法机关所办企业脱钩移交过程中所涉契税的批复	全文废止
10	国税函〔2001〕483号	国家税务总局关于以土地、房屋权属抵缴社会保险费免征契税的批复	全文废止
11	国税函〔2001〕689号	国家税务总局关于中国联通有限公司重组过程中办理土地、房屋权属变更登记不征契税的批复	全文废止
12	国税函〔2001〕843号	国家税务总局关于中国粮油食品进出口（集团）有限公司重组改制有关契税问题的通知	全文废止
13	国税函〔2002〕777号	国家税务总局关于免征被撤销金融机构在财产清理中取得土地房屋权属所涉契税的批复	全文废止
14	国税函〔2002〕1094号	国家税务总局关于以项目换土地等方式承受土地使用权有关契税问题的批复	全文废止
15	国税函〔2003〕123号	国家税务总局关于中国电信集团公司重组过程中有关契税问题的通知	全文废止
16	国税函〔2003〕524号	国家税务总局关于中国航空集团公司重组过程中有关契税问题的通知	全文废止
17	国税函〔2003〕627号	国家税务总局关于国家电网公司组建中有关契税问题的通知	全文废止
18	国税函〔2003〕946号	国家税务总局关于中国大唐集团公司组建中有关契税问题的通知	全文废止
19	国税函〔2003〕978号	国家税务总局关于中国国电集团公司组建中有关契税问题的通知	全文废止
20	国税函〔2003〕1027号	国家税务总局关于中国人民保险公司重组改制过程中有关印花税和契税问题的通知	废止第二条
21	国税函〔2003〕1143号	国家税务总局关于中国电信集团公司重组安徽等六省（区、市）电信资产有关契税问题的通知	全文废止
22	国税函〔2003〕1253号	国家税务总局关于中国航空工业第二集团公司重组中有关契税问题的通知	全文废止
23	国税函〔2003〕1272号	国家税务总局关于事业单位合并中有关契税问题的批复	全文废止
24	国税函〔2004〕322号	国家税务总局关于以土地、房屋作价出资及租赁使用土地有关契税问题的批复	全文废止
25	国税函〔2004〕852号	国家税务总局关于中国人寿保险（集团）公司重组改制后有关税务问题的通知	废止第五条中有关契税的规定
26	国税函〔2004〕898号	国家税务总局关于中国电信集团公司湖北等省（区）电信资产重组改制有关契税政策的通知	全文废止
27	国税发〔2004〕98号	国家税务总局关于中国移动通信集团公司重组上市过程中有关契税问题的通知	全文废止
28	国税函〔2004〕1036号	国家税务总局关于继承土地、房屋权属有关契税问题的批复	全文废止
29	国税发〔2004〕165号	国家税务总局关于中国网络通信集团公司重组上市过程中有关契税政策的通知	全文废止

续表

序号	文号	标题	备注
30	国税发〔2005〕52号	国家税务总局关于中国建银投资有限责任公司纳税申报地点问题的通知	废止第三条中有关契税的规定
31	国税发〔2005〕156号	国家税务总局关于实施房地产税收一体化管理若干具体问题的通知	废止第二条中有关契税的规定
32	国税函〔2005〕835号	国家税务总局关于军队离退休干部购买经济适用房征收契税问题的批复	全文废止
33	国税函〔2005〕903号	国家税务总局关于城镇房屋拆迁契税优惠政策适用对象的批复	全文废止
34	国税函〔2005〕969号	国家税务总局关于中国航空集团公司改制有关契税问题的通知	全文废止
35	国税函〔2006〕157号	国家税务总局关于改制企业承受土地使用权契税计税依据的批复	全文废止
36	国税函〔2006〕448号	国家税务总局关于开征烟叶税有关税收会计统计核算问题的通知	废止第二条中有关契税的规定
37	国税函〔2006〕798号	国家税务总局关于明确中国兵器装备集团公司重组改制过程中有关契税政策的通知	全文废止
38	国税发〔2006〕144号	国家税务总局关于加强房地产交易个人无偿赠与不动产税收管理有关问题通知	废止第一条中有关契税的规定
39	国税函〔2007〕606号	国家税务总局关于承受装修房屋契税计税价格问题的批复	全文废止
40	国税函〔2007〕645号	国家税务总局关于未办理土地使用权证转让土地有关税收问题的批复	废止文件中有关契税的规定
41	国税函〔2008〕438号	国家税务总局关于无效产权转移征收契税的批复	全文废止
42	国税函〔2008〕662号	国家税务总局关于改变国有土地使用权出让方式征收契税的批复	全文废止
43	国税函〔2008〕679号	国家税务总局关于中国铁道建筑总公司股份制改革过程中有关税收问题的通知	废止第三条中有关契税的规定
44	国税函〔2008〕718号	国家税务总局关于经法院调解的房屋权属转移征收契税的批复	全文废止
45	国税函〔2008〕1083号	国家税务总局关于太平湾发电厂有关契税问题的批复	全文废止
46	国税函〔2009〕603号	国家税务总局关于明确国有土地使用权出让契税计税依据的批复	全文废止
47	国税函〔2009〕618号	国家税务总局关于明确中国农业银行改制有关契税政策的通知	全文废止
48	国税函〔2009〕781号	国家税务总局关于企业改制契税政策适用问题的批复	全文废止
49	税务总局公告2013年第2号	国家税务总局关于国寿投资控股有限公司相关税收问题的公告	废止第五条中有关契税的规定
50	税务总局公告2021年第9号	国家税务总局关于简并税费申报有关事项的公告	废止附件2中的《契税税源明细表》

财政部、税务总局关于继续实施企业、事业单位改制重组有关契税政策的公告

- 2023 年 9 月 22 日
- 财政部、税务总局公告 2023 年第 49 号

为支持企业、事业单位改制重组，优化市场环境，现就继续实施有关契税政策公告如下：

一、企业改制

企业按照《中华人民共和国公司法》有关规定整体改制，包括非公司制企业改制为有限责任公司或股份有限公司，有限责任公司变更为股份有限公司，股份有限公司变更为有限责任公司，原企业投资主体存续并在改制（变更）后的公司中所持股权（股份）比例超过75%，且改制（变更）后公司承继原企业权利、义务的，对改制（变更）后公司承受原企业土地、房屋权属，免征契税。

二、事业单位改制

事业单位按照国家有关规定改制为企业，原投资主体存续并在改制后企业中出资（股权、股份）比例超过50%，对改制后企业承受原事业单位土地、房屋权属，免征契税。

三、公司合并

两个或两个以上的公司，依照法律规定、合同约定，合并为一个公司，且原投资主体存续的，对合并后公司承受原合并各方土地、房屋权属，免征契税。

四、公司分立

公司依照法律规定、合同约定分立为两个或两个以上与原公司投资主体相同的公司，对分立后公司承受原公司土地、房屋权属，免征契税。

五、企业破产

企业依照有关法律法规规定实施破产，债权人（包括破产企业职工）承受破产企业抵偿债务的土地、房屋权属，免征契税；对非债权人承受破产企业土地、房屋权属，凡按照《中华人民共和国劳动法》等国家有关法律法规政策妥善安置原企业全部职工规定，与原企业全部职工签订服务年限不少于三年的劳动用工合同的，对其承受所购企业土地、房屋权属，免征契税；与原企业超过30%的职工签订服务年限不少于三年的劳动用工合同的，减半征收契税。

六、资产划转

对承受县级以上人民政府或国有资产管理部门按规定进行行政性调整、划转国有土地、房屋权属的单位，免征契税。

同一投资主体内部所属企业之间土地、房屋权属的划转，包括母公司与其全资子公司之间，同一公司所属全资子公司之间，同一自然人与其设立的个人独资企业、一人有限公司之间土地、房屋权属的划转，免征契税。

母公司以土地、房屋权属向其全资子公司增资，视同划转，免征契税。

七、债权转股权

经国务院批准实施债权转股权的企业，对债权转股权后新设立的公司承受原企业的土地、房屋权属，免征契税。

八、划拨用地出让或作价出资

以出让方式或国家作价出资（入股）方式承受原改制重组企业、事业单位划拨用地的，不属上述规定的免税范围，对承受方应按规定征收契税。

九、公司股权（股份）转让

在股权（股份）转让中，单位、个人承受公司股权（股份），公司土地、房屋权属不发生转移，不征收契税。

十、有关用语含义

本公告所称企业、公司，是指依照我国有关法律法规设立并在中国境内注册的企业、公司。

本公告所称投资主体存续，企业改制重组的，是指原改制重组企业的出资人必须存在于改制重组后的企业；事业单位改制的，是指履行国有资产出资人职责的单位必须存在于改制后的企业。出资人的出资比例可以发生变动。

本公告所称投资主体相同，是指公司分立前后出资人不发生变动，出资人的出资比例可以发生变动。

十一、本公告执行期限为2024年1月1日至2027年12月31日。

特此公告。

9. 资源税

中华人民共和国资源税法

- 2019 年 8 月 26 日第十三届全国人民代表大会常务委员会第十二次会议通过
- 2019 年 8 月 26 日中华人民共和国主席令第 33 号公布
- 自 2020 年 9 月 1 日起施行

第一条 在中华人民共和国领域和中华人民共和国管辖的其他海域开发应税资源的单位和个人，为资源税的纳税人，应当依照本法规定缴纳资源税。

应税资源的具体范围,由本法所附《资源税税目税率表》(以下称《税目税率表》)确定。

第二条 资源税的税目、税率,依照《税目税率表》执行。

《税目税率表》中规定实行幅度税率的,其具体适用税率由省、自治区、直辖市人民政府统筹考虑该应税资源的品位、开采条件以及对生态环境的影响等情况,在《税目税率表》规定的税率幅度内提出,报同级人民代表大会常务委员会决定,并报全国人民代表大会常务委员会和国务院备案。《税目税率表》中规定征税对象为原矿或者选矿的,应当分别确定具体适用税率。

第三条 资源税按照《税目税率表》实行从价计征或者从量计征。

《税目税率表》中规定可以选择实行从价计征或者从量计征的,具体计征方式由省、自治区、直辖市人民政府提出,报同级人民代表大会常务委员会决定,并报全国人民代表大会常务委员会和国务院备案。

实行从价计征的,应纳税额按照应税资源产品(以下称应税产品)的销售额乘以具体适用税率计算。实行从量计征的,应纳税额按照应税产品的销售数量乘以具体适用税率计算。

应税产品为矿产品的,包括原矿和选矿产品。

第四条 纳税人开采或者生产不同税目应税产品的,应当分别核算不同税目应税产品的销售额或者销售数量;未分别核算或者不能准确提供不同税目应税产品的销售额或者销售数量的,从高适用税率。

第五条 纳税人开采或者生产应税产品自用的,应当依照本法规定缴纳资源税;但是,自用于连续生产应税产品的,不缴纳资源税。

第六条 有下列情形之一的,免征资源税:

(一)开采原油以及在油田范围内运输原油过程中用于加热的原油、天然气;

(二)煤炭开采企业因安全生产需要抽采的煤成(层)气。

有下列情形之一的,减征资源税:

(一)从低丰度油气田开采的原油、天然气,减征百分之二十资源税;

(二)高含硫天然气、三次采油和从深水油气田开采的原油、天然气,减征百分之三十资源税;

(三)稠油、高凝油减征百分之四十资源税;

(四)从衰竭期矿山开采的矿产品,减征百分之三十资源税。

根据国民经济和社会发展需要,国务院对有利于促进资源节约集约利用、保护环境等情形可以规定免征或者减征资源税,报全国人民代表大会常务委员会备案。

第七条 有下列情形之一的,省、自治区、直辖市可以决定免征或者减征资源税:

(一)纳税人开采或者生产应税产品过程中,因意外事故或者自然灾害等原因遭受重大损失;

(二)纳税人开采共伴生矿、低品位矿、尾矿。

前款规定的免征或者减征资源税的具体办法,由省、自治区、直辖市人民政府提出,报同级人民代表大会常务委员会决定,并报全国人民代表大会常务委员会和国务院备案。

第八条 纳税人的免税、减税项目,应当单独核算销售额或者销售数量;未单独核算或者不能准确提供销售额或者销售数量的,不予免税或者减税。

第九条 资源税由税务机关依照本法和《中华人民共和国税收征收管理法》的规定征收管理。

税务机关与自然资源等相关部门应当建立工作配合机制,加强资源税征收管理。

第十条 纳税人销售应税产品,纳税义务发生时间为收讫销售款或者取得索取销售款凭据的当日;自用应税产品的,纳税义务发生时间为移送应税产品的当日。

第十一条 纳税人应当向应税产品开采地或者生产地的税务机关申报缴纳资源税。

第十二条 资源税按月或者按季申报缴纳;不能按固定期限计算缴纳的,可以按次申报缴纳。

纳税人按月或者按季申报缴纳的,应当自月度或者季度终了之日起十五日内,向税务机关办理纳税申报并缴纳税款;按次申报缴纳的,应当自纳税义务发生之日起十五日内,向税务机关办理纳税申报并缴纳税款。

第十三条 纳税人、税务机关及其工作人员违反本法规定的,依照《中华人民共和国税收征收管理法》和有关法律法规的规定追究法律责任。

第十四条 国务院根据国民经济和社会发展需要,依照本法的原则,对取用地表水或者地下水的单位和个人试点征收水资源税。征收水资源税的,停止征收水资源费。

水资源税根据当地水资源状况、取用水类型和经济发展等情况实行差别税率。

水资源税试点实施办法由国务院规定,报全国人民代表大会常务委员会备案。

国务院自本法施行之日起五年内,就征收水资源税试点情况向全国人民代表大会常务委员会报告,并及时提出修改法律的建议。

第十五条 中外合作开采陆上、海上石油资源的企业依法缴纳资源税。

2011年11月1日前已依法订立中外合作开采陆上、海上石油资源合同的,在该合同有效期内,继续依照国家有关规定缴纳矿区使用费,不缴纳资源税;合同期满后,依法缴纳资源税。

第十六条 本法下列用语的含义是:

(一)低丰度油气田,包括陆上低丰度油田、陆上低丰度气田、海上低丰度油田、海上低丰度气田。陆上低丰度油田是指每平方公里原油可开采储量丰度低于二十五万立方米的油田;陆上低丰度气田是指每平方公里天然气可开采储量丰度低于二亿五千万立方米的气田;海上低丰度油田是指每平方公里原油可开采储量丰度低于六十万立方米的油田;海上低丰度气田是指每平方公里天然气可开采储量丰度低于六亿立方米的气田。

(二)高含硫天然气,是指硫化氢含量在每立方米三十克以上的天然气。

(三)三次采油,是指二次采油后继续以聚合物驱、复合驱、泡沫驱、气水交替驱、二氧化碳驱、微生物驱等方式进行采油。

(四)深水油气田,是指水深超过三百米的油气田。

(五)稠油,是指地层原油粘度大于或等于每秒五十毫帕或原油密度大于或等于每立方厘米零点九二克的原油。

(六)高凝油,是指凝固点高于四十摄氏度的原油。

(七)衰竭期矿山,是指设计开采年限超过十五年,且剩余可开采储量下降到原设计可开采储量的百分之二十以下或者剩余开采年限不超过五年的矿山。衰竭期矿山以开采企业下属的单个矿山为单位确定。

第十七条 本法自2020年9月1日起施行。1993年12月25日国务院发布的《中华人民共和国资源税暂行条例》同时废止。

附:

资源税税目税率表

税 目			征税对象	税 率
能源矿产	原油		原矿	6%
	天然气、页岩气、天然气水合物		原矿	6%
	煤		原矿或者选矿	2%—10%
	煤成(层)气		原矿	1%—2%
	铀、钍		原矿	4%
	油页岩、油砂、天然沥青、石煤		原矿或者选矿	1%—4%
	地热		原矿	1%—20%或者每立方米1—30元
金属矿产	黑色金属	铁、锰、铬、钒、钛	原矿或者选矿	1%—9%
	有色金属	铜、铅、锌、锡、镍、锑、镁、钴、铋、汞	原矿或者选矿	2%—10%
		铝土矿	原矿或者选矿	2%—9%
		钨	选矿	6.5%
		钼	选矿	8%
		金、银	原矿或者选矿	2%—6%
		铂、钯、钌、锇、铱、铑	原矿或者选矿	5%—10%
		轻稀土	选矿	7%—12%
		中重稀土	选矿	20%
		铍、锂、锆、锶、铷、铌、钽、锗、镓、铟、铊、铪、铼、镉、硒、碲	原矿或者选矿	2%—10%

税 目			征税对象	税 率
非金属矿产	矿物类	高岭土	原矿或者选矿	1%—6%
		石灰岩	原矿或者选矿	1%—6%或者每吨(或者每立方米)1—10元
		磷	原矿或者选矿	3%—8%
		石墨	原矿或者选矿	3%—12%
		萤石、硫铁矿、自然硫	原矿或者选矿	1%—8%
		天然石英砂、脉石英、粉石英、水晶、工业用金刚石、冰洲石、蓝晶石、硅线石(矽线石)、长石、滑石、刚玉、菱镁矿、颜料矿物、天然碱、芒硝、钠硝石、明矾石、砷、硼、碘、溴、膨润土、硅藻土、陶瓷土、耐火粘土、铁矾土、凹凸棒石粘土、海泡石粘土、伊利石粘土、累托石粘土	原矿或者选矿	1%—12%
		叶蜡石、硅灰石、透辉石、珍珠岩、云母、沸石、重晶石、毒重石、方解石、蛭石、透闪石、工业用电气石、白垩、石棉、蓝石棉、红柱石、石榴子石、石膏	原矿或者选矿	2%—12%
		其他粘土(铸型用粘土、砖瓦用粘土、陶粒用粘土、水泥配料用粘土、水泥配料用红土、水泥配料用黄土、水泥配料用泥岩、保温材料用粘土)	原矿或者选矿	1%—5%或者每吨(或者每立方米)0.1—5元
	岩石类	大理岩、花岗岩、白云岩、石英岩、砂岩、辉绿岩、安山岩、闪长岩、板岩、玄武岩、片麻岩、角闪岩、页岩、浮石、凝灰岩、黑曜岩、霞石正长岩、蛇纹岩、麦饭石、泥灰岩、含钾岩石、含钾砂页岩、天然油石、橄榄岩、松脂岩、粗面岩、辉长岩、辉石岩、正长岩、火山灰、火山渣、泥炭	原矿或者选矿	1%—10%
		砂石	原矿或者选矿	1%—5%或者每吨(或者每立方米)0.1—5元
	宝玉石类	宝石、玉石、宝石级金刚石、玛瑙、黄玉、碧玺	原矿或者选矿	4%—20%
水气矿产		二氧化碳气、硫化氢气、氦气、氡气	原矿	2%—5%
		矿泉水	原矿	1%—20%或者每立方米1—30元
盐		钠盐、钾盐、镁盐、锂盐	选矿	3%—15%
		天然卤水	原矿	3%—15%或者每吨(或者每立方米)1—10元
		海盐		2%—5%

中华人民共和国资源税代扣代缴管理办法

· 1998年4月15日国税发〔1998〕49号公布
· 根据2018年6月15日《国家税务总局关于修改部分税务部门规章的决定》修正

第一条 为了进一步加强对资源税的征收管理，根据《中华人民共和国税收征收管理法》（以下简称《税收征管法》）和《中华人民共和国资源税暂行条例》（以下简称《资源税条例》）等有关规定，制定本办法。

第二条 收购资源税未税矿产品的独立矿山、联合企业以及其他单位为资源税代扣代缴义务人（以下简称扣缴义务人）。

扣缴义务人应当主动向主管税务机关申请办理代扣代缴义务人的有关手续。主管税务机关经审核批准后，发给扣缴义务人代扣代缴税款凭证及报告表。

第三条 扣缴义务人必须依照本办法的规定履行代扣代缴资源税义务。扣缴义务人在履行其法定义务时，有关单位和个人应予支持、协助，不得干预、阻挠。

第四条 扣缴义务人履行代扣代缴的适用范围是：收购的除原油、天然气、煤炭以外的资源税未税矿产品。

第五条 本办法第四条所称"未税矿产品"是指资源税纳税人在销售其矿产品时不能向扣缴义务人提供"资源税管理证明"的矿产品。

第六条 "资源税管理证明"是证明销售的矿产品已缴纳资源税或已向当地税务机关办理纳税申报的有效凭证。"资源税管理证明"分为甲、乙两种证明（式样附后），由当地主管税务机关开具。

资源税管理甲种证明适用生产规模较大、财务制度比较健全、有比较固定的购销关系、能够依法申报缴纳资源税的纳税人，是一次开具在一定期限内多次使用有效的证明。

资源税管理乙种证明适用个体、小型采矿销售企业等零散资源税纳税人，是根据销售数量多次开具一次使用有效的证明。

"资源税管理证明"由国家税务总局统一制定，各省、自治区、直辖市税务局印制。

"资源税管理证明"可以跨省、区、市使用。为防止伪造，"资源税管理证明"须与纳税人的税务登记证副本一同使用。

第七条 凡开采销售本办法规定范围内的应税矿产品的单位和个人，在销售其矿产品时，应当向当地主管税务机关申请开具"资源税管理证明"，作为销售矿产品已申报纳税免予扣缴税款的依据。购货方（扣缴义务人）在收购矿产品时，应主动向销售方（纳税人）索要"资源税管理证明"，扣缴义务人据此不代扣资源税。凡销售方不能提供"资源税管理甲种证明"的或超出"资源税管理乙种证明"注明的销售数量部分，一律视同未税矿产品，由扣缴义务人依法代扣代缴资源税，并向纳税人开具代扣代缴税款凭证。

扣缴义务人应按主管税务机关的要求妥善整理和保管收取的"资源税管理证明"，以备税务机关核查。纳税人领取的"资源税管理证明"，不得转借他人使用，遗失不补。

第八条 扣缴义务人代扣代缴资源税适用的单位税额按如下规定执行：

（一）独立矿山、联合企业收购与本单位矿种相同的未税矿产品，按照本单位相同矿种应税产品的单位税额，依据收购数量代扣代缴资源税。

（二）独立矿山、联合企业收购与本单位矿种不同的未税矿产品，以及其他收购单位收购的未税矿产品，按照收购地相应矿种规定的单位税额，依据收购数量代扣代缴资源税。

（三）收购地没有相同品种矿产品的，按收购地主管税务机关核定的单位税额，依据收购数量代扣代缴资源税。

第九条 扣缴义务人代扣代缴资源税的计算公式为：

代扣代缴的资源税额 = 收购未税矿产品数量 × 适用单位税额。

第十条 扣缴义务人代扣代缴资源税义务发生时间为扣缴义务人支付货款的当天。

第十一条 扣缴义务人代扣代缴资源税的地点为应税未税矿产品的收购地。

第十二条 扣缴义务人代扣资源税税款的解缴期限为1日、3日、5日、10日、15日或者1个月。具体解缴期限由主管税务机关根据实际情况核定。

扣缴义务人应在主管税务机关规定的时间内解缴其代扣的资源税款，并报送代扣代缴等有关报表。

第十三条 主管税务机关按照规定提取并向扣缴义务人支付手续费。

第十四条 扣缴义务人代扣代缴资源税时，要建立代扣代缴税款账簿，序时登记资源税代扣、代缴税款报告表。

第十五条 扣缴义务人依法履行代扣税款义务时，纳税人不得拒绝。纳税人拒绝的，扣缴义务人应当及时报告主管税务机关处理。否则,纳税人应缴纳的税款由扣缴义务人负担。

第十六条 扣缴义务人必须依法接受税务机关检查,如实反映情况,提供有关资料,不得拒绝或隐瞒。

第十七条 扣缴义务人发生下列行为之一者,按《税收征管法》及其实施细则处理:

(一)应代扣而未代扣或少代扣资源税款;

(二)不缴或少缴已扣税款;

(三)未按规定期限解缴税款;

(四)未按规定设置、保管有关资源税代扣代缴账簿、凭证、报表及有关资料;

(五)转借、涂改、损毁、造假、不按照规定使用"资源税管理证明"的行为;

(六)其他违反税收规定的行为。

第十八条 本办法未尽事宜,依照有关税收法律、法规执行。

第十九条 各省、自治区、直辖市税务局可根据本办法和当地实际情况制定具体实施办法。

第二十条 本办法由国家税务总局负责解释。

第二十一条 本办法自1998年7月1日起执行。

国家税务总局关于资源税征收管理若干问题的公告[①]

· 2020年8月28日
· 国家税务总局公告2020年第14号

为规范资源税征收管理,根据《中华人民共和国资源税法》《中华人民共和国税收征收管理法》及其实施细则、《财政部 税务总局关于资源税有关问题执行口径的公告》(2020年第34号)等相关规定,现就有关事项公告如下:

一、纳税人以外购原矿与自采原矿混合为原矿销售,或者以外购选矿产品与自产选矿产品混合为选矿产品销售的,在计算应税产品销售额或者销售数量时,直接扣减外购原矿或者外购选矿产品的购进金额或者购进数量。

纳税人以外购原矿与自采原矿混合洗选加工为选矿产品销售的,在计算应税产品销售额或者销售数量时,按照下列方法进行扣减:

准予扣减的外购应税产品购进金额(数量)= 外购原矿购进金额(数量)×(本地区原矿适用税率÷本地区选矿产品适用税率)

不能按照上述方法计算扣减的,按照主管税务机关确定的其他合理方法进行扣减。

二、纳税人申报资源税时,应当填报《资源税纳税申报表》(见附件)。

三、纳税人享受资源税优惠政策,实行"自行判别、申报享受、有关资料留存备查"的办理方式,另有规定的除外。纳税人对资源税优惠事项留存材料的真实性和合法性承担法律责任。

四、本公告自2020年9月1日起施行。《国家税务总局关于发布修订后的〈资源税若干问题的规定〉的公告》(2011年第63号)、《国家税务总局关于发布〈中外合作及海上自营油气田资源税纳税申报表〉的公告》(2012年第3号)、《国家税务总局 国家能源局关于落实煤炭资源税优惠政策若干事项的公告》(2015年第21号,国家税务总局公告2018年第31号修改)、《国家税务总局关于发布修订后的〈资源税纳税申报表〉的公告》(2016年第38号)附件2、附件3、附件4、《国家税务总局 自然资源部关于落实资源税改革优惠政策若干事项的公告》(2017年第2号,国家税务总局公告2018年第31号修改)、《国家税务总局关于发布〈资源税征收管理规程〉的公告》(2018年第13号)、《国家税务总局关于增值税小规模纳税人地方税种和相关附加减征政策有关征管问题的公告》(2019年第5号)发布的资源税纳税申报表同时废止。

特此公告。

附件:资源税纳税申报表(略)

财政部、税务总局关于资源税有关问题执行口径的公告

· 2020年6月28日
· 财政部、税务总局公告2020年第34号

为贯彻落实《中华人民共和国资源税法》,现将资源税有关问题执行口径公告如下:

一、资源税应税产品(以下简称应税产品)的销售额,按照纳税人销售应税产品向购买方收取的全部价款确定,不包括增值税税款。

计入销售额中的相关运杂费用,凡取得增值税发票或者其他合法有效凭据的,准予从销售额中扣除。相关

[①] 本公告中的"附件"已被《国家税务总局关于简并税费申报有关事项的公告》废止。

运杂费用是指应税产品从坑口或者洗选（加工）地到车站、码头或者购买方指定地点的运输费用、建设基金以及随运销产生的装卸、仓储、港杂费用。

二、纳税人自用应税产品应当缴纳资源税的情形，包括纳税人以应税产品用于非货币性资产交换、捐赠、偿债、赞助、集资、投资、广告、样品、职工福利、利润分配或者连续生产非应税产品等。

三、纳税人申报的应税产品销售额明显偏低且无正当理由的，或者有自用应税产品行为而无销售额的，主管税务机关可以按下列方法和顺序确定其应税产品销售额：

（一）按纳税人最近时期同类产品的平均销售价格确定。

（二）按其他纳税人最近时期同类产品的平均销售价格确定。

（三）按后续加工非应税产品销售价格，减去后续加工环节的成本利润后确定。

（四）按应税产品组成计税价格确定。

组成计税价格＝成本×（1+成本利润率）÷（1－资源税税率）

上述公式中的成本利润率由省、自治区、直辖市税务机关确定。

（五）按其他合理方法确定。

四、应税产品的销售数量，包括纳税人开采或者生产应税产品的实际销售数量和自用于应当缴纳资源税情形的应税产品数量。

五、纳税人外购应税产品与自采应税产品混合销售或者混合加工为应税产品销售的，在计算应税产品销售额或者销售数量时，准予扣减外购应税产品的购进金额或者购进数量；当期不足扣减的，可结转下期扣减。纳税人应当准确核算外购应税产品的购进金额或者购进数量，未准确核算的，一并计算缴纳资源税。

纳税人核算并扣减当期外购应税产品购进金额、购进数量，应当依据外购应税产品的增值税发票、海关进口增值税专用缴款书或者其他合法有效凭据。

六、纳税人开采或者生产同一税目下适用不同税率应税产品的，应当分别核算不同税率应税产品的销售额或者销售数量；未分别核算或者不能准确提供不同税率应税产品的销售额或者销售数量的，从高适用税率。

七、纳税人以自采原矿（经过采矿过程采出后未进行选矿或者加工的矿石）直接销售，或者自用于应当缴纳资源税情形的，按照原矿计征资源税。

纳税人以自采原矿洗选加工为选矿产品（通过破碎、切割、洗选、筛分、磨矿、分级、提纯、脱水、干燥等过程形成的产品，包括富集的精矿和研磨成粉、粒级成型、切割成型的原矿加工品）销售，或者将选矿产品自用于应缴纳资源税情形的，按照选矿产品计征资源税，在原矿移送环节不缴纳资源税。对于无法区分原生岩石矿种的粒级成型砂石颗粒，按照砂石税目征收资源税。

八、纳税人开采或者生产同一应税产品，其中既有享受减免税政策的，又有不享受减免税政策的，按照免税、减税项目的产量占比等方法分别核算确定免税、减税项目的销售额或者销售数量。

九、纳税人开采或者生产同一应税产品同时符合两项或者两项以上减征资源税优惠政策的，除另有规定外，只能选择其中一项执行。

十、纳税人应当在矿产品的开采地或者海盐的生产地缴纳资源税。

十一、海上开采的原油和天然气资源税由海洋石油税务管理机构征收管理。

十二、本公告自2020年9月1日起施行。《财政部、国家税务总局关于实施煤炭资源税改革的通知》（财税〔2014〕72号）、《财政部、国家税务总局关于调整原油天然气资源税有关政策的通知》（财税〔2014〕73号）、《财政部、国家税务总局关于实施稀土钨钼资源税从价计征改革的通知》（财税〔2015〕52号）、《财政部、国家税务总局关于全面推进资源税改革的通知》（财税〔2016〕53号）、《财政部、国家税务总局关于资源税改革具体政策问题的通知》（财税〔2016〕54号）同时废止。

10. 其他

中华人民共和国环境保护税法

- 2016年12月25日第十二届全国人民代表大会常务委员会第二十五次会议通过
- 根据2018年10月26日第十三届全国人民代表大会常务委员会第六次会议《关于修改〈中华人民共和国野生动物保护法〉等十五部法律的决定》修正

第一章 总 则

第一条 为了保护和改善环境，减少污染物排放，推进生态文明建设，制定本法。

第二条 在中华人民共和国领域和中华人民共和国管辖的其他海域，直接向环境排放应税污染物的企业事业单位和其他生产经营者为环境保护税的纳税人，应当依照本法规定缴纳环境保护税。

第三条 本法所称应税污染物，是指本法所附《环境保护税税目税额表》、《应税污染物和当量值表》规定的大气污染物、水污染物、固体废物和噪声。

第四条 有下列情形之一的，不属于直接向环境排放污染物，不缴纳相应污染物的环境保护税：

（一）企业事业单位和其他生产经营者向依法设立的污水集中处理、生活垃圾集中处理场所排放应税污染物的；

（二）企业事业单位和其他生产经营者在符合国家和地方环境保护标准的设施、场所贮存或者处置固体废物的。

第五条 依法设立的城乡污水集中处理、生活垃圾集中处理场所超过国家和地方规定的排放标准向环境排放应税污染物的，应当缴纳环境保护税。

企业事业单位和其他生产经营者贮存或者处置固体废物不符合国家和地方环境保护标准的，应当缴纳环境保护税。

第六条 环境保护税的税目、税额，依照本法所附《环境保护税税目税额表》执行。

应税大气污染物和水污染物的具体适用税额的确定和调整，由省、自治区、直辖市人民政府统筹考虑本地区环境承载能力、污染物排放现状和经济社会生态发展目标要求，在本法所附《环境保护税税目税额表》规定的税额幅度内提出，报同级人民代表大会常务委员会决定，并报全国人民代表大会常务委员会和国务院备案。

第二章 计税依据和应纳税额

第七条 应税污染物的计税依据，按照下列方法确定：

（一）应税大气污染物按照污染物排放量折合的污染当量数确定；

（二）应税水污染物按照污染物排放量折合的污染当量数确定；

（三）应税固体废物按照固体废物的排放量确定；

（四）应税噪声按照超过国家规定标准的分贝数确定。

第八条 应税大气污染物、水污染物的污染当量数，以该污染物的排放量除以该污染物的污染当量值计算。每种应税大气污染物、水污染物的具体污染当量值，依照本法所附《应税污染物和当量值表》执行。

第九条 每一排放口或者没有排放口的应税大气污染物，按照污染当量数从大到小排序，对前三项污染物征收环境保护税。

每一排放口的应税水污染物，按照本法所附《应税污染物和当量值表》，区分第一类水污染物和其他类水污染物，按照污染当量数从大到小排序，对第一类水污染物按照前五项征收环境保护税，对其他类水污染物按照前三项征收环境保护税。

省、自治区、直辖市人民政府根据本地区污染物减排的特殊需要，可以增加同一排放口征收环境保护税的应税污染物项目数，报同级人民代表大会常务委员会决定，并报全国人民代表大会常务委员会和国务院备案。

第十条 应税大气污染物、水污染物、固体废物的排放量和噪声的分贝数，按照下列方法和顺序计算：

（一）纳税人安装使用符合国家规定和监测规范的污染物自动监测设备的，按照污染物自动监测数据计算；

（二）纳税人未安装使用污染物自动监测设备的，按照监测机构出具的符合国家有关规定和监测规范的监测数据计算；

（三）因排放污染物种类多等原因不具备监测条件的，按照国务院生态环境主管部门规定的排污系数、物料衡算方法计算；

（四）不能按照本条第一项至第三项规定的方法计算的，按照省、自治区、直辖市人民政府生态环境主管部门规定的抽样测算的方法核定计算。

第十一条 环境保护税应纳税额按照下列方法计算：

（一）应税大气污染物的应纳税额为污染当量数乘以具体适用税额；

（二）应税水污染物的应纳税额为污染当量数乘以具体适用税额；

（三）应税固体废物的应纳税额为固体废物排放量乘以具体适用税额；

（四）应税噪声的应纳税额为超过国家规定标准的分贝数对应的具体适用税额。

第三章 税收减免

第十二条 下列情形，暂予免征环境保护税：

（一）农业生产（不包括规模化养殖）排放应税污染物的；

（二）机动车、铁路机车、非道路移动机械、船舶和航空器等流动污染源排放应税污染物的；

（三）依法设立的城乡污水集中处理、生活垃圾集中处理场所排放相应应税污染物，不超过国家和地方规定的排放标准的；

（四）纳税人综合利用的固体废物，符合国家和地方环境保护标准的；

（五）国务院批准免税的其他情形。

前款第五项免税规定，由国务院报全国人民代表大会常务委员会备案。

第十三条　纳税人排放应税大气污染物或者水污染物的浓度值低于国家和地方规定的污染物排放标准百分之三十的，减按百分之七十五征收环境保护税。纳税人排放应税大气污染物或者水污染物的浓度值低于国家和地方规定的污染物排放标准百分之五十的，减按百分之五十征收环境保护税。

第四章　征收管理

第十四条　环境保护税由税务机关依照《中华人民共和国税收征收管理法》和本法的有关规定征收管理。

生态环境主管部门依照本法和有关环境保护法律法规的规定负责对污染物的监测管理。

县级以上地方人民政府应当建立税务机关、生态环境主管部门和其他相关单位分工协作工作机制，加强环境保护税征收管理，保障税款及时足额入库。

第十五条　生态环境主管部门和税务机关应当建立涉税信息共享平台和工作配合机制。

生态环境主管部门应当将排污单位的排污许可、污染物排放数据、环境违法和受行政处罚情况等环境保护相关信息，定期交送税务机关。

税务机关应当将纳税人的纳税申报、税款入库、减免税额、欠缴税款以及风险疑点等环境保护税涉税信息，定期交送生态环境主管部门。

第十六条　纳税义务发生时间为纳税人排放应税污染物的当日。

第十七条　纳税人应当向应税污染物排放地的税务机关申报缴纳环境保护税。

第十八条　环境保护税按月计算，按季申报缴纳。不能按固定期限计算缴纳的，可以按次申报缴纳。

纳税人申报缴纳时，应当向税务机关报送所排放应税污染物的种类、数量，大气污染物、水污染物的浓度值，以及税务机关根据实际需要要求纳税人报送的其他纳税资料。

第十九条　纳税人按季申报缴纳的，应当自季度终了之日起十五日内，向税务机关办理纳税申报并缴纳税款。纳税人按次申报缴纳的，应当自纳税义务发生之日起十五日内，向税务机关办理纳税申报并缴纳税款。

纳税人应当依法如实办理纳税申报，对申报的真实性和完整性承担责任。

第二十条　税务机关应当将纳税人的纳税申报数据资料与生态环境主管部门交送的相关数据资料进行比对。

税务机关发现纳税人的纳税申报数据资料异常或者纳税人未按照规定期限办理纳税申报的，可以提请生态环境主管部门进行复核，生态环境主管部门应当自收到税务机关的数据资料之日起十五日内向税务机关出具复核意见。税务机关应当按照生态环境主管部门复核的数据资料调整纳税人的应纳税额。

第二十一条　依照本法第十条第四项的规定核定计算污染物排放量的，由税务机关会同生态环境主管部门核定污染物排放种类、数量和应纳税额。

第二十二条　纳税人从事海洋工程向中华人民共和国管辖海域排放应税大气污染物、水污染物或者固体废物，申报缴纳环境保护税的具体办法，由国务院税务主管部门会同国务院生态环境主管部门规定。

第二十三条　纳税人和税务机关、生态环境主管部门及其工作人员违反本法规定的，依照《中华人民共和国税收征收管理法》、《中华人民共和国环境保护法》和有关法律法规的规定追究法律责任。

第二十四条　各级人民政府应当鼓励纳税人加大环境保护建设投入，对纳税人用于污染物自动监测设备的投资予以资金和政策支持。

第五章　附　则

第二十五条　本法下列用语的含义：

（一）污染当量，是指根据污染物或者污染排放活动对环境的有害程度以及处理的技术经济性，衡量不同污染物对环境污染的综合性指标或者计量单位。同一介质相同污染当量的不同污染物，其污染程度基本相当。

（二）排污系数，是指在正常技术经济和管理条件下，生产单位产品所应排放的污染物量的统计平均值。

（三）物料衡算，是指根据物质质量守恒原理对生产过程中使用的原料、生产的产品和产生的废物等进行测算的一种方法。

第二十六条　直接向环境排放应税污染物的企业事业单位和其他生产经营者，除依照本法规定缴纳环境保护税外，应当对所造成的损害依法承担责任。

第二十七条　自本法施行之日起，依照本法规定征收环境保护税，不再征收排污费。

第二十八条　本法自2018年1月1日起施行。

附表一：

环境保护税税目税额表

税　目		计税单位	税　额	备　注
大气污染物		每污染当量	1.2元至12元	
水污染物		每污染当量	1.4元至14元	
固体废物	煤矸石	每吨	5元	
	尾矿	每吨	15元	
	危险废物	每吨	1000元	
	冶炼渣、粉煤灰、炉渣、其他固体废物（含半固态、液态废物）	每吨	25元	
噪声	工业噪声	超标1—3分贝	每月350元	1. 一个单位边界上有多处噪声超标，根据最高一处超标声级计算应纳税额；当沿边界长度超过100米有两处以上噪声超标，按照两个单位计算应纳税额。 2. 一个单位有不同地点作业场所的，应当分别计算应纳税额，合并计征。 3. 昼、夜均超标的环境噪声，昼、夜分别计算应纳税额，累计计征。 4. 声源一个月内超标不足15天的，减半计算应纳税额。 5. 夜间频繁突发和夜间偶然突发厂界超标噪声，按等效声级和峰值噪声两种指标中超标分贝值高的一项计算应纳税额。
		超标4—6分贝	每月700元	
		超标7—9分贝	每月1400元	
		超标10—12分贝	每月2800元	
		超标13—15分贝	每月5600元	
		超标16分贝以上	每月11200元	

附表二：

应税污染物和当量值表

一、第一类水污染物污染当量值

污染物	污染当量值（千克）
1. 总汞	0.0005
2. 总镉	0.005
3. 总铬	0.04
4. 六价铬	0.02
5. 总砷	0.02
6. 总铅	0.025
7. 总镍	0.025
8. 苯并(a)芘	0.0000003

续表

污染物	污染当量值(千克)
9. 总铍	0.01
10. 总银	0.02

二、第二类水污染物污染当量值

污染物	污染当量值(千克)	备注
11. 悬浮物(SS)	4	
12. 生化需氧量(BOD_5)	0.5	同一排放口中的化学需氧量、生化需氧量和总有机碳,只征收一项。
13. 化学需氧量(COD_{cr})	1	
14. 总有机碳(TOC)	0.49	
15. 石油类	0.1	
16. 动植物油	0.16	
17. 挥发酚	0.08	
18. 总氰化物	0.05	
19. 硫化物	0.125	
20. 氨氮	0.8	
21. 氟化物	0.5	
22. 甲醛	0.125	
23. 苯胺类	0.2	
24. 硝基苯类	0.2	
25. 阴离子表面活性剂(LAS)	0.2	
26. 总铜	0.1	
27. 总锌	0.2	
28. 总锰	0.2	
29. 彩色显影剂(CD-2)	0.2	
30. 总磷	0.25	
31. 单质磷(以P计)	0.05	
32. 有机磷农药(以P计)	0.05	
33. 乐果	0.05	
34. 甲基对硫磷	0.05	
35. 马拉硫磷	0.05	
36. 对硫磷	0.05	
37. 五氯酚及五氯酚钠(以五氯酚计)	0.25	

续表

污染物	污染当量值(千克)	备注
38. 三氯甲烷	0.04	
39. 可吸附有机卤化物(AOX)(以 Cl 计)	0.25	
40. 四氯化碳	0.04	
41. 三氯乙烯	0.04	
42. 四氯乙烯	0.04	
43. 苯	0.02	
44. 甲苯	0.02	
45. 乙苯	0.02	
46. 邻-二甲苯	0.02	
47. 对-二甲苯	0.02	
48. 间-二甲苯	0.02	
49. 氯苯	0.02	
50. 邻二氯苯	0.02	
51. 对二氯苯	0.02	
52. 对硝基氯苯	0.02	
53. 2,4-二硝基氯苯	0.02	
54. 苯酚	0.02	
55. 间-甲酚	0.02	
56. 2,4-二氯酚	0.02	
57. 2,4,6-三氯酚	0.02	
58. 邻苯二甲酸二丁酯	0.02	
59. 邻苯二甲酸二辛酯	0.02	
60. 丙烯腈	0.125	
61. 总硒	0.02	

三、pH 值、色度、大肠菌群数、余氯量水污染物污染当量值

污染物		污染当量值	备注
1. pH 值	1. 0-1,13-14 2. 1-2,12-13 3. 2-3,11-12 4. 3-4,10-11 5. 4-5,9-10 6. 5-6	0.06 吨污水 0.125 吨污水 0.25 吨污水 0.5 吨污水 1 吨污水 5 吨污水	pH 值 5-6 指大于等于 5,小于 6;pH 值 9-10 指大于 9,小于等于 10,其余类推。

污染物	污染当量值	备注
2. 色度	5 吨水·倍	
3. 大肠菌群数（超标）	3.3 吨污水	大肠菌群数和余氯量只征收一项。
4. 余氯量（用氯消毒的医院废水）	3.3 吨污水	

四、禽畜养殖业、小型企业和第三产业水污染物污染当量值

（本表仅适用于计算无法进行实际监测或者物料衡算的禽畜养殖业、小型企业和第三产业等小型排污者的水污染物污染当量数）

类型		污染当量值	备注
禽畜养殖场	1. 牛	0.1 头	仅对存栏规模大于 50 头牛、500 头猪、5000 羽鸡鸭等的禽畜养殖场征收。
	2. 猪	1 头	
	3. 鸡、鸭等家禽	30 羽	
4. 小型企业		1.8 吨污水	
5. 饮食娱乐服务业		0.5 吨污水	
6. 医院	消毒	0.14 床	医院病床数大于 20 张的按照本表计算污染当量数。
		2.8 吨污水	
	不消毒	0.07 床	
		1.4 吨污水	

五、大气污染物污染当量值

污染物	污染当量值（千克）
1. 二氧化硫	0.95
2. 氮氧化物	0.95
3. 一氧化碳	16.7
4. 氯气	0.34
5. 氯化氢	10.75
6. 氟化物	0.87
7. 氰化氢	0.005
8. 硫酸雾	0.6
9. 铬酸雾	0.0007
10. 汞及其化合物	0.0001
11. 一般性粉尘	4
12. 石棉尘	0.53
13. 玻璃棉尘	2.13

续表

污染物	污染当量值(千克)
14. 碳黑尘	0.59
15. 铅及其化合物	0.02
16. 镉及其化合物	0.03
17. 铍及其化合物	0.0004
18. 镍及其化合物	0.13
19. 锡及其化合物	0.27
20. 烟尘	2.18
21. 苯	0.05
22. 甲苯	0.18
23. 二甲苯	0.27
24. 苯并(a)芘	0.000002
25. 甲醛	0.09
26. 乙醛	0.45
27. 丙烯醛	0.06
28. 甲醇	0.67
29. 酚类	0.35
30. 沥青烟	0.19
31. 苯胺类	0.21
32. 氯苯类	0.72
33. 硝基苯	0.17
34. 丙烯腈	0.22
35. 氯乙烯	0.55
36. 光气	0.04
37. 硫化氢	0.29
38. 氨	9.09
39. 三甲胺	0.32
40. 甲硫醇	0.04
41. 甲硫醚	0.28
42. 二甲二硫	0.28
43. 苯乙烯	25
44. 二硫化碳	20

中华人民共和国环境保护税法实施条例

- 2017年12月25日中华人民共和国国务院令第693号公布
- 自2018年1月1日起施行

第一章 总 则

第一条 根据《中华人民共和国环境保护税法》（以下简称环境保护税法），制定本条例。

第二条 环境保护税法所附《环境保护税税目税额表》所称其他固体废物的具体范围，依照环境保护税法第六条第二款规定的程序确定。

第三条 环境保护税法第五条第一款、第十二条第一款第三项规定的城乡污水集中处理场所，是指为社会公众提供生活污水处理服务的场所，不包括为工业园区、开发区等工业聚集区域内的企业事业单位和其他生产经营者提供污水处理服务的场所，以及企业事业单位和其他生产经营者自建自用的污水处理场所。

第四条 达到省级人民政府确定的规模标准并且有污染物排放口的畜禽养殖场，应当依法缴纳环境保护税；依法对畜禽养殖废弃物进行综合利用和无害化处理的，不属于直接向环境排放污染物，不缴纳环境保护税。

第二章 计税依据

第五条 应税固体废物的计税依据，按照固体废物的排放量确定。固体废物的排放量为当期应税固体废物的产生量减去当期应税固体废物的贮存量、处置量、综合利用量的余额。

前款规定的固体废物的贮存量、处置量，是指在符合国家和地方环境保护标准的设施、场所贮存或者处置的固体废物数量；固体废物的综合利用量，是指按照国务院发展改革、工业和信息化主管部门关于资源综合利用要求以及国家和地方环境保护标准进行综合利用的固体废物数量。

第六条 纳税人有下列情形之一的，以其当期应税固体废物的产生量作为固体废物的排放量：

（一）非法倾倒应税固体废物；

（二）进行虚假纳税申报。

第七条 应税大气污染物、水污染物的计税依据，按照污染物排放量折合的污染当量数确定。

纳税人有下列情形之一的，以其当期应税大气污染物、水污染物的产生量作为污染物的排放量：

（一）未依法安装使用污染物自动监测设备或者未将污染物自动监测设备与环境保护主管部门的监控设备联网；

（二）损毁或者擅自移动、改变污染物自动监测设备；

（三）篡改、伪造污染物监测数据；

（四）通过暗管、渗井、渗坑、灌注或者稀释排放以及不正常运行防治污染设施等方式违法排放应税污染物；

（五）进行虚假纳税申报。

第八条 从两个以上排放口排放应税污染物的，对每一排放口排放的应税污染物分别计算征收环境保护税；纳税人持有排污许可证的，其污染物排放口按照排污许可证载明的污染物排放口确定。

第九条 属于环境保护税法第十条第二项规定情形的纳税人，自行对污染物进行监测所获取的监测数据，符合国家有关规定和监测规范的，视同环境保护税法第十条第二项规定的监测机构出具的监测数据。

第三章 税收减免

第十条 环境保护税法第十三条所称应税大气污染物或者水污染物的浓度值，是指纳税人安装使用的污染物自动监测设备当月自动监测的应税大气污染物浓度值的小时平均值再平均所得数值或者应税水污染物浓度值的日平均值再平均所得数值，或者监测机构当月监测的应税大气污染物、水污染物浓度值的平均值。

依照环境保护税法第十三条的规定减征环境保护税的，前款规定的应税大气污染物浓度值的小时平均值或者应税水污染物浓度值的日平均值，以及监测机构当月每次监测的应税大气污染物、水污染物的浓度值，均不得超过国家和地方规定的污染物排放标准。

第十一条 依照环境保护税法第十三条的规定减征环境保护税的，应当对每一排放口排放的不同应税污染物分别计算。

第四章 征收管理

第十二条 税务机关依法履行环境保护税纳税申报受理、涉税信息比对、组织税款入库等职责。

环境保护主管部门依法负责应税污染物监测管理，制定和完善污染物监测规范。

第十三条 县级以上地方人民政府应当加强对环境保护税征收管理工作的领导，及时协调、解决环境保护税征收管理工作中的重大问题。

第十四条 国务院税务、环境保护主管部门制定涉税信息共享平台技术标准以及数据采集、存储、传输、查询和使用规范。

第十五条 环境保护主管部门应当通过涉税信息共享平台向税务机关交送在环境保护监督管理中获取的下列信息：

（一）排污单位的名称、统一社会信用代码以及污染物排放口、排放污染物种类等基本信息；

（二）排污单位的污染物排放数据（包括污染物排放量以及大气污染物、水污染物的浓度值等数据）；

（三）排污单位环境违法和受行政处罚情况；

（四）对税务机关提请复核的纳税人的纳税申报数据资料异常或者纳税人未按照规定期限办理纳税申报的复核意见；

（五）与税务机关商定交送的其他信息。

第十六条 税务机关应当通过涉税信息共享平台向环境保护主管部门交送下列环境保护税涉税信息：

（一）纳税人基本信息；

（二）纳税申报信息；

（三）税款入库、减免税额、欠缴税款以及风险疑点等信息；

（四）纳税人涉税违法和受行政处罚情况；

（五）纳税人的纳税申报数据资料异常或者纳税人未按照规定期限办理纳税申报的信息；

（六）与环境保护主管部门商定交送的其他信息。

第十七条 环境保护税法第十七条所称应税污染物排放地是指：

（一）应税大气污染物、水污染物排放口所在地；

（二）应税固体废物产生地；

（三）应税噪声产生地。

第十八条 纳税人跨区域排放应税污染物，税务机关对税收征收管辖有争议的，由争议各方按照有利于征收管理的原则协商解决；不能协商一致的，报请共同的上级税务机关决定。

第十九条 税务机关应当依据环境保护主管部门交送的排污单位信息进行纳税人识别。

在环境保护主管部门交送的排污单位信息中没有对应信息的纳税人，由税务机关在纳税人首次办理环境保护税纳税申报时进行纳税人识别，并将相关信息交送环境保护主管部门。

第二十条 环境保护主管部门发现纳税人申报的应税污染物排放信息或者适用的排污系数、物料衡算方法有误的，应当通知税务机关处理。

第二十一条 纳税人申报的污染物排放数据与环境保护主管部门交送的相关数据不一致的，按照环境保护主管部门交送的数据确定应税污染物的计税依据。

第二十二条 环境保护税法第二十条第二款所称纳税人的纳税申报数据资料异常，包括但不限于下列情形：

（一）纳税人当期申报的应税污染物排放量与上一年同期相比明显偏低，且无正当理由；

（二）纳税人单位产品污染物排放量与同类型纳税人相比明显偏低，且无正当理由。

第二十三条 税务机关、环境保护主管部门应当无偿为纳税人提供与缴纳环境保护税有关的辅导、培训和咨询服务。

第二十四条 税务机关依法实施环境保护税的税务检查，环境保护主管部门予以配合。

第二十五条 纳税人应当按照税收征收管理的有关规定，妥善保管应税污染物监测和管理的有关资料。

第五章 附 则

第二十六条 本条例自2018年1月1日起施行。2003年1月2日国务院公布的《排污费征收使用管理条例》同时废止。

中华人民共和国城市维护建设税法

- 2020年8月11日第十三届全国人民代表大会常务委员会第二十一次会议通过
- 2020年8月11日中华人民共和国主席令第51号公布
- 自2021年9月1日起施行

第一条 在中华人民共和国境内缴纳增值税、消费税的单位和个人，为城市维护建设税的纳税人，应当依照本法规定缴纳城市维护建设税。

第二条 城市维护建设税以纳税人依法实际缴纳的增值税、消费税税额为计税依据。

城市维护建设税的计税依据应当按照规定扣除期末留抵退税退还的增值税税额。

城市维护建设税计税依据的具体确定办法，由国务院依据本法和有关税收法律、行政法规规定，报全国人民代表大会常务委员会备案。

第三条 对进口货物或者境外单位和个人向境内销售劳务、服务、无形资产缴纳的增值税、消费税税额，不征收城市维护建设税。

第四条 城市维护建设税税率如下：

（一）纳税人所在地在市区的，税率为百分之七；

（二）纳税人所在地在县城、镇的，税率为百分之五；

（三）纳税人所在地不在市区、县城或者镇的，税率为百分之一。

前款所称纳税人所在地，是指纳税人住所地或者与纳税人生产经营活动相关的其他地点，具体地点由省、自治区、直辖市确定。

第五条 城市维护建设税的应纳税额按照计税依据乘以具体适用税率计算。

第六条 根据国民经济和社会发展的需要,国务院对重大公共基础设施建设、特殊产业和群体以及重大突发事件应对等情形可以规定减征或者免征城市维护建设税,报全国人民代表大会常务委员会备案。

第七条 城市维护建设税的纳税义务发生时间与增值税、消费税的纳税义务发生时间一致,分别与增值税、消费税同时缴纳。

第八条 城市维护建设税的扣缴义务人为负有增值税、消费税扣缴义务的单位和个人,在扣缴增值税、消费税的同时扣缴城市维护建设税。

第九条 城市维护建设税由税务机关依照本法和《中华人民共和国税收征收管理法》的规定征收管理。

第十条 纳税人、税务机关及其工作人员违反本法规定的,依照《中华人民共和国税收征收管理法》和有关法律法规的规定追究法律责任。

第十一条 本法自 2021 年 9 月 1 日起施行。1985 年 2 月 8 日国务院发布的《中华人民共和国城市维护建设税暂行条例》同时废止。

征收教育费附加的暂行规定

- 1986 年 4 月 28 日国务院发布
- 根据 1990 年 6 月 7 日《国务院关于修改〈征收教育费附加的暂行规定〉的决定》第一次修订
- 根据 2005 年 8 月 20 日《国务院关于修改〈征收教育费附加的暂行规定〉的决定》第二次修订
- 根据 2011 年 1 月 8 日《国务院关于废止和修改部分行政法规的决定》第三次修订

第一条 为贯彻落实《中共中央关于教育体制改革的决定》,加快发展地方教育事业,扩大地方教育经费的资金来源,特制定本规定。

第二条 凡缴纳消费税、增值税、营业税的单位和个人,除按照《国务院关于筹措农村学校办学经费的通知》(国发〔1984〕174 号文)的规定,缴纳农村教育事业费附加的单位外,都应当依照本规定缴纳教育费附加。

第三条 教育费附加,以各单位和个人实际缴纳的增值税、营业税、消费税的税额为计征依据,教育费附加率为 3%,分别与增值税、营业税、消费税同时缴纳。

除国务院另有规定者外,任何地区、部门不得擅自提高或者降低教育费附加率。

第四条 依照现行有关规定,除铁道系统、中国人民银行总行、各专业银行总行、保险总公司的教育附加随同营业税上缴中央财政外,其余单位和个人的教育费附加,均就地上缴地方财政。

第五条 教育费附加由税务机关负责征收。

教育费附加纳入预算管理,作为教育专项资金,根据"先收后支、列收列支、收支平衡"的原则使用和管理。地方各级人民政府应当依照国家有关规定,使预算内教育事业费逐步增长,不得因教育费附加纳入预算专项资金管理而抵顶教育事业费拨款。

第六条 教育费附加的征收管理,按照消费税、增值税、营业税的有关规定办理。

第七条 企业缴纳的教育费附加,一律在销售收入(或营业收入)中支付。

第八条 地方征收的教育费附加,按专项资金管理,由教育部门统筹安排,提出分配方案,商同级财政部门同意后,用于改善中小学教学设施和办学条件,不得用于职工福利和发放奖金。

铁道系统、中国人民银行总行、各专业银行总行、保险总公司随同营业税上缴的教育费附加,由国家教育委员会按年度提出分配方案,商财政部同意后,用于基础教育的薄弱环节。

地方征收的教育费附加,主要留归当地安排使用。省、自治区、直辖市可根据各地征收教育费附加的实际情况,适当提取一部分数额,用于地区之间的调剂、平衡。

第九条 地方各级教育部门每年应定期向当地人民政府、上级主管部门和财政部门,报告教育费附加的收支情况。

第十条 凡办有职工子弟学校的单位,应当先按本规定缴纳教育费附加;教育部门可根据它们办学的情况酌情返还给办学单位,作为对所办学校经费的补贴。办学单位不得借口缴纳教育费附加而撤并学校,或者缩小办学规模。

第十一条 征收教育费附加以后,地方各级教育部门和学校,不准以任何名目向学生家长和单位集资,或者变相集资,不准以任何借口不让学生入学。

对违反前款规定者,其上级教育部门要予以制止,直接责任人员要给予行政处分。单位和个人有权拒缴。

第十二条 本规定由财政部负责解释。各省、自治区、直辖市人民政府可结合当地实际情况制定实施办法。

第十三条 本规定从 1986 年 7 月 1 日起施行。

四、税收征管

(一)征收管理

中华人民共和国税收征收管理法

- 1992年9月4日第七届全国人民代表大会常务委员会第二十七次会议通过
- 根据1995年2月28日第八届全国人民代表大会常务委员会第十二次会议《关于修改〈中华人民共和国税收征收管理法〉的决定》第一次修正
- 2001年4月28日第九届全国人民代表大会常务委员会第二十一次会议修订
- 根据2013年6月29日第十二届全国人民代表大会常务委员会第三次会议《关于修改〈中华人民共和国文物保护法〉等十二部法律的决定》第二次修正
- 根据2015年4月24日第十二届全国人民代表大会常务委员会第十四次会议《关于修改〈中华人民共和国港口法〉等七部法律的决定》第三次修正

第一章 总 则

第一条 为了加强税收征收管理,规范税收征收和缴纳行为,保障国家税收收入,保护纳税人的合法权益,促进经济和社会发展,制定本法。

第二条 凡依法由税务机关征收的各种税收的征收管理,均适用本法。

第三条 税收的开征、停征以及减税、免税、退税、补税,依照法律的规定执行;法律授权国务院规定的,依照国务院制定的行政法规的规定执行。

任何机关、单位和个人不得违反法律、行政法规的规定,擅自作出税收开征、停征以及减税、免税、退税、补税和其他同税收法律、行政法规相抵触的决定。

第四条 法律、行政法规规定负有纳税义务的单位和个人为纳税人。

法律、行政法规规定负有代扣代缴、代收代缴税款义务的单位和个人为扣缴义务人。

纳税人、扣缴义务人必须依照法律、行政法规的规定缴纳税款、代扣代缴、代收代缴税款。

第五条 国务院税务主管部门主管全国税收征收管理工作。各地国家税务局和地方税务局应当按照国务院规定的税收征收管理范围分别进行征收管理。

地方各级人民政府应当依法加强对本行政区域内税收征收管理工作的领导或者协调,支持税务机关依法执行职务,依照法定税率计算税额,依法征收税款。

各有关部门和单位应当支持、协助税务机关依法执行职务。

税务机关依法执行职务,任何单位和个人不得阻挠。

第六条 国家有计划地用现代信息技术装备各级税务机关,加强税收征收管理信息系统的现代化建设,建立、健全税务机关与政府其他管理机关的信息共享制度。

纳税人、扣缴义务人和其他有关单位应当按照国家有关规定如实向税务机关提供与纳税和代扣代缴、代收代缴税款有关的信息。

第七条 税务机关应当广泛宣传税收法律、行政法规,普及纳税知识,无偿地为纳税人提供纳税咨询服务。

第八条 纳税人、扣缴义务人有权向税务机关了解国家税收法律、行政法规的规定以及与纳税程序有关的情况。

纳税人、扣缴义务人有权要求税务机关为纳税人、扣缴义务人的情况保密。税务机关应当依法为纳税人、扣缴义务人的情况保密。

纳税人依法享有申请减税、免税、退税的权利。

纳税人、扣缴义务人对税务机关所作出的决定,享有陈述权、申辩权;依法享有申请行政复议、提起行政诉讼、请求国家赔偿等权利。

纳税人、扣缴义务人有权控告和检举税务机关、税务人员的违法违纪行为。

第九条 税务机关应当加强队伍建设,提高税务人员的政治业务素质。

税务机关、税务人员必须秉公执法,忠于职守,清正廉洁、礼貌待人,文明服务,尊重和保护纳税人、扣缴义务人的权利,依法接受监督。

税务人员不得索贿受贿、徇私舞弊、玩忽职守、不征或者少征应征税款;不得滥用职权多征税款或者故意刁难纳税人和扣缴义务人。

第十条 各级税务机关应当建立、健全内部制约和监督管理制度。

上级税务机关应当对下级税务机关的执法活动依法进行监督。

各级税务机关应当对其工作人员执行法律、行政法规和廉洁自律准则的情况进行监督检查。

第十一条 税务机关负责征收、管理、稽查、行政复议的人员的职责应当明确，并相互分离、相互制约。

第十二条 税务人员征收税款和查处税收违法案件，与纳税人、扣缴义务人或者税收违法案件有利害关系的，应当回避。

第十三条 任何单位和个人都有权检举违反税收法律、行政法规的行为。收到检举的机关和负责查处的机关应当为检举人保密。税务机关应当按照规定对检举人给予奖励。

第十四条 本法所称税务机关是指各级税务局、税务分局、税务所和按照国务院规定设立的并向社会公告的税务机构。

第二章 税务管理

第一节 税务登记

第十五条 企业，企业在外地设立的分支机构和从事生产、经营的场所，个体工商户和从事生产、经营的事业单位（以下统称从事生产、经营的纳税人）自领取营业执照之日起三十日内，持有关证件，向税务机关申报办理税务登记。税务机关应当于收到申报的当日办理登记并发给税务登记证件。

工商行政管理机关应当将办理登记注册、核发营业执照的情况，定期向税务机关通报。

本条第一款规定以外的纳税人办理税务登记和扣缴义务人办理扣缴税款登记的范围和办法，由国务院规定。

第十六条 从事生产、经营的纳税人，税务登记内容发生变化的，自工商行政管理机关办理变更登记之日起三十日内或者在向工商行政管理机关申请办理注销登记之前，持有关证件向税务机关申报办理变更或者注销税务登记。

第十七条 从事生产、经营的纳税人应当按照国家有关规定，持税务登记证件，在银行或者其他金融机构开立基本存款账户和其他存款账户，并将其全部账号向税务机关报告。

银行和其他金融机构应当在从事生产、经营的纳税人的账户中登录税务登记证件号码，并在税务登记证件中登录从事生产、经营的纳税人的账户账号。

税务机关依法查询从事生产、经营的纳税人开立账户的情况时，有关银行和其他金融机构应当予以协助。

第十八条 纳税人按照国务院税务主管部门的规定使用税务登记证件。税务登记证件不得转借、涂改、损毁、买卖或者伪造。

第二节 账簿、凭证管理

第十九条 纳税人、扣缴义务人按照有关法律、行政法规和国务院财政、税务主管部门的规定设置账簿，根据合法、有效凭证记账，进行核算。

第二十条 从事生产、经营的纳税人的财务、会计制度或者财务、会计处理办法和会计核算软件，应当报送税务机关备案。

纳税人、扣缴义务人的财务、会计制度或者财务、会计处理办法与国务院或者国务院财政、税务主管部门有关税收的规定抵触的，依照国务院或者国务院财政、税务主管部门有关税收的规定计算应纳税款、代扣代缴和代收代缴税款。

第二十一条 税务机关是发票的主管机关，负责发票印制、领购、开具、取得、保管、缴销的管理和监督。

单位、个人在购销商品、提供或者接受经营服务以及从事其他经营活动中，应当按照规定开具、使用、取得发票。

发票的管理办法由国务院规定。

第二十二条 增值税专用发票由国务院税务主管部门指定的企业印制；其他发票，按照国务院税务主管部门的规定，分别由省、自治区、直辖市国家税务局、地方税务局指定企业印制。

未经前款规定的税务机关指定，不得印制发票。

第二十三条 国家根据税收征收管理的需要，积极推广使用税控装置。纳税人应当按照规定安装、使用税控装置，不得损毁或者擅自改动税控装置。

第二十四条 从事生产、经营的纳税人、扣缴义务人必须按照国务院财政、税务主管部门规定的保管期限保管账簿、记账凭证、完税凭证及其他有关资料。

账簿、记账凭证、完税凭证及其他有关资料不得伪造、变造或者擅自损毁。

第三节 纳税申报

第二十五条 纳税人必须依照法律、行政法规规定或者税务机关依照法律、行政法规的规定确定的申报期限、申报内容如实办理纳税申报，报送纳税申报表、财务会计报表以及税务机关根据实际需要要求纳税人报送的其他纳税资料。

扣缴义务人必须依照法律、行政法规规定或者税务机关依照法律、行政法规的规定确定的申报期限、申报内容如实报送代扣代缴、代收代缴税款报告表以及税务机关根据实际需要要求扣缴义务人报送的其他有关资料。

第二十六条 纳税人、扣缴义务人可以直接到税务机关办理纳税申报或者报送代扣代缴、代收代缴税款报告表，也可以按照规定采取邮寄、数据电文或者其他方式办理上述申报、报送事项。

第二十七条 纳税人、扣缴义务人不能按期办理纳税申报或者报送代扣代缴、代收代缴税款报告表的，经税务机关核准，可以延期申报。

经核准延期办理前款规定的申报、报送事项的，应当在纳税期内按照上期实际缴纳的税额或者税务机关核定的税额预缴税款，并在核准的延期内办理税款结算。

第三章 税款征收

第二十八条 税务机关依照法律、行政法规的规定征收税款，不得违反法律、行政法规的规定开征、停征、多征、少征、提前征收、延缓征收或者摊派税款。

农业税应纳税额按法律、行政法规的规定核定。

第二十九条 除税务机关、税务人员以及经税务机关依照法律、行政法规委托的单位和人员外，任何单位和个人不得进行税款征收活动。

第三十条 扣缴义务人依照法律、行政法规的规定履行代扣、代收税款的义务。对法律、行政法规没有规定负有代扣、代收税款义务的单位和个人，税务机关不得要求其履行代扣、代收税款义务。

扣缴义务人依法履行代扣、代收税款义务时，纳税人不得拒绝。纳税人拒绝的，扣缴义务人应当及时报告税务机关处理。

税务机关按照规定付给扣缴义务人代扣、代收手续费。

第三十一条 纳税人、扣缴义务人按照法律、行政法规规定或者税务机关依照法律、行政法规的规定确定的期限，缴纳或者解缴税款。

纳税人因有特殊困难，不能按期缴纳税款的，经省、自治区、直辖市国家税务局、地方税务局批准，可以延期缴纳税款，但是最长不得超过三个月。

第三十二条 纳税人未按照规定期限缴纳税款的，扣缴义务人未按照规定期限解缴税款的，税务机关除责令限期缴纳外，从滞纳税款之日起，按日加收滞纳税款万分之五的滞纳金。

第三十三条 纳税人依照法律、行政法规的规定办理减税、免税。

地方各级人民政府、各级人民政府主管部门、单位和个人违反法律、行政法规规定，擅自作出的减税、免税决定无效，税务机关不得执行，并向上级税务机关报告。

第三十四条 税务机关征收税款时，必须给纳税人开具完税凭证。扣缴义务人代扣、代收税款时，纳税人要求扣缴义务人开具代扣、代收税款凭证的，扣缴义务人应当开具。

第三十五条 纳税人有下列情形之一的，税务机关有权核定其应纳税额：

（一）依照法律、行政法规的规定可以不设置账簿的；

（二）依照法律、行政法规的规定应当设置账簿但未设置的；

（三）擅自销毁账簿或者拒不提供纳税资料的；

（四）虽设置账簿，但账目混乱或者成本资料、收入凭证、费用凭证残缺不全，难以查账的；

（五）发生纳税义务，未按照规定的期限办理纳税申报，经税务机关责令限期申报，逾期仍不申报的；

（六）纳税人申报的计税依据明显偏低，又无正当理由的。

税务机关核定应纳税额的具体程序和方法由国务院税务主管部门规定。

第三十六条 企业或者外国企业在中国境内设立的从事生产、经营的机构、场所与其关联企业之间的业务往来，应当按照独立企业之间的业务往来收取或者支付价款、费用；不按照独立企业之间的业务往来收取或者支付价款、费用，而减少其应纳税的收入或者所得额的，税务机关有权进行合理调整。

第三十七条 对未按照规定办理税务登记的从事生产、经营的纳税人以及临时从事经营的纳税人，由税务机关核定其应纳税额，责令缴纳；不缴纳的，税务机关可以扣押其价值相当于应纳税款的商品、货物。扣押后缴纳应纳税款的，税务机关必须立即解除扣押，并归还所扣押的商品、货物；扣押后仍不缴纳应纳税款的，经县以上税务局（分局）局长批准，依法拍卖或者变卖所扣押的商品、货物，以拍卖或者变卖所得抵缴税款。

第三十八条 税务机关有根据认为从事生产、经营的纳税人有逃避纳税义务行为的，可以在规定的纳税期之前，责令限期缴纳应纳税款；在限期内发现纳税人有明显的转移、隐匿其应纳税的商品、货物以及其他财产或者应纳税的收入的迹象的,税务机关可以责成纳税人提供纳税担保。如果纳税人不能提供纳税担保,经县以上税务局(分局)局长批准,税务机关可以采取下列税收保全措施:

(一)书面通知纳税人开户银行或者其他金融机构冻结纳税人的金额相当于应纳税款的存款;

(二)扣押、查封纳税人的价值相当于应纳税款的商品、货物或者其他财产。

纳税人在前款规定的限期内缴纳税款的,税务机关必须立即解除税收保全措施;限期期满仍未缴纳税款的,经县以上税务局(分局)局长批准,税务机关可以书面通知纳税人开户银行或者其他金融机构从其冻结的存款中扣缴税款,或者依法拍卖或者变卖所扣押、查封的商品、货物或者其他财产,以拍卖或者变卖所得抵缴税款。

个人及其所扶养家属维持生活必需的住房和用品,不在税收保全措施的范围之内。

第三十九条 纳税人在限期内已缴纳税款,税务机关未立即解除税收保全措施,使纳税人的合法利益遭受损失的,税务机关应当承担赔偿责任。

第四十条 从事生产、经营的纳税人、扣缴义务人未按照规定的期限缴纳或者解缴税款,纳税担保人未按照规定的期限缴纳所担保的税款,由税务机关责令限期缴纳,逾期仍未缴纳的,经县以上税务局(分局)局长批准,税务机关可以采取下列强制执行措施:

(一)书面通知其开户银行或者其他金融机构从其存款中扣缴税款;

(二)扣押、查封、依法拍卖或者变卖其价值相当于应纳税款的商品、货物或者其他财产,以拍卖或者变卖所得抵缴税款。

税务机关采取强制执行措施时,对前款所列纳税人、扣缴义务人、纳税担保人未缴纳的滞纳金同时强制执行。

个人及其所扶养家属维持生活必需的住房和用品,不在强制执行措施的范围之内。

第四十一条 本法第三十七条、第三十八条、第四十条规定的采取税收保全措施、强制执行措施的权力,不得由法定的税务机关以外的单位和个人行使。

第四十二条 税务机关采取税收保全措施和强制执行措施必须依照法定权限和法定程序,不得查封、扣押纳税人个人及其所扶养家属维持生活必需的住房和用品。

第四十三条 税务机关滥用职权违法采取税收保全措施、强制执行措施,或者采取税收保全措施、强制执行措施不当,使纳税人、扣缴义务人或者纳税担保人的合法权益遭受损失的,应当依法承担赔偿责任。

第四十四条 欠缴税款的纳税人或者他的法定代表人需要出境的,应当在出境前向税务机关结清应纳税款、滞纳金或者提供担保。未结清税款、滞纳金,又不提供担保的,税务机关可以通知出境管理机关阻止其出境。

第四十五条 税务机关征收税款,税收优先于无担保债权,法律另有规定的除外;纳税人欠缴的税款发生在纳税人以其财产设定抵押、质押或者纳税人的财产被留置之前的,税收应当先于抵押权、质权、留置权执行。

纳税人欠缴税款,同时又被行政机关决定处以罚款、没收违法所得的,税收优先于罚款、没收违法所得。

税务机关应当对纳税人欠缴税款的情况定期予以公告。

第四十六条 纳税人有欠税情形而以其财产设定抵押、质押的,应当向抵押权人、质权人说明其欠税情况。抵押权人、质权人可以请求税务机关提供有关的欠税情况。

第四十七条 税务机关扣押商品、货物或者其他财产时,必须开付收据;查封商品、货物或者其他财产时,必须开付清单。

第四十八条 纳税人有合并、分立情形的,应当向税务机关报告,并依法缴清税款。纳税人合并时未缴清税款的,应当由合并后的纳税人继续履行未履行的纳税义务;纳税人分立时未缴清税款的,分立后的纳税人对未履行的纳税义务应当承担连带责任。

第四十九条 欠缴税款数额较大的纳税人在处分其不动产或者大额资产之前,应当向税务机关报告。

第五十条 欠缴税款的纳税人因怠于行使到期债权,或者放弃到期债权,或者无偿转让财产,或者以明显不合理的低价转让财产而受让人知道该情形,对国家税收造成损害的,税务机关可以依照合同法第七十三条、第七十四条的规定行使代位权、撤销权。

税务机关依照前款规定行使代位权、撤销权的,不免除欠缴税款的纳税人尚未履行的纳税义务和应承担的法律责任。

第五十一条 纳税人超过应纳税额缴纳的税款,税务机关发现后应当立即退还;纳税人自结算缴纳税款之日起三年内发现的,可以向税务机关要求退还多缴的税款并加算银行同期存款利息,税务机关及时查实后应当立即退还;涉及从国库中退库的,依照法律、行政法规有关国库管理的规定退还。

第五十二条 因税务机关的责任,致使纳税人、扣缴义务人未缴或者少缴税款的，税务机关在三年内可以要求纳税人、扣缴义务人补缴税款，但是不得加收滞纳金。

因纳税人、扣缴义务人计算错误等失误，未缴或者少缴税款的，税务机关在三年内可以追征税款、滞纳金；有特殊情况的，追征期可以延长到五年。

对偷税、抗税、骗税的，税务机关追征其未缴或者少缴的税款、滞纳金或者所骗取的税款，不受前款规定期限的限制。

第五十三条 国家税务局和地方税务局应当按照国家规定的税收征收管理范围和税款入库预算级次，将征收的税款缴入国库。

对审计机关、财政机关依法查出的税收违法行为，税务机关应当根据有关机关的决定、意见书，依法将应收的税款、滞纳金按照税款入库预算级次缴入国库，并将结果及时回复有关机关。

第四章 税务检查

第五十四条 税务机关有权进行下列税务检查：

（一）检查纳税人的账簿、记账凭证、报表和有关资料，检查扣缴义务人代扣代缴、代收代缴税款账簿、记账凭证和有关资料；

（二）到纳税人的生产、经营场所和货物存放地检查纳税人应纳税的商品、货物或者其他财产，检查扣缴义务人与代扣代缴、代收代缴税款有关的经营情况；

（三）责成纳税人、扣缴义务人提供与纳税或者代扣代缴、代收代缴税款有关的文件、证明材料和有关资料；

（四）询问纳税人、扣缴义务人与纳税或者代扣代缴、代收代缴税款有关的问题和情况；

（五）到车站、码头、机场、邮政企业及其分支机构检查纳税人托运、邮寄应纳税商品、货物或者其他财产的有关单据、凭证和有关资料；

（六）经县以上税务局（分局）局长批准，凭全国统一格式的检查存款账户许可证明，查询从事生产、经营的纳税人、扣缴义务人在银行或者其他金融机构的存款账户。税务机关在调查税收违法案件时，经设区的市、自治州以上税务局（分局）局长批准，可以查询案件涉嫌人员的储蓄存款。税务机关查询所获得的资料，不得用于税收以外的用途。

第五十五条 税务机关对从事生产、经营的纳税人以前纳税期的纳税情况依法进行税务检查时，发现纳税人有逃避纳税义务行为，并有明显的转移、隐匿其应纳税的商品、货物以及其他财产或者应纳税的收入的迹象的，可以按照本法规定的批准权限采取税收保全措施或者强制执行措施。

第五十六条 纳税人、扣缴义务人必须接受税务机关依法进行的税务检查，如实反映情况，提供有关资料，不得拒绝、隐瞒。

第五十七条 税务机关依法进行税务检查时，有权向有关单位和个人调查纳税人、扣缴义务人和其他当事人与纳税或者代扣代缴、代收代缴税款有关的情况，有关单位和个人有义务向税务机关如实提供有关资料及证明材料。

第五十八条 税务机关调查税务违法案件时，对与案件有关的情况和资料，可以记录、录音、录像、照相和复制。

第五十九条 税务机关派出的人员进行税务检查时，应当出示税务检查证和税务检查通知书，并有责任为被检查人保守秘密；未出示税务检查证和税务检查通知书的，被检查人有权拒绝检查。

第五章 法律责任

第六十条 纳税人有下列行为之一的，由税务机关责令限期改正，可以处二千元以下的罚款；情节严重的，处二千元以上一万元以下的罚款：

（一）未按照规定的期限申报办理税务登记、变更或者注销登记的；

（二）未按照规定设置、保管账簿或者保管记账凭证和有关资料的；

（三）未按照规定将财务、会计制度或者财务、会计处理办法和会计核算软件报送税务机关备查的；

（四）未按照规定将其全部银行账号向税务机关报告的；

（五）未按照规定安装、使用税控装置，或者损毁或者擅自改动税控装置的。

纳税人不办理税务登记的，由税务机关责令限期改正；逾期不改正的，经税务机关提请，由工商行政管理机关吊销其营业执照。

纳税人未按照规定使用税务登记证件，或者转借、涂改、损毁、买卖、伪造税务登记证件的，处二千元以上一万元以下的罚款；情节严重的，处一万元以上五万元以下的罚款。

第六十一条 扣缴义务人未按照规定设置、保管代扣代缴、代收代缴税款账簿或者保管代扣代缴、代收代缴税款记账凭证及有关资料的，由税务机关责令限期改正，可以处二千元以下的罚款；情节严重的，处二千元以上五千元以下的罚款。

第六十二条 纳税人未按照规定的期限办理纳税申报和报送纳税资料的，或者扣缴义务人未按照规定的期限向税务机关报送代扣代缴、代收代缴税款报告表和有关资料的，由税务机关责令限期改正，可以处二千元以下的罚款；情节严重的，可以处二千元以上一万元以下的罚款。

第六十三条 纳税人伪造、变造、隐匿、擅自销毁账簿、记账凭证，或者在账簿上多列支出或者不列、少列收入，或者经税务机关通知申报而拒不申报或者进行虚假的纳税申报，不缴或者少缴应纳税款的，是偷税。对纳税人偷税的，由税务机关追缴其不缴或者少缴的税款、滞纳金，并处不缴或者少缴的税款百分之五十以上五倍以下的罚款；构成犯罪的，依法追究刑事责任。

扣缴义务人采取前款所列手段，不缴或者少缴已扣、已收税款，由税务机关追缴其不缴或者少缴的税款、滞纳金，并处不缴或者少缴的税款百分之五十以上五倍以下的罚款；构成犯罪的，依法追究刑事责任。

第六十四条 纳税人、扣缴义务人编造虚假计税依据的，由税务机关责令限期改正，并处五万元以下的罚款。

纳税人不进行纳税申报，不缴或者少缴应纳税款的，由税务机关追缴其不缴或者少缴的税款、滞纳金，并处不缴或者少缴的税款百分之五十以上五倍以下的罚款。

第六十五条 纳税人欠缴应纳税款，采取转移或者隐匿财产的手段，妨碍税务机关追缴欠缴的税款的，由税务机关追缴欠缴的税款、滞纳金，并处欠缴税款百分之五十以上五倍以下的罚款；构成犯罪的，依法追究刑事责任。

第六十六条 以假报出口或者其他欺骗手段，骗取国家出口退税款的，由税务机关追缴其骗取的退税款，并处骗取税款一倍以上五倍以下的罚款；构成犯罪的，依法追究刑事责任。

对骗取国家出口退税款的，税务机关可以在规定期间内停止为其办理出口退税。

第六十七条 以暴力、威胁方法拒不缴纳税款的，是抗税，除由税务机关追缴其拒缴的税款、滞纳金外，依法追究刑事责任。情节轻微，未构成犯罪的，由税务机关追缴其拒缴的税款、滞纳金，并处拒缴税款一倍以上五倍以下的罚款。

第六十八条 纳税人、扣缴义务人在规定期限内不缴或者少缴应纳或者应解缴的税款，经税务机关责令限期缴纳，逾期仍未缴纳的，税务机关除依照本法第四十条的规定采取强制执行措施追缴其不缴或者少缴的税款外，可以处不缴或者少缴的税款百分之五十以上五倍以下的罚款。

第六十九条 扣缴义务人应扣未扣、应收而不收税款的，由税务机关向纳税人追缴税款，对扣缴义务人处应扣未扣、应收未收税款百分之五十以上三倍以下的罚款。

第七十条 纳税人、扣缴义务人逃避、拒绝或者以其他方式阻挠税务机关检查的，由税务机关责令改正，可以处一万元以下的罚款；情节严重的，处一万元以上五万元以下的罚款。

第七十一条 违反本法第二十二条规定，非法印制发票的，由税务机关销毁非法印制的发票，没收违法所得和作案工具，并处一万元以上五万元以下的罚款；构成犯罪的，依法追究刑事责任。

第七十二条 从事生产、经营的纳税人、扣缴义务人有本法规定的税收违法行为，拒不接受税务机关处理的，税务机关可以收缴其发票或者停止向其发售发票。

第七十三条 纳税人、扣缴义务人的开户银行或者其他金融机构拒绝接受税务机关依法检查纳税人、扣缴义务人存款账户，或者拒绝执行税务机关作出的冻结存款或者扣缴税款的决定，或者在接到税务机关的书面通知后帮助纳税人、扣缴义务人转移存款，造成税款流失的，由税务机关处十万元以上五十万元以下的罚款，对直接负责的主管人员和其他直接责任人员处一千元以上一万元以下的罚款。

第七十四条 本法规定的行政处罚，罚款额在二千元以下的，可以由税务所决定。

第七十五条 税务机关和司法机关的涉税罚没收入，应当按照税款入库预算级次上缴国库。

第七十六条 税务机关违反规定擅自改变税收征收管理范围和税款入库预算级次的，责令限期改正，对直接负责的主管人员和其他直接责任人员依法给予降级或者撤职的行政处分。

第七十七条 纳税人、扣缴义务人有本法第六十三条、第六十五条、第六十六条、第六十七条、第七十一条规定的行为涉嫌犯罪的，税务机关应当依法移交司法机关追究刑事责任。

税务人员徇私舞弊，对依法应当移交司法机关追究刑事责任的不移交，情节严重的，依法追究刑事责任。

第七十八条 未经税务机关依法委托征收税款的，责令退还收取的财物，依法给予行政处分或者行政处罚；致使他人合法权益受到损失的，依法承担赔偿责任；构成犯罪的，依法追究刑事责任。

第七十九条　税务机关、税务人员查封、扣押纳税人个人及其所扶养家属维持生活必需的住房和用品的,责令退还,依法给予行政处分;构成犯罪的,依法追究刑事责任。

第八十条　税务人员与纳税人、扣缴义务人勾结,唆使或者协助纳税人、扣缴义务人有本法第六十三条、第六十五条、第六十六条规定的行为,构成犯罪的,依法追究刑事责任;尚不构成犯罪的,依法给予行政处分。

第八十一条　税务人员利用职务上的便利,收受或者索取纳税人、扣缴义务人财物或者谋取其他不正当利益,构成犯罪的,依法追究刑事责任;尚不构成犯罪的,依法给予行政处分。

第八十二条　税务人员徇私舞弊或者玩忽职守,不征或者少征应征税款,致使国家税收遭受重大损失,构成犯罪的,依法追究刑事责任;尚不构成犯罪的,依法给予行政处分。

税务人员滥用职权,故意刁难纳税人、扣缴义务人的,调离税收工作岗位,并依法给予行政处分。

税务人员对控告、检举税收违法违纪行为的纳税人、扣缴义务人以及其他检举人进行打击报复的,依法给予行政处分;构成犯罪的,依法追究刑事责任。

税务人员违反法律、行政法规的规定,故意高估或者低估农业税计税产量,致使多征或者少征税款,侵犯农民合法权益或者损害国家利益,构成犯罪的,依法追究刑事责任;尚不构成犯罪的,依法给予行政处分。

第八十三条　违反法律、行政法规的规定提前征收、延缓征收或者摊派税款的,由其上级机关或者行政监察机关责令改正,对直接负责的主管人员和其他直接责任人员依法给予行政处分。

第八十四条　违反法律、行政法规的规定,擅自作出税收的开征、停征或者减税、免税、退税、补税以及其他同税收法律、行政法规相抵触的决定的,除依照本法规定撤销其擅自作出的决定外,补征应征未征税款,退还不应征收而征收的税款,并由上级机关追究直接负责的主管人员和其他直接责任人员的行政责任;构成犯罪的,依法追究刑事责任。

第八十五条　税务人员在征收税款或者查处税收违法案件时,未按照本法规定进行回避的,对直接负责的主管人员和其他直接责任人员,依法给予行政处分。

第八十六条　违反税收法律、行政法规应当给予行政处罚的行为,在五年内未被发现的,不再给予行政处罚。

第八十七条　未按照本法规定为纳税人、扣缴义务人、检举人保密的,对直接负责的主管人员和其他直接责任人员,由所在单位或者有关单位依法给予行政处分。

第八十八条　纳税人、扣缴义务人、纳税担保人同税务机关在纳税上发生争议时,必须先依照税务机关的纳税决定缴纳或者解缴税款及滞纳金或者提供相应的担保,然后可以依法申请行政复议;对行政复议决定不服的,可以依法向人民法院起诉。

当事人对税务机关的处罚决定、强制执行措施或者税收保全措施不服的,可以依法申请行政复议,也可以依法向人民法院起诉。

当事人对税务机关的处罚决定逾期不申请行政复议也不向人民法院起诉、又不履行的,作出处罚决定的税务机关可以采取本法第四十条规定的强制执行措施,或者申请人民法院强制执行。

第六章　附　则

第八十九条　纳税人、扣缴义务人可以委托税务代理人代为办理税务事宜。

第九十条　耕地占用税、契税、农业税、牧业税征收管理的具体办法,由国务院另行制定。

关税及海关代征税收的征收管理,依照法律、行政法规的有关规定执行。

第九十一条　中华人民共和国同外国缔结的有关税收的条约、协定同本法有不同规定的,依照条约、协定的规定办理。

第九十二条　本法施行前颁布的税收法律与本法有不同规定的,适用本法规定。

第九十三条　国务院根据本法制定实施细则。

第九十四条　本法自 2001 年 5 月 1 日起施行。

中华人民共和国税收征收管理法实施细则

- 2002 年 9 月 7 日中华人民共和国国务院令第 362 号公布
- 根据 2012 年 11 月 9 日《国务院关于修改和废止部分行政法规的决定》第一次修订
- 根据 2013 年 7 月 18 日《国务院关于废止和修改部分行政法规的决定》第二次修订
- 根据 2016 年 2 月 6 日《国务院关于修改部分行政法规的决定》第三次修订

第一章　总　则

第一条　根据《中华人民共和国税收征收管理法》(以下简称税收征管法)的规定,制定本细则。

第二条　凡依法由税务机关征收的各种税收的征收管理，均适用税收征管法及本细则；税收征管法及本细则没有规定的，依照其他有关税收法律、行政法规的规定执行。

第三条　任何部门、单位和个人作出的与税收法律、行政法规相抵触的决定一律无效，税务机关不得执行，并应当向上级税务机关报告。

纳税人应当依照税收法律、行政法规的规定履行纳税义务；其签订的合同、协议等与税收法律、行政法规相抵触的，一律无效。

第四条　国家税务总局负责制定全国税务系统信息化建设的总体规划、技术标准、技术方案与实施办法；各级税务机关应当按照国家税务总局的总体规划、技术标准、技术方案与实施办法，做好本地区税务系统信息化建设的具体工作。

地方各级人民政府应当积极支持税务系统信息化建设，并组织有关部门实现相关信息的共享。

第五条　税收征管法第八条所称为纳税人、扣缴义务人保密的情况，是指纳税人、扣缴义务人的商业秘密及个人隐私。纳税人、扣缴义务人的税收违法行为不属于保密范围。

第六条　国家税务总局应当制定税务人员行为准则和服务规范。

上级税务机关发现下级税务机关的税收违法行为，应当及时予以纠正；下级税务机关应当按照上级税务机关的决定及时改正。

下级税务机关发现上级税务机关的税收违法行为，应当向上级税务机关或者有关部门报告。

第七条　税务机关根据检举人的贡献大小给予相应的奖励，奖励所需资金列入税务部门年度预算，单项核定。奖励资金具体使用办法以及奖励标准，由国家税务总局会同财政部制定。

第八条　税务人员在核定应纳税额、调整税收定额、进行税务检查、实施税务行政处罚、办理税务行政复议时，与纳税人、扣缴义务人或者其法定代表人、直接责任人有下列关系之一的，应当回避：

（一）夫妻关系；
（二）直系血亲关系；
（三）三代以内旁系血亲关系；
（四）近姻亲关系；
（五）可能影响公正执法的其他利害关系。

第九条　税收征管法第十四条所称按国务院规定设立的并向社会公告的税务机构，是指省以下税务局的稽查局。稽查局专司偷税、逃避追缴欠税、骗税、抗税案件的查处。

国家税务总局应当明确划分税务局和稽查局的职责，避免职责交叉。

第二章　税务登记

第十条　国家税务局、地方税务局对同一纳税人的税务登记应当采用同一代码，信息共享。

税务登记的具体办法由国家税务总局制定。

第十一条　各级工商行政管理机关应当向同级国家税务局和地方税务局定期通报办理开业、变更、注销登记以及吊销营业执照的情况。

通报的具体办法由国家税务总局和国家工商行政管理总局联合制定。

第十二条　从事生产、经营的纳税人应当自领取营业执照之日起30日内，向生产、经营地或者纳税义务发生地的主管税务机关申报办理税务登记，如实填写税务登记表，并按照税务机关的要求提供有关证件、资料。

前款规定以外的纳税人，除国家机关和个人外，应当自纳税义务发生之日起30日内，持有关证件向所在地的主管税务机关申报办理税务登记。

个人所得税的纳税人办理税务登记的办法由国务院另行规定。

税务登记证件的式样，由国家税务总局制定。

第十三条　扣缴义务人应当自扣缴义务发生之日起30日内，向所在地的主管税务机关申报办理扣缴税款登记，领取扣缴税款登记证件；税务机关对已办理税务登记的扣缴义务人，可以只在其税务登记证件上登记扣缴税款事项，不再发给扣缴税款登记证件。

第十四条　纳税人税务登记内容发生变化的，应当自工商行政管理机关或者其他机关办理变更登记之日起30日内，持有关证件向原税务登记机关申报办理变更登记。

纳税人税务登记内容发生变化，不需要到工商行政管理机关或者其他机关办理变更登记的，应当自发生变化之日起30日内，持有关证件向原税务登记机关申报办理变更税务登记。

第十五条　纳税人发生解散、破产、撤销以及其他情形，依法终止纳税义务的，应当在向工商行政管理机关或者其他机关办理注销登记前，持有关证件向原税务登记机关申报办理注销税务登记；按照规定不需要在工商行政管理机关或者其他机关办理注册登记的，应当自有关机关批准或者宣告终止之日起15日内，持有关证件向原税务登记机关申报办理注销税务登记。

纳税人因住所、经营地点变动，涉及改变税务登记机关的，应当在向工商行政管理机关或者其他机关申请办理变更或者注销登记前或者住所、经营地点变动前，向原税务登记机关申报办理注销税务登记，并在30日内向迁达地税务登记机关申报办理税务登记。

纳税人被工商行政管理机关吊销营业执照或者被其他机关予以撤销登记的，应当自营业执照被吊销或者被撤销登记之日起15日内，向原税务登记机关申报办理注销税务登记。

第十六条 纳税人在办理注销税务登记前，应当向税务机关结清应纳税款、滞纳金、罚款，缴销发票、税务登记证件和其他税务证件。

第十七条 从事生产、经营的纳税人应当自开立基本存款账户或者其他存款账户之日起15日内，向主管税务机关书面报告其全部账号；发生变化的，应当自变化之日起15日内，向主管税务机关书面报告。

第十八条 除按照规定不需要发给税务登记证件的外，纳税人办理下列事项时，必须持税务登记证件：

（一）开立银行账户；

（二）申请减税、免税、退税；

（三）申请办理延期申报、延期缴纳税款；

（四）领购发票；

（五）申请开具外出经营活动税收管理证明；

（六）办理停业、歇业；

（七）其他有关税务事项。

第十九条 税务机关对税务登记证件实行定期验证和换证制度。纳税人应当在规定的期限内持有关证件到主管税务机关办理验证或者换证手续。

第二十条 纳税人应当将税务登记证件正本在其生产、经营场所或者办公场所公开悬挂，接受税务机关检查。

纳税人遗失税务登记证件的，应当在15日内书面报告主管税务机关，并登报声明作废。

第二十一条 从事生产、经营的纳税人到外县（市）临时从事生产、经营活动的，应当持税务登记证副本和所在地税务机关填开的外出经营活动税收管理证明，向营业地税务机关报验登记，接受税务管理。

从事生产、经营的纳税人外出经营，在同一地累计超过180天的，应当在营业地办理税务登记手续。

第三章 账簿、凭证管理

第二十二条 从事生产、经营的纳税人应当自领取营业执照或者发生纳税义务之日起15日内，按照国家有关规定设置账簿。

前款所称账簿，是指总账、明细账、日记账以及其他辅助性账簿。总账、日记账应当采用订本式。

第二十三条 生产、经营规模小又确无建账能力的纳税人，可以聘请经批准从事会计代理记账业务的专业机构或者财会人员代为建账和办理账务。

第二十四条 从事生产、经营的纳税人应当自领取税务登记证件之日起15日内，将其财务、会计制度或者财务、会计处理办法报送主管税务机关备案。

纳税人使用计算机记账的，应当在使用前将会计电算化系统的会计核算软件、使用说明书及有关资料报送主管税务机关备案。

纳税人建立的会计电算化系统应当符合国家有关规定，并能正确、完整核算其收入或者所得。

第二十五条 扣缴义务人应当自税收法律、行政法规规定的扣缴义务发生之日起10日内，按照所代扣、代收的税种，分别设置代扣代缴、代收代缴税款账簿。

第二十六条 纳税人、扣缴义务人会计制度健全，能够通过计算机正确、完整计算其收入和所得或者代扣代缴、代收代缴税款情况的，其计算机输出的完整的书面会计记录，可视同会计账簿。

纳税人、扣缴义务人会计制度不健全，不能通过计算机正确、完整计算其收入和所得或者代扣代缴、代收代缴税款情况的，应当建立总账及与纳税或者代扣代缴、代收代缴税款有关的其他账簿。

第二十七条 账簿、会计凭证和报表，应当使用中文。民族自治地方可以同时使用当地通用的一种民族文字。外商投资企业和外国企业可以同时使用一种外国文字。

第二十八条 纳税人应当按照税务机关的要求安装、使用税控装置，并按照税务机关的规定报送有关数据和资料。

税控装置推广应用的管理办法由国家税务总局另行制定，报国务院批准后实施。

第二十九条 账簿、记账凭证、报表、完税凭证、发票、出口凭证以及其他有关涉税资料应当合法、真实、完整。

账簿、记账凭证、报表、完税凭证、发票、出口凭证以及其他有关涉税资料应当保存10年；但是，法律、行政法规另有规定的除外。

第四章 纳税申报

第三十条 税务机关应当建立、健全纳税人自行申报纳税制度。纳税人、扣缴义务人可以采取邮寄、数据电文方式办理纳税申报或者报送代扣代缴、代收代缴税款报告表。

数据电文方式,是指税务机关确定的电话语音、电子数据交换和网络传输等电子方式。

第三十一条　纳税人采取邮寄方式办理纳税申报的,应当使用统一的纳税申报专用信封,并以邮政部门收据作为申报凭据。邮寄申报以寄出的邮戳日期为实际申报日期。

纳税人采取电子方式办理纳税申报的,应当按照税务机关规定的期限和要求保存有关资料,并定期书面报送主管税务机关。

第三十二条　纳税人在纳税期内没有应纳税款的,也应当按照规定办理纳税申报。

纳税人享受减税、免税待遇的,在减税、免税期间应当按照规定办理纳税申报。

第三十三条　纳税人、扣缴义务人的纳税申报或者代扣代缴、代收代缴税款报告表的主要内容包括:税种、税目,应纳税项目或者应代扣代缴、代收代缴税款项目,计税依据,扣除项目及标准,适用税率或者单位税额,应退税项目及税额、应减免税项目及税额,应纳税额或者应代扣代缴、代收代缴税额,税款所属期限、延期缴纳税款、欠税、滞纳金等。

第三十四条　纳税人办理纳税申报时,应当如实填写纳税申报表,并根据不同的情况相应报送下列有关证件、资料:

(一)财务会计报表及其说明材料;

(二)与纳税有关的合同、协议书及凭证;

(三)税控装置的电子报税资料;

(四)外出经营活动税收管理证明和异地完税凭证;

(五)境内或者境外公证机构出具的有关证明文件;

(六)税务机关规定应当报送的其他有关证件、资料。

第三十五条　扣缴义务人办理代扣代缴、代收代缴税款报告时,应当如实填写代扣代缴、代收代缴税款报告表,并报送代扣代缴、代收代缴税款的合法凭证以及税务机关规定的其他有关证件、资料。

第三十六条　实行定期定额缴纳税款的纳税人,可以实行简易申报、简并征期等申报纳税方式。

第三十七条　纳税人、扣缴义务人按照规定的期限办理纳税申报或者报送代扣代缴、代收代缴税款报告表确有困难,需要延期的,应当在规定的期限内向税务机关提出书面延期申请,经税务机关核准,在核准的期限内办理。

纳税人、扣缴义务人因不可抗力,不能按期办理纳税申报或者报送代扣代缴、代收代缴税款报告表的,可以延期办理;但是,应当在不可抗力情形消除后立即向税务机关报告。税务机关应当查明事实,予以核准。

第五章　税款征收

第三十八条　税务机关应当加强对税款征收的管理,建立、健全责任制度。

税务机关根据保证国家税款及时足额入库、方便纳税人、降低征收成本的原则,确定税款征收的方式。

税务机关应当加强对纳税人出口退税的管理,具体管理办法由国家税务总局会同国务院有关部门制定。

第三十九条　税务机关应当将各种税收的税款、滞纳金、罚款,按照国家规定的预算科目和预算级次及时缴入国库,税务机关不得占压、挪用、截留,不得缴入国库以外或者国家规定的税款账户以外的任何账户。

已缴入国库的税款、滞纳金、罚款,任何单位和个人不得擅自变更预算科目和预算级次。

第四十条　税务机关应当根据方便、快捷、安全的原则,积极推广使用支票、银行卡、电子结算方式缴纳税款。

第四十一条　纳税人有下列情形之一的,属于税收征管法第三十一条所称特殊困难:

(一)因不可抗力,导致纳税人发生较大损失,正常生产经营活动受到较大影响的;

(二)当期货币资金在扣除应付职工工资、社会保险费后,不足以缴纳税款的。

计划单列市国家税务局、地方税务局可以参照税收征管法第三十一条第二款的批准权限,审批纳税人延期缴纳税款。

第四十二条　纳税人需要延期缴纳税款的,应当在缴纳税款期限届满前提出申请,并报送下列材料:申请延期缴纳税款报告,当期货币资金余额情况及所有银行存款账户的对账单,资产负债表,应付职工工资和社会保险费等税务机关要求提供的支出预算。

税务机关应当自收到申请延期缴纳税款报告之日起20日内作出批准或者不予批准的决定;不予批准的,从缴纳税款期限届满之日起加收滞纳金。

第四十三条　享受减税、免税优惠的纳税人,减税、免税期满,应当自期满次日起恢复纳税;减税、免税条件发生变化的,应当在纳税申报时向税务机关报告;不再符合减税、免税条件的,应当依法履行纳税义务;未依法纳税的,税务机关应当予以追缴。

第四十四条　税务机关根据有利于税收控管和方便

纳税的原则,可以按照国家有关规定委托有关单位和人员代征零星分散和异地缴纳的税收,并发给委托代征证书。受托单位和人员按照代征证书的要求,以税务机关的名义依法征收税款,纳税人不得拒绝;纳税人拒绝的,受托代征单位和人员应当及时报告税务机关。

第四十五条　税收征管法第三十四条所称完税凭证,是指各种完税证、缴款书、印花税票、扣(收)税凭证以及其他完税证明。

未经税务机关指定,任何单位、个人不得印制完税凭证。完税凭证不得转借、倒卖、变造或者伪造。

完税凭证的式样及管理办法由国家税务总局制定。

第四十六条　税务机关收到税款后,应当向纳税人开具完税凭证。纳税人通过银行缴纳税款的,税务机关可以委托银行开具完税凭证。

第四十七条　纳税人有税收征管法第三十五条或者第三十七条所列情形之一的,税务机关有权采用下列任何一种方法核定其应纳税额:

(一)参照当地同类行业或者类似行业中经营规模和收入水平相近的纳税人的税负水平核定;

(二)按照营业收入或者成本加合理的费用和利润的方法核定;

(三)按照耗用的原材料、燃料、动力等推算或者测算核定;

(四)按照其他合理方法核定。

采用前款所列一种方法不足以正确核定应纳税额时,可以同时采用两种以上的方法核定。

纳税人对税务机关采取本条规定的方法核定的应纳税额有异议的,应当提供相关证据,经税务机关认定后,调整应纳税额。

第四十八条　税务机关负责纳税人纳税信誉等级评定工作。纳税人纳税信誉等级的评定办法由国家税务总局制定。

第四十九条　承包人或者承租人有独立的生产经营权,在财务上独立核算,并定期向发包人或者出租人上缴承包费或者租金的,承包人或者承租人应当就其生产、经营收入和所得纳税,并接受税务管理;但是,法律、行政法规另有规定的除外。

发包人或者出租人应当自发包或者出租之日起30日内将承包人或者承租人的有关情况向主管税务机关报告。发包人或者出租人不报告的,发包人或者出租人与承包人或者承租人承担纳税连带责任。

第五十条　纳税人有解散、撤销、破产情形的,在清算前应当向其主管税务机关报告;未结清税款的,由其主管税务机关参加清算。

第五十一条　税收征管法第三十六条所称关联企业,是指有下列关系之一的公司、企业和其他经济组织:

(一)在资金、经营、购销等方面,存在直接或者间接的拥有或者控制关系;

(二)直接或者间接地同为第三者所拥有或者控制;

(三)在利益上具有相关联的其他关系。

纳税人有义务就其与关联企业之间的业务往来,向当地税务机关提供有关的价格、费用标准等资料。具体办法由国家税务总局制定。

第五十二条　税收征管法第三十六条所称独立企业之间的业务往来,是指没有关联关系的企业之间按照公平成交价格和营业常规所进行的业务往来。

第五十三条　纳税人可以向主管税务机关提出与其关联企业之间业务往来的定价原则和计算方法,主管税务机关审核、批准后,与纳税人预先约定有关定价事项,监督纳税人执行。

第五十四条　纳税人与其关联企业之间的业务往来有下列情形之一的,税务机关可以调整其应纳税额:

(一)购销业务未按照独立企业之间的业务往来作价;

(二)融通资金所支付或者收取的利息超过或者低于没有关联关系的企业之间所能同意的数额,或者利率超过或者低于同类业务的正常利率;

(三)提供劳务,未按照独立企业之间业务往来收取或者支付劳务费用;

(四)转让财产、提供财产使用权等业务往来,未按照独立企业之间业务往来作价或者收取、支付费用;

(五)未按照独立企业之间业务往来作价的其他情形。

第五十五条　纳税人有本细则第五十四条所列情形之一的,税务机关可以按照下列方法调整计税收入额或者所得额:

(一)按照独立企业之间进行的相同或者类似业务活动的价格;

(二)按照再销售给无关联关系的第三者的价格所应取得的收入和利润水平;

(三)按照成本加合理的费用和利润;

(四)按照其他合理的方法。

第五十六条　纳税人与其关联企业未按照独立企业之间的业务往来支付价款、费用的,税务机关自该业务往来发生的纳税年度起3年内进行调整;有特殊情况的,可以自该业务往来发生的纳税年度起10年内进行调整。

第五十七条 税收征管法第三十七条所称未按照规定办理税务登记从事生产、经营的纳税人,包括到外县(市)从事生产、经营而未向营业地税务机关报验登记的纳税人。

第五十八条 税务机关依照税收征管法第三十七条的规定,扣押纳税人商品、货物的,纳税人应当自扣押之日起15日内缴纳税款。

对扣押的鲜活、易腐烂变质或者易失效的商品、货物,税务机关根据被扣押物品的保质期,可以缩短前款规定的扣押期限。

第五十九条 税收征管法第三十八条、第四十条所称其他财产,包括纳税人的房地产、现金、有价证券等不动产和动产。

机动车辆、金银饰品、古玩字画、豪华住宅或者一处以外的住房不属于税收征管法第三十八条、第四十条、第四十二条所称个人及其所扶养家属维持生活必需的住房和用品。

税务机关对单价5000元以下的其他生活用品,不采取税收保全措施和强制执行措施。

第六十条 税收征管法第三十八条、第四十条、第四十二条所称个人所扶养家属,是指与纳税人共同居住生活的配偶、直系亲属以及无生活来源并由纳税人扶养的其他亲属。

第六十一条 税收征管法第三十八条、第八十八条所称担保,包括经税务机关认可的纳税保证人为纳税人提供的纳税保证,以及纳税人或者第三人以其未设置或者未全部设置担保物权的财产提供的担保。

纳税保证人,是指在中国境内具有纳税担保能力的自然人、法人或者其他经济组织。

法律、行政法规规定的没有担保资格的单位和个人,不得作为纳税担保人。

第六十二条 纳税担保人同意为纳税人提供纳税担保的,应当填写纳税担保书,写明担保对象、担保范围、担保期限和担保责任以及其他有关事项。担保书须经纳税人、纳税担保人签字盖章并经税务机关同意,方为有效。

纳税人或者第三人以其财产提供纳税担保的,应当填写财产清单,并写明财产价值以及其他有关事项。纳税担保财产清单须经纳税人、第三人签字盖章并经税务机关确认,方为有效。

第六十三条 税务机关执行扣押、查封商品、货物或者其他财产时,应当由两名以上税务人员执行,并通知被执行人。被执行人是自然人的,应当通知被执行人本人或者其成年家属到场;被执行人是法人或者其他组织的,应当通知其法定代表人或者主要负责人到场;拒不到场的,不影响执行。

第六十四条 税务机关执行税收征管法第三十七条、第三十八条、第四十条的规定,扣押、查封价值相当于应纳税款的商品、货物或者其他财产时,参照同类商品的市场价、出厂价或者评估价估算。

税务机关按照前款方法确定应扣押、查封的商品、货物或者其他财产的价值时,还应当包括滞纳金和拍卖、变卖所发生的费用。

第六十五条 对价值超过应纳税额且不可分割的商品、货物或者其他财产,税务机关在纳税人、扣缴义务人或者纳税担保人无其他可供强制执行的财产的情况下,可以整体扣押、查封、拍卖。

第六十六条 税务机关执行税收征管法第三十七条、第三十八条、第四十条的规定,实施扣押、查封时,对有产权证件的动产或者不动产,税务机关可以责令当事人将产权证件交税务机关保管,同时可以向有关机关发出协助执行通知书,有关机关在扣押、查封期间不再办理该动产或者不动产的过户手续。

第六十七条 对查封的商品、货物或者其他财产,税务机关可以指令被执行人负责保管,保管责任由被执行人承担。

继续使用被查封的财产不会减少其价值的,税务机关可以允许被执行人继续使用;因被执行人保管或者使用的过错造成的损失,由被执行人承担。

第六十八条 纳税人在税务机关采取税收保全措施后,按照税务机关规定的期限缴纳税款的,税务机关应当自收到税款或者银行转回的完税凭证之日起1日内解除税收保全。

第六十九条 税务机关将扣押、查封的商品、货物或者其他财产变价抵缴税款时,应当交由依法成立的拍卖机构拍卖;无法委托拍卖或者不适于拍卖的,可以交由当地商业企业代为销售,也可以责令纳税人限期处理;无法委托商业企业销售,纳税人也无法处理的,可以由税务机关变价处理,具体办法由国家税务总局规定。国家禁止自由买卖的商品,应当交由有关单位按照国家规定的价格收购。

拍卖或者变卖所得抵缴税款、滞纳金、罚款以及拍卖、变卖等费用后,剩余部分应当在3日内退还被执行人。

第七十条 税收征管法第三十九条、第四十三条所称损失，是指因税务机关的责任，使纳税人、扣缴义务人或者纳税担保人的合法利益遭受的直接损失。

第七十一条 税收征管法所称其他金融机构，是指信托投资公司、信用合作社、邮政储蓄机构以及经中国人民银行、中国证券监督管理委员会等批准设立的其他金融机构。

第七十二条 税收征管法所称存款，包括独资企业投资人、合伙企业合伙人、个体工商户的储蓄存款以及股东资金账户中的资金等。

第七十三条 从事生产、经营的纳税人、扣缴义务人未按照规定的期限缴纳或者解缴税款的，纳税担保人未按照规定的期限缴纳所担保的税款的，由税务机关发出限期缴纳税款通知书，责令缴纳或者解缴税款的最长期限不得超过15日。

第七十四条 欠缴税款的纳税人或者其法定代表人在出境前未按照规定结清应纳税款、滞纳金或者提供纳税担保的，税务机关可以通知出入境管理机关阻止其出境。阻止出境的具体办法，由国家税务总局会同公安部制定。

第七十五条 税收征管法第三十二条规定的加收滞纳金的起止时间，为法律、行政法规规定或者税务机关依照法律、行政法规的规定确定的税款缴纳期限届满次日起至纳税人、扣缴义务人实际缴纳或者解缴税款之日止。

第七十六条 县级以上各级税务机关应当将纳税人的欠税情况，在办税场所或者广播、电视、报纸、期刊、网络等新闻媒体上定期公告。

对纳税人欠缴税款的情况实行定期公告的办法，由国家税务总局制定。

第七十七条 税收征管法第四十九条所称欠缴税款数额较大，是指欠缴税款5万元以上。

第七十八条 税务机关发现纳税人多缴税款的，应当自发现之日起10日内办理退还手续；纳税人发现多缴税款，要求退还的，税务机关应当自接到纳税人退还申请之日起30日内查实并办理退还手续。

税收征管法第五十一条规定的加算银行同期存款利息的多缴税款退税，不包括依法预缴税款形成的结算退税、出口退税和各种减免退税。

退税利息按照税务机关办理退税手续当天中国人民银行规定的活期存款利率计算。

第七十九条 当纳税人既有应退税款又有欠缴税款的，税务机关可以将应退税款和利息先抵扣欠缴税款；抵扣后有余额的，退还纳税人。

第八十条 税收征管法第五十二条所称税务机关的责任，是指税务机关适用税收法律、行政法规不当或者执法行为违法。

第八十一条 税收征管法第五十二条所称纳税人、扣缴义务人计算错误等失误，是指非主观故意的计算公式运用错误以及明显的笔误。

第八十二条 税收征管法第五十二条所称特殊情况，是指纳税人或者扣缴义务人因计算错误等失误，未缴或者少缴、未扣或者少扣、未收或者少收税款，累计数额在10万元以上的。

第八十三条 税收征管法第五十二条规定的补缴和追征税款、滞纳金的期限，自纳税人、扣缴义务人应缴未缴或者少缴税款之日起计算。

第八十四条 审计机关、财政机关依法进行审计、检查时，对税务机关的税收违法行为作出的决定，税务机关应当执行；发现被审计、检查单位有税收违法行为的，向被审计、检查单位下达决定、意见书，责成被审计、检查单位向税务机关缴纳应当缴纳的税款、滞纳金。税务机关应当根据有关机关的决定、意见书，依照税收法律、行政法规的规定，将应收的税款、滞纳金按照国家规定的税收征收管理范围和税款入库预算级次缴入国库。

税务机关应当自收到审计机关、财政机关的决定、意见书之日起30日内将执行情况书面回复审计机关、财政机关。

有关机关不得将其履行职责过程中发现的税款、滞纳金自行征收入库或者以其他款项的名义自行处理、占压。

第六章 税务检查

第八十五条 税务机关应当建立科学的检查制度，统筹安排检查工作，严格控制对纳税人、扣缴义务人的检查次数。

税务机关应当制定合理的税务稽查工作规程，负责选案、检查、审理、执行的人员的职责应当明确，并相互分离、相互制约，规范选案程序和检查行为。

税务检查工作的具体办法，由国家税务总局制定。

第八十六条 税务机关行使税收征管法第五十四条第(一)项职权时，可以在纳税人、扣缴义务人的业务场所进行；必要时，经县以上税务局(分局)局长批准，可以将纳税人、扣缴义务人以前会计年度的账簿、记账凭证、报表和其他有关资料调回税务机关检查，但是税务机关必须向纳税人、扣缴义务人开付清单，并在3个月内完整退还;有特殊情况的,经设区的市、自治州以上税务局局长批准,税务机关可以将纳税人、扣缴义务人当年的账簿、记账凭证、报表和其他有关资料调回检查,但是税务机关必须在30日内退还。

第八十七条 税务机关行使税收征管法第五十四条第(六)项职权时,应当指定专人负责,凭全国统一格式的检查存款账户许可证明进行,并有责任为被检查人保守秘密。

检查存款账户许可证明,由国家税务总局制定。

税务机关查询的内容,包括纳税人存款账户余额和资金往来情况。

第八十八条 依照税收征管法第五十五条规定,税务机关采取税收保全措施的期限一般不得超过6个月;重大案件需要延长的,应当报国家税务总局批准。

第八十九条 税务机关和税务人员应当依照税收征管法及本细则的规定行使税务检查职权。

税务人员进行税务检查时,应当出示税务检查证和税务检查通知书;无税务检查证和税务检查通知书的,纳税人、扣缴义务人及其他当事人有权拒绝检查。税务机关对集贸市场及集中经营业户进行检查时,可以使用统一的税务检查通知书。

税务检查证和税务检查通知书的式样、使用和管理的具体办法,由国家税务总局制定。

第七章 法律责任

第九十条 纳税人未按照规定办理税务登记证件验证或者换证手续的,由税务机关责令限期改正,可以处2000元以下的罚款;情节严重的,处2000元以上1万元以下的罚款。

第九十一条 非法印制、转借、倒卖、变造或者伪造完税凭证的,由税务机关责令改正,处2000元以上1万元以下的罚款;情节严重的,处1万元以上5万元以下的罚款;构成犯罪的,依法追究刑事责任。

第九十二条 银行和其他金融机构未依照税收征管法的规定在从事生产、经营的纳税人的账户中登录税务登记证件号码,或者未按规定在税务登记证件中登录从事生产、经营的纳税人的账户账号的,由税务机关责令其限期改正,处2000元以上2万元以下的罚款;情节严重的,处2万元以上5万元以下的罚款。

第九十三条 为纳税人、扣缴义务人非法提供银行账户、发票、证明或者其他方便,导致未缴、少缴税款或者骗取国家出口退税款的,税务机关除没收其违法所得外,可以处未缴、少缴或者骗取的税款1倍以下的罚款。

第九十四条 纳税人拒绝代扣、代收税款的,扣缴义务人应当向税务机关报告,由税务机关直接向纳税人追缴税款、滞纳金;纳税人拒不缴纳的,依照税收征管法第六十八条的规定执行。

第九十五条 税务机关依照税收征管法第五十四条第(五)项的规定,到车站、码头、机场、邮政企业及其分支机构检查纳税人有关情况时,有关单位拒绝的,由税务机关责令改正,可以处1万元以下的罚款;情节严重的,处1万元以上5万元以下的罚款。

第九十六条 纳税人、扣缴义务人有下列情形之一的,依照税收征管法第七十条的规定处罚:

(一)提供虚假资料,不如实反映情况,或者拒绝提供有关资料的;

(二)拒绝或者阻止税务机关记录、录音、录像、照相和复制与案件有关的情况和资料的;

(三)在检查期间,纳税人、扣缴义务人转移、隐匿、销毁有关资料的;

(四)有不依法接受税务检查的其他情形的。

第九十七条 税务人员私分扣押、查封的商品、货物或者其他财产,情节严重,构成犯罪的,依法追究刑事责任;尚不构成犯罪的,依法给予行政处分。

第九十八条 税务代理人违反税收法律、行政法规,造成纳税人未缴或者少缴税款的,除由纳税人缴纳或者补缴应纳税款、滞纳金外,对税务代理人处纳税人未缴或者少缴税款50%以上3倍以下的罚款。

第九十九条 税务机关对纳税人、扣缴义务人及其当事人处以罚款或者没收违法所得时,应当开付罚没凭证;未开付罚没凭证的,纳税人、扣缴义务人以及其他当事人有权拒绝给付。

第一百条 税收征管法第八十八条规定的纳税争议,是指纳税人、扣缴义务人、纳税担保人对税务机关确定纳税主体、征税对象、征税范围、减税、免税及退税、适用税率、计税依据、纳税环节、纳税期限、纳税地点以及税款征收方式等具体行政行为有异议而发生的争议。

第八章 文书送达

第一百零一条 税务机关送达税务文书,应当直接送交受送达人。

受送达人是公民的,应当由本人直接签收;本人不在的,交其同住成年家属签收。

受送达人是法人或者其他组织的,应当由法人的法定代表人、其他组织的主要负责人或者该法人、组织的财务负责人、负责收件的人签收。受送达人有代理人的,可以送交其代理人签收。

第一百零二条 送达税务文书应当有送达回证,并由受送达人或者本细则规定的其他签收人在送达回证上记明收到日期,签名或者盖章,即为送达。

第一百零三条 受送达人或者本细则规定的其他签收人拒绝签收税务文书的,送达人应当在送达回证上记明拒收理由和日期,并由送达人和见证人签名或者盖章,将税务文书留在受送达人处,即视为送达。

第一百零四条 直接送达税务文书有困难的,可以委托其他有关机关或者其他单位代为送达,或者邮寄送达。

第一百零五条 直接或者委托送达税务文书的,以签收人或见证人在送达回证上的签收或者注明的收件日期为送达日期;邮寄送达的,以挂号函件回执上注明的收件日期为送达日期,并视为已送达。

第一百零六条 有下列情形之一的,税务机关可以公告送达税务文书,自公告之日起满30日,即视为送达:

（一）同一送达事项的受送达人众多;

（二）采用本章规定的其他送达方式无法送达的。

第一百零七条 税务文书的格式由国家税务总局制定。本细则所称税务文书,包括:

（一）税务事项通知书;

（二）责令限期改正通知书;

（三）税收保全措施决定书;

（四）税收强制执行决定书;

（五）税务检查通知书;

（六）税务处理决定书;

（七）税务行政处罚决定书;

（八）行政复议决定书;

（九）其他税务文书。

第九章 附 则

第一百零八条 税收征管法及本细则所称"以上"、"以下"、"日内"、"届满"均含本数。

第一百零九条 税收征管法及本细则所规定期限的最后一日是法定休假日的,以休假日期满的次日为期限的最后一日;在期限内有连续3日以上法定休假日的,按休假日天数顺延。

第一百一十条 税收征管法第三十条第三款规定的代扣、代收手续费,纳入预算管理,由税务机关依照法律、行政法规的规定付给扣缴义务人。

第一百一十一条 纳税人、扣缴义务人委托税务代理人代为办理税务事宜的办法,由国家税务总局规定。

第一百一十二条 耕地占用税、契税、农业税、牧业税的征收管理,按照国务院的有关规定执行。

第一百一十三条 本细则自2002年10月15日起施行。1993年8月4日国务院发布的《中华人民共和国税收征收管理法实施细则》同时废止。

国家税务总局关于贯彻《中华人民共和国税收征收管理法》及其实施细则若干具体问题的通知[①]

· 2003年4月23日
· 国税发〔2003〕47号

各省、自治区、直辖市和计划单列市国家税务局、地方税务局:

为了保证《中华人民共和国税收征收管理法》(以下简称征管法)及《中华人民共和国税收征收管理法实施细则》(以下简称实施细则)的贯彻实施,进一步增强征管法及其实施细则的可操作性,现将有关问题规定如下:

一、关于税务登记代码问题

实施细则第十条所称"同一代码"是指国家税务局、地方税务局在发放税务登记证件时,对同一个纳税人赋予同一个税务登记代码。为确保税务登记代码的同一性和唯一性,单位纳税人(含个体加油站)的税务登记代码由十五位数组成,其中前六位为区域码,由省、自治区、直辖市国家税务局、地方税务局共同编排联合下发(开发区、新技术园区等未赋予行政区域码的可重新赋码,其他的按行政区域码编排),后九位为国家质量监督检验检疫总局赋予的组织机构统一代码。市(州)以下国家税务局、地方税务局根据省、自治区、直辖市国家税务局、地方税务局制订的编码编制税务登记代码。

二、关于扣缴义务人扣缴税款问题

负有代扣代缴义务的单位和个人,在支付款项时应按照征管法及其实施细则的规定,将取得款项的纳税人应缴纳的税款代为扣缴,对纳税人拒绝扣缴税款的,扣缴义务人应暂停支付相当于纳税人应纳税款的款项,并在一日之内报告主管税务机关。

负有代收代缴义务的单位和个人,在收取款项时应按照征管法及其实施细则的规定,将支付款项的纳税人

[①] 本通知第一条已被《国家税务总局关于公布全文失效废止和部分条款失效废止的税收规范性文件目录的公告》废止。

应缴纳的税款代为收缴,对纳税人拒绝给付的,扣缴义务人应在一日之内报告主管税务机关。

扣缴义务人违反征管法及其实施细则规定应扣未扣、应收未收税款的,税务机关除按征管法及其实施细则的有关规定对其给予处罚外,应当责成扣缴义务人限期将应扣未扣、应收未收的税款补扣或补收。

三、关于纳税人外出经营活动管理问题

纳税人离开其办理税务登记所在地到外县(市)从事经营活动、提供应税劳务的,应该在发生外出经营活动以前向其登记所在地的主管税务机关申请办理《外出经营活动税收管理证明》,并向经营地或提供劳务地税务机关报验登记。

实施细则第二十一条所称的"从事生产、经营的纳税人外出经营,在同一地累计超过180天的",应当是以纳税人在同一县(市)实际经营或提供劳务之日起,在连续的12个月内累计超过180天。

四、关于纳税申报的管理问题

经税务机关批准,纳税人、扣缴义务人采取数据电文方式办理纳税申报的,其申报日期以税务机关计算机网络系统收到该数据电文的时间为准。采取数据电文方式办理纳税申报的纳税人、扣缴义务人,其与数据电文相对应的纸质申报资料的报送期限由主管税务机关确定。

五、关于滞纳金的计算期限问题

对纳税人未按照法律、行政法规规定的期限或者未按照税务机关依照法律、行政法规的规定确定的期限向税务机关缴纳的税款,滞纳金的计算从纳税人应缴纳税款的期限届满之次日起到实际缴纳税款之日止。

六、关于滞纳金的强制执行问题

根据征管法第四十条规定"税务机关在采取强制执行措施时,对纳税人未缴纳的滞纳金同时强制执行"的立法精神,对纳税人已缴纳税款,但拒不缴纳滞纳金的,税务机关可以单独对纳税人应缴未缴的滞纳金采取强制执行措施。

七、关于税款优先的时间确定问题

征管法第四十五条规定"纳税人欠缴的税款发生在纳税人以其财产设定抵押、质押或者纳税人的财产被留置之前,税收应当先于抵押权、质权、留置权执行",欠缴的税款是纳税人发生纳税义务,但未按照法律、行政法规规定的期限或者未按照税务机关依照法律、行政法规的规定确定的期限向税务机关申报缴纳的税款或者少缴的税款,纳税人应缴纳税款的期限届满之次日即是纳税人欠缴税款的发生时间。

八、关于减免税管理问题

除法律、行政法规规定不需要经税务机关审批的减免税外,纳税人享受减税、免税的应当向主管税务机关提出书面申请,并按照主管税务机关的要求附送有关资料,经税务机关审核,按照减免税的审批程序经由法律、行政法规授权的机关批准后,方可享受减税、免税。

九、关于税务登记证件遗失问题

遗失税务登记证件的纳税人应当自遗失税务登记证件之日起15日内,将纳税人的名称、遗失税务登记证件名称、税务登记号码、发证机关名称、发证有效期在税务机关认可的报刊上作遗失声明,凭报刊上刊登的遗失声明向主管税务机关申请补办税务登记证件。

十、关于税收违法案件举报奖励问题

在国家税务总局和财政部联合制定的举报奖励办法未出台前,对税收违法案件举报奖励的对象、标准暂按《国家税务总局关于印发〈税务违法案件举报奖励办法〉的通知》(国税发〔1998〕211号)的有关规定执行。

十一、关于账簿凭证的检查问题

征管法第五十四条第六款规定:"税务机关在调查税收违法案件时,经设区的市、自治州以上税务局(分局)局长批准,可以查询案件涉嫌人员的储蓄存款";实施细则第八十六条规定:"有特殊情况的,经设区的市、自治州以上税务局局长批准,税务机关可以将纳税人、扣缴义务人当年的账簿、记账凭证、报表和其他有关资料调回检查"。这里所称的"经设区的市、自治州以上税务局局长"包括地(市)一级(含直辖市下设区)的税务局局长。这里所称的"特殊情况"是指纳税人有下列情形之一:(一)涉及增值税专用发票检查的;(二)纳税人涉嫌税收违法行为情节严重的;(三)纳税人及其他当事人可能毁灭、藏匿、转移账簿等证据资料的;(四)税务机关认为其他需要调回检查的情况。

十二、关于关联企业间业务往来的追溯调整期限问题

实施细则第五十六条规定:"有特殊情况的,可以自该业务往来发生的纳税年度起10年内进行调整"。该条所称"特殊情况"是指纳税人有下列情形之一:(一)纳税人在以前年度与其关联企业间的业务往来累计达到或超过10万元人民币的;(二)经税务机关案头审计分析,纳税人在以前年度与其关联企业间的业务往来,预计需调增其应纳税收入或所得额达到或超过50万元人民币的;(三)纳税人在以前年度与设在避税地的关联企业有业

务往来的;(四)纳税人在以前年度未按规定进行关联企业间业务往来年度申报,或者经税务机关审查核实,关联企业间业务往来年度申报内容不实,以及不履行提供有关价格、费用标准等资料义务的。

十三、简易申报、简并征期问题

实施细则第三十六条规定:"实行定期定额缴纳税款的纳税人,可以实行简易申报、简并征期等申报纳税方式",这里所称"简易申报"是指实行定期定额缴纳税款的纳税人在法律、行政法规规定的期限或者在税务机关依照法律、行政法规的规定确定的期限内缴纳款的,税务机关可以视同申报;"简并征期"是指实行定期定额缴纳税款的纳税人,经税务机关批准,可以采取将纳税期限合并为按季、半年、年的方式缴纳税款,具体期限由省级税务机关根据具体情况确定。

十四、关于税款核定征收条款的适用对象问题

征管法第三十五条、实施细则第四十七条关于核定应纳税款的规定,适用于单位纳税人和个人纳税人。对个人纳税人的核定征收办法,国家税务总局将另行制定。

十五、关于外商投资企业、外国企业的会计记录文字问题

会计法第二十二条规定:"会计记录的文字应当使用中文。"对于外商投资企业、外国企业的会计记录不使用中文的,按照征管法第六十条第二款"未按照规定设置、保管账簿或者保管记账凭证和有关资料"的规定处理。

十六、关于对采用电算化会计系统的纳税人实施电算化税务检查的问题

对采用电算化会计系统的纳税人,税务机关有权对其会计电算化系统进行查验;对纳税人会计电算化系统处理、储存的会计记录以及其他有关的纳税资料,税务机关有权进入其电算化系统进行检查,并可复制与纳税有关的电子数据作为证据。

税务机关进入纳税人电算化系统进行检查时,有责任保证纳税人会计电算化系统的安全性,并保守纳税人的商业秘密。

国家税务总局关于税收征管若干事项的公告

· 2019 年 12 月 12 日
· 国家税务总局公告 2019 年第 48 号

为深入贯彻党的十九届四中全会和中央经济工作会议精神,进一步优化税务执法方式,改善税收营商环境,支持企业发展壮大,现就税收征管若干事项公告如下:

一、关于欠税滞纳金加收问题

(一)对纳税人、扣缴义务人、纳税担保人应缴纳的欠税及滞纳金不再要求同时缴纳,可以先行缴纳欠税,再依法缴纳滞纳金。

(二)本条所称欠税,是指依照《欠税公告办法(试行)》(国家税务总局令第9号公布,第44号修改)第三条、第十三条规定认定的,纳税人、扣缴义务人、纳税担保人超过税收法律、行政法规规定的期限或者超过税务机关依照税收法律、行政法规规定确定的纳税期限未缴纳的税款。

二、关于临时税务登记问题

从事生产、经营的个人应办而未办营业执照,但发生纳税义务的,可以按规定申请办理临时税务登记。

三、关于非正常户的认定与解除

(一)已办理税务登记的纳税人未按照规定的期限进行纳税申报,税务机关依法责令其限期改正。纳税人逾期不改正的,税务机关可以按照《中华人民共和国税收征收管理法》(以下简称税收征管法)第七十二条规定处理。

纳税人负有纳税申报义务,但连续三个月所有税种均未进行纳税申报的,税收征管系统自动将其认定为非正常户,并停止其发票领用簿和发票的使用。

(二)对欠税的非正常户,税务机关依照税收征管法及其实施细则的规定追征税款及滞纳金。

(三)已认定为非正常户的纳税人,就其逾期未申报行为接受处罚、缴纳罚款,并补办纳税申报的,税收征管系统自动解除非正常状态,无需纳税人专门申请解除。

四、关于企业破产清算程序中的税收征管问题

(一)税务机关在人民法院公告的债权申报期限内,向管理人申报企业所欠税款(含教育费附加、地方教育附加,下同)、滞纳金及罚款。因特别纳税调整产生的利息,也应一并申报。

企业所欠税款、滞纳金、罚款,以及因特别纳税调整产生的利息,以人民法院裁定受理破产申请之日为截止日计算确定。

(二)在人民法院裁定受理破产申请之日至企业注销之日期间,企业应当接受税务机关的税务管理,履行税法规定的相关义务。破产程序中如发生应税情形,应按规定申报纳税。

从人民法院指定管理人之日起,管理人可以按照《中华人民共和国企业破产法》(以下简称企业破产法)第二

十五条规定,以企业名义办理纳税申报等涉税事宜。

企业因继续履行合同、生产经营或处置财产需要开具发票的,管理人可以以企业名义按规定申领开具发票或者代开发票。

(三)企业所欠税款、滞纳金、因特别纳税调整产生的利息,税务机关按照企业破产法相关规定进行申报,其中,企业所欠的滞纳金、因特别纳税调整产生的利息按照普通破产债权申报。

五、本公告自 2020 年 3 月 1 日起施行。《欠缴税金核算管理暂行办法》(国税发〔2000〕193 号印发)第十六条、《国家税务总局关于进一步加强欠税管理工作的通知》(国税发〔2004〕66 号)第三条第(三)项、《国家税务总局关于进一步完善税务登记管理有关问题的公告》(国家税务总局公告 2011 年第 21 号)第二条第一款同时废止。

特此公告。

委托代征管理办法

- 2013 年 5 月 10 日
- 国家税务总局公告 2013 年第 24 号

第一章 总 则

第一条 为加强税收委托代征管理,规范委托代征行为,降低征纳成本,根据《中华人民共和国税收征收管理法》《中华人民共和国税收征收管理法实施细则》《合同法》及《中华人民共和国发票管理办法》的有关规定,制定本办法。

第二条 本办法所称委托代征,是指税务机关根据《中华人民共和国税收征收管理法实施细则》有利于税收控管和方便纳税的要求,按照双方自愿、简便征收、强化管理、依法委托的原则和国家有关规定,委托有关单位和人员代征零星、分散和异地缴纳的税收的行为。

第三条 本办法所称税务机关,是指县以上(含本级)税务局。

本办法所称代征人,是指依法接受税务机关委托、行使代征税款权利并承担《委托代征协议书》规定义务的单位或人员。

第二章 委托代征的范围和条件

第四条 委托代征范围由税务机关根据《中华人民共和国税收征收管理法实施细则》关于加强税收控管、方便纳税的规定,结合当地税源管理的实际情况确定。税务机关不得将法律、行政法规已确定的代扣代缴、代收代缴税收,委托他人代征。

第五条 税务机关确定的代征人,应当与纳税人有下列关系之一:

(一)与纳税人有管理关系;

(二)与纳税人有经济业务往来;

(三)与纳税人有地缘关系;

(四)有利于税收控管和方便纳税人的其他关系。

第六条 代征人为行政、事业、企业单位及其他社会组织的,应当同时具备下列条件:

(一)有固定的工作场所;

(二)内部管理制度规范,财务制度健全;

(三)有熟悉相关税收法律、法规的工作人员,能依法履行税收代征工作;

(四)税务机关根据委托代征事项和税收管理要求确定的其他条件。

第七条 代征税款人员,应当同时具备下列条件:

(一)具备中国国籍,遵纪守法,无严重违法行为及犯罪记录,具有完全民事行为能力;

(二)具备与完成代征税款工作要求相适应的税收业务知识和操作技能;

(三)税务机关根据委托代征管理要求确定的其他条件。

第八条 税务机关可以与代征人签订代开发票书面协议并委托代征人代开普通发票。代开发票书面协议的主要内容应当包括代开的普通发票种类、对象、内容和相关责任。

代开发票书面协议由各省、自治区、直辖市和计划单列市自行制定。

第九条 代征人不得将其受托代征税款事项再行委托其他单位、组织或人员办理。

第三章 委托代征协议的生效和终止

第十条 税务机关应当与代征人签订《委托代征协议书》,明确委托代征相关事宜。《委托代征协议书》包括以下内容:

(一)税务机关和代征人的名称、联系电话,代征人为行政、事业、企业单位及其他社会组织的,应包括法定代表人或负责人姓名、居民身份证号码和地址;代征人为自然人的,应包括姓名、居民身份证号码和户口所在地、现居住地址;

(二)委托代征范围和期限;

(三)委托代征的税种及附加、计税依据及税率;

(四)票、款结报缴销期限和额度;

（五）税务机关和代征人双方的权利、义务和责任；

（六）代征手续费标准；

（七）违约责任；

（八）其他有关事项。

代征人为行政、事业、企业单位及其他社会组织的，《委托代征协议书》自双方的法定代表人或法定代理人签字并加盖公章后生效；代征人为自然人的，《委托代征协议书》自代征人及税务机关的法定代表人签字并加盖税务机关公章后生效。

第十一条 《委托代征协议书》签订后，税务机关应当向代征人发放《委托代征证书》，并在广播、电视、报纸、期刊、网络等新闻媒体或者代征范围内纳税人相对集中的场所，公告代征人的委托代征资格和《委托代征协议书》中的以下内容：

（一）税务机关和代征人的名称、联系电话，代征人为行政、事业、企业单位及其他社会组织的，应包括法定代表人或负责人姓名和地址；代征人为自然人的，应包括姓名、户口所在地、现居住地址；

（二）委托代征的范围和期限；

（三）委托代征的税种及附加、计税依据及税率；

（四）税务机关确定的其他需要公告的事项。

第十二条 《委托代征协议书》有效期最长不得超过3年。有效期满需要继续委托代征的，应当重新签订《委托代征协议书》。

《委托代征协议书》签订后，税务机关应当向代征人提供受托代征税款所需的税收票证、报表。

第十三条 有下列情形之一的，税务机关可以向代征人发出《终止委托代征协议通知书》，提前终止委托代征协议：

（一）因国家税收法律、行政法规、规章等规定发生重大变化，需要终止协议的；

（二）税务机关被撤销主体资格的；

（三）因代征人发生合并、分立、解散、破产、撤销或者不可抗力发生等情形，需要终止协议的；

（四）代征人有弄虚作假、故意不履行义务、严重违反税收法律法规的行为，或者有其他严重违反协议的行为；

（五）税务机关认为需要终止协议的其他情形。

第十四条 终止委托代征协议的，代征人应自委托代征协议终止之日起5个工作日内，向税务机关结清代征税款，缴销代征业务所需的税收票证和发票。税务机关应当收回《委托代征证书》，结清代征手续费。

第十五条 代征人在委托代征协议期限届满之前提出终止协议的，应当提前20个工作日向税务机关申请，经税务机关确认后按照本办法第十四条的规定办理相关手续。

第十六条 税务机关应当自委托代征协议终止之日起10个工作日内，在广播、电视、报纸、期刊、网络等新闻媒体或者代征范围内纳税人相对集中的场所，公告代征人委托代征资格终止和本办法第十一条规定需要公告的《委托代征协议书》主要内容。

第四章 委托代征管理职责

第十七条 税收委托代征工作中，税务机关应当监督、管理、检查委托代征业务，履行以下职责：

（一）审查代征人资格，确定、登记代征人的相关信息；

（二）填制、发放、收回、缴销《委托代征证书》；

（三）确定委托代征的具体范围、税种及附加、计税依据、税率等；

（四）核定和调整代征人代征的个体工商户定额，并通知纳税人和代征人执行；

（五）定期核查代征人的管户信息，了解代征户籍变化情况；

（六）采集委托代征的征收信息、纳税人欠税信息、税收票证管理情况等信息；

（七）辅导和培训代征人；

（八）在有关规定确定的代征手续费比率范围内，按照手续费与代征人征收成本相匹配的原则，确定具体支付标准，办理手续费支付手续；

（九）督促代征人按时解缴代征税款，并对代征情况进行定期检查；

（十）其他管理职责。

第十八条 税收委托代征工作中，代征人应当履行以下职责：

（一）根据税务机关确定的代征范围、核定税额或计税依据、税率代征税款，并按规定及时解缴入库；

（二）按照税务机关有关规定领取、保管、开具、结报缴销税收票证、发票，确保税收票证和发票安全；

（三）代征税款时，向纳税人开具税收票证；

（四）建立代征税款账簿，逐户登记代征税种税目、税款金额及税款所属期等内容；

（五）在税款解缴期内向税务机关报送《代征代扣税款结报单》，以及受托代征税款的纳税人当期已纳税、逾期未纳税、管户变化等相关情况；

（六）对拒绝代征人依法代征税款的纳税人，自其拒绝之时起24小时内报告税务机关；

（七）在代征税款工作中获知纳税人商业秘密和个人隐私的，应当依法为纳税人保密。

第十九条 代征人不得对纳税人实施税款核定、税收保全和税收强制执行措施，不得对纳税人进行行政处罚。

第二十条 代征人应根据《委托代征协议书》的规定向税务机关申请代征税款手续费，不得从代征税款中直接扣取代征税款手续费。

第五章 法律责任

第二十一条 代征人在《委托代征协议书》授权范围内的代征税款行为引起纳税人的争议或法律纠纷的，由税务机关解决并承担相应法律责任；税务机关拥有事后向代征人追究法律责任的权利。

第二十二条 因代征人责任未征或少征税款的，税务机关应向纳税人追缴税款，并可按《委托代征协议书》的约定向代征人按日加收未征少征税款万分之五的违约金，但代征人将纳税人拒绝缴纳等情况自纳税人拒绝之时起24小时内报告税务机关的除外。代征人违规多征税款的，由税务机关承担相应的法律责任，并责令代征人立即退还，税款已入库的，由税务机关按规定办理退库手续；代征人违规多征税款致使纳税人合法权益受到损失的，由税务机关赔偿，税务机关拥有事后向代征人追偿的权利。

代征人违规多征税款而多取得代征手续费的，应当及时退回。

第二十三条 代征人造成印有固定金额的税收票证损失的，应当按照票面金额赔偿，未按规定领取、保管、开具、结报缴销税收票证的，税务机关应当根据情节轻重，适当扣减代征手续费。

第二十四条 代征人未按规定期限解缴税款的，由税务机关责令限期解缴，并可从税款滞纳之日起按日加收未解缴税款万分之五的违约金。

第二十五条 税务机关工作人员玩忽职守，不按规定对代征人履行管理职责，给委托代征工作造成损害的，按规定追究相关人员的责任。

第二十六条 违反《委托代征协议书》其他有关规定的，按照协议约定处理。

第二十七条 纳税人对委托代征行为不服，可依法申请税务行政复议。

第六章 附 则

第二十八条 各省、自治区、直辖市和计划单列市税务机关根据本地实际情况制定具体实施办法。

第二十九条 税务机关可以比照本办法的规定，对代售印花税票者进行管理。

第三十条 本办法自2013年7月1日起施行。

附件：1. 委托代征协议书（略）
2. 委托代征协议书使用说明（略）
3. 终止委托代征协议通知书（略）
4. 委托代征证书（略）

税收票证管理办法

· 2013年2月25日国家税务总局令第28号公布
· 根据2019年7月24日《国家税务总局关于公布取消一批税务证明事项以及废止和修改部分规章规范性文件的决定》修正

第一章 总 则

第一条 为了规范税收票证管理工作，保证国家税收收入的安全完整，维护纳税人合法权益，适应税收信息化发展需要，根据《中华人民共和国税收征收管理法》及其实施细则等法律法规，制定本办法。

第二条 税务机关、税务人员、纳税人、扣缴义务人、代征代售人和税收票证印制企业在中华人民共和国境内印制、使用、管理税收票证，适用本办法。

第三条 本办法所称税收票证，是指税务机关、扣缴义务人依照法律法规，代征代售人按照委托协议，征收税款、基金、费、滞纳金、罚没款等各项收入（以下统称税款）的过程中，开具的收款、退款和缴库凭证。税收票证是纳税人实际缴纳税款或者收取退还税款的法定证明。

税收票证包括纸质形式和数据电文形式。数据电文税收票证是指通过横向联网电子缴税系统办理税款的征收缴库、退库时，向银行、国库发送的电子缴款、退款信息。

第四条 国家积极推广以横向联网电子缴税系统为依托的数据电文税收票证的使用工作。

第五条 税务机关、代征代售人征收税款时应当开具税收票证。通过横向联网电子缴税系统完成税款的缴纳或者退还后，纳税人需要纸质税收票证的，税务机关应当开具。

扣缴义务人代扣代收税款时，纳税人要求扣缴义务人开具税收票证的，扣缴义务人应当开具。

第六条 税收票证的基本要素包括:税收票证号码、征收单位名称、开具日期、纳税人名称、纳税人识别号、税种(费、基金、罚没款)、金额、所属时期等。

第七条 纸质税收票证的基本联次包括收据联、存根联、报查联。收据联交纳税人作完税凭证;存根联由税务机关、扣缴义务人、代征代售人留存;报查联由税务机关做会计凭证或备查。

省、自治区、直辖市和计划单列市(以下简称省)税务机关可以根据税收票证管理情况,确定除收据联以外的税收票证启用联次。

第八条 国家税务总局统一负责全国的税收票证管理工作。其职责包括:

(一)设计和确定税收票证的种类、适用范围、联次、内容、式样及规格;

(二)设计和确定税收票证专用章戳的种类、适用范围、式样及规格;

(三)印制、保管、发运需要全国统一印制的税收票证,刻制需要全国统一制发的税收票证专用章戳;

(四)确定税收票证管理的机构、岗位和职责;

(五)组织、指导和推广税收票证信息化工作;

(六)组织全国税收票证检查工作;

(七)其他全国性的税收票证管理工作。

第九条 省以下税务机关应当依照本办法做好本行政区域内的税收票证管理工作。其职责包括:

(一)负责本级权限范围内的税收票证印制、领发、保管、开具、作废、结报缴销、停用、交回、损失核销、移交、核算、归档、审核、检查、销毁等工作;

(二)指导和监督下级税务机关、扣缴义务人、代征代售人、自行填开税收票证的纳税人税收票证管理工作;

(三)组织、指导、具体实施税收票证信息化工作;

(四)组织税收票证检查工作;

(五)其他税收票证管理工作。

第十条 扣缴义务人和代征代售人在代扣代缴、代收代缴、代征税款以及代售印花税票过程中应当做好税收票证的管理工作。其职责包括:

(一)妥善保管从税务机关领取的税收票证,并按照税务机关要求建立、报送和保管税收票证账簿及有关资料;

(二)为纳税人开具并交付税收票证;

(三)按时解缴税款、结报缴销税收票证;

(四)其他税收票证管理工作。

第十一条 各级税务机关的收入规划核算部门主管税收票证管理工作。

国家税务总局收入规划核算司设立主管税收票证管理工作的机构;省、市(不含县级市,下同)、县税务机关收入规划核算部门应当设置税收票证管理岗位并配备专职税收票证管理人员;直接向税务机关税收票证开具人员、扣缴义务人、代征代售人、自行填开税收票证的纳税人发放税收票证并办理结报缴销等工作的征收分局、税务所、办税服务厅等机构(以下简称基层税务机关)应当设置税收票证管理岗位,由税收会计负责税收票证管理工作。税收票证管理岗位和税收票证开具(含印花税票销售)岗位应当分设,不得一人多岗。

扣缴义务人、代征代售人、自行填开税收票证的纳税人应当由专人负责税收票证管理工作。

第二章 种类和适用范围

第十二条 税收票证包括税收缴款书、税收收入退还书、税收完税证明、出口货物劳务专用税收票证、印花税专用税收票证以及国家税务总局规定的其他税收票证。

第十三条 税收缴款书是纳税人据以缴纳税款,税务机关、扣缴义务人以及代征代售人据以征收、汇总税款的税收票证。具体包括:

(一)《税收缴款书(银行经收专用)》。由纳税人、税务机关、扣缴义务人、代征代售人向银行传递,通过银行划缴税款(出口货物劳务增值税、消费税除外)到国库时使用的纸质税收票证。其适用范围是:

1. 纳税人自行填开或税务机关开具,纳税人据以在银行柜面办理缴税(转账或现金),由银行将税款缴入国库;

2. 税务机关收取现金税款、扣缴义务人扣缴税款、代征代售人代征税款后开具,据以在银行柜面办理税款汇总缴入国库;

3. 税务机关开具,据以办理"待缴库税款"账户款项缴入国库。

(二)《税收缴款书(税务收现专用)》。纳税人以现金、刷卡(未通过横向联网电子缴税系统)方式向税务机关缴纳税款时,由税务机关开具并交付纳税人的纸质税收票证。代征人代征税款时,也应开具本缴款书并交付纳税人。为方便流动性零散税收的征收管理,本缴款书可以在票面印有固定金额,具体面额种类由各省税务机关确定,但是,单种面额不得超过一百元。

(三)《税收缴款书(代扣代收专用)》。扣缴义务人依法履行税款代扣代缴、代收代缴义务时开具并交付纳税人的纸质税收票证。扣缴义务人代扣代收税款后，已经向纳税人开具了税法规定或国家税务总局认可的记载完税情况的其他凭证的，可不再开具本缴款书。

（四）《税收电子缴款书》。税务机关将纳税人、扣缴义务人、代征代售人的电子缴款信息通过横向联网电子缴税系统发送给银行，银行据以划缴税款到国库时，由税收征管系统生成的数据电文形式的税收票证。

第十四条　税收收入退还书是税务机关依法为纳税人从国库办理退税时使用的税收票证。具体包括：

（一）《税收收入退还书》。税务机关向国库传递，依法为纳税人从国库办理退税时使用的纸质税收票证。

（二）《税收收入电子退还书》。税务机关通过横向联网电子缴税系统依法为纳税人从国库办理退税时，由税收征管系统生成的数据电文形式的税收票证。

税收收入退还书应当由县以上税务机关税收会计开具并向国库传递或发送。

第十五条　出口货物劳务专用税收票证是由税务机关开具，专门用于纳税人缴纳出口货物劳务增值税、消费税或者证明该纳税人再销售给其他出口企业的货物已缴纳增值税、消费税的纸质税收票证。具体包括：

（一）《税收缴款书（出口货物劳务专用）》。由税务机关开具，专门用于纳税人缴纳出口货物劳务增值税、消费税时使用的纸质税收票证。纳税人以银行经收方式、税务收现方式，或者通过横向联网电子缴税系统缴纳出口货物劳务增值税、消费税时，均使用本缴款书。纳税人缴纳随出口货物劳务增值税、消费税附征的其他税款时，税务机关应当根据缴款方式，使用其他种类的缴款书，不得使用本缴款书。

（二）《出口货物完税分割单》。已经缴纳出口货物增值税、消费税的纳税人将购进货物再销售给其他出口企业时，为证明所售货物完税情况，便于其他出口企业办理出口退税，到税务机关换开的纸质税收票证。

第十六条　印花税专用税收票证是税务机关或印花税票代售人在征收印花税时向纳税人交付、开具的纸质税收票证。具体包括：

（一）印花税票。印有固定金额，专门用于征收印花税的有价证券。纳税人缴纳印花税，可以购买印花税票贴花缴纳，也可以开具税收缴款书缴纳。采用开具税收缴款书缴纳的，应当将纸质税收缴款书或税收完税证明粘贴在应税凭证上，或者税务机关在应税凭证上加盖印花税收讫专用章。

（二）《印花税票销售凭证》。税务机关和印花税票代售人销售印花税票时一并开具的专供购买方报销的纸质凭证。

第十七条　税收完税证明是税务机关为证明纳税人已经缴纳税款或者已经退还纳税人税款而开具的纸质税收票证。其适用范围是：

（一）纳税人、扣缴义务人、代征代售人通过横向联网电子缴税系统划缴税款到国库（经收处）后或收到从国库退还的税款后，当场或事后需要取得税收票证的；

（二）扣缴义务人代扣代收税款后，已经向纳税人开具税法规定或国家税务总局认可的记载完税情况的其他凭证，纳税人需要换开正式完税凭证的；

（三）纳税人遗失已完税的各种税收票证（《出口货物完税分割单》、印花税票和《印花税票销售凭证》除外），需要重新开具的；

（四）对纳税人特定期间完税情况出具证明的；

（五）国家税务总局规定的其他需要为纳税人开具完税凭证情形。

税务机关在确保纳税人缴、退税信息全面、准确、完整的条件下，可以开展前款第四项规定的税收完税证明开具工作，具体开具办法由各省税务机关确定。

第十八条　税收票证专用章戳是指税务机关印制税收票证和征、退税款时使用的各种专用章戳，具体包括：

（一）税收票证监制章。套印在税收票证上，用以表明税收票证制定单位和税收票证印制合法性的一种章戳。

（二）征税专用章。税务机关办理税款征收业务，开具税收缴款书、税收完税证明、《印花税销售凭证》等征收凭证时使用的征收业务专用公章。

（三）退库专用章。税务机关办理税款退库业务，开具《税收收入退还书》等退库凭证时使用的，在国库预留印鉴的退库业务专用公章。

（四）印花税收讫专用章。以开具税收缴款书代替贴花缴纳印花税时，加盖在应税凭证上，用以证明应税凭证已完税的专用章戳。

（五）国家税务总局规定的其他税收票证专用章戳。

第十九条　《税收缴款书（税务收现专用）》、《税收缴款书（代扣代收专用）》、《税收缴款书（出口货物劳务专用）》、《出口货物完税分割单》、印花税票和税收完税证明应当视同现金进行严格管理。

第二十条　税收票证应当按规定的适用范围填开，不得混用。

第二十一条　国家税务总局增设或简并税收票证及

税收票证专用章戳种类,应当及时向社会公告。

第三章 设计和印制

第二十二条 税收票证及税收票证专用章戳按照税收征收管理和国家预算管理的基本要求设计,具体式样另行制发。

第二十三条 税收票证实行分级印制管理。

《税收缴款书(出口货物劳务专用)》、《出口货物完税分割单》、印花税票以及其他需要全国统一印制的税收票证由国家税务总局确定的企业印制;其他税收票证,按照国家税务总局规定的式样和要求,由各省税务机关确定的企业集中统一印制。

禁止私自印制、倒卖、变造、伪造税收票证。

第二十四条 印制税收票证的企业应当具备下列条件:

(一)取得印刷经营许可证和营业执照;

(二)设备、技术水平能够满足印制税收票证的需要;

(三)有健全的财务制度和严格的质量监督、安全管理、保密制度;

(四)有安全、良好的保管场地和设施。

印制税收票证的企业应当按照税务机关提供的式样、数量等要求印制税收票证,建立税收票证印制管理制度。

税收票证印制合同终止后,税收票证的印制企业应当将有关资料交还委托印制的税务机关,不得保留或提供给其他单位及个人。

第二十五条 税收票证应当套印税收票证监制章。

税收票证监制章由国家税务总局统一制发各省税务机关。

第二十六条 除税收票证监制章外,其他税收票证专用章戳的具体刻制权限由各省税务机关确定。刻制的税收票证专用章戳应当在市以上税务机关留底归档。

第二十七条 税收票证应当使用中文印制。民族自治地方的税收票证,可以加印当地一种通用的民族文字。

第二十八条 负责税收票证印制的税务机关应当对印制完成的税收票证质量、数量进行查验。查验无误的,办理税收票证的印制入库手续;查验不合格的,对不合格税收票证监督销毁。

第四章 使 用

第二十九条 上、下级税务机关之间,税务机关税收票证开具人员、扣缴义务人、代征代售人、自行填开税收票证的纳税人与税收票证管理人员之间,应当建立税收票证及税收票证专用章戳的领发登记制度,办理领发手续,共同清点、确认领发种类、数量和号码。

税收票证的运输应当确保安全、保密。

数据电文税收票证由税收征管系统自动生成税收票证号码,分配给税收票证开具人员,视同发放。数据电文税收票证不得重复发放、重复开具。

第三十条 税收票证管理人员向税务机关税收票证开具人员、扣缴义务人和代征代售人发放视同现金管理的税收票证时,应当拆包发放,并且一般不得超过一个月的用量。

视同现金管理的税收票证未按照本办法第三十九条规定办理结报的,不得继续发放同一种类的税收票证。

其他种类的税收票证,应当根据领用人的具体使用情况,适度发放。

第三十一条 税务机关、扣缴义务人、代征代售人、自行填开税收票证的纳税人应当妥善保管纸质税收票证及税收票证专用章戳。县以上税务机关应当设置具备安全条件的税收票证专用库房;基层税务机关、扣缴义务人、代征代售人和自行填开税收票证的纳税人应当配备税收票证保险专用箱柜。确有必要外出征收税款的,税收票证及税收票证专用章戳应当随身携带,严防丢失。

第三十二条 税务机关对结存的税收票证应当定期进行盘点,发现结存税收票证实物与账簿记录数量不符的,应当及时查明原因并报告上级或所属税务机关。

第三十三条 税收收入退还书开具人员不得同时从事退库专用章保管或《税收收入电子退还书》复核授权工作。印花税票销售人员不得同时从事印花税收讫专用章保管工作。外出征收税款的,税收票证开具人员不得同时从事现金收款工作。

第三十四条 税收票证应当分纳税人开具;同一份税收票证上,税种(费、基金、罚没款)、税目、预算科目、预算级次、所属时期不同的,应当分行填列。

第三十五条 税收票证栏目内容应当填写齐全、清晰、真实、规范,不得漏填、简写、省略、涂改、挖补、编造;多联式税收票证应当一次全份开具。

第三十六条 因开具错误作废的纸质税收票证,应当在各联注明"作废"字样、作废原因和重新开具的税收票证字轨及号码。《税收缴款书(税务收现专用)》、《税收缴款书(代扣代收专用)》、税收完税证明应当全份保存;其他税收票证的纳税人所持联次或银行流转联次无法收回的,应当注明原因,并将纳税人出具的情况说明或银行文书代替相关联次一并保存。开具作废的税收票证应当按期与已填用的税收票证一起办理结报缴销手续,不得自行销毁。

税务机关开具税收票证后,纳税人向银行办理缴税前丢失的,税务机关参照前款规定处理。

数据电文税收票证作废的,应当在税收征管系统中予以标识;已经作废的数据电文税收票证号码不得再次使用。

第三十七条 纸质税收票证各联次各种章戳应当加盖齐全。

章戳不得套印,国家税务总局另有规定的除外。

第三十八条 税务机关税收票证开具人员、扣缴义务人、代征代售人、自行填开税收票证的纳税人与税收票证管理人员之间,基层税务机关与上级或所属税务机关之间,应当办理税收票款结报缴销手续。

税务机关税收票证开具人员、扣缴义务人、代征代售人向税收票证管理人员结报缴销视同现金管理的税收票证时,应当将已开具税收票证的存根联、报查联等联次,连同作废税收票证、需交回的税收票证及未开具的税收票证(含未销售印花税票)一并办理结报缴销手续;已开具税收票证只设一联的,税收票证管理人员应当查验其开具情况的电子记录。

其他各种税收票证结报缴销手续的具体要求,由各省税务机关确定。

第三十九条 税收票款应当按照规定的时限办理结报缴销。税务机关税收票证开具人员、代征代售人开具税收票证(含销售印花税票)收取现金税款时,办理结报缴销手续的时限要求是:

(一)当地设有国库经收处的,应于收取税款的当日或次日办理税收票款的结报缴销;

(二)当地未设国库经收处和代征代售人收取现金税款的,由各省税务机关确定办理税收票款结报缴销的期限和额度,并以期限或额度条件先满足之日为准。

扣缴义务人代扣代收税款的,应按税法规定的税款解缴期限一并办理结报缴销。

其他各种税收票证的结报缴销时限、基层税务机关向上级或所属税务机关缴销税收票证的时限,由各省税务机关确定。

第四十条 领发、开具税收票证时,发现多出、短少、污损、残破、错号、印刷字迹不清及联数不全等印制质量不合格情况的,应当查明字轨、号码、数量,清点登记,妥善保管。

全包、全本印制质量不合格的,按照本办法第五十一条规定销毁;全份印制质量不合格的,按开具作废处理。

第四十一条 由于税收政策变动或式样改变等原因,国家税务总局规定停用的税收票证及税收票证专用章戳,应由县以上税务机关集中清理,核对字轨、号码和数量,造册登记,按照本办法第五十一条规定销毁。

第四十二条 未开具税收票证(含未销售印花税票)发生毁损或丢失、被盗、被抢等损失的,受损单位应当及时组织清点核查,并由各级税务机关按照权限进行损失核销审批。《税收缴款书(出口货物劳务专用)》、《出口货物完税分割单》、印花税票发生损失的,由省税务机关审批核销;《税收缴款书(税务收现专用)》、《税收缴款书(代扣代收专用)》、税收完税证明发生损失的,由市税务机关审批核销;其他各种税收票证发生损失的,由县税务机关审批核销。

毁损残票和追回的税收票证按照本办法第五十一条规定销毁。

第四十三条 视同现金管理的未开具税收票证(含未销售印花税票)丢失、被盗、被抢的,受损税务机关应当查明损失税收票证的字轨、号码和数量,立即向当地公安机关报案并报告上级或所属税务机关;经查不能追回的税收票证,除印花税票外,应当及时在办税场所和广播、电视、报纸、期刊、网络等新闻媒体上公告作废。

受损单位为扣缴义务人、代征代售人或税收票证印制企业的,扣缴义务人、代征代售人或税收票证印制企业应当立即报告基层税务机关或委托印制的税务机关,由税务机关按前款规定办理。

对丢失印花税票和印有固定金额的《税收缴款书(税务收现专用)》负有责任的相关人员,税务机关应当要求其按照面额赔偿;对丢失其他视同现金管理的税收票证负有责任的相关人员,税务机关应当要求其适当赔偿。

第四十四条 税收票证专用章戳丢失、被盗、被抢的,受损税务机关应当立即向当地公安机关报案并逐级报告刻制税收票证专用章戳的税务机关;退库专用章丢失、被盗、被抢的,应当同时通知国库部门。重新刻制的税收票证专用章戳应当及时办理留底归档或预留印鉴手续。

毁损和损失追回的税收票证专用章戳按照本办法第五十一条规定销毁。

第四十五条 由于印制质量不合格、停用、毁损、损失追回、领发错误，或者扣缴义务人和代征代售人终止税款征收业务、纳税人停止自行填开税收票证等原因，税收票证及税收票证专用章戳需要交回的，税收票证管理人员应当清点、核对字轨、号码和数量，及时上交至发放或有权销毁税收票证及税收票证专用章戳的税务机关。

第四十六条　纳税人遗失已完税收票证需要税务机关另行提供的，如税款经核实确已缴纳入库或从国库退还，税务机关应当开具税收完税证明或提供原完税税收票证复印件。

第五章　监督管理

第四十七条　税务机关税收票证开具人员、税收票证管理人员工作变动离岗前，应当办理税收票证、税收票证专用章戳、账簿以及其他税收票证资料的移交。移交时应当有专人监交，监交人、移交人、接管人三方共同签章，票清离岗。

第四十八条　税务机关应当按税收票证种类、领用单位设置税收票证账簿，对各种税收票证的印制、领发、用存、作废、结报缴销、停用、损失、销毁的数量、号码进行及时登记和核算，定期结账。

第四十九条　基层税务机关的税收票证管理人员应当按日对已结报缴销税收票证的完整性、准确性和税收票证管理的规范性进行审核；基层税务机关的上级或所属税务机关税收票证管理人员对基层税务机关缴销的税收票证，应当定期进行复审。

第五十条　税务机关应当及时对已经开具、作废的税收票证、账簿以及其他税收票证资料进行归档保存。

纸质税收票证、账簿以及其他税收票证资料，应当整理装订成册，保存期限五年；作为会计凭证的纸质税收票证保存期限十五年。

数据电文税收票证、账簿以及其他税收票证资料，应当通过光盘等介质进行存储，确保数据电文税收票证信息的安全、完整，保存时间和具体办法另行制定。

第五十一条　未填用的《税收缴款书（出口货物劳务专用）》、《出口货物完税分割单》、印花税票需要销毁的，应当由两人以上共同清点，编制销毁清册，逐级上缴省税务机关销毁；未填用的《税收缴款书（税务收现专用）》、《税收缴款书（代扣代收专用）》、税收完税证明需要销毁的，应当由两人以上共同清点，编制销毁清册，报经市税务机关批准，指派专人到县税务机关复核并监督销毁；其他各种税收票证、账簿和税收票证资料需要销毁的，由税收票证主管人员清点并编制销毁清册，报经县或市税务机关批准，由两人以上监督销毁；税收票证专用章戳需要销毁的，由刻制税收票证专用章戳的税务机关销毁。

第五十二条　税务机关应当定期对本级及下级税务机关、税收票证印制企业、扣缴义务人、代征代售人、自行填开税收票证的纳税人税收票证及税收票证专用章戳管理工作进行检查。

第五十三条　税务机关工作人员违反本办法的，应当根据情节轻重，给予批评教育、责令做出检查、诫勉谈话或调整工作岗位处理；构成违纪的，依照《中华人民共和国公务员法》、《行政机关公务员处分条例》等法律法规给予处分；涉嫌犯罪的，移送司法机关。

第五十四条　扣缴义务人未按照本办法及有关规定保管、报送代扣代缴、代收代缴税收票证及有关资料的，按照《中华人民共和国税收征收管理法》及相关规定进行处理。

扣缴义务人未按照本办法开具税收票证的，可以根据情节轻重，处以一千元以下的罚款。

第五十五条　税务机关与代征代售人、税收票证印制企业签订代征代售合同、税收票证印制合同时，应当就违反本办法及相关规定的责任进行约定，并按约定及其他有关规定追究责任；涉嫌犯罪的，移送司法机关。

第五十六条　自行填开税收票证的纳税人违反本办法及相关规定的，税务机关应当停止其税收票证的领用和自行填开，并限期缴销全部税收票证；情节严重的，可以处以一千元以下的罚款。

第五十七条　非法印制、转借、倒卖、变造或者伪造税收票证的，依照《中华人民共和国税收征收管理法实施细则》的规定进行处理；伪造、变造、买卖、盗窃、抢夺、毁灭税收票证专用章戳的，移送司法机关。

第六章　附　则

第五十八条　各级政府部门委托税务机关征收的各种基金、费可以使用税收票证。

第五十九条　本办法第六条、第七条、第二十五条、第三十六条、第三十七条、第四十六条所称税收票证，不包括印花税票。

第六十条　本办法所称银行，是指经收预算收入的银行、信用社。

第六十一条　各省税务机关应当根据本办法制定具体规定，并报国家税务总局备案。

第六十二条　本办法自2014年1月1日起施行。1998年3月10日国家税务总局发布的《税收票证管理办法》（国税发〔1998〕32号）同时废止。

税务登记管理办法

- 2003年12月17日国家税务总局令第7号公布
- 根据2014年12月27日《国家税务总局关于修改〈税务登记管理办法〉的决定》第一次修正
- 根据2018年6月15日《国家税务总局关于修改部分税务部门规章的决定》第二次修正
- 根据2019年7月24日《国家税务总局关于公布取消一批税务证明事项以及废止和修改部分规章规范性文件的决定》第三次修正

第一章 总 则

第一条 为了规范税务登记管理,加强税源监控,根据《中华人民共和国税收征收管理法》(以下简称《税收征管法》)以及《中华人民共和国税收征收管理法实施细则》(以下简称《实施细则》)的规定,制定本办法。

第二条 企业,企业在外地设立的分支机构和从事生产、经营的场所,个体工商户和从事生产、经营的事业单位,均应当按照《税收征管法》及《实施细则》和本办法的规定办理税务登记。

前款规定以外的纳税人,除国家机关、个人和无固定生产、经营场所的流动性农村小商贩外,也应当按照《税收征管法》及《实施细则》和本办法的规定办理税务登记。

根据税收法律、行政法规的规定负有扣缴税款义务的扣缴义务人(国家机关除外),应当按照《税收征管法》及《实施细则》和本办法的规定办理扣缴税款登记。

第三条 县以上(含本级,下同)税务局(分局)是税务登记的主管税务机关,负责税务登记的设立登记、变更登记、注销登记和税务登记证验证、换证以及非正常户处理、报验登记等有关事项。

第四条 税务登记证件包括税务登记证及其副本、临时税务登记证及其副本。

扣缴税款登记证件包括扣缴税款登记证及其副本。

第五条 县以上税务局(分局)按照国务院规定的税收征收管理范围,实施属地管理。有条件的城市,可以按照"各区分散受理、全市集中处理"的原则办理税务登记。

第六条 税务局(分局)执行统一纳税人识别号。纳税人识别号由省、自治区、直辖市和计划单列市税务局按照纳税人识别号代码行业标准联合编制,统一下发各地执行。

已领取组织机构代码的纳税人,其纳税人识别号共15位,由纳税人登记所在地6位行政区划码+9位组织机构代码组成。以业主身份证件为有效身份证明的组织,即未取得组织机构代码证书的个体工商户以及持回乡证、通行证、护照办理税务登记的纳税人,其纳税人识别号由身份证件号码+2位顺序码组成。

纳税人识别号具有唯一性。

第七条 纳税人办理下列事项时,必须提供税务登记证件:

(一)开立银行账户;

(二)领购发票。

纳税人办理其他税务事项时,应当出示税务登记证件,经税务机关核准相关信息后办理手续。

第二章 设立登记

第八条 企业,企业在外地设立的分支机构和从事生产、经营的场所,个体工商户和从事生产、经营的事业单位(以下统称从事生产、经营的纳税人),向生产、经营所在地税务机关申报办理税务登记:

(一)从事生产、经营的纳税人领取工商营业执照的,应当自领取工商营业执照之日起30日内申报办理税务登记,税务机关发放税务登记证及副本;

(二)从事生产、经营的纳税人未办理工商营业执照但经有关部门批准设立的,应当自有关部门批准设立之日起30日内申报办理税务登记,税务机关发放税务登记证及副本;

(三)从事生产、经营的纳税人未办理工商营业执照也未经有关部门批准设立的,应当自纳税义务发生之日起30日内申报办理税务登记,税务机关发放临时税务登记证及副本;

(四)有独立的生产经营权、在财务上独立核算并定期向发包人或者出租人上交承包费或租金的承包承租人,应当自承包承租合同签订之日起30日内,向其承包承租业务发生地税务机关申报办理税务登记,税务机关发放临时税务登记证及副本;

(五)境外企业在中国境内承包建筑、安装、装配、勘探工程和提供劳务的,应当自项目合同或协议签订之日起30日内,向项目所在地税务机关申报办理税务登记,税务机关发放临时税务登记证及副本。

第九条 本办法第八条规定以外的其他纳税人,除国家机关、个人和无固定生产、经营场所的流动性农村小商贩外,均应当自纳税义务发生之日起30日内,向纳税义务发生地税务机关申报办理税务登记,税务机关发放税务登记证及副本。

第十条 税务机关对纳税人税务登记地点发生争议的,由其共同的上级税务机关指定管辖。

第十一条 纳税人在申报办理税务登记时,应当根据不同情况向税务机关如实提供以下证件和资料：

（一）工商营业执照或其他核准执业证件；

（二）有关合同、章程、协议书；

（三）组织机构统一代码证书；

（四）法定代表人或负责人或业主的居民身份证、护照或者其他合法证件。

其他需要提供的有关证件、资料，由省、自治区、直辖市税务机关确定。

第十二条 纳税人在申报办理税务登记时，应当如实填写税务登记表。

税务登记表的主要内容包括：

（一）单位名称、法定代表人或者业主姓名及其居民身份证、护照或者其他合法证件的号码；

（二）住所、经营地点；

（三）登记类型；

（四）核算方式；

（五）生产经营方式；

（六）生产经营范围；

（七）注册资金（资本）、投资总额；

（八）生产经营期限；

（九）财务负责人、联系电话；

（十）国家税务总局确定的其他有关事项。

第十三条 纳税人提交的证件和资料齐全且税务登记表的填写内容符合规定的，税务机关应当日办理并发放税务登记证件。纳税人提交的证件和资料不齐全或税务登记表的填写内容不符合规定的，税务机关应当场通知其补正或重新填报。

第十四条 税务登记证件的主要内容包括：纳税人名称、税务登记代码、法定代表人或负责人、生产经营地址、登记类型、核算方式、生产经营范围（主营、兼营）、发证日期、证件有效期等。

第十五条 已办理税务登记的扣缴义务人应当自扣缴义务发生之日起30日内，向税务登记地税务机关申报办理扣缴税款登记。税务机关在其税务登记证件上登记扣缴税款事项，税务机关不再发放扣缴税款登记证件。

根据税收法律、行政法规的规定可不办理税务登记的扣缴义务人，应当自扣缴义务发生之日起30日内，向机构所在地税务机关申报办理扣缴税款登记。税务机关发放扣缴税款登记证件。

第三章　变更登记

第十六条 纳税人税务登记内容发生变化的，应当向原税务登记机关申报办理变更税务登记。

第十七条 纳税人已在工商行政管理机关办理变更登记的，应当自工商行政管理机关变更登记之日起30日内，向原税务登记机关如实提供下列证件、资料，申报办理变更税务登记：

（一）工商登记变更表；

（二）纳税人变更登记内容的有关证明文件；

（三）税务机关发放的原税务登记证件（登记证正、副本和登记表等）；

（四）其他有关资料。

第十八条 纳税人按照规定不需要在工商行政管理机关办理变更登记，或其变更登记的内容与工商登记内容无关的，应当自税务登记内容实际发生变化之日起30日内，或者自有关机关批准或者宣布变更之日起30日内，持下列证件到原税务登记机关申报办理变更税务登记：

（一）纳税人变更登记内容的有关证明文件；

（二）税务机关发放的原税务登记证件（登记证正、副本和税务登记表等）；

（三）其他有关资料。

第十九条 纳税人提交的有关变更登记的证件、资料齐全的，应如实填写税务登记变更表，符合规定的，税务机关应当日办理；不符合规定的，税务机关应通知其补正。

第二十条 税务机关应当于受理当日办理变更税务登记。纳税人税务登记表和税务登记证中的内容都发生变更的，税务机关按变更后的内容重新发放税务登记证件；纳税人税务登记表的内容发生变更而税务登记证中的内容未发生变更的，税务机关不重新发放税务登记证件。

第四章　停业、复业登记

第二十一条 实行定期定额征收方式的个体工商户需要停业的，应当在停业前向税务机关申报办理停业登记。纳税人的停业期限不得超过一年。

第二十二条 纳税人在申报办理停业登记时，应如实填写停业复业报告书，说明停业理由、停业期限、停业前的纳税情况和发票的领、用、存情况，并结清应纳税款、滞纳金、罚款。税务机关应收存其税务登记证件及副本、发票领购簿、未使用完的发票和其他税费证件。

第二十三条 纳税人在停业期间发生纳税义务的，应当按照税收法律、行政法规的规定申报缴纳税款。

第二十四条 纳税人应当于恢复生产经营之前，向税务机关申报办理复业登记，如实填写《停业复业报告书》，领回并启用税务登记证件、发票领购簿及其停业前领购的发票。

第二十五条　纳税人停业期满不能及时恢复生产经营的，应当在停业期满前到税务机关办理延长停业登记，并如实填写《停业复业报告书》。

第五章　注销登记

第二十六条　纳税人发生解散、破产、撤销以及其他情形，依法终止纳税义务的，应当在向工商行政管理机关或者其他机关办理注销登记前，持有关证件和资料向原税务登记机关申报办理注销税务登记；按规定不需要在工商行政管理机关或者其他机关办理注册登记的，应当自有关机关批准或者宣告终止之日起 15 日内，持有关证件和资料向原税务登记机关申报办理注销税务登记。

纳税人被工商行政管理机关吊销营业执照或者被其他机关予以撤销登记的，应当自营业执照被吊销或者被撤销登记之日起 15 日内，向原税务登记机关申报办理注销税务登记。

第二十七条　纳税人因住所、经营地点变动，涉及改变税务登记机关的，应当在向工商行政管理机关或者其他机关申请办理变更、注销登记前，或者住所、经营地点变动前，持有关证件和资料，向原税务登记机关申报办理注销税务登记，并自注销税务登记之日起 30 日内向迁达地税务机关申报办理税务登记。

第二十八条　境外企业在中国境内承包建筑、安装、装配、勘探工程和提供劳务的，应当在项目完工、离开中国前 15 日内，持有关证件和资料，向原税务登记机关申报办理注销税务登记。

第二十九条　纳税人办理注销税务登记前，应当向税务机关提交相关证明文件和资料，结清应纳税款、多退（免）税款、滞纳金和罚款，缴销发票、税务登记证件和其他税务证件，经税务机关核准后，办理注销税务登记手续。

第六章　外出经营报验登记

第三十条　纳税人到外县（市）临时从事生产经营活动的，应当在外出生产经营以前，持税务登记证到主管税务机关开具《外出经营活动税收管理证明》（以下简称《外管证》）。

第三十一条　税务机关按照一地一证的原则，发放《外管证》，《外管证》的有效期限一般为 30 日，最长不得超过 180 天。

第三十二条　纳税人应当在《外管证》注明地进行生产经营前向当地税务机关报验登记，并提交下列证件、资料：

（一）税务登记证件副本；

（二）《外管证》。

纳税人在《外管证》注明地销售货物的，除提交以上证件、资料外，应如实填写《外出经营货物报验单》，申报查验货物。

第三十三条　纳税人外出经营活动结束，应当向经营地税务机关填报《外出经营活动情况申报表》，并结清税款、缴销发票。

第三十四条　纳税人应当在《外管证》有效期届满后 10 日内，持《外管证》回原税务登记地税务机关办理《外管证》缴销手续。

第七章　证照管理

第三十五条　税务机关应当加强税务登记证件的管理，采取实地调查、上门验证等方法进行税务登记证件的管理。

第三十六条　税务登记证式样改变，需统一换发税务登记证的，由国家税务总局确定。

第三十七条　纳税人、扣缴义务人遗失税务登记证件的，应当自遗失税务登记证件之日起 15 日内，书面报告主管税务机关，如实填写《税务登记证件遗失报告表》，并将纳税人的名称、税务登记证件名称、税务登记证件号码、税务登记证件有效期、发证机关名称在税务机关认可的报刊上作遗失声明，凭报刊上刊登的遗失声明到主管税务机关补办税务登记证件。

第八章　非正常户处理

第三十八条　已办税务登记的纳税人未按照规定的期限申报纳税，在税务机关责令其限期改正后，逾期不改正的，税务机关应当派员实地检查，查无下落并且无法强制其履行纳税义务的，由检查人员制作非正常户认定书，存入纳税人档案，税务机关暂停其税务登记证件、发票领购簿和发票的使用。

第三十九条　纳税人被列入非正常户超过三个月的，税务机关可以宣布其税务登记证件失效，其应纳税款的追征仍按《税收征管法》及其《实施细则》的规定执行。

第九章　法律责任

第四十条　纳税人不办理税务登记的，税务机关应当自发现之日起 3 日内责令其限期改正；逾期不改正的，依照《税收征管法》第六十条第一款的规定处罚。

第四十一条　纳税人通过提供虚假的证明资料等手

段,骗取税务登记证的,处2000元以下的罚款;情节严重的,处2000元以上10000元以下的罚款。纳税人涉嫌其他违法行为的,按有关法律、行政法规的规定处理。

第四十二条 扣缴义务人未按照规定办理扣缴税款登记的,税务机关应当自发现之日起3日内责令其限期改正,并可处以1000元以下的罚款。

第四十三条 纳税人、扣缴义务人违反本办法规定,拒不接受税务机关处理的,税务机关可以收缴其发票或者停止向其发售发票。

第四十四条 税务人员徇私舞弊或者玩忽职守,违反本办法规定为纳税人办理税务登记相关手续,或者滥用职权,故意刁难纳税人、扣缴义务人的,调离工作岗位,并依法给予行政处分。

第十章 附 则

第四十五条 本办法涉及的标识、戳记和文书式样,由国家税务总局确定。

第四十六条 本办法由国家税务总局负责解释。各省、自治区、直辖市和计划单列市税务局可根据本办法制定具体的实施办法。

第四十七条 本办法自2004年2月1日起施行。

纳税担保试行办法

· 2005年5月24日国家税务总局令第11号公布
· 自2005年7月1日起施行

第一章 总 则

第一条 为规范纳税担保行为,保障国家税收收入,保护纳税人和其他当事人的合法权益,根据《中华人民共和国税收征收管理法》(以下简称《税收征管法》)及其实施细则和其他法律、法规的规定,制定本办法。

第二条 本办法所称纳税担保,是指经税务机关同意或确认,纳税人或其他自然人、法人、经济组织以保证、抵押、质押的方式,为纳税人应当缴纳的税款及滞纳金提供担保的行为。

纳税担保人包括以保证方式为纳税人提供纳税担保的纳税保证人和其他以未设置或者未全部设置担保物权的财产为纳税人提供纳税担保的第三人。

第三条 纳税人有下列情况之一的,适用纳税担保:

(一)税务机关有根据认为从事生产、经营的纳税人有逃避纳税义务行为,在规定的纳税期之前经责令其限期缴纳应纳税款,在限期内发现纳税人有明显的转移、隐匿其应纳税的商品、货物以及其他财产或者应纳税收入的迹象,责成纳税人提供纳税担保的;

(二)欠缴税款、滞纳金的纳税人或者其法定代表人需要出境的;

(三)纳税人同税务机关在纳税上发生争议而未缴清税款,需要申请行政复议的;

(四)税收法律、行政法规规定可以提供纳税担保的其他情形。

第四条 扣缴义务人按照《税收征管法》第八十八条规定需要提供纳税担保的,适用本办法的规定。

纳税担保人按照《税收征管法》第八十八条规定需要提供纳税担保的,应当按照本办法规定的抵押、质押方式,以其财产提供纳税担保;纳税担保人已经以其财产为纳税人向税务机关提供担保的,不再需要提供新的担保。

第五条 纳税担保范围包括税款、滞纳金和实现税款、滞纳金的费用。费用包括抵押、质押登记费用,质押保管费用,以及保管、拍卖、变卖担保财产等相关费用支出。

用于纳税担保的财产、权利的价值不得低于应当缴纳的税款、滞纳金,并考虑相关的费用。纳税担保的财产价值不足以抵缴税款、滞纳金的,税务机关应当向提供担保的纳税人或纳税担保人继续追缴。

第六条 用于纳税担保的财产、权利的价格估算,除法律、行政法规另有规定外,由税务机关按照税收征管法实施细则第六十四条规定的方式,参照同类商品的市场价、出厂价、或者评估价估算。

第二章 纳税保证

第七条 纳税保证,是指纳税保证人向税务机关保证,当纳税人未按照税收法律、行政法规规定或者税务机关确定的期限缴清税款、滞纳金时,由纳税保证人按照约定履行缴纳税款及滞纳金的行为。税务机关认可的,保证成立;税务机关不认可的,保证不成立。

本办法所称纳税保证为连带责任保证,纳税人和纳税保证人对所担保的税款及滞纳金承担连带责任。当纳税人在税收法律、行政法规或税务机关确定的期限届满未缴清税款及滞纳金的,税务机关即可要求纳税保证人在其担保范围内承担保证责任,缴纳担保的税款及滞纳金。

第八条 纳税保证人,是指在中国境内具有纳税担保能力的自然人、法人或者其他经济组织。法人或其他经济组织财务报表资产净值超过需要担保的税额及滞纳金2倍以上的,自然人、法人或其他经济组织所拥有或者依法可以处分的未设置担保的财产的价值超过需要担的税额及滞纳金的,为具有纳税担保能力。

第九条 国家机关、学校、幼儿园、医院等事业单位、社会团体不得作为纳税保证人。

企业法人的职能部门不得为纳税保证人。企业法人的分支机构有法人书面授权的,可以在授权范围内提供纳税担保。

有以下情形之一的,不得作为纳税保证人:

(一)有偷税、抗税、骗税、逃避追缴欠税行为被税务机关、司法机关追究过法律责任未满2年的;

(二)因有税收违法行为正在被税务机关立案处理或涉嫌刑事犯罪被司法机关立案侦查的;

(三)纳税信誉等级被评为C级以下的;

(四)在主管税务机关所在地的市(地、州)没有住所的自然人或税务登记不在本市(地、州)的企业;

(五)无民事行为能力或限制民事行为能力的自然人;

(六)与纳税人存在担保关联关系的;

(七)有欠税行为的。

第十条 纳税保证人同意为纳税人提供纳税担保的,应当填写纳税担保书。纳税担保书应当包括以下内容:

(一)纳税人应缴纳的税款及滞纳金数额、所属期间、税种、税目名称;

(二)纳税人应当履行缴纳税款及滞纳金的期限;

(三)保证担保范围及担保责任;

(四)保证期间和履行保证责任的期限;

(五)保证人的存款账号或者开户银行及其账号;

(六)税务机关认为需要说明的其他事项。

第十一条 纳税担保书须经纳税人、纳税保证人签字盖章并经税务机关签字盖章同意方为有效。

纳税担保从税务机关在纳税担保书签字盖章之日起生效。

第十二条 保证期间为纳税人应缴纳税款期限届满之日起60日,即税务机关自纳税人应缴纳税款的期限届满之日起60日内有权要求纳税保证人承担保证责任,缴纳税款、滞纳金。

履行保证责任的期限为15日,即纳税保证人应当自收到税务机关的纳税通知书之日起15日内履行保证责任,缴纳税款及滞纳金。

纳税保证期间内税务机关未通知纳税保证人缴纳税款及滞纳金以承担担保责任的,纳税保证人免除担保责任。

第十三条 纳税人在规定的期限届满未缴清税款及滞纳金,税务机关在保证期限内书面通知纳税保证人的,纳税保证人应按照纳税担保书约定的范围,自收到纳税通知书之日起15日内缴纳税款及滞纳金,履行担保责任。

纳税保证人未按照规定的履行保证责任的期限缴纳税款及滞纳金的,由税务机关发出责令限期缴纳通知书,责令纳税保证人在限期15日内缴纳;逾期仍未缴纳的,经县以上税务局(分局)局长批准,对纳税保证人采取强制执行措施,通知其开户银行或其他金融机构从其存款中扣缴所担保的纳税人应缴纳的税款、滞纳金,或扣押、查封、拍卖、变卖其价值相当于所担保的纳税人应缴纳的税款、滞纳金的商品、货物或者其他财产,以拍卖、变卖所得抵缴担保的税款、滞纳金。

第三章 纳税抵押

第十四条 纳税抵押,是指纳税人或纳税担保人不转移对本办法第十五条所列财产的占有,将该财产作为税款及滞纳金的担保。纳税人逾期未缴清税款及滞纳金的,税务机关有权依法处置该财产以抵缴税款及滞纳金。

前款规定的纳税人或者纳税担保人为抵押人,税务机关为抵押权人,提供担保的财产为抵押物。

第十五条 下列财产可以抵押:

(一)抵押人所有的房屋和其他地上定着物;

(二)抵押人所有的机器、交通运输工具和其他财产;

(三)抵押人依法有权处分的国有的房屋和其他地上定着物;

(四)抵押人依法有权处分的国有的机器、交通运输工具和其他财产;

(五)经设区的市、自治州以上税务机关确认的其他可以抵押的合法财产。

第十六条 以依法取得的国有土地上的房屋抵押的,该房屋占用范围内的国有土地使用权同时抵押。

以乡(镇)、村企业的厂房等建筑物抵押的,其占用范围内的土地使用权同时抵押。

第十七条 下列财产不得抵押:

(一)土地所有权;

(二)土地使用权,但本办法第十六条规定的除外;

(三)学校、幼儿园、医院等以公益为目的的事业单位、社会团体、民办非企业单位的教育设施、医疗卫生设施和其他社会公益设施;

(四)所有权、使用权不明或者有争议的财产;

（五）依法被查封、扣押、监管的财产；
（六）依法定程序确认为违法、违章的建筑物；
（七）法律、行政法规规定禁止流通的财产或者不可转让的财产；
（八）经设区的市、自治州以上税务机关确认的其他不予抵押的财产。

第十八条 学校、幼儿园、医院等以公益为目的的事业单位、社会团体，可以其教育设施、医疗卫生设施和其他社会公益设施以外的财产为其应缴纳的税款及滞纳金提供抵押。

第十九条 纳税人提供抵押担保的，应当填写纳税担保书和纳税担保财产清单。纳税担保书应当包括以下内容：
（一）担保的纳税人应缴纳的税款及滞纳金数额、所属期间、税种名称、税目；
（二）纳税人履行应缴纳税款及滞纳金的期限；
（三）抵押物的名称、数量、质量、状况、所在地、所有权权属或者使用权权属；
（四）抵押担保的范围及担保责任；
（五）税务机关认为需要说明的其他事项。

纳税担保财产清单应当写明财产价值以及相关事项。纳税担保书和纳税担保财产清单须经纳税人签字盖章并经税务机关确认。

第二十条 纳税抵押财产应当办理抵押物登记。纳税抵押自抵押物登记之日起生效。纳税人应向税务机关提供由以下部门出具的抵押登记的证明及其复印件（以下简称证明材料）：
（一）以城市房地产或者乡（镇）、村企业的厂房等建筑物抵押的，提供县级以上地方人民政府规定部门出具的证明材料；
（二）以船舶、车辆抵押的，提供运输工具的登记部门出具的证明材料；
（三）以企业的设备和其他动产抵押的，提供财产所在地的工商行政管理部门出具的证明材料或者纳税人所在地的公证部门出具的证明材料。

第二十一条 抵押期间，经税务机关同意，纳税人可以转让已办理登记的抵押物，并告知受让人转让物已经抵押的情况。

纳税人转让抵押物所得的价款，应当向税务机关提前缴纳所担保的税款、滞纳金。超过部分，归纳税人所有，不足部分由纳税人缴纳或提供相应的担保。

第二十二条 在抵押物灭失、毁损或者被征用的情况下，税务机关应该就该抵押物的保险金、赔偿金或者补偿金要求优先受偿，抵缴税款、滞纳金。

抵押物灭失、毁损或者被征用的情况下，抵押权所担保的纳税义务履行期未满的，税务机关可以要求将保险金、赔偿金或补偿金等作为担保财产。

第二十三条 纳税人在规定的期限内未缴清税款、滞纳金的，税务机关应当依法拍卖、变卖抵押物，变价抵缴税款、滞纳金。

第二十四条 纳税担保人以其财产为纳税人提供纳税抵押担保的，按照纳税人提供抵押担保的规定执行；纳税担保书和纳税担保财产清单须经纳税人、纳税担保人签字盖章并经税务机关确认。

纳税人在规定的期限届满未缴清税款、滞纳金的，税务机关应当在期限届满之日起15日内书面通知纳税担保人自收到纳税通知书之日起15日内缴纳担保的税款、滞纳金。

纳税担保人未按照前款规定的期限缴纳所担保的税款、滞纳金的，由税务机关责令限期在15日内缴纳；逾期仍未缴纳的，经县以上税务局（分局）局长批准，税务机关依法拍卖、变卖抵押物，抵缴税款、滞纳金。

第四章 纳税质押

第二十五条 纳税质押，是指经税务机关同意，纳税人或纳税担保人将其动产或权利凭证移交税务机关占有，将该动产或权利凭证作为税款及滞纳金的担保。纳税人逾期未缴清税款及滞纳金的，税务机关有权依法处置该动产或权利凭证以抵缴税款及滞纳金。纳税质押分为动产质押和权利质押。

动产质押包括现金以及其他除不动产以外的财产提供的质押。

汇票、支票、本票、债券、存款单等权利凭证可以质押。

对于实际价值波动很大的动产或权利凭证，经设区的市、自治州以上税务机关确认，税务机关可以不接受其作为纳税质押。

第二十六条 纳税人提供质押担保的，应当填写纳税担保书和纳税担保财产清单并签字盖章。纳税担保书应当包括以下内容：
（一）担保的税款及滞纳金数额、所属期间、税种名称、税目；
（二）纳税人履行应缴纳税款、滞纳金的期限；
（三）质物的名称、数量、质量、价值、状况、移交前所在地、所有权权属或者使用权权属；

(四)质押担保的范围及担保责任;
(五)纳税担保财产价值;
(六)税务机关认为需要说明的其他事项。
纳税担保财产清单应当写明财产价值及相关事项。
纳税质押自纳税担保书和纳税担保财产清单经税务机关确认和质物移交之日起生效。

第二十七条 以汇票、支票、本票、公司债券出质的,税务机关应当与纳税人背书清单记载"质押"字样。以存款单出质的,应由签发的金融机构核押。

第二十八条 以载明兑现或者提货日期的汇票、支票、本票、债券、存款单出质的,汇票、支票、本票、债券、存款单兑现日期先于纳税义务履行期或者担保期的,税务机关与纳税人约定将兑现的价款用于缴纳或者抵缴所担保的税款及滞纳金。

第二十九条 纳税人在规定的期限内缴清税款及滞纳金的,税务机关应当自纳税人缴清税款及滞纳金之日起3个工作日内返还质物,解除质押关系。

纳税人在规定的期限内未缴清税款、滞纳金的,税务机关应当依法拍卖、变卖质物,抵缴税款、滞纳金。

第三十条 纳税担保人以其动产或财产权利为纳税人提供纳税质押担保的,按照纳税人提供质押担保的规定执行;纳税担保书和纳税担保财产清单须经纳税人、纳税担保人签字盖章并经税务机关确认。

纳税人在规定的期限内缴清税款、滞纳金的,税务机关应当在3个工作日内将质物返还给纳税担保人,解除质押关系。

纳税人在规定的期限内未缴清税款、滞纳金的,税务机关应当在期限届满之日15日内书面通知纳税担保人自收到纳税通知书之日起15日内缴纳担保的税款、滞纳金。

纳税担保人未按照前款规定的期限缴纳所担保的税款、滞纳金,由税务机关责令限期在15日内缴纳;缴清税款、滞纳金的,税务机关自纳税担保人缴清税款及滞纳金之日起3个工作日内返还质物、解除质押关系;逾期仍未缴纳的,经县以上税务局(分局)局长批准,税务机关依法拍卖、变卖质物,抵缴税款、滞纳金。

第五章 法律责任

第三十一条 纳税人、纳税担保人采取欺骗、隐瞒等手段提供担保的,由税务机关处以1000元以下的罚款;属于经营行为的,处以10000元以下的罚款。

非法为纳税人、纳税担保人实施虚假纳税担保提供方便的,由税务机关处以1000元以下的罚款。

第三十二条 纳税人采取欺骗、隐瞒等手段提供担保,造成应缴税款损失的,由税务机关按照《税收征管法》第六十八条规定处以未缴、少缴税款50%以上5倍以下的罚款。

第三十三条 税务机关负有妥善保管质物的义务。因保管不善致使质物灭失或者毁损,或未经纳税人同意擅自使用、出租、处分质物而给纳税人造成损失的,税务机关应当对直接损失承担赔偿责任。

纳税义务期限届满或担保期间,纳税人或者纳税担保人请求税务机关及时行使权利,而税务机关怠于行使权利致使质物价格下跌造成损失的,税务机关应当对直接损失承担赔偿责任。

第三十四条 税务机关工作人员有下列情形之一的,根据情节轻重给予行政处分:
(一)违反本办法规定,对符合担保条件的纳税担保,不予同意或故意刁难的;
(二)违反本办法规定,对不符合担保条件的纳税担保,予以批准,致使国家税款及滞纳金遭受损失的;
(三)私分、挪用、占用、擅自处分担保财物的;
(四)其他违法情形。

第六章 附 则

第三十五条 纳税担保文书由国家税务总局统一制定。

第三十六条 本办法自2005年7月1日起施行。

附件:(略)

国家税务总局关于进一步明确营改增有关征管问题的公告[①]

· 2017年4月20日国家税务总局公告2017年第11号公布
· 根据2018年6月15日《国家税务总局关于修改部分税收规范性文件的公告》修正

为进一步明确营改增试点运行中反映的有关征管问题,现将有关事项公告如下:

---

① 本公告第四条已被《国家税务总局关于明确中外合作办学等若干增值税征管问题的公告》废止。第九条已被《国家税务总局关于扩大小规模纳税人自行开具增值税专用发票试点范围等事项的公告》废止。第十条已被《国家税务总局关于取消增值税扣税凭证认证确认期限等增值税征管问题的公告》废止。

一、纳税人销售活动板房、机器设备、钢结构件等自产货物的同时提供建筑、安装服务，不属于《营业税改征增值税试点实施办法》（财税〔2016〕36号文件印发）第四十条规定的混合销售，应分别核算货物和建筑服务的销售额，分别适用不同的税率或者征收率。

二、建筑企业与发包方签订建筑合同后，以内部授权或者三方协议等方式，授权集团内其他纳税人（以下称"第三方"）为发包方提供建筑服务，并由第三方直接与发包方结算工程款的，由第三方缴纳增值税并向发包方开具增值税发票，与发包方签订建筑合同的建筑企业不缴纳增值税。发包方可凭实际提供建筑服务的纳税人开具的增值税专用发票抵扣进项税额。

三、纳税人在同一地级行政区范围内跨县（市、区）提供建筑服务，不适用《纳税人跨县（市、区）提供建筑服务增值税征收管理暂行办法》（国家税务总局公告2016年第17号印发）。

四、一般纳税人销售电梯的同时提供安装服务，其安装服务可以按照甲供工程选择适用简易计税方法计税。

纳税人对安装运行后的电梯提供的维护保养服务，按照"其他现代服务"缴纳增值税。

五、纳税人提供植物养护服务，按照"其他生活服务"缴纳增值税。

六、发卡机构、清算机构和收单机构提供银行卡跨机构资金清算服务，按照以下规定执行：

（一）发卡机构以其向收单机构收取的发卡行服务费为销售额，并按照此销售额向清算机构开具增值税发票。

（二）清算机构以其向发卡机构、收单机构收取的网络服务费为销售额，并按照发卡机构支付的网络服务费向发卡机构开具增值税发票，按照收单机构支付的网络服务费向收单机构开具增值税发票。

清算机构从发卡机构取得的增值税发票上记载的发卡行服务费，一并计入清算机构的销售额，并由清算机构按照此销售额向收单机构开具增值税发票。

（三）收单机构以其向商户收取的收单服务费为销售额，并按照此销售额向商户开具增值税发票。

七、纳税人2016年5月1日前发生的营业税涉税业务，需要补开发票的，可于2017年12月31日前开具增值税普通发票（税务总局另有规定的除外）。

八、实行实名办税的地区，已由税务机关现场采集法定代表人（业主、负责人）实名信息的纳税人，申请增值税专用发票最高开票限额不超过十万元的，主管税务机关应自受理申请之日起2个工作日内办结，有条件的主管税务机关即时办结。即时办结的，直接出具和送达《准予税务行政许可决定书》，不再出具《税务行政许可受理通知书》。

九、自2017年6月1日起，将建筑业纳入增值税小规模纳税人自行开具增值税专用发票试点范围。月销售额超过3万元（或季销售额超过9万元）的建筑业增值税小规模纳税人（以下称"自开发票试点纳税人"）提供建筑服务、销售货物或发生其他增值税应税行为，需要开具增值税专用发票的，通过增值税发票管理新系统自行开具。

自开发票试点纳税人销售其取得的不动产，需要开具增值税专用发票的，仍须向税务机关申请代开。

自开发票试点纳税人所开具的增值税专用发票应缴纳的税款，应在规定的纳税申报期内，向主管税务机关申报纳税。在填写增值税纳税申报表时，应将当期开具增值税专用发票的销售额，按照3%和5%的征收率，分别填写在《增值税纳税申报表》（小规模纳税人适用）第2栏和第5栏"税务机关代开的增值税专用发票不含税销售额"的"本期数"相应栏次中。

十、自2017年7月1日起，增值税一般纳税人取得的2017年7月1日及以后开具的增值税专用发票和机动车销售统一发票，应自开具之日起360日内认证或登录增值税发票选择确认平台进行确认，并在规定的纳税申报期内，向主管税务机关申报抵扣进项税额。

增值税一般纳税人取得的2017年7月1日及以后开具的海关进口增值税专用缴款书，应自开具之日起360日内向主管税务机关报送《海关完税凭证抵扣清单》，申请稽核比对。

纳税人取得的2017年6月30日前开具的增值税扣税凭证，仍按《国家税务总局关于调整增值税扣税凭证抵扣期限有关问题的通知》（国税函〔2009〕617号）执行。

除本公告第九条和第十条以外，其他条款自2017年5月1日起施行。此前已发生未处理的事项，按照本公告规定执行。

特此公告。

财政部、国家税务总局关于营改增后契税、房产税、土地增值税、个人所得税计税依据问题的通知

· 2016年4月25日
· 财税〔2016〕43号

各省、自治区、直辖市、计划单列市财政厅（局）、地方税务局，西藏、宁夏、青海省（自治区）国家税务局，新疆生

产建设兵团财务局：

经研究，现将营业税改征增值税后契税、房产税、土地增值税、个人所得税计税依据有关问题明确如下：

一、计征契税的成交价格不含增值税。

二、房产出租的，计征房产税的租金收入不含增值税。

三、土地增值税纳税人转让房地产取得的收入为不含增值税收入。

《中华人民共和国土地增值税暂行条例》等规定的土地增值税扣除项目涉及的增值税进项税额，允许在销项税额中计算抵扣的，不计入扣除项目，不允许在销项税额中计算抵扣的，可以计入扣除项目。

四、个人转让房屋的个人所得税应税收入不含增值税，其取得房屋时所支付价款中包含的增值税计入财产原值，计算转让所得时可扣除的税费不包括本次转让缴纳的增值税。

个人出租房屋的个人所得税应税收入不含增值税，计算房屋出租所得可扣除的税费不包括本次出租缴纳的增值税。个人转租房屋的，其向房屋出租方支付的租金及增值税额，在计算转租所得时予以扣除。

五、免征增值税的，确定计税依据时，成交价格、租金收入、转让房地产取得的收入不扣减增值税额。

六、在计征上述税种时，税务机关核定的计税价格或收入不含增值税。

本通知自2016年5月1日起执行。

国家税务总局办公厅关于税费征收过程中人民币现金收付有关事项的通知

· 2021年1月26日
· 税总办函〔2021〕7号

国家税务总局各省、自治区、直辖市和计划单列市税务局，国家税务总局驻各地特派员办事处，局内各单位：

为保障纳税人、缴费人使用现金的权益，现就税费征收过程中人民币现金收付有关事项通知如下：

一、线下办税缴费服务场所(含办税服务厅、代办机构等)应设置人工现金收付通道，提供收取现金、找零服务。

二、委托代征代收税费的，税务部门应当通过书面形式，明确要求受托方设置人工现金收付通道。

三、各地税务机关在大力推进"非接触式"办税的同时，应当充分考虑不使用智能设备纳税人、缴费人的需要以及可能出现的突发情况，满足纳税人、缴费人以现金方式纳税缴费需求。

四、各地税务机关社保(非税)、收入规划核算、纳税服务、征管科技等部门要加强协调、密切配合，确保人民币现金收付渠道畅通，保证现金税费收取后严格按照规范流程和时限办理缴库。

国家税务总局关于优化纳税人延期缴纳税款等税务事项管理方式的公告

· 2022年9月28日
· 国家税务总局公告2022年第20号

为落实《国务院办公厅关于全面实行行政许可事项清单管理的通知》(国办发〔2022〕2号)要求，进一步优化税收营商环境，深入开展"我为纳税人缴费人办实事暨便民办税春风行动"，根据《国家税务总局关于全面实行税务行政许可事项清单管理的公告》(2022年第19号)，税务总局决定进一步简化优化"对纳税人延期缴纳税款的核准""对纳税人延期申报的核准""对纳税人变更纳税定额的核准""对采取实际利润额预缴以外的其他企业所得税预缴方式的核定""确定发票印制企业"5个事项的办理程序。现就有关事项公告如下：

一、"对纳税人延期缴纳税款的核准""对纳税人延期申报的核准""对纳税人变更纳税定额的核准""对采取实际利润额预缴以外的其他企业所得税预缴方式的核定"4个事项按照行政征收相关事项管理，依据《中华人民共和国税收征收管理法》及其实施细则、《中华人民共和国企业所得税法》及其实施条例等相关法律、行政法规规定实施，同时简化办理程序。

(一)简化受理环节。将受理环节由5个工作日压缩至2个工作日。税务机关接收申请材料，当场或者在2个工作日内进行核对。材料齐全、符合法定形式的，自收到申请材料之日起即为受理；材料不齐全、不符合法定形式的，一次性告知需要补正的全部内容。将"对纳税人延期缴纳税款的核准"事项的受理机关由省税务机关调整为主管税务机关，取消代办转报环节。

(二)简并办理程序。将办理程序由"申请、受理、审查、决定"调整为"申请、受理、核准(核定)"。

1."对纳税人延期缴纳税款的核准"，税务机关收到纳税人延期缴纳税款申请后，对其提供的生产经营和货币资金情况进行核实，情况属实且符合法定条件的，通知纳税人延期缴纳税款。对该事项不再实行重大执法决定法制审核。

2."对纳税人延期申报的核准"，税务机关收到纳税人、扣缴义务人延期申报申请后,对其反映的困难或者不可抗力情况进行核实,情况属实且符合法定条件的,通知纳税人、扣缴义务人延期申报。

3."对纳税人变更纳税定额的核准",税务机关收到纳税人对已核定应纳税额的异议申请后,按照《个体工商户税收定期定额征收管理办法》(国家税务总局令第16号公布,第44号修改)规定的核定程序重新核定定额并通知纳税人。

4."对采取实际利润额预缴以外的其他企业所得税预缴方式的核定",税务机关收到纳税人企业所得税预缴方式核定申请后,对其反映的困难情况进行核实,情况属实且符合法定条件的,核定预缴方式并通知纳税人。

(三)减少材料报送。对已实名办税纳税人、扣缴义务人的经办人、代理人,免于提供个人身份证件。

(四)实行全程网办。税务机关依托电子税务局支持事项全程网上办理。经申请人同意,可以采用电子送达方式送达税务文书。

在符合法律、行政法规规定的前提下,各省税务机关可以进一步采取承诺容缺、压缩办结时限等措施优化事项办理程序。

二、将"企业印制发票审批"名称调整为"确定发票印制企业",按照政府采购事项管理,依据《中华人民共和国税收征收管理法》及其实施细则、《中华人民共和国发票管理办法》及其实施细则、《中华人民共和国政府采购法》及其实施条例等法律、行政法规、规章规定实施。

本公告自2022年11月1日起施行,《国家税务总局关于个体工商户定期定额征收管理有关问题的通知》(国税发〔2006〕183号)第六条第一项"税务机关应当按照核定程序核定其定额。对未达起征点的定期定额户,税务机关应当送达《未达起征点通知书》",《国家税务总局关于印发个体工商户税收定期定额征收管理文书的通知》(国税函〔2006〕1199号)附件4、附件5、附件6、附件7同时废止。

特此公告。

附件:1."对纳税人延期缴纳税款的核准"等事项实施规定(略)

2.税务文书样式(略)

(二)税务管理

纳税评估管理办法(试行)

· 2005年3月11日国税发〔2005〕43号公布
· 根据2018年6月15日《国家税务总局关于修改部分税收规范性文件的公告》修正

第一章 总 则

第一条 为进一步强化税源管理,降低税收风险,减少税款流失,不断提高税收征管的质量和效率,根据国家有关税收法律、法规,结合税收征管工作实际,制定本办法。

第二条 纳税评估是指税务机关运用数据信息对比分析的方法,对纳税人和扣缴义务人(以下简称纳税人)纳税申报(包括减免抵退税申请,下同)情况的真实性和准确性作出定性和定量的判断,并采取进一步征管措施的管理行为。纳税评估工作遵循强化管理、优化服务;分类实施、因地制宜;人机结合、简便易行的原则。

第三条 纳税评估工作主要由基层税务机关的税源管理部门及其税收管理员负责,重点税源和重大事项的纳税评估也可由上级税务机关负责。

前款所称基层税务机关是指直接面向纳税人负责税收征收管理的税务机关;税源管理部门是指基层税务机关所属的税务分局、税务所或内设的税源管理科(股)。

对汇总合并缴纳企业所得税企业的纳税评估,由其汇总合并纳税企业申报所在地税务机关实施,对汇总合并纳税成员企业的纳税评估,由其监管的当地税务机关实施;对合并申报缴纳外商投资和外国企业所得税企业分支机构的纳税评估,由总机构所在地的主管税务机关实施。

第四条 开展纳税评估工作原则上在纳税申报到期之后进行,评估的期限以纳税申报的税款所属当期为主,特殊情况可以延伸到往期或以往年度。

第五条 税评估主要工作内容包括:根据宏观税收分析和行业税负监控结果以及相关数据设立评估指标及其预警值;综合运用各类对比分析方法筛选评估对象;对所筛选出的异常情况进行深入分析并作出定性和定量的判断;对评估分析中发现的问题分别采取税务约谈、调查核实、处理处罚、提出管理建议、移交稽查部门查处等方法进行处理;维护更新税源管理数据,为税收宏观分析和行业税负监控提供基础信息等。

第二章 纳税评估指标

第六条 税评估指标是税务机关筛选评估对象、进行重点分析时所选用的主要指标，分为通用分析指标和特定分析指标两大类，使用时可结合评估工作实际不断细化和完善。

第七条 纳税评估指标的功能、计算公式及其分析使用方法参照《纳税评估通用分析指标及其使用方法》（附件1）、《纳税评估分税种特定分析指标及其使用方法》（附件2）。

第八条 纳税评估分析时，要综合运用各类指标，并参照评估指标预警值进行配比分析。评估指标预警值是税务机关根据宏观税收分析、行业税负监控、纳税人生产经营和财务会计核算情况以及内外部相关信息，运用数学方法测算出的算术、加权平均值及其合理变动范围。测算预警值，应综合考虑地区、规模、类型、生产经营季节、税种等因素，考虑同行业、同规模、同类型纳税人各类相关指标的若干年度的平均水平，以使预警值更加真实、准确和具有可比性。纳税评估指标预警值由各地税务机关根据实际情况自行确定。

第三章 纳税评估对象

第九条 纳税评估的对象为主管税务机关负责管理的所有纳税人及其应纳所有税种。

第十条 纳税评估对象可采用计算机自动筛选、人工分析筛选和重点抽样筛选等方法。

第十一条 筛选纳税评估对象，要依据税收宏观分析、行业税负监控结果等数据，结合各项评估指标及其预警值和税收管理员掌握的纳税人实际情况，参照纳税人所属行业、经济类型、经营规模、信用等级等因素进行全面、综合的审核对比分析。

第十二条 综合审核对比分析中发现有问题或疑点的纳税人要作为重点评估分析对象；重点税源户、特殊行业的重点企业、税负异常变化、长时间零税负和负税负申报、纳税信用等级低下、日常管理和税务检查中发现较多问题的纳税人要列为纳税评估的重点分析对象。

第四章 纳税评估方法

第十三条 纳税评估工作根据国家税收法律、行政法规、部门规章和其他相关经济法规的规定，按照属地管理原则和管户责任开展；对同一纳税人申报缴纳的各个税种的纳税评估要相互结合、统一进行，避免多头重复评估。

第十四条 纳税评估的主要依据及数据来源包括："一户式"存储的纳税人各类纳税信息资料，主要包括：纳税人税务登记的基本情况，各项核定、认定、减免缓抵退税审批事项的结果，纳税人申报纳税资料，财务会计报表以及税务机关要求纳税人提供的其他相关资料，增值税交叉稽核系统各类票证比对结果等；税收管理员通过日常管理所掌握的纳税人生产经营实际情况，主要包括：生产经营规模、产销量、工艺流程、成本、费用、能耗、物耗情况等各类与税收相关的数据信息；上级税务机关发布的宏观税收分析数据，行业税负的监控数据，各类评估指标的预警值；本地区的主要经济指标、产业和行业的相关指标数据，外部交换信息，以及与纳税人申报纳税相关的其他信息。

第十五条 纳税评估可根据所辖税源和纳税人的不同情况采取灵活多样的评估分析方法，主要有：对纳税人申报纳税资料进行案头的初步审核比对，以确定进一步评估分析的方向和重点；通过各项指标与相关数据的测算，设置相应的预警值，将纳税人的申报数据与预警值相比较；将纳税人申报数据与财务会计报表数据进行比较、与同行业相关数据或类似行业同期相关数据进行横向比较；将纳税人申报数据与历史同期相关数据进行纵向比较；根据不同税种之间的关联性和钩稽关系，参照相关预警值进行税种之间的关联性分析，分析纳税人应纳相关税种的异常变化；应用税收管理员日常管理中所掌握的情况和积累的经验，将纳税人申报情况与其生产经营实际情况相对照，分析其合理性，以确定纳税人申报纳税中存在的问题及其原因；通过对纳税人生产经营结构，主要产品能耗、物耗等生产经营要素的当期数据、历史平均数据、同行业平均数据以及其他相关经济指标进行比较，推测纳税人实际纳税能力。

第十六条 对纳税人申报纳税资料进行审核分析时，要包括以下重点内容：纳税人是否按照税法规定的程序、手续和时限履行申报纳税义务，各项纳税申报附送的各类抵扣、列支凭证是否合法、真实、完整；纳税申报主表、附表及项目、数字之间的逻辑关系是否正确，适用的税目、税率及各项数字计算是否准确，申报数据与税务机关所掌握的相关数据是否相符；收入、费用、利润及其他有关项目的调整是否符合税法规定，申请减免缓抵退税，亏损结转、获利年度的确定是否符合税法规定并正确履行相关手续；与上期和同期申报纳税情况有无较大差异；税务机关和税收管理员认为应进行审核分析的其他内容。

第十七条 对实行定期定额（定率）征收税款的纳

税人以及未达起征点的个体工商户,可参照其生产经营情况,利用相关评估指标定期进行分析,以判断定额(定率)的合理性和是否已经达到起征点并恢复征税。

第五章 评估结果处理

第十八条 对纳税评估中发现的计算和填写错误、政策和程序理解偏差等一般性问题,或存在的疑点问题经约谈、举证、调查核实等程序认定事实清楚,不具有偷税等违法嫌疑,无需立案查处的,可提请纳税人自行改正。需要纳税人自行补充的纳税资料,以及需要纳税人自行补正申报、补缴税款、调整账目的,税务机关应督促纳税人按照税法规定逐项落实。

第十九条 对纳税评估中发现的需要提请纳税人进行陈述说明、补充提供举证资料等问题,应由主管税务机关约谈纳税人。

税务约谈要经所在税源管理部门批准并事先发出《税务约谈通知书》,提前通知纳税人。

税务约谈的对象主要是企业财务会计人员。因评估工作需要,必须约谈企业其他相关人员的,应经税源管理部门批准并通过企业财务部门进行安排。

纳税人因特殊困难不能按时接受税务约谈的,可向税务机关说明情况,经批准后延期进行。

纳税人可以委托具有执业资格的税务代理人进行税务约谈。税务代理人代表纳税人进行税务约谈时,应向税务机关提交纳税人委托代理合法证明。

第二十条 对评估分析和税务约谈中发现的必须到生产经营现场了解情况、审核账目凭证的,应经所在税源管理部门批准,由税收管理员进行实地调查核实。对调查核实的情况,要作认真记录。需要处理处罚的,要严格按照规定的权限和程序执行。

第二十一条 发现纳税人有偷税、逃避追缴欠税、骗取出口退税、抗税或其他需要立案查处的税收违法行为嫌疑的,要移交税务稽查部门处理。

对税源管理部门移交稽查部门处理的案件,税务稽查部门要将处理结果定期向税源管理部门反馈。

发现外商投资和外国企业与其关联企业之间的业务往来不按照独立企业业务往来收取或支付价款、费用,需要调查、核实的,应移交上级税务机关国际税收管理部门(或有关部门)处理。

第二十二条 对纳税评估工作中发现的问题要作出评估分析报告,提出进一步加强征管工作的建议,并将评估工作内容、过程、证据、依据和结论等记入纳税评估工作底稿。纳税评估分析报告和纳税评估工作底稿是税务机关内部资料,不发纳税人,不作为行政复议和诉讼依据。

第六章 评估工作管理

第二十三条 基层税务机关及其税源管理部门要根据所辖税源的规模、管户的数量等工作实际情况,结合自身纳税评估的工作能力,制定评估工作计划,合理确定纳税评估工作量,对重点税源户,要保证每年至少重点评估分析一次。

第二十四条 基层税务机关及其税源管理部门要充分利用现代化信息手段,广泛收集和积累纳税人各类涉税信息,不断提高评估工作水平;要经常对评估结果进行分析研究,提出加强征管工作的建议;要作好评估资料整理工作,本着"简便、实用"的原则,建立纳税评估档案,妥善保管纳税人报送的各类资料,并注重保护纳税人的商业秘密和个人隐私;要建立健全纳税评估工作岗位责任制、岗位轮换制、评估复查制和责任追究制等各项制度,加强对纳税评估工作的日常检查与考核;要加强对从事纳税评估工作人员的培训,不断提高纳税评估工作人员的综合素质和评估能力。

第二十五条 各级税务机关的征管部门负责纳税评估工作的组织协调工作,制定纳税评估工作业务规程,建立健全纳税评估规章制度和反馈机制,指导基层税务机关开展纳税评估工作,明确纳税评估工作职责分工并定期对评估工作开展情况进行总结和交流;各级税务机关的计划统计部门负责对税收完成情况、税收与经济的对应规律、总体税源和税负的增减变化等情况进行定期的宏观分析,为基层税务机关开展纳税评估提供依据和指导;各级税务机关的专业管理部门(包括各税种、国际税收、出口退税管理部门以及县级税务机关的综合业务部门)负责进行行业税负监控、建立各税种的纳税评估指标体系、测算指标预警值、制定分税种的具体评估方法,为基层税务机关开展纳税评估工作提供依据和指导。

第二十六条 从事纳税评估的工作人员,在纳税评估工作中徇私舞弊或者滥用职权,或为有涉嫌税收违法行为的纳税人通风报信致使其逃避查处的,或瞒报评估真实结果、应移交案件不移交的,或致使纳税评估结果失真、给纳税人造成损失的,不构成犯罪的,由税务机关按照有关规定给予行政处分;构成犯罪的,要依法追究刑事责任。

第二十七条 各级税务局要加强纳税评估工作的协作,提高相关数据信息的共享程度,简化评估工作程序,提高评估工作实效,最大限度地方便纳税人。

附件:(略)

纳税信用管理办法(试行)①

- 2014年7月4日
- 国家税务总局公告2014年第40号

第一章 总 则

第一条 为规范纳税信用管理,促进纳税人诚信自律,提高税法遵从度,推进社会信用体系建设,根据《中华人民共和国税收征收管理法》及其实施细则、《国务院关于促进市场公平竞争维护市场正常秩序的若干意见》(国发〔2014〕20号)和《国务院关于印发社会信用体系建设规划纲要(2014－2020年)的通知》(国发〔2014〕21号),制定本办法。

第二条 本办法所称纳税信用管理,是指税务机关对纳税人的纳税信用信息开展的采集、评价、确定、发布和应用等活动。

第三条 本办法适用于已办理税务登记,从事生产、经营并适用查账征收的企业纳税人(以下简称纳税人)。

扣缴义务人、自然人纳税信用管理办法由国家税务总局另行规定。

个体工商户和其他类型纳税人的纳税信用管理办法由省税务机关制定。

第四条 国家税务总局主管全国纳税信用管理工作。省以下税务机关负责所辖地区纳税信用管理工作的组织和实施。

第五条 纳税信用管理遵循客观公正、标准统一、分级分类、动态调整的原则。

第六条 国家税务总局推行纳税信用管理工作的信息化,规范统一纳税信用管理。

第七条 国家税务局、地方税务局应联合开展纳税信用评价工作。

第八条 税务机关积极参与社会信用体系建设,与相关部门建立信用信息共建共享机制,推动纳税信用与其他社会信用联动管理。

第二章 纳税信用信息采集

第九条 纳税信用信息采集是指税务机关对纳税人纳税信用信息的记录和收集。

第十条 纳税信用信息包括纳税人信用历史信息、税务内部信息、外部信息。

纳税人信用历史信息包括基本信息和评价年度之前的纳税信用记录,以及相关部门评定的优良信用记录和不良信用记录。

税务内部信息包括经常性指标信息和非经常性指标信息。经常性指标信息是指涉税申报信息、税(费)款缴纳信息、发票与税控器具信息、登记与账簿信息等纳税人在评价年度内经常产生的指标信息;非经常性指标信息是指税务检查信息等纳税人在评价年度内不经常产生的指标信息。

外部信息包括外部参考信息和外部评价信息。外部参考信息包括评价年度相关部门评定的优良信用记录和不良信用记录;外部评价信息是指从相关部门取得的影响纳税人纳税信用评价的指标信息。

第十一条 纳税信用信息采集工作由国家税务总局和省税务机关组织实施,按月采集。

第十二条 本办法第十条第二款纳税人信用历史信息中的基本信息由税务机关从税务管理系统中采集,税务管理系统中暂缺的信息由税务机关通过纳税人申报采集;评价年度之前的纳税信用记录,以及相关部门评定的优良信用记录和不良信用记录,从税收管理记录、国家统一信用信息平台等渠道中采集。

第十三条 本办法第十条第三款税务内部信息从税务管理系统中采集。

第十四条 本办法第十条第四款外部信息主要通过税务管理系统、国家统一信用信息平台、相关部门官方网站、新闻媒体或者媒介等渠道采集。通过新闻媒体或者媒介采集的信息应核实后使用。

第三章 纳税信用评价

第十五条 纳税信用评价采取年度评价指标得分和直接判级方式。评价指标包括税务内部信息和外部评价信息。

年度评价指标得分采取扣分方式。纳税人评价年度内经常性指标和非经常性指标信息齐全的,从100分起评;非经常性指标缺失的,从90分起评。

直接判级适用于有严重失信行为的纳税人。

---

① 本办法第十七条第二项已被《国家税务总局关于纳税信用评价有关事项的公告》废止,第七条已被《国家税务总局关于公布全文失效废止和部分条款失效废止的税收规范性文件目录的公告》废止,第十五条第二款、第三十二条第七项已被《国家税务总局关于纳税信用管理有关事项的公告》废止。

纳税信用评价指标由国家税务总局另行规定。

第十六条 外部参考信息在年度纳税信用评价结果中记录，与纳税信用评价信息形成联动机制。

第十七条 纳税信用评价周期为一个纳税年度，有下列情形之一的纳税人，不参加本期的评价：

（一）纳入纳税信用管理时间不满一个评价年度的；

（二）本评价年度内无生产经营业务收入的；

（三）因涉嫌税收违法被立案查处尚未结案的；

（四）被审计、财政部门依法查出税收违法行为，税务机关正在依法处理，尚未办结的；

（五）已申请税务行政复议、提起行政诉讼尚未结案的；

（六）其他不应参加本期评价的情形。

第十八条 纳税信用级别设 A、B、C、D 四级。A 级纳税信用为年度评价指标得分 90 分以上的；B 级纳税信用为年度评价指标得分 70 分以上不满 90 分的；C 级纳税信用为年度评价指标得分 40 分以上不满 70 分的；D 级纳税信用为年度评价指标得分不满 40 分或者直接判级确定的。

第十九条 有下列情形之一的纳税人，本评价年度不能评为 A 级：

（一）实际生产经营期不满 3 年的；

（二）上一评价年度纳税信用评价结果为 D 级的；

（三）非正常原因一个评价年度内增值税或营业税连续 3 个月或者累计 6 个月零申报、负申报的；

（四）不能按照国家统一的会计制度规定设置账簿，并根据合法、有效凭证核算，向税务机关提供准确税务资料的。

第二十条 有下列情形之一的纳税人，本评价年度直接判为 D 级：

（一）存在逃避缴纳税款、逃避追缴欠税、骗取出口退税、虚开增值税专用发票等行为，经判决构成涉税犯罪的；

（二）存在前项所列行为，未构成犯罪，但偷税（逃避缴纳税款）金额 10 万元以上且占各税种应纳税总额 10% 以上，或者存在逃避追缴欠税、骗取出口退税、虚开增值税专用发票等税收违法行为，已缴纳税款、滞纳金、罚款的；

（三）在规定期限内未按税务机关处理结论缴纳或者足额缴纳税款、滞纳金和罚款的；

（四）以暴力、威胁方法拒不缴纳税款或者拒绝、阻挠税务机关依法实施税务稽查执法行为的；

（五）存在违反增值税发票管理规定或者违反其他发票管理规定的行为，导致其他单位或者个人未缴、少缴或者骗取税款的；

（六）提供虚假申报材料享受税收优惠政策的；

（七）骗取国家出口退税款，被停止出口退（免）税资格未到期的；

（八）有非正常户记录或者由非正常户直接责任人员注册登记或者负责经营的；

（九）由 D 级纳税人的直接责任人员注册登记或者负责经营的；

（十）存在税务机关依法认定的其他严重失信情形的。

第二十一条 纳税人有下列情形的，不影响其纳税信用评价：

（一）由于税务机关原因或者不可抗力，造成纳税人未能及时履行纳税义务的；

（二）非主观故意的计算公式运用错误以及明显的笔误造成未缴或者少缴税款的；

（三）国家税务总局认定的其他不影响纳税信用评价的情形。

第四章　纳税信用评价结果的确定和发布

第二十二条 纳税信用评价结果的确定和发布遵循谁评价、谁确定、谁发布的原则。

第二十三条 税务机关每年 4 月确定上一年度纳税信用评价结果，并为纳税人提供自我查询服务。

第二十四条 纳税人对纳税信用评价结果有异议的，可以书面向作出评价的税务机关申请复评。作出评价的税务机关应按本办法第三章规定进行复核。

第二十五条 税务机关对纳税人的纳税信用级别实行动态调整。

因税务检查等发现纳税人以前评价年度需扣减信用评价指标得分或者直接判级的，税务机关应按本办法第三章规定调整其以前年度纳税信用评价结果和记录。

纳税人因第十七条第三、四、五项所列情形解除而向税务机关申请补充纳税信用评价的，税务机关应按本办法第三章规定处理。

第二十六条 纳税人信用评价状态变化时，税务机关可采取适当方式通知、提醒纳税人。

第二十七条 税务机关对纳税信用评价结果，按分级分类原则，依法有序开放：

（一）主动公开 A 级纳税人名单及相关信息；

（二）根据社会信用体系建设需要，以及与相关部门信用信息共建共享合作备忘录、协议等规定，逐步开放 B、C、D 级纳税人名单及相关信息；

（三）定期或者不定期公布重大税收违法案件信息。具体办法由国家税务总局另行规定。

第五章 纳税信用评价结果的应用

第二十八条 税务机关按照守信激励、失信惩戒的原则,对不同信用级别的纳税人实施分类服务和管理。

第二十九条 对纳税信用评价为 A 级的纳税人,税务机关予以下列激励措施:

(一)主动向社会公告年度 A 级纳税人名单;

(二)一般纳税人可单次领取 3 个月的增值税发票用量,需要调整增值税发票用量时即时办理;

(三)普通发票按需领用;

(四)连续 3 年被评为 A 级信用级别(简称 3 连 A)的纳税人,除享受以上措施外,还可以由税务机关提供绿色通道或专门人员帮助办理涉税事项;

(五)税务机关与相关部门实施的联合激励措施,以及结合当地实际情况采取的其他激励措施。

第三十条 对纳税信用评价为 B 级的纳税人,税务机关实施正常管理,适时进行税收政策和管理规定的辅导,并视信用评价状态变化趋势选择性地提供本办法第二十九条的激励措施。

第三十一条 对纳税信用评价为 C 级的纳税人,税务机关应依法从严管理,并视信用评价状态变化趋势选择性地采取本办法第三十二条的管理措施。

第三十二条 对纳税信用评价为 D 级的纳税人,税务机关应采取以下措施:

(一)按照本办法第二十七条的规定,公开 D 级纳税人及其直接责任人员名单,对直接责任人员注册登记或者负责经营的其他纳税人纳税信用直接判为 D 级;

(二)增值税专用发票领用按辅导期一般纳税人政策办理,普通发票的领用实行交(验)旧供新、严格限量供应;

(三)加强出口退税审核;

(四)加强纳税评估,严格审核其报送的各种资料;

(五)列入重点监控对象,提高监督检查频次,发现税收违法违规行为的,不得适用规定处罚幅度内的最低标准;

(六)将纳税信用评价结果通报相关部门,建议在经营、投融资、取得政府供应土地、进出口、出入境、注册新公司、工程招投标、政府采购、获得荣誉、安全许可、生产许可、从业任职资格、资质审核等方面予以限制或禁止;

(七)D 级评价保留 2 年,第三年纳税信用不得评价为 A 级;

(八)税务机关与相关部门实施的联合惩戒措施,以及结合实际情况依法采取的其他严格管理措施。

第六章 附 则

第三十三条 省税务机关可以根据本办法制定具体实施办法。

第三十四条 本办法自 2014 年 10 月 1 日起施行。2003 年 7 月 17 日国家税务总局发布的《纳税信用等级评定管理试行办法》(国税发〔2003〕92 号)同时废止。

国家税务总局关于纳税信用管理有关事项的公告

· 2020 年 9 月 13 日
· 国家税务总局公告 2020 年第 15 号

为深入贯彻落实国务院"放管服"改革精神,优化税收营商环境,完善纳税信用体系,根据《中华人民共和国税收征收管理法实施细则》和《国务院关于印发社会信用体系建设规划纲要(2014-2020 年)的通知》(国发〔2014〕21 号),现就纳税信用管理有关事项公告如下:

一、非独立核算分支机构可自愿参与纳税信用评价。本公告所称非独立核算分支机构是指由企业纳税人设立、已在税务机关完成登记信息确认且核算方式为非独立核算的分支机构。

非独立核算分支机构参评后,2019 年度之前的纳税信用级别不再评价,在机构存续期间适用国家税务总局纳税信用管理相关规定。

二、自开展 2020 年度评价时起,调整纳税信用评价计分方法中的起评分规则。近三个评价年度内存在非经常性指标信息的,从 100 分起评;近三个评价年度内没有非经常性指标信息的,从 90 分起评。

三、自开展 2019 年度评价时起,调整税务机关对 D 级纳税人采取的信用管理措施。对于因评价指标得分评为 D 级的纳税人,次年由直接保留 D 级评价调整为评价时加扣 11 分;税务机关应按照本条前述规定在 2020 年 11 月 30 日前调整其 2019 年度纳税信用级别,2019 年度以前的纳税信用级别不作追溯调整。对于因直接判级评为 D 级的纳税人,维持 D 级评价保留 2 年、第三年纳税信用不得评价为 A 级。

四、纳税人对指标评价情况有异议的,可在评价年度次年 3 月份填写《纳税信用复评(核)申请表》,向主管税务机关提出复核,主管税务机关在开展年度评价时审核调整,并随评价结果向纳税人提供复核情况的自我查询服务。

五、本公告自 2020 年 11 月 1 日起施行。《纳税信用管理办法(试行)》(国家税务总局公告 2014 年第 40 号发布)第十五条第二款、第三十二条第七项,《国家税务总局关于明确纳税信用管理若干业务口径的公告》(2015 年第 85 号,2018 年第 31 号修改)第三条第一款、第七条第一项,《国家税务总局关于明确纳税信用补评和复评事项的公告》(2015 年第 46 号,2018 年第 31 号修改)所附《纳税信用复评申请表》同时废止。

特此公告。

附件:纳税信用复评(核)申请表(略)

税款缴库退库工作规程

- 2014 年 3 月 25 日国家税务总局令第 31 号公布
- 自 2014 年 9 月 1 日起施行

第一章 总 则

第一条 为规范税款缴库及退库管理,保障国家税收收入的安全完整,维护纳税人合法权益,适应税收信息化发展需要,根据《中华人民共和国税收征收管理法》《中华人民共和国预算法》《中华人民共和国国家金库条例》等法律法规,制定本规程。

第二条 税务机关、纳税人、扣缴义务人、代征代售人办理税款缴库和退库业务,适用本规程。

第三条 本规程所称税款缴库是指税务机关、扣缴义务人、代征代售人依照法律法规或者委托代征税款协议,开具法定税收票证,将征收的税款、滞纳金、罚没款等各项收入(以下统称税款)缴入国家金库(以下简称国库),以及纳税人直接通过银行将应缴纳的税款缴入国库;税款退库是指税务机关对经财政部门授权办理的税收收入退库业务,依照法律法规,开具法定税收票证,通过国库向纳税人退还应退税款。

税务机关按照国家政策规定和预算管理要求,对税款预算科目、预算级次、收款国库等事项,通过国库进行调整的税款调库业务,适用本规程。

第四条 税款缴库、退库应当遵循依法、规范、安全、效率、简便的原则。

第五条 税款缴库、退库按照办理凭证的不同分为手工缴库、退库和电子缴库、退库。

第六条 国家积极推广以横向联网电子缴税系统为依托的税款电子缴库、退库工作。

税务机关应当加强与国库、银行等部门间的协作,保持税收征管系统与横向联网电子缴税系统稳定,确保电子缴库、退库信息安全、完整和不可篡改,保证电子缴库、退库税款准确。

第七条 税务机关应当按照国家规定的税收征收管理范围和税款预算科目、预算级次办理税款缴库、退库。

第八条 税务机关应当将征收的税款按照国家规定直接缴入国库,不得缴入在国库以外或者国家规定的税款账户以外的任何账户。

任何税务机关不得占压、挪用和截留税款。

第九条 税务机关应当加强税款缴库、退库管理,建立部门、岗位配合和制约机制。

第十条 各级税务机关收入规划核算部门根据本级职责范围,负责制定税款缴库、退库管理制度,办理税款缴库、退库相关业务,反映税款缴库、退库结果,监督税款缴库、退库的规范性、准确性和及时性。

第二章 税款缴库

第十一条 《税收缴款书(银行经收专用)》、《税收缴款书(出口货物劳务专用)》和《税收电子缴款书》是税款缴库的法定凭证。

第十二条 税务机关、扣缴义务人、代征代售人、自行填开税收票证的纳税人开具税款缴库凭证,应当对开具内容与开具依据进行核对。

核对内容包括登记注册类型、缴款单位(人)识别号、缴款单位(人)名称、开户银行、账号、税务机关、收款国库、预算科目编码、预算科目名称、预算级次、品目名称、税款限缴日期、实缴金额等。

开具依据包括纳税申报表、代扣代收税款报告表、延期缴纳税款申请审批表、税务事项通知书、税务处理决定书、税务行政处罚决定书、税务行政复议决定书、生效的法院判决书以及其他记载税款缴库凭证内容的纸质资料或电子信息。

第十三条 税务机关、纳税人、扣缴义务人、代征代售人等向银行传递《税收缴款书(银行经收专用)》《税收缴款书(出口货物劳务专用)》,由银行据以收纳报解税款后缴入国库的缴库方式为手工缴库。

税务机关将记录纳税人、扣缴义务人、代征代售人应缴税款信息的《税收电子缴款书》通过横向联网电子缴税系统发送给国库,国库转发给银行,银行据以收纳报解税款后缴入国库的缴库方式为电子缴库。

第十四条 手工缴库包括直接缴库和汇总缴库两种形式。

直接缴库的,由纳税人持《税收缴款书(银行经收专用)》或《税收缴款书(出口货物劳务专用)》,直接到银行缴纳税款,银行据以收纳报解税款后缴入国库。

汇总缴库分为税务机关汇总缴库和扣缴义务人、代征代售人汇总缴库：

（一）税务机关汇总缴库的，由纳税人、扣缴义务人、代征代售人向税务机关缴纳或者解缴税款，税务机关根据所收税款，汇总开具《税收缴款书（银行经收专用）》，向银行解缴，银行据以收纳报解税款后缴入国库，应予缴库的税务代保管资金和待缴库税款，按纳税人分别开具《税收缴款书（银行经收专用）》；

（二）扣缴义务人、代征代售人汇总缴库的，由纳税人向扣缴义务人、代征代售人缴纳税款，扣缴义务人、代征代售人根据所扣、所收税款，汇总开具《税收缴款书（银行经收专用）》，向银行解缴，银行据以收纳报解税款后缴入国库。

第十五条　直接缴库时，纳税人应当在税款缴库凭证载明的税款限缴日期内，到银行办理税款的缴纳；超过税款限缴日期的，由税务机关计算纳税人应缴滞纳金，开具税款缴库凭证，纳税人到银行办理税款和滞纳金的缴纳。

税务机关汇总缴库时，应当于收取税款的当日或次日向银行办理税款解缴；地区偏远无法及时办理的，应当按照限期限额的规定向银行办理税款解缴。扣缴义务人、代征代售人汇总缴库时，应当在到税务机关办理税收票证结报缴销前向银行办理税款解缴；解缴迟延的，参照上款规定，办理滞纳金、违约金的缴纳。

第十六条　电子缴库包括划缴入库和自缴入库两种形式。

划缴入库的，由税务机关将纳税人、扣缴义务人、代征代售人应缴库税款的信息，通过横向联网电子缴税系统发送给国库，国库转发给纳税人、扣缴义务人、代征代售人签订授权（委托）划缴协议的开户银行，开户银行从签约指定账户将款项划至国库。

自缴入库的，由纳税人、扣缴义务人、代征代售人通过银行或POS机布设机构，经横向联网电子缴税系统向税务机关查询其应缴税款信息并予以确认，银行或POS机布设机构办理税款实时入库。

条件具备时，税务机关可以通过电子缴库方式，办理税务代保管资金和待缴库税款的缴库。

第十七条　采用划缴入库形式缴库时，税务机关可以将应缴税款信息分户发送至横向联网电子缴税系统办理税款实时划缴入库，也可以将多户应缴税款信息批量发送横向联网电子缴税系统办理税款定时划缴入库。

第十八条　授权（委托）划缴协议是纳税人、扣缴义务人、代征代售人等缴款人准予其指定账户的开户银行根据税务机关发送的应缴税信息，从该指定账户中扣划税款缴库的书面约定。协议的基本要素应当包括协议编号、签约各方名称、签约方地址、缴款人税务登记号、划缴税款账户名称及账号、缴款人开户银行行号、清算行行号及名称、签约日期，签约各方的权利和义务等。

第十九条　由于横向联网电子缴税系统故障等非纳税人、扣缴义务人原因造成税款缴库不成功的，对纳税人、扣缴义务人不加征滞纳金。

第二十条　纳税人从异地或第三方账户缴纳的不能直接缴库的非现金款，由直接负责税款征收的县以上税务机关通过国库"待缴库税款"专户收缴，并在收到国库发送的收账回单的当日或次日，核对收账回单、纳税申报表、税务处理决定书等凭证，分纳税人填开缴库凭证，将税款解缴入库。

"待缴库税款"专户收缴税款时，应当区分以下情况办理：

（一）通过国内汇款方式缴纳税款的，税务机关应当通知纳税人或其他汇款人将税款直接汇入国库"待缴库税款"专户；

（二）通过国外汇款方式缴纳税款的，税务机关应当通知纳税人或其他汇款人将税款汇入国库商税务、财政部门选定的具备结汇资格的银行，指定银行按照当日外汇买入价办理结汇并将税款划转"待缴库税款"专户。

第三章　税款退库

第二十一条　《税收收入退还书》《税收收入电子退还书》是税款退库的法定凭证。

税务机关向国库传递《税收收入退还书》，由国库据以办理税款退还的方式为手工退库。

税务机关通过横向联网电子缴税系统将记录应退税款信息的《税收收入电子退还书》发送给国库，国库据以办理税款退还的方式为电子退库。

第二十二条　税务机关办理税款退库应当直接退还纳税人。

纳税人经由扣缴义务人代扣代收的税款发生多缴的，经纳税人同意，税务机关可以将税款退还扣缴义务人，由扣缴义务人转退纳税人。

国家政策明确规定税款退给非原纳税人的，税务机关应当向非原纳税人退还，退库办理程序参照本章规定执行。

第二十三条　税务机关直接向纳税人退还税款的，应当由纳税人填写退税申请。税务机关通过扣缴义务人向纳税人退还税款的，可以由扣缴义务人填写退税申请。

第二十四条　税务机关应当在法定期限内办理税款

退库。

税务机关发现纳税人多缴税款的,应当立即核实应退税额、账户等相关情况,通知纳税人或扣缴义务人提交退税申请,自接到纳税人或扣缴义务人退税申请之日起10日内办理退库手续。

纳税人发现多缴税款要求退还的,税务机关应当自接到纳税人或扣缴义务人退税申请之日起30日内查实并办理退库手续。

第二十五条 除出口退税以外,纳税人既有应退税款又有欠缴税款的,税务机关可以将纳税人的应退税款和利息先抵扣欠缴的税款;抵扣后有余额的,办理应退余额的退库。

第二十六条 县以上税务机关收入规划核算部门具体办理税款退库工作,根据退税申请相关资料和纳税人欠税情况,复核退税依据、原完税情况、退税金额、退税收款账户等退库凭证项目内容,复核无误的,正确适用预算科目、预算级次,开具税款退库凭证。退税申请相关资料不齐全、相关项目内容不准确的,不得开具退库凭证办理退库;应予抵扣欠税的,办理税款抵扣手续。

退税申请相关资料包括:签有退税核实部门意见的退税申请书、原完税凭证、出口退(免)税汇总申报表、减免税审批文书、纳税申报表、税务稽查结论、税务处理决定书、纳税评估文书、税务行政复议决定书、生效的法院判决书、税务机关认可的其他记载应退税款内容的资料或电子信息。

税收征管系统中可以查询到纳税申报表、税款缴库等电子信息的,可以不再通过书面资料复核。

第二十七条 手工退库的,《税收收入退还书》应当经税务机关主要负责人签发并加盖在国库预留的退税专用印鉴,连同退税申请书,由税务机关送国库办理退库手续;电子退库的,《税收收入电子退还书》应当经税务机关复核人员复核授权,连同相关电子文件,由税务机关向国库发送办理退库手续。

第二十八条 税务机关直接向纳税人退还税款时,应当将税款退至纳税人原缴款账户。税务机关通过扣缴义务人向纳税人退还税款的,应当将税款退至扣缴义务人原缴款账户。

由于特殊情况不能退至纳税人、扣缴义务人原缴款账户的,纳税人、扣缴义务人在申请退税时应当书面说明理由,提交相关证明资料,并指定接受退税的其他账户及接受退税单位(人)名称。

第二十九条 税务机关对未开设银行账户的纳税人确需以现金方式退税的,应当在《税收收入退还书》备注栏注明"退付现金"和原完税凭证号码、纳税人身份证号码,送当地国库办理退库手续,同时通知纳税人到指定银行领取退还税款。

第三十条 境外纳税人以外币兑换人民币缴纳的税款需要退库的,税务机关应当在《税收收入退还书》上加盖"可退付外币"戳记,并根据纳税人缴纳的外汇税款币种注明退付的外币币种,送交国库通过指定银行退至境外纳税人账户。

第三十一条 根据《中华人民共和国税收征收管理法》及其实施细则规定应当向纳税人退付利息的,按照税务机关办理退税手续当天中国人民银行规定的活期存款利率计算利息。

办理退税手续当天是指开具《税收收入退还书》或《税收收入电子退还书》、办理应退税款抵扣欠缴税款的当天。

第三十二条 退付给纳税人的利息,采用冲减应退税款原入库预算科目的办法,从入库收入中退付。

第三十三条 退库税款预算科目和预算级次应当与原入库税款一致,但是,退库税款有专用退库预算科目,原预算科目、预算级次已修订或国家另有规定的除外。

第三十四条 除出口退税以外,应退税款超过一定额度标准的,应当事先向市(不含县级市,下同)或省(自治区、直辖市和计划单列市,以下简称省)税务机关报告,具体标准和报告程序由各省税务机关确定。

第四章 税款调库

第三十五条 税务机关办理税款调库时,应当开具《更正(调库)通知书》等凭证,送国库进行业务处理。

税款调库可以采用传递纸质调库凭证的手工调库方式办理,也可以采用通过横向联网电子缴税系统发送电子调库凭证的电子调库方式办理。

第三十六条 税款调库包括出口免抵调、应退税款跨预算科目抵扣欠税、税款更正等业务。

第三十七条 退库办理部门根据免抵调政策办理税款调库时,应当根据免抵税数额和免抵调库指标,开具《更正(调库)通知书》,并于开具当日或次日连同开具依据一起送当地国库办理税款调库手续。

第三十八条 税务机关办理应退税款抵扣欠缴税款业务,并且应退税款与欠缴税款属于不同预算科目的,退库办理部门应当根据《应退税款抵扣欠缴税款通知书》填开《更正(调库)通知书》,送国库办理调库手续。

第三十九条 税款缴库、退库业务办理完成后,税务机关或国库发现双方入库或退库税款预算科目、预算级次、收款国库等要素不一致需要调整的，应当根据"谁差错、谁更正"的原则，按以下程序办理税款更正调库手续：

（一）国库数据发生差错、税务机关数据正确的，税务机关应当及时将差错数据情况告知国库，由国库填写《更正（调库）通知书》办理更正调库；

（二）国库和税务机关数据同时发生差错的，由税务机关进行数据红字更正处理，同时填写《更正（调库）通知书》，送国库办理更正调库。

第四十条　由于政策性原因需要对入库税款预算科目和预算级次等进行调整的，税务机关应当填写《更正（调库）通知书》，送国库办理更正调库。

第五章　国库对账

第四十一条　银行和国库返回缴库、退库和调库凭证后，税务机关应当与留存凭证的相关项目核对，进行凭证销号和税款对账，确认税款缴库、退库和调库业务的完成，并且完成相关业务税收会计核算原始凭证的收集。

根据税款缴库、退库和调库业务的处理方式，销号与对账可以由税务机关根据国库返回的纸质凭证或电子凭证信息，手工进行销号、对账或者由税收征管系统自动进行电子销号、对账。

第四十二条　手工缴库、退库、调库的，税务机关应当在收到银行、国库返回的纸质缴库、退库、调库凭证相关联次的当日或次日，根据银行收讫章日期、国库收讫章日期、国库退库转讫章日期、国库调库业务章日期进行税款上解、入库、退库和调库销号。

电子缴库、退库、调库的，税务机关应当在横向联网电子缴税系统返回电子缴库、退库、调库凭证信息的当日，根据电子缴库凭证的扣款成功日期、电子缴库凭证的入库日期、电子退库凭证的退还日期、电子调库更正凭证的办理日期进行税款上解、入库、退库和调库销号。

电子信息未能及时、准确返回的，应当在与国库确认业务办理成功后，手工进行销号。

第四十三条　每日、每月、每年业务终了后，县税务机关应当将税款缴库、退库、调库数据与国库预算收入日报表（月报表、年报表）数据进行对账，对账项目包括预算科目、预算级次和税款金额。

省、市税务机关与国库对账周期由各省税务机关商当地国库自行确定，但每年业务终了后，必须与同级国库进行对账。

第四十四条　对账不一致时，税务机关数据发生差错而国库数据正确的，税务机关应当通过数据红字更正方式或补充更正方式处理。

国库和税务机关数据同时发生差错，或者国库数据发生差错而税务机关数据正确的，通过税款更正调库办理。

第四十五条　年终对账无误后，税务机关应当在加盖国家金库章的国库预算收入年报表上加盖单位公章，按规定及时反馈国库。

第六章　监督管理

第四十六条　税务机关应当强化内部制约机制，严格按照各项法律法规和财经纪律办理税款缴库、退库、调库及销号对账等手续，确保国家税款的安全、完整、准确。

第四十七条　税务机关应当定期对下级税务机关、扣缴义务人、代征代售人的税款缴库、退库的及时性、准确性等情况进行检查。

第四十八条　税务机关应当及时对税款缴库、退库、调库凭证及相关资料进行归档，保存期限按国家有关规定执行。

第四十九条　税务机关工作人员违反本规程的，应当根据情节轻重，给予批评教育、责令做出检查、诫勉谈话或调整工作岗位处理；构成违纪的，按照《中华人民共和国税收征收管理法》《中华人民共和国公务员法》《行政机关公务员处分条例》《财政违法行为处罚处分条例》《税收违法违纪行为处分规定》及有关规定给予处分；涉嫌犯罪的，移送司法机关。

第五十条　纳税人、扣缴义务人违反本规程的，按照《中华人民共和国税收征收管理法》及相关规定进行处理；涉嫌犯罪的，移送司法机关。

第五十一条　税务机关与代征代售人签订代征代售合同时，应当就违反本规程及相关规定的责任进行约定，并按约定及其他有关规定追究责任；涉嫌犯罪的，移送司法机关。

第七章　附　则

第五十二条　税务机关依照法律法规征收的各种基金、费办理缴库、退库，参照本规程执行。

各级政府部门委托税务机关征收的各种基金、费办理缴库、退库，可以参照本规程执行。

第五十三条　本规程所称银行，是指经收预算收入的银行、信用社等银行业金融机构。

第五十四条　本规程所称应予缴库的税务代保管资金是指按照《税务代保管资金账户管理办法》规定缴入税务代保管资金账户的款项中经确认属于税款的资金；待缴库税款是指按照《待缴库税款收缴管理办法》规定

缴入"待缴库税款"专户的税款。

第五十五条 各省税务机关应当根据本规程制定本地区的具体实施办法。

第五十六条 本规程自2014年9月1日起施行。

纳税人涉税保密信息管理暂行办法

·2008年10月9日国税发〔2008〕93号公布
·根据2018年6月15日《国家税务总局关于修改部分税收规范性文件的公告》修正

第一章 总 则

第一条 为维护纳税人的合法权益，规范对纳税人涉税保密信息管理工作，根据《中华人民共和国税收征收管理法》和《中华人民共和国税收征收管理法实施细则》及相关法律、法规的规定，制定本办法。

第二条 本办法所称纳税人涉税保密信息，是指税务机关在税收征收管理工作中依法制作或者采集的，以一定形式记录、保存的涉及到纳税人商业秘密和个人隐私的信息。主要包括纳税人的技术信息、经营信息和纳税人、主要投资人以及经营者不愿公开的个人事项。

纳税人的税收违法行为信息不属于保密信息范围。

第三条 对于纳税人的涉税保密信息，税务机关和税务人员应依法为其保密。除下列情形外，不得向外部门、社会公众或个人提供：

（一）按照法律、法规的规定应予公布的信息；
（二）法定第三方依法查询的信息；
（三）纳税人自身查询的信息；
（四）经纳税人同意公开的信息。

第四条 根据法律、法规的要求和履行职责的需要，税务机关可以披露纳税人的有关涉税信息，主要包括：根据纳税人信息汇总的行业性、区域性等综合涉税信息、税收核算分析数据、纳税信用等级以及定期定额户的定额等信息。

第五条 各级税务机关应指定专门部门负责纳税人涉税非保密信息的对外披露、纳税人涉税保密信息查询的受理和纳税人涉税保密信息的对外提供工作。要制定严格的信息披露、提供和查询程序，明确工作职责。

第二章 涉税保密信息的内部管理

第六条 在税收征收管理工作中，税务机关、税务人员应根据有关法律、法规规定和征管工作需要，向纳税人采集涉税信息资料。

第七条 税务机关、税务人员在税收征收管理工作各环节采集、接触到纳税人涉税保密信息的，应当为纳税人保密。

第八条 税务机关内部各业务部门、各岗位人员必须在职责范围内接收、使用和传递纳税人涉税保密信息。

对涉税保密信息纸质资料，税务机关应明确责任人员，严格按照程序受理、审核、登记、建档、保管和使用。

对涉税保密信息电子数据，应由专门人员负责采集、传输和储存、分级授权查询，避免无关人员接触纳税人的涉税保密信息。

第九条 对存储纳税人涉税保密信息的纸质资料或者电子存储介质按规定销毁时，要指定专人负责监督，确保纸质资料全部销毁，电子存储介质所含数据不可恢复。

第十条 税务机关在税收征收管理信息系统或者办公用计算机系统的开发建设、安装调试、维护维修过程中，要与协作单位签订保密协议，采取保密措施，防止纳税人涉税保密信息外泄。

第十一条 税务机关对纳税人涉税保密资料的存放场所要确保安全，配备必要的防盗设施。

第三章 涉税保密信息的外部查询管理

第十二条 税务机关对下列单位和个人依照法律、法规规定，申请对纳税人涉税保密信息进行的查询应在职责范围内予以支持。具体包括：

（一）人民法院、人民检察院和公安机关根据法律规定进行的办案查询；
（二）纳税人对自身涉税信息的查询；
（三）抵押权人、质权人请求税务机关提供纳税人欠税有关情况的查询。

第十三条 人民法院、人民检察院和公安机关依法查询纳税人涉税保密信息的，应当向被查询纳税人所在地的县级或县级以上税务机关提出查询申请。

第十四条 人民法院、人民检察院和公安机关向税务机关提出查询申请时，应当由两名以上工作人员到主管税务机关办理，并提交以下资料：

1.《纳税人、扣缴义务人涉税保密信息查询申请表》（式样见附件）；
2. 单位介绍信；
3. 有效身份证件原件。

第十五条 纳税人通过税务机关网站提供的查询功能查询自身涉税信息的，必须经过身份认证和识别。

直接到税务机关查询自身涉税保密信息的纳税人，应当向主管税务机关提交下列资料：

1.《纳税人、扣缴义务人涉税保密信息查询申请表》；

2. 查询人本人有效身份证件原件。

第十六条 纳税人授权其他人员代为查询的，除提交第十五条规定资料外，还需提交纳税人本人（法定代表人或财务负责人）签字的委托授权书和代理人的有效身份证件原件。

第十七条 抵押权人、质权人申请查询纳税人的欠税有关情况时，除提交本办法第十五条、第十六条规定的资料外，还需提交合法有效的抵押合同或者质押合同的原件。

第十八条 税务机关应在本单位职责权限内，向查询申请单位或个人（以下简称"申请人"）提供有关纳税人的涉税保密信息。

第十九条 税务机关负责受理查询申请的部门，应对申请人提供的申请资料进行形式审查。对于资料齐全的，依次交由部门负责人和单位负责人分别进行复核和批准；对申请资料不全的，一次性告知申请人补全相关申请资料。

负责核准的人员应对申请查询的事项进行复核，对符合查询条件的，批准交由有关部门按照申请内容提供相关信息；对不符合查询条件的，签署不予批准的意见，退回受理部门，由受理部门告知申请人。

负责提供信息的部门，应根据已批准的查询申请内容，及时检索、整理和制作有关信息，并按规定程序交由查询受理部门。受理部门应在履行相关手续后将有关信息交给申请人。

第二十条 税务机关应根据申请人查询信息的内容，本着方便申请人的原则，确定查询信息提供的时间和具体方式。

第二十一条 税务机关对申请人申请查询涉税信息的申请资料应专门归档管理，保存期限为3年。

第四章 责任追究

第二十二条 各级税务机关应强化保密教育，努力增强税务人员的保密意识，采取有效措施，防止泄密、失密。

第二十三条 对有下列行为之一的税务人员，按照《中华人民共和国税收征收管理法》第八十七条的规定处理：

（一）在受理、录入、归档、保存纳税人涉税资料过程中，对外泄露纳税人涉税保密信息的；

（二）在日常税收管理、数据统计、报表管理、税源分析、纳税评估过程中，对外泄露纳税人涉税保密信息的；

（三）违规设置查询权限或者违规进行技术操作，使不应知晓纳税人涉税保密信息的税务人员可以查询或者知晓的；

（四）违反规定程序向他人提供纳税人涉税保密信息的。

第二十四条 有关查询单位和个人发生泄露纳税人涉税保密信息的，按照有关法律、法规的规定处理。

第二十五条 各级税务机关要严格执行泄密汇报制度，及时掌握泄密情况。对延误报告时间或者故意隐瞒、影响及时采取补救措施的，根据造成后果的严重程度，分别追究经办人和有关负责人的责任。

第五章 附 则

第二十六条 本办法由国家税务总局负责解释。各省、自治区、直辖市和计划单列市税务局可根据本办法，制定具体实施办法。

第二十七条 扣缴义务人涉税保密信息的管理适用本办法。

第二十八条 按照《国务院办公厅关于社会信用体系建设的若干意见》（国办发〔2007〕17号）的要求，税务总局与国务院相关部门建立的信息共享制度中涉及的保密规定，另行制定。

第二十九条 我国政府与其他国家（地区）政府缔结的税收协定或情报交换协议中涉及纳税人涉税信息保密的，按协定或协议的规定办理。

第三十条 本办法自2009年1月1日起施行。

国家税务总局关于全面实行税务行政许可事项清单管理的公告

· 2022年9月28日
· 国家税务总局公告2022年第19号

为进一步落实党中央、国务院关于优化营商环境的决策部署，深入开展"我为纳税人缴费人办实事暨便民办税春风行动"，根据《国务院办公厅关于全面实行行政许可事项清单管理的通知》（国办发〔2022〕2号，以下简称《通知》）精神和要求，现就全面实行税务行政许可事项清单管理有关工作公告如下：

一、依法编制行政许可事项清单

（一）统一编制清单。税务总局根据国务院审定的行政许可事项清单，发布全国统一实施的税务行政许可事项清单（以下简称清单），纳入全国行政许可管理系统管理。省及省以下税务机关一律不得在清单外实施税务行政许可。

2022年，税务总局根据《通知》附件《法律、行政法规、国务院决定设定的行政许可事项清单（2022年版）》，发布《税务行政许可事项清单（2022年版）》，编列"增值税防伪税控系统最高开票限额审批"1项税务行政许可事项。《国家税务总局关于进一步简化税务行政许可事项办理程序的公告》（2019年第34号）发布的"对纳税人延期缴纳税款的核准""对纳税人延期申报的核准""对纳税人变更纳税定额的核准""对采取实际利润额预缴以外的其他企业所得税预缴方式的核定""企业印制发票审批"等5个事项不再作为行政许可事项管理，依照有关法律、行政法规规定实施，具体办理程序另行公告。

（二）及时动态调整清单。税务总局起草的法律、行政法规拟新设或者调整税务行政许可的，承办司局应当充分研究论证并在起草说明中专门作出说明，按规定报送审查。税务行政许可正式实施前，税务总局向国务院审改办提出调整清单的申请，并部署税务行政许可实施机关做好实施前准备。因深化行政审批制度改革需要动态调整清单的，参照上述程序办理。

（三）做好有关清单衔接。市场准入负面清单、政务服务事项基本目录、"互联网＋监管"事项清单等涉及的税务行政许可事项，要严格与清单保持一致并做好衔接。清单调整的，要适时调整有关清单或者及时向有关清单编制牵头部门提出调整意见。

二、严格依照清单实施税务行政许可

（一）科学制定行政许可实施规范。税务总局对税务行政许可事项制定全国统一的实施规范，明确许可条件、申请材料、审批程序、审批时限等内容，并向社会公布。同时按照税务行政许可标准化、规范化、便利化要求，持续推动减环节、减材料、减时限，适时优化调整实施规范。

（二）依法依规实施税务行政许可。税务总局根据清单和实施规范编写统一格式的办事指南。各省、自治区、直辖市和计划单列市税务局（以下简称各省税务局）根据审批工作的需要，可以在统一格式办事指南基础上细化编制符合本省实际的办事指南，但须在本省范围内保持统一和规范。办事指南通过办税服务厅、税务网站等向社会公布，一经公布必须严格遵照执行，不得增加许可条件、申请材料、中介服务、审批环节、收费、数量限制等。各省税务局可以在实施规范基础上进一步压缩税务行政许可事项承诺办结时限，并确保税务行政许可事项办结"零超时"。

（三）严肃清查整治变相许可。各级税务机关要严格落实清单之外一律不得违法实施行政许可的要求，大力清理整治变相许可。在清单之外，以备案、证明、目录、计划、规划、指定、认证、年检等名义，要求税务行政相对人经申请获批后方可从事特定活动的，应当认定为变相许可，要通过停止实施、调整实施方式、完善设定依据等予以纠正。

三、加强事前事中事后全链条监管

（一）明确监管主体和监管重点。税务行政许可实施机关是税务行政许可事项监管主体，要充分评估税务行政许可事项实际情况和风险隐患，科学划分风险等级，明确监管重点环节，实施有针对性、差异化的监管政策，提升监管的精准性和有效性。与税务行政许可事项对应的监管事项，要纳入"互联网＋监管"平台监管事项动态管理系统。

（二）结合清单完善监管规则标准。税务总局制定并公布全国统一、简明易行、科学合理的税务行政许可事项监管规则和标准，各省税务局可以结合本地实际，进一步细化监管规则和标准。对取消下放的税务行政许可事项，要进一步明确监管层级、监管部门、监管规则和标准，对履职不到位的要问责，坚决杜绝一放了之、只批不管等问题。

四、做好清单实施保障

（一）加强组织领导。各级税务机关要高度重视行政许可事项清单管理工作，加强统筹协调，及时研究解决清单管理和行政许可实施中的重大问题，推动工作落地落实。

（二）主动接受监督。加强对清单实施情况的动态评估和全面监督，畅通投诉举报渠道，依托"12366纳税缴费服务热线"、"12345政务服务便民热线"、政务服务"好差评"系统、税务网站等接受社会监督。

（三）探索清单多元化应用。依托全国行政许可管理系统，公布税务行政许可事项的线上线下办理渠道，逐步完善清单事项检索、办事指南查询、网上办理导流、疑难问题咨询、投诉举报留言等服务功能，方便企业群众办理行政许可和开展监督。鼓励各地税务机关创新清单应用场景，提升纳税人缴费人获得感和满意度。

本公告自2022年11月1日起施行，《国家税务总局关于公开行政审批事项等相关工作的公告》（2014年第10号）、《国家税务总局关于公布税务行政许可事项目录的公告》（2015年第87号）、《国家税务总局关于规范行政审批行为改进行政审批有关工作的意见》（税总发

〔2015〕142号)、《国家税务总局关于更新税务行政许可事项目录的公告》(2016年第10号发布，2018年第31号修改)、《国家税务总局关于税务行政许可若干问题的公告》(2016年第11号)、《国家税务总局关于简化税务行政许可事项办理程序的公告》(2017年第21号发布，2018年第31号、第67号修改)、《国家税务总局关于进一步简化税务行政许可事项办理程序的公告》(2019年第34号)同时废止。

特此公告。

附件：1.税务行政许可事项清单(2022年版)(略)
2.税务行政许可文书样式(略)
3.增值税防伪税控系统最高开票限额审批实施规定(略)

涉税专业服务监管办法(试行)

·2017年5月5日国家税务总局公告2017年第13号发布
·根据2019年12月27日《国家税务总局关于进一步完善涉税专业服务监管制度有关事项的公告》修正

第一条 为贯彻落实国务院简政放权、放管结合、优化服务工作要求，维护国家税收利益，保护纳税人合法权益，规范涉税专业服务，依据《中华人民共和国税收征收管理法》及其实施细则和国务院有关决定，制定本办法。

第二条 税务机关对涉税专业服务机构在中华人民共和国境内从事涉税专业服务进行监管。

第三条 涉税专业服务是指涉税专业服务机构接受委托，利用专业知识和技能，就涉税事项向委托人提供的税务代理等服务。

第四条 涉税专业服务机构是指税务师事务所和从事涉税专业服务的会计师事务所、律师事务所、代理记账机构、税务代理公司、财税类咨询公司等机构。

第五条 涉税专业服务机构可以从事下列涉税业务：

(一)纳税申报代理。对纳税人、扣缴义务人提供的资料进行归集和专业判断，代理纳税人、扣缴义务人进行纳税申报准备和签署纳税申报表、扣缴税款报告表以及相关文件。

(二)一般税务咨询。对纳税人、扣缴义务人的日常办税事项提供税务咨询服务。

(三)专业税务顾问。对纳税人、扣缴义务人的涉税事项提供长期的专业税务顾问服务。

(四)税收策划。对纳税人、扣缴义务人的经营和投资活动提供符合税收法律法规及相关规定的纳税计划、纳税方案。

(五)涉税鉴证。按照法律、法规以及依据法律、法规制定的相关规定要求，对涉税事项真实性和合法性出具鉴定和证明。

(六)纳税情况审查。接受行政机关、司法机关委托，依法对企业纳税情况进行审查，作出专业结论。

(七)其他税务事项代理。接受纳税人、扣缴义务人的委托，代理建账记账、发票领用、减免退税申请等税务事项。

(八)其他涉税服务。

前款第三项至第六项涉税业务，应当由具有税务师事务所、会计师事务所、律师事务所资质的涉税专业服务机构从事，相关文书应由税务师、注册会计师、律师签字，并承担相应的责任。

第六条 涉税专业服务机构从事涉税业务，应当遵守税收法律、法规及相关税收规定，遵循涉税专业服务业务规范。

涉税专业服务机构为委托人出具的各类涉税报告和文书，由双方留存备查，其中，税收法律、法规及国家税务总局规定报送的，应当向税务机关报送。

第七条 税务机关应当对税务师事务所实施行政登记管理。未经行政登记不得使用"税务师事务所"名称，不能享有税务师事务所的合法权益。

税务师事务所合伙人或者股东由税务师、注册会计师、律师担任，税务师占比应高于百分之五十，国家税务总局另有规定的除外。

税务师事务所办理商事登记后，应当向省税务机关办理行政登记。省税务机关准予行政登记的，颁发《税务师事务所行政登记证书》，并将相关资料报送国家税务总局，抄送省税务师行业协会。不予行政登记的，书面通知申请人，说明不予行政登记的理由。

税务师事务所行政登记流程(规范)另行制定。

从事涉税专业服务的会计师事务所和律师事务所，依法取得会计师事务所执业证书或律师事务所执业许可证，视同行政登记。

第八条 税务机关对涉税专业服务机构及其从事涉税服务人员进行实名制管理。

税务机关依托金税三期应用系统，建立涉税专业服务管理信息库。综合运用从金税三期核心征管系统采集的涉税专业服务机构的基本信息、涉税专业服务机构报送的人员信息和经纳税人(扣缴义务人)确认的实名办税(自有办税人员和涉税专业服务机构代理办税人员)

信息,建立对涉税专业服务机构及其从事涉税服务人员的分类管理,确立涉税专业服务机构及其从事涉税服务人员与纳税人(扣缴义务人)的代理关系,区分纳税人自有办税人员和涉税专业服务机构代理办税人员,实现对涉税专业服务机构及其从事涉税服务人员和纳税人(扣缴义务人)的全面动态实名信息管理。

涉税专业服务机构应当向税务机关提供机构和从事涉税服务人员的姓名、身份证号、专业资格证书编号、业务委托协议等实名信息。

第九条 税务机关应当建立业务信息采集制度,利用现有的信息化平台分类采集业务信息,加强内部信息共享,提高分析利用水平。

涉税专业服务机构应当以年度报告形式,向税务机关报送从事涉税专业服务的总体情况。

税务师事务所、会计师事务所、律师事务所从事专业税务顾问、税收策划、涉税鉴证、纳税情况审查业务,应当向税务机关单独报送相关业务信息。

第十条 税务机关对涉税专业服务机构从事涉税专业服务的执业情况进行检查,根据举报、投诉情况进行调查。

第十一条 税务机关应当建立信用评价管理制度,对涉税专业服务机构从事涉税专业服务情况进行信用评价,对其从事涉税服务人员进行信用记录。

税务机关应以涉税专业服务机构的纳税信用为基础,结合委托人纳税信用、纳税人评价、税务机关评价、实名办税、业务规模、服务质量、执业质量检查、业务信息质量等情况,建立科学合理的信用评价指标体系,进行信用等级评价或信用记录,具体办法另行制定。

第十二条 税务机关应当加强对税务师行业协会的监督指导,与其他相关行业协会建立工作联系制度。

税务机关可以委托行业协会对涉税专业服务机构从事涉税专业服务的执业质量进行评价。

全国税务师行业协会负责拟制涉税专业服务业务规范(准则、规则),报国家税务总局批准后施行。

第十三条 税务机关应当在门户网站、电子税务局和办税服务场所公告纳入监管的涉税专业服务机构名单及其信用情况,同时公告未经行政登记的税务师事务所名单。

第十四条 涉税专业服务机构及其涉税服务人员有下列情形之一的,由税务机关责令限期改正或予以约谈;逾期不改正的,由税务机关降低信用等级或纳入信用记录,暂停受理所代理的涉税业务(暂停时间不超过六个月);情节严重的,由税务机关纳入涉税服务失信名录,予以公告并向社会信用平台推送,其所代理的涉税业务,税务机关不予受理:

(一)使用税务师事务所名称未办理行政登记的;

(二)未按照办税实名制要求提供涉税专业服务机构和从事涉税服务人员实名信息的;

(三)未按照业务信息采集要求报送从事涉税专业服务有关情况的;

(四)报送信息与实际不符的;

(五)拒不配合税务机关检查、调查的;

(六)其他违反税务机关监管规定的行为。

税务师事务所有前款第一项情形且逾期不改正的,省税务机关应当提请市场监管部门吊销其营业执照。

第十五条 涉税专业服务机构及其涉税服务人员有下列情形之一的,由税务机关列为重点监管对象,降低信用等级或纳入信用记录,暂停受理所代理的涉税业务(暂停时间不超过六个月);情节较重的,由税务机关纳入涉税服务失信名录,予以公告并向社会信用平台推送,其所代理的涉税业务,税务机关不予受理;情节严重的,其中,税务师事务所由省税务机关宣布《税务师事务所行政登记证书》无效,提请市场监管部门吊销其营业执照,提请全国税务师行业协会取消税务师职业资格证书登记、收回其职业资格证书并向社会公告,其他涉税服务机构及其从事涉税服务人员由税务机关提请其他行业主管部门及行业协会予以相应处理:

(一)违反税收法律、行政法规,造成委托人未缴或者少缴税款,按照《中华人民共和国税收征收管理法》及其实施细则相关规定被处罚的;

(二)未按涉税专业服务相关业务规范执业,出具虚假意见的;

(三)采取隐瞒、欺诈、贿赂、串通、回扣等不正当竞争手段承揽业务,损害委托人或他人利益的;

(四)利用服务之便,谋取不正当利益的;

(五)以税务机关和税务人员的名义敲诈纳税人、扣缴义务人的;

(六)向税务机关工作人员行贿或者指使、诱导委托人行贿的;

(七)其他违反税收法律法规的行为。

第十六条 税务机关应当为涉税专业服务机构提供便捷的服务,依托信息化平台为信用等级高的涉税专业服务机构开展批量纳税申报、信息报送等业务提供便利化服务。

第十七条 税务机关所需的涉税专业服务,应当通过政府采购方式购买。

税务机关和税务人员不得参与或违规干预涉税专业服务机构经营活动。

第十八条 税务师行业协会应当加强税务师行业自律管理，提高服务能力、强化培训服务，促进转型升级和行业健康发展。

税务师事务所自愿加入税务师行业协会。从事涉税专业服务的会计师事务所、律师事务所、代理记账机构除加入各自行业协会接受行业自律管理外，可自愿加入税务师行业协会税务代理人分会；鼓励其他没有加入任何行业协会的涉税专业服务机构自愿加入税务师行业协会税务代理人分会。

第十九条 各省税务机关依据本办法，结合本地实际，制定涉税专业服务机构从事涉税专业服务的具体实施办法。

第二十条 本办法自2017年9月1日起施行。

国家税务总局关于进一步完善涉税专业服务监管制度有关事项的公告

- 2019年12月27日
- 国家税务总局公告2019年第43号

为深入贯彻落实国务院"放管服"改革要求，优化税收营商环境，现就进一步完善涉税专业服务监管制度有关事项公告如下：

一、简化涉税专业服务信息采集

（一）减少涉税专业服务信息采集项目。不再要求涉税专业服务机构报送"协议金额""服务协议摘要""涉及委托人税款金额""业务报告摘要"信息。

（二）延长专项业务报告信息采集时限。将税务师事务所、会计师事务所、律师事务所报送专项业务报告信息的时限，由完成业务的次月底前，调整为次年3月31日前。

（三）放宽从事涉税服务人员信息报送要求。涉税专业服务机构可以根据自身业务特点，确定本机构报送"从事涉税服务人员基本信息"的具体人员范围。

（四）优化业务分类填报口径。涉税专业服务机构难以区分"一般税务咨询""专业税务顾问"和"税收策划"三类涉税业务的，可按"一般税务咨询"填报；对于实际提供纳税申报服务而不签署纳税申报表的，可按"一般税务咨询"填报。

（五）增加总分机构涉税专业服务信息报送选择。涉税专业服务机构跨地区设立不具有法人资格分支机构（包括分所和分公司）的，可选择由总机构向所在地主管税务机关汇总报送分支机构涉税专业服务信息，也可选择由分支机构自行向所在地主管税务机关报送涉税专业服务信息。

二、完善涉税专业服务信用复核机制

（一）涉税专业服务机构和从事涉税服务人员，对信用积分、信用等级和执业负面记录有异议的，可在信用记录产生或结果确定后12个月内，向税务机关申请复核。

税务机关应当按照包容审慎原则，于30个工作日内完成复核工作，作出复核结论，并提供查询服务。

（二）涉税专业服务机构和从事涉税服务人员对税务机关拟将其列入涉税服务失信名录有异议的，应当自收到《税务事项通知书》之日起10个工作日内提出申辩理由，向税务机关申请复核。

税务机关应当按照包容审慎原则，于10个工作日内完成复核工作，作出复核结论，并提供查询服务。

（三）税务机关应当为涉税专业服务机构和从事涉税服务人员申请复核提供电子税务局等便利化途径。

三、规范涉税专业服务约谈

涉税专业服务机构及其从事涉税服务人员存在《涉税专业服务监管办法（试行）》（国家税务总局公告2017年第13号发布，2019年第43号修改）第十四条所列情形，税务机关需要采取约谈方式的，应当事先向当事人送达《税务事项通知书》，通知当事人约谈的时间、地点和事由。当事人到达约谈场所后，应当由两名以上税务人员同时在场进行约谈。约谈人员应当对约谈过程做好记录，可视情况进行音像记录。

四、有关要求

涉税专业服务机构和从事涉税服务人员应当严格遵守税收法律法规及《涉税专业服务监管办法（试行）》的规定，不得借税收改革巧立名目乱收费，不得利用所掌握的涉税信息谋取不当经济利益，不得在办税服务厅招揽业务影响办税秩序，不得以税务机关的名义招揽生意，损害纳税人合法权益。

税务机关应当严格落实涉税专业服务监管责任，及时调查处理关于涉税专业服务的投诉举报。对扰乱个人所得税汇算等税收改革秩序经核实的，采取降低信用等级或纳入信用记录，暂停受理所代理的涉税业务等措施，进行严肃处理。

五、实施时间

本公告第一条第（一）项至第（四）项、第四条自2020年1月1日起施行，相应修改《涉税专业服务监管办法

(试行）》（国家税务总局公告 2017 年第 13 号发布）第九条第三款，《国家税务总局关于采集涉税专业服务基本信息和业务信息有关事项的公告》（国家税务总局公告 2017 年第 49 号）第二条第二款及附件 2《涉税专业服务协议要素信息采集表》的填表说明、附件 3《年度涉税专业服务总体情况表》的填表说明和附件 4《专项业务报告要素信息采集表》的填表说明，以及《涉税专业服务信用评价管理办法（试行）》（国家税务总局公告 2017 年第 48 号发布）附件《涉税专业服务机构信用积分指标体系及积分规则》中 070301、070302 指标的积分／扣分标准和积分／扣分规则说明。本公告第一条第（五）项、第二条、第三条自 2020 年 4 月 1 日起施行。《涉税专业服务信用评价管理办法（试行）》（国家税务总局公告 2017 年第 48 号发布）第十五条第一款、第二款同时废止。

修改后的上述规范性文件根据本公告重新发布（附件 1、2、3）。

特此公告。

附件：1. 涉税专业服务监管办法（试行）（略）
2. 国家税务总局关于采集涉税专业服务基本信息和业务信息有关事项的公告（略）
3. 涉税专业服务信用评价管理办法（试行）（略）

涉税专业服务基本准则（试行）

· 2023 年 9 月 5 日
· 国家税务总局公告 2023 年第 16 号

第一章 总 则

第一条 为了规范涉税专业服务行为，保障服务质量，维护国家税收利益和涉税专业服务当事人合法权益，根据《中华人民共和国税收征收管理法》及其实施细则和《涉税专业服务监管办法（试行）》，制定本准则。

第二条 涉税专业服务机构及其涉税服务人员在中华人民共和国境内从事涉税专业服务应当遵守本准则。

第三条 本准则所称涉税专业服务机构是指税务师事务所和从事涉税专业服务的会计师事务所、律师事务所、代理记账机构、税务代理公司、财税类咨询公司等机构。

本准则所称涉税服务人员是指在涉税专业服务机构中从事涉税专业服务的人员。

本准则所称涉税专业服务是指涉税专业服务机构接受委托，利用专业知识和技能，就涉税事项向委托人提供的税务代理等服务。

第四条 涉税专业服务包括纳税申报代理、一般税务咨询、专业税务顾问、税收策划、涉税鉴证、纳税情况审查、其他税务事项代理、发票服务和其他涉税服务等。

第二章 基本遵循

第五条 涉税专业服务机构及其涉税服务人员应当拥护中国共产党领导，坚持正确政治方向。

第六条 涉税专业服务机构及其涉税服务人员应当按照法律、行政法规、部门规章及规范性文件（以下简称法律法规）从事涉税专业服务，接受税务机关行政监管和相关行业协会自律监管。

第七条 涉税专业服务机构应当按照规定向税务机关报送机构基本信息及其涉税服务人员的身份信息和执业资质信息。

第八条 涉税专业服务机构及其涉税服务人员应当以真实身份开展涉税专业服务。

第九条 涉税专业服务机构及其涉税服务人员应当诚实守信、正直自律、勤勉尽责，遵守职业道德，维护行业形象。

第十条 从事涉税专业服务应当遵循独立、客观、公正、规范原则。

第十一条 涉税专业服务机构应当建立质量管理制度和风险控制机制，保障执业质量，降低执业风险。

第三章 业务承接

第十二条 涉税专业服务机构承接业务，一般包括业务环境评估、承接条件判断、服务协议签订、业务人员确定等程序。

第十三条 涉税专业服务机构在承接业务前，应当根据委托事项了解委托人的基本情况，如主体登记、运行情况、诚信状况和内部控制等。

委托事项涉及第三方的，应当延伸了解第三方的基本情况。

第十四条 涉税专业服务机构应当通过以下判断确定是否承接业务：

（一）委托方的委托目的是否合法合理；

（二）委托事项所属的业务类别；

（三）承接专业税务顾问、税收策划、涉税鉴证、纳税情况审查业务的，是否具备相应的资质；

（四）承接涉税鉴证和纳税情况审查业务是否符合独立性原则；

（五）是否具备承接该业务的专业胜任能力。

第十五条 承接业务应当与委托方签订服务协议。服务协议一般应当明确服务内容、服务方式、服务期限、服务费用、成果形式及用途、权利义务、违约责任、争议解决以及其他需要载明的事项。

第十六条　涉税专业服务机构应当根据承接业务内容委派具备专业胜任能力的人员执行业务，根据业务需要可以聘请外部专家。

委派的人员和聘请的外部专家应当符合执业要求和回避制度。

第四章　业务实施

第十七条　业务实施主要包括业务计划编制、资料收集评估、法律法规适用、业务成果形成、业务成果复核、业务成果交付、业务记录形成、业务档案归集等程序。

第十八条　开展业务应当根据服务协议约定编制业务计划，主要内容包括业务事项、执行程序、时间安排、人员分工、业务成果交付、风险管理及其他相关事项。

业务计划可以根据业务执行情况适时调整。

第十九条　开展业务应当根据执业需要充分、适当地取得并归集与业务内容相关的资料（包括单证、报表、文件和相关数据等），评估业务资料的关联性、合法性、真实性、完整性，并根据需要进行补充或调整。

第二十条　开展业务应当依据业务事实进行专业判断，确定适用的法律法规。

第二十一条　开展业务应当根据服务协议约定以及质量管理要求，执行必要的业务程序，形成业务成果。

业务成果应当根据具体业务类型选择恰当的形式，一般包括业务报告、专业意见、办税表单以及留存备查资料等形式。

业务成果应当事实清楚、证据充分、依据正确、程序合法、内容恰当、结论正确。

第二十二条　涉税专业服务机构应当根据质量管理要求建立业务成果复核制度。

专业税务顾问、税收策划、涉税鉴证、纳税情况审查专项业务应当实施两级以上复核。

第二十三条　涉税专业服务机构应当按照协议约定交付业务成果。

出具书面业务报告或专业意见的，应当加盖机构印章后交付委托人。

专业税务顾问、税收策划、涉税鉴证和纳税情况审查四类业务成果，应当由承办业务的税务师、注册会计师或者律师签章。

出具办税表单、留存备查资料等其他形式的，应当按照约定方式交付委托人。

第二十四条　涉税专业服务机构应当建立业务记录制度，记录执业过程并形成工作底稿。

工作底稿应当内容完整、重点突出、逻辑清晰、结论明确。

第二十五条　涉税专业服务完成后，应当整理业务协议、业务成果、工作底稿等相关资料，于业务完成后60日内形成电子或纸质的业务档案，并保证档案的真实、完整。

第二十六条　涉税专业服务机构应当建立档案管理制度，保障电子或纸质档案安全，按照法律法规规定合理确定档案保管期限，最低不少于10年。

第二十七条　未经委托人同意，涉税专业服务机构不得向任何第三方提供业务档案，但下列情况除外：

（一）税务机关实施涉税专业服务行政监管需要查阅的；

（二）税务机关依法开展税务检查需要查阅的；

（三）法律、行政法规另有规定的。

第五章　附　则

第二十八条　涉税专业服务机构及其涉税服务人员向委托人提供社会保险费和由税务机关征收的非税收入服务的，可以参照本准则执行。

第二十九条　本准则自2023年10月1日起施行。

涉税专业服务职业道德守则（试行）

· 2023年9月5日
· 国家税务总局公告2023年第16号

第一条　为了规范涉税专业服务机构及其涉税服务人员执业行为，提高涉税专业服务行业职业道德水准，维护职业形象，根据《涉税专业服务基本准则（试行）》制定本守则。

第二条　涉税专业服务机构及其涉税服务人员在中华人民共和国境内从事涉税专业服务应当遵守本守则。

第三条　从事涉税专业服务应当诚实守信、正直自律、勤勉尽责。

第四条　从事涉税专业服务应当遵守法律、行政法规、部门规章及规范性文件（以下简称法律法规）的要求，履行服务协议的约定。

不得采取隐瞒、欺诈、贿赂、串通、回扣、不当承诺、恶意低价和虚假宣传等不正当手段承揽业务；不得歪曲解读税收政策；不得诱导、帮助委托人实施涉税违法违规活动。

第五条　从事涉税专业服务应当自觉维护职业形象，廉洁从业。

第六条 从事涉税专业服务应当遵循客观公正原则，基于业务事实，遵守法律法规。

第七条 从事涉税专业服务应当秉持专业精神和职业操守。

从事涉税鉴证、纳税情况审查服务，不得与被鉴证人、被审查人存在影响独立性的利益关系。

第八条 对委托事项存在涉及税收违法违规风险的，应当提醒委托人排除，并审慎评估对业务开展的影响。

第九条 涉税服务人员应当通过继续教育、业务培训等途径持续掌握和更新法律法规、办税实务和信息技术等方面的专业知识和技能，保持专业胜任能力。

第十条 从事涉税专业服务应当依照法律法规规定和协议约定，对涉税专业服务过程中知悉的国家安全信息、个人隐私和个人信息、商业秘密予以保密。

第十一条 从事涉税专业服务应当有效保护和合法合规使用涉税专业服务过程中知悉的涉税数据，不得利用涉税数据谋取不正当利益。

第十二条 本守则自2023年10月1日起施行。

税务机关政府信息公开申请办理规范

- 2020年7月28日
- 税总办发〔2020〕35号

为规范省及省以下税务机关政府信息公开申请办理答复工作，充分保障公民、法人和其他组织知情权，根据《中华人民共和国政府信息公开条例》（以下简称《条例》），制定本规范。

一、政府信息公开申请的提出

公民、法人或者其他组织可以采取当面申请、邮寄申请、互联网在线平台申请等方式提出政府信息公开申请，并在政府信息公开申请表中准确详实填写申请人信息、所需政府信息事项内容、信息获取方式等。税务机关应在政府信息公开指南中列明申请渠道和有关要求。

（一）当面申请。申请人可以携带有效身份证明或者证明文件，直接到税务机关政府信息公开工作机构（以下简称信息公开机构）当面提出申请。申请人采用书面形式确有困难的，可以口头提出，由信息公开机构代为填写政府信息公开申请表，并由申请人签字确认。

（二）邮寄申请。申请人自行下载并填写政府信息公开申请表，连同有效身份证明或者证明文件复印件，邮寄到信息公开机构。在信封上应注明"政府信息公开申请"字样。

（三）互联网在线申请。申请人可以登录税务网站，在线填写提交政府信息公开申请表。信息公开机构应当安排工作人员工作日及时查看并处置在线申请。

二、政府信息公开申请的登记

税务机关信息公开机构应当建立台账，对收到的政府信息公开申请及办理情况逐一记载。应登记的内容主要包括：

（一）收到申请的时间。主要包括以下四种情形：

1. 申请人当面提交政府信息公开申请的，信息公开机构应向申请人出具登记回执，以申请人提交之日为收到申请之日；

2. 申请人以特快专递、挂号信等需要签收的邮寄方式提交政府信息公开申请的，以税务机关签收之日为收到申请之日；

3. 申请人以平常信函等无需签收的邮寄方式提交政府信息公开申请的，信息公开机构应当于收到申请的当日与申请人进行确认，以确认之日为收到申请之日；

4. 申请人通过互联网在线提交政府信息公开申请的，信息公开机构应当于收到申请的当日与申请人进行确认，以确认之日为收到申请之日。

上述所称"确认"，是指信息公开机构通过电话或者申请人提供的其他联系方式，向申请人告知税务机关已收到其政府信息公开申请。

（二）申请情况。申请情况主要包括申请人信息、申请渠道、申请公开的内容、信息获取的方式等，其中申请人情况分以下两种情况进行登记：

1. 申请人是公民的，应登记申请人姓名、身份证号码、联系电话、通信地址、邮政编码等。

2. 申请人是法人或者其他组织的，应登记申请人名称、性质（按工商企业、科研机构、社会公益组织、法律服务机构、其他等划分）、统一社会信用代码、通信地址、邮政编码、联系电话、联系人姓名。

（三）办理情况。主要登记办理的过程及进展等情况，包括补正、征求意见、答复、送达等情况。

（四）复议诉讼情况。主要包括申请人提出行政复议、行政诉讼及相关进展、结果等情况。

三、政府信息公开申请的审核

收到政府信息公开申请后，信息公开机构应当对申请内容进行审核。申请内容不符合规定要求的，应及时告知申请人进行补正。

（一）应当补正的情形

1. 未提供申请人的姓名或者名称、身份证明、联系方式的；

2. 申请公开的政府信息的名称、文号或者其他特征性描述不明确或有歧义的；

3. 申请公开的政府信息的形式要求不明确的，包括未明确获取信息的方式、途径等。

（二）补正告知的方式。需要申请人补正的，信息公开机构应当在收到申请之日起7个工作日内一次性告知申请人补正事项、合理补正期限、逾期不补正的后果。

1. 申请人要求邮寄送达但未提供联系方式、邮寄地址的，税务机关应告知申请人提供。因申请人未提供联系方式或者邮寄地址而无法告知其补正的，对其申请予以登记备查，自恢复与申请人的联系之日起，启动政府信息公开申请处理程序。

2. 申请人未提供身份证明的，税务机关应告知申请人提供。如果申请人的身份影响到对相关政府信息公开的判断，或者可能存在冒用身份等情况，信息公开机构可以对申请人的身份证明进行核实。身份证明存在问题的，可以与申请人进一步沟通，或者启动补正程序请申请人提供正确的身份证明。

3. 申请人申请的政府信息特征性描述无法指向特定信息、理解有歧义，或者涉及咨询事项的，税务机关应告知申请人作出更改、补充，并对需要补正的理由和内容作出辅导与释明。

4. 申请人未明确政府信息获取方式和途径的，税务机关可要求申请人予以明确。

（三）补正结果

1. 补正原则上不超过一次。申请人补正后仍无法明确申请内容的，税务机关应当通过与申请人当面或者电话沟通等方式明确其所需获取的政府信息；经沟通，税务机关认为申请内容仍不明确的，可以根据客观事实作出无法提供的决定。

2. 补正期限一般不超过15个工作日。申请人无正当理由，逾期不补正的，视为放弃申请，税务机关不再处理该政府信息公开申请。

3. 答复期限自税务机关收到申请人补正材料之日起计算。

（四）撤回申请。申请人自愿撤回政府信息公开申请的，税务机关自收到撤回申请之日起不再处理其政府信息公开申请，信息公开机构作结案登记，并留存申请人撤回申请等相关材料。

四、政府信息公开申请的办理

（一）信息公开机构直接办理。对于政府信息申请内容明确，信息公开机构能够直接办理的，可自行起草政府信息公开申请答复文书。

（二）交承办部门办理。信息公开机构认为需要交本机关相关部门办理的，根据申请内容确定具体承办部门，填写《政府信息公开申请办理审批表》及交办单，经信息公开机构负责人签批后，将政府信息公开申请交承办部门办理。

承办部门应当在信息公开机构明确的期限内提出予以公开、不予公开、部分公开、无法提供、不予处理等办理意见并说明理由，经部门主要负责人签批后反馈信息公开机构；涉及多个部门的，由牵头承办部门协调办理。需要补正或者征求第三方及其他行政机关意见的，按以下规定办理：

1. 承办部门收到信息公开机构转办的政府信息公开申请后，认为申请内容不明确，需要补正的，应当在收到申请的当日提出补正建议，并将政府信息公开申请退回信息公开机构。

2. 申请公开的政府信息涉及商业秘密、个人隐私，公开后可能损害第三方利益的，承办部门应提请信息公开机构书面征求第三方意见。第三方应自收到征求意见书之日起15个工作日内提出意见。第三方逾期未提出意见的，由承办部门依照《条例》决定是否公开，决定公开的，应将公开的政府信息内容和理由书面告知该第三方。

3. 申请公开的政府信息由本税务机关牵头、其他行政机关参与制作的，承办部门应提请信息公开机构书面征求其他行政机关意见。

4. 承办部门认为在本机关收到申请之日起20个工作日内不能作出答复，需要延长答复期限的，应当报经信息公开机构负责人同意后告知申请人，延长的期限不得超过20个工作日。征求第三方和其他行政机关意见所需时间不计算在前述期限内。

五、政府信息公开申请的答复

各级税务机关应对政府信息公开申请作出最终处理决定、制作相应法律文书并送达申请人。答复文书分为答复书和告知书，应当具备以下要素：标题、文号、申请人姓名（名称）、申请事实、法律依据、处理决定、申请人复议诉讼的权利和期限、答复主体、答复日期及印章。

（一）起草答复文书。信息公开机构应当自行或者按照承办部门意见起草政府信息公开答复文书。答复书主要分为予以公开、不予公开、部分公开、无法提供、不予处理等五种类型，具体如下：

1. 予以公开类
（1）申请人所申请的政府信息已经主动公开的，税务机关告知其获取方式和途径；
（2）申请人所申请公开信息可以公开的，税务机关向其提供该政府信息；
（3）申请人所申请的政府信息尚未公开，但是税务机关能够确定主动公开时间的，可以告知申请人获取该政府信息的方式、途径和时间。

2. 不予公开类
（1）依法确定为国家秘密的政府信息；
（2）法律、行政法规禁止公开的政府信息；
（3）公开后可能危及国家安全、公共安全、经济安全、社会稳定的政府信息。对可能涉及国家安全、公共安全、经济安全和社会稳定的申请，应加强相关部门间的协商会商，依据有关法律法规，对信息是否应该公开、公开后可能带来的影响等进行综合分析，研究提出处理意见，并留存相关审核材料等证据；
（4）涉及商业秘密、个人隐私等公开会对第三方合法权益造成损害的政府信息，但第三方同意公开或者税务机关认为不公开会对公共利益造成重大影响的除外；
（5）税务机关的内部事务信息，包括人事管理、后勤管理、内部工作流程等方面的信息，可以不予公开；
（6）税务机关在履行行政管理职能过程中形成的讨论记录、过程稿、磋商信函、请示报告等过程性信息，可以不予公开，但法律、法规、规章规定应当公开的除外；
（7）税务机关在行政征收、行政处罚、行政许可、行政检查、行政强制、行政奖励、行政确认以及行政复议等工作中形成的行政执法案卷信息，可以不予公开，但法律、法规、规章规定应当公开的除外。

3. 部分公开类
申请公开的信息中含有不应当公开或者不属于政府信息的内容，但是能够作区分处理的，税务机关应当向申请人提供可以公开的政府信息内容，并对不予公开的内容说明理由。

4. 无法提供类
（1）对申请人所申请获取的政府信息，税务机关应当认真查找、检索，确认申请信息是否存在。经检索查找，税务机关未制作、获取相关信息或者已制作或获取相关信息，但由于超过保管期限、依法销毁、资料灭失等原因，税务机关客观上无法提供的，可以告知申请人该政府信息不存在；
（2）申请公开的信息属于其他行政机关职责范围、本机关不掌握的，可告知申请人并说明理由；能够确定负责公开该政府信息的行政机关的，告知申请人该行政机关的名称、联系方式；
（3）税务机关没有现成信息，需要对现有政府信息进行加工、分析的，税务机关可以不予提供；
（4）申请人补正后申请内容仍不明确的，税务机关可以告知申请人无法提供。

5. 不予处理类
（1）申请人以政府信息公开申请的形式进行信访、投诉、举报等活动的，税务机关应当告知申请人不作为政府信息公开申请处理，并告知进行信访、投诉、举报等活动的渠道；
（2）税务机关已就申请人提出的政府信息公开申请作出答复、申请人重复申请公开相同政府信息的，告知申请人不予重复处理；
（3）申请人提出的申请内容为要求税务机关提供政府公报、报刊、书籍等公开出版物的，税务机关可以告知其获取的途径；
（4）申请人申请公开政府信息的数量、频次明显超过合理范围，税务机关可以要求申请人说明理由。税务机关认为申请理由不合理的，告知申请人不予处理；
（5）申请人要求对已获取的政府信息进行确认或者重新出具的，税务机关可以不予处理。申请人要求税务机关更正与其自身相关的不准确政府信息记录，有权更正的税务机关审核属实的，应当予以更正并告知申请人；不属于本税务机关职能范围的，税务机关告知申请人向有权更正的行政机关提出，或者转送有权更正的行政机关处理并告知申请人；
（6）所申请公开信息属于工商、不动产登记资料等信息，有关法律、行政法规对信息的获取有特别规定的，告知申请人依照有关法律、行政法规的规定办理；
（7）申请人申请的信息属于党务信息的，税务机关可以不予处理，并告知申请人按照《中国共产党党务公开条例（试行）》有关规定办理。

（二）法规部门审核。法规部门对信息公开机构起草的答复文书进行审核，并及时反馈审核意见。

（三）报批。信息公开机构根据法规部门审核意见修改答复文书，并报本机关分管领导批准后，作出答复决定；涉及关键信息、敏感信息的，应报本机关主要领导批准。

符合下列情形之一的，应召开本机关政务公开工作领导小组会议作出处理决定：申请人申请的数量、频次明显超过合理范围，税务机关要求申请人说明理由且认为申请理由不合理的;第三方不同意公开,税务机关决定予以公开;认为公开政府信息可能危及国家安全、公共安全、经济安全和社会稳定的,税务机关决定不予公开。

（四）送达

1.送达方式。税务机关依申请公开政府信息,应当根据申请人的要求及税务机关保存政府信息的实际情况,确定提供政府信息的具体形式,主要有当面提供、邮政寄送或者通过互联网在线申请平台发送三种形式。按照申请人要求的形式提供政府信息,可能危及政府信息载体安全或者公开成本过高的,可以通过电子文档以及其他适当形式提供,或者安排申请人查阅、抄录相关政府信息;

2.送达时间。邮寄送达的,应通过邮政快递或者挂号方式,以邮政企业收寄并加盖邮戳日期为答复时间;通过互联网在线申请平台送达的,应将答复文书扫描上传并将相关政府信息作为附件一并发送,网络系统发出文书的日期为答复时间;当面送达的,申请人签收的日期为答复时间。

六、政府信息公开申请资料的整理保管

（一）应当整理保管的资料。办理政府信息公开申请工作中产生的下列资料,应当由信息公开机构按件整理保管：政府信息公开申请表原件,申请人身份证明或者证明文件复印件,办理过程中形成的运转单、审批表,对申请人作出的告知书、答复书,向其他行政机关及第三方发出的征求意见函,其他行政机关及第三方意见,邮寄单据和相关签收单据以及应当保管的其他材料。

（二）保管期限。办理政府信息公开申请过程中产生的档案材料保管5年后,经分析研判无保存价值的,由信息公开机构负责人批准,可予销毁。因政府信息公开发生行政复议、行政诉讼以及具有查考利用价值的重要材料,按年度向机关档案管理部门移交归档。

七、附注

本规范所称税务机关,是指省和省以下税务局及经省税务局确定负责与所履行行政管理职能有关的政府信息公开工作的派出机构、内设机构。

税务文书电子送达规定（试行）

· 2019年12月3日
· 国家税务总局公告2019年第39号

第一条 为进一步便利纳税人办税,保护纳税人合法权益,提高税收征管效率,减轻征纳双方负担,根据《中华人民共和国税收征收管理法》及其实施细则、国家电子政务等有关制度规定,结合税务文书送达工作实际,制定本规定。

第二条 本规定所称电子送达,是指税务机关通过电子税务局等特定系统（以下简称"特定系统"）向纳税人、扣缴义务人（以下简称"受送达人"）送达电子版式税务文书。

第三条 经受送达人同意,税务机关可以采用电子送达方式送达税务文书。

电子送达与其他送达方式具有同等法律效力。受送达人可以据此办理涉税事宜,行使权利、履行义务。

第四条 受送达人同意采用电子送达的,签订《税务文书电子送达确认书》。《税务文书电子送达确认书》包括电子送达的文书范围、效力、渠道和其他需要明确的事项。

受送达人可以登录特定系统直接签订电子版《税务文书电子送达确认书》,也可以到税务机关办税服务厅签订纸质版《税务文书电子送达确认书》,由税务机关及时录入相关系统。

第五条 税务机关采用电子送达方式送达税务文书的,以电子版式税务文书到达特定系统受送达人端的日期为送达日期,特定系统自动记录送达情况。

第六条 税务机关向受送达人送达电子版式税务文书后,通过电话、短信等方式发送提醒信息。提醒服务不影响电子文书送达的效力。

受送达人及时登录特定系统查阅电子版式税务文书。

第七条 受送达人需要纸质税务文书的,可以通过特定系统自行打印,也可以到税务机关办税服务厅打印。

第八条 税务处理决定书、税务行政处罚决定书（不含简易程序处罚）、税收保全措施决定书、税收强制执行决定书、阻止出境决定书以及税务稽查、税务行政复议过程中使用的税务文书等暂不适用本规定。

第九条 本规定自2020年4月1日起施行。

（三）税收违法行为及处理

中华人民共和国刑法（节录）

· 1979年7月1日第五届全国人民代表大会第二次会议通过
· 1997年3月14日第八届全国人民代表大会第五次会议修订
· 根据1998年12月29日第九届全国人民代表大会常务委员会第六次会议通过的《全国人民代表大会常务委员会关于惩治骗购外汇、逃汇和非法买卖外汇犯罪的决定》、1999年12月25日第九届全国人民代表大会常务委员会第十三次会议通过的《中华人民共和国刑法修正案》、2001年8月31

日第九届全国人民代表大会常务委员会第二十三次会议通过的《中华人民共和国刑法修正案(二)》、2001年12月29日第九届全国人民代表大会常务委员会第二十五次会议通过的《中华人民共和国刑法修正案(三)》、2002年12月28日第九届全国人民代表大会常务委员会第三十一次会议通过的《中华人民共和国刑法修正案(四)》、2005年2月28日第十届全国人民代表大会常务委员会第十四次会议通过的《中华人民共和国刑法修正案(五)》、2006年6月29日第十届全国人民代表大会常务委员会第二十二次会议通过的《中华人民共和国刑法修正案(六)》、2009年2月28日第十一届全国人民代表大会常务委员会第七次会议通过的《中华人民共和国刑法修正案(七)》、2009年8月27日第十一届全国人民代表大会常务委员会第十次会议通过的《全国人民代表大会常务委员会关于修改部分法律的决定》、2011年2月25日第十一届全国人民代表大会常务委员会第十九次会议通过的《中华人民共和国刑法修正案(八)》、2015年8月29日第十二届全国人民代表大会常务委员会第十六次会议通过的《中华人民共和国刑法修正案(九)》、2017年11月4日第十二届全国人民代表大会常务委员会第三十次会议通过的《中华人民共和国刑法修正案(十)》、2020年12月26日第十三届全国人民代表大会常务委员会第二十四次会议通过的《中华人民共和国刑法修正案(十一)》和2023年12月29日第十四届全国人民代表大会常务委员会第七次会议通过的《中华人民共和国刑法修正案(十二)》修正①

……

第二百零一条　【逃税罪】纳税人采取欺骗、隐瞒手段进行虚假纳税申报或者不申报，逃避缴纳税款数额较大并且占应纳税额百分之十以上的，处三年以下有期徒刑或者拘役，并处罚金；数额巨大并且占应纳税额百分之三十以上的，处三年以上七年以下有期徒刑，并处罚金。

扣缴义务人采取前款所列手段，不缴或者少缴已扣、已收税款，数额较大的，依照前款的规定处罚。

对多次实施前两款行为，未经处理的，按照累计数额计算。

有第一款行为，经税务机关依法下达追缴通知后，补缴应纳税款，缴纳滞纳金，已受行政处罚的，不予追究刑事责任；但是，五年内因逃避缴纳税款受过刑事处罚或者被税务机关给予二次以上行政处罚的除外。

第二百零二条　【抗税罪】以暴力、威胁方法拒不缴纳税款的，处三年以下有期徒刑或者拘役，并处拒缴税款一倍以上五倍以下罚金；情节严重的，处三年以上七年以下有期徒刑，并处拒缴税款一倍以上五倍以下罚金。

第二百零三条　【逃避追缴欠税罪】纳税人欠缴应纳税款，采取转移或者隐匿财产的手段，致使税务机关无法追缴欠缴的税款，数额在一万元以上不满十万元的，处三年以下有期徒刑或者拘役，并处或者单处欠缴税款一倍以上五倍以下罚金；数额在十万元以上的，处三年以上七年以下有期徒刑，并处欠缴税款一倍以上五倍以下罚金。

第二百零四条　【骗取出口退税罪】以假报出口或者其他欺骗手段，骗取国家出口退税款，数额较大的，处五年以下有期徒刑或者拘役，并处骗取税款一倍以上五倍以下罚金；数额巨大或者有其他严重情节的，处五年以上十年以下有期徒刑，并处骗取税款一倍以上五倍以下罚金；数额特别巨大或者有其他特别严重情节的，处十年以上有期徒刑或者无期徒刑，并处骗取税款一倍以上五倍以下罚金或者没收财产。

纳税人缴纳税款后，采取前款规定的欺骗方法，骗取所缴纳的税款的，依照本法第二百零一条的规定定罪处罚；骗取税款超过所缴纳的税款部分，依照前款的规定处罚。

第二百零五条　【虚开增值税专用发票、用于骗取出口退税、抵扣税款发票罪】虚开增值税专用发票或者虚开用于骗取出口退税、抵扣税款的其他发票的，处三年以下有期徒刑或者拘役，并处二万元以上二十万元以下罚金；虚开的税款数额较大或者有其他严重情节的，处三年以上十年以下有期徒刑，并处五万元以上五十万元以下罚金；虚开的税款数额巨大或者有其他特别严重情节的，处十年以上有期徒刑或者无期徒刑，并处五万元以上五十万元以下罚金或者没收财产。

单位犯本条规定之罪的，对单位判处罚金，并对其直接负责的主管人员和其他直接责任人员，处三年以下有期徒刑或者拘役；虚开的税款数额较大或者有其他严重情节的，处三年以上十年以下有期徒刑；虚开的税款数额巨大或者有其他特别严重情节的，处十年以上有期徒刑或者无期徒刑。

虚开增值税专用发票或者虚开用于骗取出口退税、抵扣税款的其他发票，是指有为他人虚开、为自己虚开、

---

①　刑法、历次刑法修正案、涉及修改刑法的决定的施行日期，分别依据各法律所规定的施行日期确定。
　　另，总则部分条文主旨为编者所加，分则部分条文主旨是根据司法解释确定罪名所加。

让他人为自己虚开、介绍他人虚开行为之一的。

第二百零五条之一 【虚开发票罪】虚开本法第二百零五条规定以外的其他发票,情节严重的,处二年以下有期徒刑、拘役或者管制,并处罚金;情节特别严重的,处二年以上七年以下有期徒刑,并处罚金。

单位犯前款罪的,对单位判处罚金,并对其直接负责的主管人员和其他直接责任人员,依照前款的规定处罚。

第二百零六条 【伪造、出售伪造的增值税专用发票罪】伪造或者出售伪造的增值税专用发票的,处三年以下有期徒刑、拘役或者管制,并处二万元以上二十万元以下罚金;数量较大或者有其他严重情节的,处三年以上十年以下有期徒刑,并处五万元以上五十万元以下罚金;数量巨大或者有其他特别严重情节的,处十年以上有期徒刑或者无期徒刑,并处五万元以上五十万元以下罚金或者没收财产。

单位犯本条规定之罪的,对单位判处罚金,并对其直接负责的主管人员和其他直接责任人员,处三年以下有期徒刑、拘役或者管制;数量较大或者有其他严重情节的,处三年以上十年以下有期徒刑;数量巨大或者有其他特别严重情节的,处十年以上有期徒刑或者无期徒刑。

第二百零七条 【非法出售增值税专用发票罪】非法出售增值税专用发票的,处三年以下有期徒刑、拘役或者管制,并处二万元以上二十万元以下罚金;数量较大的,处三年以上十年以下有期徒刑,并处五万元以上五十万元以下罚金;数量巨大的,处十年以上有期徒刑或者无期徒刑,并处五万元以上五十万元以下罚金或者没收财产。

第二百零八条 【非法购买增值税专用发票、购买伪造的增值税专用发票罪】非法购买增值税专用发票或者购买伪造的增值税专用发票的,处五年以下有期徒刑或者拘役,并处或者单处二万元以上二十万元以下罚金。

非法购买增值税专用发票或者购买伪造的增值税专用发票又虚开或者出售的,分别依照本法第二百零五条、第二百零六条、第二百零七条的规定定罪处罚。

第二百零九条 【非法制造、出售非法制造的用于骗取出口退税、抵扣税款发票罪】伪造、擅自制造或者出售伪造、擅自制造的可以用于骗取出口退税、抵扣税款的其他发票的,处三年以下有期徒刑、拘役或者管制,并处二万元以上二十万元以下罚金;数量巨大的,处三年以上七年以下有期徒刑,并处五万元以上五十万元以下罚金;数量特别巨大的,处七年以上有期徒刑,并处五万元以上五

十万元以下罚金或者没收财产。

【非法制造、出售非法制造的发票罪】伪造、擅自制造或者出售伪造、擅自制造的前款规定以外的其他发票的,处二年以下有期徒刑、拘役或者管制,并处或者单处一万元以上五万元以下罚金;情节严重的,处二年以上七年以下有期徒刑,并处五万元以上五十万元以下罚金。

【非法出售用于骗取出口退税、抵扣税款发票罪】非法出售可以用于骗取出口退税、抵扣税款的其他发票的,依照第一款的规定处罚。

【非法出售发票罪】非法出售第三款规定以外的其他发票的,依照第二款的规定处罚。

第二百一十条 【盗窃罪】盗窃增值税专用发票或者可以用于骗取出口退税、抵扣税款的其他发票的,依照本法第二百六十四条的规定定罪处罚。

【诈骗罪】使用欺骗手段骗取增值税专用发票或者可以用于骗取出口退税、抵扣税款的其他发票的,依照本法第二百六十六条的规定定罪处罚。

第二百一十条之一 【持有伪造的发票罪】明知是伪造的发票而持有,数量较大的,处二年以下有期徒刑、拘役或者管制,并处罚金;数量巨大的,处二年以上七年以下有期徒刑,并处罚金。

单位犯前款罪的,对单位判处罚金,并对其直接负责的主管人员和其他直接责任人员,依照前款的规定处罚。

第二百一十一条 【单位犯危害税收征管罪的处罚规定】单位犯本节第二百零一条、第二百零三条、第二百零四条、第二百零七条、第二百零八条、第二百零九条规定之罪的,对单位判处罚金,并对其直接负责的主管人员和其他直接责任人员,依照各该条的规定处罚。

第二百一十二条 【税收征缴优先原则】犯本节第二百零一条至第二百零五条规定之罪,被判处罚金、没收财产的,在执行前,应当先由税务机关追缴税款和所骗取的出口退税款。

……

全国人民代表大会常务委员会关于《中华人民共和国刑法》有关出口退税、抵扣税款的其他发票规定的解释

· 2005年12月29日第十届全国人民代表大会常务委员会第十九次会议通过

全国人民代表大会常务委员会根据司法实践中遇到的情况,讨论了刑法规定的"出口退税、抵扣税款的其他

发票"的含义问题,解释如下:

刑法规定的"出口退税、抵扣税款的其他发票",是指除增值税专用发票以外的,具有出口退税、抵扣税款功能的收付款凭证或者完税凭证。

现予公告。

欠税公告办法(试行)

- 2004年10月10日国家税务总局令第9号公布
- 根据2018年6月15日《国家税务总局关于修改部分税务部门规章的决定》修正

第一条 为了规范税务机关的欠税公告行为,督促纳税人自觉缴纳欠税,防止新的欠税的发生,保证国家税款的及时足额入库,根据《中华人民共和国税收征收管理法》(以下简称《税收征管法》)及其实施细则的规定,制定本办法。

第二条 本办法所称公告机关为县以上(含县)税务局。

第三条 本办法所称欠税是指纳税人超过税收法律、行政法规规定的期限或者纳税人超过税务机关依照税收法律、行政法规规定确定的纳税期限(以下简称税款缴纳期限)未缴纳的税款,包括:

(一)办理纳税申报后,纳税人未在税款缴纳期限内缴纳的税款;

(二)经批准延期缴纳的税款期限已满,纳税人未在税款缴纳期限内缴纳的税款;

(三)税务检查已查定纳税人的应补税额,纳税人未在税款缴纳期限内缴纳的税款;

(四)税务机关根据《税收征管法》第二十七条、第三十五条核定纳税人的应纳税额,纳税人未在税款缴纳期限内缴纳的税款;

(五)纳税人的其他未在税款缴纳期限内缴纳的税款。

税务机关对前款规定的欠税数额应当及时核实。

本办法公告的欠税不包括滞纳金和罚款。

第四条 公告机关应当按期在办税场所或者广播、电视、报纸、期刊、网络等新闻媒体上公告纳税人的欠缴税款情况。

(一)企业或单位欠税的,每季公告一次;

(二)个体工商户和其他个人欠税的,每半年公告一次;

(三)走逃、失踪的纳税户以及其他经税务机关查无下落的非正常户欠税的,随时公告。

第五条 欠税公告内容如下:

(一)企业或单位欠税的,公告企业或单位的名称、纳税人识别号、法定代表人或负责人姓名、居民身份证或其他有效身份证件号码、经营地点、欠税税种、欠税余额和当期新发生的欠税金额;

(二)个体工商户欠税的,公告业户名称、业主姓名、纳税人识别号、居民身份证或其他有效身份证件号码、经营地点、欠税税种、欠税余额和当期新发生的欠税金额;

(三)个人(不含个体工商户)欠税的,公告其姓名、居民身份证或其他有效身份证件号码、欠税税种、欠税余额和当期新发生的欠税金额。

第六条 企业、单位纳税人欠缴税款200万元以下(不含200万元)、个体工商户和其他个人欠缴税款10万元以下(不含10万元)的由县级税务局(分局)在办税服务厅公告。

企业、单位纳税人欠缴税款200万元以上(含200万元)、个体工商户和其他个人欠缴税款10万元以上(含10万元)的,由地(市)级税务局(分局)公告。

对走逃、失踪的纳税户以及其他经税务机关查无下落的纳税人欠税的,由各省、自治区、直辖市和计划单列市税务局公告。

第七条 对按本办法规定需要由上级公告机关公告的纳税人欠税信息,下级公告机关应及时上报。具体的时间和要求由各省、自治区、直辖市和计划单列市税务局确定。

第八条 公告机关在欠税公告前,应当深入细致地对纳税人欠税情况进行确认,重点要就欠税统计清单数据与纳税人分户台账记载数据、账簿记载书面数据与信息系统记录电子数据逐一进行核对,确保公告数据的真实、准确。

第九条 欠税一经确定,公告机关应当以正式文书的形式签发公告决定,向社会公告。

欠税公告的数额实行欠税余额和新增欠税相结合的办法,对纳税人的以下欠税,税务机关可不公告:

一、已宣告破产,经法定清算后,依法注销其法人资格的企业欠税;

二、被责令撤销、关闭,经法定清算后,被依法注销或吊销其法人资格的企业欠税;

三、已经连续停止生产经营一年(按日历日期计算)以上的企业欠税;

四、失踪两年以上的纳税人的欠税。

公告决定应当列为税收征管资料档案,妥善保存。

第十条 公告机关公告纳税人欠税情况不得超出本

办法规定的范围，并应依照《税收征管法》及其实施细则的规定对纳税人的有关情况进行保密。

第十一条 欠税发生后，除依照本办法公告外，税务机关应当依法催缴并严格按日计算加收滞纳金，直至采取税收保全、税收强制执行措施清缴欠税。任何单位和个人不得以欠税公告代替税收保全、税收强制执行等法定措施的实施，干扰清缴欠税。各级公告机关应指定部门负责欠税公告工作，并明确其他有关职能部门的相关责任，加强欠税管理。

第十二条 公告机关应公告不公告或者应上报不上报，给国家税款造成损失的，上级税务机关除责令其改正外，应按《中华人民共和国公务员法》规定，对直接责任人员予以处理。

第十三条 扣缴义务人、纳税担保人的欠税公告参照本办法的规定执行。

第十四条 各省、自治区、直辖市和计划单列市税务局可以根据本办法制定具体实施细则。

第十五条 本办法由国家税务总局负责解释。

第十六条 本办法自2005年1月1日起施行。

欠缴税金核算管理暂行办法①

- 2000年11月28日
- 国税发〔2000〕193号

第一章 总 则

第一条 为了如实核算反映欠缴税金情况，严密监控和有效清缴欠缴税金，加强组织收入工作和税收征管工作，特制定本办法。

第二条 本办法所称的欠缴税金是指税务机关负责征收的应缴未缴的各项收入，包括呆账税金、往年陈欠、本年新欠、未到限缴日期的未缴税款、缓征税款和应缴未缴滞纳金。

第三条 各级税务机关必须严格按《税收会计制度》和本办法的规定，对欠缴税金及时、如实地进行分类确认、核算和反映，不得弄虚作假、不得隐瞒。

第四条 对于已发生的呆账税金、往年陈欠和本年新欠，各征收单位必须严格按《税收征管法》的规定计收滞纳金，严密监控管理，并根据纳税人的生产经营变化情况及时进行追缴。

第五条 欠缴税金的分类确认工作由各税务机关的税政主管部门或征管部门负责，监控和追缴工作由征管和稽查部门负责，核算反映工作由计会部门负责。各部门必须密切配合，切实加强欠缴税金的管理。

第二章 欠缴税金的核算

第六条 各会计核算单位都必须在"待清理呆账税金"总账科目下，增设"关停企业呆账税金"、"空壳企业呆账税金"、"政府政策性呆账税金"、"其他呆账税金"四类明细科目，详细核算反映所有的关停企业、空壳企业和政府政策原因造成的欠缴税金及所有三年以上的欠缴税金情况。各类呆账税金的具体核算范围如下：

（一）"关停企业呆账税金"，指因国家产业调整、企业改制等政策要求被依法破产关闭，因违反国家法律、法规规定被依法责令关闭，以及因自行解散而关闭，已正式公告破产、撤销、解散，但尚未依法终止其法人资格的企业（包括企业、事业单位和社会团体，以下同），经追缴仍未清回的欠缴税金；已连续停止生产经营一年（按日历日期计算）以上，但未公告破产、撤销、解散的资不抵债的企业，以及按税收征管制度规定转入"非正常户"管理的失踪纳税人，经追缴仍未清回的欠缴税金。

（二）"空壳企业呆账税金"，指原企业仍然存在，而其主要资产在兼并、重组、出售等改组时已归属新设企业或其他企业，但改组时按企业资产和债务分配情况，依法仍须由原企业承担的欠缴税金。改组时已分配给新设或其他企业的欠缴税金，应转入承担欠缴税金的企业核算，不再列为原企业的欠缴税金。

（三）"政府政策性呆账税金"，指1994年税制改革前后，县以上政府对部分国有企业实行投入产出总承包，承包企业完成政府规定的应缴财政收入后，拖欠未缴的超基数税款，以及在"以税还贷"政策实行期间，经政府有关部门批准可以用税收归还的贷款，因后来停止执行"以税还贷"政策而造成企业还贷困难，从而拖欠原来用以还贷的税款，经追缴仍未清回的欠缴税金。

（四）"其他呆账税金"，指除上述关停、空壳、政府政策性呆账税金外，其他超过三年（按日历日期计算）仍未清回的欠缴税金。

第七条 除入库单位外，其他各会计核算单位都必须在"待征"类总账科目下，增设"未到期应缴税款"、"缓

---

① 本办法第十六条已被《国家税务总局关于税收征管若干事项的公告》废止，第六条已被《国家税务总局关于公布全文和部分条款失效废止的税务规范性文件目录的公告》废止。

征税款"、"往年陈欠"、"本年新欠"四类明细科目,详细核算反映待征税金构成情况。各类待征税金的具体核算范围如下:

(一)"未到期应缴税款",指纳税人已申报或税务机关已作出补税处罚决定,但未到税款限缴日期的应缴未缴税款及罚款。

(二)"缓征税款",指按规定经批准延期缴纳的税款。

(三)"往年陈欠",指除呆账税金、未到期应缴税款、缓征税款和本年新欠外,不足三年的欠缴税金。

(四)"本年新欠",指除呆账税金、未到期应缴税款、缓征税款外,本年发生的欠缴税金。

第八条 各会计核算单位都必须在"损失税金核销"总账科目下,增设"核销死欠"明细科目,核算反映纳税人发生破产、撤销情形,经过法定清算,被国家主管机关依法注销或吊销其法人资格,纳税人已消亡,税务机关依照法律法规规定,根据法院判决书或法定清算报告核销的欠缴税金及滞纳金。

第九条 为统一规范应缴未缴滞纳金的核算管理,所有未缴的呆账税金、往年陈欠和本年新欠的应缴未缴滞纳金都必须实行"账外核算",进行专项反映,不再纳入应征数核算反映(已征收的滞纳金和核销死欠的滞纳金必须列入应征数核算)。具体核算方法如下:

除入库单位外,其他各会计核算单位都必须在会计账目之外,单独设置"应缴未缴滞纳金登记簿",分户登记每笔未缴呆账税金、往年陈欠和本年新欠的发生、变化情况,并根据每笔滞纳税款的滞纳时间及滞纳金额定期计算反映其应缴未缴的滞纳金。

第三章 呆账税金和核销死欠的确认

第十条 对申请转为呆账税金的欠缴税金,必须按每个纳税人分别报地市级税务机关进行确认;对申请核销的死欠税款,必须按每个纳税人分别报省级税务机关进行确认。

已确认过关停、空壳两类呆账税金的企业,确认以后又发生的符合此两类呆账税金范围的欠缴税金,如果其成因与该企业前次确认的呆账税金成因相同,可直接报县级税务机关确认;如果成因与前次确认的呆账税金成因不同,仍必须报地市级税务机关确认。

第十一条 所有转为呆账税金的欠缴税金和核销的死欠税款,都必须按以下程序办理确认手续。

(一)申请确认呆账税金和核销死欠必须由基层主管税务机关填报"呆账税金确认申请表"(格式见附件一)或"核销死欠确认申请表"(格式见附件二),并按下要求附报有关申请材料(申请材料必须一式两份:一份逐级报确认机关,并由确认机关负责确认工作的主管部门留存;一份报县级税务机关,待确认机关核准后再退回基层主管税务机关):

1. 关停企业呆账税金应附报政府有关部门通知或责令企业关闭的文件,企业自行解散的公告文件,企业停业开始月份和满一年时当月的资产负债表及企业填报的停业情况说明,基层主管税务机关对失踪纳税人的核查材料,以及欠缴税金所属期的纳税申报表(或查补税款处理决定书)等材料原件或复印件。

2. 空壳企业呆账税金应附报企业兼并、重组、出售协议、企业改组时编制的资产负债表或资产债务评估报告、以及欠缴税金所属期的纳税申报表(或查补税款处理决定书)等材料原件或复印件。

3. 政府政策性呆账税金应附报政府与企业签订的承包协议,企业贷款合同和以税还贷批准文件及欠缴税金发生当月的资产负债表,以及欠缴税金所属期的纳税申报表等材料原件或复印件。

4. 其他呆账税金应附报欠缴税金发生当月的资产负债表、以及欠缴税金所属期的纳税申报表(或查补税款处理决定书)复印件。

5. 核销死欠应附报法院判决书或法定清算报告复印件。

2001年1月1日前发生的呆账税金,确认时要求附报的有关证明文件、企业财务报表和纳税申报表等原始材料确实无法取得的,可由基层主管税务机关填报详细的呆账税金核查材料(详细说明呆账税金的发生事由、时间和金额)代替,但2001年1月1日以后发生的呆账税金,确认时必须严格按上述规定附报原始材料,一律不得再用核查材料代替。

(二)县级税务机关对基层主管税务机关上报的呆账税金和核销死欠确认申请,都必须进行实地调查核实,核实后按规定的权限上报核准。

(三)负责确认的税务机关对核准的呆账税金和核销死欠,要及时向申请的税务机关下达书面的"呆账税金确认通知书"或"核销死欠确认通知书"(格式各地自定,一式四份,确认机关负责确认工作的主管部门、县级税务机关税收会计、基层主管税务机关税收会计和征管部门各留一份)。

第四章 欠缴税金的管理及清缴

第十二条 对于已确认的呆账税金和核销死欠,确认机关负责确认工作的主管部门必须建立备案底册(格式见附件三），并根据确认通知书序时、逐笔登记反映。

第十三条 县及县级以下税务机关对于已确认的呆账税金和核销死欠，必须按以下要求装订和保管有关原始材料：

县级税务机关和基层主管税务机关必须将"呆账税金确认申请表"或"核销死欠确认申请表"与相应的"呆账税金确认通知书"或"核销死欠确认通知书"装订一起，分别作为县级和基层主管税务机关的税收会计核算凭证，并按会计档案要求保存备查。

基层主管税务机关必须将"呆账税金确认通知书"或"核销死欠确认通知书"与相应的"呆账税金确认申请表"或"核销死欠确认申请表"及全部申请确认材料装订一起，作为户籍征管档案资料保存备查。

第十四条 对于已发生关停、空壳呆账税金的企业，各基层主管税务机关应及时清缴其结存的各种发票，并停止供应发票。企业需要填开发票的，应先将开票收入应纳的税款缴纳后再由税务机关代开发票，以防发生新的欠缴税金。

第十五条 对于已发生欠缴税金的企业，各级税务机关要随时监控反映其变化情况，并全力清缴其欠缴税金。

（一）对于已发生呆账税金的关停和空壳企业，后因实行合资、合作、合并、租赁、承包等各种原因又恢复生产经营，原资产和债务未被分割的，如该企业的呆账税金已超过三年，应按"其他呆账税金"重新进行确认；如未超过三年，应及时将其转为"往年陈欠"。并且主管税务机关应根据其税源变化情况，及时制定清缴计划和落实清缴责任。

（二）对于实施兼并、重组、出售等改组的企业，主管税务机关应依法清算并追缴其欠缴的税款及滞纳金。改组时发生债随资走的，应及时根据企业资产和债务分配情况，落实清缴责任，将未清缴的欠缴税金及滞纳金转入应承担清缴义务的企业进行核算和管理。改组后企业承担的欠缴税金符合呆账税金范围的，应按本办法规定的要求报请确认。

（三）对于宣告破产、撤销、解散而准备进行资产、债务清算的企业，主管税务机关应及时向负责清算的机构提出欠缴税金及滞纳金的清偿要求，并按法律法规规定的清偿顺序依法追缴。对于破产、撤销企业经过法定清算后，已被国家主管机关依法注销或吊销其法人资格，纳税人已消亡的，其无法追缴的欠缴税金及滞纳金，应及时依照法律法规规定，根据法院的判决书或法定清算报告报省级税务机关确认核销。

（四）除上述情况外，企业发生其他变化情况而造成已确认的呆账税金成因发生变化的，也必须按规定的呆账税金确认程序重新上报确认机关核准。

第十六条 各基层税务机关清缴呆账税金、往年陈欠和本年新欠时，应同时加收其滞纳金。不能单收欠缴税款，而不收其相应的滞纳金；也不能单收滞纳金，而不收其相应的欠缴税款。

第五章 欠缴税金的考核

第十七条 各级税务机关每年都应根据本地区"往年陈欠"、"本年新欠"和"其他呆账税金"的实际情况，分类制定清欠目标，将其列入组织收入工作和税收征管工作考核的一项主要指标。对于已完成清欠目标，但因税源缺乏没有完成收入任务的，可根据实际情况予以调减收入任务；对于既无不可抗力等特殊因素影响，又没有完成清欠目标的单位，要相应调增其下年收入任务和清欠目标。

第十八条 对于未列入清欠目标的其他各类呆账税金和缓征税款，应列入各有关税务机关的岗位责任制内容进行考核，以加强确认、核算、监控和追缴等各项工作的责任。

第六章 违规处理

第十九条 凡是未如实核算和上报欠缴税金的，不论查出部门、发生原因、所属时期如何，均属于"隐瞒欠缴税金"行为，一律按隐瞒数追加该单位的当年或下年收入任务。

第二十条 凡未按规定的权限和确认程序报经确认而擅自将欠缴税金转入呆账税金和死欠核算的，或将不符合各类呆账税金和核销死欠范围的欠缴税金确认为呆账税金和死欠核销的，填报虚假材料以及确认材料不全、手续不齐和未按规定要求装订保存申请确认材料的，均按第十九条规定视同为"隐瞒欠缴税金"行为，按违规确认的呆账税金和死欠数额追加该单位的收入任务。

第二十一条 凡为了调节收入进度或减少欠缴税金而违规办理退税、减免税和缓征税款的，均按第十九条规定视同为"隐瞒欠缴税金"行为，按违规数额追加该单位的收入任务。

第二十二条 发生第十九条、第二十条和第二十一条违规行为的，除追加该单位的收入任务外，要严格按有关规定追究单位领导和有关责任人的责任。

第七章 附则

第二十三条 各省、自治区、直辖市和计划单列市国家税务局和地方税务局应根据本办法制定本地区的具体实施办法。

第二十四条 本办法由国家税务总局解释。

第二十五条 本办法从2001年1月1日起施行,此前有关规定与本办法不符的,均按本办法执行。

附件1:呆账税金确认审批表(略)
附件2:核销死欠确认申请表(略)
附件3:呆账税金和核销死欠备案底册(略)

国家税务总局关于发布
《税务行政处罚"首违不罚"事项清单》的公告

· 2021年3月31日
· 国家税务总局公告2021年第6号

为贯彻落实中共中央办公厅、国务院办公厅《关于进一步深化税收征管改革的意见》、国务院常务会有关部署,深入开展2021年"我为纳税人缴费人办实事暨便民办税春风行动",推进税务领域"放管服"改革,更好服务市场主体,根据《中华人民共和国行政处罚法》、《中华人民共和国税收征收管理法》及其实施细则等法律法规,国家税务总局制定了《税务行政处罚"首违不罚"事项清单》。对于首次发生清单中所列事项且危害后果轻微,在税务机关发现前主动改正或者在税务机关责令限期改正的期限内改正的,不予行政处罚。税务机关应当对当事人加强税法宣传和辅导。

现将《税务行政处罚"首违不罚"事项清单》予以发布,自2021年4月1日起施行。

特此公告。

税务行政处罚"首违不罚"事项清单

对于首次发生下列清单中所列事项且危害后果轻微,在税务机关发现前主动改正或者在税务机关责令限期改正的期限内改正的,不予行政处罚。

序号	事项
1	纳税人未按税收征收管理法及实施细则等有关规定将其全部银行账号向税务机关报送
2	纳税人未按税收征收管理法及实施细则等有关规定设置、保管账簿或者保管记账凭证和有关资料
3	纳税人未按税收征收管理法及实施细则等有关规定的期限办理纳税申报和报送纳税资料

续表

序号	事项
4	纳税人使用税控装置开具发票,未按照税收征收管理法及实施细则、发票管理办法等有关规定的期限向主管税务机关报送开具发票的数据且没有违法所得
5	纳税人未按照税收征收管理法及实施细则、发票管理办法等有关规定取得发票,以其他凭证代替发票使用且没有违法所得
6	纳税人未按照税收征收管理法及实施细则、发票管理办法等有关规定缴销发票且没有违法所得
7	扣缴义务人未按照税收征收管理法及实施细则等有关规定设置、保管代扣代缴、代收代缴税款账簿或者保管代扣代缴、代收代缴税款记账凭证及有关资料
8	扣缴义务人未按照税收征收管理法及实施细则等有关规定的期限报送代扣代缴、代收代缴税款有关资料
9	扣缴义务人未按照《税收票证管理办法》的规定开具税收票证
10	境内机构或个人向非居民发包工程作业或劳务项目,未按照《非居民承包工程作业和提供劳务税收管理暂行办法》的规定向主管税务机关报告有关事项

税收违法案件发票协查管理办法(试行)

· 2013年6月19日
· 税总发〔2013〕66号

第一章 总 则

第一条 为了规范税收违法案件发票协查工作,提高协查管理工作效率,根据《中华人民共和国税收征收管理法》、《中华人民共和国发票管理办法》及相关法律法规,制订本办法。

第二条 税收违法案件发票协查是指查办税收违法案件的税务局稽查局(以下简称委托方)将需异地调查取证的发票委托有管辖权的税务局稽查局(以下简称受托方),开展调查取证的相关活动。

第三条 协查工作遵循合法、真实、相关和效率的原则。

第四条 税务局稽查局负责实施税收违法案件发票的协查。

第五条　国家税务总局应当逐步推进税收违法案件发票协查信息化，将税收违法案件发票协查全面纳入协查信息管理系统进行管理。

第二章　委托协查

第六条　委托方对税收违法案件中需调查取证的发票采取发函或者派人参与的方式进行协查。

发函是指委托方向受托方发出《税收违法案件协查函》，包括寄送纸质协查函和通过协查信息管理系统发出协查函。纸质协查函原则上采取同级发函的方式进行。

派人参与是指重大案件或者有特殊要求的案件，委托方可派人参与受托方的调查取证，提出取证要求。

第七条　委托方根据案件查办情况，确定协查对象，需要发起委托协查的，向受托方发出《税收违法案件协查函》。

《税收违法案件协查函》内容包括：委托方案件名称、基本案情、涉案发票记载的信息、已掌握的疑点或者线索、作案手法、提出有针对性的取证要求、回复期限、组卷及寄送要求、联系人和联系方式等。

第八条　国家税务总局督办案件的发票协查应当按照《重大税收违法案件督办管理暂行办法》有关规定执行，并在协查函中予以说明，注明督办函号。

第九条　已确定虚开发票案件的协查，委托方应当按照受托方一户一函的形式出具《已证实虚开通知单》及相关证据资料，并在所附发票清单上逐页加盖公章，随同《税收违法案件协查函》寄送受托方。

通过协查信息管理系统发起已确定虚开发票案件协查函的，委托方应当在发送委托协查信息后5个工作日内寄送《已证实虚开通知单》以及相关证据资料。

第十条　委托方收到协查回函后，根据协查回函信息依法对被查对象进行查处。

第十一条　委托方派人协查方式进行协查的，应当向受托方通报情况、沟通案情，派出人员需携带加盖本单位公章的《介绍信》和《税收违法案件协查函》、《税务检查证》以及相关身份证明，参与受托方的调查取证，提出取证要求。

第十二条　委托方应当及时登记《委托协查台账》，跟踪协查函的发出、回复和处理情况。

《委托协查台账》包括以下内容：

（一）函件发出日期、派人协查日期；
（二）函件名称、编号或者文号、是否督办；
（三）涉及企业名称、资料种类、数量；
（四）是否立案；
（五）负责检查的人员；
（六）协查回函情况、回函日期；
（七）案卷号和归档地；
（八）其他。

第三章　受托协查

第十三条　受托方收到《税收违法案件协查函》后，应当根据协查请求，依照法定权限和程序调查，并按照要求及期限回函。

第十四条　《税收违法案件协查函》涉及的协查对象不属于受托方管辖范围的，受托方应当在收函之日起5个工作日内，出具本辖区县（区）级主管税务机关证明材料，并将《税收违法案件协查函》退回委托方。

第十五条　有下列情形之一的，受托方应当按照《税务稽查工作规程》有关规定立案检查：

（一）委托方已开具《已证实虚开通知单》的；
（二）委托方提供的证据资料证明协查对象有税收违法嫌疑的；
（三）受托方检查发现协查对象有税收违法嫌疑的；
（四）上级税务局稽查局要求立案检查的。

第十六条　国家税务总局督办的案件，受托方在回函期限前不能完成检查工作的，可以逐级上报国家税务总局申请延期，在得到国家税务总局同意后，在延期期限内给予回复。

申请延期应当说明延期理由、延期期限以及与委托方沟通的情况。

第十七条　受托方需要取得协查对象的税务登记、变更、注销、失控或者查无企业、发票领用、发票鉴定、纳税申报、抵扣税款、免税、出口退税等征管资料和证明材料的，应当向其县（区）级主管税务机关提出要求。县（区）级主管税务机关应当在5个工作日内提供相关资料并出具相应的证明材料。

第十八条　受托方应当依据调查取证所掌握的情况及所获取的证据材料，向委托方出具《税收违法案件协查回复函》。

《税收违法案件协查回复函》的内容包括：

（一）协查来源；
（二）涉案企业的基本情况及协查发票记载的信息；
（三）协查取证要求的说明；
（四）协查结论或者协查结果；
（五）税务处理和税务行政处罚事项；
（六）其他应予说明的事项。

第十九条 受托方应当对取得的证据材料,连同相关文书一并作为协查案卷立卷存档;同时根据委托方协查函委托的事项,将相关证据材料及文书复制,注明"与原件核对无误",注明原件存放处,并加盖本单位印章后一并寄送委托方。

受托方通过协查信息管理系统收到的协查函,应当通过协查信息管理系统进行函复。经检查有问题的以及委托方要求寄送取证材料的,应当在回复协查结果后5个工作日内将相关证据材料及文书复制,注明"与原件核对无误",注明原件存放处,并加盖本单位印章后一并寄送委托方。

第二十条 受托方应当在收到协查函后60日内回函。

通过协查信息管理系统发出的协查函,受托方应当在收到协查函后30日内回函。

国家税务总局对协查回函期限有特殊要求的,应当按照相关要求办理。

第二十一条 受托方应当登记《受托协查台账》,及时掌握协查工作安排、回复、处理情况。

《受托协查台账》包括以下内容:

(一)函件收到日期、来人协查日期;

(二)函件名称、编号或者文号、是否督办;

(三)涉及企业名称、资料种类、数量;

(四)是否立案;

(五)负责检查的人员;

(六)协查复函情况、复函日期;

(七)案卷号和归档地;

(八)其他。

第四章 协查管理

第二十二条 地市级以上税务局稽查局应当定期对本辖区协查台账进行统计汇总,全面掌握本辖区协查情况,督促指导下级协查工作。

第二十三条 上级税务局稽查局对下级税务局稽查局的协查质量和效率进行考核,包括受托方按期回复情况、委托方选票针对性、协查函和回复函的信息完整性等。

第二十四条 稽查机构设置发生撤销、合并、增设的,应当及时向上一级税务局稽查局提出与本稽查机构对应的协查信息管理系统节点的变更申请,并逐级上报国家税务总局备案。

第二十五条 税务违法案件发票协查资料按照《税务稽查工作规程》的规定归档。

第五章 附 则

第二十六条 本办法适用于各级税务机关。

第二十七条 各级税务局可以依据本办法对辖区内税务违法案件发票协查工作制定考核制度和奖惩实施办法。

第二十八条 本办法所称以上、日内,包括本数(级)。

第二十九条 本办法自发布之日起施行。2008年5月14日印发的《国家税务总局关于印发〈增值税抵扣凭证协查管理办法〉的通知》(国税发〔2008〕51号)同时废止。

附件:(略)

税务稽查案件办理程序规定

· 2021年7月12日国家税务总局令第52号公布
· 自2021年8月11日起施行

第一章 总 则

第一条 为了贯彻落实中共中央办公厅、国务院办公厅印发的《关于进一步深化税收征管改革的意见》,保障税收法律、行政法规的贯彻实施,规范税务稽查案件办理程序,强化监督制约机制,保护纳税人、扣缴义务人和其他涉税当事人合法权益,根据《中华人民共和国税收征收管理法》(以下简称税收征管法)、《中华人民共和国税收征收管理法实施细则》(以下简称税收征管法实施细则)等法律、行政法规,制定本规定。

第二条 稽查局办理税务稽查案件适用本规定。

第三条 办理税务稽查案件应当以事实为根据,以法律为准绳,坚持公平、公正、公开、效率的原则。

第四条 税务稽查由稽查局依法实施。稽查局主要职责是依法对纳税人、扣缴义务人和其他涉税当事人履行纳税义务、扣缴义务情况及涉税事项进行检查处理,以及围绕检查处理开展的其他相关工作。稽查局具体职责由国家税务总局依照税收征管法、税收征管法实施细则和国家有关规定确定。

第五条 稽查局办理税务稽查案件时,实行选案、检查、审理、执行分工制约原则。

第六条 稽查局应当在税务局向社会公告的范围内实施税务稽查。上级税务机关可以根据案件办理的需要指定管辖。

税收法律、行政法规和国家税务总局规章对税务稽查管辖另有规定的,从其规定。

第七条 税务稽查管辖有争议的,由争议各方本着有利于案件办理的原则逐级协商解决；不能协商一致的，报请共同的上级税务机关决定。

第八条 税务稽查人员具有税收征管法实施细则规定回避情形的，应当回避。

被查对象申请税务稽查人员回避或者税务稽查人员自行申请回避的，由稽查局局长依法决定是否回避。稽查局局长发现税务稽查人员具有规定回避情形的，应当要求其回避。稽查局局长的回避，由税务局局长依法审查决定。

第九条 税务稽查人员对实施税务稽查过程中知悉的国家秘密、商业秘密或者个人隐私、个人信息，应当依法予以保密。

纳税人、扣缴义务人和其他涉税当事人的税收违法行为不属于保密范围。

第十条 税务稽查人员应当遵守工作纪律，恪守职业道德，不得有下列行为：

（一）违反法定程序、超越权限行使职权；
（二）利用职权为自己或者他人牟取利益；
（三）玩忽职守，不履行法定义务；
（四）泄露国家秘密、工作秘密，向被查对象通风报信、泄露案情；
（五）弄虚作假，故意夸大或者隐瞒案情；
（六）接受被查对象的请客送礼等影响公正执行公务的行为；
（七）其他违法违纪行为。

税务稽查人员在执法办案中滥用职权、玩忽职守、徇私舞弊的，依照有关规定严肃处理；涉嫌犯罪的，依法移送司法机关处理。

第十一条 税务稽查案件办理应当通过文字、音像等形式，对案件办理的启动、调查取证、审核、决定、送达、执行等进行全过程记录。

第二章 选 案

第十二条 稽查局应当加强稽查案源管理，全面收集整理案源信息，合理、准确地选择待查对象。案源管理依照国家税务总局有关规定执行。

第十三条 待查对象确定后，经稽查局局长批准实施立案检查。

必要时，依照法律法规的规定，稽查局可以在立案前进行检查。

第十四条 稽查局应当统筹安排检查工作，严格控制对纳税人、扣缴义务人的检查次数。

第三章 检 查

第十五条 检查前，稽查局应当告知被查对象检查时间、需要准备的资料等，但预先通知有碍检查的除外。

检查应当由两名以上具有执法资格的检查人员共同实施，并向被查对象出示税务检查证件、出示或者送达税务检查通知书，告知其权利和义务。

第十六条 检查应当依照法定权限和程序，采取实地检查、调取账簿资料、询问、查询存款账户或者储蓄存款、异地协查等方法。

对采用电子信息系统进行管理和核算的被查对象，检查人员可以要求其打开该电子信息系统，或者提供与原始电子数据、电子信息系统技术资料一致的复制件。被查对象拒不打开或者拒不提供的，经稽查局局长批准，可以采用适当的技术手段对该电子信息系统进行直接检查，或者提取、复制电子数据进行检查，但所采用的技术手段不得破坏该电子信息系统原始电子数据，或者影响该电子信息系统正常运行。

第十七条 检查应当依照法定权限和程序收集证据材料。收集的证据必须经查证属实，并与证明事项相关联。

不得以下列方式收集、获取证据材料：

（一）严重违反法定程序收集；
（二）以违反法律强制性规定的手段获取且侵害他人合法权益；
（三）以利诱、欺诈、胁迫、暴力等手段获取。

第十八条 调取账簿、记账凭证、报表和其他有关资料时，应当向被查对象出具调取账簿资料通知书，并填写调取账簿资料清单交其核对后签章确认。

调取纳税人、扣缴义务人以前会计年度的账簿、记账凭证、报表和其他有关资料的，应当经县以上税务局局长批准，并在3个月内完整退还；调取纳税人、扣缴义务人当年的账簿、记账凭证、报表和其他有关资料的，应当经设区的市、自治州以上税务局局长批准，并在30日内退还。

退还账簿资料时，应当由被查对象核对调取账簿资料清单，并签章确认。

第十九条 需要提取证据材料原件的，应当向当事人出具提取证据专用收据，由当事人核对后签章确认。对需要退还的证据材料原件，检查结束后应当及时退还，并履行相关签收手续。需要将已开具的纸质发票调出查验时，应当向被查验的单位或者个人开具发票换票证；需要将空白纸质发票调出查验时，应当向被查验的单位或者个人开具调验空白发票收据。经查无问题的，应当及时退还，并履行相关签收手续。

提取证据材料复制件的，应当由当事人或者原件保存单位(个人)在复制件上注明"与原件核对无误"及原件存放地点，并签章。

第二十条 询问应当由两名以上检查人员实施。除在被查对象生产、经营、办公场所询问外，应当向被询问人送达询问通知书。

询问时应当告知询问人有关权利义务。询问笔录应当交被询问人核对或者向其宣读；询问笔录有修改的，应当由被询问人在改动处捺指印；核对无误后，由被询问人在尾页结束处写明"以上笔录我看过(或者向我宣读过)，与我说的相符"，并逐页签章、捺指印。被询问人拒绝在询问笔录上签章、捺指印的，检查人员应当在笔录上注明。

第二十一条 当事人、证人可以采取书面或者口头方式陈述或者提供证言。当事人、证人口头陈述或者提供证言的，检查人员应当以笔录、录音、录像等形式进行记录。笔录可以手写或者使用计算机记录并打印，由当事人或者证人逐页签章、捺指印。

当事人、证人口头提出变更陈述或者证言的，检查人员应当就变更部分重新制作笔录，注明原因，由当事人或者证人逐页签章、捺指印。当事人、证人变更书面陈述或者证言的，变更前的笔录不予退回。

第二十二条 制作录音、录像等视听资料的，应当注明制作方法、制作时间、制作人和证明对象等内容。

调取视听资料时，应当调取有关资料的原始载体；难以调取原始载体的，可以调取复制件，但应当说明复制方法、人员、时间和原件存放处等事项。

对声音资料，应当附有该声音内容的文字记录；对图像资料，应当附有必要的文字说明。

第二十三条 以电子数据的内容证明案件事实的，检查人员可以要求当事人将电子数据打印成纸质资料，在纸质资料上注明数据出处、打印场所、打印时间或者提供时间，注明"与电子数据核对无误"，并由当事人签章。

需要以有形载体形式固定电子数据的，检查人员应当与提供电子数据的个人、单位的法定代表人或者财务负责人或者经单位授权的其他人员一起将电子数据复制到存储介质上并封存，同时在封存包装物上注明制作方法、制作时间、制作人、文件格式及大小等，注明"与原始载体记载的电子数据核对无误"，并由电子数据提供人签章。

收集、提取电子数据，检查人员应当制作现场笔录，注明电子数据的来源、事由、证明目的或者对象，提取时间、地点、方法、过程，原始存储介质的存放地点以及对电子数据存储介质的签封情况等。进行数据压缩的，应当在笔录中注明压缩方法和完整性校验值。

第二十四条 检查人员实地调查取证时，可以制作现场笔录、勘验笔录，对实地调查取证情况予以记录。

制作现场笔录、勘验笔录，应当载明时间、地点和事件等内容，并由检查人员签名和当事人签章。

当事人经通知不到场或者拒绝在现场笔录、勘验笔录上签章的，检查人员应当在笔录上注明原因；如有其他人员在场，可以由其签章证明。

第二十五条 检查人员异地调查取证的，当地税务机关应当予以协助；发函委托相关稽查局调查取证的，必要时可以派人参与受托地稽查局的调查取证，受托地稽查局应当根据协查请求，依照法定权限和程序调查。

需要取得境外资料的，稽查局可以提请国际税收管理部门依照有关规定程序获取。

第二十六条 查询从事生产、经营的纳税人、扣缴义务人存款账户，应当经县以上税务局局长批准，凭检查存款账户许可证明向相关银行或者其他金融机构查询。

查询案件涉嫌人员储蓄存款的，应当经设区的市、自治州以上税务局局长批准，凭检查存款账户许可证明向相关银行或者其他金融机构查询。

第二十七条 被查对象有下列情形之一的，依照税收征管法和税收征管法实施细则有关逃避、拒绝或者以其他方式阻挠税务检查的规定处理：

（一）提供虚假资料，不如实反映情况，或者拒绝提供有关资料的；

（二）拒绝或者阻止税务机关记录、录音、录像、照相和复制与案件有关的情况和资料的；

（三）在检查期间转移、隐匿、销毁有关资料的；

（四）有不依法接受税务检查的其他情形的。

第二十八条 税务机关有根据认为从事生产、经营的纳税人有逃避纳税义务行为的，可以在规定的纳税期之前，责令限期缴纳应纳税款；在限期内发现纳税人有明显的转移、隐匿其应纳税的商品、货物以及其他财产或者应纳税收入迹象的，可以责成纳税人提供纳税担保。如果纳税人不能提供纳税担保，经县以上税务局局长批准，可以依法采取税收强制措施。

检查从事生产、经营的纳税人以前纳税期的纳税情况时，发现纳税人有逃避纳税义务行为，并有明显的转移、隐匿其应纳税的商品、货物以及其他财产或者应纳税收入迹象的,经县以上税务局局长批准,可以依法采取税收强制措施。

第二十九条　稽查局采取税收强制措施时,应当向纳税人、扣缴义务人、纳税担保人交付税收强制措施决定书,告知其采取税收强制措施的内容、理由、依据以及依法享有的权利、救济途径,并履行法律、法规规定的其他程序。

采取冻结纳税人在开户银行或者其他金融机构的存款措施时,应当向纳税人开户银行或者其他金融机构交付冻结存款通知书,冻结其相当于应纳税款的存款;并于作出冻结决定之日起3个工作日内,向纳税人交付冻结决定书。

采取查封、扣押商品、货物或者其他财产措施时,应当向纳税人、扣缴义务人、纳税担保人当场交付查封、扣押决定书,填写查封商品、货物或者其他财产清单或者出具扣押商品、货物或者其他财产专用收据,由当事人核对后签章。查封清单、扣押收据一式二份,由当事人和稽查局分别保存。

采取查封、扣押有产权证件的动产或者不动产措施时,应当依法向有关单位送达税务协助执行通知书,通知其在查封、扣押期间不再办理该动产或者不动产的过户手续。

第三十条　按照本规定第二十八条第二款采取查封、扣押措施的,期限一般不得超过6个月;重大案件有下列情形之一,需要延长期限的,应当报国家税务总局批准:

（一）案情复杂,在查封、扣押期限内确实难以查明案件事实的;

（二）被查对象转移、隐匿、销毁账簿、记账凭证或者其他证据材料的;

（三）被查对象拒不提供相关情况或者以其他方式拒绝、阻挠检查的;

（四）解除查封、扣押措施可能使纳税人转移、隐匿、损毁或者违法处置财产,从而导致税款无法追缴的。

除前款规定情形外采取查封、扣押、冻结措施的,期限不得超过30日;情况复杂的,经县以上税务局局长批准,可以延长,但是延长期限不得超过30日。

第三十一条　有下列情形之一的,应当依法及时解除税收强制措施:

（一）纳税人已按履行期限缴纳税款、扣缴义务人按履行期限解缴税款、纳税担保人按履行期限缴纳所担保税款的;

（二）税收强制措施被复议机关决定撤销的;

（三）税收强制措施被人民法院判决撤销的;

（四）其他法定应当解除税收强制措施的。

第三十二条　解除税收强制措施时,应当向纳税人、扣缴义务人、纳税担保人送达解除税收强制措施决定书,告知其解除税收强制措施的时间、内容和依据,并通知其在规定时间内办理解除税收强制措施的有关事宜:

（一）采取冻结存款措施的,应当向冻结存款的纳税人开户银行或者其他金融机构送达解除冻结存款通知书,解除冻结;

（二）采取查封商品、货物或者其他财产措施的,应当解除查封并收回查封商品、货物或者其他财产清单;

（三）采取扣押商品、货物或者其他财产措施的,应予以返还并收回扣押商品、货物或者其他财产专用收据。

税收强制措施涉及协助执行单位的,应当向协助执行单位送达税务协助执行通知书,通知解除税收强制措施相关事项。

第三十三条　有下列情形之一,致使检查暂时无法进行的,经稽查局局长批准后,中止检查:

（一）当事人被有关机关依法限制人身自由的;

（二）账簿、记账凭证及有关资料被其他国家机关依法调取且尚未归还的;

（三）与税收违法行为直接相关的事实需要人民法院或者其他国家机关确认的;

（四）法律、行政法规或者国家税务总局规定的其他可以中止检查的。

中止检查的情形消失,经稽查局局长批准后,恢复检查。

第三十四条　有下列情形之一,致使检查确实无法进行的,经稽查局局长批准后,终结检查:

（一）被查对象死亡或者被依法宣告死亡或者依法注销,且有证据表明无财产可抵缴税款或者无法定税收义务承担主体的;

（二）被查对象税收违法行为均已超过法定追究期限的;

（三）法律、行政法规或者国家税务总局规定的其他可以终结检查的。

第三十五条　检查结束前,检查人员可以将发现的税收违法事实和依据告知被查对象。

被查对象对违法事实和依据有异议的,应当在限期内提供说明及证据材料。被查对象口头说明的,检查人

第四章 审 理

第三十六条 检查结束后,稽查局应当对案件进行审理。符合重大税务案件标准的,稽查局审理后提请税务局重大税务案件审理委员会审理。

重大税务案件审理依照国家税务总局有关规定执行。

第三十七条 案件审理应当着重审核以下内容:

(一)执法主体是否正确;

(二)被查对象是否准确;

(三)税收违法事实是否清楚,证据是否充分,数据是否准确,资料是否齐全;

(四)适用法律、行政法规、规章及其他规范性文件是否适当,定性是否正确;

(五)是否符合法定程序;

(六)是否超越或者滥用职权;

(七)税务处理、处罚建议是否适当;

(八)其他应当审核确认的事项或者问题。

第三十八条 有下列情形之一的,应当补正或者补充调查:

(一)被查对象认定错误的;

(二)税收违法事实不清、证据不足的;

(三)不符合法定程序的;

(四)税务文书不规范、不完整的;

(五)其他需要补正或者补充调查的。

第三十九条 拟对被查对象或者其他涉税当事人作出税务行政处罚的,应当向其送达税务行政处罚事项告知书,告知其依法享有陈述、申辩及要求听证的权利。税务行政处罚事项告知书应当包括以下内容:

(一)被查对象或者其他涉税当事人姓名或者名称、有效身份证件号码或者统一社会信用代码、地址。没有统一社会信用代码的,以税务机关赋予的纳税人识别号代替;

(二)认定的税收违法事实和性质;

(三)适用的法律、行政法规、规章及其他规范性文件;

(四)拟作出的税务行政处罚;

(五)当事人依法享有的权利;

(六)告知书的文号、制作日期、税务机关名称及印章;

(七)其他相关事项。

第四十条 被查对象或者其他涉税当事人可以书面或者口头提出陈述、申辩意见。对当事人口头提出陈述、申辩意见,应当制作陈述申辩笔录,如实记录,由陈述人、申辩人签章。

应当充分听取当事人的陈述、申辩意见;经复核,当事人提出的事实、理由或者证据成立的,应当采纳。

第四十一条 被查对象或者其他涉税当事人按照法律、法规、规章要求听证的,应当依法组织听证。

听证依照国家税务总局有关规定执行。

第四十二条 经审理,区分下列情形分别作出处理:

(一)有税收违法行为,应当作出税务处理决定的,制作税务处理决定书;

(二)有税收违法行为,应当作出税务行政处罚决定的,制作税务行政处罚决定书;

(三)税收违法行为轻微,依法可以不予税务行政处罚的,制作不予税务行政处罚决定书;

(四)没有税收违法行为的,制作税务稽查结论。

税务处理决定书、税务行政处罚决定书、不予税务行政处罚决定书、税务稽查结论引用的法律、行政法规、规章及其他规范性文件,应当注明文件全称、文号和有关条款。

第四十三条 税务处理决定书应当包括以下主要内容:

(一)被查对象姓名或者名称、有效身份证件号码或者统一社会信用代码、地址。没有统一社会信用代码的,以税务机关赋予的纳税人识别号代替;

(二)检查范围和内容;

(三)税收违法事实及所属期间;

(四)处理决定及依据;

(五)税款金额、缴纳期限及地点;

(六)税款滞纳时间、滞纳金计算方法、缴纳期限及地点;

(七)被查对象不按期履行处理决定应当承担的责任;

(八)申请行政复议或者提起行政诉讼的途径和期限;

(九)处理决定书的文号、制作日期、税务机关名称及印章。

第四十四条 税务行政处罚决定书应当包括以下主要内容:

(一)被查对象或者其他涉税当事人姓名或者名称、有效身份证件号码或者统一社会信用代码、地址。没有统一社会信用代码的,以税务机关赋予的纳税人识别号代替;

（二）检查范围和内容；
（三）税收违法事实、证据及所属期间；
（四）行政处罚种类和依据；
（五）行政处罚履行方式、期限和地点；
（六）当事人不按期履行行政处罚决定应当承担的责任；
（七）申请行政复议或者提起行政诉讼的途径和期限；
（八）行政处罚决定书的文号、制作日期、税务机关名称及印章。

税务行政处罚决定应当依法公开。公开的行政处罚决定被依法变更、撤销、确认违法或者确认无效的，应当在3个工作日内撤回原行政处罚决定信息并公开说明理由。

第四十五条　不予税务行政处罚决定书应当包括以下主要内容：
（一）被查对象或者其他涉税当事人姓名或者名称、有效身份证件号码或者统一社会信用代码、地址。没有统一社会信用代码的，以税务机关赋予的纳税人识别号代替；
（二）检查范围和内容；
（三）税收违法事实及所属期间；
（四）不予税务行政处罚的理由及依据；
（五）申请行政复议或者提起行政诉讼的途径和期限；
（六）不予行政处罚决定书的文号、制作日期、税务机关名称及印章。

第四十六条　税务稽查结论应当包括以下主要内容：
（一）被查对象姓名或者名称、有效身份证件号码或者统一社会信用代码、地址。没有统一社会信用代码的，以税务机关赋予的纳税人识别号代替；
（二）检查范围和内容；
（三）检查时间和检查所属期间；
（四）检查结论；
（五）结论的文号、制作日期、税务机关名称及印章。

第四十七条　稽查局应当自立案之日起90日内作出行政处理、处罚决定或者无税收违法行为结论。案情复杂需要延期的，经税务局局长批准，可以延长不超过90日；特殊情况或者发生不可抗力需要继续延期的，应当经上一级税务局分管副局长批准，并确定合理的延长期限。但下列时间不计算在内：
（一）中止检查的时间；
（二）请示上级机关或者征求有权机关意见的时间；
（三）提请重大税务案件审理的时间；

（四）因其他方式无法送达，公告送达文书的时间；
（五）组织听证的时间；
（六）纳税人、扣缴义务人超期提供资料的时间；
（七）移送司法机关后，税务机关需根据司法文书决定是否处罚的案件，从司法机关接受移送到司法文书生效的时间。

第四十八条　税收违法行为涉嫌犯罪的，填制涉嫌犯罪案件移送书，经税务局局长批准后，依法移送公安机关，并附送以下资料：
（一）涉嫌犯罪案件情况的调查报告；
（二）涉嫌犯罪的主要证据材料复制件；
（三）其他有关涉嫌犯罪的材料。

第五章　执　行

第四十九条　稽查局应当依法及时送达税务处理决定书、税务行政处罚决定书、不予税务行政处罚决定书、税务稽查结论等税务文书。

第五十条　具有下列情形之一的，经县以上税务局局长批准，稽查局可以依法强制执行，或者依法申请人民法院强制执行：
（一）纳税人、扣缴义务人未按照规定的期限缴纳或者解缴税款、滞纳金，责令限期缴纳逾期仍未缴纳的；
（二）经稽查局确认的纳税担保人未按照规定的期限缴纳所担保的税款、滞纳金，责令限期缴纳逾期仍未缴纳的；
（三）当事人对处罚决定逾期不申请行政复议也不向人民法院起诉、又不履行的；
（四）其他可以依法强制执行的。

第五十一条　当事人确有经济困难，需要延期或者分期缴纳罚款的，可向稽查局提出申请，经税务局局长批准后，可以暂缓或者分期缴纳。

第五十二条　作出强制执行决定前，应当制作并送达催告文书，催告当事人履行义务，听取当事人陈述、申辩意见。经催告，当事人逾期仍不履行行政决定，且无正当理由的，经县以上税务局局长批准，实施强制执行。

实施强制执行时，应当向被执行人送达强制执行决定书，告知其实施强制执行的内容、理由及依据，并告知其享有依法申请行政复议或者提起行政诉讼的权利。

催告期间，对有证据证明有转移或者隐匿财物迹象的，可以作出立即强制执行决定。

第五十三条　稽查局采取从被执行人开户银行或者其他金融机构的存款中扣缴税款、滞纳金、罚款措施时，应当向被执行人开户银行或者其他金融机构送达扣缴税收款项通知书,依法扣缴税款、滞纳金、罚款,并及时将有关凭证送达被执行人。

第五十四条 拍卖、变卖被执行人商品、货物或者其他财产,以拍卖、变卖所得抵缴税款、滞纳金、罚款的,在拍卖、变卖前应当依法进行查封、扣押。

稽查局拍卖、变卖被执行人商品、货物或者其他财产前,应当制作拍卖/变卖抵税财物决定书,经县以上税务局局长批准后送达被执行人,予以拍卖或者变卖。

拍卖或者变卖实现后,应当在结算并收取价款后3个工作日内,办理税款、滞纳金、罚款的入库手续,并制作拍卖/变卖结果通知书,附拍卖/变卖查封、扣押的商品、货物或者其他财产清单,经稽查局局长审核后,送达被执行人。

以拍卖或者变卖所得抵缴税款、滞纳金、罚款和拍卖、变卖等费用后,尚有剩余的财产或者无法进行拍卖、变卖的财产的,应当制作返还商品、货物或者其他财产通知书,附返还商品、货物或者其他财产清单,送达被执行人,并自办理税款、滞纳金、罚款入库手续之日起3个工作日内退还被执行人。

第五十五条 执行过程中发现涉嫌犯罪的,依照本规定第四十八条处理。

第五十六条 执行过程中发现有下列情形之一的,经稽查局局长批准后,中止执行:

(一)当事人死亡或者被依法宣告死亡,尚未确定可执行财产的;

(二)当事人进入破产清算程序尚未终结的;

(三)可执行财产被司法机关或者其他国家机关依法查封、扣押、冻结,致使执行暂时无法进行的;

(四)可供执行的标的物需要人民法院或者仲裁机构确定权属的;

(五)法律、行政法规和国家税务总局规定其他可以中止执行的。

中止执行情形消失后,经稽查局局长批准,恢复执行。

第五十七条 当事人确无财产可供抵缴税款、滞纳金、罚款或者依照破产清算程序确实无法清缴税款、滞纳金、罚款,或者有其他法定终结执行情形的,经税务局局长批准后,终结执行。

第五十八条 税务处理决定书、税务行政处罚决定书等决定性文书送达后,有下列情形之一的,稽查局可以依法重新作出:

(一)决定性文书被人民法院判决撤销的;

(二)决定性文书被行政复议机关决定撤销的;

(三)税务机关认为需要变更或者撤销原决定性文书的;

(四)其他依法需要变更或者撤销原决定性文书的。

第六章 附 则

第五十九条 本规定相关税务文书的式样,由国家税务总局规定。

第六十条 本规定所称签章,区分以下情况确定:

(一)属于法人或者其他组织的,由相关人员签名,加盖单位印章并注明日期;

(二)属于个人的,由个人签名并注明日期。

本规定所称"以上""日内",均含本数。

第六十一条 本规定自2021年8月11日起施行。《税务稽查工作规程》(国税发〔2009〕157号印发,国家税务总局公告2018年第31号修改)同时废止。

重大税务案件审理办法

· 2014年12月2日国家税务总局令第34号公布
· 根据2021年6月7日《国家税务总局关于修改〈重大税务案件审理办法〉的决定》修正

第一章 总 则

第一条 为贯彻落实中共中央办公厅、国务院办公厅印发的《关于进一步深化税收征管改革的意见》,推进税务机关科学民主决策,强化内部权力制约,优化税务执法方式,严格规范执法行为,推进科学精确执法,保护纳税人缴费人等税务行政相对人合法权益,根据《中华人民共和国行政处罚法》《中华人民共和国税收征收管理法》,制定本办法。

第二条 省以下各级税务局开展重大税务案件审理工作适用本办法。

第三条 重大税务案件审理应当以事实为根据、以法律为准绳,遵循合法、合理、公平、公正、效率的原则,注重法律效果和社会效果相统一。

第四条 参与重大税务案件审理的人员应当严格遵守国家保密规定和工作纪律,依法为纳税人缴费人等税务行政相对人的商业秘密、个人隐私和个人信息保密。

第二章 审理机构和职责

第五条 省以下各级税务局设立重大税务案件审理委员会(以下简称审理委员会)。

审理委员会由主任、副主任和成员单位组成,实行主任负责制。

审理委员会主任由税务局局长担任,副主任由税务局其他领导担任。审理委员会成员单位包括政策法规、税政业务、纳税服务、征管科技、大企业税收管理、税务稽查、督察内审部门。各级税务局可以根据实际需要，增加其他与案件审理有关的部门作为成员单位。

第六条 审理委员会履行下列职责：

（一）拟定本机关审理委员会工作规程、议事规则等制度；

（二）审理重大税务案件；

（三）指导监督下级税务局重大税务案件审理工作。

第七条 审理委员会下设办公室，办公室设在政策法规部门，办公室主任由政策法规部门负责人兼任。

第八条 审理委员会办公室履行下列职责：

（一）组织实施重大税务案件审理工作；

（二）提出初审意见；

（三）制作审理会议纪要和审理意见书；

（四）办理重大税务案件审理工作的统计、报告、案卷归档；

（五）承担审理委员会交办的其他工作。

第九条 审理委员会成员单位根据部门职责参加案件审理，提出审理意见。

稽查局负责提交重大税务案件证据材料、拟作税务处理处罚意见、举行听证。

稽查局对其提交的案件材料的真实性、合法性、准确性负责。

第十条 参与重大税务案件审理的人员有法律法规规定的回避情形的，应当回避。

重大税务案件审理参与人员的回避，由其所在部门的负责人决定；审理委员会成员单位负责人的回避，由审理委员会主任或其授权的副主任决定。

第三章 审理范围

第十一条 本办法所称重大税务案件包括：

（一）重大税务行政处罚案件，具体标准由各省、自治区、直辖市和计划单列市税务局根据本地情况自行制定，报国家税务总局备案；

（二）根据《重大税收违法案件督办管理暂行办法》督办的案件；

（三）应监察、司法机关要求出具认定意见的案件；

（四）拟移送公安机关处理的案件；

（五）审理委员会成员单位认为案情重大、复杂，需要审理的案件；

（六）其他需要审理委员会审理的案件。

有下列情形之一的案件，不属于重大税务案件审理范围：

（一）公安机关已就税收违法行为立案的；

（二）公安机关尚未就税收违法行为立案，但被查对象为走逃（失联）企业，并且涉嫌犯罪的；

（三）国家税务总局规定的其他情形。

第十二条 本办法第十一条第一款第三项规定的案件经审理委员会审理后，应当将拟处理意见报上一级税务局审理委员会备案。备案5日后可以作出决定。

第十三条 稽查局应当在每季度终了后5日内将稽查案件审理情况备案表送审理委员会办公室备案。

第四章 提请和受理

第十四条 稽查局应当在内部审理程序终结后5日内，将重大税务案件提请审理委员会审理。

当事人按照法律、法规、规章有关规定要求听证的，由稽查局组织听证。

第十五条 稽查局提请审理委员会审理案件，应当提交以下案件材料：

（一）重大税务案件审理案卷交接单；

（二）重大税务案件审理提请书；

（三）税务稽查报告；

（四）税务稽查审理报告；

（五）听证材料；

（六）相关证据材料。

重大税务案件审理提请书应当写明拟处理意见，所认定的案件事实应当标明证据指向。

证据材料应当制作证据目录。

稽查局应当完整移交证据目录所列全部证据材料，不能当场移交的应当注明存放地点。

第十六条 审理委员会办公室收到稽查局提请审理的案件材料后，应当在重大税务案件审理案卷交接单上注明接收部门和收到日期，并由接收人签名。

对于证据目录中列举的不能当场移交的证据材料，必要时，接收人在签收前可以到证据存放地点现场查验。

第十七条 审理委员会办公室收到稽查局提请审理的案件材料后，应当在5日内进行审核。

根据审核结果，审理委员会办公室提出处理意见，报审理委员会主任或其授权的副主任批准：

（一）提请审理的案件属于本办法规定的审理范围，提交了本办法第十五条规定的材料的，建议受理；

（二）提请审理的案件属于本办法规定的审理范围，但未按照本办法第十五条的规定提交相关材料的，建议补正材料；

（三）提请审理的案件不属于本办法规定的审理范围的，建议不予受理。

第五章 审理程序
第一节 一般规定

第十八条 重大税务案件应当自批准受理之日起30日内作出审理决定，不能在规定期限内作出审理决定的，经审理委员会主任或其授权的副主任批准，可以适当延长，但延长期限最多不超过15日。

补充调查、请示上级机关或征求有权机关意见、拟处理意见报上一级税务局审理委员会备案的时间不计入审理期限。

第十九条 审理委员会审理重大税务案件，应当重点审查：

（一）案件事实是否清楚；
（二）证据是否充分、确凿；
（三）执法程序是否合法；
（四）适用法律是否正确；
（五）案件定性是否准确；
（六）拟处理意见是否合法适当。

第二十条 审理委员会成员单位应当认真履行职责，根据本办法第十九条的规定提出审理意见，所出具的审理意见应当详细阐述理由、列明法律依据。

审理委员会成员单位审理案件，可以到审理委员会办公室或证据存放地查阅案卷材料，向稽查局了解案件有关情况。

第二十一条 重大税务案件审理采取书面审理和会议审理相结合的方式。

第二节 书面审理

第二十二条 审理委员会办公室自批准受理重大税务案件之日起5日内，将重大税务案件审理提请书及必要的案件材料分送审理委员会成员单位。

第二十三条 审理委员会成员单位自收到审理委员会办公室分送的案件材料之日起10日内，提出书面审理意见送审理委员会办公室。

第二十四条 审理委员会成员单位认为案件事实不清、证据不足，需要补充调查的，应当在书面审理意见中列明需要补充调查的问题并说明理由。

审理委员会办公室应当召集提请补充调查的成员单位和稽查局进行协调，确需补充调查的，由审理委员会办公室报审理委员会主任或其授权的副主任批准，将案件材料退回稽查局补充调查。

第二十五条 稽查局补充调查不应超过30日，有特殊情况的，经稽查局局长批准可以适当延长，但延长期限最多不超过30日。

稽查局完成补充调查后，应当按照本办法第十五条、第十六条的规定重新提交案件材料、办理交接手续。

稽查局不能在规定期限内完成补充调查的，或者补充调查后仍然事实不清、证据不足的，由审理委员会办公室报请审理委员会主任或其授权的副主任批准，终止审理。

第二十六条 审理过程中，稽查局发现本办法第十一条第二款规定情形的，书面告知审理委员会办公室。审理委员会办公室报请审理委员会主任或其授权的副主任批准，可以终止审理。

第二十七条 审理委员会成员单位认为案件事实清楚、证据确凿，但法律依据不明确或者需要处理的相关事项超出本机关权限的，按规定程序请示上级税务机关或者征求有权机关意见。

第二十八条 审理委员会成员单位书面审理意见一致，或者经审理委员会办公室协调后达成一致意见的，由审理委员会办公室起草审理意见书，报审理委员会主任批准。

第三节 会议审理

第二十九条 审理委员会成员单位书面审理意见存在较大分歧，经审理委员会办公室协调仍不能达成一致意见的，由审理委员会办公室向审理委员会主任或其授权的副主任报告，提请审理委员会会议审理。

第三十条 审理委员会办公室提请会议审理的报告，应当说明成员单位意见分歧、审理委员会办公室协调情况和初审意见。

审理委员会办公室应当将会议审理时间和地点提前通知审理委员会主任、副主任和成员单位，并分送案件材料。

第三十一条 成员单位应当派员参加会议，三分之二以上成员单位到会方可开会。审理委员会办公室以及其他与案件相关的成员单位应当出席会议。

案件调查人员、审理委员会办公室承办人员应当列席会议。必要时，审理委员会可要求调查对象所在地主管税务机关参加会议。

第三十二条 审理委员会会议由审理委员会主任或其授权的副主任主持。首先由稽查局汇报案情及拟处理意见。审理委员会办公室汇报初审意见后，各成员单位发表意见并陈述理由。

审理委员会办公室应当做好会议记录。

第三十三条 经审理委员会会议审理，根据不同情况，作出以下处理：

（一）案件事实清楚、证据确凿、程序合法、法律依据明确的，依法确定审理意见；

（二）案件事实不清、证据不足的，由稽查局对案件重新调查；

（三）案件执法程序违法的，由稽查局对案件重新处理；

（四）案件适用法律依据不明确，或者需要处理的有关事项超出本机关权限的，按规定程序请示上级机关或征求有权机关的意见。

第三十四条 审理委员会办公室根据会议审理情况制作审理纪要和审理意见书。

审理纪要由审理委员会主任或其授权的副主任签发。会议参加人员有保留意见或者特殊声明的，应当在审理纪要中载明。

审理意见书由审理委员会主任签发。

第六章 执行和监督

第三十五条 稽查局应当按照重大税务案件审理意见书制作税务处理处罚决定等相关文书，加盖稽查局印章后送达执行。

文书送达后5日内，由稽查局送审理委员会办公室备案。

第三十六条 重大税务案件审理程序终结后，审理委员会办公室应当将相关证据材料退回稽查局。

第三十七条 各级税务局督察内审部门应当加强对重大税务案件审理工作的监督。

第三十八条 审理委员会办公室应当加强重大税务案件审理案卷的归档管理，按照受理案件的顺序统一编号，做到一案一卷、资料齐全、卷面整洁、装订整齐。

需要归档的重大税务案件审理案卷包括税务稽查报告、税务稽查审理报告以及有关文书。

第三十九条 各省、自治区、直辖市和计划单列市税务局应当于每年1月31日之前，将本辖区上年度重大税务案件审理工作开展情况和重大税务案件审理统计表报送国家税务总局。

第七章 附 则

第四十条 各级税务局办理的其他案件，需要移送审理委员会审理的，参照本办法执行。特别纳税调整案件按照有关规定执行。

第四十一条 各级税务局在重大税务案件审理工作中可以使用重大税务案件审理专用章。

第四十二条 本办法规定期限的最后一日为法定休假日的，以休假日期满的次日为期限的最后一日；在期限内有连续3日以上法定休假日的，按休假日天数顺延。

本办法有关"5日"的规定指工作日，不包括法定休假日。

第四十三条 各级税务局应当按照国家税务总局的规划和要求，积极推动重大税务案件审理信息化建设。

第四十四条 各级税务局应当加大对重大税务案件审理工作的基础投入，保障审理人员和经费，配备办案所需的录音录像、文字处理、通讯等设备，推进重大税务案件审理规范化建设。

第四十五条 各省、自治区、直辖市和计划单列市税务局可以依照本办法制定具体实施办法。

第四十六条 本办法自2015年2月1日起施行。《国家税务总局关于印发〈重大税务案件审理办法（试行）〉的通知》（国税发〔2001〕21号）同时废止。

重大税收违法失信主体信息公布管理办法

· 2021年12月31日国家税务总局令第54号公布
· 自2022年2月1日起施行

第一章 总 则

第一条 为了贯彻落实中共中央办公厅、国务院办公厅印发的《关于进一步深化税收征管改革的意见》，维护正常税收征收管理秩序，惩戒重大税收违法失信行为，保障税务行政相对人合法权益，促进依法诚信纳税，推进社会信用体系建设，根据《中华人民共和国税收征收管理法》《优化营商环境条例》等相关法律法规，制定本办法。

第二条 税务机关依照本办法的规定，确定重大税收违法失信主体，向社会公布失信信息，并将信息通报相关部门实施监管和联合惩戒。

第三条 重大税收违法失信主体信息公布管理应当遵循依法行政、公平公正、统一规范、审慎适当的原则。

第四条 各级税务机关应当依法保护税务行政相对人合法权益，对重大税收违法失信主体信息公布管理工作中知悉的国家秘密、商业秘密或者个人隐私、个人信息，应当依法予以保密。

第五条 税务机关工作人员在重大税收违法失信主体信息公布管理工作中，滥用职权、玩忽职守、徇私舞弊的，依照有关规定严肃处理；涉嫌犯罪的，依法移送司法机关。

第二章 失信主体的确定

第六条 本办法所称"重大税收违法失信主体"(以下简称失信主体)是指有下列情形之一的纳税人、扣缴义务人或者其他涉税当事人(以下简称当事人):

(一)伪造、变造、隐匿、擅自销毁账簿、记账凭证,或者在账簿上多列支出或者不列、少列收入,或者经税务机关通知申报而拒不申报或者进行虚假的纳税申报,不缴或者少缴应纳税款100万元以上,且任一年度不缴或者少缴应纳税款占当年各税种应纳税总额10%以上的,或者采取前述手段,不缴或者少缴已扣、已收税款,数额在100万元以上的;

(二)欠缴应纳税款,采取转移或者隐匿财产的手段,妨碍税务机关追缴欠缴的税款,欠缴税款金额100万元以上的;

(三)骗取国家出口退税款的;

(四)以暴力、威胁方法拒不缴纳税款的;

(五)虚开增值税专用发票或者虚开用于骗取出口退税、抵扣税款的其他发票的;

(六)虚开增值税普通发票100份以上或者金额400万元以上的;

(七)私自印制、伪造、变造发票,非法制造发票防伪专用品,伪造发票监制章的;

(八)具有偷税、逃避追缴欠税、骗取出口退税、抗税、虚开发票等行为,在稽查案件执行完毕前,不履行税收义务并脱离税务机关监管,经税务机关检查确认走逃(失联)的;

(九)为纳税人、扣缴义务人非法提供银行账户、发票、证明或者其他方便,导致未缴、少缴税款100万元以上或者骗取国家出口退税款的;

(十)税务代理人违反税收法律、行政法规造成纳税人未缴或者少缴税款100万元以上的;

(十一)其他性质恶劣、情节严重、社会危害性较大的税收违法行为。

第七条 税务机关对当事人依法作出《税务行政处罚决定书》,当事人在法定期限内未申请行政复议、未提起行政诉讼,或者申请行政复议,行政复议机关作出行政复议决定后,在法定期限内未提起行政诉讼,或者人民法院对税务行政处罚决定或行政复议决定作出生效判决、裁定后,有本办法第六条规定情形之一的,税务机关确定其为失信主体。

对移送公安机关的当事人,税务机关在移送时已依法作出《税务处理决定书》,未作出《税务行政处罚决定书》的,当事人在法定期限内未申请行政复议、未提起行政诉讼,或者申请行政复议,行政复议机关作出行政复议决定后,在法定期限内未提起行政诉讼,或者人民法院对税务处理决定或行政复议决定作出生效判决、裁定后,有本办法第六条规定情形之一的,税务机关确定其为失信主体。

第八条 税务机关应当在作出确定失信主体决定前向当事人送达告知文书,告知其依法享有陈述、申辩的权利。告知文书应当包括以下内容:

(一)当事人姓名或者名称、有效身份证件号码或者统一社会信用代码、地址。没有统一社会信用代码的,以税务机关赋予的纳税人识别号代替;

(二)拟确定为失信主体的事由、依据;

(三)拟向社会公布的失信信息;

(四)拟通知相关部门采取失信惩戒措施提示;

(五)当事人依法享有的相关权利;

(六)其他相关事项。

对纳入纳税信用评价范围的当事人,还应当告知其拟适用D级纳税人管理措施。

第九条 当事人在税务机关告知后5日内,可以书面或者口头提出陈述、申辩意见。当事人口头提出陈述、申辩意见的,税务机关应当制作陈述申辩笔录,并由当事人签章。

税务机关应当充分听取当事人陈述、申辩意见,对当事人提出的事实、理由和证据进行复核。当事人提出的事实、理由或者证据成立的,应当采纳。

第十条 经设区的市、自治州以上税务局局长或者其授权的税务局领导批准,税务机关在本办法第七条规定的申请行政复议或提起行政诉讼期限届满,或者行政复议决定、人民法院判决或裁定生效后,于30日内制作失信主体确定文书,并依法送达当事人。失信主体确定文书应当包括以下内容:

(一)当事人姓名或者名称、有效身份证件号码或者统一社会信用代码、地址。没有统一社会信用代码的,以税务机关赋予的纳税人识别号代替;

(二)确定为失信主体的事由、依据;

(三)向社会公布的失信信息提示;

(四)相关部门采取失信惩戒措施提示;

(五)当事人依法享有的相关权利;

(六)其他相关事项。

对纳入纳税信用评价范围的当事人,还应当包括适用D级纳税人管理措施提示。

本条第一款规定的时限不包括因其他方式无法送达，公告送达告知文书和确定文书的时间。

第三章 信息公布

第十一条 税务机关应当在失信主体确定文书送达后的次月15日内，向社会公布下列信息：

（一）失信主体基本情况；

（二）失信主体的主要税收违法事实；

（三）税务处理、税务行政处罚决定及法律依据；

（四）确定失信主体的税务机关；

（五）法律、行政法规规定应当公布的其他信息。

对依法确定为国家秘密的信息，法律、行政法规禁止公开的信息，以及公开后可能危及国家安全、公共安全、经济安全、社会稳定的信息，税务机关不予公开。

第十二条 税务机关按照本办法第十一条第一款第一项规定向社会公布失信主体基本情况。失信主体为法人或者其他组织的，公布其名称、统一社会信用代码（纳税人识别号）、注册地址以及违法行为发生时的法定代表人、负责人或者经人民法院生效裁判确定的实际责任人的姓名、性别及身份证件号码（隐去出生年、月、日号码段）；失信主体为自然人的，公布其姓名、性别、身份证件号码（隐去出生年、月、日号码段）。

经人民法院生效裁判确定的实际责任人，与违法行为发生时的法定代表人或者负责人不一致的，除有证据证明法定代表人或者负责人有涉案行为外，税务机关只向社会公布实际责任人信息。

第十三条 税务机关应当通过国家税务总局各省、自治区、直辖市、计划单列市税务局网站向社会公布失信主体信息，根据本地区实际情况，也可以通过税务机关公告栏、报纸、广播、电视、网络媒体等途径以及新闻发布会等形式向社会公布。

国家税务总局归集各地税务机关确定的失信主体信息，并提供至"信用中国"网站进行公开。

第十四条 属于本办法第六条第一项、第二项规定情形的失信主体，在失信信息公布前按照《税务处理决定书》《税务行政处罚决定书》缴清税款、滞纳金和罚款的，经税务机关确认，不向社会公布其相关信息。

属于本办法第六条第八项规定情形的失信主体，具有偷税、逃避追缴欠税行为的，按照前款规定处理。

第十五条 税务机关对按本办法规定确定的失信主体，纳入纳税信用评价范围的，按照纳税信用管理规定，将其纳税信用级别判为D级，适用相应的D级纳税人管理措施。

第十六条 对按本办法第十一条第一款规定向社会公布信息的失信主体，税务机关将失信信息提供给相关部门，由相关部门依法依规采取失信惩戒措施。

第十七条 失信主体信息自公布之日起满3年的，税务机关在5日内停止信息公布。

第四章 提前停止公布

第十八条 失信信息公布期间，符合下列条件之一的，失信主体或者其破产管理人可以向作出确定失信主体决定的税务机关申请提前停止公布失信信息：

（一）按照《税务处理决定书》《税务行政处罚决定书》缴清（退）税款、滞纳金、罚款，且失信主体失信信息公布满六个月的；

（二）失信主体破产，人民法院出具批准重整计划或认可和解协议的裁定书，税务机关依法受偿的；

（三）在发生重大自然灾害、公共卫生、社会安全等突发事件期间，因参与应急抢险救灾、疫情防控、重大项目建设或者履行社会责任作出突出贡献的。

第十九条 按本办法第十八条第一项规定申请提前停止公布的，申请人应当提交停止公布失信信息申请表、诚信纳税承诺书。

按本办法第十八条第二项规定申请提前停止公布的，申请人应当提交停止公布失信信息申请表、人民法院出具的批准重整计划或认可和解协议的裁定书。

按本办法第十八条第三项规定申请提前停止公布的，申请人应当提交停止公布失信信息申请表、诚信纳税承诺书以及省、自治区、直辖市、计划单列市人民政府出具的有关材料。

第二十条 税务机关应当自收到申请之日起2日内作出是否受理的决定。申请材料齐全、符合法定形式的，应当予以受理，并告知申请人。不予受理的，应当告知申请人，并说明理由。

第二十一条 受理申请后，税务机关应当及时审核。符合本办法第十八条第一项规定条件的，经设区的市、自治州以上税务局局长或者其授权的税务局领导批准，准予提前停止公布；符合本办法第十八条第二项、第三项规定条件的，经省、自治区、直辖市、计划单列市税务局局长或者其授权的税务局领导批准，准予提前停止公布。

税务机关应当自受理之日起15日内作出是否予以提前停止公布的决定，并告知申请人。对不予提前停止公布的，应当说明理由。

第二十二条 失信主体有下列情形之一的，不予提前停止公布：

（一）被确定为失信主体后，因发生偷税、逃避追缴欠税、骗取出口退税、抗税、虚开发票等税收违法行为受到税务处理或者行政处罚的；

（二）五年内被确定为失信主体两次以上的。

申请人按本办法第十八条第二项规定申请提前停止公布的，不受前款规定限制。

第二十三条 税务机关作出准予提前停止公布决定的，应当在5日内停止信息公布。

第二十四条 税务机关可以组织申请提前停止公布的失信主体法定代表人、财务负责人等参加信用培训，开展依法诚信纳税教育。信用培训不得收取任何费用。

第五章 附则

第二十五条 本办法规定的期间以日计算的，是指工作日，不含法定休假日；期间以年、月计算的，到期月的对应日为期间的最后一日；没有对应日的，月末日为期间的最后一日。期间开始的当日不计算在期间内。

本办法所称"以上、日内"，包含本数（级）。

第二十六条 国家税务总局各省、自治区、直辖市、计划单列市税务局可以依照本办法制定具体实施办法。

第二十七条 本办法自2022年2月1日起施行。《国家税务总局关于发布〈重大税收违法失信案件信息公布办法〉的公告》（2018年第54号）同时废止。

税务行政复议规则

- 2010年2月10日国家税务总局令第21号公布
- 根据2015年12月28日《国家税务总局关于修改〈税务行政复议规则〉的决定》第一次修正
- 根据2018年6月15日《国家税务总局关于修改部分税务部门规章的决定》第二次修正

第一章 总则

第一条 为了进一步发挥行政复议解决税务行政争议的作用，保护公民、法人和其他组织的合法权益，监督和保障税务机关依法行使职权，根据《中华人民共和国行政复议法》（以下简称行政复议法）、《中华人民共和国税收征收管理法》和《中华人民共和国行政复议法实施条例》（以下简称行政复议法实施条例），结合税收工作实际，制定本规则。

第二条 公民、法人和其他组织（以下简称申请人）认为税务机关的具体行政行为侵犯其合法权益，向税务行政复议机关申请行政复议，税务行政复议机关办理行政复议事项，适用本规则。

第三条 本规则所称税务行政复议机关（以下简称行政复议机关），指依法受理行政复议申请、对具体行政行为进行审查并作出行政复议决定的税务机关。

第四条 行政复议应当遵循合法、公正、公开、及时和便民的原则。

行政复议机关应当树立依法行政观念，强化责任意识和服务意识，认真履行行政复议职责，坚持有错必纠，确保法律正确实施。

第五条 行政复议机关在申请人的行政复议请求范围内，不得作出对申请人更为不利的行政复议决定。

第六条 申请人对行政复议决定不服的，可以依法向人民法院提起行政诉讼。

第七条 行政复议机关受理行政复议申请，不得向申请人收取任何费用。

第八条 各级税务机关行政首长是行政复议工作第一责任人，应当切实履行职责，加强对行政复议工作的组织领导。

第九条 行政复议机关应当为申请人、第三人查阅案卷资料、接受询问、调解、听证等提供专门场所和其他必要条件。

第十条 各级税务机关应当加大对行政复议工作的基础投入，推进行政复议工作信息化建设，配备调查取证所需的照相、录音、录像和办案所需的电脑、扫描、投影、传真、复印等设备，保障办案交通工具和相应经费。

第二章 税务行政复议机构和人员

第十一条 各级行政复议机关负责法制工作的机构（以下简称行政复议机构）依法办理行政复议事项，履行下列职责：

（一）受理行政复议申请。

（二）向有关组织和人员调查取证，查阅文件和资料。

（三）审查申请行政复议的具体行政行为是否合法和适当，起草行政复议决定。

（四）处理或者转送对本规则第十五条所列有关规定的审查申请。

（五）对被申请人违反行政复议法及其实施条例和本规则规定的行为，依照规定的权限和程序向相关部门提出处理建议。

（六）研究行政复议工作中发现的问题，及时向有关机关或者部门提出改进建议，重大问题及时向行政复议机关报告。

（七）指导和监督下级税务机关的行政复议工作。

(八)办理或者组织办理行政诉讼案件应诉事项。
(九)办理行政复议案件的赔偿事项。
(十)办理行政复议、诉讼、赔偿等案件的统计、报告、归档工作和重大行政复议决定备案事项。
(十一)其他与行政复议工作有关的事项。

第十二条 各级行政复议机关可以成立行政复议委员会,研究重大、疑难案件,提出处理建议。

行政复议委员会可以邀请本机关以外的具有相关专业知识的人员参加。

第十三条 行政复议工作人员应当具备与履行行政复议职责相适应的品行、专业知识和业务能力。

税务机关中初次从事行政复议的人员,应当通过国家统一法律职业资格考试取得法律职业资格。

第三章 税务行政复议范围

第十四条 行政复议机关受理申请人对税务机关下列具体行政行为不服提出的行政复议申请:

(一)征税行为,包括确认纳税主体、征税对象、征税范围、减税、免税、退税、抵扣税款、适用税率、计税依据、纳税环节、纳税期限、纳税地点和税款征收方式等具体行政行为,征收税款、加收滞纳金、扣缴义务人、受税务机关委托的单位和个人作出的代扣代缴、代收代缴、代征行为等。

(二)行政许可、行政审批行为。

(三)发票管理行为,包括发售、收缴、代开发票等。

(四)税收保全措施、强制执行措施。

(五)行政处罚行为:

1. 罚款;
2. 没收财物和违法所得;
3. 停止出口退税权。

(六)不依法履行下列职责的行为:

1. 颁发税务登记;
2. 开具、出具完税凭证、外出经营活动税收管理证明;
3. 行政赔偿;
4. 行政奖励;
5. 其他不依法履行职责的行为。

(七)资格认定行为。

(八)不依法确认纳税担保行为。

(九)政府信息公开工作中的具体行政行为。

(十)纳税信用等级评定行为。

(十一)通知出入境管理机关阻止出境行为。

(十二)其他具体行政行为。

第十五条 申请人认为税务机关的具体行政行为所依据的下列规定不合法,对具体行政行为申请行政复议时,可以一并向行政复议机关提出对有关规定的审查申请;申请人对具体行政行为提出行政复议申请时不知道该具体行政行为所依据的规定的,可以在行政复议机关作出行政复议决定以前提出对该规定的审查申请:

(一)国家税务总局和国务院其他部门的规定。

(二)其他各级税务机关的规定。

(三)地方各级人民政府的规定。

(四)地方人民政府工作部门的规定。

前款中的规定不包括规章。

第四章 税务行政复议管辖

第十六条 对各级税务局的具体行政行为不服的,向其上一级税务局申请行政复议。

对计划单列市税务局的具体行政行为不服的,向国家税务总局申请行政复议。

第十七条 对税务所(分局)、各级税务局的稽查局的具体行政行为不服的,向其所属税务局申请行政复议。

第十八条 对国家税务总局的具体行政行为不服的,向国家税务总局申请行政复议。对行政复议决定不服,申请人可以向人民法院提起行政诉讼,也可以向国务院申请裁决。国务院的裁决为最终裁决。

第十九条 对下列税务机关的具体行政行为不服的,按照下列规定申请行政复议:

(一)对两个以上税务机关以共同的名义作出的具体行政行为不服的,向共同上一级税务机关申请行政复议;对税务机关与其他行政机关以共同的名义作出的具体行政行为不服的,向其共同上一级行政机关申请行政复议。

(二)对被撤销的税务机关在撤销以前所作出的具体行政行为不服的,向继续行使其职权的税务机关的上一级税务机关申请行政复议。

(三)对税务机关作出逾期不缴纳罚款加处罚款的决定不服的,向作出行政处罚决定的税务机关申请行政复议。但是对已处罚款和加处罚款都不服的,一并向作出行政处罚决定的税务机关的上一级税务机关申请行政复议。

申请人向具体行政行为发生地的县级地方人民政府提交行政复议申请的,由接受申请的县级地方人民政府依照行政复议法第十五条、第十八条的规定予以转送。

第五章 税务行政复议申请人和被申请人

第二十条 合伙企业申请行政复议的,应当以核准登记的企业为申请人,由执行合伙事务的合伙人代表该企业参加行政复议;其他合伙组织申请行政复议的,由合伙人共同申请行政复议。

前款规定以外的不具备法人资格的其他组织申请行政复议的,由该组织的主要负责人代表该组织参加行政复议;没有主要负责人的,由共同推选的其他成员代表该组织参加行政复议。

第二十一条 股份制企业的股东大会、股东代表大会、董事会认为税务具体行政行为侵犯企业合法权益的,可以以企业的名义申请行政复议。

第二十二条 有权申请行政复议的公民死亡的,其近亲属可以申请行政复议;有权申请行政复议的公民为无行为能力人或者限制行为能力人,其法定代理人可以代理申请行政复议。

有权申请行政复议的法人或者其他组织发生合并、分立或终止的,承受其权利义务的法人或者其他组织可以申请行政复议。

第二十三条 行政复议期间,行政复议机关认为申请人以外的公民、法人或者其他组织与被审查的具体行政行为有利害关系的,可以通知其作为第三人参加行政复议。

行政复议期间,申请人以外的公民、法人或者其他组织与被审查的税务具体行政行为有利害关系的,可以向行政复议机关申请作为第三人参加行政复议。

第三人不参加行政复议,不影响行政复议案件的审理。

第二十四条 非具体行政行为的行政管理相对人,但其权利直接被该具体行政行为所剥夺、限制或者被赋予义务的公民、法人或者其他组织,在行政管理相对人没有申请行政复议时,可以单独申请行政复议。

第二十五条 同一行政复议案件申请人超过5人的,应当推选1至5名代表参加行政复议。

第二十六条 申请人对具体行政行为不服申请行政复议的,作出该具体行政行为的税务机关为被申请人。

第二十七条 申请人对扣缴义务人的扣缴税款行为不服的,主管该扣缴义务人的税务机关为被申请人;对税务机关委托的单位和个人的代征行为不服的,委托税务机关为被申请人。

第二十八条 税务机关与法律、法规授权的组织以共同的名义作出具体行政行为的,税务机关和法律、法规授权的组织为共同被申请人。

税务机关与其他组织以共同名义作出具体行政行为的,税务机关为被申请人。

第二十九条 税务机关依照法律、法规和规章规定,经上级税务机关批准作出具体行政行为的,批准机关为被申请人。

申请人对经重大税务案件审理程序作出的决定不服的,审理委员会所在税务机关为被申请人。

第三十条 税务机关设立的派出机构、内设机构或者其他组织,未经法律、法规授权,以自己名义对外作出具体行政行为的,税务机关为被申请人。

第三十一条 申请人、第三人可以委托1至2名代理人参加行政复议。申请人、第三人委托代理人的,应当向行政复议机构提交授权委托书。授权委托书应当载明委托事项、权限和期限。公民在特殊情况下无法书面委托的,可以口头委托。口头委托的,行政复议机构应当核实并记录在卷。申请人、第三人解除或者变更委托的,应当书面告知行政复议机构。

被申请人不得委托本机关以外人员参加行政复议。

第六章 税务行政复议申请

第三十二条 申请人可以在知道税务机关作出具体行政行为之日起60日内提出行政复议申请。

因不可抗力或者被申请人设置障碍等原因耽误法定申请期限的,申请期限的计算应当扣除被耽误时间。

第三十三条 申请人对本规则第十四条第(一)项规定的行为不服的,应当先向行政复议机关申请行政复议;对行政复议决定不服的,可以向人民法院提起行政诉讼。

申请人按照前款规定申请行政复议的,必须依照税务机关根据法律、法规确定的税额、期限,先行缴纳或者解缴税款和滞纳金,或者提供相应的担保,才可以在缴清税款和滞纳金以后或者所提供的担保得到作出具体行政行为的税务机关确认之日起60日内提出行政复议申请。

申请人提供担保的方式包括保证、抵押和质押。作出具体行政行为的税务机关应当对保证人的资格、资信进行审查,对不具备法律规定资格或者没有能力保证的,有权拒绝。作出具体行政行为的税务机关应当对抵押人、出质人提供的抵押担保、质押担保进行审查,对不符合法律规定的抵押担保、质押担保,不予确认。

第三十四条 申请人对本规则第十四条第(一)项规定以外的其他具体行政行为不服,可以申请行政复议,也可以直接向人民法院提起行政诉讼。

申请人对税务机关作出逾期不缴纳罚款加处罚款的决定不服的,应当先缴纳罚款和加处罚款,再申请行政复议。

第三十五条 本规则第三十二条第一款规定的行政复议申请期限的计算，依照下列规定办理：

（一）当场作出具体行政行为的，自具体行政行为作出之日起计算。

（二）载明具体行政行为的法律文书直接送达的，自受送达人签收之日起计算。

（三）载明具体行政行为的法律文书邮寄送达的，自受送达人在邮件签收单上签收之日起计算；没有邮件签收单的，自受送达人在送达回执上签名之日起计算。

（四）具体行政行为依法通过公告形式告知受送达人的，自公告规定的期限届满之日起计算。

（五）税务机关作出具体行政行为时未告知申请人，事后补充告知的，自该申请人收到税务机关补充告知的通知之日起计算。

（六）被申请人能够证明申请人知道具体行政行为的，自证据材料证明其知道具体行政行为之日起计算。

税务机关作出具体行政行为，依法应当向申请人送达法律文书而未送达的，视为该申请人不知道该具体行政行为。

第三十六条 申请人依照行政复议法第六条第（八）项、第（九）项、第（十）项的规定申请税务机关履行法定职责，税务机关未履行的，行政复议申请期限依照下列规定计算：

（一）有履行期限规定的，自履行期限届满之日起算。

（二）没有履行期限规定的，自税务机关收到申请满60日起计算。

第三十七条 税务机关作出的具体行政行为对申请人的权利、义务可能产生不利影响的，应当告知其申请行政复议的权利、行政复议机关和行政复议申请期限。

第三十八条 申请人书面申请行政复议的，可以采取当面递交、邮寄或者传真等方式提出行政复议申请。

有条件的行政复议机关可以接受以电子邮件形式提出的行政复议申请。

对以传真、电子邮件形式提出行政复议申请的，行政复议机关应当审核确认申请人的身份、复议事项。

第三十九条 申请人书面申请行政复议的，应当在行政复议申请书中载明下列事项：

（一）申请人的基本情况，包括公民的姓名、性别、出生年月、身份证件号码、工作单位、住所、邮政编码、联系电话；法人或者其他组织的名称、住所、邮政编码、联系电话和法定代表人或者主要负责人的姓名、职务。

（二）被申请人的名称。

（三）行政复议请求、申请行政复议的主要事实和理由。

（四）申请人的签名或者盖章。

（五）申请行政复议的日期。

第四十条 申请人口头申请行政复议的，行政复议机构应当依照本规则第三十九条规定的事项，当场制作行政复议申请笔录，交申请人核对或者向申请人宣读，并由申请人确认。

第四十一条 有下列情形之一的，申请人应当提供证明材料：

（一）认为被申请人不履行法定职责的，提供要求被申请人履行法定职责而被申请人未履行的证明材料。

（二）申请行政复议时一并提出行政赔偿请求的，提供受具体行政行为侵害而造成损害的证明材料。

（三）法律、法规规定需要申请人提供证据材料的其他情形。

第四十二条 申请人提出行政复议申请时错列被申请人的，行政复议机关应当告知申请人变更被申请人。申请人不变更被申请人的，行政复议机关不予受理，或者驳回行政复议申请。

第四十三条 申请人向行政复议机关申请行政复议，行政复议机关已经受理的，在法定行政复议期限内申请人不得向人民法院提起行政诉讼；申请人向人民法院提起行政诉讼，人民法院已经依法受理的，不得申请行政复议。

第七章 税务行政复议受理

第四十四条 行政复议申请符合下列规定的，行政复议机关应当受理：

（一）属于本规则规定的行政复议范围。

（二）在法定申请期限内提出。

（三）有明确的申请人和符合规定的被申请人。

（四）申请人与具体行政行为有利害关系。

（五）有具体的行政复议请求和理由。

（六）符合本规则第三十三条和第三十四条规定的条件。

（七）属于收到行政复议申请的行政复议机关的职责范围。

（八）其他行政复议机关尚未受理同一行政复议申请，人民法院尚未受理同一主体就同一事实提起的行政诉讼。

第四十五条 行政复议机关收到行政复议申请以后,应当在5日内审查,决定是否受理。对不符合本规则规定的行政复议申请,决定不予受理,并书面告知申请人。

对不属于本机关受理的行政复议申请,应当告知申请人向有关行政复议机关提出。

行政复议机关收到行政复议申请以后未按照前款规定期限审查并作出不予受理决定的,视为受理。

第四十六条 对符合规定的行政复议申请,自行政复议机构收到之日起即为受理;受理行政复议申请,应当书面告知申请人。

第四十七条 行政复议申请材料不齐全、表述不清楚的,行政复议机构可以自收到该行政复议申请之日起5日内书面通知申请人补正。补正通知应当载明需要补正的事项和合理的补正期限。无正当理由逾期不补正的,视为申请人放弃行政复议申请。

补正申请材料所用时间不计入行政复议审理期限。

第四十八条 上级税务机关认为行政复议机关不予受理行政复议申请的理由不成立的,可以督促其受理;经督促仍然不受理的,责令其限期受理。

上级税务机关认为行政复议申请不符合法定受理条件的,应当告知申请人。

第四十九条 上级税务机关认为有必要的,可以直接受理或者提审由下级税务机关管辖的行政复议案件。

第五十条 对应当先向行政复议机关申请行政复议,对行政复议决定不服再向人民法院提起行政诉讼的具体行政行为,行政复议机关决定不予受理或者受理以后超过行政复议期限不作答复的,申请人可以自收到不予受理决定书之日起或者行政复议期满之日起15日内,依法向人民法院提起行政诉讼。

依照本规则第八十三条规定延长行政复议期限的,以延长以后的时间为行政复议期满时间。

第五十一条 行政复议期间具体行政行为不停止执行;但是有下列情形之一的,可以停止执行:

(一)被申请人认为需要停止执行的;

(二)行政复议机关认为需要停止执行的;

(三)申请人申请停止执行,行政复议机关认为其要求合理,决定停止执行的;

(四)法律规定停止执行的。

第八章 税务行政复议证据

第五十二条 行政复议证据包括以下类别:

(一)书证;

(二)物证;

(三)视听资料;

(四)电子数据;

(五)证人证言;

(六)当事人的陈述;

(七)鉴定意见;

(八)勘验笔录、现场笔录。

第五十三条 在行政复议中,被申请人对其作出的具体行政行为负有举证责任。

第五十四条 行政复议机关应当依法全面审查相关证据。行政复议机关审查行政复议案件,应当以证据证明的案件事实为依据。定案证据应当具有合法性、真实性和关联性。

第五十五条 行政复议机关应当根据案件的具体情况,从以下方面审查证据的合法性:

(一)证据是否符合法定形式。

(二)证据的取得是否符合法律、法规、规章和司法解释的规定。

(三)是否有影响证据效力的其他违法情形。

第五十六条 行政复议机关应当根据案件的具体情况,从以下方面审查证据的真实性:

(一)证据形成的原因。

(二)发现证据时的环境。

(三)证据是否为原件、原物,复制件、复制品与原件、原物是否相符。

(四)提供证据的人或者证人与行政复议参加人是否具有利害关系。

(五)影响证据真实性的其他因素。

第五十七条 行政复议机关应当根据案件的具体情况,从以下方面审查证据的关联性:

(一)证据与待证事实是否具有证明关系。

(二)证据与待证事实的关联程度。

(三)影响证据关联性的其他因素。

第五十八条 下列证据材料不得作为定案依据:

(一)违反法定程序收集的证据材料。

(二)以偷拍、偷录和窃听等手段获取侵害他人合法权益的证据材料。

(三)以利诱、欺诈、胁迫和暴力等不正当手段获取的证据材料。

(四)无正当事由超出举证期限提供的证据材料。

(五)无正当理由拒不提供原件、原物,又无其他证据印证,且对方不予认可的证据的复制件、复制品。

(六)无法辨明真伪的证据材料。
(七)不能正确表达意志的证人提供的证言。
(八)不具备合法性、真实性的其他证据材料。

行政复议机构依据本规则第十一条第(二)项规定的职责所取得的有关材料,不得作为支持被申请人具体行政行为的证据。

第五十九条 在行政复议过程中,被申请人不得自行向申请人和其他有关组织或者个人收集证据。

第六十条 行政复议机构认为必要时,可以调查取证。

行政复议工作人员向有关组织和人员调查取证时,可以查阅、复制和调取有关文件和资料,向有关人员询问。调查取证时,行政复议工作人员不得少于2人,并应当向当事人和有关人员出示证件。被调查单位和人员应当配合行政复议工作人员的工作,不得拒绝、阻挠。

需要现场勘验的,现场勘验所用时间不计入行政复议审理期限。

第六十一条 申请人和第三人可以查阅被申请人提出的书面答复、作出具体行政行为的证据、依据和其他有关材料,除涉及国家秘密、商业秘密或者个人隐私外,行政复议机关不得拒绝。

第九章 税务行政复议审查和决定

第六十二条 行政复议机构应当自受理行政复议申请之日起7日内,将行政复议申请书副本或者行政复议申请笔录复印件发送被申请人。被申请人应当自收到申请书副本或者申请笔录复印件之日起10日内提出书面答复,并提交当初作出具体行政行为的证据、依据和其他有关材料。

对国家税务总局的具体行政行为不服申请行政复议的案件,由原承办具体行政行为的相关机构向行政复议机构提出书面答复,并提交当初作出具体行政行为的证据、依据和其他有关材料。

第六十三条 行政复议机构审理行政复议案件,应当由2名以上行政复议工作人员参加。

第六十四条 行政复议原则上采用书面审查的办法,但是申请人提出要求或者行政复议机构认为有必要时,应当听取申请人、被申请人和第三人的意见,并可以向有关组织和人员调查了解情况。

第六十五条 对重大、复杂的案件,申请人提出要求或者行政复议机构认为必要时,可以采取听证的方式审理。

第六十六条 行政复议机构决定举行听证的,应当将举行听证的时间、地点和具体要求等事项通知申请人、被申请人和第三人。

第三人不参加听证的,不影响听证的举行。

第六十七条 听证应当公开举行,但是涉及国家秘密、商业秘密或者个人隐私的除外。

第六十八条 行政复议听证人员不得少于2人,听证主持人由行政复议机构指定。

第六十九条 听证应当制作笔录。申请人、被申请人和第三人应当确认听证笔录内容。

行政复议听证笔录应当附卷,作为行政复议机构审理案件的依据之一。

第七十条 行政复议机关应当全面审查被申请人的具体行政行为所依据的事实证据、法律程序、法律依据和设定的权利义务内容的合法性、适当性。

第七十一条 申请人在行政复议决定作出以前撤回行政复议申请的,经行政复议机构同意,可以撤回。

申请人撤回行政复议申请的,不得再以同一事实和理由提出行政复议申请。但是,申请人能够证明撤回行政复议申请违背其真实意思表示的除外。

第七十二条 行政复议期间被申请人改变原具体行政行为的,不影响行政复议案件的审理。但是,申请人依法撤回行政复议申请的除外。

第七十三条 申请人在申请行政复议时,依据本规则第十五条规定一并提出对有关规定的审查申请的,行政复议机关对该规定有权处理的,应当在30日内依法处理;无权处理的,应当在7日内按照法定程序逐级转送有权处理的行政机关依法处理,有权处理的行政机关应当在60日内依法处理。处理期间,中止对具体行政行为的审查。

第七十四条 行政复议机关审查被申请人的具体行政行为时,认为其依据不合法,本机关有权处理的,应当在30日内依法处理;无权处理的,应当在7日内按照法定程序逐级转送有权处理的国家机关依法处理。处理期间,中止对具体行政行为的审查。

第七十五条 行政复议机构应当对被申请人的具体行政行为提出审查意见,经行政复议机关负责人批准,按照下列规定作出行政复议决定:

(一)具体行政行为认定事实清楚,证据确凿,适用依据正确,程序合法,内容适当的,决定维持。

(二)被申请人不履行法定职责的,决定其在一定期限内履行。

(三)具体行政行为有下列情形之一的,决定撤销、变更或者确认该具体行政行为违法;决定撤销或者确认该具体行政行为违法的,可以责令被申请人在一定期限内重新作出具体行政行为:

1. 主要事实不清、证据不足的;
2. 适用依据错误的;
3. 违反法定程序的;
4. 超越职权或者滥用职权的;
5. 具体行政行为明显不当的。

(四)被申请人不按照本规则第六十二条的规定提出书面答复,提交当初作出具体行政行为的证据、依据和其他有关材料的,视为该具体行政行为没有证据、依据,决定撤销该具体行政行为。

第七十六条 行政复议机关责令被申请人重新作出具体行政行为的,申请人不得以同一事实和理由作出与原具体行政行为相同或者基本相同的具体行政行为;但是行政复议机关以原具体行政行为违反法定程序决定撤销的,被申请人重新作出具体行政行为的除外。

行政复议机关责令被申请人重新作出具体行政行为的,被申请人不得作出对申请人更为不利的决定;但是行政复议机关以原具体行政行为主要事实不清、证据不足或适用依据错误决定撤销的,被申请人重新作出具体行政行为的除外。

第七十七条 有下列情形之一的,行政复议机关可以决定变更:

(一)认定事实清楚,证据确凿,程序合法,但是明显不当或者适用依据错误的。

(二)认定事实不清,证据不足,但是经行政复议机关审理查明事实清楚,证据确凿的。

第七十八条 有下列情形之一的,行政复议机关应当决定驳回行政复议申请:

(一)申请人认为税务机关不履行法定职责申请行政复议,行政复议机关受理以后发现该税务机关没有相应法定职责或者在受理以前已经履行法定职责的。

(二)受理行政复议申请后,发现该行政复议申请不符合行政复议法及其实施条例和本规则规定的受理条件的。

上级税务机关认为行政复议机关驳回行政复议申请的理由不成立,应当责令限期恢复受理。行政复议机关审理行政复议申请期限的计算应当扣除因驳回耽误的时间。

第七十九条 行政复议期间,有下列情形之一的,行政复议中止:

(一)作为申请人的公民死亡,其近亲属尚未确定是否参加行政复议的。

(二)作为申请人的公民丧失参加行政复议的能力,尚未确定法定代理人参加行政复议的。

(三)作为申请人的法人或者其他组织终止,尚未确定权利义务承受人的。

(四)作为申请人的公民下落不明或者被宣告失踪的。

(五)申请人、被申请人因不可抗力,不能参加行政复议的。

(六)行政复议机关因不可抗力原因暂时不能履行工作职责的。

(七)案件涉及法律适用问题,需要有权机关作出解释或者确认的。

(八)案件审理需要以其他案件的审理结果为依据,而其他案件尚未审结的。

(九)其他需要中止行政复议的情形。

行政复议中止的原因消除以后,应当及时恢复行政复议案件的审理。

行政复议机构中止、恢复行政复议案件的审理,应当告知申请人、被申请人、第三人。

第八十条 行政复议期间,有下列情形之一的,行政复议终止:

(一)申请人要求撤回行政复议申请,行政复议机构准予撤回的。

(二)作为申请人的公民死亡,没有近亲属,或者其近亲属放弃行政复议权利的。

(三)作为申请人的法人或者其他组织终止,其权利义务的承受人放弃行政复议权利的。

(四)申请人与被申请人依照本规则第八十七条的规定,经行政复议机构准许达成和解的。

(五)行政复议申请受理以后,发现其他行政复议机关已经先于本机关受理,或者人民法院已经受理的。

依照本规则第七十九条第一款第(一)项、第(二)项、第(三)项规定中止行政复议,满60日行政复议中止的原因未消除的,行政复议终止。

第八十一条 行政复议机关责令被申请人重新作出具体行政行为的,被申请人应当在60日内重新作出具体行政行为;情况复杂,不能在规定期限内重新作出具体行政行为的,经行政复议机关批准,可以适当延期,但是延期不得超过30日。

公民、法人或者其他组织对被申请人重新作出的具体行政行为不服,可以依法申请行政复议,或者提起行政诉讼。

第八十二条　申请人在申请行政复议时可以一并提出行政赔偿请求,行政复议机关对符合国家赔偿法的规定应当赔偿的,在决定撤销、变更具体行政行为或者确认具体行政行为违法时,应当同时决定被申请人依法赔偿。

申请人在申请行政复议时没有提出行政赔偿请求的,行政复议机关在依法决定撤销、变更原具体行政行为确定的税款、滞纳金、罚款和对财产的扣押、查封等强制措施时,应当同时责令被申请人退还税款、滞纳金和罚款,解除对财产的扣押、查封等强制措施,或者赔偿相应的价款。

第八十三条　行政复议机关应当自受理申请之日起60日内作出行政复议决定。情况复杂,不能在规定期限内作出行政复议决定的,经行政复议机关负责人批准,可以适当延期,并告知申请人和被申请人;但是延期不得超过30日。

行政复议机关作出行政复议决定,应当制作行政复议决定书,并加盖行政复议机关印章。

行政复议决定书一经送达,即发生法律效力。

第八十四条　被申请人应当履行行政复议决定。

被申请人不履行、无正当理由拖延履行行政复议决定的,行政复议机关或者有关上级税务机关应当责令其限期履行。

第八十五条　申请人、第三人逾期不起诉又不履行行政复议决定的,或者不履行最终裁决的行政复议决定的,按照下列规定分别处理:

(一)维持具体行政行为的行政复议决定,由作出具体行政行为的税务机关依法强制执行,或者申请人民法院强制执行。

(二)变更具体行政行为的行政复议决定,由行政复议机关依法强制执行,或者申请人民法院强制执行。

第十章　税务行政复议和解与调解

第八十六条　对下列行政复议事项,按照自愿、合法的原则,申请人和被申请人在行政复议机关作出行政复议决定以前可以达成和解,行政复议机关也可以调解:

(一)行使自由裁量权作出的具体行政行为,如行政处罚、核定税额、确定应税所得率等。

(二)行政赔偿。

(三)行政奖励。

(四)存在其他合理性问题的具体行政行为。

行政复议审理期限在和解、调解期间中止计算。

第八十七条　申请人和被申请人达成和解的,应当向行政复议机构提交书面和解协议。和解内容不损害社会公共利益和他人合法权益的,行政复议机构应当准许。

第八十八条　经行政复议机构准许和解终止行政复议的,申请人不得以同一事实和理由再次申请行政复议。

第八十九条　调解应当符合下列要求:

(一)尊重申请人和被申请人的意愿。

(二)在查明案件事实的基础上进行。

(三)遵循客观、公正和合理原则。

(四)不得损害社会公共利益和他人合法权益。

第九十条　行政复议机关按照下列程序调解:

(一)征得申请人和被申请人同意。

(二)听取申请人和被申请人的意见。

(三)提出调解方案。

(四)达成调解协议。

(五)制作行政复议调解书。

第九十一条　行政复议调解书应当载明行政复议请求、事实、理由和调解结果,并加盖行政复议机关印章。行政复议调解书经双方当事人签字,即具有法律效力。

调解未达成协议,或者行政复议调解书不生效的,行政复议机关应当及时作出行政复议决定。

第九十二条　申请人不履行行政复议调解书的,由被申请人依法强制执行,或者申请人民法院强制执行。

第十一章　税务行政复议指导和监督

第九十三条　各级税务复议机关应当加强对履行行政复议职责的监督。行政复议机构负责对行政复议工作进行系统督促、指导。

第九十四条　各级税务机关应当建立健全行政复议工作责任制,将行政复议工作纳入本单位目标责任制。

第九十五条　各级税务机关应当按照职责权限,通过定期组织检查、抽查等方式,检查下级税务机关的行政复议工作,并及时向有关方面反馈检查结果。

第九十六条　行政复议期间行政复议机关发现被申请人和其他下级税务机关的相关行政行为违法或者需要做好善后工作的,可以制作行政复议意见书。有关机关应当自收到行政复议意见书之日起60日内将纠正相关行政违法行为或者做好善后工作的情况报告行政复议机关。

行政复议期间行政复议机构发现法律、法规和规章实施中带有普遍性的问题,可以制作行政复议建议书,向有关机关提出完善制度和改进行政执法的建议。

第九十七条　省以下各级税务机关应当定期向上一

级税务机关提交行政复议、应诉、赔偿统计表和分析报告，及时将重大行政复议决定报上一级行政复议机关备案。

第九十八条 行政复议机构应当按照规定将行政复议案件资料立卷归档。

行政复议案卷应当按照行政复议申请分别装订立卷，一案一卷，统一编号，做到目录清晰、资料齐全、分类规范、装订整齐。

第九十九条 行政复议机构应当定期组织行政复议工作人员业务培训和工作交流，提高行政复议工作人员的专业素质。

第一百条 行政复议机关应当定期总结行政复议工作。对行政复议工作中做出显著成绩的单位和个人，依照有关规定表彰和奖励。

第十二章 附 则

第一百零一条 行政复议机关、行政复议机关工作人员和被申请人在税务行政复议活动中，违反行政复议法及其实施条例和本规则规定的，应当依法处理。

第一百零二条 外国人、无国籍人、外国组织在中华人民共和国境内向税务机关申请行政复议，适用本规则。

第一百零三条 行政复议机关在行政复议工作中可以使用行政复议专用章。行政复议专用章与行政复议机关印章在行政复议中具有同等效力。

第一百零四条 行政复议期间的计算和行政复议文书的送达，依照民事诉讼法关于期间、送达的规定执行。

本规则关于行政复议期间有关"5日"、"7日"的规定指工作日，不包括法定节假日。

第一百零五条 本规则自2010年4月1日起施行，2004年2月24日国家税务总局公布的《税务行政复议规则（暂行）》（国家税务总局令第8号）同时废止。

检举纳税人税收违法行为奖励暂行办法

· 2007年1月13日国家税务总局、财政部令第18号公布
· 自2007年3月1日起施行

第一条 为了鼓励检举税收违法行为，根据《中华人民共和国税收征收管理法》及其实施细则有关规定，制定本办法。

第二条 本办法所称税收违法行为，是指纳税人、扣缴义务人的税收违法行为以及本办法列举的其他税收违法行为。

检举税收违法行为是单位和个人的自愿行为。

第三条 对单位和个人实名向税务机关检举税收违法行为并经查实的，税务机关根据其贡献大小依照本办法给予奖励。但有下列情形之一的，不予奖励：

（一）匿名检举税收违法行为，或者检举人无法证实其真实身份的；

（二）检举人不能提供税收违法行为线索，或者采取盗窃、欺诈或者法律、行政法规禁止的其他手段获取税收违法行为证据的；

（三）检举内容含糊不清、缺乏事实根据的；

（四）检举人提供的线索与税务机关查处的税收违法行为无关的；

（五）检举的税收违法行为税务机关已经发现或者正在查处的；

（六）有税收违法行为的单位和个人在被检举前已经向税务机关报告其税收违法行为的；

（七）国家机关工作人员利用工作便利获取信息用以检举税收违法行为的；

（八）检举人从国家机关或者国家机关工作人员处获取税收违法行为信息检举的；

（九）国家税务总局规定不予奖励的其他情形。

第四条 国家税务局系统检举奖励资金从财政部向国家税务总局拨付的税务稽查办案专项经费中据实列支，地方税务局系统检举奖励资金从省、自治区、直辖市和计划单列市财政厅（局）向同级地方税务局拨付的税务稽查办案专项经费中据实列支。

检举奖励资金的拨付，按照财政国库管理制度的有关规定执行。

第五条 检举奖励资金由稽查局、主管税务局财务部门共同负责管理，稽查局使用，主管税务局财务部门负责支付和监督。

省、自治区、直辖市和计划单列市国家税务局、地方税务局应当对检举奖励资金使用情况编写年度报告，于次年3月底前报告国家税务总局。地方税务局检举奖励资金使用情况同时通报同级财政厅（局）。

第六条 检举的税收违法行为经税务机关立案查实处理并依法将税款收缴入库后，根据本案检举时效、检举材料中提供的线索和证据详实程度、检举内容与查实内容相符程度以及收缴入库的税款数额，按照以下标准对本案检举人计发奖金：

（一）收缴入库税款数额在1亿元以上的，给予10万元以下的奖金；

（二）收缴入库税款数额在 5000 万元以上不足 1 亿元的，给予 6 万元以下的奖金；

（三）收缴入库税款数额在 1000 万元以上不足 5000 万元的，给予 4 万元以下的奖金；

（四）收缴入库税款数额在 500 万元以上不足 1000 万元的，给予 2 万元以下的奖金；

（五）收缴入库税款数额在 100 万元以上不足 500 万元的，给予 1 万元以下的奖金；

（六）收缴入库税款数额在 100 万元以下的，给予 5000 元以下的奖金。

第七条　被检举人以增值税留抵税额或者多缴、应退的其他税款抵缴被查处的应纳税款，视同税款已经收缴入库。

检举的税收违法行为经查实处理后没有应纳税款的，按照收缴入库罚款数额依照本办法第六条规定的标准计发奖金。

因被检举人破产或者存有符合法律、行政法规规定终止执行的条件，致使无法将税款或者罚款全额收缴入库的，按已经收缴入库税款或者罚款数额依照本办法规定的标准计发奖金。

第八条　检举虚开增值税专用发票以及其他可用于骗取出口退税、抵扣税款发票行为的，根据立案查实虚开发票填开的税额按照本办法第六条规定的标准计发奖金。

第九条　检举伪造、变造、倒卖、盗窃、骗取增值税专用发票以及可用于骗取出口退税、抵扣税款的其他发票行为的，按照以下标准对检举人计发奖金：

（一）查获伪造、变造、倒卖、盗窃、骗取上述发票 10000 份以上的，给予 10 万元以下的奖金；

（二）查获伪造、变造、倒卖、盗窃、骗取上述发票 6000 份以上不足 10000 份的，给予 6 万元以下的奖金；

（三）查获伪造、变造、倒卖、盗窃、骗取上述发票 3000 份以上不足 6000 份的，给予 4 万元以下的奖金；

（四）查获伪造、变造、倒卖、盗窃、骗取上述发票 1000 份以上不足 3000 份的，给予 2 万元以下的奖金；

（五）查获伪造、变造、倒卖、盗窃、骗取上述发票 100 份以上不足 1000 份的，给予 1 万元以下的奖金；

（六）查获伪造、变造、倒卖、盗窃、骗取上述发票不足 100 份的，给予 5000 元以下的奖金。

查获伪造、变造、倒卖、盗窃、骗取前款所述以外其他发票的，最高给予 5 万元以下的奖金；检举奖金具体数额标准及批准权限，由各省、自治区、直辖市和计划单列市税务局根据本办法规定并结合本地实际情况确定。

第十条　检举非法印制、转借、倒卖、变造或者伪造完税凭证行为的，按照以下标准对检举人计发奖金：

（一）查获非法印制、转借、倒卖、变造或者伪造完税凭证 100 份以上或者票面填开税款金额 50 万元以上的，给予 1 万元以下的奖金；

（二）查获非法印制、转借、倒卖、变造或者伪造完税凭证 50 份以上不足 100 份或者票面填开税款金额 20 万元以上不足 50 万元的，给予 5000 元以下的奖金；

（三）查获非法印制、转借、倒卖、变造或者伪造完税凭证不足 50 份或者票面填开税款金额 20 万元以下的，给予 2000 元以下的奖金。

第十一条　被检举人的税收违法行为被国家税务局、地方税务局查处的，合计国家税务局、地方税务局收缴入库的税款数额，按照本办法第六条规定的标准计算检举奖金总额，由国家税务局、地方税务局根据各自收缴入库的税款数额比例分担奖金数额，分别兑付；国家税务局、地方税务局计发的检举奖金合计数额不得超过 10 万元。

第十二条　同一案件具有适用本办法第六条、第七条、第八条、第九条、第十条规定的两种或者两种以上奖励标准情形的，分别计算检举奖金数额，但检举奖金合计数额不得超过 10 万元。

第十三条　同一税收违法行为被两个或者两个以上检举人分别检举的，奖励符合本办法规定的最先检举人。检举次序以负责查处的税务机关受理检举的登记时间为准。

最先检举人以外的其他检举人提供的证据对查明税收违法行为有直接作用的，可以酌情给予奖励。

对前两款规定的检举人计发的奖金合计数额不得超过 10 万元。

第十四条　检举税收违法行为的检举人，可以向税务机关申请检举奖金。

检举奖金由负责查处税收违法行为的税务机关支付。

第十五条　税务机关对检举的税收违法行为经立案查实处理并依法将税款或者罚款收缴入库后，由税收违法案件举报中心根据检举人书面申请及其贡献大小，制作《检举纳税人税收违法行为奖励审批表》，提出奖励对象和奖励金额建议，按照规定权限和程序审批后，向检举人发出《检举纳税人税收违法行为领奖通知书》，通知检举人到指定地点办理领奖手续。《检举纳税人税收违法行为奖励审批表》由税收违法案件举报中心作为密件存档。

税收违法案件举报中心填写《检举纳税人税收违法行为奖金领款财务凭证》，向财务机构领取检举奖金。财务凭证只注明案件编号、案件名称、被检举人名称、检举奖金数额及审批人、领款人的签名，不填写检举内容和检举人身份、名称。

第十六条 检举人应当在接到领奖通知书之日起90日内，持本人身份证或者其他有效证件，到指定地点领取奖金。检举人逾期不领取奖金，视同放弃奖金。

联名检举同一税收违法行为的，奖金由第一署名人领取，并与其他署名人协商分配。

第十七条 检举人或者联名检举的第一署名人不能亲自到税务机关指定的地点领取奖金的，可以委托他人代行领取；代领人应当持委托人的授权委托书、身份证或者其他有效证件以及代领人的身份证或者其他有效证件，办理领取奖金手续。

检举人是单位的，可以委托本单位工作人员代行领取奖金，代领人应当持委托人的授权委托书和代领人的身份证、工作证到税务机关指定的地点办理领取奖金手续。

第十八条 检举人或者代领人领取奖金时，应当在《检举纳税人税收违法行为奖金付款专用凭证》上签名，并注明身份证或者其他有效证件的号码及填发单位。

《检举纳税人税收违法行为奖金付款专用凭证》和委托人的授权委托书由税收违法案件举报中心作为密件存档。

第十九条 税收违法案件举报中心发放检举奖金时，可应检举人的要求，简要告知其所检举的税收违法行为的查处情况，但不得告知其检举线索以外的税收违法行为查处情况，不得提供税务处理（处罚）决定书及有关案情材料。

检举的税收违法行为查结前，税务机关不得将具体查处情况告知检举人。

第二十条 税务机关支付检举奖金时应当严格审核。对玩忽职守、徇私舞弊致使奖金被骗取的，除追缴奖金外，依法追究有关人员责任。

第二十一条 对有特别突出贡献的检举人，税务机关除给予物质奖励外，可以给予相应的精神奖励，但公开表彰宣传应当事先征得检举人的书面同意。

第二十二条 各省、自治区、直辖市和计划单列市国家税务局根据本办法制定具体规定。

各省、自治区、直辖市和计划单列市地方税务局会同同级财政厅（局）根据本办法制定具体规定。

第二十三条 《检举纳税人税收违法行为奖励审批表》、《检举纳税人税收违法行为领奖通知书》、《检举纳税人税收违法行为奖金领款财务凭证》、《检举纳税人税收违法行为奖金付款专用凭证》的格式，由国家税务总局制定。

第二十四条 本办法所称"以上"、"以下"均含本数。

第二十五条 本办法由国家税务总局和财政部负责解释。

第二十六条 本办法自2007年3月1日起施行。国家税务总局1998年12月15日印发的《税务违法案件举报奖励办法》同时废止。

税收违法行为检举管理办法

· 2019年11月26日国家税务总局令第49号公布
· 自2020年1月1日起施行

第一章 总 则

第一条 为了保障单位、个人依法检举纳税人、扣缴义务人违反税收法律、行政法规行为的权利，规范检举秩序，根据《中华人民共和国税收征收管理法》及其实施细则的有关规定，制定本办法。

第二条 本办法所称检举，是指单位、个人采用书信、电话、传真、网络、来访等形式，向税务机关提供纳税人、扣缴义务人税收违法行为线索的行为。

采用前款所述的形式，检举税收违法行为的单位、个人称检举人；被检举的纳税人、扣缴义务人称被检举人。

检举人可以实名检举，也可以匿名检举。

第三条 本办法所称税收违法行为，是指涉嫌偷税（逃避缴纳税款）、逃避追缴欠税，骗税，虚开、伪造、变造发票，以及其他与逃避缴纳税款相关的税收违法行为。

第四条 检举管理工作坚持依法依规、分级分类、属地管理、严格保密的原则。

第五条 市（地、州、盟）以上税务局稽查局设立税收违法案件举报中心。国家税务总局稽查局税收违法案件举报中心负责接收税收违法行为检举，督促、指导、协调处理重要检举事项；省、自治区、直辖市、计划单列市和市（地、州、盟）税务局稽查局税收违法案件举报中心负责税收违法行为检举的接收、受理、处理和管理；各级跨区域稽查局和县税务局应当指定行使税收违法案件举报中心职能的部门，负责税收违法行为检举的接收，并按规定职责处理。

本办法所称举报中心是指前款所称的税收违法案件举报中心和指定行使税收违法案件举报中心职能的部门。举报中心应当对外挂标识牌。

第六条 税务机关应当向社会公布举报中心的电话（传真）号码、通讯地址、邮政编码、网络检举途径，设立检举接待场所和检举箱。

税务机关同时通过12366纳税服务热线接收税收违法行为检举。

第七条 税务机关应当与公安、司法、纪检监察和信访等单位加强联系和合作，做好检举管理工作。

第八条 检举税收违法行为是检举人的自愿行为，检举人因检举而产生的支出应当由其自行承担。

第九条 检举人在检举过程中应当遵守法律、行政法规等规定；应当对其所提供检举材料的真实性负责，不得捏造、歪曲事实，不得诬告、陷害他人；不得损害国家、社会、集体的利益和其他公民的合法权益。

第二章 检举事项的接收与受理

第十条 检举人检举税收违法行为应当提供被检举人的名称（姓名）、地址（住所）和税收违法行为线索；尽可能提供被检举人统一社会信用代码（身份证件号码）、法定代表人、实际控制人信息和其他相关证明资料。

鼓励检举人提供书面检举材料。

第十一条 举报中心接收实名检举，应当准确登记实名检举人信息。

检举人以个人名义实名检举应当由其本人提出；以单位名义实名检举应当委托本单位工作人员提出。

多人联名进行实名检举的，应当确定第一联系人；未确定的，以检举材料的第一署名人为第一联系人。

第十二条 12366纳税服务热线接收电话检举后，应当按照以下分类转交相关部门：

（一）符合本办法第三条规定的检举事项，应当及时转交举报中心；

（二）对应开具而未开具发票、未申报办理税务登记及其他轻微税收违法行为的检举事项，按照有关规定直接转交被检举人主管税务机关相关业务部门处理；

（三）其他检举事项转交有处理权的单位或者部门。

税务机关的其他单位或者部门接到符合本办法第三条规定的检举材料后，应当及时转交举报中心。

第十三条 以来访形式实名检举的，检举人应当提供营业执照、居民身份证等有效身份证件的原件和复印件。

以来信、网络、传真形式实名检举的，检举人提供营业执照、居民身份证等有效身份证件的复印件。

以电话形式要求实名检举的，税务机关应当告知检举人采取本条第一款、第二款的形式进行检举。

检举人未采取本条第一款、第二款的形式进行检举的，视同匿名检举。

举报中心可以应来访的实名检举人要求出具接收回执；对多人联名进行实名来访检举的，向其确定的第一联系人或者第一署名人出具接收回执。

第十四条 来访检举应当到税务机关设立的检举接待场所；多人来访提出相同检举事项的，应当推选代表，代表人数应当在3人以内。

第十五条 接收来访口头检举，应当准确记录检举事项，交检举人阅读或者向检举人宣读确认。实名检举的，由检举人签名或者盖章；匿名检举的，应当记录在案。

接收电话检举，应当细心接听、询问清楚、准确记录。

接收电话、来访检举，经告知检举人后可以录音、录像。

接收书信、传真等书面形式检举，应当保持检举材料的完整，及时登记处理。

第十六条 税务机关应当合理设置检举接待场所。检举接待场所应当与办公区域适当分开，配备使用必要的录音、录像等监控设施，保证监控设施对接待场所全覆盖并正常运行。

第十七条 举报中心对接收的检举事项，应当及时审查，有下列情形之一的，不予受理：

（一）无法确定被检举对象，或者不能提供税收违法行为线索的；

（二）检举事项已经或者依法应当通过诉讼、仲裁、行政复议以及其他法定途径解决的；

（三）对已经查结的同一检举事项再次检举，没有提供新的有效线索的。

除前款规定外，举报中心自接收检举事项之日起即为受理。

举报中心可以应实名检举人要求，视情况采取口头或者书面方式解释不予受理原因。

国家税务总局稽查局举报中心对本级收到的检举事项应当进行甄别。对本办法第三条规定以外的检举事项，转送有处理权的单位或者部门；对本办法第三条规定范围内的检举事项，按照地管理原则转送相关举报中心，由该举报中心审查并决定是否受理。国家税务总局稽查局举报中心应当定期向相关举报中心了解所转送检举事项的受理情况,对应受理未受理的应予以督办。

第十八条 未设立稽查局的县税务局受理的检举事项,符合本办法第三条规定的,提交上一级税务局稽查局举报中心统一处理。

各级跨区域稽查局受理的检举事项,符合本办法第三条规定的,提交同级税务局稽查局备案后处理。

第十九条 检举事项管辖有争议的,由争议各方本着有利于案件查处的原则协商解决;不能协商一致的,报请共同的上一级税务机关协调或者决定。

第三章 检举事项的处理

第二十条 检举事项受理后,应当分级分类,按照以下方式处理:

(一)检举内容详细、税收违法行为线索清楚、证明资料充分的,由稽查局立案检查。

(二)检举内容与线索较明确但缺少必要证明资料,有可能存在税收违法行为的,由稽查局调查核实。发现存在税收违法行为的,立案检查;未发现的,作查结处理。

(三)检举对象明确,但其他检举事项不完整或者内容不清、线索不明的,可以暂存待查,待检举人将情况补充完整以后,再进行处理。

(四)已经受理尚未查结的检举事项,再次检举的,可以合并处理。

(五)本办法第三条规定以外的检举事项,转交有处理权的单位或者部门。

第二十一条 举报中心可以税务机关或者以自己的名义向下级税务机关督办、交办检举事项。

第二十二条 举报中心应当在检举事项受理之日起十五个工作日内完成分级分类处理,特殊情况除外。

查处部门应当在收到举报中心转来的检举材料之日起三个月内办理完毕;案情复杂无法在期限内办理完毕的,可以延期。

第二十三条 税务局稽查局对督办案件的处理结果应当认真审查。对于事实不清、处理不当的,应当通知承办机关补充调查或者重新调查,依法处理。

第四章 检举事项的管理

第二十四条 举报中心应当严格管理检举材料,逐件登记已受理检举事项的主要内容、办理情况和检举人、被检举人的基本情况。

第二十五条 已接收的检举材料原则上不予退还。不予受理的检举材料,登记检举事项的基本信息和不予受理原因后,经本级稽查局负责人批准可以销毁。

第二十六条 暂存待查的检举材料,若在受理之日起两年内未收到有价值的补充材料,可以销毁。

第二十七条 督办案件的检举材料应当专门管理,并按照规定办理督办案件材料的转送、报告等具体事项。

第二十八条 检举材料的保管和整理,应当按照档案管理的有关规定办理。

第二十九条 举报中心每年度对检举案件和有关事项的数量、类别及办理情况等进行汇总分析,形成年度分析报告,并按规定报送。

第五章 检举人的答复和奖励

第三十条 实名检举人可以要求答复检举事项的处理情况与查处结果。

实名检举人要求答复处理情况时,应当配合核对身份;要求答复查处结果时,应当出示检举时所提供的有效身份证件。

举报中心可以视具体情况采取口头或者书面方式答复实名检举人。

第三十一条 实名检举事项的处理情况,由作出处理行为的税务机关的举报中心答复。

将检举事项督办、交办、提交或者转交的,应当告知去向;暂存待查的,应当建议检举人补充资料。

第三十二条 实名检举事项的查处结果,由负责查处的税务机关的举报中心答复。

实名检举人要求答复检举事项查处结果的,检举事项查结以后,举报中心可以将与检举线索有关的查处结果简要告知检举人,但不得告知其检举线索以外的税收违法行为的查处情况,不得提供执法文书及有关案情资料。

第三十三条 12366纳税服务热线接收检举事项并转交举报中心或者相关业务部门后,可以应检举人要求将举报中心或者相关业务部门反馈的受理情况告知检举人。

第三十四条 检举事项经查证属实,为国家挽回或者减少损失的,按照财政部和国家税务总局的有关规定对实名检举人给予相应奖励。

第六章 权利保护

第三十五条 检举人不愿提供个人信息或者不愿公开检举行为的,税务机关应当予以尊重和保密。

第三十六条 税务机关应当在职责范围内依法保护检举人、被检举人的合法权益。

第三十七条 税务机关工作人员与检举事项或者检

举人、被检举人有直接利害关系的,应当回避。

检举人有正当理由并且有证据证明税务机关工作人员应当回避的,经本级税务机关负责人或者稽查局负责人批准以后,予以回避。

第三十八条　税务机关工作人员必须严格遵守以下保密规定:

(一)检举事项的受理、登记、处理及查处,应当依照国家有关法律、行政法规等规定严格保密,并建立健全工作责任制,不得私自摘抄、复制、扣压、销毁检举材料;

(二)严禁泄露检举人的姓名、身份、单位、地址、联系方式等情况,严禁将检举情况透露给被检举人及与案件查处无关的人员;

(三)调查核实情况和立案检查时不得出示检举信原件或者复印件,不得暴露检举人的有关信息,对匿名的检举书信及材料,除特殊情况以外,不得鉴定笔迹;

(四)宣传报道和奖励检举有功人员,未经检举人书面同意,不得公开检举人的姓名、身份、单位、地址、联系方式等情况。

第七章　法律责任

第三十九条　税务机关工作人员违反本办法规定,将检举人的检举材料或者有关情况提供给被检举人或者与案件查处无关人员的,依法给予行政处分。

第四十条　税务机关工作人员打击报复检举人的,视情节和后果,依法给予行政处分;涉嫌犯罪的,移送司法机关依法处理。

第四十一条　税务机关工作人员不履行职责、玩忽职守、徇私舞弊,给检举工作造成损失的,应当给予批评教育;情节严重的,依法给予行政处分并调离工作岗位;涉嫌犯罪的,移送司法机关依法处理。

第四十二条　税收违法检举案件中涉及税务机关或者税务人员违纪违法问题的,应当按照规定移送有关部门依纪依法处理。

第四十三条　检举人违反本办法第九条规定的,税务机关工作人员应当对检举人进行劝阻、批评和教育;经劝阻、批评和教育无效的,可以联系有关部门依法处理。

第八章　附　则

第四十四条　本办法所称的检举事项查结,是指检举案件的结论性文书生效,或者检举事项经调查核实后未发现税收违法行为。

第四十五条　国家税务总局各省、自治区、直辖市和计划单列市税务局可以根据本办法制定具体的实施办法。

第四十六条　本办法自2020年1月1日起施行。《税收违法行为检举管理办法》(国家税务总局令第24号公布)同时废止。

纳税服务投诉管理办法

- 2019年6月26日
- 国家税务总局公告2019年第27号

第一章　总　则

第一条　为保护纳税人(含缴费人、扣缴义务人和其他当事人,下同)的合法权益,规范纳税服务(含社会保险费和非税收入征缴服务,下同)投诉管理工作,构建和谐的税收征纳关系,根据《中华人民共和国税收征收管理法》及相关税收法律法规,制定本办法。

第二条　纳税人认为税务机关及其工作人员在履行纳税服务职责过程中未提供规范、文明的纳税服务或者有其他侵犯其合法权益的情形,向税务机关进行投诉,税务机关办理纳税人投诉事项,适用本办法。

第三条　对依法应当通过税务行政复议、诉讼、举报等途径解决的事项,依照有关法律、法规、规章及规范性文件的规定办理。

第四条　纳税服务投诉管理工作遵循依法公正、规范高效、属地管理、分级负责的原则。

第五条　纳税人进行纳税服务投诉需遵从税收法律、法规、规章、规范性文件,并客观、真实地反映相关情况,不得隐瞒、捏造、歪曲事实,不得侵害他人合法权益。

第六条　税务机关及其工作人员在办理纳税服务投诉事项时,不得徇私、偏袒,不得打击、报复,并应当对投诉人信息保密。

第七条　各级税务机关的纳税服务部门是纳税服务投诉的主管部门,负责纳税服务投诉的接收、受理、调查、处理、反馈等事项。需要其他部门配合的,由纳税服务部门进行统筹协调。

第八条　各级税务机关应当配备专职人员从事纳税服务投诉管理工作,保障纳税服务投诉工作的顺利开展。

第二章　纳税服务投诉范围

第九条　本办法所称纳税服务投诉包括:

(一)纳税人对税务机关工作人员服务言行进行的投诉;

(二)纳税人对税务机关及其工作人员服务质效进行的投诉;

(三)纳税人对税务机关及其工作人员在履行纳税

服务职责过程中侵害其合法权益的行为进行的其他投诉。

第十条 对服务言行的投诉,是指纳税人认为税务机关工作人员在履行纳税服务职责过程中服务言行不符合文明服务规范要求而进行的投诉。具体包括:

(一)税务机关工作人员服务用语不符合文明服务规范要求的;

(二)税务机关工作人员行为举止不符合文明服务规范要求的。

第十一条 对服务质效的投诉,是指纳税人认为税务机关及其工作人员在履行纳税服务职责过程中未能提供优质便捷的服务而进行的投诉。具体包括:

(一)税务机关及其工作人员未准确掌握税收法律法规等相关规定,导致纳税人应享受未享受税收优惠政策的;

(二)税务机关及其工作人员未按规定落实首问责任、一次性告知、限时办结、办税公开等纳税服务制度的;

(三)税务机关及其工作人员未按办税事项"最多跑一次"服务承诺办理涉税业务的;

(四)税务机关未能向纳税人提供便利化办税渠道的;

(五)税务机关及其工作人员擅自要求纳税人提供规定以外资料的;

(六)税务机关及其工作人员违反规定强制要求纳税人出具涉税鉴证报告,违背纳税人意愿强制代理、指定代理的。

第十二条 侵害纳税人合法权益的其他投诉,是指纳税人认为税务机关及其工作人员在履行纳税服务职责过程中未依法执行税收法律法规等相关规定,侵害纳税人的合法权益而进行的其他投诉。

第十三条 投诉内容存在以下情形的,不属于本办法所称纳税服务投诉的范围:

(一)违反法律、法规、规章有关规定的;

(二)针对法律、法规、规章和规范性文件规定进行投诉的;

(三)超出税务机关法定职责和权限的;

(四)不属于本办法投诉范围的其他情形。

第三章 提交与受理

第十四条 纳税人可以通过网络、电话、信函或者当面等方式提出投诉。

第十五条 纳税人对纳税服务的投诉,可以向本级税务机关提交,也可以向其上级税务机关提交。

第十六条 纳税人进行纳税服务投诉原则上以实名提出。

第十七条 纳税人进行实名投诉,应当列明下列事项:

(一)投诉人的姓名(名称)、有效联系方式;

(二)被投诉单位名称或者被投诉个人的相关信息及其所属单位;

(三)投诉请求、主要事实、理由。

纳税人通过电话或者当面方式提出投诉的,税务机关在告知纳税人的情况下可以对投诉内容进行录音或者录像。

第十八条 已就具体行政行为申请税务行政复议或者提起税务行政诉讼,但具体行政行为存在不符合文明规范言行问题的,可就该问题单独向税务机关进行投诉。

第十九条 纳税服务投诉符合本办法规定的投诉范围且属于下列情形的,税务机关应当受理:

(一)纳税人进行实名投诉,且投诉材料符合本办法第十七条要求;

(二)纳税人虽进行匿名投诉,但投诉的事实清楚、理由充分,有明确的被投诉人,投诉内容具有典型性。

第二十条 属于下列情形的,税务机关不予受理:

(一)对税务机关已经处理完毕且经上级税务机关复核的相同投诉事项再次投诉的;

(二)对税务机关依法、依规受理,且正在办理的服务投诉再次投诉的;

(三)不属于本办法投诉范围的其他情形。

第二十一条 税务机关收到投诉后应于1个工作日内决定是否受理,并按照"谁主管、谁负责"的原则办理或转办。

第二十二条 对于不予受理的实名投诉,税务机关应当以适当形式告知投诉人,并说明理由。逾期未告知的,视同自收到投诉后1个工作日内受理。

第二十三条 上级税务机关认为下级税务机关应当受理投诉而不受理或者不予受理的理由不成立的,可以责令其受理。

上级税务机关认为有必要的,可以直接受理应由下级税务机关受理的纳税服务投诉。

第二十四条 纳税人的同一投诉事项涉及两个以上税务机关的,应当由首诉税务机关牵头协调处理。首诉税务机关协调不成功的,应当向上级税务机关申请协调处理。

第二十五条 纳税人就同一事项通过不同渠道分别

投诉的,税务机关接收后可合并办理。

第二十六条　税务机关应当建立纳税服务投诉事项登记制度,记录投诉时间、投诉人、被投诉人、联系方式、投诉内容、受理情况以及办理结果等有关内容。

第二十七条　各级税务机关应当向纳税人公开负责纳税服务投诉机构的通讯地址、投诉电话、税务网站和其他便利投诉的事项。

第四章　调查与处理

第二十八条　税务机关调查处理投诉事项,应依法依规、实事求是、注重调解,化解征纳争议。

第二十九条　税务机关调查人员与投诉事项或者投诉人、被投诉人有利害关系的,应当回避。

第三十条　调查纳税服务投诉事项,应当由两名以上工作人员参加。一般流程为:

（一）核实情况。查阅文件资料,调取证据,听取双方陈述事实和理由,必要时可向其他组织和人员调查或实地核查;

（二）沟通调解。与投诉人、被投诉人确认基本事实,强化沟通,化解矛盾,促进双方就处理意见形成共识;

（三）提出意见。依照有关法律、法规、规章及其他有关规定提出处理意见。

第三十一条　税务机关对各类服务投诉应限期办结。对服务言行类投诉,自受理之日起5个工作日内办结;服务质效类、其他侵害纳税人合法权益类投诉,自受理之日起10个工作日内办结。

第三十二条　属于下列情形的,税务机关应快速处理,自受理之日起3个工作日内办结。

（一）本办法第十一条第一项所规定的情形;

（二）自然人纳税人提出的个人所得税服务投诉;

（三）自然人缴费人提出的社会保险费和非税收入征缴服务投诉;

（四）涉及其他重大政策落实的服务投诉。

第三十三条　服务投诉因情况复杂不能按期办结的,经受理税务机关纳税服务部门负责人批准,可适当延长办理期限,最长不得超过10个工作日,同时向转办部门进行说明并向投诉人做好解释。

第三十四条　属于下列情形的,税务机关可即时处理:

（一）纳税人当场提出投诉,事实简单、清楚,不需要进行调查的;

（二）一定时期内集中发生的同一投诉事项且已有明确处理意见的。

第三十五条　纳税人当场投诉事实成立的,被投诉人应当立即停止或者改正被投诉的行为,并向纳税人赔礼道歉,税务机关应当视情节轻重给予被投诉人相应处理;投诉事实不成立的,处理投诉事项的税务机关工作人员应当向纳税人说明理由。

第三十六条　调查过程中发生下列情形之一的,应当终结调查,并向纳税人说明理由:

（一）投诉事实经查不属于纳税服务投诉事项的;

（二）投诉内容不具体,无法联系投诉人或者投诉人拒不配合调查,导致无法调查核实的;

（三）投诉人自行撤销投诉,经核实确实不需要进一步调查的;

（四）已经处理反馈的投诉事项,投诉人就同一事项再次投诉,没有提供新证据的;

（五）调查过程中发现不属于税务机关职责范围的。

第三十七条　税务机关根据调查核实的情况,对纳税人投诉的事项分别作出如下处理:

（一）投诉情况属实的,责令被投诉人限期改正,并视情节轻重分别给予被投诉人相应的处理;

（二）投诉情况不属实的,向投诉人说明理由。

第三十八条　税务机关应在规定时限内将处理结果以适当形式向投诉人反馈。

反馈时应告知投诉人投诉是否属实,对投诉人权益造成损害的行为是否终止或改正;不属实的投诉应说明理由。

第三十九条　投诉人对税务机关反馈的处理情况有异议的,税务机关应当决定是否开展补充调查以及是否重新作出处理结果。

第四十条　投诉人认为处理结果显失公正的,可向上级税务机关提出复核申请。上级税务机关自受理之日起,10个工作日内作出复核意见。

第四十一条　税务机关及其工作人员阻拦、限制投诉人投诉或者打击报复投诉人的,由其上级机关依法依规追究责任。

第四十二条　投诉人捏造事实、恶意投诉,或者干扰和影响正常工作秩序,对税务机关、税务人员造成负面影响的,投诉人应依法承担相应责任。

第五章　指导与监督

第四十三条　上级税务机关应当加强对下级税务机关纳税服务投诉工作的指导与监督,督促及时、规范处理。

第四十四条　各级税务机关对于办理纳税服务投诉过程中发现的有关税收制度或者行政执法中存在的普遍

性问题,应当向有关部门提出合理化建议。

第四十五条 各级税务机关应当积极依托信息化手段,规范流程、强化监督,不断提高纳税服务投诉处理质效。

第六章 附 则

第四十六条 国家税务总局各省、自治区、直辖市和计划单列市税务局可以根据本办法制定具体的实施办法。

第四十七条 本办法自2019年8月1日起施行。《国家税务总局关于修订〈纳税服务投诉管理办法〉的公告》(国家税务总局公告2015年第49号,国家税务总局公告2018年第31号修改)同时废止。

税收违法案件一案双查办法(试行)

· 2008年12月19日
· 国税发[2008]125号

第一条 为加强对税务机关和税务人员征收管理和执法行为的监督检查,依法依纪查处征收管理和执法中的违法违纪行为,制定本办法。

第二条 本办法所称一案双查,是指在查处纳税人、扣缴义务人(以下简称纳税人)税收违法案件中,对涉案税务机关或税务人员违法违纪行为进行调查,并依照有关规定追究税务机关或税务人员的责任。

一案双查由稽查部门和监察部门按照职责分工实施。稽查部门负责检查纳税人税收违法行为,监察部门负责调查税务机关和税务人员违法违纪问题。

第三条 税务机关在下列情况下,实行一案双查:

(一)稽查部门在检查中发现税务机关或税务人员失职渎职、滥用职权、贪污受贿或者利用职权侵犯公民权利等,涉嫌违法违纪的;

(二)举报纳税人税收违法行为,同时举报税务机关或税务人员违法违纪并且问题严重,线索具体的;

(三)重大税收违法案件,税务机关认为需要实行一案双查的。

第四条 稽查部门发现税务机关或税务人员涉嫌以下违法违纪行为的事实或线索,应将有关证据和材料转交有管辖权的监察部门:

(一)与不法分子相勾结,虚开、买卖发票,骗取国家税款的;

(二)为涉案纳税人通风报信、作伪证、说情、影响案件查处的;

(三)索取、收受贿赂,利用职务之便为自己或者他人谋取利益的;

(四)经商办企业或在企业入股分红的;

(五)不履行或者不认真履行职责造成税款损失的;

(六)违法违纪和失职渎职的其他行为。

第五条 稽查人员发现税务机关或者税务人员涉嫌存在本办法第四条所列违法违纪行为的事实或线索的,应在24小时内报告本稽查局局长或者主持工作的负责人;稽查局局长或者主持工作的负责人应在三个工作日内提出同意转交或者不同意转交监察部门的意见,并将意见报告分管稽查工作的税务局领导;分管稽查工作的税务局领导应当在三个工作日内作出批准转交或者不批准转交的决定。决定批准的,应当在24小时内将有关证据和材料转交监察部门;决定不批准的,应当将不予批准的理由记录在案。

稽查人员发现税务机关或者税务人员涉嫌违法违纪行为的事实或线索涉及本部门负责人或者分管稽查工作的税务局领导的,可以直接报告上级税务机关或者监察部门。

第六条 稽查部门向监察部门转交违法违纪线索,应制作《税务机关(人员)违法违纪线索转交单》,办理交接手续。

第七条 举报纳税人税收违法行为同时举报税务机关或税务人员违法违纪问题的,一般先由稽查部门实施税务检查,检查结束后,稽查部门应当将检查结论通报监察部门。

举报纳税人税收违法行为同时举报税务机关或税务人员违法违纪问题严重,线索具体的,经分管稽查和监察工作的税务局领导批准同意,稽查部门和监察部门可组成联合检查组,同时进行调查。

第八条 监察部门在接到稽查部门转交的违法违纪问题线索后,应当及时决定是否受理,并将受理情况反馈给稽查部门。对于不属于本部门管辖范围的,应当及时转送有管辖权的部门,并告知转交线索的稽查部门。

第九条 稽查部门在实施税收检查中,发现税务机关或税务人员涉嫌违法违纪行为的事实或线索,应当妥善保存与违法违纪行为有关的证据材料。

第十条 监察部门对稽查部门转交的税务机关或税务人员违法违纪行为线索,可征求有关税收业务部门的意见,作为是否受理和调查的参考,并可提请有关部门协助收集、审查、判断或者认定证据。

第十一条　稽查部门和监察部门实施检查、调查，应按有关法律、法规和制度、规定执行。

第十二条　稽查部门、监察部门对所发现的税务机关或税务人员违法违纪的证据、线索，以及涉案纳税人的有关情况，应当遵守保密工作纪律，不得泄露、传播。

第十三条　稽查部门、监察部门违反本办法，或者有下列行为情节严重的，应当追究有关人员的责任：

（一）稽查部门发现税务机关或者税务人员涉嫌违法违纪或失职渎职行为的事实或证据，隐瞒不报，或者隐匿、销毁有关线索、证据的；

（二）监察部门接到稽查部门转交的证据、线索，无正当理由不受理的。

第十四条　税务机关其他部门在履行职责过程中，发现税务机关或税务人员有涉嫌违法违纪行为的事实或线索的，比照本办法执行。

第十五条　本办法由监察部驻国家税务总局监察局、国家税务总局稽查局负责解释。

第十六条　各省、自治区、直辖市国家税务局、地方税务局根据本办法制定具体实施办法。

第十七条　本办法自印发之日起施行。

税收违法案件一案双查工作补充规定

· 2015 年 2 月 4 日
· 税总发〔2015〕20 号

《税收违法案件一案双查办法（试行）》自 2008 年施行以来，对及时发现并查处税务人员的违纪违法问题，规范税收征管和税收执法行为发挥了重要作用。但是，在执行中我们也发现《税收违法案件一案双查办法（试行）》存在刚性不足，操作性不强的问题。为进一步落实中央纪委关于"转职能、转方式、转作风"的工作部署，加大税收违法案件一案双查力度，现对一案双查工作补充规定（以下简称《规定》）如下：

一、本《规定》所称一案双查，是指在查处纳税人、扣缴义务人和其他涉税当事人（以下简称涉税当事人）税收违法案件中，对税务机关或者税务人员的执法行为规范性和履职行为廉洁性进行检查，对违纪违法行为依照有关规定进行调查和追究责任的活动。

一案双查由稽查部门、纪检监察部门按照职责分工实施。稽查部门负责查处涉税当事人税收违法行为，纪检监察部门负责查处税务机关和税务人员违纪违法行为。稽查部门、纪检监察部门实施检查、调查应当使用各自文书，并按照有关法律、行政法规和规章制度执行。

二、有下列情形之一的，实行一案双查：

（一）稽查部门在检查中发现税务机关或者税务人员涉嫌失职渎职、索贿受贿或者侵犯公民、法人和其他组织合法权益等行为的；

（二）重大税收违法案件存在税务机关或者税务人员涉嫌违法违纪行为的；

（三）检举涉税当事人税收违法行为，同时检举税务机关或者税务人员违纪违法行为，线索具体的；

（四）纪检监察部门认为需要实行一案双查的其他税收违法案件。

三、本《规定》所称重大税收违法案件包括：

（一）虚开增值税专用发票及其他增值税抵扣凭证、偷税、逃税、骗税、抗税达到规定数额标准的案件；

（二）上级税务机关督办的重大案件；

（三）造成重大社会影响的案件。

具体数额及金额标准由各省、自治区、直辖市和计划单列市国家税务局、地方税务局分别规定，并报监察部驻国家税务总局监察局、国家税务总局稽查局备案。

四、对重大税收违法案件，稽查部门应当在作出税务处理处罚决定后 5 个工作日内制作《重大税收违法案件一案双查转交单》（见附件1），连同《税务处理决定书》、《税务行政处罚决定书》（或者《税务稽查结论》）以及《税务稽查报告》、《税务稽查审理报告》，经稽查部门主要负责人批准后，通过税收管理信息系统或者其他有效途径，转交所属税务局纪检监察部门。

对稽查部门转交的重大税收违法案件，纪检监察部门应当对随案转交的相关材料进行案头分析，需要时可调阅税务稽查案卷等有关资料，认为存在税务机关或者税务人员涉嫌违纪违法行为的，应当填写《税收违法案件一案双查审批表》（见附件3），报经分管纪检监察工作的税务局领导批准后开展调查。

五、稽查部门在检查中发现税务机关或者税务人员涉嫌下列行为之一的，应当妥善保存有关证据和材料，并按规定转交所在税务局纪检监察部门：

（一）与不法分子相勾结，虚开、非法买卖发票，偷税、逃税、骗税、抗税的；

（二）为涉案当事人通风报信、提供伪证、说情，影响案件查处的；

（三）隐匿、转移、毁灭证据的；

（四）索取、收受贿赂，利用职务之便为自己或者他人谋取利益的；

（五）侵犯公民、法人和其他组织合法权益等行为的；

（六）经商办企业或者在企业入股分红，以及其他违反规定从事营利性活动的；

（七）违反税收法律、行政法规以及税收征管制度、规定、流程的；

（八）有其他违纪违法行为的。

稽查部门发现税务机关以外的国家机关或者工作人员涉嫌违反税收法律、行政法规或者其他违纪违法行为的，应当将相关证据或者线索转交纪检监察部门，由纪检监察部门依照有关规定移送有权机关处理。

六、对税务机关发函委托的协查事项，受托方税务机关或者税务人员不按照规定进行协查、反馈协查情况，或者提供虚假情况的，委托方税务机关应当将相关情况或者线索逐级上报至与受托方税务机关共同的上级税务机关，请求上级税务机关调查核实或者责令受托方上级税务机关调查核实，追究相关税务机关或者税务人员责任。

七、稽查人员在检查中发现税务机关或者税务人员涉嫌本《规定》第五条所列违纪违法行为的情况或者线索的，应当在2个工作日内逐级上报至稽查部门主要负责人；稽查部门应当在3个工作日内填写《税务机关（人员）涉嫌违纪违法问题线索转交单》（见附件2），由主要负责人签报分管稽查工作的税务局领导；分管稽查工作的税务局领导应当在3个工作日内作出是否批准转交的决定，决定批准的，应当在2个工作日内批转纪检监察部门；不批准转交的，应当签署不批准转交的理由。

八、纪检监察部门在接到稽查部门转交的问题线索后，应当在5个工作日内决定是否受理，并将受理情况反馈给稽查部门。对于不属于本部门管辖范围的，应当及时转交有管辖权的部门，并告知稽查部门。

九、纪检监察部门对稽查部门转交的问题线索，可征求有关税收业务部门的意见，作为是否调查的参考，并可提请有关部门协助收集、审查、判断或者认定证据。

十、检举涉税当事人税收违法行为同时检举税务机关或者税务人员违纪违法问题的，一般先由稽查部门实施税务检查，检查结束后，稽查部门应当将检查结果通报纪检监察部门。

检举涉税当事人税收违法行为同时检举税务机关或者税务人员违纪违法线索具体的，稽查部门和纪检监察部门可组成联合检查组，同时进行检查、调查。

十一、稽查部门在税收违法案件检查中，可以提请纪检监察部门提前介入。

纪检监察部门可以提前介入稽查部门正在查处的税收违法案件，对税务机关或者税务人员涉嫌违纪违法行为开展调查。

有证据或者线索证明税务机关或者税务人员涉嫌重大违纪违法行为的，纪检监察部门应当提前介入查处。

十二、上级纪检监察部门可以根据具体工作情况要求下级纪检监察部门开展一案双查，也可以直接或者联合同级稽查部门对下级税务机关查处的税收违法案件开展一案双查。

十三、稽查、纪检监察部门应当遵守保密工作纪律，对所发现的税务机关或者税务人员违纪违法的证据、线索，以及提供线索的稽查人员有关情况，不得泄露、传播。

税务机关应当对提供线索的稽查人员给予鼓励和保护。

十四、稽查、纪检监察部门应当建立一案双查工作沟通联系机制，互相协助、密切配合。

十五、违反《规定》，或者有下列行为之一的，应当追究有关人员的责任：

（一）稽查部门发现税务机关或者税务人员涉嫌失职渎职以及其他违纪违法行为的事实或者线索，隐瞒不报或者销毁有关证据的；

（二）纪检监察部门接到稽查部门转交的证据、线索，无正当理由不调查的；

（三）对提供线索的稽查人员打击报复的。

十六、税务机关其他部门在履行职责过程中，发现税务机关或者税务人员涉嫌违纪违法行为的情况或者线索的，比照本《规定》执行。

十七、各级税务机关应当将一案双查情况纳入工作考核的重要内容。

附件： 1. 重大税收违法案件一案双查转交单（略）

2. 税务机关（人员）涉嫌违纪违法问题线索转交单（略）

3. 税收违法案件一案双查审批表（略）

税收执法过错责任追究办法

·2005年3月22日
·国税发〔2005〕42号

第一章 总 则

第一条 为规范税收执法行为，提高税收执法水平，促进税务执法人员依法行政，维护纳税人的合法权益，根据国家相关法律、行政法规、规章制定本办法。

第二条 全国税务执法人员的执法过错责任追究,适用本办法。

第三条 本办法所称税收执法过错责任是指税务执法人员在执行职务过程中,因故意或者过失,导致税收执法行为违法应当承担的责任。

本办法所称税收执法过错责任追究是指给予税收执法过错责任人的行政处理和经济惩戒。

第四条 过错责任人员应当给予行政处分或者应当追究刑事责任的,依照其他法律、行政法规及规章的规定执行。

第五条 执法过错责任追究应当坚持公平公正公开、有错必究、过罚相当、教育与惩处相结合的原则。

第六条 执法过错责任追究应当建立统一领导、分工负责、简捷高效的工作机制。

第二章 追究形式

第七条 执法过错责任的追究形式分为行政处理和经济惩戒。

行政处理包括批评教育、责令作出书面检查、通报批评、责令待岗、取消执法资格。

经济惩戒是指扣发奖金、岗位津贴。

第八条 批评教育适用于执法过错行为性质较轻,后果轻微的责任人。该处理形式应当书面记载并附卷。

第九条 责令作出书面检查适用于执法过错行为性质一般,后果较轻但是发生频率较高的责任人。

第十条 通报批评适用于执法过错行为性质一般,但可能导致较重后果或者一定社会负面影响的责任人。

第十一条 责令待岗适用于执法过错行为性质较重,可能导致严重后果或者较大社会负面影响的责任人。待岗期限为一至六个月,待岗人员需接受适当形式的培训后方可重新上岗。

第十二条 取消执法资格适用于执法过错行为性质、后果严重的责任人。取消期限为一年。被取消执法资格人员需接受适当形式的培训后方可重新取得执法资格。

第十三条 对责任人员的追究决定,由其所在的县级以上税务机关局长办公会议集体作出。批评教育和责令作出书面检查可以由本单位负责人作出。

责任人的过错行为造成的后果能够纠正的,应当责令限期纠正。能消除影响的,就及时消除影响。

第三章 追究范围和适用

第十四条 税务执法人员有下列行为之一的,应当对其进行批评教育:

(一)未对逾期办理开业税务登记行为按违法违章进行处理的;

(二)未按规定制作非正常户认定书的;

(三)未按规定审批延期申报的;

(四)未对欠税进行公告的;

(五)未对欠税进行准确核算的;

(六)未按规定办理政策性退税的;

(七)对达到立案标准的案件未按规定立案的;

(八)未按规定查办举报案件的;

(九)未按规定的时限审结案件的;

(十)未按《行政许可法》的有关规定进行公开、公告的;

(十一)其他行为性质、后果较轻的执法过错行为。

第十五条 税务执法人员有下列行为之一的,应当责令作出书面检查:

(一)延期申报未按规定核定预缴税款的;

(二)未按规定发售发票的;

(三)未按规定代开发票的;

(四)未按规定对重号发票进行重复认证的;

(五)未按规定办理注销税务登记的;

(六)未按规定受理和审批减免税申请的;

(七)未按规定受理和审批税前扣除申请的;

(八)未按规定受理和审批纳税人享受税收优惠政策资格的;

(九)未按规定回复案件协查情况的;

(十)未按规定调取、退还纳税人账簿、资料的;

(十一)案件审理确认的事实不清楚,证据不确凿,定性不准确的;

(十二)未按规定程序组织行政处罚听证的;

(十三)未按规定执行处理(罚)决定的。

第十六条 税务执法人员有下列行为之一的,应当通报批评:

(一)未按规定在防伪税控系统内设置或者修改金税卡时钟的;

(二)金税工程各系统纳税人信息的录入和变动未及时、准确的;

(三)未按规定审批延期缴纳税款的;

(四)未按规定停供发票的;

(五)未按规定缴销发票的;

(六)未按规定将销售额超过小规模标准的纳税人按增值税一般纳税人管理的;

(七)税务行政处罚未按规定履行告知程序的;

(八)未按规定实施税收保全、强制执行措施的;

(九)未按规定受理税务行政处罚听证的申请；

(十)未按规定处理(罚)涉税违法行为的；

(十一)未在规定时限内办理税务行政复议事项的；

(十二)其他性质一般,但可能导致较重后果或者一定社会负面影响的执法过错行为。

第十七条 税务执法人员有下列行为之一的,应当责令待岗：

(一)未按规定认定、取消增值税一般纳税人资格的；

(二)未按规定对金税工程各系统进行数据备份的；

(三)认证不符或者密文有误发票未及时扣留、传递的；

(四)防伪税控的企业发行不符合规定的；

(五)未按规定移送涉嫌涉税犯罪案件的；

(六)未按规定受理税务行政复议申请的；

(七)其他性质较重,可能导致严重后果或者较大社会负面影响的执法过错行为。

第十八条 税务执法人员有下列行为之一的,应当取消执法资格：

(一)混淆税款入库级次的；

(二)违规提前征收和延缓征收税款的；

(三)违规多征、少征税款的；

(四)税务行政复议的决定不合法的；

(五)其他性质、后果严重的执法过错行为。

第十九条 对按照本办法第十四条、第十五条、第十六条、第十七条、第十八条进行责任追究的税务执法人员,税务机关可以根据责任人执法过错的原因、性质和后果,同时并处经济惩戒。具体数额由各省、自治区、直辖市和计划单列市国家税务局、地方税务局规定。

第二十条 执法过错行为按照下列方法明确责任：

(一)因承办人的个人原因造成执法过错的,承担全部过错责任；承办人为两人或者两人以上的,根据过错责任大小分别承担主要责任、次要责任；

(二)承办人的过错行为经过批准的,由承办人和批准人共同承担责任,批准人承担主要责任,承办人承担次要责任。承办人的过错行为经过审核后报经批准的,由批准人、审核人和承办人共同承担责任,审核人承担主要责任,批准人、承办人承担次要责任；

(三)因承办人弄虚作假导致批准错误的,由承办人承担全部过错责任；

(四)经复议维持的过错行为,由承办人和复议人员共同承担责任,其中复议人员承担主要责任,承办人承担次要责任；经复议撤销或者变更导致的过错行为,由复议人员承担全部责任；

(五)执法过错行为由集体研究决定的,由主要领导承担主要责任,其他责任人承担次要责任。

第二十一条 有下列情形之一的,不予追究税务执法人员的责任：

(一)因执行上级机关的答复、决定、命令、文件,导致执法过错的；

(二)有其他不予追究的情节或者行为的。

第二十二条 有下列情况之一的,行为人不承担责任：

(一)因所适用的法律、行政法规、规章的规定不明确,导致执法过错的；

(二)在集体研究中申明保留不同意见的；

(三)因不可抗力导致执法过错的；

(四)其他不承担责任的情节或行为的。

第二十三条 执法过错责任人有下列情形之一的,可以从轻或者减轻责任：

(一)主动承认过错并及时纠正错误、有效阻止危害结果发生、挽回影响的；

(二)经领导批准同意后实施,导致执法过错的；

(三)有其他从轻或者减轻的情节或者行为的。

过错行为情节显著轻微,没有造成危害后果的,可以对责任人免予追究。

第二十四条 执法过错责任人有下列情形之一的,应当从重或者加重责任,不受本办法第十四条、第十五条、第十六条、第十七条、第十八条规定的所应承担责任的限制,直至取消执法资格：

(一)同时具有本办法规定的两种以上过错行为的；

(二)同一年度内发生多起相同根据本办法应当追究执法过错行为的；

(三)转移、销毁有关证据,弄虚作假或者以其他方法阻碍、干扰执法过错责任调查、追究的；

(四)被责令限期改正而无正当理由逾期不改正的；

(五)导致国家税款流失数额较大的；

(六)导致较大社会负面影响的；

(七)导致税务行政诉讼案件终审败诉的；

(八)导致税务机关承担国家赔偿责任的。

第二十五条 各省、自治区、直辖市和计划单列市国家税务局、地方税务局可以规定对其他执法过错行为进行责任追究。

第二十六条 执法过错责任在五年内未被发现的,不再进行追究。法律、行政法规、规章另有规定的除外。

第四章 追究程序和实施

第二十七条 对执法过错行为的调查和对过错责任的初步定性由法制部门组织实施,相关部门共同参与。

对责任人员的追究决定由人事、财务、法制等职能部门分别组织实施。

第二十八条 各级税务机关的有关部门,应当将工作中通过评议考核渠道发现的执法过错行为及时提供给法制部门进行追究。

第二十九条 各级税务机关的有关部门发现的执法过错线索,应当以书面形式列明责任人及责任人所属单位、执法过错行为的基本情况,并自发现之日起三个工作日内提交本机关法制部门。

法制部门还可以通过财政、审计、新闻媒体以及其他社会各界等各种渠道发现执法过错线索。

第三十条 法制部门应当根据掌握的执法过错线索,结合具体情况初步排查;对认为需要调查的,组织有关人员进行专案执法检查。

第三十一条 法制部门根据执法检查结果,发现存在执法过错,应当追究责任的提出拟处理意见报主管负责人或者局长办公会议审议。

第三十二条 法制部门根据主管负责人或者局长办公会议的决定,应当作出以下处理:

(一)对无过错或者不予追究或者免于追究的,制作相应决定;

(二)对应当承担执法过错责任的,制作追究决定,由人事、财务、法制等部门分别实施;责令待岗和取消执法资格的,自执法过错责任人收到追究决定之日起开始执行;

(三)执法过错行为能够予以纠正的,同时责令撤销、变更或者限期改正,或者提请有权机关予以撤销、变更或者重新作出;

(四)对依法应当给予行政处分或者涉嫌刑事责任的,移交相关部门处理。

处理决定应当以书面形式送达有关单位、部门和个人。

第三十三条 被调查人不服处理决定的,可以自收到处理决定之日起10日内以书面形式向作出决定的税务机关申辩,也可以自收到处理决定之日起10日内以书面形式直接向作出处理决定的税务机关的上一级税务机关申辩。

接受申辩的税务机关应当自接到申辩材料次日起30日内作出书面答复。申辩期间处理决定不停止执行。

第三十四条 处理决定执行后,法制部门应当将全部资料立卷、归档。

第三十五条 对发现执法过错追究线索隐瞒不报的,隐瞒事实真相、出具伪证或者毁灭证据的,拒绝提供有关资料的,拒绝就调查人员所提问题作出解释和说明的,拒不执行处理决定的,按其情节和性质比照本办法处理。

第五章 附 则

第三十六条 各省、自治区、直辖市和计划单列市国家税务局、地方税务局可以依照本办法制定具体的实施细则,并报国家税务总局备案。

第三十七条 各省、自治区、直辖市和计划单列市国家税务局、地方税务局应当在每年二月底之前将上年度执法过错责任追究情况报国家税务总局。

第三十八条 本办法由国家税务总局负责解释。

第三十九条 本办法自下发之日起实施。2001年11月22日下发的《税收执法过错责任追究办法(试行)》同时废止。

税收执法督察规则

· 2013年2月25日国家税务总局令第29号公布
· 根据2018年6月15日《国家税务总局关于修改部分税务部门规章的决定》修正

第一章 总 则

第一条 为了规范税收执法督察工作,促进税务机关依法行政,保证税收法律、行政法规和税收政策的贯彻实施,保护纳税人的合法权益,防范和化解税收执法风险,根据《中华人民共和国税收征收管理法》及其实施细则的有关规定,制定本规则。

第二条 各级税务机关开展税收执法督察工作,适用本规则。

第三条 本规则所称税收执法督察(以下简称执法督察),是指县以上(含县)各级税务机关对本级税务机关内设机构、直属机构、派出机构或者下级税务机关的税收执法行为实施检查和处理的行政监督。

第四条 执法督察应当服从和服务于税收中心工作,坚持依法督察,客观公正,实事求是。

第五条 被督察单位及其工作人员应当自觉接受和配合执法督察。

第二章 执法督察的组织管理

第六条 各级税务机关督察内审部门或者承担税收执法监督检查职责的部门（以下简称督察内审部门），代表本级税务机关组织开展执法督察工作，履行以下职责：

（一）依据上级税务机关执法督察工作制度和计划，制定本级税务机关执法督察工作制度和计划；

（二）组织实施执法督察，向本级税务机关提交税收执法督察报告，并制作《税收执法督察处理决定书》、《税收执法督察处理意见书》或者《税收执法督察结论书》；

（三）组织实施税务系统税收执法责任制工作，牵头推行税收执法责任制考核信息系统，实施执法疑点信息分析监控；

（四）督办执法督察所发现问题的整改和责任追究；

（五）配合外部监督部门对税务机关开展监督检查工作；

（六）向本级和上级税务机关报告执法督察工作情况；

（七）通报执法督察工作情况和执法督察结果；

（八）指导、监督和考核下级税务机关执法督察工作；

（九）其他相关工作。

第七条 执法督察实行统筹规划，归口管理。督察内审部门负责执法督察工作的具体组织、协调和落实。税务机关内部相关部门应当树立全局观念，积极参与、支持和配合执法督察工作。

各级税务机关根据工作需要，可以将执法督察与其他具有监督性质的工作协同开展。

第八条 各级税务机关应当统一安排专门的执法督察工作经费，根据年度执法督察工作计划和具体执法督察工作的开展情况，做好经费预算，并保障经费的正确合理使用。

第九条 上级税务机关对执法督察事项可以直接进行督察，也可以授权或者指定下级税务机关进行督察。

第十条 上级税务机关认为下级税务机关作出的执法督察结论不适当的，可以责成下级税务机关予以变更或者撤销，必要时也可以直接作出变更或者撤销的决定。

第十一条 各级税务机关可以采取复查、抽查等方式，对执法督察人员在执法督察工作中履行职责、遵守纪律、廉洁自律等情况进行监督检查。

第十二条 各级税务机关应当建立税收执法督察人才库，为执法督察储备人才。根据执法督察工作需要，确定执法督察人才库人员基数，实行动态管理，定期组织业务培训。下级税务机关应当向上级税务机关执法督察人才库输送人才。

第十三条 执法督察可以由督察内审部门人员独立完成，也可以抽调本级和下级税务机关税务人员实施，优先抽调执法督察人才库成员参加。相关单位和部门应当予以配合。

第三章 执法督察的内容和形式

第十四条 执法督察的内容包括：

（一）税收法律、行政法规、规章和规范性文件的执行情况；

（二）国务院和上级税务机关有关税收工作重要决策、部署的贯彻落实情况；

（三）税务机关制定或者与其他部门联合制定的涉税文件，以及税务机关以外的单位制定的涉税文件的合法性；

（四）外部监督部门依法查处或者督查、督办的税收执法事项；

（五）上级机关交办、有关部门转办的税收执法事项；

（六）执法督察所发现问题的整改和责任追究情况；

（七）其他需要实施执法督察的税收执法事项。

第十五条 执法督察可以通过全面执法督察、重点执法督察、专项执法督察和专案执法督察等形式开展。

第十六条 全面执法督察是指税务机关对本级和下级税务机关的税收执法行为进行的广泛、系统的监督检查。

第十七条 重点执法督察是指税务机关对本级和下级税务机关某些重点方面、重点环节、重点行业的税收执法行为所进行的监督检查。

第十八条 专项执法督察是指税务机关对本级和下级税务机关某项特定内容涉及到的税收执法行为进行的监督检查。

第十九条 专案执法督察是指税务机关对上级机关交办、有关部门转办的特定税收执法事项，以及通过信访、举报、媒体等途径反映的重大税收执法问题所涉及到的本级和下级税务机关的税收执法行为进行的监督检查。

第二十条 各级税务机关应当积极运用信息化手段，对与税收执法活动有关的各类信息系统执法数据进行分析、筛选、监控和提示，为各种形式的执法督察提供线索。

第四章 执法督察实施程序

第二十一条 执法督察工作要有计划、有组织、有步骤地开展,主要包括准备、实施、处理、整改、总结等阶段,根据工作需要可以进行复查。

第二十二条 督察内审部门应当科学、合理制定年度执法督察工作计划,报本级税务机关批准后统一部署实施。

未纳入年度执法督察工作计划的专案执法督察和其他特殊情况下需要启动的执法督察,应当在实施前报本级税务机关批准。

第二十三条 实施执法督察前,督察内审部门应当根据执法督察的对象和内容,制定包括组织领导、工作要求和执法督察的时限、重点、方法、步骤等内容的执法督察方案。

第二十四条 实施执法督察的税务机关应当成立执法督察组,负责具体实施执法督察。执法督察组人员不得少于2人,并实行组长负责制。

执法督察组组长应当对执法督察的总体质量负责。当执法督察组组长对被督察单位有关税收执法事项的意见与其他组员的意见不一致时,应当在税收执法督察报告中进行说明。

第二十五条 实施执法督察的税务机关应当根据执法督察的对象和内容对执法督察组人员进行查前培训,保证执法督察效率和质量。

第二十六条 实施执法督察,应当提前3个工作日向被督察单位下发税收执法督察通知,告知执法督察的时间、内容、方式,需要准备的资料,配合工作的要求等。被督察单位应当将税收执法督察通知在本单位范围内予以公布。

专案执法督察和其他特殊情况下,可以不予提前通知和公布。

第二十七条 执法督察可以采取下列工作方式:

(一)听取被督察单位税收执法情况汇报;

(二)调阅被督察单位收发文簿、会议纪要、涉税文件、税收执法卷宗和文书,以及其他相关资料;

(三)查阅、调取与税收执法活动有关的各类信息系统电子文档和数据;

(四)与被督察单位有关人员谈话,了解有关情况;

(五)特殊情况下需要到相关纳税人和有关单位了解情况或者取证时,应当按照法律规定的权限进行,并商请主管税务机关予以配合;

(六)其他方式。

第二十八条 执法督察中,被督察单位应当及时提供相关资料,以及与税收执法活动有关的各类信息系统所有数据查询权限。被督察单位主要负责人对本单位所提供的税收执法资料的真实性和完整性负责。

第二十九条 实施执法督察应当制作《税收执法督察工作底稿》。

发现税收执法行为存在违法、违规问题的,应当收集相关证据材料,在工作底稿上写明行为的内容、时间、情节、证据的名称和出处,以及违法、违规的文件依据等,由被督察单位盖章或者由有关人员签字。拒不盖章或者拒不签字的,应当说明理由,记录在案。

收集证据材料时无法取得原件的,应当通过复印、照相、摄像、扫描、录音等手段提取或者复制有关资料,由原件保存单位或者个人在复制件上注明"与原件核对无误,原件存于我处",并由有关人员签字。原件由单位保存的,还应当由该单位盖章。

第三十条 执法督察组实施执法督察后,应当及时将发现的问题汇总,并向被督察单位反馈情况。

被督察单位或者个人可以对反馈的情况进行陈述和申辩,并提供陈述申辩的书面材料。

第三十一条 执法督察组实施执法督察后,应当起草税收执法督察报告,内容包括:

(一)执法督察的时间、内容、方法、步骤;

(二)被督察单位税收执法的基本情况;

(三)执法督察发现的具体问题,认定被督察单位存在违法、违规问题的基本事实和法律依据;

(四)对发现问题的拟处理意见;

(五)加强税收执法监督管理的建议;

(六)执法督察组认为应当报告的其他事项。

第三十二条 执法督察组实施执法督察后,应当将税收执法督察报告、工作底稿、证据材料、陈述申辩资料以及与执法督察情况有关的其他资料进行整理,提交督察内审部门。

第三十三条 督察内审部门收到税收执法督察报告和其他证据材料后,应当对以下内容进行审理:

(一)执法督察程序是否符合规定;

(二)事实是否清楚,证据是否确实充分,资料是否齐全;

(三)适用的法律、行政法规、规章、规范性文件和有关政策等是否正确;

(四)对被督察单位的评价是否准确,拟定的意见、建议等是否适当。

第三十四条 督察内审部门在审理中发现事实不清、证据不足、资料不全的,应当通知执法督察组对证据予以补正,也可以重新组织人员进行核实、检查。

第三十五条 督察内审部门在审理中对适用税收法律、行政法规和税收政策有疑义的问题,以及涉嫌违规的涉税文件,应当书面征求本级税务机关法规部门和业务主管部门意见,也可以提交本级税务机关集体研究,并做好会议记录;本级税务机关无法或者无权确定的,应当请示上级税务机关或者请有权机关解释或者确定。

第三十六条 督察内审部门根据审理结果修订税收执法督察报告,送被督察单位征求意见。被督察单位应当在15个工作日内提出书面反馈意见。在限期内未提出书面意见的,视同无异议。

督察内审部门应当对被督察单位提出的意见进行研究,对税收执法督察报告作必要修订,连同被督察单位的书面反馈意见一并报送本级税务机关审定。

第三十七条 督察内审部门根据本级税务机关审定的税收执法督察报告制作《税收执法督察处理决定书》、《税收执法督察处理意见书》或者《税收执法督察结论书》,经本级税务机关审批后下达被督察单位。

《税收执法督察处理决定书》适用于对被督察单位违反税收法律、行政法规和税收政策的行为进行处理。

《税收执法督察处理意见书》适用于对被督察单位提出自行纠正的事项和改进工作的建议。

《税收执法督察结论书》适用于对未发现违法、违规问题的被督察单位作出评价。

受本级税务机关委托,执法督察组组长可以就执法督察结果与被督察单位主要负责人或者有关人员进行谈话。

第三十八条 对违反税收法律、行政法规、规章和上级税收规范性文件的涉税文件,按下列原则作出执法督察决定:

(一)对下级税务机关制定,或者下级税务机关与其他部门联合制定的,责令停止执行,并予以纠正;

(二)对本级税务机关制定的,应当停止执行并提出修改建议;

(三)对地方政府和其他部门制定的,同级税务机关应当停止执行,向发文单位提出修改建议,并报送上级税务机关。

第三十九条 除第三十八条规定外,对其他不符合税收法律、行政法规、规章和上级税收规范性文件的税收执法行为,按下列原则作出执法督察处理决定:

(一)执法主体资格不合法的,依法予以撤销;

(二)未履行法定职责的,责令限期履行法定职责;

(三)事实不清、证据不足的,依法予以撤销,并可以责令重新作出执法行为;

(四)未正确适用法律依据的,依法予以变更或者撤销,并可以责令重新作出执法行为;

(五)严重违反法定程序的,依法予以变更或者撤销,并可以责令重新作出执法行为;

(六)超越职权或者滥用职权的,依法予以撤销;

(七)其他不符合税收法律、行政法规、规章和上级税收规范性文件的,依法予以变更或者撤销,并可以责令重新作出执法行为。

第四十条 被督察单位收到《税收执法督察处理决定书》和《税收执法督察处理意见书》后,应当在规定的期限内执行,并以书面形式向实施执法督察的税务机关报告下列执行结果:

(一)对违法、违规涉税文件的清理情况和清理结果;

(二)对违法、违规的税收执法行为予以变更、撤销和重新作出执法行为的情况;

(三)对有关责任人的责任追究情况;

(四)要求报送的其他文件和资料。

第四十一条 被督察单位对执法督察处理决定有异议的,可以在规定的期限内向实施执法督察的税务机关提出复核申请。实施执法督察的税务机关应当进行复核,并作出答复。

第四十二条 实施执法督察的税务机关应当在本单位范围内对执法督察结果和执法督察工作情况予以通报。

执法督察事项应当保密的,可以不予通报。

第四十三条 各级税务机关应当建立执法督察结果报告制度。

督察内审部门应当对执法督察所发现的问题进行归纳和分析,提出完善制度、加强管理等工作建议,向本级税务机关专题报告,并作为有关业务部门的工作参考。

发现税收政策或者税收征管制度存在问题的,各级税务机关应当及时向上级税务机关报告。

第四十四条 各级税务机关每年应当在规定时间内,向上级税务机关报送年度执法督察工作总结和报表等相关材料。

第四十五条 督察内审部门应当按照有关规定做好执法督察工作资料的立卷和归档工作。

执法督察档案应当做到资料齐全、分类清楚，便于质证和查阅。

第五章 责任追究及奖惩

第四十六条 执法督察中发现税收执法行为存在违法、违规问题的，应当按照有关规定和管理权限，对有关负责人和直接责任人予以责任追究。

第四十七条 执法督察中发现纳税人的税收违法行为，实施执法督察的税务机关应当责令主管税务机关调查处理；情节严重的，移交稽查部门处理。

第四十八条 执法督察中，被督察单位不如实提供相关资料和查询权限，或者无正当理由拒绝、拖延、阻挠执法督察的，由实施执法督察的税务机关责令限期改正；拒不改正的，对有关负责人和直接责任人予以责任追究。

第四十九条 被督察单位未按照《税收执法督察处理决定书》和《税收执法督察处理意见书》的要求执行，由实施执法督察的税务机关责令限期改正，并对其主要负责人和有关责任人予以责任追究。

第五十条 执法督察结果及其整改落实情况应当作为各级税务机关考核的重要内容。

各级税务机关应当对执法规范、成绩突出的单位和个人给予表彰和奖励，并予以通报，同时将其先进经验进行推广。存在重大执法问题的单位、部门及其主要负责人和有关责任人，不得参加先进评选。

第五十一条 对执法督察人员在执法督察中滥用职权、徇私舞弊、玩忽职守或者违反廉政建设有关规定的，应当按照有关规定追究其责任。

第五十二条 对在执法督察工作中业绩突出的执法督察人员，各级税务机关应当给予表扬和奖励，并将其业绩作为在优秀公务员等先进评选活动中的重要依据。

第六章 附则

第五十三条 本规则相关文书样式，由国家税务总局另行规定。

第五十四条 各省、自治区、直辖市和计划单列市税务局可以依据本规则，结合本地区的具体情况制定具体实施办法。

第五十五条 本规则自2013年4月1日起施行，《国家税务总局关于印发〈税收执法检查规则〉的通知》（国税发〔2004〕126号）同时废止。

系统督查管理办法

- 2016年4月5日
- 税总发〔2016〕47号

第一章 总则

第一条 为了规范系统督查工作，科学推进工作落实，根据中共中央办公厅、国务院办公厅有关加强督查工作的规定，结合税收工作实际，制定本办法。

第二条 本办法适用于国家税务总局组织的系统督查。

第三条 系统督查是指为保证党中央和国务院重大决策部署、税务总局重要工作安排的落实及热点难点问题的解决，采取适当方式，对下级税务机关进行督促检查。

第四条 系统督查应当坚持围绕中心、服务大局，组织安排、领导授权，实事求是、客观公正的原则。

第五条 系统督查由办公厅负责组织协调。办公厅应当在税务总局监督检查工作联席会议的统筹下，加强与督察内审、巡视、干部监督部门以及相关司局的协调，形成工作合力，避免重复交叉，减轻基层负担。

第二章 方式和流程

第六条 系统督查流程一般包括：督查立项、实施准备、实地督查、反馈意见、总结汇报、督促整改等环节。

第七条 督查立项。每年年初，各司局根据年度税收工作重点任务，向办公厅报送督查工作建议，说明需要督查的事项、对象、时间等。办公厅进行汇总，经税务总局监督检查工作联席会议统筹协调，报局领导审定后形成年度督查计划。

开展督查前，根据年度督查计划和工作推进情况，办公厅拟定督查事项、对象、时间等，报局领导批准立项。

第八条 实施准备。办公厅应当组织做好以下准备工作：

（一）拟定方案。会同相关司局制定督查方案，一般包括督查事项、依据、标准、方式、对象和时间安排等。

（二）组建督查组。会商相关司局和省税务机关，抽调人员组成若干督查组，并确定督查组组长、联络员。要充分发挥督查专员库、税务领军人才、专业人才库人员作用。

（三）开展培训。编印督查工作手册，分发全体督查人员；组织开展业务培训，讲解业务政策、督查重点、方式方法、注意事项等。

（四）下发督查通知。一般提前3个工作日向被督查单位下发督查通知(模板见附件1),告知督查事项、工作安排、督查组成员及有关要求。

(五)发布督查公告。按照督查工作要求,被督查单位应在办公楼、内外网站、办税服务厅等显著位置发布税务总局督查组公告(模板见附件2),一般包括:督查事项、对象、时间和联系方式等。

第九条　实地督查。督查中一般由2位以上督查组成员参加。督查人员要认真做好记录,填写督查工作底稿(模板见附件3),主要采取以下方式进行:

(一)听取被督查单位关于督查事项的工作汇报。

(二)召开税务干部和纳税人座谈会,围绕督查事项听取意见建议。

(三)查阅相关文件、会议纪要、税收执法卷宗和文书等资料。

(四)查询税收信息系统有关数据、文档。

(五)选择部分市、县税务机关,深入了解基层工作落实情况。

(六)走访纳税人,征求意见建议。

(七)对纳税人通过电话、邮件等途径反映的相关问题进行调查、核实。

(八)督查工作中发现被督查单位存在问题的,必要时可以约谈相关人员,进一步了解情况。

第十条　反馈意见。督查组与被督查单位交换意见,对总体情况作出评价,指出存在问题,提出对策建议,推动有关问题的解决。

第十一条　总结汇报。各督查组组长负责组织起草,形成内容详实、观点鲜明、建议明确的督查分报告(模板见附件4),办公厅根据各督查组报告汇总形成总报告。

第十二条　督促整改。针对督查发现的问题,办公厅向被督查单位分别制发整改通知(模板见附件1),明确需要整改的问题、时限及有关要求。对于普遍性问题,通知全国税务机关进行自查整改。

被督查单位按照整改通知要求,制定整改方案,并以正式公文(××税函)报税务总局办公厅;认真整改到位,并将整改报告以正式公文(××税发)报税务总局。建立整改台账(模板见附件5),坚持对账销号。

办公厅审核汇总被督查单位的整改方案、整改报告,跟踪整改情况,督促整改到位,将整改结果及时汇总报局领导。

第十三条　对部分事项,可以采取文件、电话等方式开展案头督查。

(一)立项通知。经局领导或者办公厅领导批准,下发督查通知,布置督查任务。

(二)跟踪催办。对需要落实和整改的事项,进行跟踪催办,督促被督查单位落实整改到位。

(三)情况反馈。被督查单位按要求认真整改到位,并将整改报告以正式公文(××税发)报税务总局。

(四)总结报告。对整改落实情况进行审核分析,报局领导。

第十四条　根据工作需要,采取暗访的形式开展督查。对税务机关的暗访,可以通过拍照、录音、录像等留存记录,填写督查工作底稿;必要时暗访人员可以公开身份,进一步核实有关问题。

第十五条　开展系统督查过程中,可以邀请第三方机构,对有关政策措施落实情况开展评估,或通过互联网络对落实效果进行评价。

第十六条　税务总局适时组织省税务机关开展交叉督查。承担督查任务的省税务机关按照税务总局督查方案,组建督查组对被督查单位实施督查,提交督查报告。

督查组联络员由税务总局指定。

第十七条　为确保督查发现的问题整改落实到位,对部分单位组织开展"二次督查"。督查主要内容:

(一)整改通知中指出问题的整改落实情况。

(二)整改落实长效机制建设情况。

(三)尚未整改落实的问题及原因。

(四)需要了解的其他情况。

第三章　组织管理

第十八条　督查组向税务总局负责,发现重大问题和重大线索要及时报告。督查组实行组长负责制。联络员应当做好与被督查单位、办公厅的沟通联系。

第十九条　建立督查专员库。税务总局从省税务机关甄选人员,建立综合素质高、专业能力强、结构合理、数量适度的督查专员库,并根据工作需要不定期进行人员调整。

第二十条　开展系统督查过程中,可以邀请税务新闻媒体或其他社会新闻媒体,报道督查工作开展情况,对落实情况好的单位进行宣传,对落实不力的典型情况予以曝光。

第二十一条　基层税务机关和纳税人对税务总局提出的意见建议,由办公厅转交相关司局及时研究提出处理意见,报局领导审定后予以答复。

第二十二条　督查工作结束后,督查组应及时将被督查单位的汇报材料、电话记录、电子邮件、座谈会记录、工作底稿等资料整理后报办公厅。办公厅按档案管理规定进行整理归档，不需要归档的资料保存2年。

第二十三条　办公厅编发《系统督查专报》(模板见附件6)，反映税务总局督查工作开展情况和各地督查工作经验、整改落实情况。

第二十四条　办公厅采取培训交流、跟班学习、交叉督查、督查调研、绩效考评等方式，推动各地税务机关加强督查工作。

第四章　结果运用

第二十五条　对督查中发现的先进典型单位和人员、好的经验做法进行通报表扬。

第二十六条　对绩效考评排名前三位或督查发现问题少的单位，报局领导批准后在次年实行"免督查"。

第二十七条　办公厅将督查结果提交人事司，人事司将督查结果作为评先评优、干部考核和提拔任用的参考。

第二十八条　对督查发现的问题，在绩效考评中对被督查单位相应给予减分；办公厅将督查报告转交给相关司局，作为司局考评省税务机关的重要依据。

第二十九条　对督查发现的问题，由办公厅转交相关司局研究提出处理意见。涉及问责的，按照干部管理权限和程序，由相应问责主体进行问责处理。

对需要税务总局进行问责的，由驻税务总局纪检组会同相关司局进一步核实情况，提出具体问责意见，报局领导审批后实施问责；对需要省以下税务机关问责的，由省税务机关组织提出问责意见，办公厅汇总提请驻税务总局纪检组审核同意后，按程序实施问责。

第五章　工作纪律

第三十条　督查人员应当认真履行职责，客观反映督查情况，如实记录问题，公正评价被督查单位，不得放宽督查标准或者隐瞒督查发现的问题。

第三十一条　督查人员应当严格遵守中央八项规定精神，认真落实公务接待管理办法，不得违反各项廉政规定。

第三十二条　督查人员应当严格遵守保密工作纪律，不得向被督查单位泄露与督查工作有关的保密信息；对被督查单位提供的有关信息负保密责任；对反映问题的人员或单位信息保密。

第三十三条　对认真履行职责、忠于职守、坚持原则、取得显著成绩的督查组和督查人员，应给予表彰奖励。

第三十四条　督查人员对被督查单位人员或纳税人反映强烈的问题，应核实未核实、应报告未报告的，追究相关责任人的纪律责任。

对滥用职权、徇私舞弊、玩忽职守、泄漏秘密的督查人员，依照规定程序处理。

第三十五条　对拒绝督查、不配合督查、拒不提供资料或者提供虚假资料、整改落实不力或者瞒报、虚报整改情况以及报复刁难反映问题人员的，按照有关规定处理。

第六章　附　则

第三十六条　各省、自治区、直辖市和计划单列市国家税务局、地方税务局可参照本办法，结合实际，制定本单位系统督查管理办法。

第三十七条　本办法由税务总局办公厅负责解释。

第三十八条　本办法自印发之日起施行。

附件：1. 关于×××的督查(整改)通知(模板)(略)
2. 国家税务总局督查组公告(模板)(略)
3. 督查工作底稿(模板)(略)
4. 督查报告(模板)(略)
5. 督查发现问题整改台账(模板)(略)
6. 系统督查专报(模板)(略)

最高人民法院、最高人民检察院关于办理危害税收征管刑事案件适用法律若干问题的解释

- 2024年1月8日最高人民法院审判委员会第1911次会议、2024年2月22日最高人民检察院第十四届检察委员会第二十五次会议通过
- 2024年3月15日最高人民法院、最高人民检察院公告公布
- 自2024年3月20日起施行
- 法释〔2024〕4号

为依法惩治危害税收征管犯罪，根据《中华人民共和国刑法》《中华人民共和国刑事诉讼法》的有关规定，现就办理此类刑事案件适用法律的若干问题解释如下：

第一条　纳税人进行虚假纳税申报，具有下列情形之一的，应当认定为刑法第二百零一条第一款规定的"欺骗、隐瞒手段"：

（一）伪造、变造、转移、隐匿、擅自销毁账簿、记账凭证或者其他涉税资料的；

（二）以签订"阴阳合同"等形式隐匿或者以他人名义分解收入、财产的；

（三）虚列支出、虚抵进项税额或者虚报专项附加扣除的；

（四）提供虚假材料，骗取税收优惠的；

（五）编造虚假计税依据的；

（六）为不缴、少缴税款而采取的其他欺骗、隐瞒手段。

具有下列情形之一的,应当认定为刑法第二百零一条第一款规定的"不申报":

(一)依法在登记机关办理设立登记的纳税人,发生应税行为而不申报纳税的;

(二)依法不需要在登记机关办理设立登记或者未依法办理设立登记的纳税人,发生应税行为,经税务机关依法通知其申报而不申报纳税的;

(三)其他明知应当依法申报纳税而不申报纳税的。

扣缴义务人采取第一、二款所列手段,不缴或者少缴已扣、已收税款,数额较大的,依照刑法第二百零一条第一款的规定定罪处罚。扣缴义务人承诺为纳税人代付税款,在其向纳税人支付税后所得时,应当认定扣缴义务人"已扣、已收税款"。

第二条 纳税人逃避缴纳税款十万元以上、五十万元以上的,应当分别认定为刑法第二百零一条第一款规定的"数额较大"、"数额巨大"。

扣缴义务人不缴或者少缴已扣、已收税款"数额较大"、"数额巨大"的认定标准,依照前款规定。

第三条 纳税人有刑法第二百零一条第一款规定的逃避缴纳税款行为,在公安机关立案前,经税务机关依法下达追缴通知后,在规定的期限或者批准延缓、分期缴纳的期限内足额补缴应纳税款,缴纳滞纳金,并全部履行税务机关作出的行政处罚决定的,不予追究刑事责任。但是,五年内因逃避缴纳税款受过刑事处罚或者被税务机关给予二次以上行政处罚的除外。

纳税人有逃避缴纳税款行为,税务机关没有依法下达追缴通知的,依法不予追究刑事责任。

第四条 刑法第二百零一条第一款规定的"逃避缴纳税款数额",是指在确定的纳税期间,不缴或者少缴税务机关负责征收的各税种税款的总额。

刑法第二百零一条第一款规定的"应纳税额",是指应税行为发生年度内依照税收法律、行政法规规定应当缴纳的税额,不包括海关代征的增值税、关税等及纳税人依法预缴的税额。

刑法第二百零一条第一款规定的"逃避缴纳税款数额占应纳税额的百分比",是指行为人在一个纳税年度中的各税种逃税总额与该纳税年度应纳税总额的比例;不按纳税年度确定纳税期的,按照最后一次逃税行为发生之日前一年中各税种逃税总额与该年应纳税总额的比例确定。纳税义务存续期间不足一个纳税年度的,按照各税种逃税总额与实际发生纳税义务期间应纳税总额的比例确定。

逃税行为跨越若干个纳税年度,只要其中一个纳税年度的逃税数额及百分比达到刑法第二百零一条第一款规定的标准,即构成逃税罪。各纳税年度的逃税数额应当累计计算,逃税额占应纳税额百分比应当按照各逃税年度百分比的最高值确定。

刑法第二百零一条第三款规定的"未经处理",包括未经行政处理和刑事处理。

第五条 以暴力、威胁方法拒不缴纳税款,具有下列情形之一的,应当认定为刑法第二百零二条规定的"情节严重":

(一)聚众抗税的首要分子;

(二)故意伤害致人轻伤的;

(三)其他情节严重的情形。

实施抗税行为致人重伤、死亡,符合刑法第二百三十四条或者第二百三十二条规定的,以故意伤害罪或者故意杀人罪定罪处罚。

第六条 纳税人欠缴应纳税款,为逃避税务机关追缴,具有下列情形之一的,应当认定为刑法第二百零三条规定的"采取转移或者隐匿财产的手段":

(一)放弃到期债权的;

(二)无偿转让财产的;

(三)以明显不合理的价格进行交易的;

(四)隐匿财产的;

(五)不履行税收义务并脱离税务机关监管的;

(六)以其他手段转移或者隐匿财产的。

第七条 具有下列情形之一的,应当认定为刑法第二百零四条第一款规定的"假报出口或者其他欺骗手段":

(一)使用虚开、非法购买或者以其他非法手段取得的增值税专用发票或者其他可以用于出口退税的发票申报出口退税的;

(二)将未负税或者免税的出口业务申报为已税的出口业务的;

(三)冒用他人出口业务申报出口退税的;

(四)虽有出口,但虚构应退税出口业务的品名、数量、单价等要素,以虚增出口退税额申报出口退税的;

(五)伪造、签订虚假的销售合同,或者以伪造、变造等非法手段取得出口报关单、运输单据等出口业务相关单据、凭证,虚构出口事实申报出口退税的;

(六)在货物出口后,又转入境内或者将境外同种货物转入境内循环进出口并申报出口退税的;

(七)虚报出口产品的功能、用途等,将不享受退税政策的产品申报为退税产品的;

（八）以其他欺骗手段骗取出口退税款的。

第八条 骗取国家出口退税款数额十万元以上、五十万元以上、五百万元以上的，应当分别认定为刑法第二百零四条第一款规定的"数额较大"、"数额巨大"、"数额特别巨大"。

具有下列情形之一的，应当认定为刑法第二百零四条第一款规定的"其他严重情节"：

（一）两年内实施虚假申报出口退税行为三次以上，且骗取国家税款三十万元以上的；

（二）五年内因骗取国家出口退税受过刑事处罚或者二次以上行政处罚，又实施骗取国家出口退税行为，数额在三十万元以上的；

（三）致使国家税款被骗取三十万元以上并且在提起公诉前无法追回的；

（四）其他情节严重的情形。

具有下列情形之一的，应当认定为刑法第二百零四条第一款规定的"其他特别严重情节"：

（一）两年内实施虚假申报出口退税行为五次以上，或以骗取出口退税为主要业务，且骗取国家税款三百万元以上的；

（二）五年内因骗取国家出口退税受过刑事处罚或者二次以上行政处罚，又实施骗取国家出口退税行为，数额在三百万元以上的；

（三）致使国家税款被骗取三百万元以上并且在提起公诉前无法追回的；

（四）其他情节特别严重的情形。

第九条 实施骗取国家出口退税行为，没有实际取得出口退税款的，可以比照既遂犯从轻或者减轻处罚。

从事货物运输代理、报关、会计、税务、外贸综合服务等中介组织及其人员违反国家有关进出口经营规定，为他人提供虚假证明文件，致使他人骗取国家出口退税款，情节严重的，依照刑法第二百二十九条的规定追究刑事责任。

第十条 具有下列情形之一的，应当认定为刑法第二百零五条第一款规定的"虚开增值税专用发票或者虚开用于骗取出口退税、抵扣税款的其他发票"：

（一）没有实际业务，开具增值税专用发票、用于骗取出口退税、抵扣税款的其他发票的；

（二）有实际应抵扣业务，但开具超过实际应抵扣业务对应税款的增值税专用发票、用于骗取出口退税、抵扣税款的其他发票的；

（三）对依法不能抵扣税款的业务，通过虚构交易主体开具增值税专用发票、用于骗取出口退税、抵扣税款的其他发票的；

（四）非法篡改增值税专用发票或者用于骗取出口退税、抵扣税款的其他发票相关电子信息的；

（五）违反规定以其他手段虚开的。

为虚增业绩、融资、贷款等不以骗抵税款为目的，没有因抵扣造成税款被骗损失的，不以本罪论处，构成其他犯罪的，依法以其他犯罪追究刑事责任。

第十一条 虚开增值税专用发票、用于骗取出口退税、抵扣税款的其他发票，税款数额在十万元以上的，应当依照刑法第二百零五条的规定定罪处罚；虚开税款数额在五十万元以上、五百万元以上的，应当分别认定为刑法第二百零五条第一款规定的"数额较大"、"数额巨大"。

具有下列情形之一的，应当认定为刑法第二百零五条第一款规定的"其他严重情节"：

（一）在提起公诉前，无法追回的税款数额达到三十万元以上的；

（二）五年内因虚开发票受过刑事处罚或者二次以上行政处罚，又虚开增值税专用发票或者虚开用于骗取出口退税、抵扣税款的其他发票，虚开税款数额在三十万元以上的；

（三）其他情节严重的情形。

具有下列情形之一的，应当认定为刑法第二百零五条第一款规定的"其他特别严重情节"：

（一）在提起公诉前，无法追回的税款数额达到三百万元以上的；

（二）五年内因虚开发票受过刑事处罚或者二次以上行政处罚，又虚开增值税专用发票或者虚开用于骗取出口退税、抵扣税款的其他发票，虚开税款数额在三百万元以上的；

（三）其他情节特别严重的情形。

以同一购销业务名义，既虚开进项增值税专用发票、用于骗取出口退税、抵扣税款的其他发票，又虚开销项的，以其中较大的数额计算。

以伪造的增值税专用发票进行虚开，达到本条规定标准的，应当以虚开增值税专用发票罪追究刑事责任。

第十二条 具有下列情形之一的，应当认定为刑法第二百零五条之一第一款规定的"虚开刑法第二百零五条规定以外的其他发票"：

（一）没有实际业务而为他人、为自己、让他人为自己、介绍他人开具发票的；

（二）有实际业务，但为他人、为自己、让他人为自

己、介绍他人开具与实际业务的货物品名、服务名称、货物数量、金额等不符的发票的;

(三)非法篡改发票相关电子信息的;

(四)违反规定以其他手段虚开的。

第十三条 具有下列情形之一的,应当认定为刑法第二百零五条之一第一款规定的"情节严重":

(一)虚开发票票面金额五十万元以上的;

(二)虚开发票一百份以上且票面金额三十万元以上的;

(三)五年内因虚开发票受过刑事处罚或者二次以上行政处罚,又虚开发票,票面金额达到第一、二项规定的标准60%以上的。

具有下列情形之一的,应当认定为刑法第二百零五条之一第一款规定的"情节特别严重":

(一)虚开发票票面金额二百五十万元以上的;

(二)虚开发票五百份以上且票面金额一百五十万元以上的;

(三)五年内因虚开发票受过刑事处罚或者二次以上行政处罚,又虚开发票,票面金额达到第一、二项规定的标准60%以上的。

以伪造的发票进行虚开,达到本条第一款规定的标准的,应当以虚开发票罪追究刑事责任。

第十四条 伪造或者出售伪造的增值税专用发票,具有下列情形之一的,应当依照刑法第二百零六条的规定定罪处罚:

(一)票面税额十万元以上的;

(二)伪造或者出售伪造的增值税专用发票十份以上且票面税额六万元以上的;

(三)违法所得一万元以上的。

伪造或者出售伪造的增值税专用发票票面税额五十万元以上的,或者五十份以上且票面税额三十万元以上的,应当认定为刑法第二百零六条第一款规定的"数量较大"。

五年内因伪造或者出售伪造的增值税专用发票受过刑事处罚或者二次以上行政处罚,又实施伪造或者出售伪造的增值税专用发票行为,票面税额达到本条第二款规定的标准60%以上的,或者违法所得五万元以上的,应当认定为刑法第二百零六条第一款规定的"其他严重情节"。

伪造或者出售伪造的增值税专用发票票面税额五百万元以上的,或者五百份以上且票面税额三百万元以上的,应当认定为刑法第二百零六条第一款规定的"数量巨大"。

五年内因伪造或者出售伪造的增值税专用发票受过刑事处罚或者二次以上行政处罚,又实施伪造或者出售伪造的增值税专用发票行为,票面税额达到本条第四款规定的标准60%以上的,或者违法所得五十万元以上的,应当认定为刑法第二百零六条第一款规定的"其他特别严重情节"。

伪造并出售同一增值税专用发票的,以伪造、出售伪造的增值税专用发票罪论处,数量不重复计算。

变造增值税专用发票的,按照伪造增值税专用发票论处。

第十五条 非法出售增值税专用发票的,依照本解释第十四条的定罪量刑标准定罪处罚。

第十六条 非法购买增值税专用发票或者购买伪造的增值税专用发票票面税额二十万元以上的,或者二十份以上且票面税额十万元以上的,应当依照刑法第二百零八条第一款的规定定罪处罚。

非法购买真、伪两种增值税专用发票的,数额累计计算,不实行数罪并罚。

购买伪造的增值税专用发票又出售的,以出售伪造的增值税专用发票罪定罪处罚;非法购买增值税专用发票用于骗取抵扣税款或者骗取出口退税款,同时构成非法购买增值税专用发票罪与虚开增值税专用发票罪、骗取出口退税罪的,依照处罚较重的规定定罪处罚。

第十七条 伪造、擅自制造或者出售伪造、擅自制造的用于骗取出口退税、抵扣税款的其他发票,具有下列情形之一的,应当依照刑法第二百零九条第一款的规定定罪处罚:

(一)票面可以退税、抵扣税额十万元以上的;

(二)伪造、擅自制造或者出售伪造、擅自制造的发票十份以上且票面可以退税、抵扣税额六万元以上的;

(三)违法所得一万元以上的。

伪造、擅自制造或者出售伪造、擅自制造的可以用于骗取出口退税、抵扣税款的其他发票票面可以退税、抵扣税额五十万元以上的,或者五十份以上且票面可以退税、抵扣税额三十万元以上的,应当认定为刑法第二百零九条第一款规定的"数量巨大";伪造、擅自制造或者出售伪造、擅自制造的可以用于骗取出口退税、抵扣税款的其他发票票面可以退税、抵扣税额五百万元以上的,或者五百份以上且票面可以退税、抵扣税额三百万元以上的,应当认定为刑法第二百零九条第一款规定的"数量特别巨大"。

伪造、擅自制造或者出售伪造、擅自制造刑法第二百

零九条第二款规定的发票,具有下列情形之一的,应当依照该款的规定定罪处罚:

(一)票面金额五十万元以上的;

(二)伪造、擅自制造或者出售伪造、擅自制造发票一百份以上且票面金额三十万元以上的;

(三)违法所得一万元以上的。

伪造、擅自制造或者出售伪造、擅自制造刑法第二百零九条第二款规定的发票,具有下列情形之一的,应当认定为"情节严重":

(一)票面金额二百五十万元以上的;

(二)伪造、擅自制造或者出售伪造、擅自制造发票五百份以上且票面金额一百五十万元以上的;

(三)违法所得五万元以上的。

非法出售用于骗取出口退税、抵扣税款的其他发票的,定罪量刑标准依照本条第一、二款的规定执行。

非法出售增值税专用发票、用于骗取出口退税、抵扣税款的其他发票以外的发票的,定罪量刑标准依照本条第三、四款的规定执行。

第十八条 具有下列情形之一的,应当认定为刑法第二百一十条之一第一款规定的"数量较大":

(一)持有伪造的增值税专用发票或者可以用于骗取出口退税、抵扣税款的其他发票票面税额五十万元以上的,或者五十份以上且票面税额二十五万元以上的;

(二)持有伪造的前项规定以外的其他发票票面金额一百万元以上的,或者一百份以上且票面金额五十万元以上的。

持有的伪造发票数量、票面税额或者票面金额达到前款规定的标准五倍以上的,应当认定为刑法第二百一十条之一第一款规定的"数量巨大"。

第十九条 明知他人实施危害税收征管犯罪而仍为其提供账号、资信证明或者其他帮助的,以相应犯罪的共犯论处。

第二十条 单位实施危害税收征管犯罪的定罪量刑标准,依照本解释规定的标准执行。

第二十一条 实施危害税收征管犯罪,造成国家税款损失,行为人补缴税款、挽回税收损失,有效合规整改的,可以从宽处罚;犯罪情节轻微不需要判处刑罚的,可以不起诉或者免予刑事处罚;情节显著轻微危害不大的,不作为犯罪处理。

对于实施本解释规定的相关行为被不起诉或者免予刑事处罚,需要给予行政处罚、政务处分或者其他处分的,依法移送有关主管机关处理。有关主管机关应当将处理结果及时通知人民检察院、人民法院。

第二十二条 本解释自2024年3月20日起施行。《最高人民法院关于适用〈全国人民代表大会常务委员会关于惩治虚开、伪造和非法出售增值税专用发票犯罪的决定〉的若干问题的解释》(法发〔1996〕30号)、《最高人民法院关于审理骗取出口退税刑事案件具体应用法律若干问题的解释》(法释〔2002〕30号)、《最高人民法院关于审理偷税、抗税刑事案件具体应用法律若干问题的解释》(法释〔2002〕33号)同时废止;最高人民法院、最高人民检察院以前发布的司法解释与本解释不一致的,以本解释为准。

(四)税收协定

非居民纳税人享受协定待遇管理办法

· 2019年10月14日
· 国家税务总局公告2019年第35号

第一章 总 则

第一条 为执行中华人民共和国政府签署的避免双重征税协定(以下简称"税收协定")和国际运输协定税收条款,规范非居民纳税人享受协定待遇管理,根据《中华人民共和国企业所得税法》(以下简称"企业所得税法")及其实施条例、《中华人民共和国个人所得税法》及其实施条例、《中华人民共和国税收征收管理法》(以下简称"税收征管法")及其实施细则(以下统称"国内税收法律规定")的有关规定,制定本办法。

第二条 在中国境内发生纳税义务的非居民纳税人需要享受协定待遇的,适用本办法。

第三条 非居民纳税人享受协定待遇,采取"自行判断、申报享受、相关资料留存备查"的方式办理。非居民纳税人自行判断符合享受协定待遇条件的,可在纳税申报时,或通过扣缴义务人在扣缴申报时,自行享受协定待遇,同时按照本办法的规定归集和留存相关资料备查,并接受税务机关后续管理。

第四条 本办法所称非居民纳税人,是指按照税收协定居民条款规定应为缔约对方税收居民的纳税人。

本办法所称协定包括税收协定和国际运输协定。国际运输协定包括中华人民共和国政府签署的航空协定、海运协定、道路运输协定、汽车运输协定、互免国际运输收入税收协议或换函以及其他关于国际运输的协定。

本办法所称协定待遇,是指按照协定可以减轻或者免除按照国内税收法律规定应当履行的企业所得税、个人所得税纳税义务。

本办法所称扣缴义务人，是指按国内税收法律规定，对非居民纳税人来源于中国境内的所得负有扣缴税款义务的单位或个人，包括法定扣缴义务人和企业所得税法规定的指定扣缴义务人。

本办法所称主管税务机关，是指按国内税收法律规定，对非居民纳税人在中国的纳税义务负有征管职责的税务机关。

第二章 协定适用和纳税申报

第五条 非居民纳税人自行申报的，自行判断符合享受协定待遇条件且需要享受协定待遇，应在申报时报送《非居民纳税人享受协定待遇信息报告表》（见附件），并按照本办法第七条的规定归集和留存相关资料备查。

第六条 在源泉扣缴和指定扣缴情况下，非居民纳税人自行判断符合享受协定待遇条件且需要享受协定待遇的，应当如实填写《非居民纳税人享受协定待遇信息报告表》，主动提交给扣缴义务人，并按照本办法第七条的规定归集和留存相关资料备查。

扣缴义务人收到《非居民纳税人享受协定待遇信息报告表》后，确认非居民纳税人填报信息完整的，依国内税收法律规定和协定规定扣缴，并如实将《非居民纳税人享受协定待遇信息报告表》作为扣缴申报的附表报送主管税务机关。

非居民纳税人未主动提交《非居民纳税人享受协定待遇信息报告表》给扣缴义务人或填报信息不完整的，扣缴义务人依国内税收法律规定扣缴。

第七条 本办法所称留存备查资料包括：

（一）由协定缔约对方税务主管当局开具的证明非居民纳税人取得所得的当年度或上一年度税收居民身份的税收居民身份证明；享受税收协定国际运输条款或国际运输协定待遇的，可用能够证明符合协定规定身份的证明代替税收居民身份证明；

（二）与取得相关所得有关的合同、协议、董事会或股东会决议、支付凭证等权属证明资料；

（三）享受股息、利息、特许权使用费条款协定待遇的，应留存证明"受益所有人"身份的相关资料；

（四）非居民纳税人认为能够证明其符合享受协定待遇条件的其他资料。

第八条 非居民纳税人对《非居民纳税人享受协定待遇信息报告表》填报信息和留存备查资料的真实性、准确性、合法性承担法律责任。

第九条 非居民纳税人发现不应享受而享受了协定待遇，并少缴或未缴税款的，应当主动向主管税务机关申报补税。

第十条 非居民纳税人可享受但未享受协定待遇而多缴税款的，可在税收征管法规定期限内自行或通过扣缴义务人向主管税务机关要求退还多缴税款，同时提交本办法第七条规定的资料。

主管税务机关应当自接到非居民纳税人或扣缴义务人退还多缴税款申请之日起30日内查实，对符合享受协定待遇条件的多缴税款办理退还手续。

第十一条 非居民纳税人享受协定待遇留存备查资料应按照税收征管法及其实施细则规定的期限保存。

第三章 税务机关后续管理

第十二条 各级税务机关应当对非居民纳税人享受协定待遇开展后续管理，准确执行协定，防范协定滥用和逃避税风险。

第十三条 主管税务机关在后续管理时，可要求非居民纳税人限期提供留存备查资料。

主管税务机关在后续管理或税款退还查实工作过程中，发现依据本办法第七条规定的资料不足以证明非居民纳税人符合享受协定待遇条件，或非居民纳税人存在逃避税嫌疑的，可要求非居民纳税人或扣缴义务人限期提供相关资料并配合调查。

第十四条 本办法规定的资料原件为外文文本的，按照主管税务机关要求提供时，应当附送中文译本，并对中文译本的准确性和完整性负责。

非居民纳税人、扣缴义务人可以向主管税务机关提供资料复印件，但是应当在复印件上标注原件存放处，加盖报告责任人印章或签章。主管税务机关要求报验原件的，应报验原件。

第十五条 非居民纳税人、扣缴义务人应配合主管税务机关进行非居民纳税人享受协定待遇的后续管理与调查。非居民纳税人、扣缴义务人均未按照税务机关要求提供相关资料，或逃避、拒绝、阻挠税务机关进行后续调查，主管税务机关无法查实其是否符合享受协定待遇条件的，应视为不符合享受协定待遇条件。

第十六条 非居民纳税人不符合享受协定待遇条件而享受了协定待遇且未缴或少缴税款的，除因扣缴义务人未按本办法第六条规定扣缴申报外，视为非居民纳税人未按照规定申报缴纳税款，主管税务机关依法追缴税款并追究非居民纳税人延迟纳税责任。在扣缴情况下，税款延迟缴纳期限自扣缴申报享受协定待遇之日起计算。

第十七条 扣缴义务人未按本办法第六条规定扣缴

申报，或者未按本办法第十三条规定提供相关资料，发生不符合享受协定待遇条件的非居民纳税人享受协定待遇且未缴或少缴税款情形的，主管税务机关依据有关规定追究扣缴义务人责任，并责令非居民纳税人限期缴纳税款。

第十八条 依据企业所得税法第三十九条规定，非居民纳税人未依法缴纳税款的，主管税务机关可以从该非居民纳税人在中国境内其他收入项目的支付人应付的款项中，追缴该非居民纳税人的应纳税款。

第十九条 主管税务机关在后续管理或税款退还查实工作过程中，发现不能准确判定非居民纳税人是否可以享受协定待遇的，应当向上级税务机关报告；需要启动相互协商或情报交换程序的，按有关规定启动相应程序。

第二十条 本办法第十条所述查实时间不包括非居民纳税人或扣缴义务人补充提供资料、个案请示、相互协商、情报交换的时间。税务机关因上述原因延长查实时间的，应书面通知退税申请人相关决定及理由。

第二十一条 主管税务机关在后续管理过程中，发现需要适用税收协定主要目的测试条款或国内税收法律规定中的一般反避税规则的，适用一般反避税相关规定。

第二十二条 主管税务机关应当对非居民纳税人不当享受协定待遇情况建立信用档案，并采取相应后续管理措施。

第四章 附 则

第二十三条 协定与本办法规定不同的，按协定执行。

第二十四条 非居民纳税人需要享受内地与香港、澳门特别行政区签署的避免双重征税安排待遇的，按照本公告执行。

第二十五条 本办法自 2020 年 1 月 1 日起施行。《非居民纳税人享受税收协定待遇管理办法》（国家税务总局公告 2015 年第 60 号发布，国家税务总局公告 2018 年第 31 号修改）同时废止。

附件（略）

（五）其 他

抵税财物拍卖、变卖试行办法

·2005 年 5 月 24 日国家税务总局令第 12 号公布
·自 2005 年 7 月 1 日起施行

第一章 总 则

第一条 为规范税收强制执行中抵税财物的拍卖、变卖行为，保障国家税收收入，保护纳税人合法权益，根据《中华人民共和国税收征收管理法》及其实施细则和有关法律法规规定，制定本办法。

第二条 税务机关拍卖、变卖抵税财物，以拍卖、变卖所得抵缴税款、滞纳金的行为，适用本办法。

拍卖是指税务机关将抵税财物依法委托拍卖机构，以公开竞价的形式，将特定财物转让给最高应价者的买卖方式。

变卖是指税务机关将抵税财物委托商业企业代为销售、责令纳税人限期处理或由税务机关变价处理的买卖方式。

抵税财物，是指被税务机关依法实施税收强制执行而扣押、查封或者按照规定应强制执行的已设置纳税担保物权的商品、货物、其他财产或者财产权利。

被执行人是指从事生产经营的纳税人、扣缴义务人或者纳税担保人等税务行政相对人。

第三条 拍卖或者变卖抵税财物应依法进行，并遵循公开、公正、公平、效率的原则。

第四条 有下列情形之一的，税务机关依法进行拍卖、变卖：

（一）采取税收保全措施后，限期期满仍未缴纳税款的；

（二）设置纳税担保后，限期期满仍未缴纳所担保的税款的；

（三）逾期不按规定履行税务处理决定的；

（四）逾期不按规定履行复议决定的；

（五）逾期不按规定履行税务行政处罚决定的；

（六）其他经责令限期缴纳，逾期仍未缴纳税款的；

对前款（三）至（六）项情形进行强制执行时，在拍卖、变卖之前（或同时）进行扣押、查封，办理扣押、查封手续。

第五条 税务机关按照拍卖优先的原则确定抵税财物拍卖、变卖的顺序：

（一）委托依法成立的拍卖机构拍卖；

（二）无法委托拍卖或者不适于拍卖的，可以委托当地商业企业代为销售，或者责令被执行人限期处理；

（三）无法委托商业企业销售，被执行人也无法处理的，由税务机关变价处理。

国家禁止自由买卖的商品、货物、其他财产，应当交由有关单位按照国家规定的价格收购。

第六条 税务机关拍卖变卖抵税财物时按下列程序进行：

（一）制作拍卖（变卖）抵税财物决定书，经县以上税务局(分局)局长批准后,对被执行人下达拍卖(变卖)抵税财物决定书。

依照法律法规规定需要经过审批才能转让的物品或财产权利,在拍卖、变卖前,应当依法办理审批手续。

(二)查实需要拍卖或者变卖的商品、货物或者其他财产。在拍卖或者变卖前,应当审查所扣押商品、货物、财产专用收据和所查封商品、货物、财产清单,查实被执行人与抵税财物的权利关系,核对盘点需要拍卖或者变卖的商品、货物或者其他财产是否与收据或清单一致。

(三)按照本办法规定的顺序和程序,委托拍卖、变卖,填写拍卖(变卖)财产清单,与拍卖机构签订委托拍卖合同,与受委托的商业企业签订委托变卖合同,对被执行人下达税务事项通知书,并按规定结算价款。

(四)以拍卖、变卖所得支付应由被执行人依法承担的扣押、查封、保管以及拍卖、变卖过程中的费用。

(五)拍卖、变卖所得支付有关费用后抵缴未缴的税款、滞纳金,并按规定抵缴罚款。

(六)拍卖、变卖所得支付扣押、查封、保管、拍卖、变卖等费用并抵缴税款、滞纳金后,剩余部分应当在3个工作日内退还被执行人。

(七)税务机关应当通知被执行人将拍卖、变卖全部收入计入当期销售收入额并在当期申报缴纳各种应纳税款。

拍卖、变卖所得不足抵缴税款、滞纳金的,税务机关应当继续追缴。

第七条 拍卖、变卖抵税财物,由县以上税务局(分局)组织进行。变卖鲜活、易腐烂变质或者易失效的商品、货物时,经县以上税务局(分局)局长批准,可由县以下税务机关进行。

第八条 拍卖、变卖抵税财物进行时,应当通知被执行人到场;被执行人未到场的,不影响执行。

第九条 税务机关及其工作人员不得参与被拍卖或者变卖商品、货物或者其他财产的竞买或收购,也不得委托他人为其竞买或收购。

第二章 拍 卖

第十条 拍卖由财产所在地的省、自治区、直辖市的人民政府和设区的市的人民政府指定的拍卖机构进行拍卖。

第十一条 抵税财物除有市场价或其价格依照通常方法可以确定的外,应当委托依法设立并具有相应资质的评估鉴定机构进行质量鉴定和价格评估,并将鉴定、评估结果通知被执行人。

拍卖抵税财物应当确定保留价,由税务机关与被执行人协商确定,协商不成的,由税务机关参照市场价、出厂价或者评估价确定。

第十二条 委托拍卖的文物,在拍卖前,应当经文物行政管理部门依法鉴定、许可。

第十三条 被执行人应当向税务机关说明商品、货物或其他财产的瑕疵,税务机关应当向拍卖机构说明拍卖标的的来源和了解到的瑕疵。

第十四条 拍卖机构接受委托后,未经委托拍卖的税务机关同意,不得委托其他拍卖机构拍卖。

第十五条 税务机关应当在作出拍卖决定后10日内委托拍卖。

第十六条 税务机关应当向拍卖机构提供下列材料:

(一)税务机关单位证明及委托拍卖的授权委托书;

(二)拍卖(变卖)抵税财物决定书;

(三)拍卖(变卖)财产清单;

(四)抵税财物质量鉴定与价格评估结果;

(五)与拍卖活动有关的其他资料。

第十七条 税务机关应当与拍卖机构签订书面委托拍卖合同。委托拍卖合同应载明以下内容:

(一)税务机关及拍卖机构的名称、住所、法定代表人姓名;

(二)拍卖标的的名称、规格、数量、质量、存放地或者坐落地、新旧程度或者使用年限等;

(三)拍卖的时间、地点,拍卖标的交付或转移的时间、方式,拍卖公告的方式及其费用的承担;

(四)拍卖价款结算方式及价款给付期限;

(五)佣金标准及其支付的方式、期限;

(六)违约责任;

(七)双方约定的其他事项。

第十八条 拍卖一次流拍后,税务机关经与被执行人协商同意,可以将抵税财物进行变卖;被执行人不同意变卖的,应当进行第二次拍卖。不动产和文物应当进行第二次拍卖。

第二次拍卖仍然流拍的,税务机关应当将抵税财物进行变卖,以抵缴税款、滞纳金或罚款。

经过流拍再次拍卖的,保留价应当不低于前次拍卖保留价的2/3。

第十九条 税务机关可以自行办理委托拍卖手续,也可以由其上级税务机关代为办理拍卖手续。

第三章 变 卖

第二十条 下列抵税财物为无法委托拍卖或者不适

于拍卖,可以交由当地商业企业代为销售或责令被执行人限期处理,进行变卖:

（一）鲜活、易腐烂变质或者易失效的商品、货物；

（二）经拍卖程序一次或二次流拍的抵税财物；

（三）拍卖机构不接受拍卖的抵税财物。

第二十一条 变卖抵税财物的价格,应当参照同类商品的市场价、出厂价遵循公平、合理、合法的原则确定。税务机关应当与被执行人协商是否需要请评估机构进行价格评估,被执行人认为需要的,税务机关应当委托评估机构进行评估,按照评估价确定变卖价格。

对有政府定价的商品、货物或者其他财产,由政府价格主管部门,按照定价权限和范围确定价格。对实行政府指导价的商品、货物或者其他财产,按照定价权限和范围规定的基准价及其浮动幅度确定。

经拍卖流拍的抵税财物,其变卖价格应当不低于最后一次拍卖保留价的 2/3。

第二十二条 委托商业企业变卖的,受委托的商业企业要经县以上税务机关确认,并与商业企业签订委托变卖合同,按本办法第二十一条规定的核价方式约定变卖价格。委托变卖合同应载明下列内容：

（一）税务机关及商业企业的名称、地址、法定代表人姓名；

（二）变卖商品、货物或其他财产的名称、规格、数量、质量、存放地或坐落地、新旧程度或使用年限等；

（三）变卖商品、货物或其他财产的时间、地点及其费用的承担；

（四）变卖价款结算方式及价款给付期限；

（五）违约责任；

（六）双方约定的其他事项。

第二十三条 抵税财物委托商业企业代为销售 15 日后,无法实现销售的,税务机关应当第二次核定价格,由商业企业继续销售,第二次核定的价格应当不低于首次核定价格的 2/3。

第二十四条 无法委托商业企业销售,被执行人也无法处理的,税务机关应当进行变价处理。

有下列情形之一的,属于无法委托商业企业代为销售：

（一）税务机关与两家（含两家）以上商业企业联系协商,不能达成委托销售的；

（二）经税务机关在新闻媒体上征求代售单位,自征求公告发出之日起 10 日内无应征单位或个人,或应征之后未达成代售协议的；

（三）已达成代售协议的商业企业在经第二次核定价格 15 日内仍无法售出税务机关委托代售的商品、货物或其他财产的。

被执行人无法处理,包括拒绝处理、逾期不处理等情形。

第二十五条 税务机关变价处理时,按照本办法第二十一条规定的原则以不低于前两种变卖方式定价的 2/3 确定价格。

税务机关实施变卖前,应当在办税服务厅、税务机关网站或当地新闻媒体上公告,说明变卖财物的名称、规格、数量、质量、新旧程度或使用年限、变卖价格、变卖时间等事项；登出公告 10 日后实施变卖。

税务机关实施变卖 10 日后仍没有实现变卖的,税务机关可以重新核定价格,再次发布变卖公告,组织变卖。再次核定的价格不得低于首次定价的 2/3。

经过二次定价变卖仍未实现变卖的,以市场可接受的价格进行变卖。

第四章 税款的实现和费用的支付

第二十六条 以拍卖、变卖收入抵缴未缴的税款、滞纳金和支付相关费用时按照下列顺序进行：

（一）拍卖、变卖费用。由被执行人承担拍卖变卖所发生的费用,包括扣押、查封活动中和拍卖或者变卖活动中发生的依法应由被执行人承担的费用,具体为:保管费、仓储费、运杂费、评估费、鉴定费、拍卖公告费、支付给变卖企业的手续费以及其他依法应由被执行人承担的费用。

拍卖物品的买受人未按照约定领受拍卖物品的,由买受人支付自应领受拍卖财物之日起的保管费用。

（二）未缴的税款、滞纳金。

（三）罚款。下列情况可以用拍卖、变卖收入抵缴罚款：

1. 被执行人主动用拍卖、变卖收入抵缴罚款的；

2. 对价值超过应纳税额且不可分割的商品、货物或者其他财产进行整体扣押、查封、拍卖,以拍卖收入抵缴未缴的税款、滞纳金时,连同罚款一并抵缴；

3. 从事生产经营的被执行人对税务机关的处罚决定逾期不申请行政复议也不向人民法院起诉,又不履行的,作出处罚决定的税务机关可以强制执行,抵缴罚款。

第二十七条 拍卖或者变卖实现后,税务机关在结算并收取价款后 3 个工作日内,办理税款、滞纳金或者罚款的入库手续。

第二十八条 拍卖或者变卖收入抵缴税款、滞纳金、罚款后有余额的,税务机关应当自办理入库手续之日起 3 个工作日内退还被执行人,并通知被执行人将拍卖、变卖全部收入记入当期销售收入额并在当期申报缴纳各种税款。

第二十九条　拍卖变卖结束后，税务机关制作拍卖、变卖结果通知书，拍卖、变卖扣押、查封的商品、货物、财产清单一式两份，一份税务机关留存，一份交被执行人。

第三十条　被执行人在拍卖、变卖成交前缴清了税款、滞纳金的，税务机关应当终止拍卖或者变卖活动，税务机关将商品、货物或其他财产退还被执行人，扣押、查封、保管以及拍卖或者变卖已经产生的费用由被执行人承担。

被执行人拒不承担上述相关费用的，继续进行拍卖或者变卖，以拍卖、变卖收入扣除被执行人应承担的扣押、查封、保管、拍卖或者变卖费用后，剩余部分税务机关在 3 个工作日内返还被执行人。

第三十一条　对抵税财物经鉴定、评估为不能或不适于进行拍卖、变卖的，税务机关应当终止拍卖、变卖，并将抵税财物返还被执行人。

对抵税财物经拍卖、变卖程序而无法完成拍卖、变卖实现变价抵税的，税务机关应当将抵税财物返还被执行人。

抵税财物无法或不能返还被执行人的，税务机关应当经专门鉴定机构或公证部门鉴定或公证，报废抵税财物。

被执行人应缴纳的税款、滞纳金和应支付的费用，由税务机关采取其他措施继续追缴。

第五章　法律责任

第三十二条　拍卖、变卖过程中，严禁向被执行人摊派、索取任何不合法费用。税务人员在拍卖、变卖过程中，向被执行人摊派、索取不合法费用的，依法给予行政处分；税务机关及其工作人员参与被拍卖或者变卖商品、货物或者其他财产的竞买或收购，或者委托他人竞买或收购，依法给予行政处分。

第三十三条　税务人员有不依法对抵税财物进行拍卖或者变卖，或者擅自将应该拍卖的改为变卖的，在变卖过程中擅自将应该委托商业企业变卖、责令被执行人自行处理的由税务机关直接变价处理的行为，依法给予行政处分；给被执行人造成损失的，由批准拍卖或者变卖的税务机关赔偿其直接损失。

税务机关可向直接责任人追偿部分或全部直接损失。对有故意或重大过失的责任人员依法给予行政处分。

第三十四条　因税务机关违法对扣押、查封的商品、货物，或者其他财产造成损失的，由造成损失的税务机关负责赔偿直接损失，并可向直接责任人追偿部分或全部直接损失。

第三十五条　受税务机关委托的拍卖机构或商业企业违反拍卖合同或变卖的约定进行拍卖或变卖的，依照合同的约定承担违约责任；合同无约定的，依照法律的规定承担违约责任；其行为构成违法的，依法承担法律责任。

第三十六条　抵税财物在被查封、扣押前，已经设置担保物权而被执行人隐瞒的，或者有瑕疵、质量问题而被执行人隐瞒的，由被执行人承担扣押、查封、拍卖、变卖活动产生的费用，并依法承担法律责任。

第六章　附　则

第三十七条　税务机关追缴从事生产经营的纳税人骗取国家出口退税的，适用本办法规定。

第三十八条　税收强制执行拍卖、变卖文书由国家税务总局统一制定。

第三十九条　本办法自 2005 年 7 月 1 日起施行。

附件：1. 拍卖/变卖抵税财物决定书（略）
　　　2. 拍卖/变卖结果通知书（略）
　　　3. 拍卖/变卖商品、货物或者其他财产清单（略）
　　　4. 返还商品、货物或者其他财产通知书（略）
　　　5. 返还商品、货物或者其他财产清单（略）

个体工商户建账管理暂行办法

· 2006 年 12 月 15 日国家税务总局令第 17 号发布
· 根据 2018 年 6 月 15 日《国家税务总局关于修改部分税务部门规章的决定》修正

第一条　为了规范和加强个体工商户税收征收管理，促进个体工商户加强经济核算，根据《中华人民共和国税收征收管理法》（以下简称税收征管法）及其实施细则和《国务院关于批转国家税务总局加强个体私营经济税收征管强化查账征收工作意见的通知》，制定本办法。

第二条　凡从事生产、经营并有固定生产、经营场所的个体工商户，都应当按照法律、行政法规和本办法的规定设置、使用和保管账簿及凭证，并根据合法、有效凭证记账核算。

税务机关应同时采取有效措施，巩固已有建账成果，积极引导个体工商户建立健全账簿，正确进行核算，如实申报纳税。

第三条　符合下列情形之一的个体工商户，应当设置复式账：

（一）注册资金在20万元以上的。

(二)销售增值税应税劳务的纳税人或营业税纳税人月销售(营业)额在 40000 元以上；从事货物生产的增值税纳税人月销售额在 60000 元以上；从事货物批发或零售的增值税纳税人月销售额在 80000 元以上的。

(三)省税务机关确定应设置复式账的其他情形。

第四条 符合下列情形之一的个体工商户，应当设置简易账，并积极创造条件设置复式账：

(一)注册资金在 10 万元以上 20 万元以下的。

(二)销售增值税应税劳务的纳税人或营业税纳税人月销售(营业)额在 15000 元至 40000 元；从事货物生产的增值税纳税人月销售额在 30000 元至 60000 元；从事货物批发或零售的增值税纳税人月销售额在 40000 元至 80000 元的。

(三)省税务机关确定应当设置简易账的其他情形。

第五条 上述所称纳税人月销售额或月营业额，是指个体工商户上一个纳税年度月平均销售额或营业额；新办的个体工商户为业户预估的当年度经营期月平均销售额或营业额。

第六条 达不到上述建账标准的个体工商户，经县以上税务机关批准，可按照税收征管法的规定，建立收支凭证粘贴簿、进货销货登记簿或者使用税控装置。

第七条 达到建账标准的个体工商户，应当根据自身生产、经营情况和本办法规定的设置账簿条件，对照选择设置复式账或简易账，并报主管税务机关备案。账簿方式一经确定，在一个纳税年度内不得进行变更。

第八条 达到建账标准的个体工商户，应当自领取营业执照或者发生纳税义务之日起 15 日内，按照法律、行政法规和本办法的有关规定设置账簿并办理账务，不得伪造、变造或者擅自损毁账簿、记账凭证、完税凭证和其他有关资料。

第九条 设置复式账的个体工商户应按《个体工商户会计制度(试行)》的规定设置总分类账、明细分类账、日记账等，进行财务会计核算，如实记载财务收支情况。成本、费用列支和其他财务核算规定按照《个体工商户个人所得税计税办法(试行)》执行。

设置简易账的个体工商户应当设置经营收入账、经营费用账、商品(材料)购进账、库存商品(材料)盘点表和利润表，以收支方式记录、反映生产、经营情况并进行简易会计核算。

第十条 复式账簿中现金日记账、银行存款日记账和总分类账必须使用订本式，其他账簿可以根据业务的实际发生情况选用活页账簿。简易账簿均应采用订本式。

账簿和凭证应当按照发生的时间顺序填写，装订或者粘贴。

建账户对各种账簿、记账凭证、报表、完税凭证和其他有关涉税资料应当保存 10 年。

第十一条 设置复式账的个体工商户在办理纳税申报时，应当按照规定向当地主管税务机关报送财务会计报表和有关纳税资料。月度会计报表应当于月份终了后 10 日内报出，年度会计报表应当在年度终了后 30 日内报出。

第十二条 个体工商户可以聘请经批准从事会计代理记账业务的专业机构或者具备资质的财会人员代为建账和办理账务。

第十三条 按照税务机关规定的要求使用税控收款机的个体工商户，其税控收款机输出的完整的书面记录，可以视同经营收入账。

第十四条 税务机关对建账户采用查账征收方式征收税款。建账初期，也可以采用查账征收与定期定额征收相结合的方式征收税款。

第十五条 依照本办法规定应当设置账簿的个体工商户，具有税收征管法第三十五条第一款第二项至第六项情形之一的，税务机关有权根据税收征管法实施细则第四十七条规定的方法核定其应纳税额。

第十六条 依照本办法规定应当设置账簿的个体工商户违反有关法律、行政法规和本办法关于账簿设置、使用和保管规定的，由税务机关按照税收征管法的有关规定进行处理。

第十七条 个体工商户建账工作中所涉及的有关账簿、凭证、表格，按照有关规定办理。

第十八条 本办法所称"以上"均含本数。

第十九条 各省、自治区、直辖市和计划单列市税务局可根据本办法制定具体实施办法，并报国家税务总局备案。

第二十条 本办法自 2007 年 1 月 1 日起施行。1997 年 6 月 19 日国家税务总局发布的《个体工商户建账管理暂行办法》同时废止。

个体工商户税收定期定额征收管理办法

· 2006 年 8 月 30 日国家税务总局令第 16 号公布
· 根据 2018 年 6 月 15 日《国家税务总局关于修改部分税务部门规章的决定》修正

第一条 为规范和加强个体工商户税收定期定额征收(以下简称定期定额征收)管理，公平税负，保护个体工商户合法权益，促进个体经济的健康发展，根据《中华人民共和国税收征收管理法》及其实施细则，制定本办法。

第二条　本办法所称个体工商户税收定期定额征收，是指税务机关依照法律、行政法规及本办法的规定，对个体工商户在一定经营地点、一定经营时期、一定经营范围内的应纳税经营额（包括经营数量）或所得额（以下简称定额）进行核定，并以此为计税依据，确定其应纳税额的一种征收方式。

第三条　本办法适用于经主管税务机关认定和县以上税务机关（含县级，下同）批准的生产、经营规模小，达不到《个体工商户建账管理暂行办法》规定设置账簿标准的个体工商户（以下简称定期定额户）的税收征收管理。

第四条　主管税务机关应当将定期定额户进行分类，在年度内按行业、区域选择一定数量并具有代表性的定期定额户，对其经营、所得情况进行典型调查，做出调查分析，填制有关表格。

典型调查户数应当占该行业、区域总户数的5%以上。具体比例由省税务机关确定。

第五条　定额执行期的具体期限由省税务机关确定，但最长不得超过一年。

定额执行期是指税务机关核定后执行的第一个纳税期至最后一个纳税期。

第六条　税务机关应当根据定期定额户的经营规模、经营区域、经营内容、行业特点、管理水平等因素核定定额，可以采用下列一种或两种以上的方法核定：

（一）按照耗用的原材料、燃料、动力等推算或者测算核定；

（二）按照成本加合理的费用和利润的方法核定；

（三）按照盘点库存情况推算或者测算核定；

（四）按照发票和相关凭据核定；

（五）按照银行经营账户资金往来情况测算核定；

（六）参照同类行业或类似行业中同规模、同区域纳税人的生产、经营情况核定；

（七）按照其他合理方法核定。

税务机关应当运用现代信息技术手段核定定额，增强核定工作的规范性和合理性。

第七条　税务机关核定定额程序：

（一）自行申报。定期定额户要按照税务机关规定的申报期限、申报内容向主管税务机关申报，填写有关申报文书。申报内容应包括经营行业、营业面积、雇佣人数和每月经营额、所得额以及税务机关需要的其他申报项目。

本项所称经营额、所得额为预估数。

（二）核定定额。主管税务机关根据定期定额户自行申报情况，参考典型调查结果，采取本办法第六条规定的核定方法核定定额，并计算应纳税额。

（三）定额公示。主管税务机关应当将核定定额的初步结果进行公示，公示期限为五个工作日。

公示地点、范围、形式应当按照便于定期定额户及社会各界了解、监督的原则，由主管税务机关确定。

（四）上级核准。主管税务机关根据公示意见结果修改定额，并将核定情况报经县以上税务机关审核批准后，填制《核定定额通知书》。

（五）下达定额。将《核定定额通知书》送达定期定额户执行。

（六）公布定额。主管税务机关将最终确定的定额和应纳税额情况在原公示范围内进行公布。

第八条　定期定额户应当建立收支凭证粘贴簿、进销货登记簿，完整保存有关纳税资料，并接受税务机关的检查。

第九条　依照法律、行政法规的规定，定期定额户负有纳税申报义务。

实行简易申报的定期定额户，应当在税务机关规定的期限内按照法律、行政法规规定缴清应纳税款，当期（指纳税期，下同）可以不办理申报手续。

第十条　采用数据电文申报、邮寄申报、简易申报等方式的，经税务机关认可后方可执行。经确定的纳税申报方式在定额执行期内不予更改。

第十一条　定期定额户可以委托经税务机关认定的银行或其他金融机构办理税款划缴。

凡委托银行或其他金融机构办理税款划缴的定期定额户，应当向税务机关书面报告开户银行及账号。其账户内存款应当足以按期缴纳当期税款。其存款余额低于当期应纳税款，致使当期税款不能按期入库的，税务机关按逾期缴纳税款处理；对实行简易申报的，按逾期办理纳税申报和逾期缴纳税款处理。

第十二条　定期定额户发生下列情形，应当向税务机关办理相关纳税事宜：

（一）定额与发票开具金额或税控收款机记录数据比对后，超过定额的经营额、所得额所应缴纳的税款；

（二）在税务机关核定定额的经营地点以外从事经营活动所应缴纳的税款。

第十三条　税务机关可以根据保证国家税款及时足额入库、方便纳税人、降低税收成本的原则，采用简化的税款征收方式，具体方式由省税务机关确定。

第十四条　县以上税务机关可以根据当地实际情况，依法委托有关单位代征税款。税务机关与代征单位必须签订委托代征协议，明确双方的权利、义务和应当承担的责任，并向代征单位颁发委托代征证书。

第十五条　定期定额户经营地点偏远、缴纳税款数额较小，或者税务机关征收税款有困难的，税务机关可以按照法律、行政法规的规定简并征期。但简并征期最长不得超过一个定额执行期。

简并征期的税款征收时间为最后一个纳税期。

第十六条　通过银行或其他金融机构划缴税款的，其完税凭证可以到税务机关领取，或到税务机关委托的银行或其他金融机构领取；税务机关也可以根据当地实际情况采取邮寄送达，或委托有关单位送达。

第十七条　定期定额户在定额执行期结束后，应当以该期每月实际发生的经营额、所得额向税务机关申报，申报额超过定额的，按申报额缴纳税款；申报额低于定额的，按定额缴纳税款。具体申报期限由省税务机关确定。

定期定额户当期发生的经营额、所得额超过定额一定幅度的，应当在法律、行政法规规定的申报期限内向税务机关进行申报并缴清税款。具体幅度由省税务机关确定。

第十八条　定期定额户的经营额、所得额连续纳税期超过或低于税务机关核定的定额，应当提请税务机关重新核定定额，税务机关应当根据本办法规定的核定方法和程序重新核定定额。具体期限由省税务机关确定。

第十九条　经税务机关检查发现定期定额户在以前定额执行期发生的经营额、所得额超过定额，或者当期发生的经营额、所得额超过定额一定幅度而未向税务机关进行纳税申报及结清应纳税款的，税务机关应当追缴税款、加收滞纳金，并按照法律、行政法规规定予以处理。其经营额、所得额连续纳税期超过定额，税务机关应当按照本办法第十八条的规定重新核定其定额。

第二十条　定期定额户发生停业的，应当在停业前向税务机关书面提出停业报告；提前恢复经营的，应当在恢复经营前向税务机关书面提出复业报告；需延长停业时间的，应当在停业期满前向税务机关提出书面的延长停业报告。

第二十一条　税务机关停止定期定额户实行定期定额征收方式，应当书面通知定期定额户。

第二十二条　定期定额户对税务机关核定的定额有争议的，可以在接到《核定定额通知书》之日起30日内向主管税务机关提出重新核定定额申请，并提供足以说明其生产、经营真实情况的证据，主管税务机关应当自接到申请之日起30日内书面答复。

定期定额户也可以按照法律、行政法规的规定直接向上一级税务机关申请行政复议；对行政复议决定不服的，可以依法向人民法院提起行政诉讼。

定期定额户在未接到重新核定定额通知、行政复议决定书或人民法院判决书前，仍按原定额缴纳税款。

第二十三条　税务机关应当严格执行核定定额程序，遵守回避制度。税务人员个人不得擅自确定或更改定额。

税务人员徇私舞弊或者玩忽职守，致使国家税收遭受重大损失，构成犯罪的，依法追究刑事责任；尚不构成犯罪的，依法给予行政处分。

第二十四条　对违反本办法规定的行为，按照《中华人民共和国税收征收管理法》及其实施细则有关规定处理。

第二十五条　个人独资企业的税款征收管理比照本办法执行。

第二十六条　各省、自治区、直辖市税务局根据本办法制定具体实施办法，并报国家税务总局备案。

第二十七条　本办法自2007年1月1日起施行。1997年6月19日国家税务总局发布的《个体工商户定期定额管理暂行办法》同时废止。

企业注销指引(2023年修订)

· 2023年12月21日
· 市场监管总局、海关总署、税务总局公告2023年第58号

一、企业退出市场基本程序

通常情况下，企业终止经营活动退出市场，需要经历决议解散、清算分配和注销登记三个主要过程。例如，按照《公司法》规定，公司正式终止前，须依法宣告解散、成立清算组进行清算、清理公司财产、清缴税款、清理债权债务、支付职工工资、社会保险费用等，待公司清算结束后，应制作清算报告并办理注销公司登记，公告公司终止。

二、企业注销事由

企业因解散、被宣告破产或者其他法定事由需要终

止的,应当依法向登记机关申请注销登记。经登记机关注销登记,企业终止。企业注销依法须经批准的,应当经批准后向登记机关申请注销登记。

(一)解散。

1. 自愿解散。指基于公司股东会或者股东大会、非公司企业法人出资人(主管部门)、合伙企业合伙人、个人独资企业投资人、农民专业合作社(联合社)成员大会或者成员代表大会、个体工商户经营者,或者分支机构隶属企业(单位)的意愿进行解散。如公司解散情形包括:公司章程规定的营业期限届满或者公司章程规定的其他解散事由出现;股东会或者股东大会决议解散;因公司合并或者分立需要解散等。合伙企业解散情形包括:全体合伙人决定解散;合伙协议约定的解散事由出现;合伙期限届满,合伙人决定不再经营等。个人独资企业解散情形包括:投资人决定解散等。农民专业合作社(联合社)解散情形包括:成员大会决议解散、章程规定的解散事由出现等。

2. 强制解散。通常分为行政决定解散与人民法院判决解散。行政决定解散,包括依法被吊销营业执照、责令关闭或者被撤销。人民法院判决解散,按照《公司法》规定,因公司经营管理发生严重困难,继续存续会使股东利益受到重大损失,通过其他途径不能解决的,持有公司全部股东表决权百分之十以上的股东,请求人民法院解散公司的情形。

(二)破产。企业被宣告破产是指根据《企业破产法》等规定,企业不能清偿到期债务,并且资产不足以清偿全部债务或者明显缺乏清偿能力的,经人民法院审查属实,企业没有进行和解或重整,被人民法院宣告破产。

三、企业清算流程

依法开展清算是企业注销前的法定义务。《民法典》规定,法人解散的,除合并或者分立的情形外,清算义务人应当及时组成清算组进行清算。非法人组织解散的,应当依法进行清算。清算的重要内容是企业清理各类资产,清结各项债权债务。清算的目的在于保护债权人的利益、投资人的利益、企业的利益、职工的利益以及社会公共利益。法人的清算程序和清算组职权,依照有关法律的规定;没有规定的,参照适用公司法律的有关规定。

(一)成立清算组。《民法典》规定,法人的董事、理事等执行机构或者决策机构的成员为清算义务人。法律、行政法规另有规定的,依照其规定。清算义务人未及时履行清算义务,造成损害的,应当承担民事责任;主管机关或者利害关系人可以申请人民法院指定有关人员组成清算组进行清算。

1. 公司清算组。公司在解散事由出现之日起15日内成立清算组,负责清理公司的财产和债权债务。有限责任公司的清算组由公司股东组成,股份有限公司的清算组由董事或者股东大会确定的人员组成。逾期不成立清算组进行清算的,债权人、股东、董事或其他利害关系人可以申请人民法院指定有关人员组成清算组进行清算。清算组的选任在遵守法律法规强制性规定的同时,应充分尊重公司意愿,公司章程中可以预先确定清算组人员,也可以在章程中规定清算组成员选任的决议方式。对于章程中没有规定或者规定不明确的,股东会或者股东大会可以通过普通决议或者特别决议的方式选任清算组成员。有限责任公司清算组成员在公司股东中选任,既可以是全体股东,也可以是部分股东。股份有限公司清算组成员可以是全体董事,也可以是部分董事,或者由股东大会确定清算组成员。

清算组的选任,公司可以结合规模大小和清算事务工作量的多少,充分考虑能否便于公司清算的顺利进行和迅速完结,以及以较低清算成本完成清算事务。鼓励熟悉公司事务的内部人员以及具备审计、财会专业知识的机构、人员担任清算组成员。

清算组成员除可以为自然人外,也可以为法人或者其他组织;成员为法人或者其他组织的,应指派相关人员参与清算。一人有限责任公司的清算组成员,可以仅该一人股东担任。清算组负责人由股东会或者股东大会在清算组成员中指定。

2. 非公司企业法人清算组。非公司企业法人可以由出资人(主管部门)自行或者组织有关人员进行清算。

3. 合伙企业清算人。合伙企业解散,应当由清算人进行清算。清算人由全体合伙人担任;经全体合伙人过半数同意,可以自合伙企业解散事由出现后十五日内指定一个或者数个合伙人,或者委托第三人,担任清算人。自合伙企业解散事由出现之日起十五日内未确定清算人的,合伙人或者其他利害关系人可以申请人民法院指定清算人。合伙企业的清算人可以为全部合伙人,经全体合伙人过半数同意,也可以为一个或者部分合伙人,或者为合伙人以外的第三人,也可以为合伙人与第三人共同组成清算人开展清算活动。

4. 个人独资企业清算人。个人独资企业解散,由投资人自行清算或者由债权人申请人民法院指定清算人进行清算。

5. 农民专业合作社(联合社)清算组。农民专业合作社(联合社)解散的,应当在解散事由出现之日起十五日内由成员大会推举成员组成清算组,开始解散清算。逾期不能组成清算组的,成员、债权人可以向人民法院申请指定成员组成清算组进行清算。

(二)清算组的职责。以公司为例,清算组在公司清算过程中,具有对内执行清算业务,对外代表清算中公司的职权。公司依法清算结束并办理注销登记前,有关公司的民事诉讼,应当以公司的名义进行。公司成立清算组的,由清算组负责人代表公司参加诉讼;尚未成立清算组的,由原法定代表人代表公司参加诉讼。

清算组所能执行的公司事务是以清算为目的的事务,而非所有事务。由于清算中的公司仍具有主体资格,清算组不能取代股东会、股东大会和监事会的职权,股东会、股东大会仍然是公司的权力机构,清算组应及时向股东会、股东大会报告清算进展情况,对清算组的选解任、清算方案的确认、清算报告的确认等公司的重大事项仍由股东会、股东大会决定。清算组的清算工作仍然受公司监督机构监事会的监督,监事会及时提醒和纠正清算组的不当和违规行为。

清算组成员应当忠于职守,依法履行清算义务。清算组成员不得利用职权收受贿赂或者其他非法收入,不得侵占公司财产。清算组成员因故意或者重大过失给公司或者债权人造成损失的,应当承担赔偿责任。其他经营主体的清算组(人)的地位参照公司清算适用。

(三)发布清算组信息和债权人公告。清算组自成立之日起10日内,应通过国家企业信用信息公示系统公告清算组信息。同时,清算组应及时通知债权人,并于60日内通过国家企业信用信息公示系统免费向社会发布债权人公告,也可依法通过报纸发布,公告期为45日(个人独资企业无法通知债权人的,公告期为60日)。市场监管部门同步向税务部门共享清算组信息。

1. 发布清算组信息。依照相关法律法规,公司、合伙企业、农民专业合作社(联合社)需要依法公告清算组信息,非公司企业法人由主管部门、个人独资企业由投资人自行组织清算,无需公告清算组信息。

企业应通过国家企业信用信息公示系统公告清算组信息,主要包括:名称、统一社会信用代码/注册号、登记机关、清算组成立日期、注销原因、清算组办公地址、清算组联系电话、清算组成员(姓名/名称、证件类型/证照类型、证件号码/证照号码、联系电话、地址、是否为清算组负责人)等。

2. 发布债权人公告。(1)公司清算组应当自成立之日起十日内通知债权人,并于六十日内公告。债权人应当自接到通知书之日起三十日内,未接到通知书的自公告之日起四十五日内,向清算组申报其债权。(2)合伙企业清算人自被确定之日起十日内将合伙企业解散事项通知债权人,并于六十日内发布债权人公告。债权人应当自接到通知书之日起三十日内,未接到通知书的自公告之日起四十五日内,向清算人申报债权。(3)个人独资企业投资人自行清算的,应当在清算前十五日内书面通知债权人,无法通知的,应当发布债权人公告。债权人应当在接到通知之日起三十日内,未接到通知的应当在公告之日起六十日内,向投资人申报其债权。(4)农民专业合作社(联合社)清算组应当自成立之日起十日内通知农民专业合作社(联合社)成员和债权人,并于六十日内发布债权人公告。债权人应当自接到通知之日起三十日内,未接到通知的自公告之日起四十五日内,向清算组申报债权。(5)非公司企业法人发布债权人公告的,可通过报纸或国家企业信用信息公示系统发布。

债权人公告的信息主要包括:名称、统一社会信用代码/注册号、登记机关、公告期自、公告期至、公告内容、债权申报联系人、债权申报联系电话、债权申报地址。

(四)开展清算活动。清算组负责清理企业财产,分别编制资产负债表和财产清单;处理与清算有关的未了结的业务;结清职工工资;缴纳行政机关、司法机关的罚款和罚金;向海关和税务机关清缴所欠税款以及清算过程中产生的税款并办理相关手续,包括滞纳金、罚款、缴纳减免税货物提前解除海关监管需补缴税款以及提交相关需补办许可证件,办理企业所得税清算、办理土地增值税清算、结清出口退(免)税款、缴销发票和税控设备等;合伙企业、个人独资企业的清算所得应当视为年度生产经营所得,由投资者依法缴纳个人所得税;存在涉税违法行为的纳税人应当接受处罚,缴纳罚款;结清欠缴的社会保险费、滞纳金、罚款;清理债权、债务;处理企业清偿债务后的剩余财产;代表企业参加民事诉讼活动;办理分支机构注销登记;处理对外投资、股权出质等。

(五)分配剩余财产。以公司为例,清算组在清理公司财产、编制资产负债表和财产清单后,应当制定清算方案,并报股东会、股东大会或者人民法院确认。公司财产在分别支付清算费用、职工的工资、社会保险费用和法定补偿金,缴纳所欠税款,清偿公司债务后的剩余财产,有限责任公司按照股东的出资比例分配,股份有限公司按照股东持有的股份比例分配。清算期间,公司存续,但不得开展与清算无关的经营活动。公司财产在未依照前款规定清偿前,不得分配给股东。

(六)制作清算报告。1. 公司清算组在清算结束后,应制作清算报告,报股东会、股东大会确认。其中,有限责任公司股东会对清算报告确认,必须经代表2/3以上表决权的股东签署确认;股份有限公司股东大会对清算报告确认,须由股东大会会议主持人及出席会议的董事签字确认。国有独资公司由国务院、地方人民政府或者其授权的本级人民政府国有资产监督管理机构签署确认。2. 非公司企业法人应持清算报告或者出资人(主管部门)负责清理债权债务的文件办理注销登记,清算报告和负责清理债权债务的文件应由非公司企业法人的出资人(主管部门)签署确认。3. 合伙企业的清算报告由全体合伙人签署确认。4. 个人独资企业的清算报告由投资人签署确认。5. 农民专业合作社(联合社)的清算报告由成员大会、成员代表大会确认,由本社成员表决权总数2/3以上成员签署确认。6. 对于人民法院组织清算的,清算报告由人民法院确认。

四、企业办理注销登记

企业在完成清算后,需要分别注销税务登记、企业登记、社会保险登记,涉及海关报关等相关业务的企业,还需要办理海关报关单位备案注销等事宜。

(一)普通注销流程

1. 申请注销税务登记。

纳税人向税务部门申请办理注销时,税务部门进行税务注销预检,检查纳税人是否存在未办结事项。

(1)未办理过涉税事宜的纳税人,主动到税务部门办理清税的,税务部门可根据纳税人提供的营业执照即时出具清税文书。

(2)符合容缺即时办理条件的纳税人,在办理税务注销时,资料齐全的,税务部门即时出具清税文书;若资料不齐,可在作出承诺后,税务部门即时出具清税文书。纳税人应按承诺的时限补齐资料并办结相关事项。具体条件是:

①办理过涉税事宜但未领用发票(含代开发票)、无欠税(滞纳金)及罚款且没有其他未办结事项的纳税人,主动到税务部门办理清税的;

②未处于税务检查状态、无欠税(滞纳金)及罚款、已缴销增值税专用发票及税控设备,且符合下列情形之一的纳税人:

● 纳税信用级别为A级和B级的纳税人;
● 控股母公司纳税信用级别为A级的M级纳税人;
● 省级人民政府引进人才或经省级以上行业协会等机构认定的行业领军人才等创办的企业;
● 未纳入纳税信用级别评价的定期定额个体工商户;
● 未达到增值税纳税起征点的纳税人。

(3)不符合承诺制容缺即时办理条件的(或虽符合承诺制容缺即时办理条件但纳税人不愿意承诺的),税务部门向纳税人出具《税务事项通知书》(告知未结事项),纳税人先行办理完毕各项未结事项后,方可申请办理税务注销。

(4)经人民法院裁定宣告破产或强制清算的企业,管理人持人民法院终结破产程序裁定书或强制清算程序的裁定申请税务注销的,税务部门即时出具清税文书。

(5)纳税人办理税务注销前,无需向税务机关提出终止"委托扣款协议书"申请。税务机关办结税务注销后,委托扣款协议自动终止。

(6)注意事项。对于存在依法应在税务注销前办理完毕但未办结的涉税事项的,企业应办理完毕后再申请注销。对于存在未办结涉税事项且不符合承诺制容缺即时办理条件的,税务机关不予注销。例如,持有股权、股票等权益性投资、债权性投资或土地使用权、房产等资产未依法清算缴税的;合伙企业、个人独资企业未依法清算缴纳个人所得税的;出口退税企业未结清出口退(免)税款等情形的不予注销。

2. 申请注销企业登记。清算组向登记机关提交注销登记申请书、注销决议或者决定、经确认的清算报告和清税证明等相关材料申请注销登记。登记机关和税务机关已共享企业清税信息的,企业无需提交纸质清税证明文书;领取了纸质营业执照正副本的,缴回营业执照正副本,营业执照遗失的,可通过国家企业信用信息公示系统或公开发行的报纸发布营业执照作废声明。国有独资公司申请注销登记,还应当提交国有资产监督管理机构的决定,其中,国务院确定的重要的国有独资公司,还应当提交本级人民政府的批准文件复印件。仅通过报纸发布债权人公告的,需要提交依法刊登公告的报纸报样。企业申请注销登记前,应当依法办理分支机构注销登记,并处理对外投资的企业转让或注销事宜。

3. 申请注销社会保险登记。企业应当自办理企业注销登记之日起30日内,向原社会保险登记机构提交注销社会保险登记申请和其他有关注销文件,办理注销社会保险登记手续。企业应当结清欠缴的社会保险费、滞纳金、罚款后,办理注销社会保险登记。

4. 申请办理海关报关单位备案注销。涉及海关报关相关业务的企业,可通过国际贸易"单一窗口"(http://www.singlewindow.cn)、"互联网+海关"(http://online.customs.gov.cn)等方式向海关提交报关单位注销申请,也可通过市场监管部门与海关联网的注销"一网"服务平台提交注销申请。对于已在海关备案,存在欠税(含滞纳金)、罚款及其他应办结的海关手续的报关单位,应当在注销前办结海关有关手续。报关单位备案注销后,向市场监管部门申请注销企业登记。

(二)简易注销流程

1. 适用对象。

未发生债权债务或已将债权债务清偿完结的企业(上市股份有限公司除外)。企业在申请简易注销登记时,不应存在未结清清偿费用、职工工资、社会保险费用、法定补偿金、应缴纳税款(滞纳金、罚款)等债权债务。

企业有下列情形之一的,不适用简易注销程序:法律、行政法规或者国务院决定规定在注销登记前须经批准的;被吊销营业执照、责令关闭、撤销;在经营异常名录或者市场监督管理严重违法失信名单中;存在股权(财产份额)被冻结、出质或者动产抵押,或者对其他企业存在投资;尚持有股权、股票等权益性投资、债权性投资或土地使用权、房产等资产的;未依法办理所得税清算申报或有清算所得未缴纳所得税的;正在被立案调查或者采取行政强制,正在诉讼或仲裁程序中;受到罚款等行政处罚尚未执行完毕;不适用简易注销登记的其他情形。

企业存在"被列入企业经营异常名录""存在股权(财产份额)被冻结、出质或动产抵押等情形""企业所属的非法人分支机构未办注销登记的"等三种不适用简易注销登记程序的情形,无需撤销简易注销公示,待异常状态消失后可再次依程序公示申请简易注销登记。对于承诺书文字、形式填写不规范的,市场监管部门在企业补正后予以受理其简易注销申请,无需重新公示。

符合市场监管部门简易注销条件,未办理过涉税事宜,办理过涉税事宜但未领用发票(含代开发票)、无欠税(滞纳金)及罚款且没有其他未办结涉税事项的纳税人,免予到税务部门办理清税证明,可直接向市场监管部门申请简易注销。

2. 办理流程。

(1)符合适用条件的企业登录注销"一网"服务平台或国家企业信用信息公示系统《简易注销公告》专栏,主动向社会公告拟申请简易注销登记及全体投资人承诺等信息,公示期为20日。

(2)公示期内,有关利害关系人及相关政府部门可以通过国家企业信用信息公示系统《简易注销公告》专栏"异议留言"功能提出异议并简要陈述理由。超过公示期,公示系统不再接受异议。

(3)税务部门通过信息共享获取市场监管部门推送的拟申请简易注销登记信息后,应按照规定的程序和要求,查询税务信息系统核实相关涉税、涉及社会保险费情况,对经查询系统显示为以下情形的纳税人,税务部门不提出异议:一是未办理过涉税事宜的纳税人;二是办理过涉税事宜但未领用发票(含代开发票)、无欠税(滞纳金)及罚款且没有其他未办结涉税事项的纳税人;三是查询时已办理缴销发票、结清应纳税款等清税手续的纳税人;四是无欠缴社会保险费、滞纳金、罚款。

(4)公示期届满后,公示期内无异议的,企业可以在公示期满之日起20日内向登记机关办理简易注销登记。期满未办理的,登记机关可根据实际情况予以延长时限,宽展期最长不超过30日,即企业最晚应当在公示期满之日起50日内办理简易注销登记。企业在公示后,不得从事与注销无关的生产经营活动。

3. 个体工商户简易注销。

营业执照和税务登记证"两证整合"改革实施后设立登记的个体工商户通过简易程序办理注销登记的,无需提交承诺书,也无需公示。个体工商户在提交简易注销登记申请后,市场监管部门应当在1个工作日内将个体工商户拟申请简易注销登记的相关信息通过省级统一的信用信息共享交换平台、政务信息平台、部门间的数据接口(统称信息共享交换平台)推送给同级税务等部门,税务等部门于10日内反馈是否同意简易注销。对于税务等部门无异议的,市场监管部门应当及时办理简易注销登记。具体请参照《市场监管总局 国家税务总局关于进一步完善简易注销登记便捷中小微企业市场退出的通知》(国市监注发〔2021〕45号)办理。

五、特殊情形办理指引

(一)存在股东失联、不配合等问题。对有限责任公司存在股东失联、不配合等情况难以注销的,经书面及报纸(或国家企业信用信息公示系统)公告通知全体股东,召开股东会形成符合法律及章程规定表决比例的决议、成立清算组后,向企业登记机关申请办理注销登记。

(二)存在无法自行组织清算问题。对于企业已出现解散事宜,但负有清算义务的投资人拒不履行清算义务或者因无法取得联系等情形不能成立清算组进行清算的,债权人、股东、利害关系人等可依照《公司法》《合伙企业法》《个人独资企业法》《农民专业合作社法》等法律法规的规定,申请人民法院指定有关人员组成清算组进行清算。清算组在清理财产、编制资产负债表和财产清单后,发现企业财产不足清偿债务的,应当依法向人民法院申请宣告破产。人民法院裁定强制清算或裁定宣告破产的,企业清算组、破产管理人可持人民法院终结强制清算程序的裁定或终结破产程序的裁定,直接向登记机关申请办理注销登记。

(三)存在无法登录国家企业信用信息公示系统发布清算组信息和债权人公告的问题。在办理注销登记中,对未在登记机关取得登记联络员备案的企业,可以向登记机关进行联络员备案后,登录国家企业信用信息公示系统发布清算组信息和债权人公告。企业登记联络员变更的,应当及时进行变更备案。对于吊销企业存在类似问题的,也可以采取备案联络员的方式通过国家企业信用信息公示系统发布公告。

(四)存在营业执照、公章遗失的问题。企业向登记机关、税务机关申请办理注销,存在营业执照、公章遗失的情况,按以下要求办理:1.对于营业执照遗失的企业,在国家企业信用信息公示系统或公开发行的报纸进行执照遗失公告,无需申请补发营业执照。2.非公司企业法人公章遗失的,由其上级主管单位法定代表人签字并加盖上级主管单位公章进行确认,相关注销材料可不盖公章。3.公司公章遗失的,由符合公司法和章程规定表决权要求的股东签字盖章进行确认,相关注销材料可不盖公章。4.农民专业合作社(联合社)有前述第3种情况的,可参照执行。5.合伙企业和个人独资企业公章遗失的,由全体合伙人签字盖章、投资人签字进行确认,相关注销材料可不盖公章。

(五)存在营业执照拒不缴回或无法缴回问题。登记机关依法作出注销登记决定后,30天后企业仍拒不缴回或者无法缴回营业执照的,由登记机关通过国家企业信用信息公示系统公告营业执照作废。

(六)存在股东(出资人)已注销、死亡问题。因股东(出资人)已注销却未清理对外投资,导致被投资主体无法注销的,其股东(出资人)有上级主管单位的,由已注销主体的上级主管单位依规定办理相关注销手续;已注销企业有合法继受主体的,可由继受主体依有关规定申请办理;已注销企业无合法继受主体的,由已注销企业注销时登记在册的股东(出资人)申请办理。因自然人股东死亡,导致其出资的企业难以办理注销登记的,可以由其有权继承人代位办理注销。有权继承人需提交身份证明和有关继承证明材料。

(七)存在分支机构隶属企业已注销问题。企业申请注销登记前,应当依法办理分支机构注销登记。因隶属企业已注销却未办理分支机构注销登记,导致分支机构无法注销的,已注销企业有合法的继受主体的,可由继受主体依有关规定申请办理;已注销企业无合法继受主体的,由已注销企业注销时登记在册的股东(出资人)申请办理。

(八)存在法定代表人宣告失踪、死亡或不配合办理注销登记的问题。1.公司存在法定代表人宣告失踪、死亡或不配合等情况需办理简易注销登记的,凭法定代表人任免职有关文件,同步办理法定代表人变更登记,由新法定代表人签署《企业注销登记申请书》。合伙企业、农民专业合作社(联合社)参照执行。2.非公司企业法人存在法定代表人宣告失踪、死亡或不配合等情况需办理注销登记的,凭法定代表人任免职有关文件,同步办理法定代表人变更登记,由新法定代表人签署《企业注销登记申请书》。

(九)已吊销企业办理注销问题。

1.对于尚未更换加载统一社会信用代码营业执照即被吊销的企业(个体工商户除外),市场监管部门已就此类企业进行了统一社会信用代码赋码,企业在相关部门办理注销业务时可使用其统一社会信用代码办理,无需更换加载统一社会信用代码营业执照。吊销未注销企业,无法出具吊销证明文件原件的,可提交吊销公告的网站截图、国家企业信用信息公示系统截图或登记机关出具的企业查询单。若登记机关可以自主查询到企业的吊销状态,不再要求企业提供上述材料。

2.纳税人被登记机关吊销营业执照或者被其他机关撤销登记的,应当自营业执照被吊销或者被撤销登记之日起15日内,向原税务登记机关申报办理税务注销。

(十)其他问题。

处于税务非正常状态纳税人在办理税务注销前,需先解除非正常状态,补办纳税申报手续。符合以下情形的,税务机关可打印相应税种和相关附加的《批量零申报确认表》,经纳税人确认后,进行批量处理:

1.非正常状态期间增值税、消费税和相关附加需补办的申报均为零申报的;

2.非正常状态期间企业所得税、个人所得税月(季)度预缴需补办的申报均为零申报,且不存在弥补前期亏损情况的。

六、注销法律责任及有关规定提示

(一)公司在合并、分立、减少注册资本或者进行清算时,不依照本法规定通知或者公告债权人的,由公司登记机关责令改正,对公司处以一万元以上十万元以下的罚款。公司在进行清算时,隐匿财产,对资产负债表或者财产清单作虚假记载或者在未清偿债务前分配公司财产的,由公司登记机关责令改正,对公司处以隐匿财产或者未清偿债务前分配公司财产金额百分之五以上百分之十以下的罚款;对直接负责的主管人员和其他直接责任人员处以一万元以上十万元以下的罚款。(《公司法》第二百零四条)

(二)公司在清算期间开展与清算无关的经营活动的,由公司登记机关予以警告,没收违法所得。(《公司法》第二百零五条)

(三)清算组不依照本法规定向公司登记机关报送清算报告,或者报送清算报告隐瞒重要事实或者有重大遗漏的,由公司登记机关责令改正。清算组成员利用职权徇私舞弊、谋取非法收入或者侵占公司财产的,由公司登记机关责令退还公司财产,没收违法所得,并可以处以违法所得一倍以上五倍以下的罚款。(《公司法》第二百零六条)

(四)公司清算时,清算组未按照规定履行通知和公告义务,导致债权人未及时申报债权而未获清偿,清算组成员对因此造成的损失承担赔偿责任。(依据最高人民法院关于适用《中华人民共和国公司法》若干问题的规定(二)第十一条)

(五)清算组执行未经确认的清算方案给公司或者债权人造成损失,公司、股东或者债权人主张清算组成员承担赔偿责任的,人民法院应依法予以支持。(依据最高人民法院关于适用《中华人民共和国公司法》若干问题的规定(二)第十五条)

(六)有限责任公司的股东、股份有限公司的董事和控股股东未在法定期限内成立清算组开始清算,导致公司财产贬值、流失、毁损或者灭失,债权人主张其在造成损失范围内对公司债务承担赔偿责任的,人民法院应依法予以支持。(依据最高人民法院关于适用《中华人民共和国公司法》若干问题的规定(二)第十八条第一款)

(七)有限责任公司的股东、股份有限公司的董事和控股股东因怠于履行义务,导致公司主要财产、账册、重要文件等灭失,无法进行清算,债权人主张其对公司债务承担连带清偿责任的,人民法院应依法予以支持。(依据最高人民法院关于适用《中华人民共和国公司法》若干问题的规定(二)第十八条第二款)

(八)有限责任公司的股东、股份有限公司的董事和控股股东,以及公司的实际控制人在公司解散后,恶意处置公司财产给债权人造成损失,或者未经依法清算,以虚假的清算报告骗取公司登记机关办理法人注销登记,债权人主张其对公司债务承担相应赔偿责任的,人民法院应依法予以支持。(依据最高人民法院关于适用《中华人民共和国公司法》若干问题的规定(二)第十九条)

(九)公司解散应当在依法清算完毕后,申请办理注销登记。公司未经清算即办理注销登记,导致公司无法进行清算,债权人主张有限责任公司的股东、股份有限公司的董事和控股股东,以及公司的实际控制人对公司债务承担清偿责任的,人民法院应依法予以支持。(依据最高人民法院关于适用《中华人民共和国公司法》若干问题的规定(二)第二十条第一款)

(十)公司未经依法清算即办理注销登记,股东或者第三人在公司登记机关办理注销登记时承诺对公司债务承担责任,债权人主张其对公司债务承担相应民事责任的,人民法院应依法予以支持。(依据最高人民法院关于适用《中华人民共和国公司法》若干问题的规定(二)第二十条第二款)

(十一)公司财产不足以清偿债务时,债权人主张未缴出资股东,以及公司设立时的其他股东或者发起人在未缴出资范围内对公司债务承担连带清偿责任的,人民法院应依法予以支持。(依据最高人民法院关于适用《中华人民共和国公司法》若干问题的规定(二)第二十二条第二款)

(十二)清算组成员从事清算事务时,违反法律、行政法规或者公司章程给公司或者债权人造成损失,公司或者债权人主张其承担赔偿责任的,人民法院应依法予以支持。(依据最高人民法院关于适用《中华人民共和国公司法》若干问题的规定(二)第二十三条第一款)

(十三)企业在注销登记中提交虚假材料或者采取其他欺诈手段隐瞒重要事实取得注销登记的,登记机关可以依法作出撤销注销登记等处理,在恢复企业主体资格的同时,对符合《市场监督管理严重违法失信名单管理办法》第十条规定的,将该企业列入严重违法失信名单,并通过国家企业信用信息公示系统公示。(依据《市场主体登记管理条例》第四十条,《市场监督管理严重违法失信名单管理办法》第十条第(二)项)

(十四)企业应当在办理注销登记前,就其清算所得向税务机关申报并依法缴纳企业所得税。(依据《企业所得税法》第五十五条第二款)

(十五)个体工商户终止生产经营的,应在办理注销

登记前,向主管税务机关结清有关纳税事宜。(依据《个体工商户个人所得税计税办法》(国家税务总局令第35号)第四十一条)

(十六)合伙企业和个人独资企业进行清算时,投资者应当在注销登记前,向主管税务机关结清有关税务事宜。企业的清算所得应当视为年度生产经营所得,由投资者依法缴纳个人所得税。(依据《财政部 国家税务总局关于印发〈关于个人独资企业和合伙企业投资者征收个人所得税的规定〉的通知》(财税〔2000〕91号)第十六条)

(十七)企业由法人转变为个人独资企业、合伙企业等非法人组织,或将登记注册地转移至中华人民共和国境外(包括港澳台地区),应视同企业进行清算、分配,股东重新投资成立新企业。企业的全部资产以及股东投资的计税基础均应以公允价值为基础确定。(依据《财政部 国家税务总局关于企业重组业务企业所得税处理若干问题的通知》第四条第一款)

(十八)纳税人未按照规定的期限申报办理税务注销的,由税务机关责令限期改正,可以处二千元以下的罚款;情节严重的,处二千元以上一万元以下的罚款。(依据《税收征收管理法》第六十条第一款)

(十九)纳税人伪造、变造、隐匿、擅自销毁帐簿、记帐凭证,或者在帐簿上多列支出或者不列、少列收入,或者经税务机关通知申报而拒不申报或者进行虚假的纳税申报,不缴或者少缴应纳税款的,是偷税。对纳税人偷税的,由税务机关追缴其不缴或者少缴的税款、滞纳金,并处不缴或者少缴的税款百分之五十以上五倍以下的罚款;构成犯罪的,依法追究刑事责任。(依据《税收征收管理法》第六十三条第一款)

五、税收优惠

财政部、国家税务总局关于非营利组织免税资格认定管理有关问题的通知

- 2018年2月7日
- 财税〔2018〕13号

各省、自治区、直辖市、计划单列市财政厅(局)、国家税务局、地方税务局，新疆生产建设兵团财政局：

根据《中华人民共和国企业所得税法》第二十六条及《中华人民共和国企业所得税法实施条例》第八十四条的规定，现对非营利组织免税资格认定管理有关问题明确如下：

一、依据本通知认定的符合条件的非营利组织，必须同时满足以下条件：

（一）依照国家有关法律法规设立或登记的事业单位、社会团体、基金会、社会服务机构、宗教活动场所、宗教院校以及财政部、税务总局认定的其他非营利组织；

（二）从事公益性或者非营利性活动；

（三）取得的收入除用于与该组织有关的、合理的支出外，全部用于登记核定或者章程规定的公益性或者非营利性事业；

（四）财产及其孳息不用于分配，但不包括合理的工资薪金支出；

（五）按照登记核定或者章程规定，该组织注销后的剩余财产用于公益性或者非营利性目的，或者由登记管理机关采取转赠给与该组织性质、宗旨相同的组织等处置方式，并向社会公告；

（六）投入人对投入该组织的财产不保留或者享有任何财产权利，本款所称投入人是指除各级人民政府及其部门外的法人、自然人和其他组织；

（七）工作人员工资福利开支控制在规定的比例内，不变相分配该组织的财产，其中：工作人员平均工资薪金水平不得超过税务登记所在地的地市级（含地市级）以上地区的同行业同类组织平均工资水平的两倍，工作人员福利按照国家有关规定执行；

（八）对取得的应纳税收入及其有关的成本、费用、损失应与免税收入及其有关的成本、费用、损失分别核算。

二、经省级（含省级）以上登记管理机关批准设立或登记的非营利组织，凡符合规定条件的，应向其所在地省级税务主管机关提出免税资格申请，并提供本通知规定的相关材料；经地市级或县级登记管理机关批准设立或登记的非营利组织，凡符合规定条件的，分别向其所在地的地市级或县级税务主管机关提出免税资格申请，并提供本通知规定的相关材料。

财政、税务部门按照上述管理权限，对非营利组织享受免税的资格联合进行审核确认，并定期予以公布。

三、申请享受免税资格的非营利组织，需报送以下材料：

（一）申请报告；

（二）事业单位、社会团体、基金会、社会服务机构的组织章程或宗教活动场所、宗教院校的管理制度；

（三）非营利组织注册登记证件的复印件；

（四）上一年度的资金来源及使用情况、公益活动和非营利活动的明细情况；

（五）上一年度的工资薪金情况专项报告，包括薪酬制度、工作人员整体平均工资薪金水平、工资福利占总支出比例、重要人员工资薪金信息（至少包括工资薪金水平排名前10的人员）；

（六）具有资质的中介机构鉴证的上一年度财务报表和审计报告；

（七）登记管理机关出具的事业单位、社会团体、基金会、社会服务机构、宗教活动场所、宗教院校上一年度符合相关法律法规和国家政策的事业发展情况或非营利活动的材料；

（八）财政、税务部门要求提供的其他材料。

当年新设立或登记的非营利组织需提供本条第（一）项至第（三）项规定的材料及本条第（四）项、第（五）项规定的申请当年的材料，不需提供本条第（六）项、第（七）项规定的材料。

四、非营利组织免税优惠资格的有效期为五年。非营利组织应在免税优惠资格期满后六个月内提出复审申

请,不提出复审申请或复审不合格的,其享受免税优惠的资格到期自动失效。

非营利组织免税资格复审,按照初次申请免税优惠资格的规定办理。

五、非营利组织必须按照《中华人民共和国税收征收管理法》及《中华人民共和国税收征收管理法实施细则》等有关规定,办理税务登记,按期进行纳税申报。取得免税资格的非营利组织应按照规定向主管税务机关办理免税手续,免税条件发生变化的,应当自发生变化之日起十五日内向主管税务机关报告;不再符合免税条件的,应当依法履行纳税义务;未依法纳税的,主管税务机关应当予以追缴。取得免税资格的非营利组织注销时,剩余财产处置违反本通知第一条第五项规定的,主管税务机关应追缴其应纳企业所得税款。

有关部门在日常管理过程中,发现非营利组织享受优惠年度不符合本通知规定的免税条件的,应提请核准该非营利组织免税资格的财政、税务部门,由其进行复核。

核准非营利组织免税资格的财政、税务部门根据本通知规定的管理权限,对非营利组织的免税优惠资格进行复核,复核不合格的,相应年度不得享受税收优惠政策。

六、已认定的享受免税优惠政策的非营利组织有下述情形之一的,应自该情形发生年度起取消其资格:

(一)登记管理机关在后续管理中发现非营利组织不符合相关法律法规和国家政策的;

(二)在申请认定过程中提供虚假信息的;

(三)纳税信用等级为税务部门评定的C级或D级的;

(四)通过关联交易或非关联交易和服务活动,变相转移、隐匿、分配该组织财产的;

(五)被登记管理机关列入严重违法失信名单的;

(六)从事非法政治活动的。

因上述第(一)项至第(五)项规定的情形被取消免税优惠资格的非营利组织,财政、税务部门自其被取消资格的次年起一年内不再受理该组织的认定申请;因上述第(六)项规定的情形被取消免税资格的非营利组织,财政、税务部门将不再受理该组织的认定申请。

被取消免税优惠资格的非营利组织,应当依法履行纳税义务;未依法纳税的,主管税务机关应当自其存在取消免税优惠资格情形的当年起予以追缴。

七、各级财政、税务部门及其工作人员在认定非营利组织免税资格工作中,存在违法违纪行为的,按照《公务员法》《行政监察法》等国家有关规定追究相应责任;涉嫌犯罪的,移送司法机关处理。

八、本通知自2018年1月1日起执行。《财政部 国家税务总局关于非营利组织免税资格认定管理有关问题的通知》(财税〔2014〕13号)同时废止。

出口货物退(免)税管理办法(试行)

- 2005年3月16日国税发〔2005〕51号公布
- 根据2018年6月15日《国家税务总局关于修改部分税收规范性文件的公告》修正

第一章 总 则

第一条 为规范出口货物退(免)税管理,根据《中华人民共和国税收征收管理法》、《中华人民共和国税收征收管理法实施细则》、《中华人民共和国增值税暂行条例》、《中华人民共和国消费税暂行条例》以及国家其他有关出口货物退(免)税规定,制定本管理办法。

第二条 出口商自营或委托出口的货物,除另有规定外,可在货物报关出口并在财务上做销售核算后,凭有关凭证报送所在地税务局(以下简称税务机关)批准退还或免征其增值税、消费税。

本办法所述出口商包括对外贸易经营者、没有出口经营资格委托出口的生产企业、特定退(免)税的企业和人员。

上述对外贸易经营者是指依法办理工商登记或者其他执业手续,经商务部及其授权单位赋予出口经营资格的从事对外贸易经营活动的法人、其他组织或者个人。其中,个人(包括外国人)是指注册登记为个体工商户、个人独资企业或合伙企业。

上述特定退(免)税的企业和人员是指按国家有关规定可以申请出口货物退(免)税的企业和人员。

第三条 出口货物的退(免)税范围、退税率和退(免)税方法,按国家有关规定执行。

第四条 税务机关应当按照办理出口货物退(免)税的程序,根据工作需要,设置出口货物退(免)税认定管理、申报受理、初审、复审、调查、审批、退库和调库等相应工作岗位,建立岗位责任制。因人员少需要一人多岗的,人员设置必须遵循岗位监督制约机制。

第二章 出口货物退(免)税认定管理

第五条 对外贸易经营者按《中华人民共和国对外贸易法》和商务部《对外贸易经营者备案登记办法》的规

定办理备案登记后,没有出口经营资格的生产企业委托出口自产货物(含视同自产产品,下同),应分别在备案登记、代理出口协议签定之日起30日内持有关资料,填写《出口货物退(免)税认定表》,到所在地税务机关办理出口货物退(免)税认定手续。

特定退(免)税的企业和人员办理出口货物退(免)税认定手续按国家有关规定执行。

第六条 已办理出口货物退(免)税认定的出口商,其认定内容发生变化的,须自有关管理机关批准变更之日起30日内,持相关证件向税务机关申请办理出口货物退(免)税认定变更手续。

第七条 出口商发生解散、破产、撤销以及其他依法应终止出口货物退(免)税事项的,应持相关证件、资料向税务机关办理出口货物退(免)税注销认定。

对申请注销认定的出口商,税务机关应先结清其出口货物退(免)税款,再按规定办理注销手续。

第三章 出口货物退(免)税申报及受理

第八条 出口商应在规定期限内,收齐出口货物退(免)税所需的有关单证,使用国家税务总局认可的出口货物退(免)税电子申报系统生成电子申报数据,如实填写出口货物退(免)税申报表,向税务机关申报办理出口货物退(免)税手续。逾期申报的,除另有规定者外,税务机关不再受理该笔出口货物的退(免)税申报,该补税的应按有关规定补征税款。

第九条 出口商申报出口货物退(免)税时,税务机关应及时予以接受并进行初审。经初步审核,出口商报送的申报资料、电子申报数据及纸质凭证齐全的,税务机关受理该笔出口货物退(免)税申报。出口商报送的申报资料或纸质凭证不齐全的,除另有规定者外,税务机关不予受理该笔出口货物的退(免)税申报,并要当即向出口商提出改正、补充资料、凭证的要求。

税务机关受理出口商的出口货物退(免)税申报后,应为出口商出具回执,并对出口货物退(免)税申报情况进行登记。

第十条 出口商报送的出口货物退(免)税申报资料及纸质凭证齐全的,除另有规定者外,在规定申报期限结束前,税务机关不得以无相关电子信息或电子信息核对不符等原因,拒不受理出口商的出口货物退(免)税申报。

第四章 出口货物退(免)税审核、审批

第十一条 税务机关应当使用国家税务总局认可的出口货物退(免)税电子化管理系统以及总局下发的出口退税率文库,按照有关规定进行出口货物退(免)税审核、审批,不得随意更改出口货物退(免)税电子化管理系统的审核配置、出口退税率文库以及接收的有关电子信息。

第十二条 税务机关受理出口商出口货物退(免)税申报后,应在规定的时间内,对申报凭证、资料的合法性、准确性进行审查,并核实申报数据之间的逻辑对应关系。根据出口商申报的出口货物退(免)税凭证、资料的不同情况,税务机关应当重点审核以下内容:

(一)申报出口货物退(免)税的报表种类、内容及印章是否齐全、准确;

(二)申报出口货物退(免)税提供的电子数据和出口货物退(免)税申报表是否一致;

(三)申报出口货物退(免)税的凭证是否有效,与出口货物退(免)税申报表明细内容是否一致等。重点审核的凭证有:

1. 出口货物报关单(出口退税专用)。出口货物报关单必须是盖有海关验讫章,注明"出口退税专用"字样的原件(另有规定者除外),出口报关单的海关编号、出口商海关代码、出口日期、商品编号、出口数量及离岸价等主要内容应与申报退(免)税的报表一致。

2. 代理出口证明。代理出口货物证明上的受托方企业名称、出口商品代码、出口数量、离岸价等应与出口货物报关单(出口退税专用)上内容相匹配并与申报退(免)税的报表一致。

3. 增值税专用发票(抵扣联)。增值税专用发票(抵扣联)必须印章齐全,没有涂改。增值税专用发票(抵扣联)的开票日期、数量、金额、税率等主要内容应与申报退(免)税的报表匹配。

4. 出口收汇核销单(或出口收汇核销清单,下同)。出口收汇核销单的编号、核销金额、出口商名称应当与对应的出口货物报关单上注明的批准文号、离岸价、出口商名称匹配。

5. 消费税税收(出口货物专用)缴款书。消费税税收(出口货物专用)缴款书各栏目的填写内容应与对应的发票一致;征税机关、国库(银行)印章必须齐全并符合要求。

第十三条 在对申报的出口货物退(免)税凭证、资料进行人工审核后,税务机关应当使用出口货物退(免)税电子化管理系统进行计算机审核,将出口商申报出口货物退(免)税提供的电子数据、凭证、资料与国家税务

总局及有关部门传递的出口货物报关单、出口收汇核销单、代理出口证明、增值税专用发票、消费税税收(出口货物专用)缴款书等电子信息进行核对。审核、核对重点是：

(一)出口报关单电子信息。出口报关单的海关编号、出口日期、商品代码、出口数量及离岸价等项目是否与电子信息核对相符；

(二)代理出口证明电子信息。代理出口证明的编号、商品代码、出口日期、出口离岸价等项目是否与电子信息核对相符；

(三)出口收汇核销单电子信息。出口收汇核销单号码等项目是否与电子信息核对相符；

(四)出口退税率文库。出口商申报出口退(免)税的货物是否属于可退税货物，申报的退税率与出口退税率文库中的退税率是否一致；

(五)增值税专用发票电子信息。增值税专用发票的开票日期、金额、税额、购货方及销售方的纳税人识别号、发票代码、发票号码是否与增值税专用发票电子信息核对相符。

在核对增值税专用发票时应使用增值税专用发票稽核、协查信息。暂未收到增值税专用发票稽核、协查信息的，税务机关可先使用增值税专用发票认证信息，但必须及时附相关稽核、协查信息进行复核；对复核有误的，要及时追回已退(免)税款。

(六)消费税税收(出口货物专用)缴款书电子信息。消费税税收(出口货物专用)缴款书的号码、购货企业海关代码、计税金额、实缴税额、税率(额)等项目是否与电子信息核对相符。

第十四条 税务机关在审核中，发现的不符合规定的申报凭证、资料，税务机关应通知出口商进行调整或重新申报；对在计算机审核中发现的疑点，应当严格按照有关规定处理；对出口商申报的出口货物退(免)税凭证、资料有疑问的，应分别以下情况处理：

(一)凡对出口商申报的出口货物退(免)税凭证、资料无电子信息或核对不符的，应及时按照规定进行核查。

(二)凡对出口货物报关单(出口退税专用)、出口收汇核销单等纸质凭证有疑问的，应向相关部门发函核实。

(三)凡对防伪税控系统开具的增值税专用发票(抵扣联)有疑问的，应向同级税务稽查部门提出申请，通过税务系统增值税专用发票协查系统进行核查。

(四)对出口商申报出口货物的货源、纳税、供货企业经营状况等情况有疑问的，税务机关应按照国家税务总局有关规定进行发函调查，或向同级税务稽查部门提出申请，由税务稽查部门按有关规定进行调查，并依据回函或调查情况进行处理。

第十五条 出口商提出办理相关出口货物退(免)税证明的申请，税务机关经审核符合有关规定的，应及时出具相关证明。

第十六条 出口货物退(免)税应当由设区的市、自治州以上(含本级)税务机关根据审核结果按照有关规定进行审批。

税务机关在审批后应当按照有关规定办理退库或调库手续。

第五章 出口货物退(免)税日常管理

第十七条 税务机关对出口货物退(免)税有关政策、规定应及时予以公告，并加强对出口商的宣传辅导和培训工作。

第十八条 税务机关应做好出口货物退(免)税计划及其执行情况的分析、上报工作。税务机关必须在国家税务总局下达的出口退(免)税计划内办理退库和调库。

第十九条 税务机关遇到下述情况，应及时结清出口商出口货物的退(免)税款：

(一)出口商发生解散、破产、撤销以及其他依法应终止出口退(免)税事项的，或者注销出口货物退(免)税认定的。

(二)出口商违反国家有关政策法规，被停止一定期限出口退税权的。

第二十条 税务机关应建立出口货物退(免)税评估机制和监控机制，强化出口货物退(免)税管理，防止骗税案件的发生。

第二十一条 税务机关应按照规定，做好出口货物退(免)税电子数据的接收、使用和管理工作，保证出口货物退(免)税电子化管理系统的安全，定期做好电子数据备份及设备维护工作。

第二十二条 税务机关应建立出口货物退(免)税凭证、资料的档案管理制度。出口货物退(免)税凭证、资料应当保存 10 年。但是，法律、行政法规另有规定的除外。具体管理办法由各省税务局制定。

第六章 违章处理

第二十三条 出口商有下列行为之一的，税务机关应按照《中华人民共和国税收征收管理法》第六十条规定予以处罚：

(一)未按规定办理出口货物退(免)税认定、变更或注销认定手续的;

(二)未按规定设置、使用和保管有关出口货物退(免)税账簿、凭证、资料的。

第二十四条 出口商拒绝税务机关检查或拒绝提供有关出口货物退(免)税账簿、凭证、资料的,税务机关应按照《中华人民共和国税收征收管理法》第七十条规定予以处罚。

第二十五条 出口商以假报出口或其他欺骗手段骗取国家出口退税款的,税务机关应当按照《中华人民共和国税收征收管理法》第六十六条规定处理。

对骗取国家出口退税款的出口商,经省以上(含本级)税务局批准,可以停止其六个月以上的出口退税权。在出口退税权停止期间自营、委托和代理出口的货物,一律不予办理退(免)税。

第二十六条 出口商违反规定需采取税收保全措施和税收强制执行措施的,税务机关应按照《中华人民共和国税收征收管理法》及《中华人民共和国税收征收管理法实施细则》的有关规定执行。

第七章 附 则

第二十七条 本办法未列明的其他管理事项,按《中华人民共和国税收征收管理法》、《中华人民共和国税收征收管理法实施细则》等法律、行政法规的有关规定办理。

第二十八条 本办法由国家税务总局负责解释。

第二十九条 本办法自 2005 年 5 月 1 日起施行。此前规定与本办法不一致的,以本办法为准。

出口退(免)税企业分类管理办法①

- 2016 年 7 月 13 日国家税务总局公告 2016 年第 46 号公布
- 根据 2018 年 6 月 15 日《国家税务总局关于修改部分税收规范性文件的公告》修正

第一章 总 则

第一条 为进一步优化出口退(免)税管理,提高纳税人税法遵从度,推进社会信用体系建设,充分发挥出口退税支持外贸发展的职能作用,根据《中华人民共和国税收征收管理法》及其实施细则、相关出口税收规定,制定本办法。

第二条 税务机关应按照风险可控、放管服结合、利于遵从、便于办税的原则,对出口退(免)税企业(以下简称出口企业)进行分类管理。

第三条 出口企业管理类别分为一类、二类、三类、四类。

第四条 各省、自治区、直辖市、计划单列市税务局(以下简称省税务局)负责组织实施本地区出口企业的分类管理工作。

具有出口退(免)税审批权限的税务局负责评定所辖出口企业的管理类别。

第二章 出口企业管理类别的评定标准

第五条 一类出口企业的评定标准。

(一)生产企业应同时符合下列条件:

1. 企业的生产能力与上一年度申报出口退(免)税规模相匹配。

2. 近 3 年(含评定当年,下同)未发生过虚开增值税专用发票或者其他增值税扣税凭证、骗取出口退税行为。

3. 上一年度的年末净资产大于上一年度该企业已办理的出口退税额(不含免抵税额)。

4. 评定时纳税信用级别为 A 级或 B 级。

5. 企业内部建立了较为完善的出口退(免)税风险控制体系。

(二)外贸企业应同时符合下列条件:

1. 近 3 年未发生过虚开增值税专用发票或者其他增值税扣税凭证、骗取出口退税行为。

2. 上一年度的年末净资产大于上一年度该企业已办理出口退税额的 60%。

3. 持续经营 5 年以上(因合并、分立、改制重组等原因新设立企业的情况除外)。

4. 评定时纳税信用级别为 A 级或 B 级。

5. 评定时海关企业信用管理类别为高级认证企业或一般认证企业。

6. 评定时外汇管理的分类管理等级为 A 级。

7. 企业内部建立了较为完善的出口退(免)税风险控制体系。

(三)外贸综合服务企业应同时符合下列条件:

1. 近 3 年未发生过虚开增值税专用发票或者其他增

---

① 本办法第五条第一项第 3 目、第六条第三项、第九条中"出口企业管理类别评定工作每年进行 1 次,应于企业纳税信用级别评价结果确定后 1 个月内完成"的规定已被《国家税务总局关于加快出口退税进度有关事项的公告》废止;第二十三条第六款关于"外贸综合服务业务应符合的条件"的规定,已被《国家税务总局关于优化整合出口退税信息系统更好服务纳税人有关事项的公告》废止。

值税扣税凭证、骗取出口退税行为。

2. 上一年度的年末净资产大于上一年度该企业已办理出口退税额的30%。

3. 上一年度申报从事外贸综合服务业务的出口退税额,大于该企业全部出口退税额的80%。

4. 评定时纳税信用级别为A级或B级。

5. 评定时海关企业信用管理类别为高级认证企业或一般认证企业。

6. 评定时外汇管理的分类管理等级为A级。

7. 企业内部建立了较为完善的出口退(免)税风险控制体系。

第六条 具有下列情形之一的出口企业,其出口企业管理类别应评定为三类:

(一)自首笔申报出口退(免)税之日起至评定时未满12个月。

(二)评定时纳税信用级别为C级,或尚未评价纳税信用级别。

(三)上一年度累计6个月以上未申报出口退(免)税(从事对外援助、对外承包、境外投资业务的,以及出口季节性商品或出口生产周期较长的大型设备的出口企业除外)。

(四)上一年度发生过违反出口退(免)税有关规定的情形,但尚未达到税务机关行政处罚标准或司法机关处理标准的。

(五)存在省税务局规定的其他失信或风险情形。

第七条 具有下列情形之一的出口企业,其出口企业管理类别应评定为四类:

(一)评定时纳税信用级别为D级。

(二)上一年度发生过拒绝向税务机关提供有关出口退(免)税账簿、原始凭证、申报资料、备案单证等情形。

(三)上一年度因违反出口退(免)税有关规定,被税务机关行政处罚或被司法机关处理过的。

(四)评定时企业因骗取出口退税被停止出口退税权,或者停止出口退税权届满后未满2年。

(五)四类出口企业的法定代表人新成立的出口企业。

(六)列入国家联合惩戒对象的失信企业。

(七)海关企业信用管理类别认定为失信企业。

(八)外汇管理的分类管理等级为C级。

(九)存在省税务局规定的其他严重失信或风险情形。

第八条 一类、三类、四类出口企业以外的出口企业,其出口企业管理类别应评定为二类。

第三章 出口企业管理类别评定及调整

第九条 出口企业管理类别评定工作每年进行1次,应于企业纳税信用级别评价结果确定后1个月内完成。评定工作完成的次月起,税务机关对出口企业实施对应的分类管理措施。

第十条 申请出口企业管理类别评定为一类的出口企业,应于企业纳税信用级别评价结果确定的当月向主管税务机关报送《生产型出口企业生产能力情况报告》(仅生产企业填报,样式见附件1)、《出口退(免)税企业内部风险控制体系建设情况报告》(样式见附件2)。

第十一条 县(区)税务局负责评定出口企业管理类别的,应于评定工作完成后10个工作日内将评定结果报地(市)税务局备案;地(市)税务局负责评定的,县(区)税务局须进行初评并填报《出口退(免)税企业管理类别评定表》(附件3),报地(市)税务局审定。

第十二条 负责评定出口企业管理类别的税务机关,应在评定工作完成后的15个工作日内将评定结果告知出口企业,并主动公开一类、四类的出口企业名单。

第十三条 主管税务机关发现出口企业存在下列情形的,应自发现之日起20个工作日内,调整其出口企业管理类别:

(一)一类、二类、三类出口企业的纳税信用级别发生降级的,可相应调整出口企业管理类别。

(二)一类、二类、三类出口企业发生以下情形之一的,出口企业管理类别应调整为四类:

1. 拒绝提供有关出口退(免)税账簿、原始凭证、申报资料、备案单证的。

2. 因违反出口退(免)税有关规定,被税务机关行政处罚或被司法机关处理。

3. 被列为国家联合惩戒对象的失信企业。

(三)一类、二类出口企业不配合税务机关实施出口退(免)税管理,以及未按规定收集、装订、存放出口退(免)税凭证及备案单证的,出口企业管理类别应调整为三类。

(四)一类、二类出口企业因涉嫌骗取出口退税被立案查处尚未结案的,暂按三类出口企业管理,待案件查结后,依据查处情况相应调整出口企业管理类别;三类、四类出口企业因涉嫌骗取出口退税被立案查处尚未结案的,暂按原类别管理,待案件查结后,依据查处情况调整出口企业管理类别。

（五）在税务机关完成年度管理类别评定后新增办理出口退（免）税备案的出口企业，其出口企业管理类别应确定为三类。

第十四条　负责评定出口企业管理类别的税务机关在评定出口企业的管理类别时，应根据出口企业上一年度的管理类别，按照四类、三类、二类、一类的顺序逐级晋级，原则上不得越级评定。

四类出口企业自评定之日起，12个月内不得评定为其他管理类别。

第十五条　税务机关应提高税源管理部门、纳税服务部门、稽查部门、进出口税收管理部门之间信息共享的质量和效率，建立相应的信息通报制度，及时传递出口企业的纳税信用级别评定结果、纳税评估情况、税务稽查立案及处理情况等信息。

第四章　分类管理及服务措施

第十六条　主管税务机关可为一类出口企业提供绿色办税通道（特约服务区），优先办理出口退税，并建立重点联系制度，及时解决企业有关出口退（免）税问题。

对一类出口企业中纳税信用级别为A级的纳税人，按照《关于对纳税信用A级纳税人实施联合激励措施的合作备忘录》的规定，实施联合激励措施。

第十七条　对一类出口企业申报的出口退（免）税，税务机关经审核，同时符合下列条件的，应自受理企业申报之日起，5个工作日内办结出口退（免）税手续：

（一）申报的电子数据与海关出口货物报关单结关信息、增值税专用发票信息比对无误。

（二）出口退（免）税额计算准确无误。

（三）不涉及税务总局和省税务局确定的预警风险信息。

（四）属于外贸企业的，出口的货物是从纳税信用级别为A级或B级的供货企业购进。

（五）属于外贸综合服务企业的，接受其提供服务的中小生产企业的纳税信用级别为A级或B级。

第十八条　对二类出口企业申报的出口退（免）税，税务机关经审核，同时符合下列条件的，应自受理企业申报之日起，10个工作日内办结出口退（免）税手续：

（一）符合出口退（免）税相关规定。

（二）申报的电子数据与海关出口货物报关单结关信息、增值税专用发票信息比对无误。

（三）未发现审核疑点或者审核疑点已排除完毕。

第十九条　对三类出口企业申报的出口退（免）税，税务机关经审核，同时符合下列条件的，应自受理企业申报之日起，15个工作日内办结出口退（免）税手续：

（一）符合出口退（免）税相关规定。

（二）申报的电子数据与海关出口货物报关单结关信息、增值税专用发票信息比对无误。

（三）未发现审核疑点或者审核疑点已排除完毕。

第二十条　对四类出口企业申报的出口退（免）税，税务机关应按下列规定进行审核：

（一）申报的纸质凭证、资料应与电子数据相互匹配且逻辑相符。

（二）申报的电子数据应与海关出口货物报关单结关信息、增值税专用发票信息比对无误。

（三）对该类企业申报出口退（免）税的外购出口货物或视同自产产品，税务机关应对每户供货企业的发票，都要抽取一定的比例发函调查。

（四）属于生产企业的，对其申报出口退（免）税的自产产品，税务机关应对其生产能力、纳税情况进行评估。

税务机关按上述要求完成审核，并排除所有审核疑点后，应自受理企业申报之日起，20个工作日内办结出口退（免）税手续。

第二十一条　出口企业申报的出口退（免）税，税务机关发现存在下列情形之一的，应按规定予以核实，排除相关疑点后，方可办理出口退（免）税，不受本办法有关办结出口退（免）税手续时限的限制：

（一）不符合本办法第十七条、第十八条、第十九条、第二十条规定的。

（二）涉及海关、外汇管理局等出口监管部门提供的风险信息。

第二十二条　各省税务局应定期组织对已办理的出口退（免）税情况开展风险分析工作，发现出口企业申报的退（免）税存在骗取出口退税疑点的，应按规定进行评估、核查，发现问题的，应按规定予以处理。

第五章　附　则

第二十三条　本办法用语的含义：

"出口退（免）税企业"，指适用出口退（免）税政策的企业和其他单位，以及适用增值税零税率政策的应税服务提供者。按照出口企业适用的出口退（免）税办法和经营业态，分为生产企业、外贸企业、外贸综合服务企业。

"生产企业"，指适用免抵退税办法的出口企业。

"外贸企业"，指适用免退税办法的出口企业。

"一类出口企业""二类出口企业""三类出口企业""四类出口企业"，指出口退（免）税企业分类管理类别分别为一类、二类、三类、四类的出口企业。

"上一年度",指评定出口退(免)税企业管理类别的上一个自然年度。

"外贸综合服务业务",应同时符合以下条件:

(一)出口货物为国内生产企业自产的货物。

(二)国内生产企业已将出口货物销售给外贸综合服务企业。

(三)国内生产企业与境外单位或个人已经签订出口合同,并约定货物由外贸综合服务企业出口至境外单位或个人,货款由境外单位或个人支付给外贸综合服务企业。

(四)外贸综合服务企业以自营方式出口。

(五)外贸综合服务企业申报出口退(免)税时,在《外贸企业出口退税进货明细申报表》第15栏(业务类型)、《外贸企业出口退税出口明细申报表》第19栏〔退(免)税业务类型〕填写"WMZHFW"。

"办结出口退(免)税手续",指税务机关对出口企业申报的符合规定的退(免)税,开具税收收入退还书并传递至国库。

第二十四条 各省税务局可以根据本办法制定和细化具体实施办法。

第二十五条 本办法自2016年9月1日起施行,以出口企业申报退(免)税时间为准。

境外旅客购物离境退税管理办法(试行)

· 2015年6月2日国家税务总局公告2015年第41号发布
· 根据2018年6月15日《国家税务总局关于修改部分税收规范性文件的公告》修正

第一章 总 则

第一条 为贯彻落实国务院关于实施境外旅客购物离境退税政策的决定,根据《财政部关于实施境外旅客购物离境退税政策的公告》(财政部公告2015年第3号),制定本办法。

第二条 本办法所称:

境外旅客,是指在我国境内连续居住不超过183天的外国人和港澳台同胞。

有效身份证件,是指标注或能够采集境外旅客最后入境日期的护照、港澳居民来往内地通行证、台湾居民来往大陆通行证等。

退税物品,是指由境外旅客本人在退税商店购买且符合退税条件的个人物品,但不包括下列物品:

(一)《中华人民共和国禁止、限制进出境物品表》所列的禁止、限制出境物品;

(二)退税商店销售的适用增值税免税政策的物品;

(三)财政部、海关总署、国家税务总局规定的其他物品。

退税商店,是指报省、自治区、直辖市和计划单列市税务局(以下简称省税务局)备案、境外旅客从其购买退税物品离境可申请退税的企业。

离境退税管理系统,是指符合《财政部关于实施境外旅客离境退税政策的公告》(财政部公告2015年第3号)有关条件的用于离境退税管理的计算机管理系统。

退税代理机构,是指省税务局会同财政、海关等相关部门按照公平、公开、公正的原则选择的离境退税代理机构。

第二章 退税商店的备案、变更与终止

第三条 符合以下条件的企业,经省税务局备案后即可成为退税商店。

(一)具有增值税一般纳税人资格;

(二)纳税信用等级在B级以上;

(三)同意安装、使用离境退税管理系统,并保证系统应当具备的运行条件,能够及时、准确地向主管税务机关报送相关信息;

(四)已经安装并使用增值税发票系统升级版;

(五)同意单独设置退税物品销售明细账,并准确核算。

第四条 符合条件且有意向备案的企业,填写《境外旅客购物离境退税商店备案表》(附件1)并附以下资料直接或委托退税代理机构向主管税务机关报送:

(一)主管税务机关出具的符合第三条第(一)、(二)和(四)款的书面证明;

(二)同意做到第三条第(三)、(五)款的书面同意书。

主管税务机关受理后应当在5个工作日内逐级报送至省税务局备案。省税务局应在收到备案资料15个工作日内审核备案条件,并对不符合备案条件的企业通知主管税务机关告知申请备案的企业。

第五条 省税务局向退税商店颁发统一的退税商店标识(退税商店标识规范见附件2)。退税商店应当在其经营场所显著位置悬挂退税商店标识,便于境外旅客识别。

第六条 退税商店备案资料所载内容发生变化的,应自有关变更之日起10日内,持相关证件及资料向主管税务机关办理变更手续。主管税务机关办理变更手续后,应在5个工作日内将变更情况逐级报省税务局。

退税商店发生解散、破产、撤销以及其他情形,应持相关证件及资料向主管税务机关申请办理税务登记注销

手续,由省税务局终止其退税商店备案,并收回退税商店标识,注销其境外旅客购物离境退税管理系统用户。

第七条　退税商店存在以下情形之一的,由主管税务机关提出意见逐级报省税务局终止其退税商店备案,并收回退税商店标识,注销其境外旅客购物离境退税管理系统用户。

（一）不符合本办法第三条规定条件的情形；

（二）未按规定开具《境外旅客购物离境退税申请单》(附件3,以下简称《离境退税申请单》)；

（三）开具《离境退税申请单》后,未按规定将对应发票抄报税；

（四）备案后发生因偷税、骗取出口退税等税收违法行为受到行政、刑事处理的。

第三章　离境退税申请单管理

第八条　境外旅客在退税商店购买退税物品,需要离境退税的,应当在离境前凭本人的有效身份证件及购买退税物品的增值税普通发票(由增值税发票系统升级版开具),向退税商店索取《离境退税申请单》。

第九条　《离境退税申请单》由退税商店通过离境退税管理系统开具,加盖发票专用章,交境外旅客。

退税商店开具《离境退税申请单》时,要核对境外旅客有效身份证件,同时将以下信息采集到离境退税管理系统：

（一）境外旅客有效身份证件信息以及其上标注或能够采集的最后入境日期；

（二）境外旅客购买的退税物品信息以及对应的增值税普通发票号码。

第十条　具有以下情形之一的,退税商店不得开具《离境退税申请单》：

（一）境外旅客不能出示本人有效身份证件；

（二）凭有效身份证件不能确定境外旅客最后入境日期的；

（三）购买日距境外旅客最后入境日超过183天；

（四）退税物品销售发票开具日期早于境外旅客最后入境日；

（五）销售给境外旅客的货物不属于退税物品范围；

（六）境外旅客不能出示购买退税物品的增值税普通发票(由增值税发票系统升级版开具)；

（七）同一境外旅客同一日在同一退税商店内购买退税物品的金额未达到500元人民币。

第十一条　退税商店在向境外旅客开具《离境退税申请单》后,如发生境外旅客退货等需作废销售发票或红字冲销等情形的,在作废销售发票的同时,需将作废或冲销发票对应的《离境退税申请单》同时作废。

第十二条　已办理离境退税的销售发票,退税商店不得作废或对该发票开具红字发票冲销。

第四章　退税代理机构的选择、变更与终止

第十三条　具备以下条件的银行,可以申请成为退税代理机构：

（一）能够在离境口岸隔离区内具备办理退税业务的场所和相关设施；

（二）具备离境退税管理系统运行的条件,能够及时、准确地向主管税务机关报送相关信息；

（三）遵守税收法律法规规定,三年内未因发生税收违法行为受到行政、刑事处理的；

（四）愿意先行垫付退税资金。

第十四条　退税代理机构由省税务局会同财政、海关等部门,按照公平、公开、公正的原则选择,并由省税务局公告。

第十五条　完成选定手续后,省税务局应与选定的退税代理机构签订服务协议,服务期限为两年。

第十六条　主管税务机关应加强对退税代理机构的管理,发现退税代理机构存在以下情形之一的,应逐级上报省税务局,省税务局会同同级财政、海关等部门后终止其退税代理服务,注销其离境退税管理系统用户：

（一）不符合本办法第十三条规定条件的情形；

（二）未按规定申报境外旅客离境退税结算；

（三）境外旅客离境退税结算申报资料未按规定留存备查；

（四）将境外旅客不符合规定的离境退税申请办理了退税,并申报境外旅客离境退税结算；

（五）在服务期间发生税收违法行为受到行政、刑事处理的；

（六）未履行与省税务局签订的服务协议。

第十七条　退税代理机构应当在离境口岸隔离区内设置专用场所,并在显著位置用中英文做出明显标识(退税代理机构标识规范见附件4)。退税代理机构设置标识应符合海关监管要求。

第五章　离境退税的办理流程

第十八条　境外旅客离境时,应向海关办理退税物品验核确认手续。

第十九条　境外旅客向退税代理机构申请办理离境退税时,须提交以下资料：

（一）本人有效身份证件；

（二）经海关验核签章的《离境退税申请单》。

第二十条 退税代理机构接到境外旅客离境退税申请的，应首先采集申请离境退税的境外旅客本人有效身份证件信息，并在核对以下内容无误后，按海关确认意见办理退税：

（一）提供的离境退税资料齐全；

（二）《离境退税申请单》上所载境外旅客信息与采集申请离境退税的境外旅客本人有效身份证件信息一致；

（三）《离境退税申请单》经海关验核签章；

（四）境外旅客离境日距最后入境日未超过183天；

（五）退税物品购买日距离境日未超过90天；

（六）《离境退税申请单》与离境退税管理系统比对一致。

第二十一条 退税款的计算。以离境的退税物品的增值税普通发票金额（含增值税）为依据，退税率为11%，计算应退增值税额。计算公式为：

应退增值税额＝离境的退税物品销售发票金额（含增值税）×退税率

实退增值税额＝应退增值税额－退税代理机构办理退税手续费

第二十二条 退税币种为人民币。退税金额超过10000元人民币的，退税代理机构应以银行转账方式退税。退税金额未超过10000元人民币的，根据境外旅客选择，退税代理机构采用现金退税或银行转账方式退税。

境外旅客领取或者办理领取退税款时，应当签字确认《境外旅客购物离境退税收款回执单》（附件5）。

第二十三条 若离境退税管理系统因故不能及时提供相关信息比对时，退税代理机构可先按照本办法第二十一条规定计算应退增值税额，在系统可提供相关信息并比对无误后在系统中确认，并采取银行转账方式办理退税。

第二十四条 退税代理机构办理退税应于每月15日前，通过离境退税管理系统将上月为境外旅客办理离境退税金额生成《境外旅客购物离境退税结算申报表》（附件6），报送主管税务机关，作为申报境外旅客离境退税结算的依据。同时将以下资料装订成册，留存备查：

（一）《境外旅客购物离境退税结算申报表》；

（二）经海关验核签章的《离境退税申请单》；

（三）经境外旅客签字确认的《境外旅客购物离境退税收款回执单》。

第二十五条 退税代理机构首次向主管税务机关申报境外旅客离境退税结算时，应首先提交与省税务局签订的服务协议、《出口退（免）税备案表》进行备案。

第二十六条 主管税务机关对退税代理机构提交的境外旅客购物离境退税结算申报数据审核、比对无误后，按照规定开具《税收收入退还书》，向退税代理机构办理退付。省税务局应按月将离境退税情况通报同级财政机关。

第六章 信息传递与交换

第二十七条 主管税务机关、海关、退税代理机构和退税商店应传递与交换相关信息。

第二十八条 退税商店通过离境退税管理系统开具境外旅客购物离境退税申请单，并实时向主管税务机关传送相关信息。

第二十九条 退税代理机构通过离境退税管理系统为境外旅客办理离境退税，并实时向主管税务机关传送相关信息。

第七章 附 则

第三十条 本办法自发布之日起执行。

附件：（略）

支持乡村振兴税费优惠政策指引

·2022年5月21日

近年来，党中央、国务院出台了一系列税费支持政策，持续巩固拓展脱贫攻坚成果、促进脱贫攻坚与乡村振兴有效衔接。为进一步落实党中央、国务院决策部署，税务总局按照享受主体、优惠内容、享受条件、政策依据的编写体例，从支持农村基础设施建设、推动乡村特色产业发展、激发乡村创业就业活力、推动普惠金融发展、促进区域协调发展、鼓励社会力量加大乡村振兴捐赠等六个方面梳理形成了109项针对乡村振兴的税费优惠政策指引内容。

一、支持农村基础设施建设

为了持续改善脱贫地区基础设施条件，税收积极支持交通、水利等民生工程建设和运营，促进完善生产性、生活性、生态环境基础设施建设，优化农村经济社会发展环境。具体包括：

（一）基础设施建设税收优惠

1.国家重点扶持的公共基础设施项目企业所得税"三免三减半"

2.农村电网维护费免征增值税

（二）农田水利建设税收优惠

3.县级及县级以下小型水力发电单位可选择按照简易办法计算缴纳增值税

4. 水利设施用地免征城镇土地使用税
5. 农田水利占用耕地不征收耕地占用税
6. 国家重大水利工程建设基金免征城市维护建设税

（三）农民住宅建设税收优惠

7. 农村居民占用耕地新建自用住宅减半征收耕地占用税
8. 农村烈属等优抚对象及低保农民新建自用住宅免征耕地占用税

（四）农村饮水工程税收优惠

9. 农村饮水安全工程新建项目投资经营所得企业所得税"三免三减半"
10. 农村饮水安全工程免征增值税
11. 农村饮水安全工程运营管理单位自用房产免征房产税
12. 农村饮水安全工程运营管理单位自用土地免征城镇土地使用税
13. 建设农村饮水安全工程承受土地使用权免征契税
14. 农村饮水安全工程免征印花税

二、推动乡村特色产业发展

产业振兴是乡村振兴的重中之重，现行税收政策着眼乡村产业高质量发展大局，进一步完善扶持政策、加大支持力度，在优化土地资源配置、促进农业生产、鼓励新型经营主体发展、促进农产品流通、支持农业资源综合利用等方面实施了一系列优惠政策，由"输血式"扶贫转变为"造血式"产业发展，推动巩固拓展脱贫攻坚成果与乡村振兴有效衔接。具体包括：

（一）优化土地资源配置税收优惠

15. 转让土地使用权给农业生产者用于农业生产免征增值税
16. 承包地流转给农业生产者用于农业生产免征增值税
17. 出租国有农用地给农业生产者用于农业生产免征增值税
18. 直接用于农、林、牧、渔业生产用地免征城镇土地使用税
19. 农村集体经济组织股份合作制改革免征契税
20. 农村集体经济组织清产核资免征契税
21. 收回集体资产签订产权转移书据免征印花税
22. 农村土地、房屋确权登记不征收契税

（二）促进农业生产税收优惠

23. 农业生产者销售的自产农产品免征增值税
24. 进口种子种源免征进口环节增值税
25. 进口玉米糠、稻米糠等饲料免征增值税
26. 单一大宗饲料等在国内流通环节免征增值税
27. 生产销售有机肥免征增值税
28. 滴灌产品免征增值税
29. 生产销售农膜免征增值税
30. 批发零售种子、种苗、农药、农机免征增值税
31. 纳税人购进农业生产者销售自产的免税农业产品可以抵扣进项税额
32. 农产品增值税进项税额核定扣除
33. 从事农、林、牧、渔业项目减免企业所得税
34. 从事"四业"的个人暂不征收个人所得税
35. 农业服务免征增值税
36. 捕捞、养殖渔船免征车船税
37. 农村居民拥有使用的三轮汽车等定期减免车船税

（三）支持新型农业经营主体发展税收优惠

38. "公司+农户"经营模式销售畜禽免征增值税
39. "公司+农户"经营模式从事农、林、牧、渔业生产减免企业所得税
40. 农民专业合作社销售本社成员生产的农产品免征增值税
41. 农民专业合作社向本社成员销售部分农用物资免征增值税
42. 购进农民专业合作社销售的免税农产品可以抵扣进项税额
43. 农民专业合作社与本社成员签订的涉农购销合同免征印花税

（四）促进农产品流通税收优惠

44. 蔬菜流通环节免征增值税
45. 部分鲜活肉蛋产品流通环节免征增值税
46. 农产品批发市场、农贸市场免征房产税
47. 农产品批发市场、农贸市场免征城镇土地使用税
48. 国家指定收购部门订立农副产品收购合同免征印花税

（五）促进农业资源综合利用税收优惠

49. 以部分农林剩余物为原料生产燃料电力热力实行增值税即征即退100%
50. 以部分农林剩余物为原料生产纤维板等资源综合利用产品实行增值税即征即退90%
51. 以废弃动植物油为原料生产生物柴油和工业级混合油实行增值税即征即退70%

52. 以农作物秸秆为原料生产纸浆、秸秆浆和纸实行增值税即征即退50%
53. 以农作物秸秆及壳皮等原料生产的纤维板等产品取得的收入减按90%计入收入总额
54. 沼气综合开发利用享受企业所得税"三免三减半"
55. 农村污水处理享受企业所得税"三免三减半"
56. 生活垃圾分类和无害化处理处置享受企业所得税"三免三减半"

三、激发乡村创业就业活力

就业创业是乡村振兴的"源头活水"。国家不断加大创业就业政策支持力度，扩大小微企业优惠政策范围，加强对失业人员、残疾人等重点群体或特殊群体就业创业的政策扶持，有力增强了乡村振兴的内生动力。具体包括：

(一)小微企业税费优惠
57. 增值税小规模纳税人免征增值税
58. 小型微利企业减免企业所得税
59. 增值税小规模纳税人、小微企业和个体工商户减征地方"六税两费"
60. 符合条件的缴纳义务人免征有关政府性基金
61. 符合条件的增值税小规模纳税人免征文化事业建设费
62. 符合条件的缴纳义务人减征文化事业建设费

(二)重点群体创业就业税收优惠
63. 重点群体创业税收扣减
64. 吸纳重点群体就业税收扣减
65. 残疾人创业免征增值税
66. 安置残疾人就业的单位和个体户增值税即征即退
67. 特殊教育校办企业安置残疾人就业增值税即征即退
68. 安置残疾人就业的企业残疾人工资加计扣除
69. 安置残疾人就业的单位减免城镇土地使用税

四、推动普惠金融发展

强化乡村振兴金融服务，增强金融对乡村产业和新型经营主体的金融支持，是乡村振兴的重要保障。税收政策通过免税、减计收入、准备金税前扣除、简易计税等多种方式，以农户和小微企业为重点对象，鼓励金融机构和保险、担保、小额贷款公司加大对乡村振兴的金融支持力度。具体包括：

(一)银行类金融机构贷款税收优惠
70. 金融机构农户小额贷款利息收入免征增值税
71. 金融机构小微企业及个体工商户小额贷款利息收入免征增值税
72. 金融机构农户小额贷款利息收入企业所得税减计收入
73. 金融企业涉农和中小企业贷款损失准备金税前扣除
74. 金融企业涉农和中小企业贷款损失税前扣除
75. 保险公司农业大灾风险准备金税前扣除
76. 农村信用社等金融机构提供金融服务可选择适用简易计税方法缴纳增值税
77. 中国农业银行三农金融事业部涉农贷款利息收入可选择适用简易计税方法缴纳增值税
78. 中国邮政储蓄银行三农金融事业部涉农贷款利息收入可选择适用简易计税方法缴纳增值税
79. 金融机构与小型微型企业签订借款合同免征印花税

(二)小额贷款公司贷款税收优惠
80. 小额贷款公司农户小额贷款利息收入免征增值税
81. 小额贷款公司农户小额贷款利息收入企业所得税减计收入
82. 小额贷款公司贷款损失准备金企业所得税税前扣除

(三)融资担保及再担保业务税收优惠
83. 为农户及小型微型企业提供融资担保及再担保业务免征增值税
84. 中小企业融资(信用)担保机构有关准备金企业所得税税前扣除

(四)农牧保险业务税收优惠
85. 农牧保险业务免征增值税
86. 保险公司种植业、养殖业保险业务企业所得税减计收入
87. 农牧业畜类保险合同免征印花税

五、促进区域协调发展

(一)扶持欠发达地区和革命老区发展税收优惠
88. 西部地区鼓励类产业企业所得税优惠
89. 边民互市限额免税优惠
90. 边销茶销售免征增值税

(二)支持少数民族地区发展税收优惠
91. 民族自治地方企业减征或者免征属于地方分享的企业所得税
92. 新疆困难地区新办鼓励发展产业企业所得税优惠政策
93. 新疆喀什、霍尔果斯两个特殊经济开发区企业所得税优惠政策

94. 青藏铁路公司及其所属单位营业账簿免征印花税

95. 青藏铁路公司货物运输合同免征印花税

96. 青藏铁路公司及其所属单位自采自用的砂、石等材料免征资源税

97. 青藏铁路公司及其所属单位承受土地、房屋权属用于办公及运输免征契税

98. 青藏铁路公司及其所属单位自用的房产免征房产税

99. 青藏铁路公司及其所属单位自用的土地免征城镇土地使用税

（三）易地扶贫搬迁税收优惠政策

100. 易地扶贫搬迁贫困人口有关收入免征个人所得税

101. 易地扶贫搬迁贫困人口取得安置住房免征契税

102. 易地扶贫搬迁项目实施主体取得建设土地免征契税、印花税

103. 易地扶贫搬迁项目实施主体、项目单位免征印花税

104. 易地扶贫搬迁安置住房用地免征城镇土地使用税

105. 易地扶贫搬迁项目实施主体购置安置房源免征契税、印花税

六、鼓励社会力量加大乡村振兴捐赠

106. 企业符合条件的扶贫捐赠所得税税前据实扣除

107. 符合条件的扶贫货物捐赠免征增值税

108. 个人通过公益性社会组织或国家机关的公益慈善事业捐赠个人所得税税前扣除

109. 境外捐赠人捐赠慈善物资免征进口环节增值税

附件：1. 支持乡村振兴税费优惠政策指引汇编（略）

2. 支持乡村振兴税费优惠政策文件目录（略）

支持小微企业和个体工商户发展税费优惠政策指引（2.0）（节录）

·2023年12月

……

一、减轻税费负担

1. 增值税起征点政策

【享受主体】

个体工商户和其他个人

【优惠内容】

1. 纳税人未达到增值税起征点的，免征增值税。

2. 增值税起征点的幅度规定如下：销售货物的，为月销售额5000-20000元；销售应税劳务的，为月销售额5000-20000元；按次纳税的，为每次（日）销售额300-500元。

3. 省、自治区、直辖市财政厅（局）和国家税务局应在规定的幅度内，根据实际情况确定本地区适用的起征点。

【享受条件】

增值税起征点的适用范围限于个人，个人包括个体工商户和其他个人。

【享受方式】

个人可在电子税务局、办税服务厅等线上、线下渠道办理代开发票、缴纳税款等业务。

【政策依据】

1.《中华人民共和国增值税暂行条例》第十七条

2.《中华人民共和国增值税暂行条例实施细则》第三十七条

【政策案例】

某教授在外单位授课获取酬劳，8月5日到办税服务厅代开征收率为1%的增值税普通发票。如代开发票金额为400元，未超过500元的起征点，则可免征增值税；如代开发票金额为800元，超过500元的起征点，则需按照800元全额缴纳增值税8元（=800*1%）。

2. 增值税小规模纳税人月销售额10万元以下免征增值税政策

【享受主体】

增值税小规模纳税人

【优惠内容】

自2023年1月1日至2027年12月31日，对月销售额10万元以下（含本数）的增值税小规模纳税人免征增值税。

【享受条件】

1. 适用于按期纳税的增值税小规模纳税人。

2. 小规模纳税人以1个月为1个纳税期的，月销售额未超过10万元；小规模纳税人以1个季度为1个纳税期的，季度销售额未超过30万元，可以享受免征增值税政策。

3. 小规模纳税人发生增值税应税销售行为，合计月销售额超过10万元，但扣除本期发生的销售不动产的销售额后未超过10万元的，其销售货物、劳务、服务、无形

资产取得的销售额免征增值税。

4. 适用增值税差额征税政策的小规模纳税人，以差额后的销售额确定是否可以享受上述免征增值税政策。

5. 其他个人采取一次性收取租金形式出租不动产取得的租金收入，可在对应的租赁期内平均分摊，分摊后的月租金收入未超过10万元的，免征增值税。

6. 按固定期限纳税的小规模纳税人可以选择以1个月或1个季度为纳税期限，一经选择，一个会计年度内不得变更。

【享受方式】

1. 申报流程：该事项属于申报享受增值税减免事项。小规模纳税人发生增值税应税销售行为，合计月销售额未超过10万元的，免征增值税的销售额等项目应当填写在《增值税及附加税费申报表（小规模纳税人适用）》"小微企业免税销售额"或者"未达起征点销售额"相关栏次，如果没有其他免税项目，则无需填报《增值税减免税申报明细表》。

2. 办理渠道：小规模纳税人可在电子税务局、办税服务厅等线上、线下渠道办理增值税纳税申报。

【政策依据】

1.《财政部 税务总局关于明确增值税小规模纳税人减免增值税等政策的公告》（2023年第1号）

2.《国家税务总局关于增值税小规模纳税人减免增值税等政策有关征管事项的公告》（2023年第1号）

3.《财政部 税务总局关于增值税小规模纳税人减免增值税政策的公告》（2023年第19号）

【政策案例】

例1：某小规模纳税人2023年7—9月的销售额分别是6万元、8万元和12万元。如果纳税人按月纳税，则9月的销售额超过了月销售额10万元的免税标准，可减按1%缴纳增值税，7月、8月的6万元、8万元能够享受免税；如果纳税人按季纳税，2023年3季度销售额合计26万元，未超过季度销售额30万元的免税标准，因此，26万元全部能够享受免税政策。

例2：某小规模纳税人2023年7—9月的销售额分别是6万元、8万元和20万元，如果纳税人按月纳税，7月和8月的销售额均未超过月销售额10万元的免税标准，能够享受免税政策，9月的销售额超过了月销售额10万元的免税标准，可减按1%缴纳增值税；如果纳税人按季纳税，2023年3季度销售额合计34万元，超过季度销售额30万元的免税标准，因此，34万元均无法享受免税政策，但可以享受减按1%征收率政策。

3. 增值税小规模纳税人适用3%征收率的应税销售收入减按1%征收增值税政策

【享受主体】

增值税小规模纳税人

【优惠内容】

自2023年1月1日至2027年12月31日，增值税小规模纳税人适用3%征收率的应税销售收入，减按1%征收率征收增值税；适用3%预征率的预缴增值税项目，减按1%预征率预缴增值税。

【享受条件】

1. 适用于增值税小规模纳税人。

2. 发生3%征收率的应税销售或3%预征率的预缴增值税项目。

【享受方式】

1. 申报流程：该事项属于申报享受增值税减免事项。小规模纳税人减按1%征收率征收增值税的销售额应填写在《增值税及附加税费申报表（小规模纳税人适用）》"应征增值税不含税销售额（3%征收率）"相应栏次，对应减征的增值税应纳税额按销售额的2%计算填写在《增值税及附加税费申报表（小规模纳税人适用）》"本期应纳税额减征额"相应栏次，并在《增值税减免税申报明细表》中选择对应的减免性质代码01011608，填写减税项目相应栏次。

2. 办理渠道：小规模纳税人可在电子税务局、办税服务厅等线上、线下渠道办理增值税纳税申报。

【政策依据】

1.《财政部 税务总局关于明确增值税小规模纳税人减免增值税等政策的公告》（2023年第1号）

2.《财政部 税务总局关于增值税小规模纳税人减免增值税政策的公告》（2023年第19号）

3.《国家税务总局关于增值税小规模纳税人减免增值税等政策有关征管事项的公告》（2023年第1号）

【政策案例】

一家餐饮公司为按月申报的增值税小规模纳税人，2023年8月5日为客户开具了2万元的3%征收率增值税普通发票。8月实际月销售额为15万元，均为3%征收率的销售收入，因公司客户为个人，无法收回已开具发票，还能否享受3%征收率销售收入减按1%征收率征收增值税政策。

解析：此种情形下，该餐饮企业3%征收率的销售收入15万元，可以在申报纳税时直接进行减税申报，享受3%征收率销售收入减按1%征收率征收增值税政策。为减轻纳税人办税负担，无需对已开具的3%征收率的增值税普通发票进行作废或换开。但需要注意的是，按照《中华人民共和国发票管理办法》等相关规定，纳税人应如实开具发票，因此，今后享受3%征收率销售收入减按1%征收率征收增值税政策时，如需开具增值税普通发票，应按照1%征收率开具。

4. 增值税小规模纳税人、小型微利企业和个体工商户减半征收"六税两费"政策

【享受主体】

增值税小规模纳税人、小型微利企业和个体工商户

【优惠内容】

自2023年1月1日至2027年12月31日，对增值税小规模纳税人、小型微利企业和个体工商户减半征收资源税（不含水资源税）、城市维护建设税、房产税、城镇土地使用税、印花税（不含证券交易印花税）、耕地占用税和教育费附加、地方教育附加。

增值税小规模纳税人、小型微利企业和个体工商户已依法享受资源税、城市维护建设税、房产税、城镇土地使用税、印花税、耕地占用税、教育费附加、地方教育附加等其他优惠政策的，可叠加享受此项优惠政策。

【享受条件】

小型微利企业是指从事国家非限制和禁止行业，且同时符合年度应纳税所得额不超过300万元、从业人数不超过300人、资产总额不超过5000万元等三个条件的企业。

从业人数，包括与企业建立劳动关系的职工人数和企业接受的劳务派遣用工人数。所称从业人数和资产总额指标，应按企业全年的季度平均值确定。具体计算公式如下：

季度平均值＝（季初值+季末值）÷2

全年季度平均值＝全年各季度平均值之和÷4

年度中间开业或者终止经营活动的，以其实际经营期作为一个纳税年度确定上述相关指标。

小型微利企业的判定以企业所得税年度汇算清缴结果为准。登记为增值税一般纳税人的新设立的企业，从事国家非限制和禁止行业，且同时符合申报期上月末从业人数不超过300人、资产总额不超过5000万元等两个条件的，可在首次办理汇算清缴前按照小型微利企业申报享受以上优惠政策。

【享受方式】

纳税人自行申报享受减免优惠，不需额外提交资料。

【政策依据】

《财政部 税务总局关于进一步支持小微企业和个体工商户发展有关税费政策的公告》（2023年第12号）

【政策案例】

甲企业为小型微利企业，符合《财政部 税务总局关于继续实施物流企业大宗商品仓储设施用地城镇土地使用税优惠政策的公告》（2023年第5号，以下简称5号公告）规定的"物流企业"条件，当地的城镇土地使用税税额标准为20元/平方米，该企业自有的大宗商品仓储设施用地面积为10000平方米，可按5号公告规定享受城镇土地使用税减按50%计征优惠。甲企业是否可以叠加享受"六税两费"减半征收优惠政策，年应纳税额是多少？

解析：根据《财政部 税务总局关于进一步支持小微企业和个体工商户发展有关税费政策的公告》（2023年第12号）第四条规定，增值税小规模纳税人、小型微利企业和个体工商户已依法享受其他优惠政策的，可叠加享受"六税两费"减半征收优惠政策。在纳税申报时，甲企业可先享受物流企业大宗商品仓储设施用地城镇土地使用税优惠政策，再按减免后的金额享受"六税两费"优惠政策，两项优惠政策叠加减免后的应纳税额为：20×10000×50%×50%＝50000元。

5. 小型微利企业减免企业所得税政策

【享受主体】

小型微利企业

【优惠内容】

对小型微利企业减按25%计算应纳税所得额，按20%的税率缴纳企业所得税政策，延续执行至2027年12月31日。

【享受条件】

小型微利企业是指从事国家非限制和禁止行业，且同时符合年度应纳税所得额不超过300万元、从业人数不超过300人、资产总额不超过5000万元等三个条件的企业。

从业人数，包括与企业建立劳动关系的职工人数和企业接受的劳务派遣用工人数。所称从业人数和资产总额指标，应按企业全年的季度平均值确定。具体计算公式如下：

季度平均值＝（季初值+季末值）÷2

全年季度平均值＝全年各季度平均值之和÷4

年度中间开业或者终止经营活动的，以其实际经营期作为一个纳税年度确定上述相关指标。

【享受方式】

小型微利企业在预缴和汇算清缴企业所得税时，通过填写纳税申报表，即可享受小型微利企业所得税优惠政策。小型微利企业应准确填报基础信息，包括从业人

数、资产总额、年度应纳税所得额、国家限制或禁止行业等，信息系统将为小型微利企业智能预填优惠项目、自动计算减免税额。

【政策依据】

1.《财政部 税务总局关于进一步实施小微企业所得税优惠政策的公告》(2022年第13号)

2.《财政部 税务总局关于小微企业和个体工商户所得税优惠政策的公告》(2023年第6号)

3.《财政部 税务总局关于进一步支持小微企业和个体工商户发展有关税费政策的公告》(2023年第12号)

4.《国家税务总局关于落实小型微利企业所得税优惠政策征管问题的公告》(2023年第6号)

【政策案例】

A企业2022年成立，从事国家非限制和禁止行业，2023年1季度季初、季末的从业人数分别为120人、200人，1季度季初、季末的资产总额分别为2000万元、4000万元，1季度的应纳税所得额为190万元。

解析：2023年1季度，A企业"从业人数"的季度平均值为160人，"资产总额"的季度平均值为3000万元，应纳税所得额为190万元。符合关于小型微利企业预缴企业所得税时的判断标准：从事国家非限制和禁止行业，且同时符合截至本期预缴申报所属期末资产总额季度平均值不超过5000万元、从业人数季度平均值不超过300人、应纳税所得额不超过300万元，可以享受优惠政策。A企业1季度的应纳税所得额为：190×25%×20%＝9.5(万元)。

6. 个体工商户年应纳税所得额不超过200万元部分减半征收个人所得税政策

【享受主体】

个体工商户

【优惠内容】

2023年1月1日至2027年12月31日，对个体工商户年应纳税所得额不超过200万元的部分，减半征收个人所得税。个体工商户在享受现行其他个人所得税优惠政策的基础上，可叠加享受本条优惠政策。

【享受条件】

1. 个体工商户不区分征收方式，均可享受。

2. 个体工商户在预缴税款时即可享受，其年应纳税所得额暂按截至本期申报所属期末的情况进行判断，并在年度汇算清缴时按年计算，多退少补。若个体工商户从两处以上取得经营所得，需在办理年度汇总纳税申报时，合并个体工商户经营所得年应纳税所得额，重新计算减免税额，多退少补。

3. 按照以下方法计算减免税额：

减免税额＝(经营所得应纳税所得额不超过200万元部分的应纳税额-其他政策减免税额×经营所得应纳税所得额不超过200万元部分÷经营所得应纳税所得额)×50%

【享受方式】

个体工商户在预缴和汇算清缴个人所得税时均可享受减半征税政策，享受政策时无需进行备案，通过填写经营所得纳税申报表和减免税事项报告表相关栏次，即可享受。对于通过电子税务局申报的个体工商户，税务机关将自动提供申报表和报告表中该项政策的预填服务。实行简易申报的定期定额个体工商户，税务机关按照减免后的应纳税额自动进行税款划缴。

【政策依据】

1.《财政部 税务总局关于进一步支持小微企业和个体工商户发展有关税费政策的公告》(2023年第12号)

2.《国家税务总局关于进一步落实支持个体工商户发展个人所得税优惠政策有关事项的公告》(2023年第12号)

【政策案例】

例1：纳税人张某同时经营个体工商户A和个体工商户B，年应纳税所得额分别为80万元和150万元，那么张某在年度汇总纳税申报时，可以享受减半征收个人所得税政策的应纳税所得额为200万元。

例2：纳税人李某经营个体工商户C，年应纳税所得额为80000元(适用税率10%，速算扣除数1500)，同时可以享受残疾人政策减免税额2000元，那么李某该项政策的减免税额＝[(80000×10%-1500)-2000]×50%＝2250元。

例3：纳税人吴某经营个体工商户D，年应纳税所得额为2400000元(适用税率35%，速算扣除数65500)，同时可以享受残疾人政策减免税额6000元，那么吴某该项政策的减免税额＝[(2000000×35%-65500)-6000×2000000÷2400000]×50%＝314750元。

7. 500万元以下设备器具一次性税前扣除政策

【享受主体】

企业

【优惠内容】

企业在2018年1月1日至2027年12月31日期间新购进的设备、器具，单位价值不超过500万元的，允许一次性计入当期成本费用在计算应纳税所得额时扣除，不再分年度计算折旧(以下简称一次性税前扣除政策)。

【享受条件】

1. 设备、器具，是指除房屋、建筑物以外的固定资产

（以下简称固定资产）；所称购进，包括以货币形式购进或自行建造，其中以货币形式购进的固定资产包括购进的使用过的固定资产；以货币形式购进的固定资产，以购买价款和支付的相关税费以及直接归属于使该资产达到预定用途发生的其他支出确定单位价值，自行建造的固定资产，以竣工结算前发生的支出确定单位价值。

固定资产购进时点按以下原则确认：以货币形式购进的固定资产，除采取分期付款或赊销方式购进外，按发票开具时间确认；以分期付款或赊销方式购进的固定资产，按固定资产到货时间确认；自行建造的固定资产，按竣工结算时间确认。

2. 固定资产在投入使用月份的次月所属年度一次性税前扣除。

3. 企业选择享受一次性税前扣除政策的，其资产的税务处理可与会计处理不一致。

4. 企业根据自身生产经营核算需要，可自行选择享受一次性税前扣除政策。未选择享受一次性税前扣除政策的，以后年度不得再变更。

5. 企业按照《国家税务总局关于发布修订后的〈企业所得税优惠政策事项办理办法〉的公告》（国家税务总局公告2018年第23号）的规定办理享受政策的相关手续，主要留存备查资料如下：

（1）有关固定资产购进时点的资料（如以货币形式购进固定资产的发票，以分期付款或赊销方式购进固定资产的到货时间说明，自行建造固定资产的竣工决算情况说明等）；

（2）固定资产记账凭证；

（3）核算有关资产税务处理与会计处理差异的台账。

6. 单位价值超过500万元的固定资产，仍按照企业所得税法及其实施条例、《财政部 国家税务总局关于完善固定资产加速折旧企业所得税政策的通知》（财税〔2014〕75号）、《财政部 国家税务总局关于进一步完善固定资产加速折旧企业所得税政策的通知》（财税〔2015〕106号）、《国家税务总局关于固定资产加速折旧税收政策有关问题的公告》（国家税务总局公告2014年第64号）、《国家税务总局关于进一步完善固定资产加速折旧企业所得税政策有关问题的公告》（国家税务总局公告2015年第68号）等相关规定执行。

【享受方式】

上述政策免于申请即可享受。

【政策依据】

1.《财政部 税务总局关于设备器具扣除有关企业所得税政策的通知》（财税〔2018〕54号）

2.《财政部 税务总局关于延长部分税收优惠政策执行期限的公告》（2021年第6号）

3.《财政部 税务总局关于设备、器具扣除有关企业所得税政策的公告》（2023年第37号）

4.《国家税务总局关于设备器具扣除有关企业所得税政策执行问题的公告》（2018年第46号）

【政策案例】

A企业2021年12月购入了一套生产设备并投入使用，价值300万元，使用年限为5年，无残值，2022年1月起在会计处理时采用直线法计提折旧，年折旧额60万元。根据相关规定，A企业购入的该套设备金额可一次性计入2022年度成本费用在计算应纳税所得额时扣除。

8. 符合条件的缴纳义务人减免残疾人就业保障金政策

【享受主体】

符合减免条件的机关、团体、企业、事业单位和民办非企业单位

【优惠内容】

自2020年1月1日至2027年12月31日，用人单位安排残疾人就业比例达到1%（含）以上，但未达到所在地省、自治区、直辖市人民政府规定比例的，按规定应缴费额的50%缴纳残疾人就业保障金；用人单位安排残疾人就业比例在1%以下的，按规定应缴费额的90%缴纳残疾人就业保障金。在职职工人数在30人（含）以下的企业，继续免征残疾人就业保障金。

【享受条件】

残疾人就业保障金的计算公式：残疾人就业保障金年缴纳额=（上年用人单位在职职工人数×所在地省、自治区、直辖市人民政府规定的安排残疾人就业比例-上年用人单位实际安排的残疾人就业人数）×上年用人单位在职职工年平均工资（或当地社平工资的2倍，取低值）。

跨地区招用残疾人的，应当计入所安排的残疾人就业人数。依法以劳务派遣方式接受残疾人在本单位就业的，由派遣单位和接受单位通过签订协议的方式协商一致后，将残疾人数计入其中一方的实际安排残疾人就业人数和在职职工人数，不得重复计算。

【享受方式】

上述政策申报时即可享受。

【政策依据】

1.《财政部关于调整残疾人就业保障金征收政策的公告》（2019年第98号）

2.《财政部关于延续实施残疾人就业保障金优惠政策的公告》(2023年第8号)

【政策案例】

例1:北京一事业单位在职职工人数为500人,年平均工资10万元,由残联部门审核实际安置了2名残疾人就业。企业安置残疾人的比例为2÷500×100%=0.4%<1%,按90%比例缴纳残保金为(500×1.5%-2)×10×90%=49.5万元。若该企业安置5名残疾人就业,则比例为5÷500×100%=1%,可按50%比例缴纳残保金为(500×1.5%-2)×10×50%=12.5万元。

例2:北京一企业在职职工人数为30人,年平均工资15万元,未安置残疾人就业。企业可享受免征残保金政策。

9. 符合条件的缴纳义务人减征文化事业建设费政策

【享受主体】

符合条件的文化事业建设费缴纳义务人

【优惠内容】

对归属中央收入的文化事业建设费,按照缴纳义务人应缴费额的50%减征;对归属地方收入的文化事业建设费,各省(区、市)财政、党委宣传部门可以结合当地经济发展水平、宣传思想文化事业发展等因素,在应缴费额50%的幅度内减征。

【享受条件】

自2019年7月1日至2024年12月31日,对归属中央收入的文化事业建设费,按照缴纳义务人应缴费额的50%减征;对归属地方收入的文化事业建设费,各省(区、市)财政、党委宣传部门可以结合当地经济发展水平、宣传思想文化事业发展等因素,在应缴费额50%的幅度内减征。各省(区、市)财政、党委宣传部门应当将本地区制定的减征政策文件抄送财政部、中共中央宣传部。

【享受方式】

上述政策申报时即可享受。

【政策依据】

《财政部关于调整部分政府性基金有关政策的通知》(财税〔2019〕46号)

【政策案例】

一广告公司2022年文化事业建设费应缴费额为2万元。享受减半征收政策后,实际应补(退)费额为2×50%=1万元。

10. 符合条件的增值税小规模纳税人免征文化事业建设费政策

【享受主体】

符合条件的增值税小规模纳税人

【优惠内容】

增值税小规模纳税人中月销售额不超过2万元(按季纳税6万元)的企业和非企业性单位提供的应税服务,免征文化事业建设费。

【享受条件】

月销售额不超过2万元(按季纳税6万元)的增值税小规模纳税人,免征文化事业建设费。

【享受方式】

上述政策免于申请即可享受。

【政策依据】

《财政部 国家税务总局关于营业税改征增值税试点有关文化事业建设费政策及征收管理问题的通知》(财税〔2016〕25号)

【政策案例】

一广告公司为增值税小规模纳税人,2022年10月份申报3季度(7月-9月)增值税时所填季销售额为5.5万元,可享受文化事业建设费免征政策。

11. 符合条件的缴纳义务人免征有关政府性基金政策

【享受主体】

符合条件的缴纳义务人

【优惠内容】

符合条件的缴纳义务人免征教育费附加、地方教育附加、水利建设基金。

【享受条件】

按月纳税的月销售额不超过10万元,以及按季度纳税的季度销售额不超过30万元的缴纳义务人免征教育费附加、地方教育附加、水利建设基金。

【享受方式】

上述政策免于申请即可享受。

【政策依据】

《财政部 国家税务总局关于扩大有关政府性基金免征范围的通知》(财税〔2016〕12号)

【政策案例】

一超市为增值税一般纳税人,2021年6月份申报上月增值税时所填月销售额为8万元,可享受教育费附加、地方教育附加、水利建设基金免征政策。

12. 阶段性降低失业保险、工伤保险费率政策

【享受主体】

失业保险、工伤保险缴费人

【优惠内容】

自2023年5月1日起,继续实施阶段性降低失业保

险费率至1%的政策,实施期限延长至2024年底。在省(区、市)行政区域内,单位及个人的费率应当统一,个人费率不得超过单位费率。

自2023年5月1日起,按照《国务院办公厅关于印发降低社会保险费率综合方案的通知》(国办发〔2019〕13号)有关实施条件,继续实施阶段性降低工伤保险费率政策,实施期限延长至2024年底。

【享受条件】

1. 所有失业保险缴费人均可享受。

2. 各省、自治区、直辖市按照《国务院办公厅关于印发降低社会保险费率综合方案的通知》(国办发〔2019〕13号)有关规定,确定实施阶段性降低工伤保险费率的地区范围。

【享受方式】

上述政策免于申请即可享受。

【政策依据】

1.《国务院办公厅关于印发降低社会保险费率综合方案的通知》(国办发〔2019〕13号)

2.《人力资源社会保障部 财政部 国家税务总局关于阶段性降低失业保险、工伤保险费率有关问题的通知》(人社部发〔2023〕19号)

【政策案例】

以上海市为例,根据《上海市人力资源和社会保障局上海市财政局国家税务总局上海市税务局关于继续阶段性降低本市城镇职工社会保险费率的通知》(沪人社规〔2023〕9号),"从2023年5月1日至2024年12月31日,本市失业保险继续执行1%的缴费比例,其中单位缴费比例0.5%,个人缴费比例0.5%。从2023年5月1日至2024年12月31日,本市一类至八类行业用人单位工伤保险基准费率,继续在国家规定的行业基准费率基础上下调20%。社会保险经办机构按照规定考核用人单位浮动费率时,按照调整后的行业基准费率执行。"本市甲企业工伤保险行业基准费率为0.4%,该企业职工小张上年度月平均工资为7000元,那么,该企业2023年5月应为小张缴纳失业保险费为70元,其中单位缴费部分为:7000元*0.5%=35元,个人缴费部分为:7000元*0.5%=35元;为小张缴纳工伤保险费为:7000元*0.4%*80%=22.4元。

二、推动普惠金融发展

13. 金融机构小微企业及个体工商户1000万元及以下小额贷款利息收入免征增值税政策

【享受主体】

向小型企业、微型企业及个体工商户发放小额贷款的金融机构

【优惠内容】

2027年12月31日前,对金融机构向小型企业、微型企业和个体工商户发放小额贷款取得的利息收入,免征增值税。金融机构可以选择以下两种方法之一适用免税:

(1)对金融机构向小型企业、微型企业和个体工商户发放的,利率水平不高于全国银行间同业拆借中心公布的贷款市场报价利率(LPR)150%(含本数)的单笔小额贷款取得的利息收入,免征增值税;高于全国银行间同业拆借中心公布的贷款市场报价利率(LPR)150%的单笔小额贷款取得的利息收入,按照现行政策规定缴纳增值税。

(2)对金融机构向小型企业、微型企业和个体工商户发放单笔小额贷款取得的利息收入中,不高于该笔贷款按照全国银行间同业拆借中心公布的贷款市场报价利率(LPR)150%(含本数)计算的利息收入部分,免征增值税;超过部分按照现行政策规定缴纳增值税。

金融机构可按会计年度在以上两种方法之间选定其一作为该年的免税适用方法,一经选定,该会计年度内不得变更。

【享受条件】

1. 小型企业、微型企业,是指符合《中小企业划型标准规定》(工信部联企业〔2011〕300号)的小型企业和微型企业。其中,资产总额和从业人员指标均以贷款发放时的实际状态确定,营业收入指标以贷款发放前12个自然月的累计数确定,不满12个自然月的,按照以下公式计算:

营业收入(年)=企业实际存续期间营业收入/企业实际存续月数×12

2. 2023年1月1日至2023年12月31日,金融机构,是指经人民银行、金融监管总局批准成立的已通过监管部门上一年度"两增两控"考核的机构,以及经人民银行、金融监管总局、证监会批准成立的开发银行及政策性银行、外资银行和非银行业金融机构。"两增两控"是指单户授信总额1000万元以下(含)小微企业贷款同比增速不低于各项贷款同比增速,有贷款余额的户数不低于上年同期水平,合理控制小微企业贷款资产质量水平和贷款综合成本(包括利率和贷款相关的银行服务收费)水平。金融机构完成"两增两控"情况,以金融监管总局及其派出机构考核结果为准。2024年1月1日至2027

年12月31日,金融机构,是指经中国人民银行、金融监管总局批准成立的已实现监管部门上一年度提出的小微企业贷款增长目标的机构,以及经中国人民银行、金融监管总局、中国证监会批准成立的开发银行及政策性银行、外资银行和非银行业金融机构。金融机构实现小微企业贷款增长目标情况,以金融监管总局及其派出机构考核结果为准。

3. 小额贷款,是指单户授信小于1000万元(含本数)的小型企业、微型企业或个体工商户贷款;没有授信额度的,是指单户贷款合同金额且贷款余额在1000万元(含本数)以下的贷款。

4. 金融机构应将相关免税证明材料留存备查,单独核算符合免税条件的小额贷款利息收入,按现行规定向主管税务机关办理纳税申报;未单独核算的,不得免征增值税。

金融机构应依法依规享受增值税优惠政策,一经发现存在虚报或造假骗取本项税收优惠情形的,停止享受上述有关增值税优惠政策。

金融机构应持续跟踪贷款投向,确保贷款资金真正流向小型企业、微型企业和个体工商户,贷款的实际使用主体与申请主体一致。

【享受方式】

1. 享受方式:纳税人在增值税纳税申报时按规定填写申报表相应减免税栏次。

2. 办理渠道:纳税人可以通过电子税务局、办税服务厅办理。

【政策依据】

1.《财政部 税务总局关于金融机构小微企业贷款利息收入免征增值税政策的通知》(财税〔2018〕91号)

2.《财政部 税务总局关于明确国有农用地出租等增值税政策的公告》(2020年第2号)

3.《财政部 税务总局关于延长部分税收优惠政策执行期限的公告》(2021年第6号)

4.《财政部 税务总局关于金融机构小微企业贷款利息收入免征增值税政策的公告》(2023年第16号)

5.《工业和信息化部 国家统计局 国家发展和改革委员会 财政部关于印发中小企业划型标准规定的通知》(工信部联企业〔2011〕300号)

【政策案例】

A银行是一家通过2022年度监管部门"两增两控"考核的机构。2023年第3季度,全国银行间同业拆借中心公布的贷款市场报价利率(LPR)为3.55%,A银行累计向5户小微企业发放5笔1000万元以下的小额贷款,其中:3笔年利率为6%,第3季度确认利息收入36万元(不含税,下同),2笔年利率为3%,第3季度确认利息收入12万元。10月份,A银行在进行纳税申报时,可按会计年度在规定的两种方法之间选定其中一种作为该年的免税适用方法,享受免征增值税优惠;免税适用方法一经选定,该会计年度内不得变更。

方法一:A银行3笔6%利率【超过LPR150%(5.325% = 3.55%×150%)】的小额贷款利息收入不适用免征增值税优惠,应按照6%税率计算增值税销项税额2.16万元(= 36×6%)。2笔3%利率【未超过LPR150%(5.325% = 3.55%×150%)】的小额贷款利息收入可以按规定免征增值税。

方法二:A银行3笔6%利率的小额贷款取得的利息收入中,不高于该笔贷款按照LPR150%计算的利息收入部分(31.95 = 36×5.325%÷6%),可以按规定免征增值税;高于该笔贷款按照LPR150%计算的利息收入部分(4.05 = 36-31.95),不能享受免税优惠,应按照6%税率计算增值税销项税额0.243万元(= 4.05×6%)。2笔3%利率的小额贷款取得的利息收入,均不高于该笔贷款按照LPR150%计算的利息收入,可以按规定免征增值税。

14. 金融机构小微企业及个体工商户100万元及以下小额贷款利息收入免征增值税政策

【享受主体】

向小型企业、微型企业及个体工商户发放小额贷款的金融机构。

【优惠内容】

2027年12月31日前,对金融机构向小型企业、微型企业及个体工商户发放小额贷款取得的利息收入,免征增值税。

【享受条件】

1. 小型企业、微型企业,是指符合《中小企业划型标准规定》(工信部联企业〔2011〕300号)的小型企业和微型企业。其中,资产总额和从业人员指标均以贷款发放时的实际状态确定,营业收入指标以贷款发放前12个自然月的累计数确定,不满12个自然月的,按照以下公式计算:

营业收入(年)= 企业实际存续期间营业收入/企业实际存续月数×12

2. 小额贷款,是指单户授信小于100万元(含本数)的小型企业、微型企业或个体工商户贷款;没有授信额度的,是指单户贷款合同金额且贷款余额在100万元(含本数)以下的贷款。

3. 金融机构应将相关免税证明材料留存备查,单独核算符合免税条件的小额贷款利息收入,按现行规定向主管税务机关办理纳税申报;未单独核算的,不得免征增值税。

【享受方式】

1. 享受方式:纳税人在增值税纳税申报时按规定填写申报表相应减免税栏次。

2. 办理渠道:纳税人可以通过电子税务局、办税服务厅办理。

【政策依据】

1.《财政部 税务总局关于支持小微企业融资有关税收政策的通知》(财税〔2017〕77号)

2.《财政部 税务总局关于延续实施普惠金融有关税收优惠政策的公告》(2020年第22号)

3.《财政部 税务总局关于支持小微企业融资有关税收政策的公告》(2023年第13号)

4.《工业和信息化部 国家统计局 国家发展和改革委员会 财政部关于印发中小企业划型标准规定的通知》(工信部联企业〔2011〕300号)

【政策案例】

2024年第1季度,假设A银行向30户小型企业、微型企业发放的单笔额度100万元以下的小额贷款,取得的利息收入共计300万元(不含税收入)。4月份纳税申报时,A银行取得的300万元利息收入可按规定享受免征增值税优惠。

15. 为农户、小微企业及个体工商户提供融资担保及再担保业务免征增值税政策

【享受主体】

为农户、小型企业、微型企业及个体工商户借款、发行债券提供融资担保以及为上述融资担保(以下称"原担保")提供再担保的纳税人

【优惠内容】

2027年12月31日前,纳税人为农户、小型企业、微型企业及个体工商户借款、发行债券提供融资担保取得的担保费收入,以及为原担保提供再担保取得的再担保费收入,免征增值税。

【享受条件】

1. 农户,是指长期(一年以上)居住在乡镇(不包括城关镇)行政管理区域内的住户,还包括长期居住在城关镇所辖行政村范围内的住户和户口不在本地而在本地居住一年以上的住户,国有农场的职工。位于乡镇(不包括城关镇)行政管理区域内和在城关镇所辖行政村范围内的国有经济的机关、团体、学校、企事业单位的集体户;有本地户口,但举家外出谋生一年以上的住户,无论是否保留承包耕地均不属于农户。农户以户为统计单位,既可以从事农业生产经营,也可以从事非农业生产经营。农户担保、再担保的判定应以原担保生效时的被担保人是否属于农户为准。

2. 小型企业、微型企业,是指符合《中小企业划型标准规定》(工信部联企业〔2011〕300号)的小型企业和微型企业。其中,资产总额和从业人员指标均以原担保生效时的实际状态确定;营业收入指标以原担保生效前12个自然月的累计数确定,不满12个自然月的,按照以下公式计算:

营业收入(年)= 企业实际存续期间营业收入/企业实际存续月数×12

3. 再担保合同对应多个原担保合同的,原担保合同应全部适用免征增值税政策。否则,再担保合同应按规定缴纳增值税。

【享受方式】

1. 享受方式:纳税人在增值税纳税申报时按规定填写申报表相应减免税栏次。

2. 办理渠道:纳税人可以通过电子税务局、办税服务厅办理。

【政策依据】

1.《财政部 税务总局关于租入固定资产进项税额抵扣等增值税政策的通知》(财税〔2017〕90号)

2.《财政部 税务总局关于延续实施普惠金融有关税收优惠政策的公告》(2020年第22号)

3.《财政部 税务总局关于延续执行农户、小微企业和个体工商户融资担保增值税政策的公告》(2023年第18号)

4.《工业和信息化部 国家统计局 国家发展和改革委员会 财政部关于印发中小企业划型标准规定的通知》(工信部联企业〔2011〕300号)

【政策案例】

2024年1月,假设A公司为10户农户、小型企业、微型企业及个体工商户借款、发行债券提供融资担保取得的担保费收入10万元(不含税收入)。2月份纳税申报时,A公司取得的10万元担保费收入可按规定享受免征增值税优惠。

16. 金融机构农户贷款利息收入免征增值税政策

【享受主体】

向农户发放小额贷款的金融机构

【优惠内容】

2027年12月31日前,对金融机构向农户发放小额贷款取得的利息收入,免征增值税。

【享受条件】

1. 农户,是指长期(一年以上)居住在乡镇(不包括城关镇)行政管理区域内的住户,还包括长期居住在城关镇所辖行政村范围内的住户和户口不在本地而在本地居住一年以上的住户,国有农场的职工。位于乡镇(不包括城关镇)行政管理区域内和在城关镇所辖行政村范围内的国有经济的机关、团体、学校、企事业单位的集体户;有本地户口,但举家外出谋生一年以上的住户,无论是否保留承包耕地均不属于农户。农户以户为统计单位,既可以从事农业生产经营,也可以从事非农业生产经营。农户贷款的判定应以贷款发放时的借款人是否属于农户为准。

2. 小额贷款,是指单户授信小于100万元(含本数)的农户贷款;没有授信额度的,是指单户贷款合同金额且贷款余额在100万元(含本数)以下的贷款。

3. 金融机构应将相关免税证明材料留存备查,单独核算符合免税条件的小额贷款利息收入,按现行规定向主管税务机关办理纳税申报;未单独核算的,不得免征增值税。

【享受方式】

纳税人在增值税纳税申报时按规定填写申报表相应减免税栏次即可享受,相关政策规定的证明材料留存备查。

【政策依据】

《财政部 税务总局关于延续实施金融机构农户贷款利息收入免征增值税政策的公告》(2023年第67号)

【政策案例】

2023年7—9月,假设甲银行(按季纳税)向50户农户发放小额贷款取得利息收入15万元(不含税收入)。10月份纳税申报时,甲银行取得15万元利息收入可按规定申报享受免征增值税优惠。

17. 小贷款公司取得的农户小额贷款利息收入免征增值税政策

【享受主体】

经省级地方金融监督管理部门批准成立的小额贷款公司

【优惠内容】

2027年12月31日前,对经省级地方金融监督管理部门批准成立的小额贷款公司取得的农户小额贷款利息收入,免征增值税。

【享受条件】

1. 农户,是指长期(一年以上)居住在乡镇(不包括城关镇)行政管理区域内的住户,还包括长期居住在城关镇所辖行政村范围内的住户和户口不在本地而在本地居住一年以上的住户,国有农场的职工和农村个体工商户。位于乡镇(不包括城关镇)行政管理区域内和在城关镇所辖行政村范围内的国有经济的机关、团体、学校、企事业单位的集体户;有本地户口,但举家外出谋生一年以上的住户,无论是否保留承包耕地均不属于农户。农户以户为统计单位,既可以从事农业生产经营,也可以从事非农业生产经营。农户贷款的判定应以贷款发放时的承贷主体是否属于农户为准。

2. 小额贷款,是指单笔且该农户贷款余额总额在10万元(含本数)以下的贷款。

【享受方式】

纳税人在增值税纳税申报时按规定填写申报表相应减免税栏次即可享受,相关政策规定的证明材料留存备查。

【政策依据】

《财政部 税务总局关于延续实施小额贷款公司有关税收优惠政策的公告》(2023年第54号)

【政策案例】

2023年8月,假设A小额贷款公司向30户农户发放10万元以下小额贷款取得利息收入2万元(不含税收入)。9月份纳税申报时,A小额贷款公司取得2万元利息收入可按规定享受免征增值税优惠。

18. 金融机构与小微企业签订借款合同免征印花税政策

【享受主体】

金融机构和小型企业、微型企业

【优惠内容】

2027年12月31日前,对金融机构与小型企业、微型企业签订的借款合同免征印花税。

【享受条件】

小型企业、微型企业,是指符合《中小企业划型标准规定》(工信部联企业〔2011〕300号)的小型企业和微型企业。其中,资产总额和从业人员指标均以贷款发放时的实际状态确定,营业收入指标以贷款发放前12个自然月的累计数确定,不满12个自然月的,按照以下公式计算:

营业收入(年)＝企业实际存续期间营业收入/企业实际存续月数×12

【享受方式】

纳税人享受印花税优惠政策,实行"自行判别、申报享受、相关资料留存备查"的办理方式。纳税人对留存备查资料的真实性、完整性和合法性承担法律责任。

【政策依据】

1.《财政部 税务总局关于支持小微企业融资有关税收政策的通知》(财税〔2017〕77号)

2.《财政部 税务总局关于延长部分税收优惠政策执行期限的公告》(2021年第6号)

3.《财政部 税务总局关于印花税若干事项政策执行口径的公告》(2022年第22号)

4.《财政部 税务总局关于支持小微企业融资有关税收政策的公告》(2023年第13号)

5.《工业和信息化部 国家统计局 国家发展和改革委员会 财政部关于印发中小企业划型标准规定的通知》(工信部联企业〔2011〕300号)

6.《国家税务总局关于实施〈中华人民共和国印花税法〉等有关事项的公告》(2022年第14号)

【政策案例】

甲企业为微型企业,2023年5月与乙银行签订了借款合同,借款10万元,期限一年,年利率4%。甲企业、乙银行是否都可以享受免征借款合同印花税优惠?

答:根据《财政部 税务总局关于印花税若干事项政策执行口径的公告》(财政部 税务总局公告2022年第22号)第四条第(一)项规定,对应税凭证适用印花税减免优惠的,书立该应税凭证的纳税人均可享受印花税减免政策,明确特定纳税人适用印花税减免优惠的除外。因此,甲企业、乙银行申报该笔借款合同印花税时,均可享受免征印花税优惠。

19. 金融企业涉农和中小企业贷款损失准备金税前扣除政策

【享受主体】

提供涉农贷款、中小企业贷款的金融企业

【优惠内容】

自2019年1月1日起,金融企业根据《贷款风险分类指引》(银监发〔2007〕54号),对其涉农贷款和中小企业贷款进行风险分类后,按照以下比例计提的贷款损失准备金,准予在计算应纳税所得额时扣除:

1. 关注类贷款,计提比例为2%;

2. 次级类贷款,计提比例为25%;

3. 可疑类贷款,计提比例为50%;

4. 损失类贷款,计提比例为100%。

【享受条件】

1. 涉农贷款,是指《涉农贷款专项统计制度》(银发〔2007〕246号)统计的以下贷款:

(1)农户贷款;

(2)农村企业及各类组织贷款。

农户贷款,是指金融企业发放给农户的所有贷款。农户贷款的判定应以贷款发放时的承贷主体是否属于农户为准。农户,是指长期(一年以上)居住在乡镇(不包括城关镇)行政管理区域内的住户,还包括长期居住在城关镇所辖行政村范围内的住户和户口不在本地而在本地居住一年以上的住户,国有农场的职工和农村个体工商户。位于乡镇(不包括城关镇)行政管理区域内和在城关镇所辖行政村范围内的国有经济的机关、团体、学校、企事业单位的集体户;有本地户口,但举家外出谋生一年以上的住户,无论是否保留承包耕地均不属于农户。农户以户为统计单位,既可以从事农业生产经营,也可以从事非农业生产经营。

农村企业及各类组织贷款,是指金融企业发放给注册地位于农村区域的企业及各类组织的所有贷款。农村区域,是指除地级及以上城市的城市行政区及其市辖建制镇之外的区域。

2. 中小企业贷款,是指金融企业对年销售额和资产总额均不超过2亿元的企业的贷款。

3. 金融企业发生的符合条件的涉农贷款和中小企业贷款损失,应先冲减已在税前扣除的贷款损失准备金,不足冲减部分可据实在计算应纳税所得额时扣除。

【享受方式】

上述政策免于申请即可享受。

【政策依据】

1.《财政部 税务总局关于金融企业涉农贷款和中小企业贷款损失准备金税前扣除有关政策的公告》(2019年第85号)

2.《财政部 税务总局关于延长部分税收优惠政策执行期限的公告》(2021年第6号)第四条

【政策案例】

某银行给年销售额和资产总额均不超过2亿元的企业贷款,其可疑类贷款和损失类贷款分别可按什么比例计提贷款损失准备金?

解析:该银行给年销售额和资产总额均不超过2亿元的企业贷款,按照政策规定,属于中小企业贷款,其可疑类贷款可按50%计提贷款损失准备金,损失类贷款可按100%计提贷款损失准备金,在税前扣除。

20. 金融企业涉农和中小企业贷款损失税前扣除政策

【享受主体】

提供涉农贷款、中小企业贷款的金融企业

【优惠内容】

金融企业涉农贷款、中小企业贷款逾期1年以上,经追索无法收回,应依据涉农贷款、中小企业贷款分类证明,按下列规定计算确认贷款损失进行税前扣除:

1. 单户贷款余额不超过300万元(含300万元)的,应依据向借款人和担保人的有关原始追索记录(包括司法追索、电话追索、信件追索和上门追索等原始记录之一,并由经办人和负责人共同签章确认),计算确认损失进行税前扣除。

2. 单户贷款余额超过300万元至1000万元(含1000万元)的,应依据有关原始追索记录(应当包括司法追索记录,并由经办人和负责人共同签章确认),计算确认损失进行税前扣除。

3. 单户贷款余额超过1000万元的,仍按《国家税务总局关于发布〈企业资产损失所得税税前扣除管理办法〉的公告》(2011年第25号)有关规定计算确认损失进行税前扣除。

【享受条件】

1. 涉农贷款,是指《涉农贷款专项统计制度》(银发〔2007〕246号)统计的以下贷款:

(1)农户贷款;

(2)农村企业及各类组织贷款。

农户贷款,是指金融企业发放给农户的所有贷款。农户贷款的判定应以贷款发放时的承贷主体是否属于农户为准。农户,是指长期(一年以上)居住在乡镇(不包括城关镇)行政管理区域内的住户,还包括长期居住在城关镇所辖行政村范围内的住户和户口不在本地而在本地居住一年以上的住户,国有农场的职工和农村个体工商户。位于乡镇(不包括城关镇)行政管理区域内和在城关镇所辖行政村范围内的国有经济的机关、团体、学校、企事业单位的集体户;有本地户口,但举家外出谋生一年以上的住户,无论是否保留承包耕地均不属于农户。农户以户为统计单位,既可以从事农业生产经营,也可以从事非农业生产经营。

农村企业及各类组织贷款,是指金融企业发放给注册地位于农村区域的企业及各类组织的所有贷款。农村区域,是指除地级及以上城市的城市行政区及其市辖建制镇之外的区域。

2. 中小企业贷款,是指金融企业对年销售额和资产总额均不超过2亿元的企业的贷款。

3. 金融企业发生的符合条件的涉农贷款和中小企业贷款损失,应先冲减已在税前扣除的贷款损失准备金,不足冲减部分可据实在计算应纳税所得额时扣除。

【享受方式】

上述政策免于申请即可享受。

【政策依据】

1.《财政部 国家税务总局关于企业资产损失税前扣除政策的通知》(财税〔2009〕57号)

2.《国家税务总局关于发布〈企业资产损失所得税前扣除管理办法〉的公告》(2011年第25号)

3.《国家税务总局关于金融企业涉农贷款和中小企业贷款损失税前扣除问题的公告》(2015年第25号)

【政策案例】

假设A企业是一家金融企业,涉农贷款发生300万元贷款损失,应依据什么资料计算确认损失税前扣除?

解析:根据《国家税务总局关于金融企业涉农贷款和中小企业贷款损失税前扣除问题的公告》(2015年第25号)第一条第一款规定,金融企业涉农贷款、中小企业贷款逾期1年以上,单户贷款余额不超过300万元(含300万元)的,经追索无法收回,应依据涉农贷款、中小企业贷款分类证明,向借款人和担保人的有关原始追索记录(包括司法追索、电话追索、信件追索和上门追索等原始记录之一,并由经办人和负责人共同签章确认),计算确认损失进行税前扣除。

21. 中小企业融资(信用)担保机构有关准备金企业所得税税前扣除政策

【享受主体】

符合条件的中小企业融资(信用)担保机构

【优惠内容】

自2016年1月1日起,对于符合条件的中小企业融资(信用)担保机构提取的以下准备金准予在企业所得税税前扣除:

1. 按照不超过当年年末担保责任余额1%的比例计提的担保赔偿准备,允许在企业所得税税前扣除,同时将上年度计提的担保赔偿准备余额转为当期收入。

2. 按照不超过当年担保费收入50%的比例计提的未到期责任准备,允许在企业所得税税前扣除,同时将上年度计提的未到期责任准备余额转为当期收入。

3. 中小企业融资(信用)担保机构实际发生的代偿损失,符合税收法律法规关于资产损失税前扣除政策规定的,应冲减已在税前扣除的担保赔偿准备,不足冲减部分据实在企业所得税税前扣除。

【享受条件】

符合条件的中小企业融资(信用)担保机构,必须同时满足以下条件:

1. 符合《融资性担保公司管理暂行办法》(银监会等七部委令2010年第3号)相关规定,并具有融资性担保机构监管部门颁发的经营许可证。

2. 以中小企业为主要服务对象,当年中小企业信用担保业务和再担保业务发生额占当年信用担保业务发生总额的70%以上(上述收入不包括信用评级、咨询、培训等收入)。

3. 中小企业融资担保业务的平均年担保费率不超过银行同期贷款基准利率的50%。

4. 财政、税务部门规定的其他条件。

【享受方式】

上述政策免于申请即可享受。

【政策依据】

1.《财政部 税务总局关于中小企业融资(信用)担保机构有关准备金企业所得税税前扣除政策的通知》(财税〔2017〕22号)

2.《财政部 税务总局关于延长部分税收优惠政策执行期限的公告》(2021年第6号)第四条

【政策案例】

某公司为中小企业融资(信用)担保机构,2023年当年年末担保责任余额为1500万元,上年度计提的担保赔偿准备为10万元,应如何进行企业所得税处理?

解析:按照现行政策规定,对于符合条件的中小企业融资(信用)担保机构提取的担保赔偿准备,按照不超过当年年末担保责任余额1%的比例计提的,允许在企业所得税税前扣除,同时将上年度计提的担保赔偿准备余额转为当期收入。该公司当年年末担保责任余额的1%为1500万×1%=15万,即允许在企业所得税税前扣除15万元,同时将上年度计提的担保赔偿准备10万元转为当期收入。

22. 农牧保险免征增值税政策

【享受主体】

提供农牧保险的纳税人

【优惠内容】

纳税人提供农牧保险取得的收入免征增值税。

【享受条件】

农牧保险,是指为种植业、养殖业、牧业种植和饲养的动植物提供保险的业务。

【享受方式】

1. 享受方式:纳税人在增值税纳税申报时按规定填写申报表相应减免税栏次。

2. 办理渠道:纳税人可以通过电子税务局、办税服务厅办理。

【政策依据】

《财政部 国家税务总局关于全面推开营业税改征增值税试点的通知》(财税〔2016〕36号)附件3《营业税改征增值税试点过渡政策的规定》第一条第(十)项

【政策案例】

甲公司是一家保险公司,2023年10月,甲公司与一家肉鸡饲养企业签订了养殖业保险合同,并取得保费收入100万元(不含税收入)。11月份增值税纳税申报时,甲公司取得的100万元担保费收入可按规定享受免征增值税优惠。

23. 为农户提供小额贷款的利息收入减计收入总额政策

【享受主体】

为农户提供小额贷款的金融机构、小额贷款公司

【优惠内容】

对金融机构、经省级地方金融监督管理部门批准成立的小额贷款公司取得的农户小额贷款的利息收入,在计算应纳税所得额时,按90%计入收入总额。政策延续执行至2027年12月31日。

【享受条件】

1. 农户,是指长期(一年以上)居住在乡镇(不包括城关镇)行政管理区域内的住户,还包括长期居住在城关镇所辖行政村范围内的住户和户口不在本地而在本地居住一年以上的住户,国有农场的职工和农村个体工商户。位于乡镇(不包括城关镇)行政管理区域内和在城关镇所辖行政村范围内的国有经济的机关、团体、学校、企事业单位的集体户;有本地户口,但举家外出谋生一年以上的住户,无论是否保留承包耕地均不属于农户。农户以户为统计单位,既可以从事农业生产经营,也可以从事非农业生产经营。农户贷款的判定应以贷款发放时的承贷主体是否属于农户为准。

2. 小额贷款,是指单笔且该农户贷款余额总额在10万元(含本数)以下的贷款。

3. 金融机构应对符合条件的农户小额贷款利息收

入进行单独核算,不能单独核算的不得适用本优惠政策。

【享受方式】

上述政策免于申请即可享受。

【政策依据】

1.《财政部 税务总局关于延续支持农村金融发展有关税收政策的通知》(财税〔2017〕44号)

2.《财政部 税务总局关于小额贷款公司有关税收政策的通知》(财税〔2017〕48号)

3.《财政部 税务总局关于延续实施普惠金融有关税收优惠政策的公告》(2020年第22号)

4.《财政部 税务总局关于延续实施小额贷款公司有关税收优惠政策的公告》(2023年第54号)

5.《财政部 税务总局关于延续实施支持农村金融发展企业所得税政策的公告》(2023年第55号)

【政策案例】

某小额贷款公司2023年取得9万元农户小额贷款利息收入,应如何计入收入总额?

解析:对金融机构、经省级地方金融监督管理部门批准成立的小额贷款公司取得的农户小额贷款的利息收入,符合条件的,在计算应纳税所得额时,按90%计入收入总额。在上例中,小额贷款公司取得的9万元农户小额贷款利息收入,应按其90%,即8.1万元计入收入总额。

24. 小额贷款公司贷款损失准备金税前扣除政策

【享受主体】

经省级地方金融监督管理部门批准成立的小额贷款公司

【优惠内容】

对经省级地方金融监督管理部门批准成立的小额贷款公司按年末贷款余额的1%计提的贷款损失准备金准予在企业所得税前扣除。具体政策口径按照《财政部 税务总局关于延长部分税收优惠政策执行期限的公告》(财政部 税务总局公告2021年第6号)附件2中"6.《财政部 税务总局关于金融企业贷款损失准备金企业所得税税前扣除有关政策的公告》(财政部 税务总局公告2019年第86号)"执行。政策延续执行至2027年12月31日。

【享受条件】

1. 准予税前提取贷款损失准备金的贷款资产范围包括:

(1)贷款(含抵押、质押、保证、信用等贷款);

(2)银行卡透支、贴现、信用垫款(含银行承兑汇票垫款、信用证垫款、担保垫款等)、进出口押汇、同业拆出、应收融资租赁款等具有贷款特征的风险资产;

(3)由金融企业转贷并承担对外还款责任的国外贷款,包括国际金融组织贷款、外国买方信贷、外国政府贷款、日本国际协力银行不附条件贷款和外国政府混合贷款等资产。

2. 准予当年税前扣除的贷款损失准备金计算公式如下:

准予当年税前扣除的贷款损失准备金=本年末准予提取贷款损失准备金的贷款资产余额×1%-截至上年末已在税前扣除的贷款损失准备金的余额。

小额贷款公司按上述公式计算的数额如为负数,应当相应调增当年应纳税所得额。

3. 小额贷款公司的委托贷款、代理贷款、国债投资、应收股利、上交央行准备金以及金融企业剥离的债权和股权、应收财政贴息、央行款项等不承担风险和损失的资产,以及除第一条列举资产之外的其他风险资产,不得提取贷款损失准备金在税前扣除。

4. 小额贷款公司发生的符合条件的贷款损失,应先冲减已在税前扣除的贷款损失准备金,不足冲减部分可据实在计算当年应纳税所得额时扣除。

【享受方式】

上述政策免于申请即可享受。

【政策依据】

1.《财政部 税务总局关于金融企业贷款损失准备金企业所得税税前扣除有关政策的公告》(2019年第86号)

2.《财政部 税务总局关于小额贷款公司有关税收政策的通知》(财税〔2017〕48号)

3.《财政部 税务总局关于延续实施普惠金融有关税收优惠政策的公告》(2020年第22号)

4.《财政部 税务总局关于延续实施小额贷款公司有关税收优惠政策的公告》(2023年第54号)

【政策案例】

A公司为经省级地方金融监督管理部门批准成立的小额贷款公司,2023年年末准予提取贷款损失准备金的贷款资产余额为1000万元,截至上年末已在税前扣除的贷款损失准备金的余额为3万元,当年可税前扣除多少贷款损失准备金?

解析:根据政策规定,对经省级地方金融监督管理部门批准成立的小额贷款公司按年末贷款余额的1%计提的贷款损失准备金准予在企业所得税税前扣除。准予当年税前扣除的贷款损失准备金＝本年末准予提取贷款损失准备金的贷款资产余额×1%－截至上年末已在税前扣除的贷款损失准备金的余额。

上例中，根据计算公式计算可得，A公司准予当年税前扣除的贷款损失准备金＝本年末准予提取贷款损失准备金的贷款资产余额1000万×1%－截至上年末已在税前扣除的贷款损失准备金3万＝7万，即准予在企业所得税税前扣除7万元。

25. 为种植业、养殖业提供保险业务取得的保费收入减计收入总额政策

【享受主体】

为种植业、养殖业提供保险业务的保险公司

【优惠内容】

对保险公司为种植业、养殖业提供保险业务取得的保费收入，在计算应纳税所得额时，按90%计入收入总额。政策延续执行至2027年12月31日。

【享受条件】

保费收入，是指原保险保费收入加上分保费收入减去分出保费后的余额。

【享受方式】

上述政策免于申请即可享受。

【政策依据】

1.《财政部 税务总局关于延续支持农村金融发展有关税收政策的通知》（财税〔2017〕44号）

2.《财政部 税务总局关于延续实施普惠金融有关税收优惠政策的公告》（2020年第22号）

3.《财政部 税务总局关于延续实施支持农村金融发展企业所得税政策的公告》（2023年第55号）

【政策案例】

甲公司是一家为种植业、养殖业提供保险业务的保险公司，2022年取得100万保费收入，在申报企业所得税时，应如何计入收入总额？

解析：对保险公司为种植业、养殖业提供保险业务取得的保费收入，在计算应纳税所得额时，按90%计入收入总额。100万×90%＝90万，甲公司在申报企业所得税时，按90万计入收入总额。

三、支持创新创业

26. 创业投资企业和天使投资个人有关税收政策

【享受主体】

公司制创业投资企业、有限合伙制创业投资企业合伙人和天使投资个人

【优惠内容】

（一）公司制创业投资企业采取股权投资方式直接投资于种子期、初创期科技型企业（以下简称初创科技型企业）满2年（24个月，下同）的，可以按照投资额的70%在股权持有满2年的当年抵扣该公司制创业投资企业的应纳税所得额；当年不足抵扣的，可以在以后纳税年度结转抵扣。

（二）有限合伙制创业投资企业（以下简称合伙创投企业）采取股权投资方式直接投资于初创科技型企业满2年的，该合伙创投企业的合伙人分别按以下方式处理：

1. 法人合伙人可以按照对初创科技型企业投资额的70%抵扣法人合伙人从合伙创投企业分得的所得；当年不足抵扣的，可以在以后纳税年度结转抵扣。

2. 个人合伙人可以按照对初创科技型企业投资额的70%抵扣个人合伙人从合伙创投企业分得的经营所得；当年不足抵扣的，可以在以后纳税年度结转抵扣。

（三）天使投资个人采取股权投资方式直接投资于初创科技型企业满2年的，可以按照投资额的70%抵扣转让该初创科技型企业股权取得的应纳税所得额；当期不足抵扣的，可以在以后取得转让该初创科技型企业股权的应纳税所得额时结转抵扣。

天使投资个人投资多个初创科技型企业的，对其中办理注销清算的初创科技型企业，天使投资个人对其投资额的70%尚未抵扣完的，可自注销清算之日起36个月内抵扣天使投资个人转让其他初创科技型企业股权取得的应纳税所得额。

【享受条件】

（一）初创科技型企业，应同时符合以下条件：

1. 在中国境内（不包括港、澳、台地区）注册成立、实行查账征收的居民企业；

2. 接受投资时，从业人数不超过300人，其中具有大学本科以上学历的从业人数不低于30%；资产总额和年销售收入均不超过5000万元；

3. 接受投资时设立时间不超过5年（60个月）；

4. 接受投资时以及接受投资后2年内未在境内外证券交易所上市；

5. 接受投资当年及下一纳税年度，研发费用总额占成本费用支出的比例不低于20%。

（二）创业投资企业，应同时符合以下条件：

1. 在中国境内（不含港、澳、台地区）注册成立、实行查账征收的居民企业或合伙创投企业，且不属于被投资初创科技型企业的发起人；

2. 符合《创业投资企业管理暂行办法》（发展改革委

等10部门令第39号)规定或者《私募投资基金监督管理暂行办法》(证监会令第105号)关于创业投资基金的特别规定,按照上述规定完成备案且规范运作;

3. 投资后2年内,创业投资企业及其关联方持有被投资初创科技型企业的股权比例合计应低于50%。

(三)天使投资个人,应同时符合以下条件:

1. 不属于被投资初创科技型企业的发起人、雇员或其亲属(包括配偶、父母、子女、祖父母、外祖父母、孙子女、外孙子女、兄弟姐妹,下同),且与被投资初创科技型企业不存在劳务派遣等关系;

2. 投资后2年内,本人及其亲属持有被投资初创科技型企业股权比例合计应低于50%。

(四)享受上述税收政策的投资,仅限于通过向被投资初创科技型企业直接支付现金方式取得的股权投资,不包括受让其他股东的存量股权。

2019年1月1日至2027年12月31日,在此期间已投资满2年及新发生的投资,可按《财政部 税务总局关于创业投资企业和天使投资个人有关税收政策的通知》(财税〔2018〕55号)文件和《财政部 税务总局关于延续执行创业投资企业和天使投资个人投资初创科技型企业有关政策条件的公告》(2023年第17号)适用有关税收政策。

【享受方式】

天使投资个人、公司制创业投资企业、合伙创投企业、合伙创投企业法人合伙人、被投资初创科技型企业按规定办理优惠手续。

【政策依据】

1.《财政部 税务总局关于创业投资企业和天使投资个人有关税收政策的通知》(财税〔2018〕55号)

2.《财政部 税务总局关于实施小微企业普惠性税收减免政策的通知》(财税〔2019〕13号)

3.《财政部 税务总局关于延续执行创业投资企业和天使投资个人投资初创科技型企业有关政策条件的公告》(2022年第6号)

4.《财政部 税务总局关于延续执行创业投资企业和天使投资个人投资初创科技型企业有关政策条件的公告》(2023年第17号)

5.《国家税务总局关于创业投资企业和天使投资个人税收政策有关问题的公告》(2018年第43号)

【政策案例】

例1:某合伙创投企业于2020年12月投资初创科技型企业,假设其他条件均符合文件规定,合伙创投企业的某个法人合伙人于2021年1月对该合伙创投企业出资,2022年12月,合伙创投企业投资初创科技型企业满2年时,该法人合伙人同样可享受税收政策。

例2:纳税人张某采取股权投资方式直接投资于符合条件的初创科技型企业,投资额为500万元。2022年,张某在投资期限满2年后,转让该初创科技型企业股权,取得应纳税所得额400万元。按照现行税收优惠政策规定,张某可按照投资额的70%抵扣转让该初创科技型企业股权取得的应纳税所得额,即可抵扣500万元×70% = 350万元。

27. 创业投资企业灵活选择个人合伙人所得税核算方式政策

【享受主体】

创业投资企业(含创投基金,以下统称创投企业)个人合伙人

【优惠内容】

2027年12月31日前,创投企业可以选择按单一投资基金核算或者按创投企业年度所得整体核算两种方式之一,对其个人合伙人来源于创投企业的所得计算个人所得税应纳税额。

1. 创投企业选择按单一投资基金核算的,其个人合伙人从该基金应分得的股权转让所得和股息红利所得,按照20%税率计算缴纳个人所得税。

2. 创投企业选择按年度所得整体核算的,其个人合伙人应从创投企业取得的所得,按照"经营所得"项目、5%-35%的超额累进税率计算缴纳个人所得税。

【享受条件】

1. 创投企业是指符合《创业投资企业管理暂行办法》(发展改革委等10部门令第39号)或者《私募投资基金监督管理暂行办法》(证监会令第105号)关于创业投资企业(基金)的有关规定,并按照上述规定完成备案且规范运作的合伙制创业投资企业(基金)。

2. 单一投资基金核算,是指单一投资基金(包括不以基金名义设立的创投企业)在一个纳税年度内从不同创业投资项目取得的股权转让所得和股息红利所得按下述方法分别核算纳税:

(1)股权转让所得。单个投资项目的股权转让所得,按年度股权转让收入扣除对应股权原值和转让环节合理费用后的余额计算,股权原值和转让环节合理费用的确定方法,参照股权转让所得个人所得税有关政策规定执行;单一投资基金的股权转让所得,按一个纳税年度内不同投资项目的所得和损失相互抵减后的余额计算,余额

大于或等于零的,即确认为该基金的年度股权转让所得;余额小于零的,该基金年度股权转让所得按零计算且不能跨年结转。

个人合伙人按照其应从基金年度股权转让所得中分得的份额计算其应纳税额,并由创投企业在次年3月31日前代扣代缴个人所得税。如符合《财政部 税务总局关于创业投资企业和天使投资个人有关税收政策的通知》(财税〔2018〕55号)规定条件的,创投企业个人合伙人可以按照被转让项目对应投资额的70%抵扣其应从基金年度股权转让所得中分得的份额后再计算其应纳税额,当期不足抵扣的,不得向以后年度结转。

(2)股息红利所得。单一投资基金的股息红利所得,以其来源于所投资项目分配的股息、红利收入以及其他固定收益类证券等收入的全额计算。

个人合伙人按照其应从基金股息红利所得中分得的份额计算其应纳税额,并由创投企业按次代扣代缴个人所得税。

(3)除前述可以扣除的成本、费用之外,单一投资基金发生的包括投资基金管理人的管理费和业绩报酬在内的其他支出,不得在核算时扣除。

上述单一投资基金核算方法仅适用于计算创投企业个人合伙人的应纳税额。

3.创投企业年度所得整体核算,是指将创投企业以每一纳税年度的收入总额减除成本、费用以及损失后,计算应分配给个人合伙人的所得。如符合《财政部 税务总局关于创业投资企业和天使投资个人有关税收政策的通知》(财税〔2018〕55号)规定条件的,创投企业个人合伙人可以按照被转让项目对应投资额的70%抵扣其可以从创投企业应分得的经营所得后再计算其应纳税额。年度核算亏损的,准予按有关规定向以后年度结转。

按照"经营所得"项目计税的个人合伙人,没有综合所得的,可依法减除基本减除费用、专项扣除、专项附加扣除以及国务院确定的其他扣除。从多处取得经营所得的,应汇总计算个人所得税,只减除一次上述费用和扣除。

4.创投企业选择按单一投资基金核算或按创投企业年度所得整体核算后,3年内不能变更。

5.创投企业选择按单一投资基金核算的,应当在按照《创业投资企业管理暂行办法》(发展改革委等10部门令第39号)或者《私募投资基金监督管理暂行办法》(证监会令第105号)规定完成备案的30日内,向主管税务机关进行核算方式备案;未按规定备案的,视同选择按

创投企业年度所得整体核算。创投企业选择一种核算方式满3年需要调整的,应当在满3年的次年1月31日前,重新向主管税务机关备案。

【享受方式】

上述政策按规定办理核算方式备案后即可享受。

【政策依据】

1.《财政部 税务总局关于创业投资企业和天使投资个人有关税收政策的通知》(财税〔2018〕55号)

2.《财政部 税务总局发展改革委证监会关于创业投资企业个人合伙人所得税政策问题的通知》(财税〔2019〕8号)

3.《财政部 税务总局国家发展改革委中国证监会关于延续实施创业投资企业个人合伙人所得税政策的公告》(2023年第24号)

【政策案例】

纳税人张某是A创业投资企业的合伙人,按照现行税收政策规定,A企业可选择按照单一投资基金核算,也可以按照年度所得整体核算。

假设A企业选择按照单一投资基金核算,2022年度张某从该企业分得股权转让所得100万元,按照20%税率计缴纳个人所得税,张某应纳税额=100×20%=20万元。

假设A企业选择按年度所得整体核算,2022年度张某从该企业分得所得100万元,按照"经营所得"项目、5%-35%的超额累进税率计算缴纳个人所得税,张某应纳税额=100×35%-6.55=28.45万元。

28.创投企业投资未上市的中小高新技术企业按比例抵扣应纳税所得额政策

【享受主体】

创业投资企业

【优惠内容】

创业投资企业采取股权投资方式投资于未上市的中小高新技术企业2年(24个月)以上的,凡符合享受条件的,可以按其对中小高新技术企业投资额的70%在股权持有满2年的当年抵扣该创业投资企业的应纳税所得额;当年不足抵扣的,可以在以后纳税年度结转抵扣。

【享受条件】

1.创业投资企业采取股权投资方式投资于未上市的中小高新技术企业2年(24个月)以上。

2.创业投资企业是指依照《创业投资企业管理暂行办法》(国家发展和改革委员会等10部委令2005年第

39号,以下简称《暂行办法》)和《外商投资创业投资企业管理规定》(商务部等5部委令2003年第2号)在中华人民共和国境内设立的专门从事创业投资活动的企业或其他经济组织。

3. 经营范围符合《暂行办法》规定,且工商登记为"创业投资有限责任公司"、"创业投资股份有限公司"等专业性法人创业投资企业。

4. 按照《暂行办法》规定的条件和程序完成备案,经备案管理部门年度检查核实,投资运作符合《暂行办法》的有关规定。

5. 创业投资企业投资的中小高新技术企业,按照科技部、财政部、国家税务总局《关于修订印发〈高新技术企业认定管理办法〉的通知》(国科发火〔2016〕32号)和《关于修订印发〈高新技术企业认定管理工作指引〉的通知》(国科发火〔2016〕195号)的规定,通过高新技术企业认定;同时,职工人数不超过500人,年销售(营业)额不超过2亿元,资产总额不超过2亿元。

6. 财政部、国家税务总局规定的其他条件。

【享受方式】

上述政策免于申请即可享受。

【政策依据】

1.《中华人民共和国企业所得税法》第三十一条

2.《中华人民共和国企业所得税法实施条例》第九十七条

3.《国家税务总局关于实施创业投资企业所得税优惠问题的通知》(国税发〔2009〕87号)

【政策案例】

甲公司是一家国内的创业投资企业,在2020年6月以2000万投资了乙公司,持有乙公司10%的股份。乙公司为依法认定的高新技术企业(未上市),目前有在职员工数200人,年营业额5000万,总资产1.5亿。按照政策规定,乙公司符合未上市中小高新技术企业条件,因此甲公司对乙公司投资额的70%在股权持有满2年的当年可抵扣该创业投资企业的应纳税所得额,当年不足抵扣的,可以在以后纳税年度结转抵扣。

29. 有限合伙制创业投资企业法人合伙人投资未上市的中小高新技术企业按比例抵扣应纳税所得额政策

【享受主体】

有限合伙制创业投资企业的法人合伙人

【优惠内容】

自2015年10月1日起,有限合伙制创业投资企业采取股权投资方式投资于未上市的中小高新技术企业满2年(24个月)的,该投资企业的法人合伙人可按照其对未上市中小高新技术企业投资额的70%抵扣该法人合伙人从该投资企业分得的应纳税所得额,当年不足抵扣的,可以在以后纳税年度结转抵扣。

有限合伙制创业投资企业的法人合伙人对未上市中小高新技术企业的投资额,按照有限合伙制创业投资企业对中小高新技术企业的投资额和合伙协议约定的法人合伙人占有限合伙制创业投资企业的出资比例计算确定。

【享受条件】

1. 有限合伙制创业投资企业是指依照《中华人民共和国合伙企业法》、《创业投资企业管理暂行办法》(国家发展和改革委员会令第39号)和《外商投资创业投资企业管理规定》(外经贸部、科技部、工商总局、税务总局、外汇管理局令2003年第2号)设立的专门从事创业投资活动的有限合伙企业。

2. 有限合伙制创业投资企业的法人合伙人,是指依照《中华人民共和国企业所得税法》及其实施条例以及相关规定,实行查账征收企业所得税的居民企业。

3. 有限合伙制创业投资企业采取股权投资方式投资于未上市的中小高新技术企业满2年(24个月),即2015年10月1日起,有限合伙制创业投资企业投资于未上市中小高新技术企业的实缴投资满2年,同时,法人合伙人对该有限合伙制创业投资企业的实缴出资也应满2年。

4. 创业投资企业投资的中小高新技术企业,按照科技部、财政部、国家税务总局《关于修订印发〈高新技术企业认定管理办法〉的通知》(国科发火〔2016〕32号)和《关于修订印发〈高新技术企业认定管理工作指引〉的通知》(国科发火〔2016〕195号)的规定,通过高新技术企业认定;同时,职工人数不超过500人,年销售(营业)额不超过2亿元,资产总额不超过2亿元。

5. 有限合伙制创业投资企业应纳税所得额的确定及分配应按《财政部 国家税务总局关于合伙企业合伙人所得税问题的通知》(财税〔2008〕159号)相关规定执行。

6. 财政部、国家税务总局规定的其他条件。

【享受方式】

上述政策免于申请即可享受。

【政策依据】

1.《财政部 国家税务总局关于将国家自主创新示范区有关税收试点政策推广到全国范围实施的通知》(财

税〔2015〕116号)第一条

2.《国家税务总局关于有限合伙制创业投资企业法人合伙人企业所得税有关问题的公告》(2015年第81号)

3.《国家税务总局关于实施创业投资企业所得税优惠问题的通知》(国税发〔2009〕87号)

【政策案例】

A企业于2020年8月1日成为某有限合伙制创业投资企业的法人合伙人,该有限合伙制创业投资企业又于2021年10月2日投资于中小高新技术企业,至2023年10月2日该投资满2年。2023年,A企业可按照其对未上市中小高新技术企业投资额的70%抵扣该企业从有限合伙制创业投资企业分得的应纳税所得额,当年不足抵扣的,可以在以后纳税年度结转抵扣。

30. 中小高新技术企业向个人股东转增股本分期缴纳个人所得税政策

【享受主体】

中小高新技术企业的个人股东

【优惠内容】

自2016年1月1日起,中小高新技术企业以未分配利润、盈余公积、资本公积向个人股东转增股本时,个人股东一次缴纳个人所得税确有困难的,可根据实际情况自行制定分期缴税计划,在不超过5个公历年度内(含)分期缴纳,并将有关资料报主管税务机关备案。

【享受条件】

1. 中小高新技术企业是在中国境内注册的实行查账征收的、经认定取得高新技术企业资格,且年销售额和资产总额均不超过2亿元、从业人数不超过500人的企业。

2. 上市中小高新技术企业或在全国中小企业股份转让系统挂牌的中小高新技术企业向个人股东转增股本,股东应纳的个人所得税,继续按照现行有关股息红利差别化个人所得税政策执行,不适用本政策。

【享受方式】

享受政策应将有关资料报主管税务机关备案。

【政策依据】

1.《财政部 国家税务总局关于将国家自主创新示范区有关税收试点政策推广到全国范围实施的通知》(财税〔2015〕116号)第三条

2.《国家税务总局关于股权奖励和转增股本个人所得税征管问题的公告》(2015年第80号)第二条

【政策案例】

例:甲企业为符合条件的未上市中小高新技术企业。2022年,该企业以未分配利润、盈余公积、资本公积,向个人股东李某转增股本100万元。李某应按照"利息、股息、红利所得"项目,适用20%税率计算个人所得税,应纳税额=100×20%=20万元。若李某一次缴纳个人所得税确有困难的,可按规定享受转增股本分期缴纳个人所得税政策,根据实际情况自行制定分期缴税计划,在不超过5个公历年度内(含)分期缴纳税款。

31. 研发费用加计扣除政策

【享受主体】

除烟草制造业、住宿和餐饮业、批发和零售业、房地产业、租赁和商务服务业、娱乐业等以外,会计核算健全、实行查账征收并能够准确归集研发费用的居民企业

不适用税前加计扣除政策的行业	不适用税前加计扣除政策的活动
1. 烟草制造业	1. 企业产品(服务)的常规性升级。
2. 住宿和餐饮业	2. 对某项科研成果的直接应用,如直接采用公开的新工艺、材料、装置、产品、服务或知识等。
3. 批发和零售业	3. 企业在商品化后为顾客提供的技术支持活动。
4. 房地产业	4. 对现存产品、服务、技术、材料或工艺流程进行的重复或简单改变。
5. 租赁和商务服务业	5. 市场调查研究、效率调查或管理研究。
6. 娱乐业	6. 作为工业(服务)流程环节或常规的质量控制、测试分析、维修维护。
7. 财政部和国家税务总局规定的其他行业	7. 社会科学、艺术或人文学方面的研究。
备注:上述行业以《国民经济行业分类与代码(GB/T4754-2017)》为准,并随之更新	

【优惠内容】

1. 企业开展研发活动中实际发生的研发费用,未形成无形资产计入当期损益的,在按规定据实扣除的基础上,自2023年1月1日起,再按照实际发生额的100%在税前加计扣除。

2. 企业开展研发活动中实际发生的研发费用,形成无形资产的,自2023年1月1日起,按照无形资产成本

的200%在税前摊销。

【享受条件】

1. 企业应按照国家财务会计制度要求，对研发支出进行会计处理；同时，对享受加计扣除的研发费用按研发项目设置辅助账，准确归集核算当年可加计扣除的各项研发费用实际发生额。企业在一个纳税年度内进行多项研发活动的，应按照不同研发项目分别归集可加计扣除的研发费用。

2. 企业应对研发费用和生产经营费用分别核算，准确、合理归集各项费用支出，对划分不清的，不得实行加计扣除。

3. 企业委托外部机构或个人进行研发活动所发生的费用，按照费用实际发生额的80%计入委托方研发费用并计算加计扣除。无论委托方是否享受研发费用税前加计扣除政策，受托方均不得加计扣除。

委托外部研究开发费用实际发生额应按照独立交易原则确定。委托方与受托方存在关联关系的，受托方应向委托方提供研发项目费用支出明细情况。

4. 企业共同合作开发的项目，由合作各方就自身实际承担的研发费用分别计算加计扣除。

5. 企业集团根据生产经营和科技开发的实际情况，对技术要求高、投资数额大，需要集中研发的项目，其实际发生的研发费用，可以按照权利和义务相一致、费用支出和收益分享相配比的原则，合理确定研发费用的分摊方法，在受益成员企业间进行分摊，由相关成员企业分别计算加计扣除。

6. 企业为获得创新性、创意性、突破性的产品进行创意设计活动而发生的相关费用，可按照规定进行税前加计扣除。

【享受方式】

上述政策免于申请即可享受。

【政策依据】

1.《中华人民共和国企业所得税法》第三十条第（一）项

2.《中华人民共和国企业所得税法实施条例》第九十五条

3.《财政部 国家税务总局 科技部关于完善研究开发费用税前加计扣除政策的通知》（财税〔2015〕119号）

4.《国家税务总局关于企业研究开发费用税前加计扣除政策有关问题的公告》（2015年第97号）

5.《国家税务总局关于研发费用税前加计扣除归集范围有关问题的公告》（2017年第40号）

6.《财政部 税务总局 科技部关于企业委托境外研究开发费用税前加计扣除有关政策问题的通知》（财税〔2018〕64号）

7.《财政部 税务总局关于进一步完善研发费用税前加计扣除政策的公告》（2023年第7号）

【政策案例】

A公司是一家科技服务业企业，假设2023年发生了1000万元研发费用（假设全部符合加计扣除条件，计入当期损益），应如何享受加计扣除政策？

解析：根据《财政部 税务总局关于进一步完善研发费用税前加计扣除政策的公告》（2023年第7号），企业开展研发活动中实际发生的研发费用，未形成无形资产计入当期损益的，在按规定据实扣除的基础上，自2023年1月1日起，再按照实际发生额的100%在税前加计扣除；企业开展研发活动中实际发生的研发费用，形成无形资产的，自2023年1月1日起，按照无形资产成本的200%在税前摊销。即A公司2023年发生研发费用1000万元，未形成无形资产计入当期损益的，可在按规定据实扣除1000万元的基础上，再按照实际发生额的100%在税前加计扣除，合计在税前扣除2000万元。

32. 科技企业孵化器和众创空间免征增值税政策

【享受主体】

国家级、省级科技企业孵化器及国家备案众创空间

【优惠内容】

自2019年1月1日至2027年12月31日，对国家级、省级科技企业孵化器和国家备案众创空间向在孵对象提供孵化服务取得的收入，免征增值税。

【享受条件】

1. 孵化服务是指为在孵对象提供的经纪代理、经营租赁、研发和技术、信息技术、鉴证咨询服务。国家级、省级科技企业孵化器和国家备案众创空间应当单独核算孵化服务收入。

2. 国家级科技企业孵化器和国家备案众创空间认定和管理办法由国务院科技部门发布；省级科技企业孵化器认定和管理办法由省级科技部门发布。

3. 在孵对象是指符合上述相关认定和管理办法规定的孵化企业、创业团队和个人。

4. 国家级、省级科技企业孵化器和国家备案众创空间应按规定申报享受免税政策，并将房产土地租赁合同、孵化协议等留存备查。

5. 2018年12月31日以前认定的国家级科技企业孵化器，以及2019年1月1日至2023年12月31日认定的

国家级、省级科技企业孵化器和国家备案众创空间，自2024年1月1日起继续享受上述税收优惠政策。2024年1月1日以后认定的国家级、省级科技企业孵化器和国家备案众创空间，自认定之日次月起享受上述税收优惠政策。被取消资格的，自取消资格之日次月起停止享受上述税收优惠政策。

【享受方式】

1. 享受方式：纳税人在增值税纳税申报时按规定填写申报表相应减免税栏次。

2. 办理渠道：纳税人可以通过电子税务局、办税服务厅办理。

【政策依据】

1.《财政部 税务总局 科技部 教育部关于科技企业孵化器大学科技园和众创空间税收政策的通知》（财税〔2018〕120号）

2.《财政部 税务总局关于延长部分税收优惠政策执行期限的公告》（2022年第4号）

3.《财政部 税务总局 科技部 教育部关于继续实施科技企业孵化器、大学科技园和众创空间有关税收政策的公告》（2023年第42号）

【政策案例】

2023年4月，A省级科技企业孵化器为符合条件的在孵对象提供经纪代理服务，取得收入100万元（不含税收入）。5月份纳税申报时，A省级科技企业孵化器取得100万元收入可按规定享受免征增值税优惠。

33. 科技企业孵化器和众创空间免征房产税政策

【享受主体】

国家级、省级科技企业孵化器及国家备案众创空间

【优惠内容】

自2019年1月1日至2027年12月31日，对国家级、省级科技企业孵化器和国家备案众创空间自用以及无偿或通过出租等方式提供给在孵对象使用的房产，免征房产税。

【享受条件】

1. 国家级科技企业孵化器和国家备案众创空间认定和管理办法由国务院科技部门发布；省级科技企业孵化器认定和管理办法由省级科技部门发布。

2. 在孵对象是指符合上述相关认定和管理办法规定的孵化企业、创业团队和个人。

3. 国家级、省级科技企业孵化器和国家备案众创空间应按规定申报享受免税政策，并将房产土地权属资料、房产原值资料、房产土地租赁合同、孵化协议等留存备查。

4. 2018年12月31日以前认定的国家级科技企业孵化器，以及2019年1月1日至2023年12月31日认定的国家级、省级科技企业孵化器和国家备案众创空间，自2024年1月1日起继续享受上述税收优惠政策。2024年1月1日以后认定的国家级、省级科技企业孵化器和国家备案众创空间，自认定之日次月起享受上述税收优惠政策。被取消资格的，自取消资格之日次月起停止享受上述税收优惠政策。

【享受方式】

纳税人享受上述优惠政策，实行"自行判别、申报享受、相关资料留存备查"的办理方式。纳税人对留存备查资料的真实性、完整性和合法性承担法律责任。

【政策依据】

1.《财政部 税务总局 科技部 教育部关于科技企业孵化器大学科技园和众创空间税收政策的通知》（财税〔2018〕120号）

2.《财政部 税务总局关于延长部分税收优惠政策执行期限的公告》（2022年第4号）

3.《财政部 税务总局 科技部 教育部关于继续实施科技企业孵化器、大学科技园和众创空间有关税收政策的公告》（2023年第42号）

【政策案例】

A省级科技企业孵化器，房产原值5000万元，减除比例30%，该省房产税实行按季申报。2023年三季度，A企业应缴纳房产税10.5万元[5000×(1-30%)×1.2%×1/4]，在纳税申报时，可直接申报享受免税政策，对应免税额10.5万元。

34. 科技企业孵化器和众创空间免征城镇土地使用税政策

【享受主体】

国家级、省级科技企业孵化器及国家备案众创空间

【优惠内容】

自2019年1月1日至2027年12月31日，对国家级、省级科技企业孵化器和国家备案众创空间自用以及无偿或通过出租等方式提供给在孵对象使用的土地，免征城镇土地使用税。

【享受条件】

1. 国家级科技企业孵化器和国家备案众创空间认定和管理办法由国务院科技部门发布；省级科技企业孵化器认定和管理办法由省级科技部门发布。

2. 在孵对象是指符合上述相关认定和管理办法规定的孵化企业、创业团队和个人。

3. 国家级、省级科技企业孵化器和国家备案众创空间应按规定申报享受免税政策,并将房产土地权属资料、房产原值资料、房产土地租赁合同、孵化协议等留存备查。

4. 2018年12月31日以前认定的国家级科技企业孵化器,以及2019年1月1日至2023年12月31日认定的国家级、省级科技企业孵化器和国家备案众创空间,自2024年1月1日起继续享受上述税收优惠政策。2024年1月1日以后认定的国家级、省级科技企业孵化器和国家备案众创空间,自认定之日次月起享受上述税收优惠政策。被取消资格的,自取消资格之日次月起停止享受上述税收优惠政策。

【享受方式】

纳税人享受上述优惠政策,实行"自行判别、申报享受、相关资料留存备查"的办理方式。纳税人对留存备查资料的真实性、完整性和合法性承担法律责任。

【政策依据】

1.《财政部 税务总局 科技部 教育部关于科技企业孵化器大学科技园和众创空间税收政策的通知》(财税〔2018〕120号)

2.《财政部 税务总局关于延长部分税收优惠政策执行期限的公告》(2022年第4号)

3.《财政部 税务总局 科技部 教育部关于继续实施科技企业孵化器、大学科技园和众创空间有关税收政策的公告》(2023年第42号)

【政策案例】

A国家备案众创空间,占地面积3000平方米,城镇土地使用税税额标准每平方米20元,该省土地使用税实行按季申报。2023年三季度,A企业应纳土地使用税1.5万元(3000×20/10000×1/4),在纳税申报时,可直接申报享受免税政策,对应免税额1.5万元。

35. 大学科技园免征增值税政策

【享受主体】

国家级、省级大学科技园

【优惠内容】

自2019年1月1日至2027年12月31日,对国家级、省级大学科技园向在孵对象提供孵化服务取得的收入,免征增值税。

【享受条件】

1. 孵化服务是指为在孵对象提供的经纪代理、经营租赁、研发和技术、信息技术、鉴证咨询服务。国家级、省级大学科技园应当单独核算孵化服务收入。

2. 国家级、省级大学科技园认定和管理办法分别由国务院教育部门和省级教育部门发布。

3. 在孵对象是指符合上述相关认定和管理办法规定的孵化企业、创业团队和个人。

4. 国家级、省级大学科技园应按规定申报享受免税政策,并将房产土地租赁合同、孵化协议等留存备查。

5. 2018年12月31日以前认定的国家级大学科技园,以及2019年1月1日至2023年12月31日认定的国家级、省级大学科技园,自2024年1月1日起继续享受上述税收优惠政策。2024年1月1日以后认定的国家级、省级大学科技园,自认定之日次月起享受上述税收优惠政策。被取消资格的,自取消资格之日次月起停止享受上述税收优惠政策。

【享受方式】

1. 享受方式:纳税人在增值税纳税申报时按规定填写申报表相应减免税栏次。

2. 办理渠道:纳税人可以通过电子税务局、办税服务厅办理。

【政策依据】

1.《财政部 税务总局 科技部 教育部关于科技企业孵化器大学科技园和众创空间税收政策的通知》(财税〔2018〕120号)

2.《财政部 税务总局关于延长部分税收优惠政策执行期限的公告》(2022年第4号)

3.《财政部 税务总局 科技部 教育部关于继续实施科技企业孵化器、大学科技园和众创空间有关税收政策的公告》(2023年第42号)

【政策案例】

2023年1月,A国家级大学科技园向符合条件的在孵对象提供鉴证咨询服务,取得收入100万元(不含税收入)。2月份纳税申报时,A国家级大学科技园取得的100万元收入可按规定享受免征增值税优惠。

36. 大学科技园免征房产税政策

【享受主体】

国家级、省级大学科技园

【优惠内容】

自2019年1月1日至2027年12月31日,对国家级、省级大学科技园自用以及无偿或通过出租等方式提供给在孵对象使用的房产,免征房产税。

【享受条件】

1. 国家级、省级大学科技园认定和管理办法分别由国务院教育部门和省级教育部门发布。

2. 在孵对象是指符合上述相关认定和管理办法规定的孵化企业、创业团队和个人。

3. 国家级、省级大学科技园应按规定申报享受免税政策，并将房产土地权属资料、房产原值资料、房产土地租赁合同、孵化协议等留存备查。

4. 2018 年 12 月 31 日以前认定的国家级大学科技园，以及 2019 年 1 月 1 日至 2023 年 12 月 31 日认定的国家级、省级大学科技园，自 2024 年 1 月 1 日起继续享受上述税收优惠政策。2024 年 1 月 1 日以后认定的国家级、省级大学科技园，自认定之日月次月起享受上述税收优惠政策。被取消资格的，自取消资格之日次月起停止享受上述税收优惠政策。

【享受方式】

纳税人享受上述优惠政策，实行"自行判别、申报享受、相关资料留存备查"的办理方式。纳税人对留存备查资料的真实性、完整性和合法性承担法律责任。

【政策依据】

1.《财政部 税务总局 科技部 教育部关于科技企业孵化器大学科技园和众创空间税收政策的通知》（财税〔2018〕120 号）

2.《财政部 税务总局关于延长部分税收优惠政策执行期限的公告》（2022 年第 4 号）

3.《财政部 税务总局 科技部 教育部关于继续实施科技企业孵化器、大学科技园和众创空间有关税收政策的公告》（2023 年第 42 号）

【政策案例】

A 省级大学科技园，房产原值 5000 万元，减除比例 30%，该省房产税实行按季申报。2023 年三季度，A 企业应缴纳房产税 10.5 万元（5000×(1−30%)×1.2%×1/4），在纳税申报时，可直接申报享受免税政策，对应免税额 10.5 万元。

37. 大学科技园免征城镇土地使用税政策

【享受主体】

国家级、省级大学科技园

【优惠内容】

自 2019 年 1 月 1 日至 2027 年 12 月 31 日，对国家级、省级大学科技园自用以及无偿或通过出租等方式提供给在孵对象使用的土地，免征城镇土地税使用税。

【享受条件】

1. 国家级、省级大学科技园认定和管理办法分别由国务院教育部门和省级教育部门发布。

2. 在孵对象是指符合上述相关认定和管理办法规定的孵化企业、创业团队和个人。

3. 国家级、省级大学科技园应按规定申报享受免税政策，并将房产土地权属资料、房产原值资料、房产土地租赁合同、孵化协议等留存备查。

4. 2018 年 12 月 31 日以前认定的国家级大学科技园，以及 2019 年 1 月 1 日至 2023 年 12 月 31 日认定的国家级、省级大学科技园，自 2024 年 1 月 1 日起继续享受上述税收优惠政策。2024 年 1 月 1 日以后认定的国家级、省级大学科技园，自认定之日次月起享受上述税收优惠政策。被取消资格的，自取消资格之日次月起停止享受上述税收优惠政策。

【享受方式】

纳税人享受上述优惠政策，实行"自行判别、申报享受、相关资料留存备查"的办理方式。纳税人对留存备查资料的真实性、完整性和合法性承担法律责任。

【政策依据】

1.《财政部 税务总局 科技部 教育部关于科技企业孵化器大学科技园和众创空间税收政策的通知》（财税〔2018〕120 号）

2.《财政部 税务总局关于延长部分税收优惠政策执行期限的公告》（2022 年第 4 号）

3.《财政部 税务总局 科技部 教育部关于继续实施科技企业孵化器、大学科技园和众创空间有关税收政策的公告》（2023 年第 42 号）

【政策案例】

A 省级大学科技园，占地面积 3000 平方米，城镇土地使用税税额标准每平方米 20 元，该省土地使用税实行按季申报。2023 年三季度，A 企业应缴纳土地使用税 1.5 万元（3000×20/10000×1/4），在纳税申报时，可直接申报享受免税政策，对应免税额 1.5 万元。

……

财政部、税务总局关于企业投入基础研究税收优惠政策的公告

· 2022 年 9 月 30 日
· 财政部、税务总局公告 2022 年第 32 号

为鼓励企业加大创新投入，支持我国基础研究发展，现就企业投入基础研究相关税收政策公告如下：

一、对企业出资给非营利性科学技术研究开发机构（科学技术研究开发机构以下简称科研机构）、高等学校和政府性自然科学基金用于基础研究的支出，在计算应

纳税所得额时可按实际发生额在税前扣除,并可按100%在税前加计扣除。

对非营利性科研机构、高等学校接收企业、个人和其他组织机构基础研究资金收入,免征企业所得税。

二、第一条所称非营利性科研机构、高等学校包括国家设立的科研机构和高等学校、民办非营利性科研机构和高等学校,具体按以下条件确定:

（一）国家设立的科研机构和高等学校是指利用财政性资金设立的、取得《事业单位法人证书》的科研机构和公办高等学校,包括中央和地方所属科研机构和高等学校。

（二）民办非营利性科研机构和高等学校,是指同时满足以下条件的科研机构和高等学校:

1. 根据《民办非企业单位登记管理暂行条例》在民政部门登记,并取得《民办非企业单位（法人）登记证书》。

2. 对于民办非营利性科研机构,其《民办非企业单位（法人）登记证书》记载的业务范围应属于科学研究与技术开发、成果转让、科技咨询与服务、科技成果评估范围。对业务范围存在争议的,由税务机关转请县级（含）以上科技行政主管部门确认。

对于民办非营利性高等学校,应取得教育主管部门颁发的《民办学校办学许可证》,记载学校类型为"高等学校"。

3. 经认定取得企业所得税非营利组织免税资格。

三、第一条所称政府性自然科学基金是指国家和地方政府设立的自然科学基金委员会管理的自然科学基金。

四、第一条所称基础研究是指通过对事物的特性、结构和相互关系进行分析,从而阐述和检验各种假设、原理和定律的活动。具体依据以下内容判断:

（一）基础研究不预设某一特定的应用或使用目的,主要是为获得关于现象和可观察事实的基本原理的新知识,可针对已知或具有前沿性的科学问题,或者针对人们普遍感兴趣的某些广泛领域,以未来广泛应用为目标。

（二）基础研究可细分为两种类型,一是自由探索性基础研究,即为了增进知识,不追求经济或社会效益,也不积极谋求将其应用于实际问题或把成果转移到负责应用的部门。二是目标导向（定向）基础研究,旨在获取某方面知识、期望为探索解决当前已知或未来可能发现的问题奠定基础。

（三）基础研究成果通常表现为新原理、新理论、新规律或新知识,并以论文、著作、研究报告等形式为主。同时,由于基础研究具有较强的探索性、存在失败的风险,论文、著作、研究报告等也可以体现为试错或证伪等成果。

上述基础研究不包括在境外开展的研究,也不包括社会科学、艺术或人文学方面的研究。

五、企业出资基础研究应签订相关协议或合同,协议或合同中需明确资金用于基础研究领域。

六、企业和非营利性科研机构、高等学校和政府性自然科学基金管理单位应将相关资料留存备查,包括企业出资协议、出资合同、相关票据等,出资协议、出资合同和出资票据应包含出资方、接收方、出资用途（注明用于基础研究）、出资金额等信息。

七、非营利性科研机构、高等学校和政府性自然科学基金管理单位应做好企业投入基础研究的资金管理,建立健全监督机制,确保资金用于基础研究,提高资金使用效率。

八、本公告自2022年1月1日起执行。

特此公告。

国家税务总局、人力资源社会保障部、国务院扶贫办、教育部关于实施支持和促进重点群体创业就业有关税收政策具体操作问题的公告

· 2019年2月26日
· 国家税务总局公告2019年第10号

为贯彻落实《财政部 税务总局 人力资源社会保障部 国务院扶贫办关于进一步支持和促进重点群体创业就业有关税收政策的通知》（财税〔2019〕22号）精神,现就具体操作问题公告如下:

一、重点群体个体经营税收政策

（一）申请

1. 建档立卡贫困人口从事个体经营的,向主管税务机关申报纳税时享受优惠。

2. 登记失业半年以上的人员,零就业家庭、享受城市居民最低生活保障家庭劳动年龄的登记失业人员,以及毕业年度内高校毕业生,可持《就业创业证》（或《就业失业登记证》,下同）、个体工商户登记执照（未完成"两证整合"的还须持《税务登记证》）向创业地县以上（含县级,下同）人力资源社会保障部门提出申请。县以上人力资源社会保障部门应当按照财税〔2019〕22号文件的规定,核实其是否享受过重点群体创业就业税收优惠政策。对符合财税〔2019〕22号文件规定条件的人员在《就业创业证》上注明"自主创业税收政策"或"毕业年度内自主

创业税收政策"。

（二）税款减免顺序及额度

重点群体从事个体经营的，按照财税〔2019〕22号文件第一条的规定，在年度减免税限额内，依次扣减增值税、城市维护建设税、教育费附加、地方教育附加和个人所得税。城市维护建设税、教育费附加、地方教育附加的计税依据是享受本项税收优惠政策前的增值税应纳税额。

纳税人的实际经营期不足1年的，应当以实际月数换算其减免税限额。换算公式为：减免税限额＝年度减免税限额÷12×实际经营月数。

纳税人实际应缴纳的增值税、城市维护建设税、教育费附加、地方教育附加和个人所得税小于减免税限额的，以实际应缴纳的增值税、城市维护建设税、教育费附加、地方教育附加和个人所得税额为限；实际应缴纳的增值税、城市维护建设税、教育费附加、地方教育附加和个人所得税大于减免税限额的，以减免税限额为限。

（三）税收减免管理

登记失业半年以上的人员、零就业家庭、城市低保家庭的登记失业人员，以及毕业年度内高校毕业生享受本项税收优惠的，由其留存《就业创业证》（注明"自主创业税收政策"或"毕业年度内自主创业税收政策"）备查，建档立卡贫困人口无需留存资料备查。

二、企业招用重点群体税收政策

（一）申请

享受招用重点群体就业税收优惠政策的企业，持下列材料向县以上人力资源社会保障部门递交申请：

1. 招用人员持有的《就业创业证》（建档立卡贫困人口不需提供）。

2. 企业与招用重点群体签订的劳动合同（副本），企业依法为重点群体缴纳的社会保险记录。通过内部信息共享、数据比对等方式审核的地方，可不再要求企业提供缴纳社会保险记录。

县以上人力资源社会保障部门接到企业报送的材料后，重点核实以下情况：

1. 招用人员是否属于享受税收优惠政策的人员范围，以前是否已享受过重点群体创业就业税收优惠政策。

2. 企业是否与招用人员签订了1年以上期限劳动合同，并依法为招用人员缴纳社会保险。

核实后，对持有《就业创业证》的重点群体，在其《就业创业证》上注明"企业吸纳税收政策"；对符合条件的企业核发《企业吸纳重点群体就业认定证明》。

招用人员发生变化的，应向人力资源社会保障部门办理变更申请。

本公告所称企业是指属于增值税纳税人或企业所得税纳税人的企业等单位。

（二）税款减免顺序及额度

1. 纳税人按本单位招用重点群体的人数及其实际工作月数核算本单位减免税总额，在减免税总额内每月依次扣减增值税、城市维护建设税、教育费附加和地方教育附加。城市维护建设税、教育费附加、地方教育附加的计税依据是享受本项税收优惠政策前的增值税应纳税额。

纳税人实际应缴纳的增值税、城市维护建设税、教育费附加和地方教育附加小于核算的减免税总额的，以实际应缴纳的增值税、城市维护建设税、教育费附加、地方教育附加为限；实际应缴纳的增值税、城市维护建设税、教育费附加和地方教育附加大于核算的减免税总额的，以核算的减免税总额为限。纳税年度终了，如果纳税人实际减免的增值税、城市维护建设税、教育费附加和地方教育附加小于核算的减免税总额，纳税人在企业所得税汇算清缴时，以差额部分扣减企业所得税。当年扣减不完的，不再结转以后年度扣减。

享受优惠政策当年，重点群体人员工作不满1年的，应当以实际月数换算其减免税总额。

减免税总额＝Σ每名重点群体人员本年度在本企业工作月数÷12×具体定额标准

2. 第2年及以后年度当年新招用人员、原招用人员及其工作时间按上述程序和办法执行。计算每名重点群体人员享受税收优惠政策的期限最长不超过36个月。

（三）税收减免管理

企业招用重点群体享受本项优惠的，由企业留存以下材料备查：

1. 享受税收优惠政策的登记失业半年以上的人员，零就业家庭、城市低保家庭的登记失业人员，以及毕业年度内高校毕业生的《就业创业证》（注明"企业吸纳税收政策"）。

2. 县以上人力资源社会保障部门核发的《企业吸纳重点群体就业认定证明》。

3.《重点群体人员本年度实际工作时间表》（见附件）。

三、凭《就业创业证》享受上述优惠政策的人员，按以下规定申领《就业创业证》

（一）失业人员在常住地公共就业服务机构进行失业登记，申领《就业创业证》。对其中的零就业家庭、城市低保家庭的登记失业人员，公共就业服务机构应在其《就业创业证》上予以注明。

（二）毕业年度内高校毕业生在校期间凭学生证向公共就业服务机构申领《就业创业证》，或委托所在高校就业指导中心向公共就业服务机构代为申领《就业创业证》；毕业年度内高校毕业生离校后可凭毕业证直接向公共就业服务机构按规定申领《就业创业证》。

四、税收优惠政策管理

（一）严格各项凭证的审核发放。任何单位或个人不得伪造、涂改、转让、出租相关凭证，违者将依法予以惩处；对出借、转让《就业创业证》的人员，主管人力资源社会保障部门要收回其《就业创业证》并记录在案；对采取上述手段已经获取减免税的企业和个人，主管税务机关要追缴其已减免的税款，并依法予以处理。

（二）《就业创业证》采用实名制，限持证者本人使用。创业人员从事个体经营的，《就业创业证》由本人保管；被用人单位招用的，享受税收优惠政策期间，证件由用人单位保管。《就业创业证》由人力资源社会保障部统一样式，各省、自治区、直辖市人力资源社会保障部门负责印制，作为审核劳动者就业失业状况和享受政策情况的有效凭证。

（三）《企业吸纳重点群体就业认定证明》由人力资源社会保障部统一样式，各省、自治区、直辖市人力资源社会保障部门统一印制，统一编号备案，相关信息由当地人力资源社会保障部门按需提供给税务部门。

（四）县以上人力资源社会保障、税务部门及扶贫办要建立劳动者就业信息交换和协查制度。人力资源社会保障部建立全国《就业创业证》查询系统（http://jyjc.mohrss.gov.cn），供各级人力资源社会保障、财政、税务部门查询《就业创业证》信息。国务院扶贫办建立全国统一的全国扶贫开发信息系统，供各级扶贫办、人力资源社会保障、财政、税务部门查询建档立卡贫困人口身份等相关信息。

（五）各级税务机关对《就业创业证》或建档立卡贫困人口身份有疑问的，可提请同级人力资源社会保障部门、扶贫办予以协查，同级人力资源社会保障部门、扶贫办应根据具体情况规定合理的工作时限，并在时限内将协查结果通报提请协查的税务机关。

五、本公告自2019年1月1日起施行。《国家税务总局 财政部 人力资源社会保障部 教育部 民政部关于继续实施支持和促进重点群体创业就业有关税收政策具体操作问题的公告》（国家税务总局公告2017年第27号）同时废止。

特此公告。

附件：重点群体人员本年度实际工作时间表（样表）
（略）

财政部、税务总局、住房城乡建设部关于保障性住房有关税费政策的公告

·2023年9月28日
·财政部、税务总局、住房城乡建设部公告2023年第70号

为推进保障性住房建设，现将有关税费政策公告如下：

一、对保障性住房项目建设用地免征城镇土地使用税。对保障性住房经营管理单位与保障性住房相关的印花税，以及保障性住房购买人涉及的印花税予以免征。

在商品住房等开发项目中配套建造保障性住房的，依据政府部门出具的相关材料，可按保障性住房建筑面积占总建筑面积的比例免征城镇土地使用税、印花税。

二、企事业单位、社会团体以及其他组织转让旧房作为保障性住房房源且增值额未超过扣除项目金额20%的，免征土地增值税。

三、对保障性住房经营管理单位回购保障性住房继续作为保障性住房房源的，免征契税。

四、对个人购买保障性住房，减按1%的税率征收契税。

五、保障性住房项目免收各项行政事业性收费和政府性基金，包括防空地下室易地建设费、城市基础设施配套费、教育费附加和地方教育附加等。

六、享受税费优惠政策的保障性住房项目，按照城市人民政府认定的范围确定。城市人民政府住房城乡建设部门将本地区保障性住房项目、保障性住房经营管理单位等信息及时提供给同级财政、税务部门。

七、纳税人享受本公告规定的税费优惠政策，应按相关规定申报办理。

八、本公告自2023年10月1日起执行。

特此公告。

财政部、税务总局关于延续实施小额贷款公司有关税收优惠政策的公告

·2023年9月24日
·财政部、税务总局公告2023年第54号

为引导小额贷款公司发挥积极作用，现将延续实施小额贷款公司有关税收优惠政策公告如下：

一、对经省级地方金融监督管理部门批准成立的小额贷款公司取得的农户小额贷款利息收入，免征增值税。

二、对经省级地方金融监督管理部门批准成立的小

额贷款公司取得的农户小额贷款利息收入，在计算应纳税所得额时，按90%计入收入总额。

三、对经省级地方金融监督管理部门批准成立的小额贷款公司按年末贷款余额的1%计提的贷款损失准备金准予在企业所得税税前扣除。具体政策口径按照《财政部 税务总局关于延长部分税收优惠政策执行期限的公告》（财政部 税务总局公告2021年第6号）附件2中"6.《财政部 税务总局关于金融企业贷款损失准备金企业所得税税前扣除有关政策的公告》（财政部 税务总局公告2019年第86号）"执行。

四、本公告所称农户，是指长期（一年以上）居住在乡镇（不包括城关镇）行政管理区域内的住户，还包括长期居住在城关镇所辖行政村范围内的住户和户口不在本地而在本地居住一年以上的住户，国有农场的职工和农村个体工商户。位于乡镇（不包括城关镇）行政管理区域内和在城关镇所辖行政村范围内的国有经济的机关、团体、学校、企事业单位的集体户；有本地户口，但举家外出谋生一年以上的住户，无论是否保留承包耕地均不属于农户。农户以户为统计单位，既可以从事农业生产经营，也可以从事非农业生产经营。农户贷款的判定应以贷款发放时的承贷主体是否属于农户为准。

本公告所称小额贷款，是指单笔且该农户贷款余额总额在10万元（含本数）以下的贷款。

五、本公告执行至2027年12月31日。

特此公告。

财政部、税务总局关于支持小微企业融资有关税收政策的公告

· 2023年8月2日
· 财政部、税务总局公告2023年第13号

为继续加大对小微企业的支持力度，推动缓解融资难、融资贵问题，现将有关税收政策公告如下：

一、对金融机构向小型企业、微型企业及个体工商户发放小额贷款取得的利息收入，免征增值税。金融机构应将相关免税证明材料留存备查，单独核算符合免税条件的小额贷款利息收入，按现行规定向主管税务机关办理纳税申报；未单独核算的，不得免征增值税。

二、对金融机构与小型企业、微型企业签订的借款合同免征印花税。

三、本公告所称小型企业、微型企业，是指符合《中小企业划型标准规定》（工信部联企业〔2011〕300号）的小

型企业和微型企业。其中，资产总额和从业人员指标均以贷款发放时的实际状态确定；营业收入指标以贷款发放前12个自然月的累计数确定，不满12个自然月的，按照以下公式计算：

营业收入（年）= 企业实际存续期间营业收入/企业实际存续月数×12

四、本公告所称小额贷款，是指单户授信小于100万元（含本数）的小型企业、微型企业或个体工商户贷款；没有授信额度的，是指单户贷款合同金额且贷款余额在100万元（含本数）以下的贷款。

五、本公告执行至2027年12月31日。

特此公告。

财政部、税务总局关于进一步支持小微企业和个体工商户发展有关税费政策的公告

· 2023年8月2日
· 财政部、税务总局公告2023年第12号

为进一步支持小微企业和个体工商户发展，现将有关税费政策公告如下：

一、自2023年1月1日至2027年12月31日，对个体工商户年应纳税所得额不超过200万元的部分，减半征收个人所得税。个体工商户在享受现行其他个人所得税优惠政策的基础上，可叠加享受本条优惠政策。

二、自2023年1月1日至2027年12月31日，对增值税小规模纳税人、小型微利企业和个体工商户减半征收资源税（不含水资源税）、城市维护建设税、房产税、城镇土地使用税、印花税（不含证券交易印花税）、耕地占用税和教育费附加、地方教育附加。

三、对小型微利企业减按25%计算应纳税所得额，按20%的税率缴纳企业所得税政策，延续执行至2027年12月31日。

四、增值税小规模纳税人、小型微利企业和个体工商户已依法享受资源税、城市维护建设税、房产税、城镇土地使用税、印花税、耕地占用税、教育费附加、地方教育附加等其他优惠政策的，可叠加享受本公告第二条规定的优惠政策。

五、本公告所称小型微利企业，是指从事国家非限制和禁止行业，且同时符合年度应纳税所得额不超过300万元、从业人数不超过300人、资产总额不超过5000万元等三个条件的企业。

从业人数，包括与企业建立劳动关系的职工人数和

企业接受的劳务派遣用工人数。所称从业人数和资产总额指标，应按企业全年的季度平均值确定。具体计算公式如下：

季度平均值＝（季初值＋季末值）÷2

全年季度平均值＝全年各季度平均值之和÷4

年度中间开业或者终止经营活动的，以其实际经营期作为一个纳税年度确定上述相关指标。

小型微利企业的判定以企业所得税年度汇算清缴结果为准。登记为增值税一般纳税人的新设立的企业，从事国家非限制和禁止行业，且同时符合申报期上月末从业人数不超过300人、资产总额不超过5000万元等两个条件的，可在首次办理汇算清缴前按照小型微利企业申报享受第二条规定的优惠政策。

六、本公告发布之日前，已征的相关税款，可抵减纳税人以后月份应缴纳税款或予以退还。发布之日前已办理注销的，不再追溯享受。

《财政部 税务总局关于进一步实施小微企业"六税两费"减免政策的公告》（财政部 税务总局公告2022年第10号）及《财政部 税务总局关于小微企业和个体工商户所得税优惠政策的公告》（财政部 税务总局公告2023年第6号）中个体工商户所得税优惠政策自2023年1月1日起相应停止执行。

特此公告。

国家税务总局关于进一步落实支持个体工商户发展个人所得税优惠政策有关事项的公告

·2023年8月2日
·国家税务总局公告2023年第12号

为贯彻落实《财政部 税务总局关于进一步支持小微企业和个体工商户发展有关税费政策的公告》（2023年第12号，以下简称12号公告），进一步支持个体工商户发展，现就有关事项公告如下：

一、对个体工商户年应纳税所得额不超过200万元的部分，减半征收个人所得税。个体工商户在享受现行其他个人所得税优惠政策的基础上，可叠加享受本条优惠政策。个体工商户不区分征收方式，均可享受。

二、个体工商户在预缴税款时即可享受，其年应纳税所得额暂按截至本期申报所属期末的情况进行判断，并在年度汇算清缴时按年计算，多退少补。若个体工商户从两处以上取得经营所得，需在办理年度汇总纳税申报时，合并个体工商户经营所得年应纳税所得额，重新计算

减免税额，多退少补。

三、个体工商户按照以下方法计算减免税额：

减免税额＝（经营所得应纳税所得额不超过200万元部分的应纳税额－其他政策减免税额×经营所得应纳税所得额不超过200万元部分÷经营所得应纳税所得额）×50%。

四、个体工商户需将按上述方法计算得出的减免税额填入对应经营所得纳税申报表"减免税额"栏次，并附报《个人所得税减免税事项报告表》。对于通过电子税务局申报的个体工商户，税务机关将提供该优惠政策减免税额和报告表的预填服务。实行简易申报的定期定额个体工商户，税务机关按照减免后的税额进行税款划缴。

五、按12号公告应减征的税款，在本公告发布前已缴纳的，可申请退税；也可自动抵减以后月份的税款，当年抵减不完的在汇算清缴时办理退税；12号公告发布之日前已办理注销的，不再追溯享受。

六、各级税务机关要切实提高政治站位，充分认识税收政策对于市场主体稳定预期、提振信心、安排好投资经营的重要意义，认真做好宣传解读、做优精准辅导，为纳税人提供便捷、高效的政策享受通道，积极回应纳税人诉求，全面抓好推进落实。

七、本公告自2023年1月1日起施行，2027年12月31日终止执行。《国家税务总局关于落实支持个体工商户发展个人所得税优惠政策有关事项的公告》（2023年第5号）同时废止。

特此公告。

财政部、税务总局关于金融机构小微企业贷款利息收入免征增值税政策的公告

·2023年8月1日
·财政部、税务总局公告2023年第16号

现将支持小微企业、个体工商户融资有关税收政策公告如下：

一、对金融机构向小型企业、微型企业和个体工商户发放小额贷款取得的利息收入，免征增值税。金融机构可以选择以下两种方法之一适用免税：

（一）对金融机构向小型企业、微型企业和个体工商户发放的，利率水平不高于全国银行间同业拆借中心公布的贷款市场报价利率（LPR）150%（含本数）的单笔小额贷款取得的利息收入，免征增值税；高于全国银行间同业拆借中心公布的贷款市场报价利率（LPR）150%的单

笔小额贷款取得的利息收入,按照现行政策规定缴纳增值税。

（二）对金融机构向小型企业、微型企业和个体工商户发放单笔小额贷款取得的利息收入中,不高于该笔贷款按照全国银行间同业拆借中心公布的贷款市场报价利率(LPR)150%(含本数)计算的利息收入部分,免征增值税;超过部分按照现行政策规定缴纳增值税。

金融机构可按会计年度在以上两种方法之间选定其一作为该年的免税适用方法,一经选定,该会计年度内不得变更。

二、本条公告所称金融机构,是指经中国人民银行、金融监管总局批准成立的已实现监管部门上一年度提出的小微企业贷款增长目标的机构,以及经中国人民银行、金融监管总局、中国证监会批准成立的开发银行及政策性银行、外资银行和非银行业金融机构。金融机构实现小微企业贷款增长目标情况,以金融监管总局及其派出机构考核结果为准。

三、本公告所称小型企业、微型企业,是指符合《中小企业划型标准规定》(工信部联企业〔2011〕300号)的小型企业和微型企业。其中,资产总额和从业人员指标均以贷款发放时的实际状态确定;营业收入指标以贷款发放前12个自然月的累计数确定,不满12个自然月的,按照以下公式计算:

营业收入(年)= 企业实际存续期间营业收入/企业实际存续月数×12

四、本公告所称小额贷款,是指单户授信小于1000万元(含本数)的小型企业、微型企业或个体工商户贷款;没有授信额度的,是指单户贷款合同金额且贷款余额在1000万元(含本数)以下的贷款。

五、金融机构应将相关免税证明材料留存备查,单独核算符合免税条件的小额贷款利息收入,按现行规定向主管税务机构办理纳税申报;未单独核算的,不得免征增值税。

金融机构应依法依规享受增值税优惠政策,一经发现存在虚报或造假骗取本项税收优惠情形的,停止享受本公告有关增值税优惠政策。

金融机构应持续跟踪贷款投向,确保贷款资金真正流向小型企业、微型企业和个体工商户,贷款的实际使用主体与申请主体一致。

六、金融机构向小型企业、微型企业及个体工商户发放单户授信小于100万元(含本数),或者没有授信额度、单户贷款合同金额且贷款余额在100万元(含本数)以下的贷款取得的利息收入,可按照《财政部 税务总局关于支持小微企业融资有关税收政策的公告》(财政部 税务总局公告2023年第13号)的规定免征增值税。

七、本公告执行至2027年12月31日。

特此公告。

国家税务总局关于落实小型微利企业所得税优惠政策征管问题的公告

· 2023年3月27日
· 国家税务总局公告2023年第6号

为支持小微企业发展,落实好小型微利企业所得税优惠政策,现就有关征管问题公告如下:

一、符合财政部、税务总局规定的小型微利企业条件的企业(以下简称小型微利企业),按照相关政策规定享受小型微利企业所得税优惠政策。

企业设立不具有法人资格分支机构的,应当汇总计算总机构及其各分支机构的从业人数、资产总额、年度应纳税所得额,依据合计数判断是否符合小型微利企业条件。

二、小型微利企业无论按查账征收方式或核定征收方式缴纳企业所得税,均可享受小型微利企业所得税优惠政策。

三、小型微利企业在预缴和汇算清缴企业所得税时,通过填写纳税申报表,即可享受小型微利企业所得税优惠政策。

小型微利企业应准确填报基础信息,包括从业人数、资产总额、年度应纳税所得额、国家限制或禁止行业等,信息系统将为小型微利企业智能预填优惠项目、自动计算减免税额。

四、小型微利企业预缴企业所得税时,从业人数、资产总额、年度应纳税所得额指标,暂按当年度截至本期预缴申报所属期末的情况进行判断。

五、原不符合小型微利企业条件的企业,在年度中间预缴企业所得税时,按照相关政策标准判断符合小型微利企业条件的,应按照截至本期预缴申报所属期末的累计情况,计算减免税额。当年度此前期间如因不符合小型微利企业条件而多预缴的企业所得税款,可在以后季度应预缴的企业所得税税款中抵减。

六、企业预缴企业所得税时享受了小型微利企业所得税优惠政策,但在汇算清缴时发现不符合相关政策标准的,应当按照规定补缴企业所得税税款。

七、小型微利企业所得税统一实行按季度预缴。

按月度预缴企业所得税的企业，在当年度4月、7月、10月预缴申报时，若按相关政策标准判断符合小型微利企业条件的，下一个预缴申报期起调整为按季度预缴申报，一经调整，当年度内不再变更。

八、本公告自2023年1月1日起施行。《国家税务总局关于小型微利企业所得税优惠政策征管问题的公告》（2022年第5号）同时废止。

特此公告。

财政部、税务总局关于小微企业和个体工商户所得税优惠政策的公告①

· 2023年3月26日
· 财政部、税务总局公告2023年第6号

为支持小微企业和个体工商户发展，现将有关税收政策公告如下：

一、对小型微利企业年应纳税所得额不超过100万元的部分，减按25%计入应纳税所得额，按20%的税率缴纳企业所得税。

二、对个体工商户年应纳税所得额不超过100万元的部分，在现行优惠政策基础上，减半征收个人所得税。

三、本公告所称小型微利企业，是指从事国家非限制和禁止行业，且同时符合年度应纳税所得额不超过300万元、从业人数不超过300人、资产总额不超过5000万元等三个条件的企业。

从业人数，包括与企业建立劳动关系的职工人数和企业接受的劳务派遣用工人数。所称从业人数和资产总额指标，应按企业全年的季度平均值确定。具体计算公式如下：

季度平均值=（季初值+季末值）÷2

全年季度平均值=全年各季度平均值之和÷4

年度中间开业或者终止经营活动的，以其实际经营期作为一个纳税年度确定上述相关指标。

四、本公告执行期限为2023年1月1日至2024年12月31日。

特此公告。

财政部、税务总局关于进一步实施小微企业所得税优惠政策的公告

· 2022年3月14日
· 财政部、税务总局公告2022年第13号

为进一步支持小微企业发展，现将有关税收政策公告如下：

一、对小型微利企业年应纳税所得额超过100万元但不超过300万元的部分，减按25%计入应纳税所得额，按20%的税率缴纳企业所得税。

二、本公告所称小型微利企业，是指从事国家非限制和禁止行业，且同时符合年度应纳税所得额不超过300万元、从业人数不超过300人、资产总额不超过5000万元等三个条件的企业。

从业人数，包括与企业建立劳动关系的职工人数和企业接受的劳务派遣用工人数。所称从业人数和资产总额指标，应按企业全年的季度平均值确定。具体计算公式如下：

季度平均值=（季初值+季末值）÷2

全年季度平均值=全年各季度平均值之和÷4

年度中间开业或者终止经营活动的，以其实际经营期作为一个纳税年度确定上述相关指标。

三、本公告执行期限为2022年1月1日至2024年12月31日。

特此公告。

国家税务总局关于进一步优化增值税优惠政策办理程序及服务有关事项的公告

· 2021年3月29日
· 国家税务总局公告2021年第4号

为贯彻落实中共中央办公厅、国务院办公厅印发的《关于进一步深化税收征管改革的意见》，深化税务系统"放管服"改革，进一步优化税收营商环境，更好地为纳税人缴费人办实事，开展好便民办税春风行动，进一步精简享受优惠政策办理流程和手续，现将有关事项公告如下：

一、单位和个体工商户（以下统称纳税人）适用增值税减征、免征政策的，在增值税纳税申报时按规定填写申报表相应减免税栏次即可享受，相关政策规定的证明材

---

① "个体工商户所得税优惠政策"已被《财政部、税务总局关于进一步支持小微企业和个体工商户发展有关税费政策的公告》停止执行。

料留存备查。

二、纳税人适用增值税即征即退政策的,应当在首次申请增值税退税时,按规定向主管税务机关提供退税申请材料和相关政策规定的证明材料。

纳税人后续申请增值税退税时,相关证明材料未发生变化的,无需重复提供,仅需提供退税申请材料并在退税申请中说明有关情况。纳税人享受增值税即征即退条件发生变化的,应当在发生变化后首次纳税申报时向主管税务机关书面报告。

三、除另有规定外,纳税人不再符合增值税优惠条件的,应当自不符合增值税优惠条件的当月起,停止享受增值税优惠。

本公告自 2021 年 4 月 1 日起施行。

特此公告。

营业税改征增值税跨境应税
行为增值税免税管理办法(试行)

· 2016 年 5 月 6 日国家税务总局公告 2016 年第 29 号公布
· 根据 2018 年 6 月 15 日《国家税务总局关于修改部分税收规范性文件的公告》修正

第一条 中华人民共和国境内(以下简称境内)的单位和个人(以下称纳税人)发生跨境应税行为,适用本办法。

第二条 下列跨境应税行为免征增值税:

(一)工程项目在境外的建筑服务。

工程总承包方和工程分包方为施工地点在境外的工程项目提供的建筑服务,均属于工程项目在境外的建筑服务。

(二)工程项目在境外的工程监理服务。

(三)工程、矿产资源在境外的工程勘察勘探服务。

(四)会议展览地点在境外的会议展览服务。

为客户参加在境外举办的会议、展览而提供的组织安排服务,属于会议展览地点在境外的会议展览服务。

(五)存储地点在境外的仓储服务。

(六)标的物在境外使用的有形动产租赁服务。

(七)在境外提供的广播影视节目(作品)的播映服务。

在境外提供的广播影视节目(作品)播映服务,是指在境外的影院、剧院、录像厅及其他场所播映广播影视节目(作品)。

通过境内的电台、电视台、卫星通信、互联网、有线电视等无线或者有线装置向境外播映广播影视节目(作品),不属于在境外提供的广播影视节目(作品)播映服务。

(八)在境外提供的文化体育服务、教育医疗服务、旅游服务。

在境外提供的文化体育服务和教育医疗服务,是指纳税人在境外现场提供的文化体育服务和教育医疗服务。

为参加在境外举办的科技活动、文化活动、文化演出、文化比赛、体育比赛、体育表演、体育活动而提供的组织安排服务,属于在境外提供的文化体育服务。

通过境内的电台、电视台、卫星通信、互联网、有线电视等媒体向境外单位或个人提供的文化体育服务或教育医疗服务,不属于在境外提供的文化体育服务、教育医疗服务。

(九)为出口货物提供的邮政服务、收派服务、保险服务。

1. 为出口货物提供的邮政服务,是指:

(1)寄递函件、包裹等邮件出境。

(2)向境外发行邮票。

(3)出口邮册等邮品。

2. 为出口货物提供的收派服务,是指为出境的函件、包裹提供的收件、分拣、派送服务。

纳税人为出口货物提供收派服务,免税销售额为其向寄件人收取的全部价款和价外费用。

3. 为出口货物提供的保险服务,包括出口货物保险和出口信用保险。

(十)向境外单位销售的完全在境外消费的电信服务。

纳税人向境外单位或者个人提供的电信服务,通过境外电信单位结算费用的,服务接受方为境外电信单位,属于完全在境外消费的电信服务。

(十一)向境外单位销售的完全在境外消费的知识产权服务。

服务实际接受方为境内单位或者个人的知识产权服务,不属于完全在境外消费的知识产权服务。

(十二)向境外单位销售的完全在境外消费的物流辅助服务(仓储服务、收派服务除外)。

境外单位从事国际运输和港澳台运输业务经停我国机场、码头、车站、领空、内河、海域时,纳税人向其提供的航空地面服务、港口码头服务、货运客运站场服务、打捞救助服务、装卸搬运服务,属于完全在境外消费的物流辅助服务。

（十三）向境外单位销售的完全在境外消费的鉴证咨询服务。

下列情形不属于完全在境外消费的鉴证咨询服务：

1. 服务的实际接受方为境内单位或者个人。

2. 对境内的货物或不动产进行的认证服务、鉴证服务和咨询服务。

（十四）向境外单位销售的完全在境外消费的专业技术服务。

下列情形不属于完全在境外消费的专业技术服务：

1. 服务的实际接受方为境内单位或者个人。

2. 对境内的天气情况、地震情况、海洋情况、环境和生态情况进行的气象服务、地震服务、海洋服务、环境和生态监测服务。

3. 为境内的地形地貌、地质构造、水文、矿藏等进行的测绘服务。

4. 为境内的城、乡、镇提供的城市规划服务。

（十五）向境外单位销售的完全在境外消费的商务辅助服务。

1. 纳税人向境外单位提供的代理报关服务和货物运输代理服务，属于完全在境外消费的代理报关服务和货物运输代理服务。

2. 纳税人向境外单位提供的外派海员服务，属于完全在境外消费的人力资源服务。外派海员服务，是指境内单位派出属于本单位员工的海员，为境外单位在境外提供的船舶驾驶和船舶管理等服务。

3. 纳税人以对外劳务合作方式，向境外单位提供的完全在境外发生的人力资源服务，属于完全在境外消费的人力资源服务。对外劳务合作，是指境内单位与境外单位签订劳务合作合同，按照合同约定组织和协助中国公民赴境外工作的活动。

4. 下列情形不属于完全在境外消费的商务辅助服务：

（1）服务的实际接受方为境内单位或者个人。

（2）对境内不动产的投资与资产管理服务、物业管理服务、房地产中介服务。

（3）拍卖境内货物或不动产过程中提供的经纪代理服务。

（4）为境内货物或不动产的物权纠纷提供的法律代理服务。

（5）为境内货物或不动产提供的安全保护服务。

（十六）向境外单位销售的广告投放地在境外的广告服务。

广告投放地在境外的广告服务，是指为在境外发布的广告提供的广告服务。

（十七）向境外单位销售的完全在境外消费的无形资产（技术除外）。

下列情形不属于向境外单位销售的完全在境外消费的无形资产：

1. 无形资产未完全在境外使用。

2. 所转让的自然资源使用权与境内自然资源相关。

3. 所转让的基础设施资产经营权、公共事业特许权与境内货物或不动产相关。

4. 向境外单位转让在境内销售货物、应税劳务、服务、无形资产或不动产的配额、经营权、经销权、分销权、代理权。

（十八）为境外单位之间的货币资金融通及其他金融业务提供的直接收费金融服务，且该服务与境内的货物、无形资产和不动产无关。

为境外单位之间、境外单位和个人之间的外币、人民币资金往来提供的资金清算、资金结算、金融支付、账户管理服务，属于为境外单位之间的货币资金融通及其他金融业务提供的直接收费金融服务。

（十九）属于以下情形的国际运输服务：

1. 以无运输工具承运方式提供的国际运输服务。

2. 以水路运输方式提供国际运输服务但未取得《国际船舶运输经营许可证》的。

3. 以公路运输方式提供国际运输服务但未取得《道路运输经营许可证》或者《国际汽车运输行车许可证》，或者《道路运输经营许可证》的经营范围未包括"国际运输"的。

4. 以航空运输方式提供国际运输服务但未取得《公共航空运输企业经营许可证》，或者其经营范围未包括"国际航空客货邮运输业务"的。

5. 以航空运输方式提供国际运输服务但未持有《通用航空经营许可证》，或者其经营范围未包括"公务飞行"的。

（二十）符合零税率政策但适用简易计税方法或声明放弃适用零税率选择免税的下列应税行为：

1. 国际运输服务。

2. 航天运输服务。

3. 向境外单位提供的完全在境外消费的下列服务：

（1）研发服务；

（2）合同能源管理服务；

（3）设计服务；

(4)广播影视节目(作品)的制作和发行服务；

(5)软件服务；

(6)电路设计及测试服务；

(7)信息系统服务；

(8)业务流程管理服务；

(9)离岸服务外包业务。

4.向境外单位转让完全在境外消费的技术。

第三条 纳税人向国内海关特殊监管区域内的单位或者个人销售服务、无形资产，不属于跨境应税行为，应照章征收增值税。

第四条 2016年4月30日前签订的合同，符合《财政部、国家税务总局关于将铁路运输和邮政业纳入营业税改征增值税试点的通知》(财税〔2013〕106号)附件4和《财政部、国家税务总局关于影视等出口服务适用增值税零税率政策的通知》(财税〔2015〕118号)规定的免税政策条件的，在合同到期前可以继续享受免税政策。

第五条 纳税人发生本办法第二条所列跨境应税行为，除第(九)项、第(二十)项外，必须签订跨境销售服务或无形资产书面合同。否则，不予免征增值税。

纳税人向外国航空运输企业提供空中飞行管理服务，以中国民用航空局下发的航班计划或者中国民用航空局清算中心临时来华飞行记录，为跨境销售服务书面合同。

纳税人向外国航空运输企业提供物流辅助服务(除空中飞行管理服务外)，与经中国民用航空局批准设立的外国航空运输企业常驻代表机构签订的书面合同，属于与服务接受方签订跨境销售服务书面合同。外国航空运输企业临时来华飞行，未签订跨境服务书面合同的，以中国民用航空局清算中心临时来华飞行记录为跨境销售服务书面合同。

施工地点在境外的工程项目，工程分包方应提供工程项目在境外的证明、与发包方签订的建筑合同原件及复印件等资料，作为跨境销售服务书面合同。

第六条 纳税人向境外单位销售服务或无形资产，按本办法规定免征增值税的，该项销售服务或无形资产的全部收入应从境外取得，否则，不予免征增值税。

下列情形视同从境外取得收入：

(一)纳税人向外国航空运输企业提供物流辅助服务，从中国民用航空局清算中心、中国航空结算有限责任公司或者经中国民用航空局批准设立的外国航空运输企业常驻代表机构取得的收入。

(二)纳税人与境外关联单位发生跨境应税行为，从境内第三方结算公司取得的收入。上述所称第三方结算公司，是指承担跨国企业集团内部成员单位资金集中运营管理职能的资金结算公司，包括财务公司、资金池、资金结算中心等。

(三)纳税人向外国船舶运输企业提供物流辅助服务，通过外国船舶运输企业指定的境内代理公司结算取得的收入。

(四)国家税务总局规定的其他情形。

第七条 纳税人发生跨境应税行为免征增值税的，应单独核算跨境应税行为的销售额，准确计算不得抵扣的进项税额，其免税收入不得开具增值税专用发票。

纳税人为出口货物提供收派服务，按照下列公式计算不得抵扣的进项税额：

不得抵扣的进项税额=当期无法划分的全部进项税额×(当期简易计税方法计税项目销售额+免征增值税项目销售额-为出口货物提供收派服务支付给境外合作方的费用)÷当期全部销售额

第八条 纳税人发生免征增值税跨境应税行为，除提供第二条第(二十)项所列服务外，应在首次享受免税的纳税申报期内或在各省、自治区、直辖市和计划单列市税务局规定的申报征期后的其他期限内，到主管税务机关办理跨境应税行为免税备案手续，同时提交以下备案材料：

(一)《跨境应税行为免税备案表》(附件1)；

(二)本办法第五条规定的跨境销售服务或无形资产的合同原件及复印件；

(三)提供本办法第二条第(一)项至第(八)项和第(十六)项服务，应提交服务地点在境外的证明材料原件及复印件；

(四)提供本办法第二条规定的国际运输服务，应提交实际发生相关业务的证明材料；

(五)向境外单位销售服务或无形资产，应提交服务或无形资产购买方的机构所在地在境外的证明材料；

(六)国家税务总局规定的其他资料。

第九条 纳税人发生第二条第(二十)项所列应税行为的，应在首次享受免税的纳税申报期内或在各省、自治区、直辖市和计划单列市税务局规定的申报征期后的其他期限内，到主管税务机关办理跨境应税行为免税备案手续，同时提交以下备案材料：

(一)已向办理增值税免抵退税或免退税的主管税务机关备案的《放弃适用增值税零税率声明》(附件2)；

(二)该项应税行为享受零税率到主管税务机关办

理增值税免抵退税或免退税申报时需报送的材料和原始凭证。

第十条 按照本办法第八条规定提交备案的跨境销售服务或无形资产合同原件为外文的,应提供中文翻译件并由法定代表人(负责人)签字或者单位盖章。

纳税人无法提供本办法第八条规定的境外资料原件的,可只提供复印件,注明"复印件与原件一致"字样,并由法定代表人(负责人)签字或者单位盖章;境外资料原件为外文的,应提供中文翻译件并由法定代表人(负责人)签字或者单位盖章。

主管税务机关对提交的境外证明材料有明显疑义的,可以要求纳税人提供境外公证部门出具的证明材料。

第十一条 纳税人办理跨境应税行为免税备案手续时,主管税务机关应当根据以下情况分别做出处理:

(一)备案材料存在错误的,应当告知并允许纳税人更正。

(二)备案材料不齐全或者不符合规定形式的,应当场一次性告知纳税人补正。

(三)备案材料齐全、符合规定形式的,或者纳税人按照税务机关的要求提交全部补正备案材料的,应当受理纳税人的备案,并将有关资料原件退还纳税人。

(四)按照税务机关的要求补正后的备案材料仍不符合本办法第八、九、十条规定的,应当对纳税人的本次跨境应税行为免税备案不予受理,并将所有报送材料退还纳税人。

第十二条 主管税务机关受理或者不予受理纳税人跨境应税行为免税备案,应当出具加盖本机关专用印章和注明日期的书面凭证。

第十三条 原签订的跨境销售服务或无形资产合同发生变更,或者跨境销售服务或无形资产的有关情况发生变化,变化后仍属于本办法第二条规定的免税范围的,纳税人应向主管税务机关重新办理跨境应税行为免税备案手续。

第十四条 纳税人应当完整保存本办法第八、九、十条要求的各项材料。纳税人在税务机关后续管理中不能提供上述材料的,不得享受本办法规定的免税政策,对已享受的减免税款应予补缴,并依照《中华人民共和国税收征收管理法》的有关规定处理。

第十五条 纳税人发生跨境应税行为享受免税的,应当按规定进行纳税申报。纳税人享受免税到期或实际经营情况不再符合本办法规定的免税条件的,应当停止享受免税,并按照规定申报纳税。

第十六条 纳税人发生实际经营情况不符合本办法规定的免税条件、采用欺骗手段获取免税、或者享受减免税条件发生变化未及时向税务机关报告,以及未按照本办法规定履行相关程序自行减免税的,税务机关依照《中华人民共和国税收征收管理法》有关规定予以处理。

第十七条 税务机关应高度重视跨境应税行为增值税免税管理工作,针对纳税人的备案材料,采取案头分析、日常检查、重点稽查等方式,加强对纳税人业务真实性的核实,发现问题的,按照现行有关规定处理。

第十八条 纳税人发生的与香港、澳门、台湾有关的应税行为,参照本办法执行。

第十九条 本办法自2016年5月1日起施行。此前,纳税人发生符合本办法第四条规定的免税跨境应税行为,已办理免税备案手续的,不再重新办理免税备案手续。纳税人发生符合本办法第二条和第四条规定的免税跨境应税行为,未办理免税备案手续但已进行免税申报的,按照本办法规定补办备案手续;未进行免税申报的,按照本办法规定办理跨境服务备案手续后,可以申请退还已缴税款或者抵减以后的应纳税额;已开具增值税专用发票的,应将全部联次追回后方可办理跨境应税行为免税备案手续。

附件:(略)

财政部等十一部门关于"十四五"期间支持科技创新进口税收政策管理办法的通知

· 2021年4月16日
· 财关税〔2021〕24号

各省、自治区、直辖市、计划单列市财政厅(局)、党委宣传部、发展改革委、教育厅(局)、科技厅(委、局)、工业和信息化主管部门、民政厅(局)、商务厅(委、局)、文化和旅游厅(委、局)、新疆生产建设兵团财政局、党委宣传部、发展改革委、教育局、科技局、工业和信息化局、民政局、商务局、文体广旅局,海关总署广东分署、各直属海关,国家税务总局各省、自治区、直辖市、计划单列市税务局,财政部各地监管局,国家税务总局驻各地特派员办事处:

为落实《财政部 海关总署 税务总局关于"十四五"期间支持科技创新进口税收政策的通知》(财关税〔2021〕23号,以下简称《通知》),现将政策管理办法通知如下:

一、科技部核定从事科学研究工作的中央级科研院所名单,函告海关总署,抄送财政部、税务总局。省级(包括省、自治区、直辖市、计划单列市、新疆生产建设兵团,下同)科技主管部门会同省级财政、税务部门和科研院所所在地直属海关核定从事科学研究工作的省级、地市级科研院所名单，核定结果由省级科技主管部门函告科研院所所在地直属海关，抄送省级财政、税务部门，并报送科技部。

本办法所称科研院所名单，包括科研院所所属具有独立法人资格的图书馆、研究生院名单。

二、科技部核定国家实验室、国家重点实验室、企业国家重点实验室、国家技术创新中心、国家临床医学研究中心、国家工程技术研究中心名单，国家发展改革委核定国家产业创新中心、国家工程研究中心、国家企业技术中心名单，工业和信息化部核定国家制造业创新中心、国家中小企业公共服务示范平台(技术类)名单。核定结果分别由科技部、国家发展改革委、工业和信息化部函告海关总署，抄送财政部、税务总局。

科技部核定根据《国务院办公厅转发科技部等部门关于深化科研机构管理体制改革实施意见的通知》(国办发〔2000〕38号)，国务院部门(单位)所属科研机构已转制为企业或进入企业的主要从事科学研究和技术开发工作的机构名单，函告海关总署，抄送财政部、税务总局。省级科技主管部门会同省级财政、税务部门和机构所在地直属海关核定根据国办发〔2000〕38号文件，各省、自治区、直辖市、计划单列市所属已转制为企业或进入企业的主要从事科学研究和技术开发工作的机构名单，核定结果由省级科技主管部门函告机构所在地直属海关，抄送省级财政、税务部门，并报送科技部。

科技部会同民政部核定或者省级科技主管部门会同省级民政、财政、税务部门和社会研发机构所在地直属海关核定科技类民办非企业单位性质的社会研发机构名单。科技部牵头的核定结果，由科技部函告海关总署，抄送民政部、财政部、税务总局。省级科技主管部门牵头的核定结果，由省级科技主管部门函告社会研发机构所在地直属海关，抄送省级民政、财政、税务部门，并报送科技部。享受政策的科技类民办非企业单位性质的社会研发机构条件见附件1。

省级科技主管部门会同省级财政、税务部门和社会研发机构所在地直属海关核定事业单位性质的社会研发机构名单，核定结果由省级科技主管部门函告社会研发机构所在地直属海关，抄送省级财政、税务部门，并报送科技部。享受政策的事业单位性质的社会研发机构，应符合科技部和省级科技主管部门规定的事业单位性质的社会研发机构(新型研发机构)条件。

省级商务主管部门会同省级财政、税务部门和外资研发中心所在地直属海关核定外资研发中心名单，核定结果由省级商务主管部门函告外资研发中心所在地直属海关，抄送省级财政、税务部门，并报送商务部。享受政策的外资研发中心条件见附件2。

本条上述函告文件中，凡不具有独立法人资格的单位、机构，应一并函告其依托单位；有关单位、机构具有有效期限的，应一并函告其有效期限。

三、教育部核定国家承认学历的实施专科及以上高等学历教育的高等学校及其具有独立法人资格的分校、异地办学机构名单，函告海关总署，抄送财政部、税务总局。

四、文化和旅游部核定省级以上公共图书馆名单，函告海关总署，抄送财政部、税务总局。省级文化和旅游主管部门会同省级财政、税务部门和公共图书馆所在地直属海关核定省级、地市级公共图书馆名单，核定结果由省级文化和旅游主管部门函告公共图书馆所在地直属海关，抄送省级财政、税务部门，并报送文化和旅游部。

五、中央宣传部核定具有出版物进口许可的出版物进口单位名单，函告海关总署，抄送中央党校(国家行政学院)、教育部、科技部、财政部、文化和旅游部、税务总局。

出版物进口单位免税进口图书、资料等商品的销售对象为中央党校(国家行政学院)和省级、地市级、县级党校(行政学院)以及本办法第一、三、四条中经核定的单位。牵头核定部门应结合实际需要，将核定的有关单位名单告知有关出版物进口单位。

六、中央党校(国家行政学院)和省级、地市级、县级党校(行政学院)以及按照本办法规定经核定的单位或机构(以下统称进口单位)，应按照海关有关规定，办理有关进口商品的减免税手续。

七、本办法中相关部门函告海关的进口单位名单和《通知》第五条所称的免税进口商品清单应注明批次。其中，第一批名单、清单自2021年1月1日实施，至第一批名单印发之日后30日内已征的应免税款，准予退还；以后批次的名单、清单，分别自其印发之日后第20日起实施。中央党校(国家行政学院)和省级、地市级、县级党校(行政学院)自2021年1月1日起具备免税进口资格，至本办法印发之日后30日内已征的应免税款，准予退还。

前款规定的已征应免税款，依进口单位申请准予退还。其中，已征税进口且尚未申报增值税进项税额抵扣的，应事先取得主管税务机关出具的《"十四五"期间支持科技创新进口税收政策项下进口商品已征进口环节增值税未抵扣情况表》(见附件3),向海关申请办理退还已征进口关税和进口环节增值税手续;已申报增值税进项税额抵扣的,仅向海关申请办理退还已征进口关税手续。

八、进口单位可向主管海关提出申请,选择放弃免征进口环节增值税。进口单位主动放弃免征进口环节增值税后,36个月内不得再次申请免征进口环节增值税。

九、进口单位发生名称、经营范围变更等情形的,应在《通知》有效期限内及时将有关变更情况说明报送核定其名单的牵头部门。牵头部门按照本办法规定的程序,核定变更后的单位自变更登记之日起能否继续享受政策,注明变更登记日期。核定结果由牵头部门函告海关(核定结果较多时,每年至少分两批函告),抄送同级财政、税务及其他有关部门。其中,牵头部门为省级科技、商务、文化和旅游主管部门的,核定结果应相应报送科技部、商务部、文化和旅游部。

十、进口单位应按有关规定使用免税进口商品,如违反规定,将免税进口商品擅自转让、移作他用或者进行其他处置,被依法追究刑事责任的,在《通知》剩余有效期限内停止享受政策。

十一、进口单位如存在以虚报情况获得免税资格,由核定其名单的牵头部门查实后函告海关,自函告之日起,该单位在《通知》剩余有效期限内停止享受政策。

十二、中央宣传部、国家发展改革委、教育部、科技部、工业和信息化部、民政部、商务部、文化和旅游部加强政策评估工作。

十三、本办法印发之日后90日内,省级科技主管部门应会同省级民政、财政、税务部门和社会研发机构所在地直属海关制定核定享受政策的科技类民办非企业单位性质、事业单位性质的社会研发机构名单的具体实施办法,省级商务主管部门应会同省级财政、税务部门和外资研发中心所在地直属海关制定核定享受政策的外资研发中心名单的具体实施办法。

十四、财政等有关部门及其工作人员在政策执行过程中,存在违反执行免税政策规定的行为,以及滥用职权、玩忽职守、徇私舞弊等违法违纪行为的,依照国家有关规定追究相应责任;涉嫌犯罪的,依法追究刑事责任。

十五、本办法有效期为2021年1月1日至2025年12月31日。

附件:1.享受"十四五"期间支持科技创新进口税收政策的科技类民办非企业单位性质的社会研发机构条件(略)

2.享受"十四五"期间支持科技创新进口税收政策的外资研发中心条件(略)

3."十四五"期间支持科技创新进口税收政策项下进口商品已征进口环节增值税未抵扣情况表(略)

财政部、税务总局关于延续实施金融机构农户贷款利息收入免征增值税政策的公告

·2023年9月26日
·财政部、税务总局公告2023年第67号

为支持金融机构发放农户贷款,现将有关增值税政策公告如下:

一、对金融机构向农户发放小额贷款取得的利息收入,免征增值税。金融机构应将相关免税证明材料留存备查,单独核算符合免税条件的小额贷款利息收入,按现行规定向主管税务机关办理纳税申报;未单独核算的,不得免征增值税。

二、本公告所称农户,是指长期(一年以上)居住在乡镇(不包括城关镇)行政管理区域内的住户,还包括长期居住在城关镇所辖行政村范围内的住户和户口不在本地而在本地居住一年以上的住户,国有农场的职工。位于乡镇(不包括城关镇)行政管理区域内和在城关镇所辖行政村范围内的国有经济的机关、团体、学校、企事业单位的集体户;有本地户口,但举家外出谋生一年以上的住户,无论是否保留承包耕地均不属于农户。农户以户为统计单位,既可以从事农业生产经营,也可以从事非农业生产经营。农户贷款的判定应以贷款发放时的借款人是否属于农户为准。

三、本公告所称小额贷款,是指单户授信小于100万元(含本数)的农户贷款;没有授信额度的,是指单户贷款合同金额且贷款余额在100万元(含本数)以下的贷款。

四、本公告执行至2027年12月31日。

特此公告。

财政部、税务总局关于先进制造业企业增值税加计抵减政策的公告

·2023年9月3日
·财政部、税务总局公告2023年第43号

现将先进制造业企业增值税加计抵减政策公告如下:

一、自2023年1月1日至2027年12月31日,允许

先进制造业企业按照当期可抵扣进项税额加计5%抵减应纳增值税税额（以下称加计抵减政策）。

本公告所称先进制造业企业是指高新技术企业（含所属的非法人分支机构）中的制造业一般纳税人，高新技术企业是指按照《科技部 财政部 国家税务总局关于修订印发〈高新技术企业认定管理办法〉的通知》（国科发火〔2016〕32号）规定认定的高新技术企业。先进制造业企业具体名单，由各省、自治区、直辖市、计划单列市工业和信息化部门会同同级科技、财政、税务部门确定。

二、先进制造业企业按照当期可抵扣进项税额的5%计提当期加计抵减额。按照现行规定不得从销项税额中抵扣的进项税额，不得计提加计抵减额；已计提加计抵减额的进项税额，按规定作进项税额转出的，应在进项税额转出当期，相应调减加计抵减额。

三、先进制造业企业按照现行规定计算一般计税方法下的应纳税额（以下称抵减前的应纳税额）后，区分以下情形加计抵减：

1. 抵减前的应纳税额等于零的，当期可抵减加计抵减额全部结转下期抵减；

2. 抵减前的应纳税额大于零，且大于当期可抵减加计抵减额的，当期可抵减加计抵减额全额从抵减前的应纳税额中抵减；

3. 抵减前的应纳税额大于零，且小于或等于当期可抵减加计抵减额的，以当期可抵减加计抵减额抵减应纳税额至零；未抵减完的当期可抵减加计抵减额，结转下期继续抵减。

四、先进制造业企业可计提但未计提的加计抵减额，可在确定适用加计抵减政策当期一并计提。

五、先进制造业企业出口货物劳务、发生跨境应税行为不适用加计抵减政策，其对应的进项税额不得计提加计抵减额。

先进制造业企业兼营出口货物劳务、发生跨境应税行为且无法划分不得计提加计抵减额的进项税额，按照以下公式计算：

不得计提加计抵减额的进项税额＝当期无法划分的全部进项税额×当期出口货物劳务和发生跨境应税行为的销售额÷当期全部销售额

六、先进制造业企业应单独核算加计抵减额的计提、抵减、调减、结余等变动情况。骗取适用加计抵减政策或虚增加计抵减额的，按照《中华人民共和国税收征收管理法》等有关规定处理。

七、先进制造业企业同时符合多项增值税加计抵减政策的，可以择优选择适用，但在同一期间不得叠加适用。

特此公告。

财政部、税务总局关于广告费和业务宣传费支出税前扣除有关事项的公告

· 2020年11月27日
· 财政部、税务总局公告2020年第43号

根据《中华人民共和国企业所得税法》及其实施条例，现就广告费和业务宣传费支出税前扣除有关事项公告如下：

一、对化妆品制造或销售、医药制造和饮料制造（不含酒类制造）企业发生的广告费和业务宣传费支出，不超过当年销售（营业）收入30%的部分，准予扣除；超过部分，准予在以后纳税年度结转扣除。

二、对签订广告费和业务宣传费分摊协议（以下简称分摊协议）的关联企业，其中一方发生的不超过当年销售（营业）收入税前扣除限额比例内的广告费和业务宣传费支出可以在本企业扣除，也可以将其中的部分或全部按照分摊协议归集至另一方扣除。另一方在计算本企业广告费和业务宣传费支出企业所得税前扣除限额时，可将按照上述办法归集至本企业的广告费和业务宣传费不计算在内。

三、烟草企业的烟草广告费和业务宣传费支出，一律不得在计算应纳税所得额时扣除。

四、本通知自2021年1月1日起至2025年12月31日止执行。《财政部、税务总局关于广告费和业务宣传费支出税前扣除政策的通知》（财税〔2017〕41号）自2021年1月1日起废止。

启运港退(免)税管理办法

· 2018年12月28日
· 国家税务总局公告2018年第66号

第一条 为规范启运港退（免）税管理，根据《财政部 海关总署 税务总局关于完善启运港退税政策的通知》的有关规定，制定本办法。

第二条 出口企业适用启运港退（免）税政策须同时满足以下条件：

（一）出口企业的出口退（免）税分类管理类别为一类

或二类,并且在海关的信用等级为一般信用企业或认证企业(以税务总局清分的企业海关信用等级信息为准);

(二)出口企业出口适用退(免)税政策的货物,并且能够取得海关提供的启运港出口货物报关单电子信息;

(三)除本公告另有规定外,出口货物自启运日(以启运港出口货物报关单电子信息上注明的出口日期为准,下同)起2个月内办理结关核销手续。

第三条　适用启运港退(免)税政策的出口货物,其退税率执行时间以启运港出口货物报关单电子信息上注明的出口日期为准。

第四条　出口企业应自启运日起2个月内,凭启运港出口货物报关单电子信息及相关材料向主管出口退税的税务机关申报办理启运港退(免)税。

出口企业自启运日起超过2个月未办理结关核销手续或未申报启运港退(免)税的出口货物,应使用正常结关核销的出口货物报关单电子信息及相关材料按照现行规定申报办理退(免)税。

出口企业申报办理启运港退(免)税时,应在申报明细表的"退(免)税业务类型"栏内填写"QYGTS"标识。外贸企业应使用单独关联号申报适用本办法的出口货物退(免)税。

第五条　主管出口退税的税务机关受理出口企业启运港退(免)税首次申报时,即视为出口企业完成启运港退(免)税备案。

第六条　主管出口退税的税务机关办理启运港退(免)税相关事项所使用的信息,应以税务总局清分的下列信息为准:

(一)企业海关信用等级信息;

(二)启运港出口货物报关单信息(加启运港退税标识,以下简称"启运数据");

(三)正常结关核销的报关单数据(加启运港退税标识,以下简称"结关数据");

(四)货物未运抵离境港不再出口,海关撤销的报关单数据(以下简称"撤销数据")。

第七条　主管出口退税的税务机关应使用启运数据受理审核启运港退(免)税。

第八条　主管出口退税的税务机关应定期使用结关数据和撤销数据开展启运港退(免)税复核工作。对复核比对异常的,按以下原则进行处理:

(一)启运数据中的出口数量及单位、总价等项目与结关数据不一致的,以结关数据为准进行调整或追缴已退(免)税款;

(二)涉及撤销数据的,根据现行规定进行调整或追缴已退(免)税款;

(三)自启运日起超过2个月仍未收到结关数据(以下简称"到期未结关数据")的,除本办法第九条规定情形外,根据现行规定追缴已退(免)税款,该笔出口货物不再适用启运港退(免)税政策。

第九条　出口企业已申报办理启运港退(免)税的货物,因自然灾害、社会突发事件等不可抗力因素,预计2个月内无法办理结关核销手续的,应自启运日起2个月内向主管出口退税的税务机关提出申请,经主管出口退税的税务机关同意后,暂不追缴已退(免)税款。

上述货物在启运日次年的退(免)税申报期限截止之日前,主管出口退税的税务机关收到结关数据的,应按照本办法第八条规定处理;仍未收到结关数据的(以下简称"次年未结关数据"),该笔出口货物不再适用启运港退(免)税政策,主管出口退税的税务机关根据现行规定追缴已退(免)税款。

第十条　按第八条、第九条规定已追缴退(免)税款或进行调整处理的到期未结关数据和次年未结关数据,海关又办理结关核销手续的,出口企业可凭正常结关核销的出口货物报关单电子信息及相关材料重新申报出口退(免)税,主管出口退税的税务机关依据结关数据按照现行规定审核办理退(免)税。

第十一条　货物未运抵离境港不再出口,海关撤销出口货物报关单的,出口企业应按照现行规定向主管出口退税的税务机关申请出具《出口货物退运已补税(未退税)证明》,主管出口退税的税务机关在出具证明时,应使用撤销数据进行审核比对。出口企业未申报退(免)税的,不得再申报退(免)税;已申报办理退(免)税的,应补缴已退(免)税款。

第十二条　2018年4月10日(以海关出口报关单电子信息注明的出口日期为准)以后的启运港出口货物,出口企业不再提供纸质出口货物报关单(出口退税专用)。

第十三条　本办法施行前符合本办法规定的适用启运港退(免)税办法的出口货物,可按本办法申报办理出口退(免)税相关事项。此前已按结关数据办理出口退(免)税事项的,不作调整。

第十四条　本办法未尽事宜,按照现行出口退(免)税相关规定执行。

第十五条　本办法自2019年1月1日起施行,启运港出口货物报关单电子信息上注明的出口日期为2019年1月1日以后(含)的启运港退(免)税事项按本办法

财政部、税务总局、民政部关于公益性捐赠税前扣除有关事项的公告

· 2020 年 5 月 13 日
· 财政部公告 2020 年第 27 号

为贯彻落实《中华人民共和国企业所得税法》及其实施条例、《中华人民共和国个人所得税法》及其实施条例，现就公益性捐赠税前扣除有关事项公告如下：

一、企业或个人通过公益性社会组织、县级以上人民政府及其部门等国家机关，用于符合法律规定的公益慈善事业捐赠支出，准予按税法规定在计算应纳税所得额时扣除。

二、本公告第一条所称公益慈善事业，应当符合《中华人民共和国公益事业捐赠法》第三条对公益事业范围的规定或者《中华人民共和国慈善法》第三条对慈善活动范围的规定。

三、本公告第一条所称公益性社会组织，包括依法设立或登记并按规定条件和程序取得公益性捐赠税前扣除资格的慈善组织、其他社会组织和群众团体。公益性群众团体的公益性捐赠税前扣除资格确认及管理按现行规定执行。依法登记的慈善组织和其他社会组织的公益性捐赠税前扣除资格确认及管理按本公告执行。

四、在民政部门依法登记的慈善组织和其他社会组织（以下统称社会组织），取得公益性捐赠税前扣除资格应当同时符合以下规定：

（一）符合企业所得税法实施条例第五十二条第一项到第八项规定的条件。

（二）每年应当在 3 月 31 日前按要求向登记管理机关报送经审计的上年度专项信息报告。报告应当包括财务收支和资产负债总体情况、开展募捐和接受捐赠情况、公益慈善事业支出及管理费用情况（包括本条第三项、第四项规定的比例情况）等内容。

首次确认公益性捐赠税前扣除资格的，应当报送经审计的前两个年度的专项信息报告。

（三）具有公开募捐资格的社会组织，前两年度每年用于公益慈善事业的支出占上年总收入的比例均不得低于 70%。计算该支出比例时，可以用前三年收入平均数代替上年总收入。

不具有公开募捐资格的社会组织，前两年度每年用于公益慈善事业的支出占上年末净资产的比例均不得低于 8%。计算该比例时，可以用前三年年末净资产平均数代替上年末净资产。

（四）具有公开募捐资格的社会组织，前两年度每年支出的管理费用占当年总支出的比例均不得高于 10%。

不具有公开募捐资格的社会组织，前两年每年支出的管理费用占当年总支出的比例均不得高于 12%。

（五）具有非营利组织免税资格，且免税资格在有效期内。

（六）前两年度未受到登记管理机关行政处罚（警告除外）。

（七）前两年度未被登记管理机关列入严重违法失信名单。

（八）社会组织评估等级为 3A 以上（含 3A）且该评估结果在确认公益性捐赠税前扣除资格时仍在有效期内。

公益慈善事业支出、管理费用和总收入的标准和范围，按照《民政部、财政部、国家税务总局关于印发〈关于慈善组织开展慈善活动年度支出和管理费用的规定〉的通知》（民发〔2016〕189 号）关于慈善活动支出、管理费用和上年总收入的有关规定执行。

按照《中华人民共和国慈善法》新设立或新认定的慈善组织，在其取得非营利组织免税资格的当年，只需要符合本条第一项、第六项、第七项条件即可。

五、公益性捐赠税前扣除资格的确认按以下规定执行：

（一）在民政部登记注册的社会组织，由民政部结合社会组织公益活动情况和日常监督管理、评估等情况，对社会组织的公益性捐赠税前扣除资格进行核实，提出初步意见。根据民政部初步意见，财政部、税务总局和民政部对照本公告相关规定，联合确定具有公益性捐赠税前扣除资格的社会组织名单，并发布公告。

（二）在省级和省级以下民政部门登记注册的社会组织，由省、自治区、直辖市和计划单列市财政、税务、民政部门参照本条第一项规定执行。

（三）公益性捐赠税前扣除资格的确认对象包括：

1. 公益性捐赠税前扣除资格将于当年末到期的公益性社会组织；

2. 已被取消公益性捐赠税前扣除资格但又重新符合条件的社会组织；

3. 登记设立后尚未取得公益性捐赠税前扣除资格的

社会组织。

（四）每年年底前，省级以上财政、税务、民政部门按权限完成公益性捐赠税前扣除资格的确认和名单发布工作，并按本条第三项规定的不同审核对象，分别列示名单及其公益性捐赠税前扣除资格起始时间。

六、公益性捐赠税前扣除资格在全国范围内有效，有效期为三年。

本公告第五条第三项规定的第一种情形，其公益性捐赠税前扣除资格自发布名单公告的次年1月1日起算。本公告第五条第三项规定的第二种和第三种情形，其公益性捐赠税前扣除资格自发布公告的当年1月1日起算。

七、公益性社会组织存在以下情形之一的，应当取消其公益性捐赠税前扣除资格：

（一）未按本公告规定时间和要求向登记管理机关报送专项信息报告的；

（二）最近一个年度用于公益慈善事业的支出不符合本公告第四条第三项规定的；

（三）最近一个年度支出的管理费用不符合本公告第四条第四项规定的；

（四）非营利组织免税资格到期后超过六个月未重新获取免税资格的；

（五）受到登记管理机关行政处罚（警告除外）的；

（六）被登记管理机关列入严重违法失信名单的；

（七）社会组织评估等级低于3A或者无评估等级的。

八、公益性社会组织存在以下情形之一的，应当取消其公益性捐赠税前扣除资格，且取消资格的当年及之后三个年度内不得重新确认资格：

（一）违反规定接受捐赠的，包括附加对捐赠人构成利益回报的条件、以捐赠为名从事营利性活动、利用慈善捐赠宣传烟草制品或法律禁止宣传的产品和事项、接受不符合公益目的或违背社会公德的捐赠等情形；

（二）开展违反组织章程的活动，或者接受的捐赠款项用于组织章程规定用途之外的；

（三）在确定捐赠财产的用途和受益人时，指定特定受益人，且该受益人与捐赠人或公益性社会组织管理人员存在明显利益关系的。

九、公益性社会组织存在以下情形之一的，应当取消其公益性捐赠税前扣除资格且不得重新确认资格：

（一）从事非法政治活动的；

（二）从事、资助危害国家安全或者社会公共利益活动的。

十、对应当取消公益性捐赠税前扣除资格的公益性社会组织，由省级以上财政、税务、民政部门核实相关信息后，按权限及时向社会发布取消资格名单公告。自发布公告的次月起，相关公益性社会组织不再具有公益性捐赠税前扣除资格。

十一、公益性社会组织、县级以上人民政府及其部门等国家机关在接受捐赠时，应当按照行政管理级次分别使用由财政部或省、自治区、直辖市财政部门监（印）制的公益事业捐赠票据，并加盖本单位的印章。

企业或个人将符合条件的公益性捐赠支出进行税前扣除，应当留存相关票据备查。

十二、公益性社会组织登记成立时的注册资金捐赠人，在该公益性社会组织首次取得公益性捐赠税前扣除资格的当年进行所得税汇算清缴时，可按规定对其注册资金捐赠额进行税前扣除。

十三、除另有规定外，公益性社会组织、县级以上人民政府及其部门等国家机关在接受企业或个人捐赠时，按以下原则确认捐赠额：

（一）接受的货币性资产捐赠，以实际收到的金额确认捐赠额。

（二）接受的非货币性资产捐赠，以其公允价值确认捐赠额。捐赠方在向公益性社会组织、县级以上人民政府及其部门等国家机关捐赠时，应当提供注明捐赠非货币性资产公允价值的证明；不能提供证明的，接受捐赠方不得向其开具捐赠票据。

十四、为方便纳税主体查询，省级以上财政、税务、民政部门应当及时在官方网站上发布具备公益性捐赠税前扣除资格的公益性社会组织名单公告。

企业或个人可通过上述渠道查询社会组织公益性捐赠前扣除资格及有效期。

十五、本公告自2020年1月1日起执行。《财政部、国家税务总局、民政部关于公益性捐赠税前扣除有关问题的通知》（财税〔2008〕160号）、《财政部、国家税务总局、民政部关于公益性捐赠税前扣除有关问题的补充通知》（财税〔2010〕45号）、《财政部、国家税务总局、民政部关于公益性捐赠税前扣除资格确认审批有关调整事项的通知》（财税〔2015〕141号）同时废止。

尚未完成2019年度及以前年度社会组织公益性捐赠税前扣除资格确认工作的，各级财政、税务、民政部门按照原政策规定执行。2020年度及以后年度的公益性捐赠税前扣除资格的确认及管理按本公告规定执行。

特此公告。

财政部、税务总局关于通过公益性群众团体的公益性捐赠税前扣除有关事项的公告

· 2021 年 6 月 2 日
· 财政部、税务总局公告 2021 年第 20 号

为贯彻落实《中华人民共和国企业所得税法》及其实施条例、《中华人民共和国个人所得税法》及其实施条例，现就通过公益性群众团体的公益性捐赠税前扣除有关事项公告如下：

一、企业或个人通过公益性群众团体用于符合法律规定的公益慈善事业捐赠支出，准予按税法规定在计算应纳税所得额时扣除。

二、本公告第一条所称公益慈善事业，应当符合《中华人民共和国公益事业捐赠法》第三条对公益事业范围的规定或者《中华人民共和国慈善法》第三条对慈善活动范围的规定。

三、本公告第一条所称公益性群众团体，包括依照《社会团体登记管理条例》规定不需进行社团登记的人民团体以及经国务院批准免予登记的社会团体（以下统称群众团体），且按规定条件和程序已经取得公益性捐赠税前扣除资格。

四、群众团体取得公益性捐赠税前扣除资格应当同时符合以下条件：

（一）符合企业所得税法实施条例第五十二条第一项至第八项规定的条件；

（二）县级以上各级机构编制部门直接管理其机构编制；

（三）对接受捐赠的收入以及用捐赠收入进行的支出单独进行核算，且申报前连续 3 年接受捐赠的总收入中用于公益慈善事业的支出比例不低于 70%。

五、公益性捐赠税前扣除资格的确认按以下规定执行：

（一）由中央机构编制部门直接管理其机构编制的群众团体，向财政部、税务总局报送材料；

（二）由县级以上地方各级机构编制部门直接管理其机构编制的群众团体，向省、自治区、直辖市和计划单列市财政、税务部门报送材料；

（三）对符合条件的公益性群众团体，按照上述管理权限，由财政部、税务总局和省、自治区、直辖市、计划单列市财政、税务部门分别联合公布名单。企业和个人在名单所属年度内向名单内的群众团体进行的公益性捐赠支出，可以按规定进行税前扣除；

（四）公益性捐赠税前扣除资格的确认对象包括：

1. 公益性捐赠税前扣除资格将于当年末到期的公益性群众团体；

2. 已被取消公益性捐赠税前扣除资格但又重新符合条件的群众团体；

3. 尚未取得或资格终止后未取得公益性捐赠税前扣除资格的群众团体。

（五）每年年底前，省级以上财政、税务部门按权限完成公益性捐赠税前扣除资格的确认和名单发布工作，并按本条第（四）项规定的不同审核对象，分别列示名单及其公益性捐赠税前扣除资格起始时间。

六、本公告第五条规定需报送的材料，应在申报年度 6 月 30 日前报送，包括：

（一）申报报告；

（二）县级以上各级党委、政府或机构编制部门印发的"三定"规定；

（三）组织章程；

（四）申报前 3 个年度的受赠资金来源、使用情况，财务报告，公益活动的明细，注册会计师的审计报告或注册会计师、（注册）税务师、律师的纳税审核报告（或鉴证报告）。

七、公益性捐赠税前扣除资格在全国范围内有效，有效期为三年。

本公告第五条第（四）项规定的第一种情形，其公益性捐赠税前扣除资格自发布名单公告的次年 1 月 1 日起算。本公告第五条第（四）项规定的第二种和第三种情形，其公益性捐赠税前扣除资格自发公告的当年 1 月 1 日起算。

八、公益性群众团体前 3 年接受捐赠的总收入中用于公益慈善事业的支出比例低于 70% 的，应当取消其公益性捐赠税前扣除资格。

九、公益性群众团体存在以下情形之一的，应当取消其公益性捐赠税前扣除资格，且被取消资格的当年及之后三个年度内不得重新确认资格：

（一）违反规定接受捐赠的，包括附加对捐赠人构成利益回报的条件、以捐赠为名从事营利性活动、利用慈善捐赠宣传烟草制品或法律禁止宣传的产品和事项、接受不符合公益目的或违背社会公德的捐赠等情形；

（二）开展违反组织章程的活动，或者接受的捐赠款项用于组织章程规定用途之外的；

（三）在确定捐赠财产的用途和受益人时，指定特定受益人，且该受益人与捐赠人或公益性群众团体管理人

员存在明显利益关系的;

(四)受到行政处罚(警告或单次1万元以下罚款除外)的。

对存在本条第(一)、(二)、(三)项情形的公益性群众团体,应对其接受捐赠收入和其他各项收入依法补征企业所得税。

十、公益性群众团体存在以下情形之一的,应当取消其公益性捐赠税前扣除资格且不得重新确认资格:

(一)从事非法政治活动的;

(二)从事、资助危害国家安全或者社会公共利益活动的。

十一、获得公益性捐赠税前扣除资格的公益性群众团体,应自不符合本通知第四条规定条件之一或存在本通知第八、九、十条规定情形之一之日起15日内向主管税务机关报告。对应当取消公益性捐赠税前扣除资格的公益性群众团体,由省级以上财政、税务部门核实相关信息后,按权限及时向社会发布取消资格名单公告。自发布公告的次月起,相关公益性群众团体不再具有公益性捐赠税前扣除资格。

十二、公益性群众团体在接受捐赠时,应按照行政管理级次分别使用由财政部或省、自治区、直辖市财政部门监(印)制的公益事业捐赠票据,并加盖本单位的印章;对个人索取捐赠票据的,应予以开具。

企业或个人将符合条件的公益性捐赠支出进行税前扣除,应当留存相关票据备查。

十三、除另有规定外,公益性群众团体在接受企业或个人捐赠时,按以下原则确认捐赠额:

(一)接受的货币性资产捐赠,以实际收到的金额确认捐赠额;

(二)接受的非货币性资产捐赠,以其公允价值确认捐赠额。捐赠方在向公益性群众团体捐赠时,应当提供注明捐赠非货币性资产公允价值的证明;不能提供证明的,接受捐赠方不得向其开具捐赠票据。

十四、为方便纳税主体查询,省级以上财政、税务部门应当及时在官方网站上发布具备公益性捐赠税前扣除资格的公益性群众团体名单公告。

企业或个人可通过上述渠道查询群众团体公益性捐赠税前扣除资格及有效期。

十五、本公告自2021年1月1日起执行。《财政部国家税务总局关于通过公益性群众团体的公益性捐赠税前扣除有关问题的通知》(财税〔2009〕124号)同时废止。

为做好政策衔接工作,尚未完成2020年度及以前年度群众团体的公益性捐赠税前扣除资格确认工作的,各级财政、税务部门按原政策规定执行;群众团体公益性捐赠税前扣除资格2020年末到期的,其2021年度——2023年度公益性捐赠税前扣除资格自2021年1月1日起算。

特此公告。

适用增值税零税率应税服务退(免)税管理办法[①]

· 2014年2月8日
· 国家税务总局公告2014年第11号

第一条 中华人民共和国境内(以下简称境内)的增值税一般纳税人提供适用增值税零税率的应税服务,实行增值税退(免)税办法。

第二条 本办法所称的增值税零税率应税服务提供者是指,提供适用增值税零税率应税服务,且认定为增值税一般纳税人,实行增值税一般计税方法的境内单位和个人。属于汇总缴纳增值税的,为经财政部和国家税务总局批准的汇总缴纳增值税的总机构。

第三条 增值税零税率应税服务适用范围按财政部、国家税务总局的规定执行。

起点或终点在境外的运单、提单或客票所对应的各航段或路段的运输服务,属于国际运输服务。

起点或终点在港澳台的运单、提单或客票所对应的各航段或路段的运输服务,属于港澳台运输服务。

从境内载运旅客或货物至国内海关特殊监管区域及场所、从国内海关特殊监管区域及场所载运旅客或货物至国内其他地区或者国内海关特殊监管区域及场所,以及向国内海关特殊监管区域及场所内单位提供的研发服务、设计服务,不属于增值税零税率应税服务适用范围。

第四条 增值税零税率应税服务退(免)税办法包括免抵退税办法和免退税办法,具体办法及计算公式按

[①] 本办法第十三条第五项第1目之(2)和第十五条第一项第4目已被《国家税务总局关于出口退(免)税有关问题的公告》废止,第十二条第二款、第十三条第五项第3目、第十四条、第十五条第二项已被《国家税务总局关于〈适用增值税零税率应税服务退(免)税管理办法〉的补充公告》废止。本办法第十三条第二项、第十三条第五项第2目已被《国家税务总局关于出口退(免)税申报有关问题的公告》废止;第十三条第一项中的"附表"、第十三条第五项第1目中的"填报《增值税零税率应税服务(国际运输/港澳台运输)免抵退税申报明细表》(附件1)",附件1已被《国家税务总局关于优化整合出口退税信息系统更好服务纳税人有关事项的公告》废止。

《财政部、国家税务总局关于出口货物劳务增值税和消费税政策的通知》(财税〔2012〕39号)有关出口货物劳务退(免)税的规定执行。

实行免抵退税办法的增值税零税率应税服务提供者如果同时出口货物劳务且未分别核算的,应一并计算免抵退税。税务机关在审批时,应按照增值税零税率应税服务、出口货物劳务免抵退税额的比例划分其退税额和免抵税额。

第五条 增值税零税率应税服务的退税率为对应服务提供给境内单位适用的增值税税率。

第六条 增值税零税率应税服务的退(免)税计税依据,按照下列规定确定:

(一)实行免抵退税办法的退(免)税计税依据

1.以铁路运输方式载运旅客的,为按照铁路合作组织清算规则清算后的实际运输收入;

2.以铁路运输方式载运货物的,为按照铁路运输进款清算办法,对"发站"或"到站(局)"名称包含"境"字的货票上注明的运输费用以及直接相关的国际联运杂费清算后的实际运输收入;

3.以航空运输方式载运货物或旅客的,如果国际运输或港澳台运输各航段由多个承运人承运的,为中国航空结算有限责任公司清算后的实际收入;如果国际运输或港澳台运输各航段由一个承运人承运的,为提供航空运输服务取得的收入;

4.其他实行免抵退税办法的增值税零税率应税服务,为提供增值税零税率应税服务取得的收入。

(二)实行免退税办法的退(免)税计税依据为购进应税服务的增值税专用发票或解缴税款的中华人民共和国税收缴款凭证上注明的金额。

第七条 实行增值税退(免)税办法的增值税零税率应税服务不得开具增值税专用发票。

第八条 增值税零税率应税服务提供者办理出口退(免)税资格认定后,方可申报增值税零税率应税服务退(免)税。如果提供的适用增值税零税率应税服务发生在办理出口退(免)税资格认定前,在办理出口退(免)税资格认定后,可按规定申报退(免)税。

第九条 增值税零税率应税服务提供者应按照下列要求,向主管税务机关申请办理出口退(免)税资格认定:

(一)填报《出口退(免)税资格认定申请表》及电子数据;

《出口退(免)税资格认定申请表》中的"退税开户银行账号",必须填写办理税务登记时向主管税务机关报备的银行账号之一。

(二)根据所提供的适用增值税零税率应税服务,提供以下对应资料的原件及复印件:

1.提供国际运输服务。以水路运输方式的,应提供《国际船舶运输经营许可证》;以航空运输方式的,应提供经营范围包括"国际航空客货邮运输业务"的《公共航空运输企业经营许可证》或经营范围包括"公务飞行"的《通用航空经营许可证》;以公路运输方式的,应提供经营范围包括"国际运输"的《道路运输经营许可证》和《国际汽车运输行车许可证》;以铁路运输方式的,应提供经营范围包括"许可经营项目:铁路客货运输"的《企业法人营业执照》或其他具有提供铁路客货运输服务资质的证明材料;提供航天运输服务的,应提供经营范围包括"商业卫星发射服务"的《企业法人营业执照》或其他具有提供商业卫星发射服务资质的证明材料。

2.提供港澳台运输服务。以公路运输方式提供内地往返香港、澳门的交通运输服务的,应提供《道路运输经营许可证》及持《道路运输证》的直通港澳运输车辆的物权证明;以水路运输方式提供内地往返香港、澳门交通运输服务的,应提供获得港澳线路运营许可船舶的物权证明;以水路运输方式提供大陆往返台湾交通运输服务的,应提供《台湾海峡两岸间水路运输许可证》及持《台湾海峡两岸间船舶营运证》船舶的物权证明;以航空运输方式提供港澳台运输服务的,应提供经营范围包括"国际、国内(含港澳)航空客货邮运输业务"的《公共航空运输企业经营许可证》或者经营范围包括"公务飞行"的《通用航空经营许可证》;以铁路运输方式提供内地往返香港的交通运输服务的,应提供经营范围包括"许可经营项目:铁路客货运输"的《企业法人营业执照》或其他具有提供铁路客货运输服务资质的证明材料。

3.采用程租、期租和湿租方式租赁交通运输工具用于国际运输服务和港澳台运输服务的,应提供程租、期租和湿租合同或协议。

4.对外提供研发服务或设计服务的,应提供《技术出口合同登记证》。

(三)增值税零税率应税服务提供者出口货物劳务,且未办理过出口退(免)税资格认定的,除提供上述资料外,还应提供加盖备案登记专用章的《对外贸易经营者备案登记表》和《中华人民共和国海关进出口货物收发货人报关注册登记证书》的原件及复印件。

第十条 已办理过出口退(免)税资格认定的出口

企业,提供增值税零税率应税服务的,应填报《出口退(免)税资格认定变更申请表》及电子数据,提供第九条所列的增值税零税率应税服务对应的资料,向主管税务机关申请办理出口退(免)税资格认定变更。

第十一条 增值税零税率应税服务提供者按规定需变更增值税退(免)税办法的,主管税务机关应按照现行规定进行退(免)税清算,在结清税款后方可办理变更。

第十二条 增值税零税率应税服务提供者提供增值税零税率应税服务,应在财务作销售收入次月(按季度进行增值税纳税申报的为次季度首月,下同)的增值税纳税申报期内,向主管税务机关办理增值税纳税和退(免)税相关申报。

增值税零税率应税服务提供者收齐有关凭证后,可于在财务作销售收入次月起至次年4月30日前的各增值税纳税申报期内向主管税务机关申报退(免)税。逾期申报退(免)税的,主管税务机关不再受理。未在规定期限内申报退(免)税的增值税零税率应税服务,增值税零税率应税服务提供者应按规定缴纳增值税。

第十三条 实行免抵退税办法的增值税零税率应税服务提供者应按照下列要求向主管税务机关办理增值税免抵退税申报:

(一)填报《免抵退税申报汇总表》及其附表;

(二)提供当期《增值税纳税申报表》;

(三)提供免抵退税正式申报电子数据;

(四)提供增值税零税率应税服务所开具的发票(经主管税务机关认定,可只提供电子数据,原始凭证留存备查);

(五)根据所提供的适用增值税零税率应税服务,提供以下对应资料凭证:

1. 提供国际运输服务、港澳台运输服务的,需填报《增值税零税率应税服务(国际运输/港澳台运输)免抵退税申报明细表》(附件1),并提供下列原始凭证的原件及复印件:

(1)以水路运输、航空运输、公路运输方式的,提供增值税零税率应税服务的载货、载客舱单或其他能够反映收入原始构成的单据凭证。以航空运输方式且国际运输和港澳台运输各航段由多个承运人承运的,还需提供《航空国际运输收入清算账单申报明细表》(附件2);

(2)以铁路运输方式的,客运的提供增值税零税率应税服务的国际客运联运票据、铁路合作组织清算函件及《铁路国际客运收入清算函件申报明细表》(附件3);货运的提供铁路进款资金清算机构出具的《国际铁路货运进款清算通知单》,启运地的铁路运输企业还应提供国际铁路联运运单、以及"发站"或"到站(局)"名称包含"境"字的货票;

(3)采用程租、期租、湿租服务方式租赁交通运输工具从事国际运输服务和港澳台运输服务的,还应提供程租、期租、湿租的合同或协议复印件。向境外单位和个人提供期租、湿租服务,按规定由出租方申报退(免)税的,可不提供第(1)项原始凭证。

上述(1)、(2)项原始凭证(不包括《航空国际运输收入清算账单申报明细表》和《铁路国际客运收入清算函件申报明细表》),经主管税务机关批准,增值税零税率应税服务提供者可只提供电子数据,原始凭证留存备查。

2. 提供航天运输服务的,需填报《增值税零税率应税服务(航天运输)免抵退税申报明细表》(附件4),并提供下列资料及原始凭证的原件及复印件:

(1)签订的提供航天运输服务的合同;

(2)从与之签订航天运输服务合同的单位取得收入的收款凭证;

(3)《提供航天运输服务收讫营业款明细清单》(附件5)。

3. 对外提供研发服务或设计服务的,需填报《增值税零税率应税服务(研发服务/设计服务)免抵退税申报明细表》(附件6),并提供下列资料及原始凭证的原件及复印件:

(1)与增值税零税率应税服务收入相对应的《技术出口合同登记证》复印件;

(2)与境外单位签订的研发、设计合同;

(3)从与之签订研发、设计合同的境外单位取得收入的收款凭证;

(4)《向境外单位提供研发服务/设计服务收讫营业款明细清单》(附件7)。

(六)主管税务机关要求提供的其他资料及凭证。

第十四条 实行免退税办法的增值税零税率应税服务提供者,应按照下列要求向主管税务机关办理增值税免退税申报:

(一)填报《外贸企业出口退税汇总申报表》;

(二)填报《外贸企业外购应税服务(研发服务/设计服务)出口明细申报表》(附件8);

(三)填列外购对应的研发服务或设计服务取得增值税专用发票情况的《外贸企业出口退税进货明细申报表》;

(四)提供以下原始凭证:

1. 提供增值税零税率应税服务所开具的发票；
2. 从境内单位或者个人购进研发服务或设计服务出口的，提供应税服务提供方开具的增值税专用发票；
3. 从境外单位或者个人购进研发服务或设计服务出口的，提供取得的解缴税款的中华人民共和国税收缴款凭证；
4. 第十三条第(五)项第 3 目所列资料及原始凭证的原件及复印件。

第十五条 主管税务机关受理增值税零税率应税服务退(免)税申报后，应对下列内容人工审核无误后，使用出口退税审核系统进行审核。对属于实行免退税办法的增值税零税率应税服务的进项一律使用交叉稽核、协查信息审核出口退税。如果在审核中有疑问的，可对企业进项增值税专用发票进行发函调查或核查。

(一)提供国际运输、港澳台运输的，应从增值税零税率应税服务提供者申报中抽取若干申报记录审核以下内容：
1. 所申报的国际运输、港澳台运输服务是否符合适用增值税零税率应税服务的规定；
2. 所抽取申报记录申报应税服务收入是否小于或等于该申报记录所对应的载货或载客舱单上记载的国际运输、港澳台运输服务收入；
3. 采用期租、程租和湿租方式租赁交通运输工具用于国际运输服务和港澳台运输服务的，重点审核期租、程租和湿租的合同或协议，审核申报退(免)税的企业是否符合适用增值税零税率应税服务的规定；
4. 以铁路运输方式提供国际运输、港澳台运输服务的，重点审核提供的货票的"发站"或"到站(局)"名称是否包含"境"字，是否与提供国际铁路联运单匹配。

(二)对外提供研发服务或设计服务的，应审核以下内容：
1. 企业所申报的研发服务或设计服务是否符合适用增值税零税率应税服务规定；
2. 研发、设计合同签订的对方是否为境外单位；
3. 应税服务收入的支付方是否为与之签订研发、设计合同的境外单位；
4. 申报应税服务收入是否小于或等于从与之签订研发、设计合同的境外单位取得的收款金额；
5. 外贸企业外购研发服务或设计服务出口的，除按照上述内容审核外，还应审核其申报退税的进项税额是否与增值税零税率应税服务对应。

第十六条 因出口自己开发的研发服务或设计服务，退(免)税办法由免退税改为免抵退税办法的外贸企业，如果申报的退(免)税异常增长，出口货物劳务及服务有非正常情况的，主管税务机关可要求外贸企业报送出口货物劳务及服务所对应的进项凭证，并按规定进行审核。主管税务机关如果审核发现外贸企业提供的进货凭证有伪造或内容不实的，按照《财政部、国家税务总局关于出口货物劳务增值税和消费税政策通知》(财税〔2012〕39 号)等有关规定处理。

第十七条 主管税务机关认为增值税零税率应税服务提供者提供的研发服务或设计服务出口价格偏高的，应按照《财政部、国家税务总局关于防范税收风险若干增值税政策的通知》(财税〔2013〕112 号)第五条的规定处理。

第十八条 经主管税务机关审核，增值税零税率应税服务提供者申报的退(免)税，如果凭证资料齐全、符合退(免)税规定的，主管税务机关应及时予以审核通过，办理退税和免抵调库，退税资金由中央金库统一支付。

第十九条 增值税零税率应税服务提供者骗取国家出口退税款的，税务机关应按《国家税务总局关于停止为骗取出口退税企业办理出口退税有关问题的通知》(国税发〔2008〕32 号)和《财政部、国家税务总局关于防范税收风险若干增值税政策的通知》(财税〔2013〕112 号)的规定处理。增值税零税率应税服务提供者在停止退税期间发生的增值税零税率应税服务，不得申报退(免)税，应按规定缴纳增值税。

第二十条 增值税零税率应税服务提供者提供适用增值税零税率的应税服务，如果放弃适用增值税零税率，选择免税或按规定缴纳增值税的，应向主管税务机关报送《放弃适用增值税零税率声明》(附件 9)，办理备案手续。自备案次月 1 日起 36 个月内，该企业提供的增值税零税率应税服务，不得申报增值税退(免)税。

第二十一条 主管税务机关应对增值税零税率应税服务提供者适用增值税零税率的退(免)税加强分析监控。

第二十二条 本办法要求增值税零税率应税服务提供者向主管税务机关报送的申报表电子数据应均通过出口退(免)税申报系统生成、报送。在出口退(免)税申报系统信息生成、报送功能升级完成前，涉及需报送的电子数据，可暂报送纸质资料。

出口退(免)税申报系统可从国家税务总局网站免费下载或由主管税务机关免费提供。

第二十三条　本办法要求增值税零税率应税服务提供者向主管税务机关同时提供原件和复印件的资料,增值税零税率应税服务提供者提供的复印件上应注明"与原件相符"字样,并加盖企业公章。主管税务机关在核对复印件与原件相符后,将原件退回,留存复印件。

第二十四条　本办法自2014年1月1日起施行,以增值税零税率应税服务提供者提供增值税零税率应税服务并在财务作销售收入的日期为准。

附件:(略)

关于《适用增值税零税率应税服务退(免)税管理办法》的补充公告①

- 2015年12月14日国家税务总局公告2015年第88号公布
- 根据2018年6月15日《国家税务总局关于修改部分税收规范性文件的公告》修正

根据《财政部、国家税务总局关于影视等出口服务适用增值税零税率政策的通知》(财税〔2015〕118号),经商财政部同意,现对《适用增值税零税率应税服务退(免)税管理办法》(国家税务总局公告2014年第11号发布)补充公告如下:

一、适用增值税零税率应税服务的广播影视节目(作品)的制作和发行服务、技术转让服务、软件服务、电路设计及测试服务、信息系统服务、业务流程管理服务,以及合同标的物在境外的合同能源管理服务的范围,按照《营业税改征增值税试点实施办法》(财税〔2013〕106号文件印发)所附的《应税服务范围注释》对应的应税服务范围执行;适用增值税零税率应税服务的离岸服务外包业务的范围,按照《离岸服务外包业务》(附件1)对应的适用范围执行。以上适用增值税零税率的应税服务,本公告统称为新纳入零税率范围的应税服务。

境内单位和个人向国内海关特殊监管区域及场所内的单位或个人提供的应税服务,不属于增值税零税率应税服务适用范围。

二、向境外单位提供新纳入零税率范围的应税服务的,增值税零税率应税服务提供者申报退(免)税时,应按规定办理出口退(免)税备案。

三、增值税零税率应税服务提供者收齐有关凭证后,可在财务作销售收入次月起至次年4月30日前的各增值税纳税申报期内向主管税务机关申报退(免)税;逾期申报的,不再按退(免)税申报,改按免税申报;未按规定申报免税的,应按规定缴纳增值税。

四、实行免抵退办法的增值税零税率应税服务提供者,向境外单位提供研发服务、设计服务、新纳入零税率范围的应税服务的,应在申报免抵退税时,向主管税务机关提供以下申报资料:

(一)《增值税零税率应税服务免抵退税申报明细表》(附件2)。

(二)《提供增值税零税率应税服务收讫营业款明细清单》(附件3)。

(三)《免抵退税申报汇总表》及其附表。

(四)当期《增值税纳税申报表》。

(五)免抵退税正式申报电子数据。

(六)下列资料及原始凭证的原件及复印件:

1. 提供增值税零税率应税服务所开具的发票(经主管税务机关认可,可只提供电子数据,原始凭证留存备查)。

2. 与境外单位签订的提供增值税零税率应税服务的合同。

提供软件服务、电路设计及测试服务、信息系统服务、业务流程管理服务,以及离岸服务外包业务的,同时提供合同已在商务部"服务外包及软件出口管理信息系统"中登记并审核通过,由该系统出具的证明文件;提供广播影视节目(作品)的制作和发行服务的,同时提供合同已在商务部"文化贸易管理系统"中登记并审核通过,由该系统出具的证明文件。

3. 提供电影、电视剧的制作服务的,应提供行业主管部门出具的在有效期内的影视制作许可证明;提供电影、电视剧的发行服务的,应提供行业主管部门出具的在有效期内的发行版权证明、发行许可证明。

4. 提供研发服务、设计服务、技术转让服务的,应提供与提供增值税零税率应税服务收入相对应的《技术出口合同登记证》及其数据表。

5. 从与之签订提供增值税零税率应税服务合同的境外单位取得收入的收款凭证。

跨国公司经外汇管理部门批准实行外汇资金集中运营管理或经中国人民银行批准实行经常项下跨境人民币集中收付管理的,其成员公司在批准的有效期内,可凭银

---

① 本公告第四条第四项已被《国家税务总局关于出口退(免)税申报有关问题的公告》废止;第四条第一项、第二项、第四条第三项中的"附表"、第五条第一项、第二项、第三项,附件2、3、4已被《国家税务总局关于优化整合出口退税信息系统更好服务纳税人有关事项的公告》废止。

行出具给跨国公司资金集中运营（收付）公司符合下列规定的收款凭证，向主管税务机关申报退（免）税：

（1）收款凭证上的付款单位须是与成员公司签订提供增值税零税率应税服务合同的境外单位或合同约定的跨国公司的境外成员企业。

（2）收款凭证上的收款单位或附言的实际收款人须载明有成员公司的名称。

（七）主管税务机关要求提供的其他资料及凭证。

五、实行免退税办法的增值税零税率应税服务提供者，应在申报免退税时，向主管税务机关提供以下申报资料：

（一）《外贸企业外购应税服务出口明细申报表》（附件4）。

（二）《外贸企业出口退税进货明细申报表》（需填列外购对应的增值税零税率应税服务取得增值税专用发票情况）。

（三）《外贸企业出口退税汇总申报表》。

（四）免退税正式申报电子数据。

（五）从境内单位或者个人购进增值税零税率应税服务出口的，提供应税服务提供方开具的增值税专用发票；从境外单位或者个人购进增值税零税率应税服务出口的，提供取得的解缴税款的中华人民共和国税收缴款凭证。

（六）本公告第四条第（六）项所列资料及原始凭证的原件及复印件。

六、主管税务机关受理增值税零税率应税服务退（免）税申报后，应按规定进行审核，经审核符合规定的，应及时办理退（免）税；不符合规定的，不予办理，按有关规定处理；存在其他审核疑点的，对应的退（免）税暂缓办理，待排除疑点后，方可办理。

七、主管税务机关对申报的对外提供研发、设计服务以及新纳入零税率范围的应税服务退（免）税，应审核以下内容：

（一）申报的增值税零税率应税服务应符合适用增值税零税率应税服务规定。

（二）增值税零税率应税服务合同签订的对方应为境外单位。

（三）增值税零税率应税服务收入的支付方应为与之签订增值税零税率应税服务合同的境外单位。对跨国公司的成员公司申报退（免）税时提供的收款凭证是银行出具给跨国公司资金集中运营（收付）公司的，应要求企业补充提供中国人民银行或国家外汇管理局的批准文件，且企业提供的收款凭证应符合本公告的规定。

（四）申报的增值税零税率应税服务收入应小于或等于从与之签订增值税零税率应税服务合同的境外单位取得的收款金额；大于收款金额的，应要求企业补充提供书面说明材料及相应的证明材料。

（五）外贸企业外购应税服务出口的，除应符合上述规定外，其申报退税的进项税额还应与增值税零税率应税服务对应。

八、本公告未明确的其他增值税零税率应税服务退（免）税管理事项，按现行规定执行。

九、本公告自2015年12月1日起施行，以增值税零税率应税服务提供者提供增值税零税率应税服务并在财务作销售收入的日期为准。《适用增值税零税率应税服务退（免）税管理办法》第十二条第二款、第十三条第（五）项第3目、第十四条、第十五条第（二）项同时废止。

特此公告。

附件：（略）

企业所得税优惠政策事项办理办法

· 2018年4月25日
· 国家税务总局公告2018年第23号

第一条 为落实国务院简政放权、放管结合、优化服务要求，规范企业所得税优惠政策事项（以下简称"优惠事项"）办理，根据《中华人民共和国企业所得税法》（以下简称"企业所得税法"）及其实施条例、《中华人民共和国税收征收管理法》（以下简称"税收征管法"）及其实施细则，制定本办法。

第二条 本办法所称优惠事项是指企业所得税法规定的优惠事项，以及国务院和民族自治地方根据企业所得税法授权制定的企业所得税优惠事项。包括免税收入、减计收入、加计扣除、加速折旧、所得减免、抵扣应纳税所得额、减低税率、税额抵免等。

第三条 优惠事项的名称、政策概述、主要政策依据、主要留存备查资料、享受优惠时间、后续管理要求等，见本公告附件《企业所得税优惠事项管理目录（2017年版）》（以下简称《目录》）。

《目录》由税务总局编制、更新。

第四条 企业享受优惠事项采取"自行判别、申报享受、相关资料留存备查"的办理方式。企业应当根据经营情况以及相关税收规定自行判断是否符合优惠事项规定的条件，符合条件的可以按照《目录》列示的时间自行计算减免税额，并通过填报企业所得税纳税申报表享受税收优惠。同时，按照本办法的规定归集和留存相关资料备查。

第五条 本办法所称留存备查资料是指与企业享受优惠事项有关的合同、协议、凭证、证书、文件、账册、说明等资料。留存备查资料分为主要留存备查资料和其他留存备查资料两类。主要留存备查资料由企业按照《目录》列示的资料清单准备，其他留存备查资料由企业根据享受优惠事项情况自行补充准备。

第六条 企业享受优惠事项的，应当在完成年度汇算清缴后，将留存备查资料归集齐全并整理完成，以备税务机关核查。

第七条 企业同时享受多项优惠事项或者享受的优惠事项按照规定分项目进行核算的，应当按照优惠事项或者项目分别归集留存备查资料。

第八条 设有非法人分支机构的居民企业以及实行汇总纳税的非居民企业机构、场所享受优惠事项的，由居民企业的总机构以及汇总纳税的主要机构、场所负责统一归集并留存备查资料。分支机构以及被汇总纳税的非居民企业机构、场所按照规定可独立享受优惠事项的，由分支机构以及被汇总纳税的非居民企业机构、场所负责归集并留存备查资料，同时分支机构以及被汇总纳税的非居民企业机构、场所应在当完成年度汇算清缴后将留存的备查资料清单送总机构以及汇总纳税的主要机构、场所汇总。

第九条 企业对优惠事项留存备查资料的真实性、合法性承担法律责任。

第十条 企业留存备查资料应从企业享受优惠事项当年的企业所得税汇算清缴期结束次日起保留10年。

第十一条 税务机关应当严格按照本办法规定的方式管理优惠事项，严禁擅自改变优惠事项的管理方式。

第十二条 企业享受优惠事项后，税务机关将适时开展后续管理。在后续管理时，企业应当根据税务机关管理服务的需要，按照规定的期限和方式提供留存备查资料，以证实享受优惠事项符合条件。其中，享受集成电路生产企业、集成电路设计企业、软件企业、国家规划布局内的重点软件企业和集成电路设计企业等优惠事项的企业，应当在完成年度汇算清缴后，按照《目录》"后续管理要求"项目中列示的清单向税务机关提交资料。

第十三条 企业享受优惠事项后发现其不符合优惠事项规定条件的，应当依法及时自行调整并补缴税款及滞纳金。

第十四条 企业未能按税务机关要求提供留存备查资料，或者提供的留存备查资料与实际生产经营情况、财务核算情况、相关技术领域、产业、目录、资格证书等不符，无法证实符合优惠事项规定条件的，或者存在弄虚作假情况的，税务机关将依法追缴其已享受的企业所得税优惠，并按照税收征管法等相关规定处理。

第十五条 本办法适用于2017年度企业所得税汇算清缴及以后年度企业所得税优惠事项办理工作。《国家税务总局关于发布〈企业所得税优惠政策事项办理办法〉的公告》（国家税务总局公告2015年第76号）同时废止。

国家税务总局关于实施国家重点扶持的公共基础设施项目企业所得税优惠问题的通知[①]

· 2009年4月16日
· 国税发〔2009〕80号

各省、自治区、直辖市和计划单列市国家税务局、地方税务局：

为贯彻落实《中华人民共和国企业所得税法》及其实施条例关于国家重点扶持的公共基础设施项目企业所得税优惠政策，促进国家重点扶持的公共基础设施项目建设，现将实施该项优惠政策的有关问题通知如下：

一、对居民企业（以下简称企业）经有关部门批准，从事符合《公共基础设施项目企业所得税优惠目录》（以下简称《目录》）规定范围、条件和标准的公共基础设施项目的投资经营所得，自该项目取得第一笔生产经营收入所属纳税年度起，第一年至第三年免征企业所得税，第四年至第六年减半征收企业所得税。

企业从事承包经营、承包建设和内部自建自用《目录》规定项目的所得，不得享受前款规定的企业所得税优惠。

二、本通知所称第一笔生产经营收入，是指公共基础设施项目建成并投入运营（包括试运营）后所取得的第一笔主营业务收入。

三、本通知所称承包经营，是指与从事该项目经营的法人主体相独立的另一法人经营主体，通过承包该项目的经营管理而取得劳务性收益的经营活动。

[①] 本通知第七条已被《国家税务总局关于公布失效废止的税务部门规章和税收规范性文件目录的决定》废止。

四、本通知所称承包建设,是指与从事该项目经营的法人主体相独立的另一法人经营主体,通过承包该项目的工程建设而取得建筑劳务收益的经营活动。

五、本通知所称内部自建自用,是指项目的建设仅作为本企业主体经营业务的设施,满足本企业自身的生产经营活动需要,而不属于向他人提供公共服务业务的公共基础设施建设项目。

六、企业同时从事不在《目录》范围的生产经营项目取得的所得,应与享受优惠的公共基础设施项目经营所得分开核算,并合理分摊企业的期间共同费用;没有单独核算的,不得享受上述企业所得税优惠。

期间共同费用的合理分摊比例可以按照投资额、销售收入、资产额、人员工资等参数确定。上述比例一经确定,不得随意变更。凡特殊情况需要改变的,需报主管税务机关核准。

七、从事《目录》范围项目投资的居民企业应于从该项目取得的第一笔生产经营收入后15日内向主管税务机关备案并报送如下材料后,方可享受有关企业所得税优惠:

(一)有关部门批准该项目文件复印件;

(二)该项目完工验收报告复印件;

(三)该项目投资额验资报告复印件;

(四)税务机关要求提供的其他资料。

八、企业因生产经营发生变化或因《目录》调整,不再符合本办法规定减免税条件的,企业应当自发生变化15日内向主管税务机关提交书面报告并停止享受优惠,依法缴纳企业所得税。

九、企业在减免税期限内转让所享受减免税优惠的项目,受让方续经营该项目的,可自受让之日起,在剩余优惠期限内享受规定的减免税优惠;减免税期限届满后转让的,受让方不得就该项目重复享受减免税优惠。

十、税务机关应结合纳税检查、执法检查或其他专项检查,每年定期对企业享受公共基础设施项目企业所得税减免税款事项进行核查,核查的主要内容包括:

(一)企业是否继续符合减免所得税的资格条件,所提供的有关情况证明材料是否真实。

(二)企业享受减免企业所得税的条件发生变化时,是否及时将变化情况报送税务机关,并根据本办法规定对适用优惠进行了调整。

十一、企业实际经营情况不符合企业所得税减免税规定条件的或采取虚假申报等手段获取减免税的、享受减免税条件发生变化未及时向税务机关报告的,以及未按本办法规定程序报送备案资料而自行减免税的,企业主管税务机关应按照税收征管法有关规定进行处理。

十二、本通知自2008年1月1日起执行。

财政部、税务总局关于增值税小规模纳税人减免增值税政策的公告

· 2023年8月1日
· 财政部、税务总局公告2023年第19号

为进一步支持小微企业和个体工商户发展,现将延续小规模纳税人增值税减免政策公告如下:

一、对月销售额10万元以下(含本数)的增值税小规模纳税人,免征增值税。

二、增值税小规模纳税人适用3%征收率的应税销售收入,减按1%征收率征收增值税;适用3%预征率的预缴增值税项目,减按1%预征率预缴增值税。

三、本公告执行至2027年12月31日。

特此公告。

国家税务总局关于非居民企业不享受小型微利企业所得税优惠政策问题的通知

· 2008年7月3日
· 国税函〔2008〕650号

各省、自治区、直辖市和计划单列市国家税务局、地方税务局:

关于非居民企业是否享受企业所得税法规定的对小型微利企业的税收优惠政策问题,现明确如下:

企业所得税法第二十八条规定的小型微利企业是指企业的全部生产经营活动产生的所得均负有我国企业所得税纳税义务的企业。因此,仅就来源于我国所得负有我国纳税义务的非居民企业,不适用该条规定的对符合条件的小型微利企业减按20%税率征收企业所得税的政策。

财政部、国家税务总局关于非营利组织企业所得税免税收入问题的通知

· 2009年11月11日
· 财税〔2009〕122号

各省、自治区、直辖市、计划单列市财政厅(局)、国家税务局、地方税务局,新疆生产建设兵团财务局:

根据《中华人民共和国企业所得税法》第二十六条及《中华人民共和国企业所得税法实施条例》(国务院令第512号)第八十五条的规定,现将符合条件的非营利组织企业所得税免税收入范围明确如下:

一、非营利组织的下列收入为免税收入:
(一)接受其他单位或者个人捐赠的收入;
(二)除《中华人民共和国企业所得税法》第七条规定的财政拨款以外的其他政府补助收入,但不包括因政府购买服务取得的收入;
(三)按照省级以上民政、财政部门规定收取的会费;
(四)不征税收入和免税收入孳生的银行存款利息收入;
(五)财政部、国家税务总局规定的其他收入。

二、本通知从2008年1月1日起执行。

国家税务总局关于实施农、林、牧、渔业项目企业所得税优惠问题的公告

- 2011年9月13日
- 国家税务总局公告2011年第48号

根据《中华人民共和国企业所得税法》(以下简称企业所得税法)及《中华人民共和国企业所得税法实施条例》(以下简称实施条例)的规定,现对企业(含企业性质的农民专业合作社,下同)从事农、林、牧、渔业项目的所得,实施企业所得税优惠政策和征收管理中的有关事项公告如下:

一、企业从事实施条例第八十六条规定的享受税收优惠的农、林、牧、渔业项目,除另有规定外,参照《国民经济行业分类》(GB/T4754-2002)的规定标准执行。

企业从事农、林、牧、渔业项目,凡属于《产业结构调整指导目录(2011年版)》(国家发展和改革委员会令第9号)中限制和淘汰类的项目,不得享受实施条例第八十六条规定的优惠政策。

二、企业从事农作物新品种选育的免税所得,是指企业对农作物进行品种和育种材料选育形成的成果,以及由这些成果形成的种子(苗)等繁殖材料的生产、初加工、销售一体化取得的所得。

三、企业从事林木的培育和种植的免税所得,是指企业对树木、竹子的育种和育苗、抚育和管理以及规模造林活动取得的所得,包括企业通过拍卖或收购方式取得林木所有权并经过一定的生长周期,对林木进行再培育取得的所得。

四、企业从事下列项目所得的税务处理
(一)猪、兔的饲养,按"牲畜、家禽的饲养"项目处理;
(二)饲养牲畜、家禽产生的分泌物、排泄物,按"牲畜、家禽的饲养"项目处理;
(三)观赏性作物的种植,按"花卉、茶及其他饮料作物和香料作物的种植"项目处理;
(四)"牲畜、家禽的饲养"以外的生物养殖项目,按"海水养殖、内陆养殖"项目处理。

五、农产品初加工相关事项的税务处理
(一)企业根据委托合同,受托对符合《财政部、国家税务总局关于发布享受企业所得税优惠政策的农产品初加工范围(试行)的通知》(财税〔2008〕149号)和《财政部、国家税务总局关于享受企业所得税优惠的农产品初加工有关范围的补充通知》(财税〔2011〕26号)规定的农产品进行初加工服务,其所收取的加工费,可以按照农产品初加工的免税项目处理。

(二)财税〔2008〕149号文件规定的"油料植物初加工"工序包括"冷却、过滤"等;"糖料植物初加工"工序包括"过滤、吸附、解析、碳脱、浓缩、干燥"等,其适用时间按照财税〔2011〕26号文件规定执行。

(三)企业从事实施条例第八十六条第(二)项适用企业所得税减半优惠的种植、养殖项目,并直接进行初加工且符合农产品初加工目录范围的,企业应合理划分不同项目的各项成本、费用支出,分别核算种植、养殖项目和初加工项目的所得,并各按适用的政策享受税收优惠。

(四)企业对外购茶叶进行筛选、分装、包装后进行销售的所得,不享受农产品初加工的优惠政策。

六、对取得农业部颁发的"远洋渔业企业资格证书"并在有效期内的远洋渔业企业,从事远洋捕捞业务取得的所得免征企业所得税。

七、购入农产品进行再种植、养殖的税务处理
企业将购入的农、林、牧、渔产品,在自有或租用的场地进行育肥、育秧等再种植、养殖,经过一定的生长周期,使其生物形态发生变化,且并非由于本环节对农产品进行加工而明显增加了产品的使用价值的,可视为农产品的种植、养殖项目享受相应的税收优惠。

主管税务机关对企业进行农产品的再种植、养殖是否符合上述条件难以确定的,可要求企业提供县级以上农、林、牧、渔业政府主管部门的确认意见。

八、企业同时从事适用不同企业所得税政策规定项

目的,应分别核算,单独计算优惠项目的计税依据及优惠数额;分别核算不清的,可由主管税务机关按照比例分摊法或其他合理方法进行核定。

九、企业委托其他企业或个人从事实施条例第八十六条规定农、林、牧、渔业项目取得的所得,可享受相应的税收优惠政策。

企业受托从事实施条例第八十六条规定农、林、牧、渔业项目取得的收入,比照委托方享受相应的税收优惠政策。

十、企业购买农产品后直接进行销售的贸易活动产生的所得,不能享受农、林、牧、渔业项目的税收优惠政策。

十一、除本公告第五条第二项的特别规定外,公告自2011年1月1日起执行。

特此公告。

财政部、税务总局、国家发展改革委关于延续西部大开发企业所得税政策的公告

· 2020年4月23日
· 财政部、税务总局、国家发展改革委公告2020年第23号

为贯彻落实党中央、国务院关于新时代推进西部大开发形成新格局有关精神,现将延续西部大开发企业所得税政策公告如下:

一、自2021年1月1日至2030年12月31日,对设在西部地区的鼓励类产业企业减按15%的税率征收企业所得税。本条所称鼓励类产业企业是指以《西部地区鼓励类产业目录》中规定的产业项目为主营业务,且其主营业务收入占企业收入总额60%以上的企业。

二、《西部地区鼓励类产业目录》由发展改革委牵头制定。该目录在本公告执行期限内修订的,自修订版实施之日起按新版本执行。

三、税务机关在后续管理中,不能准确判定企业主营业务是否属于国家鼓励类产业项目时,可提请发展改革等相关部门出具意见。对不符合税收优惠政策规定条件的,由税务机关按税收征收管理法及有关规定进行相应处理。具体办法由省级发展改革、税务部门另行制定。

四、本公告所称西部地区包括内蒙古自治区、广西壮族自治区、重庆市、四川省、贵州省、云南省、西藏自治区、陕西省、甘肃省、青海省、宁夏回族自治区、新疆维吾尔自治区和新疆生产建设兵团。湖南省湘西土家族苗族自治州、湖北省恩施土家族苗族自治州、吉林省延边朝鲜族自治州和江西省赣州市,可以比照西部地区的企业所得税政策执行。

五、本公告自2021年1月1日起执行。《财政部 海关总署 国家税务总局关于深入实施西部大开发战略有关税收政策问题的通知》(财税〔2011〕58号)、《财政部 海关总署 国家税务总局关于赣州市执行西部大开发税收政策问题的通知》(财税〔2013〕4号)中的企业所得税政策规定自2021年1月1日起停止执行。

特此公告。

国家税务总局关于实施高新技术企业所得税优惠政策有关问题的公告

· 2017年6月19日
· 国家税务总局公告2017年第24号

为贯彻落实高新技术企业所得税优惠政策,根据《科技部 财政部 国家税务总局关于修订印发〈高新技术企业认定管理办法〉的通知》(国科发火〔2016〕32号,以下简称《认定办法》)及《科技部 财政部 国家税务总局关于修订印发〈高新技术企业认定管理工作指引〉的通知》(国科发火〔2016〕195号,以下简称《工作指引》)以及相关税收规定,现就实施高新技术企业所得税优惠政策有关问题公告如下:

一、企业获得高新技术企业资格后,自高新技术企业证书注明的发证时间所在年度起申报享受税收优惠,并按规定向主管税务机关办理备案手续。

企业的高新技术企业资格期满当年,在通过重新认定前,其企业所得税暂按15%的税率预缴,在年底前仍未取得高新技术企业资格的,应按规定补缴相应期间的税款。

二、对取得高新技术企业资格且享受税收优惠的高新技术企业,税务部门如在日常管理过程中发现其在高新技术企业认定过程中或享受优惠期间不符合《认定办法》第十一条规定的认定条件的,应提请认定机构复核。复核后确认不符合认定条件的,由认定机构取消其高新技术企业资格,并通知税务机关追缴其证书有效期内自不符合认定条件年度起已享受的税收优惠。

三、享受税收优惠的高新技术企业,每年汇算清缴时应按照《国家税务总局关于发布〈企业所得税优惠政策事项办理办法〉的公告》(国家税务总局公告2015年第76号)规定向税务机关提交企业所得税优惠事项备案表,高新技术企业资格证书履行备案手续,同时妥善保管以下资料留存备查:

1. 高新技术企业资格证书;

2. 高新技术企业认定资料；

3. 知识产权相关材料；

4. 年度主要产品（服务）发挥核心支持作用的技术属于《国家重点支持的高新技术领域》规定范围的说明，高新技术产品（服务）及对应收入资料；

5. 年度职工和科技人员情况证明材料；

6. 当年和前两个会计年度研发费用总额及占同期销售收入比例、研发费用管理资料以及研发费用辅助账、研发费用结构明细表（具体格式见《工作指引》附件2）；

7. 省税务机关规定的其他资料。

四、本公告适用于2017年度及以后年度企业所得税汇算清缴。2016年1月1日以后按《认定办法》认定的高新技术企业按本公告规定执行。2016年1月1日前按《科技部 财政部 国家税务总局关于印发〈高新技术企业认定管理办法〉的通知》（国科发火〔2008〕172号）认定的高新技术企业，仍按《国家税务总局关于实施高新技术企业所得税优惠有关问题的通知》（国税函〔2009〕203号）和国家税务总局公告2015年第76号的规定执行。

《国家税务总局关于高新技术企业资格复审期间企业所得税预缴问题的公告》（国家税务总局公告2011年第4号）同时废止。

特此公告。

财政部、税务总局、商务部、科技部、国家发展改革委关于将技术先进型服务企业所得税政策推广至全国实施的通知

- 2017年11月2日
- 财税〔2017〕79号

各省、自治区、直辖市、计划单列市财政厅（局）、国家税务局、地方税务局、商务主管部门、科技厅（委、局）、发展改革委，新疆生产建设兵团财务局、商务局、科技局、发展改革委：

为贯彻落实《国务院关于促进外资增长若干措施的通知》（国发〔2017〕39号）要求，发挥外资对优化服务贸易结构的积极作用，引导外资更多投向高技术、高附加值服务业，促进企业技术创新和技术服务能力的提升，增强我国服务业的综合竞争力，现就技术先进型服务企业有关企业所得税政策问题通知如下：

一、自2017年1月1日起，在全国范围内实行以下企业所得税优惠政策：

1. 对经认定的技术先进型服务企业，减按15%的税率征收企业所得税。

2. 经认定的技术先进型服务企业发生的职工教育经费支出，不超过工资薪金总额8%的部分，准予在计算应纳税所得额时扣除；超过部分，准予在以后纳税年度结转扣除。

二、享受本通知第一条规定的企业所得税优惠政策的技术先进型服务企业必须同时符合以下条件：

1. 在中国境内（不包括港、澳、台地区）注册的法人企业；

2. 从事《技术先进型服务业务认定范围（试行）》（详见附件）中的一种或多种技术先进型服务业务，采用先进技术或具备较强的研发能力；

3. 具有大专以上学历的员工占企业职工总数的50%以上；

4. 从事《技术先进型服务业务认定范围（试行）》中的技术先进型服务业务取得的收入占企业当年总收入的50%以上；

5. 从事离岸服务外包业务取得的收入不低于企业当年总收入的35%。

从事离岸服务外包业务取得的收入，是指企业根据境外单位与其签订的委托合同，由本企业或其直接转包的企业为境外单位提供《技术先进型服务业务认定范围（试行）》中所规定的信息技术外包服务（ITO）、技术性业务流程外包服务（BPO）和技术性知识流程外包服务（KPO），而从上述境外单位取得的收入。

三、技术先进型服务企业的认定管理

1. 省级科技部门会同本级商务、财政、税务和发展改革部门根据本通知规定制定本省（自治区、直辖市、计划单列市）技术先进型服务企业认定管理办法，并负责本地区技术先进型服务企业的认定管理工作。各省（自治区、直辖市、计划单列市）技术先进型服务企业认定管理办法应报科技部、商务部、财政部、税务总局和国家发展改革委备案。

2. 符合条件的技术先进型服务企业应向所在省级科技部门提出申请，由省级科技部门会同本级商务、财政、税务和发展改革部门联合评审后发文认定，并将认定企业名单及有关情况通过科技部"全国技术先进型服务企业业务办理管理平台"备案，科技部与商务部、财政部、税务总局和国家发展改革委共享备案信息。符合条件的技术先进型服务企业须在商务部"服务贸易统计监测管理信息系统（服务外包信息管理应用）"中填报企业基本信息，按时报送数据。

3. 经认定的技术先进型服务企业，持相关认定文件向所在地主管税务机关办理享受本通知第一条规定的企业所得税优惠政策事宜。享受企业所得税优惠的技术先进型服务企业条件发生变化的，应当自发生变化之日起15日内向主管税务机关报告；不再符合享受税收优惠条件的，应当依法履行纳税义务。主管税务机关在执行税收优惠政策过程中，发现企业不具备技术先进型服务企业资格的，应提请认定机构复核。复核后确认不符合认定条件的，应取消企业享受税收优惠政策的资格。

4. 省级科技、商务、财政、税务和发展改革部门对经认定并享受税收优惠政策的技术先进型服务企业应做好跟踪管理，对变更经营范围、合并、分立、转业、迁移的企业，如不再符合认定条件，应及时取消其享受税收优惠政策的资格。

5. 省级财政、税务、商务、科技和发展改革部门要认真贯彻落实本通知的各项规定，在认定工作中对内外资企业一视同仁，平等对待，切实做好沟通与协作工作。在政策实施过程中发现问题，要及时反映上报财政部、税务总局、商务部、科技部和国家发展改革委。

6. 省级科技、商务、财政、税务和发展改革部门及其工作人员在认定技术先进型服务企业工作中，存在违法违纪行为的，按照《公务员法》《行政监察法》等国家有关规定追究相应责任；涉嫌犯罪的，移送司法机关处理。

7. 本通知印发后，各地应按照本通知规定于2017年12月31日前出台本省（自治区、直辖市、计划单列市）技术先进型服务企业认定管理办法并据此开展认定工作。现有31个中国服务外包示范城市已认定的2017年度技术先进型服务企业继续有效。从2018年1月1日起，中国服务外包示范城市技术先进型服务企业认定管理工作依照所在省（自治区、直辖市、计划单列市）制定的管理办法实施。

附件：技术先进型服务业务认定范围（试行）（略）

六、人大代表建议答复

（一）财政部答复

对十四届全国人大一次会议第0649号建议的答复
——关于规范市场招投标行为的建议

- 2023年6月21日
- 财库函〔2023〕6号

您提出的关于规范市场招投标行为的建议收悉，现答复如下：

一、关于禁止要求外地企业在本地设立分支机构或通过与本地企业合资合作成立公司才能参与投标

为切实推进全国统一大市场建设，近年来，财政部会同有关部门，认真贯彻落实党中央、国务院决策部署，努力消除在政府采购、国企采购、招标投标中的各类不合理限制和壁垒，营造公平竞争的市场环境。主要举措包括：

一是积极推进政府采购法修订工作，明确将促进全国统一大市场建设作为立法宗旨，努力推动各领域采购规制在法律层面的统一，避免同样的项目因为适用不同的制度产生不同的结果，增强政府采购法律制度的系统性、整体性和协同性。

二是全面清理政府采购领域妨碍公平竞争的规定和做法。财政部多次印发通知，要求各地区各部门清理以所有制形式、组织形式、股权结构、规模条件，以及不必要的登记、注册或者设立分支机构等不合理条件歧视供应商的规定和做法，推动规范政府采购行为，遏制采购活动中的地方保护和隐性门槛问题发生。

三是加强政府采购监督管理。完善政府采购质疑投诉和行政裁决机制，畅通供应商权利救济渠道，依法查处政府采购活动中妨碍统一市场和公平竞争等问题，主动公开处理处罚结果，曝光典型案例，督促整改落实，为加快统一大市场建设、优化营商环境提供保障。

四是完善公平竞争审查制度。2021年，市场监管总局、国家发展改革委、财政部、商务部、司法部等5部门联合发布《公平竞争审查制度实施细则》（国市监反垄规〔2021〕2号），明确规定不得在招标投标、政府采购中限定投标人所在地、所有制形式、组织形式，或者设定其他不合理的条件排斥或者限制经营者参与招标投标、政府采购活动。

五是规范招标投标主体行为。2022年，国家发展改革委、工业和信息化部、公安部、住房城乡建设部等13部门联合印发《关于严格执行招标投标法规制度进一步规范招标投标主体行为的若干意见》（发改法规〔2022〕1117号），要求招标文件中资质、业绩等投标人资格条件要求和评标标准应当以符合项目具体特点和满足实际需要为限度审慎设置，不得通过设置不合理条件排斥或者限制潜在投标人。依法必须招标项目不得提出注册地址、所有制性质、市场占有率、特定行政区域或者特定行业业绩、取得非强制资质认证、设立本地分支机构、本地缴纳税收社保等要求，不得套用特定生产供应者的条件设定投标人资格、技术、商务条件等。

六是加强中央企业监督管理。国务院国资委开发建设中央企业采购交易在线监管系统，对中央企业在招标采购中通过设置不合理条件限制市场主体参与竞争的行为进行监管和提示，要求有关企业核查整改。在每年组织开展的中央企业采购管理对标评估工作中，明确设置"优化营商环境"评价指标，引导中央企业在招标采购工作中依法平等对待各类所有制和不同地区的市场主体，根据法律法规和各部委发文要求及时调整资质要求，不以不合理条件或者产品产地来源等进行限制或者排斥。

二、关于全面推行最优价中标法

诚如代表所言，实践中还存在以"抽签"形式确定中标单位等违法操作，以及滥用最低价中标等问题。对此，财政部等有关部门高度重视，积极推动优化评审机制。

（一）关于政府采购评审制度。

政府采购坚持结果导向和物有所值。现行政府采购法律制度规定了最低评标（审）价法和综合评分法两种评审方法，由采购人根据采购需求和项目特点合理选择。最低评标（审）价法主要适用于技术、服务标准明确、统一的通用类项目，对这类"够用就好"的项目，采购人在明确需求标准的基础上，可以只围绕价格开展竞争，这样既能保障基本功能和质量，也能有效控制高价问题。对于技术复杂、性质特殊的大型装备、专业化服务等项目，采购人可采用综合评分法，围绕产品性价比进行评审，推动优质优价采购。

您反映的"最低价中标导致产品质量和安全难以保障"问题，根本原因在于采购需求不完整、不清晰，供应商缺乏竞争报价的基础。对此，财政部将进一步加强政府采购需求管理，强化采购人主体责任，要求采购单位合理确定采购需求和最高限价，科学选择采购方式和评审方法，避免在需求不清的情况下最低价成交而导致无序竞争。同时，完善政府采购交易制度，规范最低评标（审）价法的适用范围，并授权评标委员会拒绝不合理低价，遏制恶性低价竞争。

（二）关于工程建设项目招投标评标制度。

国家发展改革委不断完善工程建设项目招投标的评标规则，一是将"经评审的最低投标价法"适用范围限定为具有通用的技术、性能标准或者招标人对其技术、性能没有特殊要求的招标项目。二是引导招标人根据项目实际需要正确合理使用"综合评估法"，鼓励招标人采购技术创新、质量过硬的产品。三是引入国际通行的处理异常低价投标的方法，规制恶意低价投标行为。

同时，严格招标投标法规制度执行，明确不得采用抽签、摇号、抓阄等违规方式直接选择投标人、中标候选人或中标人；要求加大违法投标行为打击力度，严厉打击操纵投标或出借资质等行为导致中标率异常高的"标王"及其背后的违法犯罪团伙；要求评标专家遵循公平、公正、科学、择优的原则，认真研究招标文件，根据招标文件规定的评标标准和方法，对投标文件进行系统地评审和比较。评标过程中发现投标报价可能低于成本影响履约的，应当先请投标人作必要的澄清、说明。

下一步，财政部将充分吸收借鉴代表建议，会同有关部门按照党中央、国务院关于加快建设全国统一大市场的要求，积极推动构建统一的政府采购法律制度体系，降低市场主体制度性交易成本，营造公平竞争的营商环境。同时，进一步加强监管，破除政府采购、国企采购、招标投标领域的规则障碍和隐性壁垒，保障各类市场主体公平竞争。

感谢您对财政工作的关注和支持，欢迎再提宝贵意见。

对十四届全国人大一次会议第0343号建议的答复
——关于加快完善政府采购公平诚信体系建设的建议

· 2023年6月21日
· 财库函〔2023〕4号

您提出的关于加快完善政府采购公平诚信体系建设的建议收悉，现答复如下：

公开、公平、公正和诚实信用是政府采购基本原则。近年来，为营造公平竞争、诚实守信的政府采购市场环境，财政部按照党中央、国务院深化政府采购制度改革的要求，积极优化完善交易制度，持续加强监督检查，不断推进政府采购信用体系建设，规范政府采购行为。

一、关于保证金收取政策方面

合理收取投标保证金和履约保证金是保障采购活动严肃性和中标供应商严格履约的重要手段，目前，政府采购领域没有取消保证金收取政策。政府采购法实施条例第三十三条和第四十八条，授权采购人可根据项目实际需要收取投标保证金和履约保证金。为降低供应商制度性交易成本，供应商可自主选择以支票、汇票、本票或者金融机构出具的保函等非现金形式缴纳或提交保证金，且投标保证金不得超过采购项目预算金额的2%，履约保证金不得超过政府采购合同金额的10%。近年来，财政部多次通过印发政策文件、举办会议培训等方式，要求各采购单位、采购代理机构规范开展保证金收取事宜，并指导地方财政部门加强监督管理。

二、关于加强对违法失信行为的惩戒方面

随着政府采购领域"放管服"及优化营商环境等改革措施的持续深入，一些地方实行免收投标保证金、简化供应商投标材料等措施，这些便利措施不仅降低供应商制度性交易成本，也同时降低其串通投标、提供虚假材料、恶意投诉的成本。近年来，财政部持续加大质疑投诉处理和监督检查力度，对采购活动中发现的供应商违法失信行为等问题严肃处理。一是严格执法。按照政府采购法第七十七条规定，对供应商提供虚假材料谋取中标、成交；采取不正当手段诋毁、排挤其他供应商等违法行为加大查处力度，依法处以罚款、禁止参加政府采购活动、没收违法所得等行政处罚。二是完善政府采购严重违法失信行为惩戒机制。在中国政府采购网开设专栏，记录政府采购严重违法失信行为，实现与"信用中国"、全国信用信息共享平台等网站信用信息共享，并要求采购人、采购代理机构在政府采购活动中查询相关主体的信用记录。与国家发展改革委等多部门签订联合惩戒备忘录，对失信被执行人、重大税收违法失信主体等严重违法失信企业及个人实施惩戒，依法限制失信主体参与政府采购活动。三是对恶意投诉等行为实施惩戒。投诉人捏造事实、提供虚假材料或者以非法手段取得证明材料进行虚假、恶意投诉的，经财政部门认定属实后，均已根据政府采购法实施条例第五十七条和《政府采购质疑和投诉办法》（财政部令第 94 号）第三十七条的规定，驳回投诉事项并发布处罚公告，禁止投诉人 1 至 3 年内参与政府采购活动。

三、关于强化供应商信用体系建设方面

党的十八大以来，党中央、国务院高度重视社会信用体系建设。财政部按照党中央、国务院统一部署，积极推进政府采购领域信用体系建设，努力营造政府采购供应商"不敢失信"的市场氛围。一是加强需求和履约验收管理。印发《财政部关于进一步加强政府采购需求和履约验收管理的指导意见》（财库〔2016〕205 号）和《政府采购需求管理办法》（财库〔2021〕22 号），强化采购人主体责任，要求采购人科学确定采购需求，合理选择采购方式和评审方法，减少价格分的比重，遏制恶性低价竞争，营造良性竞争环境。同时，规范开展履约验收，倒逼供应商严格按照政府采购合同履约，增加供应商违法失信成本。二是开展评审专家和代理机构履职评价试点。出台《财政部办公厅关于在中央预算单位开展政府采购评审专家和采购代理机构履职评价试点工作的通知》（财办库〔2022〕192 号），对政府采购评审专家、采购代理机构履职情况进行评价管理，研究根据评审专家的评价得分设置抽取概率，并将代理机构的评价得分纳入对其监督评价的因素。三是发布政府采购指导性案例。针对供应商串通投标、提供虚假材料、恶意投诉以及不严格履约等问题，财政部对外公开发布 30 多个政府采购指导性案例，引导和规范各级财政部门的执法行为，推进和完善执法标准化建设。

您提出的关于"既要让正当参与政府采购活动的供应商受益，也要防止被不正当者利用造成不好影响"的建议对政府采购信用体系建设工作具有重要的指导意义，下一步，财政部将在政府采购法修订工作中，统筹考虑进一步加强对供应商恶意投诉或存在诬告、陷害、诽谤等违法行为的惩戒措施，积极引导当事人通过法律途径维护自身合法权益。按照中央全面深化改革委员会审议通过的《深化政府采购制度改革方案》要求，继续推进政府采购领域信用体系建设，在探索开展对采购代理机构、评审专家、供应商的信用评价基础上，研究建立政府采购信用评价指标和标准体系。同时，配合有关部门尽快推动信用立法，完善社会信用体系建设，营造良好社会氛围。

感谢您对财政工作的关注和支持，欢迎再提宝贵意见。

对十三届全国人大五次会议第 4824 号建议的答复
——关于出台政策推广政府限额 以下采购平台帮扶的建议

- 2022 年 6 月 17 日
- 财库函〔2022〕6 号

您提出的关于出台政策推广政府限额以下采购平台帮扶的建议收悉。现答复如下：

您提出的关于建设限额下电子化采购平台、通过电子化采购破除中小企业参加政府采购的"玻璃门"等建议，对做好小额零星政府采购工作、促进中小企业发展具有重要借鉴意义。财政部高度重视小额零星采购管理工作，在指导集中采购机构做好协议供货、定点采购的基础上，2022 年制定了《政府采购框架协议采购方式管理办法》（财政部令第 110 号）和《关于做好政府采购框架协议采购工作有关问题的通知》（财库〔2022〕17 号），进一步优化了小额零星采购的程序和竞争机制，促进实现有效竞争，解决小额零星采购质次价高等问题。同时，要求各地区、各部门使用电子化采购系统开展框架协议等小额零星采购活动，为采购人提供便利。

按照政府采购"抓大放小"的制度设计，集中采购目录以外、限额标准以下的采购，不适用政府采购法。目前，大部分地区建立了集中采购目录以外的小额零星采购电子卖场，为采购人提供更多选择。采购单位可按照内控要求，通过政府采购电子卖场或社会电商平台开展小额零星采购。

支持中小企业发展是政府采购重要的政策目标。财政部积极运用政府采购政策加大对中小企业的支持力度，通过提高预留采购份额、提升价格评审优惠幅度、规范资格条件设置、加大预付款比例等一揽子措施，降低中小企业参与政府采购活动门槛，减轻中小企业负担，提高中小企业合同份额。

下一步，财政部将按照《深化政府采购制度改革方案》有关要求，积极推动政府采购信息化建设，指导各地区和相关机构加快完善小额零星采购的电子化系统，提高服务能力和水平，规范供应商资格管理，并通过免费下载电子采购文件、应用电子证照等措施，进一步降低中小企业参与政府采购活动的成本，将电子化交易系统打造成扶"小"助"微"的基础设施，助力中小企业健康发展。

感谢您对财政工作的关心和支持，欢迎再提宝贵意见。

对十三届全国人大五次会议第6015号建议的答复

——关于加强政府采购平台监管提高
财政资金使用效益的建议

- 2022年6月17日
- 财库函〔2022〕9号

您提出关于加强政府采购平台监管提高财政资金使用效益的建议收悉。现答复如下：

您提出的推进政府采购电商化建设、加强电子化平台监管、强化失信惩戒等建议，对规范政府采购行为，提升政府采购现代化水平具有重要意义。目前，政府采购平台主要分为两类：一是服务于限额标准以上、按法定采购方式实施的项目采购电子化系统；二是服务于集采目录内小额零星货物、服务采购的框架协议采购系统。此外，按照政府采购"抓大放小"的制度设计，您在建议中提到的办公用品、人字梯、戏曲服装等集采目录外限额标准下采购项目，不适用政府采购法。部分地方建设了政府采购电子卖场，为集采目录外小额零星采购提供便利化采购渠道。采购单位可按照内控要求，通过政府采购电子卖场、社会电商平台或线下实体店开展此类采购活动。

财政部高度重视小额零星电子化采购管理工作，2022年制定出台《政府采购框架协议采购方式管理办法》（财政部令第110号）和《关于做好政府采购框架协议采购工作有关问题的通知》（财库〔2022〕17号），进一步优化了小额零星采购程序和竞争机制。通过设定两阶段采购程序，在明确采购需求的基础上再竞争价格或质量，促进实现有效竞争，解决小额零星采购质次价高等问题。下一步，财政部将按照《深化政府采购制度改革方案》有关要求，积极推动政府采购信息化建设，加强与有关监管部门信用数据共享，依法限制违法失信供应商参与政府采购活动。指导各地区和相关机构加快完善小额零星采购的电子化交易系统，不断优化完善系统控制、价格监测、行为预警等监管功能，促进实现"优质优价"采购，保障小额零星采购顺畅、高效。

感谢您对财政工作的关心和支持，欢迎再提宝贵意见。

对十三届全国人大五次会议第6970号建议的答复

——关于全面推广政府采购合同融资业务，应用
中征平台支持中小微企业融资的建议

- 2022年6月17日
- 财库函〔2022〕7号

您提出关于全面推广政府采购合同融资业务，应用中征平台支持中小微企业融资的建议收悉。现答复如下：

财政部高度重视运用政府采购政策支持中小企业发展，多措并举降低中小企业参与政府采购活动门槛，减轻中小企业负担，主要采取以下措施：一是提高授予中小企业合同份额。要求采购单位将小额采购项目原则上全部留给中小企业，其他项目预留预算金额30%面向中小企业采购，其中工程项目2022年下半年预留份额提高至40%以上；不预留的要在评审时给予中小企业10%-20%的价格评审优惠，提升中小企业参与政府采购活动的竞争优势。二是促进政府采购公平竞争。要求采购单位不得设置人员数量、资金规模、成立年限等门槛，妨碍中小企业参与采购活动；通过政府采购意向公开等措施，不断提高政府采购透明度，方便中小企业获取政府采购信息；对设立名录库、资格库等妨碍公平竞争的规定和做法持续清理，不断优化政府采购营商环境。三是降低中小企业参与政府采购活动成本。允许供应商以非现金方式缴纳保证金并自主选择缴纳形式，通过免费向中小企业提供电子采购文件、提高预付款比例、积极应用电子证照等措施，减轻中小企业负担。同时，为支持中小企业开展合同融资，在中国政府采购网设置专门栏目公开政府采购合同，为商业银行等金融机构查询政府采购合同信息创造便利条件。

您提出推广政贷业务，推动中征应收账款服务平台（以下简称中征平台）与政府采购系统、财政国库支付系统实现数据交互等建议，对助力中小企业融资、促进中小企业发展具有十分积极的意义。下一步，财政部将继续督促采购单位及时按规定公开政府采购合同信息；加快推进政府采购信息化建设，为相关系统对接和数据共享创造条件；完善中国政府采购网"一站式"查询功能，

在中国政府采购网公开合同款支付情况，配合有关部门研究通过技术手段锁定贷款回款账户的具体实现方式，方便银行等金融机构及时、准确、完整获取相关资金支付信息，为政采贷业务开展提供支撑。同时，人民银行将做好政采贷业务宣传工作，引导商业银行出台线上政采贷融资产品，为中小企业提供更加优质的金融服务，切实提升对中小企业的融资支持力度。

感谢您对财政工作的关心和支持，欢迎再提宝贵意见。

对十三届全国人大四次会议第5866号建议的答复
——关于完善跨境电商零售进口政策的建议

- 2021年7月2日
- 财关税函〔2021〕19号

您提出的关于完善跨境电商零售进口政策的建议收悉，现答复如下：

一、关于跨境电商零售进口商品计税税基问题

跨境电商零售进口作为一种新业态，与一般贸易进口不同，进口的同时实现销售，包含了进口、批发、零售三个环节。现行政策规定，跨境电商零售进口商品按照货物征收关税和进口环节增值税、消费税；购买跨境电商零售进口商品的个人作为纳税义务人；实际交易价格（包括货物零售价格、运费和保险费）为完税价格。实践中，在有的情形下，物流费用境内部分计入国内增值税的税基，还与境外部分一并计入前述实际交易价格，整体成为进口环节增值税的计税税基的一部分。这主要是因为跨境电商按全程支付所有商品物流费用，难以将物流费用准确分境内和境外两部分分摊至每件商品。为支持跨境电商发展，同时考虑到这一新业态的相关特点，税收政策明确规定，跨境电商零售进口商品清单内的商品，在交易限值以内的，进口环节增值税暂按法定应纳税额的70%征收。

二、关于提高年度交易限值、取消单次交易限值、增加清单品类的问题

经国务院批准，2018年底，财政部会同有关部门较大幅度地提高了跨境电商零售进口商品的单次交易限值和年度交易限值，单次交易限值由人民币2000元提高至5000元，年度交易限值由人民币20000元提高至26000元。现行单次交易限值和年度交易限值已可满足大多数居民合理消费需求。目前实施的《跨境电子商务零售进口商品清单（2019年版）》包括1413项商品，基本涵盖国内存在一定消费需求，客观上能以快件、邮件等方式进境的生活消费品。清单实施后，整体运行情况良好，较好满足消费者的需要。

为促进跨境电商新业态的健康发展，更好满足人民对美好生活的需要，我们将会同有关部门适时研究年度交易限值、单次交易限值问题，积极优化调整跨境电商零售进口商品清单。

三、关于落实商品进口准入相关规定的问题

根据《商务部 发展改革委 财政部 海关总署 税务总局 市场监管总局关于完善跨境电子商务零售进口监管有关工作的通知》（商财发〔2018〕486号）、《海关总署关于跨境电子商务零售进出口商品有关监管事宜的公告》（海关总署公告2018年第194号）等相关要求，海关总署对跨境电商零售进口商品实施质量安全风险检测，在商品销售前按照法律法规实施必要的检疫，并视情发布风险警示，严防国门安全准入风险。

下一步，我们将会同有关部门继续按要求落实跨境电商各项政策和监管要求，研究完善跨境电商零售进口相关政策，积极促进跨境电商规范健康持续发展。

对十三届全国人大四次会议第9528号建议的答复
——关于在公共服务领域完善规范政府和社会资本合作及授权特许经营等非传统投融资模式的建议

- 2021年6月29日
- 财金函〔2021〕40号

您提出的关于在公共服务领域完善规范政府和社会资本合作及授权特许经营等非传统投融资模式的建议收悉，现答复如下：

一、关于加快非传统投融资模式立法进程

2014年以来，按照党中央、国务院决策部署，财政部会同有关方面坚持规范有序推进政府和社会资本合作（PPP），逐步构建"法律规范+政策保障+操作指引"三位一体的PPP全生命周期制度体系，为PPP项目规范实施提供了制度保障。

但由于现行PPP管理制度法律层级和效力较低，对PPP的内涵外延、职责分工等缺乏法律层面的统一规制，当前推进PPP工作仍面临政策预期不稳、管理职责不清、程序衔接不畅等问题。同时，由于PPP监管趋严等原因，部分地方开始采用"授权-建设-运营"（ABO）、"融资+工程总承包"（F+EPC）等尚无制度规范的模式实施

项目，存在一定地方政府隐性债务风险隐患。

下一步，我们将认真研究您所提意见建议，配合司法部等有关方面，在PPP条例等相关立法工作中，进一步加强对PPP内涵外延、职责分工、程序衔接、PPP与其他非传统投融资模式的边界等问题的理论研究和实践分析，推动PPP条例早日出台，为PPP项目规范实施提供法律保障。

二、关于就非传统投融资模式核心环节的法律适用进行释法

财政部在构建PPP制度体系过程中，十分注重对社会资本采购、合同性质界定、争议解决等重大问题的引导规范。先后印发《PPP项目政府采购管理办法》、《PPP项目财政管理暂行办法》等，明确通过公开招标、竞争性谈判、竞争性磋商等公开竞争性方式选择PPP项目社会资本方，保障各类市场主体平等参与、公平竞争；印发《PPP项目合同指南》、《污水处理和垃圾处理领域PPP项目合同示范文本》等，维护PPP项目合同各方平等民事法律主体地位，明确民事诉讼、仲裁等合同争议解决方式。

但由于上述文件法律层级和效力较低，未能有效解决招标投标法和政府采购法的适用问题，且与《最高人民法院关于审理行政协议案件若干问题的规定》关于PPP项目合同性质的界定并不一致。

下一步，我们将认真研究您所提意见建议，配合司法部等有关方面加快推进PPP立法进程，通过制定PPP专门法为社会资本方采购、PPP项目合同性质及争议解决等提供明确法律依据，有效解决相关法律适用和法律冲突问题。

三、关于建立健全投融资违规情形认定与违规责任追究机制

按照预算法规定，地方政府举借债务只能采取发行地方政府债券方式，除此以外不得以任何方式举借债务。为规范地方政府举债融资行为，党中央、国务院已出台相关政策，严禁地方政府通过融资平台公司或以PPP、政府投资基金、政府购买服务等名义违法违规或变相举债，并建立了地方政府举债终身问责和债务问题倒查机制，做到终身问责、倒查责任。各级审计机关在国家重大政策措施落实情况跟踪审计、地方党委和政府主要领导干部经济责任审计、财政专项资金审计等项目中，重点关注地方政府、相关单位遵守投融资领域法律法规情况，对违法投融资导致的隐性债务、项目烂尾、资金损失等问题，发现一起、揭示一起，并加强督促落实整改，推动规范地方

政府投融资行为、防范地方政府隐性债务风险。

下一步，我们将认真考虑代表的意见建议，坚决贯彻落实党中央、国务院决策部署，会同有关部门进一步规范地方政府投融资行为，坚决遏制隐性债务增量，对各类新增隐性债务行为，发现一起、查处一起、问责一起，终身问责、倒查责任，完善常态化监控、核查、督查机制，对各类隐性债务风险隐患做到早发现、早处置，牢牢守住不发生系统性风险的底线。

感谢您对财政工作的关心和支持，欢迎再提宝贵意见。

对十三届全国人大四次会议第5006号建议的答复
——关于完善财政引导的多元金融风险防控机制提升金融机构服务乡村振兴能力的建议

· 2021年6月29日
· 财金函〔2021〕52号

您提出的《关于完善财政引导的多元金融风险防控机制提升金融机构服务乡村振兴能力的建议》收悉，现答复如下：

一、统筹整合涉农资金建立乡村振兴金融发展基金

根据党中央、国务院决策部署，农业补贴等相关农业领域支持政策，均有既定政策目标，暂不能用于补充有关基金。2021年中央1号文件已明确，支持以市场化方式设立乡村振兴基金。在解决涉农经营主体难贷款方面，财政部加大普惠金融发展专项资金支持力度，继续实施农村金融机构定向费用补贴，要求政府性融资担保机构扩面降费，大力支持全国农业信贷担保体系建设，支持省级农担公司降低担保费率、提高风险代偿能力，加快做大农业信贷担保业务，着力缓解"三农"主体融资难、融资贵问题。银保监会、农业农村部聚焦政府性融资担保机构建设、金融支农合作平台等，不断创新机制、完善政策。下一步，财政部将继续加大财政支持普惠金融发展力度，会同有关方面推动地方加快推进政府性融资担保体系建设、完善监管规制，更好缓解涉农经营主体融资难、融资贵问题。

二、关于建立中央、省、县三级财政的风险补偿机制

我们认为应当鼓励地方自主探索，充分发挥政府性融资担保机构作用，构建完善的风险分散机制。主要考虑：一是《国务院办公厅关于有效发挥政府性融资担保基金作用切实支持小微企业和"三农"发展的指导意见》明

确要求，构建政府性融资担保机构和银行业金融机构共同参与、合理分险的银担合作机制。近年来，中央财政发起设立国家融资担保基金、对工作成效明显的地方予以奖补激励和担保费补贴，支持构建政府性融资担保体系。各级政府性融资担保、再担保机构保持了较低费率水平，在降低小微企业和"三农"综合融资成本、分散贷款风险方面发挥了积极作用。二是政府不宜直接提供担保或参与风险分担。按照民法典、预算法有关规定，政府及其所属部门不得为任何单位和个人的债务以任何方式提供担保。同时，为落实党中央、国务院关于防范化解地方政府隐性债务的决策部署，避免新增地方政府隐性债务，地方政府依法不得对贷款进行担保。三是政府直接与银行、保险公司等建立风险分担机制，分担企业或个人贷款的风险损失，容易将金融市场风险转嫁为财政风险，同时可能影响金融机构加强信贷审评和风险防控的积极性，容易产生道德风险，不利于压实企业和个人还款责任。下一步，财政部将继续推动国家融资担保基金发挥行业龙头作用，健全政府性融资担保体系，利用市场化方式构建完善的风险分散机制。

三、开展政府专项债补充农村中小金融机构资本金试点

按照2020年7月1日国务院常务会议决策部署，在2020新增地方政府专项债券限额中安排一定额度，允许地方政府依法依规通过认购可转换债券等方式，合理补充中小银行资本金。为了贯彻落实国务院常务会议精神，支持中小银行化解风险，同时防范政府债务风险，财政部会同相关金融监管部门对专项债券补充中小银行资本金的有关工作作出了安排。一是优先支持具备可持续市场化经营能力的中小银行补充资本金，增强其服务中小微企业、支持保就业能力。二是以支持补充资本金促改革、换机制，将中小银行完善治理、健全内控机制等作为支持补充资本金的重要条件。三是压实地方政府属地责任、银行及股东主体责任、金融管理部门监管责任，在全面清产核资、排查风险并依法依规严肃问责的前提下，一行一策稳妥推进补充资本金，地方也要充分挖掘其他资源潜力给予支持。四是加强监管和全过程监督。对地方政府专项债券合理补充资本金建立市场化的到期及时退出机制，严防道德风险。

通过专项债券补充中小银行资本金，是党中央、国务院确定的阶段性、一次性政策。下一步，财政部将按照党中央、国务院决策部署，积极配合相关金融管理部门统筹做好相关工作。

感谢您对财政工作的关心和支持，欢迎再提宝贵意见。

对十三届全国人大四次会议第1334号建议的答复

——关于加大政策精准支持，进一步调动银行机构积极性，提升小微企业金融服务水平的建议

- 2021年6月29日
- 财金函〔2021〕54号

您提出的《关于加大政策精准支持，进一步调动银行机构积极性，提升小微企业金融服务水平的建议》收悉，现答复如下：

一、关于强化内外激励引导

近年来相关部门高度重视推动健全小微企业金融服务的内外激励机制，积极完善政策措施，调动银行机构和基层信贷人员的积极性，增强服务小微企业的内生动力。

一是强化监管、财税、货币等政策激励，给予小微企业贷款75%的风险资本权重优惠，推动出台小微企业贷款税收减免、定向降准、再贷款再贴现、贷款延期支持工具及信用贷款支持计划等政策。

二是修订完善《商业银行绩效评价办法》，将普惠性小微企业贷款"两增两控"完成情况纳入商业银行绩效评价体系中，权重为13分，较原办法涉农贷款和中小企业贷款专项加分（6分）提高了7分，引导商业银行加大小微企业信贷服务、降低小微企业融资成本，并有效控制风险水平，持续提升小微企业金融服务质效。

三是督促落实内部激励保障。要求银行完善成本分摊和收益分享机制，将普惠金融指标在分支行综合绩效考核中的权重提升至10%以上，全国性商业银行内部转移定价优惠力度不低于50个基点。明确普惠型小微企业贷款不良容忍度政策，督促银行细化尽职免责制度，将授信尽职免责与不良容忍度有机结合，切实减轻基层信贷人员的后顾之忧。

四是完善监管评价体系，出台《商业银行小微企业金融服务监管评价办法（评价）》，对商业银行小微企业信贷投放、体制机制建设、重点监管政策落实、产品和服务创新、监督检查情况等方面进行综合评价，督促银行落实各项金融惠企政策，完善内部体制机制，增强服务能力。

下一步，我们将继续加强政策落实，推进督促检查，推动银行业形成小微企业金融服务"敢贷愿贷、能贷会贷"的长效机制。

二、持续加大财税政策支持力度

一是出台税收政策。为引导和鼓励金融机构服务小微企业，有效缓解小微企业融资难、融资贵的问题，财政部会同有关部门出台了一系列税收政策。如，将金融机构利息收入免征增值税政策范围由农户扩大到小微企业、个体工商户，享受免税的贷款额度上限从单户授信10万元扩大到1000万元；对金融机构和小额贷款公司取得的农户小额贷款的利息收入，在计算应纳税所得额时减按90%计入收入总额；允许金融企业按年末贷款余额的1%计提贷款损失准备金并在税前扣除，同时金融企业涉农贷款和中小企业贷款在按规定风险分类后，对关注类、次级类、可疑类和损失类贷款，分别按照2%、25%、50%和100%的比例计提的专项贷款损失准备金，允许在税前全额扣除；对金融机构与小型、微型企业签订的借款合同免征印花税。符合条件的金融机构均可享受上述优惠政策。

二是加大普惠金融发展专项资金支持力度。按照党中央、国务院的决策部署，财政部按照"综合施策、精准发力"的工作思路，综合运用贴息、奖补、费用补贴等手段，充分发挥财政资金杠杆作用和乘数效应，多措并举支持普惠群体融资。2015年，中央财政整合设立普惠金融发展专项资金，并结合形势变化不断优化政策，目前包括3个支出方向。第一，创业担保贷款贴息和奖补。对自主创业的城镇下岗失业人员、高校毕业生、返乡创业农民工、残疾人等重点就业群体、吸纳重点群体就业的小微企业提供贷款担保和贴息，"扶上马、送一程"，助力"双创"。第二，财政支持深化民营和小微企业金融服务综合改革试点城市奖励政策，中央财政对东、中、西部地区每个试点城市分别给予3000、4000、5000万元奖励资金，鼓励试点城市因地制宜、先行先试，完善融资担保资本补充和风险补偿机制，改善民营和小微企业金融服务。第三，农村金融机构定向费用补贴。对新型农村金融机构和西部基础金融服务薄弱地区的银行业金融机构（网点）给予一定补贴，鼓励网点和机构下沉，做到"有人办事"。2019-2021年，中央财政普惠金融发展专项资金分别为57.70亿元、70.24亿元、92.15亿元，年增长率约26%。

下一步，我们将继续会同有关部门落实好相关财税支持政策，完善普惠金融发展专项资金管理办法，更好发挥财政资金引导撬动作用。

三、充分发挥政府性融资担保作用

财政部会同有关方面积极推进政府性融资担保体系建设，充分发挥政府性融资担保融资增信分险作用，切实缓解小微企业融资难融资贵问题。

一是要求各级政府性融资担保机构扩大业务规模，积极为小微企业融资增信，国家融资担保基金和地方政府性融资担保机构2020年全年减半收费，显著降低担保费率。

二是推动国家融资担保基金加快运作，创新银担"总对总"批量担保合作模式，大幅拓展再担保业务规模，对支小支农成效明显的地市级担保机构开展股权投资，发挥再担保的"稳定器"和"放大器"作用。2020年，国家融资担保基金完成再担保合作业务4224亿元、担保户数27.4万户，支小支农业务规模占比97.6%，合作机构平均担保费率降至0.95%，累计再担保合作业务规模突破7000亿元，已对12家地方政府性融资担保机构进行首批股权投资。

三是印发《政府性融资担保、再担保机构绩效评价指引》，突出政策导向，鼓励业务拓展，弱化盈利考核，更好发挥政府性融资担保的政策功能。

四是健全融资担保行业监管规制。印发《融资担保公司非现场监管规程》、《关于做好政府性融资担保机构监管工作的通知》，要求政府性融资担保机构优化公司治理结构，建立健全内部控制制度，加强风险管理体系建设，提高担保能力，提升服务质量和效率，下沉担保服务。

下一步，财政部将继续会同有关方面加快推进政府性融资担保体系建设，研究健全国家融资担保基金风险补偿机制，推动国家融资担保基金加快股权投资进度，不断完善融资担保担保监管规制，引导撬动更多金融资源服务小微企业发展。

四、完善信息体系建设

近年来相关部门积极推进小微企业信息共享和整合工作。在中央层面，发展改革委、税务总局、市场监管总局、银保监会等有关方面开展"信易贷"、"银税互动"、"银商合作"等工作，指导银行将企业纳税信用评价结果、纳税信息、工商年检、行政处罚等信息作为授信审批、风险预警、贷后管理等依据。在地方层面，推动地方政府整合小微企业信用信息，建设区域性信用信息共享平台和综合金融服务平台。浙江、河南、重庆、江苏、广东等多地信用整合已见成效。

下一步，相关部门将继续推动信息整合和共享机制建设，及时总结推广地方典型经验做法，与相关部门加强联动、凝聚合力，完善政策支持措施，为小微企业金融服务创造更好的外部环境。

需要说明的是，在出台上述支持政策和推动上述工作过程中，相关部门和金融机构注重加强沟通协调，统筹形成合力。下一步，我们将认真研究吸收您的意见建议，继续统筹协调资源，推动形成合力。

感谢您对财政工作的关心和支持，欢迎再提宝贵意见。

（二）国家税务总局答复

对十三届全国人大四次会议第10014号建议的答复
——关于促进女性生育与就业良性互动、助力国家人口发展和二〇三五年远景目标的建议

· 2021年6月25日

您提出的关于促进女性生育与就业良性互动、助力国家人口发展和二〇三五年远景目标的建议收悉，现答复如下：

一、关于给予雇佣女职工数量较多的企业一定的税收减免或者补贴等优惠政策的建议

妇女是物质文明和精神文明的创造者，是推动社会发展和进步的重要力量。税务总局坚决贯彻党中央、国务院决策部署，为促进女性生育与就业良性互动着力营造良好的税收环境。现行税收政策对支持企业吸纳女性就业已作出一定安排，比如对育龄女性产假工资支出、职工福利费、生育津贴、产假替代用工支出等相关成本费用，用工企业可以按规定在计算企业所得税应纳税所得额时扣除。

下一步，在继续落实好现有相关税收支持政策的基础上，围绕更好发挥妇女"半边天"作用、支持妇女建功立业、合理减轻企业用工成本，我局将与财政部等部门密切协作，统筹考虑政策可操作性、不同企业间的税收公平等方面因素，积极研究相关储备政策措施。

二、关于个税专项附加扣除覆盖0—3岁幼儿家庭的建议

围绕减轻家庭生育养育负担，国家实施了一系列税收支持政策。一方面，自2018年起实施的个人所得税改革，将基本减除费用标准由3500元/月提高至5000元/月，同时新设的6项专项附加扣除包括"子女教育专项附加扣除"；另一方面，对托育服务给予专门税收减免，具体包括对提供社区托育服务以及托儿所提供的保育服务免征增值税，对承受房屋、土地用于提供社区托育服务的免征契税，对为社区提供托育服务的机构自有或通过承租、无偿使用等方式取得并用于提供社区托育的房产、土地免征房产税、城镇土地使用税，为社区提供托育服务的机构提供托育服务取得的收入在计算应纳税所得额时减按90%计入收入总额。

将0至3岁托育费用纳入个人所得税专项附加扣除范畴，对于进一步减轻家庭育儿负担、促进民生保障具有积极作用。下一步，按照个人所得税改革总体部署，结合社会配套等方面实际情况，我局将会同财政部积极研究完善专项附加扣除政策，对托育费用个人所得税抵扣问题予以充分考虑。

感谢您对税收工作的支持！

对十三届全国人大三次会议第8269号建议的答复
——关于进一步简化公司注销流程、改进税收管理制度的建议

· 2020年9月1日

您提出的关于进一步简化公司注销流程、改进税收管理制度的建议收悉，现答复如下：

企业注销是社会各界比较关注的问题，也是优化营商环境的重要内容，税务总局一直高度重视企业注销工作。近年来，税务部门不断简化注销程序、减少报送资料、推行容缺办理，持续优化税务注销，便利了企业退出市场。您提出的五条工作建议具有积极的借鉴意义，其中大部分内容我们已经在探索推行，并将在实践中进一步研究改进、优化完善。

一、关于免办清税证明问题。税务部门针对不同类型纳税人推出了免办、即办、限时办等注销服务。根据《国家税务总局关于进一步优化办理企业税务注销程序的通知》（税总发〔2018〕149号）规定，未办理过涉税事宜，或办理过涉税事宜但未领用发票、无欠税（滞纳金）及罚款的纳税人，可直接向市场监管部门申请办理简易注销，免于到税务机关办理清税证明。

二、关于变更清税流程问题。税务部门依据相关法律法规规定，积极探索将一些涉税事项后移，优化税务注销流程，让企业先取得清税证明、再办理后续事宜。推出"承诺制"容缺办理服务，纳税人符合条件但资料不齐的，可作出承诺后即时取得清税证明，事后按承诺的时限补齐资料并办结相关事项；依法破产的纳税人可凭人民法院终结破产程序裁定书即时取得清税证明，税务部门事后按规定核销欠税。

三、关于对接清税数据、加强社会信用体系建设的问题。税务部门以纳税人涉税行为的客观记录为基础，从主观态度、遵从能力、实际结果和失信程度等维度，定期评价纳税人信用级别，同时提供补评、复评、修复以及自主查询渠道，实现了纳税信用信息可查可核可溯。此外，税务总局还与国家信息中心、市场监管总局等部门建立了常态化部门间信息共享机制，实现了纳税信用级别信息与市场信用记录的对接。

四、关于利用财税大数据推进信用分级分类监管的问题。近年来，税务部门不断深化大数据在税收征管中的运用，按照守信激励、失信惩戒原则对纳税人实施分类服务和管理。例如，对纳税信用级别为 A 级或 B 级的纳税人，可按规定"承诺制"容缺办理税务注销；对纳税信用级别为 D 级的纳税人采取重点监控、加强纳税评估等严格管理措施。此外，税务部门与多部门在多个领域对 A 级纳税人实施联合激励、对重大税收违法失信案件当事人实施联合惩戒，实现了税收诚信建设的内外协同监管。

五、关于推动人工智能涉税应用问题。长期以来，税务部门高度重视通过信息化和人工智能方式优化纳税服务，提升管理水平。今后，我们将积极探索利用大数据、人工智能、机器学习等先进技术手段，加强人工智能在涉税事项办理中的应用，推进人工智能与大数据结合，进一步提升税收征管和服务质效。

感谢您对税收工作的支持！

对十三届全国人大三次会议第 8765 号建议的答复
——关于从税收政策和征管方式等方面
加大平台经济发展支持力度的建议

· 2020 年 8 月 27 日

您们提出的关于从税收政策和征管方式等方面加大平台经济发展支持力度的建议收悉，现答复如下：

一、关于平台企业存在自然人无法视同登记户享受增值税起征点优惠

《中华人民共和国增值税暂行条例》及其实施细则、《财政部 国家税务总局关于全面推开营业税改征增值税试点的通知》（财税〔2016〕36 号）附件 1《营业税改征增值税试点实施办法》规定，纳税人销售额未达到国务院财政、税务主管部门规定的增值税起征点，免征增值税；达到起征点的，应全额计算缴纳增值税。按次纳税的纳税人，增值税起征点为月销售额 5000 元至 2 万元；按次纳税的纳税人，增值税起征点为每次（日）销售额 300 元至 500 元。目前全国各地均按照最高额度确定起征点。

2019 年，为贯彻落实党中央、国务院决策部署，进一步支持小微企业发展，我局会同财政部制发《关于实施小微企业普惠性税收减免政策的通知》（财税〔2019〕13 号），明确 2019 年 1 月 1 日至 2021 年 12 月 31 日，对月销售额 10 万元以下（含本数）的增值税小规模纳税人，免征增值税。

自然人能否享受小规模纳税人月销售额 10 万元以下免税政策，需要根据其业务实际情况进行判断。按照上述规定，自然人持续开展经营业务的，如办理了税务登记，并选择按期纳税，履行按期申报纳税义务，则可以按规定享受小规模纳税人月销售额 10 万元以下免税政策；自然人不经常发生应税行为的，如未办理税务登记，或只选择了按次纳税，则应按规定享受按次纳税的起征点政策。

二、关于允许内控机制完善的平台经济使用内部凭证列支成本费用

《企业所得税税前扣除凭证管理办法》（国家税务总局公告 2018 年第 28 号，以下简称《办法》）明确规定了内部凭证作为税前扣除凭证的一般要求和具体情形，在一定程度上与代表所提建议是一致的。如，《办法》第八条规定，税前扣除凭证按照来源分为内部凭证和外部凭证，内部凭证是指企业自制用于成本、费用、损失和其他支出核算的会计原始凭证。再如，《办法》第九条、第十条规定，企业在境内发生的支出项目属于增值税应税项目的，对方为依法无需办理税务登记的单位或者从事小额零星经营业务的个人，其支出以税务机关代开的发票或者收款凭证及内部凭证作为税前扣除凭证；企业在境内发生的支出项目不属于增值税应税项目的，对方为个人的，以内部凭证作为税前扣除凭证。这些规定，能够解决平台企业在一定条件下使用内部凭证作为税前扣除凭证的问题。

如果允许平台企业所有经营活动均使用内部凭证列支成本费用，在企业所得税征管上会造成平台企业与非平台企业之间的差异，不利于营造公平竞争的市场环境。特别是增值税应税项目如果均使用内部凭证作为税前扣除凭证，不利于增值税发票的规范管理，破坏了增值税抵扣链条的完整性，易引发偷漏税风险。因此，建议平台企业依法依规使用内部凭证和外部凭证列支成本费用。

三、关于明确灵活用工人员从平台获得的收入作为经营所得

根据《中华人民共和国个人所得税法》及有关规定，

灵活用工人员从平台获取的收入可能包括劳务报酬所得和经营所得两大类。灵活用工人员在平台上从事设计、咨询、讲学、录音、录像、演出、表演、广告等劳务取得的收入，属于"劳务报酬所得"应税项目，由支付劳务报酬的单位或个人预扣预缴个人所得税，年度终了时并入综合所得，按年计税、多退少补。灵活用工人员注册成立个体工商户、或者虽未注册但在平台从事生产、经营性质活动的，其取得的收入属于"经营所得"应税项目，"经营所得"以每一纳税年度的收入总额减除成本费用以及损失后的余额为应纳税所得额，适用经营所得税率表，按年计税。

因此，灵活用工人员取得的收入是否作为经营所得计税，要根据纳税人在平台提供劳务或从事经营的经济实质进行判定，而不是简单地看个人劳动所依托的展示平台，否则容易导致从事相同性质劳动的个人税负不同，不符合税收公平原则。比如，从事教育培训工作的兼职教师，在线下教室里给学生上课取得收入按劳务报酬所得缴税，在线上平台的直播间给学生上课取得收入按经营所得缴税，同一性质劳动，不宜区别对待。

四、关于建议有关部门对平台企业上的经营者简化前置许可的审批条件与流程

对平台企业上的经营者简化前置许可的审批条件与流程，主要是优化货运平台司机办理道路普通货物运输经营许可证的审批流程，放宽相应的条件。近年来，交通运输部、税务总局等部门按照国务院推进"互联网+"高效物流以及促进平台经济发展的有关决策部署，积极支持鼓励依托互联网平台从事货运经营的物流新业态创新发展。

一是取消相关道路货运经营许可。先后取消了4.5吨及以下普通货运车辆道路运输证和从业资格证等4项经营许可。同时，简化并公开普通货运驾驶员从业考试题库、推行从业人员线上线下异地考试、取消从业人员强制继续教育制度。

二是优化道路货运经营许可流程。2014年，国务院印发了《关于取消和调整一批行政审批项目等事项的决定》（国发〔2014〕50号），将"道路货运经营许可证核发"工商登记前置许可事项改为后置许可，即道路运输经营业户在取得营业执照后，办理道路运输经营许可证。同时，在全国自由贸易试验区，对道路货运经营许可实行告知承诺制，即对申请人尚不具备经营许可条件，但承诺领证后一定期限内具备的，经形式审查后当场作出行政审批决定，放宽了准入条件、简化了审批流程。

三是推进道路货运经营证照异地办理。为满足广大道路运输经营者和驾驶员异地运营需要，组织开发互联网道路运输便民政务服务系统，实现了普通货运车辆年度审验及年审凭证下载，道路运输驾驶员诚信（信誉）考核及考核凭证下载，货运车辆道路运输证换发、补发、注销，货运驾驶员从业资格证补发、换发、变更、注销，普通货运驾驶员学习教育等12个事项的网上办理。

四是有序规范网络货运经营行为。2019年，交通运输部联合我局印发《网络平台道路货物运输经营管理暂行办法》（交运规〔2019〕12号），配套出台《网络平台道路货物运输经营服务指南》，健全完善了网络货运新业态法规制度及标准规范，为道路货运领域平台经济发展创造了良好的政策环境。为有效保障运输安全，明确网络货运经营者应当对实际承运人、车辆及驾驶员资质进行审查，保证实际承运人具有合法有效的道路运输经营许可证，提供运输服务的车辆具有相应的营运证、驾驶员具有相应的从业资格证，有效遏制无证无照经营，减少运输安全事故的发生。根据制度要求，实际承运人只需在网络平台注册登记其名称、经营许可证号。由于道路货运普遍跨区域经营，流动性较强，为更好发挥平台经济资源整合的作用，交通运输有关管理制度未要求网络平台注册的货车司机一定要在平台所在地申请取得道路运输经营许可证。

下一步，交通运输部将加快推进互联网道路运输便民政务服务系统（二期）建设，尽快实现道路运输从业资格网上申请、国际道路运输行车许可证申领等业务网上办理；加快推进道路货运驾驶证和从业资格证考试"两考合一"，优化培训考试流程；加强对网络货运新业态信息化监测，引导支持企业规范健康发展。

五、关于优化一照一码登记模式，实现批量登记

2014年商事制度改革实施以来，市场监管部门按照国务院部署积极推进"先照后证"改革。目前除法律法规明确的前置许可事项外，包括道路普通货物运输经营许可在内的各项许可事项均为后置许可事项，即经营者先行办理营业执照，再到相关行业主管部门办理许可。经营者在办理营业执照经营范围登记时，可自主申请登记相关经营项目，并不需要考虑是否能够取得该行政许可，市场监管部门未对后置许可项目经营范围的登记顺序作出限制性规定。

近年来，我局会同市场监管总局先后推进"三证合一""五证合一""多证合一"改革，通过加强数据信息共享，提高了行政审批效率，减少了重复审批行为，节约了企业成本。平台上的经营者在完成市场主体登记后，税务部门通过信息共享获得市场主体登记信息，纳税人无需单独办理税务登记，在后续办理涉税业务时补充完善相关涉税信息即可。目前，市场监管总局联合我局等六部门制发《关于进一步优化企业开办服务的通知》（国市监注〔2020〕129号），从全程网上办理、压减开办时间、环节和成本，以及推进电子化三方面提出了9条措施，明确2020年年底前，开通企业开办一网通办平台，实现企业开办全程网上办理，并将开办时间压缩至4个工作日以内，进一步便利企业开办登记。

下一步，我局将会同市场监管总局等部门继续推进商事登记制度改革，加强部门协作，不断完善数据共享机制，提高数据共享质量，为企业提供更多便利服务。

六、关于助力区块链电子发票在平台经济领域的推广

2017年4月起，我局在深圳、广东、云南、福建、北京等5省（市）针对特定业务和特定票种探索推动区块链电子发票应用，取得了一定成效。目前试点票种包括通用机打发票、定额发票、冠名发票等。下一步，我局将根据平台经济的实际用票需求，进一步研究论证推进相关电子发票事宜。

感谢您们对税收工作的支持！

对十三届全国人大三次会议第8471号建议的答复
——关于规范完善不动产司法拍卖中税费征缴的建议

·2020年9月2日

您提出的关于规范完善不动产司法拍卖中税费征缴的建议收悉，现答复如下：

一、关于取消不动产司法拍卖公告中由买方承担税费的转嫁条款，统一改为"税费各自承担"的建议

您提出的拍卖不动产的税费按照规定由"买卖双方各自负担"的建议，是一种较为合理的做法。根据税收征管法第四条规定，法律、行政法规规定负有纳税义务的单位和个人为纳税人。即单位或个人发生经济行为，按照法律、行政法规规定负有纳税义务，则该单位或个人属于法定的纳税人，应依法履行纳税义务。各税种单行法律及暂行条例也对不动产转让环节的各项税费和纳税主体作出了明确规定。

2016年8月2日公布、2017年1月1日施行的《最高人民法院关于人民法院网络司法拍卖若干问题的规定》对财产处置环节的税费负担问题作出了明确规定，其中第六条规定，确定拍卖保留价、保证金的数额、税费负担等是人民法院应当履行的职责；第十三条规定，人民法院应当在拍卖公告发布当日通过网络司法拍卖平台公示拍卖财产产权转移可能产生的税费及承担方式；第三十条规定，因网络司法拍卖本身形成的税费，应当依照相关法律、行政法规的规定，由相应主体承担，没有规定或者规定不明的，人民法院可以根据法律原则和案件实际情况确定税费承担的相关主体、数额。

我局和最高人民法院赞同您关于税费承担方面的建议，最高人民法院将进一步向各级法院提出工作要求：一是要求各级法院尽最大可能完善拍卖公告内容，充分、全面向买受人披露标的物瑕疵等各方面情况，包括以显著提示方式明确税费的种类、税率、金额等；二是要求各级法院严格落实司法解释关于税费依法由相应主体承担的规定，严格禁止在拍卖公告中要求买受人概括承担全部税费，以提升拍卖实效，更好地维护各方当事人合法权益。

二、关于人民法院与税务机关加强协调配合，建立司法拍卖税费征管联动机制的建议

目前，部分省（市）税务局已开展探索，与当地法院建立相应协作机制。比如，2018年江苏省税务局完善税务行政强制工作联席会议制度、涉税信息共享机制，就申请法院强制执行及不动产司法拍卖涉税事项处理与当地法院达成共识，实现了拍卖环节税款提前测算、及时传递、先行垫付、事后退还的征税流程，解决税费负担的主体和征缴问题，提高了人民法院协助税务机关征缴税费及买受人产权过户的效率，尽可能避免因涉税争议引发行政复议和诉讼。又比如，2019年宁波市税务系统与法院系统建立民事执行与税费征缴、被执行人房地产询价等多项协作机制。

下一步我们将加强与最高人民法院沟通，就查明司法拍卖标的物纳税信息等问题探索建立切实可行的、常态化的沟通协调机制，明确各自权责和工作流程，以提高工作效率，维护国家税收利益和纳税人合法权益。

三、关于设立专门的登记企业并对金税管理系统进行升级完善的建议

税收征管法第四条第二款规定，法律、行政法规规定负有代扣代缴、代收代缴税款义务的单位和个人为扣缴义务人。根据上述规定，税务机关无权在法律之外设立扣缴义务人主体。因此，设立专门登记企业并由该企业作为扣缴增值税税款的主体的做法缺乏法律依据。

关于通过技术手段尽快升级金税工程管理系统，增设特殊凭证抵扣项目问题,《中华人民共和国增值税暂行条例》第八条第三款规定"准予抵扣的项目和扣除率的调整,由国务院决定",第九条规定"纳税人购进货物、劳务、服务、无形资产、不动产,取得的增值税扣税凭证不符合法律、行政法规或者国务院税务主管部门有关规定的,其进项税额不得从销项税额中抵扣",《中华人民共和国增值税暂行条例实施细则》第十九条规定"条例第九条所称增值税扣税凭证,是指增值税专用发票、海关进口增值税专用缴款书、农产品收购发票和农产品销售发票以及运输费用结算单据",相关建议突破了现行规定,我们将结合下一步税收立法统筹研究。

四、关于妥善处理买受人已承担税费而不能取得发票及进行税前抵扣的情况,修改、完善现行发票政策的建议

我局2019年制发了《国家税务总局关于税收征管若干事项的公告》(2019年第48号),明确在人民法院裁定受理破产申请之日至企业注销之日期间,企业应当接受税务机关的税务管理,履行税法规定的相关义务。破产程序中如发生应税情形,应按规定申报纳税。从人民法院指定管理人之日起,管理人可以按照《中华人民共和国破产法》第二十五条规定,以企业名义办理纳税申报等涉税事宜。企业因继续履行合同、生产经营或处置财产需要开具发票的,管理人可以以企业名义按规定申领开具发票或代开发票。因此,在不动产司法拍卖中,如果法院已经裁定受理破产申请,可以按照上述规定由管理人向买受人开具发票。

对于其他情形,我们认为您关于修改《税务机关代开增值税专用发票管理办法(试行)》,增设司法拍卖时可由税务机关代开增值税专用发票的规定的建议有一定参考意义,我们将认真研究完善相关制度,进一步保障买受人合法权益。

感谢您对税收工作的支持!

图书在版编目（CIP）数据

中华人民共和国财税法律法规全书：含优惠政策：2024年版／中国法制出版社编．—北京：中国法制出版社，2024.3

（法律法规全书系列）
ISBN 978-7-5216-4142-4

Ⅰ.①中… Ⅱ.①中… Ⅲ.①财政法-汇编-中国②税法-汇编-中国 Ⅳ.①D922.209

中国国家版本馆CIP数据核字（2024）第032090号

| 策划编辑：袁笋冰 | 责任编辑：李璞娜 | 封面设计：李 宁 |

中华人民共和国财税法律法规全书：含优惠政策：2024年版
ZHONGHUA RENMIN GONGHEGUO CAISHUI FALÜ FAGUI QUANSHU：HAN YOUHUI ZHENGCE：2024 NIAN BAN

经销/新华书店
印刷/三河市紫恒印装有限公司
开本/787毫米×960毫米　16开　　　　　　　　　　印张/ 46　字数/ 1286千
版次/2024年3月第1版　　　　　　　　　　　　　　2024年3月第1次印刷

中国法制出版社出版
书号 ISBN 978-7-5216-4142-4　　　　　　　　　　　　　定价：105.00元

北京市西城区西便门西里甲16号西便门办公区
邮政编码：100053　　　　　　　　　　　　　　　　传真：010-63141600
网址：http：//www.zgfzs.com　　　　　　　　　　编辑部电话：010-63141670
市场营销部电话：010-63141612　　　　　　　　　印务部电话：010-63141606

（如有印装质量问题，请与本社印务部联系。）